RICARDO H. FAKURY | ANA LYDIA R. CASTRO E SILVA | RODRIGO B. CALDAS

DIMENSIONAMENTO
DE ELEMENTOS ESTRUTURAIS DE
AÇO E MISTOS DE AÇO E CONCRETO

RICARDO H. FAKURY | ANA LYDIA R. CASTRO E SILVA | RODRIGO B. CALDAS

DIMENSIONAMENTO
DE ELEMENTOS ESTRUTURAIS DE AÇO E MISTOS DE AÇO E CONCRETO

RICARDO HALLAL FAKURY
Doutor em Engenharia de Estruturas pela Escola de Engenharia de São Carlos da Universidade de São Paulo (EESC-USP) / Professor da Escola de Engenharia da Universidade Federal de Minas Gerais (EE-UFMG)

ANA LYDIA REIS DE CASTRO E SILVA
Doutora em Engenharia de Estruturas pela Universidade Federal de Minas Gerais (UFMG)
Professora da Escola de Engenharia da Universidade Federal de Minas Gerais (EE-UFMG)

RODRIGO BARRETO CALDAS
Doutor em Engenharia de Estruturas pela Universidade Federal de Minas Gerais (UFMG)
Professor da Escola de Engenharia da Universidade Federal de Minas Gerais (EE-UFMG)

©2017 by Pearson Education do Brasil Ltda.

Todos os direitos reservados. Nenhuma parte desta publicação poderá ser reproduzida ou transmitida de qualquer modo ou por qualquer outro meio, eletrônico ou mecânico, incluindo fotocópia, gravação ou qualquer outro tipo de sistema de armazenamento e transmissão de informação, sem prévia autorização, por escrito, da Pearson Education do Brasil.

Diretora de produtos	Gabriela Diuana
Supervisora	Silvana Afonso
Coordenador	Vinícius Souza
Edição de texto	Equipe Pearson
Editora assistente	Karina Ono
Preparação	Equipe Pearson
Ilustração	Eduardo Borges e Rogério Passo
Capa	Natalia Lopes (foto de Foca Lisboa)
Projeto gráfico e diagramação	Casa de Ideias

Printed in Brazil by Reproset RPSA 228376

Dados Internacionais de Catalogação na Publicação (CIP)
(Câmara Brasileira do Livro, SP, Brasil)

Fakury, Ricardo Hallal
Dimensionamento básico de elementos estruturais de aço e mistos de aço e concreto / Ricardo Hallal Fakury, Ana Lydia Reis de Castro e Silva, Rodrigo Barreto Caldas. – São Paulo : Pearson Education do Brasil, 2016.

Bibliografia.
ISBN 978-85-430-0112-8

1. Estruturas de aço 2. Estruturas de concreto I. Silva, Ana Lydia Reis e. II. Caldas, Rodrigo Barreto. III. Título.

14-04109   CDD-624.1834

Índice para catálogo sistemático:
1. Estruturas de concreto e de aço :
Engenharia 624.1834

Direitos exclusivos cedidos à
Pearson Education do Brasil Ltda.,
uma empresa do grupo Pearson Education
Av. Francisco Matarazzo, 1400,
7º andar, Edifício Milano
CEP 05033-070 - São Paulo - SP - Brasil
Fone: 19 3743-2155
pearsonuniversidades@pearson.com

Distribuição
Grupo A Educação
www.grupoa.com.br
Fone: 0800 703 3444

Sumário

Prefácio .... **XV**

Capítulo 1 — O aço e o concreto nas estruturas **1**

    1.1   Considerações iniciais 1
    1.2   Elementos estruturais... 1
            1.2.1   Elementos estruturais de aço... 1
            1.2.2   Elementos estruturais mistos de aço e concreto...................... 2
            1.2.3   Estruturas híbridas... 3
    1.3   Vantagens do aço como material estrutural 4
            1.3.1   Elevada resistência.. 4
            1.3.2   Elevada ductilidade... 5
            1.3.3   **Alto grau de confiança** 5
            1.3.4   Canteiro de obras menor, limpo e organizado........................ 6
            1.3.5   Facilidade de reforço e ampliação 6
            1.3.6   Reciclagem e reaproveitamento... 6
            1.3.7   Rapidez de execução... 7
    1.4   Cuidados na utilização do aço como material estrutural......................... 7
            1.4.1   Corrosão.. 8
            1.4.2   Comportamento em situação de incêndio 9
    1.5   Noções sobre consumo de aço estrutural... 12
    Bibliografia.. 12

Capítulo 2 — Materiais estruturais **13**

    2.1   Considerações iniciais 13
    2.2   Aços estruturais de perfis... 13
            2.2.1   Requisitos necessários... 13
            2.2.2   Propriedades mecânicas 13
            2.2.3   Composição química... 15
            2.2.4   Classificação... 16
            2.2.5   Aços estruturais usados no Brasil 17

2.3	Aços estruturais de armaduras 19
2.4	Concreto 20
	Bibliografia 21

Capítulo 3 — Perfis estruturais de aço 23

3.1	Considerações iniciais 23
3.2	Perfis laminados 23
	3.2.1	Considerações sobre obtenção 23
	3.2.2	Perfis produzidos no Brasil 24
3.3	Perfis soldados 28
3.4	Tensões residuais nos perfis 29
	3.4.1	Origem e distribuição 30
	3.4.2	Influência no diagrama de tensão *versus* deformação 31
	Bibliografia 32

Capítulo 4 — Ações, segurança e desempenho estrutural 33

4.1	Considerações iniciais 33
4.2	Ações 33
	4.2.1	Definição 33
	4.2.2	Classificação 34
	4.2.3	Informações básicas sobre os valores das ações permanentes e variáveis 35
	4.2.4	Significado dos valores das ações 39
4.3	Método dos estados-limites 40
	4.3.1	Fundamento 40
	4.3.2	Estados-limites últimos 40
	4.3.3	Estados-limites de serviço 44
4.4	Exemplos de aplicação 52
	4.4.1	Forças axiais de cálculo e estado-limite de serviço em treliça 52
	4.4.2	Forças axiais de cálculo em treliça com ações agrupadas 54
	4.4.3	Esforços de cálculo e estados-limites de serviço em piso de edifício 55
	4.4.4	Esforço solicitante de cálculo na fase de construção 59
	4.4.5	Esforços de cálculo em piso de edifício com ações agrupadas 59
	4.4.6	Verificação de flecha em vigas em balanço e biengastada 60
	Bibliografia 60

Capítulo 5 — Estabilidade lateral e análise estrutural 61

5.1	Considerações iniciais 61
5.2	Ideias básicas sobre estabilidade lateral 61
	5.2.1	Componentes resistentes e não resistentes a ações horizontais 61
	5.2.2	Considerações sobre contraventamentos e pórticos 63
	5.2.3	Considerações sobre paredes de cisalhamento e núcleos de concreto 66
5.3	Análise estrutural 67
	5.3.1	Definição e tipos 67
	5.3.2	Análise elástica de primeira ordem 67
	5.3.3	Análise elástica de segunda ordem 67

5.4		Consideração de efeitos de imperfeições na análise	72
	5.4.1	Tipos de imperfeição	72
	5.4.2	Imperfeições iniciais geométricas	72
	5.4.3	Imperfeições iniciais de material	74
5.5		Análise estrutural para estados-limites últimos	74
	5.5.1	Análise de segunda ordem	74
	5.5.2	Possibilidade de análise de primeira ordem	75
5.6		Análise estrutural para estados-limites de serviço	75
5.7		Requisitos para contenções laterais	76
5.8		Exemplos de aplicação	77
	5.8.1	Esforços solicitantes em estrutura de um andar e estados-limites de serviço	78
	5.8.2	Esforços solicitantes de cálculo em estrutura de dois andares	79
	5.8.3	Estado-limite de serviço em estrutura de dois andares	87
	5.8.4	Análise de sistema treliçado como subestrutura de contraventamento	88
	5.8.5	Barra birrotulada com carga uniformemente distribuída e força axial	88
	5.8.6	Barra birrotulada com momentos de extremidade e força axial	89
	5.8.7	Esforços nas escoras do Subitem 5.8.1	90
	5.8.8	Esforços nas escoras do Subitem 5.8.2	90
Bibliografia			91

Capítulo 6 — Barras de aço tracionadas 93

6.1		Considerações iniciais	93
6.2		Noções sobre treliças planas	95
6.3		Estudo da região de ligação	98
	6.3.1	Ideias iniciais	98
	6.3.2	Área líquida	99
	6.3.3	Área líquida efetiva	102
6.4		Identificação dos estados-limites últimos	106
6.5		Dimensionamento aos estados-limites últimos	107
6.6		Limitação do índice de esbeltez	107
6.7		Emprego de barras compostas	108
6.8		Barras redondas com extremidades rosqueadas	109
6.9		Efeitos adicionais	110
	6.9.1	Efeito da excentricidade da ligação	110
	6.9.2	Efeito do peso próprio da barra	111
6.10		Exemplos de aplicação	112
	6.10.1	Largura líquida e área líquida de elemento plano	112
	6.10.2	Alteração da linha de ruptura dominante do Subitem 6.10.1	112
	6.10.3	Área líquida de perfil I soldado	112
	6.10.4	Força axial resistente de cálculo em diversos perfis	113
	6.10.5	Força axial resistente de cálculo em cantoneira	114
	6.10.6	Dimensionamento de diagonal de treliça em cantoneira dupla	115
	6.10.7	Verificação de banzo de treliça em duplo U com ligação parafusada	117
	6.10.8	Verificação de banzo de treliça em duplo U com ligação soldada	119
	6.10.9	Verificação de banzo de treliça em perfil T	120
	6.10.10	Verificação de contraventamento em perfil H com recorte na ligação	120

6.10.11 Dimensionamento de barra redonda rosqueada de contraventamento 121
6.10.12 Verificação de barra redonda rosqueada de treliça 122
Bibliografia 122

Capítulo 7 — Barras de aço comprimidas 123

7.1 Considerações iniciais 123
7.2 Instabilidade de barras com curvatura inicial 123
    7.2.1 Fundamentos teóricos 123
    7.2.2 Força axial resistente nominal 125
    7.2.3 Valor da força axial de flambagem elástica 128
7.3 Flambagem local 135
    7.3.1 Ideias básicas 135
    7.3.2 Elementos AA 137
    7.3.3 Elementos AL 138
    7.3.4 Força axial resistente 140
7.4 Interação entre instabilidade da barra e flambagem local 140
7.5 Dimensionamento aos estados-limites últimos 140
7.6 Limitação do índice de esbeltez 141
7.7 Emprego de barras compostas 141
7.8 Exemplos de aplicação 142
    7.8.1 Verificação de um pilar em perfil I soldado 142
    7.8.2 Verificação de um pilar em perfil I soldado com instabilidade por torção 145
    7.8.3 Força axial resistente de diagonal de treliça em cantoneiras 145
    7.8.4 Verificação de cantoneira dupla de treliça com travamento central 149
    7.8.5 Força axial resistente de cantoneira simples com e sem travamento central. 151
    7.8.6 Dimensionamento de barra de treliça em duplo U 152
    7.8.7 Força axial solicitante de elemento contraventado em perfil I laminado 157
    7.8.8 Dimensionamento de escoras 159
    7.8.9 Verificação de banzo de treliça em perfil T 159
Bibliografia 160

Capítulo 8 — Barras de aço fletidas 161

8.1 Considerações iniciais 161
8.2 Plastificação total da seção transversal 163
    8.2.1 Rótula plástica 163
    8.2.2 Determinação do momento de plastificação 167
8.3 Flambagem lateral com torção 169
    8.3.1 Descrição do fenômeno 169
    8.3.2 Seção contida lateralmente 170
    8.3.3 Comprimento destravado 171
    8.3.4 Capacidade resistente dos elementos de travamento lateral 172
    8.3.5 Valor do momento fletor resistente nominal 173
8.4 Flambagem local 178
    8.4.1 Descrição do fenômeno 178
    8.4.2 Momento fletor resistente nominal 179

8.5	Dimensionamento ao momento fletor		180
	8.5.1	Condição necessária	180
	8.5.2	Estados-limites aplicáveis e momento fletor resistente nominal	181
8.6	Colapso sob força cortante		188
	8.6.1	Modos de colapso em perfil I fletido em relação ao eixo x	188
	8.6.2	Força cortante resistente nominal nos diversos tipos de perfil	191
8.7	Dimensionamento à força cortante		195
8.8	Colapso sob forças localizadas em mesa de perfil I		195
	8.8.1	Forças localizadas comprimindo a alma	195
	8.8.2	Forças localizadas tracionando a alma	197
	8.8.3	Apoios de vigas com a alma solta	198
8.9	Aberturas na alma de perfil I		199
8.10	Exemplos de aplicação		200
	8.10.1	Módulo resistente plástico de seção I duplamente simétrica	200
	8.10.2	Módulo resistente plástico de perfil I monossimétrico	200
	8.10.3	Verificação de viga em perfil I soldado não tabelado	200
	8.10.4	Verificação de contenção lateral de seções transversais	201
	8.10.5	Dimensionamento de viga em perfil I soldado tabelado	202
	8.10.6	Dimensionamento de viga em perfil I laminado	210
	8.10.7	Verificação de viga à FLT com mesa contida lateralmente	211
	8.10.8	Capacidade resistente de um perfil I soldado à força cortante	212
	8.10.9	Momento fletor resistente de viga biengastada em perfil I laminado	214
	8.10.10	Momento fletor resistente de viga birrotulada com perfil I monossimétrico	214
	8.10.11	Momento fletor resistente de viga com balanço com perfil I monossimétrico	218
	8.10.12	Carga distribuída de cálculo em situações menos comuns	218
	Bibliografia		219

Capítulo 9 — Barras de aço sob combinação de esforços solicitantes 221

9.1	Considerações iniciais		221
9.2	Noções sobre o comportamento de terças e travessas		223
9.3	Atuação de força axial e momentos fletores		224
	9.3.1	Estados-limites últimos	224
	9.3.2	Dimensionamento	225
9.4	Dimensionamento à força cortante		226
9.5	Exemplos de aplicação		226
	9.5.1	Verificação de barra flexo-comprimida em perfil I laminado	226
	9.5.2	Verificação de barra flexo-tracionada em perfil I laminado	227
	9.5.3	Verificação de barra flexo-comprimida em perfil I soldado	228
	9.5.4	Verificação de pilar flexo-comprimido de pórtico em perfil I laminado	229
	9.5.5	Verificação das barras componentes de uma treliça com nós excêntricos	232
	9.5.6	Verificação de terça de cobertura em perfil U e seus tirantes	233
	Bibliografia		242

Capítulo 10 — Ligações entre barras de aço 243

- 10.1 Considerações iniciais 243
  - 10.1.1 Classificação e comportamento com relação à rotação relativa...................244
  - 10.1.2 Ligações usuais 246
- 10.2 Parafusos estruturais 249
  - 10.2.1 Tipos, diâmetros e propriedades mecânicas dos parafusos.......................249
  - 10.2.2 Parafusos comuns..250
  - 10.2.3 Parafusos de alta resistência..251
  - 10.2.4 Comprimento dos parafusos..251
  - 10.2.5 Parafusos considerados 251
- 10.3 Aperto dos parafusos 252
  - 10.3.1 Modos de aperto 252
  - 10.3.2 Aplicação da protensão inicial 253
  - 10.3.3 Obrigatoriedade de aperto com protensão inicial 254
- 10.4 Comportamento das ligações parafusadas conforme o modo de aperto....................255
  - 10.4.1 Aperto normal 255
  - 10.4.2 Aperto com protensão inicial 255
- 10.5 Furos nas ligações parafusadas 256
  - 10.5.1 Tipos e aplicações 256
  - 10.5.2 Disposições construtivas dos furos 256
- 10.6 Verificação dos parafusos em ligações por contato 257
  - 10.6.1 Generalidades..257
  - 10.6.2 Tração nos parafusos...257
  - 10.6.3 Cisalhamento nos parafusos...261
  - 10.6.4 Tração e cisalhamento combinados nos parafusos..............................265
- 10.7 Verificação dos parafusos em ligações por atrito...265
- 10.8 Solda elétrica 266
  - 10.8.1 Definição 266
  - 10.8.2 Posições de soldagem..267
  - 10.8.3 Processos de soldagem 267
  - 10.8.4 Classificação das juntas..268
- 10.9 Tipos de solda 269
  - 10.9.1 Generalidades..269
  - 10.9.2 Solda de penetração 269
  - 10.9.3 Solda de filete 272
  - 10.9.4 Simbologia 272
- 10.10 Verificação das soldas 274
  - 10.10.1 Considerações básicas sobre os eletrodos....................................274
  - 10.10.2 Tensões solicitantes em grupo de soldas......................................275
  - 10.10.3 Critério de verificação...276
- 10.11 Considerações sobre defeitos, controle e inspeção das soldas 280
- 10.12 Elementos de ligação 283
  - 10.12.1 Generalidades..283
  - 10.12.2 Elementos submetidos a tração 283
  - 10.12.3 Elementos submetidos a compressão..283
  - 10.12.4 Elementos submetidos a força cortante...283
  - 10.12.5 Elementos submetidos a momento fletor 284
  - 10.12.6 Elementos submetidos a esforços combinados..................................284

		10.12.7 Colapso por rasgamento 284
		10.12.8 Ruptura na região das soldas 286
	10.13	Força solicitante de cálculo mínima 286
	10.14	Exemplos de aplicação 286
		10.14.1 Ligação com parafusos submetidos a tração 286
		10.14.2 Ligação com parafusos submetidos ao cisalhamento 293
		10.14.3 Ligação parafusada de barras de treliça com chapa de nó (gusset) 296
		10.14.4 Ligação soldada de barras de treliça com chapa de nó (gusset) 303
		10.14.5 Ligação excêntrica parafusada de chapa de console 303
		10.14.6 Ligação excêntrica parafusada de console em T 310
		10.14.7 Emenda parafusada com tala 310
		10.14.8 Ligações flexíveis com cantoneira dupla 320
		10.14.9 Ligações flexíveis com chapa de topo 325
		10.14.10 Ligações flexíveis com chapa paralela à alma da viga convencional 326
		10.14.11 Ligações flexíveis com chapa paralela à alma da viga estendida 330
		10.14.12 Ligações rígidas entre viga e pilar com chapa de topo 331
	Bibliografia 343

Capítulo 11 — Bases de pilar 345

11.1	Considerações iniciais 345
11.2	Tipos de base 346
	11.2.1	Modos de vinculação 346
	11.2.2	Bases engastadas 346
	11.2.3	Bases rotuladas 347
11.3	Aspectos construtivos, dimensões e propriedades recomendadas 348
	11.3.1	Execução das bases 348
	11.3.2	Quantidade, ancoragem, dimensões e aço dos chumbadores 348
	11.3.3	Diâmetro e distâncias dos furos na placa de base 349
	11.3.4	Arruelas especiais 350
	11.3.5	Dimensões da placa de base 350
	11.3.6	Altura e resistência da argamassa expansiva 350
	11.3.7	Dimensões e armadura do bloco de concreto da fundação 351
11.4	Comportamento das bases sob força axial e momento fletor 351
	11.4.1	Bases submetidas a força axial de compressão 351
	11.4.2	Bases submetidas a força axial de tração 353
11.5	Comportamento das bases sob força cortante 354
	11.5.1	Elementos resistentes a força cortante 354
	11.5.2	Barras de cisalhamento 354
	11.5.3	Chumbadores 356
11.6	Verificação do concreto do bloco de fundação 357
11.7	Verificação dos chumbadores 357
	11.7.1	Solicitação 357
	11.7.2	Chumbadores trabalhando à tração 357
	11.7.3	Chumbadores trabalhando a cisalhamento 359
11.8	Verificação da placa de base 360
	11.8.1	Condição de verificação e espessura mínima da placa de base 360
	11.8.2	Momento fletor provocado pela compressão no concreto ($M_{pb,c,Sd}$) 360
	11.8.3	Momento fletor provocado pela tração nos chumbadores ($M_{pb,t,Sd}$) 361

11.9 Verificação da barra de cisalhamento 362
11.10 Verificação da solda entre o pilar e a placa de base 362
11.11 Outros casos de apoio e fixação de elementos de aço em concreto 362
11.12 Exemplos de aplicação 365
      11.12.1 Base submetida a forças axiais e cortantes 365
      11.12.2 Chumbadores do Subitem 11.12.1 suportando a força cortante 370
      11.12.3 Base submetida a momentos fletores e forças axiais e cortantes 370
      11.12.4 Chumbadores do Subitem 11.12.3 suportando a força cortante 377
Bibliografia 377

Capítulo 12 — Lajes mistas de aço e concreto 379

12.1 Considerações iniciais 379
12.2 Aspectos do comportamento 380
12.3 Produtos, materiais e dimensões 381
      12.3.1 Considerações gerais 381
      12.3.2 Fôrmas da Metform 382
12.4 Aspectos construtivos 382
12.5 Dimensionamento da laje mista aos estados-limites últimos 383
      12.5.1 Fase inicial 383
      12.5.2 Fase final 384
      12.5.3 Tabelas de dimensionamento para as fases inicial e final 385
12.6 Dimensionamento da laje mista aos estados-limites de serviço 386
      12.6.1 Fase inicial 386
      12.6.2 Fase final 386
12.7 Exemplos de aplicação 389
      12.7.1 Laje mista de piso com vão de 3,60 m e sobrecarga de 4 kN/m^2 389
      12.7.2 Laje mista de piso com vão de 2,80 m e carga sobreposta de 5,1 kN/m^2 390
      12.7.3 Simulação da distribuição mais econômica de vigas em piso de edificação 391
Bibliografia 393

Capítulo 13 — Vigas mistas de aço e concreto 395

13.1 Considerações iniciais 395
13.2 Perfil de aço 396
13.3 Laje de concreto 396
      13.3.1 Tipos de laje e propriedades do concreto 396
      13.3.2 Largura efetiva 397
13.4 Conectores de cisalhamento 398
      13.4.1 Tipos de conector 398
      13.4.2 Conectores pino com cabeça 399
      13.4.3 Conectores em perfil U laminado ou formado a frio 403
13.5 Interação entre o perfil de aço e a laje de concreto 404
      13.5.1 Comportamento conforme interação 404
      13.5.2 Valor do esforço horizontal de cálculo 406
      13.5.3 Definição do grau de interação 406

13.6 Dimensionamento das vigas ao momento fletor...407
    13.6.1 Estados-limites últimos aplicáveis a viga mista..407
    13.6.2 Processo de dimensionamento..407
    13.6.3 Determinação do momento fletor resistente de cálculo......................................408
    13.6.4 Influência do escoramento..413
    13.6.5 Número e distribuição dos conectores de cisalhamento.....................................415

13.7 Dimensionamento das vigas a força cortante...416

13.8 Armadura de costura para evitar ruptura da laje por cisalhamento...................................416

13.9 Estados-limites de serviço...420
    13.9.1 Identificação..420
    13.9.2 Flecha..420
    13.9.3 Vibração..422
    13.9.4 Armadura na laje devido à tendência de continuidade.......................................422

13.10 Disposições construtivas complementares...424
    13.10.1 Lajes de concreto com fôrma de aço incorporada...424
    13.10.2 Lajes com pré-laje de concreto pré-moldada...425
    13.10.3 Conectores de cisalhamento..426

13.11 Exemplos de aplicação...426
    13.11.1 Momento e força cortante resistentes e uso de conectores e armaduras........426
    13.11.2 Verificação de vigas mistas secundárias internas com laje maciça..................427
    13.11.3 Verificação de viga mista de extremidade com laje maciça..............................436
    13.11.4 Viga mista com h/t_w entre $3{,}76\sqrt{E_a/f_y}$ e $5{,}70\sqrt{E_a/f_y}$..437
    13.11.5 Viga mista secundária com perfil laminado não escorado
               e laje mista...438
    13.11.6 Viga mista principal com perfil monossimétrico não escorado
               e laje mista...438

Bibliografia..452

Capítulo 14 — Pilares mistos de aço e concreto...................453

14.1 Considerações iniciais..453

14.2 Método de dimensionamento...454
    14.2.1 Condições de cálculo...454
    14.2.2 Hipóteses básicas...454
    14.2.3 Requisitos de projeto...455
    14.2.4 Força axial de compressão resistente de cálculo..459

14.3 Regiões de introdução de carga...460
    14.3.1 Ligações de vigas nos pilares..460
    14.3.2 Bases e emendas de pilares...462

14.4 Considerações sobre a continuidade da armadura longitudinal..464

14.5 Exemplos de aplicação...465
    14.5.1 Pilar misto totalmente revestido com concreto...465
    14.5.2 Pilar misto parcialmente revestido com concreto...468
    14.5.3 Introdução de carga por vigas ligadas ao pilar...469
    14.5.4 Introdução de carga por interrupção das barras de armaduras........................471
    14.5.5 Emenda das barras da armadura longitudinal..473

Bibliografia..475

Apêndice A — Perfis laminados de seção aberta e barras redondas 477
- A.1 Perfis I de faces inclinadas 477
- A.2 Perfis U 479
- A.3 Cantoneiras de abas iguais 480
  - A.3.1 Série baseada em polegadas 480
  - A.3.2 Série métrica 482
- A.4 Perfis I de faces paralelas produzidos pela Gerdau ... 483
- A.5 Perfis H de faces paralelas produzidos pela Gerdau ... 486
- A.6 Barras redondas lisas 487
- A.7 Barras redondas nervuradas 487

Apêndice B — Alguns perfis soldados conforme ABNT NBR 5884:2005 489
- B.1 Série VS 489
- B.2 Série CS 491
- B.3 Série CVS 491
- B.4 Série VSM 492

Apêndice C — Flechas em barras de aço 493
- C.1 Barras birrotuladas 493
  - C.1.1 Carga uniformemente distribuída 493
  - C.1.2 Carga concentrada na seção central 493
  - C.1.3 Carga concentrada em uma seção qualquer 494
  - C.1.4 Duas cargas concentradas de mesmo valor igualmente afastadas dos apoios 494
- C.2 Barras rotuladas em uma extremidade e engastadas na outra 494
  - C.2.1 Carga uniformemente distribuída 494
  - C.2.2 Carga concentrada na seção central 494
  - C.2.3 Carga concentrada em uma seção qualquer 495
- C.3 Barras biengastadas 495
  - C.3.1 Carga uniformemente distribuída 495
  - C.3.2 Carga concentrada na seção central 495
  - C.3.3 Carga concentrada em uma seção qualquer 495
- C.4 Barras em balanço 496
  - C.4.1 Carga uniformemente distribuída 496
  - C.4.2 Carga concentrada em uma seção qualquer 496
  - C.4.3 Carga concentrada na extremidade livre 496
  - C.4.4 Momento na extremidade livre 496

Prefácio

Este livro tem o objetivo de fornecer os conhecimentos fundamentais para a compreensão do comportamento e o dimensionamento de elementos estruturais de aço e mistos de aço e concreto. Ele foi elaborado para servir como material didático para os cursos de graduação em engenharia civil e engenharia mecânica, bem como instrumento de nivelamento e aprendizado em cursos de pós-graduação *lato sensu* e *stricto sensu* da área de engenharia de estruturas. Pode também ser uma fonte de informação importante para os profissionais dos setores de estruturas de aço e de estruturas mistas de aço e concreto.

A referência básica é a norma brasileira ABNT NBR 8800:2008 e são abordados apenas os elementos estruturais com perfis de aço soldados e laminados de seção aberta. Em algumas partes do texto, buscando maior praticidade e facilidade de entendimento, optou-se por uma abordagem simplificada. Além disso, foram omitidos assuntos menos frequentes na prática profissional. Por essas razões, recomenda-se que este livro seja utilizado em conjunto com a referida norma brasileira.

Em quase todos os quatorze capítulos do livro, primeiramente, é fornecida a teoria e, posteriormente, exemplos de aplicação cuidadosamente escolhidos para elucidar a teoria e contemplar situações correntes. Desses exemplos, que somam 85 no total, 55% encontram-se completos no livro e 45% possuem apenas o enunciado, com a resolução disponível no site (<loja.grupoa.com.br>, uma plataforma on-line que contém materiais adicionais para o auxílio de professores e alunos). No final dos capítulos é fornecida uma bibliografia sucinta na qual são listadas algumas publicações, escolhidas entre as mais conhecidas e fáceis de serem obtidas no Brasil, que podem ser utilizadas para informações complementares.

Nas partes relacionadas aos elementos estruturais mistos de aço e concreto, foram seguidas também as prescrições da norma ABNT NBR 6118:2014. Na abordagem desses elementos, procurou-se fornecer detalhes que, por vezes, geram insegurança em estudantes e profissionais, como os relacionados ao projeto das barras de armadura.

Finalmente, agradece-se à Universidade Federal de Minas Gerais (UFMG), às agências públicas de fomento à pesquisa CNPq, CAPES e FAPEMIG, aos professores Gílson Queiroz, Ney Amorim Silva, Armando Cesar Campos Lavall, Francisco Carlos Rodrigues, entre outros do Departamento de Engenharia de Estruturas da Escola de Engenharia da UFMG, e às empresas Codeme Engenharia, Brafer Construções Metálicas e Medabil, cujo apoio, sob diversas formas, foi importante para a elaboração deste livro.

Os autores.

Site de apoio do livro

No site www.grupoa.com.br professores e alunos podem acessar os seguintes materiais adicionais:

Para professores:
• Apresentações em PowerPoint.

Para estudantes:
• Exemplos de aplicação.

> *Esse material é de uso exclusivo para professores e está protegido por senha. Para ter acesso a ele, os professores que adotam o livro devem entrar em contato através do e-mail divulgacao@ grupoa.com.br.*

1
O aço e o concreto nas estruturas

1.1 Considerações iniciais

Este livro tem como objetivo fornecer uma base teórica e uma visão prática elementar do comportamento de:

- elementos estruturais de aço constituídos por perfis laminados e soldados de seção aberta (perfis abertos), com formas de I, H, U e cantoneira (L), incluindo as chapas, e por barras redondas lisas;
- elementos estruturais mistos de aço e concreto, ou seja, elementos constituídos por um perfil de aço e partes de concreto com ou sem armadura, com o perfil de aço e as partes de concreto trabalhando solidariamente;
- ligações entre elementos estruturais e entre elementos estruturais e blocos de concreto de fundação (bases de pilares).

Os elementos estruturais citados e suas ligações são projetados no Brasil de acordo com a norma ABNT NBR 8800:2008. Essa norma pode ser aplicada a edificações habitacionais, comerciais, industriais e públicas, além de passarelas de pedestres e suportes de equipamentos.

Chama-se a atenção para o fato de que, buscando maior objetividade e facilidade de entendimento para iniciantes, optou-se, sempre que possível, por uma abordagem simplificada (ou pela abordagem mais simples permitida pela ABNT NBR 8800:2008) e, eventualmente, conservadora, no tratamento de diversas questões (ver Prefácio). Pelas mesmas razões, foram omitidos certos assuntos menos frequentes na prática. Para um perfeito entendimento da abordagem empregada e identificação dos assuntos omitidos, recomenda-se que este livro seja utilizado em conjunto com o texto original da mencionada norma brasileira.

1.2 Elementos estruturais

1.2.1 Elementos estruturais de aço

Os elementos estruturais de aço, entre diversas outras aplicações, são empregados corriqueiramente na composição de treliças, como pilares e vigas, formando contraventamentos, e como barras de pórticos, conforme ilustra a Figura 1.1. Esses elementos são projetados indistintamente submetidos a tensões normais de tração e compressão, pois o aço é um material que se comporta muito bem sob essas duas tensões, embora sob compressão os elementos sejam suscetíveis a problemas de instabilidade.

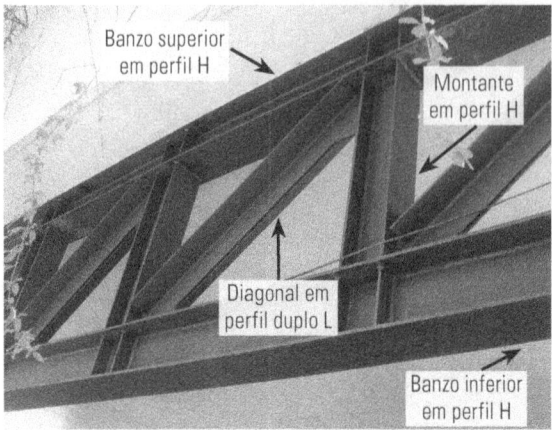
(a) Barras de treliça

(b) Pilares e vigas

(c) Barras de contraventamento

(d) Barras de pórtico

FIGURA 1.1 Exemplos de elementos estruturais de aço.

1.2.2 Elementos estruturais mistos de aço e concreto

Os elementos estruturais mistos de aço e concreto são usados principalmente como pilares, vigas e lajes. Nos pilares mistos, um perfil de aço, em geral em forma de H, é revestido total ou parcialmente com concreto. Nas vigas mistas, um perfil de aço, quase sempre em forma de I, trabalha com uma laje de concreto sobreposta, com a união mecânica entre ambos proporcionada por dispositivos apropriados, denominados conectores de cisalhamento. Nas lajes mistas, utiliza-se uma fôrma de aço conformada a frio, na maioria das vezes, de seção trapezoidal. Essa fôrma fica na face inferior da laje e trabalha como armadura positiva. A Figura 1.2 mostra uma obra com pilares mistos totalmente revestidos com concreto, vigas mistas e lajes mistas.

Os elementos mistos são projetados de modo que:

- suas partes de concreto trabalhem predominantemente à compressão, pois o concreto possui resistência à tração muito limitada;
- seu componente de aço, exceto nos pilares mistos, trabalhe predominantemente à tração, para que fique isento de problemas relacionados à instabilidade.

FIGURA 1.2 Exemplo de obra com elementos estruturais mistos de aço e concreto.

Nos pilares mistos usa-se armadura longitudinal (Figura 1.2), formada por barras redondas nervuradas, cuja contribuição também é levada em conta na determinação da sua capacidade resistente. De maneira similar aos elementos de concreto armado, barras transversais (estribos) envolvendo a armadura longitudinal são sempre empregadas.

1.2.3 Estruturas híbridas

Existem estruturas, denominadas híbridas, formadas por elementos somente de concreto armado e elementos puramente de aço ou mistos de aço e concreto. É comum, por exemplo, encontrar edificações com pilares de concreto armado moldado no local ou pré-moldado e vigas de aço (ou mistas), evidentemente com lajes de concreto armado (ou mistas). A Figura 1.3a indica um caso em que treliças de aço se apoiam em pilares de concreto armado moldados no local, e a Figura 1.3b, uma estrutura que utiliza vigas e contraventamentos de aço com pilares pré-moldados de concreto.

(a) Treliças de aço apoiadas em pilares de concreto

(b) Vigas e contraventamentos de aço e pilares de concreto

FIGURA 1.3 Exemplos de estruturas híbridas.

1.3 Vantagens do aço como material estrutural

A seguir, apresentam-se algumas das principais vantagens da utilização do aço como material estrutural, seja em elementos puramente de aço, seja naqueles mistos de aço e concreto.

1.3.1 Elevada resistência

O aço é o material estrutural que possui maior índice de resistência (razão entre resistência e peso específico). Por esse motivo, os elementos estruturais de aço têm seção transversal com dimensões menores que os de outros materiais. Por exemplo (Figura 1.4), um pilar de aço de edifício com pé-direito de 3 m em perfil H, suportando uma força axial de compressão de cálculo de 1.500 kN, pode possuir como dimensões 250 x 250 x 9,5 x 8 mm, com área da seção transversal de 66 cm² e peso total da peça de 3 m igual a 1,5 kN. Em concreto armado, o pilar teria uma seção quadrada de lado igual a 300 mm, com área da seção transversal de 900 cm² e peso total da peça de 3 m igual a 6,8 kN. Se a força axial fosse de 15.000 kN, o perfil de aço poderia ter como dimensões 700 x 700 x 31,5 x 19 mm, com área da seção transversal de 562 cm² e peso total da peça de 3 m igual a 13,2 kN, e a seção de concreto teria lado de 800 mm, com área da seção transversal de 6.400 cm² e peso total da peça de 3 m igual a 48 kN.

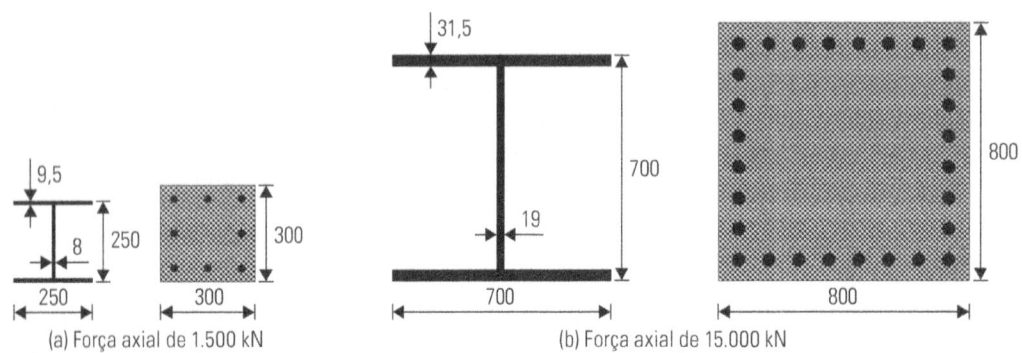

FIGURA 1.4 Comparação entre pilares de aço e de concreto armado (dimensões em mm).

Considerando agora uma viga biapoiada (Figura 1.5) com 5 m de vão, sobreposta por uma laje de concreto e submetida a uma carga de cálculo uniformemente distribuída de 20 kN/m, pode-se usar um perfil I de aço com dimensões 200 x 120 x 8 x 6,3 mm, com área da seção transversal de 31 cm² e peso total da peça de 5 m igual a 1,2 kN. Se a viga fosse de concreto armado, com a mesma largura de 120 mm, teria uma altura de 500 mm, com área da seção transversal de 600 cm² e peso total da peça de 5 m igual a 7,5 kN. Se o vão da viga passasse para 15 m e a carga para 70 kN/m, o perfil de aço poderia ter como dimensões 840 x 400 x 19 x 8 mm, com área da seção transversal de 216 cm² e peso total da peça de 15 m igual a 25,5 kN, e a seção de concreto armado, com a mesma largura de 400 mm, teria altura de 1.200 mm, com área da seção transversal de 4.800 cm² e peso total da peça de 15 m igual a 180 kN. Nessas comparações (e também nas anteriores relacionadas a pilares), levou-se em conta o perfil de aço com resistência ao escoamento igual a 300 MPa e o concreto com resistência característica à compressão igual a 30 MPa, valores usuais na construção civil (Capítulo 3).

A estrutura de aço é, portanto, a mais adequada às obras em que há a necessidade de vencer grandes vãos, como é o caso de ginásios de esportes, estádios, centros de compras, galpões e hangares, ou grandes alturas, como em edifícios altos. Além disso, por causa do menor peso próprio da estrutura, o uso do aço é vantajoso quando as condições do solo são pouco favoráveis para a fundação.

É evidente que, se em vez de um pilar puramente de aço for usado um pilar misto, o perfil metálico terá dimensões externas ainda menores, mas a área da seção transversal e o peso do pilar serão maiores em virtude das partes de concreto. Da mesma forma, se em vez da viga puramente de aço sob a laje de concreto for projetada uma viga mista, o perfil de aço terá dimensões menores, podendo apresentar redução de peso de até 30%.

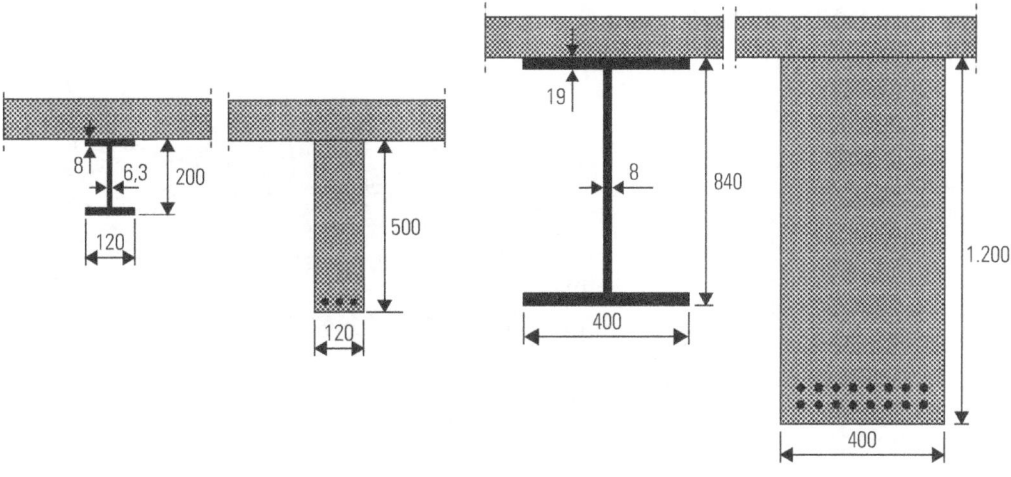

FIGURA 1.5 Comparação entre vigas de aço e de concreto armado (dimensões em mm).

1.3.2 Elevada ductilidade

Os aços estruturais são materiais que possuem elevada ductilidade (a deformação na ruptura se situa entre 15% e 40%), o que faz que sejam resistentes a impactos e, em pontos de alta concentração de tensões, que estas se redistribuam pelo elemento. Como ilustração, a Figura 1.6 mostra ensaios de tração em três corpos de prova de aço estrutural, que forneceram como resultados resistência ao escoamento acima de 415 MPa e resistência à ruptura próxima de 500 MPa, além de deformação entre 32% e 35% na ruptura.

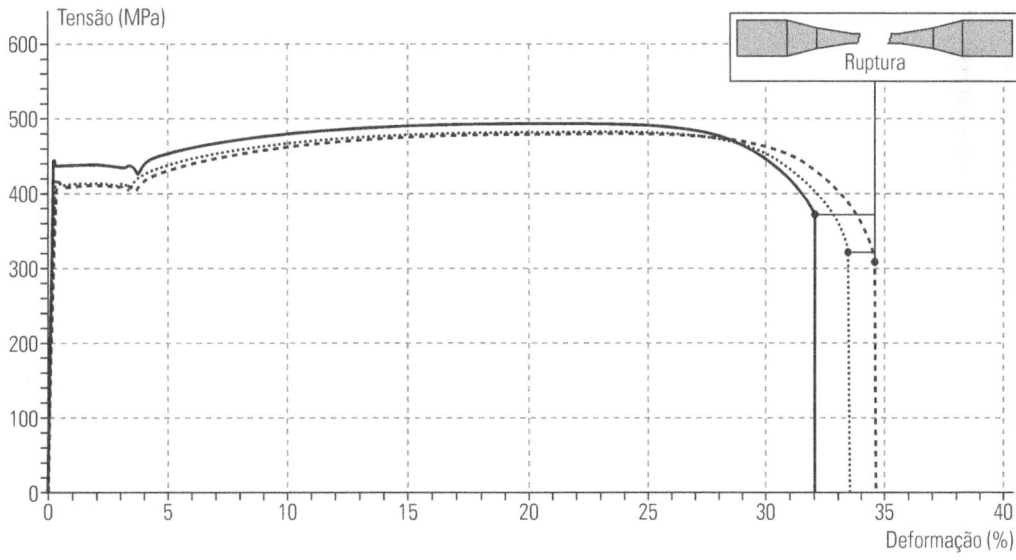

FIGURA 1.6 Exemplos de ensaios de tração em corpos de prova de aço estrutural.

1.3.3 Alto grau de confiança

O aço é um material homogêneo e isotrópico, com características mecânicas bem definidas. Por essa razão, possui um grau de confiança elevado, que se reflete no coeficiente de ponderação da resistência empregado no cálculo estrutural, bem menor que o do concreto, como se verá no Capítulo 4.

1.3.4 Canteiro de obras menor, limpo e organizado

Em uma construção com elementos estruturais puramente de aço, a dispensa de escoramento e fôrmas e a ausência de manuseio de materiais diferentes reduzem a área necessária ao canteiro de obras e à estocagem e colaboram para manter o canteiro limpo, organizado e sem entulhos, como se vê na Figura 1.7. No caso de haver elementos estruturais mistos, esses benefícios podem se reduzir um pouco, tendo em vista a eventual necessidade de fôrmas para concreto, escoramentos e a colocação de armaduras.

FIGURA 1.7 Canteiro de obras de uma edificação com estrutura de aço.

1.3.5 Facilidade de reforço e ampliação

A obra executada com perfis de aço pode ser facilmente reforçada ou ampliada em caso de necessidade. Um exemplo de reforço em viga de aço ou mista com perfil I é mostrado na Figura 1.8a, em que um perfil T é soldado à face inferior da viga, aumentando de maneira substancial sua capacidade resistente à flexão e rigidez. A Figura 1.8b ilustra o reforço de um pilar com perfil H por meio da soldagem de chapas nas suas mesas, o que eleva sua capacidade resistente às ações atuantes. E, na Figura 1.8c, tem-se um exemplo de ampliação de uma edificação pela construção de um vão adicional, cuja viga é ligada por parafusos a um pilar existente.

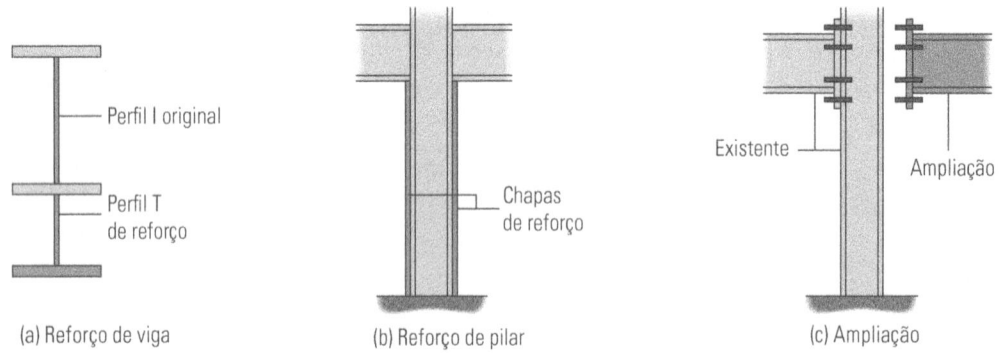

(a) Reforço de viga   (b) Reforço de pilar   (c) Ampliação

FIGURA 1.8 Ilustração de reforço e ampliação.

1.3.6 Reciclagem e reaproveitamento

O aço está entre os materiais mais recicláveis e reciclados do mundo. Os elementos estruturais ou qualquer produto de aço, ao final da vida útil, ou simplesmente quando, por qualquer razão, perdem sua finalidade, são transformados em sucata, que, por sua vez, pode ser empregada na fabricação de novos produtos siderúrgicos. A produção de aço a partir de sucata reduz o consumo de matérias-primas não renováveis, economiza energia e evita a necessidade de ocupação de áreas para o descarte de produtos obsoletos. A Figura 1.9 mostra um fluxograma com o processo de reciclagem do aço.

Adicionalmente, a estrutura de aço, em especial quando as ligações forem parafusadas, pode ser desmontada e reaproveitada.

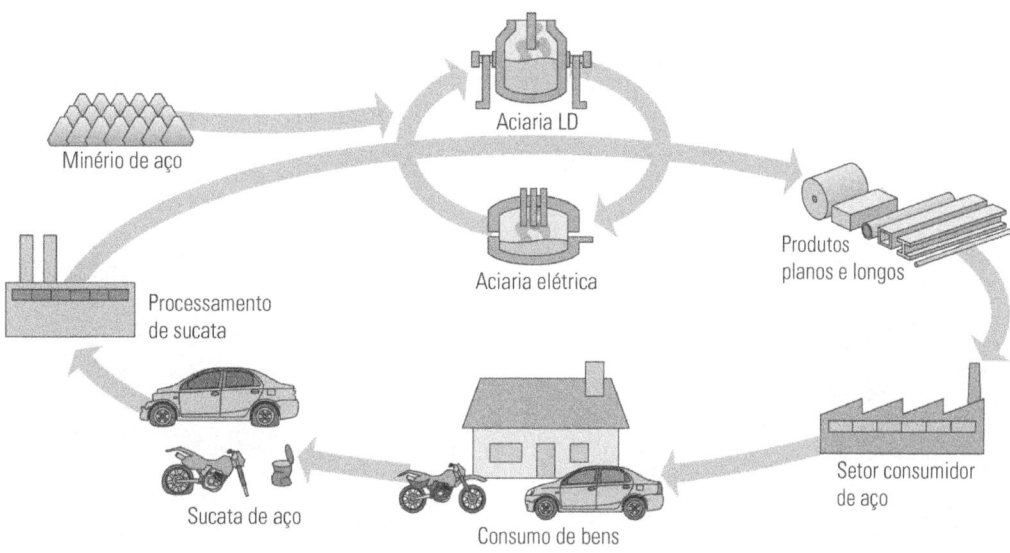

FIGURA 1.9 Processo de reciclagem do aço.
Fonte: Adaptada a partir do site do Instituto Aço Brasil.

Essas duas características, reciclagem e reaproveitamento, são essenciais para que a construção com aço seja considerada sustentável. Afinal, elas estão em conformidade com princípios do desenvolvimento sustentável que envolvem o ciclo global da construção (extração de matérias-primas, cessamento da finalidade, ou seja, quando a estrutura não será mais utilizada, e destinação final dos resíduos resultantes), permitindo o equilíbrio entre o ambiente natural e o construído. Nas estruturas mistas, o concreto também apresenta propriedades de reciclagem e reaproveitamento.

1.3.7 Rapidez de execução

Como a estrutura metálica é composta de peças pré-fabricadas (Figura 1.10), com dimensões precisas, a montagem é executada com grande rapidez, sem ser afetada por chuvas. Isso permite a conclusão da obra em prazo menor em comparação, por exemplo, com estruturas de concreto armado moldado no local. No caso de se utilizarem elementos mistos, pode haver uma demanda adicional de tempo.

1.4 Cuidados na utilização do aço como material estrutural

FIGURA 1.10 Montagem de estrutura com peças de aço pré-fabricadas.

O aço, como qualquer material estrutural, requer certos cuidados ao ser usado, de modo a evitar situações indesejáveis. Alguns desses cuidados referem-se à corrosão e ao comportamento em situação de incêndio, conforme será detalhado a seguir.

1.4.1 Corrosão

A corrosão é um processo espontâneo que reduz gradualmente as espessuras das chapas que formam as seções transversais dos elementos estruturais, que podem se tornar inválidos para as finalidades pretendidas. A Figura 1.11 mostra dois casos extremos de ocorrência do fenômeno: nas chapas das nervuras de reforço da base de um pilar e nas chapas da região de uma ligação entre viga e pilar.

FIGURA 1.11 Exemplos de corrosão de grande intensidade.

A pintura e a galvanização (Figura 1.12) são os procedimentos mais usados para a proteção da estrutura contra corrosão. A galvanização consiste no recobrimento da superfície do aço com uma camada de zinco, em geral obtida pela imersão das peças em grandes cubas com zinco fundido a aproximadamente 450 °C. Caso se queira, o aço galvanizado pode, ainda, ser pintado.

FIGURA 1.12 Pintura e galvanização.

A velocidade de corrosão (redução da espessura com o tempo) depende da agressividade do ambiente. O processo é mais acelerado:

- em locais com alta umidade relativa do ar;
- em ambientes poluídos, como os do centro das grandes cidades e os industriais, especialmente quando sujeitos a vapores ácidos;
- na orla marítima, em razão da presença de cloreto de sódio;
- junto a piscinas, por causa do cloro.

Um modo de evitar os problemas citados consiste no uso de aços resistentes à corrosão atmosférica. Tais aços, em virtude de suas composições químicas, apresentam velocidade de corrosão pelo menos quatro vezes inferior à dos demais e podem, em atmosferas menos agressivas, ser utilizados sem proteção anticorrosiva. Para os elementos estruturais mistos, existe a vantagem de as superfícies do perfil de aço com cobrimento adequado de concreto não estarem sujeitas à corrosão.

1.4.2 Comportamento em situação de incêndio

Embora o aço seja um material incombustível, suas principais propriedades mecânicas degeneram-se consideravelmente em altas temperaturas. A Figura 1.13 mostra os fatores de redução da resistência ao escoamento e do módulo de elasticidade dos aços estruturais mais comuns com o aumento da temperatura, conforme prescrições normativas. Pode-se observar, por exemplo, que a 600 °C a resistência ao escoamento e o módulo de elasticidade do aço se limitam a 47% e 31% dos respectivos valores à temperatura ambiente.

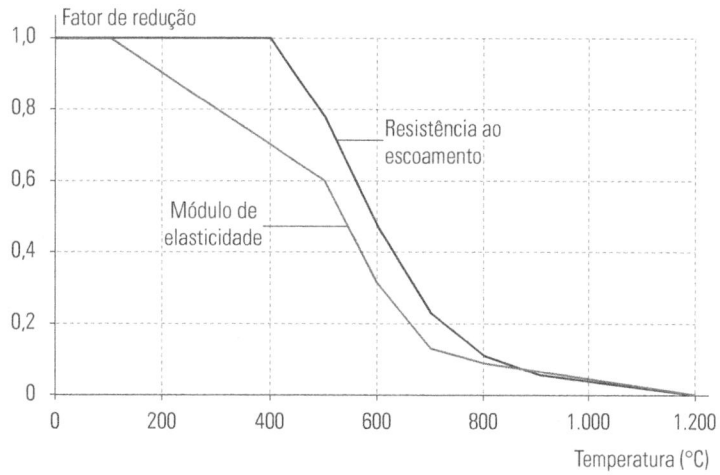

FIGURA 1.13 Reduções de resistência e rigidez do aço com a elevação da temperatura.

Quando ocorre um incêndio, a temperatura do aço alcança valores elevados, e, em decorrência das reduções de resistência e rigidez, a estrutura pode perder a capacidade de suportar as ações atuantes e sofrer colapso total ou parcial. A Figura 1.14 mostra a falha de treliças de aço apoiadas em pilares de concreto de uma cobertura.

Para uma estrutura submetida a incêndio, a temperatura do aço em que ocorre o colapso denomina-se temperatura crítica. Se a estrutura estiver dimensionada para total aproveitamento do material (sem folga), a temperatura crítica situa-se geralmente entre 550 °C e 650 °C.

FIGURA 1.14 Colapso de treliças de uma cobertura causado por incêndio.

Em algumas situações, há a necessidade de proteger a estrutura contra incêndio, para que a temperatura do aço não alcance a crítica. Tal proteção é feita com materiais apropriados, que normalmente têm em sua composição gesso, vermiculita, fibras minerais ou produtos cerâmicos. Esses materiais, denominados materiais de revestimento contra fogo, costumam ter a forma de argamassa, que é projetada em toda a superfície exposta dos elementos estruturais (Figura 1.15a), ou de placas rígidas, que são montadas em volta dos elementos estruturais (Figura 1.15b). No primeiro caso, a proteção é denominada "tipo contorno" e, no segundo, "tipo caixa".

(a) Tipo contorno   (b) Tipo caixa

FIGURA 1.15 Proteção de elementos estruturais contra incêndio.

Se a estrutura de aço de uma edificação é aparente e precisa ser protegida contra incêndio, pode-se utilizar tinta intumescente. Esse produto tem sua espessura aumentada entre vinte e trinta vezes ao ser submetido ao calor e passa a apresentar um aspecto esponjoso, como ilustra a Figura 1.16, funcionando como eficiente material de revestimento contra fogo. Além disso, ele permite que seja aplicada sobre si uma pintura de acabamento, de modo que a estrutura fique com a cor final desejada.

Outro modo de reduzir o problema consiste na utilização de aços resistentes ao fogo. Esses aços, em virtude de suas composições químicas, apresentam degenerescência das propriedades mecânicas com a elevação da temperatura menos acentuada que a dos demais aços. Assim, em determinadas situações, a proteção contra incêndio pode ser eliminada ou, na pior das hipóteses, reduzida. No entanto, em quase todo o mundo, esses aços apresentam custo pouco competitivo e raramente são empregados.

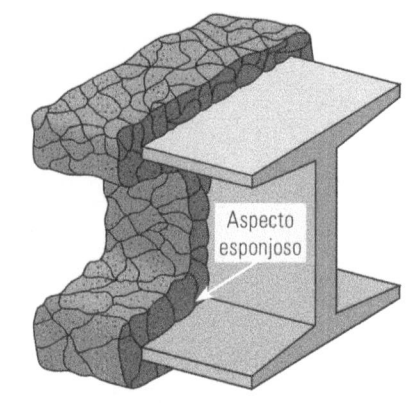

FIGURA 1.16 Comportamento da tinta intumescente.

É interessante mencionar que os aços estruturais, quando resfriados após um incêndio, não apresentam trincas ou fissuras e retomam pelo menos 90% das suas propriedades mecânicas originais. Por essa razão, todas as peças recuperáveis, ou seja, que não estiverem demasiadamente deformadas, poderão ser reutilizadas.

Nos elementos estruturais mistos, o concreto também sofre degenerescência da resistência à compressão e do módulo de elasticidade quando submetido a altas temperaturas. A Figura 1.17 oferece uma ideia das reduções dessas duas propriedades no concreto de densidade normal.

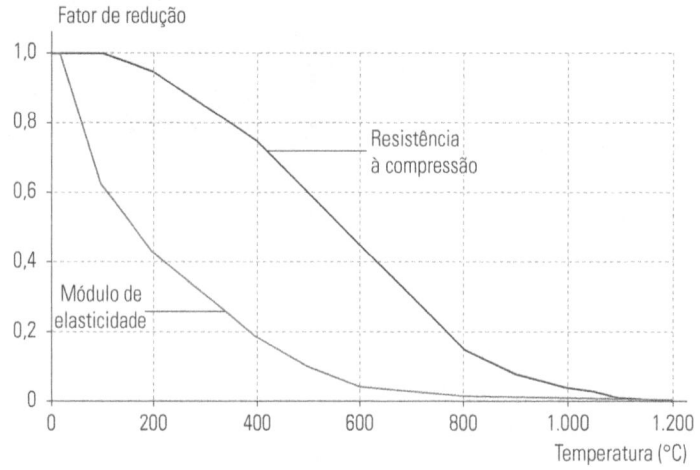

FIGURA 1.17 Reduções de resistência e rigidez do concreto com a temperatura.

Já a Figura 1.18 expõe o colapso de um pilar de concreto armado que foi submetido à ação do fogo, caracterizado pelo esmagamento do concreto e deformação da armadura longitudinal.

Como o concreto não é um bom condutor de calor, a degradação de propriedades mecânicas é maior nas suas camadas externas, mais expostas ao fogo, podendo ser até desprezada nas partes mais internas, que se mantêm menos aquecidas. Ainda por causa da baixa condutividade térmica, nos pilares mistos, assim como nos pilares apenas de concreto armado, a armadura longitudinal é pouco afetada pelo incêndio, caso possua cobrimento adequado. No caso do pilar misto totalmente revestido com concreto, o perfil de aço também é pouco afetado pelo incêndio, caso seu cobrimento seja apropriado, mas, no pilar parcialmente revestido com concreto, as mesas do perfil são bastante afetadas (Figura 1.19a). Nas vigas mistas, o perfil de aço fica bastante afetado pelo incêndio (Figura 1.19b). Nas lajes mistas, a fôrma de aço, que tem função de armadura positiva, é totalmente exposta ao incêndio, e seu aquecimento pode causar colapso. Uma solução usual consiste em colocar barras de aço dentro das nervuras, que funcionam como armadura positiva da laje, garantindo a capacidade resistente necessária quando a fôrma perde parte importante da sua condição de trabalho (Figura 1.19c). Outra solução, menos comum e geralmente mais onerosa, implica em usar material de revestimento contra fogo na face inferior da fôrma.

FIGURA 1.18 Falha de um pilar de concreto armado exposto ao fogo.

Durante o incêndio, o concreto sofre um processo de fissuração e, quando resfriado, não recupera suas propriedades mecânicas originais, além de ter sua durabilidade prejudicada. Assim, não é aceitável reutilizar um elemento estrutural misto após um incêndio, mesmo que não apresente falhas visíveis, sem que sejam feitas avaliações minuciosas de sua condição estrutural.

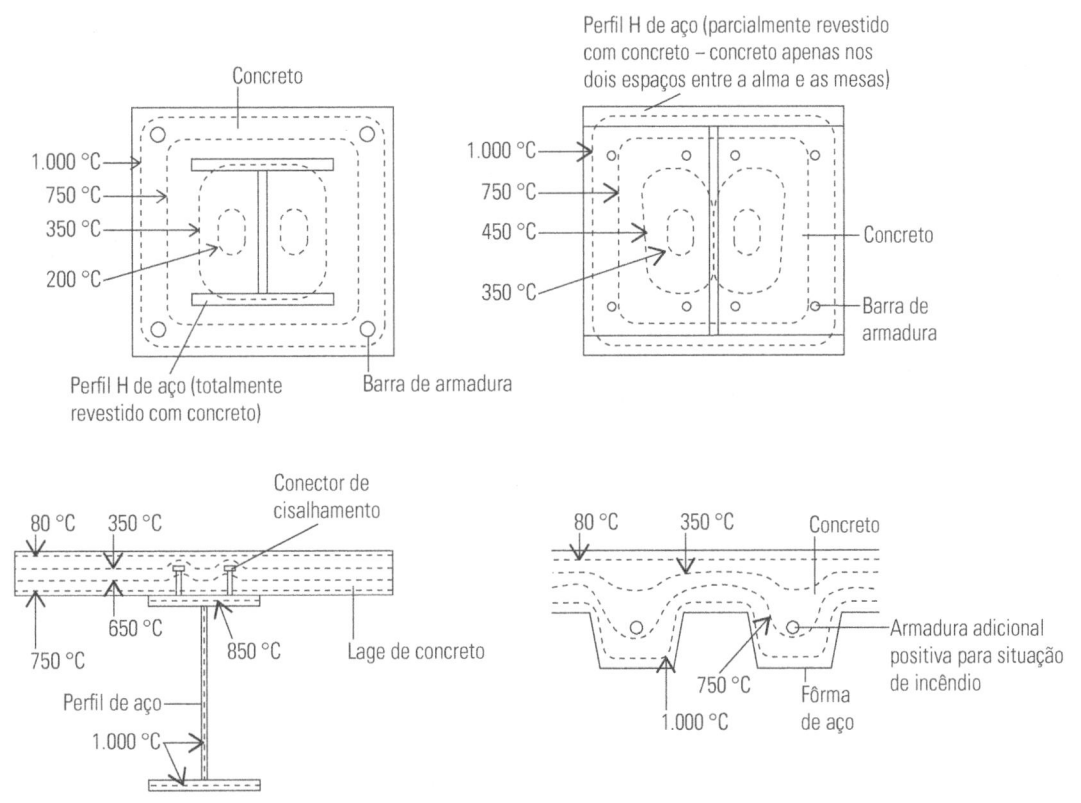

FIGURA 1.19 Distribuição de temperatura nos elementos mistos em incêndio.

1.5 Noções sobre consumo de aço estrutural

Um importante fator para determinar o custo de uma estrutura metálica é mensurar o consumo de aço, geralmente expresso em massa (dada em quilogramas) por metro quadrado de construção. Esse consumo varia em função de diversos fatores, entre os quais a qualidade do aço estrutural e o tipo, a finalidade e a localização da edificação, e só pode ser obtido com precisão em uma obra específica após análise criteriosa. No entanto, apenas para efeito ilustrativo, o Quadro 1.1 fornece consumos estimados com base em levantamentos feitos em edificações convencionais. Nesse quadro, considera-se que nos edifícios de vários pavimentos e nos centros de compras as vigas sejam mistas e os pilares, de aço. Na hipótese de pilares mistos serem usados nesses tipos de construção, evidentemente haverá redução no consumo de aço.

QUADRO 1.1 Consumos estimados de aço

Edificação	Massa (kg/m^2)
Edifício residencial ou comercial com até 4 pavimentos (padrão popular)	20 a 35
Edifício residencial ou comercial com até 4 pavimentos (padrão médio a alto)	25 a 50
Edifício residencial ou comercial de 4 a 12 pavimentos	30 a 50
Edifício residencial ou comercial de 12 a 30 pavimentos	40 a 60
Residência térrea e sobrado	20 a 60
Shopping center	30 a 55
Galpão industrial sem ponte rolante	20 a 25
Galpão industrial com ponte rolante com capacidade de até 250 kN	30 a 60
Cobertura em geral	10 a 20

Bibliografia

ABNT NBR 8800:2008. *Projeto de estruturas de aço e de estruturas mistas de aço e concreto de edifícios*. Rio de Janeiro: ABNT, 2008.

ABNT NBR 14323:2013. *Projeto de estruturas de aço e de estruturas mistas de aço e concreto de edifícios em situação de incêndio*. Rio de Janeiro: ABNT, 2013.

ABNT NBR 14432:2000. *Exigências de resistência ao fogo de elementos construtivos de edificações*. Rio de Janeiro: ABNT, 2000.

GNECCO, C.; MARIANO, R.; FERNANDES, F. *Tratamento de superfície e pintura*. Rio de Janeiro: IABr/CBCA, 2003. (Série Manual de Construção em Aço).

INSTITUTO AÇO BRASIL. Disponível em: <http://www.acobrasil.org.br/site/portugues/sustentabilidade/reciclagem.asp>. Acesso: 18 set. 2014.

PANNONI, F. D. *Princípios da proteção de estruturas metálicas em situação de corrosão e incêndio*. 3a. ed. São Paulo: Gerdau, 2004. (Série Coletânea do Uso do Aço).

_____. *Projeto e durabilidade*. Rio de Janeiro: IABr/CBCA, 2009. (Série Manual de Construção em Aço).

PINHO, M. O; PENNA, F. *Transporte e montagem*. Rio de Janeiro: IABr/CBCA, 2005. (Série Manual de Construção em Aço).

_____. *Viabilidade econômica*. Rio de Janeiro: IABr/CBCA, 2008. (Série Manual de Construção em Aço).

SILVA, V. P.; VARGAS, M. R.; ONO, R. *Prevenção contra incêndio no projeto de arquitetura*. Rio de Janeiro: IABr/CBCA, 2010. (Série Manual de Construção em Aço).

VARGAS, M. R.; SILVA, V. P. *Resistência ao fogo das estruturas de aço*. Rio de Janeiro: IABr/CBCA, 2005. (Série Manual de Construção em Aço).

2
Materiais estruturais

2.1 Considerações iniciais

Neste capítulo, serão fornecidas todas as informações relevantes relacionadas ao comportamento dos aços estruturais dos perfis empregados nos elementos de aço e nos elementos mistos de aço e concreto (Item 2.2), incluindo suas especificações e propriedades mecânicas, com exceção das lajes mistas (os aços utilizados nas fôrmas de aço dessas lajes serão descritos no Capítulo 12). Serão fornecidos, ainda, dados relevantes dos aços de barras de armadura (Item 2.3) e do concreto (Item 2.4), materiais utilizados nos elementos estruturais mistos. Já os materiais de parafusos e soldas serão vistos no Capítulo 10.

2.2 Aços estruturais de perfis

2.2.1 Requisitos necessários

Os aços empregados na fabricação de perfis de seção aberta, incluindo chapas e barras redondas lisas, devem ter qualidade estrutural, isto é, precisam possuir propriedades mecânicas adequadas para a utilização em peças submetidas a tensões e deformações, além de durabilidade a fim de atender às exigências de vida útil.

Quanto às propriedades mecânicas, os aços estruturais devem ter nível apropriado de resistência mecânica, ductilidade, tenacidade, resiliência, soldabilidade, dureza superficial e homogeneidade. No que se refere à durabilidade, é necessário que tenham um padrão mínimo de resistência à corrosão. Além disso, os aços estruturais devem ter custo competitivo para utilização na construção civil.

2.2.2 Propriedades mecânicas

2.2.2.1 Sob tensão normal

Para a obtenção das propriedades mecânicas dos aços estruturais relacionadas ao comportamento sob tensão normal, realizam-se ensaios de tração, à temperatura atmosférica, de corpos de prova apropriados isentos de tensão residual. Assim, obtêm-se diagramas de tensão *versus* deformação como o mostrado simplificadamente na Figura 2.1, em que o material está inicialmente em regime elástico e, depois, em regime plástico, que se subdivide nas fases de escoamento e encruamento.

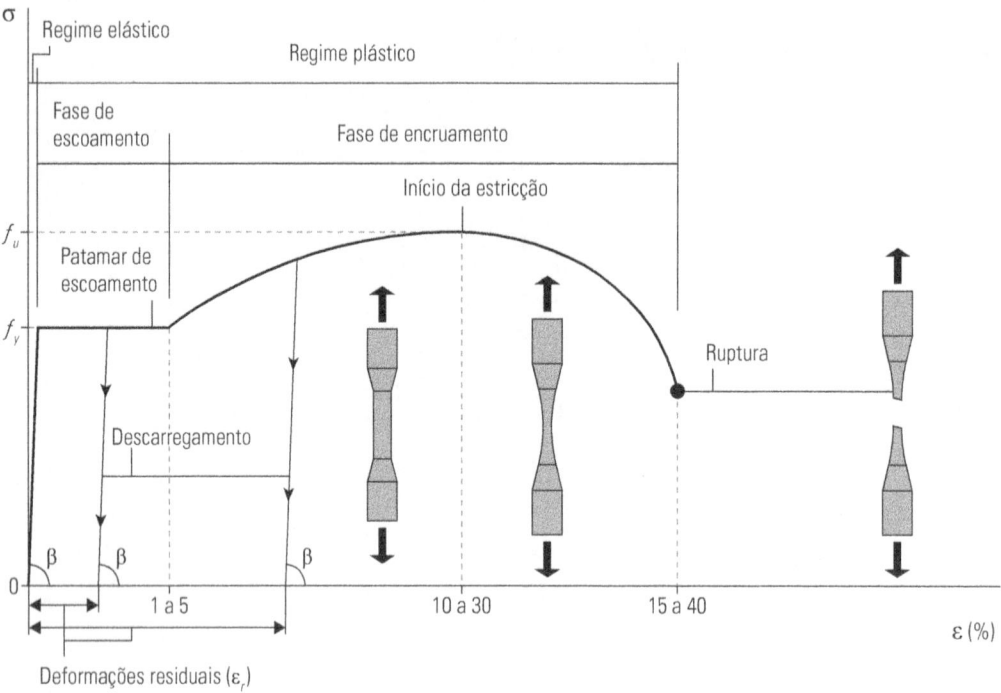

FIGURA 2.1 Diagrama simplificado de tração *versus* deformação dos aços estruturais.

O regime elástico é caracterizado pelo trecho reto que se inicia na origem e se encerra quando o aço atinge a tensão f_y, chamada de resistência ao escoamento. O aço segue a lei de Hooke, o que significa que as tensões (σ) e as deformações (ε) obedecem à seguinte relação linear:

$$\sigma = E_a \varepsilon \tag{2.1}$$

onde E_a é uma constante denominada módulo de elasticidade, módulo de Young ou, ainda, módulo de deformação longitudinal, cujo valor é igual à tangente do ângulo de inclinação β do trecho reto inicial. Para efeitos práticos, seu valor pode ser considerado como:

$$E_a = 200.000 \text{ MPa} \tag{2.2}$$

Nesse regime, o descarregamento ocorre segundo o mesmo caminho do carregamento, apenas com sentido inverso, e a deformação desaparece completamente.

O regime plástico se inicia no trecho do diagrama em que o aço fica com tensão constante, igual a f_y, enquanto a deformação aumenta consideravelmente, atingindo quase sempre valores entre 1% e 5%. Esse trecho caracteriza a fase de escoamento do aço e é conhecido como patamar de escoamento.

Após o escoamento, o aço sofre um rearranjo cristalino, denominado encruamento ou endurecimento, que faz a tensão crescer novamente, porém sem relação linear com a deformação. O aço está, então, na fase de encruamento e atinge sua tensão mais elevada, chamada resistência à ruptura, representada por f_u. A deformação correspondente varia em geral entre 10% e 30%.

Depois de alcançar a tensão f_u, a área da seção transversal na região central do corpo de prova começa a se reduzir mais rapidamente, fenômeno conhecido como estricção, com a ruptura ocorrendo com deformação da ordem de 15%

a 40%. A redução de tensão que se vê no diagrama após f_u aparece porque, convencionalmente, os valores das tensões são obtidos dividindo-se a força aplicada pela área original. Se a divisão fosse feita pela área reduzida pela estricção, em cada instante, as tensões seriam sempre crescentes. Dessa forma, pode-se dizer que a tensão f_u é a atuante na seção transversal original do corpo de prova correspondente à maior força que se consegue aplicar nela.

O descarregamento no regime plástico, tanto na fase de escoamento quanto na de encruamento, ocorre segundo uma reta praticamente paralela ao segmento reto inicial, portanto, sempre restará uma deformação residual (ε_r).

Caso o corpo de prova fosse submetido à compressão e hipoteticamente não sofresse problemas de instabilidade, seu comportamento no regime elástico e na fase de escoamento seria muito parecido com o da atuação da tração, mas apresentando redução no lugar de aumento de comprimento, com a resistência ao escoamento tendo aproximadamente o mesmo valor. Na fase de encruamento, no entanto, em vez de estricção, haveria aumento da área do corpo de prova, o que faria a força atuante se elevar de modo contínuo. Assim, ao contrário da resistência ao escoamento, a resistência à ruptura só é definida para solicitação de tração.

2.2.2.2 Sob tensão de cisalhamento

Um corpo de prova submetido à tensão de cisalhamento possui um diagrama de tensão *versus* deformação parecido com aquele relacionado às tensões normais de tração. A tangente do ângulo de inclinação do segmento reto inicial denomina-se módulo de elasticidade transversal ou módulo de rigidez do aço, representado por G_a, cujo valor pode ser obtido pela seguinte equação:

$$G_a = \frac{E_a}{2\left(1 + \nu_a\right)} \tag{2.3}$$

onde ν_a é o coeficiente de Poisson do aço, tomado igual a 0,3 em regime elástico. Introduzindo esse número na expressão de G_a e substituindo-se E_a por seu valor, 200.000 MPa, tem-se aproximadamente:

$$G_a = 77.000 \text{ MPa} \tag{2.4}$$

A resistência ao escoamento por cisalhamento, representada por f_{vy}, varia entre a metade e cinco oitavos da resistência ao escoamento à tensão normal (f_y). É possível, no entanto, chegar teoricamente ao seguinte valor, tradicionalmente usado em projetos estruturais:

$$f_{vy} = \frac{1}{\sqrt{3}} f_y \approx 0,6 f_y \tag{2.5}$$

A resistência à ruptura por cisalhamento (f_{vu}) situa-se entre dois terços e três quartos da resistência à ruptura à tensão normal (f_u). Por simplicidade e a favor da segurança, na prática, muitas vezes se adota f_{vu} como igual a 60% de f_u.

2.2.2.3 Massa específica, peso específico e coeficiente de dilatação térmica

Os aços estruturais apresentam, respectivamente, os seguintes valores de massa específica, peso específico e coeficiente de dilatação térmica:

$$\rho_a = 7.850 \text{ kg/m}^3 \tag{2.6}$$

$$\gamma_{pa} = 77 \text{ kN/m}^3 \tag{2.7}$$

$$\beta_a = 12 \times 10^{-6} \text{ °C}^{-1} \tag{2.8}$$

2.2.3 Composição química

Em sua composição química, os aços estruturais possuem uma porcentagem de ferro superior a 95% e carbono numa porcentagem máxima de 0,29%. Além desses componentes, considerados principais, esses aços podem possuir outros elementos químicos em pequenas quantidades. Alguns elementos são prejudiciais, como o enxofre e o fósforo, provenientes do processo de fabricação. Outros são adicionados intencionalmente, como o manganês, o silício, o cobre, o cromo, o nióbio, o vanádio, o níquel, o titânio e o molibdênio, a fim de melhorar determinadas propriedades mecânicas ou a durabilidade do aço (Item 2.2.1), embora também possam apresentar efeitos nocivos.

Pequenas variações nas quantidades de carbono e dos outros elementos permitem obter aços com qualidades diferentes. Assim, o carbono, por exemplo, é o principal elemento utilizado para aumentar a resistência mecânica, mas apresenta o inconveniente de reduzir a soldabilidade e a ductilidade. Também aumentam a resistência o manganês, o silício, o cobre, o cromo, o titânio e o níquel, mas esses elementos reduzem a soldabilidade e a ductilidade. O cobre, o cromo e o níquel igualmente aumentam a resistência à corrosão atmosférica, assim como o molibdênio. Já o nióbio, o vanádio e o molibdênio aumentam a resistência mecânica sem prejudicar a soldabilidade.

2.2.4 Classificação

2.2.4.1 Introdução

Os aços estruturais mais comumente usados no Brasil, em função da qualidade proporcionada pela composição química, são classificados como aços-carbono e aços de baixa liga e alta resistência mecânica. Esses aços podem possuir resistência à corrosão atmosférica normal ou superior à normal. No último caso, são denominados aços resistentes à corrosão atmosférica.

Os aços-carbono e os aços de baixa liga e alta resistência mecânica podem ser resistentes ao fogo. Nessa condição, conforme exposto no Subitem 1.4.2, apresentam degenerescência das propriedades mecânicas inferior à dos demais aços sob altas temperaturas.

Para assegurar a validade de determinadas prescrições, relacionadas principalmente com questões de soldabilidade e ductilidade, a ABNT NBR 8800:2008 exige que os aços estruturais possuam:

- resistência ao escoamento (f_y) máxima de 450 MPa;
- relação mínima entre as resistências à ruptura e ao escoamento (f_u/f_y) de 1,18.

2.2.4.2 Aços-carbono

Os aços-carbono, também chamados aços de média resistência mecânica ou aços comuns ao carbono, apresentam resistência ao escoamento máxima de 300 MPa. O nível de resistência desses aços se deve principalmente à presença do carbono, numa quantidade entre 0,15% e 0,29%, e do manganês, em porcentagem máxima de 1,5%. Também costumam possuir silício, cobre, fósforo e enxofre.

2.2.4.3 Aços de baixa liga e alta resistência mecânica

Os aços de baixa liga e alta resistência mecânica, também conhecidos como aços microligados ou simplesmente aços de alta resistência, têm teor de carbono entre 0,05% e 0,25% e de manganês inferior a 2%, acrescidos de elementos de liga, como cobre, níquel, cromo, nióbio, vanádio, molibdênio e titânio, entre outros, que melhoram suas propriedades mecânicas. Esses aços foram desenvolvidos para proporcionar propriedades mecânicas superiores às dos aços-carbono, com baixo custo de produção, tendo resistência ao escoamento situada entre 275 MPa e 450 MPa.

2.2.4.4 Aços resistentes à corrosão atmosférica

Os aços-carbono e os aços de baixa liga e alta resistência mecânica podem conter elementos como cobre, cromo e níquel em porcentagens adequadas, de modo a terem resistência à corrosão atmosférica superior à normal, constituindo os aços resistentes à corrosão atmosférica.

Nesses aços ocorre a formação de uma película de óxidos, de coloração castanho-alaranjada, praticamente insolúvel, contínua e aderida à superfície das peças expostas à atmosfera, chamada de pátina, que funciona como proteção anticorrosiva (Figura 2.2a). Tais aços não são imunes à corrosão, mas apresentam uma velocidade de corrosão (perda de espessura com o tempo) bastante inferior à dos demais aços. Deve-se, no entanto, observar que, em determinados ambientes extremamente agressivos, como os industriais, quando a concentração de dióxido de enxofre supera 250 μg/m^3, e os marinhos, com taxa de deposição de cloretos superior a 300 mg/m^2/dia, a pátina não se desenvolve adequadamente.

Os aços resistentes à corrosão atmosférica também são conhecidos como aços patináveis e, exceto nos ambientes que impedem a formação da pátina, anteriormente citados, podem ser utilizados sem pintura ou sem qualquer outro tipo de proteção. Como ilustração, a Figura 2.2b mostra resultados de ensaios realizados em área industrial, comparando as perdas de espessura de um aço comum e de um aço resistente à corrosão atmosférica, onde se observa que a diferença vai se acentuando com o tempo.

(a) Aspecto da pátina

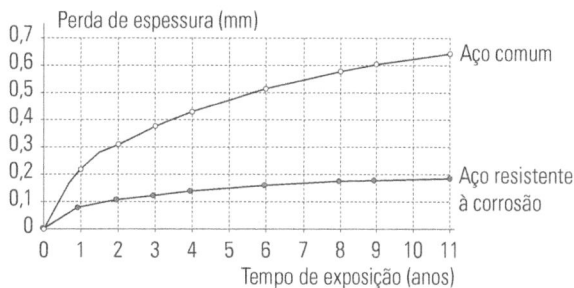
(b) Velocidade de corrosão em ambiente industrial

FIGURA 2.2 Comportamento dos aços resistentes à corrosão atmosférica.

2.2.5 Aços estruturais usados no Brasil

2.2.5.1 Aços normatizados

A Tabela 2.1 apresenta os aços normatizados pela ABNT para uso estrutural em perfis de seção aberta e chapas grossas (Capítulo 3) que atendam às condições relacionadas às propriedades mecânicas exigidas pela ABNT NBR 8800:2008 ($f_y \leq 450$ MPa e relação $f_u/f_y \geq 1,18$ — ver 2.2.4.1). Além disso, não são relacionados os aços com resistência ao escoamento inferior a 250 MPa, por não serem utilizados na prática. São citados o número e o ano da norma brasileira, sua aplicação e a denominação dos aços, com os respectivos valores mínimos (a menos que uma faixa seja indicada) da resistência ao escoamento (f_y) e da resistência à ruptura (f_u). Nos aços previstos na ABNT NBR 7007:2002, a sigla MR significa média resistência mecânica, a sigla AR, alta resistência mecânica e a sigla COR, resistência à corrosão atmosférica.

TABELA 2.1 Aços estruturais normatizados pela ABNT

NBR 7007:2002		
Aços-carbono e microligados para uso estrutural e geral		
Denominação	f_y (MPa)	f_u (MPa)
MR 250	250	400-560
AR 350	350	450
AR 350 COR	350	485
AR 415	415	520

NBR 6648:1984		
Chapas grossas de aço-carbono para uso estrutural		
Denominação	f_y (MPa)	f_u (MPa)
CG-26	255	410
CG-28	275	440

NBR 5000:1981		
Chapas grossas de aço de baixa liga e alta resistência mecânica		
Denominação	f_y (MPa)	f_u (MPa)
G-30	300	415
G-35	345	450
G-42	415	520
G-45	450	550

NBR 5008:1997		
Chapas grossas e bobinas grossas, de aço de baixa liga, resistentes à corrosão atmosférica, para uso estrutural		
Denominação	f_y (MPa)	f_u (MPa)
CGR 400	250	380
CGR 500 e CGR 500A	370	490

A ABNT NBR 8800:2008 permite o emprego de aços estruturais de especificação norte-americana ASTM (American Society for Testing and Materials), e os mais comuns no Brasil, usados na fabricação de chapas, perfis de seção aberta e barras redondas lisas, estão apresentados na Tabela 2.2. Graus diferentes de um mesmo aço indicam variações na composição química, que alteram suas propriedades mecânicas e seu comportamento, tornando-o mais ou menos adequado para determinadas aplicações.

TABELA 2.2 Aços estruturais de especificação ASTM comumente usados no Brasil

Classificação	Denominação	Produto	Grupo[1]	Grau	f_y (MPa)	f_u (MPa)
Aços-carbono	A36	Perfis laminados	–	–	250	400 a 550
		Chapas e barras redondas lisas	$t \leq 200$ mm			
Aços de baixa liga e alta resistência mecânica	A572	Perfis laminados	–	42	290	415
				50	345	450
				55	380	485
				60	415	520
				65	450	550
		Chapas e barras redondas lisas	$t \leq 150$ mm	42	290	415
			$t \leq 100$ mm	50	345	450
			$t \leq 50$ mm	55	380	485
			$t \leq 31,5$ mm	60	415	520
				65	450	550
	A992[2]	Perfis laminados	–	–	345 a 450	450
Aços de baixa liga e alta resistência mecânica resistentes à corrosão atmosférica	A242	Perfis laminados	$t_f \leq 37,5$ mm	–	345	485
			37,5 mm $< t_f \leq 50$ mm	–	315	460
			$t_f > 50$ mm	–	290	435
		Chapas e barras redondas lisas	$t \leq 19$ mm	–	345	480
			19 mm $< t \leq 37,5$ mm	–	315	460
			37,5 mm $< t \leq 100$ mm	–	290	435
	A588	Perfis laminados	–	–	345	485
		Chapas e barras redondas lisas	$t \leq 100$ mm	–	345	485
			100 mm $< t \leq 125$ mm	–	315	460
			125 mm $< t \leq 200$ mm	–	290	435

[1] t é a espessura da chapa ou o diâmetro da seção transversal da barra redonda lisa, e t_f é a espessura das mesas do perfil.
[2] A relação f_u/f_y não pode ser inferior a 1,18.

2.2.5.2 Aços produzidos pelas usinas siderúrgicas brasileiras

Além dos aços estruturais normatizados pela ABNT e pela ASTM, apresentados respectivamente nas tabelas 2.1 e 2.2, a ABNT NBR 8800:2008 permite, ainda, o uso de outros, desde que atendam às condições relacionadas às propriedades mecânicas mencionadas em 2.2.4.1.

Assim, as usinas siderúrgicas brasileiras produzem aços estruturais baseados em especificações próprias que são utilizados com frequência nas construções. Alguns desses aços, fornecidos na forma de chapas, produzidos pela

Usiminas e CSN, são indicados na Tabela 2.3, com sua qualidade e propriedades mecânicas (valores mínimos da resistência ao escoamento e da resistência à ruptura).

TABELA 2.3 Aços estruturais produzidos por Usiminas e CSN para chapas

Especificação	Classificação[1]	f_y (MPa)	f_u (MPa)	Fabricante
USI CIVIL 300	1	300	400	USIMINAS
USI CIVIL 350	2	350	500	USIMINAS
USI SAC 300	3	300	400	USIMINAS
USI SAC 350	4	350	500	USIMINAS
USI FIRE 350	5	350	490	USIMINAS
CSN COR 420	3	300	420	CSN
CSN COR 500	4	380	500	CSN

[1] 1: aço-carbono; 2: aço de baixa liga e alta resistência mecânica; 3: aço-carbono resistente à corrosão atmosférica; 4: aço de baixa liga e alta resistência mecânica resistente à corrosão atmosférica; 5: aço de baixa liga e alta resistência mecânica resistente à corrosão atmosférica e ao fogo.

2.2.5.3 Sobre os valores das propriedades mecânicas

Os valores das resistências ao escoamento e à ruptura dos aços estruturais são obtidos a partir de ensaios, e são característicos, definidos como aqueles que têm uma probabilidade muito pequena, que não supera 5%, de não serem atingidos em um dado lote de material.

Na prática, as usinas siderúrgicas ensaiam seus aços e costumam descartar os produtos que não atingem os valores característicos especificados. Assim, os aços fornecidos geralmente possuem valores de propriedades mecânicas superiores aos característicos (fato que pode ser comprovado em certificados emitidos pelas usinas). Apesar disso, no cálculo estrutural devem ser utilizados os valores característicos especificados, constantes, por exemplo, das tabelas 2.1, 2.2 e 2.3, e não os que aparecem nos certificados dos fabricantes de aço.

2.3 Aços estruturais de armaduras

Nos elementos estruturais mistos de aço e concreto, utilizam-se como armaduras passivas barras redondas nervuradas fabricadas em aço CA-50, que apresenta patamar de escoamento definido e aceita solda comum. Esse aço possui diagrama de tensão *versus* deformação similar ao dos aços estruturais dos perfis e exibe os seguintes valores característicos da resistência ao escoamento e da resistência à ruptura, respectivamente:

$$f_{ys} = 500 \text{ MPa} \tag{2.9}$$

$$f_{us} = 550 \text{ MPa} \tag{2.10}$$

O módulo de elasticidade do aço de armadura, representado por E_s, pode ser tomado igual a:

$$E_s = 210.000 \text{ MPa} \tag{2.11}$$

O coeficiente de dilatação térmica, β_s, para intervalos de temperatura entre −20 °C e 150 °C, pode ser considerado igual a:

$$\beta_s = 10 \times 10^{-6} \text{ °C}^{-1} \tag{2.12}$$

Os valores da massa específica (ρ_s) e do peso específico (γ_s) do aço CA-50 são iguais aos dos aços dos perfis estruturais, dados no Subitem 2.2.2.3.

Empregam-se também como estribos barras redondas lisas fabricadas com aço CA-60. Mais informações sobre esse aço podem ser obtidas na ABNT NBR 6118:2014.

2.4 Concreto

Neste livro, somente são tratados elementos estruturais mistos com concreto de densidade normal (concretos que depois de secos em estufa têm densidade compreendida entre 2.000 e 2.800 kgf/m³), com resistência característica à compressão, f_{ck}, entre 20 MPa e 50 MPa, e resistência à tração suposta, por simplicidade, nula.

A norma brasileira ABNT NBR 6118:2014, fornece ao concreto, para análises no estado-limite último, o diagrama de tensão *versus* **deformação na compressão** ($\sigma_c \times \varepsilon_c$) mostrado na Figura 2.3.

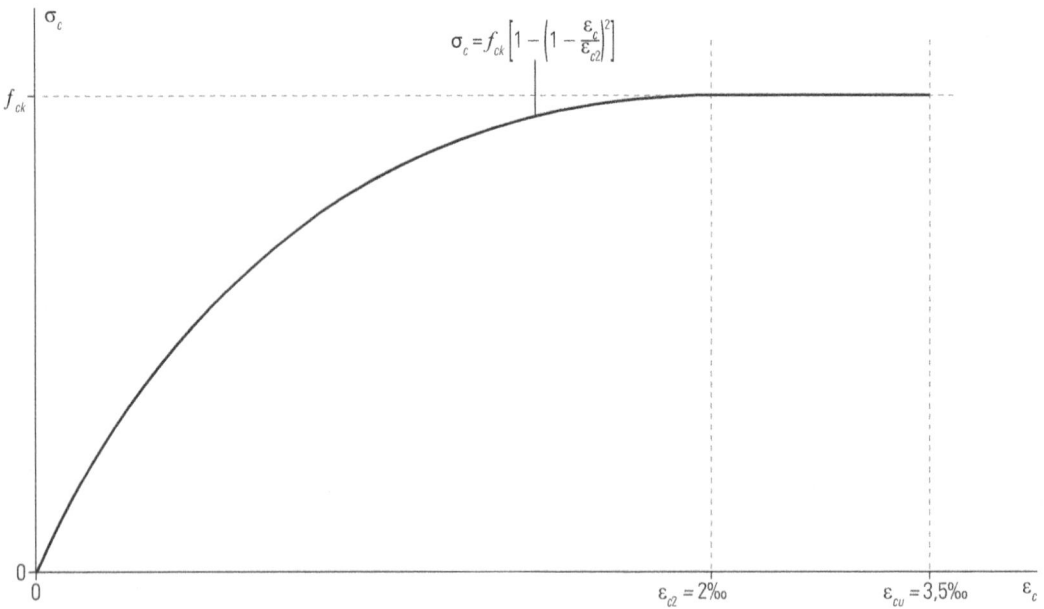

FIGURA 2.3 Diagrama de tensão *versus* deformação do concreto na compressão.

O módulo de elasticidade do concreto, a ser utilizado nos cálculos estruturais, é o secante, dado, em MPa, por:

$$E_c = \alpha_i \alpha_E \, 5.600 \sqrt{f_{ck}} \qquad (2.13)$$

sendo

$$\alpha_i = 0{,}8 + 0{,}2 \frac{f_{ck}}{80} \leq 1{,}0 \qquad (2.14)$$

$$\alpha_E = \begin{cases} 1{,}2 \text{ para basalto e diabásio} \\ 1{,}0 \text{ para granito e gnaisse} \\ 0{,}9 \text{ para calcário} \\ 0{,}7 \text{ para arenito} \end{cases} \qquad (2.15)$$

e onde a resistência característica à compressão, f_{ck}, deve ser expressa também em MPa.

O coeficiente de Poisson, o coeficiente de dilatação térmica, a massa específica e o peso específico são iguais, respectivamente, a:

$$\nu_c = 0,2 \tag{2.16}$$

$$\beta_c = 10 \times 10^{-6} \text{ °C}^{-1} \tag{2.17}$$

$$\rho_c = 2.400 \text{ kg/m}^3 \tag{2.18}$$

$$\gamma_{pc} = 24 \text{ kN/m}^3 \tag{2.19}$$

No caso do concreto armado, pode-se considerar que a massa e o peso específicos sofrem acréscimos de 100 kg/m³ e 1 kN/m³, respecivamente, tornando-se:

$$\rho_c = 2.500 \text{ kg/m}^3 \tag{2.20}$$

$$\gamma_{pc} = 25 \text{ kN/m}^3 \tag{2.21}$$

Salienta-se que os valores de densidade e peso específico fornecidos são aqueles que podem ser adotados para efeito de cálculo se a densidade real não for conhecida.

Bibliografia

ABNT NBR 8800:2008. *Projeto de estruturas de aço e de estruturas mistas de aço e concreto de edifícios*. Rio de Janeiro: ABNT, 2008.

ABNT NBR 6118:2014. *Projeto de estruturas de concreto*. Rio de Janeiro: ABNT, 2014.

PFEIL, W.; PFEIL, M. *Estruturas de aço*. 8a. ed. Rio de Janeiro: LTC, 2009. (Capítulo 1: Introdução).

SALMON, C. G.; JOHNSON, J. E.; MALHAS, F. A. *Steel structures:* design and behavior. 5. ed. Upper Saddle River, NJ, EUA: Pearson Prentice Hall, 2009 (Chapter 2: Steel and properties).

SILVA, V. P.; PANNONI, F. D. *Estruturas de aço para edifícios:* aspectos tecnológicos e de concepção. São Paulo: Blucher, 2010. (Parte 1, Capítulo 1: O processo siderúrgico; Parte 1, Capítulo 2: Produtos siderúrgicos; Parte 1, Capítulo 3: Propriedades mecânicas dos aços).

3 Perfis estruturais de aço

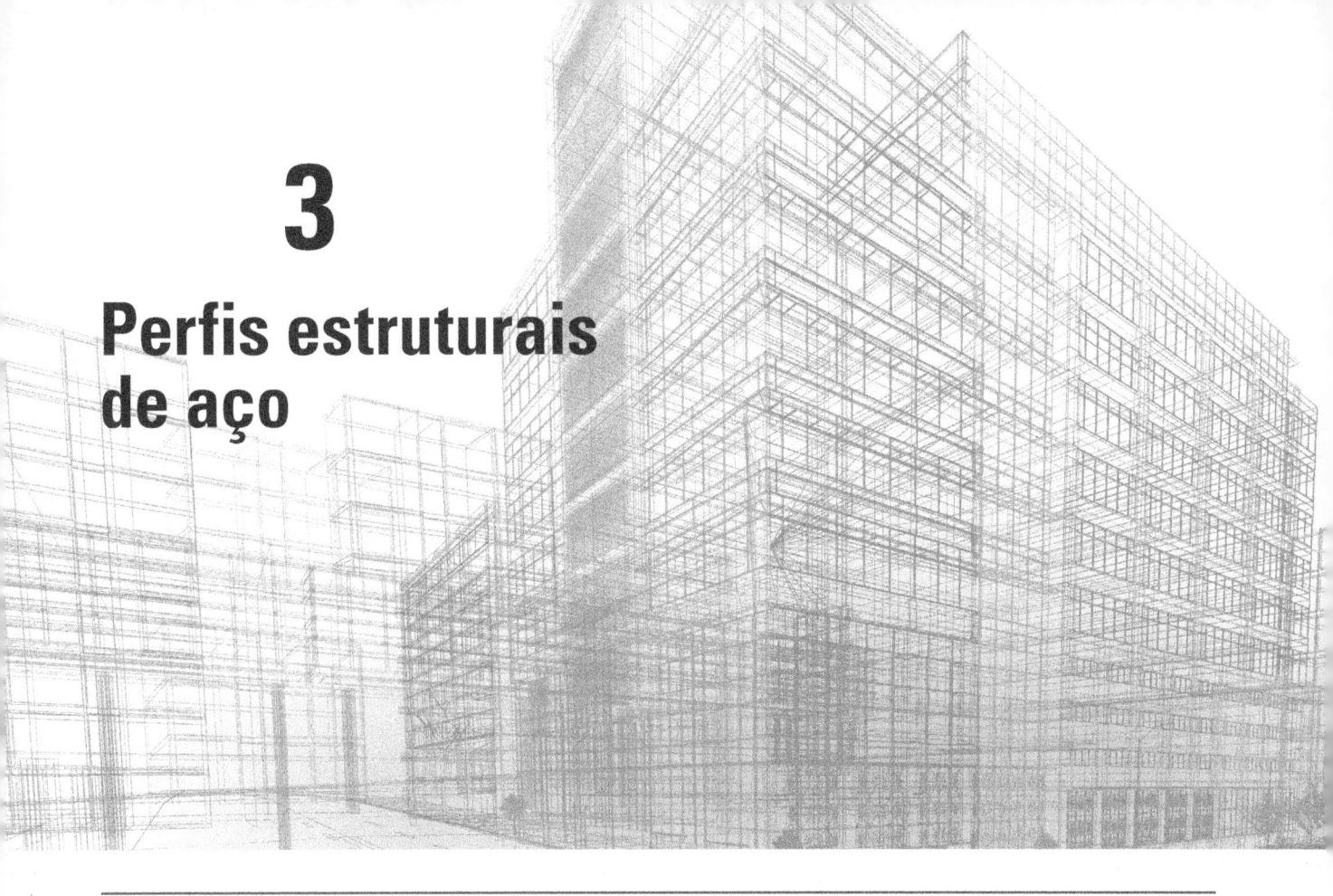

3.1 Considerações iniciais

Os perfis estruturais de aço previstos pela ABNT NBR 8800:2008 mais utilizados na construção civil brasileira podem ser classificados, segundo o modo de obtenção, como perfis laminados e perfis soldados.

Os perfis laminados, envolvendo, dentro do escopo deste livro, apenas perfis de seção aberta I, H, U e L (cantoneiras) e, ainda, as chapas e barras redondas, lisas ou nervuradas para armadura de concreto, são tratados no Item 3.2, e os perfis soldados no Item 3.3. Adicionalmente, no Item 3.4, são feitas considerações relevantes sobre o aparecimento das tensões residuais e sua influência no comportamento dos perfis.

Os perfis empregados nas fôrmas de aço das lajes mistas são mostrados no Capítulo 12, que aborda especificamente esse tipo de laje.

3.2 Perfis laminados

3.2.1 Considerações sobre obtenção

Os perfis laminados são aqueles obtidos por meio de um processo de transformação mecânica de metais chamado laminação. Nesse processo, a forma de um corpo metálico é alterada para torná-lo adequado a determinada aplicação. Assim, no caso dos perfis de aço:

- as chapas são obtidas a partir da laminação a quente, com temperatura geralmente superior a $1.000\,^{\circ}C$, de uma placa de dimensões maiores. Nessa operação, a seção transversal da placa é reduzida ao passar entre pares de cilindros paralelos, horizontais e verticais, cuja folga diminui gradativamente (Figura 3.1a). Os cilindros de cada par giram em sentidos contrários e movem a peça de aço por arrastamento sob o efeito de forças de atrito. Na passagem pelos cilindros, a peça é comprimida no sentido transversal — o que resulta em um efeito de homogeneização física e eliminação de defeitos locais — e estendida no sentido longitudinal — o que gera alongamento significativo;

- os perfis de seções I, H, U e L são obtidos de forma similar às chapas, mas a partir de blocos, com o uso de cilindros de diâmetro variável, como ilustra a Figura 3.1b para perfis I e H (nessa figura, é mostrada também, simplificadamente, a mudança de forma sequencial que ocorre na laminação desses perfis);
- as barras redondas são geralmente obtidas a partir de tarugos, com o emprego de cilindros com ranhuras, como se vê na Figura 3.1c.

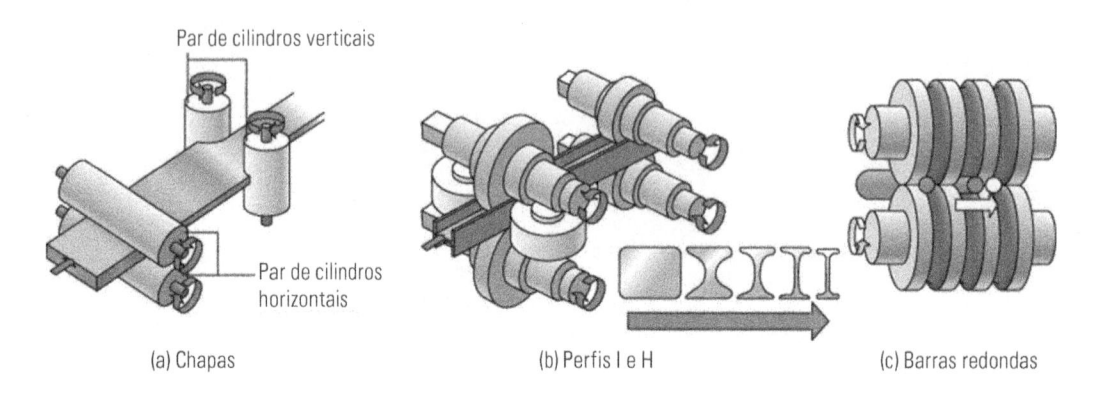

FIGURA 3.1 Esquemas da laminação.

Os cilindros, com seus mancais, integram um equipamento denominado laminador, constituído também por uma carcaça (gaiola) ou quadro para fixá-los e um motor para lhes fornecer potência e controlar sua velocidade de rotação.

3.2.2 Perfis produzidos no Brasil

3.2.2.1 Chapas

As chapas podem ser grossas (isto é, com espessura igual ou superior a 4,75 mm) ou finas (de espessura inferior a 4,75 mm). Neste capítulo, serão tratadas somente as chapas grossas (as finas são mais utilizadas para fabricação de perfis formados a frio, que não fazem parte do escopo deste livro, de telhas e fôrmas de aço e de outros produtos similares). Essas chapas são fornecidas comumente como peças retangulares (Figura 3.2), com comprimento de 12 m e largura de 3,2 m.

A Tabela 3.1 apresenta as espessuras comerciais, em milímetros, das chapas grossas produzidas no Brasil entre 4,75 mm e 102 mm, com suas respectivas massas em quilogramas por metro quadrado. Alguns fabricantes, no entanto, podem fornecer chapas com as espessuras em polegadas. Chapas com espessuras diferentes das comerciais também podem ser utilizadas, mas devem ser especialmente encomendadas e, dependendo da quantidade, vão ter custo e prazo de entrega maiores. Entre os principais fornecedores brasileiros de chapas para a construção civil estão a Usiminas e a CSN, que fabricam esses produtos com aços normatizados pela ABNT, com aços especificados pela ASTM e, ainda, com aços próprios, conforme visto no Capítulo 2.

Uma chapa é definida por meio do símbolo CH, seguido da espessura em milímetros (por exemplo, CH 16, CH 25 etc.). A espessura pode ser acompanhada, caso seja de interesse, pela largura e pelo comprimento da peça, em milímetros (por exemplo: CH 16 x 500 x 2.000, CH 25 x 300 x 4.000 etc.).

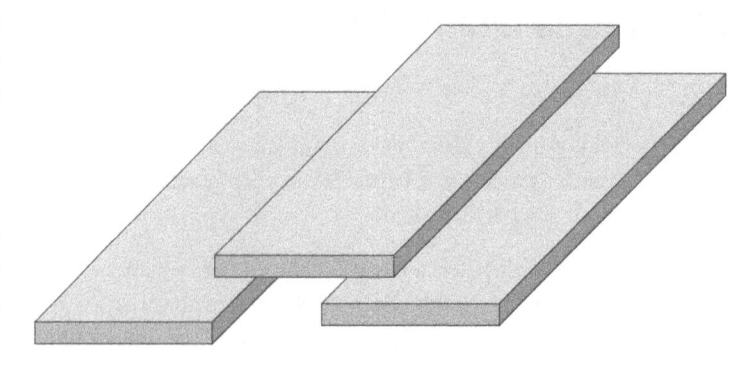

FIGURA 3.2 Chapas grossas.

TABELA 3.1 Espessuras comerciais de até 102 mm e massa das chapas grossas

Espessura (mm)	Massa (kg/m^2)	Espessura (mm)	Massa (kg/m^2)
4,75	37,3	31,5	247
6,30	49,5	37,5	294
8,00	62,8	45,0	353
9,50	74,6	50,0	393
12,5	98,1	57,0	447
16,0	126	63,0	495
19,0	149	76,0	597
22,4	176	89,0	699
25,0	196	102	801

3.2.2.2 Perfis de seção aberta

Formas de seção transversal

Os perfis laminados de seção aberta produzidos atualmente no Brasil são:

- perfil I de faces inclinadas;
- perfil I e H de faces paralelas;
- perfil U e perfil L (cantoneira) de abas iguais.

A Figura 3.3 mostra a forma das seções transversais desses perfis com a identificação dos elementos componentes, posição do centro geométrico ou centroide (G) e a posição dos eixos centroidais principais de inércia, sendo x o eixo de maior inércia e y o de menor inércia (neste livro, para simplificar, seguindo a nomenclatura da ABNT NBR 8800:2008, os eixos centroidais principais serão chamados de centrais). Nas cantoneiras, vê-se também a posição dos eixos centroidais paralelos às abas (eixos x_1 e y_1).

No Apêndice A, estão as tabelas dos perfis laminados de seção aberta supracitados, nas quais são fornecidas as dimensões, as massas e as propriedades geométricas.

Perfis I de faces inclinadas

Os perfis I de faces inclinadas (a face interna das mesas não é paralela à externa) obedecem a uma antiga padronização norte-americana e podem ter altura variando entre 76,2 mm (3") e 508 mm (20"). São fabricados por diversas empresas brasileiras, como Gerdau e ArcelorMittal, com vários aços estruturais, mas principalmente com aço ASTM A36. Nesses perfis, a largura das mesas está entre 66% e 35% da altura. A cada altura de perfil, tem-se mais de uma seção transversal distinta, em função da variação da espessura da alma e da largura das mesas (o perfil mais leve de cada altura é chamado de primeira alma). Esse tipo de perfil é apropriado para uso sob solicitação de flexão normal simples em relação ao eixo x, já que sua capacidade resistente à flexão em relação ao eixo y é reduzida. O perfil I é especificado pelo seu símbolo (I), seguido da altura (d), em milímetros, e da massa por unidade de comprimento, em quilogramas por metro (por exemplo: I 127 x 14,8).

Perfis U

Os perfis U, a exemplo dos perfis I de faces inclinadas, são produzidos no Brasil por diversas empresas, entre as quais a Gerdau e a ArcelorMittal, com vários aços, mas principalmente com ASTM A36. Podem possuir altura entre 76,2 mm (3") e 381 mm (15"), e também obedecem a uma antiga padronização norte-americana. De maneira similar aos perfis I, a cada altura de perfil, tem-se mais de uma seção transversal distinta, em função da variação da espessura da alma e da largura das mesas (o perfil mais leve de cada altura é chamado de primeira alma). São empregados, por exemplo, nos pilares de estruturas pouco carregadas, em componentes de treliças, em terças e travessas de tapamento e em degraus e vigas (longarinas) de escadas. O perfil U é especificado pelo seu símbolo (U), seguido da altura (d), em milímetros, e da massa por unidade de comprimento, em quilogramas por metro (por exemplo: U 152,4 x 12,2).

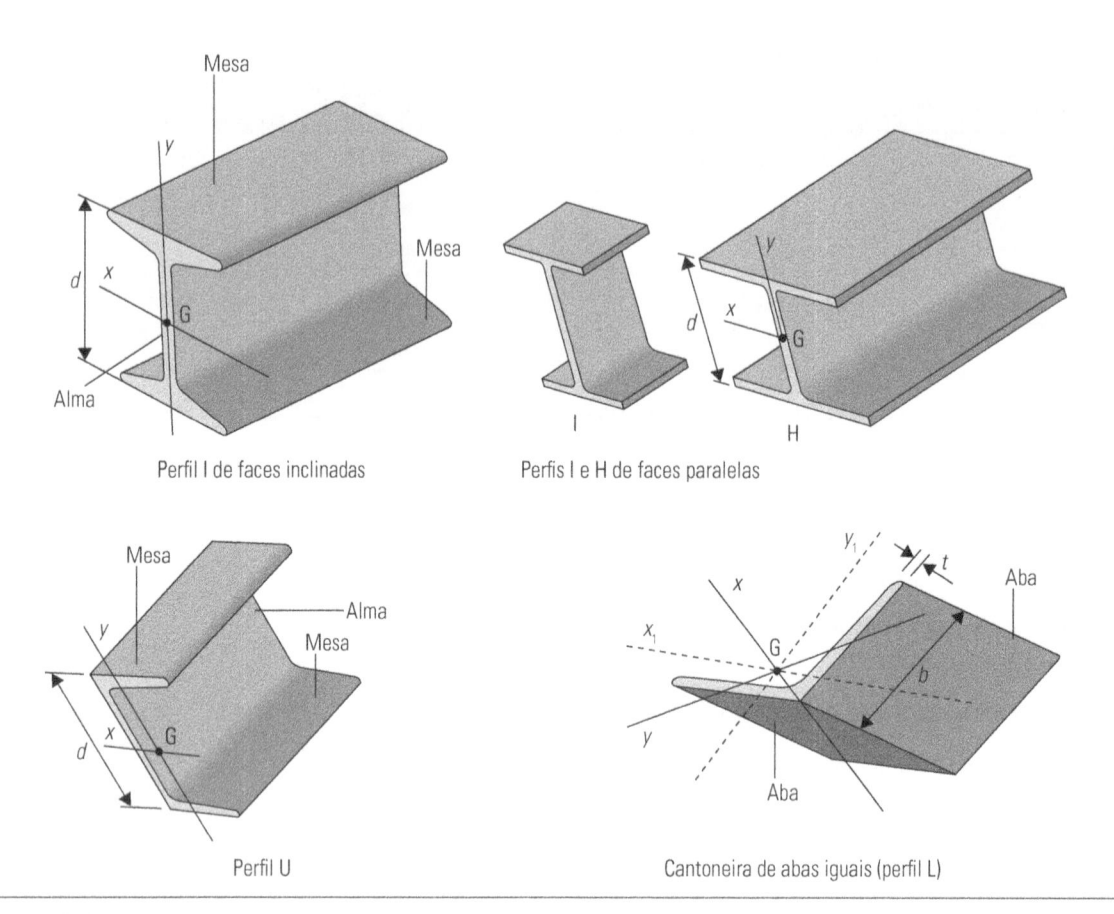

FIGURA 3.3 Perfis laminados de seção aberta produzidos no Brasil.

Perfis L (cantoneiras)

Como os perfis I de faces inclinadas e os perfis U, os perfis L são fabricados no Brasil pela Gerdau e pela ArcelorMittal, entre outras empresas, com vários aços, mas com predominância do ASTM A36. Possuem sempre abas iguais e podem pertencer a uma série baseada em polegadas ou a uma série métrica. A série baseada em polegadas segue uma antiga padronização norte-americana, sendo composta por cantoneiras com largura variando entre 12,7 mm (1/2") e 203,2 mm (8"). Já a série métrica obedece à Norma Brasileira ABNT NBR 6109:1994 e é constituída por cantoneiras cujas dimensões principais (largura das abas e espessura) são fornecidas em múltiplos de 1 mm, com a largura variando entre 40 mm e 100 mm. As cantoneiras são perfis leves, empregados principalmente como componentes de treliça e como elementos de contraventamento, situações em que a solicitação predominante é de tração ou de compressão axial. A especificação das cantoneiras se faz pelo seu símbolo (L), seguido pelo comprimento das abas (b) e pela espessura (t), em milímetros (por exemplo: L 76,2 x 6,35; L 60 x 4).

Perfis I e H de faces paralelas

Os perfis I e H de faces paralelas, assim chamados por terem a face interna das mesas paralela à externa, são inspirados em padronizações norte-americana e europeia e produzidos no Brasil pela Gerdau, principalmente com aço ASTM A572-Grau 50. Apresentam triângulos circulares dos dois lados da alma na junção com as mesas e foram projetados de forma a terem seções transversais com boas propriedades geométricas para uso estrutural em relação ao volume de aço consumido.

Os perfis I são apropriados para a utilização sob solicitação de flexão simples em relação ao eixo x, uma vez que seu momento de inércia quanto ao eixo y é relativamente pequeno. Esses perfis possuem altura variando entre 150 mm e 610 mm e devem ser especificados pela letra W, seguida da altura nominal, em milímetros, e da massa por unidade de comprimento, em quilogramas por metro (por exemplo: W 310 x 38,7). A letra W não tem associação direta com a fôrma dos perfis, mas apenas significado histórico: quando esse tipo de perfil surgiu, foi chamado nos Estados Unidos de WF, abreviatura de *wide flange*, e, mais recentemente, para simplificar, a letra F foi abolida, permanecendo somente a letra W.

Os perfis H são mais indicados para trabalhar como barras comprimidas, especialmente como pilares (possuem a largura das mesas próxima da altura da seção transversal e valores significativos de momento de inércia também em relação ao eixo y). Esses perfis têm altura variando entre 150 mm e 360 mm e devem ser especificados pela letra W ou pelas letras HP (os perfis HP contam com a particularidade de possuírem as espessuras de mesas e alma iguais ou muito próximas), seguidas da altura nominal, em milímetros, e da massa por unidade de comprimento, em quilogramas por metro (exemplo: W 310 x 93; HP 250 x 85).

Um perfil I ou H de faces paralelas pode ser facilmente transformado em dois perfis T por meio de um corte reto longitudinal na alma. Os perfis T assim obtidos são adequados para serem usados como barras de treliça, em especial nos banzos.

3.2.2.3 Barras redondas

Lisas

As barras redondas lisas (Figura 3.4a) são produzidas no Brasil pela Gerdau e pela ArcelorMittal, entre outras empresas, com diâmetro entre 6,35 mm e 88,9 mm. Essas barras são muito empregadas como tirantes ou como elementos de contraventamento, situações em que a solicitação atuante é de tração axial. Barras com outras formas de seção transversal, como as chatas e as quadradas, também são produzidas, mas, como possuem uso estrutural bastante restrito, não serão tratadas aqui. As barras redondas são fabricadas principalmente com aço ASTM A36.

A especificação das barras redondas lisas é feita por meio do símbolo (ϕ), seguido do diâmetro (D), em milímetros (por exemplo: ϕ 50,8).

No Apêndice A, é apresentada a tabela de barras redondas lisas produzidas no Brasil, com as dimensões, as massas e as áreas da seção transversal.

Nervuradas

As barras redondas nervuradas (Figura 3.4b) são fabricadas no Brasil por diversas empresas, entre as quais a Gerdau e a ArcelorMittal, com diâmetro entre 5,0 mm e 40 mm, para uso como armadura de concreto, inclusive nos elementos estruturais mistos de aço e concreto (as nervuras proporcionam a aderência adequada entre a barra e o concreto). Neste livro serão consideradas apenas as barras fabricadas com aço CA-50, o mais utilizado.

A especificação das barras redondas nervuradas é feita da mesma forma que a das lisas, ou seja, por meio do símbolo (ϕ), seguido do diâmetro (D), em milímetros (por exemplo: ϕ 20).

No Apêndice A, há uma tabela de barras redondas nervuradas produzidas no Brasil, com as dimensões, as massas e as áreas da seção transversal.

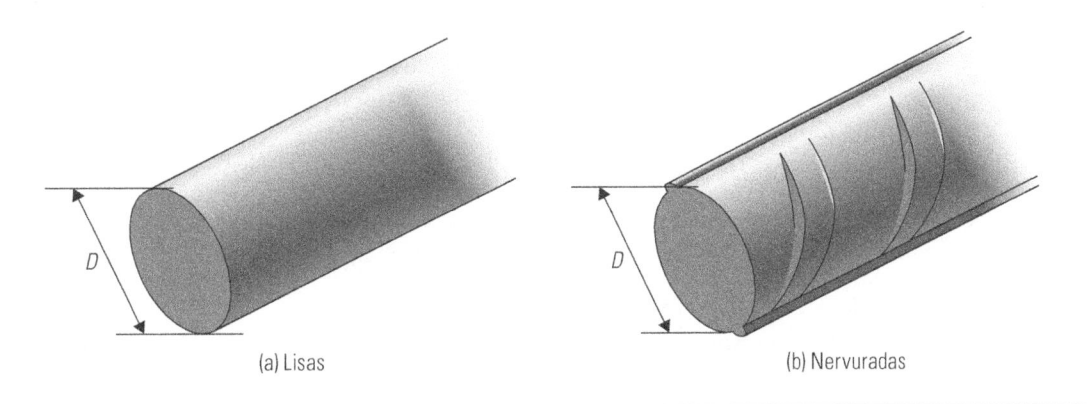

(a) Lisas (b) Nervuradas

FIGURA 3.4 Barras redondas.

3.3 Perfis soldados

Os perfis soldados são aqueles formados por dois ou mais perfis laminados (lembra-se aqui que as chapas são consideradas perfis laminados) unidos continuamente entre si por meio de solda elétrica. Esses perfis, em geral, são utilizados quando se necessita de seções transversais com dimensões maiores que as dos perfis laminados disponíveis (por exemplo, um perfil I ou H com altura ou largura maior que a fornecida pelos laminados) ou, então, para se obter uma forma especial de seção transversal, em decorrência de exigências estruturais ou arquitetônicas, como se vê na Figura 3.5 (na 3.5a, tem-se um perfil I ou H formado por três chapas; na 3.5b, um perfil T formado por duas chapas; na 3.5c, um perfil formado por duas chapas e um U laminado; na 3.5d, um perfil formado por um I ou H laminado de faces paralelas e um U laminado; e, na 3.5e, um perfil formado por dois I ou H laminados de faces paralelas).

(a) I ou H   (b) T   (c) Duas chapas e U   (d) I ou H e U laminados   (e) Dois I ou H laminados

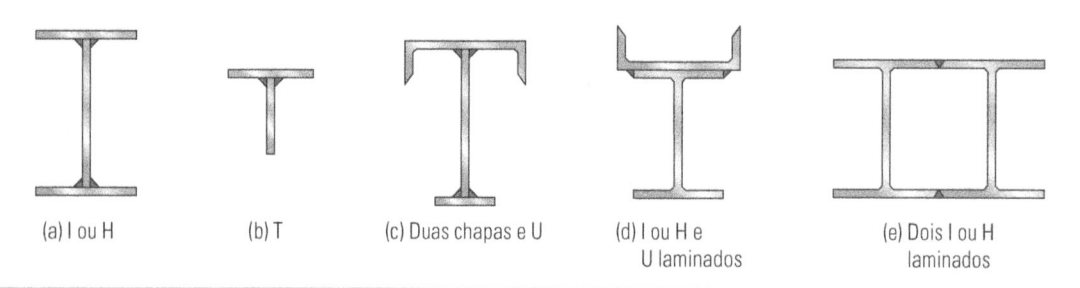

FIGURA 3.5 Exemplos de perfis soldados.

Os perfis soldados mais comuns são os I ou H, constituídos por três chapas cortadas nas dimensões apropriadas, como na Figura 3.5a. No Brasil, esses perfis são prescritos pela norma ABNT NBR 5884:2005, que, além de fixar requisitos para fabricação, os divide nas quatro séries de dimensões padronizadas seguintes:

- série CS (colunas soldadas): composta de perfis H duplamente simétricos, apropriados para serem usados como barras submetidas de modo predominante à força axial de compressão, como é o caso da maioria dos pilares (Figura 3.6a). A largura das mesas é sempre igual à altura da seção da transversal, que varia entre 150 mm e 750 mm;
- série VS (vigas soldadas): composta de perfis I duplamente simétricos, apropriados para serem usados como barras na maioria dos casos fletidas, como as vigas (Figura 3.6b). A altura desses perfis varia entre 150 mm e 2.000 mm e está entre uma vez e meia e quatro vezes a largura das mesas;
- série CVS (colunas-vigas soldadas): composta de perfis intermediários entre I e H, duplamente simétricos, apropriados para serem usados como barras submetidas a esforços combinados de flexão e compressão axial, como pilares de pórticos sob ações vertical e lateral (Figura 3.6c). A altura desses perfis varia entre 150 mm e 1.000 mm e está entre uma e uma vez e meia a largura das mesas;
- série VSM (vigas soldadas monossimétricas): composta de perfis I monossimétricos (as duas mesas possuem a mesma largura, mas espessuras diferentes — ver Figura 3.6d), apropriados para serem usados, por exemplo, em vigas mistas, em que a mesa de menor espessura fica diretamente sob a laje e tem pouca influência na capacidade resistente (Capítulo 13). A altura desses perfis varia entre 150 mm e 650 mm e está entre uma e quatro vezes a largura das mesas.

No Apêndice B, alguns perfis dessas quatro séries são apresentados em tabelas, nas quais são fornecidas dimensões, massas e propriedades geométricas.

A ABNT NBR 5884:2005 cobre também os perfis soldados I e H de dimensões quaisquer, permitindo ao projetista da estrutura, portanto, total liberdade. Esses perfis são subdivididos nas duas séries seguintes:

- série PS (perfil soldado): composta de perfis duplamente simétricos;
- série PSM (perfil soldado monossimétrico): composta de perfis monossimétricos.

(a) CS **(b) VS** **(c) CVS** **(d) VSM**

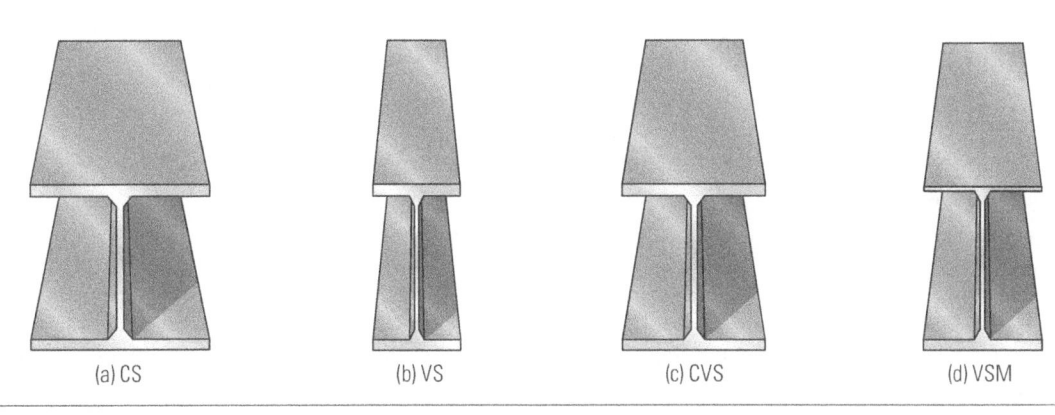

FIGURA 3.6 Perfis soldados CS, VS, CVS e VSM.

Os perfis soldados I e H devem ser especificados por meio do símbolo (CS, VS, CVS e VSM, no caso dos perfis padronizados, ou PS e PSM, no caso dos perfis de dimensões quaisquer), seguido da altura, em milímetros, e da massa por unidade de comprimento, em quilogramas por metro (por exemplo: CS 500 x 253; VS 400 x 53; CVS 350 x 98; VSM 600 x 99; PS 500 x 147; PSM 400 x 52). Outra forma de definição, menos usual nos perfis padronizados e comum nos demais, é colocar o símbolo I ou H precedendo as dimensões, em milímetros, na seguinte ordem: altura x largura da mesa de maior área x largura da mesa de menor área x espessura da mesa de maior área x espessura da mesa de menor área x espessura da alma (por exemplo: I 500 x 300 x 200 x 16 x 12,5 x 8). Se as duas mesas forem iguais, basta colocar altura x largura das mesas x espessura das mesas x espessura da alma (por exemplo: I 500 x 300 x 16 x 8).

Na prática, pode-se adquirir perfis soldados I e H de fábricas especializadas, que usam modernas máquinas automáticas de corte e soldagem das chapas para produção em escala industrial (Figura 3.7).

FIGURA 3.7 Corte e soldagem de chapas para fabricação de perfis I e H.

A norma brasileira ABNT NBR 8800:2008 fornece somente procedimentos para dimensionamento estrutural de perfis soldados não híbridos, ou seja, com todos os perfis laminados componentes da seção transversal fabricados com o mesmo aço.

3.4 Tensões residuais nos perfis

Denominam-se tensões residuais as tensões normais e de cisalhamento que aparecem durante o resfriamento não uniforme de um perfil, decorrentes do processo de fabricação, e que possuem resultantes nulas de força e momento.

3.4.1 Origem e distribuição

Nos perfis laminados, simplificadamente, as tensões normais residuais se originam dos seguintes fatos:

- o aço, quando resfria, passando da temperatura de laminação para a ambiente, sofre redução de volume e aumento de resistência e rigidez;
- certas partes da seção transversal, nas quais há menor quantidade de material concentrado, passam da temperatura de laminação para a ambiente mais rapidamente que outras.

As partes que resfriam primeiro diminuem livremente de volume e, quando enrijecidas, passam a resistir à diminuição daquelas que ainda permanecem aquecidas. Como consequência, quando o resfriamento é completado, aquelas partes que se resfriaram primeiro ficam com tensões residuais de compressão, e as que se resfriaram mais tarde, com tensões residuais de tração. A Figura 3.8 ilustra o processo em um perfil com seção transversal retangular, em que se adota a hipótese simplificadora de que as regiões próximas das bordas resfriam uniformemente primeiro, tornando-se comprimidas, e a região central resfria uniformemente por último, tornando-se tracionada.

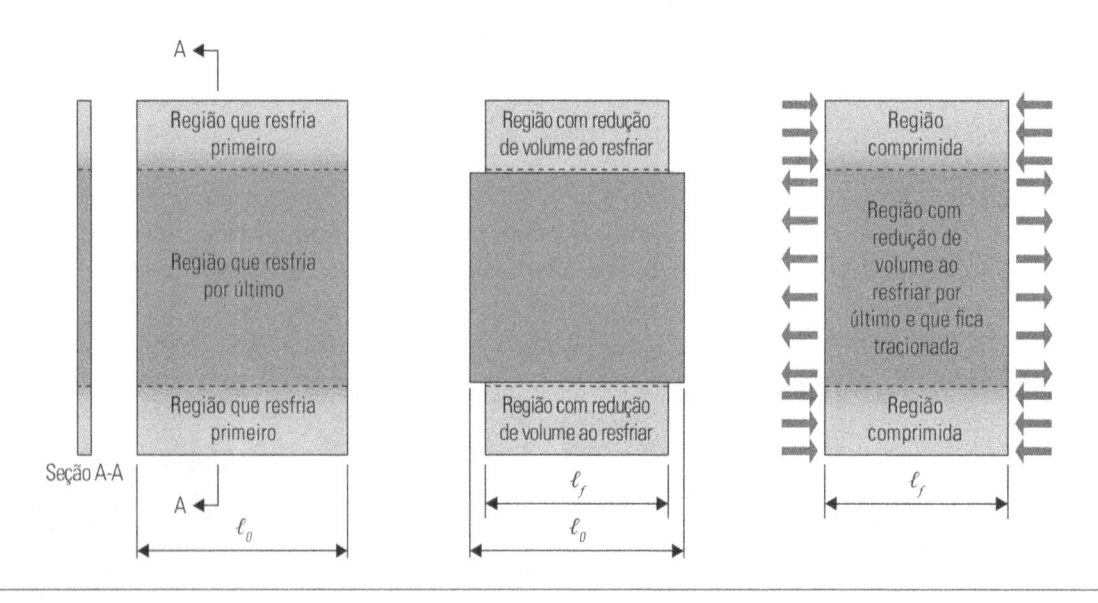

FIGURA 3.8 Origem das tensões normais residuais.

A distribuição e a intensidade das tensões normais residuais de uma barra dependem de vários fatores, entre os quais o tipo e as dimensões da seção transversal e a velocidade de resfriamento. A Figura 3.9 mostra a distribuição típica em um perfil I laminado. Verifica-se que as regiões das extremidades das mesas e do centro da alma, nas quais existe menor quantidade de material concentrado, ficam comprimidas, e as regiões das junções entre alma e mesas, nas quais há maior quantidade de material, ficam tracionadas. Ela indica, ainda, a distribuição típica em uma chapa com as bordas longitudinais laminadas.

No Brasil, para a produção de perfis soldados, é usual cortar longitudinalmente as chapas a maçarico. Nesse procedimento inicial, as regiões das bordas das chapas ficam mais aquecidas, têm o resfriamento completado por último e permanecem, portanto, tracionadas, ao passo que a região central fica comprimida. Em seguida, a soldagem entre as chapas aquece com mais intensidade as regiões próximas das soldas que, ao resfriarem depois de todo o restante da seção, ficam tracionadas. A Figura 3.10 exibe as tensões normais residuais típicas em uma chapa após o corte das bordas longitudinais por maçarico e em um perfil I soldado.

As tensões normais residuais variam ligeiramente ao longo do comprimento da barra, o que dá origem a fluxos longitudinais e transversais de cisalhamento e, como consequência, a tensões residuais de cisalhamento.

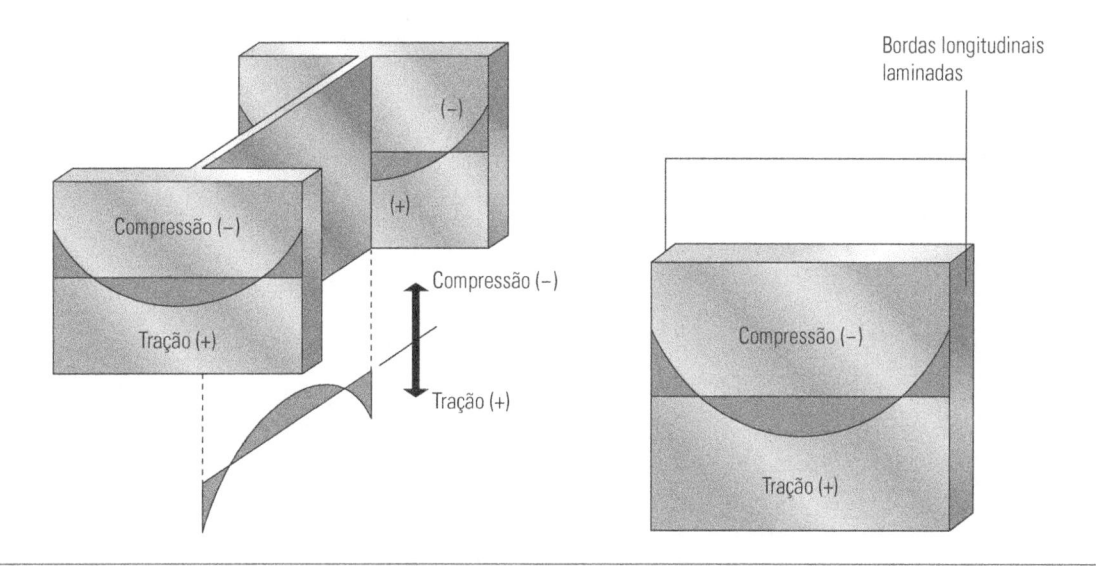

FIGURA 3.9 Tensões normais residuais em perfil I e chapa laminados.

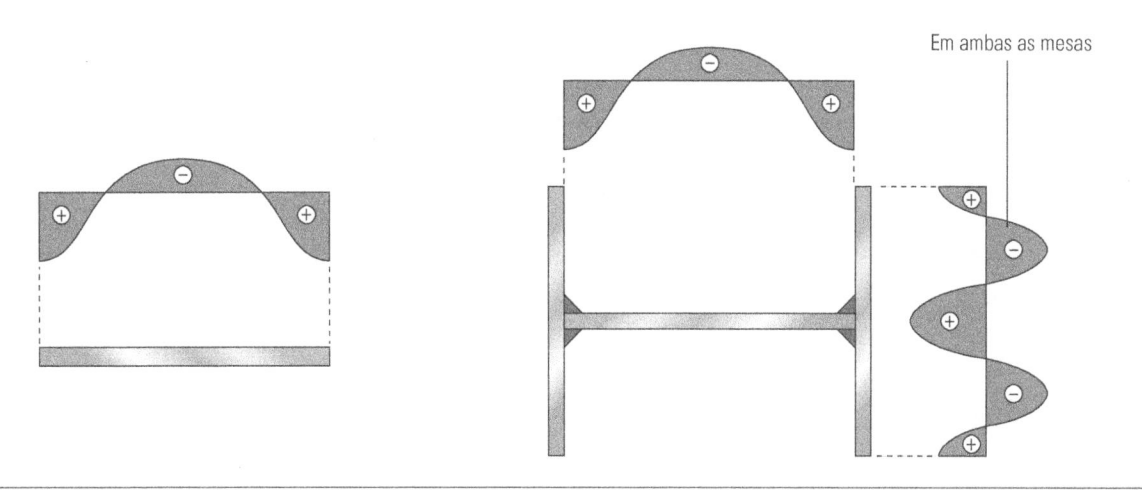

FIGURA 3.10 Tensões normais residuais em chapa cortada a maçarico e perfis I soldados.

3.4.2 Influência no diagrama de tensão *versus* deformação

Em uma barra com tensões normais residuais, o escoamento se inicia a uma tensão σ_p, inferior à resistência ao escoamento f_y obtida no ensaio de um corpo de prova sem tensões residuais. Essa tensão em que o escoamento começa é a tensão normal causada pela força externa, que, somada ao máximo valor da tensão normal residual (σ_r), fornece uma tensão igual à resistência ao escoamento do aço (f_y). Logo:

$$\sigma_p = f_y - \sigma_r \tag{3.1}$$

Aumentando a força externa, o escoamento vai atingindo gradativamente toda a seção transversal da barra, com as deformações crescendo de forma não linear com as tensões normais. O escoamento se completa quando a tensão externa atuante se torna igual à resistência ao escoamento do aço (f_y). A Figura 3.11 mostra o comportamento descrito, válido tanto para tração quanto para compressão (obviamente, no caso de ensaio de tração, a tensão residual σ_r levada em conta é de tração, e, no caso de ensaio de compressão, ela é de compressão).

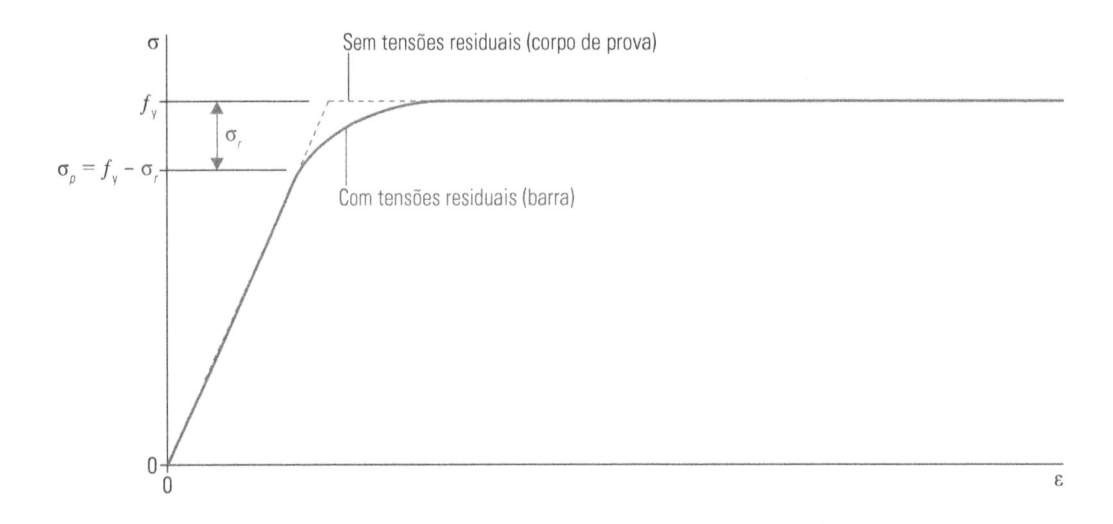

FIGURA 3.11 Diagrama de tensão normal *versus* deformação com e sem tensões residuais.

A máxima tensão normal residual (σ_r), na maioria dos perfis, está entre 70 MPa e 140 MPa e é pouco influenciada pelo valor da resistência ao escoamento do aço, f_y.

De maneira similar, em uma barra com tensões residuais de cisalhamento, o escoamento por cisalhamento se inicia a uma tensão de cisalhamento τ_p igual à diferença entre a resistência ao escoamento por cisalhamento f_{vy} e a máxima tensão residual de cisalhamento:

$$\tau_p = f_{vy} - \tau_r \tag{3.2}$$

A máxima tensão residual de cisalhamento (τ_r), na maioria dos perfis usuais, apresenta valores relativamente baixos, entre 20 MPa e 40 MPa, e dificilmente superiores a 20% da resistência ao escoamento por cisalhamento do aço, f_{vy}.

Bibliografia

ABNT NBR 5884:2005. *Perfil I estrutural de aço soldado.* Rio de Janeiro: ABNT, 2005.

ABNT NBR 6109:1994. *Cantoneiras de abas iguais, de aço, laminadas* — dimensões e tolerâncias. Rio de Janeiro: ABNT, 1994.

ABNT NBR 8800:2008. *Projeto de estruturas de aço e de estruturas mistas de aço e concreto de edifícios.* Rio de Janeiro: ABNT, 2008.

PFEIL, W.; PFEIL, M. *Estruturas de aço.* 8. ed. Rio de Janeiro: LTC, 2009. (Capítulo 1: Introdução.)

PIMENTA, R. J. Tensões Residuais (subitem 2.2.1). *Proposição de uma curva de flambagem para perfis I soldados formados por chapas cortadas a maçarico.* Programa de Pós-graduação em Engenharia de Estruturas da UFMG. Dissertação de Mestrado. Belo Horizonte, 1997. Disponível em: <http://www.pos.dees.ufmg.br/defesas/30M.PDF>. Acesso em: 19 jun. 2013. (Subitem 2.2.1: Tensões residuais.)

SALMON, C. G.; JOHNSON, J. E.; MALHAS, F. A. Residual Stress. *Steel structures* — design and behavior. 5. ed. Upper Saddle River, NJ, EUA: Pearson Prentice Hall, 2009. (Chapter 2: Steel and properties.)

SILVA, V. P.; PANNONI, F. D. Produtos siderúrgicos. *Estruturas de aço para edifícios* — aspectos tecnológicos e de concepção. São Paulo: Blucher, 2010.

4
Ações, segurança e desempenho estrutural

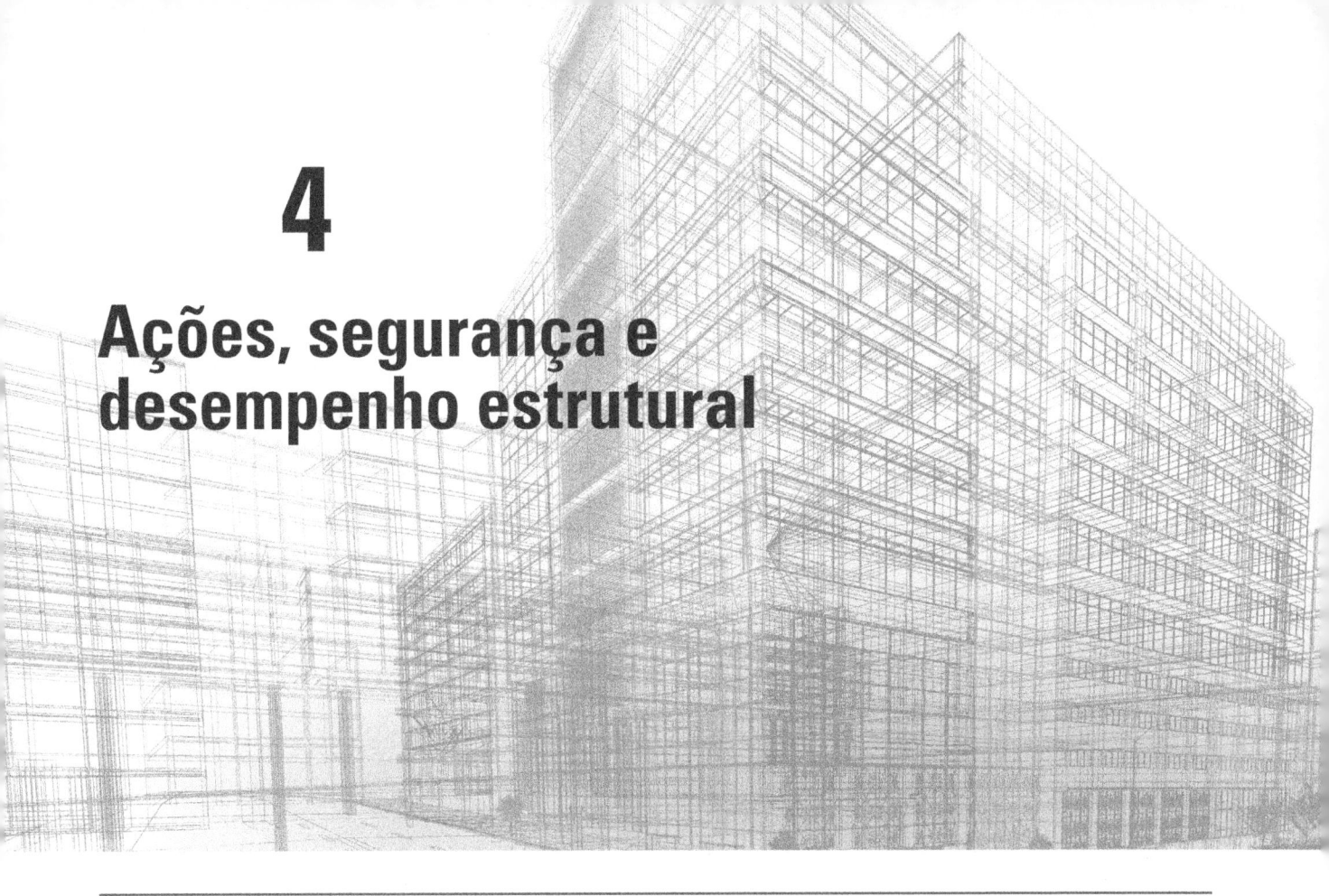

4.1 Considerações iniciais

O dimensionamento adequado de uma estrutura lhe garante segurança e capacidade para desempenhar satisfatoriamente a função à qual se destina. Para isso, deve obedecer a uma norma técnica, que, por sua vez, adota um método de cálculo.

Estruturas de construções de características diferentes, como edifícios, torres de transmissão de energia e pontes, possuem normas distintas. Além disso, para cada material estrutural existem normas específicas. Assim, estruturas de aço (incluindo as mistas de aço e concreto), de concreto e de madeira possuem suas próprias normas, contemplando as particularidades dos materiais. Até para um mesmo material estrutural e para construções de características iguais pode haver mais de uma norma, para levar em conta adequadamente o comportamento de produtos específicos. É o caso das estruturas de aço, que possuem uma norma para estruturas de edifícios constituídas por perfis soldados e laminados, e outra norma para estruturas de edifícios constituídas por perfis formados a frio. Também existem normas para o dimensionamento estrutural à temperatura ambiente e em situação de incêndio.

Neste livro, conforme explicitado no Capítulo 1, aborda-se o dimensionamento de estruturas de aço e mistas de aço e concreto de edificações executadas com perfis laminados e soldados de seção aberta à temperatura ambiente. Para tanto, segue-se a norma brasileira atualmente em vigor para essas estruturas, a ABNT NBR 8800:2008, que adota como método de cálculo o método dos estados-limites, o mais empregado atualmente no mundo.

No Item 4.2, serão apresentados alguns conceitos elementares sobre as ações que podem atuar nas estruturas e, no Item 4.3, o método dos estados-limites, conforme prescrito pela ABNT NBR 8800:2008.

4.2 Ações

4.2.1 Definição

Por ação entende-se qualquer influência ou conjunto de influências capaz de produzir estados de tensão, deformação ou movimento de corpo rígido em uma estrutura.

4.2.2 Classificação

No projeto estrutural, as ações são classificadas em permanentes, variáveis ou excepcionais.

As ações permanentes são aquelas praticamente invariáveis ao longo da vida útil da estrutura, e se subdividem em diretas e indiretas. As ações permanentes diretas são o peso próprio da estrutura e de todos os elementos componentes da construção, tais como pisos, paredes permanentes, revestimentos e acabamentos, instalações, equipamentos fixos, entre outros, e os empuxos devidos ao peso próprio de terras não removíveis. As ações permanentes indiretas são a protensão, os recalques de apoio e a retração dos materiais.

As ações variáveis são aquelas que variam com o tempo, podendo ter natureza e intensidade normais, ou natureza ou intensidade especial. As ações variáveis de natureza e intensidade normais assumem valores significativos durante uma fração importante da vida útil da estrutura, embora, em alguns intervalos, possam ser, inclusive, nulas. Estão entre essas ações as decorrentes do uso e ocupação da edificação, como sobrecargas em pisos e coberturas; as oriundas de equipamentos móveis e de divisórias móveis, do vento usual e da variação de temperatura (causada pelo clima ou por equipamentos); e, ainda, as ações truncadas, ou seja, cuja superação do valor máximo estipulado é impedida por um dispositivo físico, como a água de uma caixa d'água. As ações variáveis de natureza ou intensidade especial são transitórias, com duração muito pequena em relação ao período de vida útil da estrutura, possuindo valores que ultrapassam os das outras ações variáveis, como é o caso das ações decorrentes de sismos e do transporte eventual de um equipamento de grande peso.

As ações excepcionais também variam com o tempo, mas assumem valores significativos apenas durante uma fração muito pequena da vida útil da estrutura e, além disso, têm baixa probabilidade de ocorrência. Enquadram-se nessa categoria as ações decorrentes de explosões, choques de veículos ou embarcações, ventos extraordinários (furacão, tornado), incêndio, sismos excepcionais etc. Essas ações precisam ser consideradas somente em determinados tipos de construção, nos quais não é possível tomar medidas que anulem ou atenuem a severidade das consequências de seus efeitos.

A Figura 4.1 ilustra o comportamento típico ao longo do tempo das ações permanentes, variáveis normais e especiais, e excepcionais.

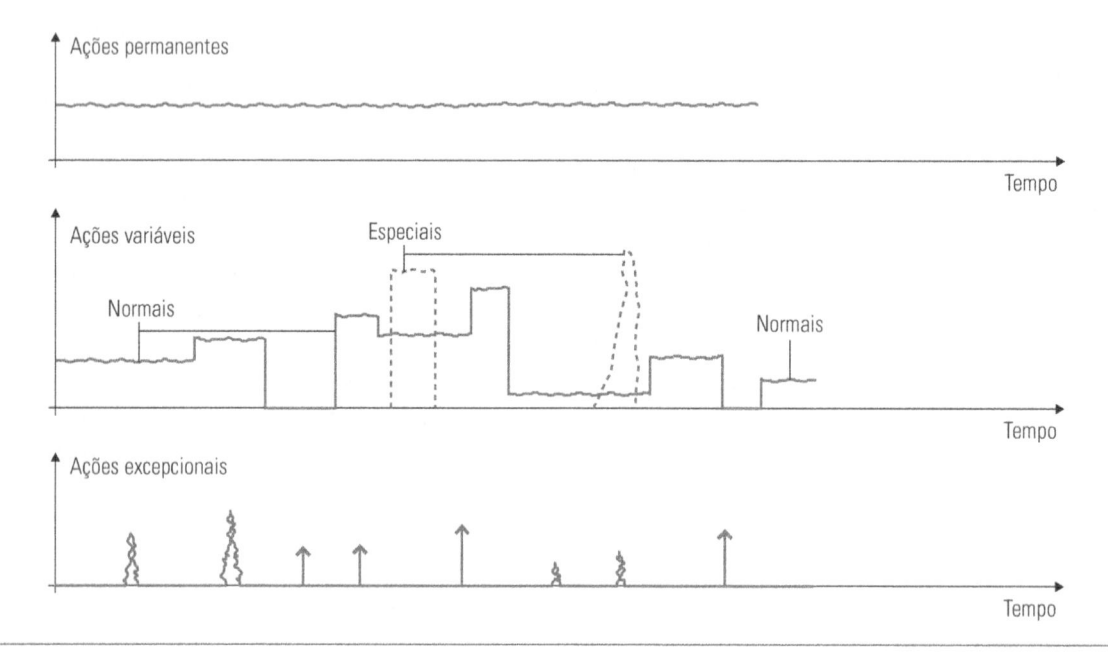

FIGURA 4.1 Variação das ações com o tempo.

Não se discorrerá aqui sobre as ações variáveis especiais e as ações excepcionais. As condições climáticas e do subsolo do Brasil não proporcionam a ocorrência de ventos extraordinários e de efeitos sísmicos significativos, respectivamente. Ações como as decorrentes de transporte eventual de equipamentos de grande peso, de explosões e de choques de veículos e embarcações dificilmente precisam ser levadas em conta nas edificações usuais. O projeto de estruturas de aço em situação de incêndio é cada vez mais comum na rotina dos escritórios de projeto, sendo exigido pelos corpos de bombeiros de diversos estados brasileiros, mas deve ser efetuado seguindo normas próprias, a saber: a ABNT NBR 14432:2000 e a ABNT NBR 14323:2013.

4.2.3 Informações básicas sobre os valores das ações permanentes e variáveis

As ações permanentes podem ser determinadas a partir dos pesos específicos dos materiais de construção. A norma brasileira ABNT NBR 6120:1980 fornece, para os casos em que não houver determinação experimental, os valores de muitos materiais constantemente utilizados, alguns dos quais são reproduzidos na Tabela 4.1.

TABELA 4.1 Valores dos pesos específicos de alguns materiais de construção

	Materiais	Peso específico (kN/m^3)
Rochas	Granito e mármore	28,0
Blocos artificiais	Tijolo furado	13,0
	Tijolo maciço	18,0
Revestimentos	Argamassa de cal, cimento e areia	19,0
	Argamassa de cimento e areia	21,0
	Argamassa de gesso	12,5
Madeiras	Pinho e cedro	5,0
	Louro e imbuia	6,5
	Angico	10,0
Metais	Alumínio	28,0
	Ferro fundido	72,5
Outros materiais	Asfalto	13,0
	Vidro plano	26,0

Entre as ações variáveis, as mais comuns são as sobrecargas nos pisos e coberturas das edificações, referentes a pessoas, móveis, utensílios e veículos. Supõe-se que as sobrecargas sejam uniformemente distribuídas, e seus valores mínimos são previstos pela ABNT NBR 6120:1980, conforme a Tabela 4.2, para algumas situações usuais.

Essa norma ainda estabelece que:

- as ações variáveis podem ser reduzidas nos pilares e nas fundações de edifícios de vários pavimentos para escritórios, residências e casas comerciais não destinados a depósitos, de acordo com os valores indicados na Tabela 4.3, tendo por base a probabilidade reduzida de todos os pavimentos estarem submetidos aos valores estipulados dessas ações simultaneamente;
- ao longo de parapeitos e balcões, deve-se considerar a ação de uma força horizontal linear de 0,8 kN/m na altura do corrimão e de uma força vertical linear mínima de 2 kN/m.

TABELA 4.2 Valores mínimos de sobrecarga

Local		Carga (kN/m^2)
Bancos	Escritórios e banheiros	2,0
	Salas de diretoria e de gerência	1,5
Cinemas	Plateia com assentos fixos	3,0
	Banheiro	2,0
Edifícios residenciais	Dormitório, sala, copa, cozinha e banheiro	1,5
	Despensa, área de serviço e lavanderia	2,0
Escadas	Com acesso ao público	3,0
	Sem acesso ao público	2,0
Escolas	Corredor e sala de aula	3,0
	Outras salas	2,0
Escritórios	Salas de uso geral e banheiro	2,0
Forros sem acesso a pessoas	–	0,5
Galerias de lojas	–	3,0
Lojas	–	4,0
Restaurantes	–	3,0
Garagens e estacionamentos	–	3,0 [1]
Bibliotecas	Sala de leitura	2,5
	Sala para depósito de livros	4,0
	Sala com estante de livros	6,0 [2]
Casas de máquinas	(incluindo o peso das máquinas)	7,5 [2]

[1] Esse valor deve ser majorado no caso de vigas ou lajes com pequenos vãos (consultar a ABNT NBR 6120:1980).
[2] Valor mínimo (o valor preciso deve ser determinado em cada caso).

TABELA 4.3 Redução das ações variáveis

Número de pisos que atuam sobre o elemento[1]	Redução percentual
1, 2 e 3	0
4	20 [2]
5	40 [3]
6 ou mais	60 [4]

[1] O forro deve ser considerado como piso; [2] Aplicável sobre as ações variáveis atuantes no quarto piso sobre o elemento; [3] Aplicável sobre as ações variáveis atuantes no quinto piso sobre o elemento; [4] Aplicável sobre as ações variáveis atuantes do sexto piso em diante sobre o elemento.

A ABNT NBR 8800:2008 também fornece prescrições em relação às ações variáveis, estabelecendo, por exemplo, que:

- nas coberturas comuns, não sujeitas a acúmulos de quaisquer materiais, deve-se prever uma sobrecarga mínima de 0,25 kN/m² (Figura 4.2a), valor que pode englobar as cargas decorrentes de instalações elétricas e hidráulicas, de isolamentos térmico e acústico e de pequenas peças fixadas na cobertura, até o limite de 0,05 kN/m²;
- na ausência de especificação mais rigorosa, todas as cargas gravitacionais variáveis, em pisos e balcões suportados por pendurais, devem ser majoradas em 33%;
- em lajes, na fase de construção, deve-se prever uma sobrecarga mínima de 1 kN/m²;
- em pisos, coberturas e outras situações similares, deve-se considerar, não cumulativamente com as demais ações variáveis, uma força concentrada aplicada na posição mais desfavorável, de intensidade compatível com o uso da edificação, como a ação de um macaco para veículo, o peso de uma ou mais pessoas em terças, banzos de treliças e degraus de escada (a ABNT NBR 6120:1980 prescreve o valor de 1 kN para terças e banzo superior de treliças, e de 2,5 kN para degraus isolados de escadas, valor que não deve ser considerado na composição das ações que atuam nas vigas que suportam os degraus);
- é preciso levar em conta a ação aplicada apenas a uma parte da estrutura ou da barra, se o efeito assim produzido for mais desfavorável que o resultante da aplicação da ação sobre toda a estrutura ou toda a barra (por exemplo, em uma viga contínua com dois tramos de comprimentos iguais a L, a sobrecarga uniformemente distribuída q atuante em apenas um dos tramos provoca momento fletor positivo máximo, $M^+_{máx}$, cerca de 37% maior nesse tramo que a sobrecarga aplicada simultaneamente nos dois tramos, como mostra a Figura 4.2b).

(a) Sobrecarga mínima em cobertura

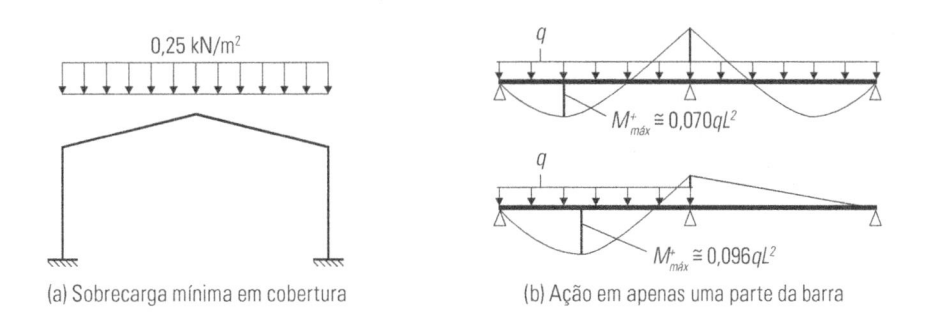

$M^+_{máx} \cong 0{,}070qL^2$

$M^+_{máx} \cong 0{,}096qL^2$

(b) Ação em apenas uma parte da barra

FIGURA 4.2 Casos de ações variáveis previstas pela ABNT NBR 8800:2008.

Diversos equipamentos móveis causadores de ações variáveis, como elevadores, talhas e pontes rolantes, em função de impactos provocados por seu funcionamento, precisam ter a força vertical majorada e submetem a estrutura a forças horizontais. Essas solicitações adicionais são muitas vezes fornecidas pelos fabricantes. Caso isso não ocorra, deve-se obedecer a regras da própria ABNT NBR 8800:2008. Como ilustração, a Figura 4.3 mostra as forças causadas por uma ponte rolante em um galpão industrial, as quais podem ter três direções:

- vertical, decorrente do peso próprio da ponte, incluindo trole e dispositivos de içamento, e do peso dos materiais içados majorados por determinado coeficiente de impacto;
- transversal ao caminho de rolamento, decorrente principalmente da aceleração e desaceleração do trole e do desalinhamento dos trilhos da ponte rolante (geralmente tomada como um percentual da força vertical);
- longitudinal ao caminho de rolamento, decorrente principalmente da aceleração e desaceleração da ponte e do desalinhamento dos trilhos do trole (geralmente tomada como um percentual da força vertical).

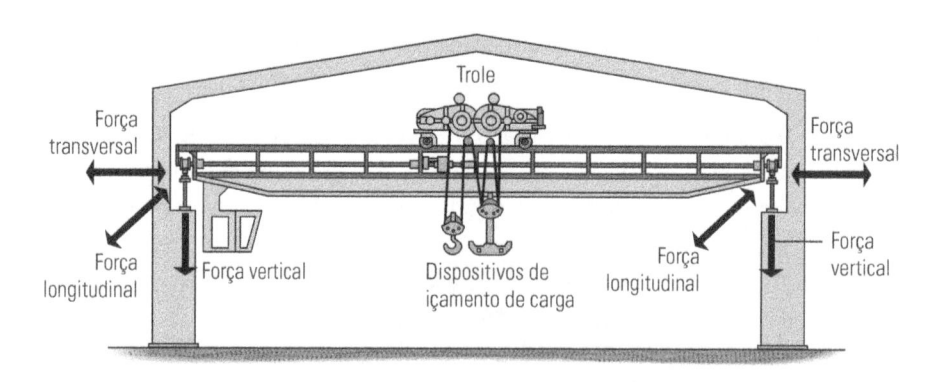

FIGURA 4.3 Ilustração das forças provenientes de ponte rolante em galpão industrial.

No caso do vento usual, outra ação variável bastante comum, para obtenção de suas forças sobre a estrutura, deve-se seguir a ABNT NBR 6123:1988, Versão Corrigida 2:2013. Essa norma fornece a velocidade básica do vento em todo o território nacional (Figura 4.4), que é transformada em força atuante na edificação, levando-se em conta parâmetros como a forma da edificação e a existência de obstáculos em suas vizinhanças.

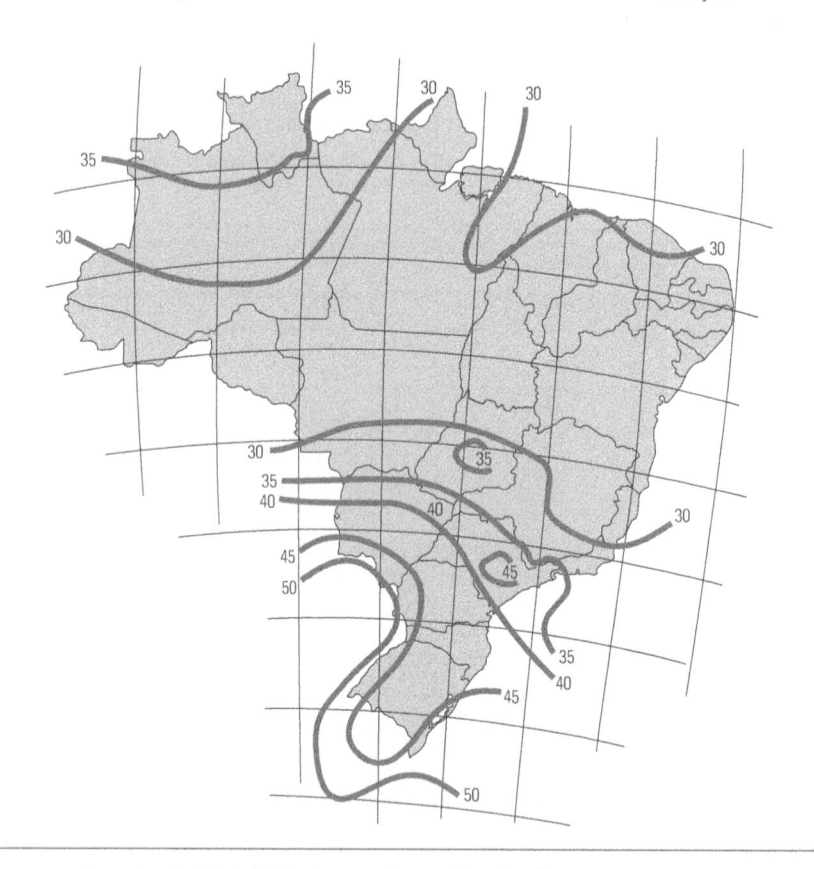

FIGURA 4.4 Isopletas com os valores da velocidade básica do vento (em m/s) no Brasil.

A Figura 4.5 mostra os fluxos de ar sobre uma edificação de planta retangular que causam sobrepressão na face frontal ao vento (barlavento) e sucção na face oposta (sotavento) e nas demais faces, inclusive no telhado (a face frontal de telhados muito inclinados pode estar submetida à sobrepressão). Salienta-se que a sucção no telhado, quando supera as cargas gravitacionais, pode levar ao arrancamento das telhas, ocorrência comum em galpões e construções similares, ou até ao colapso da estrutura de cobertura, caso essa situação não tenha sido devidamente prevista.

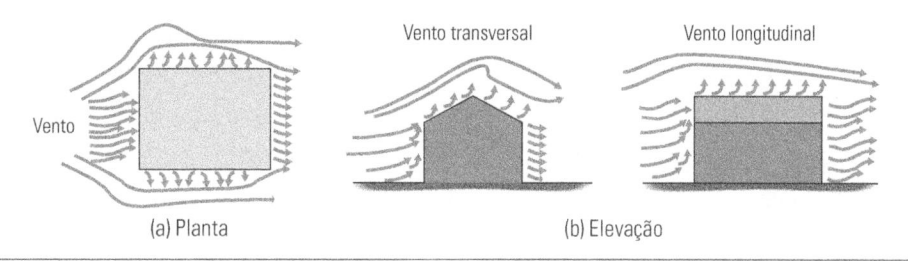

FIGURA 4.5 Correntes de ar em uma edificação de planta retangular.

Além da pressão externa, o vento pode provocar pressão interna, que depende das posições e das dimensões das aberturas. Essa pressão, na maioria das vezes, tem intensidade suposta uniforme em toda a superfície interna da edificação e pode ter sentido de sobrepressão ou de sucção (Figura 4.6).

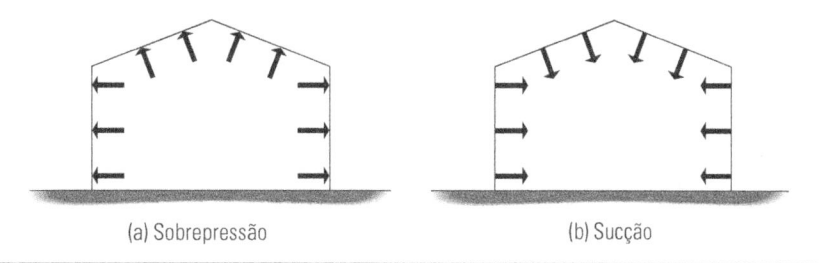

FIGURA 4.6 Pressão interna.

4.2.4 Significado dos valores das ações

Os valores das ações, fornecidos por normas e especificações, são, de modo geral, característicos. Para as ações permanentes, o valor característico $A_{G,k}$ é o valor médio, que difere muito pouco do máximo, e, para as ações variáveis, o valor característico $A_{Q,k}$ corresponde àquele que tem entre 25% e 35% de probabilidade de ser ultrapassado durante a vida útil da edificação, conforme ilustra, de modo simplificado, a Figura 4.7.

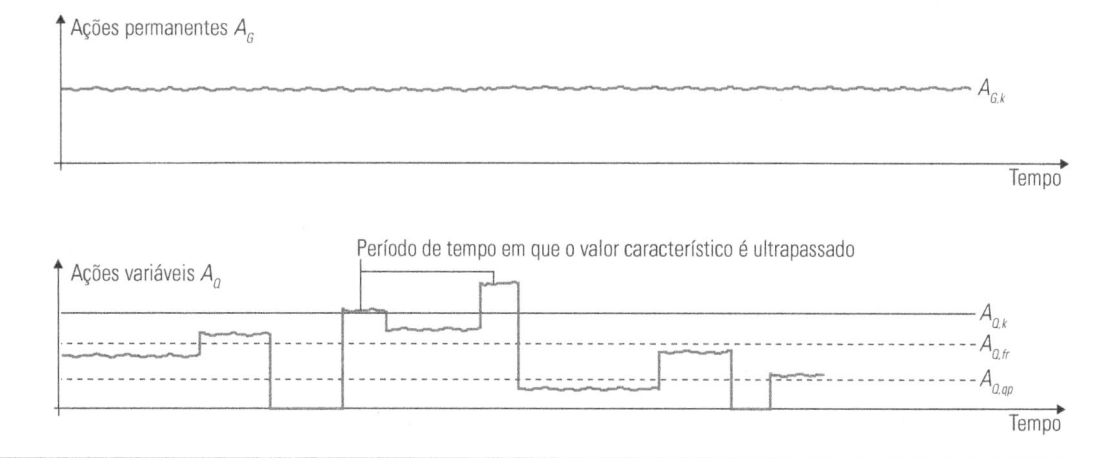

FIGURA 4.7 Valores das ações considerando a variação com o tempo.

Nas ações variáveis definem-se, ainda (Figura 4.7):

- o valor frequente, $A_{Q,fr}$, que é aquele que se repete por volta de 10^5 vezes na vida útil da estrutura, igual ao produto do valor característico $A_{Q,k}$ pelo fator de redução ψ_1 dado na Tabela 4.7;

- o valor quase permanente, $A_{Q,qp}$, que é aquele que pode ocorrer por um tempo da ordem da metade da vida útil da estrutura, igual ao produto do valor característico $A_{Q,k}$ pelo fator de redução ψ_2, também dado na Tabela 4.7.

4.3 Método dos estados-limites

4.3.1 Fundamento

O método dos estados-limites utiliza uma sistemática de dimensionamento que prevê a verificação da estrutura de uma edificação em várias situações extremas, caracterizadas por estados-limites últimos e estados-limites de serviço.

4.3.2 Estados-limites últimos

4.3.2.1 Definição

Os estados-limites últimos são aqueles relacionados com a segurança estrutural. Sua ocorrência significa sempre colapso, total ou parcial, sendo associada à falha de material, instabilidade de um elemento ou de um conjunto estrutural, ou, ainda, movimento de corpo rígido.

4.3.2.2 Condição de dimensionamento

Na verificação de um estado-limite último, considera-se o dimensionamento satisfatório se for atendida a relação:

$$\frac{S_d}{R_d} \leq 1,0 \tag{4.1a}$$

ou, consequentemente, se

$$S_d \leq R_d \tag{4.1b}$$

onde S_d é o esforço solicitante de cálculo (força axial de tração ou compressão, momento fletor ou força cortante) que causa o estado-limite, e R_d é o esforço resistente de cálculo correspondente para esse mesmo estado-limite. Algumas vezes, os esforços de cálculo, solicitantes e resistentes, são substituídos por tensões, normais ou de cisalhamento, para facilitar a abordagem de um estado-limite específico.

Um estado-limite último também pode ser causado simultaneamente por mais de um esforço solicitante, como na flexão composta na qual, por exemplo, uma força axial de compressão e um momento fletor podem provocar, em conjunto, falha do material ou instabilidade de um elemento estrutural. Nessas situações, empregam-se expressões de interação do tipo:

$$\omega_1 \left(\frac{S_{d,1}}{R_{d,1}}\right)^{k_1} + \omega_2 \left(\frac{S_{d,2}}{R_{d,2}}\right)^{k_2} + \ldots + \omega_{n-1} \left(\frac{S_{d,n-1}}{R_{d,n-1}}\right)^{k_{n-1}} + \omega_n \left(\frac{S_{d,n}}{R_{d,n}}\right)^{k_n} \leq 1,0 \tag{4.2}$$

em que $S_{d,1}$ a $S_{d,n}$ são os n esforços solicitantes de cálculo que, em conjunto, provocam o estado-limite último, $R_{d,1}$ a $R_{d,n}$ os correspondentes esforços resistentes de cálculo e ω_1 a ω_n e k_1 a k_n, fatores e potências de ajuste oriundos de resultados de análises numéricas e experimentais, respectivamente.

4.3.2.3 Determinação dos esforços ou tensões solicitantes de cálculo

Fundamentos da combinação de ações

De modo geral, as estruturas estão sempre sujeitas a ações permanentes e a uma ou mais ações variáveis.

No caso em que apenas uma ação variável solicita a estrutura, a combinação de ações a ser utilizada pode ser obtida simplesmente pela soma do valor característico dessa ação com os valores característicos das ações permanentes.

Caso atuem na estrutura mais de uma ação variável, é bastante improvável que todas elas estejam com valor igual ou superior ao característico ao mesmo tempo, durante o período de vida útil da edificação. Para levar isso em conta, com base em estudos probabilísticos, assume-se que o efeito mais desfavorável do conjunto de ações ocorre quando uma das ações variáveis está com seu valor característico, e as outras, com valores denominados reduzidos, que são valores inferiores ao característico em até 50%, dependendo do tipo da ação. Ao aplicar essa regra, deve-se considerar o valor característico de cada ação variável, o que produz tantas combinações diferentes quantas forem as ações variáveis. Aquela combinação que resultar no maior valor do efeito será adotada na verificação dos estados--limites últimos e as demais desprezadas. A ação variável com o valor característico na combinação é denominada ação variável principal. Como ilustração, a Figura 4.8 mostra a atuação ao longo do tempo da ação permanente, da sobrecarga e do vento sobre um componente estrutural e os valores característicos dessas ações, e, para as ações variáveis, também os valores reduzidos. Observa-se que valores iguais ou superiores ao característico não estão ocorrendo no mesmo intervalo de tempo para as ações variáveis. Como são duas as ações variáveis atuantes, devem ser feitas as seguintes combinações (uma para cada ação variável considerada principal):

- $C_1 = A_{G,k} + A_{Q,sc,k} + A_{Q,ve,red}$
- $C_2 = A_{G,k} + A_{Q,ve,k} + A_{Q,sc,red}$

onde $A_{G,k}$ é o valor característico da ação permanente, $A_{Q,sc,k}$ e $A_{Q,sc,red}$, os valores característico e reduzido da sobrecarga, respectivamente, e $A_{Q,ve,k}$ e $A_{Q,ve,red}$, os valores característico e reduzido da ação do vento, respectivamente. A combinação (C_1 ou C_2) que levar ao maior efeito procurado no componente estrutural em consideração deve ser adotada, e a outra, desprezada.

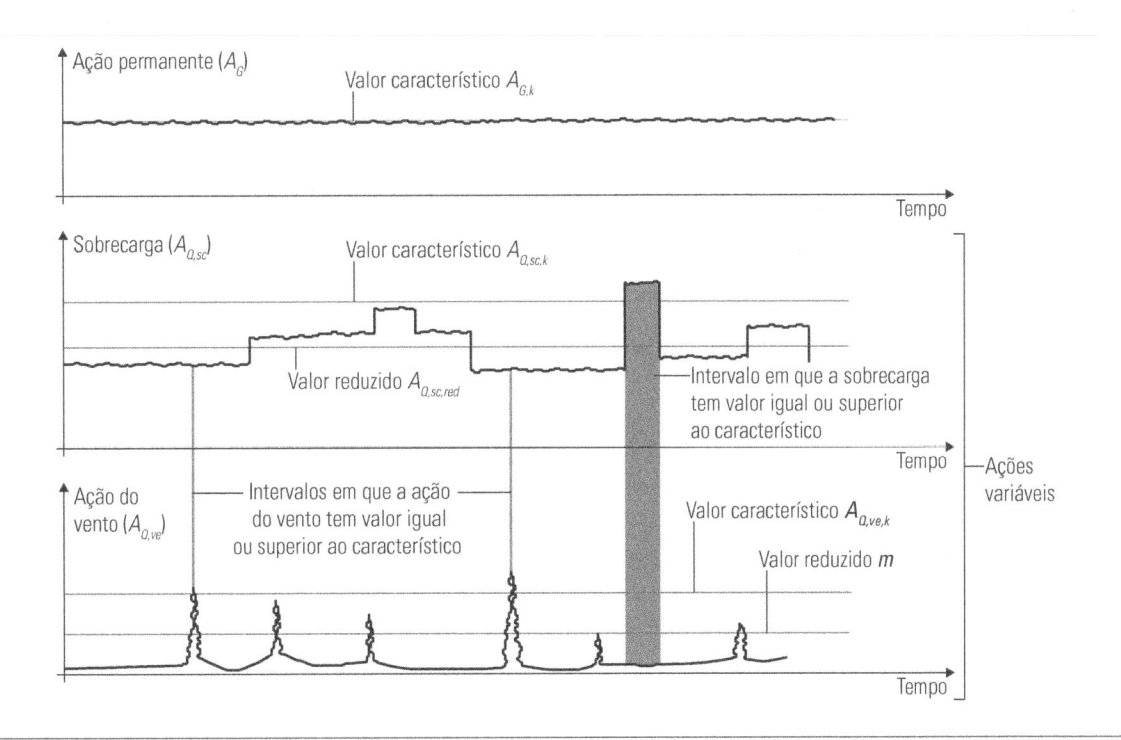

FIGURA 4.8 Combinação de ações.

Obtêm-se os valores reduzidos das ações variáveis multiplicando-se o valor característico pelo fator de combinação ψ_0, que depende do tipo da ação, do local em que ela atua e, em alguns casos, do elemento estrutural. Os valores de ψ_0 estão na Tabela 4.4.

TABELA 4.4 Fator de combinação ψ_0 para obtenção do valor reduzido das ações variáveis

Ação	Local/tipo de elemento/detalhamento	ψ_0
Ações variáveis causadas pelo uso e ocupação	Locais em que não há pesos ou equipamentos que permanecem fixos por longos períodos de tempo, nem elevadas concentrações de pessoas, como na maioria das edificações residenciais	0,5
	Locais em que há pesos ou equipamentos que permanecem fixos por longos períodos de tempo, ou elevadas concentrações de pessoas, como na maioria das edificações comerciais, de escritórios e de acesso público	0,7
	Bibliotecas, arquivos, depósitos, oficinas, garagens e sobrecargas em coberturas	0,8
Ações truncadas	–	1,0
Vento	–	0,6
Temperatura	Variações uniformes de temperatura em relação à média anual local	0,6
Carga móvel e seus efeitos dinâmicos	Em passarelas de pedestres	0,6
	Em vigas de rolamento de pontes rolantes	1,0
	Em pilares e outros elementos ou subestruturas que suportam vigas de rolamento de pontes rolantes	0,7

Introdução de coeficientes de ponderação na combinação de ações

As ações participantes de uma combinação precisam ser majoradas por coeficientes de ponderação para considerar incertezas envolvendo os valores característicos estipulados. Além disso, na verificação do colapso estrutural, utilizam-se os efeitos das ações (esforços solicitantes e, em algumas situações pouco frequentes, tensões solicitantes). Assim sendo, os coeficientes de ponderação consideram, ainda, incertezas relacionadas aos valores desses efeitos obtidos da análise estrutural, que utiliza um modelo idealizado, especialmente no que se refere às dimensões das peças estruturais e ao grau de rigidez das ligações entre as barras e dos apoios.

Com base no exposto, os efeitos das ações para verificação dos estados-limites últimos, S_d, devem ser obtidos a partir de análise estrutural feita com uma combinação de ações, chamada combinação última de ações, expressa por:

$$C_{ult} = \sum_{i=1}^{m} \left(\gamma_{gi} A_{Gi,k} \right) + \gamma_{q1} A_{Q1,k} + \sum_{j=2}^{n} \left(\gamma_{qj} \psi_{0j} A_{Qj,k} \right) \quad (4.3)$$

onde $A_{Gi,k}$ são os valores característicos das ações permanentes, $A_{Q1,k}$ é o valor característico da ação variável considerada principal na combinação (é imprescindível fazer uma combinação para cada ação variável considerada principal), $A_{Qj,k}$ são os valores característicos das demais ações variáveis, consideradas secundárias, que podem atuar concomitantemente com a ação variável principal, γ_{gi}, γ_{q1} e γ_{qj} são os coeficientes de ponderação das ações permanentes, da ação variável principal e das demais ações variáveis, respectivamente, dados na Tabela 4.5, e ψ_{0j} são os fatores de combinação das ações, dados na Tabela 4.4.

Deve-se notar que as incertezas variam em função do tipo de ação. Por exemplo, as incertezas referentes às ações permanentes são menores que as referentes às ações variáveis, e, mesmo entre estas, as incertezas também não são idênticas. Dessa forma, diferentes coeficientes de ponderação são prescritos para diferentes tipos de ação, conforme mostra a Tabela 4.5. Existem, ainda, coeficientes diferentes para as chamadas "combinações últimas normais" e "combinações últimas de construção". As primeiras são usadas para os estados-limites últimos que podem ocorrer durante toda a vida útil da edificação, após a obra ter sido finalizada. Já as segundas são utilizadas para os estados-limites últimos que podem ocorrer durante a fase de construção.

Ainda em relação à Tabela 4.5, observa-se que as ações permanentes possuem dois coeficientes de ponderação: um deles maior que 1,0, e outro, entre parênteses, igual a 1,0 ou nulo. O valor maior que 1,0 deve ser empregado quando a ação permanente aumenta o valor do efeito procurado (nesse caso, a ação permanente é dita "desfavorável à segurança"). O valor entre parênteses, ao contrário, deve ser usado quando a ação permanente reduz o valor do efeito procurado (nesse caso, a ação permanente é dita "favorável à segurança"). A existência de dois coeficientes para as ações permanentes é essencial para a segurança, pois esse tipo de ação não pode ser excluído das combinações. Já ações variáveis que reduzem o efeito procurado não podem ser incluídas nas combinações, com base no fato de que esse tipo de ação pode ter intensidade nula ou muito reduzida em determinados intervalos de tempo.

Consideração de ações agrupadas

Como opção simplificadora para a combinação de ações, as ações permanentes diretas podem ser agrupadas e ponderadas por um único coeficiente (as ações permanentes indiretas já possuem apenas um coeficiente, de acordo com a Tabela 4.5). Caso isso tenha sido feito, pode-se usar também para todas as ações variáveis, apenas um coeficiente. Os coeficientes unificados, aplicáveis às ações permanentes e variáveis dependem da intensidade de todas as ações variáveis características atuantes no piso ou na cobertura em consideração e do tipo de combinação (normal ou de construção). Esses coeficientes são mostrados na Tabela 4.6. Permite-se que o efeito da temperatura, mesmo com as ações variáveis agrupadas, seja tomado com seu valor dado na Tabela 4.5.

TABELA 4.5 Coeficientes de ponderação das ações permanentes e variáveis

Combinações	Ações permanentes (γ_g)[1]					
	Diretas					Indiretas
	Peso próprio de estruturas metálicas	Peso próprio de estruturas pré-moldadas	Peso próprio de estruturas moldadas no local e de elementos construtivos industrializados e empuxos permanentes	Peso próprio de elementos construtivos industrializados com adições *in loco*	Peso próprio de elementos construtivos em geral e equipamentos fixos	
Normais	1,25 (1,00)	1,30 (1,00)	1,35 (1,00)	1,40 (1,00)	1,50 (1,00)	1,20 (0)
De construção	1,15 (1,00)	1,20 (1,00)	1,25 (1,00)	1,30 (1,00)	1,40 (1,00)	1,20 (0)

Combinações	Ações variáveis (γ_q)			
	Efeito da temperatura[2]	Ação do vento	Ações truncadas	Demais ações variáveis, incluindo as decorrentes do uso e ocupação
Normais	1,20	1,40	1,20	1,50
De construção	1,00	1,20	1,10	1,30

[1] O coeficiente de ponderação das ações permanentes, que reduzem o efeito procurado (ações "favoráveis à segurança"), encontra-se entre parênteses.

[2] O efeito de temperatura não inclui o gerado por equipamentos, que deve ser considerado ação decorrente do uso e ocupação da edificação.

TABELA 4.6 Coeficientes de ponderação unificados das ações permanentes diretas e variáveis

Intensidade de todas as ações variáveis características atuando no piso ou na cobertura em consideração	Combinação	Ações que aumentam o valor do efeito procurado	
		Permanentes diretas[1] (γ_g)	Variáveis[2] (γ_q)
≤ 5,0 kN/m²	Normal[1]	1,40	1,40
	De construção[2]	1,30	1,20
> 5,0 kN/m²	Normal[1]	1,35	1,50
	De construção[2]	1,25	1,30

[1] O coeficiente de ponderação das ações permanentes que reduzem o valor do efeito procurado (ações "favoráveis à segurança") deve ser tomado como igual a 1,0; [2] Ações variáveis que reduzem o valor do efeito procurado devem ser excluídas das combinações.

4.3.2.4 Determinação dos esforços ou tensões resistentes de cálculo

Um esforço resistente de cálculo (por exemplo, a força axial resistente de uma barra tracionada ou o momento fletor resistente de uma viga), ou uma tensão resistente de cálculo, é dado por:

$$R_d = \frac{R_k}{\gamma} \tag{4.4}$$

onde γ é uma constante superior a unidade, denominada coeficiente de ponderação da resistência, e R_k é o esforço ou a tensão resistente nominal para o estado-limite último em consideração. A divisão de R_k pelo coeficiente γ permite levar em conta o fato de que seu valor pode ser menor que o previsto, em razão da variabilidade das propriedades mecânicas dos materiais (aço ou concreto), e, ainda, em virtude de incertezas relativas ao comportamento das peças no colapso, à execução da estrutura, às dimensões das seções transversais das peças etc.

O coeficiente de ponderação da resistência possui valores diferentes para o aço dos perfis estruturais, para o aço das armaduras e para o concreto. Para o aço dos perfis estruturais, usa-se o coeficiente γ_a, que pode ser γ_{a1} ou γ_{a2}, com γ_{a1} aplicável aos estados-limites últimos relacionados ao escoamento e à instabilidade e γ_{a2}, aos estados-limites relacionados à ruptura, com os seguintes valores:

$$\gamma_{a1} = 1{,}10 \tag{4.5}$$

$$\gamma_{a2} = 1{,}35 \tag{4.6}$$

Para o aço das armaduras, adota-se:

$$\gamma_s = 1{,}15 \tag{4.7}$$

No caso do concreto, utiliza-se:

$$\gamma_c = 1{,}40 \tag{4.8}$$

4.3.2.5 Segurança estrutural

Os esforços ou tensões resistentes e solicitantes são grandezas probabilísticas, como visto anteriormente, e estão sujeitos a incertezas de naturezas diversas. Assim, não existe garantia plena de que uma estrutura seja absolutamente segura. No entanto, os coeficientes de ponderação da resistência, os coeficientes de ponderação e os fatores de combinação das ações são estabelecidos de forma que a probabilidade de ocorrência de um estado-limite último seja extremamente reduzida, situando-se dentro de limites considerados aceitáveis pela sociedade.

4.3.3 Estados-limites de serviço

4.3.3.1 Definição

Os estados-limites de serviço relacionam-se à capacidade da estrutura de desempenhar satisfatoriamente as funções às quais se destina. A ocorrência desse tipo de estado-limite pode prejudicar a aparência e a funcionalidade de uma edificação, o conforto dos seus ocupantes e o funcionamento de equipamentos, bem como causar rachaduras e trincas em alvenarias e danos diversos a portas, esquadrias, janelas, materiais de acabamento etc.

4.3.3.2 Condição necessária

De modo geral, para que não ocorram estados-limites de serviço, certos deslocamentos da estrutura, determinados a partir de uma combinação de ações de serviço (Subitem 4.3.3.3), não podem superar valores máximos permitidos, estabelecidos pela ABNT NBR 8800:2008 com base em experiências pregressas (subitens 4.3.3.4 e 4.3.3.5).

4.3.3.3 Determinação dos deslocamentos

Combinações de ações de serviço

Os deslocamentos de uma estrutura, para efeito de verificação dos estados-limites de serviço, devem ser determinados com base em combinações de ações de serviço. Essas combinações, de acordo com seu período de atuação sobre a estrutura, são classificadas em quase permanentes, frequentes e raras.

As combinações quase permanentes, definidas como aquelas que podem atuar da ordem da metade do período de vida útil da estrutura, devem ser usadas quando se verifica apenas a aparência da estrutura, o que é feito em situações nas quais os deslocamentos não provoquem danos à estrutura ou a outros componentes da construção. Nessas combinações, as ações permanentes ficam com seus valores característicos $A_{G,k}$ e as variáveis ficam com seus valores quase permanentes $\psi_2 A_{Q,k}$ (produto do valor característico pelo fator de redução ψ_2):

$$C_{qp,ser} = \sum_{i=1}^{m} A_{Gi,k} + \sum_{j=1}^{n} \left(\psi_{2j} A_{Qj,k} \right) \tag{4.9}$$

As combinações frequentes, definidas como aquelas que se repetem por volta de 10^5 vezes no período de vida útil ou que têm uma duração da ordem de 5% desse período, devem ser utilizadas quando se verificam estados-limites reversíveis, isto é, que não causem danos permanentes à estrutura ou a outros componentes da construção, incluindo os relacionados ao conforto dos usuários e ao funcionamento de equipamentos, como vibrações excessivas, movimentos laterais excessivos que comprometam a vedação, empoçamentos em coberturas e aberturas de fissuras. Essas combinações são representadas por uma expressão em que as ações permanentes ficam com seus valores característicos $A_{G,k}$, a ação variável principal é tomada com seu valor frequente $\psi_1 A_{Q1,k}$ (produto do valor característico pelo fator de redução ψ_1) e as demais ações variáveis ficam com seus valores quase permanentes $\psi_2 A_{Q,k}$:

$$C_{fr,ser} = \sum_{i=1}^{m} A_{Gi,k} + \psi_1 A_{Q1,k} + \sum_{j=2}^{n} \left(\psi_{2j} A_{Qj,k} \right) \tag{4.10}$$

As combinações raras, definidas como aquelas que podem atuar no máximo algumas horas durante o período de vida útil da estrutura, devem ser usadas quando se verificam estados-limites irreversíveis, isto é, que causem danos permanentes à estrutura ou a outros componentes da construção e danos relacionados ao funcionamento adequado da estrutura, como a formação de fissuras e danos aos fechamentos. Nessas combinações, as ações permanentes ficam com seus valores característicos $A_{G,k}$, a ação variável principal é tomada com seu valor característico $A_{Q1,k}$ e as demais ações variáveis ficam com seus valores frequentes $\psi_1 A_{Q,k}$:

$$C_{ra,ser} = \sum_{i=1}^{m} A_{Gi,k} + A_{Q1,k} + \sum_{j=2}^{n} \left(\psi_{1j} A_{Qj,k} \right) \tag{4.11}$$

Os valores dos fatores de redução ψ_1 e ψ_2, que permitem chegar aos valores frequentes e quase permanentes das ações variáveis, respectivamente, são fornecidos na Tabela 4.7, em função do tipo de ação variável.

TABELA 4.7 Fatores de redução ψ_1 e ψ_2

Ação	Local/tipo de elemento/detalhamento	ψ_1	ψ_2
Ações variáveis causadas pelo uso e ocupação	Locais em que não há pesos ou equipamentos que permanecem fixos por longos períodos de tempo, nem elevadas concentrações de pessoas, como na maioria das edificações residenciais	0,4	0,3
	Locais em que há pesos ou equipamentos que permanecem fixos por longos períodos de tempo, ou elevadas concentrações de pessoas, como na maioria das edificações comerciais, de escritórios e de acesso público	0,6	0,4
	Bibliotecas, arquivos, depósitos, oficinas e garagens e sobrecargas em coberturas	0,7	0,6
Ações truncadas	–	1,0	1,0
Vento	–	0,3	0
Temperatura	Variações uniformes de temperatura em relação à média anual local	0,5	0,3
Carga móvel e seus efeitos dinâmicos	Em passarelas de pedestres	0,4	0,3
	Em vigas de rolamento de pontes rolantes	0,8	0,5
	Em pilares e outros elementos ou subestruturas que suportam vigas de rolamento de pontes rolantes	0,6	0,4

Evidentemente:

- ações variáveis que reduzam o efeito procurado devem ser excluídas das combinações de serviço (por exemplo, caso se esteja calculando a flecha de uma viga, de sentido gravitacional, ações que causem translações de baixo para cima não entram nas combinações);
- devem ser feitas tantas combinações de ações de serviço quantas forem as ações variáveis (uma combinação para cada ação variável considerada principal), para as combinações frequentes e raras.

A ABNT NBR 8800:2008, portanto, fornece três classes de combinações de ações de serviço, que são usadas dependendo da severidade do problema tratado. Por exemplo, quando o problema está relacionado apenas à aparência da estrutura, empregam-se as combinações quase permanentes, que fornecem menores valores de deslocamentos. Quando o problema está relacionado a estados-limites reversíveis (que desaparecem tão logo a combinação deixa de solicitar a estrutura), utilizam-se as combinações frequentes, que fornecem valores um pouco maiores. Finalmente, quando o problema está relacionado a estados-limites irreversíveis (se ocorrer, leva a uma situação que só pode ser revertida mediante intervenção adequada), usam-se as combinações raras, que fornecem os maiores valores de deslocamentos. Para facilitar o trabalho dos projetistas, em diversas situações, a norma brasileira estabelece a classe de combinação de ações ou, às vezes, até mesmo uma ação específica, que deve ser utilizada na verificação de determinado deslocamento. Em outras situações, deixa-se a cargo do responsável técnico pelo projeto estrutural analisar criteriosamente o problema e decidir que classe de combinação deve ser empregada.

Valores dos deslocamentos

O cálculo dos deslocamentos, utilizando as combinações de ações de serviço, pode ser feito por procedimentos como a teoria da linha elástica e o princípio dos trabalhos virtuais. Quando a estrutura é composta por um grande número de barras ou possui um elevado grau de hiperestaticidade, é aconselhável usar um programa de computador. Para facilitar o cálculo em algumas situações, no Apêndice C são mostrados valores de flechas de barras de apenas um tramo, com condições de contorno e de carregamento comumente encontradas na prática.

4.3.3.4 Deslocamentos máximos

Travessas de fechamento e terças de cobertura

As travessas de fechamento devem ter deslocamento limitado a $L/180$ no plano de fechamento (deslocamentos δ_{v1} da Figura 4.9). Para defini-lo, deve-se optar por uma combinação quase permanente, frequente ou rara, dependendo do tipo de estado-limite de serviço em verificação (Subitem 4.3.3.3). Caso haja tirantes, o deslocamento deve ser medido entre eles. O deslocamento perpendicular ao plano de fechamento (deslocamento δ_{h1} da Figura 4.9) deve ser limitado a $L/120$, considerando apenas a atuação do vento no fechamento com seu valor característico.

As terças de cobertura devem ter deslocamento máximo perpendicular ao plano de fechamento igual a $L/180$, no sentido descendente (deslocamento δ_{v2} da Figura 4.9), utilizando-se combinações raras de serviço, com as ações variáveis de mesmo sentido que a ação permanente. No sentido ascendente (deslocamento δ_{v3} da Figura 4.9), com atuação do vento de sucção, devem ser usadas também combinações raras, tomando-se um deslocamento máximo de $L/120$.

Vigas de cobertura e de piso

As vigas de cobertura e de piso, inclusive as treliçadas, devem possuir deslocamentos verticais (flechas) máximos de $L/250$ e $L/350$, respectivamente (Figura 4.10). Para cálculo desses deslocamentos, deve-se optar por usar uma combinação quase permanente, frequente ou rara, dependendo do tipo de estado-limite de serviço que esteja sendo verificado (Subitem 4.3.3.3). Caso exista parede de alvenaria sobre ou sob a viga, solidarizada com essa viga, o deslocamento vertical não deve exceder a 15 mm, para evitar trincas na parede, usando-se, nesse caso, combinações raras.

Caso uma viga suporte pilares, seu deslocamento vertical máximo não deve superar $L/500$ (Figura 4.10) e deve ser definido por uma combinação quase permanente, frequente ou rara, dependendo do tipo de estado-limite de serviço que esteja sendo verificado (Subitem 4.3.3.3).

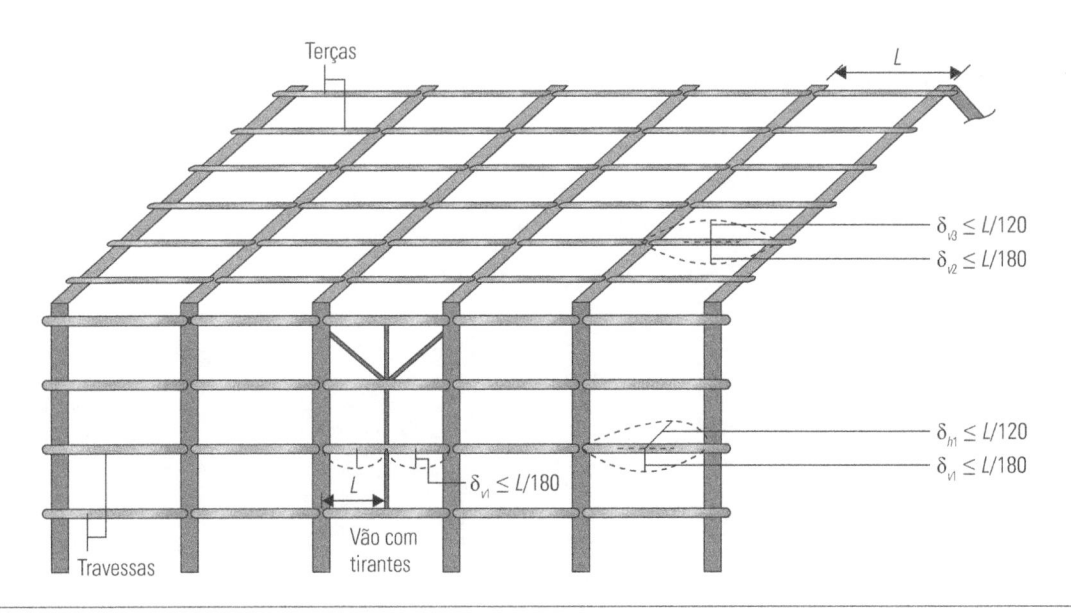

FIGURA 4.9 Deslocamentos permitidos em terças e travessas de fechamento.

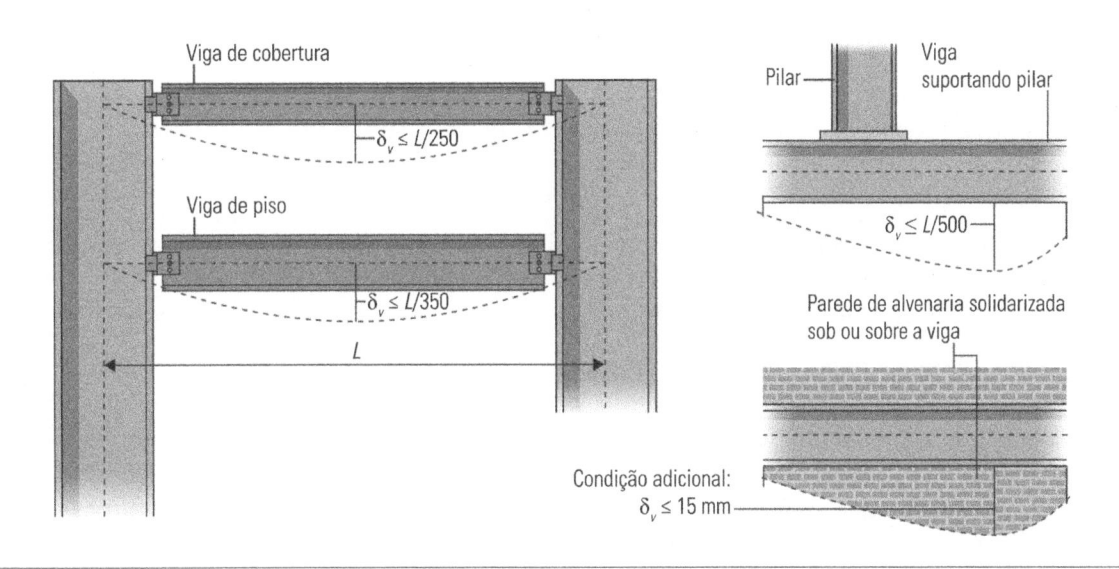

FIGURA 4.10 Flechas permitidas de vigas de piso e de cobertura.

Vigas de rolamento

As vigas de rolamento devem possuir os seguintes deslocamentos verticais (flechas) máximos (Figura 4.11):

- $L/600$, quando suportam pontes rolantes com capacidade nominal inferior a 200 kN;
- $L/800$, quando suportam pontes rolantes com capacidade nominal igual ou superior a 200 kN, exceto pontes siderúrgicas;
- $L/1.000$, quando suportam pontes rolantes siderúrgicas com capacidade nominal igual ou superior a 200 kN.

Os deslocamentos horizontais máximos (Figura 4.11) são os seguintes:

- $L/400$, exceto para pontes rolantes siderúrgicas;
- $L/600$, para pontes rolantes siderúrgicas.

Deve-se usar sempre combinações raras de ações. No caso do deslocamento vertical, as cargas verticais não devem ser majoradas por coeficientes de impacto.

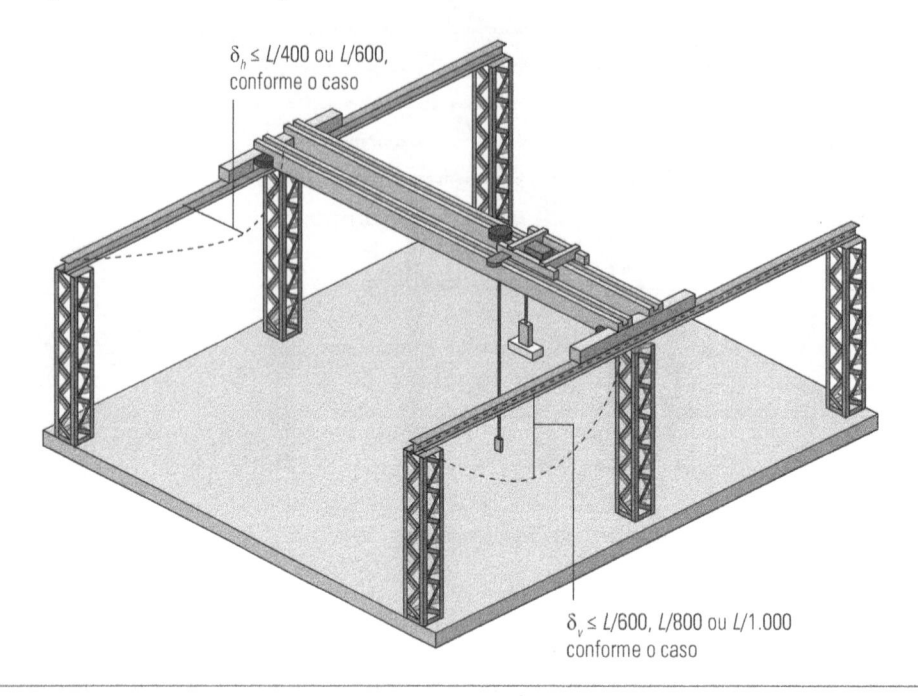

FIGURA 4.11 Deslocamentos vertical e horizontal permitidos em vigas de rolamento.

Galpões em geral e edifícios de um pavimento

Nos galpões em geral e nos edifícios de apenas um pavimento, o deslocamento horizontal do topo dos pilares em relação à base não pode superar $H/300$, onde H é a altura do topo em relação à base (Figura 4.12).

Em galpões com ponte rolante, adicionalmente:

- o deslocamento horizontal do nível da face superior da viga de rolamento em relação à base não pode ser maior que $H_{vr}/400$, onde H_{vr} é a distância entre esses dois pontos;
- no caso de pontes rolantes siderúrgicas, o deslocamento horizontal do nível da viga de rolamento não pode superar 50 mm;
- o deslocamento horizontal diferencial entre pilares do pórtico que suportam as vigas de rolamento não pode superar 15 mm.

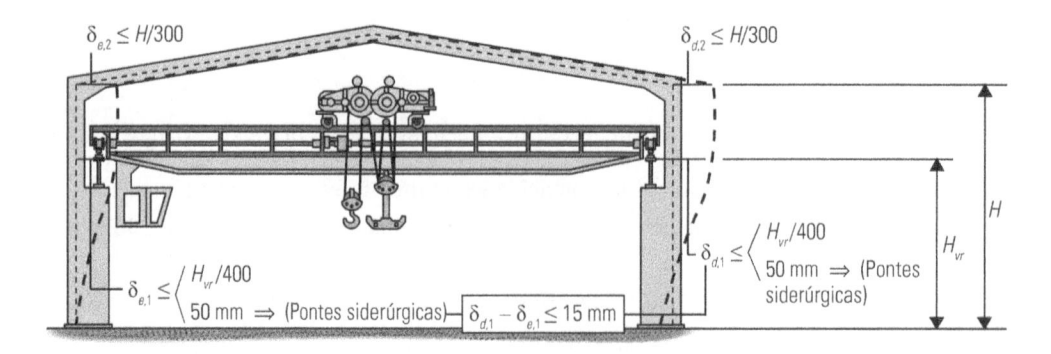

FIGURA 4.12 Deslocamentos horizontais de galpões e edifícios de um pavimento.

Sugere-se que os deslocamentos supracitados sejam calculados considerando, isoladamente, os valores característicos oriundos da ação da ponte rolante e do vento.

Se a edificação for fechada com parede, deve-se limitar o deslocamento horizontal de maneira que a abertura da fissura que possa ocorrer na base da parede não supere 1,5 mm, entendida a parede como painel rígido (Figura 4.13). Como se trata de um estado-limite reversível, para sua verificação devem-se usar combinações frequentes de ações.

Edifícios de dois ou mais pavimentos

Nos edifícios de dois ou mais pavimentos, o deslocamento horizontal do topo dos pilares em relação à base não pode ser maior que $H/400$, onde H é a altura do topo em relação à base (Figura 4.14). Além disso, o deslocamento horizontal relativo entre dois pisos consecutivos não pode superar $h/500$, onde h é a distância entre os eixos dos pisos (altura do andar).

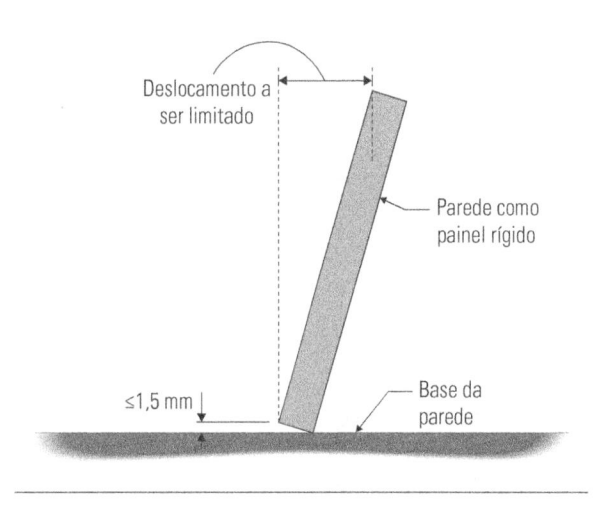

FIGURA 4.13 Limitação de deslocamento perpendicular à parede.

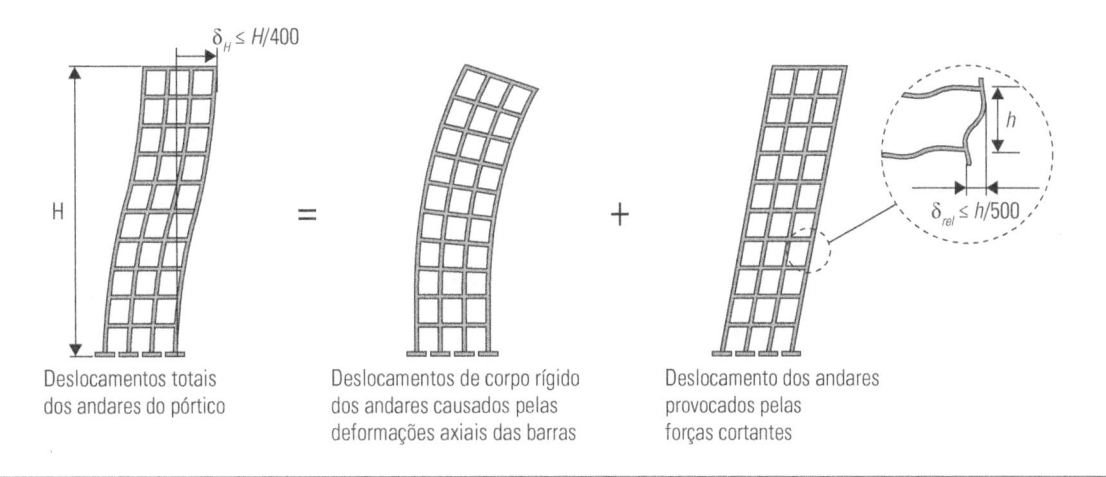

FIGURA 4.14 Deslocamentos horizontais de edifícios de dois ou mais pavimentos.

No que se refere ao deslocamento relativo entre pisos, deve-se considerar apenas o deslocamento provocado pelas forças cortantes no andar considerado, desprezando o deslocamento causado pelas deformações axiais das barras (Figura 4.14). Como isso requer análise mais complexa do comportamento da estrutura, na prática é comum obter o deslocamento total e, de modo conservador, limitá-lo em $h/500$. Procedendo dessa forma, ao se verificar o deslocamento relativo entre os pisos, a condição relacionada ao deslocamento do topo dos pilares fica necessariamente atendida.

No cálculo dos deslocamentos horizontais dos edifícios de dois ou mais pavimentos, deve-se definir por usar uma combinação quase permanente, frequente ou rara, dependendo do tipo de estado-limite de serviço que se esteja verificando (Subitem 4.3.3.3).

Considerações complementares sobre as flechas das vigas

Ao se determinar a flecha total (δ_t) de uma viga, para ser comparada com seu deslocamento permitido, deve ser usada a seguinte expressão (Figura 4.15):

$$\delta_t = \delta_p + \delta_v - \delta_c \qquad (4.12)$$

onde δ_p e δ_v são, respectivamente, as flechas causadas pelas ações permanentes e variáveis, e δ_c é a contraflecha da viga. No entanto, nessa expressão, se δ_c for maior que δ_p, deve-se tomar δ_c igual a δ_p.

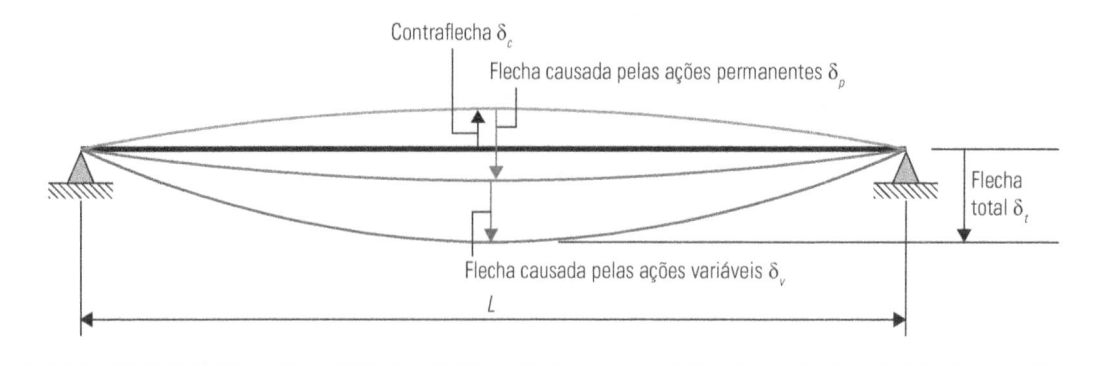

FIGURA 4.15 Flecha da viga.

A Equação (4.12) é aplicável apenas a vigas de aço. As vigas mistas de aço e concreto apresentam um comportamento peculiar, no qual a flecha depende da fluência e da retração do concreto e de haver ou não escoramento antes da cura do concreto, devendo ser obtida com base no procedimento descrito no Subitem 13.9.2.

A contraflecha é dada a um perfil de aço durante a fabricação, nas situações em que a viga apresentará flecha causada pela carga permanente de tal magnitude que faça a flecha total superar o valor máximo permitido.

Geralmente, a contraflecha é executada por meio de:

- flexão mecânica, com a utilização de equipamentos adequados para aplicar forças na viga que causam tensões acima do regime elástico, provocando uma curvatura permanente, conforme ilustra a Figura 4.16a;
- aquecimento de uma das faces da viga (Figura 4.16b), usando, por exemplo, maçarico, o que faz a viga sofrer deformações plásticas e apresentar uma curvatura que se manterá, em parte, após o resfriamento.

Na maioria das vezes, a contraflecha varia entre 50% e 100% da flecha provocada pela carga permanente. No entanto, deve-se ter em mente que é impossível executar contraflechas muito elevadas, por causa de limitações dos equipamentos ou dos processos empregados.

Os valores de deslocamentos permitidos nas vigas, quando relacionados ao vão L, referem-se a barras birrotuladas. No entanto, podem ser usados, sem alteração, nas vigas com outras condições de contorno. A única exceção diz respeito às vigas em balanço, em que a flecha a ser limitada é o deslocamento vertical na extremidade livre e o vão a ser considerado é igual a duas vezes o comprimento real L.

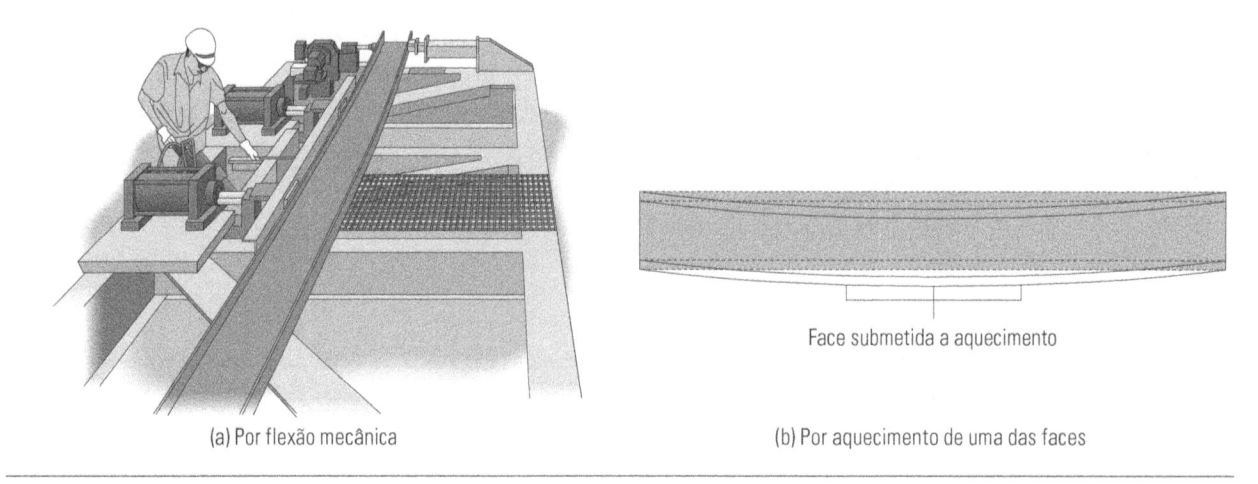

FIGURA 4.16 Modos de execução de contraflecha em viga.

Todas as considerações relacionadas a flechas de vigas aplicam-se também a vigas treliçadas. Nessas vigas, a contraflecha pode ser executada de duas maneiras: (a) encurvando os banzos, projetados como barras contínuas ao longo de todo o comprimento (Figura 4.17a), ou (b) projetando os banzos como um conjunto de barras retas entre nós (Figura 4.17b). O primeiro procedimento é mais comum.

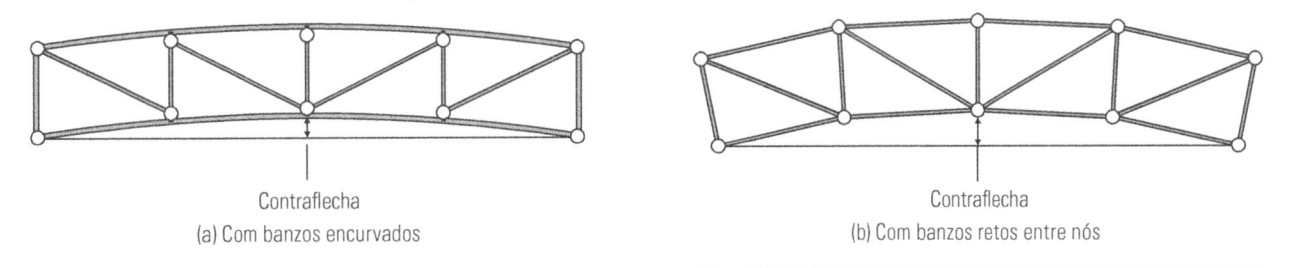

FIGURA 4.17 Execução de contraflecha em viga treliçada.

4.3.3.5 Limites para vibrações em pisos

Nos pisos de edifícios, deve-se efetuar análise dinâmica para verificar a possibilidade de ocorrência de vibrações excessivas. Essas vibrações causam sensação de desconforto para os ocupantes da edificação, que percebem o movimento da estrutura.

A ABNT NBR 8800:2008 recomenda um método simplificado em substituição à análise dinâmica, advertindo que eventualmente seu emprego pode não levar a um resultado satisfatório, composto pelas seguintes regras:

- nos pisos em que as pessoas caminham regularmente, como os de residências e escritórios, o deslocamento vertical máximo, desprezando as possíveis contraflechas das vigas, deve ser menor que 20 mm;
- nos pisos em que as pessoas saltam ou dançam de forma rítmica, como os de academias de ginástica, salões de dança, ginásios e estádios de esportes, o deslocamento vertical máximo, desprezando as possíveis contraflechas das vigas, deve ser menor que 9 mm, e, se a atividade for muito repetitiva, como a ginástica aeróbica, esse valor deve ser reduzido para 5 mm.

No cálculo do deslocamento vertical máximo do piso (nível mais baixo atingido pelo piso em relação ao nível antes de atuar o carregamento, considerando os deslocamentos das vigas principais e secundárias e dos apoios, conforme ilustra a Figura 4.18), deve-se usar combinações frequentes de serviço das ações que estejam atuando no piso, por se tratar de um estado-limite reversível, e assumir todas as vigas do piso como birrotuladas (mesmo que possuam outras condições de contorno).

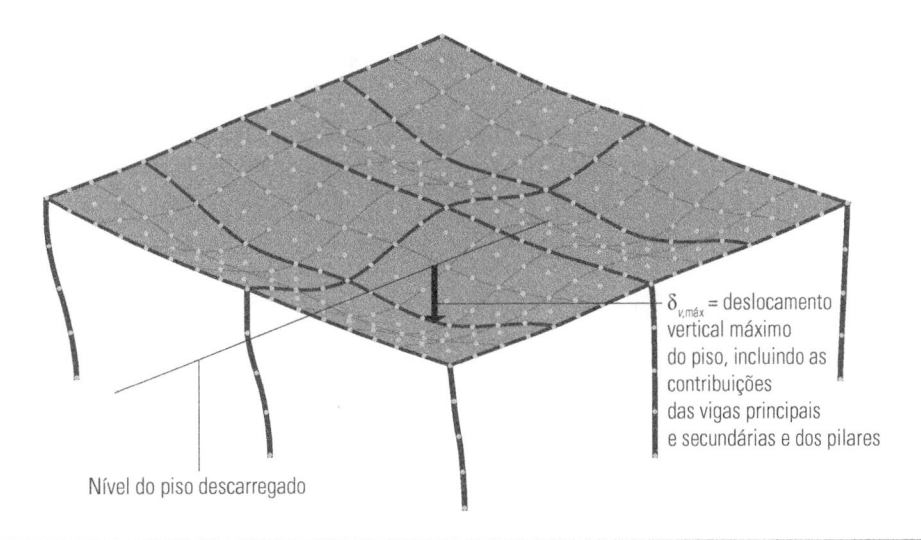

FIGURA 4.18 Deslocamento vertical de pisos.

Para efeito de avaliação da vibração, no caso de vigas de aço sobrepostas por laje de concreto, pode-se considerar uma parcela da laje trabalhando com as vigas, o que aumenta a rigidez dessas vigas e reduz os valores da flecha. Mais detalhes sobre esse assunto são fornecidos no Subitem 13.9.3.

4.4 Exemplos de aplicação

4.4.1 Forças axiais de cálculo e estado-limite de serviço em treliça

Na treliça de cobertura a seguir, pertencente a uma edificação de uso comercial, atuam as ações indicadas (em valores característicos), originadas de: carga permanente (decorrente principalmente de peso próprio de estrutura metálica), sobrecarga, equipamento móvel (esse equipamento ora solicita a treliça, ora não) e vento com sentido de A para C. Primeiro, serão obtidas as forças axiais solicitantes de cálculo de tração e compressão máximas em todas as barras, para uso normal da estrutura. Em seguida, será verificado o deslocamento vertical do nó F, sabendo que os valores desse deslocamento são iguais a 0,80 cm, 1,60 cm e 2,00 cm, com sentido de cima para baixo, para a carga permanente, sobrecarga e equipamento, respectivamente; e igual a 1,80 cm, com sentido de baixo para cima, para o vento, de modo a evitar danos ao funcionamento do equipamento móvel.

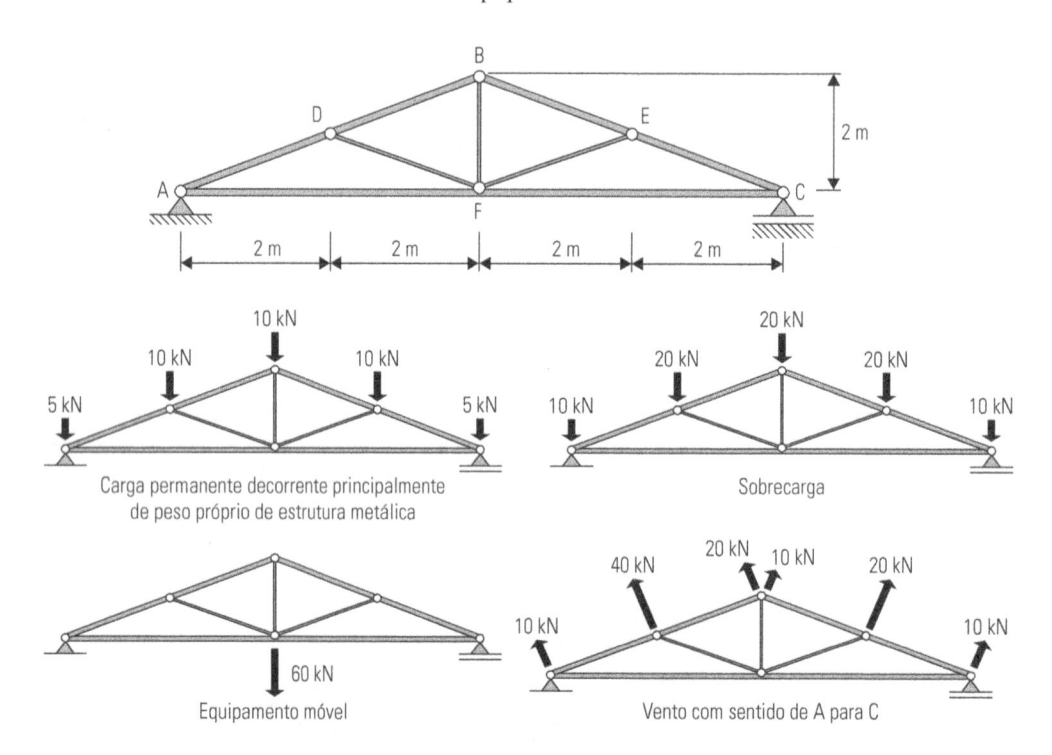

a) Determinação das forças axiais de cálculo

Para determinar as forças axiais solicitantes de cálculo de tração e compressão máximas nas barras da treliça, deve-se:

- obter inicialmente as forças axiais nas barras causadas pelas ações características de cada um dos carregamentos;
- combinar as forças axiais nas barras, de acordo com a Equação (4.3).

A tabela a seguir ilustra o procedimento:

Barra	Forças axiais causadas pelas ações características [kN] [1]				Forças axiais solicitantes de cálculo, N_{Sd}, obtidas pelas combinações últimas [kN] [1], [2]		
	Carga permanente ($N_{cp,k}$)	Ações variáveis			Ação variável principal		
					Sobrecarga	Equipamento	Vento
		Sobrecarga ($N_{sc,k}$)	Equipamento ($N_{eq,k}$)	Vento ($N_{ve,k}$)	$1{,}25\,N_{cp,k} + 1{,}50\,N_{sc,k} + 1{,}50\,(0{,}7)\,N_{eq,k}$	$1{,}25\,N_{cp,k} + 1{,}50\,N_{eq,k} + 1{,}50\,(0{,}8)\,N_{sc,k}$	$1{,}0\,N_{cp,k} + 1{,}40\,N_{ve,k}$
AD	−33,56	−67,11	−67,11	+95,00	−213,08	−223,15	+99,44
DB	−22,37	−44,74	−67,11	+65,00	−165,54	−182,32	+68,63
BE	−22,37	−44,74	−67,11	+70,00	−165,54	−182,32	+75,63
EC	−33,56	−67,11	−67,11	+84,99	−213,08	−223,15	+85,43
AF	+30,00	+60,00	+60,00	−93,87	+190,50	+199,50	−101,42
FC	+30,00	+60,00	+60,00	−71,54	+190,50	+199,50	−70,16
BF	+10,00	+20,00	+60,00	−33,53	+105,50	+126,50	−36,94
DF	−11,19	−22,37	0	+50,00	−47,54	−40,83	+58,81
FE	−11,19	−22,37	0	+25,00	−47,54	−40,83	+23,81

[1] O sinal (+) indica força axial de tração, e o sinal (−), de compressão.
[2] Os valores máximos das forças axiais de tração e compressão em cada barra estão indicados nos espaços com fundo cinza.

Foram estabelecidas três combinações últimas de ações: a primeira, com a sobrecarga como ação variável principal (o fator de combinação do equipamento foi considerado igual a 0,7, por se tratar de edificação comercial, conforme a Tabela 4.4), a segunda, com o equipamento, e a terceira, com o vento. Nas duas primeiras combinações, o vento não foi incluído, por se tratar de ação variável favorável à segurança (tem efeito contrário ao da ação variável principal), e, na terceira combinação, pela mesma razão, a sobrecarga e o equipamento não foram incluídos, e, ainda, o coeficiente de ponderação da carga permanente foi tomado igual a 1,0 (valor entre parênteses da Tabela 4.5).

b) Verificação do estado-limite de serviço

Como o problema tratado refere-se ao funcionamento de equipamento, devem ser usadas as combinações frequentes de serviço, dadas pela Equação (4.10), para chegar ao deslocamento final do nó F ($\delta_{t,F}$). Observando os valores dos deslocamentos, conclui-se que o sentido de cima para baixo será sempre mais desfavorável. Assim, tem-se que:

- para a sobrecarga como ação variável principal:

$\delta_{t,F} = 0{,}80 + 0{,}7\,(1{,}60) + 0{,}4\,(2{,}00) = 2{,}72$ cm

- para o equipamento como ação variável principal:

$\delta_{t,F} = 0{,}80 + 0{,}6\,(2{,}00) + 0{,}6\,(1{,}60) = 2{,}96$ cm

Logo, deve-se assumir $\delta_{t,F}$ igual a 2,96 cm.

O deslocamento máximo permitido, considerando tratar-se de uma viga de cobertura, deve ser:

$\delta_p = \dfrac{L}{250} = \dfrac{800}{250} = 3{,}20$ cm

Logo, como:

$\delta_{t,F} = 2{,}96 \text{ cm} < \delta_p = 3{,}20 \text{ cm}$

não haverá prejuízo ao funcionamento do equipamento.

Salienta-se que, quando se trata de equipamento, também é interessante conhecer a posição do fabricante quanto ao nível de deslocamento tido como aceitável.

4.4.2 Forças axiais de cálculo em treliça com ações agrupadas

Agora, forças axiais solicitantes de cálculo de tração e compressão máximas em todas as barras da treliça do exemplo do subitem precedente serão obtidas, para uso normal da estrutura, considerando as ações variáveis agrupadas (sabe-se que, na cobertura à qual a treliça pertence, as ações variáveis não superam 5 kN/m^2).

Solução

Empregando o mesmo procedimento do exemplo do subitem precedente, mas com os coeficientes de ponderação da carga permanente e das ações variáveis (sobrecarga, equipamento móvel e vento) obtidos da Tabela 4.6, pode-se construir a seguinte tabela:

Barra	Forças axiais causadas pelas ações características [kN] [1]				Forças axiais solicitantes de cálculo, N_{Sd}, obtidas pelas combinações últimas [kN] [1], [2]		
	Carga permanente ($N_{cp,k}$)	Ações variáveis			Ação variável principal		
		Sobrecarga ($N_{sc,k}$)	Equipamento ($N_{eq,k}$)	Vento ($N_{ve,k}$)	Sobrecarga 1,40 $N_{cp,k}$ + 1,40 $N_{sc,k}$ + 1,40 (0,7) $N_{eq,k}$	Equipamento 1,40 $N_{cp,k}$ + 1,40 $N_{eq,k}$ + 1,40 (0,8) $N_{sc,k}$	Vento 1,0 $N_{cp,k}$ + 1,40 $N_{ve,k}$
AD	−33,56	−67,11	−67,11	+95,00	−206,71	−216,10	+99,44
DB	−22,37	−44,74	−67,11	+65,00	−159,72	−175,38	+68,63
BE	−22,37	−44,74	−67,11	+70,00	−159,72	−175,38	+75,63
EC	−33,56	−67,11	−67,11	+84,99	−206,71	−216,10	+85,43
AF	+30,00	+60,00	+60,00	−93,87	+184,80	+193,20	−101,42
FC	+30,00	+60,00	+60,00	−71,54	+184,80	+193,20	−70,16
BF	+10,00	+20,00	+60,00	−33,53	+100,80	+120,40	−36,94
DF	−11,19	−22,37	0	+50,00	−46,98	−40,72	+58,81
FE	−11,19	−22,37	0	+25,00	−46,98	−40,72	+23,81

[1] O sinal (+) indica força axial de tração, e o sinal (−), de compressão.
[2] Os valores máximos das forças axiais de tração e compressão em cada barra estão indicados nos espaços com fundo cinza.

Os valores das forças axiais calculadas com as ações agrupadas ficaram inferiores aos obtidos no subitem precedente em no máximo 4%.

Nota-se que, quando as ações variáveis são agrupadas, as ações permanentes também devem ser, obrigatoriamente, agrupadas (no caso em questão, havia apenas uma ação permanente, para a qual foi utilizado o coeficiente de ponderação das ações permanentes agrupadas).

4.4.3 Esforços de cálculo e estados-limites de serviço em piso de edifício

O piso mostrado a seguir, pertencente a um edifício industrial, é constituído pelas vigas V_1, V_2 e V_3, todas birrotuladas, sobrepostas por uma laje de concreto armado maciça, moldada no local, sem revestimento, de 10 cm de espessura. Sobre o piso atua uma sobrecarga de 6 kN/m², além de uma carga devida a um equipamento móvel, que eventualmente passa pelo piso, igual a 14 kN/m². Não há pesos ou equipamentos que permaneçam fixos por longos períodos de tempo, nem elevadas concentrações de pessoas.

Sabendo-se que as vigas V_1 possuem perfil soldado VS 500 x 86 e as vigas V_2, perfil laminado W 310 x 38,7, fletidas em relação ao eixo de maior momento de inércia (eixo x), para uso normal da edificação:

1) serão obtidos os momentos fletores solicitantes de cálculo máximos das vigas V_1 e V_2;
2) considerando uma contraflecha de 75% da flecha causada pela carga permanente, será verificado se as flechas das vigas V_1 e V_2 são aceitáveis, levando em conta a possibilidade de prejuízo ao funcionamento do equipamento móvel;
3) será verificado se as vibrações do piso são aceitáveis, para o caso em que pessoas caminham regularmente sobre ele, supondo que a deformação axial dos quatro pilares no nível do piso é igual a 5 mm, e, conservadoramente, desconsiderando que uma parcela da laje poderia trabalhar com as vigas, aumentando a rigidez destas.

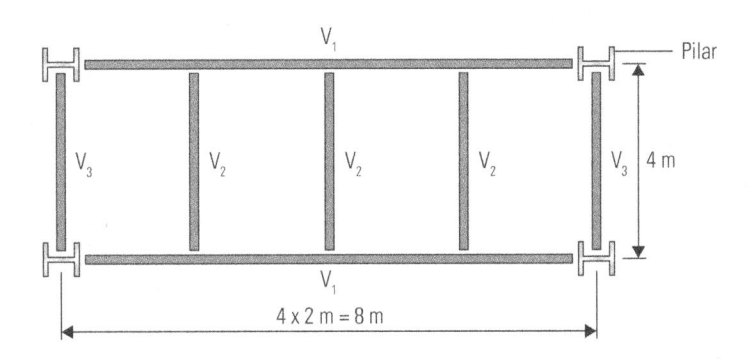

a) Seções transversais e propriedades geométricas importantes das vigas V_1 e V_2

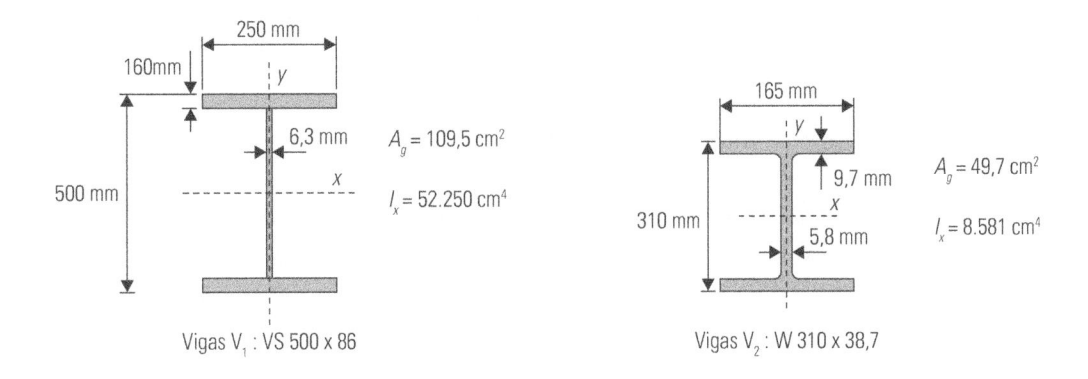

Vigas V_1: VS 500 x 86 — 250 mm, 160 mm, 500 mm, 6,3 mm, $A_g = 109,5$ cm², $I_x = 52.250$ cm⁴

Vigas V_2: W 310 x 38,7 — 165 mm, 310 mm, 9,7 mm, 5,8 mm, $A_g = 49,7$ cm², $I_x = 8.581$ cm⁴

b) Determinação dos momentos fletores máximos

b1) Vigas V_2

As vigas V_2 estão submetidas a cargas características uniformemente distribuídas de sentido gravitacional, causadas pelas ações permanentes devidas ao peso próprio do perfil de aço e da laje de concreto armado, pela sobrecarga e pelo equipamento, iguais, respectivamente, a:

$q_{pa,k} = 77 \times 49,7 \times 10^{-4} = 0,38$ kN/m

$q_{lc,k} = 25 \times 10 \times 10^{-2} \times 2 = 5$ kN/m

$q_{sc,k} = 6 \times 2 = 12$ kN/m

$q_{eq,k} = 14 \times 2 = 28$ kN/m

A carga máxima distribuída na viga, de acordo com a Equação (4.3) e as tabelas 4.4 e 4.5, é dada por:

- tomando a sobrecarga como ação variável principal:

$q_d = 1,25\ (0,38) + 1,35\ (5) + 1,5\ (12) + 1,5 \times 0,5\ (28) = 46,23$ kN/m

- tomando o equipamento como ação variável principal:

$q_d = 1,25\ (0,38) + 1,35\ (5) + 1,5\ (28) + 1,5 \times 0,5\ (12) = 58,23$ kN/m

Logo, adota-se o maior valor, ou seja, q_d igual a 58,23 kN/m. Assim, o maior momento fletor solicitante de cálculo, que ocorre na seção central da viga, é:

$$M_{Sd} = \frac{58,23 \times 4^2}{8} = 116,46 \text{ kN.m}$$

A seguir, mostra-se a viga com a carga distribuída de cálculo, as reações de apoio e o diagrama de momento fletor solicitante de cálculo:

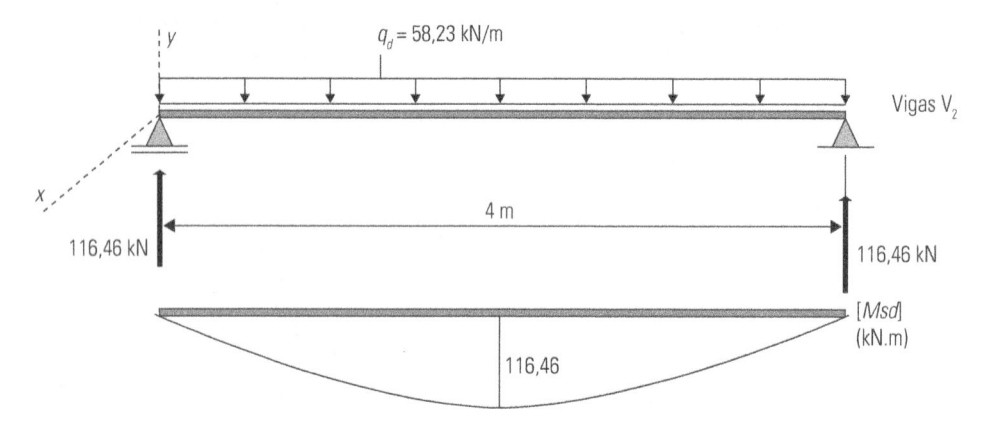

b2) Vigas V_1

As vigas V_1, para determinação do momento fletor solicitante de cálculo, ficam submetidas às reações de apoio das vigas V_2, mais o peso próprio do perfil de aço em valor de cálculo, conforme se vê na figura a seguir:

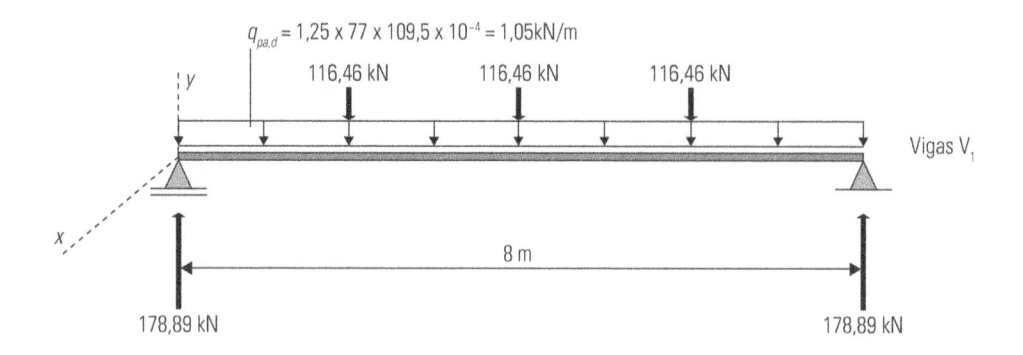

Logo, o maior momento fletor solicitante de cálculo, que ocorre na seção central da viga, é:

$$M_{Sd} = 178,89 \times 4 - \frac{1,05 \times 4^2}{2} - 116,46 \times 2 = 474,24 \text{ kN.m}$$

c) Verificação das flechas
c1) Vigas V_2

Inicialmente, deve-se obter as flechas máximas causadas pela carga permanente, pela sobrecarga e pelo equipamento, em valores característicos. Essas flechas, que ocorrem no meio do vão, podem ser determinadas pela fórmula de $\delta_{máx}$ do Item C.1.1 do Apêndice C. Assim, tem-se respectivamente:

$$\delta_{cp} = \frac{5\left(q_{pa,k}+q_{lc,k}\right)L^4}{384 E_a I_x} = \frac{5(0,38+5,00)\,10^{-2}\times 400^4}{384\times 20.000 \times 8.581} = 0,104 \text{ cm}$$

$$\delta_{sc} = \frac{5 q_{sc,k} L^4}{384 E_a I_x} = \frac{5\times 12 \times 10^{-2}\times 400^4}{384\times 20.000 \times 8.581} = 0,233 \text{ cm}$$

$$\delta_{eq} = \frac{5 q_{eq,k} L^4}{384 E_a I_x} = \frac{5\times 28 \times 10^{-2}\times 400^4}{384\times 20.000 \times 8.581} = 0,543 \text{ cm}$$

A contraflecha da viga será igual a:

$\delta_c = 0,75 \times 0,104 = 0,078$ cm

Como deve ser usada a combinação frequente de serviço, uma vez que se deseja assegurar o funcionamento correto do equipamento, com base nas equações (4.10) e (4.12), a flecha total será:

- tomando a sobrecarga como variável principal:

    $\delta_t = 0,104 + 0,4\,(0,233) + 0,3\,(0,543) - 0,078 = 0,28$ cm

- tomando o equipamento como variável principal:

    $\delta_t = 0,104 + 0,4\,(0,543) + 0,3\,(0,233) - 0,078 = 0,31$ cm

Adotando o maior valor, ou seja, $\delta_t = 0,31$ cm, e comparando-o com a flecha máxima permitida (δ_p) de $L/350$, tem-se:

$$\delta_t = 0,31 \text{ cm} < \delta_p = \frac{L}{350} = \frac{400}{350} = 1,14 \text{ cm}$$

Portanto, a flecha das vigas V_2 está dentro de limites aceitáveis. Observa-se, nesse caso, que mesmo que não fosse dada contraflecha às vigas não haveria problemas, pois a flecha total seria igual a:

$\delta_t = 0,31 + 0,078 = 0,39$ cm

valor ainda bastante inferior ao limite de 1,14 cm.

c2) Vigas V_1

As ações características nas vigas V_1 são mostradas na figura a seguir, onde $q_{pa,k}$ é o peso próprio do perfil de aço, e $P_{cp,k}$, $P_{sc,k}$ e $P_{eq,k}$ são as forças advindas das reações de apoio das vigas V_2 causadas pelo peso próprio total (perfil de aço mais laje de concreto), pela sobrecarga e pelo equipamento, cujos valores são, respectivamente:

$$P_{cp,k} = \frac{5,38 \times 4}{2} = 10,76 \text{ kN}$$

$$P_{sc,k} = \frac{12 \times 4}{2} = 24 \text{ kN}$$

$$P_{eq,k} = \frac{28 \times 4}{2} = 56 \text{ kN}$$

$q_{pa,k} = 77 \times 109{,}5 \times 10^{-4} = 0{,}84$ kN/m

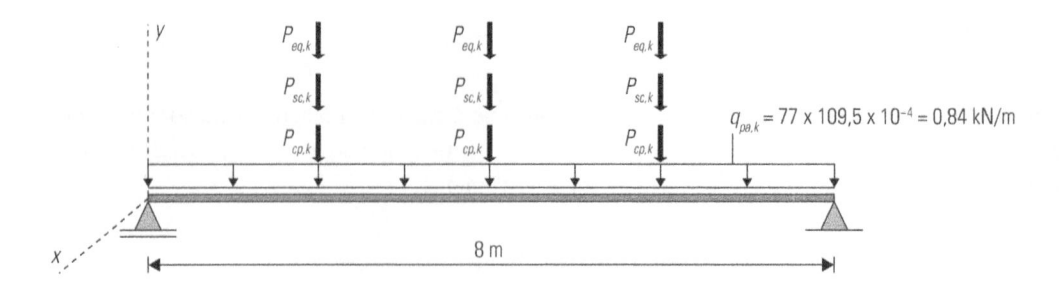

8 m

Com os valores característicos das flechas máximas causadas pela carga permanente, incluindo o peso próprio do perfil de aço, pela sobrecarga e pelo equipamento, tem-se, respectivamente:

$$\delta_{cp} = \frac{5 q_{pa,k} L^4}{384 E_a I_x} + \frac{19 P_{cp,k} L^3}{384 E_a I_x} = \frac{5 \times 0{,}84 \times 10^{-2} \times 800^4}{384 \times 20.000 \times 52.250} + \frac{19 \times 10{,}76 \times 800^3}{384 \times 20.000 \times 52.250} = 0{,}043 + 0{,}261 = 0{,}304 \text{ cm}$$

$$\delta_{sc} = \frac{19 P_{sc,k} L^3}{384 E_a I_x} = \frac{19 \times 24 \times 800^3}{384 \times 20.000 \times 52.250} = 0{,}582 \text{ cm}$$

$$\delta_{eq} = \frac{19 P_{eq,k} L^3}{384 E_a I_x} = \frac{19 \times 56 \times 800^3}{384 \times 20.000 \times 52.250} = 1{,}358 \text{ cm}$$

A fórmula empregada para cálculo da flecha máxima para carga uniformemente distribuída está no Item C.1.1 e, para três cargas concentradas aplicadas nos quartos do vão, no Item C.1.4 ($\delta_{(z)}$ para $z = L/2$ com $a = L/4$), somado com $\delta_{máx}$ do Item C.1.2 do Apêndice C.

A contraflecha será igual a:

$\delta_c = 0{,}75 \times 0{,}304 = 0{,}228$ cm

Usando a combinação frequente de ações de serviço (já sabendo-se que a maior flecha se dará com o equipamento como variável principal), obtém-se:

$\delta_t = 0{,}304 + 0{,}4 (1{,}358) + 0{,}3 (0{,}582) - 0{,}228 = 0{,}79$ cm

Comparando esse valor com a flecha máxima permitida (δ_p) de $L/350$, vem:

$\delta_t = 0{,}79$ cm $< \delta_p = \dfrac{L}{350} = \dfrac{800}{350} = 2{,}29$ cm

Portanto, a flecha das vigas V_1 está também dentro de limites aceitáveis. Da mesma forma que nas vigas V_2, mesmo que não fosse dada contraflecha, não haveria problemas, pois a flecha total seria igual a:

$\delta_t = 0{,}79 + 0{,}228 = 1{,}02$ cm

valor ainda bastante inferior ao limite de 2,29 cm.

d) Verificação da vibração do piso

Como se trata de um piso em que as pessoas caminham regularmente, seu deslocamento vertical máximo, considerando a combinação frequente de serviço e as vigas birrotuladas, sem levar em conta as contraflechas, não pode superar 20 mm.

Assim, lembrando que as flechas já foram calculadas com a combinação frequente de serviço e com as vigas birrotuladas, o deslocamento vertical máximo do piso (ocorre no meio do vão da viga V_2 mais central) corresponderá à soma das flechas anteriormente calculadas das vigas V_1 e V_2, sem levar em contas as contraflechas, e da deformação axial de 5 mm dos pilares. Logo:

$\delta_{v,máx} = 0,39 + 1,02 + 0,50 = 1,91$ cm $= 19,1$ mm < 20 mm

Portanto, o piso não estará sujeito a vibrações inaceitáveis.

e) Considerações em relação ao peso próprio das vigas

Em situações práticas, é comum, para simplificar, considerar-se o peso próprio dos perfis de aço das vigas como uma carga distribuída na área do piso. Nos edifícios residenciais e comerciais, é usual adotar um valor entre 0,25 kN/m² e 0,35 kN/m². Nos edifícios industriais, pode ser necessário adotar um valor superior a 0,35 kN/m².

4.4.4 Esforço solicitante de cálculo na fase de construção

Agora, será determinado o momento fletor solicitante de cálculo máximo para possíveis estados-limites últimos na fase de construção das vigas V_2 do Subitem 4.4.3. Nessa fase, deve-se considerar uma sobrecarga de construção de 1 kN/m² e, ainda, que não haverá equipamento móvel passando pelo piso.

> Veja a resolução deste exemplo de aplicação no site www.loja.grupoa.com.br

4.4.5 Esforços de cálculo em piso de edifício com ações agrupadas

Será determinado o momento fletor solicitante de cálculo máximo da viga V_2 dos subitens 4.4.3 e 4.4.4, para uso normal da edificação e para a fase de construção, considerando tanto as ações permanentes quanto as variáveis agrupadas.

a) Uso normal da edificação

Como as ações variáveis características decorrentes do uso e ocupação no piso superam 5 kN/m² (são iguais a 6 kN/m² + 14 kN/m² = 20 kN/m²), as ações permanentes diretas (no caso, todas são diretas) podem ser agrupadas com um coeficiente de ponderação de 1,35, de acordo com a Tabela 4.6. Ainda de acordo com essa tabela, as ações variáveis agrupadas têm coeficiente de ponderação igual a 1,50. Assim, conforme a Equação (4.3), tem-se na viga V_2:

- tomando a sobrecarga como ação variável principal:

$q_d = 1,35 (0,38 + 5) + 1,5 (12) + 1,5 \times 0,5 (28) = 46,26$ kN/m

- tomando o equipamento como ação variável principal:

$q_d = 1,35 (0,38 + 5) + 1,5 (28) + 1,5 \times 0,5 (12) = 58,26$ kN/m

Adotando-se o maior valor, ou seja, $q_d = 58,26$ kN/m, o momento fletor solicitante de cálculo máximo, que ocorre na seção central da viga, será:

$$M_{Sd} = \frac{58,26 \times 4^2}{8} = 116,52 \text{ kN.m}$$

Observa-se que o valor de M_{Sd} obtido é praticamente igual ao do Subitem 4.4.3 (116,46 kN.m). Isso ocorre porque, no caso, as ações permanentes são muito reduzidas em relação às ações variáveis e, portanto, seus coeficientes de ponderação influem muito pouco no valor final da ação de cálculo atuante na viga.

b) Fase de construção

A carga distribuída na viga, de acordo com a Equação (4.3) e a Tabela 4.6, para a fase de construção, notando que nessa fase as ações variáveis agora são inferiores a 5 kN/m², é dada por:

$q_d = 1,3 (5,38) + 1,2 (2) = 9,39$ kN/m

Logo, o momento fletor solicitante de cálculo máximo é igual a:

$$M_{Sd} = \frac{9{,}39 \times 4^2}{8} = 18{,}78 \text{ kN.m}$$

Esse valor é apenas 1% superior ao do exemplo do Subitem 4.4.4 (18,58 kN.m).

4.4.6 Verificação de flecha em vigas em balanço e biengastada

As duas vigas de aço mostradas a seguir, uma em balanço e outra biengastada, pertencem ao piso de um edifício, suportam paredes de alvenaria solidarizadas e estão submetidas à carga uniformemente distribuída q_s indicada, obtida da combinação de ações de serviço aplicável. Sabendo-se que não foi executada contraflecha e que o momento de inércia do perfil em relação ao eixo de flexão (eixo x) é igual a 5.000 cm^4, propõe-se verificar se as flechas de ambas estão dentro dos limites permitidos.

> Veja a resolução deste exemplo de aplicação no site www.loja.grupoa.com.br

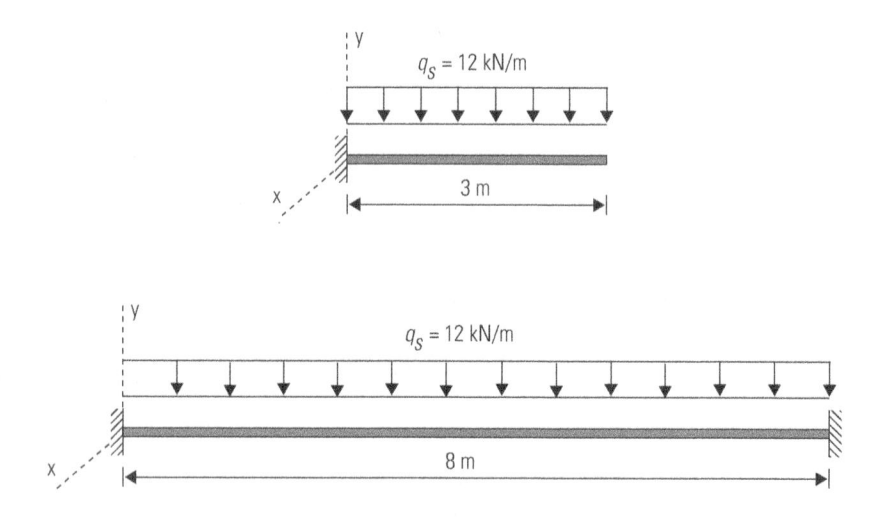

Bibliografia

ABNT NBR 14323:2013. *Projeto de estruturas de aço e de estruturas mistas de aço e concreto de edifícios em situação de incêndio*. Rio de Janeiro: ABNT, 2013.

ABNT NBR 14432:2000. *Exigências de resistência ao fogo de elementos construtivos de edificações*. Rio de Janeiro: ABNT, 2000.

ABNT NBR 6120:1980. *Cargas para o cálculo de estruturas de edificações*. Rio de Janeiro: ABNT, 1980.

ABNT NBR 6123:1988 Versão Corrigida 2:2013. *Forças devidas ao vento em edificações*. Rio de Janeiro: ABNT, 2013.

ABNT NBR 8800:2008. *Projeto de estruturas de aço e de estruturas mistas de aço e concreto de edifícios*. Rio de Janeiro: ABNT, 2008.

BLESSMANN, J. *Acidentes causados pelo vento*. 4. ed. Porto Alegre: Editora da Universidade Federal do Rio Grande do Sul, 2001.

GONÇALVES, R. M. et al. *Segurança nas estruturas – teoria e exemplos*. 3. ed. São Carlos: Departamento de Engenharia de Estruturas – EESC–USP, 2005.

GONÇALVES, R. M. et al. *Ação do vento nas edificações – teoria e exemplos*. 2. ed. São Carlos: Departamento de Engenharia de Estruturas – EESC–USP, 2007.

SÁLES, J. J.; MUNAIAR NETO, J.; MALITE, M. *Segurança nas estruturas*. 2. ed. Porto Alegre: Campus, 2015.

SALMON, C. G.; JOHNSON, J. E.; MALHAS, F. A. *Steel structures: design and behavior*. 5. ed. Upper Saddle River, NJ, EUA: Pearson Prentice Hall, 2009 (Chapter 1: Introduction).

5
Estabilidade lateral e análise estrutural

5.1 Considerações iniciais

Neste capítulo, procura-se fornecer uma visão geral sobre a estabilidade lateral das estruturas e definir os tipos de análise estrutural que devem ser efetuados para verificação de estados-limites últimos e de serviço. Além disso, determinados efeitos que precisam ser considerados na análise estrutural serão apresentados e conceituados.

5.2 Ideias básicas sobre estabilidade lateral

5.2.1 Componentes resistentes e não resistentes a ações horizontais

Em uma estrutura existem subestruturas que, devido à grande rigidez lateral, resistem à totalidade ou à quase totalidade das ações horizontais atuantes. Essas subestruturas, que estabilizam a edificação, são denominadas subestruturas de contraventamento e podem ser (Figura 5.1):

- pórticos em forma de treliça, também chamados sistemas treliçados ou, simplesmente, contraventamentos;
- pórticos cuja estabilidade é assegurada pela rigidez à flexão das barras e pela capacidade de transmissão de momentos das ligações, referenciados simplesmente como pórticos;
- paredes de cisalhamento ou núcleos de concreto.

Evidentemente, as subestruturas de contraventamento, além de suportar as ações horizontais, também conduzem cargas gravitacionais para as fundações.

As estruturas são frequentemente estabilizadas por duas ou mais subestruturas de contraventamento, como ilustra a Figura 5.2a, que apresenta pórtico e parede de cisalhamento trabalhando em conjunto. Utilizam-se, ainda, estruturas estabilizadas por subestruturas de contraventamento mistas, ou seja, constituídas até certo nível por um dos tipos citados e, a partir desse nível, por outro tipo, como se vê na Figura 5.2b, na qual um contraventamento trabalha no primeiro andar e um pórtico trabalha nos demais andares.

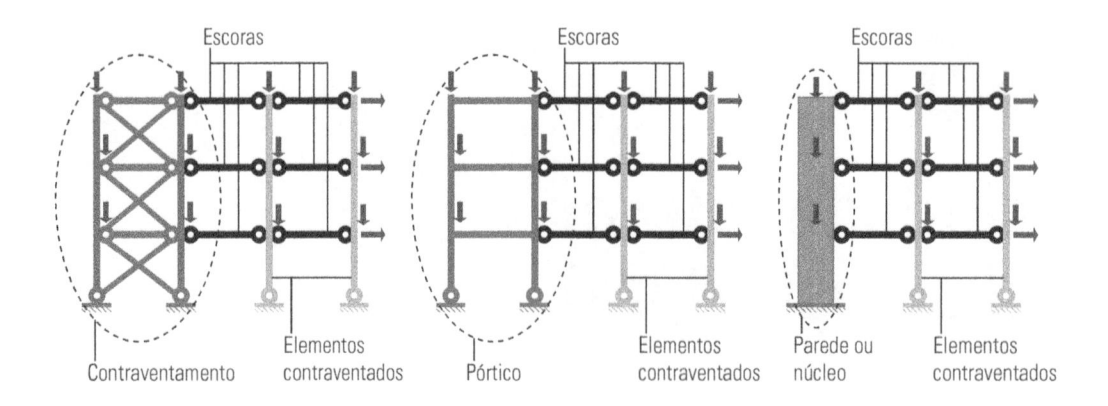

FIGURA 5.1 Subestruturas de contraventamento e elementos contraventados.

(a) Estabilização por pórtico e parede de cisalhamento

(b) Subestrutura de contraventamento mista (contraventamento e pórtico)

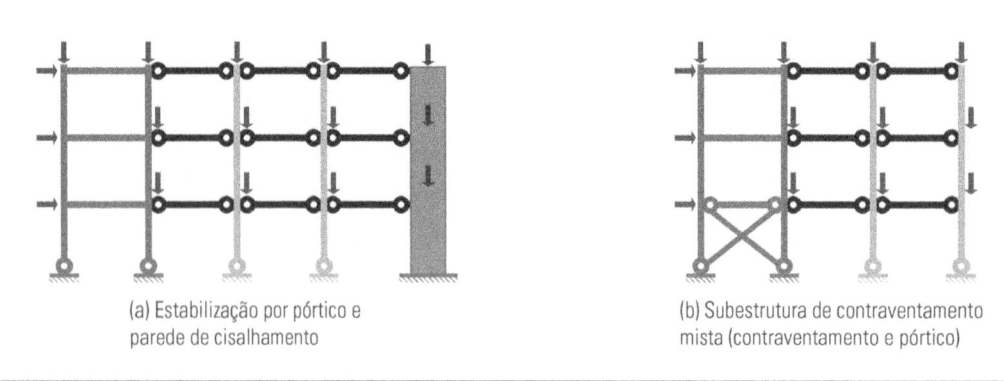

FIGURA 5.2 Arranjos de subestruturas de contraventamento.

As estruturas também podem possuir componentes com capacidade nula ou desprezável para resistir às ações horizontais, projetados com a função primordial de conduzir cargas gravitacionais para as fundações. Esses componentes são ditos elementos contraventados e, nas figuras 5.1 e 5.2, são todos aqueles componentes verticais que não fazem parte das subestruturas de contraventamento.

As subestruturas de contraventamento proporcionam a estabilidade lateral dos elementos contraventados, ou seja, as forças que tendem a desestabilizar os elementos contraventados são transferidas para as subestruturas de contraventamento e precisam ser consideradas no dimensionamento destas últimas. A transmissão das forças desestabilizantes dos elementos contraventados para as subestruturas de contraventamento usualmente se dá por componentes estruturais horizontais, em geral vigas e lajes, chamados genericamente de escoras (figuras 5.1 e 5.2).

Finalmente, podem existir elementos que não dependem das subestruturas de contraventamento para sua estabilidade lateral e que também não são usados para estabilizar outros componentes estruturais. Esses elementos são ditos isolados e possuem comportamento independente do restante da estrutura, suportando ações horizontais e cargas gravitacionais. A Figura 5.3 mostra uma barra engastada em uma extremidade e livre na outra (barra em balanço), uma barra birrotulada e uma barra engastada-rotulada, exemplos típicos de elementos isolados.

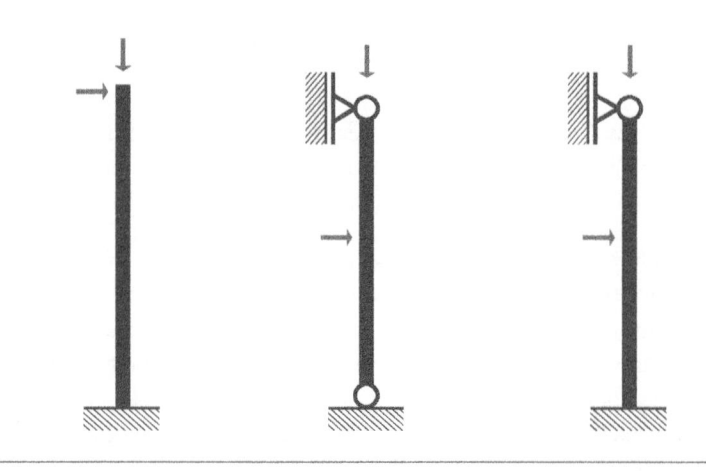

FIGURA 5.3 Exemplos de elementos isolados.

5.2.2 Considerações sobre contraventamentos e pórticos

As estruturas, de modo geral, são tridimensionais e precisam possuir subestruturas de contraventamento que as estabilizem lateralmente em todas as direções. Assim, é comum ter estruturas de edificações de plantas retangulares nas quais, em uma direção, as subestruturas de contraventamento são pórticos e, na direção perpendicular, contraventamentos. A Figura 5.4 mostra um exemplo de um edifício de andares múltiplos onde isso ocorre. As ações horizontais chegam às subestruturas de contraventamento por meio das vigas e das lajes, que se comportam praticamente como diafragmas rígidos em seu plano.

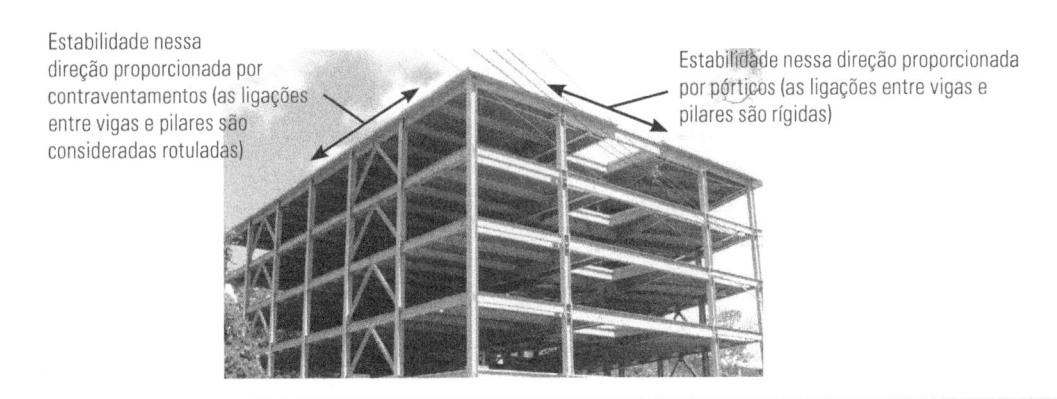

FIGURA 5.4 Estabilidade proporcionada por pórticos e contraventamentos.

A Figura 5.5 mostra a estrutura usual de um edifício baixo, do tipo galpão, com os nomes e funções dos componentes estruturais, no qual a estabilidade transversal é proporcionada por pórticos, e a longitudinal, por contraventamentos de cobertura e verticais.

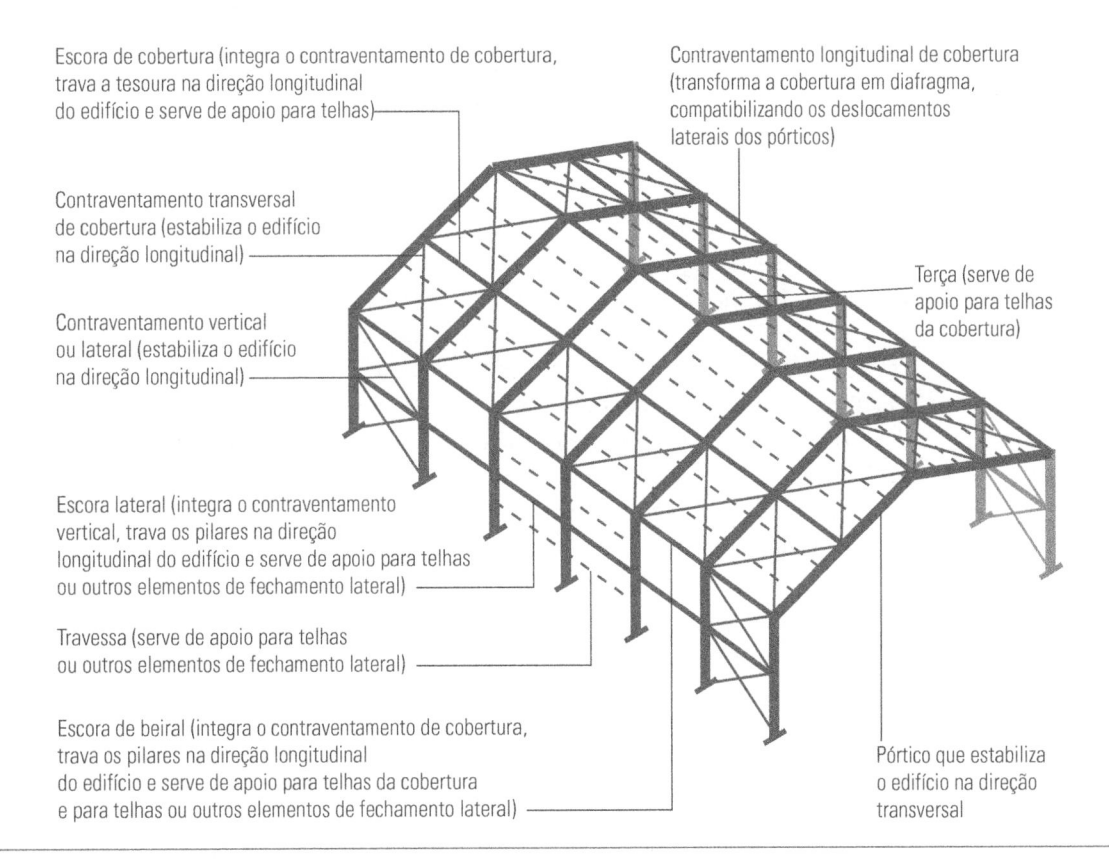

FIGURA 5.5 Edifício baixo do tipo galpão.

O contraventamento vertical transmite as ações horizontais que atuam nas fachadas frontais, geralmente devidas apenas ao vento, e as ações horizontais oriundas do funcionamento de equipamentos, como pontes rolantes nos galpões industriais, para as fundações. O contraventamento mais utilizado em galpões tem a forma de X, e é prática comum considerar apenas o trabalho das barras tracionadas, desprezando as que estariam comprimidas. Tal procedimento se justifica por conseguir o equilíbrio apenas com as barras tracionadas, proporcionando uma condição de projeto mais econômica (caso as barras comprimidas fossem consideradas, suas esbeltezes precisariam ser menores para evitar a instabilidade, levando a um maior consumo de aço).

A Figura 5.6 ilustra o comportamento de um contraventamento vertical em X durante a atuação de forças horizontais decorrentes do vento e de uma ponte rolante da esquerda para a direita e da direita para a esquerda (as barras que estariam comprimidas do contraventamento, e que são desprezadas, aparecem em linha tracejada e se alternam com as tracionadas, que aparecem em linhas contínuas, dependendo do sentido das ações horizontais). Necessariamente, nesse caso, deve-se ter um X abaixo da viga de rolamento para a transmissão das forças decorrentes da ponte rolante. O trabalho das barras tracionadas do contraventamento submete os pilares a forças axiais de tração (T) ou compressão (C), e as barras horizontais a forças axiais de compressão (C). Obviamente, o painel formado por barras de contraventamento, pilares e barras horizontais constitui uma treliça vertical.

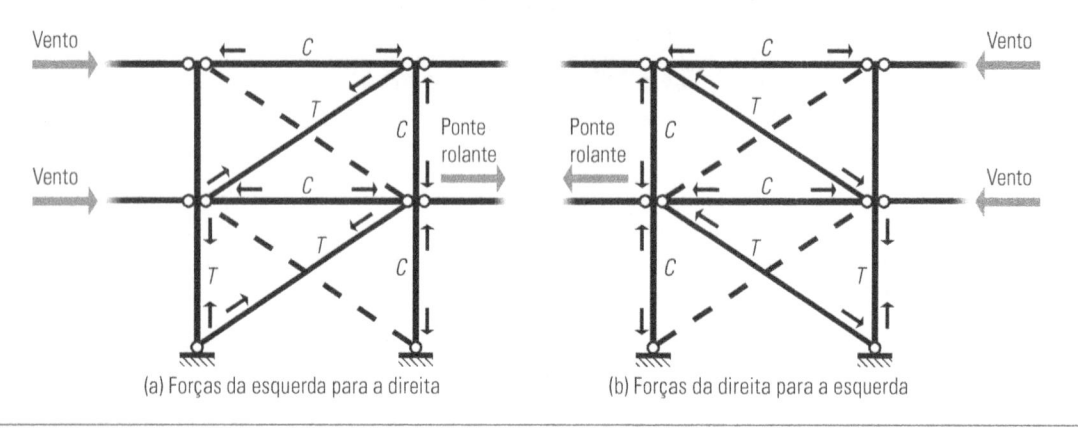

FIGURA 5.6 Comportamento do contraventamento vertical em X.

Outros modelos de contraventamento vertical podem ser usados para aumentar a área aberta entre os pilares, melhorar a distribuição de esforços ou, ainda, por razões arquitetônicas. Um desses modelos, chamado contraventamento em delta (Δ), V invertido ou K, é mostrado na Figura 5.7a (e também na Figura 5.4), na qual uma das barras do contraventamento trabalha à tração (T), e a outra, à compressão (C), de modo que as forças verticais e horizontais estejam equilibradas na seção central da viga (nesse caso, a viga pode ser considerada apoiada nas barras do contraventamento — se a reação da viga sobre as barras de contraventamento, R, for muito grande, ambas as barras podem ficar comprimidas). Outro modelo, denominado contraventamento em duplo Y, ou simplesmente contraventamento em Y, é mostrado na Figura 5.7b, no qual um sistema de três barras trabalha tracionado (T — representado em linha contínua), e um conjunto de três barras que estariam comprimidas (representado em linha tracejada) é desconsiderado. O trabalho das barras tracionadas do contraventamento submete os pilares e a barra horizontal a forças axiais de compressão (C).

Na prática, é comum, nas construções com grande comprimento, fazer um painel de contraventamento vertical a cada cinco ou seis vãos longitudinais, quando esses vãos não são grandes (da ordem de, no máximo, 6 m), com preferências para o primeiro e o último vãos.

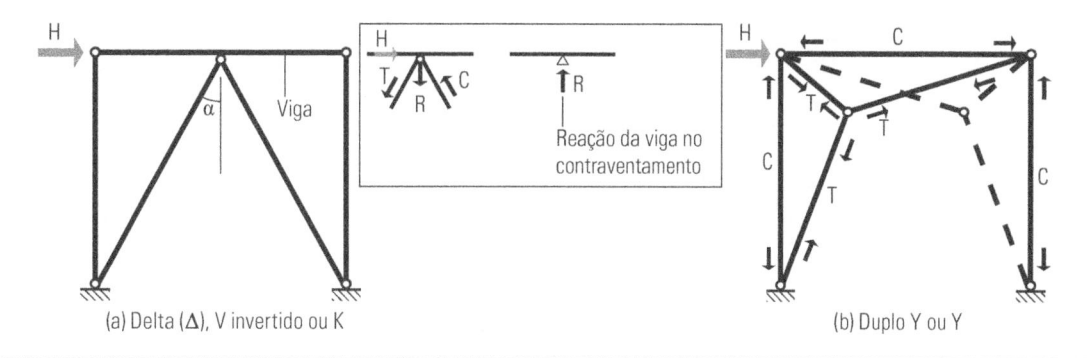

FIGURA 5.7 Modelos de contraventamento vertical.

O contraventamento de cobertura tem por função transmitir as ações horizontais que atuam na cobertura, geralmente devidas apenas ao vento, para o contraventamento vertical, evitando a ocorrência de flexão excessiva da tesoura em torno de seu eixo de menor inércia. Na maioria das vezes apresenta configuração em X. Seu comportamento é mostrado na Figura 5.8, com a participação do contraventamento vertical, na transmissão das ações até as fundações. É usual, mas não necessário, que os contraventamentos de cobertura e vertical fiquem em um mesmo vão.

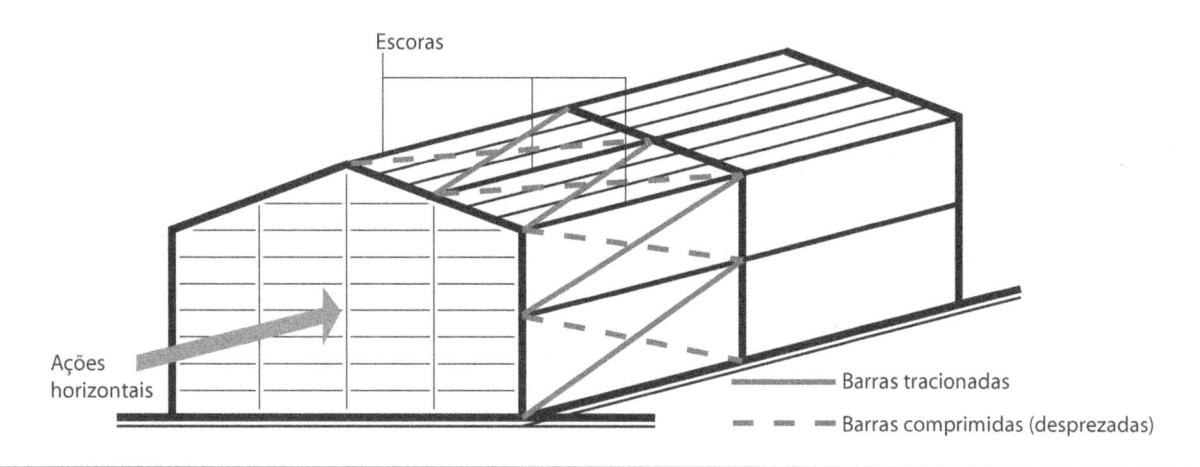

FIGURA 5.8 Comportamento dos contraventamentos vertical e de cobertura.

No plano da cobertura, as tesouras dos painéis de contraventamento funcionam como banzos, as terças ligadas ao contraventamento funcionam como montantes (essas terças são também chamadas escoras) e as barras do contraventamento funcionam como diagonais de uma treliça. Todas as tesouras ficam apoiadas horizontalmente pelas escoras, conforme se vê na Figura 5.8. Observa-se que as terças que não estão ligadas ao contraventamento não constituem apoio horizontal para as tesouras.

É importante mencionar que apenas o banzo superior das tesouras treliçadas fica travado horizontalmente pelas escoras, o que significa que o banzo inferior pode ficar com comprimento destravado muito elevado, ocasionando problemas relacionados à esbeltez na direção perpendicular ao plano da treliça. Como solução, usualmente empregam-se mãos-francesas, como ilustra a Figura 5.9, formadas por barras inclinadas que ligam nós da corda inferior às escoras, tornando tais nós apoiados horizontalmente.

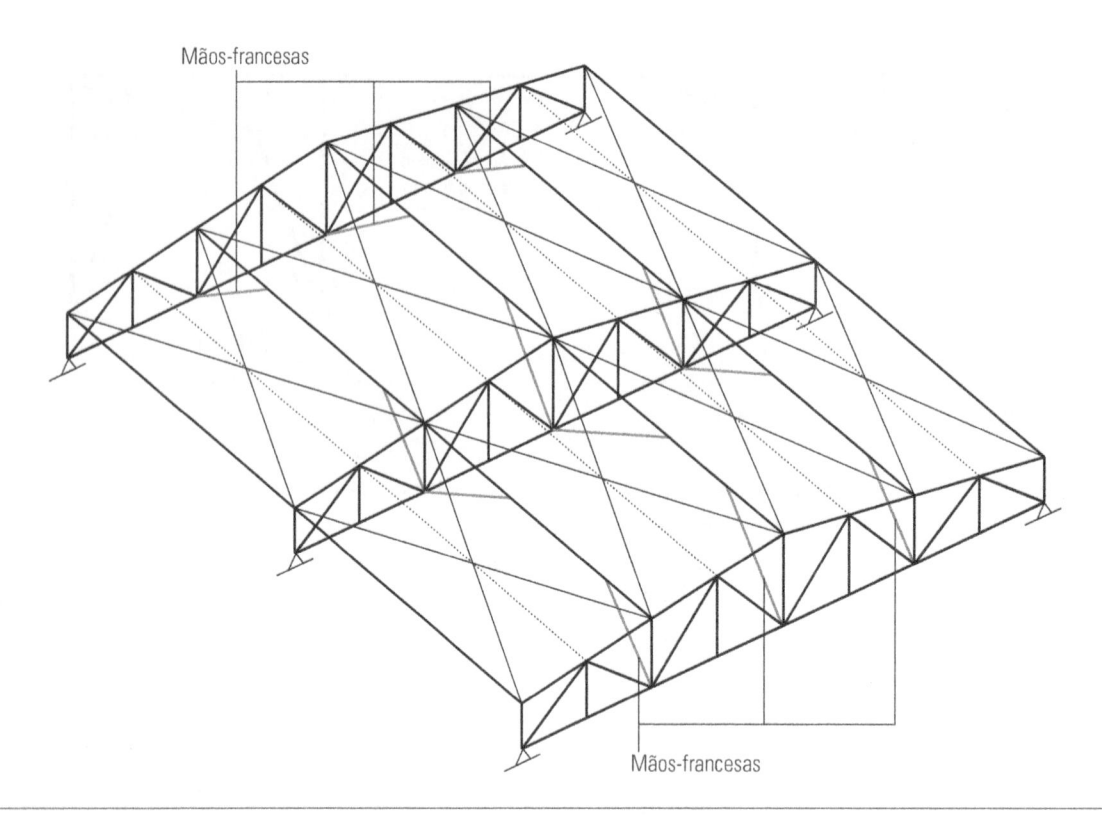

FIGURA 5.9 Estrutura treliçada com mãos-francesas.

5.2.3 Considerações sobre paredes de cisalhamento e núcleos de concreto

As paredes de cisalhamento são geralmente feitas de concreto armado, têm forma plana, com comprimento muito superior à largura, e são utilizadas para estabilizar os edifícios, conforme mostra a Figura 5.10a. Os núcleos de concreto, da mesma maneira que as paredes, são usados para fins de estabilização e possuem geralmente forma retangular ou U, com grandes dimensões em planta, conforme mostra a Figura 5.10b, e costumam conter em seu interior os poços de elevadores e as escadas. Tanto as paredes de cisalhamento quanto os núcleos podem se situar no interior ou na periferia da edificação. Em muitas publicações, os núcleos são chamados também de paredes de cisalhamento.

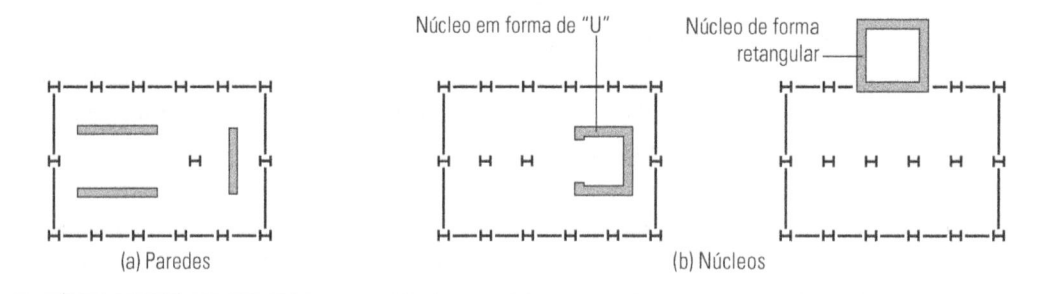

FIGURA 5.10 Exemplos de plantas de edifícios com paredes de cisalhamento e núcleos.

As ações horizontais são conduzidas até as paredes de cisalhamento e os núcleos de concreto pelos conjuntos formados por lajes e vigas, que trabalham como escoras e funcionam praticamente como diafragmas horizontais da edificação.

A Figura 5.11 mostra um edifício em construção cuja estabilidade lateral é proporcionada por um núcleo retangular periférico, que envolve os poços de elevadores e as escadas.

(a) Vista externa do edifício

(b) Interior do núcleo

FIGURA 5.11 Edifício com estabilidade lateral proporcionada por núcleo de concreto.

5.3 Análise estrutural

5.3.1 Definição e tipos

Denomina-se análise estrutural a obtenção das respostas da estrutura a um conjunto de ações por meio do estabelecimento de equações de equilíbrio. Em linhas gerais, essas respostas são esforços solicitantes ou tensões, utilizados para verificação de estados-limites últimos, e deslocamentos, para verificação de estados-limites de serviço.

A análise estrutural comumente efetuada é elástica, considerando que os materiais possuem diagrama de tensão *versus* deformação elástico-linear. Essa análise elástica pode ser de primeira ou de segunda ordem e deve levar em conta as deformações causadas por todos os esforços solicitantes relevantes.

5.3.2 Análise elástica de primeira ordem

A análise estrutural é elástica de primeira ordem se as equações de equilíbrio são estabelecidas com base na geometria indeformada (ou original) da estrutura, e os materiais dos elementos estruturais são considerados com comportamento sempre elástico linear. Esse tipo de análise é relativamente simples e bastante conhecido.

5.3.3 Análise elástica de segunda ordem

5.3.3.1 Ideias iniciais e efeitos a serem considerados

Se as equações de equilíbrio são estabelecidas com base na geometria deformada da estrutura, com os materiais considerados com comportamento sempre elástico-linear, a análise é elástica de segunda ordem. Esse tipo de análise é complexo, pois, como a geometria deformada da estrutura não é conhecida durante a resolução das equações de equilíbrio, é necessário empregar um procedimento incremental-iterativo.

Ao se trabalhar com a geometria deformada, é imprescindível considerar os chamados efeitos global e local de segunda ordem, de acordo com os subitens a seguir.

5.3.3.2 Efeito global de segunda ordem

O efeito global de segunda ordem, denominado efeito P-Δ (conhecido vulgarmente como efeito "pê-deltão"), é caracterizado pelas respostas decorrentes dos deslocamentos horizontais relativos das extremidades das barras, submetidas às cargas verticais atuantes na estrutura. Considere, por exemplo, a estrutura de dois andares mostrada na Figura 5.12, formada pelo pórtico ABCDEF e pelo elemento contraventado GHI, submetida à força horizontal F_{H1} e à atuação das cargas verticais $P_{1,1}$, $P_{2,1}$ e $P_{3,1}$, nas três prumadas de pilares do primeiro andar, e à força horizontal F_{H2} e às cargas verticais $P_{1,2}$, $P_{2,2}$ e $P_{3,2}$ no segundo andar. Se os nós da estrutura, no nível das vigas do primeiro andar, se deslocam horizontalmente de Δ_1, ao se considerar a carga gravitacional total nesse andar deslocada desse valor em relação à sua posição original, surge na estrutura um momento de segunda ordem, dado por:

$$M_{0,1} = (P_{1,2} + P_{2,2} + P_{3,2} + P_{1,1} + P_{2,1} + P_{3,1}) \Delta_1 \tag{5.1}$$

De forma similar, se os nós da estrutura, no nível das vigas do segundo andar, se deslocam horizontalmente de Δ_2, surge nesse andar da estrutura um momento de segunda ordem, igual a:

$$M_{0,2} = (P_{1,2} + P_{2,2} + P_{3,2})(\Delta_2 - \Delta_1) \tag{5.2}$$

Os momentos que surgem nos andares da estrutura (no caso em estudo, $M_{0,1}$ e $M_{0,2}$), causados pela consideração das cargas verticais na posição deformada da estrutura, podem tornar os valores dos esforços solicitantes nas extremidades das barras mais elevados, especialmente o momento fletor e a força axial.

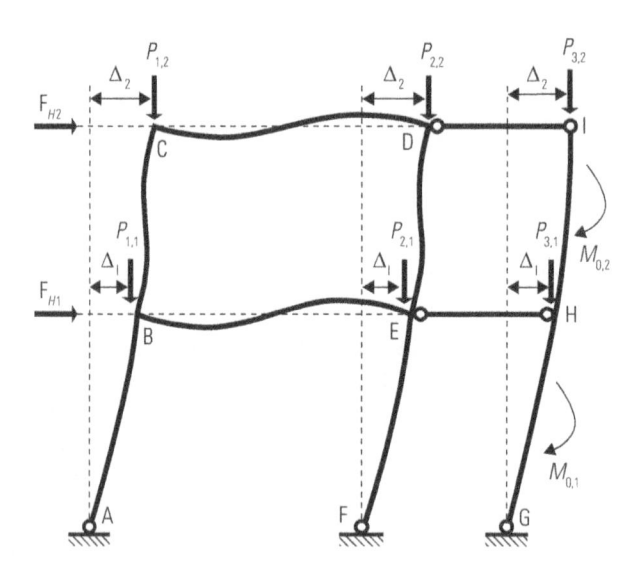

FIGURA 5.12 Efeito global de segunda ordem (efeito P-Δ).

5.3.3.3 Efeito local de segunda ordem

O efeito local de segunda ordem, denominado efeito P-δ (conhecido vulgarmente como efeito "pê-deltinha") ou, mais corretamente, como será tratado neste livro, N-δ ("ene-deltinha"), é caracterizado pelas respostas decorrentes dos deslocamentos da configuração deformada de cada barra da estrutura submetida à sua própria força axial. A Figura 5.13 ilustra esse efeito em barra com curvatura simples, caso, por exemplo, da barra AB da Figura 5.12, e com curvatura reversa, caso, por exemplo, da barra BC da Figura 5.12. A força axial de compressão N provoca aumento do momento fletor nas seções transversais situadas entre as duas extremidades da barra, cujo valor máximo é igual ao produto entre N e δ, onde δ é o máximo deslocamento transversal da barra (evidentemente, o aumento do momento é nulo nas extremidades e variável ao longo do comprimento da barra). Se a força axial é de tração, ocorre uma redução do momento fletor.

(a) Barra com curvatura simples
(b) Barra com curvatura reversa

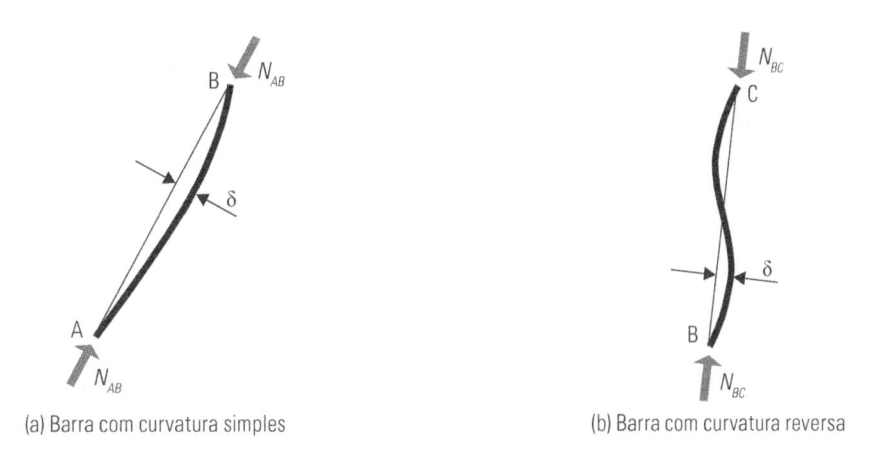

FIGURA 5.13 Efeito local de segunda ordem (N-δ).

Obviamente, o efeito local de segunda ordem afeta exclusivamente o valor do momento fletor.

5.3.3.4 Métodos de execução

Ideia geral

A análise estrutural de segunda ordem pode ser feita por qualquer método que considere os efeitos global P-Δ e local N-δ. Existem programas computacionais comercializados por empresas especializadas e programas acadêmicos que efetuam essa análise diretamente, fornecendo resultados bastante precisos. No entanto, caso não se disponha desses programas, a ABNT NBR 8800:2008 fornece um método simplificado, apresentado a seguir, denominado Método da Amplificação dos Esforços Solicitantes (MAES). Nesse método, a análise de segunda ordem é simulada, com precisão aceitável, a partir de duas análises de primeira ordem e de coeficientes de amplificação para consideração dos efeitos de P-Δ e N-δ.

Método da Amplificação dos Esforços Solicitantes (MAES)

Ao usar o MAES, a estrutura analisada, com a combinação última de ações considerada, chamada estrutura original, é inicialmente transformada na soma de duas outras, conforme se vê na Figura 5.14, a saber:

- uma estrutura com todas as ações atuantes, mas com os seus nós impedidos de se deslocar lateralmente por meio de contenções horizontais fictícias em cada andar, chamada estrutura nt ("*no translation*", ou seja, indeslocável lateralmente); e,
- uma estrutura submetida apenas ao efeito das reações das contenções horizontais fictícias aplicadas em sentido contrário, nos mesmos pontos onde tais contenções foram colocadas, chamada estrutura ℓt ("*lateral translation*", ou seja, deslocável lateralmente).

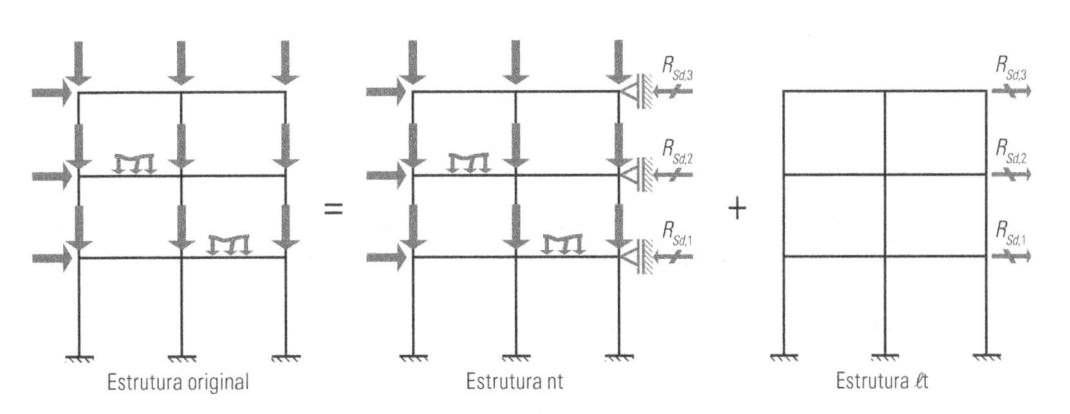

FIGURA 5.14 Estrutura original decomposta na estrutura nt e na estrutura ℓt.

A estrutura nt serve como instrumento para obtenção do efeito local N-δ, que decorre da curvatura das barras, sem influência dos deslocamentos laterais dos nós, e a estrutura ℓt, para obtenção do efeito global P-Δ, que decorre dos deslocamentos laterais dos nós.

O momento fletor, M_{Sd}, a força axial, N_{Sd}, e a força cortante, V_{Sd}, solicitantes de cálculo, em qualquer ponto da estrutura analisada, são dados por:

$$M_{Sd} = B_1 M_{nt,Sd} + B_2 M_{\ell t,Sd} \tag{5.3}$$

$$N_{Sd} = N_{nt,Sd} + B_2 N_{\ell t,Sd} \tag{5.4}$$

$$V_{Sd} = V_{nt,Sd} + V_{\ell t,Sd} \tag{5.5}$$

onde

- $M_{nt,Sd}$, $N_{nt,Sd}$ e $V_{nt,Sd}$ são, respectivamente, o momento fletor, a força axial e a força cortante solicitantes de cálculo, obtidos por análise elástica de primeira ordem, na estrutura nt;
- $M_{\ell t,Sd}$, $N_{\ell t,Sd}$ e $V_{\ell t,Sd}$ são, respectivamente, o momento fletor, a força axial e a força cortante solicitantes de cálculo, obtidos por análise elástica de primeira ordem, na estrutura ℓt;
- B_1 é um coeficiente de amplificação para consideração do efeito local N-δ no valor do momento fletor (único esforço solicitante influenciado por esse efeito), portanto, aplicado apenas à estrutura nt;
- B_2 é um coeficiente de amplificação para consideração do efeito global P-Δ no valor do momento fletor e da força axial (os dois esforços solicitantes influenciados por esse efeito), portanto, aplicado apenas à estrutura ℓt.

O coeficiente de amplificação B_1 precisa ser calculado para todas as barras da estrutura. Seu valor deve ser tomado igual a 1,0 se a soma das forças axiais $N_{nt,Sd}$ e $N_{\ell t,Sd}$, que atuam na barra em consideração, for de tração ou nula, pois nesse caso não há acréscimo no valor do momento fletor (pode ocorrer até decréscimo). Se a soma das forças axiais $N_{nt,Sd}$ e $N_{\ell t,Sd}$ resultar em compressão, tem-se:

$$B_1 = \frac{C_m}{1 - \left|\dfrac{N_{nt,Sd} + N_{\ell t,Sd}}{N_e}\right|} \geq 1,0 \tag{5.6}$$

onde

- N_e é a força axial que provoca a flambagem elástica por flexão da barra no plano de atuação do momento fletor, calculada com o comprimento real L da barra, portanto, igual a

$$N_e = \frac{\pi^2 E_a I}{L^2} \tag{5.7}$$

- C_m é um coeficiente de equivalência de momentos, igual a 1,0 se houver forças transversais entre as extremidades da barra no plano de flexão (Figura 5.15a) e, se não houver forças transversais, igual a

$$C_m = 0,60 - 0,40 \frac{M_{nt,Sd,1}}{M_{nt,Sd,2}} \tag{5.8}$$

sendo $M_{nt,Sd,1}/M_{nt,Sd,2}$ a relação entre o menor e o maior dos momentos fletores solicitantes de cálculo na estrutura nt, no plano de flexão, nas extremidades da barra, tomada como positiva quando os momentos provocam curvatura reversa (Figura 5.15b) e negativa quando provocam curvatura simples (Figura 5.15c).

Cada barra possui um coeficiente B_1 de valor constante. Isso significa que, apesar de a influência do efeito local N-δ no valor do momento fletor ser variável ao longo do comprimento e nulo nos nós (por causa da variação de δ), ele é tomado com seu valor máximo em toda a barra, em um procedimento simplificado e conservador. O coeficiente B_1 é, obviamente, tanto maior quanto maiores forem a força axial de compressão, dada pela soma de $N_{nt,Sd}$ e $N_{\ell t,Sd}$, e o deslocamento δ (Figura 5.13), que depende do diagrama de momento fletor, representado pelo coeficiente C_m (notar, por exemplo, que C_m é maior na curvatura simples que na reversa e, quanto maior C_m, maior δ), e da rigidez à flexão da barra, representada pela força axial de flambagem elástica N_e (quanto menor N_e, menor a rigidez à flexão e maior δ).

FIGURA 5.15 Determinação de C_m e do sinal da relação $M_{nt,Sd,1}/M_{nt,Sd,2}$.

O coeficiente de amplificação B_2 precisa ser calculado para todos os andares da estrutura. Seu valor é dado por:

$$B_2 = \frac{1}{1 - \frac{1}{R_s}\frac{\Delta_h}{h}\frac{\Sigma P_{Sd}}{\Sigma H_{Sd}}} \quad (5.9)$$

onde

- Δ_h é o deslocamento horizontal relativo entre os níveis superior e inferior (deslocamento interpavimento) do andar considerado, obtido na estrutura ℓt (se Δ_h possuir valores diferentes em um mesmo andar, deve-se tomar um valor ponderado para esse deslocamento, em função da proporção das cargas gravitacionais atuantes, ou assumir, de modo conservador, o maior valor);
- R_s é um coeficiente que leva em conta a influência do efeito local N-δ na amplificação de Δ_h, igual a 0,85 nas estruturas em que pelo menos uma subestrutura de contraventamento seja um pórtico e igual a 1,0 nas estruturas em que nenhuma subestrutura de contraventamento seja um pórtico;
- h é a altura do andar;
- ΣP_{Sd} é a carga gravitacional de cálculo total que atua no andar considerado, englobando as cargas atuantes nas subestruturas de contraventamento e nos elementos contraventados (essa carga é obtida da estrutura original ou da estrutura nt);
- ΣH_{Sd} é a força cortante no andar, produzida pelas forças horizontais de cálculo atuantes na estrutura ℓt (forças oriundas das reações das contenções horizontais fictícias), usadas para determinar Δ_h.

Nota-se que cada andar possui um coeficiente B_2, ou seja, todas as barras de determinado andar têm o mesmo B_2. Seu valor é tanto maior quanto menor for a rigidez da estrutura a deslocamentos laterais, isto é, quanto maior for a relação $\Delta_h/\Sigma H_{Sd}$, e quanto maiores forem as forças gravitacionais ΣP_{Sd}. A relação Δ_h/h fornece uma ideia da magnitude dos deslocamentos laterais da estrutura.

Observa-se nas equações (5.3) a (5.5) que, conforme explicitado em 5.3.3.2 e 5.3.3.3, os efeitos global e local de segunda ordem influem nos valores do momento fletor, apenas o efeito global influi nos valores da força axial e nenhum dos dois efeitos influi nos valores da força cortante.

Em estruturas espaciais a análise estrututral deve ser feita em todos os planos de trabalho.

Estruturas originalmente indeslocáveis lateralmente

Se a estrutura original for indeslocável lateralmente, ou seja, se já tiver seus deslocamentos laterais impedidos por apoios externos ou outros meios equivalentes (a Figura 5.16 mostra três exemplos), o efeito global de segunda ordem P-Δ não existirá. Assim, se a estrutura estiver sendo analisada pelo MAES, não faz sentido dividi-la em estrutura nt e estrutura ℓt. Nesse caso, basta fazer uma análise de primeira ordem da estrutura original, adicionando o efeito local N-δ aos valores dos momentos fletores, ou seja, multiplicando os momentos fletores por B_1.

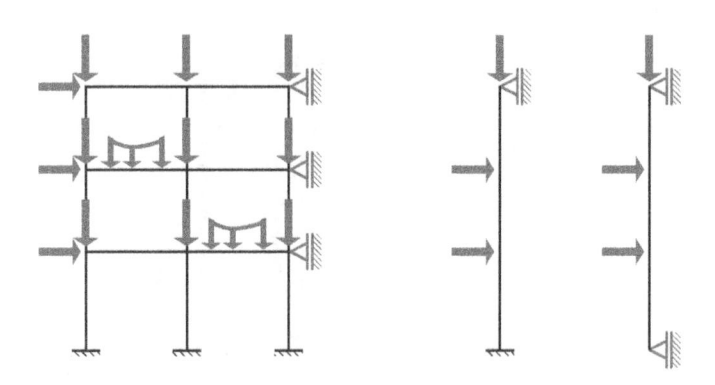

FIGURA 5.16 Estruturas com deslocamentos laterais impedidos (indeslocáveis).

5.4 Consideração de efeitos de imperfeições na análise

5.4.1 Tipos de imperfeição

Na análise estrutural, pode ser necessário considerar imperfeições iniciais geométricas e de material.

5.4.2 Imperfeições iniciais geométricas

O efeito das imperfeições iniciais geométricas deve ser considerado para que se possa prever possíveis desaprumos de montagem da estrutura. Esse efeito deve fazer parte da análise estrutural e, para isso, deve-se considerar, em cada andar, um deslocamento horizontal relativo entre os níveis inferior e superior (deslocamento interpavimento) de $h/333$, onde h é a altura do andar em foco, como ilustra a Figura 5.17.

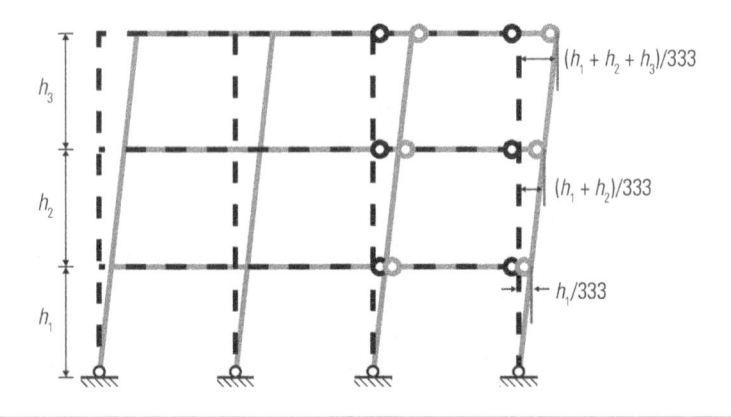

FIGURA 5.17 Imperfeições geométricas iniciais da estrutura.

Como se observa na Figura 5.18, o deslocamento interpavimento de $h/333$ é estaticamente equivalente à introdução, em cada andar, de uma força horizontal fictícia, denominada força nocional (F_{nd}), igual a 0,3% das cargas gravitacionais de cálculo totais (cargas gravitacionais das subestruturas de contraventamento e dos elementos contraventados) aplicadas no próprio andar. Assim, por simplicidade prática, o efeito das imperfeições iniciais geométricas pode ser levado em conta substituindo-se os deslocamentos interpavimentos pelas forças nocionais correspondentes.

O efeito das imperfeições geométricas deve ser considerado em todas as direções relevantes da estrutura, mas em apenas uma direção de cada vez. Isso significa que em uma estrutura com comportamento tridimensional, por exemplo, se as forças nocionais forem utilizadas, elas devem ser aplicadas nas duas direções horizontais principais, mas não simultaneamente, conforme mostra a Figura 5.19. Em cada direção, as forças devem ser aplicadas nos dois sentidos, com o objetivo de buscar os esforços solicitantes de cálculo mais desfavoráveis nas barras da estrutura.

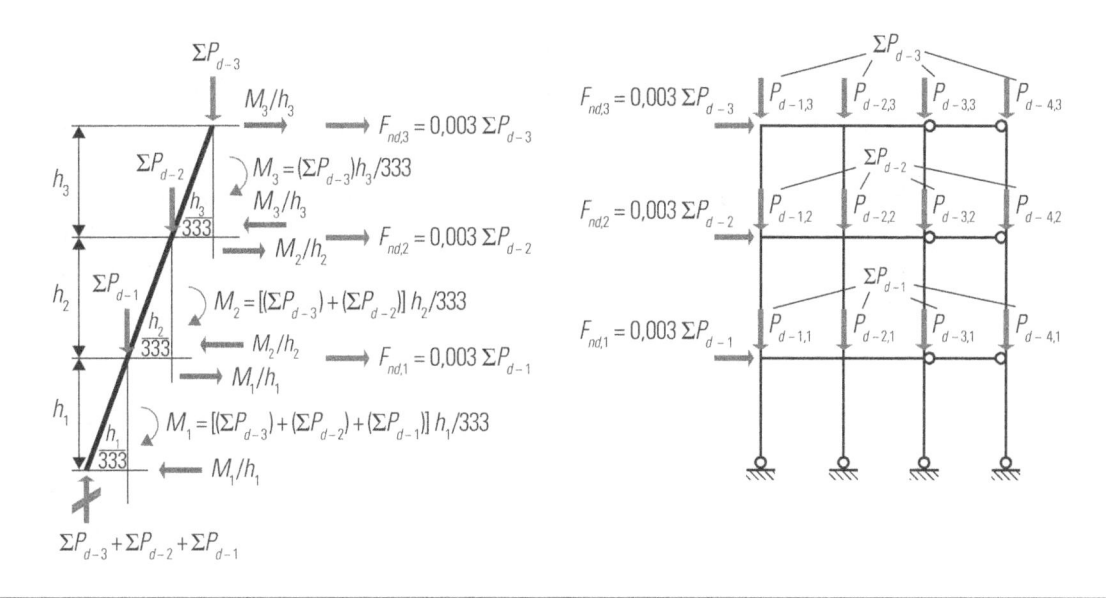

FIGURA 5.18 Forças nocionais para consideração do efeito das imperfeições geométricas.

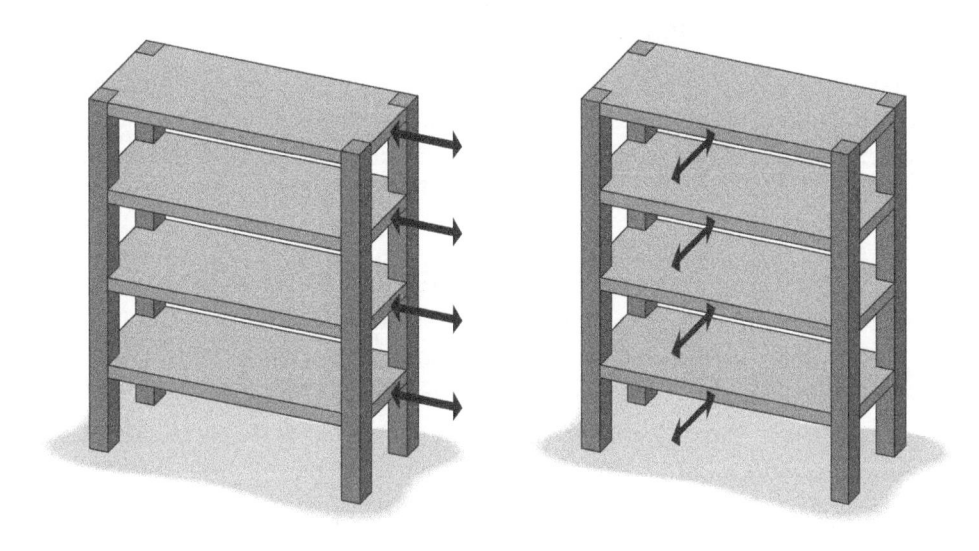

FIGURA 5.19 Forças nocionais aplicadas nas duas direções horizontais principais.

Não é difícil perceber que o efeito das imperfeições geométricas é considerado de forma muito rigorosa, pois parte do princípio de ocorrência de um desaprumo de valor elevado, uniforme e sempre para o mesmo lado em todas as prumadas de pilares, ao longo da altura da estrutura. Por essa razão, seria extremamente conservador no dimensionamento considerar, juntamente com esse efeito, outras forças horizontais, como as decorrentes de vento e equipamentos. Assim, a ABNT NBR 8800:2008 prescreve que não é necessário inserir o efeito das imperfeições geométricas em combinações de ações em que existam forças horizontais. Prescreve ainda que esse efeito, quando considerado, não precisa ser incluído no valor das reações horizontais de apoio para dimensionamento das bases dos pilares e das fundações.

5.4.3 Imperfeições iniciais de material

As barras de aço que compõem a estrutura, por serem dimensionadas com suas propriedades plásticas (ver os capítulos seguintes deste livro), podem sofrer plastificações parciais, exacerbadas pelas tensões residuais (Subitem 3.4.2). Nos elementos mistos de aço e concreto, além das possíveis plastificações parciais do componente de aço, o concreto tem comportamento não linear, conforme seu diagrama de tensão *versus* deformação (Item 2.4). A consideração de material elástico-linear nas análises elásticas não detecta esses fenômenos, que causam redução da rigidez e aumento dos deslocamentos e, consequentemente, alteração nos valores dos esforços solicitantes na análise de segunda ordem.

O efeito conjunto das plastificações parciais no aço e da não linearidade do comportamento do concreto é chamado efeito das imperfeições iniciais de material, e deve ser levado em conta na análise estrutural. Um procedimento simplificado para tal consiste em efetuar a análise reduzindo a rigidez à flexão e a rigidez axial de todas as barras para 80% dos valores originais. Assim, no caso das barras de aço, basta que elas sejam consideradas com um módulo de elasticidade reduzido, $E_{a,red}$, igual a 80% de E_a (200.000 MPa), ou seja:

$$E_{a,red} = 160.000 \text{ MPa} \tag{5.10}$$

Esse módulo de elasticidade reduzido deve ser utilizado durante todo o processo de análise estrutural, inclusive quando se determina N_e pela Equação (5.7) para obtenção do valor do coeficiente B_1.

No caso de vigas mistas e pilares mistos de aço e concreto, as rigidezes efetivas desses elementos estruturais, obtidas respectivamente conforme indicam os capítulos 13 e 14, devem ser multiplicadas por 0,8.

5.5 Análise estrutural para estados-limites últimos

5.5.1 Análise de segunda ordem

Como regra geral, a determinação dos esforços solicitantes de cálculo (ou tensões) para verificação dos estados-limites últimos das estruturas deve ser feita a partir de uma análise de segunda ordem, levando-se em conta os efeitos N-δ e P-Δ, como descrito em 5.3, e considerando os efeitos das imperfeições iniciais geométricas e de material, como descrito em 5.4.

Em resumo:

- efetua-se uma análise de segunda ordem, como descrito no Item 5.3.3, para cada uma das possíveis combinações últimas de ações que podem solicitar a estrutura (Subitem 4.3.2.3);
- leva-se em conta o efeito das imperfeições iniciais geométricas por meio de forças nocionais, exceto nas combinações de ações em que existam forças horizontais, conforme o Subitem 5.4.2;
- considera-se o efeito das imperfeições iniciais de material usando as rigidezes reduzidas dos componentes estruturais (80% das rigidezes originais), conforme o Subitem 5.4.3.

Todo o estudo apresentado neste capítulo aplica-se somente às estruturas nas quais, em nenhum andar, o coeficiente B_2, calculado com as rigidezes reduzidas, ultrapassa 1,55 (se B_2 for calculado com as rigidezes originais, esse limite passa a ser 1,40). Se B_2 ultrapassar 1,55, a estrutura será muito deslocável lateralmente, sendo denominada estrutura de grande deslocabilidade, exigindo procedimentos mais rigorosos, não abordados aqui, para execução da análise de segunda ordem. A utilização do MAES, por exemplo, pode gerar resultados imprecisos. Na prática, estruturas de grande deslocabilidade são pouco frequentes. Somente a título de informação, se o coeficiente B_2, calculado com as rigidezes reduzidas, não ultrapassar 1,13 (ou 1,10, se B_2 for calculado com as rigidezes originais), a estrutura será considerada muito pouco suscetível ao efeito P-Δ, sendo denominada de pequena deslocabilidade. Se B_2, calculado com as rigidezes reduzidas, superar 1,13 e não superar 1,55, a estrutura será denominada de média deslocabilidade.

O coeficiente B_2 representa em cada andar da estrutura, em termos aproximados, a relação entre o deslocamento lateral obtido da análise de segunda ordem e o da análise de primeira ordem. Na prática, quando se usa um programa computacional que faça análise de segunda ordem diretamente, deve-se processar também a análise de primeira ordem e obter B_2 pela relação entre os deslocamentos laterais de ambas, em vez de utilizar a Equação (5.9). Caso ocorra algum B_2 maior que 1,55, é preciso investigar se o programa computacional utilizado fornece boas respostas quando os deslocamentos da estrutura são grandes (muitos desses programas são desenvolvidos utilizando a teoria de pequenos deslocamentos e fornecem resultados incorretos quando os deslocamentos ultrapassam determinados limites).

No caso de estruturas indeslocáveis lateralmente em que existam momentos fletores em algumas barras, como as descritas no Subitem 5.3.3.4 e mostradas na Figura 5.16, como já explicitado, basta considerar o efeito local N-δ nos valores dos momentos. Além disso, nessas estruturas, as imperfeições geométricas não precisam ser consideradas (os apoios laterais ao longo da altura absorvem diretamente as forças horizontais decorrentes dessas imperfeições), permitindo-se, também, desprezar as imperfeições de material, que se tornam pouco relevantes.

É importante, ainda, frisar que as ações precisam ser combinadas antes da análise de segunda ordem, pois as respostas da estrutura dependem da interação entre essas ações.

5.5.2 Possibilidade de análise de primeira ordem

Existem situações específicas em que se pode fazer análise de primeira ordem sem necessidade de considerar os efeitos das imperfeições. É o caso, por exemplo, das estruturas indeslocáveis lateralmente em cujas barras não haja momentos fletores. Enquadram-se nessa condição as treliças birrotuladas de piso ou cobertura com comportamento independente do restante da estrutura, como a mostrada na Figura 5.20. Nessas treliças, os deslocamentos laterais no seu plano são muito pequenos, o que significa que o efeito global de segunda ordem pode ser desconsiderado e o efeito local de segunda ordem não existe, pois as barras não apresentam deslocamentos transversais (flechas) pelo fato de estarem sujeitas apenas a forças axiais. As imperfeições geométricas iniciais são desprezáveis (não existe propriamente "desaprumo de pilares") e, sem efeitos de segunda ordem, não faz sentido considerar as imperfeições iniciais de material.

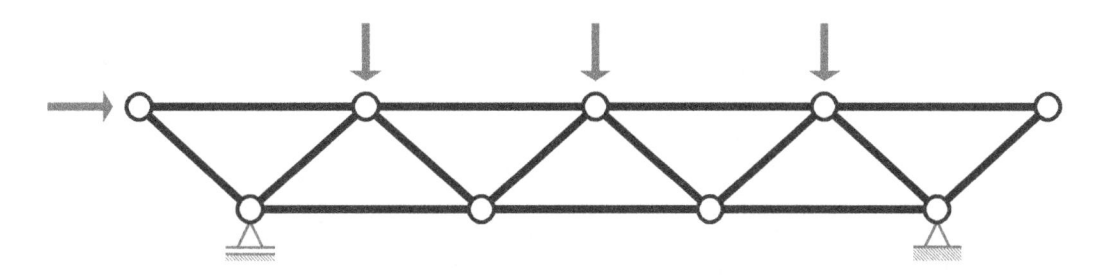

FIGURA 5.20 Exemplo de estrutura na qual pode ser feita análise de primeira ordem.

Na análise de primeira ordem é válido o princípio da superposição dos efeitos, o que permite a opção de se obter isoladamente as respostas da estrutura a cada ação e combiná-las posteriormente, como foi efetuado no exemplo da treliça birrotulada do Capítulo 4 (Subitem 4.4.1).

5.6 Análise estrutural para estados-limites de serviço

Para determinar as respostas da estrutura a estados-limites de serviço (essas respostas são normalmente os deslocamentos da estrutura), pode ser feita análise estrutural de primeira ordem, não sendo necessário considerar os efeitos das imperfeições geométricas e de material, desde que o maior coeficiente B_2, calculado com rigidezes reduzidas dos componentes estruturais, obtido na verificação dos estados-limites últimos, não supere 1,55. Na análise, devem ser usadas as combinações de ações de serviço, conforme o Subitem 4.3.3.3.

5.7 Requisitos para contenções laterais

Se a análise de segunda ordem for feita apenas com as subestruturas de contraventamento (situação usual, ao utilizar o MAES, em que as forças desestabilizantes dos elementos contraventados são computadas diretamente nas subestruturas de contraventamento por meio do coeficiente B_2, via ΣP_{Sd}), deve-se assegurar que as contenções laterais, como são os casos das escoras e suas ligações, tenham capacidade resistente suficiente para restringir perfeitamente a flambagem dos elementos contraventados. A Figura 5.21 mostra um elemento contraventado comprimido pela força N_{Sd}, ligado a uma subestrutura de contraventamento praticamente indeformável, por meio de duas escoras, que subdividem seu comprimento total ($2L$) em duas partes de comprimentos L. Caso a escora extrema (CD) e a intermediária (AB) possuam a capacidade resistente necessária, o elemento contraventado está adequadamente travado e flamba com um comprimento igual a L (Figura 5.21a). Se, no entanto, a escora intermediária AB possuir capacidade insuficiente, não conseguirá travar o elemento contraventado, falhando, por exemplo, por instabilidade ou por ruptura (Figura 5.21b), o que faz o elemento contraventado flambar com um comprimento igual a $2L$.

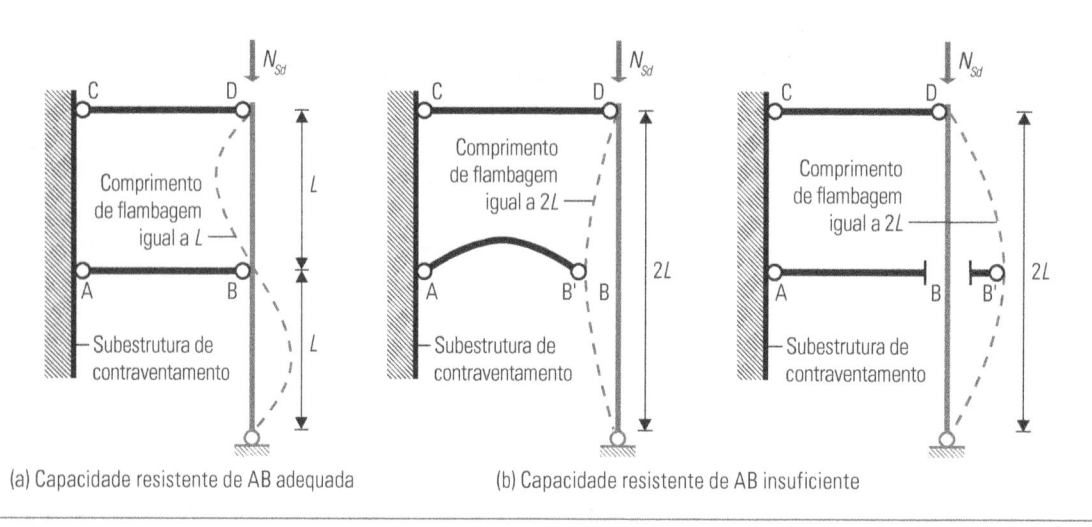

FIGURA 5.21 Comportamento de escoras quanto à capacidade resistente.

Para atender ao requisito de capacidade resistente, as contenções laterais devem suportar uma força axial solicitante de cálculo cujo valor, conservadoramente, pode ser tomado como igual a:

$$N_{br,Sd} = \alpha_{red}\left[0,01\left(\Sigma N_{cont,Sd}\right)\right] \quad (5.11)$$

em que $\Sigma N_{cont,Sd}$ é o somatório das forças axiais de compressão solicitantes de cálculo nos elementos comprimidos travados, no ponto do travamento. Ainda nessa equação, o fator α_{red} é dado por:

$$\alpha_{red} = \sqrt{0,5\left(1+\frac{1}{m}\right)} \quad (5.12)$$

onde m é o número de elementos travados.

As equações (5.11) e (5.12) mostram que a força solicitante de cálculo em uma contenção lateral, $N_{br,Sd}$, é igual a 1% do somatório das forças axiais de compressão solicitantes de cálculo nos elementos travados, minorada pelo fator α_{red}. Esse fator redutor depende do número de elementos travados, m, e tem o objetivo de considerar que provavelmente nem todos esses elementos exercerão, em um mesmo intervalo de tempo, solicitações de mesma direção nas contenções laterais. A Figura 5.22 mostra como determinar $N_{br,Sd}$ em uma estrutura de dois andares na qual dois elementos contraventados (EC-A e EC-B) são contidos lateralmente na seção extrema superior e em uma seção intermediária por escoras ligadas a uma subestrutura de contraventamento.

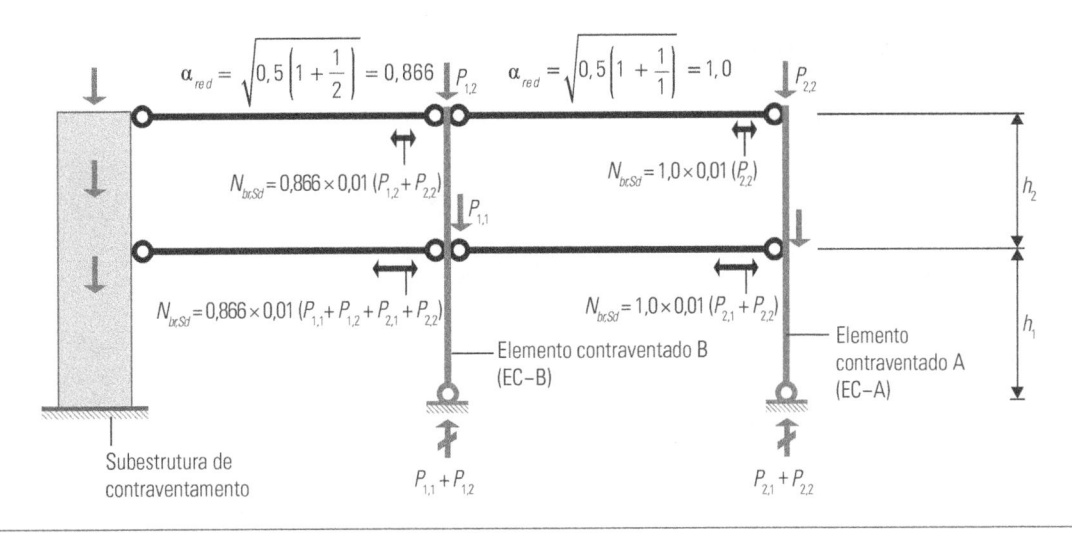

FIGURA 5.22 Forças solicitantes nas contenções laterais.

Observa-se que:

- as duas escoras situadas entre EC-A e EC-B são responsáveis por travar apenas EC-A (transmitem a força desestabilizante de EC-A até EC-B) e têm α_{red} igual a 1,0;
- as duas escoras entre EC-B e a subestrutura de contraventamento são responsáveis por travar EC-A e EC-B (transmitem as forças desestabilizantes de EC-A e EC-B até a subestrutura de contraventamento) e, por isso, têm α_{red} igual a 0,866.

A Equação (5.11) deve ser aplicada, além da situação mostrada na Figura 5.21, em diversas outras relacionadas a travamento de componentes estruturais comprimidos, como nas mãos-francesas (Figura 5.9). Em determinadas condições, definidas pela ABNT NBR 8800:2008, deve-se adotar um valor mínimo de 75 kN para a força axial nas escoras.

É interessante citar, ainda, que a força axial solicitante nas contenções laterais da Figura 5.22, $N_{br,Sd}$, deve ser considerada na direção perpendicular aos elementos travados e como de tração e de compressão, pois o movimento lateral desses elementos pode se dar para um lado ou para o lado oposto. Se uma contenção formar um ângulo diferente de 90° com o elemento travado, sua força solicitante precisa ser ajustada para o ângulo de inclinação.

Adicionalmente, as contenções laterais, além de suportar a força $N_{br,Sd}$, não podem apresentar deformações elevadas, que prejudicariam a eficiência do travamento, razão pela qual devem possuir uma rigidez mínima, definida pela ABNT NBR 8800:2008. No entanto, de modo geral, na prática, as rigidezes das contenções se situam acima da exigida nas estruturas corretamente dimensionadas aos estados-limites últimos e de serviço. Por essa razão, e também tendo em vista sua complexidade, esse assunto não será tratado neste livro, mas recomenda-se sua consideração no cálculo estrutural caso se observe que as contenções possuem rigidez muito reduzida.

Por fim, é importante esclarecer que a análise estrutural de segunda ordem, quando executada de acordo com o Subitem 5.5.1, com um programa computacional rigoroso, incluindo todos os componentes da estrutura (subestruturas de contraventamento, elementos contraventados etc.), utilizando uma modelagem realística, fornece diretamente, nas contenções laterais, os valores das forças desestabilizantes oriundas dos elementos contraventados, o que torna desnecessário o uso da Equação (5.11). Também nesse caso, não é preciso se preocupar com a rigidez das contenções, pois sua influência se manifestará nos valores dos esforços solicitantes dos elementos travados.

5.8 Exemplos de aplicação

Nos exemplos de aplicação dos subitens seguintes, adota-se a seguinte convenção de sinais para os esforços solicitantes:

a) força axial: positiva quando de tração e negativa quando de compressão;
b) força cortante: positiva quando a seção da barra estiver submetida a forças de sentido horário (⇄) e negativa em caso contrário (⇆);

c) momento fletor: positivo quando traciona o lado tracejado indicado na figura de referência a seguir e negativo quando traciona o lado contrário (nos diagramas, o momento fletor é sempre mostrado do lado tracionado da barra, independentemente de seu sinal).

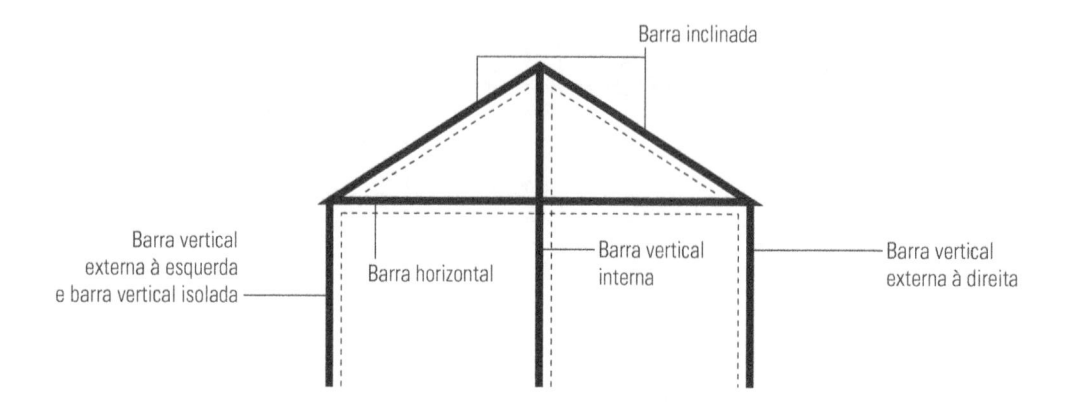

5.8.1 Esforços solicitantes em estrutura de um andar e estados-limites de serviço

A estrutura a seguir pertence a uma edificação de um pavimento, e é formada por uma subestrutura de contraventamento (pilar em balanço AB) e por três elementos contraventados (elementos CD, EF e GH). Nessa estrutura são previstas ações características decorrentes de peso próprio de estruturas metálicas ($P_{ga,k}$), peso próprio de elementos construtivos industrializados ($P_{ge,k}$), sobrecarga na cobertura ($P_{sc,k}$) e vento ($q_{ve,k}$). Considerando a utilização normal da estrutura:

> Veja a resolução deste exemplo de aplicação no site www.loja.grupoa.com.br

1) serão obtidos, usando o Método da Amplificação dos Esforços Solicitantes (MAES), no plano da estrutura, os esforços solicitantes de cálculo no nó A do pilar AB, que tem perfil soldado CS 500 × 233, fletido em relação ao eixo de maior momento de inércia (eixo x), para as combinações últimas de ações que tenham a sobrecarga ou o vento como ação variável principal;
2) será explicitado se o MAES é aplicável à estrutura tratada;
3) serão determinados os esforços solicitantes de cálculo máximos nos elementos contraventados.

Além disso, será verificado se o deslocamento horizontal no topo da estrutura é aceitável, no que se refere ao conforto dos usuários.

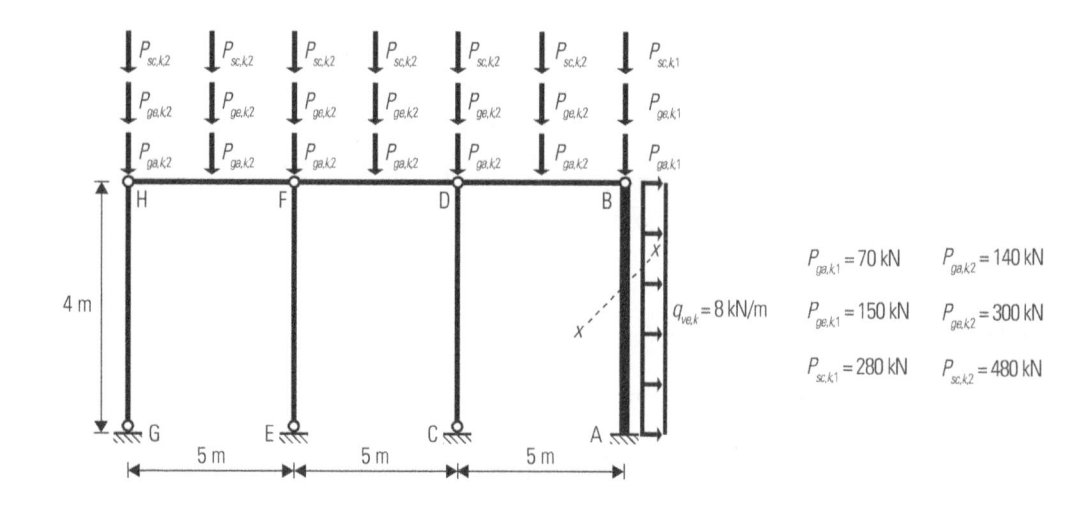

$P_{ga,k1}$ = 70 kN $P_{ga,k2}$ = 140 kN
$q_{ve,k}$ = 8 kN/m $P_{ge,k1}$ = 150 kN $P_{ge,k2}$ = 300 kN
$P_{sc,k1}$ = 280 kN $P_{sc,k2}$ = 480 kN

Sabe-se que, em uma barra engastada-rotulada submetida a uma força uniformemente distribuída, a reação no apoio rotulado é igual a 3/8 do valor total dessa força.

5.8.2 Esforços solicitantes de cálculo em estrutura de dois andares

A estrutura de dois andares, mostrada a seguir, pertence a uma edificação comercial e é constituída por uma subestrutura de contraventamento formada por um pórtico, no qual os pilares têm perfil laminado W 360 x 79 (A_g = 101,2 cm^2; I_x = 22.713 cm^4 – ver Item A.4 do Apêndice A) e as vigas têm perfil soldado VS 600 x 95 (A_g = 121 cm^2; I_x = 77.401 cm^4 – ver Item B.1 do Apêndice B), fletidos em relação ao eixo x tabelado, e por vinte elementos contraventados. No pórtico, prevê-se a atuação direta de forças características decorrentes:

- de ações permanentes, $P_{g,k,1}$, iguais a 80 kN;
- de sobrecarga, $P_{sc,k,1}$, iguais a 50 kN;
- de vento, $F_{ve,k}$, iguais a 16 kN.

Nos elementos contraventados, são previstas forças características decorrentes:

- de ações permanentes, $P_{g,k,2}$, iguais a 1.200 kN;
- de sobrecarga, $P_{sc,k,2}$, iguais a 750 kN.

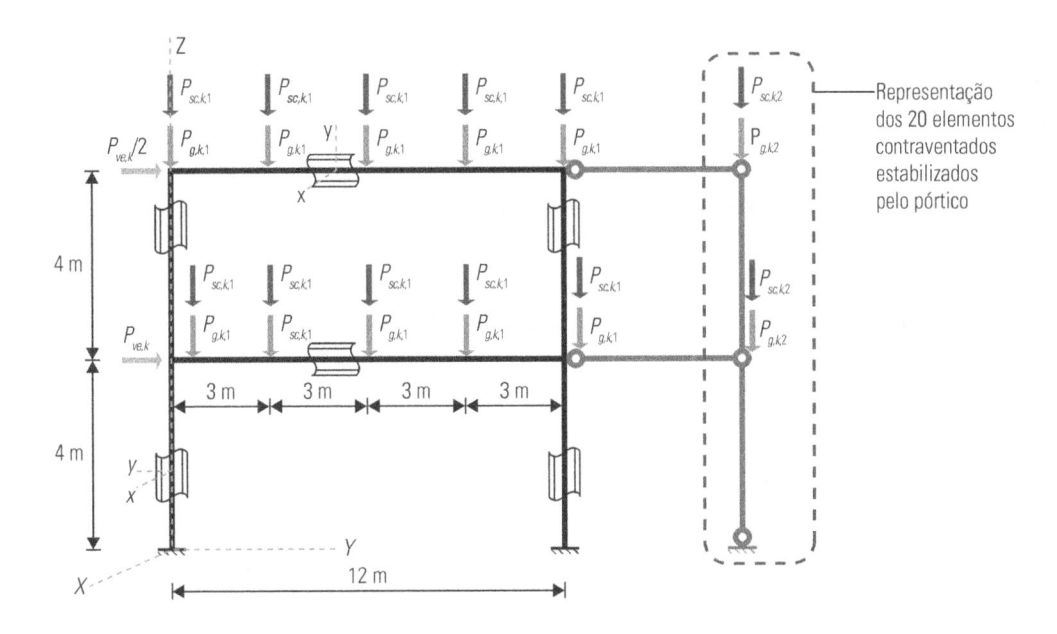

Sabe-se que as vigas não se deformam axialmente, uma vez que sobre elas, e ligadas mecanicamente a elas, existem lajes de concreto, como é usual nos edifícios de andares múltiplos.

Considerando as ações agrupadas e sabendo que as ações variáveis não superam 5 kN/m^2, serão determinados os esforços solicitantes de cálculo nas barras do pórtico para uso normal da estrutura, com o Método da Amplificação dos Esforços Solicitantes (MAES).

a) Tipo de análise e combinações de ações

Deve-se fazer análise elástica de segunda ordem, para todas as combinações últimas de ações possíveis, levando em conta as imperfeições iniciais geométricas nas combinações sem a presença de forças de vento e as imperfeições iniciais de material, por meio do MAES.

As combinações últimas possíveis, considerando simplificadamente que as sobrecargas nos dois andares sempre atuam em conjunto, com os coeficientes de ponderação das ações agrupadas conforme a Tabela 4.5, são mostradas a seguir:

- Hipótese 1: carga permanente com imperfeições geométricas e de material (usar $E_{a,red}$ = 160.000 MPa)

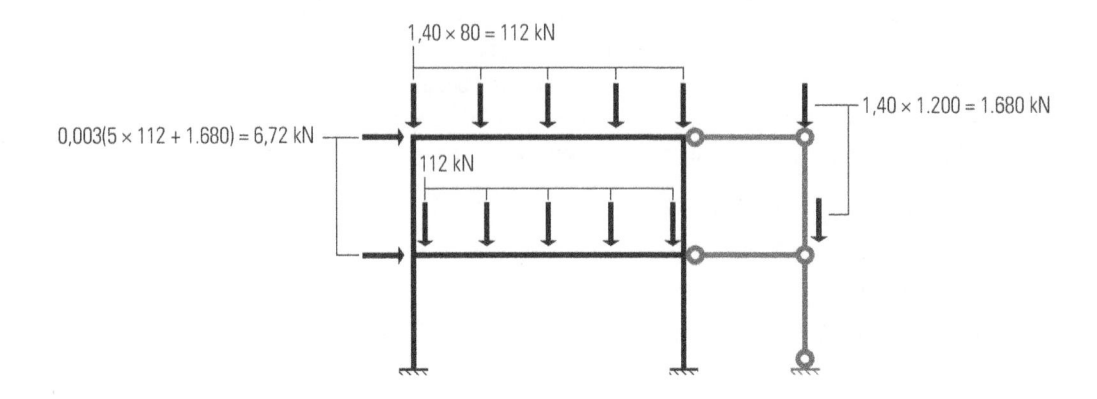

- Hipótese 2: carga permanente mais sobrecarga, com imperfeições geométricas e de material (usar $E_{a,red}$ = 160.000 MPa)

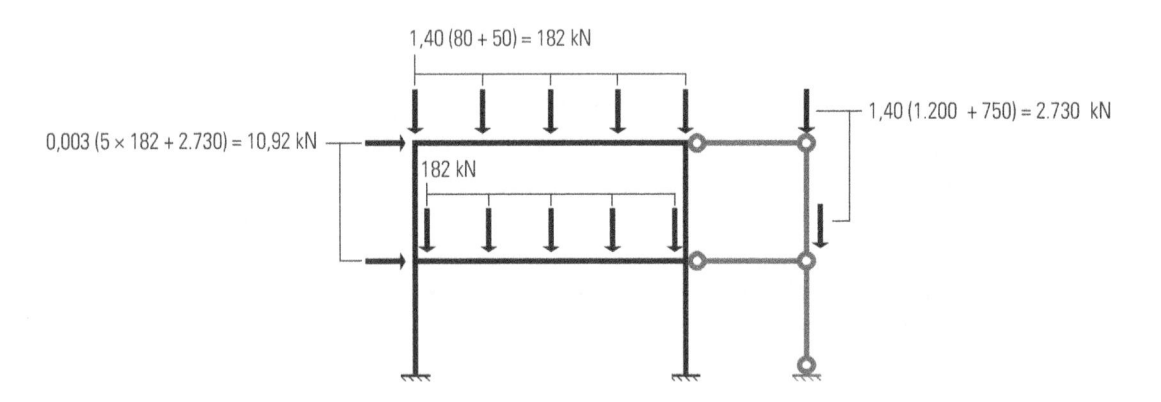

- Hipótese 3: carga permanente mais vento, com imperfeição de material (usar $E_{a,red}$ = 160.000 MPa)

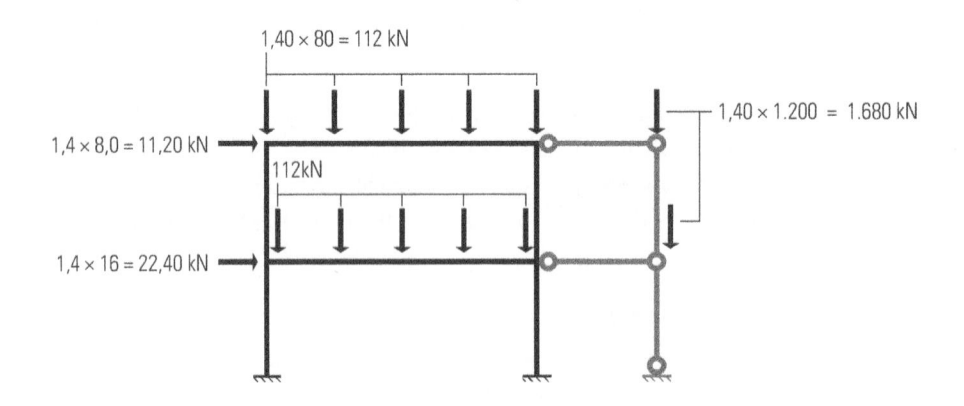

- Hipótese 4: carga permanente favorável à segurança mais vento com imperfeição de material (usar $E_{a,red} = 160.000$ MPa)

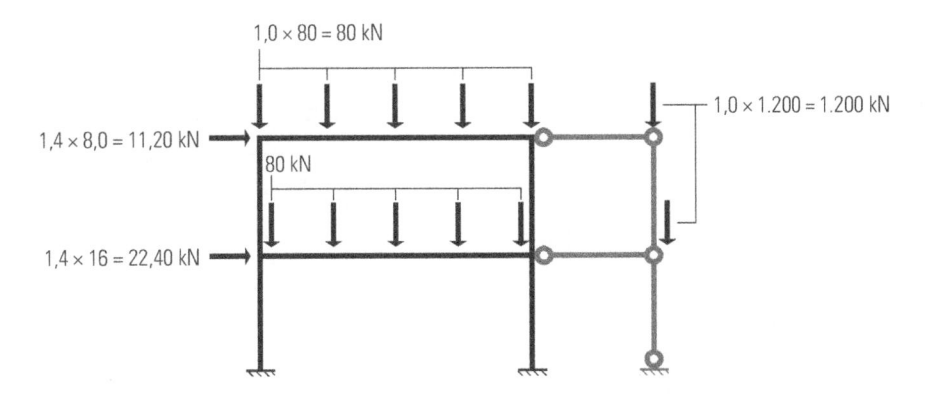

- Hipótese 5: carga permanente mais sobrecarga (variável principal) mais vento, com imperfeição de material (usar $E_{a,red} = 160.000$ MPa)

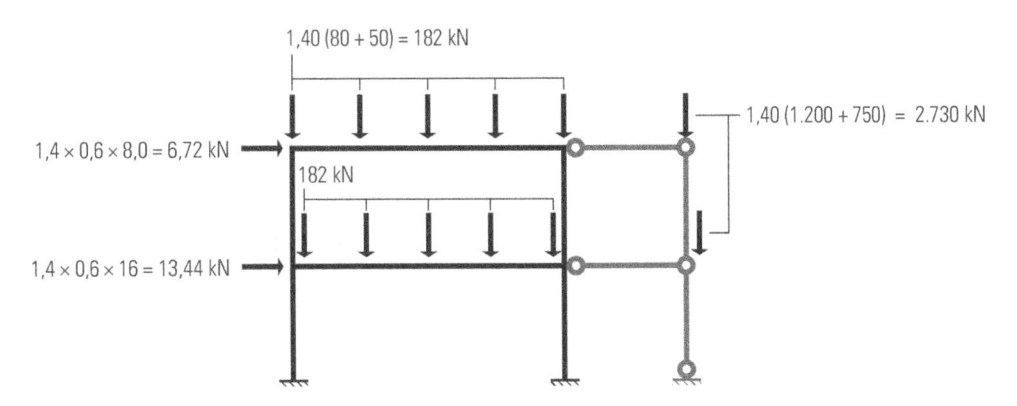

- Hipótese 6: carga permanente mais vento (variável principal) mais sobrecarga, com imperfeição de material (usar $E_{a,red} = 160.000$ MPa)

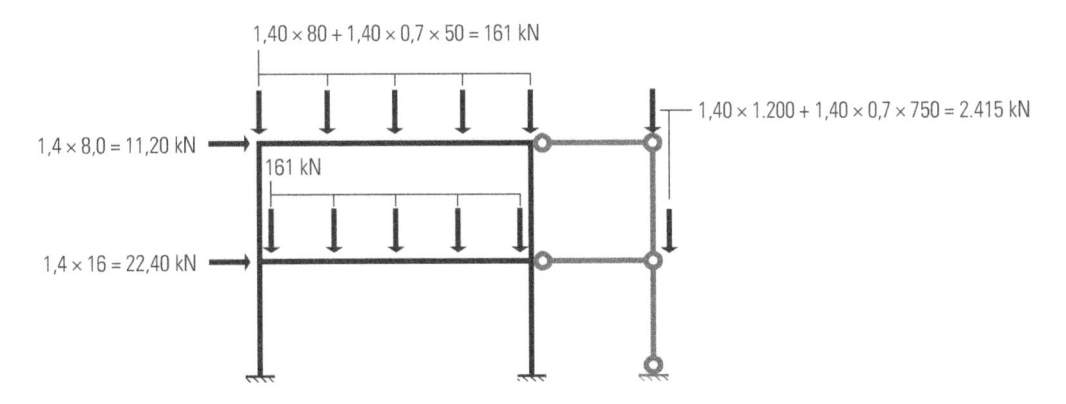

b) Valores dos esforços solicitantes de cálculo

Deve-se fazer análise elástica de segunda ordem para as seis hipóteses de combinações últimas de ações apresentadas anteriormente, de modo a obter os valores dos máximos esforços solicitantes de cálculo. A seguir será apresentada, etapa por etapa, a análise apenas para a hipótese 5, usando o MAES, observando-se que foi utilizado um programa computacional para obtenção das respostas das estruturas nt e ℓt e que a área da seção transversal das vigas foi tomada com valor muito elevado (10.000 vezes a área real) para impedir a deformação axial desses elementos, simulando assim a rigidez da laje.

Etapa 1: decomposição da estrutura original na estrutura nt e na estrutura ℓt

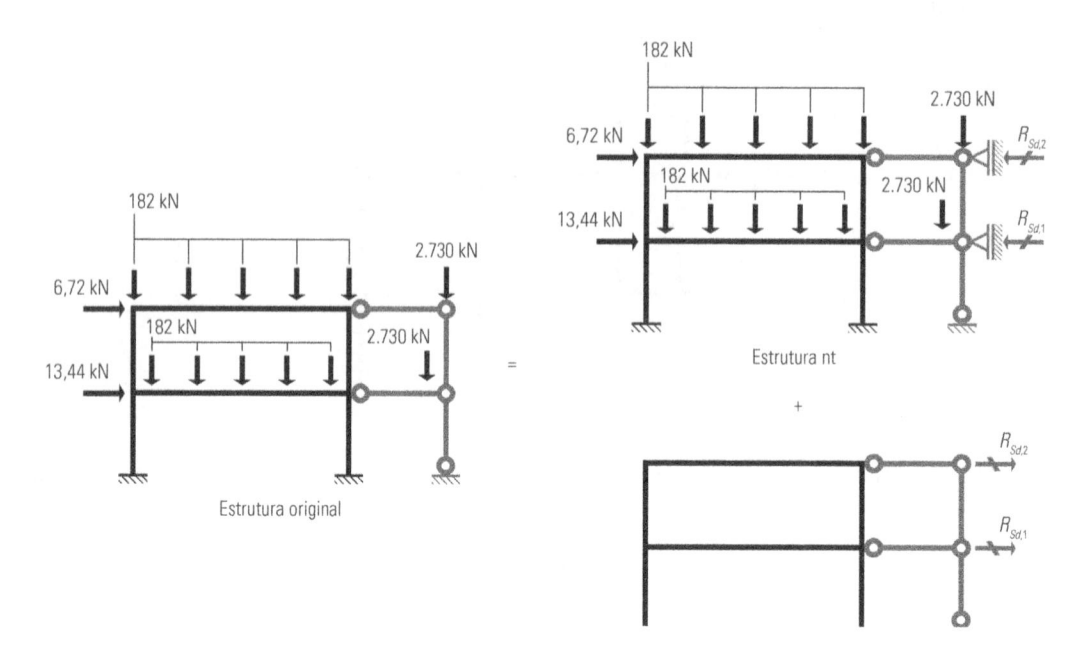

Etapa 2: análise estrutural da estrutura nt

Faz-se, usando um programa computacional, a análise estrutural elástica da estrutura nt. Nessa análise, basta processar a subestrutura de contraventamento, no caso, o pórtico, com os apoios fictícios colocados diretamente nele. As figuras seguintes mostram os diagramas de força axial, força cortante e momento fletor obtidos. As reações nos apoios fictícios $R_{Sd,1}$ e $R_{Sd,2}$ são iguais, respectivamente, a 13,44 kN e 6,72 kN, ou seja, iguais às forças horizontais aplicadas, como se esperava.

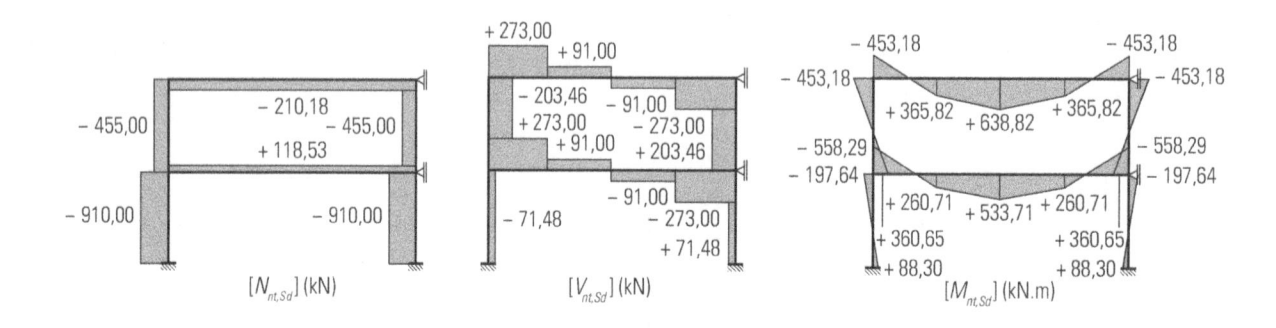

Etapa 3: análise estrutural da estrutura ℓt

Faz-se a análise estrutural elástica da estrutura ℓt também utilizando um programa computacional. Nessa análise, processa-se o pórtico, com as reações dos apoios fictícios colocadas diretamente nele em sentido oposto (os elementos contraventados podem ser excluídos). As figuras seguintes mostram o carregamento com os deslocamentos obtidos (praticamente iguais nas duas prumadas de pilares) e os diagramas de força axial, força cortante e momento fletor:

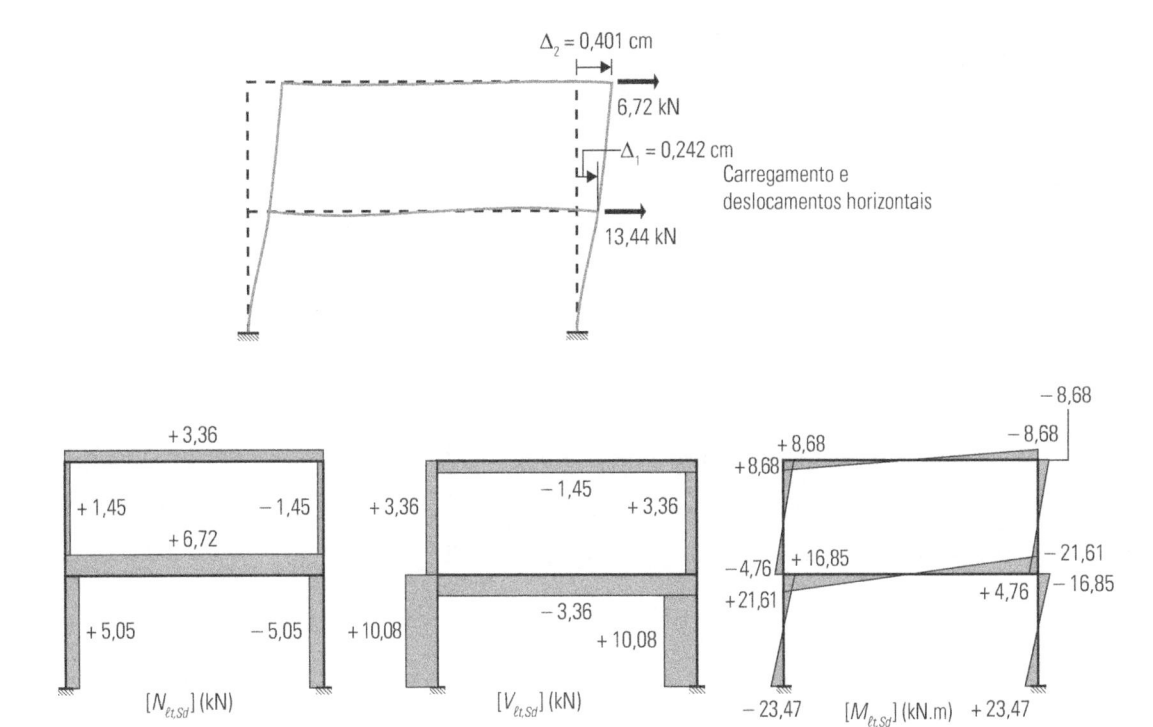

Etapa 4: determinação dos valores do coeficiente B_1

O coeficiente B_1 deve ser obtido em cada uma das barras do pórtico por meio da expressão:

$$B_1 = \frac{C_m}{1 - \left|\frac{N_{nt,Sd} + N_{\ell t,Sd}}{N_e}\right|} - \geq 1,0$$

onde C_m é igual a 1,0 se houver forças transversais entre as extremidades da barra e, se não houver essas forças:

$$C_m = 0,60 - 0,40\,\frac{M_{nt,Sd,1}}{M_{nt,Sd,2}}$$

Logo:

Barra	$N_{nt,Sd} + N_{\ell t,Sd}$ (kN)	C_m	$N_e = \frac{\pi^2 E_{a,red} I_x}{L^2}$ (kN)	B_1
Pilar esquerdo 1º andar	−910,00 + 5,05 = −904,95	$0,6 - 0,4\left(\frac{88,30}{197,64}\right) = 0,42$	$\frac{\pi^2 \times 16.000 \times 22.713}{400^2} = 22.417$	0,44 (Usar 1,0)
Viga 1º andar	118,53 + 6,72 = +125,25 (tração)	Não precisa ser calculado (força axial atuante de tração)	Não precisa ser calculado (força axial atuante de tração)	1,0
Pilar direito 1º andar	−910,00 + (−5,05) = −915,05	$0,6 - 0,4\left(\frac{88,30}{197,64}\right) = 0,42$	$\frac{\pi^2 \times 16.000 \times 22.713}{400^2} = 22.417$	0,44 (Usar 1,0)
Pilar esquerdo 2º andar	−455,00 + 1,45 = −453,55	$0,6 - 0,4\left(\frac{360,65}{453,18}\right) = 0,28$	$\frac{\pi^2 \times 16.000 \times 22.713}{400^2} = 22.417$	0,29 (Usar 1,0)
Viga 2º andar	−210,18 + 3,36 = −206,82	1,0 (há forças transversais aplicadas)	$\frac{\pi^2 \times 16.000 \times 77.401}{1.200^2} = 8.488$	1,02
Pilar direito 2º andar	−455,00 + (−1,45) = −456,45	$0,6 - 0,4\left(\frac{360,65}{453,18}\right) = 0,28$	$\frac{\pi^2 \times 16.000 \times 22.713}{400^2} = 22.417$	0,29 (Usar 1,0)

Etapa 5: determinação dos valores do coeficiente B_2

O coeficiente B_2 deve ser obtido em cada andar do pórtico por meio da expressão:

$$B_2 = \frac{1}{1 - \frac{1}{R_s}\frac{\Delta_h}{h}\frac{\Sigma P_{Sd}}{\Sigma H_{Sd}}}$$

onde R_s é igual a 0,85, pelo fato de a subestrutura de contraventamento ser um pórtico. Assim, pode-se fazer a tabela seguinte:

Andar i	Δ_i (cm)	$\Delta_h = \Delta_i - \Delta_{i-1}$	h (cm)	ΣP_{Sd} (kN)	ΣH_{Sd} (kN)	B_2
1	0,242	0,242 − 0 = 0,242	400	7.280[1]	20,16[3]	1,346
2	0,401	0,401 − 0,242 = 0,159	400	3.640[2]	6,72[4]	1,339

[1] $\Sigma P_{Sd} = 2[(182 \times 5) + 2.730] = 7.280$ kN; [2] $\Sigma P_{Sd} = (182 \times 5) + 2.730 = 3.640$ kN; [3] $\Sigma H_{Sd} = R_{Sd,2} + R_{Sd,1} = 6,72 + 13,44 = 20,16$ kN; [4] $\Sigma H_{Sd} = R_{Sd,2} = 6,72$ kN

Como o maior coeficiente B_2 não supera 1,55, o procedimento utilizado na análise da estrutura, para o carregamento em consideração, é válido. Nota-se, ainda, que B_2 está entre 1,13 e 1,55, indicando que a estrutura é de média deslocabilidade.

Etapa 6: determinação dos valores finais dos esforços solicitantes de cálculo

Os valores dos esforços solicitantes de cálculo a serem usados na verificação dos estados-limites últimos da estrutura são dados nos diagramas de esforços solicitantes mostrados a seguir:

- Força axial

O diagrama de força axial na subestrutura de contraventamento é obtido por meio da expressão $N_{Sd} = N_{nt,Sd} + B_2 N_{\ell t,Sd}$ em todas as suas seções transversais. O resultado pode ser visto a seguir:

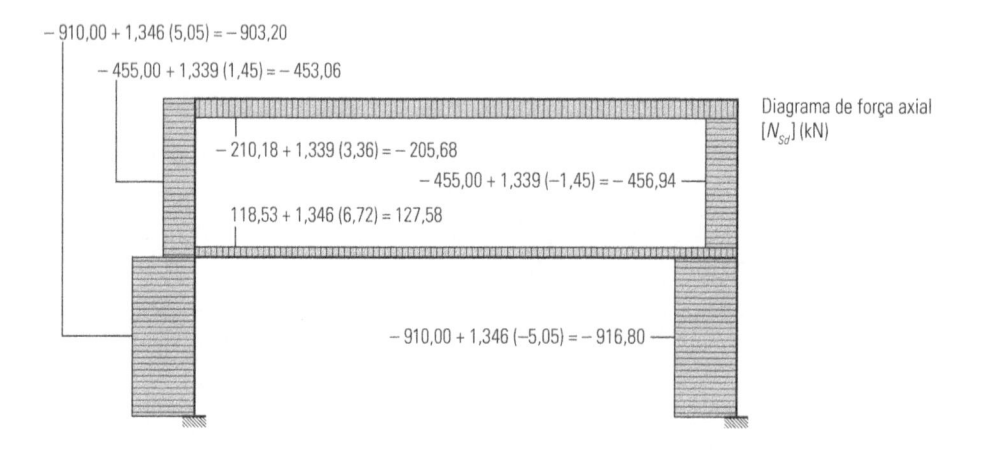

−910,00 + 1,346 (5,05) = −903,20
−455,00 + 1,339 (1,45) = −453,06
−210,18 + 1,339 (3,36) = −205,68
−455,00 + 1,339 (−1,45) = −456,94
118,53 + 1,346 (6,72) = 127,58
−910,00 + 1,346 (−5,05) = −916,80

Diagrama de força axial $[N_{Sd}]$ (kN)

- Força cortante

O diagrama de força cortante na subestrutura de contraventamento resulta simplesmente da soma dos valores obtidos nas estruturas nt e ℓt, ou seja, usando-se a expressão $V_{Sd} = V_{nt,Sd} + V_{\ell t,Sd}$ em todas as suas seções transversais:

−203,46 + 3,36 = −200,10

273,00 − 1,45 = 271,55

91,00 − 1,45 = 89,55

−91,00 − 1,45 = −92,45

−273,00 − 1,45 = −274,45

273,00 − 3,36 = 269,64

203,46 + 3,36 = 206,82

91,00 − 3,36 = 87,64

Diagrama de força cortante [V_{Sd}] (kN)

−91,00 − 3,36 = −94,36

−273,00 − 3,36 = −276,36

−71,48 + 10,08 = −61,40

71,48 + 10,08 = 81,56

- Momento fletor

O diagrama de momento fletor na subestrutura de contraventamento é obtido pela expressão $M_{Sd} = B_1 M_{nt,Sd} + B_2 M_{\ell t,Sd}$ em todas as suas seções transversais:

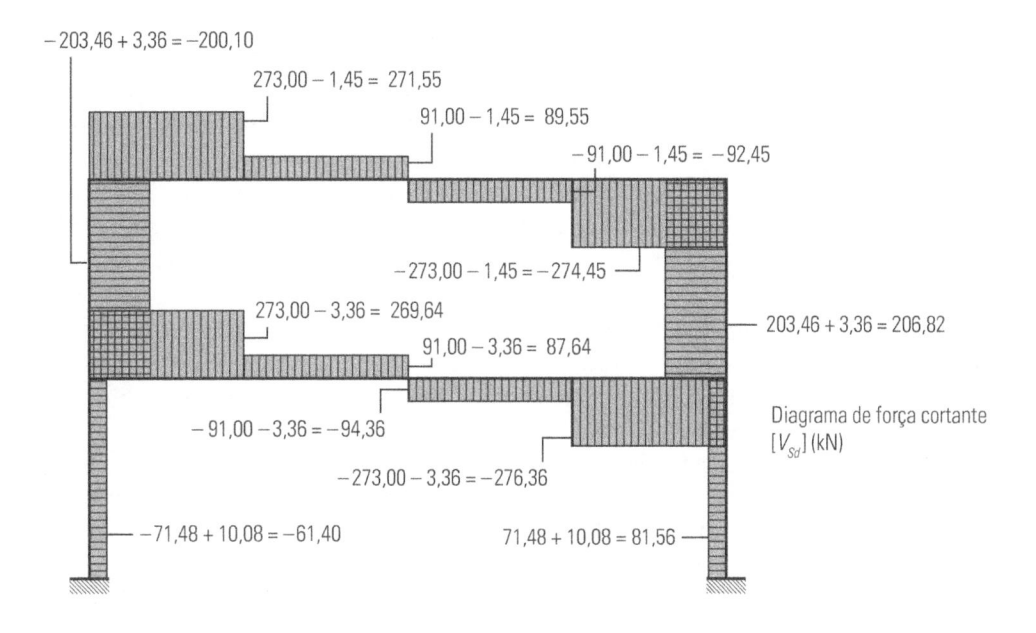

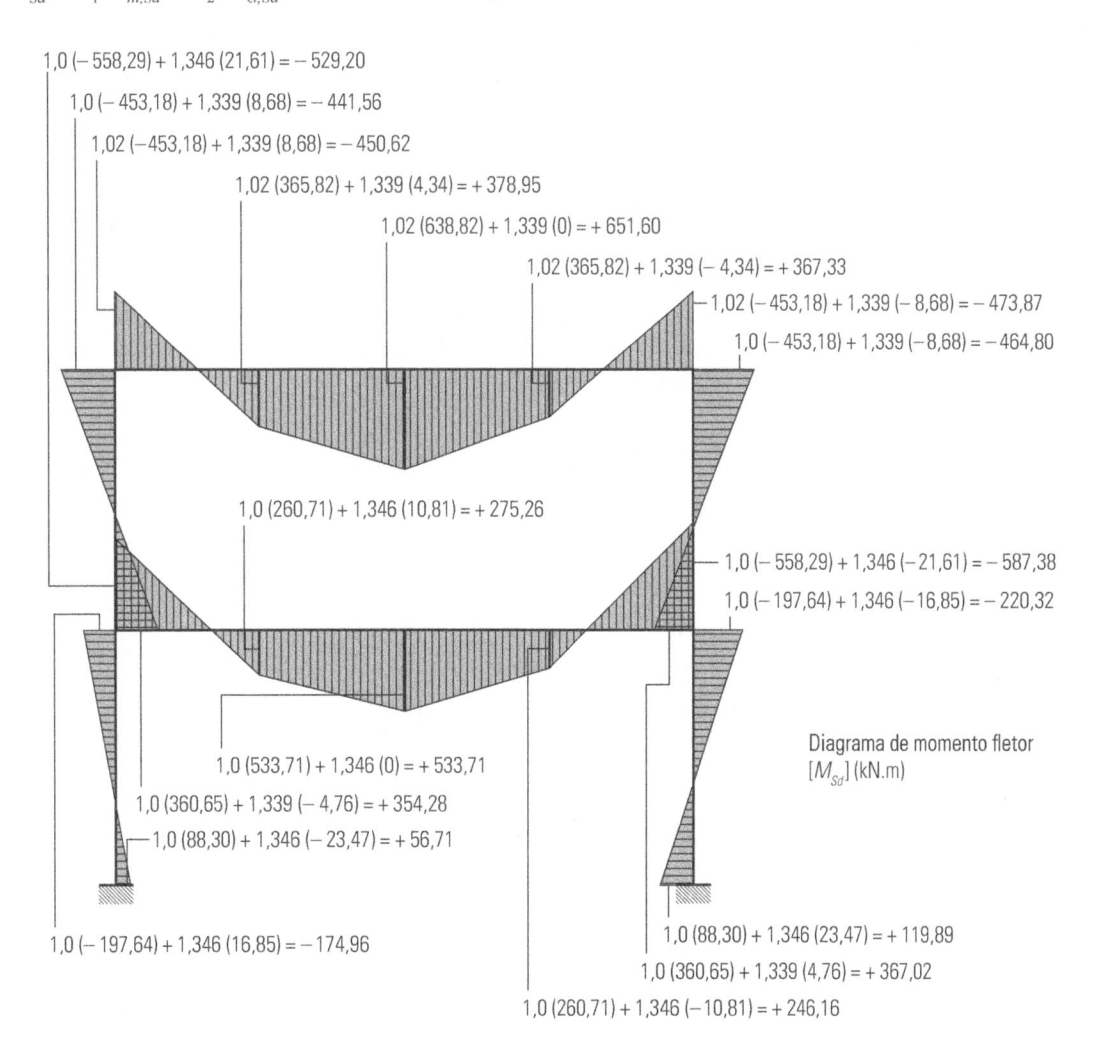

1,0 (−558,29) + 1,346 (21,61) = −529,20

1,0 (−453,18) + 1,339 (8,68) = −441,56

1,02 (−453,18) + 1,339 (8,68) = −450,62

1,02 (365,82) + 1,339 (4,34) = +378,95

1,02 (638,82) + 1,339 (0) = +651,60

1,02 (365,82) + 1,339 (−4,34) = +367,33

1,02 (−453,18) + 1,339 (−8,68) = −473,87

1,0 (−453,18) + 1,339 (−8,68) = −464,80

1,0 (260,71) + 1,346 (10,81) = +275,26

1,0 (−558,29) + 1,346 (−21,61) = −587,38

1,0 (−197,64) + 1,346 (−16,85) = −220,32

Diagrama de momento fletor [M_{Sd}] (kN.m)

1,0 (533,71) + 1,346 (0) = +533,71

1,0 (360,65) + 1,339 (−4,76) = +354,28

1,0 (88,30) + 1,346 (−23,47) = +56,71

1,0 (−197,64) + 1,346 (16,85) = −174,96

1,0 (88,30) + 1,346 (23,47) = +119,89

1,0 (360,65) + 1,339 (4,76) = +367,02

1,0 (260,71) + 1,346 (−10,81) = +246,16

Observa-se que:

- neste exemplo, como o coeficiente B_1 é igual a 1,0, ou muito próximo de 1,0, em todas as barras, e os valores da força axial e do momento fletor na estrutura ℓt são muito menores que na estrutura nt, os esforços solicitantes da análise de segunda ordem ficaram próximos dos da análise de primeira ordem;
- em condições reais, especialmente quando a subestrutura de contraventamento não é simétrica, deve-se considerar a ação do vento nos dois sentidos (da esquerda para a direita e da direita para a esquerda). Nas combinações de ações apenas com cargas gravitacionais, as forças nocionais também devem ser consideradas nos dois sentidos;
- os esforços solicitantes ficaram ligeiramente desequilibrados em alguns nós da estrutura, por exemplo, no diagrama de momentos fletores, no encontro entre a viga do segundo pavimento e o pilar do lado direito, o momento fletor na viga é de −473,87 kN.m e no pilar, de −464,80 kN.m. Esses desequilíbrios provêm da utilização de um método de análise de segunda ordem aproximado (MAES), mas, para fins práticos, podem ser considerados aceitáveis. Entre as aproximações, destacam-se o uso do coeficiente B_1 para os valores do momento fletor em todo o comprimento da barra (ele não deveria ser aplicado, por exemplo, aos nós) e a variação de andar por andar do valor do coeficiente B_2;
- a análise estrutural, feita computacionalmente, levou em conta a deformação por força cortante. Caso essa deformação tivesse sido desprezada, os deslocamentos Δ_1 e Δ_2 seriam ligeiramente menores. Para se levar em conta a deformação por força cortante, de modo geral os programas solicitam apenas que seja fornecida a área que trabalha ao cisalhamento nas barras, igual a:
  - no caso de perfil I, H ou U fletido em relação ao eixo perpendicular à alma (eixo x), a área da alma, definida como o produto entre a altura da seção transversal e a espessura da alma (situação do presente exemplo);
  - no caso de perfil I, H ou U fletido em relação ao eixo perpendicular às mesas (eixo y), a área das mesas;
- caso se fizesse uma análise de segunda ordem computacional mais precisa, usando um programa desenvolvido para tal, em vez de usar o MAES, toda a estrutura da edificação, incluindo os elementos contraventados, deveria participar do processo desde o seu início;
- os elementos contraventados, embora usualmente contínuos ao longo da altura da edificação, como mostram as figuras 5.1 e 5.2, neste exemplo foram simulados rotulados entre o primeiro e segundo andar. Esse tratamento, que pode ser usado na prática, evita que os elementos contraventados absorvam qualquer parcela das forças horizontais, que ficam todas resistidas pela subestrutura de contraventamento. Se os elementos contraventados fossem simulados contínuos, apresentariam uma curvatura causada pela não linearidade dos deslocamentos no topo dos dois andares, e, assim, uma parte muito pequena das forças horizontais, que usualmente pode ser desprezada, seria resistida por eles, como mostra a figura a seguir:

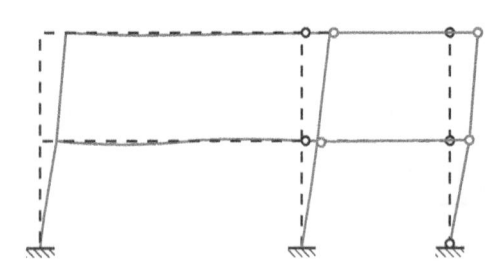

Elemento contraventado rotulado entre pavimentos deforma-se como um conjunto de segmentos e não absorve forças horizontais

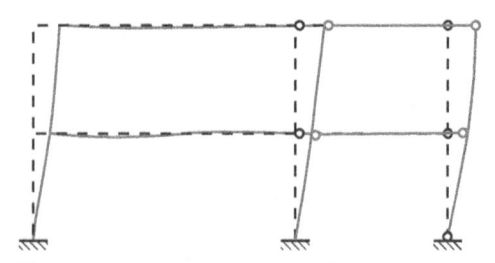

Elemento contraventado contínuo flete e absorve pequena parte das forças horizontais

5.8.3 Estado-limite de serviço em estrutura de dois andares

Lembrando que a estrutura da edificação do Subitem 5.8.2 pertence a uma edificação comercial, será verificado se os deslocamentos laterais estão dentro de limites permitidos, no que se refere à ocorrência de danos permanentes a componentes da construção.

5.8.3.1 Solução

Supondo que B_2 não supera 1,55 na verificação dos estados-limites últimos (na hipótese de carregamento processada, isso de fato foi verdade), para verificação dos estados-limites de serviço, pode-se fazer análise elástica de primeira ordem, sem considerar as imperfeições iniciais geométricas e de material. Como se deseja verificar a ocorrência de danos permanentes a componentes da construção, é preciso utilizar a combinação rara de ações de serviço, dada pela Equação (4.11), reproduzida a seguir:

$$C_{ra,ser} = \sum_{i=1}^{m} A_{Gi,k} + A_{Q1,k} + \sum_{j=2}^{n} \left(\psi_{1j} A_{Qj,k} \right)$$

Como na estrutura em questão a ação decorrente do vento é claramente a mais importante para o deslocamento horizontal, ela deve ser adotada como ação variável principal. Assim, a combinação frequente é dada pelos valores característicos das ações permanentes e de vento, mais os valores característicos da sobrecarga minorados pelo fator de combinação ψ_1 igual a 0,6. Logo:

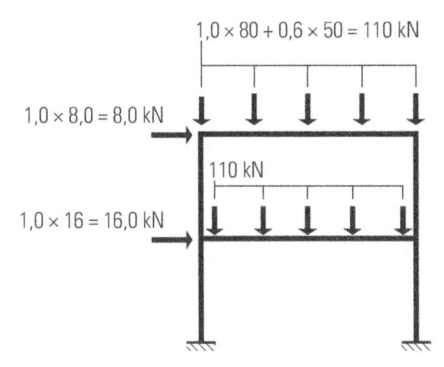

Os deslocamentos laterais obtidos nos níveis dos dois andares são mostrados a seguir, lembrando que para estados-limites de serviço o módulo de elasticidade do aço pode ser tomado igual a 200.000 MPa e, ainda, levando em conta a deformação por força cortante:

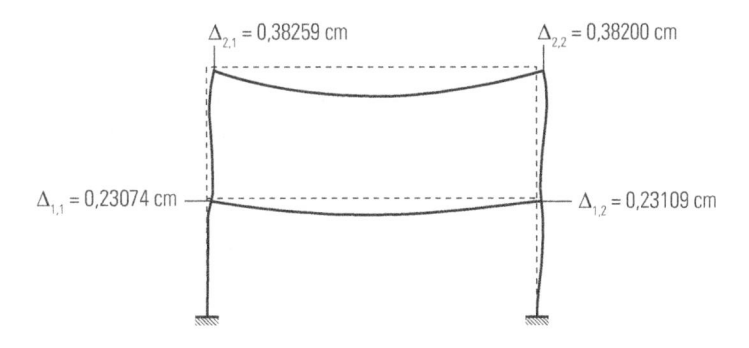

Esses deslocamentos são os deslocamentos totais no nível dos dois andares, e não apenas os deslocamentos provocados pelas forças cortantes. No entanto, por simplicidade, de forma conservadora, serão usados esses mesmos deslocamentos totais para comparação com o deslocamento horizontal relativo entre pisos indicado de $h/500$ (se essa condição for atendida, automaticamente a condição de deslocamento no topo limitado a $H/400$ fica também atendida). Assim, encontram-se os seguintes deslocamentos horizontais relativos:

- no andar 1: ($\Delta_1 - 0 = 0{,}231 - 0 = 0{,}231$ cm) < ($h_1/500 = 400/500 = 0{,}8$ cm) $\Rightarrow$ Atende!
- no andar 2: ($\Delta_2 - \Delta_1 = 0{,}383 - 0{,}231 = 0{,}152$ cm) < ($h_2/500 = 400/500 = 0{,}8$ cm) $\Rightarrow$ Atende!

Salienta-se que essa verificação deve ser feita nas prumadas dos dois pilares (em nenhuma prumada os limites podem ser superados). No caso deste exemplo, a verificação no andar 1 foi feita na prumada da direita, e, no andar 2, na da esquerda, que são as mais desfavoráveis (na verdade, neste exemplo, os deslocamentos laterais das duas prumadas são praticamente iguais).

5.8.4 Análise de sistema treliçado como subestrutura de contraventamento

A figura a seguir mostra a estrutura de uma edificação com duas subestruturas de contraventamento, formada pelos sistemas treliçados ABC, e com quatro elementos contraventados. Nessa estrutura, $P_{g,k}$ e $P_{sc,k}$ são forças características decorrentes basicamente do peso próprio de equipamentos fixos e sobrecarga, respectivamente. Sabendo-se que as barras das subestruturas de contraventamento têm área da seção transversal de 30 cm², serão determinadas por meio do Método da Amplificação dos Esforços Solicitantes (MAES) as forças axiais solicitantes de cálculo nas barras dessas subestruturas e nos elementos contraventados para a combinação última de ações mais desfavorável, considerando uso normal da edificação. Finalmente, será avaliada a validade do uso do MAES.

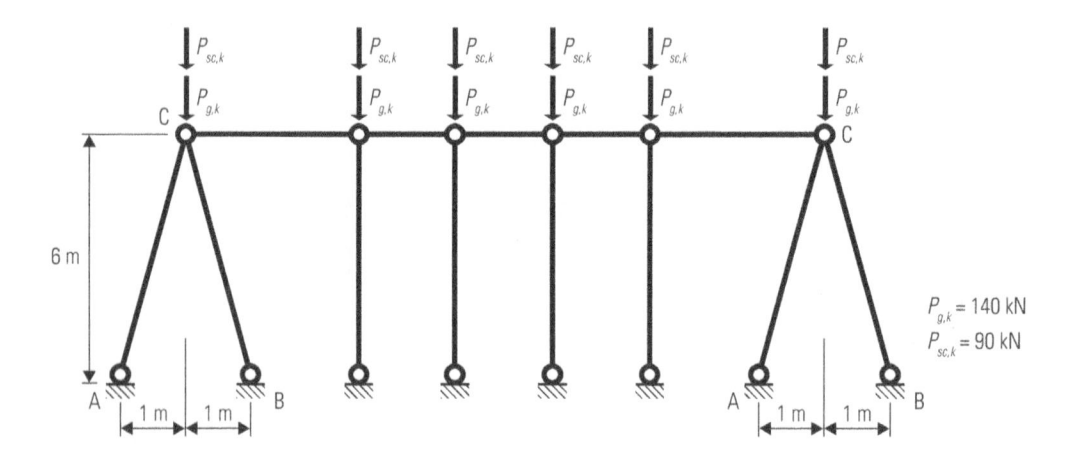

> Veja a resolução deste exemplo de aplicação no site www.loja.grupoa.com.br

5.8.5 Barra birrotulada com carga uniformemente distribuída e força axial

Serão determinados os esforços solicitantes de cálculo máximos na barra birrotulada mostrada a seguir, com 12 m de vão, para a combinação última de ações formada por uma carga uniformemente distribuída de 6 kN/m e uma força axial de compressão de cálculo de 800 kN. Sabe-se que a barra é constituída por um perfil soldado CVS 400 x 125, fletido em relação ao eixo x, que possui momento de inércia em relação a esse eixo (I_x) igual a 46.347 cm⁴.

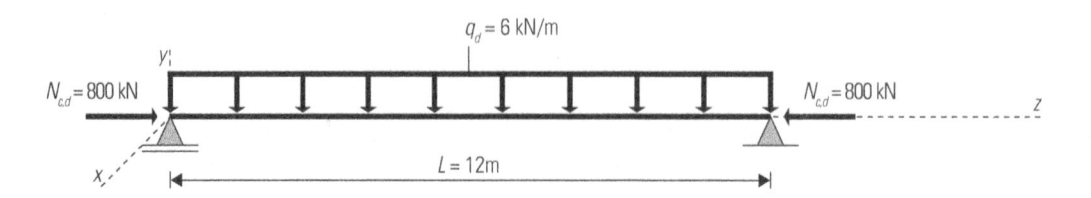

Solução

Como os dois nós extremos da barra são indeslocáveis transversalmente, pode-se aplicar o disposto no Subitem 5.5.1 para estruturas com deslocamentos laterais impedidos em que existam momentos fletores (notar que se trata de situação análoga à de pilares mostrados na Figura 5.16). Assim, basta considerar na análise o efeito local N-δ nos valores dos momentos fletores, sem levar em conta as imperfeições geométricas e de material. Dessa forma, a força axial de compressão solicitante de cálculo máxima ($N_{c,d}$) é a própria força axial de 800 kN aplicada à barra, e a força cortante solicitante de cálculo máxima ocorre junto aos apoios e é dada por:

$$V_{Sd} = \frac{q_d L}{2} = \frac{6 \times 12}{2} = 36 \text{ kN}$$

O momento fletor máximo se manifesta na seção central da barra e, para sua obtenção, como se afirmou anteriormente, deve-se considerar o efeito local N-δ, ou seja, a influência da força axial no seu valor. Pelo MAES, tem-se:

$$M_{Sd} = B_1 M_0$$

com

$$M_0 = \frac{q_d L^2}{8} = \frac{6 \times 12^2}{8} = 108 \text{ kN.m}$$

e, como nesse caso $N_{nt,Sd}$ mais $N_{\ell t,Sd}$ é igual a $N_{c,d}$,

$$B_1 = \frac{C_m}{1 - \left|\frac{N_{c,d}}{N_e}\right|} \geq 1,0$$

onde C_m é igual a 1,0 por existir forças transversais entre as extremidades da barra, $N_{c,d}$ é a força axial de 800 kN e

$$N_e = \frac{\pi^2 E_a I_x}{L^2} = \frac{\pi^2 \times 20.000 \times 46.347}{1.200^2} = 6.353 \text{ kN}$$

Nota-se que, nesse cálculo de N_e, como a imperfeição de material não precisa ser considerada, usou-se E_a (igual a 20.000 kN/cm²). O valor de I_x foi obtido da tabela de perfis CVS.

Finalmente:

$$B_1 = \frac{1,00}{1 - \left|\frac{800}{6.353}\right|} = 1,144$$

e

$$M_{Sd} = 1,144 \times 108 = 123,55 \text{ kN.m}$$

É interessante, ainda, destacar que, conforme a teoria apresentada, o valor de M_{Sd} calculado é a soma dos momentos causados na seção central da barra pela carga distribuída q_d e pela força axial de compressão $N_{c,d}$, este último momento decorrente do efeito local N-δ.

Se a força axial fosse de tração ou nula, o coeficiente de amplificação B_1 deveria ser tomado como 1,0, e o momento fletor seria apenas aquele causado pela carga transversal concentrada (M_0), logo, igual a 108 kN.m.

5.8.6 Barra birrotulada com momentos de extremidade e força axial

Para a mesma barra do subitem precedente sob ação da força axial de compressão $N_{c,d}$, substituindo-se a carga distribuída q_d por dois casos de momentos aplicados nas extremidade, conforme se vê a seguir, será determinado o máximo valor do momento fletor solicitante de cálculo:

- Caso a: momentos diferentes de sentidos opostos aplicados nas extremidades

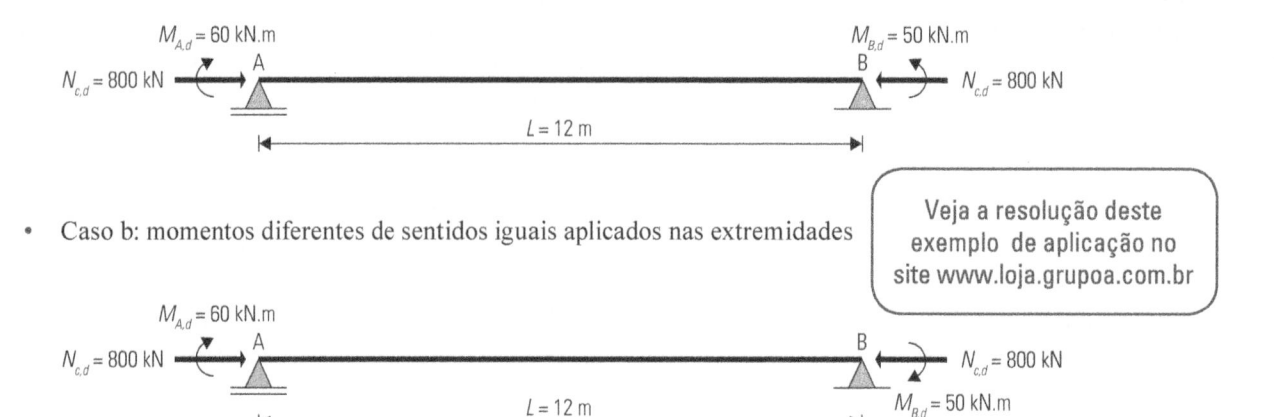

- Caso b: momentos diferentes de sentidos iguais aplicados nas extremidades

> Veja a resolução deste exemplo de aplicação no site www.loja.grupoa.com.br

5.8.7 Esforços nas escoras do Subitem 5.8.1

Os esforços solicitantes de cálculo máximos nas escoras do Subitem 5.8.1 serão determinados, sabendo-se que elas possuem momento de inércia em relação ao eixo de flexão igual a 8.000 cm^4.

> Veja a resolução deste exemplo de aplicação no site www.loja.grupoa.com.br

5.8.8 Esforços nas escoras do Subitem 5.8.2

Serão determinados agora os esforços solicitantes de cálculo máximos nas escoras do Subitem 5.8.2 situadas entre a subestrutura de contraventamento e o elemento contraventado mais próximo, sabendo-se que são vinte os elementos contraventados.

a) Escora do segundo andar (topo da estrutura)

A escora do segundo andar trava vinte elementos contraventados, submetidos a uma força axial de compressão de cálculo total igual a 2.730 kN (maior força gravitacional obtida dos carregamentos 2 e 5). Assim, na Equação (5.12), m é igual a 20 e:

$$\alpha_{red} = \sqrt{0,5\left(1+\frac{1}{m}\right)} = \sqrt{0,5\left(1+\frac{1}{20}\right)} = 0,725$$

De acordo com a Equação (5.11), tem-se uma força axial na escora, de tração ou compressão, de:

$$N_{br-2^\underline{o}\ andar,\ Sd} = \alpha_{red}\left[0,01\left(\Sigma N_{cont,Sd}\right)\right] = 0,725\left[0,01\left(2.730\right)\right] = 19,79\ \text{kN}$$

Como não foram indicadas outras ações aplicadas diretamente na escora, essa força axial é o único esforço solicitante a ser considerado.

b) Escora do primeiro andar

Na escora do primeiro andar, a força axial de compressão de cálculo total nos elementos contraventados é igual a duas vezes a força na escora do segundo andar, ou seja, igual a 5.460 kN. Essa é a única diferença entre as duas. Assim, tem-se que:

$$N_{br-1^\underline{o}\ andar,\ Sd} = 2 \times 19,79 = 39,58\ \text{kN}$$

Bibliografia

ABNT NBR 8800:2008. *Projeto de estruturas de aço e de estruturas mistas de aço e concreto de edifícios*. Rio de Janeiro: ABNT, 2008.

ANSI/AISC 360-10. *Specification for structural steel buildings*. Chicago, EUA: American Institute of Steel Construction, 2010 (Commentary Appendix 8: Approximate second-order analysis; Commentary Chapter C: Design for stability).

SALMON, C. G.; JOHNSON, J. E.; MALHAS, F. A. *Steel structures*: design and behavior. 5. ed. Upper Saddle River, NJ, EUA: Pearson Prentice Hall, 2009 (Chapter 14: Frames — braced and unbraced).

SILVA, V. P.; Pannoni, F. D. *Estruturas de aço para edifícios:* aspectos tecnológicos e de concepção. São Paulo: Blucher, 2010 (Parte 2, Capítulo 1: Elementos estruturais; Parte 2, Capítulo 2: Modelo para cálculo; Parte 2, Capítulo 3: Equilíbrio; Parte 2, Capítulo 4: Deslocabilidade de pórticos; Parte 2, Capítulo 5: Sistemas de travamento; Parte 2, Capítulo 6: O caminho das forças).

6
Barras de aço tracionadas

6.1 Considerações iniciais

As barras de aço tracionadas estudadas neste capítulo são aquelas solicitadas exclusivamente por força axial de tração decorrente de ações estáticas. Nos edifícios com estrutura de aço, tais barras aparecem, na maioria das vezes, compondo treliças planas que funcionam como vigas de piso e de cobertura (tesouras de cobertura), como ilustra a Figura 6.1 (ver também Item 6.2).

(a) Vigas de piso

(b) Vigas de cobertura (tesouras)

FIGURA 6.1 Treliças planas trabalhando como vigas.

Utilizam-se, ainda, treliças planas nas duas faces laterais de passarelas de pedestres, como a passarela urbana mostrada na Figura 6.2a e a passarela que une dois edifícios de um complexo comercial mostrada na Figura 6.2b (ver também Item 6.2).

(a) Passarela urbana 　　　(b) Passarela unindo edifícios

FIGURA 6.2 Treliças planas nas faces laterais de passarelas de pedestres.

Barras tracionadas também compõem treliças espaciais, geralmente empregadas em coberturas de edificações que precisam de grande área livre, como ilustra a Figura 6.3.

FIGURA 6.3 Coberturas em treliça espacial.

As barras de aço axialmente tracionadas também aparecem na composição de treliças de pilares, como se vê na edificação comercial da Figura 6.4a e na industrial da Figura 6.4b (nesta última, os segmentos de pilar situados acima da viga de rolamento são constituídos por um perfil de alma cheia).

(a) Edificação comercial 　　　(b) Edificação industrial

FIGURA 6.4 Pilares treliçados.

Nos contraventamentos verticais e de cobertura, usados para estabilizar muitas edificações, sempre há barras tracionadas. A Figura 6.5a mostra um contraventamento em X, e a Figura 6.5b, um contraventamento em Δ, cujos comportamentos foram descritos no Subitem 5.2.2 (contraventamentos vertical e de cobertura são mostrados também nas figuras 5.4 a 5.9).

(a) Em X

(b) Em Δ

FIGURA 6.5 Contraventamentos verticais.

Tirantes e pendurais, empregados com o objetivo de transferir cargas gravitacionais de um piso para componentes estruturais situados em nível superior, como os mostrados na Figura 6.6, também são barras tracionadas e aparecem em diversas edificações com estruturas de aço.

FIGURA 6.6 Exemplos de tirantes e pendurais em edificações com estruturas de aço.

Como as barras tracionadas não são suscetíveis à instabilidade, a propriedade geométrica mais importante no dimensionamento é a área da seção transversal, e os perfis mais diversos são rotineiramente utilizados (I, U, duplo U, L, duplo L, T, barra redonda lisa etc.). No entanto, deve-se considerar que a área de trabalho dessas barras na região de ligação a outros componentes da estrutura pode ser inferior à área bruta da seção transversal, em razão, principalmente, da presença de furos (no caso de ligação parafusada) e da distribuição não uniforme da tensão de tração em decorrência de maior concentração próxima a parafusos e soldas.

6.2 Noções sobre treliças planas

Tendo em vista que as barras axialmente tracionadas (e também as axialmente comprimidas – ver Capítulo 7) aparecem com muita frequência nas treliças planas de pisos, cobertura e passarelas de pedestres, neste item serão fornecidas noções elementares sobre a forma e o comportamento estrutural dessas treliças.

As treliças planas que funcionam como vigas de piso ou estão presentes nas faces laterais de passarelas de pedestres geralmente têm os dois banzos paralelos e podem apresentar diversas geometrias, sendo muito conhecidas as designadas pelos nomes próprios Pratt, Howe e Warren (sem e com montantes), mostradas na Figura 6.7 (nas Figuras 6.1a e 6.2b veem-se também treliças Pratt e, na Figura 6.2a, treliça Warren sem montantes). No que se refere ao sentido das forças axiais nas barras quando, por exemplo, cargas gravitacionais atuam e as treliças são apoiadas nas extremidades do banzo inferior:

- na treliça Pratt, o banzo inferior e as diagonais são tracionados, e o banzo superior e os montantes, comprimidos;
- na treliça Howe, inverte-se o sentido das forças axiais nas diagonais e montantes em relação à treliça Pratt;
- nas treliças Warren sem e com montantes, o banzo inferior fica tracionado, o superior fica comprimido, as diagonais extremas ficam comprimidas, as adjacentes, tracionadas, as seguintes, comprimidas, e assim sucessivamente até a região central.

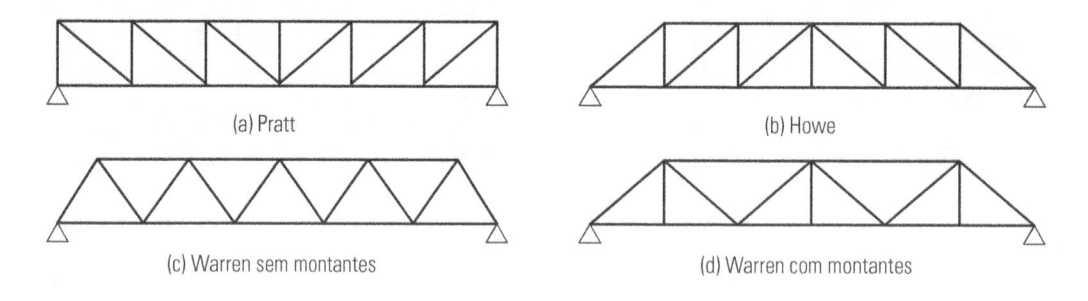

FIGURA 6.7 Treliças planas usuais de vigas de piso e de passarelas de pedestres.

As treliças planas das tesouras de cobertura apresentam geometrias similares às das vigas de piso. No entanto, o banzo superior geralmente é inclinado para que haja escoamento da água de chuva (a ABNT NBR 8800:2008 recomenda inclinação mínima de 3%). Assim, são amplamente utilizadas treliças com o banzo inferior horizontal e o superior inclinado (Figura 6.8a), com os dois banzos inclinados e paralelos (Figura 6.8b), com o banzo inferior horizontal e o superior curvo (Figura 6.8c) e com os dois banzos curvos e paralelos (Figura 6.8d). A Figura 6.1b, por exemplo, mostra uma treliça Warren com montantes com o banzo inferior horizontal e o superior inclinado.

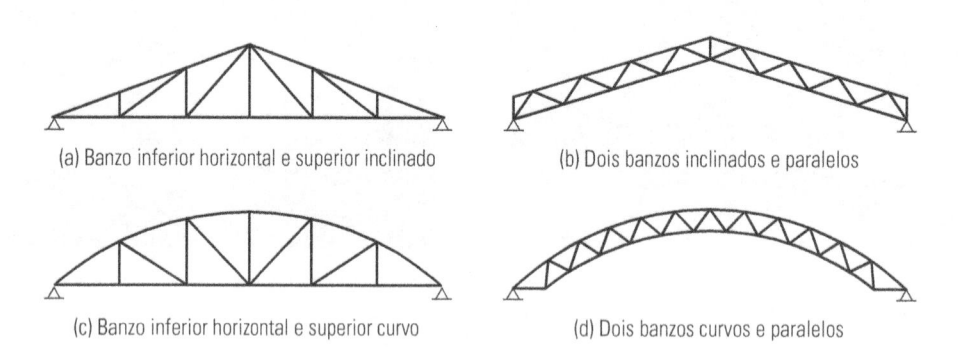

FIGURA 6.8 Formas comuns de tesouras de cobertura treliçadas.

As treliças de cobertura podem ter apenas um ponto de apoio nos pilares (Figura 6.9a — nesse caso, a treliça é birrotulada) ou, com pequenos ajustes na geometria, dois pontos de apoio nos pilares (Figura 6.9b — nesse caso, a treliça deve ser considerada ligada rigidamente aos pilares). Essas treliças costumam ter altura total superior a 1/15 do vão, dificilmente ultrapassando 1/5 do vão (Figura 6.9). Treliças de vigas de piso e de passarelas também podem ter um ou dois pontos de apoio nos pilares.

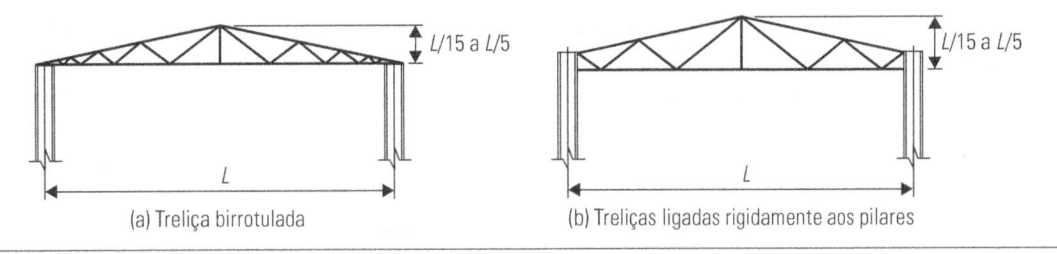

FIGURA 6.9 Relação usual entre vão e altura de treliças de cobertura.

A Figura 6.10 apresenta os perfis mais usados nos banzos, montantes e diagonais das treliças planas. As seções I ou H geralmente são empregadas em tesouras submetidas a maiores solicitações e com grandes vãos.

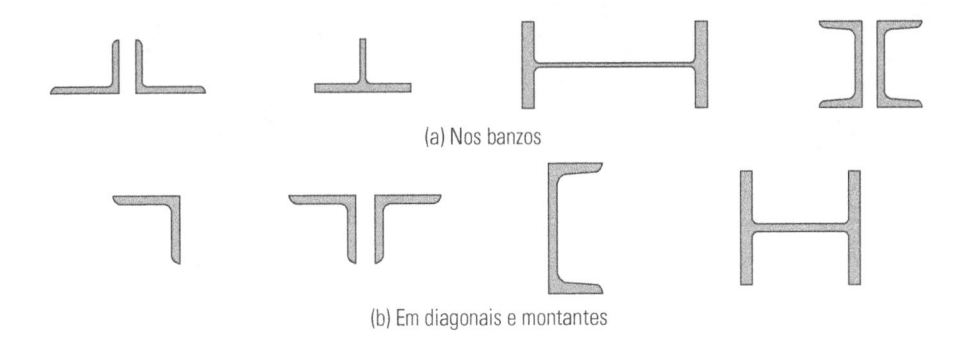

FIGURA 6.10 Perfis mais usados nas treliças.

Os nós das treliças planas, muitas vezes, são formados por uma chapa conectada ao banzo, denominada chapa de nó ou *gusset*, que serve para a ligação de diagonais e montantes. Nas figuras 6.11a e 6.11b, é possível ver dois detalhes típicos de nós em que as barras são formadas por duas cantoneiras em forma de T, ligeiramente afastadas entre si: no primeiro, a chapa de nó é parafusada entre as duas cantoneiras do banzo, e diagonais e montantes são parafusados a essa chapa (uma cantoneira de cada lado da chapa — o espaçamento entre as duas cantoneiras é igual à espessura da chapa); no segundo, os parafusos são substituídos por soldas. Nota-se que os banzos, por causa de facilidades construtivas, geralmente são barras contínuas (sem interrupção nos nós), e que o ponto de encontro dos eixos longitudinais das barras que concorrem no nó, representado por PT (ponto de trabalho), define sua posição geométrica, inclusive para fins de análise estrutural. Há, ainda, a opção de adotar chapa de nó soldada ao banzo, com diagonais e montantes parafusados a ela. Em algumas situações, especialmente quando o banzo tem seção T, diagonais e montantes podem ser soldados diretamente à alma dessa seção, sem chapa de nó (Figura 6.11c).

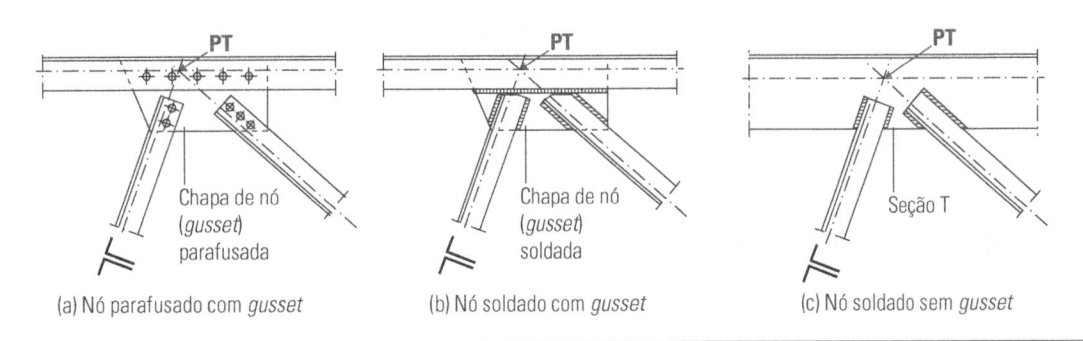

FIGURA 6.11 Nós usuais de treliças.

A Figura 6.12a mostra dois tipos de nó de treliça de vão maior, em que as barras possuem perfis I ou H com eixo de maior inércia no próprio plano da treliça. No primeiro, utilizam-se dois *gussets*, soldados nas mesas da barra contínua, nos quais são parafusadas as mesas da outra barra, ao passo que, no segundo, apenas um *gusset* soldado às mesas e à alma da barra contínua é usado, no qual a alma da outra barra é parafusada. Quando as barras têm seção I ou H, com eixo de maior inércia perpendicular ao plano da treliça, é comum fazer ligação direta de diagonais e montantes nos banzos por meio de solda, como se vê na treliça de passarela da Figura 6.12b.

(a) Maior inércia no plano da treliça

(b) Maior inércia perpendicular ao plano da treliça

FIGURA 6.12 Detalhes de nós de treliça com perfis I ou H.

Por fim, destaca-se que, nas treliças planas, a fim de garantir que as barras estejam submetidas exclusivamente a forças axiais, é necessário que os nós não tenham excentricidade, ou seja, que estejam bem caracterizados pelo encontro dos eixos longitudinais de todas as barras que chegam até eles, como se viu na Figura 6.11 e também como mostra a Figura 6.13a. Se isso não acontecer, o nó terá excentricidade (e), como se vê na Figura 6.13b, que deve ser considerada na análise estrutural, provocando momentos fletores e forças cortantes adicionais. Para que as barras sejam solicitadas somente por força axial, é necessário, ainda, que as forças externas atuem apenas nos nós.

(a) Nós sem excentricidade

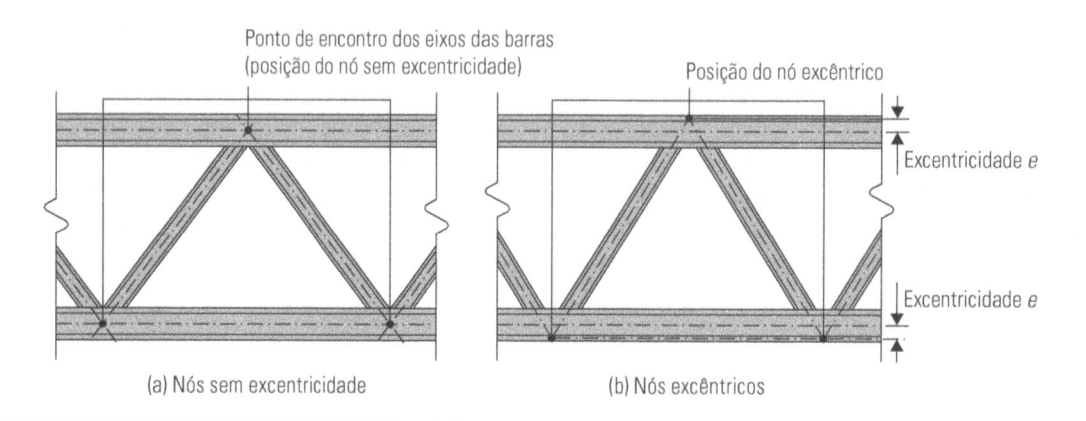

(b) Nós excêntricos

FIGURA 6.13 Tipos de nó quanto à excentricidade.

6.3 Estudo da região de ligação

6.3.1 Ideias iniciais

Como explicitou-se no Item 6.1, a área de trabalho na região de ligação de uma barra tracionada pode ser inferior à área bruta da seção transversal. Para se chegar à área de trabalho, a área bruta da seção transversal pode sofrer uma primeira redução, causada pela presença de furos para passagem de parafusos, resultando na chamada área líquida, e uma segunda redução, causada por distribuição não uniforme da tensão de tração em decorrência de maior concentração junto a parafusos e soldas, resultando na denominada área líquida efetiva.

6.3.2 Área líquida

6.3.2.1 Elementos planos parafusados

Para obter a área líquida de um elemento plano parafusado, como uma chapa, é preciso, inicialmente, determinar sua linha de ruptura, definida como o percurso que passa por um conjunto de furos segundo o qual esse elemento se rompe sob solicitação de tração.

É evidente que a linha de ruptura do elemento plano da Figura 6.14a, cuja furação possui padrão uniforme, é A-B-C-D. Mas, quando a furação não tem padrão uniforme, como a ligação da Figura 6.14b, um estudo mais rigoroso torna-se necessário.

(a) Furação com padrão uniforme e linha de ruptura

(b) Furação com padrão não uniforme

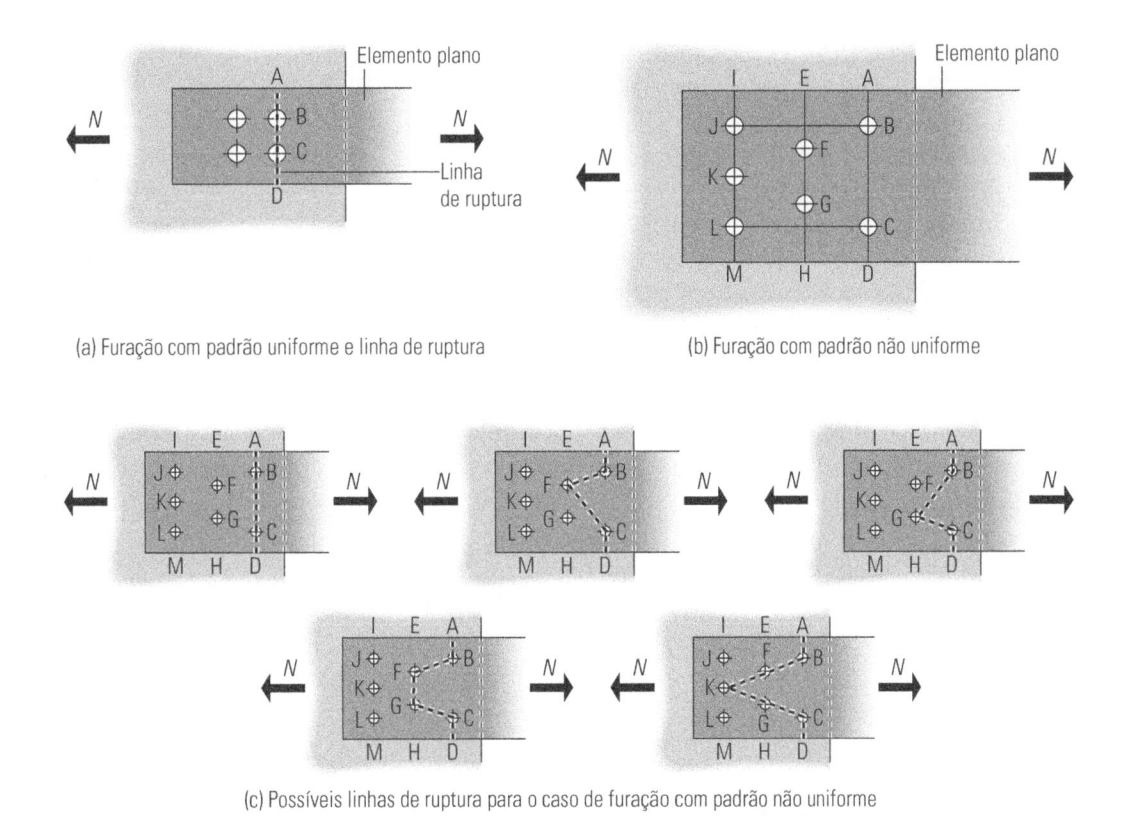

(c) Possíveis linhas de ruptura para o caso de furação com padrão não uniforme

FIGURA 6.14 Linhas de ruptura de elementos planos.

No caso da Figura 6.14b, observa-se que há a possibilidade de o elemento plano romper-se segundo uma das seguintes linhas de ruptura (Figura 6.14c): (a) A-B-C-D; (b) A-B-F-C-D; (c) A-B-G-C-D; (d) A-B-F-G-C-D; (e) A-B-F-K-G-C-D.

Na prática, para determinar a linha de ruptura que prevalece, emprega-se um processo empírico que fornece resultados compatíveis com ensaios. Nesse processo, determina-se a largura líquida (b_n) de cada uma das possíveis linhas de ruptura pela equação:

$$b_n = b_g - \sum d_h + \sum_{i=1}^{n} \frac{s_i^2}{4g_i} \tag{6.1}$$

onde

b_g = largura total da seção transversal;
Σd_h = soma dos diâmetros de todos os furos da linha de ruptura considerada;
n = número de segmentos diagonais (não perpendiculares à linha de atuação da força de tração);

s = espaçamento entre dois furos do segmento diagonal, na direção paralela à linha de atuação da força de tração (Figura 6.15);

g = espaçamento entre dois furos do segmento diagonal, na direção perpendicular à linha de atuação da força de tração (Figura 6.15).

A menor largura líquida deve ser adotada e, as demais, desprezadas. A linha de ruptura correspondente à menor largura líquida é aquela por onde se admite que o elemento plano se rompa.

Notar que:

FIGURA 6.15 Espaçamentos s e g entre os furos A e B.

a) nas ligações usuais, somente precisam ser consideradas as linhas de ruptura que passam pelos furos situados na região de força axial atuante máxima (N). Por essa razão, apenas foram levadas em conta na Figura 6.14b as linhas de ruptura que passam pelos furos B e C, os únicos submetidos à força total N, conforme mostra a Figura 6.16, supondo, simplificadamente, que todos os parafusos trabalham igualmente (no caso, cada parafuso transmite uma força de $N/7$). A linha de ruptura I-J-K-L-M, por exemplo, apesar de passar por três furos, não prevaleceria, uma vez que estaria submetida a uma força de tração relativamente reduzida ($N - 4N/7$);

b) a linha de ruptura A-B-G-C-D da Figura 6.14b não precisaria ser considerada, pois possui a mesma largura líquida da linha de ruptura A-B-F-C-D;

c) as linhas de ruptura são formadas por um conjunto de segmentos retos, que podem se situar em uma seção transversal (perpendiculares à força N) ou formar um ângulo diferente de 90° com essa força (segmentos diagonais), mas que sempre se dirigem de uma das bordas longitudinais do elemento plano para a outra;

d) o primeiro segmento das linhas de ruptura se situa sempre em uma seção transversal e une uma borda longitudinal do elemento plano a um furo, e o último segmento também se situa em uma seção transversal, unindo a outra borda longitudinal do elemento plano a um furo.

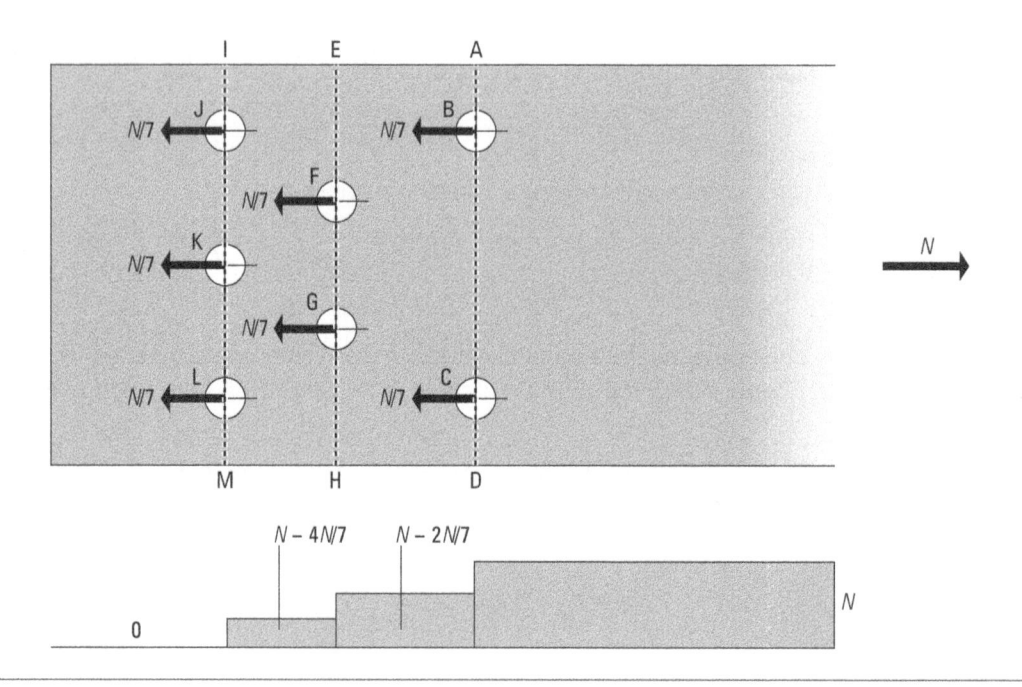

FIGURA 6.16 Transmissão da força axial pelos parafusos da Figura 6.14b.

Com relação ao diâmetro dos furos, d_h, sabe-se que essas aberturas são executadas geralmente com broca (uma broca de metal, em movimento rotatório, efetua o furo) ou por punção (um bastão de metal com uma ponta moldada, chamado punção, pressiona o elemento a ser furado, que fica apoiado em uma matriz perfurada), conforme se vê na Figura 6.17. Os furos broqueados podem ser feitos em elementos de qualquer espessura; já os furos puncionados geralmente são limitados a elementos cuja espessura não ultrapasse a medida do diâmetro do parafuso em mais de 3 mm.

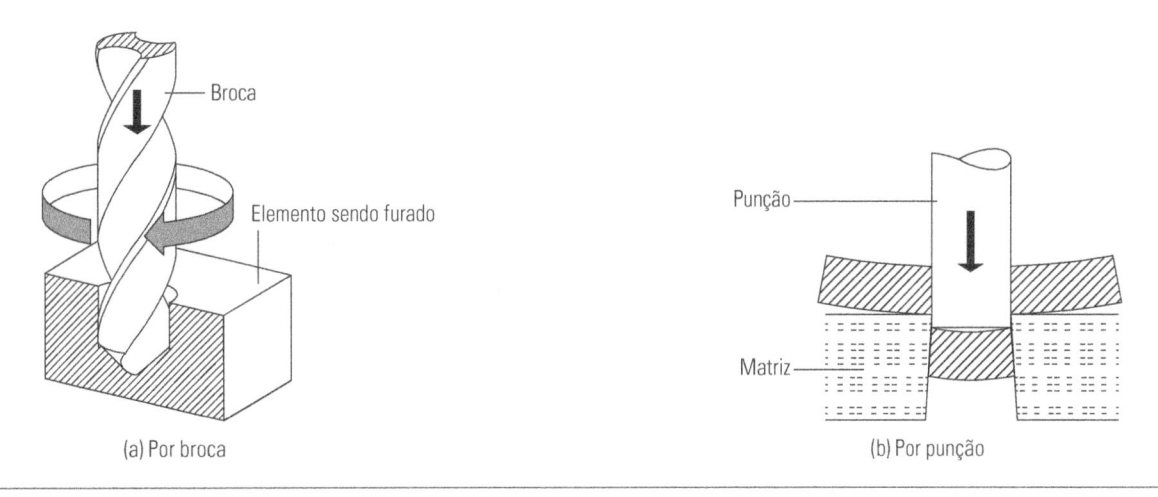

FIGURA 6.17 Execução de furos.

Na maioria das vezes, faz-se nas estruturas de aço furos-padrão com diâmetro nominal 1,5 mm maior que o diâmetro do parafuso. Se os furos são feitos com broca, consegue-se boa precisão na obtenção desse valor. No entanto, se os furos são feitos por punção, nas suas bordas, do lado da saída do bastão, por conta de uma característica inerente ao processo, o diâmetro resultante é da ordem de 2,0 mm superior ao valor nominal, portanto, em torno de 3,5 mm superior ao diâmetro do parafuso. Assim, será considerada aqui, simplificadamente, sempre a situação mais desfavorável do ponto de vista estrutural, ou seja, a dos furos feitos por punção. Dessa forma, o diâmetro dos furos deve ser tomado como:

$$d_h = d_b + 3{,}5 \text{ mm} \tag{6.2}$$

onde d_b é o diâmetro do parafuso.

Após obter a largura líquida de um elemento plano, b_n, a área líquida da seção transversal desse elemento é dada por:

$$A_n = b_n t \tag{6.3}$$

onde t é a espessura do elemento.

6.3.2.2 Perfis parafusados

A área líquida em qualquer perfil parafusado pode ser determinada ao se transformar o perfil em um ou mais elementos planos, aplicando a esses elementos a teoria fornecida anteriormente.

As cantoneiras podem ser rebatidas segundo a linha do esqueleto (linha que passa pela semiespessura das abas) e tratadas como elemento plano para obtenção da largura líquida e da área líquida, conforme ilustra a Figura 6.18. A largura do elemento plano resultante será igual à soma das larguras das duas abas da cantoneira menos sua espessura.

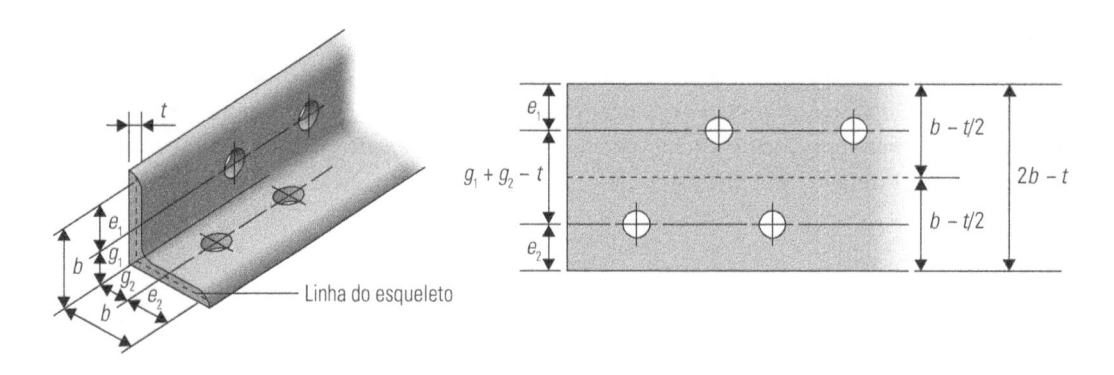

FIGURA 6.18 Rebatimento de cantoneiras.

Nos perfis I, H, e U, pode-se usar um procedimento que consiste em determinar a área líquida de cada elemento plano componente independentemente e, depois, somar os resultados. Assim, calculam-se as áreas líquidas das mesas e da alma, considerando esses elementos isoladamente, e, depois, os valores obtidos são somados, conforme a expressão:

$$A_n = A_{n,\text{mesa superior}} + A_{n,\text{mesa inferior}} + A_{n,\text{alma}} \tag{6.4}$$

Em um perfil qualquer, quando uma linha de ruptura tem todos os seus segmentos na seção transversal, a área líquida pode ser obtida subtraindo-se a área dos furos da área bruta A_g, como mostra a Figura 6.19 para um perfil I.

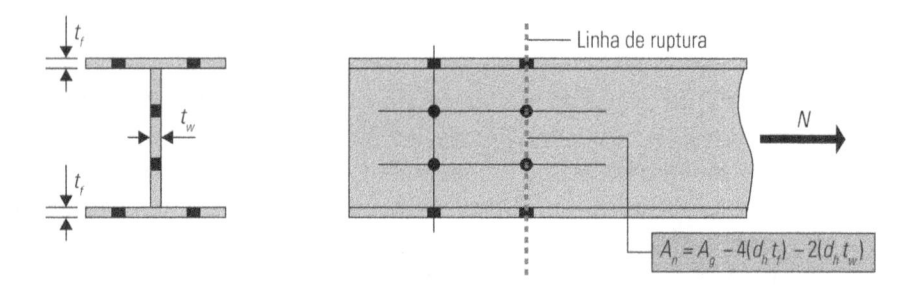

FIGURA 6.19 Linha de ruptura em perfil com todos os segmentos na seção transversal.

6.3.2.3 Elementos planos e perfis ligados por meio de solda

As barras tracionadas ligadas apenas por meio de solda, portanto, sem furos, possuem área líquida igual à área bruta.

6.3.3 Área líquida efetiva

6.3.3.1 Conceitos e método de cálculo

Uma barra tracionada, ligada com parafusos ou soldas, por apenas alguns dos elementos componentes da seção transversal, fica submetida a uma distribuição de tensão não uniforme na região da ligação. Isso ocorre porque o esforço tem de passar pelos elementos conectados, que ficam submetidos a uma tensão média maior que a dos elementos não conectados (elementos soltos).

A Figura 6.20a mostra o comportamento de uma cantoneira ligada a uma chapa por meio de parafusos (somente os furos são mostrados) e a Figura 6.20b, por meio de solda, por apenas uma das abas. Observa-se que as tensões se concentram mais no elemento conectado e, ainda, que a seção 1-1 da cantoneira é a mais solicitada na região da ligação, pois:

- na ligação parafusada, sofre a perda de área decorrente do furo e está submetida à totalidade da força de tração N (a seção 2-2, na qual se situa o segundo furo, é solicitada por apenas metade da força normal, uma vez que a outra metade já foi transmitida pelo parafuso situado na seção 1-1);
- na ligação soldada, situa-se em posição tal que fica submetida à totalidade da força de tração N, uma vez que nenhuma parcela dessa força ainda foi transmitida pela solda para a chapa.

A seção 1-1, portanto, fica submetida a uma tensão normal não uniforme, como ilustra a Figura 6.20c. Essa distribuição não uniforme de tensão, para efeitos práticos, é substituída por uma tensão uniforme, de intensidade máxima, atuando em apenas uma parte da seção transversal. Em síntese, considera-se que uma parte da seção transversal trabalha sob tensão uniforme, com a parte restante sendo desprezada, como se vê na Figura 6.20d. A área da parte da seção transversal que trabalha é a área líquida efetiva, representada por A_e. Essa área é dada por:

$$A_e = C_t A_n \tag{6.5}$$

onde C_t é um coeficiente de redução da área líquida A_n, fornecido no próximo subitem.

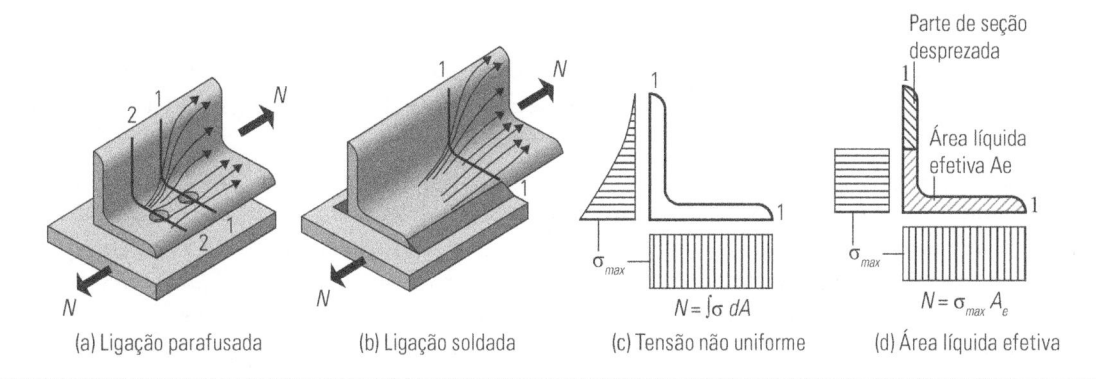

FIGURA 6.20 Comportamento de uma cantoneira conectada por apenas uma aba.

6.3.3.2 Coeficiente de redução C_t

Barras com seção transversal aberta

Nas barras com seção transversal aberta, não incluindo os elementos planos (chapas), quando a força de tração é transmitida somente por parafusos ou por soldas longitudinais, ou, ainda, por uma combinação de soldas longitudinais e transversais, para alguns elementos da seção transversal (pelo menos um elemento da seção transversal fica solto), o coeficiente C_t é dado pela seguinte expressão:

$$C_t = 1 - \frac{e_c}{\ell_c} \tag{6.6}$$

onde

e_c é a excentricidade da ligação, igual à distância do centro geométrico da seção da barra, G, ao plano de cisalhamento da ligação. Em perfis com um plano de simetria, exceto cantoneiras, a ligação deve ser simétrica em relação a esse plano, e, no cálculo de e_c, consideram-se duas barras fictícias e simétricas, cada uma correspondente a um plano de cisalhamento da ligação, por exemplo, duas seções T, no caso de perfis I ou H ligados pelas mesas, ou duas seções U, no caso de esses perfis serem ligados pela alma (Figura 6.21);

ℓ_c é o comprimento efetivo da ligação. Seu valor, nas ligações soldadas, é igual ao comprimento da solda na direção da força axial e, nas ligações parafusadas, é igual à distância do primeiro ao último parafuso da linha de furação com maior número de parafusos, na direção da força axial.

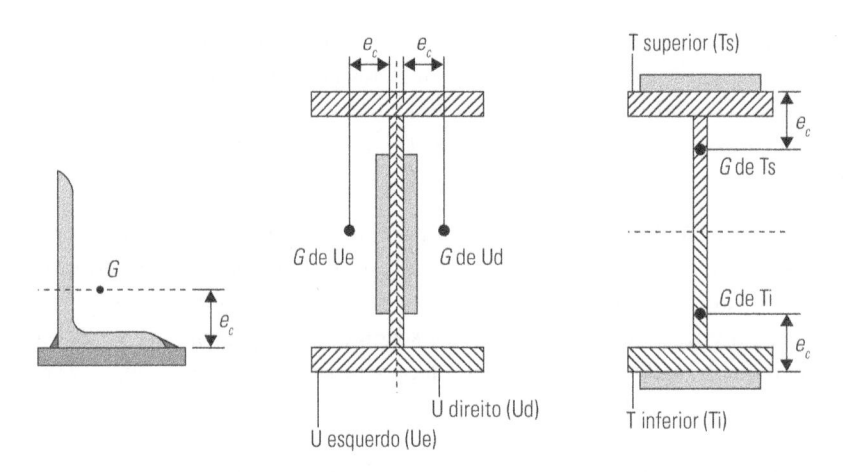

FIGURA 6.21 Valores de e_c.

Não é permitido o uso de ligações que resultem em um valor do coeficiente C_t menor que 0,60 (caso isso ocorra, a ligação é pouco eficiente e deve ser modificada). Contudo, se o valor obtido pela Equação (6.6) ultrapassar 0,90, por razões de segurança, deve ser usado nos cálculos esse valor como limite superior.

O coeficiente C_t se eleva à medida que o comprimento da ligação (ℓ_c) aumenta, e a distância do centro geométrico da barra ao plano de cisalhamento da ligação (e_c) diminui. Isso pode ser percebido ao se observar a Figura 6.22, referente a uma cantoneira com uma aba ligada a uma chapa e a outra aba solta. Na Figura 6.22a, vê-se que, quanto maior o comprimento da ligação, mais uniforme é a tensão normal e, consequentemente, menor a área a ser desprezada na seção 1-1, a mais solicitada. Na Figura 6.22b, há duas cantoneiras hipotéticas, uma com a aba solta com largura muito reduzida, levando a uma excentricidade da ligação pequena, e outra com a aba solta com largura muito grande, na qual a excentricidade da ligação é superior. Observa-se que, no primeiro caso, a tensão normal é mais uniforme na seção 1-1 que no segundo, o que indica que a área a ser desprezada é menor.

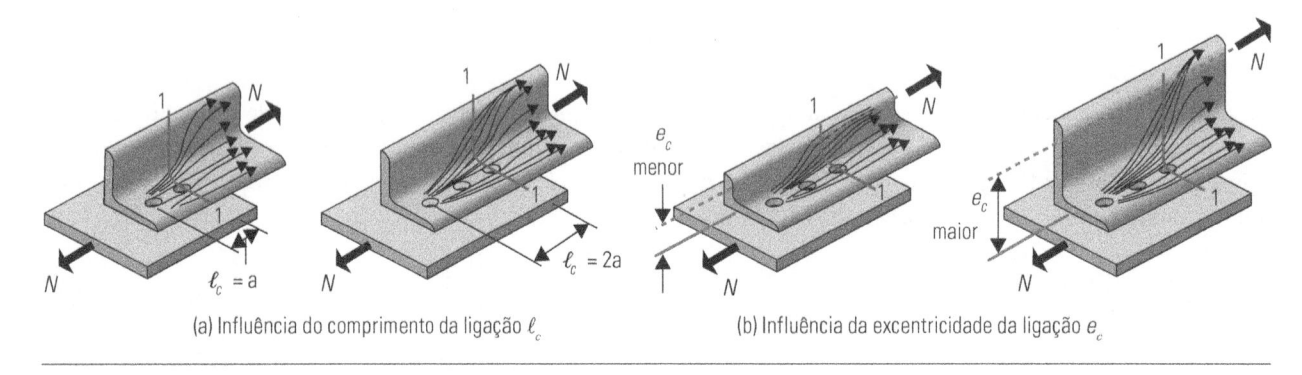

FIGURA 6.22 Influências de ℓ_c e e_c no coeficiente de redução C_t.

Se a ligação é feita por meio de todos os elementos da seção transversal do perfil, como nos casos mostrados nas figuras 6.23a (cantoneiras ligadas pelas duas abas) e 6.23b (perfil I ligado pelas duas mesas e pela alma), então a tensão normal na barra tem distribuição próxima da uniforme e pode-se considerar C_t igual a 1,0.

(a) cantoneiras ligadas pelas duas abas

(b) I ligado pelas mesas e pela alma

FIGURA 6.23 Casos de perfis ligados por todos os seus elementos ($C_t = 1$).

Elementos planos com soldas nas bordas

Nos elementos planos ligados exclusivamente pelas bordas longitudinais por meio de solda, como é o caso da chapa da Figura 6.24, o comprimento dos cordões de solda (ℓ_w) não pode ser inferior à largura da chapa (b), que por sua vez não pode ser superior a 200 mm (ver Subitem 10.10.3.3), e os seguintes valores para o coeficiente C_t devem ser utilizados:

$$C_t = 1{,}00 \text{, para } \ell_w \geq 2b$$
$$C_t = 0{,}87 \text{, para } 2b > \ell_w \geq 1{,}5b \qquad (6.7)$$
$$C_t = 0{,}75 \text{, para } 1{,}5b > \ell_w \geq b$$

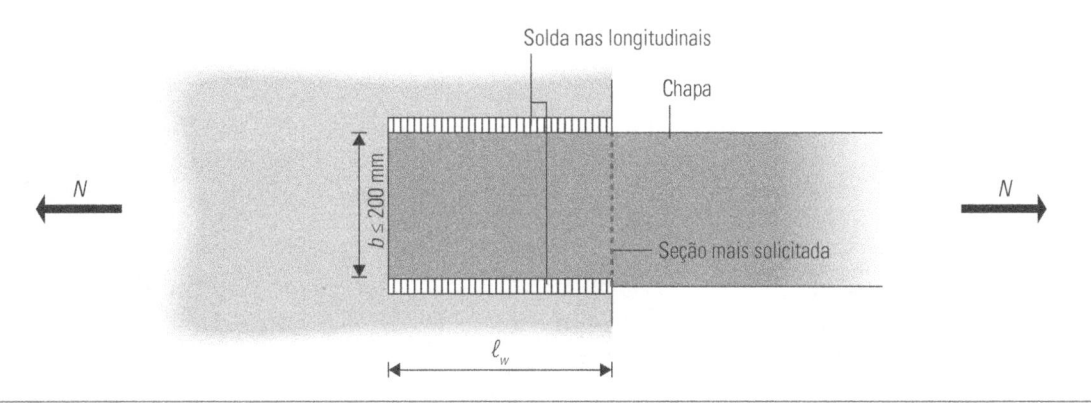

FIGURA 6.24 Chapa soldada apenas pelas bordas longitudinais.

Nota-se, na Figura 6.25, que, se o comprimento de solda ℓ_w for pequeno em relação à largura b, a tensão normal de tração na seção mais solicitada da chapa não será uniforme (será maior junto às bordas longitudinais e menor, ou até nula, na região central) e a área a ser desprezada poderá ser relativamente grande, ou seja, C_t terá valor reduzido. Se ℓ_w for grande, a tensão normal na seção mais solicitada tenderá a se tornar uniforme, e a área a ser desprezada será muito reduzida, podendo até ser nula, ou seja, C_t terá valor próximo de 1,0.

Se a chapa for ligada por solda transversal, C_t pode ser tomado igual a 1,0.

(a) Pequeno comprimento da solda

(b) Grande comprimento da solda

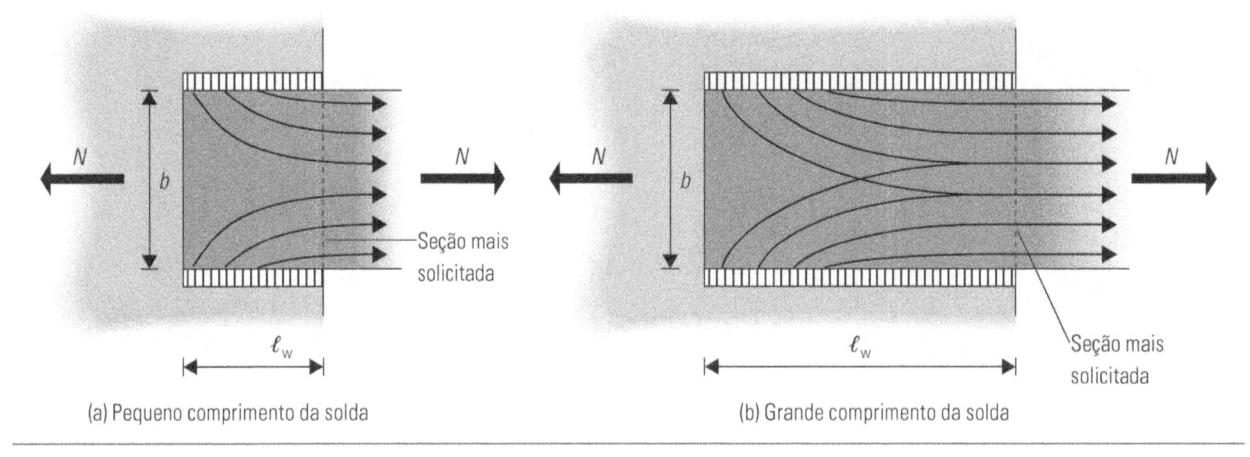

FIGURA 6.25 Coeficiente de redução C_t em função do comprimento da solda ℓ_w.

6.4 Identificação dos estados-limites últimos

Um modo de colapso de barras tracionadas está relacionado à região de ligação e se manifesta quando a tensão atuante na área líquida efetiva (A_e) atinge o valor da resistência à ruptura do aço (f_u). Nessa situação, a barra se rompe, em um estado-limite último que recebe a denominação de ruptura da seção líquida. A Figura 6.26a mostra a ocorrência desse estado-limite em um perfil I ligado pelas mesas por meio de parafusos.

Outro modo de colapso se manifesta quando a tensão de tração atuante ao longo do comprimento da barra, portanto, na sua seção bruta (A_g), atinge o valor da resistência ao escoamento do aço (f_y). Nessa circunstância, a barra está em situação de escoamento generalizado e sofre alongamento excessivo, o que pode provocar a ruína da estrutura da qual faz parte. A esse estado-limite último dá-se o nome de escoamento da seção bruta. Um caso típico é apresentado na Figura 6.26b, na qual uma treliça de cobertura entra em colapso pelo fato de o banzo inferior escoar por tração e ter seu comprimento aumentado significativamente.

(a) Ruptura da seção líquida

(b) Escoamento da seção bruta

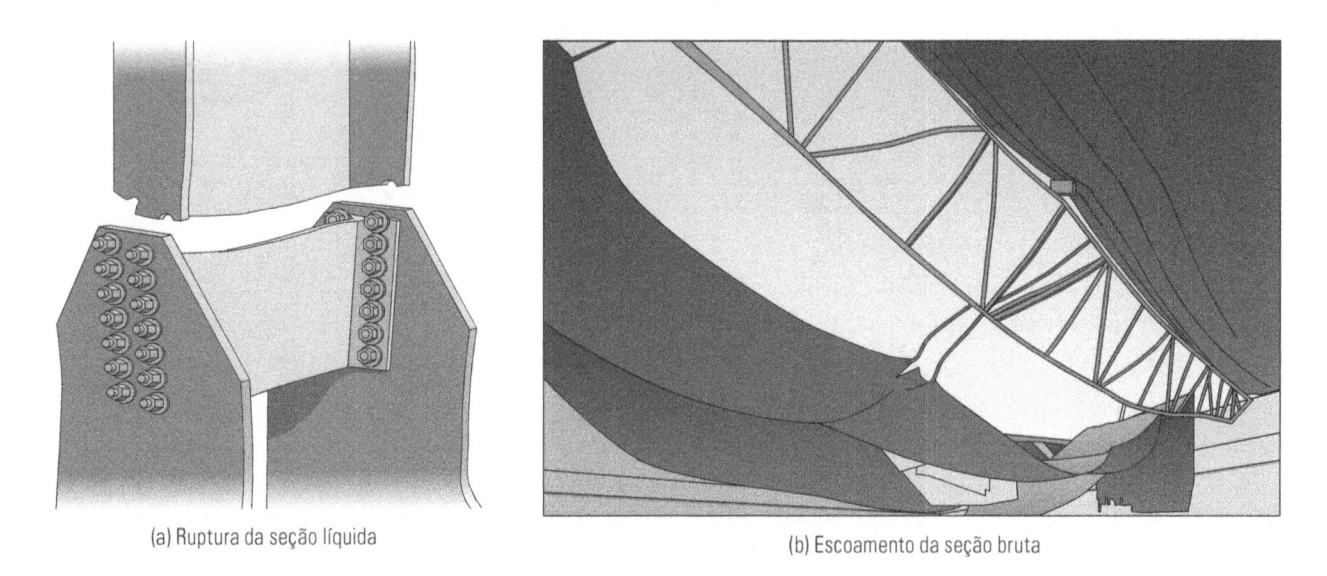

FIGURA 6.26 Estados-limites últimos.

É importante observar que o escoamento da seção líquida, ao contrário do escoamento da seção bruta, não representa um estado-limite último. No escoamento da seção bruta, praticamente toda a barra entra em estado de escoamento, o que faz seu aumento de comprimento ser excessivo. No escoamento da seção líquida, apenas a região de ligação escoa, e a barra como um todo sofre um aumento de comprimento pouco significativo. O colapso dessa seção, portanto, só fica caracterizado quando ela se rompe.

6.5 Dimensionamento aos estados-limites últimos

No dimensionamento aos estados-limites últimos de uma barra submetida a força axial de tração, é preciso satisfazer a seguinte relação:

$$N_{t,Sd} \leq N_{t,Rd} \tag{6.8}$$

onde $N_{t,Sd}$ é a força axial de tração solicitante de cálculo, obtida com a combinação de ações de cálculo apropriada, e $N_{t,Rd}$, a força axial de tração resistente de cálculo, considerando os estados-limites últimos de escoamento da seção bruta e ruptura da seção líquida.

Para o escoamento da seção bruta, tem-se, com base no Item 6.4:

$$N_{t,Rd} = \frac{A_g f_y}{\gamma_{a1}} \tag{6.9}$$

onde o produto $A_g f_y$ é a força axial resistente nominal, e γ_{a1}, o coeficiente de ponderação da resistência para escoamento, igual a 1,10 (ver Subitem 4.3.2.4).

Para a ruptura da seção líquida, tem-se, também com base no Item 6.4:

$$N_{t,Rd} = \frac{A_e f_u}{\gamma_{a2}} \tag{6.10}$$

onde o produto $A_e f_u$ é a força axial resistente nominal, e γ_{a2}, o coeficiente de ponderação da resistência para ruptura, igual a 1,35 (ver Subitem 4.3.2.4).

Os coeficientes de ponderação da resistência, respectivamente iguais a 1,10 e 1,35 para os estados-limites de escoamento da seção bruta e de ruptura da seção líquida, expressam maior nível de incerteza quanto ao valor da capacidade resistente nominal deste último.

6.6 Limitação do índice de esbeltez

É recomendável que o índice de esbeltez das barras tracionadas, tomado como a maior relação entre o comprimento destravado L_t e o raio de giração r correspondente, com exceção das barras redondas rosqueadas que são montadas com pré-tensão (ver Item 6.8), não supere 300, ou seja, que:

$$\left(\frac{L_t}{r}\right)_{máx} \leq 300 \tag{6.11}$$

Essa recomendação tem o objetivo de evitar que as barras tracionadas fiquem demasiadamente flexíveis e, como consequência, apresentem:

- deformação excessiva causada pelo peso próprio ou por choques durante o transporte e a montagem;
- vibração de grande intensidade, que pode se transmitir para toda a edificação, quando houver ações variáveis, como vento, ou quando existirem solicitações de equipamentos vibratórios, como compressores, causando sensação de desconforto aos usuários.

Para obter $(L_t/r)_{máx}$, é preciso determinar o valor de L_t/r no plano da estrutura analisada, e também no plano perpendicular a esta, e, no caso de barras que possuam raio de giração mínimo em relação a um eixo que faça um ângulo diferente de 90° com o plano da estrutura, deve-se também determinar L_t/r em relação a esse eixo. Por exemplo, para cargas gravitacionais, o banzo inferior das treliças da Figura 6.27 fica tracionado, e, sabendo-se que sua seção transversal tem como eixos centrais de inércia x e y, então $(L_t/r)_{máx}$ é o maior valor entre:

- $(L_t/r)_x = L/r_x$ (no plano das treliças, o comprimento destravado é a distância entre dois nós adjacentes);
- $(L_t/r)_y = 2L/r_y$ (no plano perpendicular às treliças, o comprimento destravado é a distância entre duas mãos-francesas adjacentes ou entre apoio externo e mão-francesa).

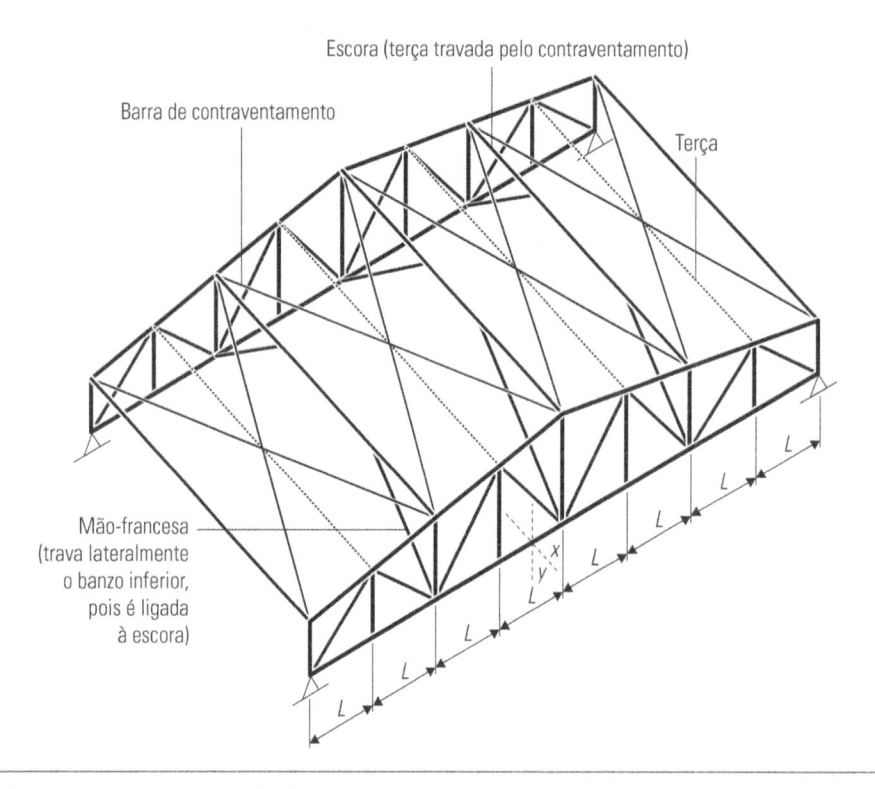

FIGURA 6.27 Considerações para determinação de $(L_t/r)_{máx}$.

Para diagonais e montantes, como o comprimento destravado em qualquer plano é o próprio comprimento da barra, evidentemente $(L_t/r)_{máx}$ é esse comprimento dividido pelo raio de giração mínimo da seção transversal.

6.7 Emprego de barras compostas

É usual projetar barras compostas, constituídas, por exemplo, por duas cantoneiras ou dois perfis U, em que a ligação entre os perfis seja feita por meio de chapas espaçadoras, soldadas ou parafusadas a esses perfis, conforme ilustra a Figura 6.28. Nesse caso, para assegurar um comportamento conjunto adequado dos perfis da barra composta, a distância máxima (ℓ) entre duas chapas espaçadoras adjacentes deve ser tal que:

$$\frac{\ell}{r_{mín,1}} \leq 300 \tag{6.12}$$

onde $r_{mín,1}$ é o raio de giração mínimo de apenas um perfil isolado que forma a barra composta.

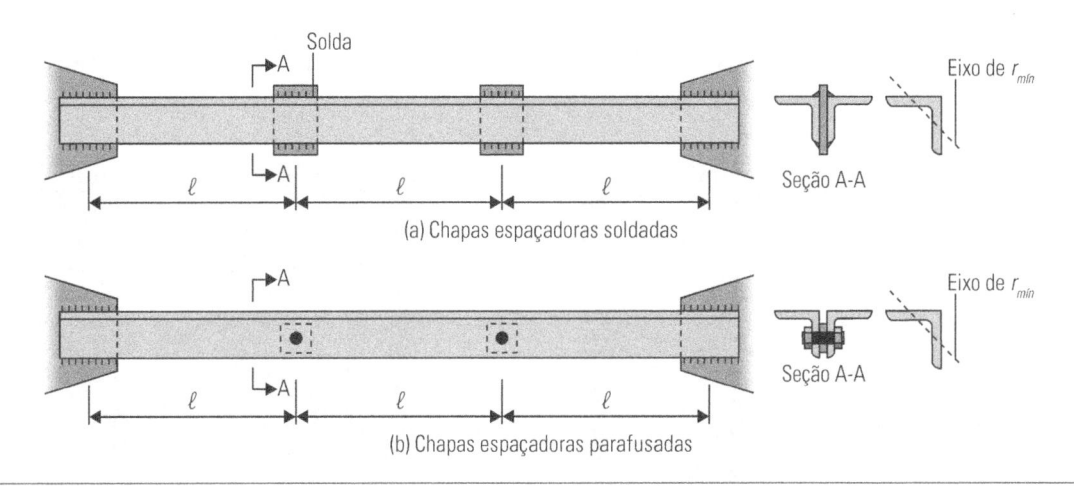

FIGURA 6.28 Barras compostas com chapas espaçadoras.

A Figura 6.29a mostra uma chapa espaçadora soldada posicionada ao longo do comprimento de uma barra composta formada por duas cantoneiras. Chama-se, ainda, a atenção para o fato de que, em treliças e sistemas treliçados, nas extremidades, chapas de nó funcionam também como chapas espaçadoras (Figura 6.29b).

FIGURA 6.29 Modos de união para barras compostas.

6.8 Barras redondas com extremidades rosqueadas

O emprego de barras redondas com extremidades rosqueadas nas estruturas de aço é comum, principalmente como tirantes e peças de contraventamento, ligadas ao restante da estrutura por meio de porca e arruela (Figura 6.30).

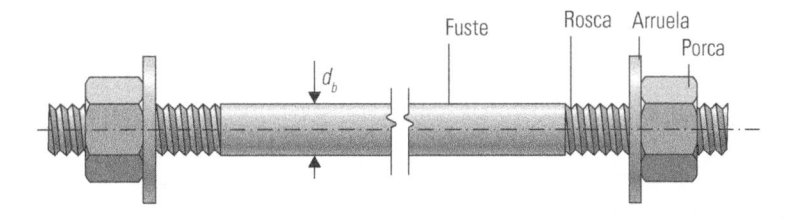

FIGURA 6.30 Barra redonda com extremidades rosqueadas.

A Figura 6.31a mostra uma cobertura de estacionamento cujas barras redondas rosqueadas são utilizadas como tirantes com o intuito principal de reduzir o deslocamento vertical na extremidade do balanço e, a Figura 6.31b, o contraventamento em forma de X de um edifício.

(a) Tirante de cobertura de estacionamento

(b) Contraventamento em X de edifício

FIGURA 6.31 Uso de barras redondas rosqueadas.

O dimensionamento das barras redondas é similar ao das demais barras tracionadas. Deve-se verificar o estado-limite último de escoamento da seção bruta, com a força axial de tração resistente de cálculo dada pela Equação (6.9), na qual a área bruta da seção transversal A_g é a área do fuste, ou seja:

$$A_g = \frac{\pi d_b^2}{4} \quad (6.13)$$

sendo d_b o diâmetro nominal do fuste.

O outro estado-limite último a se considerar é a ruptura da parte rosqueada, para o qual a força axial de tração resistente de cálculo é dada pela Equação (6.10), na qual a área líquida efetiva corresponde à área efetiva à tração da rosca, igual, nas roscas usualmente utilizadas nas estruturas de aço, a aproximadamente 75% da área bruta do fuste A_b, ou seja:

$$A_e = 0{,}75 A_b \quad (6.14)$$

As barras redondas rosqueadas não precisam atender a quaisquer limitações relacionadas à esbeltez. Isso ocorre pelo fato de serem montadas com pré-tensão de tração, proporcionada por aperto forçado da porca (Figura 6.32), esticando-as perfeitamente, de modo que fiquem pouco suscetíveis a vibrações.

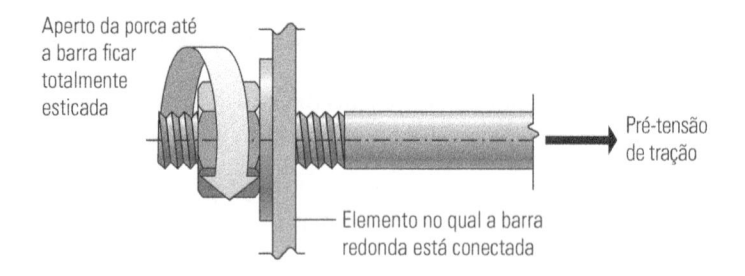

FIGURA 6.32 Barra redonda pré-tensionada por aperto forçado da porca.

6.9 Efeitos adicionais

6.9.1 Efeito da excentricidade da ligação

Muitas vezes, a força de tração introduzida por uma ligação não tem a resultante coincidente com o eixo da barra, o que causa flexão. A rigor, a barra estaria submetida, então, a uma solicitação de flexo-tração. No entanto, em barras de baixa rigidez à flexão, como as cantoneiras e os perfis U laminados, que possuem seção transversal de altura reduzida, com ligações de pequena excentricidade (Figura 6.33), a flexão pode ser desprezada.

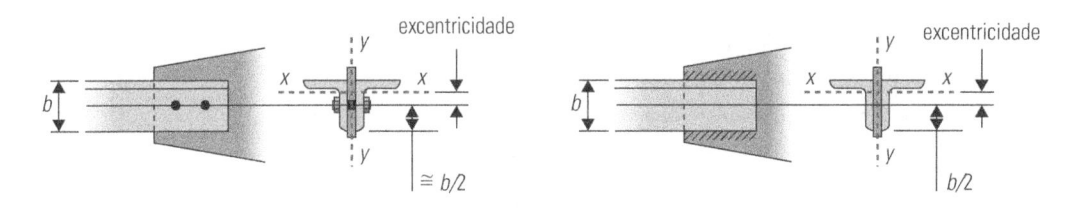

FIGURA 6.33 Excentricidade da ligação.

Situações como as da Figura 6.34, que mostra uma cantoneira soldada por apenas uma aresta na direção da força ou um perfil I conectado por apenas uma das mesas, não devem ser utilizadas, por causa da grande excentricidade existente, que invalida os procedimentos de cálculo apresentados. Chama-se, ainda, a atenção para o fato de que, em barras com elevada rigidez à flexão, como o perfil I da Figura 6.34b, a excentricidade projetada deve ser praticamente nula.

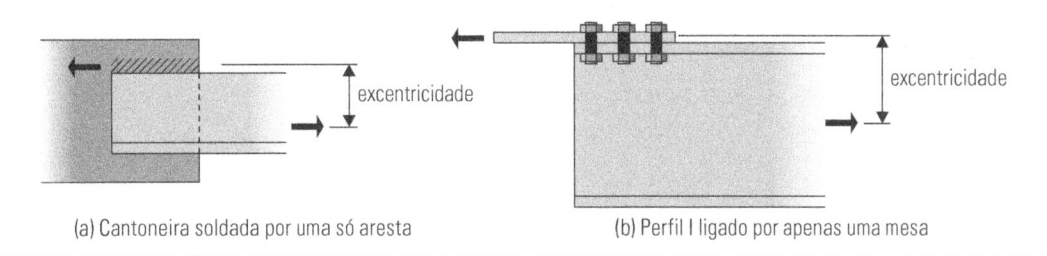

FIGURA 6.34 Exemplos de ligações inadequadas em razão da grande excentricidade.

6.9.2 Efeito do peso próprio da barra

Todas as barras estão submetidas a uma flexão decorrente do peso próprio quando não estão em posição vertical. Quando se situam nessa posição, estão submetidas à variação da força axial ao longo do comprimento, e, quando se situam em posição inclinada, ficam submetidas simultaneamente à flexão e à variação da força axial (Figura 6.35).

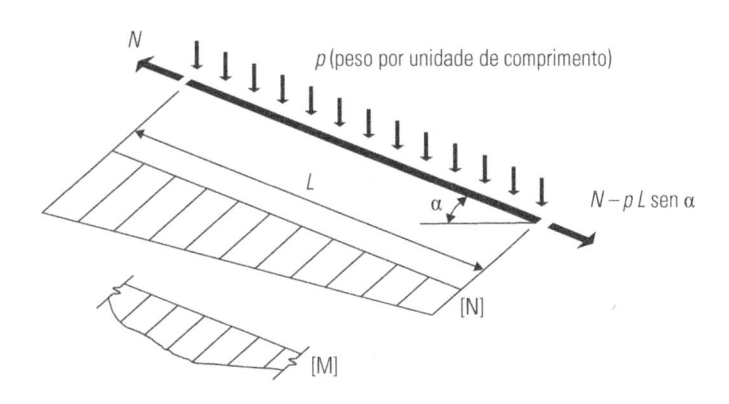

FIGURA 6.35 Efeito do peso próprio da barra.

A influência do peso próprio das barras tracionadas deve ser avaliada, mas sabe-se que é pouco significativa para a maioria dos casos comuns, especialmente quando a projeção horizontal do comprimento da barra é pequena.

6.10 Exemplos de aplicação

6.10.1 Largura líquida e área líquida de elemento plano

Será determinada a largura líquida e a área líquida do elemento plano da Figura 6.14b, com as dimensões indicadas a seguir, sabendo-se que esse elemento possui espessura de 8 mm. Os parafusos usados na ligação têm diâmetro de 19 mm (3/4").

Veja a resolução deste exemplo de aplicação no site www.loja.grupoa.com.br

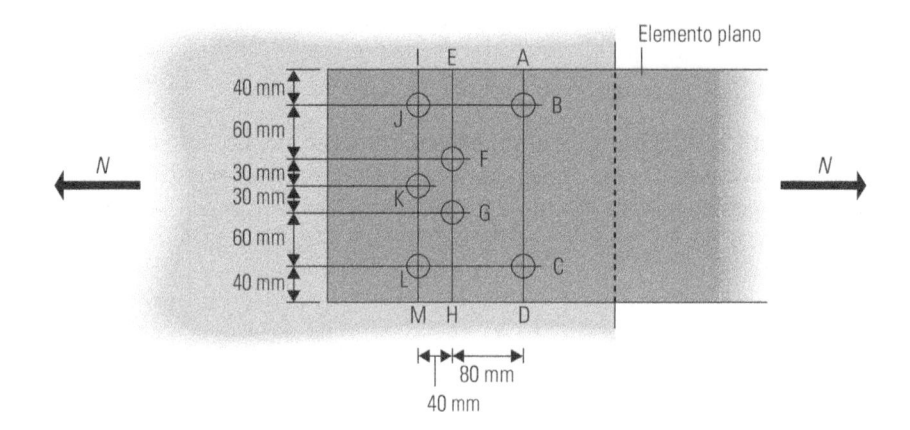

6.10.2 Alteração da linha de ruptura dominante do Subitem 6.10.1

No elemento plano do exemplo precedente, suponha que se queira substituir a distância de 80 mm entre as linhas de furação ABCD e EFGH para um valor tal que a linha de ruptura A-B-F-G-C-D prevaleça sobre A-B-C-D. Como se pode obter esse valor?

Veja a resolução deste exemplo de aplicação no site www.loja.grupoa.com.br

6.10.3 Área líquida de perfil I soldado

Agora, busca-se determinar a área líquida do perfil I soldado mostrado na figura a seguir, com a furação para ligação indicada. Os parafusos têm diâmetro de 16 mm.

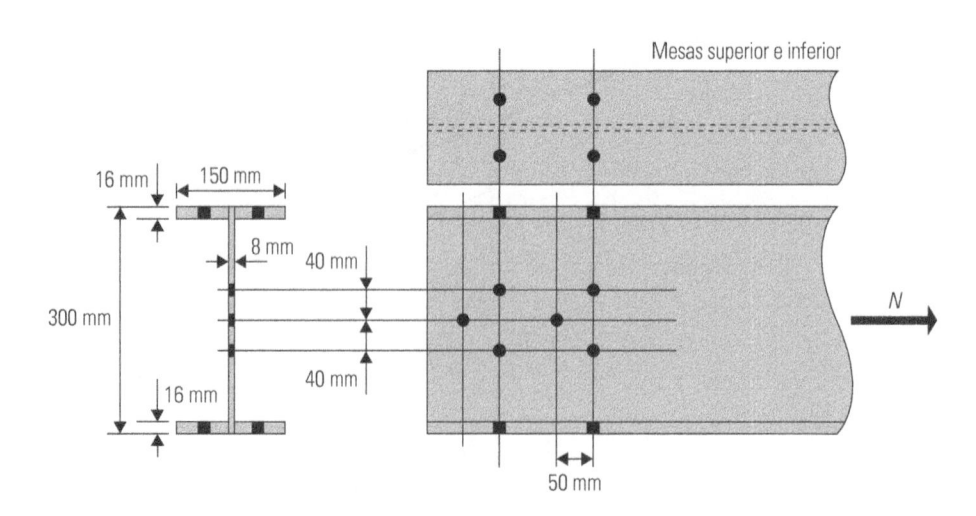

Solução

O diâmetro dos furos é:

$d_h = 16 + 3,5 = 19,5$ mm

Tratando separadamente as mesas e a alma como se fossem elementos planos independentes (ver a figura a seguir), observa-se que a linha de ruptura das mesas é uma só, A-B-C-D, que possui largura e área efetivas iguais a:

$(b_n)_f = 150 - 2 \times 19,5 = 111$ mm

$(A_n)_f = 111 \times 16 = 1.776$ mm²

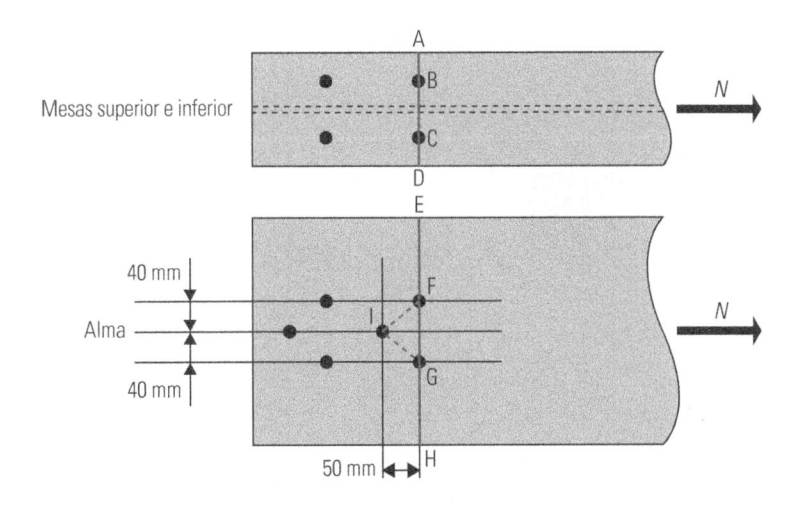

Na alma, as linhas de ruptura possíveis passam pelos furos F e G e são E-F-G-H e E-F-I-G-H, cujas larguras efetivas são:

$(b_n)_{w,\text{E-F-G-H}} = (300 - 2 \times 16) - 2 \times 19,5 = 229$ mm

$(b_n)_{w,\text{E-F-I-G-H}} = (300 - 2 \times 16) - 3 \times 19,5 + 2\left(\dfrac{50^2}{4 \times 40}\right) = 240,75$ mm

e a área líquida, tomando o menor valor da largura líquida, no caso, correspondente à linha de ruptura E-F-G-H, é

$(A_n)_w = 229 \times 8 = 1.832$ mm²

Finalmente, a área líquida do perfil, conforme a Equação (6.4), é igual a:

$A_n = 2(A_n)_f + (A_n)_w = 2 \times 1.776 + 1.832 = 5.384$ mm²

6.10.4 Força axial resistente de cálculo em diversos perfis

Propõe-se agora obter o valor da força axial resistente de cálculo, $N_{t,Rd}$, para todas as barras tracionadas mostradas a seguir. As ligações são parafusadas, feitas com o uso de chapas (não mostradas), e os furos e as posições dos planos de cisalhamento estão indicados (existem dois planos de cisalhamento nos casos *a* e *b* e apenas um nos casos *c* e *d*). Os parafusos têm diâmetro de 24 mm e estão 80 mm distanciados entre si (distância eixo a eixo de furos), na direção da força de tração, em cada linha de furação. O aço empregado possui resistência ao escoamento de 345 MPa e à ruptura de 450 MPa.

> Veja a resolução deste exemplo de aplicação no site www.loja.grupoa.com.br

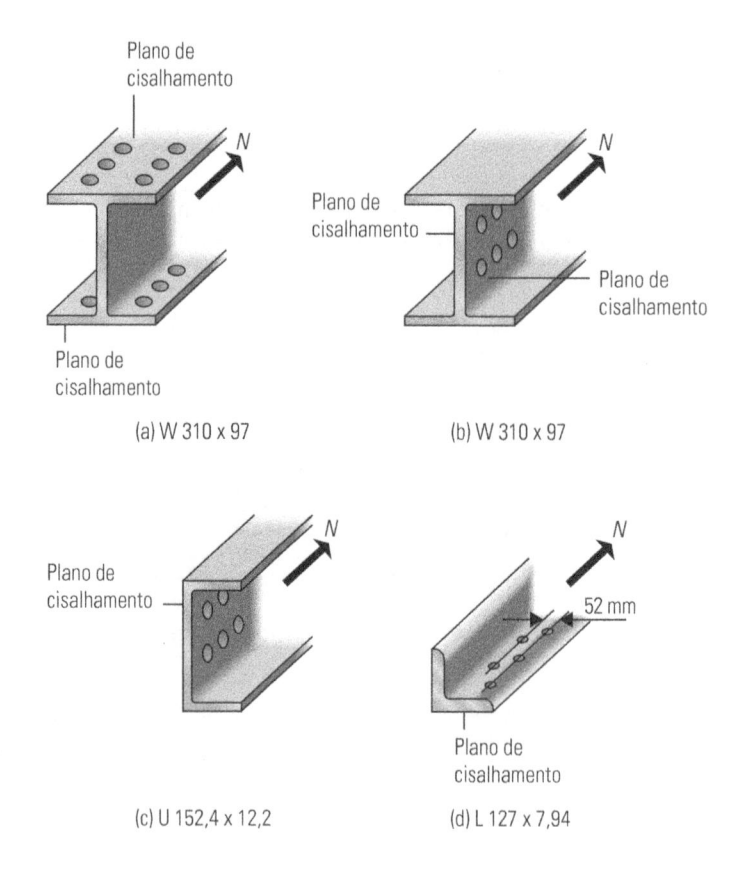

(a) W 310 x 97

(b) W 310 x 97

(c) U 152,4 x 12,2

(d) L 127 x 7,94

6.10.5 Força axial resistente de cálculo em cantoneira

Uma cantoneira L 101,6 x 6,35, em aço ASTM A572 – Grau 50, está ligada a outra peça por três linhas de dois parafusos de diâmetro de 16 mm, duas linhas situadas em uma aba e uma linha na outra aba, como se vê na figura (a) a seguir (os furos indicam as posições dos parafusos). Será determinado: (1) o valor da força axial de tração resistente de cálculo; (2) o valor dessa força, supondo ligação soldada em apenas uma das abas da cantoneira, com soldas longitudinais com comprimento de 150 mm, conforme a figura (b).

Veja a resolução deste exemplo de aplicação no site www.loja.grupoa.com.br

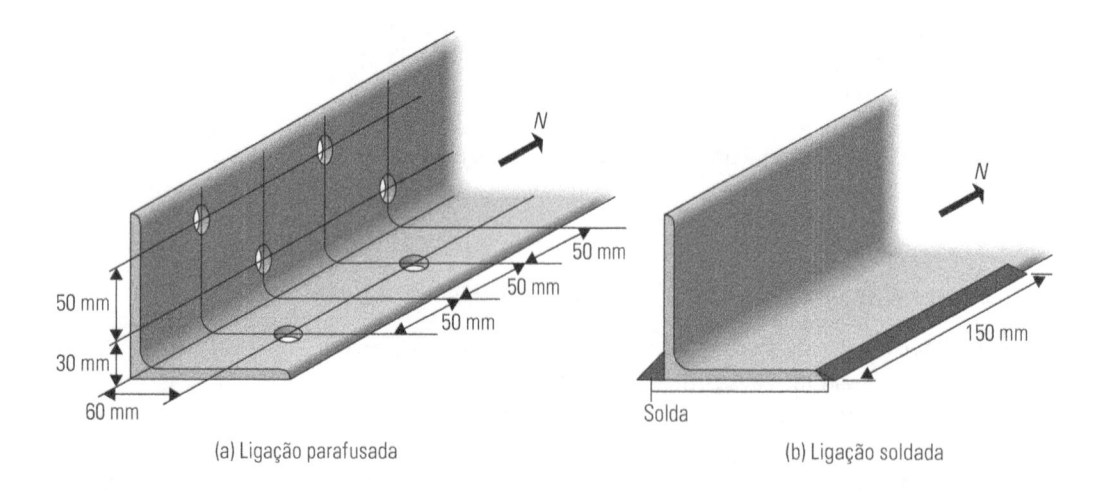

(a) Ligação parafusada

(b) Ligação soldada

6.10.6 Dimensionamento de diagonal de treliça em cantoneira dupla

Agora, será dimensionada a diagonal de treliça AB, com comprimento de 2 m, mostrada na figura a seguir, para força axial de tração e uso normal da estrutura. Será utilizada cantoneira dupla em forma de tê, da série baseada em polegadas, em aço ASTM A36. Os parafusos da ligação têm diâmetro de 16 mm.

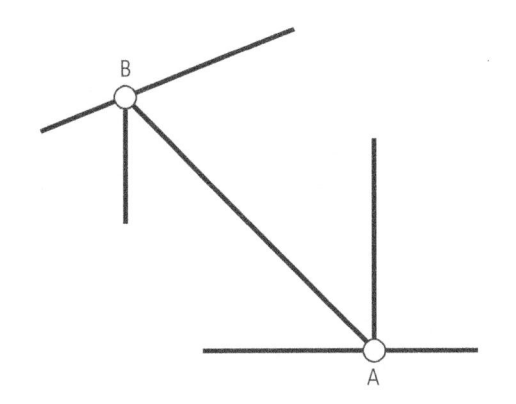

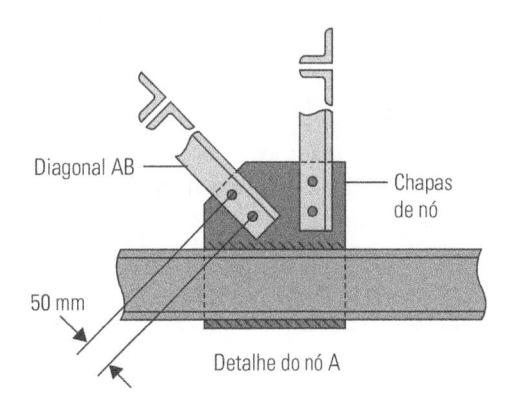

Sabe-se que as forças axiais na diagonal apresentam os seguintes valores característicos (o sinal "+" indica tração, e o sinal "–", compressão): –40 kN decorrentes de peso próprio predominantemente de estruturas metálicas; –260 kN decorrentes de sobrecarga na cobertura; e +200 kN decorrentes da ação do vento.

a) Aço estrutural

ASTM A36 $\Rightarrow f_y = 250$ MPa $= 25$ kN/cm²; $f_u = 400$ MPa $= 40$ kN/cm²

b) Força axial de tração solicitante de cálculo

Como a carga permanente e a sobrecarga reduzem a tração na barra AB, a força axial de tração solicitante de cálculo é dada pela seguinte combinação, envolvendo a carga permanente favorável à segurança e a sucção do vento:

$$N_{t,Sd} = 1,0\,(-40) + 1,4(200) = +240 \text{ kN}$$

c) Pré-dimensionamento pelo escoamento da seção bruta

Aplicando as equações (6.8) e (6.9):

$$A_g \geq \frac{1,1 \times 240}{25} \Rightarrow A_g \geq 10,56 \text{ cm}^2$$

Portanto, cada cantoneira deverá ter área mínima de 10,56/2 = 5,28 cm² e se tentará usar o duplo L 63,5 × 4,76 ($A_g = 2 \times 5,80 = 11,60$ cm²).

d) Ruptura da seção líquida

$$N_{t,Sd} = 240 \text{ kN} \leq N_{t,Rd} = \frac{A_e f_u}{\gamma_{a2}} = \frac{A_e \times 40}{1,35} \Rightarrow A_e \geq 8,10 \text{ cm}^2$$

$$A_e = C_t A_n$$

Para o cálculo da área líquida A_n, obtém-se o diâmetro dos furos:

$d_h = 16 + 3,5 = 19,5$ mm $= 1,95$ cm

Como a furação tem padrão uniforme, basta fazer:

$A_n = 2(5,80 - 1,95 \times 0,476) = 9,74$ cm²

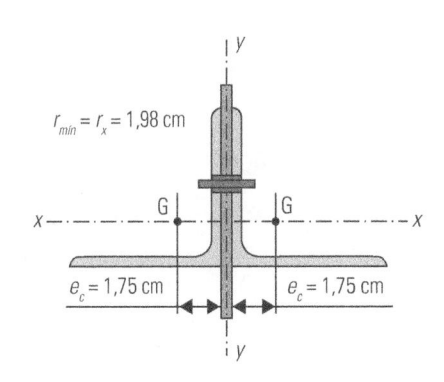

O coeficiente C_t vale:

$$C_t = 1 - \frac{e_c}{\ell_c} = 1 - \frac{1,75}{5} = 0,65 \text{ (valor entre 0,60 e 0,90)}$$

Logo:

$A_e = 0,65 \times 9,74 = 6,33 \text{ cm}^2 < 8,10 \text{ cm}^2 \Rightarrow$ Insuficiente!

A primeira tentativa para resolver o problema seria elevar o coeficiente C_t. Assim:

$C_t A_n \geq 8,10 \text{ cm}^2 \Rightarrow 9,74 \, C_t \geq 8,10 \text{ cm}^2 \Rightarrow C_t \geq 0,832$

Como o valor necessário de C_t não supera 0,90, essa solução é viável. Para que C_t seja igual ou superior a 0,832, é preciso aumentar o comprimento da ligação ℓ_c conforme segue:

$$C_t = 1 - \frac{e_c}{\ell_c} \geq 0,832 \Rightarrow 1 - \frac{1,75}{\ell_c} \geq 0,832 \Rightarrow \ell_c \geq 10,42 \text{ cm}$$

Esse valor de ℓ_c pode ser atingido ao se aumentar a distância entre os dois parafusos da linha de furação para 105 mm. Trata-se de uma solução interessante, apesar de, possivelmente, levar ao uso de uma chapa de nó com maiores dimensões.

A segunda forma de resolver o problema é substituir o perfil por outro com maior capacidade resistente. Essa solução tem o inconveniente de aumentar o peso da estrutura. Assim, tentando-se usar o duplo L 50,8 x 7,94 ($A_g = 2 \times 7,42 = 14,84$ cm²), tem-se:

$A_n = 2(7,42 - 1,95 \times 0,794) = 11,74 \text{ cm}^2$

$$C_t = 1 - \frac{e_c}{\ell_c} = 1 - \frac{1,55}{5} = 0,69 \text{ (valor entre 0,60 e 0,90)}$$

$A_e = 0,69 \times 11,74 = 8,10 \text{ cm}^2 = A_e$ necessária $\Rightarrow$ Atende!

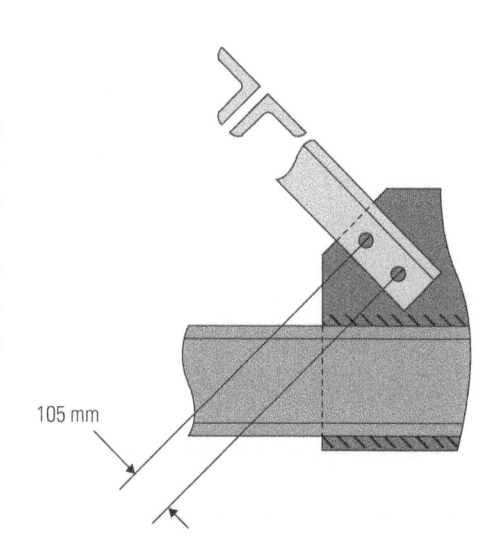

e) Esbeltez

- Para o uso do perfil duplo L 63,5 x 4,76 com espaçamento entre os furos de 105 mm, tem-se:

$$\left(\frac{L_t}{r}\right)_{máx} = \frac{L}{r_{min}} = \frac{200}{r_x} = \frac{200}{1,98} = 101,01 < 300 \Rightarrow \text{Atende!}$$

- Para o uso do perfil duplo L 50,8 x 7,94, mantendo espaçamento entre os furos de 50 mm, tem-se:

$$\left(\frac{L_t}{r}\right)_{máx} = \frac{L}{r_{min}} = \frac{200}{r_x} = \frac{200}{1,53} = 130,72 < 300 \Rightarrow \text{Atende!}$$

Deve-se observar que o raio de giração mínimo da cantoneira dupla é igual ao raio de giração em relação aos eixos x_1 e y_1 tabelados de uma cantoneira.

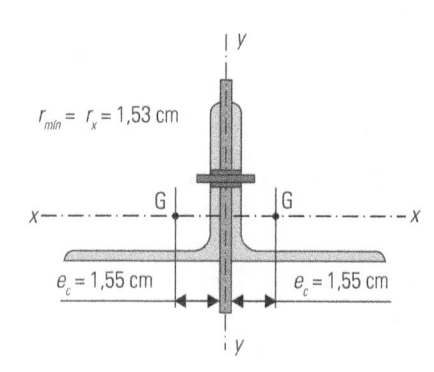

f) Chapas espaçadoras

- Para o uso do perfil duplo L 63,5 x 4,76 com espaçamento entre os furos de 105 mm, tem-se:

$$\frac{\ell}{r_{min,1}} \leq 300 \Rightarrow \frac{\ell}{1,50} \leq 300 \Rightarrow \ell \leq 450 \text{ cm}$$

Como o comprimento da diagonal é de apenas 200 cm, não são necessárias chapas espaçadoras.

- Para o uso do perfil duplo L 50,8 x 7,94, mantendo espaçamento de 50 mm entre os furos:

$$\frac{\ell}{r_{min,1}} \leq 300 \Rightarrow \frac{\ell}{0,99} \leq 300 \Rightarrow \ell \leq 297 \text{ cm}$$

Como o valor máximo de ℓ é 297 cm, superando, portanto, 200 cm, chapas espaçadoras não são necessárias.

Deve-se notar que o raio de giração mínimo de uma cantoneira isolada é igual ao raio de giração em relação ao eixo y tabelado.

6.10.7 Verificação de banzo de treliça em duplo U com ligação parafusada

Na treliça de cobertura abaixo, a força P é formada pelos seguintes valores característicos: (a) 90 kN, de carga permanente; (b) 130 kN, de sobrecarga; (c) 80 kN, de carga decorrente de equipamento que, apesar de móvel, permanece no local por longos períodos de tempo. Será verificada a barra AB para força axial de tração, em perfil duplo U 76,2 x 6,11, para uso normal da estrutura, considerando as ações variáveis agrupadas. Empregou-se aço estrutural ASTM A572 – Grau 50, e os parafusos possuem diâmetro de 19 mm (3/4").

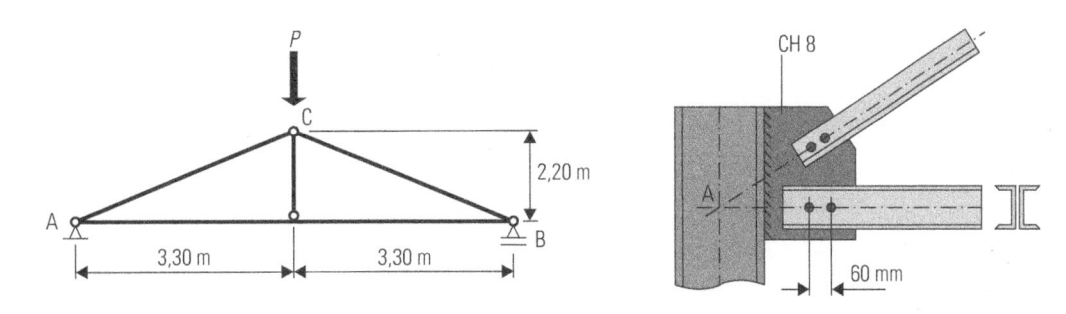

a) Aço estrutural

ASTM A572 – Grau 50 $\Rightarrow f_y = 345$ MPa $= 34,5$ kN/cm^2; $f_u = 450$ MPa $= 45,0$ kN/cm^2

b) Dimensões e propriedades geométricas relevantes da seção transversal

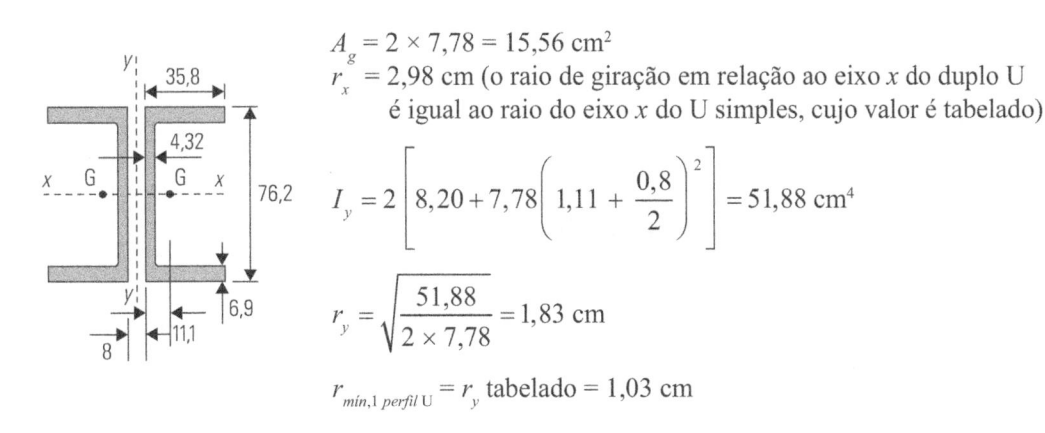

$A_g = 2 \times 7,78 = 15,56$ cm^2

$r_x = 2,98$ cm (o raio de giração em relação ao eixo x do duplo U é igual ao raio do eixo x do U simples, cujo valor é tabelado)

$$I_y = 2\left[8,20 + 7,78\left(1,11 + \frac{0,8}{2}\right)^2\right] = 51,88 \text{ cm}^4$$

$$r_y = \sqrt{\frac{51,88}{2 \times 7,78}} = 1,83 \text{ cm}$$

$r_{min,1\,perfil\,U} = r_y$ tabelado $= 1,03$ cm

c) Força de tração solicitante de cálculo na barra AB

Considerando que sobre a cobertura, como é usual, não incide carga variável superior a 5 kN/m^2, para as ações variáveis agrupadas, tem-se:

- Ação variável principal: sobrecarga

$P_d = 1,4 \,(90) + 1,4 \,(130) + 1,4 \times 0,7 \,(80) = 386,4$ kN

- Ação variável principal: equipamento

$P_d = 1,4\,(90) + 1,4\,(80) + 1,4 \times 0,8\,(130) = 383,6$ kN

Logo, deve-se utilizar $P_d = 386,4$ kN.

Estabelecendo as equações de equilíbrio do nó A, tem-se:

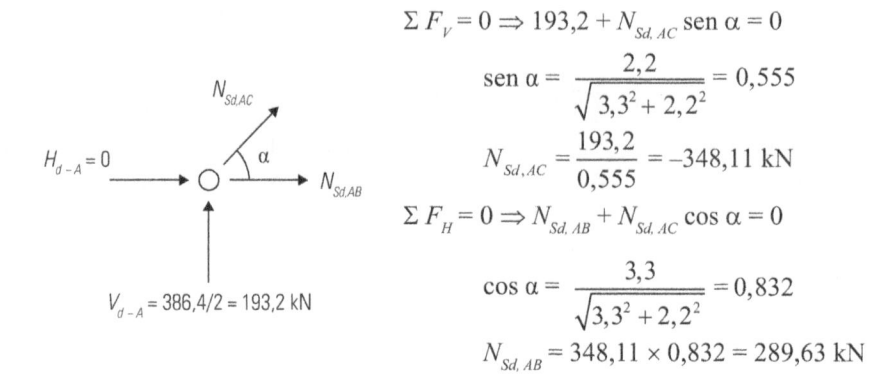

$\Sigma F_V = 0 \Rightarrow 193,2 + N_{Sd,AC}\,\text{sen}\,\alpha = 0$

$\text{sen}\,\alpha = \dfrac{2,2}{\sqrt{3,3^2 + 2,2^2}} = 0,555$

$N_{Sd,AC} = \dfrac{193,2}{0,555} = -348,11$ kN

$\Sigma F_H = 0 \Rightarrow N_{Sd,AB} + N_{Sd,AC}\cos\alpha = 0$

$\cos\alpha = \dfrac{3,3}{\sqrt{3,3^2 + 2,2^2}} = 0,832$

$N_{Sd,AB} = 348,11 \times 0,832 = 289,63$ kN

d) Escoamento da seção bruta

$N_{t,Sd} \leq N_{t,Rd} = \dfrac{A_g f_y}{\gamma_{a1}} \Rightarrow 289{,}63 \text{ kN} < \dfrac{15,56 \times 34,5}{1,10} = 488,02 \text{ kN} \Rightarrow$ Atende!

e) Ruptura da seção líquida

$N_{t,Sd} = 289,63 \text{ kN} \leq N_{t,Rd} = \dfrac{A_e f_u}{\gamma_{a2}}$

$A_e = C_t A_n$

$d_h = 19 + 3,5 = 22,5 \text{ mm} = 2,25 \text{ cm}$

$A_n = 2[7,78 - 2,25 \times 0,432] = 13,62 \text{ cm}^2$

$C_t = 1 - \dfrac{e_c}{\ell_c} = 1 - \dfrac{1,11}{6} = 0,815$ (valor entre 0,60 e 0,90)

$A_e = 0,815 \times 13,62 = 11,10 \text{ cm}^2$

Por fim:

$N_{t,Sd} = 289,63 \text{ kN} < N_{t,Rd} = \dfrac{11,10 \times 45}{1,35} = 370 \text{ kN} \Rightarrow$ Atende!

f) Esbeltez

$\left(\dfrac{L_t}{r}\right)_x = \dfrac{330}{r_x} = \dfrac{330}{2,98} = 110,74 < 300 \Rightarrow$ Atende!

$\left(\dfrac{L_t}{r}\right)_y = \dfrac{660}{r_y} = \dfrac{660}{1,83} = 360,66 > 300 \Rightarrow$ Não atende!

Para resolver o problema da esbeltez, que supera o limite recomendado de 300 em relação ao eixo y, deve-se dispor, na seção central da barra AB, aonde chega o montante, um travamento no plano perpendicular ao da treliça, constituído, por exemplo, por mão-francesa. Dessa forma, tem-se:

$$\left(\frac{L_t}{r}\right)_y = \frac{330}{r_y} = \frac{330}{1,83} = 180,33 < 300 \Rightarrow \text{Atende!}$$

g) Chapas espaçadoras

$$\frac{\ell}{r_{mín,1}} \leq 300 \Rightarrow \frac{\ell}{1,03} \leq 300 \Rightarrow \ell \leq 309 \text{ cm}$$

Supondo que na seção central do banzo já exista uma chapa espaçadora em decorrência da chegada do montante, chapas adicionais devem ser colocadas a cada 1,65 m dos dois apoios.

6.10.8 Verificação de banzo de treliça em duplo U com ligação soldada

Voltando ao subitem anterior, mas agora supondo que (ver figura a seguir):

- o banzo AB (e também o banzo AC) é soldado a uma chapa parafusada ao pilar;
- a posição da seção transversal do banzo AB é modificada, de modo que o eixo x, perpendicular à alma, se situe no plano da treliça.

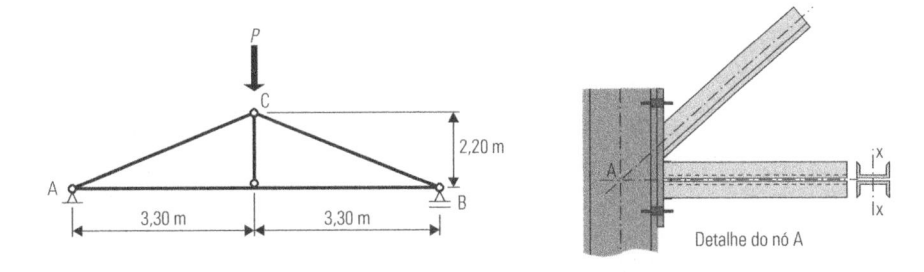

Solução

Os tópicos a, b, c e d da solução do subitem anterior não se alteram. O tópico e se modifica bastante, uma vez que, como a ligação é soldada, a área líquida A_n se torna igual à área bruta A_g, e, como todos os elementos da seção transversal do banzo estão soldados à chapa de extremidade, o coeficiente C_t é igual a 1,0. Portanto, a situação se torna mais favorável, tendo-se:

$A_e = A_g = 15,56 \text{ cm}^2$

Logo:

$$N_{t,Sd} = 289,63 \text{ kN} < N_{t,Rd} = \frac{A_g f_u}{\gamma_{a2}} = \frac{15,56 \times 45}{1,35} = 518,67 \text{ kN} \Rightarrow \text{Atende!}$$

Com a modificação da posição da seção transversal, a determinação da esbeltez máxima se altera, como se vê a seguir:

$$\left(\frac{L_t}{r}\right)_x = \frac{660}{r_x} = \frac{660}{2,98} = 221,48 < 300 \Rightarrow \text{Atende!}$$

$$\left(\frac{L_t}{r}\right)_y = \frac{330}{r_y} = \frac{330}{1,83} = 180,33 < 300 \Rightarrow \text{Atende!}$$

Observa-se que, caso não houvesse o montante, a esbeltez em relação ao eixo y dobraria e seria, portanto, superior ao limite recomendado de 300.

Para as chapas espaçadoras, permanece válido o tópico g do subitem precedente.

6.10.9 Verificação de banzo de treliça em perfil T

Na treliça a seguir, submetida à força de cálculo gravitacional P_d indicada, os banzos AB e BCD são constituídos por um perfil T originado do corte de um perfil W 250 x 73 ao longo de seu eixo longitudinal, fabricado em aço com resistências ao escoamento e à ruptura de 345 MPa e 450 MPa, respectivamente. Sabendo-se que o nó B tem contenção contra deslocamento fora do plano da treliça, será verificado qual o valor máximo da distância s para que a linha de ruptura predominante passe por quatro furos e, com esse valor, se o banzo axialmente tracionado está adequadamente dimensionado (notar, pelo detalhe da furação, que apenas a mesa do T é conectada).

Veja a resolução deste exemplo de aplicação no site www.loja.grupoa.com.br

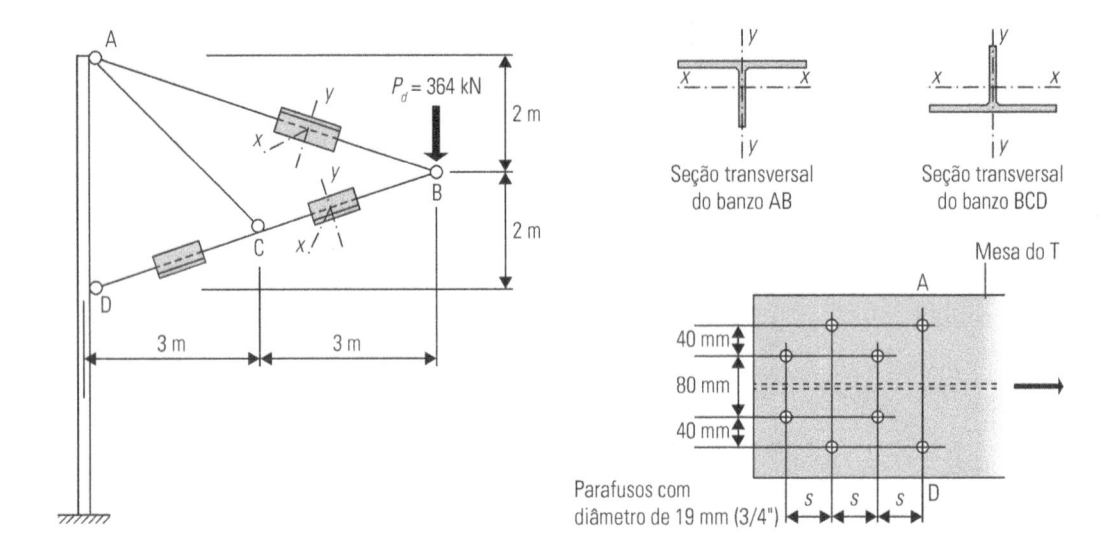

6.10.10 Verificação de contraventamento em perfil H com recorte na ligação

As barras do contraventamento em Δ mostrado a seguir possuem comprimento de 5 m, e o perfil usado foi W 200 x 46,1, em aço ASTM A572 – Grau 50. Agora, procede-se à verificação da barra tracionada desse contraventamento sabendo-se que a força axial de tração solicitante de cálculo é igual a 700 kN. O perfil é parafusado à chapa de nó pela alma, e, para tal, as partes das mesas situadas de um dos lados da alma foram eliminadas. Foram usadas duas linhas de parafusos na direção da força axial, cada uma com três parafusos de diâmetro de 19 mm (3/4"), distanciados, eixo a eixo, 60 mm entre si.

Veja a resolução deste exemplo de aplicação no site www.loja.grupoa.com.br

6.10.11 Dimensionamento de barra redonda rosqueada de contraventamento

As barras redondas rosqueadas AC e BD compõem um contraventamento em forma de X, como se vê na figura a seguir, em uma situação similar à mostrada na Figura 6.31b. Supondo a atuação apenas da força característica $H_{ve,k}$ de vento mostrada, que pode ter os dois sentidos indicados, será determinado o diâmetro das barras redondas, sabendo-se que elas serão fabricadas com aço ASTM A36.

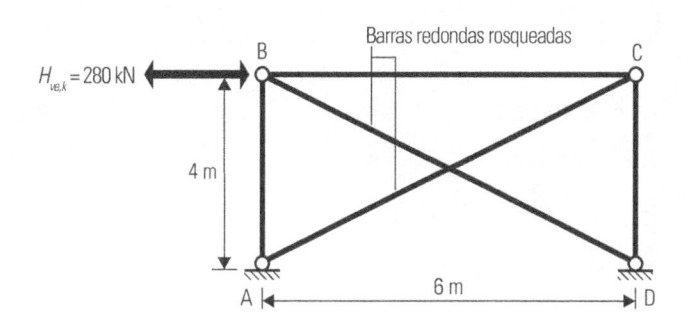

a) Aço estrutural

ASTM A36 $\Rightarrow f_y = 250$ MPa $= 25$ kN/cm²; $f_u = 400$ MPa $= 40$ kN/cm²

b) Força axial de tração solicitante de cálculo nas barras redondas

O valor de cálculo da força decorrente do vento é:

$H_{ve,d} = 1{,}4 \times 280 = 392$ kN

Considerando a força de vento com sentido da esquerda para a direita, o que faz a barra redonda AC ficar tracionada e a barra BD não trabalhar, e estabelecendo as equações de equilíbrio do nó C, tem-se:

$\Sigma F_H = 0 \Rightarrow 392 - N_{AC,Sd} \cos \alpha = 0$

$\cos \alpha = \dfrac{6}{\sqrt{6^2 + 4^2}} = 0{,}832$

$N_{AC,Sd} = \dfrac{392}{0{,}832} = 471{,}15$ kN

c) Escoamento da seção bruta

$N_{t,Sd} \leq N_{t,Rd} = \dfrac{A_g f_y}{\gamma_{a1}} \Rightarrow 471{,}15 \leq \dfrac{A_g \times 25}{1{,}10} \Rightarrow A_g \geq 20{,}73$ cm³

Portanto, a barra redonda rosqueada deverá ter área bruta mínima de 20,73 cm², e se tentará usar o diâmetro comercial de 52,39 mm (5,239 cm), correspondente a uma área bruta de 21,56 cm², conforme a Tabela A.6 do Apêndice A.

d) Ruptura da parte rosqueada

$N_{t,Sd} \leq N_{t,Rd} = \dfrac{A_e f_u}{\gamma_{a2}} = \dfrac{0{,}75 A_g f_u}{1{,}35}$

$N_{t,Sd} = 471{,}15$ kN $< N_{t,Rd} = \dfrac{0{,}75 A_g f_u}{1{,}35} = \dfrac{0{,}75 \times 21{,}56 \times 40}{1{,}35} = 479{,}11$ kN $\Rightarrow$ Atende!

e) Conclusão

Podem ser usadas barras redondas rosqueadas com diâmetro de 52,39 mm nas barras AC e BD, mas deve-se observar que, quando o sentido da força de vento se inverte, a barra BD fica tracionada e a barra AC deixa de trabalhar.

6.10.12 Verificação de barra redonda rosqueada de treliça

As treliças mostradas a seguir estão distanciadas entre si por 6 m, têm vão de 15 m e altura de 1,5 m, e suportam a cobertura de uma área de eventos.

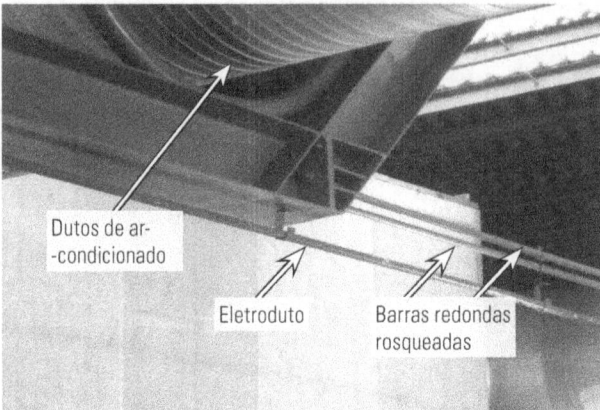

Previu-se uma sobrecarga de cobertura de 0,25 kN/m² e considerou-se, de modo aproximado, o peso próprio das telhas francesas, das terças, dos aparatos de iluminação e das próprias treliças como uma carga uniformemente distribuída no nível da cobertura de 0,75 kN/m². Cada um dos dois dutos de ar-condicionado que se apoiam nos nós internos do banzo inferior, por sua vez, possui peso próprio de 0,30 kN/m.

> Veja a resolução deste exemplo de aplicação no site www.loja.grupoa.com.br

O trecho central do banzo inferior das treliças, cujo comprimento é de 6 m, foi constituído, por imposição arquitetônica, por duas barras redondas rosqueadas. Será verificado se essas barras, que têm diâmetro de 22,23 mm e foram produzidas com aço ASTM A36, são adequadas para uso normal da edificação. Para tanto, serão consideradas, por simplicidade, as ações permanentes agrupadas.

Bibliografia

ABNT NBR 8800:2008. *Projeto de estruturas de aço e de estruturas mistas de aço e concreto de edifícios*. Rio de Janeiro: ABNT, 2008.

ANSI/AISC 360-10. *Specification for structural steel buildings*. Chicago, EUA: American Institute of Steel Construction, 2010 (Commentary Chapter D: Design of members for tension).

SALMON, C. G.; JOHNSON, J. E.; MALHAS, F. A. *Steel structures: design and behavior*. 5a. ed. Upper Saddle River, NJ, EUA: Pearson Prentice Hall, 2009 (Chapter 3: Tension members).

7
Barras de aço comprimidas

7.1 Considerações iniciais

Neste capítulo serão abordadas as barras de aço submetidas apenas a força axial de compressão decorrente de ações estáticas. Essas barras estão presentes na composição de vigas e pilares treliçados (figuras 6.1 a 6.4), e também em alguns tipos de contraventamento, como o contraventamento em Δ, mostrado na Figura 6.5b. Pilares nos quais as vigas (ou outros elementos de cobertura ou piso) se ligam por meio de rótulas, como mostra a Figura 7.1, em que se pode ver, inclusive, um contraventamento em Δ, são também barras axialmente comprimidas que aparecem frequentemente nas estruturas de aço.

No dimensionamento das barras comprimidas, um dos modos de colapso a ser considerado é a instabilidade da barra, suposta com curvatura inicial. O outro modo de colapso é a flambagem local dos elementos componentes da seção transversal da barra, como a flambagem da alma ou das mesas de uma seção I ou H.

FIGURA 7.1 Edificação com pilares axialmente comprimidos.

7.2 Instabilidade de barras com curvatura inicial

7.2.1 Fundamentos teóricos

Na prática, as barras em geral apresentam uma curvatura inicial, caracterizada por um pequeno deslocamento transversal v_0 na seção central, conforme se vê na Figura 7.2. Esse deslocamento aumenta continuamente com o acréscimo da força axial de compressão, até as barras não conseguirem mais resistir às solicitações atuantes, caracterizando, assim, um estado-limite último denominado instabilidade de barra.

A fim de auxiliar o entendimento do fenômeno da instabilidade, será estudado o comportamento de uma barra birrotulada com curvatura inicial submetida a uma força axial de compressão crescente até o colapso (Figura 7.3). Esse comportamento, estabelecido com base na relação entre a força axial atuante, N_c, e o deslocamento transversal na seção central, v_t, é composto das seguintes etapas:

a) *Etapa elástica*

A etapa elástica se inicia quando a força axial começa a atuar e o deslocamento é igual ao inicial, ou seja, v_0, e se encerra quando a força axial alcança $N_{c,r}$, valor correspondente ao início do escoamento da seção central, que se dá na face interna, onde a soma da tensão atuante de compressão (causada pela soma da tensão advinda diretamente da força axial mais a tensão advinda do momento fletor gerado pelo produto entre a força axial e o deslocamento transversal) com a tensão residual de compressão é maior. A seção central é tomada como referência por ser a seção em que o momento fletor atuante é máximo.

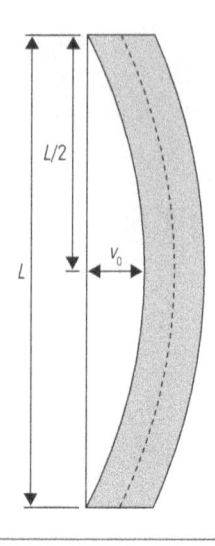

FIGURA 7.2 Barra com curvatura inicial.

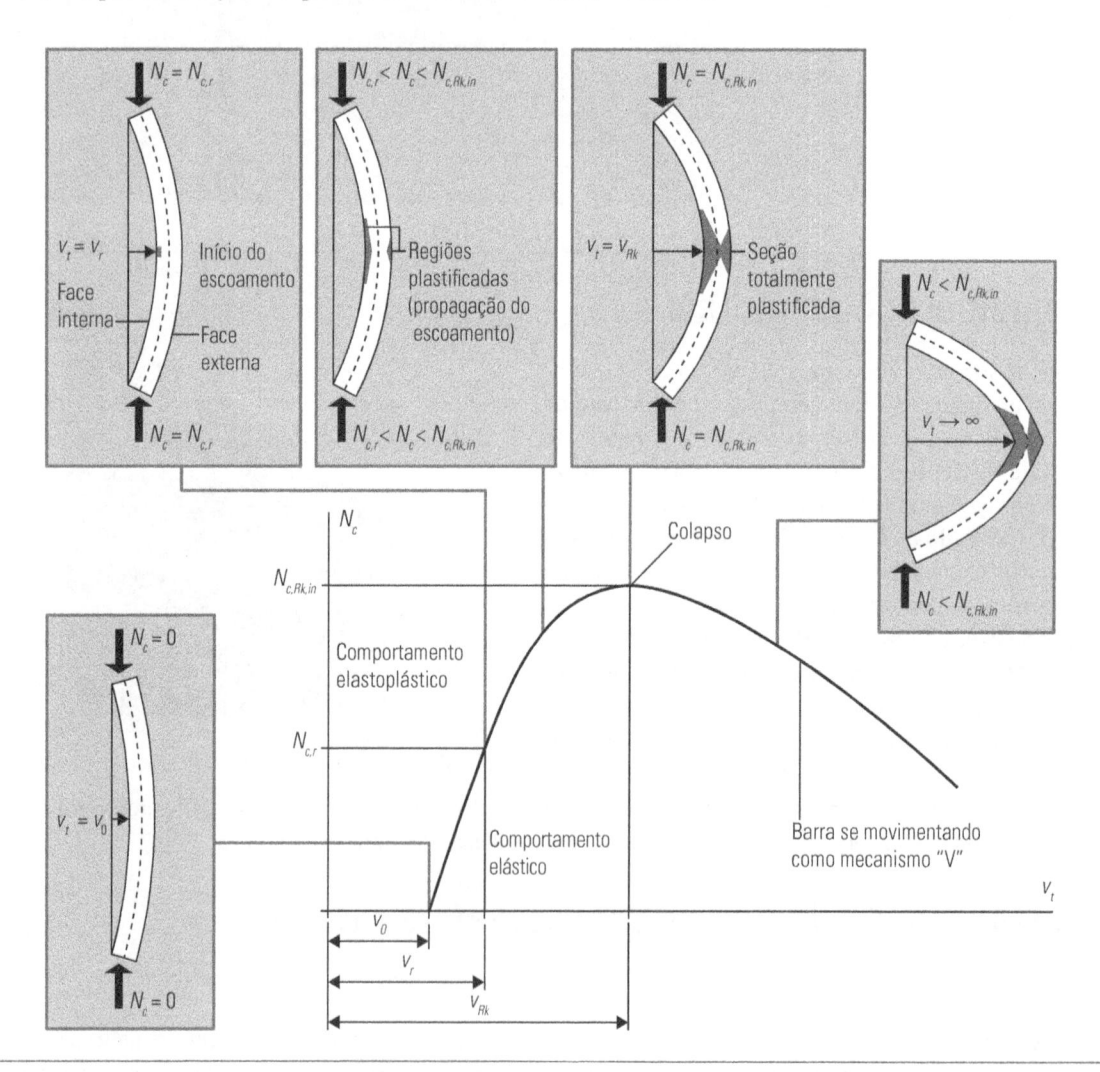

FIGURA 7.3 Colapso das barras com curvatura inicial por instabilidade.

b) *Etapa elastoplástica*

A etapa elastoplástica começa com o aumento do valor da força axial para além de $N_{c,r}$. O escoamento se propaga para o interior da seção central do lado da face interna, se inicia e propaga para o interior da seção transversal também do lado da face externa e avança para as seções vizinhas, o que faz a rigidez da barra à flexão se reduzir gradativamente, uma vez que as regiões plastificadas não suportam acréscimo de tensão, com o deslocamento transversal aumentando em ritmo mais acelerado.

c) *Etapa de colapso*

O escoamento atinge toda a seção central da barra, que entra em colapso por instabilidade. A força axial que causa o colapso é a força máxima suportada pela barra, ou seja, é a força axial resistente nominal, representada por $N_{c,Rk,in}$. Após o escoamento da seção transversal, o deslocamento v_t aumenta muito, a força axial se reduz e a barra se torna um mecanismo "V".

Observa-se que a força axial de compressão resistente nominal da barra para instabilidade, $N_{c,Rk,in}$, depende da distribuição das tensões residuais nos perfis estruturais. Assim, a força resistente é menor, por exemplo, nos perfis em que a tensão residual de compressão é mais intensa nas regiões da seção transversal onde a força axial (incluindo o momento fletor gerado pelo produto entre essa força e o deslocamento transversal) causa maior tensão de compressão, uma vez que o escoamento e, por consequência, a redução de rigidez da barra se iniciarão antes (a força axial alcança $N_{c,r}$), como ilustra a Figura 7.4.

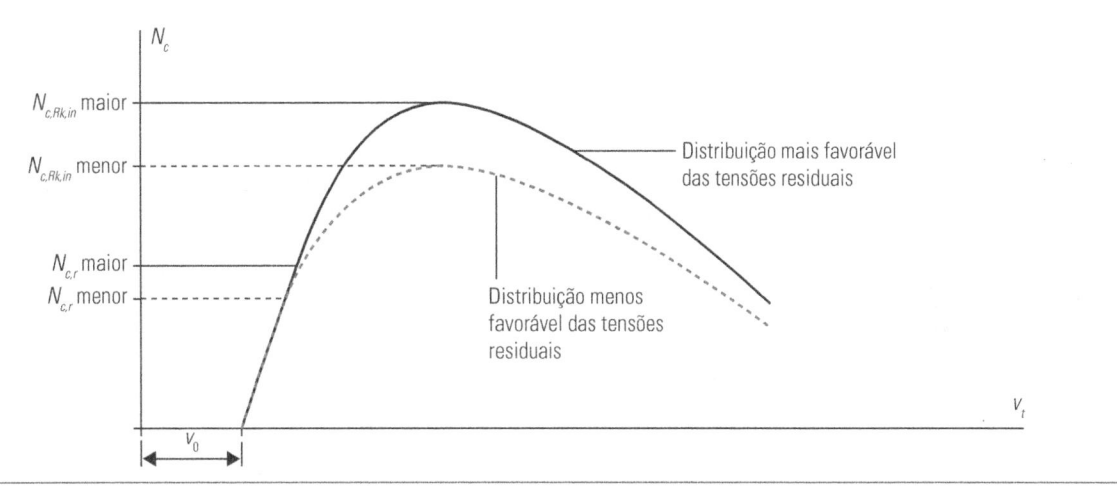

FIGURA 7.4 Influência das tensões residuais no valor da força de compressão resistente.

7.2.2 Força axial resistente nominal

A força axial de compressão resistente nominal de uma barra para instabilidade é dada por:

$$N_{c,Rk,in} = \chi A_g f_y \tag{7.1}$$

Nessa expressão, o produto $A_g f_y$ é a força de escoamento da seção bruta, que, assim como nas barras tracionadas, representa a capacidade resistente nominal da seção bruta, e χ é um redutor da capacidade resistente, tendo em vista as tensões residuais e a curvatura inicial da barra. Denominado fator de redução associado à resistência à compressão, esse redutor é obtido por meio de ensaios laboratoriais e análises numéricas e, conforme a ABNT NBR 8800:2008 para barras com curvatura inicial de geometria praticamente senoidal e deslocamento transversal v_0 da ordem de $L/1.500$ (Figura 7.2), deve ser tomado como:

- Para $\lambda_0 \leq 1,5$,

$$\chi = 0{,}658^{\lambda_0^2} \tag{7.2a}$$

- Para $\lambda_0 > 1{,}5$,

$$\chi = \frac{0{,}877}{\lambda_0^2} \quad (7.2b)$$

sendo λ_0 o índice de esbeltez reduzido da barra. Esse índice é dado pela raiz quadrada do quociente entre a força de escoamento da seção bruta (capacidade resistente nominal da seção bruta) e a força axial de flambagem elástica da barra, como mostra a equação a seguir:

$$\lambda_0 = \sqrt{\frac{A_g f_y}{N_e}} \quad (7.3)$$

É possível relacionar o índice de esbeltez reduzido com o índice de esbeltez clássico, igual à razão entre o comprimento de flambagem da barra, KL, e o raio de giração da seção transversal, r. Para isso, deve-se lembrar que a força axial de flambagem elástica, N_e, também chamada de carga crítica de Euler, é igual a $\pi^2 E_a I/(KL)^2$ — para cálculo de N_e, ver também o Subitem 7.2.3 —, onde:

$$\lambda_0 = \frac{1}{\pi} KL \sqrt{\frac{A_g f_y}{E_a I}} \quad (7.4)$$

Como λ é igual a KL/r e o raio de giração r é igual a $\sqrt{I/A_g}$, tem-se então:

$$\lambda_0 = \frac{1}{\pi} \lambda \sqrt{\frac{f_y}{E_a}} \quad (7.5)$$

Para facilitar os cálculos, os valores de χ, dados pelas equações (7.2a) e (7.2b), são mostrados na Tabela 7.1, para λ_0 variando de zero a 3,0.

A distribuição de tensões residuais varia de perfil para perfil, e, como o fator χ depende dessa distribuição, a rigor deveriam existir inúmeras curvas para esse fator. Apesar disso, a ABNT NBR 8800:2008 adota uma curva única, que conduz obviamente a resultados superiores para uma série de situações, mas dentro de limites considerados aceitáveis com relação à segurança estrutural, e inferiores para diversas outras, como ilustra a Figura 7.5.

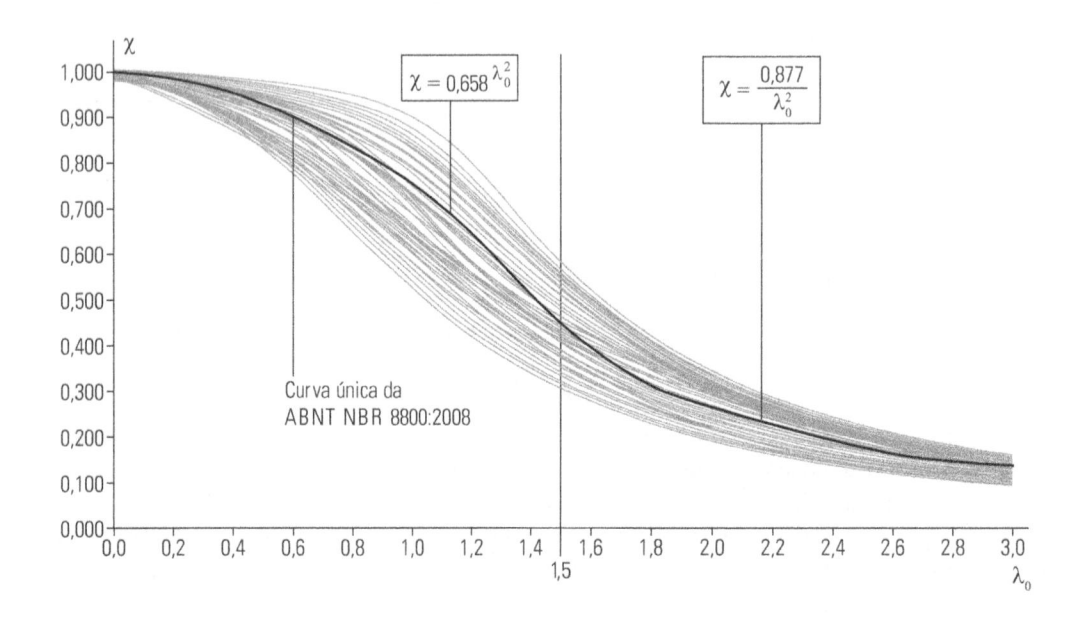

FIGURA 7.5 Conjunto de curvas para χ e curva única da ABNT NBR 8800:2008.

TABELA 7.1 Fator de redução associado à resistência à compressão χ em função de λ_0

λ_0	0,00	0,01	0,02	0,03	0,04	0,05	0,06	0,07	0,08	0,09	λ_0
0,0	1,000	1,000	1,000	1,000	0,999	0,999	0,998	0,998	0,997	0,997	0,0
0,1	0,996	0,995	0,994	0,993	0,992	0,991	0,989	0,988	0,987	0,985	0,1
0,2	0,983	0,982	0,980	0,978	0,976	0,974	0,972	0,970	0,968	0,965	0,2
0,3	0,963	0,961	0,958	0,955	0,953	0,950	0,947	0,944	0,941	0,938	0,3
0,4	0,935	0,932	0,929	0,926	0,922	0,919	0,915	0,912	0,908	0,904	0,4
0,5	0,901	0,897	0,893	0,889	0,885	0,881	0,877	0,873	0,869	0,864	0,5
0,6	0,860	0,856	0,851	0,847	0,842	0,838	0,833	0,829	0,824	0,819	0,6
0,7	0,815	0,810	0,805	0,800	0,795	0,790	0,785	0,780	0,775	0,770	0,7
0,8	0,765	0,760	0,755	0,750	0,744	0,739	0,734	0,728	0,723	0,718	0,8
0,9	0,712	0,707	0,702	0,696	0,691	0,685	0,680	0,674	0,669	0,664	0,9
1,0	0,658	0,652	0,647	0,641	0,636	0,630	0,625	0,619	0,614	0,608	1,0
1,1	0,603	0,597	0,592	0,586	0,580	0,575	0,569	0,564	0,558	0,553	1,1
1,2	0,547	0,542	0,536	0,531	0,525	0,520	0,515	0,509	0,504	0,498	1,2
1,3	0,493	0,488	0,482	0,477	0,472	0,466	0,461	0,456	0,451	0,445	1,3
1,4	0,440	0,435	0,430	0,425	0,420	0,415	0,410	0,405	0,400	0,395	1,4
1,5	0,390	0,385	0,380	0,375	0,370	0,365	0,360	0,356	0,351	0,347	1,5
1,6	0,343	0,338	0,334	0,330	0,326	0,322	0,318	0,314	0,311	0,307	1,6
1,7	0,303	0,300	0,296	0,293	0,290	0,286	0,283	0,280	0,277	0,274	1,7
1,8	0,271	0,268	0,265	0,262	0,259	0,256	0,253	0,251	0,248	0,246	1,8
1,9	0,243	0,240	0,238	0,235	0,233	0,231	0,228	0,226	0,224	0,221	1,9
2,0	0,219	0,217	0,215	0,213	0,211	0,209	0,207	0,205	0,203	0,201	2,0
2,1	0,199	0,197	0,195	0,193	0,192	0,190	0,188	0,186	0,185	0,183	2,1
2,2	0,181	0,180	0,178	0,176	0,175	0,173	0,172	0,170	0,169	0,167	2,2
2,3	0,166	0,164	0,163	0,162	0,160	0,159	0,157	0,156	0,155	0,154	2,3
2,4	0,152	0,151	0,150	0,149	0,147	0,146	0,145	0,144	0,143	0,141	2,4
2,5	0,140	0,139	0,138	0,137	0,136	0,135	0,134	0,133	0,132	0,131	2,5
2,6	0,130	0,129	0,128	0,127	0,126	0,125	0,124	0,123	0,122	0,121	2,6
2,7	0,120	0,119	0,119	0,118	0,117	0,116	0,115	0,114	0,113	0,113	2,7
2,8	0,112	0,111	0,110	0,110	0,109	0,108	0,107	0,106	0,106	0,105	2,8
2,9	0,104	0,104	0,103	0,102	0,101	0,101	0,100	0,099	0,099	0,098	2,9
3,0	0,097	–	–	–	–	–	–	–	–	–	3,0

7.2.3 Valor da força axial de flambagem elástica

7.2.3.1 Considerações iniciais

Como se viu no subitem anterior, o fator de redução associado à resistência à compressão, χ, depende fundamentalmente do índice de esbeltez reduzido λ_0, que por sua vez depende da força axial de flambagem elástica, N_e. Deve-se, então, procurar o menor valor de N_e, que permitirá chegar ao maior valor de λ_0, e, consequentemente, aos menores valores de χ e da força axial de compressão resistente nominal da barra, $N_{c,Rk,in}$.

O menor valor de N_e deve ser determinado com os possíveis modos de flambagem da barra, que dependem do tipo de simetria da seção transversal. Como nas estruturas de aço em geral se utiliza seção transversal duplamente simétrica ou monossimétrica, somente essas duas seções serão estudadas aqui, em 7.2.3.2 e 7.2.3.3, respectivamente.

Deve-se sempre procurar fazer a resultante das forças de compressão introduzida pelas ligações coincidir com o eixo longitudinal da barra comprimida, evitando, assim, a transmissão de momento fletor. Uma exceção é o caso das cantoneiras simples conectadas por uma das abas, muito comum na prática, tratado em 7.2.3.5.

7.2.3.2 Seção duplamente simétrica

Visão geral do problema

As barras com seção duplamente simétrica, como as I ou H, podem flambar por flexão em relação aos eixos centrais de inércia x e y (figuras 7.6a e 7.6b), com as forças axiais de flambagem elástica dadas, respectivamente, por:

$$N_{ex} = \frac{\pi^2 E_a I_x}{(K_x L_x)^2} \tag{7.6}$$

$$N_{ey} = \frac{\pi^2 E_a I_y}{(K_y L_y)^2} \tag{7.7}$$

onde $K_x L_x$ e $K_y L_y$ são os comprimentos de flambagem por flexão em relação aos eixos x e y, respectivamente, fornecidos no Subitem 7.2.3.4.

(a) Flambagem por flexão em relação a x

(b) Flambagem por flexão em relação a y

(c) Flambagem por torção

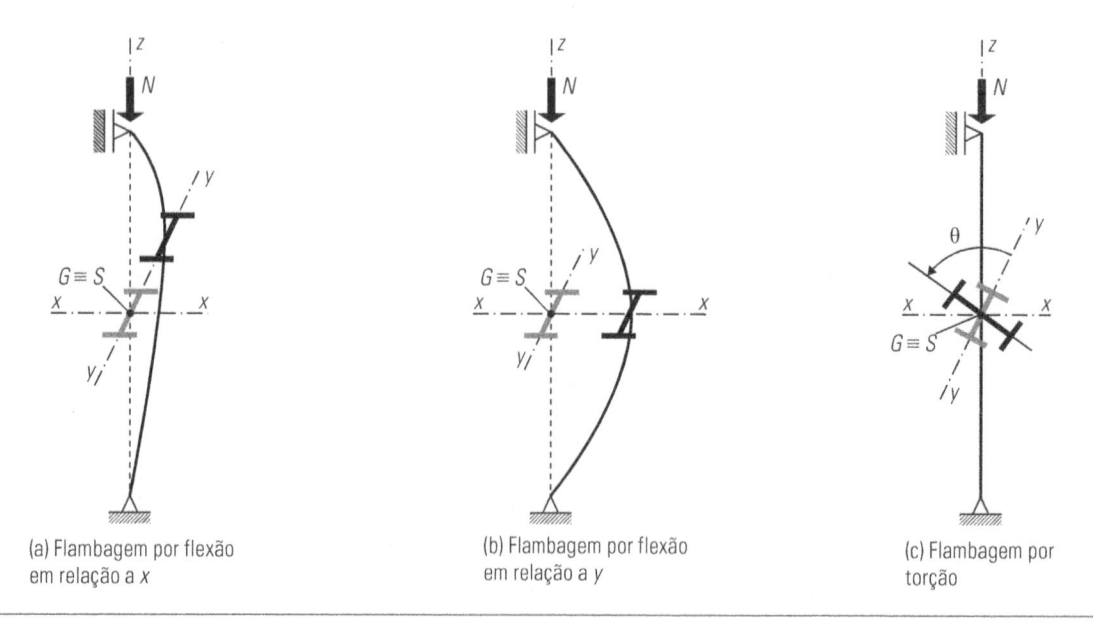

FIGURA 7.6 Modos de flambagem de barras com seção duplamente simétrica.

Essas barras também podem flambar por torção (Figura 7.6c), situação em que a força axial de flambagem elástica é igual a:

$$N_{ez} = \frac{1}{r_o^2}\left[\frac{\pi^2 E_a C_w}{(K_z L_z)^2} + G_a J\right] \tag{7.8}$$

Nessa equação:

- $K_z L_z$ é o comprimento de flambagem por torção, dado em 7.2.3.4;
- J é a constante de torção que, para todas as seções abertas, pode ser obtida pela expressão:

$$J = \frac{1}{3} \Sigma \left(bt^3\right) \tag{7.9}$$

onde b é a largura e t é a espessura dos elementos retangulares que formam a seção transversal (o somatório estende-se a todos os elementos da seção transversal);
- C_w é a constante de empenamento da seção transversal, fornecida na Figura 7.7;
- r_o é o raio de giração polar da seção transversal em relação ao centro de cisalhamento, dado por:

$$r_o = \sqrt{r_x^2 + r_y^2 + x_o^2 + y_o^2} \tag{7.10}$$

onde r_x e r_y são os raios de giração em relação aos eixos centrais de inércia x e y, respectivamente, e x_o e y_o, as distâncias do centro geométrico da seção G ao centro de cisalhamento S na direção dos eixos x e y, respectivamente, fornecidas na Figura 7.7 (nessa figura, o duplo U pode ser equiparado ao perfil I, e duas ou quatro cantoneiras em forma de cruz, ao perfil cruciforme). Observa-se que, nas seções duplamente simétricas, G coincide com S e, como consequência, x_o e y_o são iguais a zero.

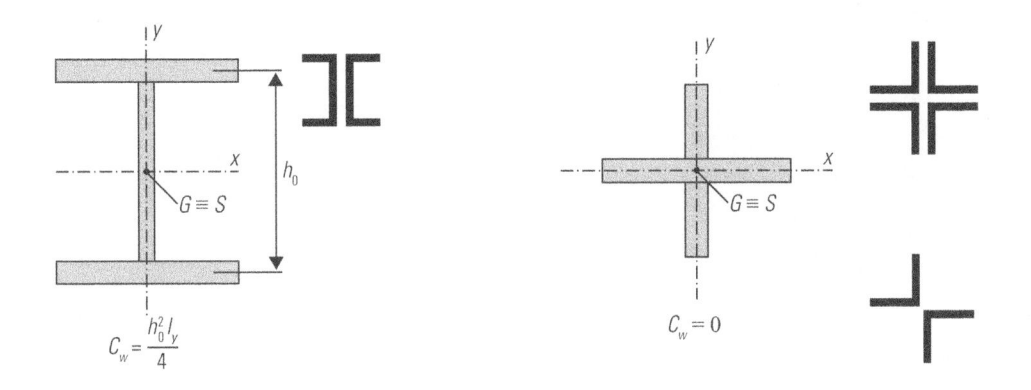

FIGURA 7.7 Valor da constante de empenamento C_w e posição do centro de cisalhamento S em seções duplamente simétricas.

A Equação (7.8) envolve duas rigidezes, a saber: a rigidez à torção uniforme $G_a J$ e a rigidez ao empenamento $E_a C_w$. Isso ocorre porque, na flambagem por torção, a barra apresenta, além da torção uniforme, outro tipo de movimento, denominado empenamento, caracterizado por deslocamentos longitudinais diferentes de pontos das seções transversais, seções estas que perdem a forma plana, conforme ilustra a Figura 7.8 (notar que, por exemplo, os pontos A, B, C e D da seção da extremidade direita não se situam em um mesmo plano, indicando o empenamento).

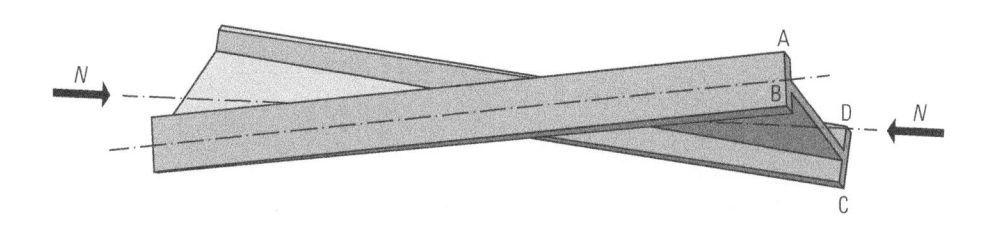

FIGURA 7.8 Movimentos de torção uniforme e empenamento na flambagem por torção.

Necessidade de verificação da flambagem por torção

Só é necessário verificar a possibilidade de flambagem por torção se a barra tiver:

a) seção transversal com constante de empenamento nula, como a seção cruciforme mostrada na Figura 7.7 (na Figura 7.9a vê-se a flambagem por torção de uma barra com essa forma de seção); ou

b) comprimento de flambagem por torção ($K_z L_z$) superior ao comprimento de flambagem por flexão em relação ao eixo de menor momento de inércia ($K_x L_x$ ou $K_y L_y$), conforme se vê na Figura 7.9b, independentemente da forma da seção transversal (para cálculo dos comprimentos de flambagem por flexão e torção, ver Subitem 7.2.3.4).

Assim, se ocorrer uma das duas situações supracitadas, para se calcular o fator de redução associado à resistência à compressão χ, determinam-se as forças axiais de flambagem elástica N_{ex}, N_{ey} e N_{ez} e toma-se a menor das três. Caso contrário, basta determinar as forças axiais de flambagem elástica por flexão N_{ex} e N_{ey} e tomar a menor das duas.

(a) Flambagem de seção cruciforme

(b) Maior comprimento de flambagem por torção ($K_z L_z$)

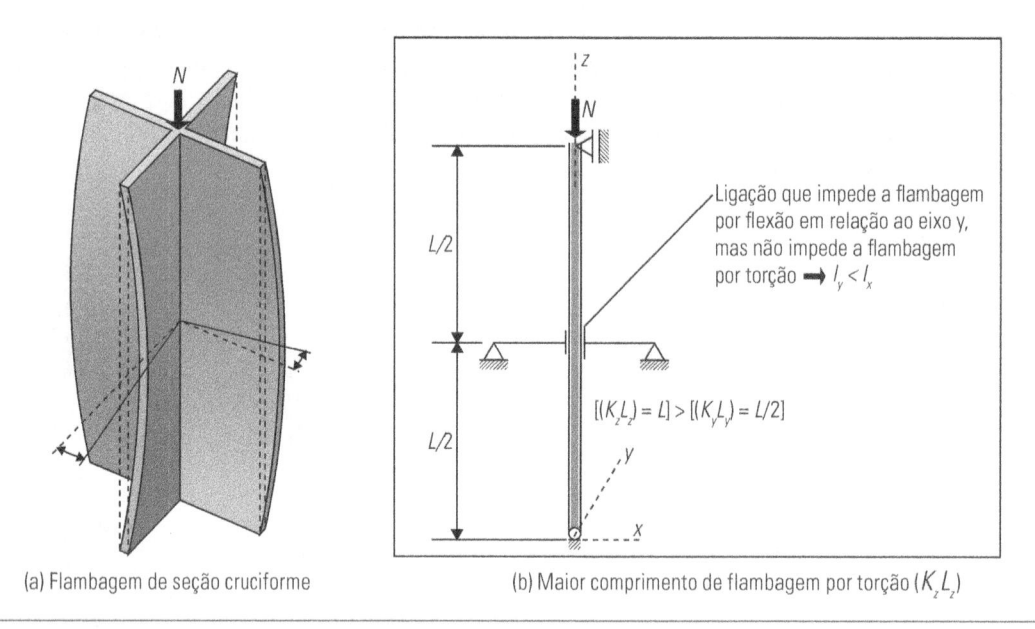

FIGURA 7.9 Exemplos de situações em que se verifica a flambagem por torção.

7.2.3.3 Seção monossimétrica

As barras com seção monossimétrica somente podem flambar por flexão em relação ao eixo central de inércia que não é o eixo de simetria (suposto aqui como eixo *x*) e por flexão em relação ao eixo central de inércia de simetria (suposto aqui como eixo *y*) combinada com torção (flambagem por flexo-torção), com as forças axiais de flambagem elástica dadas respectivamente por (a Figura 7.10 ilustra os dois modos de flambagem para uma seção T):

$$N_{ex} = \frac{\pi^2 E_a I_x}{\left(K_x L_x\right)^2} \tag{7.11}$$

$$N_{eyz} = \frac{N_{ey} + N_{ez}}{2\left[1 - \left(y_o/r_o\right)^2\right]} \left[1 - \sqrt{1 - \frac{4 N_{ey} N_{ez}\left[1 - \left(y_o/r_o\right)^2\right]}{\left(N_{ey} + N_{ez}\right)^2}}\right] \tag{7.12}$$

onde N_{ey} e N_{ez} são as forças axiais de flambagem elástica fornecidas pelas equações (7.7) e (7.8), respectivamente, e r_o é o raio de giração polar, dado pela Equação (7.10), com x_o e y_o dados na Figura 7.11. No cálculo de N_{ez}, a constante de empenamento é fornecida também na Figura 7.11, na qual se observa que a cantoneira dupla em forma de T pode ser equiparada ao perfil T, com o centro de cisalhamento situado no ponto de encontro entre o eixo central de inércia vertical e a linha que passa pela semiespessura das abas horizontais. Não é difícil perceber que N_{eyz} possui valor inferior a N_{ey} e N_{ez}.

(a) Flambagem por flexão em relação a x.　　(b) Flambagem por flexo-torção com flexão em relação a y.

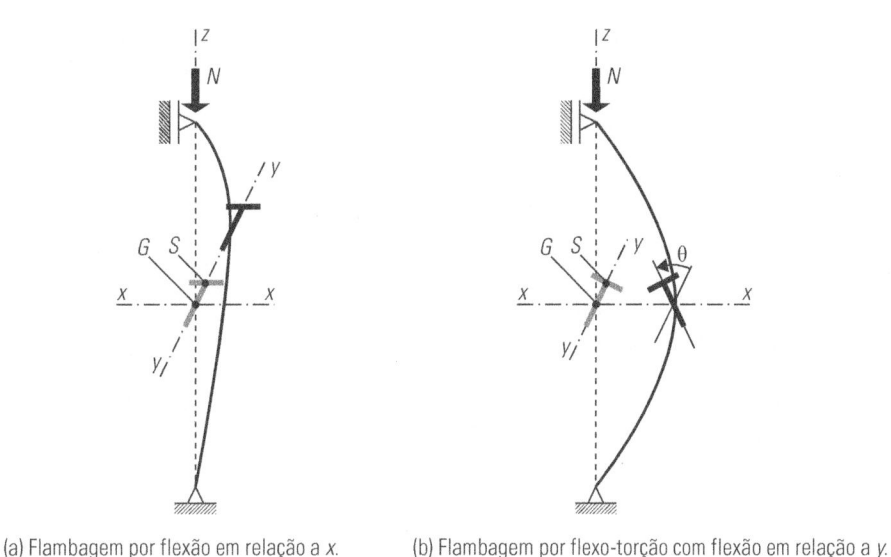

FIGURA 7.10 Modos de flambagem de seções monossimétricas (representadas por uma seção T).

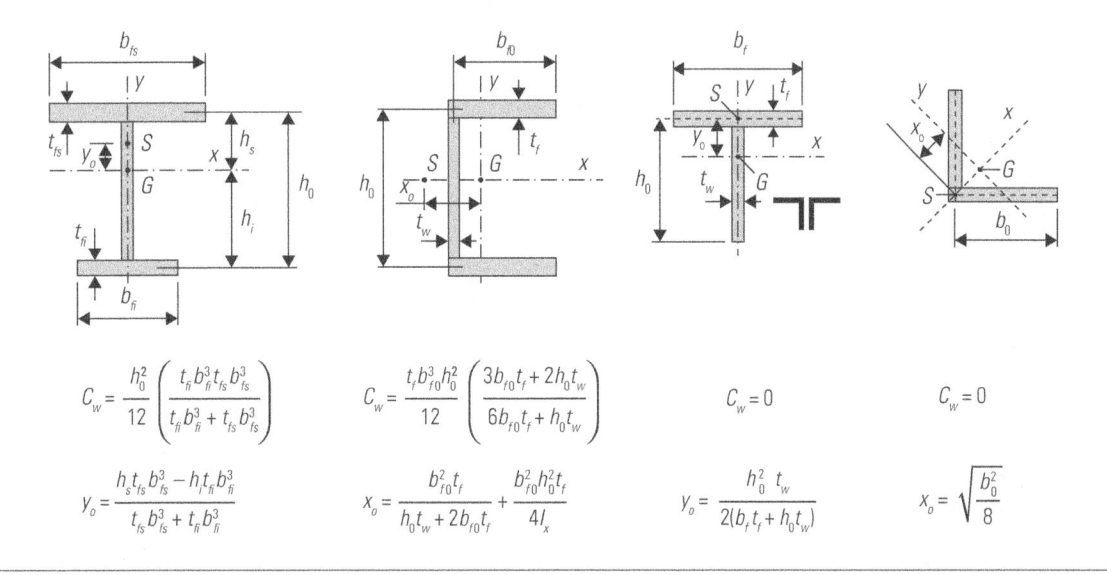

$$C_w = \frac{h_0^2}{12}\left(\frac{t_{fi}b_{fi}^3 t_{fs} b_{fs}^3}{t_{fi}b_{fi}^3 + t_{fs}b_{fs}^3}\right)$$

$$C_w = \frac{t_f b_{f0}^3 h_0^2}{12}\left(\frac{3b_{f0}t_f + 2h_0 t_w}{6b_{f0}t_f + h_0 t_w}\right)$$

$$C_w = 0$$

$$C_w = 0$$

$$y_o = \frac{h_s t_{fs} b_{fs}^3 - h_i t_{fi} b_{fi}^3}{t_{fs}b_{fs}^3 + t_{fi}b_{fi}^3}$$

$$x_o = \frac{b_{f0}^2 t_f}{h_0 t_w + 2b_{f0}t_f} + \frac{b_{f0}^2 h_0^2 t_f}{4 I_x}$$

$$y_o = \frac{h_0^2}{2(b_f t_f + h_0 t_w)} t_w$$

$$x_o = \sqrt{\frac{b_0^2}{8}}$$

FIGURA 7.11 Valor da constante de empenamento C_w e posição do centro de cisalhamento S em seções monossimétricas.

Uma explicação simples para a ocorrência da torção associada à flambagem por flexão em relação ao eixo y é que as forças transversais fictícias que provocam a flambagem em relação ao eixo y têm a direção do eixo x e não passam pelo centro de cisalhamento S da seção transversal, mas sim pelo centro geométrico G. Como toda força excêntrica em relação a S provoca torção, a flexão em relação ao eixo y é acompanhada necessariamente de torção da seção em relação a S.

Caso o eixo x seja o de simetria, basta substituir x por y na Equação (7.11), além de y por x e y_o por x_o na Equação (7.12).

7.2.3.4 Valores dos comprimentos de flambagem por flexão e torção
Elementos isolados

Para elementos isolados com as seis condições de contorno mais comuns, o comprimento de flambagem por flexão, igual ao produto entre o coeficiente de flambagem por flexão K e o comprimento destravado L (em relação ao eixo x, o comprimento de flambagem é $K_x L_x$, e, em relação ao eixo y, $K_y L_y$), é fornecido na Tabela 7.2. Nessa tabela, as linhas 2 e 3 mostram respectivamente os valores teóricos de K e KL para as várias condições de contorno. Como na prática raramente consegue-se executar um engastamento perfeito, a ABNT NBR 8800:2008 prescreve a utilização dos valores recomendados, apresentados nas linhas 4 e 5. Observa-se que a imperfeição do engastamento permite à barra uma pequena rotação, o que faz o coeficiente de flambagem K ser um pouco maior que o teórico.

TABELA 7.2 Comprimento de flambagem por flexão de elementos isolados

1	CONDIÇÕES DE CONTORNO OBS.: a) a linha tracejada mostra o eixo da barra após a flambagem b) comprimento reto das barras igual a L							
2	Valores teóricos	K	0,5	0,7	1,0	1,0	2,0	2,0
3		KL	0,5 L	0,7 L	1,0 L	1,0 L	2,0 L	2,0 L
4	Valores recomendados	K	0,65	0,8	1,2	1,0	2,1	2,0
5		KL	0,65 L	0,8 L	1,2 L	1,0 L	2,1 L	2,0 L

REPRESENTAÇÃO ESQUEMÁTICA DAS CONDIÇÕES DE CONTORNO	
▼	rotação e translação transversal impedidas
▽	rotação livre e translação transversal impedida
■	rotação impedida e translação transversal livre
○	rotação e translação transversal livres

O comprimento de flambagem por torção, por sua vez, é igual ao produto $K_z L_z$, onde K_z é o coeficiente de flambagem por torção, que pode ser tomado como:

a) 1,0, quando ambas as extremidades da barra possuem rotação em relação ao eixo longitudinal impedida e empenamento livre (Figura 7.12a);

b) 2,0, quando uma das extremidades da barra possui rotação em relação ao eixo longitudinal e empenamento livres, e a outra possui rotação e empenamento impedidos (Figura 7.12b);

c) 0,7, quando uma das extremidades da barra possui rotação em relação ao eixo longitudinal impedida e empenamento livre, e a outra possui rotação e empenamento impedidos;

d) 0,5, quando ambas as extremidades da barra possuem rotação em relação ao eixo longitudinal e empenamento impedidos.

Em geral, impede-se o empenamento apenas nas extremidades de uma barra, por meio de elementos com resistência e rigidez adequadas para que os deslocamentos longitudinais, explicitados em 7.2.3.2, não ocorram. Um exemplo é mostrado na Figura 7.13 na qual se vê a base de um pilar (extremidade inferior) com perfil H, onde o conjunto formado por placa de base, chumbadores, argamassa expansiva de assentamento e bloco de concreto impede esses deslocamentos.

No Item 5.7, foram apresentadas as condições para que uma barra comprimida tivesse uma seção transversal contida lateralmente. Essas mesmas condições são válidas para o impedimento da rotação em relação ao eixo longitudinal, apenas com as contenções devendo impedir os deslocamentos laterais das duas faces da barra comprimida. Como exemplo, a Figura 7.14a mostra uma situação em que o deslocamento lateral de uma barra com seção H está impedido, mas a rotação provavelmente não, ao passo que a Figura 7.14b mostra uma situação em que tanto o deslocamento lateral quanto a rotação estão certamente impedidos. Na primeira situação, a contenção lateral deve ser capaz de suportar uma força axial solicitante de cálculo, de tração e de compressão, igual ao valor $N_{br,Sd}$, dado pela Equação (5.11). Na segunda situação, a contenção lateral de cada face da seção transversal da barra comprimida deve suportar uma força axial igual à metade do valor de $N_{br,Sd}$. Em ambas as situações, o empenamento é livre.

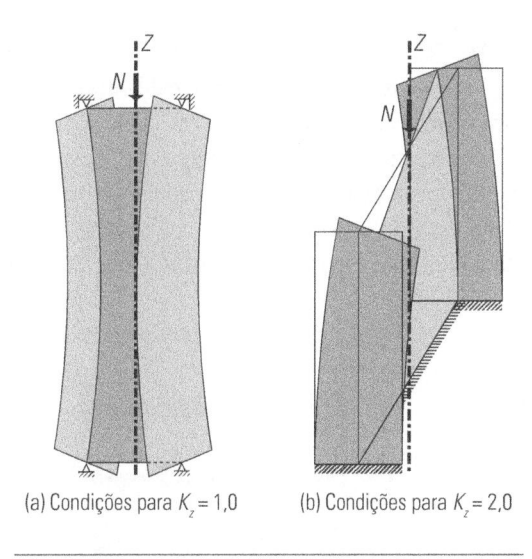

(a) Condições para $K_z = 1,0$

(b) Condições para $K_z = 2,0$

FIGURA 7.12 Coeficientes de flambagem por torção.

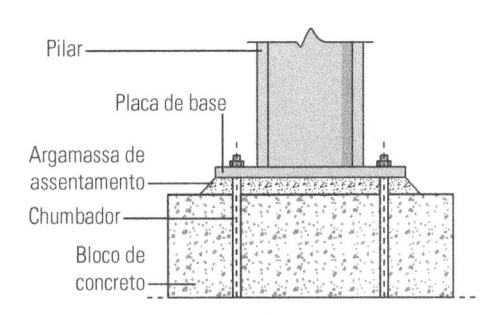

FIGURA 7.13 Base de pilar onde o empenamento é impedido.

(a) Apenas o deslocamento lateral é impedido

(b) Deslocamento lateral e rotação impedidos

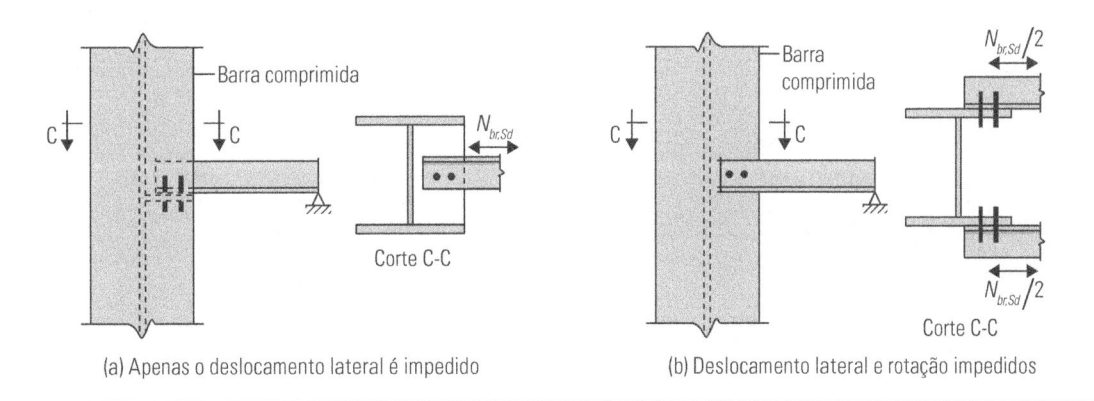

FIGURA 7.14 Contenção da rotação em barras comprimidas.

Subestruturas de contraventamento e elementos contraventados

Tendo em vista que a análise estrutural leva em conta os efeitos globais de 2ª ordem, ou seja, já considera a estrutura na posição deformada, o coeficiente de flambagem por flexão das barras axialmente comprimidas que integram as subestruturas de contraventamento, no plano da estrutura, pode ser considerado igual a 1,0. Portanto, o comprimento de flambagem fica igual ao comprimento dessas barras. Na Figura 7.15, por exemplo, as barras AB das subestruturas de contraventamento constituídas por um pórtico e por um sistema treliçado têm comprimento de flambagem por flexão em relação ao eixo x (no plano da estrutura) igual a L.

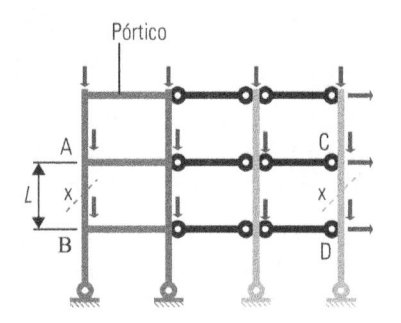

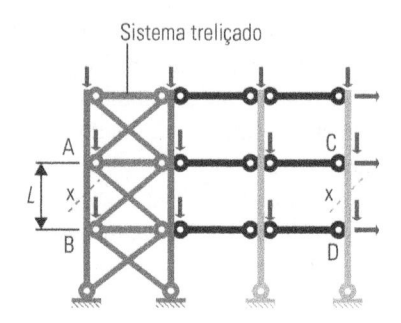

FIGURA 7.15 Exemplos de comprimento de flambagem por flexão.

Os elementos contraventados também têm coeficiente de flambagem por flexão, no plano da estrutura, igual a 1,0. Assim, as barras CD dos elementos contraventados da Figura 7.15 têm comprimento de flambagem por flexão em relação ao eixo x igual a L, desde que sejam travadas adequadamente pelas barras horizontais (escoras).

O comprimento de flambagem por torção das barras das subestruturas de contraventamento e dos elementos contraventados deve ser determinado do mesmo modo que nos elementos isolados.

7.2.3.5 Situação particular das cantoneiras simples

Muitas vezes se utiliza como barra comprimida uma cantoneira simples ligada nas duas extremidades por meio da mesma aba (a outra aba fica solta), como mostra a Figura 7.16. Nessas circunstâncias, haverá uma excentricidade da força de compressão, assumida como a distância do plano de cisalhamento da ligação ao centro geométrico da barra, que provocará momento fletor na cantoneira. No entanto, a influência dessa excentricidade pode ser considerada simplificadamente se a ligação for feita por solda ou por pelo menos dois parafusos na direção da solicitação (Figura 7.16).

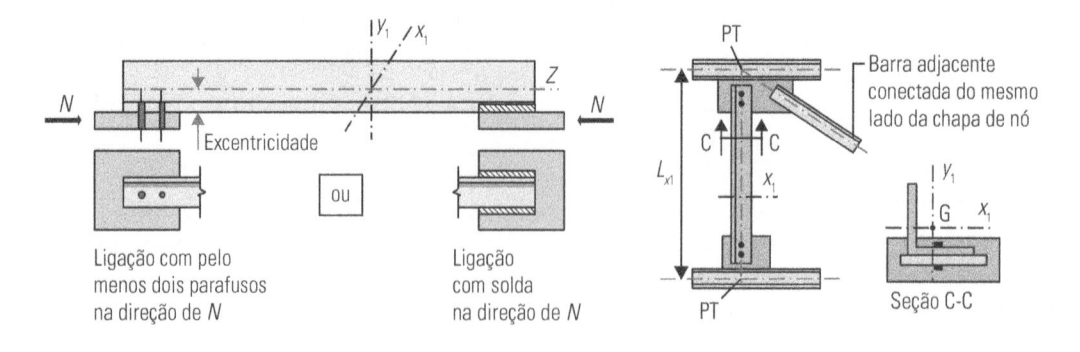

FIGURA 7.16 Situação da cantoneira simples conectada nas duas extremidades pela mesma aba.

Nessa consideração simplificada, parte-se do princípio de que o movimento de flexão da cantoneira em relação ao eixo centroidal y_1 (perpendicular à aba conectada) fica restringido e a flambagem ocorre com flexão em relação ao eixo centroidal x_1 (paralelo à aba conectada), com a força axial de flambagem elástica dada por:

$$N_{e,x1} = \frac{\pi^2 E_a I_{x1}}{(K_{x1} L_{x1})^2} \qquad (7.13)$$

onde I_{x1} é o momento de inércia da seção transversal em relação ao eixo x_1. O produto $K_{x1}L_{x1}$ é um comprimento de flambagem equivalente, que procura prever os efeitos desfavoráveis da excentricidade da força de compressão e de uma torção durante a flambagem com flexão em relação ao eixo x_1 (a rigor, a flambagem é por flexo-torção), mas que também leva em conta o efeito favorável de um engastamento parcial das extremidades da barra. O valor desse comprimento, nas estruturas planas, com as barras adjacentes, caso existam, conectadas do mesmo lado das chapas de nó ou dos banzos (como ocorre na Figura 7.16), é:

Para $\dfrac{L_{x1}}{r_{x1}} \leq 80,$ $\qquad K_{x1} L_{x1} = 72\, r_{x1} + 0{,}75\, L_{x1} \qquad (7.14a)$

Para $\dfrac{L_{x1}}{r_{x1}} > 80,$ $\qquad K_{x1} L_{x1} = 32\, r_{x1} + 1{,}25\, L_{x1} \qquad (7.14b)$

onde L_{x1} é o comprimento da cantoneira, tomado entre os pontos de trabalho (PT — ver Figura 7.16), e r_{x1} é o raio de giração da seção transversal em relação ao eixo que passa pelo centro geométrico e é paralelo à aba conectada.

7.3 Flambagem local

7.3.1 Ideias básicas

Os elementos que formam os perfis estruturais de seção aberta geralmente são planos e apoiados em uma ou em duas bordas longitudinais, conforme mostra a Figura 7.17. Os elementos apoiados em apenas uma borda longitudinal recebem a denominação de elementos apoiados-livres e são representados pela sigla AL, e os apoiados nas duas bordas longitudinais, de elementos apoiados-apoiados, representados pela sigla AA. Nota-se, por exemplo, que os perfis I e H possuem cinco elementos, quatro AL e um AA (cada "meia mesa" é considerada um elemento). Já os perfis T possuem três AL, os perfis U possuem dois AL e um AA e as cantoneiras possuem dois elementos AL.

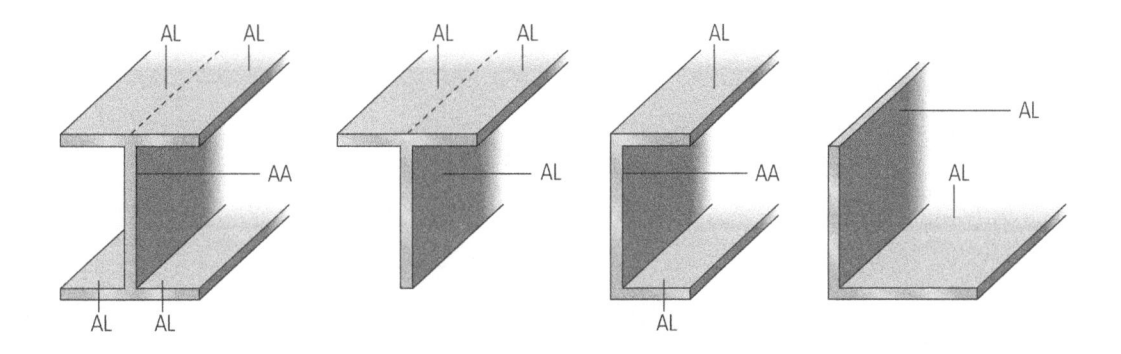

FIGURA 7.17 Elementos apoiados em uma (AL) ou em duas bordas longitudinais (AA).

Sob ação da força axial de compressão, pode ocorrer a instabilidade de um ou mais elementos, AA e AL, componentes de um perfil. A capacidade resistente desses elementos a esse fenômeno é pouco influenciada pelas curvaturas iniciais, razão pela qual ele é tratado com os conceitos teóricos de flambagem e o estado-limite último recebe a denominação de flambagem local. Para ilustrar esse fenômeno, as figuras 7.18a e 7.18b mostram a flambagem local das mesas e da alma de um perfil I ou H, respectivamente, a Figura 7.18c mostra a flambagem local das mesas de um perfil U (a flambagem local da alma de um perfil U tem a mesma configuração da de um perfil I), e a Figura 7.18d mostra a flambagem local das abas de uma cantoneira. Observa-se que esse tipo de flambagem é caracterizado pela formação de inúmeras semiondas longitudinais, sem que a posição média do eixo longitudinal da barra se altere (a cantoneira, na qual a flambagem local é caracterizada por apenas uma semionda, é exceção).

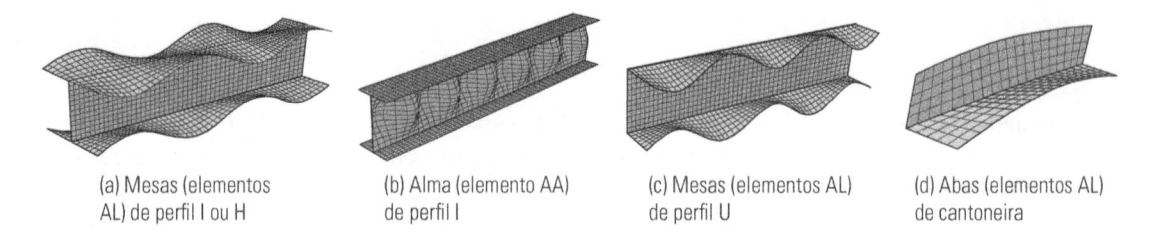

(a) Mesas (elementos AL) de perfil I ou H
(b) Alma (elemento AA) de perfil I
(c) Mesas (elementos AL) de perfil U
(d) Abas (elementos AL) de cantoneira

FIGURA 7.18 Flambagem local.

Os elementos com relação largura/espessura, representada sempre por b/t, pequena, ou seja, que não ultrapasse o valor $(b/t)_{lim}$, não estão sujeitos à flambagem local, uma vez que seu escoamento ocorre antes. A Tabela 7.3 apresenta, para a maioria dos casos encontrados na prática, os valores das grandezas b e t para o cálculo da relação b/t, e de $(b/t)_{lim}$.

TABELA 7.3 Valores de b, t e $(b/t)_{lim}$

Elementos	Grupo	Descrição do elemento	Indicação de b e t	$(b/t)_{lim}$
AA	1	Alma de perfil I, H ou U laminado ou soldado		$1{,}49\sqrt{\dfrac{E_a}{f_y}}$
AL	2	Aba de cantoneira simples ou cantoneiras múltiplas com chapas espaçadoras		$0{,}45\sqrt{\dfrac{E_a}{f_y}}$
AL	3	Mesa de perfil I, H, T ou U laminado / Aba de cantoneiras ligadas continuamente		$0{,}56\sqrt{\dfrac{E_a}{f_y}}$
AL	4	Mesa de perfil I, H, T ou U soldado		$0{,}64\sqrt{\dfrac{E_a k_c}{f_y}}$ com $0{,}35 \leq k_c = \dfrac{4}{\sqrt{\dfrac{h}{t_w}}} \leq 0{,}76$
AL	5	Alma de perfil T laminado ou soldado		$0{,}75\sqrt{\dfrac{E_a}{f_y}}$

Para os elementos AL do Grupo 4, o valor de $(b/t)_{lim}$ das mesas é fornecido em função da esbeltez da alma (relação h/t_w), pois, quanto menor for essa esbeltez, maior o grau de engastamento entre a alma e as mesas, e menor a possibilidade de flambagem local destas últimas.

7.3.2 Elementos AA

Os elementos AA possuem grande resistência pós-flambagem, o que significa que o início da flambagem não implica em colapso. Por exemplo, em um elemento rotulado nas bordas longitudinais, de largura b e espessura t, submetido a uma força de compressão distribuída crescente q_x (Figura 7.19), observam-se as seguintes etapas de comportamento:

- a tensão normal no elemento σ, causada por q_x, é constante na largura b enquanto seu valor for inferior à tensão que causa o início da flambagem, σ_{fl};
- quando σ atinge σ_{fl}, o elemento começa a deformar-se, mas as fibras transversais tornam-se tracionadas e passam a se opor ao aumento das deformações, fenômeno denominado resistência pós-flambagem;
- a influência das fibras transversais tracionadas é grande junto às bordas longitudinais do elemento e desprezável na região central. Por isso, ao se aumentar mais ainda a força q_x, acima do valor que dá início à flambagem, a região central fica sem condições de suportar tensões adicionais, e o aumento de tensão é resistido pelas regiões próximas dos apoios longitudinais. Assim, a tensão na largura b torna-se não uniforme, com valores maiores junto aos apoios longitudinais e menores na região central, onde a tensão chega a se reduzir, ficando com valores inferiores a σ_{fl};
- o colapso ocorre quando a tensão máxima nas bordas longitudinais, $\sigma_{máx}$, atinge a resistência ao escoamento do aço, f_y.

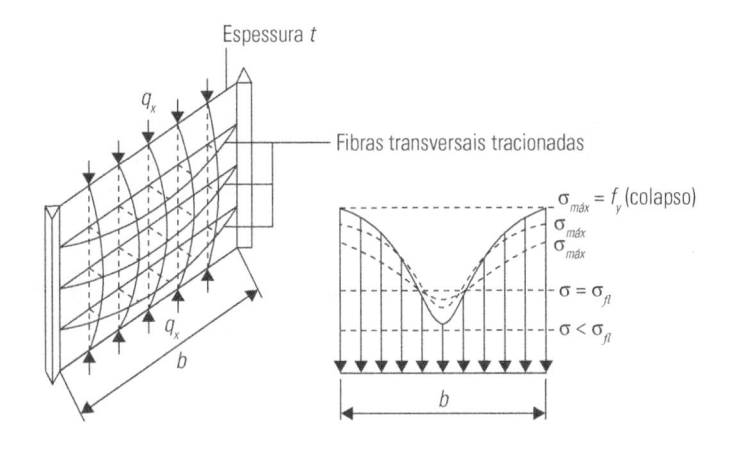

FIGURA 7.19 Resistência pós-flambagem de um elemento AA.

Na prática, o que se faz é substituir a tensão não uniforme que atua no elemento AA por uma tensão uniforme, igual à tensão máxima nas bordas, $\sigma_{máx}$, atuando em uma largura b_{ef}, chamada de largura efetiva, obviamente menor que b, conforme mostra a Figura 7.20, dada por:

$$b_{ef} = \frac{\int_0^b \sigma_f dx}{\sigma_{máx}} \tag{7.15}$$

onde σ_f é a expressão que define a tensão não uniforme no elemento.

Tendo em vista as dificuldades para a obtenção do valor preciso da largura efetiva b_{ef}, que depende da expressão de σ_f e do valor de $\sigma_{máx}$, deve ser usado o seguinte valor empírico:

$$b_{ef} = 1{,}92\, t \sqrt{\frac{E_a}{\sigma_{máx}}} \left[1 - \frac{0{,}34}{b/t}\sqrt{\frac{E_a}{\sigma_{máx}}}\right] \leq b \tag{7.16}$$

onde $\sigma_{máx}$ é a tensão máxima que atua no elemento analisado, que pode ser considerada, conservadoramente, igual à resistência ao escoamento do aço f_y.

Com as larguras efetivas dos elementos AA da seção transversal, cuja relação b/t ultrapassa $(b/t)_{lim}$, obtidas com a Equação (7.16), chega-se à área efetiva da seção transversal pela expressão:

$$A_{ef} = A_g - \Sigma\left[(b - b_{ef})t\right] \quad (7.17)$$

com o somatório estendendo-se a todos os elementos citados.

Finalmente, obtém-se o fator de redução da força axial resistente para consideração da flambagem local dos elementos AA, Q_a, por meio da equação:

$$Q_a = \frac{A_{ef}}{A_g} \quad (7.18)$$

A Figura 7.21 mostra a largura efetiva da alma de um perfil I sujeita à flambagem local e sua área efetiva.

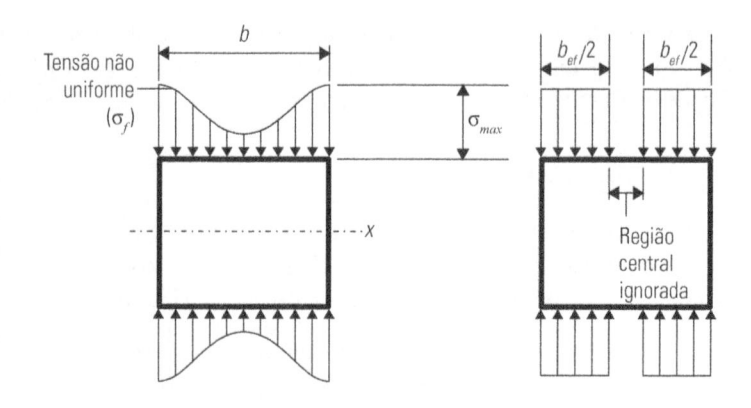

FIGURA 7.20 Largura efetiva.

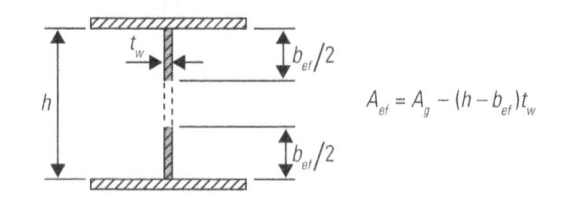

FIGURA 7.21 Exemplo de largura e área efetivas.

7.3.3 Elementos AL

Os elementos AL também possuem resistência pós-flambagem, embora menos significativa que a dos elementos AA. A Figura 7.22 mostra que, após alcançar a tensão correspondente ao início da flambagem local, σ_{fl}, fibras tracionadas transversais fazem a distribuição de tensões na seção transversal se tornar não uniforme, com tensões maiores próximas à borda longitudinal apoiada e menores junto à borda longitudinal livre. O colapso ocorre quando a tensão na borda apoiada alcança a resistência ao escoamento f_y. Nessa situação, portanto, σ_m representa a tensão média correspondente à distribuição não uniforme quando o elemento entra em colapso, sendo dada por:

$$\sigma_m = \frac{\int_0^b \sigma_f \, dx}{b} \quad (7.19)$$

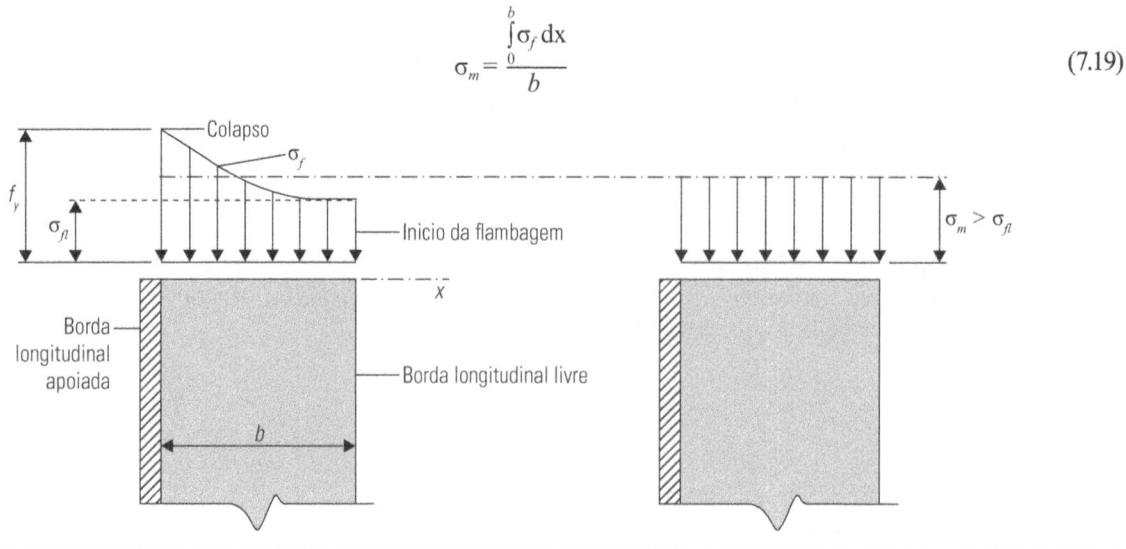

FIGURA 7.22 Distribuição não uniforme de tensão nos elementos AL.

Como foi visto, se os elementos AL tiverem relação b/t que não ultrapasse $(b/t)_{lim}$, dada na Tabela 7.3, não ocorre flambagem local, e o colapso se dá por escoamento. No entanto, para valores de b/t situados entre $(b/t)_{lim}$ e outro limite, $(b/t)_{sup}$, considera-se que o colapso ocorre em regime inelástico e, para valores de b/t superiores a $(b/t)_{sup}$, em regime elástico. O limite $(b/t)_{sup}$ corresponde ao início da plastificação nas partes do elemento com maiores tensões residuais de compressão, σ_r. A Figura 7.23 apresenta em gráfico os valores da tensão média σ_m dos elementos AL em função de b/t. Em regime inelástico, adota-se uma reta de transição que une os pontos $[(b/t)_{sup}, (f_y - \sigma_r)]$ e $[(b/t)_{lim}, f_y]$.

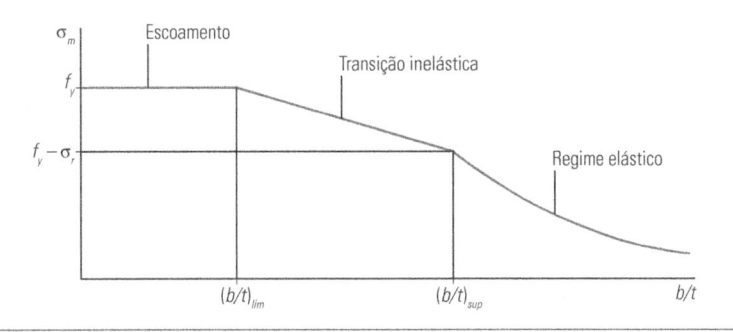

FIGURA 7.23 Tensão média de colapso dos elementos AL.

O fator de redução da força axial resistente para consideração da flambagem local dos elementos AL, Q_s, é definido pela equação:

$$Q_s = \frac{\sigma_m}{f_y} \qquad (7.20)$$

A Tabela 7.4 fornece os valores do fator Q_s dos elementos AL citados na Tabela 7.3 com base na relação b/t. O valor do coeficiente k_c para os elementos do Grupo 4 foi dado na Tabela 7.3.

TABELA 7.4 Valores de Q_s

ELEMENTO	$(b/t)_{lim}$	$(b/t)_{sup}$	Q_s		
			$b/t \leq (b/t)_{lim}$	$(b/t)_{lim} < b/t \leq (b/t)_{sup}$	$b/t > (b/t)_{sup}$
Grupo 2 da Tabela 7.3 (aba de cantoneira simples ou cantoneiras múltiplas com chapas espaçadoras)	$0{,}45\sqrt{\dfrac{E_a}{f_y}}$	$0{,}91\sqrt{\dfrac{E_a}{f_y}}$	1,0	$1{,}340 - 0{,}76\dfrac{b}{t}\sqrt{\dfrac{f_y}{E_a}}$	$\dfrac{0{,}53\,E_a}{f_y\left(\dfrac{b}{t}\right)^2}$
Grupo 3 da Tabela 7.3 (mesa de perfil I, H, T ou U laminado e aba de cantoneiras ligadas continuamente)	$0{,}56\sqrt{\dfrac{E_a}{f_y}}$	$1{,}03\sqrt{\dfrac{E_a}{f_y}}$	1,0	$1{,}415 - 0{,}74\dfrac{b}{t}\sqrt{\dfrac{f_y}{E_a}}$	$\dfrac{0{,}69\,E_a}{f_y\left(\dfrac{b}{t}\right)^2}$
Grupo 4 da Tabela 7.3 (mesa de perfil I, H, T ou U soldado)	$0{,}64\sqrt{\dfrac{E_a k_c}{f_y}}$	$1{,}17\sqrt{\dfrac{E_a k_c}{f_y}}$	1,0	$1{,}415 - 0{,}65\dfrac{b}{t}\sqrt{\dfrac{f_y}{E_a k_c}}$	$\dfrac{0{,}90\,E_a k_c}{f_y\left(\dfrac{b}{t}\right)^2}$
Grupo 5 da Tabela 7.3 (alma de perfil T laminado ou soldado)	$0{,}75\sqrt{\dfrac{E_a}{f_y}}$	$1{,}03\sqrt{\dfrac{E_a}{f_y}}$	1,0	$1{,}908 - 1{,}22\dfrac{b}{t}\sqrt{\dfrac{f_y}{E_a}}$	$\dfrac{0{,}69\,E_a}{f_y\left(\dfrac{b}{t}\right)^2}$

Se uma seção transversal possuir dois ou mais elementos AL com fatores Q_s diferentes, adota-se o menor deles.

7.3.4 Força axial resistente

Em resumo, a força axial de compressão resistente nominal de uma barra, para o estado-limite de flambagem local dos elementos componentes da seção transversal, é dada por:

$$N_{c,Rk,lc} = Q\, A_g\, f_y \tag{7.21}$$

Nessa expressão, Q é o fator de redução total, dado por:

$$Q = Q_a\, Q_s \tag{7.22}$$

Verifica-se que o fator Q_a atua na Equação (7.21), que fornece a capacidade resistente da barra à flambagem local, substituindo a área bruta da seção transversal A_g pela área efetiva A_{ef}, e que o fator Q_s atua substituindo a resistência ao escoamento f_y pela tensão média de flambagem local σ_m.

Ainda com relação à Equação (7.21), se uma seção transversal possuir somente elementos AL, como é o caso das cantoneiras, toma-se Q_a igual a 1,0.

7.4 Interação entre instabilidade da barra e flambagem local

Viu-se no tópico anterior, na Equação (7.21), que o fator de redução total relacionado à flambagem local, Q, provoca diminuição do valor da força de escoamento $A_g f_y$ da seção transversal. Assim, essa força menor deve ser utilizada na determinação do índice de esbeltez reduzido, que passa a ser:

$$\lambda_0 = \sqrt{\frac{Q\, A_g\, f_y}{N_e}} \tag{7.23}$$

Esta equação, portanto, deve ser utilizada no dimensionamento no lugar da Equação (7.3), apresentada no Subitem 7.2.2.

7.5 Dimensionamento aos estados-limites últimos

No dimensionamento aos estados-limites últimos de uma barra submetida à força axial de compressão, deve-se satisfazer a seguinte relação:

$$N_{c,Sd} \leq N_{c,Rd} \tag{7.24}$$

onde $N_{c,Sd}$ é a força axial de compressão solicitante de cálculo, obtida com a combinação de ações de cálculo apropriada, e $N_{c,Rd}$ é a força axial de compressão resistente de cálculo.

A força axial de compressão resistente de cálculo é dada por:

$$N_{c,Rd} = \frac{\chi\, Q\, A_g\, f_y}{\gamma_{a1}} \tag{7.25}$$

onde o numerador representa a força axial resistente nominal e γ_{a1} o coeficiente de ponderação da resistência para estados-limites últimos relacionados a escoamento e instabilidade, igual a 1,10. No numerador, o fator de redução associado à resistência à compressão χ é obtido conforme o Item 7.2, mas com λ_0 dado pela Equação (7.23), e o fator de redução total relacionado à flambagem local Q, conforme o Item 7.3.

Observa-se que, quando χ é igual a 1,0 e Q é menor que 1,0, o estado-limite último que pode ocorrer é a flambagem local. Contudo, quando Q é igual a 1,0 e χ é menor que 1,0, o estado-limite possível é a instabilidade da barra. Quando ambos os fatores forem menores que 1,0, ocorre interação entre a instabilidade da barra e a flambagem local (notar que o fator Q influi no valor de χ), e, quando ambos forem iguais a 1,0, o estado-limite a ser considerado é o escoamento da seção bruta da barra (falha do material), que causa grande redução do comprimento da barra (fenômeno contrário ao escoamento da seção bruta de uma barra tracionada, que causa grande aumento de comprimento).

Todas as considerações feitas no Item 6.9 com relação aos efeitos da excentricidade da ligação e do peso próprio da barra também são aplicáveis ao comportamento das barras comprimidas.

7.6 Limitação do índice de esbeltez

O índice de esbeltez das barras comprimidas é dado por:

$$\lambda = \frac{KL}{r} \qquad (7.26)$$

O valor máximo desse índice não pode ser superior a 200. Esse limite, definido a partir de experiência profissional e práticas construtivas, tem por objetivo principal evitar danos às barras ou aumento da imperfeição inicial durante as operações de fabricação, transporte e montagem.

Pode-se também determinar o índice de esbeltez em função da força axial de flambagem elástica N_e, substituindo-se na Equação (7.26) o raio de giração r por seu valor $\sqrt{I/A_g}$:

$$\lambda = \frac{KL}{\sqrt{I/A_g}} \qquad (7.27)$$

Agora, de $N_e = \pi^2 E_a I/(KL)^2$ explicita-se o valor do momento de inércia I, chegando-se a:

$$I = \frac{(KL)^2 N_e}{\pi^2 E_a} \qquad (7.28)$$

Finalmente, utilizando o valor de I da Equação (7.28) na Equação (7.27), obtém-se:

$$\lambda = \pi \sqrt{\frac{E_a A_g}{N_e}} \qquad (7.29)$$

A determinação de λ em função de N_e é interessante quando ocorre flambagem por torção ou por flexo-torção, pois, nesse caso, não se tem um comprimento de flambagem KL diretamente definido, mas sim o valor da força axial de flambagem elástica.

7.7 Emprego de barras compostas

A utilização de barras compostas é usual, principalmente aquelas constituídas por dois perfis U, duas cantoneiras em forma de T e duas cantoneiras em forma de cruz, conforme ilustra a Figura 7.24. A união entre os perfis é comumente feita por chapas espaçadoras soldadas ou parafusadas a eles (ver figuras 6.29 e 6.30).

FIGURA 7.24 Barras compostas usuais.

Para assegurar que os perfis que compõem uma barra composta trabalhem em conjunto, a distância máxima (ℓ) entre duas chapas espaçadoras adjacentes deve ser tal que:

$$\frac{\ell}{r_{min,1}} \leq \frac{1}{2} \lambda_{máx} \qquad (7.30)$$

onde $r_{min,1}$ é o raio de giração mínimo de apenas um perfil isolado que forma a barra composta (Figura 7.25), e $\lambda_{máx}$ é o índice de esbeltez máximo da barra composta. Adicionalmente, pelo menos duas chapas espaçadoras uniformemente espaçadas devem ser colocadas ao longo do comprimento da barra (no caso de treliças e sistemas similares, esse comprimento deve ser tomado entre dois nós consecutivos).

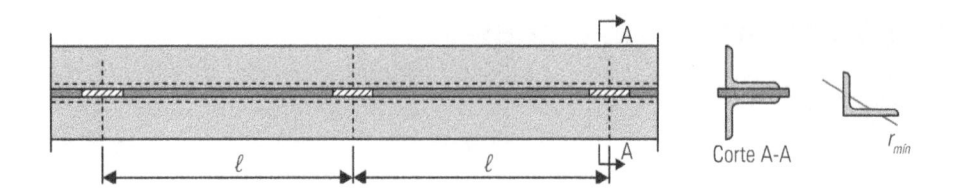

FIGURA 7.25 Distância entre chapas espaçadoras.

Em cantoneiras duplas em forma de cruz, as chapas espaçadoras devem ser colocadas em posições alternadas, conforme a Figura 7.26.

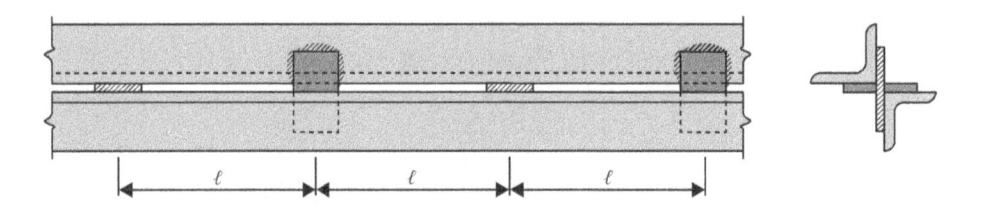

FIGURA 7.26 Chapas espaçadoras em posições alternadas em duplo L em forma de cruz.

7.8 Exemplos de aplicação

7.8.1 Verificação de um pilar em perfil I soldado

O pilar ABC a seguir, travado por contraventamentos, está submetido a uma força axial de compressão solicitante de cálculo igual a 1.500 kN. Propõe-se verificar se o perfil soldado escolhido para o pilar, produzido em aço estrutural ASTM A242, resiste a essa força. Notar que o eixo x do perfil é paralelo ao eixo global U. Supor que em A (base do pilar) o empenamento e a rotação em torno do eixo longitudinal estejam impedidos, e que em B e C apenas a rotação esteja impedida.

Adicionalmente, propõe-se determinar as forças que os contraventamentos deverão suportar para travar adequadamente o pilar ABC.

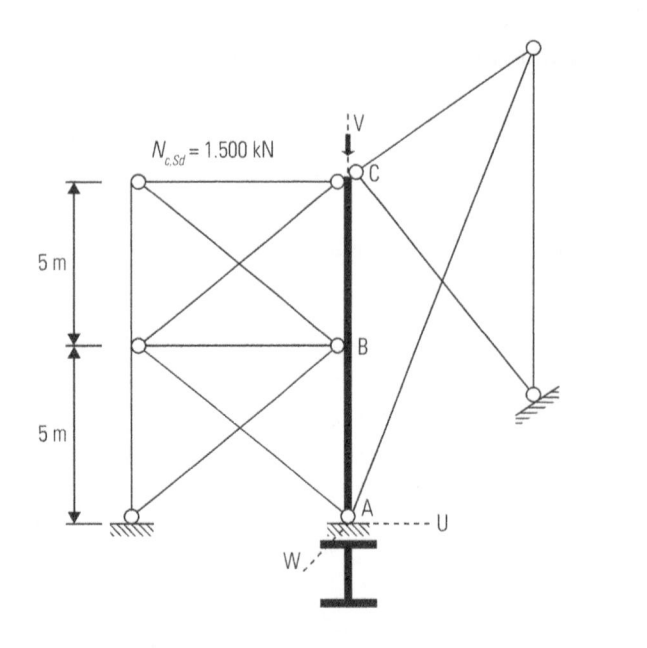

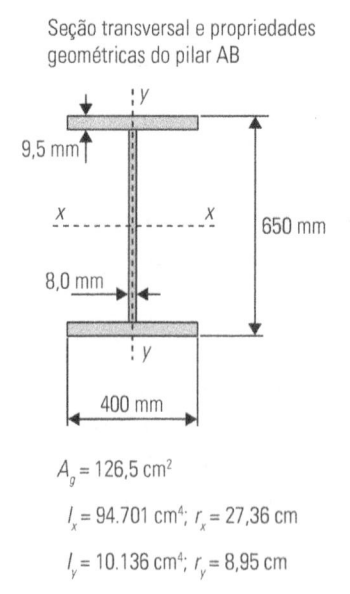

Seção transversal e propriedades geométricas do pilar AB

$N_{c,Sd}$ = 1.500 kN

A_g = 126,5 cm²

I_x = 94.701 cm⁴; r_x = 27,36 cm

I_y = 10.136 cm⁴; r_y = 8,95 cm

a) Aço estrutural

ASTM A242, com chapas de espessura $t \leq 19$ mm $\Rightarrow f_y = 345$ MPa $= 34,5$ kN/cm²

b) Flambagem local

- Mesas:

$$\frac{b}{t} = \frac{400/2}{9,5} = 21,05$$

$$\left(\frac{b}{t}\right)_{lim} = 0,64\sqrt{\frac{E_a k_c}{f_y}}$$

$$k_c = \frac{4}{\sqrt{h/t_w}} = \frac{4}{\sqrt{(650-2\times 9,5)/8}} = \frac{4}{\sqrt{631/8}} = 0,45 \text{ (valor entre 0,35 e 0,76)}$$

$$\left(\frac{b}{t}\right)_{lim} = 0,64\sqrt{\frac{20.000\times 0,45}{34,5}} = 10,34$$

$$\frac{b}{t} = 21,05 > \left(\frac{b}{t}\right)_{lim} = 10,34 \Rightarrow \left(\frac{b}{t}\right)_{sup} = 1,17\sqrt{\frac{E_a k_c}{f_y}} = 1,17\sqrt{\frac{20.000\times 0,45}{34,5}} = 18,90$$

$$\frac{b}{t} = 21,05 > \left(\frac{b}{t}\right)_{sup} = 18,90 \Rightarrow Q_s = \frac{0,90 E_a k_c}{f_y\left(\frac{b}{t}\right)^2} = \frac{0,90\times 20.000\times 0,45}{34,5\times 21,05^2} = 0,53$$

- Alma:

$$\frac{b}{t} = \frac{650 - 2\times 9,5}{8} = \frac{631}{8} = 78,88$$

$$\left(\frac{b}{t}\right)_{lim} = 1,49\sqrt{\frac{E_a}{f_y}} = 1,49\sqrt{\frac{20.000}{34,5}} = 35,87$$

$$\frac{b}{t} = 78,88 > \left(\frac{b}{t}\right)_{lim} = 35,87 \Rightarrow b_{ef} = 1,92\, t\sqrt{\frac{E_a}{f_y}}\left[1 - \frac{0,34}{b/t}\sqrt{\frac{E_a}{f_y}}\right] \leq b$$

$$b_{ef} = 1,92\times 0,8\sqrt{\frac{20.000}{34,5}}\left[1 - \frac{0,34}{78,88}\sqrt{\frac{20.000}{34,5}}\right] = 33,14 \text{ cm } (< 63,1 \text{ cm})$$

$$A_{ef} = 126,5 - 0,8(63,1 - 33,14) = 102,53 \text{ cm}^2$$

$$Q_a = \frac{A_{ef}}{A_g} = \frac{102,53}{126,5} = 0,81$$

- Fator de redução total:

$$Q = Q_s Q_a = 0,53\times 0,81 = 0,43$$

c) Instabilidade da barra e esbeltez

Como o pilar possui seção duplamente simétrica, devem ser obtidas, em princípio, as forças de flambagem elástica por flexão em relação aos eixos x e y da seção transversal e a força de flambagem elástica por torção. Assim:

- Força de flambagem por flexão em relação ao eixo x:

$$N_{ex} = \frac{\pi^2 E_a I_x}{(K_x L_x)^2} = \frac{\pi^2 \times 20.000 \times 94.701}{1.000^2} = 18.693 \text{ kN}$$

Notar que o comprimento de flambagem $K_x L_x$ é a distância entre A e C, portanto, igual a 1.000 cm.

- Força de flambagem por flexão em relação ao eixo y:

$$N_{ey} = \frac{\pi^2 E_a I_y}{(K_y L_y)^2} = \frac{\pi^2 \times 20.000 \times 10.136}{500^2} = 8.003 \text{ kN}$$

Observar que o comprimento de flambagem $K_y L_y$ é a distância entre A e B ou entre B e C, portanto, igual a 500 cm.

- Força de flambagem por torção:

Não é necessário determinar a força de flambagem por torção, pois a seção possui constante de empenamento não nula, e o comprimento de flambagem da barra por torção não supera o comprimento de flambagem por flexão em relação ao eixo y (eixo de menor momento de inércia), tendo em vista as condições de contorno à torção em A, B e C (notar que $K_z L_z$ é igual a 0,7 × 500 = 350 cm em AB e igual a 500 cm em BC).

- Esbeltez máxima:

Conforme a Equação (7.29), a esbeltez máxima está relacionada com a menor força de flambagem, no caso, N_{ey} igual a 8.003 kN. Logo, tem-se:

$$\lambda_{máx} = \lambda_y = \pi\sqrt{\frac{E_a A_g}{N_{ey}}} = \pi\sqrt{\frac{20.000 \times 126,5}{8.003}} = 55,86 \ < 200 \Rightarrow \text{Atende!}$$

- Valores de N_e, λ_0 e χ:

$N_e = N_{ey} = 8.003$ kN (menor valor entre N_{ex} e N_{ey})

$$\lambda_0 = \sqrt{\frac{Q A_g f_y}{N_e}} = \sqrt{\frac{0,43 \times 126,5 \times 34,5}{8.003}} = 0,48 < 1,5 \Rightarrow \chi = 0,658^{\lambda_0^2} = 0,658^{0,48^2} = 0,908$$

O valor de χ também poderia ser obtido diretamente da Tabela 7.1.

d) Verificação dos estados-limites últimos

$$N_{c,Sd} \leq N_{c,Rd} \Rightarrow 1.500 \text{ kN} < \frac{\chi Q A_g f_y}{\gamma_{a1}} = \frac{0,908 \times 0,43 \times 126,5 \times 34,5}{1,10} = 1.549 \text{ kN} \Rightarrow \text{Atende!}$$

e) Forças nos contraventamentos dos planos UV e WV

Como o único elemento travado é o pilar ABC, com base na Equação (5.12), α_{red} é igual a 1,0. Logo, de acordo com a Equação (5.11), a força perpendicular ao pilar nas seções travadas é igual a 1% da força axial de compressão solicitante de cálculo atuante no pilar, igual a 1.500 kN, como se vê na figura a seguir:

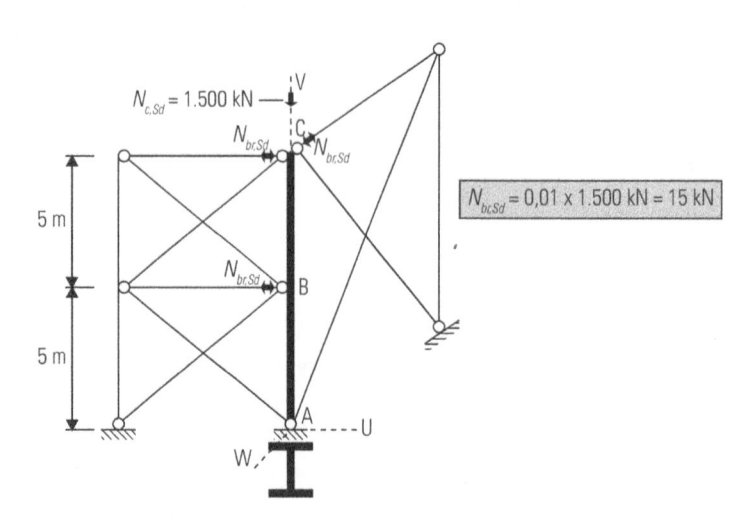

7.8.2 Verificação de um pilar em perfil I soldado com instabilidade por torção

Propõe-se novamente a verificação do pilar ABC do exemplo precedente, mantendo-se o empenamento e a rotação em torno do eixo longitudinal impedidos em A, mas supondo-se que em B e C não haja impedimento dessa rotação nem do empenamento.

> Veja a resolução deste exemplo de aplicação no site www.loja.grupoa.com.br

7.8.3 Força axial resistente de diagonal de treliça em cantoneiras

Agora, será determinada a força axial de compressão resistente de cálculo da diagonal da treliça AB abaixo, fabricada com aço com resistência ao escoamento de 250 MPa, supondo-a:

a) constituída por uma cantoneira dupla em forma de cruz, com os perfis afastados entre si de 8 mm (caso a — ver corte C-C);

b) constituída por uma cantoneira dupla em forma de T, com os perfis afastados entre si de 8 mm (caso b — ver corte C-C);

c) constituída por uma cantoneira simples conectada nas duas extremidades pela mesma aba, por meio de solda (caso c — ver corte C-C).

Todas as cantoneiras têm seção L 88,9 x 7,94.

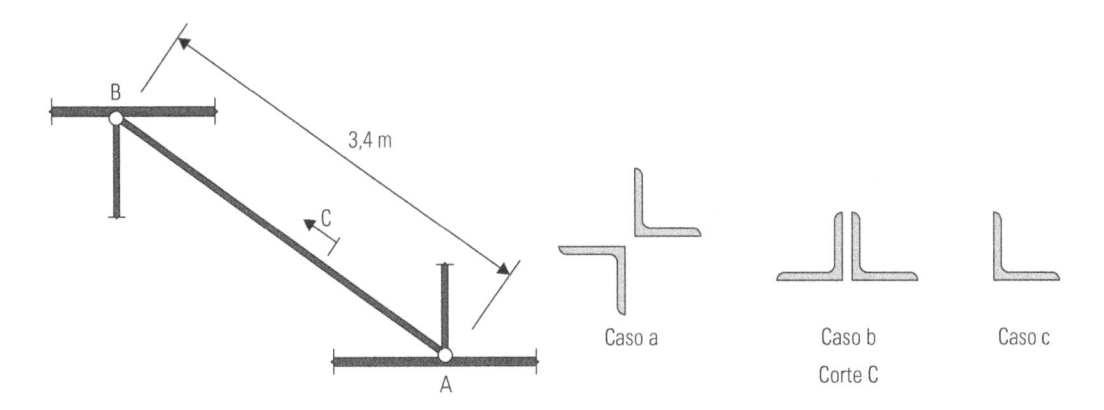

a) Cantoneira dupla em forma de cruz

a1) Propriedades geométricas relevantes

As propriedades geométricas de uma só cantoneira podem ser retiradas da Tabela A.3.1 (Apêndice A), e são mostradas a seguir (essas propriedades estão representadas com L subscrito, indicando que se referem a uma única cantoneira):

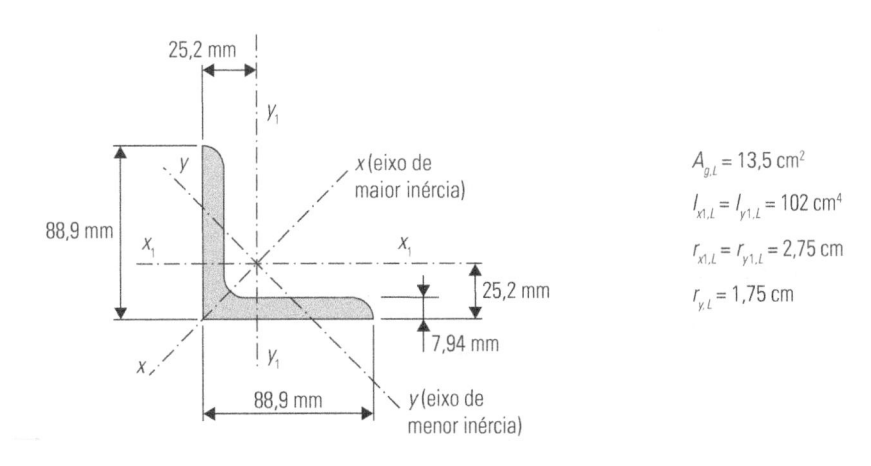

$A_{g,L} = 13,5 \text{ cm}^2$

$I_{x1,L} = I_{y1,L} = 102 \text{ cm}^4$

$r_{x1,L} = r_{y1,L} = 2,75 \text{ cm}$

$r_{y,L} = 1,75 \text{ cm}$

Outras propriedades da cantoneira simples podem ser facilmente determinadas, como:

$I_{y,L} = r_{y,L}^2 A_g = 1{,}75^2 \times 13{,}5 = 41{,}34 \text{ cm}^4$

$I_{y,L} + I_{x,L} = I_{y1,L} + I_{x1,L} \Rightarrow 41{,}34 + I_{x,L} = 2 \times 102 \Rightarrow I_{x,L} = 162{,}66 \text{ cm}^4$

$r_{x,L} = \sqrt{\dfrac{I_{x,L}}{A_{g,L}}} = \sqrt{\dfrac{162{,}66}{13{,}5}} = 3{,}47 \text{ cm}$

$J_L = \dfrac{1}{3}\left[8{,}89 \times 0{,}794^3 + (8{,}89 - 0{,}794)0{,}794^3\right] = 2{,}83 \text{ cm}^4$ (notar que esse valor está tabelado)

Para a cantoneira dupla em forma de cruz, uma seção duplamente simétrica onde os eixos x e y indicados são os centrais de inércia, as propriedades geométricas relevantes são:

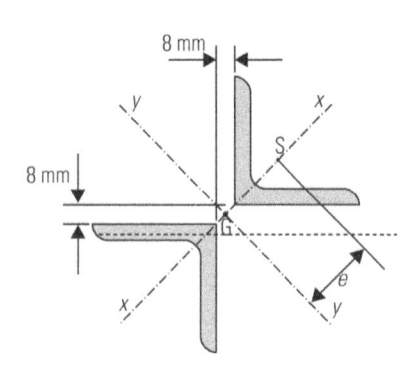

$A_g = 2A_{g,L} = 2 \times 13{,}5 = 27 \text{ cm}^2$

$r_x = r_{x,L} = 3{,}47 \text{ cm}$

$I_x = 2I_{x,L} = 2 \times 162{,}66 = 325{,}32 \text{ cm}^4$

$e = \sqrt{2\left(2{,}52 + \dfrac{0{,}8}{2}\right)^2} = 4{,}13 \text{ cm}$

$I_y = 2\left(I_{y,L} + A_{g,L}\, e^2\right) = 2\left(41{,}34 + 13{,}5 \times 4{,}13^2\right) = 543{,}22 \text{ cm}^4$

$r_y = \sqrt{\dfrac{I_y}{A_g}} = \sqrt{\dfrac{543{,}22}{27}} = 4{,}49 \text{ cm}$

$J = 2\, J_L = 2 \times 2{,}83 = 5{,}66 \text{ cm}^4$

a2) Flambagem local

$\dfrac{b}{t} = \dfrac{88{,}9}{7{,}94} = 11{,}20$

$\left(\dfrac{b}{t}\right)_{lim} = 0{,}45\sqrt{\dfrac{E_a}{f_y}} = 0{,}45\sqrt{\dfrac{20.000}{25}} = 12{,}73$

$\dfrac{b}{t} = 11{,}20 < \left(\dfrac{b}{t}\right)_{lim} = 12{,}73 \Rightarrow Q_s = 1{,}0$

$Q = Q_s = 1{,}0$

a3) Instabilidade da barra e esbeltez

- Força axial de flambagem por flexão em relação ao eixo x:

$N_{ex} = \dfrac{\pi^2 E_a I_x}{(K_x L_x)^2} = \dfrac{\pi^2 \times 20.000 \times 325{,}32}{340^2} = 555{,}50 \text{ kN}$

- Força axial de flambagem por flexão em relação ao eixo y:

$N_{ey} = \dfrac{\pi^2 E_a I_y}{(K_y L_y)^2} = \dfrac{\pi^2 \times 20.000 \times 543{,}22}{340^2} = 927{,}57 \text{ kN}$

- Força axial de flambagem por torção:

  Deve-se determinar o valor de N_{ez}, pois a seção tem constante de empenamento C_w nula, por meio da Equação (7.8), mas sem o primeiro termo:

  $$N_{ez} = \frac{G_a J}{r_o^2}$$

  $$r_o = \sqrt{r_x^2 + r_y^2 + x_o^2 + y_o^2} = \sqrt{3,47^2 + 4,49^2 + 0^2 + 0^2} = 5,67 \text{ cm}$$

  $$N_{ez} = \frac{7.700 \times 5,66}{5,67^2} = 1.356 \text{ kN}$$

- Esbeltez máxima:

  A esbeltez máxima está relacionada com a menor força de flambagem, no caso, N_{ex} igual a 555,50 kN. Logo, pela Equação (7.29), tem-se:

  $$\lambda_{máx} = \lambda_x = \pi \sqrt{\frac{E_a A_g}{N_{ex}}} = \pi \sqrt{\frac{20.000 \times 27}{555,50}} = 97,95 < 200 \Rightarrow \text{Atende!}$$

- Valores de N_e, λ_0 e χ:

  $N_e = N_{ex} = 555,50$ kN (menor valor entre N_{ex}, N_{ey} e N_{ez})

  $$\lambda_0 = \sqrt{\frac{Q A_g f_y}{N_e}} = \sqrt{\frac{1,0 \times 27 \times 25}{555,50}} = 1,10 < 1,5 \Rightarrow \chi = 0,658^{\lambda_0^2} = 0,658^{1,10^2} = 0,603$$

a4) Força axial de compressão resistente de cálculo

$$N_{c,Rd} = \frac{\chi Q A_g f_y}{\gamma_{a1}} = \frac{0,603 \times 1,0 \times 27 \times 25}{1,10} = 370,02 \text{ kN}$$

a5) Chapas espaçadoras

$$\frac{\ell}{r_{mín,1}} \leq \frac{1}{2} \lambda_{máx} \Rightarrow \ell \leq \frac{1}{2} \times 97,95 \times 1,75 \Rightarrow \ell \leq 85,71 \text{ cm}$$

É necessário colocar três chapas espaçadoras, distanciadas entre si de 85 cm, ao longo do comprimento da barra composta. Essa solução atende também à condição de se usar pelo menos duas chapas espaçadoras na barra.

b) Cantoneira dupla em forma de T

b1) Propriedades geométricas relevantes

Para a cantoneira dupla em forma de T, uma seção monossimétrica onde os eixos x e y indicados são os centrais de inércia, as propriedades geométricas relevantes são:

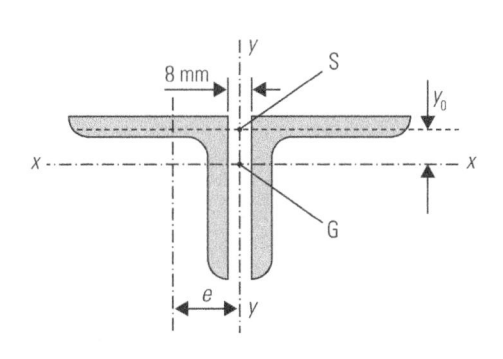

$A_g = 2A_{g,L} = 2 \times 13,5 = 27$ cm²

$I_x = 2I_{x1,L} = 2 \times 102 = 204$ cm⁴

$r_x = r_{x1,L} = 2,75$ cm

$e = 2,52 + \frac{0,8}{2} = 2,92$ cm

$I_y = 2(I_{y,L} + A_{g,L} e^2) = 2(102 + 13,5 \times 2,92^2) = 434,21$ cm⁴

$r_y = \sqrt{\frac{I_y}{A_g}} = \sqrt{\frac{434,21}{27}} = 4,01$ cm

$J = 2 J_L = 2 \times 2,83 = 5,66$ cm⁴

b2) Flambagem local

$Q = 1,0$ (igual ao tópico *a2*)

b3) Instabilidade da barra e esbeltez

- Força de flambagem por flexão em relação ao eixo *x*:

$$N_{ex} = \frac{\pi^2 E_a I_x}{(K_x L_x)^2} = \frac{\pi^2 \times 20.000 \times 204}{340^2} = 348,34 \text{ kN}$$

- Força de flambagem por flexo-torção com flexão em relação ao eixo *y*:

$$N_{eyz} = \frac{N_{ey} + N_{ez}}{2\left[1 - (y_o/r_o)^2\right]} \left[1 - \sqrt{1 - \frac{4 N_{ey} N_{ez}\left[1 - (y_o/r_o)^2\right]}{(N_{ey} + N_{ez})^2}}\right]$$

$$N_{ey} = \frac{\pi^2 E_a I_y}{(K_y L_y)^2} = \frac{\pi^2 \times 20.000 \times 434,21}{340^2} = 741,43 \text{ kN}$$

$$N_{ez} = \frac{1}{r_o^2}\left[\frac{\pi^2 E_a C_w}{(K_z L_z)^2} + G_a J\right]$$

$C_w = 0$ (seção similar à seção T)

$$r_o = \sqrt{r_x^2 + r_y^2 + x_o^2 + y_o^2}$$

$x_o = 0$

$y_o = 2,52 - 0,794/2 = 2,12 \text{ cm}$

$$r_o = \sqrt{2,75^2 + 4,01^2 + 0 + 2,12^2} = 5,30 \text{ cm}$$

$$N_{ez} = \frac{1}{5,30^2}\left(0 + 7.700 \times 5,66\right) = 1.552 \text{ kN}$$

$$N_{eyz} = \frac{741,43 + 1.552}{2\left[1 - (2,12/5,30)^2\right]}\left[1 - \sqrt{1 - \frac{4 \times 741,43 \times 1.552\left[1 - (2,12/5,30)^2\right]}{(741,43 + 1.552)^2}}\right] = 662,49 \text{ kN}$$

- Esbeltez máxima:

A esbeltez máxima está relacionada com a menor força de flambagem, no caso, N_{ex} igual a 348,34 kN. Logo, tem-se:

$$\lambda_{máx} = \lambda_x = \pi\sqrt{\frac{E_a A_g}{N_{ex}}} = \pi\sqrt{\frac{20.000 \times 27}{348,34}} = 123,69 < 200 \Rightarrow \text{Atende!}$$

- Valores de N_e, λ_0 e χ:

$N_e = N_{ex} = 348,34$ kN (menor valor entre N_{ex} e N_{eyz})

$$\lambda_0 = \sqrt{\frac{Q A_g f_y}{N_e}} = \sqrt{\frac{1,0 \times 27 \times 25}{348,34}} = 1,39 < 1,5 \Rightarrow \chi = 0,658^{\lambda_0^2} = 0,658^{1,39^2} = 0,445$$

b4) Força axial de compressão resistente de cálculo

$$N_{c,Rd} = \frac{\chi Q A_g f_y}{\gamma_{a1}} = \frac{0,445 \times 1,0 \times 27 \times 25}{1,10} = 273,07 \text{ kN}$$

b5) Chapas espaçadoras

$$\frac{\ell}{r_{mín,1}} \leq \frac{1}{2} \lambda_{máx} \Rightarrow \ell \leq \frac{1}{2} \times 123,69 \times 1,75 \Rightarrow \ell \leq 108,23 \text{ cm}$$

É necessário, portanto, colocar três chapas espaçadoras, distanciadas entre si de 85 cm, ao longo do comprimento da barra composta. Essa solução atende também à condição de se usar pelo menos duas chapas espaçadoras na barra.

c) Cantoneira simples

c1) Flambagem local

$Q = 1,0$ (igual ao tópico *a2*)

c2) Instabilidade da barra e esbeltez

- Valor de N_e e esbeltez:

Como a cantoneira é carregada nas extremidades através da mesma aba, e a ligação dessa cantoneira é feita por solda, tem-se que:

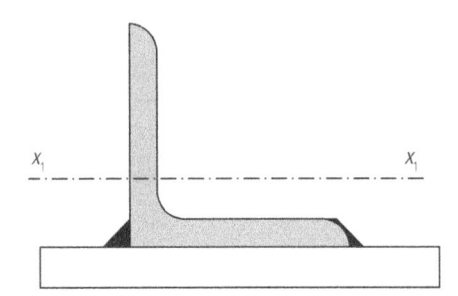

$$N_{e,x1} = \frac{\pi^2 E_a I_{x1}}{(K_{x1} L_{x1})^2}$$

$$\frac{L_{x1}}{r_{x1}} = \frac{340}{2,75} = 123,64 > 80 \Rightarrow K_{x1} L_{x1} = 32 \, r_{x1} + 1,25 \, L_{x1}$$

$$K_{x1} L_{x1} = 32 \times 2,75 + 1,25 \times 340 = 513 \text{ cm}$$

$$N_{e,x1} = \frac{\pi^2 E_a I_{x1}}{(K_{x1} L_{x1})^2} = \frac{\pi^2 \times 20.000 \times 102}{513^2} = 76,51 \text{ kN}$$

Nesse caso da cantoneira simples, deve-se determinar a esbeltez em relação ao eixo x_1. Assim:

$$\lambda_{x1} = \pi \sqrt{\frac{E_a A_g}{N_{e,x1}}} = \pi \sqrt{\frac{20.000 \times 13,5}{76,51}} = 186,63 < 200 \Rightarrow \text{Atende!}$$

- Valores de λ_0 e χ:

$$\lambda_0 = \sqrt{\frac{Q A_g f_y}{N_{e,x1}}} = \sqrt{\frac{1,0 \times 13,5 \times 25}{76,51}} = 2,10 > 1,5 \Rightarrow \chi = \frac{0,877}{\lambda_0^2} = \frac{0,877}{2,10^2} = 0,199$$

c3) Força axial de compressão resistente de cálculo

$$N_{c,Rd} = \frac{\chi Q A_g f_y}{\gamma_{a1}} = \frac{0,199 \times 1,0 \times 13,5 \times 25}{1,10} = 61,06 \text{ kN}$$

7.8.4 Verificação de cantoneira dupla de treliça com travamento central

Suponha que a diagonal de treliça AB do Subitem 7.8.3 esteja submetida a uma força axial de compressão solicitante de cálculo igual a 380 kN e que se deseje usar para essa barra a cantoneira dupla na forma de T. Como já se sabe que essa barra possui uma força axial de compressão resistente de cálculo de apenas 273,07 kN, teve-se a ideia de acrescentar na treliça a barra DE para reduzir o comprimento de flambagem da diagonal em relação ao eixo de maior esbeltez (eixo x). Propõe-se verificar se essa ideia pode ser implementada como solução do problema e, caso a resposta seja positiva, determinar o valor da força axial solicitante de cálculo que deve ser considerado na barra DE.

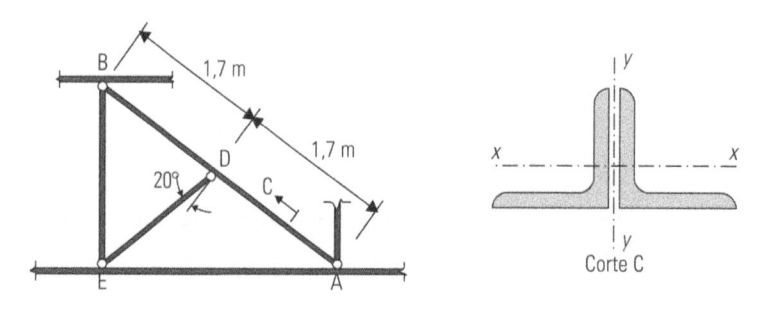

a) Flambagem local

$Q = 1,0$ (igual ao tópico $a2$ do subitem anterior)

b) Instabilidade da barra e esbeltez

- Força de flambagem por flexão em relação ao eixo x:

Tendo em vista o travamento na seção central da diagonal AB, o comprimento de flambagem por flexão em relação ao eixo x se torna igual a 170 cm. Logo:

$$N_{ex} = \frac{\pi^2 E_a I_x}{(K_x L_x)^2} = \frac{\pi^2 \times 20.000 \times 204}{170^2} = 1.393 \text{ kN}$$

- Força de flambagem por flexo-torção com flexão em relação ao eixo y:

N_{eyz} = 662,49 kN (mesmo valor obtido no tópico $b3$ do exemplo precedente, uma vez que o comprimento de flambagem por flexão em relação ao eixo y se mantém igual a 340 cm).

- Esbeltez máxima:

A esbeltez máxima está relacionada com a menor força de flambagem, no caso, N_{eyz} igual a 662,49 kN. Logo, tem-se:

$$\lambda_{máx} = \lambda_{yz} = \pi \sqrt{\frac{E_a A_g}{N_{eyz}}} = \pi \sqrt{\frac{20.000 \times 27}{662,49}} = 89,69 < 200 \Rightarrow \text{Atende!}$$

- Valores de N_e, λ_0 e χ

$N_e = N_{eyz} = 662,49$ kN (menor valor entre N_{ex} e N_{eyz})

$$\lambda_0 = \sqrt{\frac{Q A_g f_y}{N_e}} = \sqrt{\frac{1,0 \times 27 \times 25}{662,49}} = 1,01 < 1,5 \Rightarrow \chi = 0,658^{\lambda_0^2} = 0,658^{1,01^2} = 0,652$$

c) Verificação dos estados-limites últimos

$$N_{c,Sd} \leq N_{c,Rd} \Rightarrow 380 \text{ kN} < \frac{\chi Q A_g f_y}{\gamma_{a1}} = \frac{0,652 \times 1,0 \times 27 \times 25}{1,10} = 400,09 \text{ kN} \Rightarrow \text{Atende!}$$

Logo, a solução de acrescentar a barra DE na treliça apresenta os resultados esperados.

d) Chapas espaçadoras

$$\frac{\ell}{r_{min,1}} \leq \frac{1}{2} \lambda_{máx} \Rightarrow \ell \leq \frac{1}{2} \times 89,69 \times 1,75 \Rightarrow \ell \leq 78,48 \text{ cm}$$

Considerando que no nó D haverá uma chapa espaçadora (usada também para a ligação da barra ED), deve-se colocar mais duas chapas espaçadoras entre B e D e mais duas entre D e A. O espaçamento entre as chapas espaçadoras se torna, então, igual a 56,6 cm.

e) Força axial solicitante de cálculo na barra DE

A barra DE, que tem como única função reduzir o comprimento de flambagem da diagonal AB em relação ao eixo x, deve suportar 1% da força axial de compressão solicitante de cálculo atuante nessa barra, ajustada para o ângulo de inclinação de 20°, conforme segue:

$$N_{br,Sd} = 0,01 \times 380 = 3,80 \text{ kN}$$

$$N_{DE,Sd} \cos 20° = N_{br,Sd}$$

$$N_{DE,Sd} = \frac{N_{br,Sd}}{\cos 20°} = \frac{3,80}{\cos 20°} = 4,04 \text{ kN}$$

Logo, a barra DE deve ser dimensionada para resistir a uma força axial solicitante de cálculo de 4,04 kN, que pode ser tanto de compressão quanto de tração. Isso implica, obviamente, que essa barra deve, ainda, ter seu índice de esbeltez limitado conforme o critério de barras comprimidas (Item 7.6), que é mais rigoroso que o aplicável às barras tracionadas.

7.8.5 Força axial resistente de cantoneira simples com e sem travamento central

Agora, será obtida a força axial de compressão resistente de cálculo da diagonal de treliça AB do Subitem 7.8.3, supondo-se que seja constituída por uma cantoneira simples (L 88,9 x 7,94) conectada nas duas extremidades pelas duas abas, por meio de solda, para as duas situações seguintes (ver figura a seguir):

a) cantoneira sem travamento central;

b) cantoneira com travamento central, proporcionado por outra barra, no plano da treliça.

> Veja a resolução deste exemplo de aplicação no site www.loja.grupoa.com.br

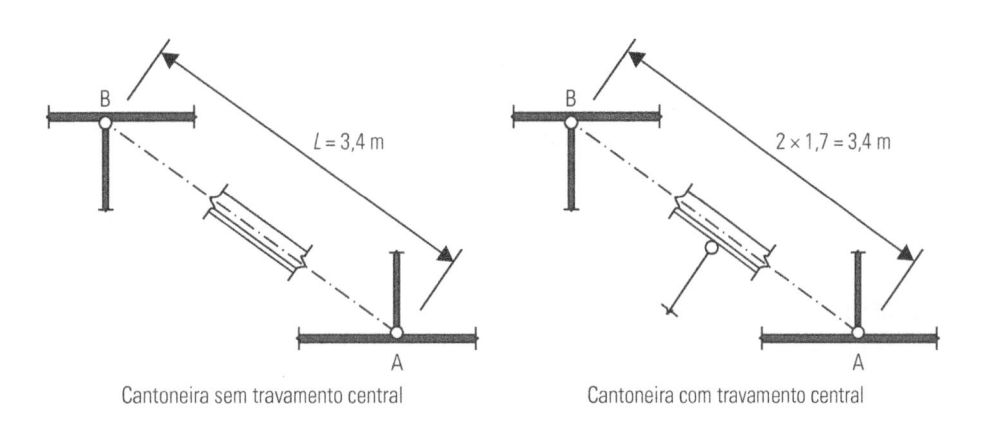

Para a situação da cantoneira sem travamento central, propõe-se, ainda, determinar o comprimento da barra (L) abaixo do qual a flambagem por flexo-torção prevalece.

Cantoneira sem travamento central   Cantoneira com travamento central

7.8.6 Dimensionamento de barra de treliça em duplo U

A treliça mostrada a seguir pertence a um piso industrial em que não há elevada concentração de pessoas e está submetida às seguintes ações:

- $P_{cp,k}$ = forças características decorrentes basicamente de elementos construtivos industrializados = 76 kN;
- $P_{sc,k}$ = forças características decorrentes de sobrecarga = 64 kN;
- $P_{eq,k}$ = força característica decorrente da atuação de um equipamento móvel (pode atuar nos dois sentidos indicados) = 128 kN.

Assim, propõe-se o dimensionamento da barra BCD à compressão axial. Deve-se utilizar perfil duplo U em forma de I, com os perfis U afastados 8 mm entre si, em aço ASTM A572 – Grau 50, na posição indicada na figura a seguir (eixo x perpendicular ao plano da treliça). Sabe-se que, além dos apoios, apenas os nós B e D possuem contenção contra deslocamento fora do plano da treliça (esses nós são contidos por escoras perpendiculares ao plano da treliça). Propõe-se ainda verificar se alterando a posição do perfil, de modo que o eixo y fique perpendicular ao plano da treliça, pode-se obter maior capacidade resistente.

Para efeito de torção, a rotação em relação ao eixo longitudinal é impedida nos nós B e D, e o empenamento é livre em todos os nós.

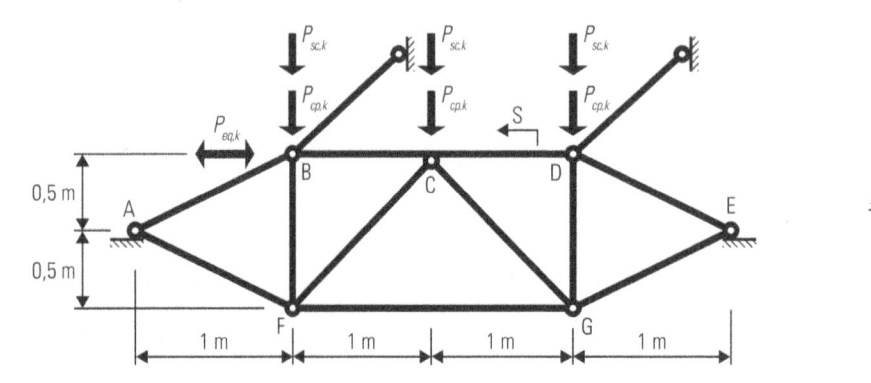

a) Aço estrutural

ASTM A572 – Grau 50 $\Rightarrow f_y$ = 345 MPa = 34,5 kN/cm²

b) Força axial de compressão solicitante de cálculo nas barras BC e CD

b1) Valores característicos da força axial de compressão

- Carga permanente:

  As reações de apoio verticais em A e E são:

  $V_A = V_E = \dfrac{3 \times 76}{2} = 114$ kN (o sinal positivo indica sentido de baixo para cima)

  Substituindo-se a barra BC pela sua força axial e determinando o momento em relação ao nó F pela esquerda, decorre:

  $\Sigma M(F) = 0 \Rightarrow 1 \times 114 + 1 \, N_{BC} = 0 \Rightarrow N_{BC} = -114$ kN $= N_{CD}$ (o sinal negativo indica força de compressão)

- Sobrecarga

  Por regra de três, tem-se:

  $N_{BC} = N_{CD} = \dfrac{-114 \times 64}{76} = -96$ kN

- Equipamento (suposto com a força da esquerda para a direita)

  A reação de apoio horizontal em E é:

  $H_E = 128$ kN (da direita para a esquerda)

  Efetuando-se o equilíbrio de momento em relação ao apoio E:

  $\Sigma M(E) = 0 \Rightarrow 4\,V_A + 0{,}5 \times 128 = 0 \Rightarrow V_A = -16$ kN (o sinal negativo indica sentido de cima para baixo).

  Substituindo-se a barra BC pela sua força axial e determinando o momento em relação ao nó F pela esquerda, chega-se a:

  $\Sigma M(F) = 0 \Rightarrow 1(-16) + 1 \times 128 + 1\,N_{BC} = 0 \Rightarrow N_{BC} = -112$ kN

  Ao fazer o equilíbrio de forças verticais, encontra-se:

  $V_E = 16$ kN

  Substituindo-se a barra CD pela sua força axial e determinando o momento em relação ao nó G pela direita, tem-se:

  $\Sigma M(G) = 0 \Rightarrow -0{,}5 \times 128 - 1 \times 16 - 1\,N_{CD} = 0 \Rightarrow N_{CD} = -80$ kN

  É importante atentar que, caso se inverta o sentido da força do equipamento, as barras BC e CD tornam-se tracionadas. Logo, o sentido adotado (da direita para a esquerda) conduz à maior força axial de compressão em BCD.

b2) Valores de cálculo da força axial de compressão

Tendo em vista os valores característicos obtidos, constata-se que a barra BC fica submetida a uma força axial de compressão maior que a da barra CD. O dimensionamento, portanto, será feito para a força axial de compressão solicitante de cálculo de BC, igual a:

- para a sobrecarga como ação variável principal:

  $N_{c,Sd} = 1{,}35 \times 114 + 1{,}5 \times 96 + 1{,}5 \times 0{,}5 \times 112 = 381{,}90$ kN

- para o equipamento como ação variável principal:

  $N_{c,Sd} = 1{,}35 \times 114 + 1{,}5 \times 112 + 1{,}5 \times 0{,}5 \times 96 = 393{,}90$ kN

Logo, prevalece $N_{c,Sd} = 393{,}90$ kN

c) Escolha preliminar do perfil (primeira tentativa) e propriedades geométricas relevantes

Como parâmetros para a escolha inicial do perfil, supõe-se $\chi = 0{,}658$ (correspondente a um parâmetro de esbeltez intermediário, ou seja, $\lambda_0 = 1{,}0$) e $Q = 1{,}0$ (correspondente à situação em que não ocorre flambagem local). Assim:

$$N_{c,Sd} \leq N_{c,Rd} \Rightarrow 393{,}90 \text{ kN} \leq \frac{\chi Q A_g f_y}{\gamma_{a1}} = \frac{0{,}658 \times 1{,}0 \times A_g \times 34{,}5}{1{,}10} \Rightarrow A_g \geq 19{,}09 \text{ cm}^2$$

Tentar-se-á usar o duplo U 101,6 x 7,95, que possui as seguintes propriedades geométricas principais:

$A_g = 2 \times 10{,}1 = 20{,}2$ cm²

$I_x = 2 \times 159{,}5 = 319$ cm⁴ (duas vezes a de um perfil U)

$r_x = 3{,}97$ cm (igual à de um perfil U)

$I_y = 2\left[13{,}1 + 10{,}1\left(1{,}16 + \frac{0{,}8}{2}\right)^2\right] = 75{,}36$ cm⁴

$r_y = \sqrt{\dfrac{75{,}36}{20{,}2}} = 1{,}93$ cm

d) Flambagem local

- Mesas:

$$\frac{b}{t} = \frac{40,1}{7,5} = 5,35$$

$$\left(\frac{b}{t}\right)_{lim} = 0,56\sqrt{\frac{E}{f_y}} = 0,56\sqrt{\frac{20.000}{34,5}} = 13,48$$

$$\frac{b}{t} = 5,35 < \left(\frac{b}{t}\right)_{lim} = 13,48 \Rightarrow Q_s = 1,0$$

- Alma:

$$\frac{b}{t} = \frac{101,6 - 2(7,5)}{4,57} = \frac{86,6}{4,57} = 18,95$$

$$\left(\frac{b}{t}\right)_{lim} = 1,49\sqrt{\frac{E_a}{f_y}} = 1,49\sqrt{\frac{20.000}{34,5}} = 35,87$$

$$\frac{b}{t} = 18,95 < \left(\frac{b}{t}\right)_{lim} = 35,87 \Rightarrow Q_a = 1,0$$

- Fator de redução total:

$$Q = Q_s Q_a = 1,0 \times 1,0 = 1,0$$

e) Instabilidade da barra e esbeltez

- Força de flambagem por flexão em relação ao eixo x:

$$N_{ex} = \frac{\pi^2 E_a I_x}{(K_x L_x)^2} = \frac{\pi^2 \times 20.000 \times 319}{100^2} = 6.297 \text{ kN}$$

- Força de flambagem por flexão em relação ao eixo y:

$$N_{ey} = \frac{\pi^2 E_a I_y}{(K_y L_y)^2} = \frac{\pi^2 \times 20.000 \times 75,36}{200^2} = 371,89 \text{ kN}$$

- Força de flambagem por torção:

Não é necessário determinar a força de flambagem por torção, pois a seção possui constante de empenamento não nula, e o comprimento de flambagem da barra por torção é igual ao comprimento de flambagem por flexão em relação ao eixo y (eixo de menor momento de inércia), tendo em vista as condições de contorno à torção em B, C e D ($K_z L_z$ é igual a $1,0 \times 200 = 200$ cm).

- Esbeltez máxima:

A esbeltez máxima está relacionada com a menor força de flambagem, no caso, N_{ey} igual a 371,89 kN. Logo:

$$\lambda_{máx} = \lambda_y = \pi\sqrt{\frac{E_a A_g}{N_{ey}}} = \pi\sqrt{\frac{20.000 \times 20,2}{371,89}} = 103,55 < 200 \Rightarrow \text{Atende!}$$

- Valores de N_e, λ_0 e χ:

$N_e = N_{ey} = 371,89$ kN (menor valor entre N_{ex} e N_{ey})

$$\lambda_0 = \sqrt{\frac{QA_g f_y}{N_e}} = \sqrt{\frac{1,0 \times 20,2 \times 34,5}{371,89}} = 1,37 < 1,5 \Rightarrow \chi = 0,658^{\lambda_0^2} = 0,658^{1,37^2} = 0,456$$

f) Verificação dos estados-limites últimos

$$N_{c,Sd} \leq N_{c,Rd} \Rightarrow 393,90\,\text{kN} > \frac{\chi Q A_g f_y}{\gamma_{a1}} = \frac{0,456 \times 1,0 \times 20,2 \times 34,5}{1,10} = 288,90 \text{ kN} \Rightarrow \text{Não atende!}$$

g) Segunda tentativa

Agora, utilizando duplo U 101,6 x 9,30:

$A_g = 2 \times 11,9 = 23,8 \text{ cm}^2$

$$I_y = 2\left[15,5 + 11,9\left(1,15 + \frac{0,8}{2}\right)^2\right] = 88,18 \text{ cm}^4$$

$$r_y = \sqrt{\frac{88,18}{23,8}} = 1,92 \text{ cm}$$

Mesas: $\dfrac{b}{t} = \dfrac{41,8}{7,5} = 5,57 < \left(\dfrac{b}{t}\right)_{lim} = 13,48 \Rightarrow Q_s = 1,0$

Alma: $\dfrac{b}{t} = \dfrac{101,6 - 2(7,5)}{6,27} = \dfrac{86,6}{6,27} = 13,81 < \left(\dfrac{b}{t}\right)_{lim} = 35,87 \Rightarrow Q_a = 1,0$

$Q = Q_s Q_a = 1,0 \times 1,0 = 1,0$

$$N_{ey} = \frac{\pi^2 E_a I_y}{(K_y L_y)^2} = \frac{\pi^2 \times 20.000 \times 88,18}{200^2} = 435,15 \text{ kN}$$

$$\lambda_y = \pi\sqrt{\frac{E_a A_g}{N_{ey}}} = \pi\sqrt{\frac{20.000 \times 23,8}{435,15}} = 103,90 < 200 \Rightarrow \text{Atende!}$$

$$\lambda_0 = \sqrt{\frac{Q A_g f_y}{N_{ey}}} = \sqrt{\frac{1,0 \times 23,8 \times 34,5}{435,15}} = 1,37 \Rightarrow \chi = 0,456$$

$$N_{c,Sd} \leq N_{c,Rd} \Rightarrow 393,90 \text{ kN} > \frac{\chi Q A_g f_y}{\gamma_{a1}} = \frac{0,456 \times 1,0 \times 23,8 \times 34,5}{1,10} = 340,38 \text{ kN} \Rightarrow \text{Não atende!}$$

h) Terceira tentativa

Com duplo U 101,6 x 10,8:

$A_g = 2 \times 13,7 = 27,4 \text{ cm}^2$

$$I_y = 2\left[18 + 13,7\left(1,17 + \frac{0,8}{2}\right)^2\right] = 103,54 \text{ cm}^4$$

$$r_y = \sqrt{\frac{103,54}{27,4}} = 1,94 \text{ cm}$$

Mesas: $\dfrac{b}{t} = \dfrac{43,7}{7,5} = 5,83 < \left(\dfrac{b}{t}\right)_{lim} = 13,48 \Rightarrow Q_s = 1,0$

Alma: $\dfrac{b}{t} = \dfrac{101,6 - 2(7,5)}{8,13} = \dfrac{86,6}{8,13} = 10,65 < \left(\dfrac{b}{t}\right)_{lim} = 35,87 \Rightarrow Q_a = 1,0$

$Q = Q_s Q_a = 1,0 \times 1,0 = 1,0$

$$N_{ey} = \frac{\pi^2 E_a I_y}{(K_y L_y)^2} = \frac{\pi^2 \times 20.000 \times 103,54}{200^2} = 510,95 \text{ kN}$$

$$\lambda_y = \pi\sqrt{\frac{E_a A_g}{N_{ey}}} = \pi\sqrt{\frac{20.000 \times 27,4}{510,95}} = 102,88 < 200 \Rightarrow \text{Atende!}$$

$$\lambda_0 = \sqrt{\frac{Q A_g f_y}{N_{ey}}} = \sqrt{\frac{1,0 \times 27,4 \times 34,5}{510,95}} = 1,36 < 1,5 \Rightarrow \chi = 0,658^{\lambda_0^2} = 0,658^{1,36^2} = 0,461$$

$$N_{c,Sd} \leq N_{c,Rd} \Rightarrow 393,90 \text{ kN} < \frac{\chi Q A_g f_y}{\gamma_{a1}} = \frac{0,461 \times 1,0 \times 27,4 \times 34,5}{1,10} = 396,17 \text{ kN} \Rightarrow \text{Atende!}$$

i) Chapas espaçadoras na barra composta com perfil duplo U 101,6 x 10,8

$$\frac{\ell}{r_{min,1}} \leq \frac{1}{2}\lambda_{máx} \Rightarrow \ell \leq \frac{1}{2} \times 102,88 \times 1,15 \Rightarrow \ell \leq 59,16 \text{ cm}$$

É necessário, portanto, colocar uma chapa espaçadora no meio da barra BC e uma chapa espaçadora no meio da barra CD (considerando que os perfis da barra composta são unidos nos nós B, C e D, a distância entre duas chapas espaçadoras consecutivas é de 50 cm). No entanto, como são necessárias pelo menos duas chapas espaçadoras ao longo do comprimento das barras, deve-se empregar duas chapas em BC e duas chapas em CD, com o espaçamento entre elas igual a de 33,33 cm.

j) Verificação da capacidade resistente alterando-se a posição do perfil duplo U 101,6 x 10,8

Ao se alterar a posição do perfil, de modo que o eixo y fique perpendicular ao plano da treliça, o fator de redução total para flambagem local, Q, não se modifica, permanecendo, portanto, igual a 1,0.

Para instabilidade da barra, os comprimentos de flambagem por flexão em relação aos eixos x e y se inverteriam, de modo que as forças de flambagem por flexão seriam:

- Em relação ao eixo x:

$$N_{ex} = \frac{\pi^2 E_a I_x}{(K_x L_x)^2} = \frac{\pi^2 \times 20.000 \times 319}{200^2} = 1.574 \text{ kN}$$

- Em relação ao eixo y:

$$N_{ey} = \frac{\pi^2 E_a I_y}{(K_y L_y)^2} = \frac{\pi^2 \times 20.000 \times 75,36}{100^2} = 1.488 \text{ kN}$$

Adicionalmente, torna-se agora necessário calcular a força de flambagem por torção, uma vez que o comprimento de flambagem da barra por torção ($K_z L_z = 200$ cm) é maior que o comprimento de flambagem por flexão em relação ao eixo y (de menor momento de inércia), igual a 100 cm. Dessa forma:

$$N_{ez} = \frac{1}{r_o^2}\left[\frac{\pi^2 E_a C_w}{(K_z L_z)^2} + G_a J\right]$$

$$r_o = \sqrt{r_x^2 + r_y^2 + x_o^2 + y_o^2}$$

$r_x = 3,73$ cm (valor tabelado)

$$r_o = \sqrt{1,94^2 + 3,73^2 + 0^2 + 0^2} = 4,20 \text{ cm}$$

$$C_w = \frac{h_0^2 I_y}{4} = \frac{(10,16 - 0,75)^2 \times 103,54}{4} = 2.292 \text{ cm}^6$$

$J = 2 \times 3{,}5 = 7{,}0$ cm^4 (duas vezes o valor de um perfil U, que é tabelado)

$$N_{ez} = \frac{1}{4{,}20^2}\left[\frac{\pi^2 \times 20.000 \times 2.292}{200^2} + 7.700 \times 7{,}0\right] = 3.697 \text{ kN}$$

A menor força de flambagem é N_{ey}, valor que deve ser adotado como N_e. Assim:

$$\lambda_0 = \sqrt{\frac{Q A_g f_y}{N_e}} = \sqrt{\frac{1{,}0 \times 27{,}4 \times 34{,}5}{1.488}} = 0{,}80 < 1{,}5 \Rightarrow \chi = 0{,}658^{\lambda_0^2} = 0{,}658^{0{,}80^2} = 0{,}765$$

e

$$N_{c,Rd} = \frac{\chi Q A_g f_y}{\gamma_{a1}} = \frac{0{,}765 \times 1{,}0 \times 27{,}4 \times 34{,}5}{1{,}10} = 657{,}41 \text{ kN}$$

Observa-se, portanto, que a força axial de compressão resistente de cálculo se eleva em 66% (657,41 kN ante 396,17 kN), indicando que a nova posição, em termos apenas de capacidade resistente, é melhor. Isso ocorre porque, nessa nova posição, ao menor momento de inércia da seção transversal corresponde o menor comprimento de flambagem por flexão. Evidentemente, o índice de esbeltez nessa nova posição é menor que na anterior, como se constata pelo cálculo seguinte:

$$\lambda_y = \pi\sqrt{\frac{E_a A_g}{N_{ey}}} = \pi\sqrt{\frac{20.000 \times 27{,}4}{1.488}} = 60{,}30 < 200 \Rightarrow \text{Atende!}$$

A nova distância entre as chapas espaçadoras é dada por:

$$\frac{\ell}{r_{min,1}} \leq \frac{1}{2}\lambda_{máx} \Rightarrow \ell \leq \frac{1}{2} \times 60{,}30 \times 1{,}15 \Rightarrow \ell \leq 34{,}67 \text{ cm}$$

São necessárias, então, duas chapas espaçadoras ao longo do comprimento das barras, de modo que duas chapas devem ser utilizadas em BC e duas chapas em CD, com espaçamento de 33,33 cm entre elas.

7.8.7 Força axial solicitante de elemento contraventado em perfil I laminado

A estrutura mostrada a seguir é constituída por um elemento contraventado ABC ligado por duas escoras à parede de cisalhamento P1, no plano UV, e por uma escora à parede de cisalhamento P2, no plano WV. Propõe-se a obtenção do máximo valor que pode ter a força axial de compressão solicitante de cálculo no elemento contraventado, sabendo-se que ele possui perfil HP 310 x 93, em aço ASTM A572 – Grau 50, com o eixo central de inércia x paralelo ao eixo global U. Para efeito de flambagem por torção, em A o empenamento e rotação em relação ao eixo longitudinal estão impedidos, em B ambos os movimentos estão livres, e em C apenas a rotação encontra-se impedida.

a) Aço estrutural

ASTM A572 – Grau 50 $\Rightarrow f_y = 345$ MPa = 34,5 kN/cm^2

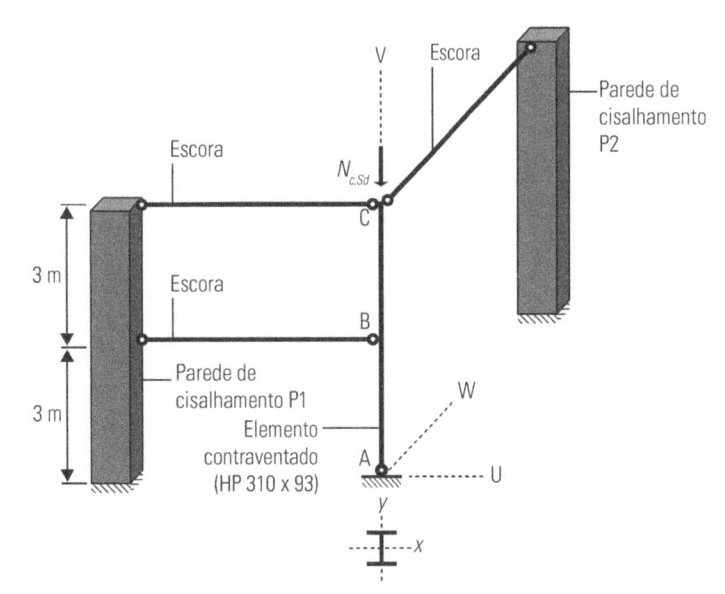

b) Dimensões e propriedades geométricas relevantes da seção transversal

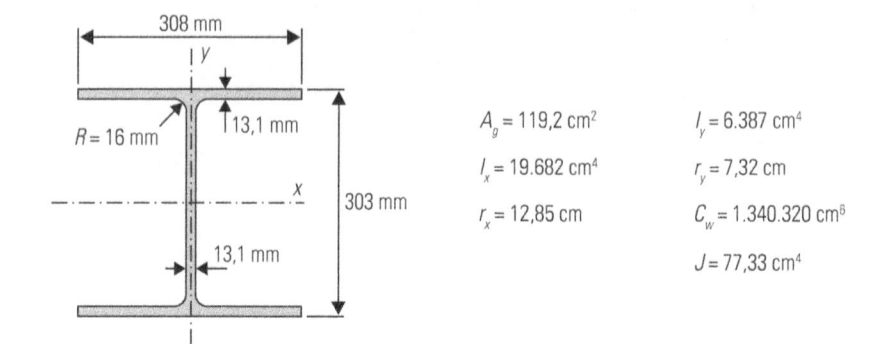

$A_g = 119{,}2 \text{ cm}^2$ $I_y = 6.387 \text{ cm}^4$

$I_x = 19.682 \text{ cm}^4$ $r_y = 7{,}32 \text{ cm}$

$r_x = 12{,}85 \text{ cm}$ $C_w = 1.340.320 \text{ cm}^6$

$J = 77{,}33 \text{ cm}^4$

c) Flambagem local

- Mesas:

$$\frac{b}{t} = \frac{308/2}{13{,}1} = 11{,}76$$

$$\left(\frac{b}{t}\right)_{lim} = 0{,}56\sqrt{\frac{E_a}{f_y}} = 0{,}56\sqrt{\frac{20.000}{34{,}5}} = 13{,}48$$

$$\frac{b}{t} = 11{,}76 < \left(\frac{b}{t}\right)_{lim} = 13{,}48 \Rightarrow Q_s = 1{,}0$$

- Alma:

$$\frac{b}{t} = \frac{303 - 2(13{,}1 + 16)}{13{,}1} = \frac{244{,}8}{13{,}1} = 18{,}69$$

$$\left(\frac{b}{t}\right)_{lim} = 1{,}49\sqrt{\frac{E_a}{f_y}} = 1{,}49\sqrt{\frac{20.000}{34{,}5}} = 35{,}87$$

$$\frac{b}{t} = 18{,}69 < \left(\frac{b}{t}\right)_{lim} = 35{,}87 \Rightarrow Q_a = 1{,}0$$

- Fator de redução total:

$Q = Q_s Q_a = 1{,}0 \times 1{,}0 = 1{,}0$

d) Instabilidade da barra e esbeltez

- Força de flambagem por flexão em relação ao eixo x:

$$N_{ex} = \frac{\pi^2 E_a I_x}{(K_x L_x)^2} = \frac{\pi^2 \times 20.000 \times 19.682}{600^2} = 10.792 \text{ kN}$$

- Força de flambagem por flexão em relação ao eixo y:

$$N_{ey} = \frac{\pi^2 E_a I_y}{(K_y L_y)^2} = \frac{\pi^2 \times 20.000 \times 6.387}{300^2} = 14.008 \text{ kN}$$

- Força de flambagem por torção:

É necessário calcular a força de flambagem por torção, uma vez que o comprimento de flambagem da barra por torção ($K_z L_z = 0{,}7 \times 600 = 420$ cm, tendo em vista que, na extremidade A, o empenamento e a rotação em relação ao eixo longitudinal estão impedidos e, em C, apenas a rotação está impedida) é maior que o comprimento de flambagem por flexão em relação ao eixo y (de menor momento de inércia), igual a 300 cm. Dessa forma, tem-se:

$$N_{ez} = \frac{1}{r_o^2}\left[\frac{\pi^2 E_a C_w}{(K_z L_z)^2} + G_a J\right]$$

$$r_o = \sqrt{r_x^2 + r_y^2 + x_o^2 + y_o^2} = \sqrt{12{,}85^2 + 7{,}32^2 + 0^2 + 0^2} = 14{,}79 \text{ cm}$$

$$N_{ez} = \frac{1}{14{,}79^2}\left[\frac{\pi^2 \times 20.000 \times 1.340.320}{420^2} + 7.700 \times 77{,}33\right] = 9.579 \text{ kN}$$

- Esbeltez máxima:

A esbeltez máxima está relacionada com a menor força de flambagem, no caso, N_{ez} igual a 9.579 kN. Logo, tem-se:

$$\lambda_{máx} = \lambda_z = \pi\sqrt{\frac{E_a A_g}{N_{ez}}} = \pi\sqrt{\frac{20.000 \times 119{,}2}{9.579}} = 49{,}56 < 200 \Rightarrow \text{Atende!}$$

- Valores de N_e, λ_0 e χ:

$N_e = N_{ez} = 9.579$ kN (menor valor entre N_{ex}, N_{ey} e N_{ex})

$$\lambda_0 = \sqrt{\frac{Q A_g f_y}{N_e}} = \sqrt{\frac{1{,}0 \times 119{,}2 \times 34{,}5}{9.579}} = 0{,}66 \Rightarrow \text{Tabela 7.1} \Rightarrow \chi = 0{,}833$$

e) Força axial solicitante de cálculo

O valor máximo que a força axial de compressão solicitante de cálculo pode ter é igual ao da força axial resistente de cálculo. Logo:

$$N_{c,Sd} = N_{c,Rd} = \frac{\chi Q A_g f_y}{\gamma_{a1}} = \frac{0{,}833 \times 1{,}0 \times 119{,}2 \times 34{,}5}{1{,}10} = 3.114 \text{ kN}$$

7.8.8 Dimensionamento de escoras

Agora, sugere-se a realização do dimensionamento das escoras do Subitem 7.8.7 quanto à capacidade resistente usando perfil laminado H da Gerdau, em aço ASTM A572 – Grau 50. Sabe-se que essas escoras possuem comprimento de 7 m e que suas extremidades têm rotação em torno do eixo longitudinal e empenamento impedidos.

> Veja a resolução deste exemplo de aplicação no site www.loja.grupoa.com.br

7.8.9 Verificação de banzo de treliça em perfil T

O banzo comprimido (banzo BCD) da treliça do exemplo do Subitem 6.10.9, em aço com resistência ao escoamento de 345 MPa, será verificado, lembrando que nesse subitem foi determinada a força axial de compressão solicitante de cálculo no banzo, $N_{c,Sd}$, cujo valor é de 575,95 kN.

> Veja a resolução deste exemplo de aplicação no site www.loja.grupoa.com.br

½ perfil W 250 x 73

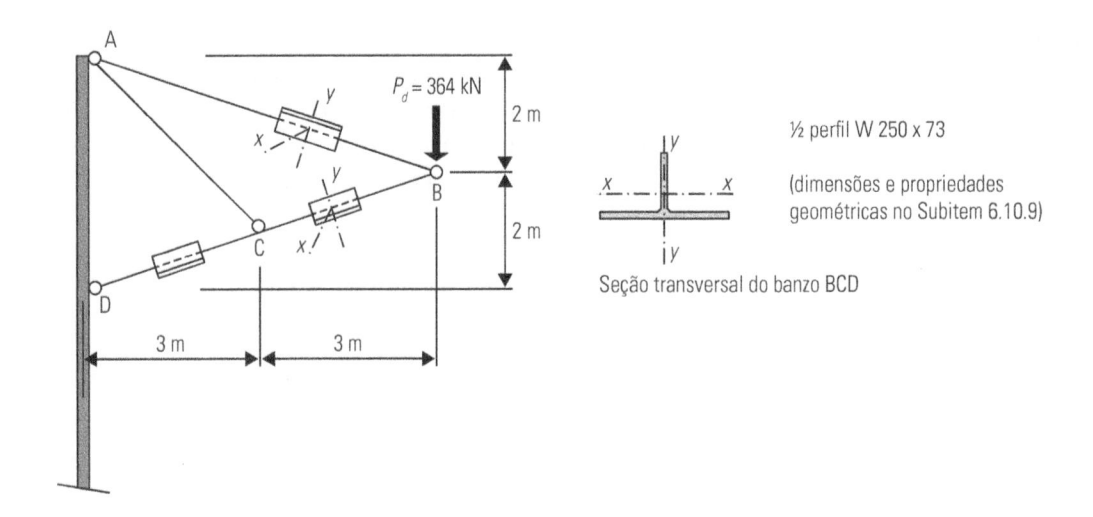

(dimensões e propriedades geométricas no Subitem 6.10.9)

Seção transversal do banzo BCD

Bibliografia

ABNT NBR 8800:2008. *Projeto de estruturas de aço e de estruturas mistas de aço e concreto de edifícios*. Rio de Janeiro: ABNT, 2008.

ANSI/AISC 360-10. *Specification for structural steel buildings*. Chicago, EUA: American Institute of Steel Construction, 2010 (Commentary Chapter E: Design of members for compression).

SALMON, C. G.; JOHNSON, J. E.; MALHAS, F. A. *Steel structures: design and behavior*. 5. ed. Upper Saddle River, NJ, EUA: Pearson Prentice Hall, 2009 (Chapter 6: Compression members; Chapter 8: Torsion).

8
Barras de aço fletidas

8.1 Considerações iniciais

Neste capítulo, serão tratadas as barras de aço submetidas a flexão normal simples decorrente de ações estáticas. As vigas, que funcionam normalmente como elementos horizontais de transmissão de cargas para pilares ou outros elementos da estrutura, inclusive outras vigas, são o principal elemento estrutural sujeito a esse tipo de solicitação. A Figura 8.1a mostra uma viga com perfil I apoiada em outra por meio de ligação considerada rotulada (notar que as mesas do perfil I estão soltas, só a alma está conectada por meio de cantoneiras parafusadas), transmitindo apenas força cortante, e a Figura 8.1b traz uma viga unida a um pilar por meio de ligação considerada rígida (notar que, além da alma, as duas mesas do perfil I estão unidas à face do pilar por meio de solda), transmitindo força cortante e momento fletor.

(a) Viga rotulada em outra viga

(b) Viga ligada rigidamente a pilar

FIGURA 8.1 Exemplos de vigas em edificações.

Aqui serão abordadas as vigas constituídas por (Figura 8.2):
- perfil I duplamente simétrico fletido em relação ao eixo de maior inércia (eixo x — a Figura 8.1 mostra essa situação) ou de menor inércia (eixo y);

- perfil I monossimétrico fletido em relação ao eixo de maior inércia (eixo *x*);
- perfil U fletido em relação ao eixo de maior inércia (eixo *x*) ou de menor inércia (eixo *y*);
- perfil T fletido em relação ao eixo central perpendicular à alma (eixo *x*);
- perfil formado por duas cantoneiras iguais em forma de T, unidas continuamente ou com afastamento, fletido em relação ao eixo central perpendicular ao de simetria (eixo *x*);
- perfil retangular sólido, como é o caso de uma chapa, fletido em relação ao eixo de maior inércia (eixo *x*) ou de menor inércia (eixo *y*).

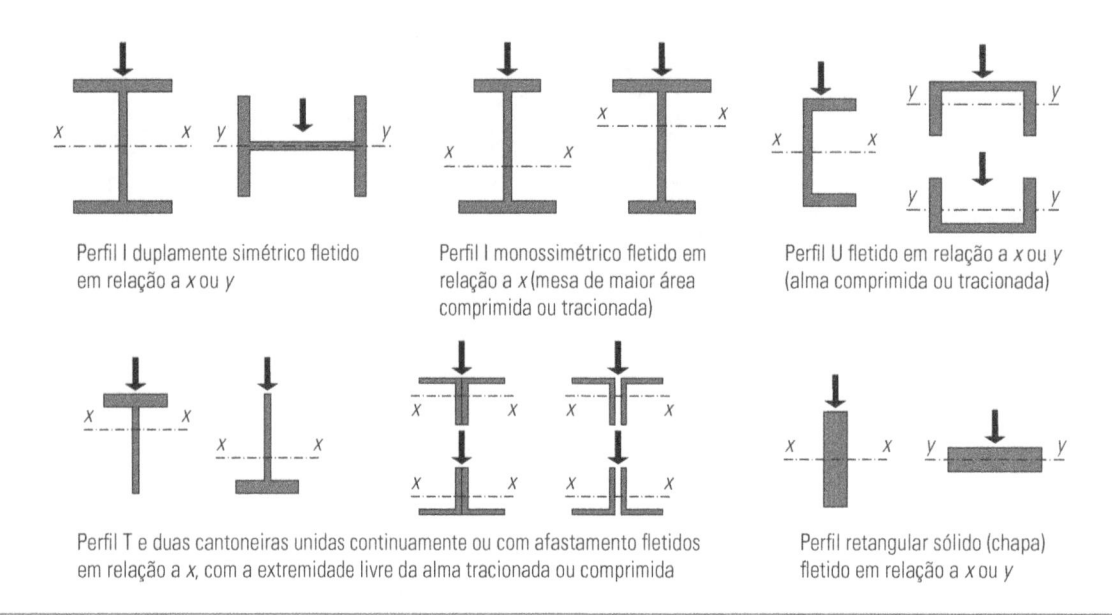

FIGURA 8.2 Seções transversais e eixos de flexão previstos.

Uma viga birrotulada com perfil I duplamente simétrico ou monossimétrico, fletido em relação ao eixo de maior inércia (eixo *x*), que representa a situação mais comum na prática, tem altura da seção transversal variando usualmente entre 1/15 e 1/30 do vão *L* (Figura 8.3).

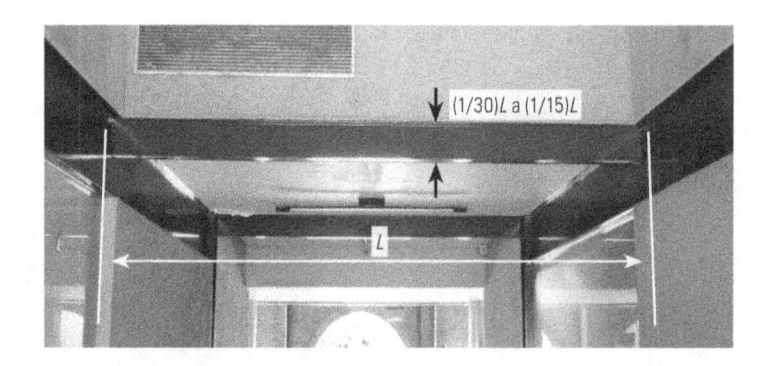

FIGURA 8.3 Relação usual entre altura do perfil I de aço e vão da viga.

Em um piso de edificação, as vigas podem ser dispostas de várias maneiras, dependendo das exigências do projeto e de aspectos econômicos, como posição dos pilares, distribuição e valores das cargas aplicadas, necessidades arquitetônicas, tipo de laje etc. A Figura 8.4 mostra algumas disposições de vigas que se apoiam em outras vigas que, por sua vez, conduzem as cargas gravitacionais para os pilares. Embora essa denominação não seja consensual, as vigas diretamente ligadas aos pilares ou a elementos estruturais que sejam essenciais à estabilidade da edificação são chamadas de vigas principais, ao passo que as outras são chamadas de vigas secundárias.

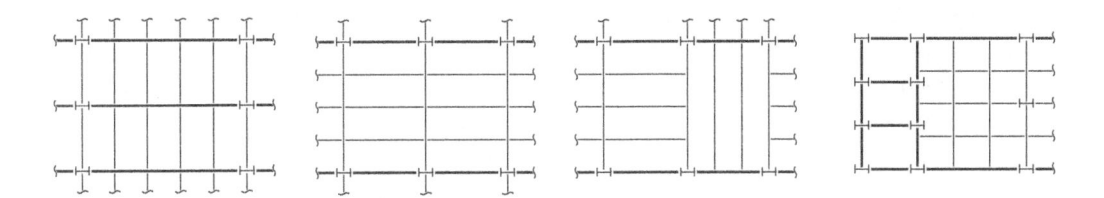

FIGURA 8.4 Exemplos de disposição de vigas em pisos.

No dimensionamento, as vigas devem ser verificadas aos estados-limites últimos relacionados ao momento fletor e à força cortante. Sob atuação do momento fletor, o colapso pode ocorrer por plastificação total da seção transversal, por flambagem da viga (flambagem lateral com torção) ou por flambagem local dos elementos parcial ou totalmente comprimidos da seção transversal. Caso haja furos na mesa tracionada, pode ocorrer também o estado-limite último de ruptura por flexão dessa mesa, que será estudado no Capítulo 10. Sob atuação da força cortante, o colapso pode se dar por escoamento, flambagem ou ruptura dos elementos da seção transversal que têm a função de resistir a esse esforço (a ruptura que ocorre quando existem furos ou recortes também será tratada no Capítulo 10). É possível, ainda, que ocorram diversos modos de colapso causados por atuação de forças localizadas ou pela existência de aberturas para passagem de dutos.

As vigas precisam também ser verificadas segundo os estados-limites de serviço, limitando-se a flecha e a vibração dos pisos a níveis aceitáveis, conforme explicitado no Subitem 4.3.3.

8.2 Plastificação total da seção transversal

8.2.1 Rótula plástica

Será considerada uma viga birrotulada com uma seção transversal qualquer, submetida a um carregamento também qualquer e fletida em relação ao eixo central de inércia x, como mostra a Figura 8.5a. Nessa viga, será examinado detalhadamente o comportamento da seção C, onde ocorre o momento máximo ($M_{máx}$), quando se aumenta progressivamente a intensidade do carregamento, tendo como referência o diagrama teórico de tensão normal *versus* deformação do aço, formado pelo regime elástico e pela fase de escoamento do regime plástico, na tração e na compressão (Figura 8.5b).

(a) Viga birrotulada

(b) Diagrama teórico de tensão *versus* deformação

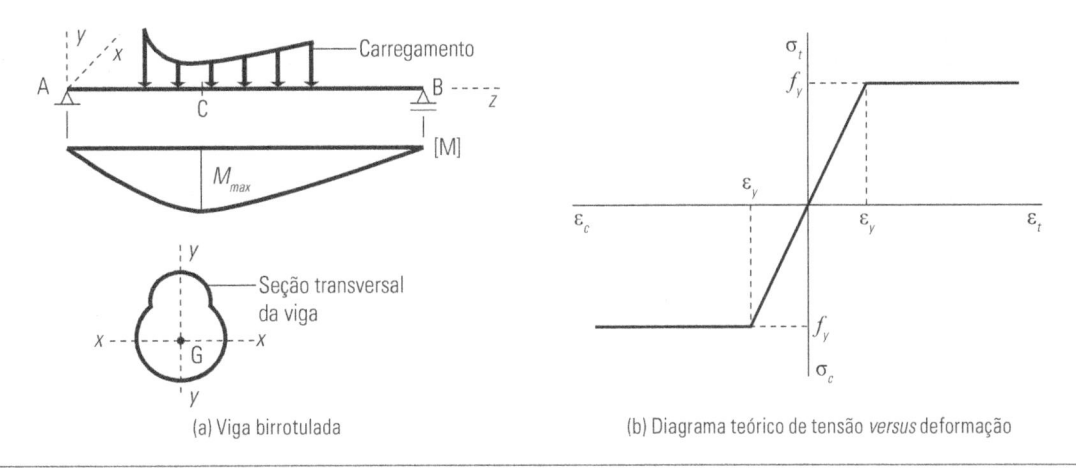

FIGURA 8.5 Condição de estudo da plastificação da seção transversal de uma viga.

Inicialmente, quando o carregamento ainda é pequeno, a viga está em regime elástico, com tensão normal e deformação variando linearmente ao longo da altura da seção transversal de momento máximo (seção C), conforme mostra a Figura 8.6. A máxima tensão de compressão, que ocorre na face superior, é indicada por σ_{xc1}, e a máxima tensão de tração, que ocorre na face inferior, por σ_{xt1} (como o eixo de flexão está mais próximo da face tracionada que da comprimida, a tensão de compressão σ_{xc1} é maior que a tensão de tração σ_{xt1}). As deformações correspondentes são ε_{c1} e ε_{t1}. As tensões são menores que a resistência ao escoamento f_y, e as deformações são menores que a deformação correspondente ao início do escoamento, ε_y. O eixo de deformação nula, em regime elástico, passa pelo centro geométrico da seção transversal (G) e é chamado linha neutra elástica (LNE).

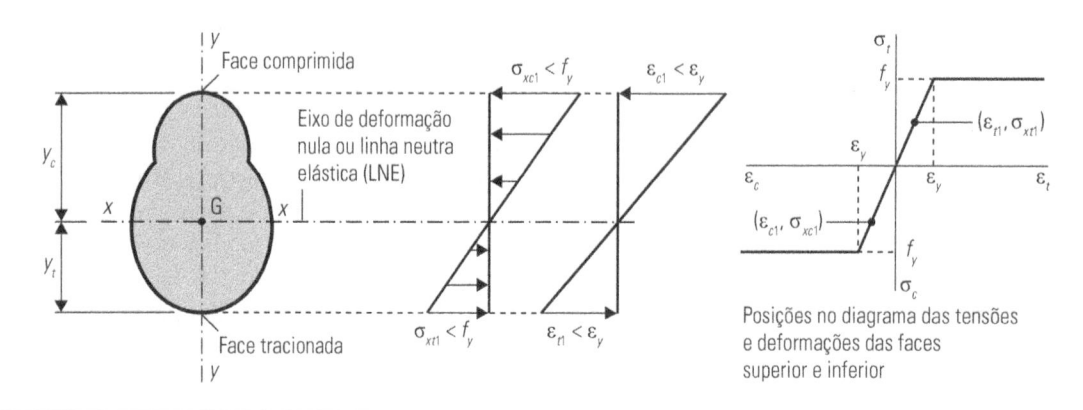

FIGURA 8.6 Comportamento da viga em regime elástico.

Se o momento fletor nessa etapa é M_{e1}, as tensões σ_{xc1} e σ_{xt1} são dadas pelas expressões:

$$\sigma_{xc1} = \frac{M_{e1}}{W_{xc}} \qquad (8.1)$$

e

$$\sigma_{xt1} = \frac{M_{e1}}{W_{xt}} \qquad (8.2)$$

onde W_{xc} e W_{xt} são os módulos de resistência elásticos relacionados às faces comprimida e tracionada da seção transversal, respectivamente, cujos valores são I_x/y_c e I_x/y_t, em que y_c e y_t são as distâncias da linha neutra às citadas faces e I_x é o momento de inércia da seção transversal em relação ao eixo de flexão (eixo x).

Aumentando o carregamento, o comportamento ainda permanece completamente elástico até que a máxima tensão, que, nesse caso, se dá na face superior da seção transversal de momento máximo, atinja a resistência ao escoamento do aço, com uma deformação igual a ε_y (Figura 8.7). O momento fletor nessa situação, chamado momento fletor correspondente ao início do escoamento, é dado por:

$$M_y = W_{xc} f_y \qquad (8.3)$$

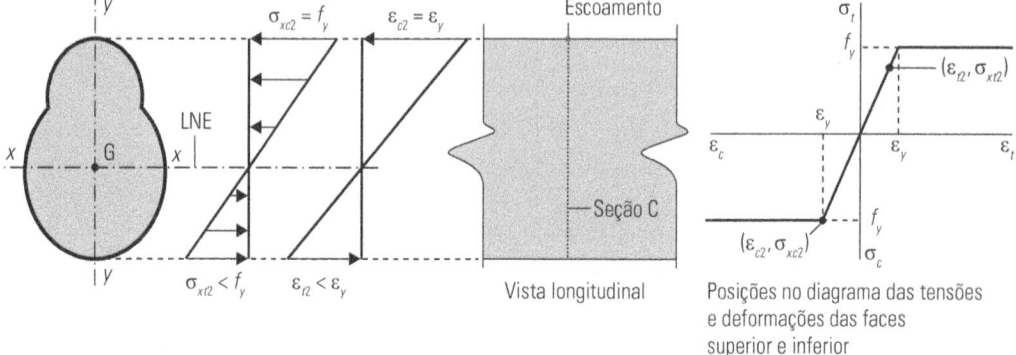

FIGURA 8.7 Início do escoamento da viga.

Continuando a aumentar o carregamento, o escoamento vai se propagando da face superior comprimida para o interior da seção transversal de momento máximo, se iniciando, ainda, na região extrema da parte inferior tracionada, conforme a Figura 8.8. As partes mais externas da seção transversal estão plastificadas, submetidas à tensão constante f_y, e a parte interna está ainda elástica, com diagrama linear. As deformações continuam aumentando, com valores iguais ou superiores a ε_y na altura plastificada, mas mantendo variação linear ao longo de toda a altura da seção transversal. As seções vizinhas à seção C, como estão submetidas a um momento próximo ao da seção de momento máximo, começam também a sofrer plastificação. Nota-se, ainda, que, para manter o equilíbrio da seção transversal às forças horizontais (esse assunto será tratado com mais detalhes posteriormente), o eixo de deformação nula não mais coincide com a linha neutra elástica.

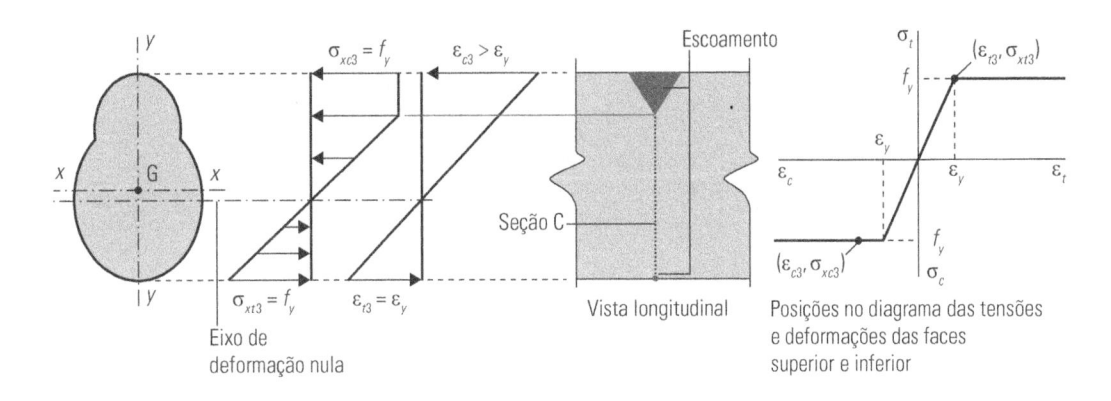

FIGURA 8.8 Propagação do escoamento na viga.

Elevando ainda mais o carregamento, e supondo uma situação limite em que as deformações nas faces externas tendam ao infinito, toda a seção transversal de momento máximo se plastifica, conforme mostra a Figura 8.9. A parte da seção acima do eixo de deformação nula fica submetida à tensão constante de compressão igual à resistência ao escoamento do aço f_y, e a parte situada abaixo desse eixo, à tensão constante de tração, também igual à resistência ao escoamento f_y. Assim, a plastificação avança para as seções vizinhas e as deformações crescem na região plastificada sem qualquer aumento do momento fletor.

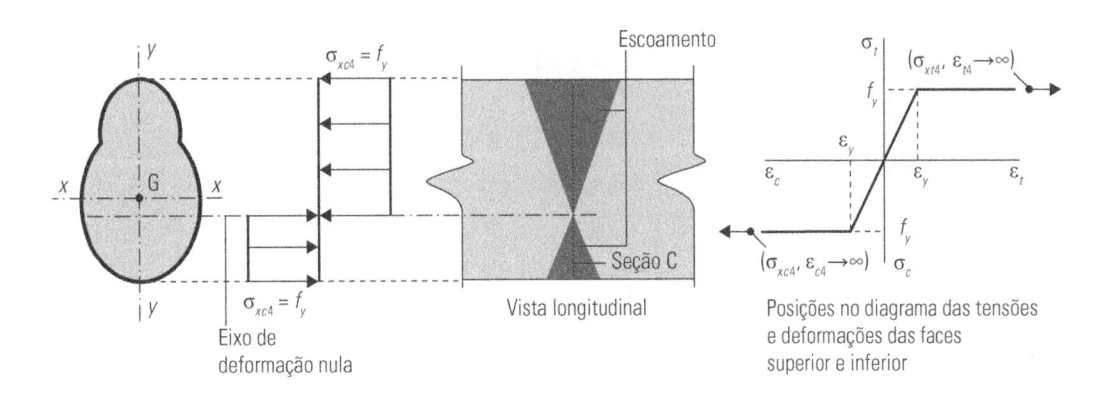

FIGURA 8.9 Plastificação total da seção transversal C da viga.

Com a parte acima do eixo de deformação nula plastificada por compressão e a parte abaixo do eixo plastificada por tração, a seção torna-se uma rótula plástica, uma vez que as deformações aumentam indefinidamente sob momento constante, conforme a Figura 8.10. O momento fletor que provoca a formação da rótula plástica é o momento de plastificação, representado por M_{pl}.

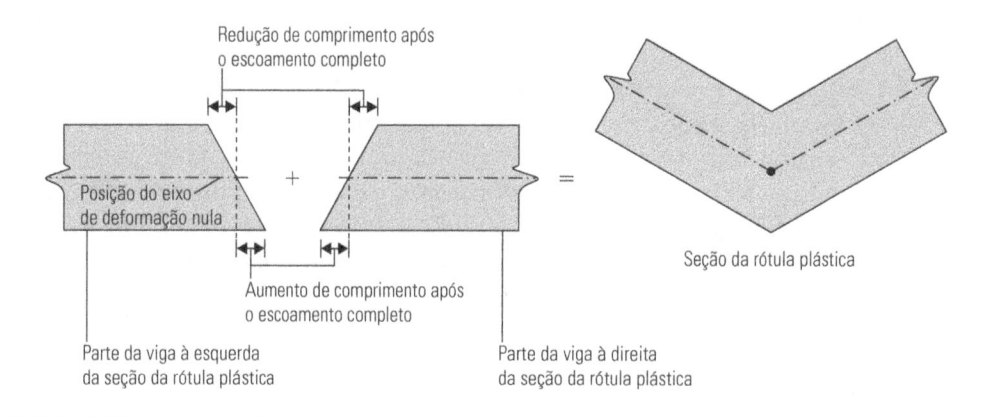

FIGURA 8.10 Representação da formação da rótula plástica.

Na Figura 8.11, a seguir, observa-se a formação da rótula plástica na seção central de uma viga birrotulada, submetida a uma força transversal localizada nessa mesma seção, sendo reproduzida sinteticamente a sequência apresentada anteriormente nas figuras 8.6 a 8.10.

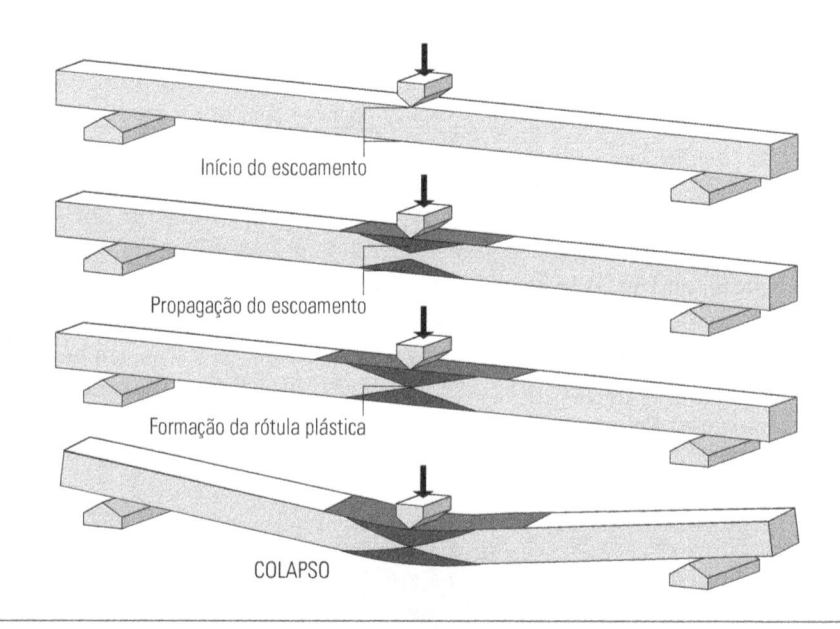

FIGURA 8.11 Sequência de formação de rótula plástica na seção central de uma viga birrotulada.

A formação da rótula plástica, como se viu, provoca o colapso das vigas birrotuladas, que se tornam hipostáticas, como no caso da viga estudada (Figura 8.12a). Nas vigas hiperestáticas, para ocorrer colapso, seria necessária mais de uma rótula plástica. Por exemplo, na viga engastada-rotulada da Figura 8.12b com uma carga concentrada P na seção central, o colapso só ocorreria com a formação da rótula plástica no apoio A, onde se tem o maior momento fletor, e a posterior formação da rótula na seção onde atua a carga P. A primeira rótula plástica (no caso, em A) apenas altera o grau de indeterminação estática. No entanto, em termos práticos, essa alteração gera solicitações não previstas, e é usual considerar que, com a formação apenas da primeira rótula, a viga alcança seu limite de capacidade resistente.

A rigor, pelo fato de as vigas reais possuírem tensões residuais, o comportamento somente permanece completamente elástico até a tensão na face externa da seção transversal atingir um valor igual à resistência ao escoamento do aço subtraída da máxima tensão residual de mesmo sinal nessa face. Assim, em termos gerais, o momento fletor correspondente ao início do escoamento, representado agora por M_r, é dado por:

$$M_r = W(f_y - \sigma_r) \tag{8.4}$$

onde W é o módulo de resistência elástico da seção transversal em relação ao eixo de flexão, e σ_r é a máxima tensão residual.

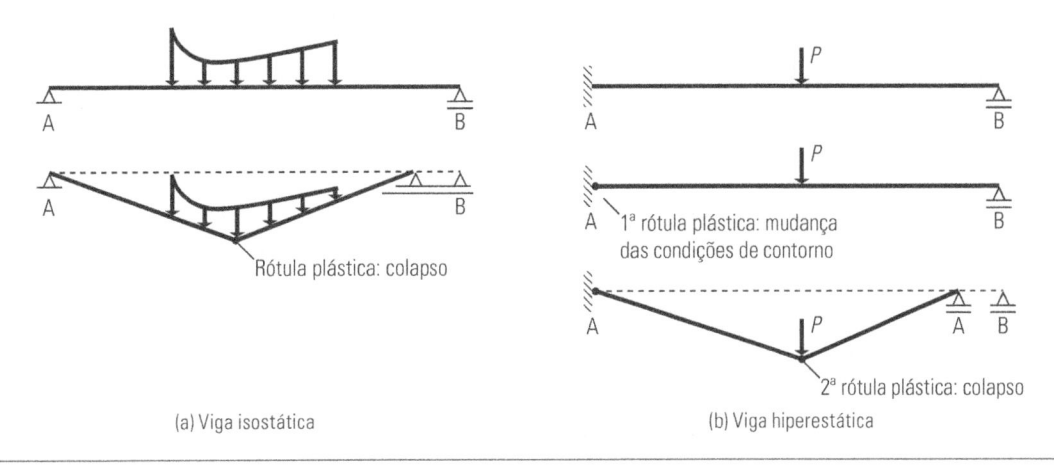

FIGURA 8.12 Comportamento de vigas com rótulas plásticas.

(a) Viga isostática

(b) Viga hiperestática

A Figura 8.13 traz um gráfico sobre a variação do momento fletor máximo com a flecha máxima de uma viga, considerando-a sem e com tensões residuais. Observa-se que a existência dessas tensões faz o escoamento da seção transversal se iniciar antes e, consequentemente, o comportamento inelástico, embora o momento máximo que a viga atinja, em ambos os casos, seja igual ao momento de plastificação M_{pl}.

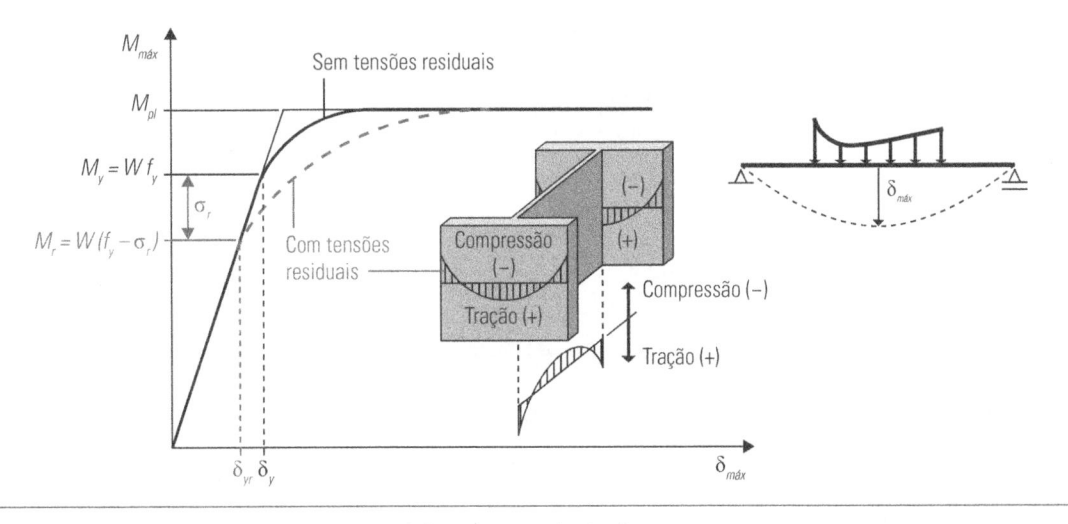

FIGURA 8.13 Variação da flecha da viga com o momento fletor até a rótula plástica.

8.2.2 Determinação do momento de plastificação

A Figura 8.14 mostra novamente a distribuição de tensões em uma seção transversal qualquer, submetida a momento fletor, totalmente plastificada. Da condição de equilíbrio, tem-se:

$$C = T \tag{8.5}$$

onde C é a força normal de compressão resultante do escoamento por compressão da parte da seção situada acima do eixo de deformação nula, e T é a força normal de tração resultante do escoamento por tração da parte da seção situada abaixo do eixo de deformação nula.

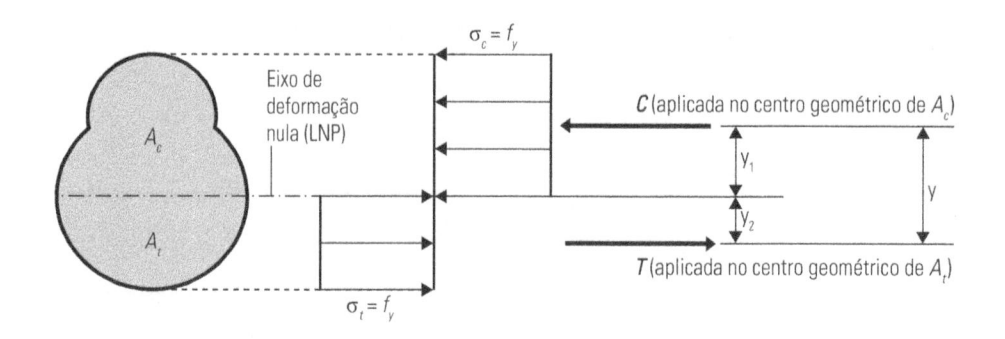

FIGURA 8.14 Forças normais de compressão e tração na seção plastificada de aço.

Como a seção transversal neste estudo é constituída por um mesmo material, o aço, cuja resistência ao escoamento é f_y, C é igual ao produto de A_c por f_y, e T é igual ao produto de A_t por f_y. Logo, tendo em vista a Equação (8.5), tem-se:

$$A_c f_y = A_t f_y \tag{8.6}$$

Dessa forma, a área comprimida A_c deve ser igual à área tracionada A_t, o que significa que, se toda a seção transversal for do mesmo material, o eixo de deformação nula divide a seção transversal totalmente plastificada em duas partes de áreas iguais.

É interessante observar que o eixo de deformação nula, que em regime elástico passa pelo centro geométrico, desloca-se, à medida que a seção se plastifica, para a posição de divisão da seção em duas partes de mesma área, de modo que as forças normais de tração e compressão, C e T, respectivamente, possam ser sempre iguais (o produto do valor dessas forças pela distância entre elas é igual ao momento fletor na seção). Em regime elástico, o eixo de deformação nula é denominado linha neutra elástica (LNE), conforme se mostrou anteriormente, e, na seção totalmente plastificada, linha neutra plástica (LNP). No caso de o eixo de flexão ser de simetria, obviamente não ocorre deslocamento do eixo de deformação nula durante a plastificação e a LNE coincide com a LNP.

O momento de plastificação é resultante da atuação das forças C e T na seção totalmente plastificada. Como C é igual a T, tem-se:

$$M_{pl} = C\, y \tag{8.7}$$

onde y é a distância entre as duas forças (Figura 8.14).

Pode-se, ainda, estabelecer que:

$$M_{pl} = A_c f_y y_1 + A_t f_y y_2 \tag{8.8}$$

onde y_1 e y_2 são, respectivamente, as distâncias de C e T à LNP (Figura 8.14). Assim, chega-se a:

$$M_{pl} = (A_c y_1 + A_t y_2) f_y \tag{8.9}$$

Observa-se que o momento de plastificação é igual à resistência ao escoamento do aço multiplicada por uma expressão que depende exclusivamente da geometria da seção transversal. Essa expressão, simbolizada por Z, caracteriza o chamado módulo de resistência plástico ou, simplesmente, módulo plástico, que é obviamente uma propriedade geométrica da seção transversal. Tem-se, então, que:

$$M_{pl} = Z f_y \tag{8.10}$$

com

$$Z = A_c y_1 + A_t y_2 \tag{8.11}$$

O módulo plástico, em resumo, é a soma dos produtos das áreas situadas acima e abaixo da linha neutra plástica pelas respectivas distâncias até essa linha.

A razão entre o módulo plástico (Z) e o módulo de resistência elástico mínimo (W_{min}) da seção transversal recebe o nome de fator de forma e é representado por β_f. Assim:

$$\beta_f = \frac{Z}{W_{min}} \qquad (8.12)$$

Esse fator indica o acréscimo do momento fletor que a barra pode suportar do início do escoamento, sem levar em conta as tensões residuais, até a plastificação total da seção transversal. Por exemplo, para (Figura 8.2):

- perfis I duplamente simétricos fletidos em relação ao eixo x, β_f é aproximadamente igual a 1,15 e, em relação ao eixo y, aproximadamente igual a 1,60;
- perfis I monossimétricos fletidos em relação ao eixo x, β_f varia aproximadamente entre 1,15 e um valor que pode superar 1,50 (nos perfis da série VSM da ABNT NBR 5884:2005, o valor nunca supera 1,50);
- perfis U fletidos em relação ao eixo x, β_f é aproximadamente igual a 1,17 e, em relação ao eixo y, aproximadamente igual a 1,80;
- perfis T e perfis formados por duas cantoneiras iguais em forma de T fletidos em relação ao eixo x, β_f sempre supera 1,50;
- perfis retangulares sólidos, como as chapas, fletidos tanto em relação ao eixo x quanto ao eixo y, β_f é igual a 1,50.

8.3 Flambagem lateral com torção

8.3.1 Descrição do fenômeno

As vigas, como todas as barras de aço, sempre apresentam imperfeições geométricas iniciais, entre as quais são importantes para seu comportamento a curvatura lateral e a torção. Quando elas possuem as seções transversais mostradas na Figura 8.2 e se encontram submetidas a um momento fletor crescente em relação ao eixo x (eixo de maior inércia), a curvatura e a torção vão aumentando gradativamente até o colapso, caracterizado por uma situação de instabilidade. O aumento da curvatura e da torção decorre de a parte comprimida da seção transversal tender a se deslocar cada vez mais, enquanto a parte tracionada tenta limitar esse deslocamento.

Quando as imperfeições geométricas iniciais são desconsideradas, de acordo com a teoria clássica da flambagem, a viga, suposta idealmente com eixo reto, apenas apresenta subitamente translação lateral (μ) e torção (θ) quando o momento fletor de colapso é alcançado. Nesse caso, tem-se um estado limite último denominado flambagem lateral com torção, que é representado pela sigla FLT (Figura 8.15).

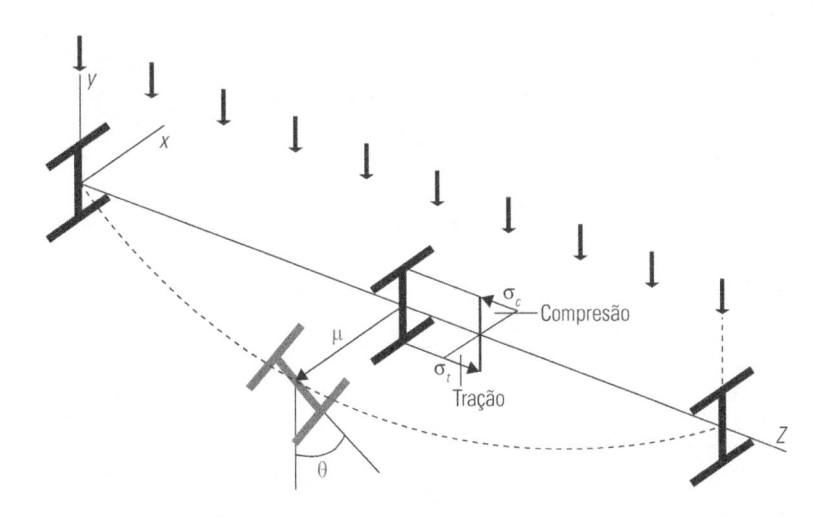

FIGURA 8.15 Flambagem lateral com torção (FLT) de viga em perfil I.

8.3.2 Seção contida lateralmente

Quando uma seção transversal é impedida por travamentos externos de sofrer flambagem lateral com torção, recebe o nome de seção contida lateralmente. Como a flambagem é constituída por dois movimentos, a translação μ e a torção θ, que se manifestam em conjunto, o impedimento de apenas um deles é suficiente para que o fenômeno não ocorra.

Na prática, o procedimento mais comum para tornar uma seção contida lateralmente consiste em impedir a translação lateral da sua face comprimida (no caso de perfis I, deve-se impedir a translação lateral da mesa comprimida). A Figura 8.16a mostra uma viga em perfil I com uma seção na qual a mesa superior está impedida por elementos transversais de se deslocar lateralmente, e a Figura 8.16b ilustra dois tipos usuais de contenção lateral.

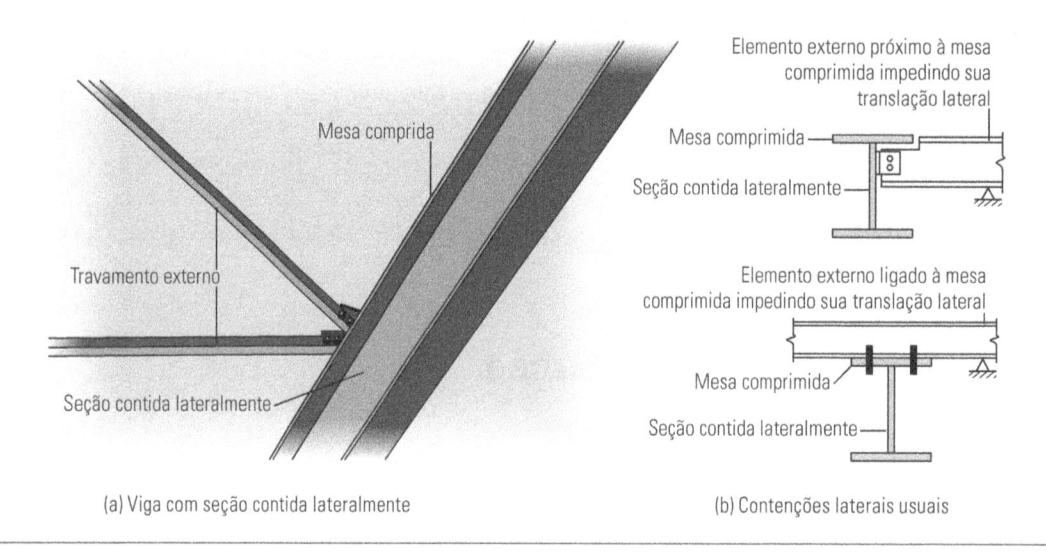

FIGURA 8.16 Seções contidas lateralmente.

Muitas vezes, vigas de cobertura birrotuladas têm a face superior contida lateralmente por escoras em intervalos regulares. No entanto, se a sucção do vento supera a carga permanente, a compressão passa a ocorrer na face inferior, e a viga pode sofrer flambagem lateral com torção. Para evitar o problema, pode-se utilizar, nas seções transversais onde há escoras, mãos-francesas, que contêm lateralmente a face inferior, como se vê na Figura 8.17 para vigas em perfil I. Trata-se de uma situação similar à do banzo inferior de treliças de cobertura mostrada no Subitem 5.2.2 (Figura 5.9).

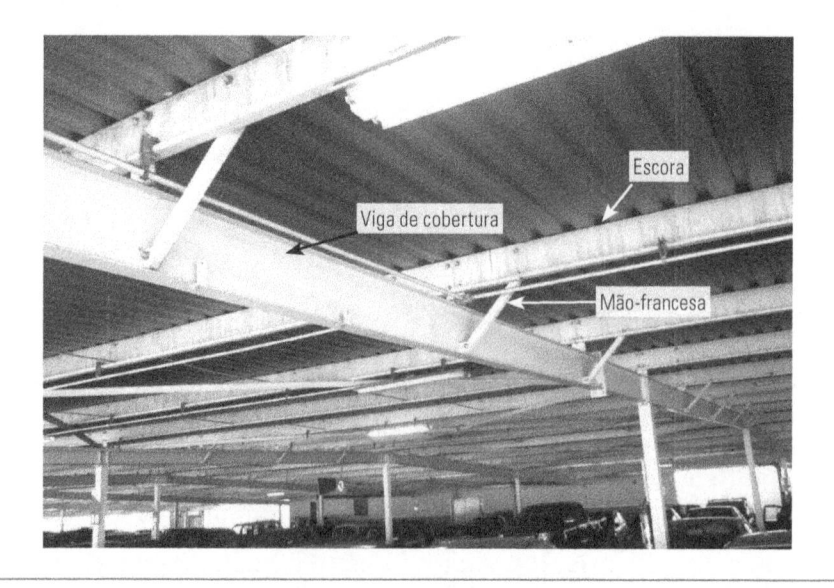

FIGURA 8.17 Mesa inferior de viga em perfil I contida lateralmente com mãos-francesas.

Cumpre mencionar que a simples interceptação de uma viga por outra, como se vê na Figura 8.18, não significa, necessariamente, que a seção onde isso ocorra esteja contida lateralmente. A Figura 8.18a mostra um piso com vigas AB interceptadas na seção central por outras vigas, mas que podem se movimentar lateralmente por não estarem fixadas em nenhuma posição. Já a Figura 8.18b mostra o mesmo piso, porém as vigas que interceptam as vigas AB agora estão fixadas por um sistema de contraventamento, tornando a seção central das vigas AB contida lateralmente.

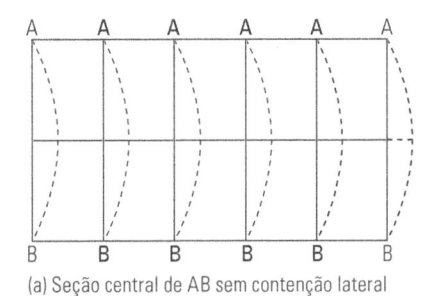

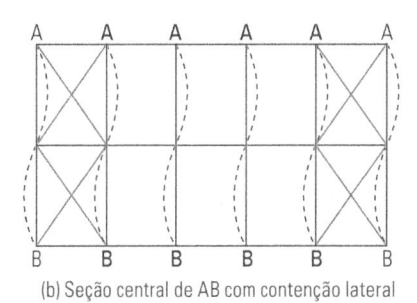

FIGURA 8.18 Comportamento das vigas AB quanto à flambagem lateral com torção.

Nas vigas sujeitas à curvatura reversa, a seção de inflexão ou as seções vizinhas à seção de inflexão, para que sejam consideradas contidas lateralmente, devem ter as duas faces impedidas de se transladar lateralmente (Figura 8.19a). Desse modo, assegura-se o impedimento da translação da face comprimida, uma vez que, na prática, a posição exata do ponto de inflexão pode ser ligeiramente diferente daquela determinada no projeto. É óbvio que o impedimento da translação das duas faces restringe também a torção da seção.

As vigas em balanço apresentam comportamento peculiar na flambagem lateral com torção, em que a face tracionada é a que apresenta tendência de instabilidade e maior deslocamento lateral, como mostra a Figura 8.19b. Como consequência, o impedimento do deslocamento lateral dessa face proporciona contenção mais efetiva que o da face comprimida, porém, para efeito de projeto, nessas vigas, conservadoramente, para que uma seção seja considerada contida lateralmente, exige-se que as duas faces tenham a translação lateral impedida.

As seções de apoio das vigas devem ser sempre contidas lateralmente pelos próprios elementos usados para efetuar sua ligação aos outros componentes da estrutura.

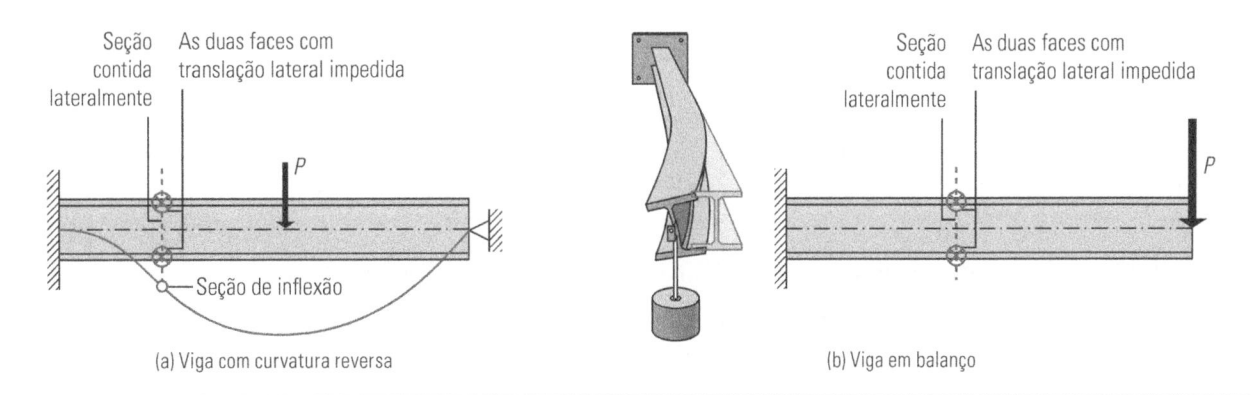

FIGURA 8.19 Situações em que as duas faces precisam ter translação lateral impedida.

8.3.3 Comprimento destravado

O comprimento situado entre duas seções contidas lateralmente ou entre uma seção contida lateralmente e a extremidade livre de balanços recebe a denominação de comprimento destravado e tem como símbolo L_b. Na viga AB da Figura 8.20, por exemplo, onde três seções internas (C, D e E) são contidas lateralmente, existem quatro comprimentos destravados distintos (L_{b1}, L_{b2}, L_{b3} e L_{b4}). Se apenas as seções de apoio fossem contidas lateralmente, só haveria um comprimento destravado, igual ao vão teórico da viga (L). Na viga em balanço da Figura 8.19b, tem-se um comprimento destravado entre o engaste e a seção contida lateralmente e outro entre essa seção e a extremidade livre do balanço.

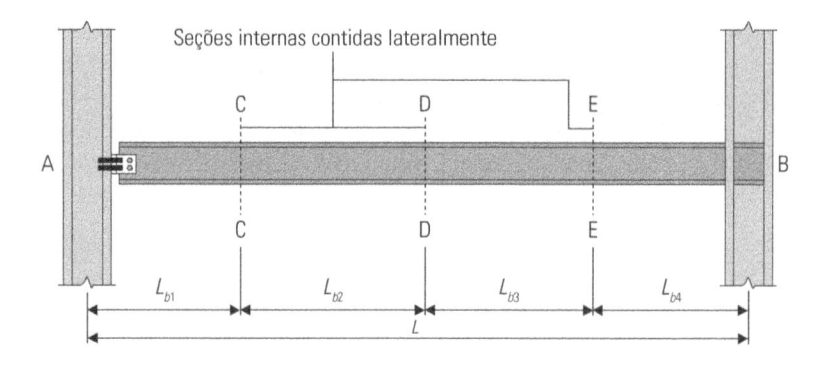

FIGURA 8.20 Comprimentos destravados.

No caso de haver contenção lateral contínua, o comprimento destravado é nulo no trecho onde isso ocorre. Esse tipo de contenção é proporcionado, entre outros meios, por uma laje de concreto fixada mecanicamente à mesa comprimida de uma viga. A ligação mecânica é muitas vezes feita por conectores de cisalhamento (Figura 8.21), que devem estar espaçados com valores até o máximo permitido, conforme se verá no Capítulo 13. É evidente que, se a contenção contínua se estender por todo o vão, a viga não estará sujeita à flambagem lateral com torção.

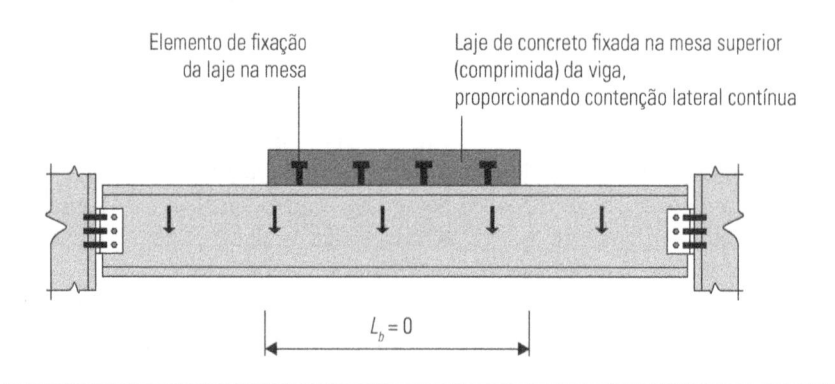

FIGURA 8.21 Viga com trecho com contenção lateral contínua.

Quanto maior for o comprimento destravado L_b, menor o momento fletor resistente da viga à flambagem lateral com torção.

8.3.4 Capacidade resistente dos elementos de travamento lateral

Na flambagem lateral com torção, supõe-se que determinada força solicitante de cálculo atue na face comprimida das seções transversais da viga, na direção do eixo de flexão, nos dois sentidos. Em vigas com perfis I fletidos em relação ao eixo perpendicular à alma (eixo x), que representam a situação mais comum na prática, e com perfis U, deve-se considerar a aplicação dessa força no centro geométrico da mesa comprimida e tomá-la como igual a:

$$F_{br,Sd} = 0,02 \frac{M_{Sd}}{h_0} \tag{8.13}$$

onde M_{Sd} é o momento fletor solicitante de cálculo na seção transversal a ser contida e h_0 é a distância entre os centros geométricos das duas mesas, como mostra a Figura 8.22. Os elementos de travamento, para cumprir sua função, precisam ter capacidade de suportar essa força, que, obviamente, deve ser decomposta na direção deles (Figura 8.22).

Além disso, os elementos de travamento precisam ter rigidez suficiente para assegurar que a mesa comprimida da seção transversal dos perfis I e U só possa se deslocar lateralmente de um valor muito reduzido, de modo a não prejudicar a eficiência da contenção. O valor mínimo dessa rigidez é fornecido pela ABNT NBR 8800:2008. No entanto, geralmente, na prática, as rigidezes dos elementos de travamento estão acima da exigida. Por essa razão, e também tendo em vista sua complexidade, esse assunto não será tratado neste livro, mas recomenda-se sua consideração no cálculo estrutural, caso se observe que os elementos de travamento possuem rigidez muito reduzida.

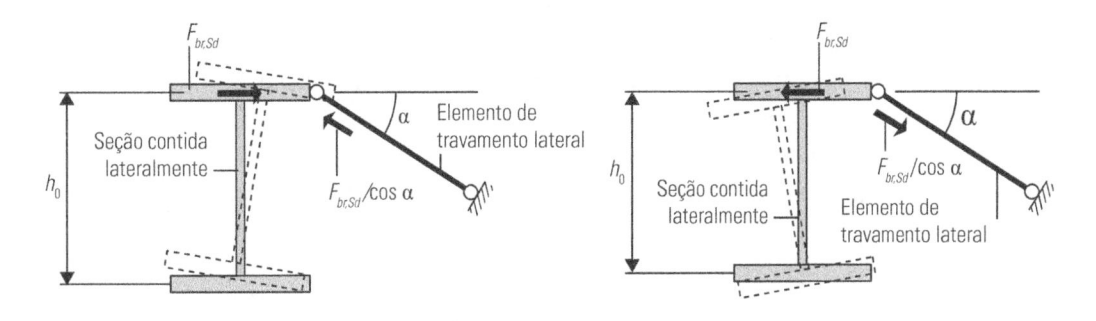

FIGURA 8.22 Força atuante nos elementos de travamento.

A força $F_{br,Sd}$ dada pela Equação (8.13) deve ser considerada nas duas faces nos casos em que travamentos forem necessários nessas duas faces (seção de inflexão ou seções vizinhas à seção de inflexão e vigas em balanço).

8.3.5 Valor do momento fletor resistente nominal

8.3.5.1 Situação tratada

Nos subitens seguintes serão fornecidos os valores do momento fletor resistente nominal de vigas constituídas por perfil I duplamente simétrico fletido em relação ao eixo perpendicular à alma (eixo x), desconsiderando as imperfeições geométricas iniciais, ou seja, relacionadas com a flambagem lateral com torção. Esses valores, embora sejam ligeiramente superiores aos que seriam obtidos caso as imperfeições fossem levadas em conta, são adotados pela norma brasileira ABNT NBR 8800:2008 e não violam seus princípios de segurança.

8.3.5.2 Regime elástico

Momento crítico elástico

Para a situação mencionada no Subitem 8.3.5.1, pode-se demonstrar que o valor do momento fletor resistente nominal à flambagem lateral com torção em regime elástico, chamado momento fletor de flambagem elástica, ou momento crítico elástico, e representado por M_{cr}, em dado comprimento destravado L_b, é calculado por:

$$M_{cr} = \frac{C_b \pi^2 E_a I_y}{L_b^2} \sqrt{\frac{C_w}{I_y}\left(1 + 0{,}039\,\frac{J L_b^2}{C_w}\right)} \tag{8.14}$$

onde C_b é um fator que será definido a seguir, I_y é o momento de inércia da seção transversal em relação ao eixo y (eixo central perpendicular às mesas), J é a constante de torção e C_w é a constante de empenamento (J e C_w são fornecidos pela Equação (7.9) e pela Figura 7.7, respectivamente). Notar que M_{cr} se eleva com o aumento dos valores de I_y, J e C_w, pois, quanto maior for I_y, mais difícil é a ocorrência da translação lateral μ, um dos deslocamentos que compõem a FLT, e, quanto maiores forem J e C_w, mais difícil é a ocorrência da torção θ, o outro deslocamento que compõe a flambagem. Dentre essas propriedades geométricas, I_y é a que mais influencia o valor de M_{cr}. Além disso, como já foi explicitado anteriormente, M_{cr} é tanto maior quanto menor for o comprimento destravado L_b.

Fator C_b

O fator C_b, que recebe a denominação de fator de modificação para diagrama de momento fletor não uniforme, tem a função de levar em conta a influência da variação de momento fletor ao longo do comprimento destravado L_b, sendo dado, para as situações mais comuns, por:

$$C_b = \frac{12,5\left|M_{máx}\right|}{2,5\left|M_{máx}\right| + 3\left|M_A\right| + 4\left|M_B\right| + 3\left|M_C\right|} \leq 3,0 \tag{8.15}$$

onde (Figura 8.23):

- $\left|M_A\right|$ é o valor do momento fletor, em módulo, na seção situada a um quarto do comprimento destravado, medido a partir da extremidade da esquerda;
- $\left|M_B\right|$ é o valor do momento fletor, em módulo, na seção central do comprimento destravado;
- $\left|M_C\right|$ é o valor do momento fletor, em módulo, na seção situada a três quartos do comprimento destravado, medido a partir da extremidade da esquerda;
- $\left|M_{máx}\right|$ é o valor do momento fletor máximo, em módulo, no comprimento destravado (pode coincidir com M_A, M_B ou M_C).

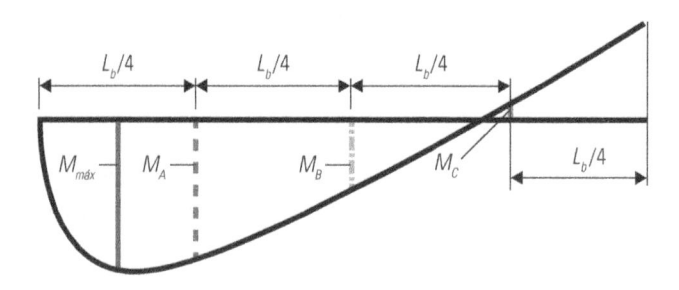

FIGURA 8.23 Valores dos momentos para cálculo do fator C_b.

Pela Equação (8.15) constata-se que o valor de C_b depende apenas da forma do diagrama de momento fletor ao longo do comprimento destravado L_b. A Tabela 8.1 fornece alguns valores desse fator para formas de diagrama comumente encontradas na prática.

É interessante notar que C_b tem valor mínimo de 1,0, que ocorre quando o momento fletor é constante ao longo do comprimento destravado, uma vez que essa situação é a mais desfavorável possível (uma das mesas fica com a máxima tensão de compressão em todo o comprimento destravado). Para praticamente todos os outros diagramas de momento fletor, C_b tem valor superior a 1,0. Adicionalmente, em vigas em balanço, usa-se também a Equação (8.15) para comprimentos destravados entre duas seções contidas lateralmente, mas entre uma seção contida lateralmente e a extremidade livre deve-se tomar, de modo conservador, C_b igual a 1,0, desde que não atue nessa extremidade livre, um momento concentrado (nesse caso, recomenda-se adotar $C_b = 0,5$).

Situação particular ocorre quando uma das mesas está continuamente travada contra translação lateral e a outra mesa está livre para se deslocar lateralmente, com existência de compressão em algum trecho da mesa livre. Nessas condições, deve-se tomar como comprimento destravado L_b a distância entre duas seções com as duas faces impedidas de se deslocar lateralmente e, se as forças transversais atuantes, que podem possuir qualquer distribuição, tiverem sentido da mesa travada para a mesa livre e existir momento que comprime a mesa livre (momento negativo) em pelo menos uma extremidade do comprimento destravado (Figura 8.24), usa-se:

$$C_b = 3,0 - \frac{2}{3}\frac{M_1}{M_0} - \frac{8}{3}\frac{M_2}{\left(M_0 + M_1^*\right)} \tag{8.16}$$

onde:

- M_0 é o valor do maior momento fletor solicitante de cálculo que comprime a mesa livre nas extremidades do comprimento destravado, tomado com sinal negativo;
- M_1 é o valor do momento fletor solicitante de cálculo na outra extremidade do comprimento destravado, tomado com sinal negativo, se comprimir a mesa livre, ou positivo, se tracioná-la;
- M_1^* é igual a M_1, mas tomado como igual a zero se tracionar a mesa livre;
- M_2 é o momento fletor na seção central do comprimento destravado, tomado com sinal positivo se tracionar a mesa livre e negativo se comprimi-la.

TABELA 8.1 C_b em função do diagrama de momento fletor no comprimento L_b conforme a Equação (8.15)

Carregamento e condições de contorno	Forma do diagrama de momento fletor	C_b	Carregamento e condições de contorno	Forma do diagrama de momento fletor	C_b
M ... M, L_b	(retângulo)	1,00	$P/2$, $P/2$; $L_b/4$, $L_b/2$, $L_b/4$	(trapézio)	1,00
M ... $M/2$, L_b	(trapezoidal)	1,35	q, L_b (biengastada)	(parábola)	2,38
M, L_b	(triangular)	1,67	P, $L_b/2$, $L_b/2$ (biengastada)	(triangular)	1,92
M ... $M/2$, L_b	(bitriangular)	2,17	$P/2$, $P/2$; $L_b/4$, $L_b/2$, $L_b/4$ (biengastada)		2,14
M ... M, L_b	(bitriangular)	2,27	q, L_b (engastada-apoiada)		2,08
q, L_b	(parábola)	1,14	P, $L_b/2$, $L_b/2$ (engastada-apoiada)		1,71
P, $L_b/2$, $L_b/2$	(triangular)	1,32	$P/2$, $P/2$; $L_b/4$, $L_b/2$, $L_b/4$ (engastada-apoiada)		1,95

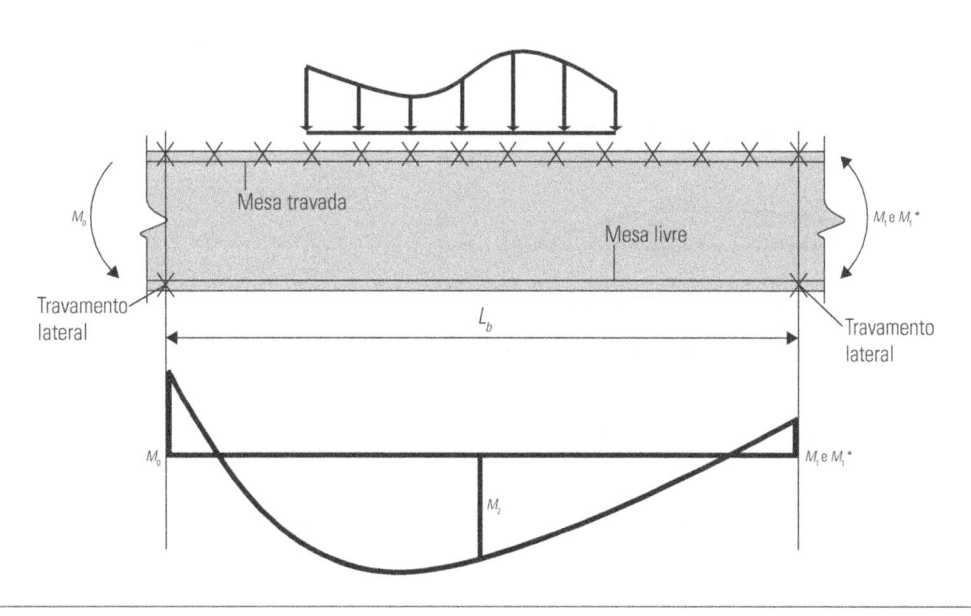

FIGURA 8.24 Barra com mesa travada e forças com sentido dessa mesa para a livre.

Se a barra estiver submetida a uma força transversal uniformemente distribuída, com sentido da mesa livre para a travada (Figura 8.25), deve-se usar:

- se os momentos nas duas extremidades tracionarem a mesa livre ou forem nulos (caso A da Figura 8.25),

$$C_b = 2,0 - \frac{(M_0 + 0,6 M_1)}{M_2} \quad (8.17)$$

- se o momento comprimir a mesa livre em apenas uma extremidade (caso B da Figura 8.25),

$$C_b = \frac{(0,165 M_0 + 2,0 M_1 - 2,0 M_2)}{(0,5 M_1 - M_2)} \quad (8.18)$$

- se os momentos nas duas extremidades comprimirem a mesa livre (caso C da Figura 8.25),

$$C_b = 2,0 - \left(0,165 + \frac{1}{3}\frac{M_1}{M_0}\right)\frac{(M_0 + M_1)}{M_2} \quad (8.19)$$

onde:

- M_0 é o valor do menor momento fletor que traciona a mesa livre, tomado com sinal positivo (caso A), ou do momento fletor que comprime a mesa livre, tomado com sinal negativo (caso B), ou do maior momento fletor que comprime a mesa livre, tomado com sinal negativo (caso C), nas extremidades do comprimento destravado;
- M_1 é o valor do maior momento fletor que traciona a mesa livre, tomado com sinal positivo (caso A), ou do momento fletor que traciona a mesa livre, tomado com sinal positivo, ou momento nulo (caso B), ou do menor momento fletor que comprime a mesa livre, tomado com sinal negativo (caso C), nas extremidades do comprimento destravado;
- M_2 é o momento fletor na seção central do comprimento destravado, tomado com sinal positivo se tracionar a mesa livre ou negativo se comprimi-la.

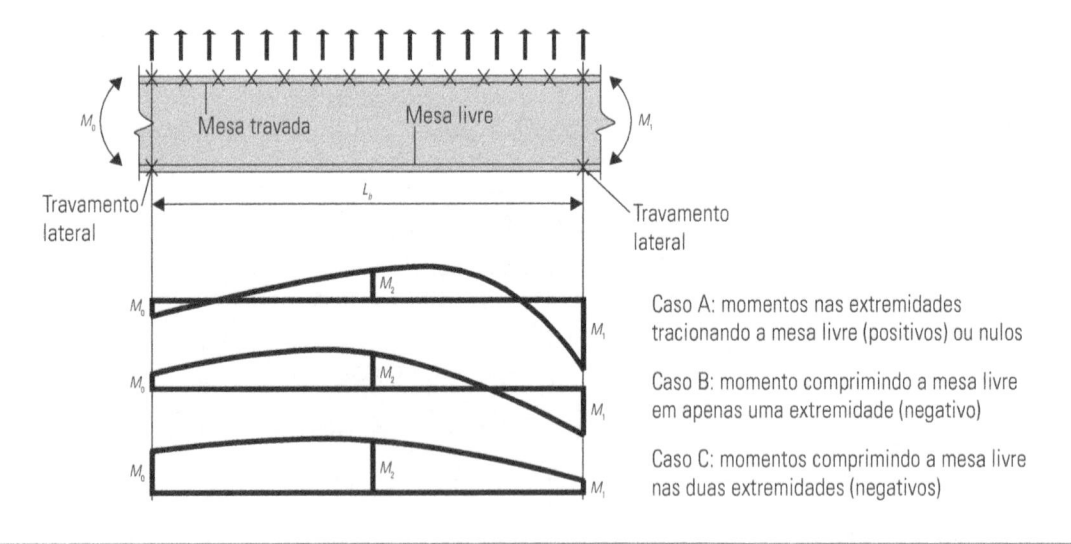

FIGURA 8.25 Barra com mesa travada e forças com sentido da mesa livre para essa mesa.

Em todos os outros casos em que uma das mesas está continuamente travada contra translação lateral, deve-se tomar C_b igual a 1,0.

Limite do regime elástico

A flambagem lateral com torção somente ocorre em regime elástico se M_{cr} for inferior ao momento correspondente ao início do escoamento, M_r, considerando as tensões residuais, ou seja, se:

$$M_{cr} = \frac{C_b \pi^2 E_a I_y}{L_b^2} \sqrt{\frac{C_w}{I_y}\left(1 + 0{,}039\frac{JL_b^2}{C_w}\right)} < M_r = W_x\left(f_y - \sigma_r\right) \qquad (8.20)$$

onde σ_r é o valor da tensão residual.

Igualando os dois termos dessa equação, de modo a obter o valor de L_b acima do qual a flambagem ocorre em regime elástico e chamando esse valor de L_r, obtém-se, após algumas operações algébricas:

$$L_r = \frac{1{,}38 C_b \sqrt{I_y J}}{J\beta_1}\sqrt{1 + \sqrt{1 + \frac{27 C_w \beta_1^2}{C_b^2 I_y}}} \qquad (8.21)$$

com

$$\beta_1 = \frac{(f_y - \sigma_r)W_x}{E_a J} \qquad (8.22)$$

A ABNT NBR 8800:2008 divide L_b e L_r pelo raio de giração em relação ao eixo y, r_y, obtendo-se, assim, λ e λ_r, denominados respectivamente parâmetro de esbeltez e parâmetro de esbeltez correspondente ao início do escoamento. Portanto, a flambagem se dará em regime elástico se:

$$\lambda = \frac{L_b}{r_y} > \lambda_r = \frac{L_r}{r_y} = \frac{1{,}38 C_b \sqrt{I_y J}}{r_y J\beta_1}\sqrt{1 + \sqrt{1 + \frac{27 C_w \beta_1^2}{C_b^2 I_y}}} \qquad (8.23)$$

A norma brasileira, ainda, assume que, no cálculo de λ_r, o fator C_b seja sempre considerado igual a 1,0. Logo:

$$\lambda_r = \frac{1{,}38\sqrt{I_y J}}{r_y J\beta_1}\sqrt{1 + \sqrt{1 + \frac{27 C_w \beta_1^2}{I_y}}} \qquad (8.24)$$

Assumir C_b sempre com valor unitário permite simplificar a determinação de λ_r, tornando seu valor independente do diagrama de momento fletor, sem que os resultados comprometam os níveis de segurança prescritos.

8.3.5.3 Regime elastoplástico e plastificação total

É possível demonstrar que não ocorre flambagem lateral com torção da viga, com o colapso se dando por meio de plastificação total da seção transversal (formação de rótula plástica) se o parâmetro de esbeltez λ for bastante reduzido, ou seja, se esse parâmetro for inferior ou igual a λ_p, denominado parâmetro de esbeltez correspondente à plastificação. Essa condição é expressa por:

$$\lambda \leq \lambda_p = 1{,}76\sqrt{\frac{E_a}{f_y}} \qquad (8.25)$$

Nesse caso, o momento fletor resistente nominal, M_{Rk} (Figura 8.26), é igual ao momento de plastificação M_{pl}.

Se o parâmetro de esbeltez λ estiver entre λ_p e λ_r, a flambagem lateral ocorrerá em regime elastoplástico (uma parte da seção escoada e outra ainda elástica), e o valor do momento fletor resistente nominal, M_{Rk}, é dado simplificadamente por uma reta de transição, unindo os pontos (λ_r, M_r) e (λ_p, M_{pl}), multiplicada pelo fator C_b, conforme se vê na Figura 8.26, ou seja:

$$M_{Rk} = C_b\left[M_{pl} - (M_{pl} - M_r)\frac{\lambda - \lambda_p}{\lambda_r - \lambda_p}\right] \qquad (8.26)$$

Observa-se ainda na Figura 8.26 que a formulação usada para determinar o momento resistente M_{Rk}, envolvendo a adoção de um valor para λ_r independente do fator C_b, exige que as equações desse momento em regimes elástico e elastoplástico, respectivamente equações (8.14) e (8.26), sejam limitadas pelo momento de plastificação M_{pl}. Isso porque, se C_b for alto, a equação do regime elástico já alcança M_{pl} com valores do parâmetro de esbeltez λ superiores a λ_r ou a equação do regime elastoplástico alcança M_{pl} com valores de λ entre λ_p e λ_r.

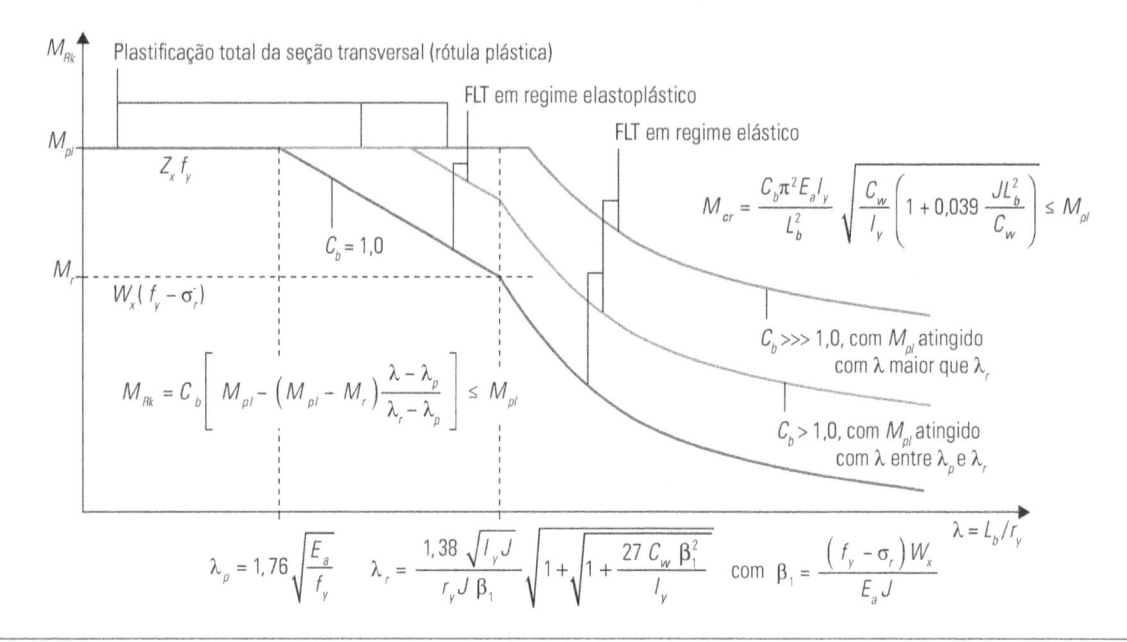

FIGURA 8.26 Momento fletor resistente nominal para FLT de perfis I fletidos em relação a x.

8.4 Flambagem local

8.4.1 Descrição do fenômeno

Outro estado-limite último que pode ocorrer como decorrência da atuação do momento fletor é a flambagem local dos elementos componentes do perfil submetidos a tensões de compressão. Esse estado-limite é similar à flambagem local dos elementos AA e AL das barras submetidas a força axial de compressão, tratada no Capítulo 7.

Em um perfil I fletido em relação ao eixo perpendicular à alma (eixo x), por exemplo, deve-se avaliar a possibilidade de ocorrência da flambagem local da mesa comprimida, representada pela sigla FLM, e a flambagem local da alma, que fica parcialmente comprimida, representada pela sigla FLA. A Figura 8.27 ilustra esses modos de flambagem.

Para facilitar o entendimento, todo o estudo da flambagem local feito neste item refere-se exclusivamente a perfis I laminados duplamente simétricos fletidos em relação ao eixo x.

(a) Flambagem local da mesa comprimida (FLM)

(b) Flambagem local da alma (FLA)

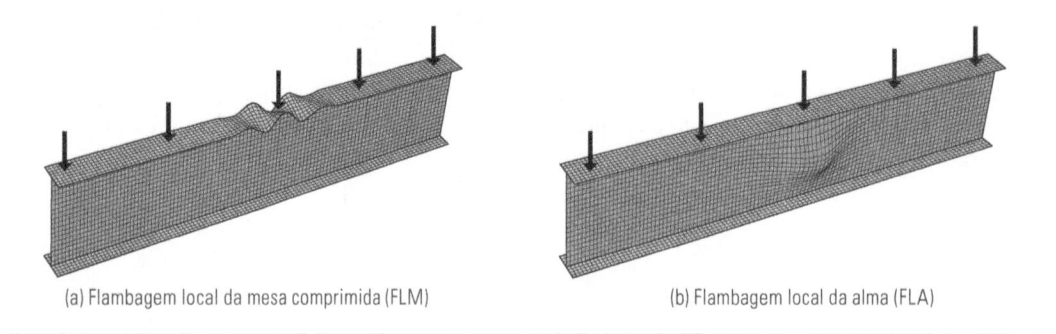

FIGURA 8.27 Flambagens locais de viga com perfil I fletido.

8.4.2 Momento fletor resistente nominal

O momento fletor resistente nominal para o estado-limite de flambagem local das barras submetidas à flexão, da mesma maneira que nas barras submetidas à força axial de compressão, depende fundamentalmente do parâmetro de esbeltez dos elementos componentes da seção transversal, igual a:

$$\lambda = \frac{b}{t} \tag{8.27}$$

onde b é a largura e t é a espessura desses elementos, grandezas cujas definições foram dadas no Capítulo 7. Assim, por exemplo, para a mesa comprimida de perfis I laminados fletidos em relação ao eixo x, se λ, dado pela relação entre a semilargura ($b_f/2$) e a espessura (t_f) da mesa, não for superior a λ_p, com:

$$\lambda_p = 0{,}38\sqrt{\frac{E_a}{f_y}} \tag{8.28}$$

não ocorre flambagem local e o momento fletor resistente nominal é igual ao de plastificação da seção transversal. Se λ for maior que λ_r, com:

$$\lambda_r = 0{,}83\sqrt{\frac{E_a}{f_y - \sigma_r}} \tag{8.29}$$

onde σ_r é a máxima tensão residual na mesa, pode ocorrer flambagem local em regime elástico. Nesse caso, o momento fletor resistente nominal é o de flambagem elástica, dado por:

$$M_{Rk} = M_{cr} = \frac{0{,}69 E_a}{\lambda^2} W_x \tag{8.30}$$

sendo W_x o módulo de resistência elástico do perfil em relação ao eixo x.

Se λ estiver entre λ_p e λ_r, a flambagem pode ocorrer em regime elastoplástico e o momento fletor resistente nominal é dado, simplificadamente, por uma reta de transição unindo os pontos (λ_r, M_r) e (λ_p, M_{pl}), ou seja, por:

$$M_{Rk} = M_{pl} - \left(M_{pl} - M_r\right)\frac{\lambda - \lambda_p}{\lambda_r - \lambda_p} \tag{8.31}$$

onde M_r, como se sabe, é o momento fletor correspondente ao início do escoamento. Esse momento é igual a:

$$M_r = W_x\left(f_y - \sigma_r\right) \tag{8.32}$$

Portanto, o valor do momento fletor resistente nominal para FLM pode ser obtido em função do parâmetro de esbeltez da mesa comprimida, por meio do gráfico da Figura 8.28.

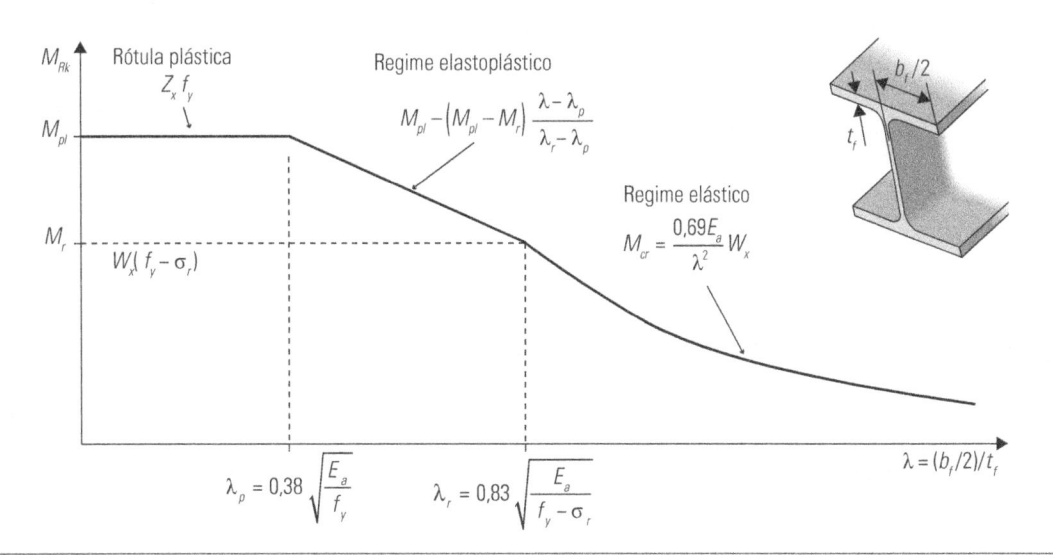

FIGURA 8.28 Momento fletor resistente nominal para FLM de perfis I laminados.

Para a alma de um perfil I laminado, também fletido em relação ao eixo x, o parâmetro de esbeltez é dado pela relação entre a altura da parte plana (h) e a espessura (t_w) da alma. Se esse parâmetro não for maior que λ_p, com:

$$\lambda_p = 3{,}76\sqrt{\frac{E_a}{f_y}} \tag{8.33}$$

não ocorre flambagem local e o momento fletor resistente nominal corresponde ao de plastificação da seção transversal. Se λ superar λ_r, com:

$$\lambda_r = 5{,}70\sqrt{\frac{E_a}{f_y}} \tag{8.34}$$

poderá ocorrer flambagem local em regime elástico. No entanto, nesse caso, pouco comum na prática, mesmo para perfis soldados, a viga é denominada viga de alma esbelta e deve ser dimensionada por meio de um procedimento próprio, que não será abordado aqui.

Se λ superar λ_p e for igual ou inferior a λ_r, a flambagem poderá ocorrer em regime elastoplástico, e o momento fletor resistente nominal pode ser encontrado, simplificadamente, pela Equação (8.31), que representa uma reta de transição unindo os pontos (λ_r, M_r) e (λ_p, M_{pl}). Ao utilizar essa equação, no entanto, na determinação de M_r, as tensões residuais não são consideradas, por terem valores reduzidos na alma (observar que essas tensões, pela mesma razão, também não apareceram no cálculo de λ_r). Assim:

$$M_r = W_x f_y \tag{8.35}$$

Considerando o exposto, o valor do momento fletor resistente nominal para FLA pode ser obtido em função do parâmetro de esbeltez da alma, por meio do gráfico da Figura 8.29.

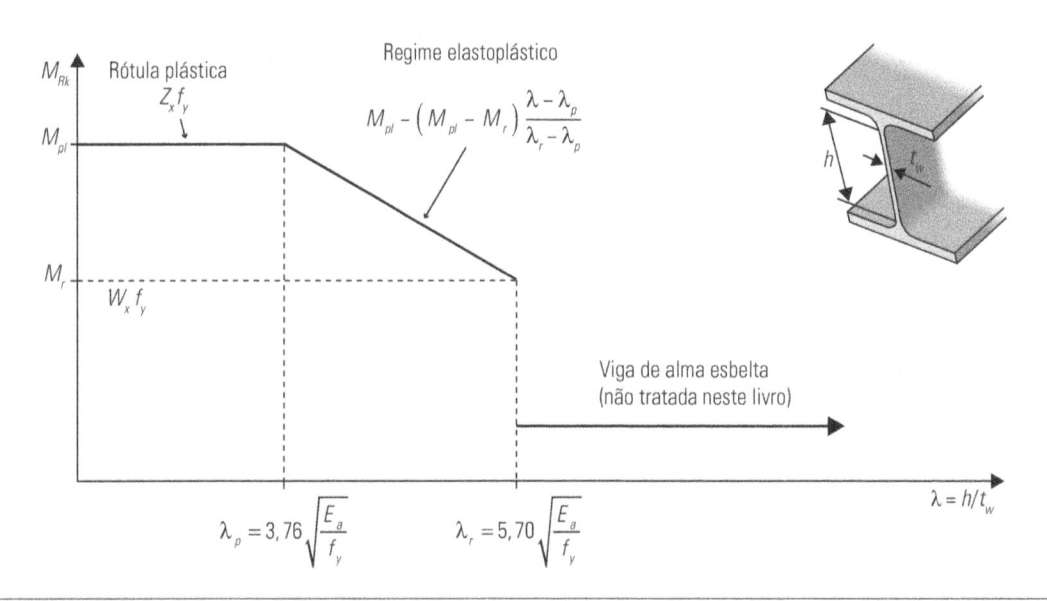

FIGURA 8.29 Momento fletor resistente nominal para FLA de perfis I laminados.

8.5 Dimensionamento ao momento fletor

8.5.1 Condição necessária

No dimensionamento aos estados-limites últimos de uma barra submetida ao momento fletor, deve-se satisfazer a seguinte relação:

$$M_{Sd} \leq M_{Rd} \tag{8.36}$$

onde M_{Sd} é o momento fletor solicitante de cálculo, obtido com a combinação última de ações apropriada, e M_{Rd} é o momento fletor resistente de cálculo.

O momento fletor resistente de cálculo é dado por:

$$M_{Rd} = \frac{M_{Rk}}{\gamma_{a1}} \qquad (8.37)$$

onde M_{Rk} é o momento fletor resistente nominal, que será fornecido no subitem seguinte para as diversas situações de vigas tratadas neste capítulo (Figura 8.2), em função do estado-limite último em consideração, e γ_{a1} é o coeficiente de ponderação da resistência para estados-limites relacionados ao escoamento e à instabilidade, igual a 1,10.

Embora os estados-limites básicos sejam FLT, FLM e FLA, dependendo da seção e do eixo de flexão, algum desses estados-limites pode não ser aplicável, o que significa que não há a possibilidade de ele ocorrer, geralmente porque uma rótula plástica se forma antes disso. Esse é o caso, por exemplo, de vigas fletidas em relação ao eixo de menor momento de inércia (eixo y), nas quais não ocorre FLT.

8.5.2 Estados-limites aplicáveis e momento fletor resistente nominal

8.5.2.1 Considerações iniciais

Nos subitens 8.5.2.2 a 8.5.2.4, serão apresentadas as formulações para obtenção do momento fletor resistente nominal M_{Rk} referente aos estados-limites últimos FLT, FLM e FLA, para os perfis citados no Item 8.1 (Figura 8.2), excetuando os perfis T e os formados por duas cantoneiras iguais em forma de T, com algumas informações relevantes a respeito desses estados-limites (chama-se aqui a atenção para o fato de que anteriormente foi estabelecida a formulação para perfis I duplamente simétricos — no caso de FLM e FLA, apenas laminados). As formulações para os perfis T e para os formados por duas cantoneiras serão fornecidas nos subitens 8.5.2.5 e 8.5.2.6, respectivamente. Por fim, no Subitem 8.5.2.7, será dada uma limitação adicional relacionada ao valor de M_{Rk}.

8.5.2.2 FLT

Para os casos em que FLT é um estado-limite último aplicável, o momento fletor resistente nominal é dado por:

- para $\lambda \leq \lambda_p$,

$$M_{Rk} = M_{pl} \qquad (8.38)$$

- para $\lambda_p < \lambda \leq \lambda_r$,

$$M_{Rk} = C_b \left[M_{pl} - \left(M_{pl} - M_r \right) \frac{\lambda - \lambda_p}{\lambda_r - \lambda_p} \right] \leq M_{pl} \qquad (8.39)$$

- para $\lambda > \lambda_r$,

$$M_{Rk} = M_{cr} \leq M_{pl} \qquad (8.40)$$

A verificação da FLT deve ser efetuada em cada comprimento destravado da viga, uma vez que cada um desses comprimentos têm um M_{Sd} e um M_{Rd}, que precisam atender à condição expressa pela Equação (8.36).

As expressões apresentadas para determinação do momento fletor resistente nominal são válidas apenas para cargas transversais, caso existam, aplicadas na semialtura da seção transversal (Figura 8.30a). Se as cargas, supostas gravitacionais, estiverem aplicadas acima da semialtura, o movimento de torção é potencializado e o momento resistente se reduz (Figura 8.30b). Ao contrário, se as cargas estiverem aplicadas abaixo da semialtura, o movimento de torção é aliviado e o momento resistente se eleva (Figura 8.30c). Dessa forma, essas expressões não podem ser empregadas quando cargas atuarem acima da semialtura da viga, pois os resultados estarão contra a segurança. Evidentemente, o uso dessas expressões quando as cargas estiverem atuando abaixo da semialtura da viga leva a resultados conservadores.

(a) Carga na semialtura **(b)** Carga acima da semialtura **(c)** Carga abaixo da semialtura

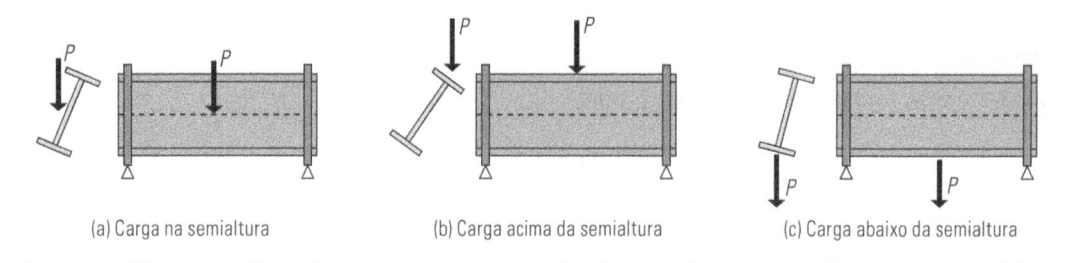

FIGURA 8.30 Influência do nível de atuação das cargas transversais gravitacionais.

Uma solução prática para quando uma carga transversal atua acima da semialtura da viga, que possibilita o uso das expressões fornecidas para a obtenção do momento resistente, consiste em conter lateralmente a seção da viga onde está a carga, como se vê na Figura 8.31, de modo que a seção não fique sujeita à flambagem lateral com torção, tornando-se apenas uma seção extrema de um comprimento destravado L_b. Evidentemente, se a carga for uniformemente distribuída, ou se mover ao longo da viga, toda a mesa superior deverá ser contida contra deslocamento lateral.

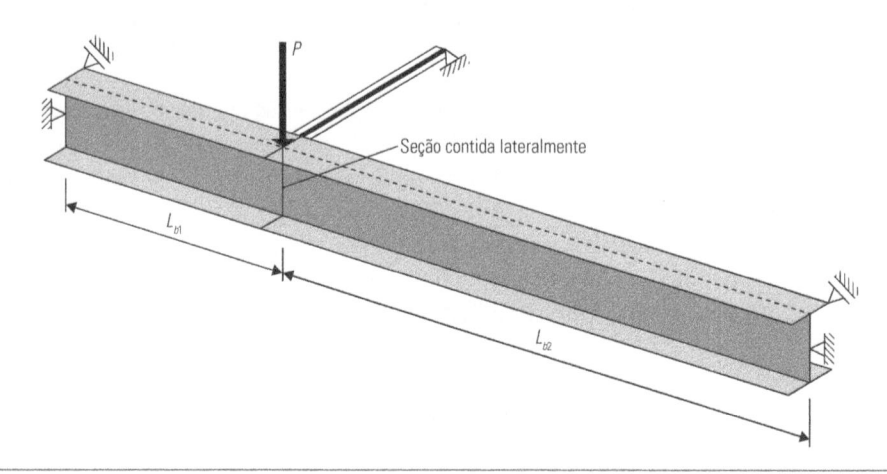

FIGURA 8.31 Carga aplicada acima da semialtura em uma seção contida lateralmente.

8.5.2.3 FLM e FLA

Para os casos em que FLM e FLA são estados-limites últimos aplicáveis, o momento fletor resistente nominal é dado por:

- para $\lambda \leq \lambda_p$,

$$M_{Rk} = M_{pl} \tag{8.38a}$$

- para $\lambda_p < \lambda \leq \lambda_r$,

$$M_{Rk} = M_{pl} - \left(M_{pl} - M_r\right)\frac{\lambda - \lambda_p}{\lambda_r - \lambda_p} \tag{8.41}$$

- para $\lambda > \lambda_r$,

$$M_{Rk} = M_{cr} \tag{8.42}$$

As verificações de FLM e de FLA devem ser efetuadas tendo como referência a viga toda, comparando-se o maior M_{Sd} com o M_{Rd}, que precisam atender à condição expressa pela Equação (8.36).

8.5.2.4 Valores das grandezas necessárias para o cálculo do momento resistente

Fornece-se a seguir a Tabela 8.2, que contém, para as situações de vigas citadas no Item 8.1, exceto aquelas com perfis T e formadas por duas cantoneiras em forma de T, os estados-limites aplicáveis e os valores de M_r, M_{cr}, λ, λ_p e

λ_r, que possibilitam a determinação do momento fletor resistente nominal M_{Rk}. Caso determinado estado-limite não seja citado, então não pode ocorrer, o que significa que, para ele, M_{Rk} é igual a M_{pl}.

TABELA 8.2 Parâmetros para cálculo do momento fletor resistente (ver notas a seguir)

Tipo de perfil e eixo de flexão	Estados-limites aplicáveis	M_r	M_{cr}	λ	λ_p	λ_r
Perfis I e H com dois eixos de simetria e perfis U fletidos em relação ao eixo de maior momento de inércia (eixo x)	FLT	$(f_y - \sigma_r)W_x$ Ver nota 5	Ver nota 1	$\dfrac{L_b}{r_y}$	$1{,}76\sqrt{\dfrac{E_a}{f_y}}$	Ver nota 1
	FLM	$(f_y - \sigma_r)W_x$ Ver nota 5	Ver nota 6	b/t Ver nota 7	$0{,}38\sqrt{\dfrac{E_a}{f_y}}$	Ver nota 6
	FLA	$f_y W_x$	Viga de alma esbelta, não prevista neste livro	$\dfrac{h}{t_w}$	$3{,}76\sqrt{\dfrac{E_a}{f_y}}$	$5{,}70\sqrt{\dfrac{E_a}{f_y}}$
Perfis I e H com apenas um eixo de simetria, situado no plano médio da alma, fletidos em relação ao eixo de maior momento de inércia (eixo x) (ver nota 8 a seguir)	FLT Ver notas 9 e 10	$(f_y - \sigma_r)W_{xc}$ $\leq f_y W_{xt}$ Ver nota 5	Ver nota 2	$\dfrac{L_b}{r_{yc}}$	$1{,}76\sqrt{\dfrac{E_a}{f_y}}$	Ver nota 2
	FLM Ver nota 11	$(f_y - \sigma_r)W_x$ Ver nota 5	Ver nota 6	b/t Ver nota 7	$0{,}38\sqrt{\dfrac{E_a}{f_y}}$	Ver nota 6
	FLA Ver nota 12	$f_y W_x$	Viga de alma esbelta, não prevista neste livro	$\dfrac{h_c}{t_w}$	$\dfrac{\dfrac{h_c}{h_p}\sqrt{\dfrac{E_a}{f_y}}}{\left(0{,}54\dfrac{M_{pl}}{M_r} - 0{,}09\right)^2} \leq \lambda_r$	$5{,}70\sqrt{\dfrac{E_a}{f_y}}$
Perfis I e H com dois eixos de simetria e perfis U fletidos em relação ao eixo de menor momento de inércia (eixo y)	FLM Ver nota 3	$(f_y - \sigma_r)W_y$	Ver nota 6	b/t Ver nota 8	$0{,}38\sqrt{\dfrac{E_a}{f_y}}$	Ver nota 6
	FLA Ver nota 3	$f_y W_{y,ef}$ Ver nota 4	$\dfrac{W_{y,ef}^2}{W_y} f_y$ Ver nota 4	$\dfrac{h}{t_w}$	$1{,}12\sqrt{\dfrac{E_a}{f_y}}$	$1{,}40\sqrt{\dfrac{E_a}{f_y}}$
Perfis retangulares sólidos (chapas) fletidos em relação ao eixo de maior momento de inércia (eixo x) (ver nota 13 a seguir)	FLT	$f_y W_x$	$\dfrac{2 C_b E_a}{\lambda}\sqrt{J A_g}$	$\dfrac{L_b}{r_y}$	$\dfrac{0{,}13 E_a}{M_{pl}}\sqrt{J A_g}$	$\dfrac{2 E_a}{M_r}\sqrt{J A_g}$

As notas relacionadas à Tabela 8.2 são as seguintes:

1) $\lambda_r = \dfrac{1{,}38\sqrt{I_y J}}{r_y J \beta_1} \sqrt{1 + \sqrt{1 + \dfrac{27 C_w \beta_1^2}{I_y}}}$

$M_{cr} = \dfrac{C_b \pi^2 E_a I_y}{L_b^2} \sqrt{\dfrac{C_w}{I_y}\left(1 + 0{,}039 \dfrac{J L_b^2}{C_w}\right)}$

onde os valores da constante de empenamento C_w, para seções I e H com dois eixos de simetria e seções U, encontram-se nas Figuras 7.7 e 7.11, respectivamente, e

$\beta_1 = \dfrac{(f_y - \sigma_r) W_x}{E_a J}$

2) $\lambda_r = \dfrac{1{,}38\sqrt{I_y J}}{r_{Tyc} J \beta_1} \sqrt{\beta_2 + \sqrt{\beta_2^2 + \dfrac{27 C_w \beta_1^2}{I_y}}}$

$M_{cr} = \dfrac{C_b \pi^2 E_a I_y}{L_b^2} \left[\beta_3 + \sqrt{\beta_3^2 + \dfrac{C_w}{I_y}\left(1 + 0{,}039 \dfrac{J L_b^2}{C_w}\right)}\right]$

onde o valor da constante de empenamento C_w, para seções I e H monossimétricas, encontra-se na Figura 7.11, e

$\beta_1 = \dfrac{(f_y - \sigma_r) W_{xc}}{E_a J}$

$\beta_2 = 5{,}2\, \beta_1\, \beta_3 + 1$

$\beta_3 = 0{,}45 \left(d - \dfrac{t_{fc} + t_{ft}}{2}\right)\left(\dfrac{\alpha_y - 1}{\alpha_y + 1}\right)$

com α_y conforme nota 8 a seguir.

3) O estado-limite FLA aplica-se somente à alma da seção U, quando comprimida pelo momento fletor (Figura 8.32a). Para seção U, o estado-limite FLM aplica-se apenas quando as extremidades livres das mesas forem comprimidas pelo momento (Figura 8.32b).

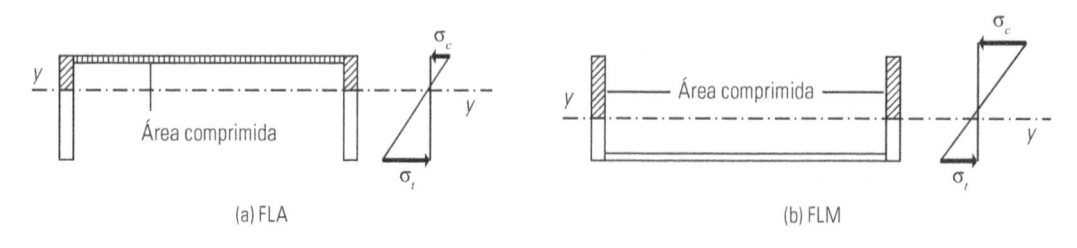

FIGURA 8.32 Aplicação dos estados-limites de flambagem local.

4) $W_{y,ef}$ é o módulo de resistência elástico mínimo, relativo ao eixo y, para seção U fletida em relação a esse eixo com a alma comprimida (Figura 8.32a), substituindo a altura total da alma h por uma efetiva h_{ef}, cujo valor é dado na Figura 8.33 (notar que a fórmula de h_{ef} é a mesma da Equação (7.16), relacionada à largura efetiva de elementos comprimidos, com os devidos ajustes).

$$h_{ef} = 1{,}92\, t_w \sqrt{\frac{E_a}{f_y}} \left(1 - \frac{0{,}34}{h/t_w}\sqrt{\frac{E_a}{f_y}}\right) \leq h$$

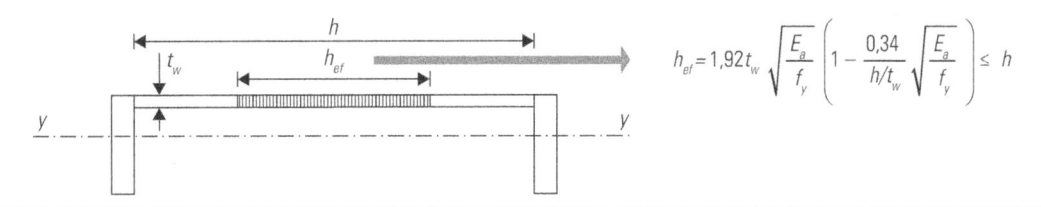

FIGURA 8.33 Altura efetiva h_{ef} da alma comprimida em seções U fletidas em y.

5) A tensão residual, σ_r, deve ser tomada como igual a 30% da resistência ao escoamento do aço utilizado, valor que reproduz bem, dentro dos índices de segurança previstos, os resultados obtidos em vigas por meio de ensaios laboratoriais e análises numéricas. Isso significa que a subtração $(f_y - \sigma_r)$ é sempre igual a $0{,}70\, f_y$.

6) Para perfis laminados: $M_{cr} = \dfrac{0{,}69\, E_a}{\lambda^2} W_c$, $\lambda_r = 0{,}83 \sqrt{\dfrac{E_a}{(f_y - \sigma_r)}}$, com σ_r conforme nota 5.

Para perfis soldados: $M_{cr} = \dfrac{0{,}90\, E_a\, k_c}{\lambda^2} W_c$, $\lambda_r = 0{,}95 \sqrt{\dfrac{E_a}{(f_y - \sigma_r)/k_c}}$, com k_c obtido conforme a Tabela 7.3 e com σ_r conforme nota 5.

7) b/t é a relação entre largura e espessura da mesa parcial ou totalmente comprimida do perfil, onde b é a metade da largura total da mesa das seções I e H ou a largura total da mesa das seções U.

8) Para essas seções, devem ser obedecidas as seguintes limitações:

   a) $1/9 \leq \alpha_y \leq 9$, com $\alpha_y = \dfrac{I_{yc}}{I_{yt}}$, sendo I_{yc} e I_{yt} definidos na nota 15;

   b) a soma das áreas da menor mesa e da alma deve ser superior à área da maior mesa.

9) Para essas seções, ao se calcular o fator C_b pela Equação (8.15), o valor obtido deve ser multiplicado pelo parâmetro de monossimetria da seção transversal, igual a:

$$R_m = 0{,}5 + 2 \left(\frac{I_{yc}}{I_y}\right)^2$$

onde I_y é o momento de inércia em relação ao eixo de simetria (eixo y), e I_{yc} é definido na nota 15. O produto entre R_m e C_b não pode ser tomado com valor superior a 3,0.

10) Se houver momentos fletores positivo e negativo no comprimento destravado, deve-se verificar a possibilidade de ocorrência de FLT para cada uma das duas mesas comprimidas livres da viga (uma verificação para cada mesa sob ação do momento que a comprime). Nessas duas verificações, observando-se as fórmulas apresentadas e o significado das grandezas constantes da nota 15, constata-se que, no cálculo do momento fletor resistente nominal M_{Rk}, apenas os valores de W_{xt} e W_{xc} são trocados, o que significa que somente os valores de M_r e λ_r podem sofrer alteração.

11) Se houver momentos fletores positivo e negativo na viga, deve-se verificar a possibilidade de ocorrência de FLM das duas mesas (uma verificação para cada mesa sob ação do momento que a comprime).

12) Se houver momentos fletores positivo e negativo na viga, deve-se verificar a possibilidade de ocorrência de FLA das duas alturas comprimidas da alma (uma verificação para cada altura da alma sob ação do momento que a comprime).

13) Para perfis retangulares sólidos (chapas) fletidos em relação ao eixo de menor momento de inércia (eixo y), o momento fletor resistente nominal é igual ao de plastificação em relação a esse eixo.

14) Algumas grandezas da tabela só têm significado quando referidas a um eixo de flexão. Essas grandezas, ainda que seus símbolos não tragam indicação, relacionam-se ao eixo de flexão especificado na primeira coluna.

15) A seguinte simbologia adicional é adotada:

I_{yc} – momento de inércia da mesa comprimida em relação ao eixo que passa pelo plano médio da alma (se, no comprimento destravado, houver momentos positivo e negativo, deve-se tomar a mesa de menor momento de inércia em relação ao eixo mencionado);

I_{yt} – momento de inércia da mesa tracionada em relação ao eixo que passa pelo plano médio da alma (se, no comprimento destravado, houver momentos positivo e negativo, deve-se tomar a mesa de maior momento de inércia em relação ao eixo mencionado);

W_x – módulo de resistência elástico mínimo da seção relativo ao eixo x;

W_{xc} – módulo de resistência elástico do lado comprimido da seção relativo ao eixo x;

W_{xt} – módulo de resistência elástico do lado tracionado da seção relativo ao eixo x;

W_y – módulo de resistência elástico mínimo da seção relativo ao eixo y;

h – altura da alma, tomada igual à distância entre faces internas das mesas nos perfis soldados e a esse valor menos os dois raios de concordância entre mesa e alma nos perfis laminados;

h_c – igual a duas vezes a distância do centro geométrico da seção transversal à face interna da mesa comprimida;

h_p – igual a duas vezes a distância da linha neutra plástica da seção transversal à face interna da mesa comprimida;

r_{Tyc} – raio de giração da seção T formada pela mesa comprimida e a parte comprimida da alma anexa, em regime elástico, em relação ao eixo que passa pelo plano médio da alma (se houver momentos positivo e negativo no comprimento destravado, deve-se tomar a seção T de menor raio de giração em relação ao eixo mencionado);

t_{fc} – espessura da mesa comprimida;

t_{ft} – espessura da mesa tracionada.

8.5.2.5 Perfis T

Para perfis T fletidos em relação ao eixo central de inércia perpendicular à alma (eixo x — Figura 8.2), um estado-limite último é a FLT, para o qual o momento fletor resistente nominal é dado por:

$$M_{Rk} = \frac{\pi\sqrt{E_a I_y G_a J}}{L_b}\left(B + \sqrt{1+B^2}\right) \leq M_{pl} \qquad (8.43)$$

onde

$$B = \pm 2{,}3\,\frac{d}{L_b}\sqrt{\frac{I_y}{J}} \qquad (8.44)$$

com o sinal negativo usado quando a extremidade da alma oposta à mesa está comprimida em algum ponto ao longo do comprimento destravado e o positivo, em caso contrário.

Outro estado-limite último é a FLM, mas apenas quando a mesa encontra-se total ou parcialmente comprimida. Nesse caso, o momento fletor resistente nominal é igual a:

- para $\lambda \leq \lambda_p$,

$$M_{Rk} = M_{pl} \qquad (8.38b)$$

- para $\lambda_p < \lambda \leq \lambda_r$,

$$M_{Rk} = \left(1{,}19 - 0{,}50\,\lambda\sqrt{\frac{f_y}{E_a}}\right) f_y W_{xc} \leq M_{pl} \qquad (8.45)$$

- para $\lambda > \lambda_r$,

$$M_{Rk} = \frac{0{,}69\,E_a W_{xc}}{\lambda^2} \leq M_{pl} \qquad (8.46)$$

com

$$\lambda = \frac{b_f}{2 t_f} \qquad (8.47)$$

$$\lambda_p = 0{,}38\sqrt{\frac{E_a}{f_y}} \qquad (8.48)$$

$$\lambda_r = 1{,}0\sqrt{\frac{E_a}{f_y}} \qquad (8.49)$$

Nesses perfis, quando a extremidade da alma oposta à mesa está comprimida em algum ponto ao longo do comprimento destravado, M_{Rk} não pode ser tomado com valor superior ao produto $W_x f_y$ (momento correspondente ao início do escoamento da seção transversal, sem considerar as tensões residuais), onde W_x é o módulo de resistência elástico mínimo da seção relativo ao eixo x (eixo de flexão). Assim, nessa situação, nas equações (8.43), (8.38b), (8.45) e (8.46), M_{pl} deve ser substituído pelo produto $W_x f_y$.

8.5.2.6 Perfis formados por duas cantoneiras iguais em forma de T

Para os perfis formados por duas cantoneiras iguais, em contato e unidas em forma de T por solda contínua, fletidos em relação ao eixo central de inércia perpendicular ao eixo de simetria (eixo x — Figura 8.2), aplica-se o procedimento dado no Subitem 8.5.2.5, apenas tomando no estado-limite FLM:

$$\lambda = \frac{b}{t} \qquad (8.50)$$

onde b é a largura e t é a espessura da aba comprimida de uma das cantoneiras.

Já para os perfis formados por duas cantoneiras iguais, com afastamento correspondente à espessura de chapas espaçadoras, em forma similar à de T, fletidas em relação ao eixo central de inércia perpendicular ao eixo de simetria (eixo x — Figura 8.2), para o estado-limite FLT, deve-se usar a Equação (8.43), dada no Subitem 8.5.2.5. O outro estado-limite é a flambagem local das abas comprimidas, para o qual:

a) quando as faces externas das abas das cantoneiras paralelas ao eixo de flexão (eixo x) estão comprimidas, aplica-se o procedimento fornecido no Subitem 8.5.2.5 para FLM, com λ dado pela Equação (8.50);

b) quando as faces externas das abas das cantoneiras paralelas ao eixo de flexão (eixo x) estão tracionadas:

- para $\lambda \leq \lambda_p$,

$$M_{Rk} = M_{pl} \qquad (8.38c)$$

- para $\lambda_p < \lambda \leq \lambda_r$,

$$M_{Rk} = \left(2{,}43 - 1{,}72\,\lambda\sqrt{\frac{f_y}{E_a}}\right) f_y W_{xc} \leq M_{pl} \qquad (8.51)$$

- para $\lambda > \lambda_r$,

$$M_{Rk} = \frac{0{,}71 E_a W_{xc}}{\lambda^2} \leq M_{pl} \qquad (8.52)$$

com λ, λ_p e λ_r dados pelas equações (8.50), (8.48) e (8.49), respectivamente.

8.5.2.7 Limitação adicional

Como se viu no Capítulo 5, usualmente é feita análise estrutural elástica tanto para determinação dos esforços solicitantes de cálculo quanto dos deslocamentos. No entanto, para que essa análise seja válida, deve-se assegurar que o momento fletor solicitante característico (sem levar em conta os coeficientes de ponderação das ações), M_{Sk}, não supere o momento correspondente ao início do escoamento sem considerar as tensões residuais, ou seja, deve-se ter:

$$M_{Sk} \leq W f_y \qquad (8.53)$$

onde W é o módulo de resistência elástico mínimo da seção em relação ao eixo de flexão. Considerando de modo simplificado que o momento fletor solicitante característico, M_{Sk}, é igual ao momento solicitante de cálculo, M_{Sd}, dividido aproximadamente por 1,40, tem-se:

$$M_{Sd} \leq 1{,}40\, W f_y \qquad (8.54)$$

Como M_{Sd} não pode superar o momento resistente de cálculo M_{Rd}, essa limitação também pode ser expressa por este último momento, ou seja:

$$M_{Rd} \leq 1{,}40\, W f_y \qquad (8.55)$$

Tendo em vista a Equação (8.37), que relaciona o momento resistente de cálculo e o momento resistente característico, M_{Rk}, conclui-se que M_{Rk} não pode superar $1{,}54 W f_y$. A ABNT NBR 8800:2008 arredonda o valor 1,54 para 1,5. Assim:

$$M_{Rk} \leq 1{,}5\, W f_y \qquad (8.56)$$

Em resumo, ao se efetuar o dimensionamento de uma barra ao momento fletor, a Equação (8.56) precisa ser obedecida. Mas, obviamente, somente há a necessidade de se preocupar com essa questão nos casos em que o fator de forma β_f pode superar 1,50 (perfis I duplamente simétricos e U fletidos em relação ao eixo y e perfis T, perfis I monossimétricos (não pertencentes à série VSM da ABNT NBR 5884:2005) e perfis formados por duas cantoneiras em forma de T fletidos em relação ao eixo x — ver Subitem 8.2.2), uma vez que, em qualquer situação, o valor máximo de M_{Rk} é o momento de plastificação $Z f_y$.

8.6 Colapso sob força cortante

8.6.1 Modos de colapso em perfil I fletido em relação ao eixo x

Para ilustrar os estados-limites últimos causados pela força cortante, será abordada uma viga com perfil I fletido em relação ao eixo perpendicular à alma (eixo x), a situação mais comum encontrada na prática. Supondo que essa viga seja birrotulada, com uma força concentrada P atuando na seção central, o diagrama de força cortante é constante e igual a $P/2$ em cada metade do vão L, conforme a Figura 8.34. Sabe-se que a alma é o elemento que mais sofre a ação da força cortante, na qual as tensões de cisalhamento (τ) provocam compressão (C) e tração (T) nas direções principais dos semivãos da viga, conforme se vê, ainda, na Figura 8.34.

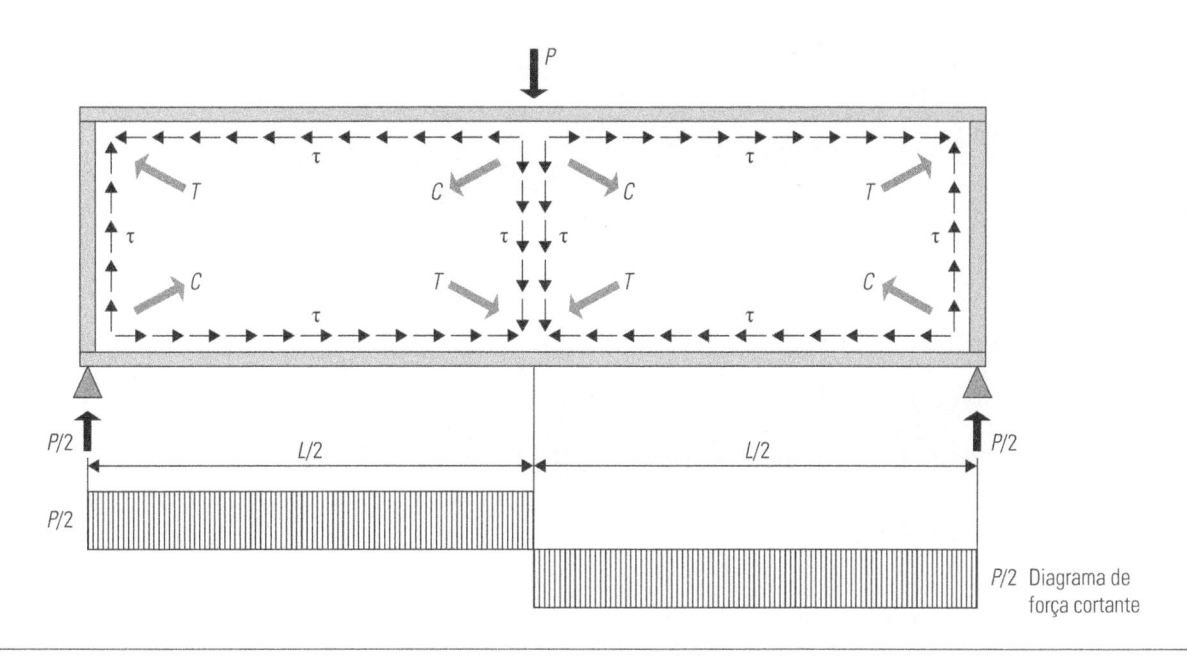

FIGURA 8.34 Tensões de cisalhamento.

A compressão em uma das direções principais pode causar a ondulação da alma (Figura 8.35) nos dois comprimentos $L/2$, o que constitui um estado-limite último relacionado à força cortante, denominado flambagem por cisalhamento. Quando esse fenômeno ocorre, a alma deixa de cumprir suas funções adequadamente, caracterizando uma situação de colapso estrutural. A existência de curvaturas iniciais da alma é desprezada, pois afeta muito pouco sua capacidade resistente à força cortante.

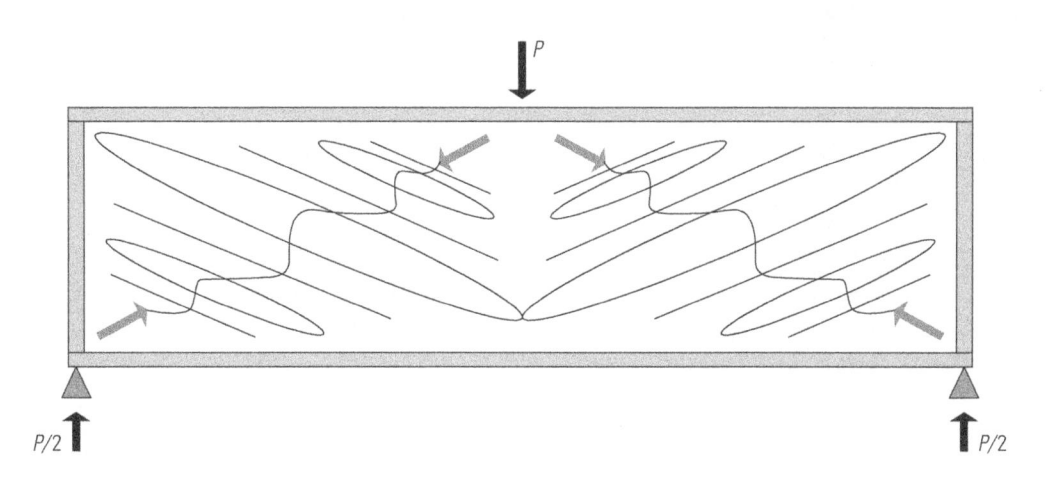

FIGURA 8.35 Flambagem da alma por cisalhamento.

A colocação de enrijecedores transversais regularmente espaçados (a distância entre dois enrijecedores é representada por a), conforme se vê na Figura 8.36, aumenta a capacidade resistente da alma à flambagem por cisalhamento, uma vez que ela fica subdividida em painéis de menores comprimentos e, portanto, mais rígidos.

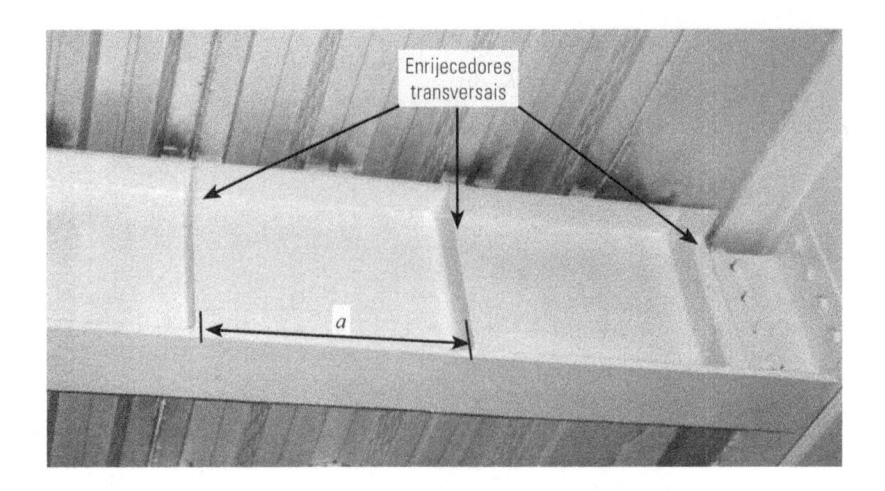

FIGURA 8.36 Viga com enrijecedores transversais.

Os enrijecedores transversais geralmente são constituídos por chapas dispostas dos dois lados da alma, soldadas à alma e às mesas do perfil, como se vê na Figura 8.37a (as soldas devem ser adequadamente verificadas, conforme se verá no Capítulo 10). Opcionalmente, os enrijecedores podem ser interrompidos do lado da mesa tracionada, de modo que a distância entre os pontos mais próximos das soldas entre mesa e alma e entre enrijecedor e alma seja de quatro a seis vezes a espessura da alma (Figura 8.37b). Geralmente, fazem-se pequenos recortes nos enrijecedores (com lados de cerca 20 mm, por exemplo), para evitar a interferência com a solda entre a alma e as mesas nos perfis soldados. Nos perfis laminados, os recortes podem ser feitos para evitar a necessidade de cortar as chapas dos enrijecedores com cantos curvos.

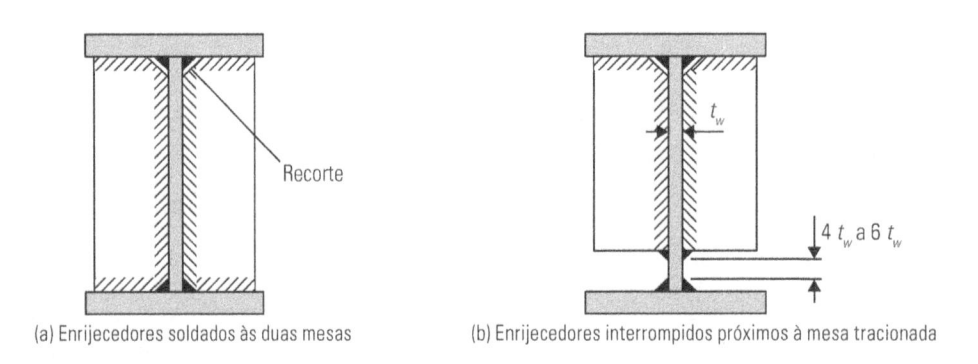

FIGURA 8.37 Detalhes da colocação de enrijecedores transversais.

Para subdividir adequadamente a alma em painéis, os enrijecedores devem possuir uma rigidez mínima, de modo que não venham a flambar com a alma. Para isso, a relação entre a largura, b_s, e a espessura, t_s, de cada chapa que compõe o enrijecedor (ver Figura 8.38) deve atender à seguinte condição:

$$\frac{b_s}{t_s} \leq 0{,}56 \sqrt{\frac{E_a}{f_{y,s}}} \tag{8.57}$$

onde $f_{y,s}$ é a resistência ao escoamento do aço do enrijecedor.

Adicionalmente, o momento de inércia da seção de um par de enrijecedores em relação a um eixo no plano médio da alma (eixo i — Figura 8.38), incluindo, para simplificar, a espessura da alma, igual a

$$I_{i,s} = \frac{t_s(2b_s + t_w)^3}{12} \tag{8.58}$$

não pode ser inferior a $at_w^3 j$, onde

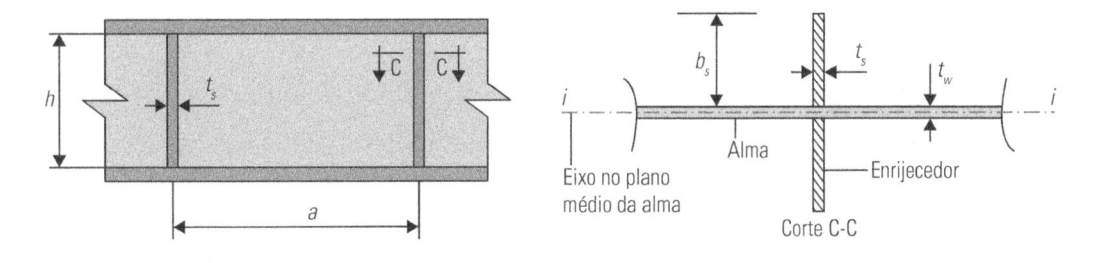

$$j = \frac{2,5}{(a/h)^2} - 2,0 \geq 0,5 \tag{8.59}$$

FIGURA 8.38 Detalhes para cálculo do momento de inércia dos enrijecedores.

Se a alma, com ou sem enrijecedores transversais, possuir capacidade resistente suficiente para não flambar, então ela consegue atingir o escoamento, e a região da viga em que isso ocorre apresenta grande deslocamento diferencial na direção da força cortante, caracterizando o colapso. Esse fenômeno é ilustrado na Figura 8.39, na qual a alma escoa nos painéis de extremidade. A força cortante que causa esse escoamento é simbolizada por V_{pl} e denominada força cortante de plastificação.

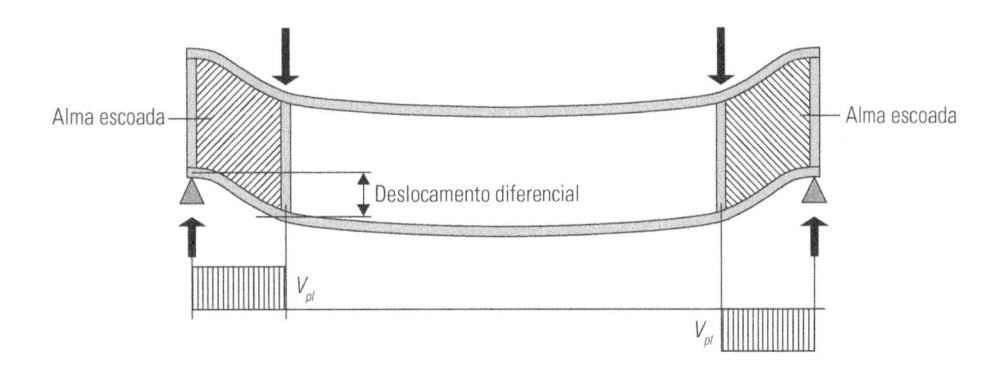

FIGURA 8.39 Colapso por plastificação da alma por cisalhamento.

8.6.2 Força cortante resistente nominal nos diversos tipos de perfil

8.6.2.1 Perfis I fletidos em relação ao eixo perpendicular à alma (eixo x)

Para uma viga em perfil I monossimétrico ou duplamente simétrico fletido em relação ao eixo x, pode-se demonstrar que o valor da força cortante resistente nominal para flambagem da alma por cisalhamento em regime elástico, chamada força cortante de flambagem elástica ou força cortante crítica elástica e representada por V_{cr}, é:

$$V_{cr} = \frac{0,90 k_v E_a A_w}{\lambda^2} \tag{8.60}$$

Nessa equação:

- λ é o parâmetro de esbeltez da alma (relação entre a altura desse elemento, definida na nota 15 do Subitem 8.5.2.4, e a espessura), ou seja,

$$\lambda = \frac{h}{t_w} \tag{8.61}$$

- A_w é a área efetiva de cisalhamento, definida como a área da parte da seção transversal responsável por suportar a força cortante, no caso, a área da alma, mas com altura considerada igual à da seção transversal, ou seja,

$$A_w = d\, t_w \tag{8.62}$$

onde d é a altura total da seção transversal;

- k_v é um coeficiente de flambagem da alma por cisalhamento, que depende da relação entre a distância dos enrijecedores transversais, a, e a altura da alma, h, de valor

$$k_v = \begin{cases} 5{,}0\text{, para almas sem enrijecedores transversais, para } \dfrac{a}{h} > 3\text{, ou para } \dfrac{a}{h} > \left(\dfrac{260}{h/t_w}\right)^2 \\ 5{,}0 + \dfrac{5{,}0}{(a/h)^2}\text{, para todos os outros casos} \end{cases} \tag{8.63}$$

A Equação (8.60) somente tem validade em regime elástico, ou seja, se V_{cr} não ultrapassar a força cortante V_r, correspondente ao início do escoamento por cisalhamento. Assim, deve-se ter:

$$V_{cr} = 0{,}90\, \frac{k_v E_a A_w}{\lambda^2} \leq V_r \tag{8.64}$$

com

$$V_r = A_w \left(f_{vy} - \tau_r \right) \tag{8.65}$$

onde τ_r é a tensão residual de cisalhamento, considerada para efeitos práticos igual a 20% da resistência ao escoamento por tensão de cisalhamento, f_{vy}, que, por sua vez, é igual a 60% da resistência ao escoamento do aço. Logo:

$$V_r = A_w \left(f_{vy} - 0{,}20 f_{vy} \right) = 0{,}60 A_w \left(f_y - 0{,}20 f_y \right) = 0{,}48 A_w f_y \tag{8.66}$$

Substituindo-se a Equação (8.66) na Equação (8.64), igualando os dois termos da equação resultante, de modo a se obter o valor de λ acima do qual a flambagem por cisalhamento ocorre em regime elástico, e chamando esse valor de λ_r, chega-se a:

$$\lambda_r = 1{,}37 \sqrt{\frac{k_v E_a}{f_y}} \tag{8.67}$$

Assim, se λ superar λ_r, ocorre flambagem elástica e, em caso contrário, flambagem em regime elastoplástico. A equação da força cortante que causa a flambagem nesse segundo intervalo é dada por:

$$V_i = \sqrt{V_{cr} V_r} \tag{8.68}$$

Considerando os valores de V_{cr} e V_r, dados respectivamente pelas equações (8.60) e (8.66), tem-se:

$$V_i = 0{,}66\, \frac{A_w}{\lambda} \sqrt{k_v E_a f_y} \tag{8.69}$$

A força cortante de plastificação da alma (Subitem 8.6.1) é tomada como igual à força que causa o escoamento da área efetiva de cisalhamento, ou seja:

$$V_{pl} = A_w f_{vy} = 0{,}60\, A_w f_y \tag{8.70}$$

O valor máximo do parâmetro de esbeltez para que não ocorra flambagem por cisalhamento, simbolizado por λ_p, pode ser obtido igualando-se as equações (8.69) e (8.70) e substituindo-se λ por λ_p, conforme se vê a seguir:

$$V_i = 0{,}66 \frac{A_w}{\lambda_p} \sqrt{k_v E_a f_y} = V_{pl} = 0{,}60 A_w f_y \tag{8.71}$$

Assim, chega-se a:

$$\lambda_p = 1{,}10 \sqrt{\frac{k_v E_a}{f_y}} \tag{8.72}$$

Portanto, se λ for inferior ou igual a λ_p, o colapso ocorre por escoamento por cisalhamento da alma, sob uma força cortante igual a V_{pl}.

Considerando os valores de λ_r e λ_p, dados respectivamente pelas equações (8.67) e (8.72), nas equações (8.60) e (8.69), chega-se finalmente à seguinte formulação para determinação de V_{Rk}, ilustrada na Figura 8.40:

- para $\lambda \leq \lambda_p$,

$$V_{Rk} = V_{pl} = 0{,}60 A_w f_y \tag{8.73}$$

- para $\lambda_p < \lambda \leq \lambda_r$,

$$V_{Rk} = V_i = \frac{\lambda_p}{\lambda} V_{pl} \tag{8.74}$$

- para $\lambda > \lambda_r$,

$$V_{Rk} = V_{cr} = 1{,}24 \left(\frac{\lambda_p}{\lambda}\right)^2 V_{pl} \tag{8.75}$$

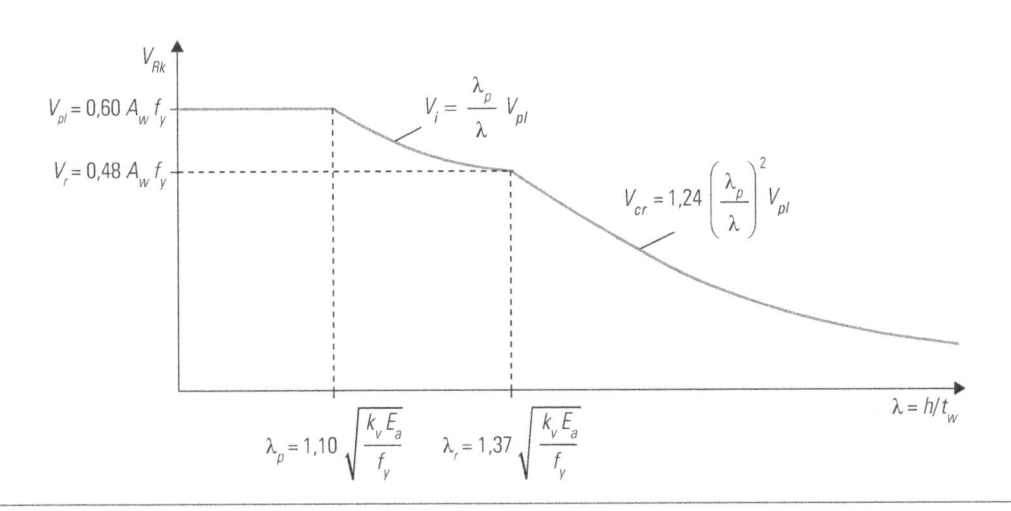

FIGURA 8.40 Força cortante resistente nominal em função de λ.

A distância entre os enrijecedores transversais na alma (a) altera o valor do coeficiente de flambagem da alma por cisalhamento (k_v) e influi consideravelmente no valor da força cortante resistente nominal (V_{Rk}). Para ilustrar esse fato, a Figura 8.41 esboça a relação entre V_{Rk} e λ para a/h maior que 3, quando k_v é igual a 5, e para a/h bastante reduzido, igual a 0,5, quando k_v é igual a 25. Trata-se de duas situações extremas, que permitem notar com clareza que, quanto maior a distância entre os enrijecedores transversais, menor a capacidade resistente da alma à força cortante. De acordo com a formulação apresentada, quando a/h supera 3, a força cortante resistente nominal não se altera mais.

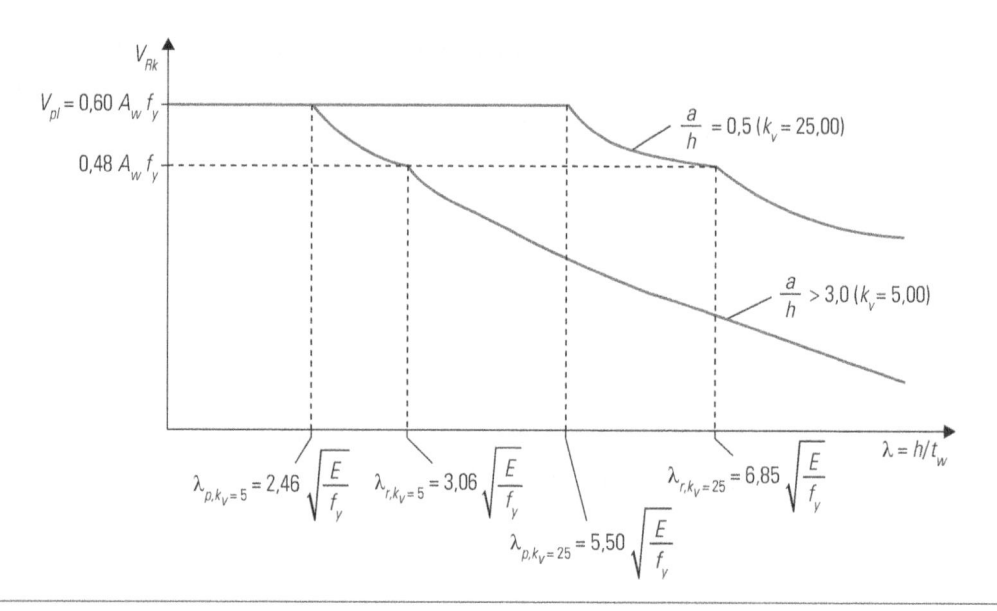

FIGURA 8.41 Variação da força cortante resistente nominal com o valor de *a/h*.

Na prática, a maioria das vigas de edifícios, especialmente os residenciais e comerciais, não necessita de enrijecedores transversais para resistir à força cortante, inclusive porque, geralmente, o dimensionamento ao momento fletor é mais desfavorável que o dimensionamento à força cortante.

8.6.2.2 Perfis U fletidos em relação ao eixo perpendicular à alma (eixo x)

Em perfis U fletidos em relação ao eixo central de inércia perpendicular à alma (eixo x, de maior momento de inércia), enrijecedores transversais não são previstos. Assim, a força cortante resistente nominal, V_{Rk}, é dada pelo procedimento apresentado no Subitem 8.6.2.1, com o coeficiente de flambagem da alma por cisalhamento, k_v, sempre igual a 5,0.

8.6.2.3 Perfis I e U fletidos em relação ao eixo perpendicular às mesas (eixo y)

Em perfis I duplamente simétricos e perfis U fletidos em relação ao eixo central de inércia perpendicular às mesas (eixo y, de menor momento de inércia), a força cortante resistente nominal, V_{Rk}, é fornecida pelo mesmo procedimento apresentado no Subitem 8.6.2.1, com k_v igual a 1,2, h igual à metade da largura das mesas nos perfis I ($b_f/2$) e à largura total das mesas nos perfis U (b_f) e t_w igual à espessura média das mesas (t_f). A força cortante V_{pl} é fornecida pela Equação (8.73), com área efetiva de cisalhamento dada por:

$$A_w = 2 b_f t_f \qquad (8.76)$$

Observa-se, portanto, que a parte da seção transversal responsável por suportar a força cortante é formada pelas duas mesas.

8.6.2.4 Perfis T fletidos em relação ao eixo perpendicular à alma (eixo x)

Em perfis T fletidos em relação ao eixo central de inércia perpendicular à alma (eixo x), a força cortante resistente nominal, V_{Rk}, é fornecida pelo procedimento apresentado no Subitem 8.6.2.1, com o coeficiente de flambagem da alma por cisalhamento, k_v, igual a 1,2, h igual à altura total da seção transversal (d) e t_w igual à espessura da alma, desde que a relação d/t_w não supere 260. A força cortante V_{pl} é dada pela Equação (8.73), com A_w dada pela Equação (8.62).

8.6.2.5 Perfis duplo L fletidos em relação ao eixo perpendicular à alma (eixo x)

Em perfis formados por duas cantoneiras iguais em forma de T fletidos em relação ao eixo central de inércia perpendicular ao eixo de simetria (eixo x), obtém-se a força cortante resistente nominal, V_{Rk}, pelo procedimento apresentado no Subitem 8.6.2.1, com o coeficiente de flambagem da alma por cisalhamento, k_v, igual a 1,2, h igual à altura total da seção transversal (*b*) e t_w igual à espessura das abas de uma das cantoneiras (*t*), desde que a relação *b/t* não supere 260. A força cortante V_{pl} é fornecida pela Equação (8.73), com:

$$A_w = 2bt \qquad (8.77)$$

8.6.2.6 Perfis retangulares sólidos (chapas)

Em perfis retangulares sólidos (chapas), a força cortante resistente nominal, V_{Rk}, é dada pela Equação (8.73), tomando-se a área efetiva de cisalhamento, A_w, igual à área bruta da seção transversal (A_g).

8.7 Dimensionamento à força cortante

No dimensionamento de uma barra à força cortante, deve-se satisfazer a seguinte condição:

$$V_{Sd} \leq V_{Rd} \qquad (8.78)$$

Nessa expressão, V_{Sd} é a força cortante solicitante de cálculo, obtida com a combinação de ações de cálculo apropriada, e V_{Rd} é a força cortante resistente de cálculo, dada por:

$$V_{Rd} = \frac{V_{Rk}}{\gamma_{a1}} \qquad (8.79)$$

onde V_{Rk} é a força cortante resistente nominal, fornecida no subitem precedente, e γ_{a1} é o coeficiente de ponderação da resistência para estados-limites relacionados ao escoamento e à instabilidade, igual a 1,10.

8.8 Colapso sob forças localizadas em mesa de perfil I

8.8.1 Forças localizadas comprimindo a alma

Quando existe uma força localizada atuando diretamente na mesa de um perfil I, comprimindo a alma, quatro estados-limites últimos podem ocorrer: escoamento local da alma, enrugamento da alma, flambagem lateral da alma e flambagem da alma por compressão. Esses modos de colapso são mostrados na Figura 8.42, observando-se que o último deles só ocorre quando forças opostas atuarem comprimindo a alma pelas duas mesas.

(a) Escoamento local da alma

(b) Enrugamento da alma

(c) Flambagem lateral da alma

(d) Flambagem da alma por compressão

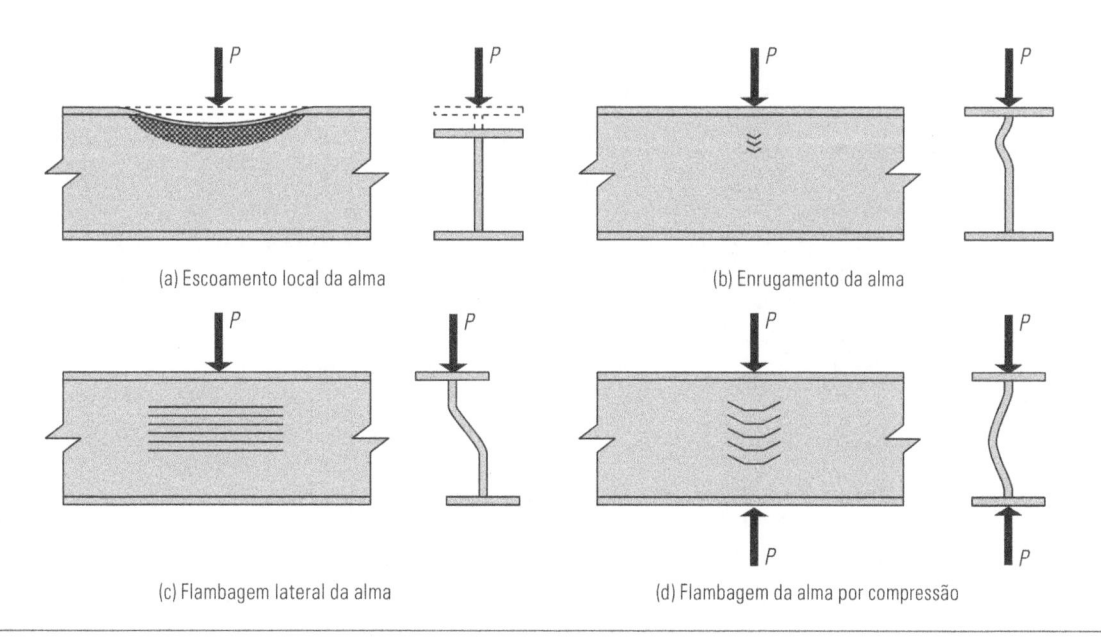

FIGURA 8.42 Estados-limites últimos causados por força localizada de compressão.

A ABNT NBR 8800:2008 fornece métodos para verificar se a viga resiste a cada um dos estados-limites últimos citados e, no caso de não resistir, deve-se aumentar a espessura da alma ou, o que é mais comum, usar enrijecedores transversais na seção de atuação da força localizada para resolver o problema. Neste livro, para simplificar, recomenda-se o uso de enrijecedores constituídos por chapas dos dois lados da alma sempre que houver força localizada comprimindo a alma, atendendo às seguintes condições (Figura 8.43):

- devem estender-se por toda a altura da alma e ser adequadamente soldados às mesas e à alma (as soldas devem ser verificadas de acordo com os procedimentos que serão vistos no Capítulo 10);
- a largura de cada enrijecedor, somada à metade da espessura da alma da viga, não pode ser menor que um terço da largura da mesa que recebe a força localizada;
- a espessura de um enrijecedor não pode ser menor que a metade da espessura da mesa da viga que recebe a força localizada, e ainda deve obedecer à Equação (8.57);
- quando os enrijecedores transversais forem utilizados também com o objetivo de aumentar o valor da força cortante resistente de cálculo da viga, deve-se atender, ainda, o valor mínimo para o momento de inércia $I_{i,s}$, conforme o Subitem 8.6.1.

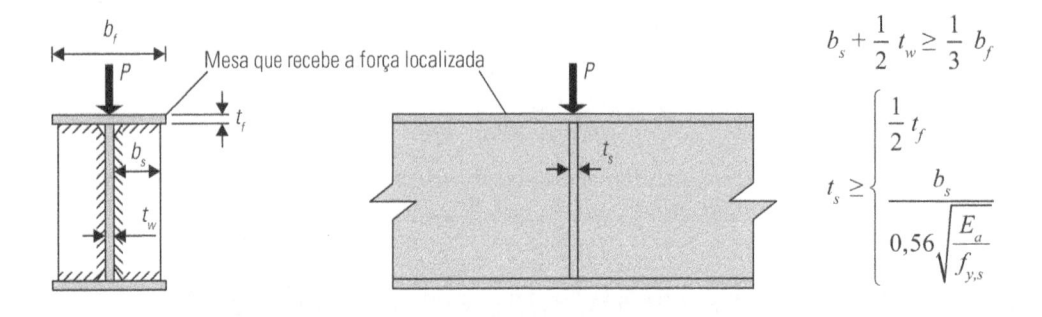

$$b_s + \frac{1}{2} t_w \geq \frac{1}{3} b_f$$

$$t_s \geq \begin{cases} \frac{1}{2} t_f \\ b_s \\ 0{,}56\sqrt{\dfrac{E_a}{f_{y,s}}} \end{cases}$$

FIGURA 8.43 Exigências para enrijecedores sob forças localizadas de compressão.

Adicionalmente, os enrijecedores devem ser dimensionados como barras axialmente comprimidas (Capítulo 7) submetidas à força localizada, em valor de cálculo. Nesse dimensionamento, deve ser levado em conta o estado-limite último de instabilidade por flexão em relação a um eixo no plano médio da alma, considerando, de forma simplificada, uma seção transversal resistente formada pelos enrijecedores dos dois lados da alma, mais a área da alma entre eles, portanto, com a área bruta igual a:

$$A_{g,s} = \left(2 b_s + t_w\right) t_s \tag{8.80}$$

e comprimento de flambagem igual à altura da alma h (Figura 8.44).

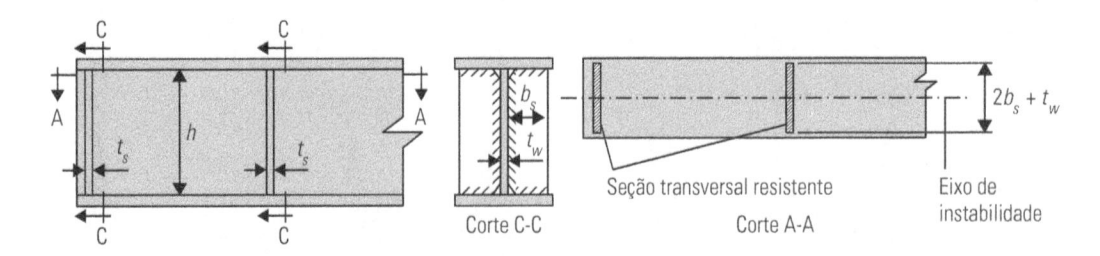

FIGURA 8.44 Seção transversal e eixo de instabilidade para enrijecedores comprimidos.

Os enrijecedores também devem ser verificados ao cisalhamento, a exemplo do Subitem 10.14.1.

A Figura 8.45 mostra duas situações práticas em que forças localizadas atuam na mesa de uma viga, causando compressão na alma, com enrijecedores transversais devidamente colocados. Na primeira situação, um pilar que suporta um piso ou uma cobertura em um nível mais alto se apoia diretamente sobre a mesa da viga, observando-se a presença de dois enrijecedores, cada um dando continuidade a uma mesa do pilar, uma vez que essas mesas são as responsáveis pela transmissão das forças localizadas do pilar para a viga (a força transmitida pela alma é menor e mais distribuída no comprimento da viga). Na segunda situação, uma viga de piso ou cobertura se apoia na face superior de outra viga, comprimindo sua alma.

(a) Pilar apoiado na face superior de viga

(b) Viga apoiada na face superior de outra viga

FIGURA 8.45 Algumas situações práticas de força localizada comprimindo alma de viga.

8.8.2 Forças localizadas tracionando a alma

Quando uma força localizada atua diretamente na mesa de um perfil I, tracionando a alma, dois estados-limites últimos, mostrados na Figura 8.46, podem ocorrer: flexão local da mesa em que se situa a força localizada, caso essa força tenha um comprimento de atuação b_a igual ou superior a $0,15b_f$, em que b_f é a largura da mesa carregada, e escoamento local da alma.

(a) Flexão local da mesa

(b) Escoamento local da alma

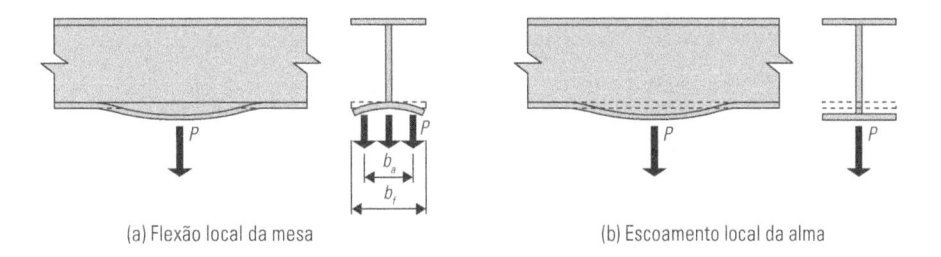

FIGURA 8.46 Estados-limites últimos causados por força localizada de tração.

Da mesma forma que no caso de força localizada que comprime a alma da viga, a ABNT NBR 8800:2008 fornece métodos para verificar se a viga resiste aos dois estados-limites citados e, no caso de não resistir, a alma deve ter sua espessura aumentada ou, o que é mais comum, empregar enrijecedores transversais para resolver o problema. Aqui, também simplificadamente, recomenda-se o uso desses enrijecedores sempre que houver forças localizadas nas mesas dos perfis tracionando a alma, atendendo às mesmas condições dos enrijecedores comprimidos, com exceção do fato de poderem se estender pelo menos até a metade da altura da alma (Figura 8.47). As soldas devem ser verificadas conforme as prescrições que serão vistas no Capítulo 10.

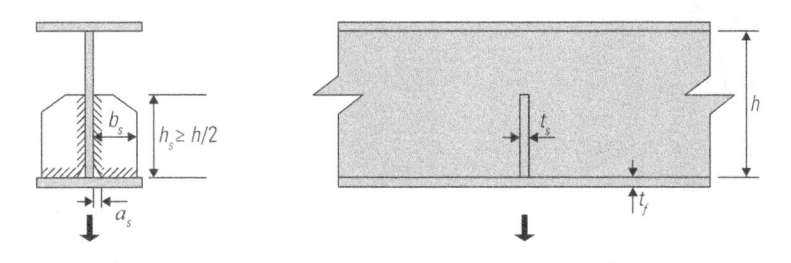

FIGURA 8.47 Enrijecedores em seção de força localizada de tração.

Os enrijecedores transversais necessários para resistir a uma força localizada que produza tração na alma devem ser dimensionados como barras axialmente tracionadas (Capítulo 6). Nesse dimensionamento, toma-se, como bruta, a área total dos enrijecedores situados dos dois lados da alma no plano perpendicular à força localizada e, como líquida efetiva, a área desses enrijecedores ligada à mesa carregada, descontando-se os recortes que porventura existam. Assim, observando-se a Figura 8.47, a área bruta ($A_{g,s}$) é igual a $2b_s t_s$, e a área líquida efetiva ($A_{e,s}$) é igual a $2(b_s - a_s)t_s$.

Os enrijecedores também devem ser verificados ao cisalhamento, a exemplo do Subitem 10.14.1.

A Figura 8.48 apresenta duas situações usuais em que forças localizadas atuam na mesa de uma viga produzindo tração na alma, com o emprego de enrijecedores. Na primeira, vigas de piso ou cobertura se apoiam na face inferior de outra viga, tracionando sua alma. Na segunda, um pendural, que suporta um piso em nível mais abaixo, se apoia diretamente na face inferior de uma viga, também tracionando sua alma.

(a) Vigas apoiadas na face inferior de outra viga

(b) Pendural ligado na face inferior de viga

FIGURA 8.48 Algumas situações práticas de força localizada tracionando alma de viga.

8.8.3 Apoios de vigas com a alma solta

Os apoios de vigas com a alma solta (não conectada a qualquer elemento estrutural) representam casos de forças localizadas comprimindo ou tracionando a alma (Figura 8.49a e Figura 8.49b, respectivamente), e deve-se, portanto, utilizar os procedimentos descritos no Subitem 8.8.1 ou no 8.8.2. No entanto, nessas situações, mesmo que a alma esteja tracionada, os enrijecedores devem se estender por toda a sua altura, com a finalidade de assegurar que esse elemento não venha a sofrer uma flexão lateral excessiva (Figura 8.49c). É interessante observar que, na Figura 8.45b, a viga que se apoia sobre a outra tem enrijecedores de extremidade comprimidos e, na Figura 8.48a, as vigas inferiores (suportadas) têm enrijecedores de extremidade tracionados.

(a) Reação de apoio comprimindo a alma

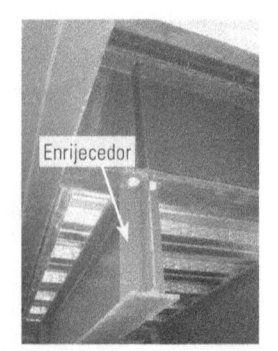

(b) Reação de apoio tracionando a alma

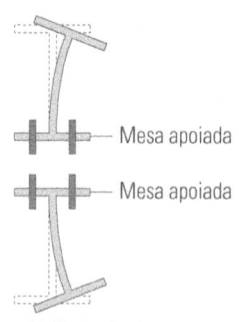

(c) Flexão da alma

— Mesa apoiada
— Mesa apoiada

FIGURA 8.49 Enrijecedores de apoio em casos de alma livre.

8.9 Aberturas na alma de perfil I

Muitas vezes, a redução da altura dos andares e, consequentemente, da altura total de uma edificação é interessante, porque possibilita:

- melhor aproveitamento do espaço vertical, propiciando, por exemplo, a viabilização de certos arranjos arquitetônicos, e até a criação de novos pavimentos na altura economizada;
- diminuição do volume e da área total da obra, o que implica menores custos de construção e, posteriormente, de operação e manutenção.

Um procedimento para reduzir a altura de uma edificação consiste na execução de aberturas na alma dos perfis I das vigas para passagem de dutos de instalações de ar condicionado, de transporte de água, de instalações elétricas etc., como ilustra a Figura 8.50.

A presença de aberturas na alma, no entanto, reduz a rigidez e a capacidade resistente da viga, principalmente à força cortante, uma vez que cabe à alma suportar a totalidade dessa força. Essa redução, determinada por meio de cálculos adicionais trabalhosos, pode levar à necessidade de se colocar reforços nas aberturas. A Figura 8.51 mostra aberturas circular e retangular sem e com reforços usuais. Observa-se que o reforço contorna a abertura circular e é constituído por duas chapas horizontais na abertura retangular. Também se pode reforçar uma abertura circular com duas chapas horizontais.

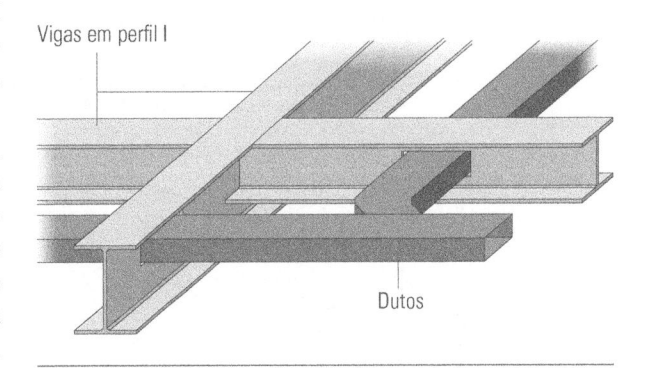

FIGURA 8.50 Vigas em perfil I com abertura na alma.

(a) Abertura circular

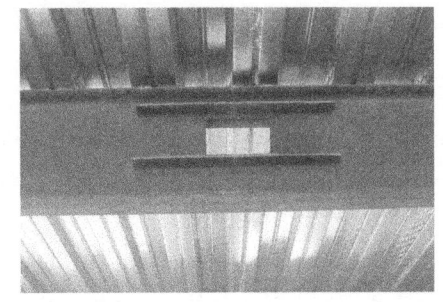

(b) Abertura retangular

FIGURA 8.51 Aberturas circular e retangular sem e com reforços.

Com base na ABNT NBR 8800:2008, admite-se a execução de aberturas circulares e sem reforço na alma de vigas de aço birrotuladas constituídas por perfis I ou H com dois eixos de simetria ou com apenas um eixo de simetria situado no plano médio da alma, fletidos em relação ao eixo de maior momento de inércia (eixo *x*), sem a necessidade de cálculos adicionais, desde que:

- o carregamento atuante seja uniformemente distribuído (Figura 8.52);
- para os estados-limites últimos de FLM e FLA, a viga consiga atingir o momento de plastificação, ou seja, não possua λ superior a $λ_p$, com esses dois parâmetros determinados conforme a Tabela 8.2;
- a força cortante solicitante de cálculo nos apoios não seja maior que 50% da força cortante resistente de cálculo da viga sem considerar a presença das aberturas.

Além disso, as aberturas precisam estar situadas dentro do terço médio da altura e nos dois quartos centrais do vão da viga, e a distância longitudinal entre os centros de duas aberturas adjacentes deve ser, no mínimo, igual a 2,5 vezes o diâmetro da maior dessas duas aberturas (Figura 8.52).

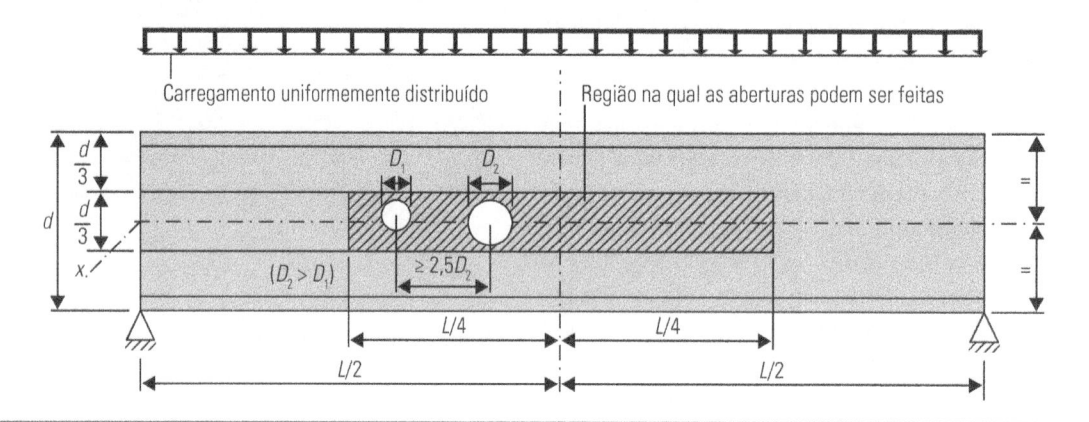

FIGURA 8.52 Condições para execução de aberturas circulares sem reforço.

8.10 Exemplos de aplicação

8.10.1 Módulo resistente plástico de seção I duplamente simétrica

Propõe-se aqui, em uma seção I de aço duplamente simétrica de mesas de largura b_f e espessura t_f, e alma de altura h e espessura t_w, a obtenção dos módulos resistentes plásticos em relação aos eixos centrais de inércia *x* e *y*.

> Veja a resolução deste exemplo de aplicação no site www.loja.grupoa.com.br

8.10.2 Módulo resistente plástico de perfil I monossimétrico

Propõe-se agora, em uma seção I de aço monossimétrica, de altura total de 60 cm, uma das mesas, com largura de 10 cm e espessura de 1,6 cm, a outra mesa, com largura de 30 cm e espessura de 1,9 cm, e a alma, com espessura de 0,8 cm, a obtenção do módulo resistente plástico em relação ao eixo central de inércia perpendicular à alma (eixo *x*).

> Veja a resolução deste exemplo de aplicação no site www.loja.grupoa.com.br

8.10.3 Verificação de viga em perfil I soldado não tabelado

A viga birrotulada AB da figura a seguir pertence ao piso de uma edificação comercial, possui 12 m de vão e se apoia sobre pilares de concreto. Ela funciona como suporte para as vigas CD e EF, que chegam na sua face superior. A viga CD descarrega em AB uma reação característica de 46 kN, decorrente de peso próprio de elementos construtivos industrializados com adições *in loco*, e de 110 kN, decorrente de sobrecarga. A viga EF descarrega em AB reações de mesma origem, de valores de 20 kN e 38 kN, respectivamente.

CAPÍTULO 8 Barras de aço fletidas **201**

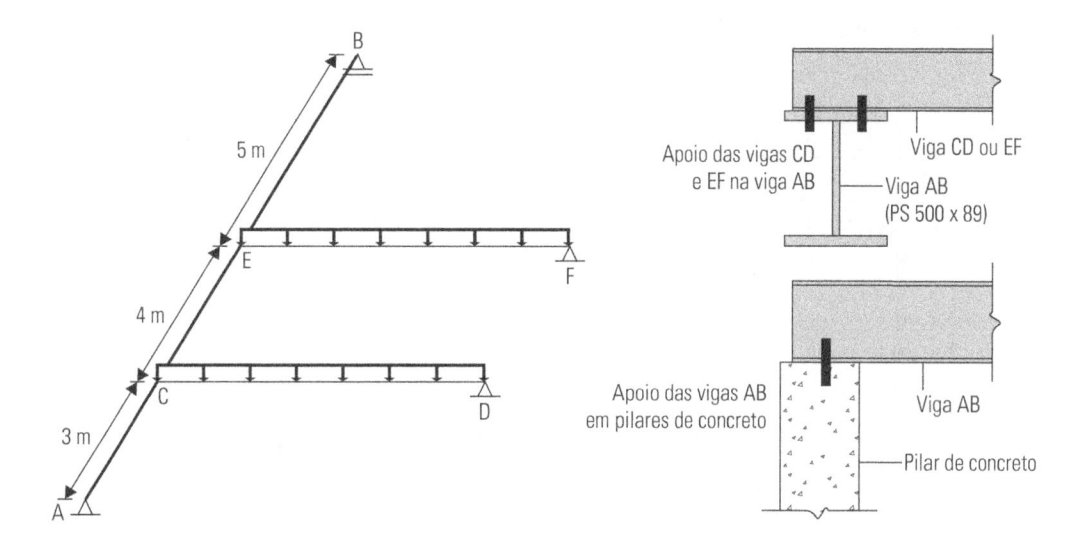

Será verificada a viga AB, projetada com o perfil soldado duplamente simétrico PS 500 x 300 x 12,5 x 8,0, não tabelado pela ABNT NBR 5884:2005, e fabricado com aço USI CIVIL 350, aos estados-limites últimos, para uso normal da edificação, bem como a flecha, tendo em vista o conforto dos usuários. Admite-se desprezar o peso próprio da viga.

> Veja a resolução deste exemplo de aplicação no site www.loja.grupoa.com.br

8.10.4 Verificação de contenção lateral de seções transversais

Supondo-se que as vigas CD e EF do exemplo precedente tenham perfil laminado W 310 x 21, com resistência ao escoamento do aço, f_y, igual a 345 MPa e vão de 6 m, propõe-se avaliar se elas conseguem, de fato, conter lateralmente as seções transversais C e E da viga AB. Sabe-se que a menor força axial resistente de cálculo dessas vigas ocorre em situação de compressão e é igual a 50% da força correspondente ao escoamento da seção transversal.

Solução

A figura a seguir mostra a viga AB, sua seção transversal e seu diagrama de momento fletor, com indicação dos momentos fletores solicitantes de cálculo nas seções C e E, e as vigas CD e EF, cada uma com sua seção transversal:

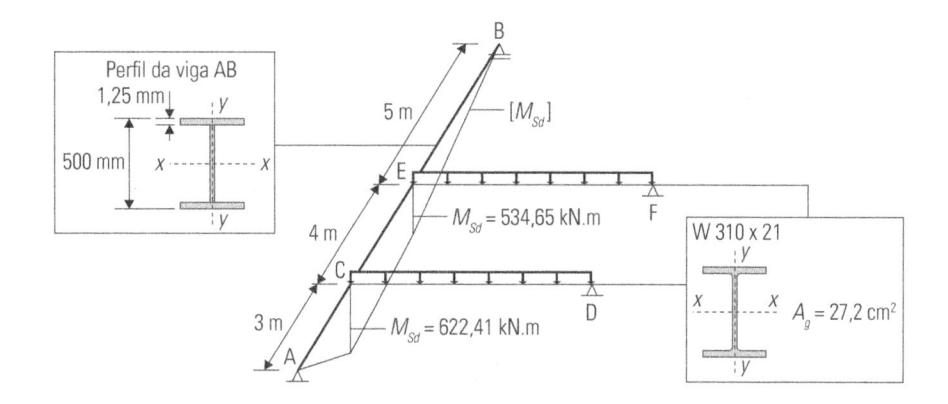

O momento fletor solicitante de cálculo na seção C da viga AB é igual a 62.241 kN.cm. Assim, de acordo com a Equação (8.13) do Subitem 8.3.4, o sistema de travamento precisa ter capacidade resistente para suportar uma força na direção do eixo x da seção transversal da viga AB, aplicada na mesa comprimida dessa viga, nos dois sentidos, igual a:

$$F_{br,Sd} = 0{,}02\,\frac{M_{Sd}}{h_0} = 0{,}02\,\frac{62.241}{50 - 1{,}25} = 25{,}53 \text{ kN}$$

Essa força vai solicitar axialmente, por tração ou compressão, a viga CD, que, no caso, é a única componente do sistema de travamento, como se vê na figura a seguir.

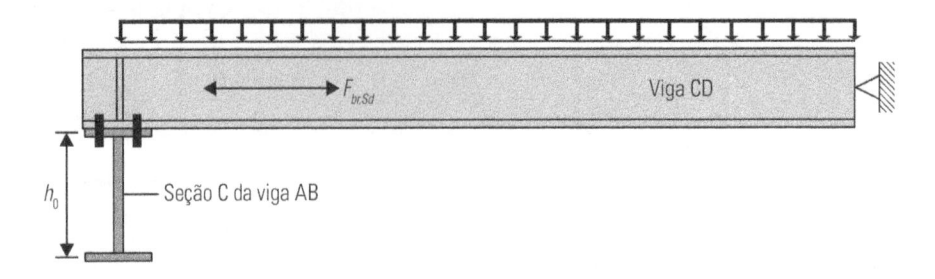

A força axial resistente de cálculo da viga CD, para a pior situação, conforme o enunciado (compressão), é:

$N_{c,Rd} = 0,50\, A_g f_y = 0,50 \times 27,2 \times 34,5 = 469,2$ kN

Logo, como $F_{br,Sd}$ é menor que $N_{c,Rd}$, a viga CD consegue conter lateralmente a seção C da viga AB.

A seção E, como possui momento fletor menor que o da seção C, e porque a viga EF é igual à viga CD, está também adequadamente contida contra deslocamento lateral para efeito de FLT.

Chama-se a atenção para o fato de que as rigidezes das vigas EF e CD não foram verificadas, partindo-se do pressuposto que apresentam valores adequados, com base no exposto no Subitem 8.3.4.

8.10.5 Dimensionamento de viga em perfil I soldado tabelado

Considere o mesmo conjunto de vigas do Subitem 8.10.3, mas com todas as ações triplicadas. Assim, a viga CD descarrega em AB uma reação característica de 138 kN, decorrente de peso próprio de elementos construtivos industrializados com adições *in loco*, e de 330 kN, decorrente de sobrecarga, e a viga EF descarrega em AB reações de mesma origem, de valores de 60 kN e 114 kN, respectivamente. Propõe-se dimensionar a viga AB, em perfil soldado da série VS, tabelados na ABNT NBR 5884:2005, usando aço USI CIVIL 350.

a) Aço estrutural

USI CIVIL 350 $\Rightarrow f_y = 350$ MPa $= 35,0$ kN/cm²

b) Esforços solicitantes de cálculo na viga AB

Na viga AB são traçados os diagramas de força cortante e momento fletor solicitantes de cálculo, a partir das reações de apoio, em valores de cálculo, das vigas CD e EF:

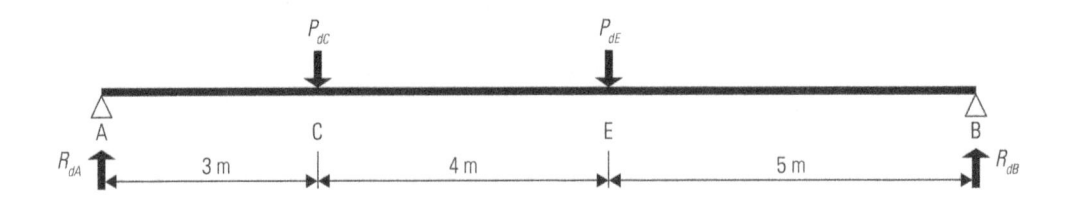

$P_{dC} = 1,40 \times 138 + 1,50 \times 330 = 688,20$ kN $P_{dE} = 1,40 \times 60 + 1,50 \times 114 = 255,00$ kN

$R_{dA} = \dfrac{688,2 \times 9 + 255 \times 5}{12} = 622,40$ kN $R_{dB} = 688,2 + 255 - 622,4 = 320,80$ kN

```
      A         C    65,80          320,80           [V_Sd]
                                                      (kN)
                           E              B
              622,40

      A         C              E              B      [M_Sd]
                                                     (kN.m)
                                       320,80 × 5 = 1.604,00
                   622,4 × 3 = 1.867,20
```

c) Pré-dimensionamento

Deve-se considerar, inicialmente, para fins de pré-dimensionamento, que o momento fletor solicitante de cálculo é o máximo valor desse esforço solicitante e que o perfil escolhido atingirá o momento de plastificação M_{pl}, o que representa a melhor situação em termos de economia de material. Assim:

$$M_{Sd} \leq M_{Rd} = \frac{M_{Rk}}{\gamma_{a1}} = \frac{M_{pl}}{1,10} = \frac{Z_x f_y}{1,10}$$

$$186.720 \leq \frac{Z_x \times 35}{1,10} \Rightarrow Z_x \geq 5.868 \text{ cm}^3$$

Na tabela de perfis soldados da série VS (Item B.1 do Apêndice B), observa-se que deve ser tomado o perfil VS 800 x 143, que possui $Z_x = 5.910$ cm^3, mostrado a seguir com suas dimensões e propriedades geométricas importantes:

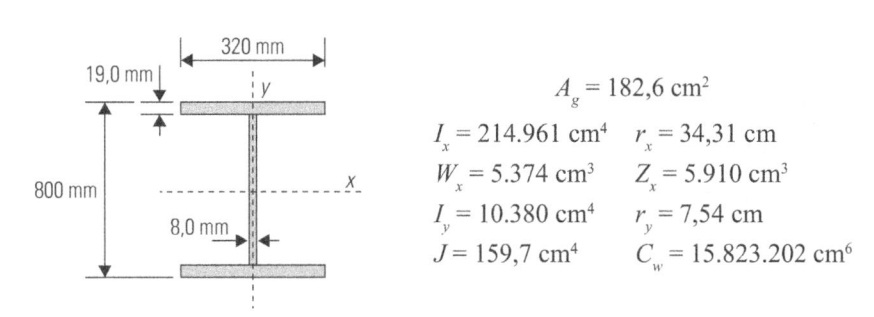

$A_g = 182,6$ cm^2
$I_x = 214.961$ cm^4 $r_x = 34,31$ cm
$W_x = 5.374$ cm^3 $Z_x = 5.910$ cm^3
$I_y = 10.380$ cm^4 $r_y = 7,54$ cm
$J = 159,7$ cm^4 $C_w = 15.823.202$ cm^6

d) Verificação do perfil VS 800 x 143 ao momento fletor

d1) Flambagem local

- FLM

$$\lambda = \frac{b}{t} = \frac{320/2}{19} = 8,42$$

$$\lambda_p = 0,38\sqrt{\frac{E_a}{f_y}} = 0,38\sqrt{\frac{20.000}{35}} = 9,08$$

$\lambda = 8,42 < \lambda_p = 9,08 \Rightarrow M_{Rk} = M_{pl} = Z_x f_y = 5.910 \times 35 = 206.850$ kN.cm

- FLA

$$\lambda = \frac{h}{t_w} = \frac{800 - 2(19)}{8,0} = \frac{762}{8,0} = 95,25$$

$$\lambda_p = 3{,}76\sqrt{\frac{E_a}{f_y}} = 89{,}88$$

$$\lambda = 95{,}25 > \lambda_p = 89{,}88 \;\Rightarrow\; \lambda_r = 5{,}70\sqrt{\frac{E_a}{f_y}} = 136{,}26$$

$$\lambda_p = 89{,}88 < \lambda = 95{,}25 < \lambda_r = 136{,}26 \;\Rightarrow\; M_{Rk} = M_{pl} - \left(M_{pl} - M_r\right)\frac{\lambda - \lambda_p}{\lambda_r - \lambda_p}$$

$M_{pl} = Z_x f_y = 206.850$ kN.cm (já calculado na FLM)

$M_r = f_y W_x = 35 \times 5.374 = 188.090$ kN.cm

$$M_{Rk} = 206.850 - \left(206.850 - 188.090\right)\frac{95{,}25 - 89{,}88}{136{,}26 - 89{,}88} = 204.678 \text{ kN.cm}$$

- Resumo

$M_{Rk} = 204.678$ kN.cm (menor valor entre FLM e FLA)

$$M_{Sd} = 186.720 \text{ kN.cm} > M_{Rd} = \frac{M_{Rk}}{1{,}10} = \frac{204.678}{1{,}10} = 186.071 \text{ kN.cm} \;\Rightarrow\; \text{Não atende!}$$

Portanto, como M_{Sd} supera, embora por pequena diferença, M_{Rd}, o perfil deve ser alterado.

e) Nova escolha de perfil

Será tomado, como nova tentativa, o perfil tabelado com peso imediatamente superior na tabela do Item B.1 do Apêndice B, ou seja, o perfil VS 850 × 155, mostrado a seguir com suas dimensões e propriedades geométricas importantes:

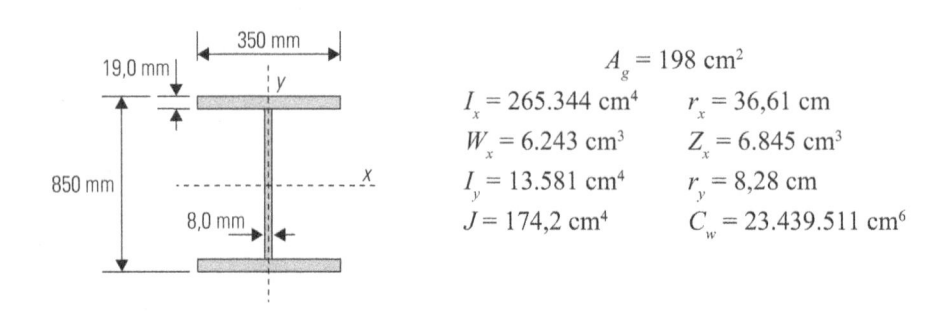

$A_g = 198$ cm²

$I_x = 265.344$ cm⁴ $r_x = 36{,}61$ cm

$W_x = 6.243$ cm³ $Z_x = 6.845$ cm³

$I_y = 13.581$ cm⁴ $r_y = 8{,}28$ cm

$J = 174{,}2$ cm⁴ $C_w = 23.439.511$ cm⁶

f) Verificação do perfil VS 850 x 155 ao momento fletor

f1) Flambagem local

- FLM

$$\lambda = \frac{b}{t} = \frac{350/2}{19} = 9{,}21$$

$$\lambda_p = 0{,}38\sqrt{\frac{E_a}{f_y}} = 0{,}38\sqrt{\frac{20.000}{35}} = 9{,}08$$

$$\lambda = 9{,}21 > \lambda_p = 9{,}08 \;\Rightarrow\; \lambda_r = 0{,}95\sqrt{\frac{E_a k_c}{\left(f_y - \sigma_r\right)}}$$

$$k_c = \frac{4}{\sqrt{h/t_w}} = \frac{4}{\sqrt{812/8}} = 0,40$$

$$f_y - \sigma_r = 0,70 f_y = 0,70 \times 35 = 24,5 \text{ kN/cm}^2$$

$$\lambda_r = 0,95 \sqrt{\frac{20.000 \times 0,40}{24,5}} = 17,17$$

$$\lambda_p = 9,08 < \lambda = 9,21 < \lambda_r = 17,17 \Rightarrow M_{Rk} = M_{pl} - \left(M_{pl} - M_r\right)\frac{\lambda - \lambda_p}{\lambda_r - \lambda_p}$$

$$M_{pl} = Z_x f_y = 6.845 \times 35 = 239.575 \text{ kN.cm}$$

$$M_r = (f_y - \sigma_r)W_x = 24,5 \times 6.243 = 152.954 \text{ kN.cm}$$

$$M_{Rk} = 239.575 - (239.575 - 152.954)\frac{9,21 - 9,08}{17,17 - 9,08} = 238.183 \text{ kN.cm}$$

- FLA

$$\lambda = \frac{h}{t_w} = \frac{850 - 2(19)}{8,0} = \frac{812}{8,0} = 101,50$$

$$\lambda_p = 3,76 \sqrt{\frac{E_a}{f_y}} = 89,88$$

$$\lambda = 101,50 > \lambda_p = 89,88 \Rightarrow \lambda_r = 5,70 \sqrt{\frac{E_a}{f_y}} = 136,26$$

$$\lambda_p = 89,88 < \lambda = 101,50 < \lambda_r = 136,26 \Rightarrow M_{Rk} = M_{pl} - \left(M_{pl} - M_r\right)\frac{\lambda - \lambda_p}{\lambda_r - \lambda_p}$$

$$M_{pl} = 239.575 \text{ kN.cm (já calculado na FLM)}$$

$$M_r = f_y W_x = 35 \times 6.243 = 218.505 \text{ kN.cm}$$

$$M_{Rk} = 239.575 - \left(239.575 - 218.505\right)\frac{101,50 - 89,88}{136,26 - 89,88} = 234.296 \text{ kN.cm}$$

- Resumo

$$M_{Rk} = 234.296 \text{ kN.cm (menor valor entre FLM e FLA)}$$

$$M_{Sd} = 186.720 \text{ kN.cm} < M_{Rd} = \frac{M_{Rk}}{1,10} = \frac{234.296}{1,10} = 212.996 \text{ kN.cm} \Rightarrow \text{Atende!}$$

f2) Flambagem lateral com torção (FLT)

- Comprimento destravado EB ($L_b = 5$ m)

$$\lambda = \frac{L_b}{r_y} = \frac{500}{8,28} = 60,39$$

$$\lambda_p = 1,76 \sqrt{\frac{E_a}{f_y}} = 42,07$$

$$\lambda = 60,39 > \lambda_p = 42,07 \Rightarrow \lambda_r = \frac{1,38\sqrt{I_y J}}{r_y J \beta_1} \sqrt{1 + \sqrt{1 + \frac{27 C_w \beta_1^2}{I_y}}}$$

$$\beta_1 = \frac{(f_y - \sigma_r)W_x}{E_a J} = \frac{24,5 \times 6.243}{20.000 \times 174,2} = 0,044 \text{ /cm}$$

$$\lambda_r = \frac{1,38\sqrt{13.581 \times 174,2}}{8,28 \times 174,2 \times 0,044} \sqrt{1 + \sqrt{1 + \frac{27 \times 23.439.511 \times 0,044^2}{13.581}}} = 108,64$$

$$\lambda_p = 42,07 < \lambda = 60,39 < \lambda_r = 108,64 \Rightarrow M_{Rk} = C_b \left[M_{pl} - (M_{pl} - M_r)\frac{\lambda - \lambda_p}{\lambda_r - \lambda_p} \right] \leq M_{pl}$$

$$M_r = (f_y - \sigma_r)W_x = 24,5 \times 6.243 = 152.954 \text{ kN.cm}$$

$C_b = 1,67$ (igual ao valor do exemplo do Subitem 8.10.3, pois o diagrama tem o mesmo formato, apenas com todos os momentos fletores fatorados por um valor constante)

$$M_{Rk} = 1,67\left[239.575 - (239.575 - 152.954)\frac{60,39 - 42,07}{108,64 - 42,07} \right] = 360.281 \text{ kN.cm} > M_{pl} = 239.575 \text{ kN.cm}$$

Usar $M_{Rk} = M_{pl} = 239.575$ kN.cm

$$M_{Sd} = 160.400 \text{ kN.cm} < M_{Rd} = \frac{M_{Rk}}{\gamma_{a1}} = \frac{239.575}{1,10} = 217.795 \text{ kN.cm} \Rightarrow \text{Atende!}$$

- Comprimento destravado CE ($L_b = 4$ m)

$$\lambda = \frac{L_b}{r_y} = \frac{400}{8,28} = 48,31$$

$$\lambda_p = 42,07 < \lambda = 48,31 < \lambda_r = 108,64 \Rightarrow M_{Rk} = C_b \left[M_{pl} - (M_{pl} - M_r)\frac{\lambda - \lambda_p}{\lambda_r - \lambda_p} \right] \leq M_{pl}$$

$C_b = 1,06$ (igual ao valor do Subitem 10.8.3, pois o diagrama tem o mesmo formato, apenas com todos os momentos fletores fatorados por um valor constante)

$$M_{Rk} = 1,06\left[239.575 - (239.575 - 152.954)\frac{48,31 - 42,07}{108,64 - 42,07} \right] = 245.343 \text{ kN.cm} > M_{pl} = 239.575 \text{ kN.cm}$$

Usar $M_{Rk} = M_{pl} = 239.575$ kN.cm

$$M_{Sd} = 186.720 \text{ kN.cm} < M_{Rd} = \frac{M_{Rk}}{\gamma_{a1}} = \frac{239.575}{1,10} = 217.795 \text{ kN.cm} \Rightarrow \text{Atende!}$$

- Comprimento destravado AC ($L_b = 3$ m)

Esse comprimento não precisa ser verificado, pelas mesmas razões vistas no Subitem 10.8.3.

g) Verificação do perfil VS 850 x 155 à força cortante

$$\lambda = \frac{h}{t_w} = 101,50 \text{ (já calculado na FLA)}$$

Supondo inicialmente que a viga não tenha enrijecedores transversais, $k_v = 5,0$, e

$$\lambda_p = 1,10\sqrt{\frac{k_v E_a}{f_y}} = 1,10\sqrt{\frac{5,0 \times 20.000}{35}} = 58,80$$

$$\lambda = 101,50 > \lambda_p = 58,80 \Rightarrow \lambda_r = 1,37\sqrt{\frac{k_v E_a}{f_y}} = 73,23$$

$$\lambda = 101,50 > \lambda_r = 73,23 \Rightarrow V_{Rk} = 1,24\left(\frac{\lambda_p}{\lambda}\right)^2 V_{pl}$$

$$V_{pl} = 0,60\, A_w f_y = 0,60 \times 85 \times 0,80 \times 35 = 1.428 \text{ kN}$$

$$V_{Rk} = 1,24 \left(\frac{58,80}{101,50}\right)^2 1.428 = 594,25 \text{ kN}$$

$$V_{Rd} = \frac{V_{Rk}}{\gamma_{a1}} = \frac{594,25}{1,10} = 540,23 \text{ kN}$$

Com esse valor da força resistente de cálculo e observando-se o diagrama de força cortante solicitante de cálculo, conclui-se que o trecho AC não atende à condição de segurança (V_{Sd} = 622,40 kN > V_{Rd} = 540,23 kN). O restante do comprimento da viga atende a essa condição, pois apresenta sempre $V_{Sd} < V_{Rd}$. Para tentar solucionar o problema, enrijecedores transversais serão dispostos em AC, dividindo seu comprimento de 3 m em dois painéis de 1,5 m, conforme se vê a seguir:

$$\frac{a}{h} = \frac{150}{81,2} = 1,85 \begin{cases} < 3 \\ < \left(\frac{260}{h/t_w}\right)^2 = \left(\frac{260}{101,5}\right)^2 = 6,56 \end{cases} \Rightarrow k_v = 5,0 + \frac{5,0}{1,85^2} = 6,46$$

Se a/h fosse igual ou superior a 3,0, os enrijecedores não teriam eficiência, pois k_v continuaria sendo igual a 5,0. Prosseguindo:

$$\lambda_p = 1,10 \sqrt{\frac{k_v E_a}{f_y}} = 1,10 \sqrt{\frac{6,46 \times 20.000}{35}} = 66,83$$

$$\lambda = 101,50 > \lambda_p = 66,83 \;\Rightarrow\; \lambda_r = 1,37 \sqrt{\frac{k_v E_a}{f_y}} = 83,24$$

$$\lambda = 101,50 > \lambda_r = 83,24 \Rightarrow V_{Rk} = 1,24 \left(\frac{\lambda_p}{\lambda}\right)^2 V_{pl} = 1,24 \left(\frac{66,83}{101,50}\right)^2 1.428 = 767,65 \text{ kN}$$

$$V_{Sd} = 622,40 \text{ kN} < V_{Rd} = \frac{V_{Rk}}{\gamma_{a1}} = \frac{767,65}{1,10} = 697,86 \text{ kN} \;\Rightarrow\; \text{Atende!}$$

Portanto, a proposta de colocar enrijecedores transversais pode ser implementada (os enrijecedores estão dimensionados no tópico *i*). Uma opção ao uso de enrijecedores, menos comum na prática, é aumentar, pelo menos no trecho AC, a espessura da alma. Usando, por exemplo, espessura de 9,5 mm (espessura comercial imediatamente superior a 8,0 mm), tem-se:

$$\lambda = \frac{h}{t_w} = \frac{812}{9,5} = 85,47$$

$$\lambda_p = 1,10 \sqrt{\frac{k_v E_a}{f_y}} = 1,10 \sqrt{\frac{5,0 \times 20.000}{35}} = 58,80$$

$$\lambda = 85,47 > \lambda_p = 58,80 \;\Rightarrow\; \lambda_r = 1,37 \sqrt{\frac{k_v E_a}{f_y}} = 73,23$$

$$\lambda = 85,47 > \lambda_r = 73,23 \;\Rightarrow\; V_{Rk} = 1,24 \left(\frac{\lambda_p}{\lambda}\right)^2 V_{pl}$$

$$V_{pl} = 0,60\, A_w f_y = 0,60 \times 85 \times 0,95 \times 35 = 1.696 \text{ kN}$$

$$V_{Rk} = 1,24 \left(\frac{58,80}{85,47}\right)^2 1.696 = 995,35 \text{ kN}$$

$$V_{Rd} = \frac{V_{Rk}}{\gamma_{a1}} = \frac{995,35}{1,10} = 904,86 \text{ kN} < V_{Sd} = 622,40 \text{ kN} \Rightarrow \text{ Atende!}$$

Logo, esta segunda solução também atende à condição de segurança.

h) Enrijecedores nas seções de atuação de forças localizadas

Há, nos apoios, força localizada na mesa inferior produzindo compressão na alma. Nas seções C e E também existem forças localizadas, decorrentes das vigas CD e EF, respectivamente, comprimindo a alma. Assim, enrijecedores transversais devem ser usados, nos dois apoios e em C e E, com as seguintes dimensões:

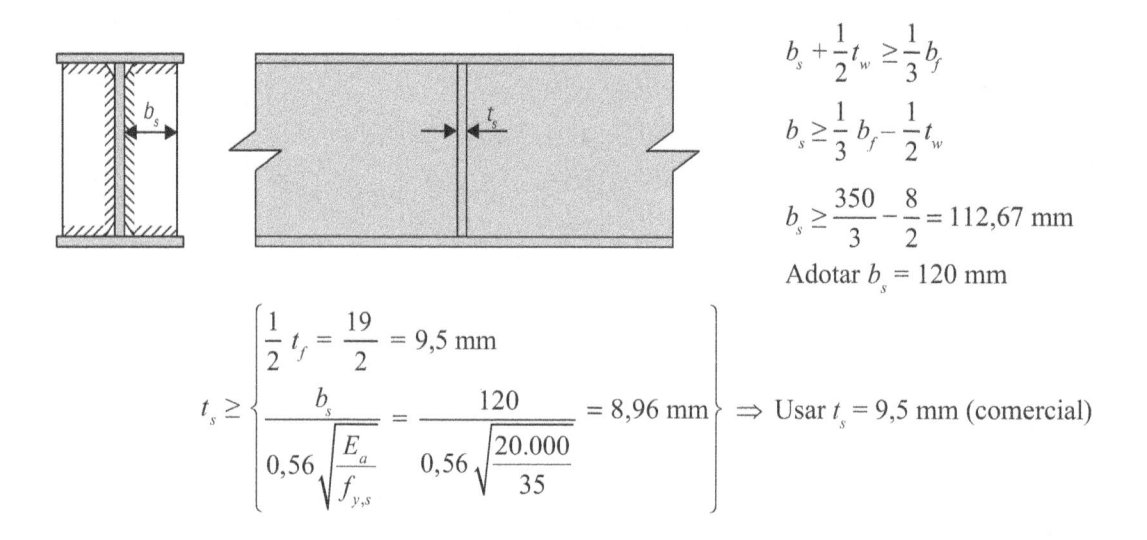

$$b_s + \frac{1}{2}t_w \geq \frac{1}{3}b_f$$

$$b_s \geq \frac{1}{3}b_f - \frac{1}{2}t_w$$

$$b_s \geq \frac{350}{3} - \frac{8}{2} = 112,67 \text{ mm}$$

Adotar $b_s = 120$ mm

$$t_s \geq \begin{cases} \frac{1}{2}t_f = \frac{19}{2} = 9,5 \text{ mm} \\ \dfrac{b_s}{0,56\sqrt{\dfrac{E_a}{f_{y,s}}}} = \dfrac{120}{0,56\sqrt{\dfrac{20.000}{35}}} = 8,96 \text{ mm} \end{cases} \Rightarrow \text{Usar } t_s = 9,5 \text{ mm (comercial)}$$

Os enrijecedores precisam, ainda, ser verificados como barras comprimidas. Logo, é preciso realizar essa verificação para a maior força localizada, ou seja, a reação transmitida pela viga CD (P_{dC}), igual a 688,20 kN:

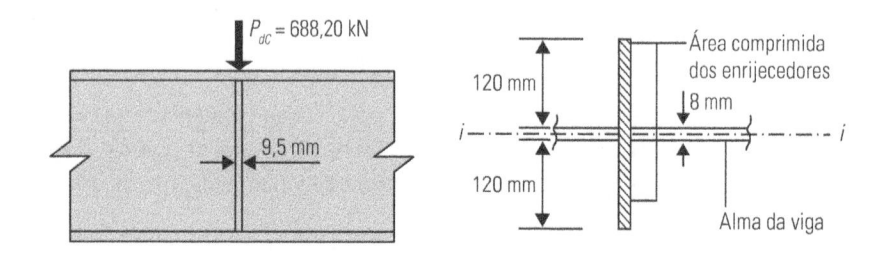

$A_{g,s} = (2 \times 12 + 0,8) \, 0,95 = 23,56 \text{ cm}^2$

$I_{i,s} = \dfrac{0,95(2 \times 12 + 0,8)^3}{12} = 1.208 \text{ cm}^4$

$(KL)_s = h = 81,2 \text{ cm}$

$N_{ei,s} = \dfrac{\pi^2 E_a I_{i,s}}{(KL)_s^2} = \dfrac{\pi^2 \times 20.000 \times 1.208}{81,2^2} = 36.165 \text{ kN}$

$\lambda_{0,s} = \sqrt{\dfrac{A_{g,s} f_{y,s}}{N_{ei,s}}} = \sqrt{\dfrac{23,56 \times 35}{36.165}} = 0,15 \Rightarrow \text{Tabela 7.1} \Rightarrow \chi = 0,991$

$$N_{cs,Sd} = P_{dC} = 688{,}20 \text{ kN} < N_{cs,Rd} = \frac{\chi A_{g,s} f_{y,s}}{1{,}10} = \frac{0{,}991 \times 23{,}56 \times 35}{1{,}10} = 742{,}89 \text{ kN} \Rightarrow \text{Atende!}$$

Logo, os enrijecedores devem ter largura (b_s) de 120 mm e espessura (t_s) de 9,5 mm, e ser soldados às duas mesas e à alma do perfil da viga AB.

Adicionalmente, os enrijecedores devem ser verificados ao cisalhamento, a exemplo do Subitem 10.14.1.

i) Complementação do dimensionamento dos enrijecedores

Como se viu no tópico g, os enrijecedores transversais em A e C também servem para a subdivisão do trecho AC em painéis menores com o objetivo de aumentar a capacidade resistente à força cortante. Sendo assim, precisam atender adicionalmente à seguinte condição:

$$I_{i,s} \geq a\, t_w^3\, j$$

com $I_{i,s}$ = 1.208 cm⁴ (já calculado no tópico h). Com a/h = 1,85 (tópico g), tem-se:

$$j = \left[\frac{2{,}5}{(a/h)^2}\right] - 2{,}0 \geq 0{,}5 \Rightarrow j = \left[\frac{2{,}5}{1{,}85^2}\right] - 2{,}0 = -1{,}27 \Rightarrow \text{Usar } j = 0{,}5$$

e

$I_{i,s}$ = 1.208 cm⁴ > 150 × 0,80³ × 0,5 = 38,4 cm⁴ $\Rightarrow$ Atende!

Já o enrijecedor situado entre A e C tem a função apenas de aumentar a capacidade resistente à força cortante do trecho AC. Assumindo para esse enrijecedor uma espessura t_s de 8 mm, deve-se ter:

- $\dfrac{b_s}{t_s} \leq 0{,}56 \sqrt{\dfrac{E_a}{f_{y,s}}} \Rightarrow b_s \leq 0{,}80 \times 0{,}56 \sqrt{\dfrac{20.000}{35}} = 10{,}71 \text{ cm} \Rightarrow \text{Adotar } b_s = 10 \text{ cm} = 100 \text{ mm}$

- $I_{i,s} \geq a\, t_w^3\, j$

$$I_{i,s} = \frac{t_s (2b_s + t_w)^3}{12} = \frac{0{,}80 (2 \times 10 + 0{,}80^3)}{12} = 599{,}93 \text{ cm}^4$$

$a\, t_w^3\, j$ = 38,4 cm⁴ (já calculado)

$I_{i,s}$ = 599,93 cm⁴ > 38,4 cm⁴ $\Rightarrow$ Atende!

Esse enrijecedor pode ser interrompido nas proximidades da mesa tracionada, conforme se vê na figura a seguir:

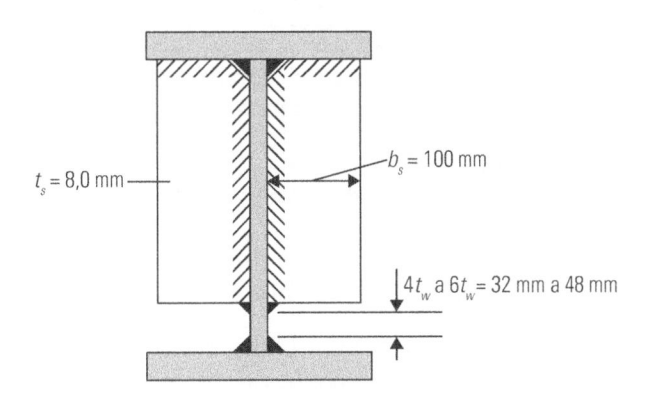

j) Verificação da flecha

Considerando que as ações, em relação ao exemplo do Subitem 8.10.3, foram multiplicadas por três e que o perfil foi alterado, o que levou à modificação do seu momento de inércia em relação ao eixo x (de 51.715 cm² para 265.344 cm²), a flecha causada pela carga permanente e pela sobrecarga são iguais, respectivamente, a:

$$\delta_{cp} = (3 \times 1{,}76) \frac{51.715}{265.344} = 1{,}03 \text{ cm}$$

$$\delta_{sc} = (3 \times 2{,}37) \frac{51.715}{265.344} = 1{,}39 \text{ cm}$$

A flecha total é igual a:

$\delta_t = 1{,}03 + 1{,}39 = 2{,}42$ cm

A flecha máxima permitida (δ_p), conforme o Subitem 8.10.3, é igual a $L/350$, ou seja, 3,43 cm. Assim, como δ_t é inferior a δ_p, a flecha da viga está dentro do limite permitido, não sendo necessária a execução de contraflecha.

k) Resultado final

Deve-se empregar o perfil VS 850 x 155, com os enrijecedores indicados (os das seções B e E têm a função apenas de combater força localizada, os das seções A e C têm as funções de combater força localizada e aumentar a capacidade resistente da alma à força cortante, e o enrijecedor entre A e C tem a função somente de aumentar a capacidade resistente da alma à força cortante):

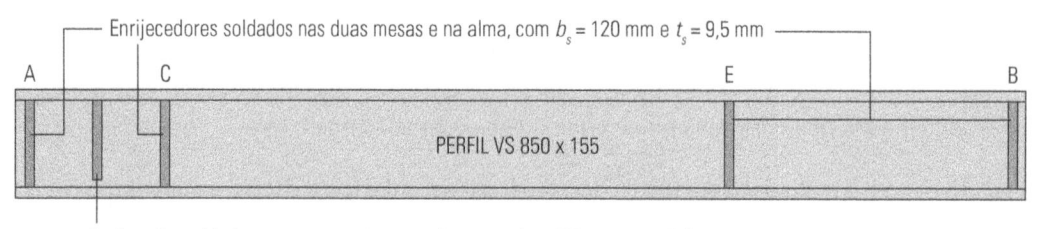

Enrijecedores soldados nas duas mesas e na alma, com $b_s = 120$ mm e $t_s = 9{,}5$ mm

PERFIL VS 850 x 155

Enrijecedor soldado na mesa superior e na alma, com $b_s = 100$ mm e $t_s = 8{,}0$ mm

Conforme se viu, poderia ter-se optado por substituir o enrijecedor entre A e C por um aumento da espessura da alma, pelo menos nesse trecho, para 9,5 mm. Assim:

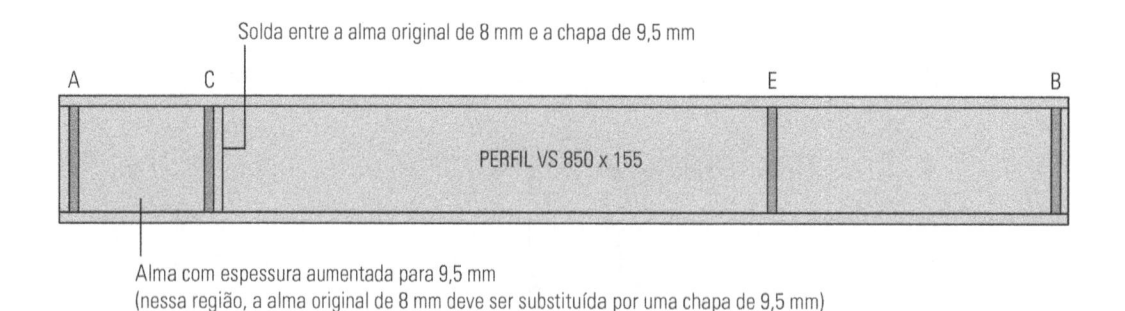

Solda entre a alma original de 8 mm e a chapa de 9,5 mm

PERFIL VS 850 x 155

Alma com espessura aumentada para 9,5 mm
(nessa região, a alma original de 8 mm deve ser substituída por uma chapa de 9,5 mm)

8.10.6 Dimensionamento de viga em perfil I laminado

Propõe-se o dimensionamento da viga de cobertura birrotulada mostrada a seguir, apoiada em outras vigas, com perfil I laminado da série W, em aço ASTM A572 – Grau 50. Sabe-se que essa viga tem vão de 12 m e que está submetida a uma força uniformemente distribuída de cálculo (q_{d1}) de sentido gravitacional igual a 50 kN/m e, quando o vento causa sucção no telhado, a uma força uniformemente distribuída de cálculo (q_{d2}) de sentido antigravitacional

> Veja a resolução deste exemplo de aplicação no site www.loja.grupoa.com.br

igual a 20 kN/m. Sabe-se também que a mesa superior da viga, ao longo de todo o seu comprimento, está contida lateralmente.

Para efeito de obtenção da flecha, supor que a força distribuída de serviço é igual a 52% da força distribuída de cálculo.

Adicionalmente, será determinada a região da alma da viga onde é possível fazer aberturas circulares sem reforço.

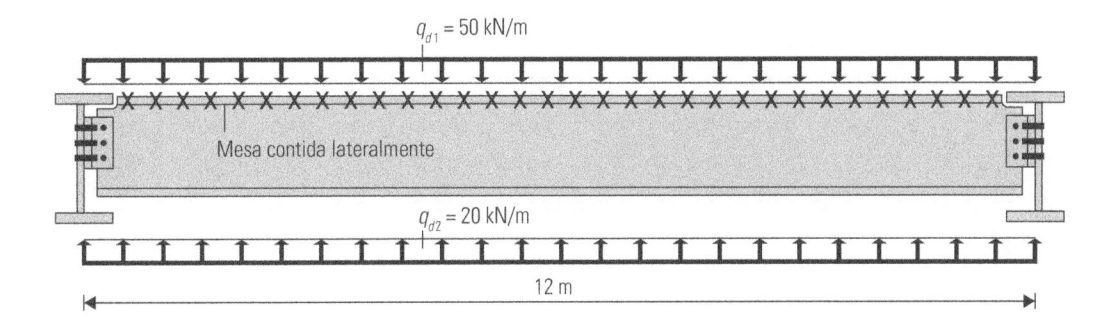

8.10.7 Verificação de viga à FLT com mesa contida lateralmente

Agora, será verificada a viga do Subitem 8.10.6, que possui a mesa superior contida lateralmente ao longo de todo o seu comprimento, à flambagem lateral com torção, supondo-a submetida:

> Veja a resolução deste exemplo de aplicação no site www.loja.grupoa.com.br

1) a uma força gravitacional uniformemente distribuída de 50 kN/m e a momentos negativos nas extremidades (momentos que comprimem a mesa livre) iguais a 900 kN.m e 150 kN.m, em valores de cálculo, conforme mostra a figura a seguir;

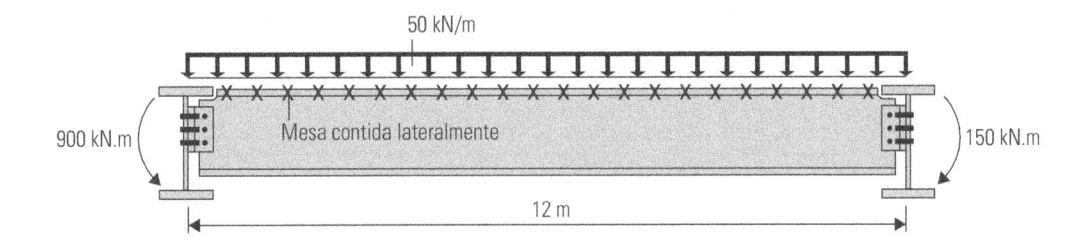

2) a uma força antigravitacional uniformemente distribuída de 25 kN/m, a momento negativo (momento que comprime a mesa livre) igual a 300 kN.m em uma extremidade e, na outra extremidade, a momento positivo (momento que traciona a mesa livre) ou negativo (momento que comprime a mesa livre) igual a 600 kN.m, em valores de cálculo, conforme mostra a figura a seguir.

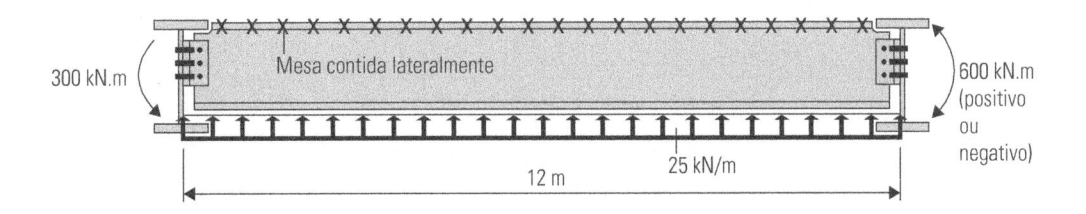

8.10.8 Capacidade resistente de um perfil I soldado à força cortante

A viga birrotulada abaixo, com vão teórico de 10 m, será verificada à força cortante. Essa viga está submetida a uma carga distribuída de cálculo igual a 54,4 kN/m e se liga a pilares por meio de cantoneiras soldadas na sua alma. Caso necessário, enrijecedores transversais serão colocados e dimensionados. O aço possui resistência ao escoamento, f_y, de 300 MPa.

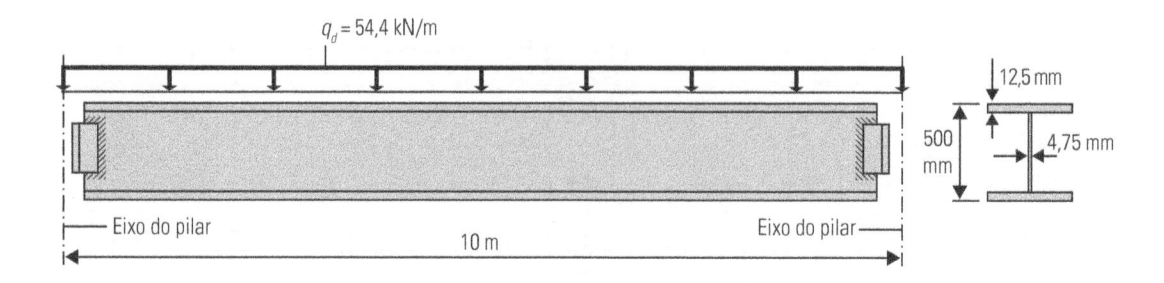

a) Diagrama de força cortante solicitante de cálculo

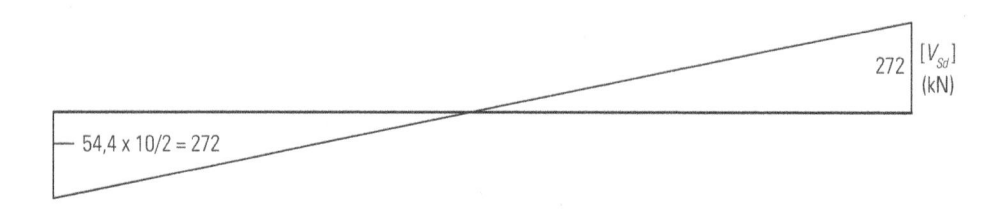

b) Verificação à força cortante sem enrijecedores transversais na alma

$$\lambda = \frac{h}{t_w} = \frac{500 - 2(12,5)}{4,75} = \frac{475}{4,75} = 100,0$$

Para a alma sem enrijecedores transversais, $k_v = 5,0$, e

$$\lambda_p = 1,10\sqrt{\frac{k_v E_a}{f_y}} = 1,10\sqrt{\frac{5,0 \times 20.000}{30}} = 63,51$$

$$\lambda = 100,0 > \lambda_p = 63,51 \Rightarrow \lambda_r = 1,37\sqrt{\frac{k_v E_a}{f_y}} = 79,10$$

$$\lambda = 100,0 > \lambda_r = 79,10 \Rightarrow V_{Rk} = 1,24\left(\frac{\lambda_p}{\lambda}\right)^2 V_{pl}$$

$$V_{pl} = 0,60\, A_w f_y = 0,60 \times 50 \times 0,475 \times 30 = 427,5 \text{ kN}$$

$$V_{Rk} = 1,24\left(\frac{63,51}{100,0}\right)^2 427,5 = 213,82 \text{ kN}$$

$$V_{Rd} = \frac{V_{Rk}}{1,10} = \frac{213,82}{1,10} = 194,38 \text{ kN}$$

Pelo diagrama de força cortante, é possível notar que, a uma distância de 1,43 m dos apoios, V_{Sd} é igual a V_{Rd}. Assim, o trecho central da viga, com comprimento de (10 − 2 × 1,43 = 7,14 m), pode ficar sem enrijecedores transversais. No entanto, os trechos extremos de 1,43 m vão necessitar de enrijecedores transversais, pois V_{Sd} é maior que V_{Rd} (nesse caso, enrijecedores transversais podem resolver o problema, pois V_{Rk} é inferior a V_{pl} e $V_{pl}/1,10$ é maior que V_{Sd}).

[Diagrama de esforço cortante: 5 m entre apoios extremos; 1,43 m + z = 3,57 m; valores 272, 194,38 nas extremidades e 272 no lado direito; trecho central com 7,14 m de comprimento, no qual enrijecedores não são necessários; 1,43 m à direita.]

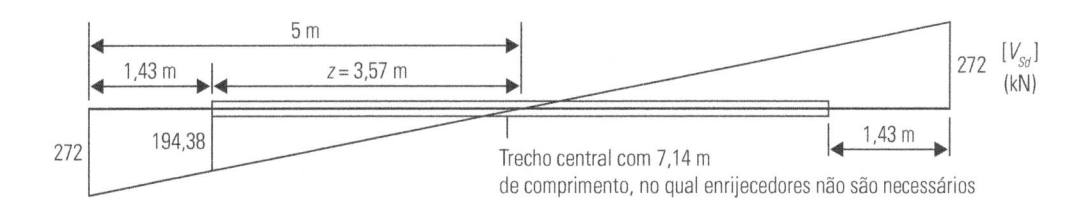

c) Colocação de enrijecedores transversais nos trechos extremos de 1,43 m

Supondo que os trechos extremos sejam subdivididos em dois painéis, com distância entre os enrijecedores (a) de 0,715 m, correspondente a 1,43/2, tem-se:

$$\frac{a}{h} = \frac{71,5}{47,5} = 1,51 \begin{cases} < 3 \\ < \left(\frac{260}{h/t_w}\right)^2 = \left(\frac{260}{100}\right)^2 = 6,76 \end{cases} \Rightarrow k_v = 5,0 + \frac{5,0}{1,51^2} = 7,19$$

Se a/h fosse igual ou superior a 3, os enrijecedores não teriam eficiência e k_v seria igual a 5,0. Prosseguindo:

$$\lambda_p = 1,10\sqrt{\frac{k_v E_a}{f_y}} = 1,10\sqrt{\frac{7,19 \times 20.000}{30}} = 76,16$$

$$\lambda = 100,0 > \lambda_p = 76,16 \Rightarrow \lambda_r = 1,37\sqrt{\frac{k_v E_a}{f_y}} = 94,85$$

$$\lambda = 100,0 > \lambda_r = 94,85 \Rightarrow V_{Rk} = 1,24\left(\frac{\lambda_p}{\lambda}\right)^2 V_{pl} = 1,24\left(\frac{76,16}{100,0}\right)^2 427,5 = 307,48 \text{ kN}$$

$$V_{Rd} = \frac{V_{Rk}}{1,10} = \frac{307,48}{1,10} = 279,53 \text{ kN} \ (> V_{Sd} = 272 \text{ kN})$$

Portanto, essa solução, mostrada na figura a seguir, pode ser implementada.

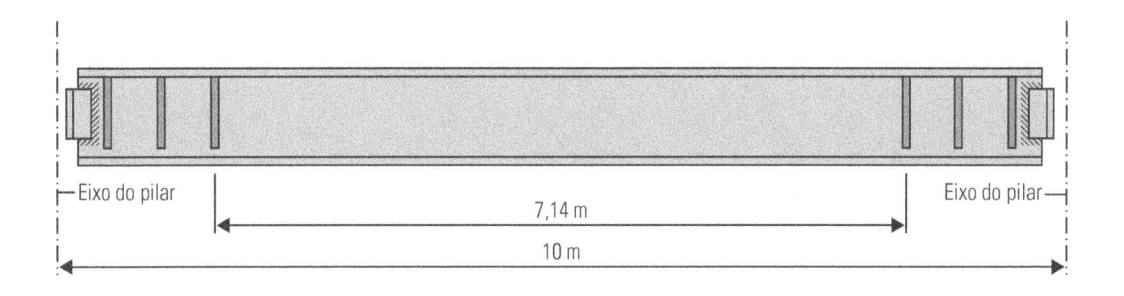

[Figura: vista da viga com enrijecedores entre eixos de pilar, comprimento total 10 m, trecho central 7,14 m.]

Deve-se observar que o primeiro enrijecedor foi posto junto à cantoneira de apoio e que, a rigor, a distância entre os enrijecedores fica ligeiramente menor que a estipulada nos cálculos (a = 71,5 cm), o que é conservador, pois é necessário descontar a distância entre o eixo do pilar e a extremidade interna da cantoneira. Observa-se, ainda, que, nas extremidades da viga, a própria cantoneira soldada contribui para o enrijecimento da alma.

d) Dimensionamento dos enrijecedores transversais

Como os enrijecedores, no caso estudado, têm a função apenas de aumentar a capacidade resistente da alma, optou-se por interrompê-los nas proximidades da mesa tracionada, conforme se vê na figura a seguir, e por adotar para eles uma espessura, t_s, de 4,75 mm, igual à da alma.

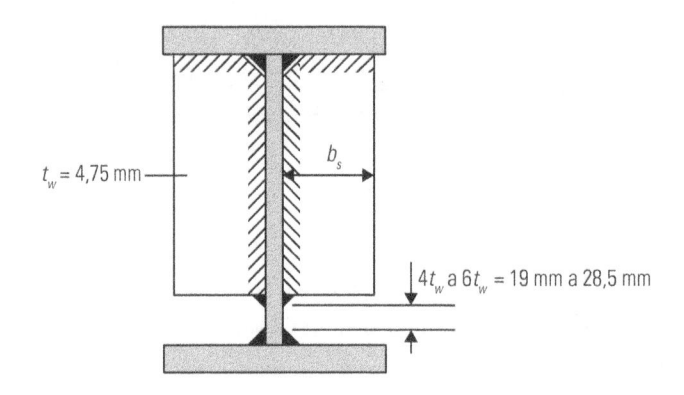

$$\frac{b_s}{t_s} \leq 0{,}56\sqrt{\frac{E_a}{f_y}} \Rightarrow b_s \leq 0{,}475 \times 0{,}56\sqrt{\frac{20.000}{30}} = 6{,}87 \text{ cm} \Rightarrow \text{Adotar } b_s = 6{,}5 \text{ cm} = 65 \text{ mm}$$

$$I_{i,s} \geq a\, t_w^3\, j$$

$$I_{i,s} = \frac{t_s(2b_s + t_w)^3}{12} = \frac{0{,}475(2 \times 6{,}5 + 0{,}475)^3}{12} = 96{,}85$$

$$j = \left[\frac{2{,}5}{(a/h)^2}\right] - 2{,}0 \geq 0{,}5 \Rightarrow j = \left[\frac{2{,}5}{1{,}51^2}\right] - 2{,}0 = -0{,}90 \Rightarrow \text{Usar } j = 0{,}5$$

$I_{i,s} = 96{,}85 \text{ cm}^4 > 71{,}5 \times 0{,}475^3 \times 0{,}5 = 3{,}83 \text{ cm}^4 \Rightarrow$ Atende!

8.10.9 Momento fletor resistente de viga biengastada em perfil I laminado

Agora será obtido o momento fletor resistente de cálculo da viga biengastada abaixo, submetida a uma carga uniformemente distribuída, para o estado-limite último de flambagem lateral com torção, supondo:

> Veja a resolução deste exemplo de aplicação no site www.loja.grupoa.com.br

1) o vão sem seções internas com contenção lateral;
2) duas seções internas com contenção lateral, dividindo o vão em três comprimentos iguais.

A viga tem perfil W 410 x 60, fletido em relação ao eixo x, em aço ASTM A572 – Grau 50.

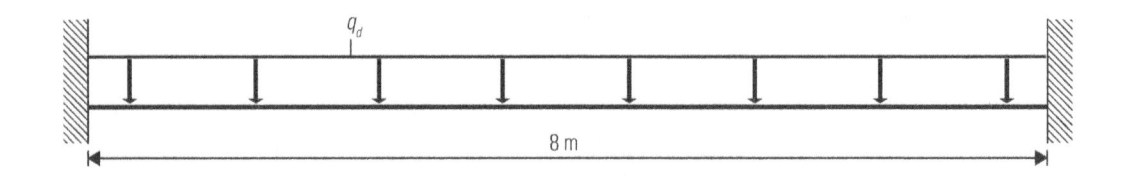

8.10.10 Momento fletor resistente de viga birrotulada com perfil I monossimétrico

Será verificada ao momento fletor a viga birrotulada a seguir, submetida a uma carga uniformemente distribuída de valor de cálculo igual a 11,2 kN/m, sabendo-se que o vão não possui seções internas com contenção lateral. A viga tem perfil soldado VSM 450 x 68, com a mesa superior de menor espessura, fletido em relação ao eixo x, em aço USI CIVIL 350.

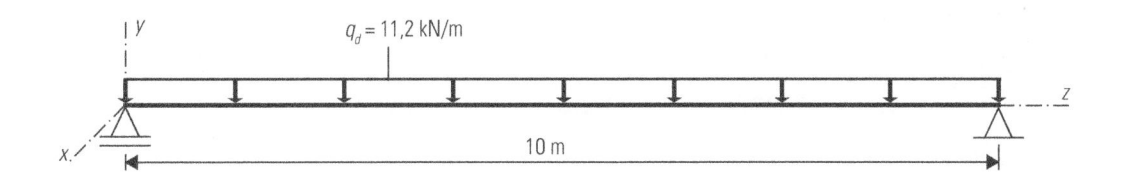

a) Aço estrutural

USI CIVIL 350 $\Rightarrow f_y = 350$ MPa $= 35{,}0$ kN/cm^2

b) Dimensões e propriedades geométricas importantes da seção transversal

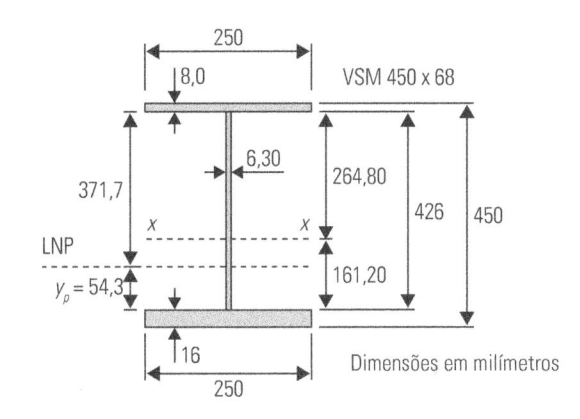

$A_g = 86{,}8$ cm^2 $W_{xs} = W_{xc} = 1.125$ cm^3
$I_y = 3.126$ cm^4 $W_{xi} = W_{xt} = 1.732$ cm^3
$r_y = 6{,}00$ cm $Z_x = 1.445$ cm^3
$I_x = 30.691$ cm^4 $J = 42$ cm^4
$C_w = 1.332.250$ cm^6

Posição da linha neutra plástica (LNP) em relação à face superior da mesa inferior:

$1{,}6 \times 25 + 0{,}63\, y_p = 0{,}63(42{,}6 - y_p) + 0{,}8 \times 25 \Rightarrow y_p = 5{,}43$ cm

c) Diagrama de momento fletor solicitante de cálculo

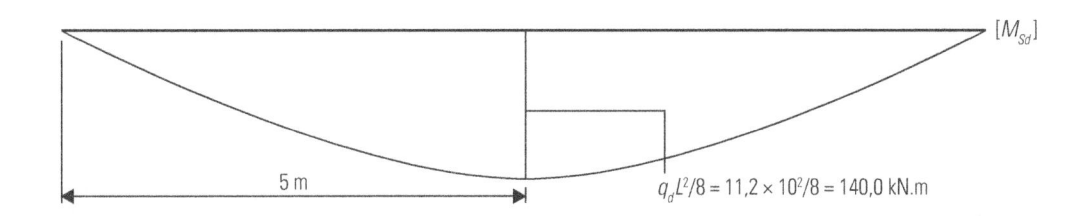

$q_d L^2/8 = 11{,}2 \times 10^2/8 = 140{,}0$ kN.m

d) Flambagem local

- FLA

$$\lambda = \frac{h_c}{t_w} = \frac{2 \times 264{,}80}{6{,}30} = \frac{529{,}60}{6{,}30} = 84{,}06$$

$$\lambda_p = \frac{\dfrac{h_c}{h_p}\sqrt{\dfrac{E_a}{f_y}}}{\left(0{,}54\dfrac{M_{pl}}{M_r} - 0{,}09\right)^2}$$

$h_p = 2 \times 37{,}17 = 74{,}34$ cm

$M_{pl} = Z_x f_y = 1.445 \times 35 = 50.575$ kN.cm

$M_r = f_y W_x = 35 \times 1.125 = 39.375$ kN.cm (utiliza-se aqui o menor valor de W_x)

$$\lambda_p = \frac{\dfrac{52{,}96}{74{,}34}\sqrt{\dfrac{20.000}{35}}}{\left(0{,}54\dfrac{50.575}{39.375} - 0{,}09\right)^2} = 46{,}74 \text{ (esse valor não pode ser tomado superior a } \lambda_r)$$

$\lambda = 84{,}06 > \lambda_p = 46{,}74 \Rightarrow \lambda_r = 5{,}70\sqrt{\dfrac{E_a}{f_y}} = 5{,}70\sqrt{\dfrac{20.000}{35}} = 136{,}26$

$\lambda_p = 46{,}74 < \lambda = 84{,}06 < \lambda_r = 136{,}26 \Rightarrow M_{Rk} = M_{pl} - \left(M_{pl} - M_r\right)\dfrac{\lambda - \lambda_p}{\lambda_r - \lambda_p}$

$M_{Rk} = 50.575 - \left(50.575 - 39.375\right)\dfrac{84{,}06 - 46{,}74}{136{,}26 - 46{,}74} = 45.906$ kN.cm

- FLM

$\lambda = \dfrac{b}{t} = \dfrac{250/2}{8{,}0} = 15{,}63$

$\lambda_p = 0{,}38\sqrt{\dfrac{E_a}{f_y}} = 0{,}38\sqrt{\dfrac{20.000}{35}} = 9{,}08$

$\lambda = 15{,}63 > \lambda_p = 9{,}08 \Rightarrow \lambda_r = 0{,}95\sqrt{\dfrac{E_a k_c}{\left(f_y - \sigma_r\right)}}$

$k_c = \dfrac{4}{\sqrt{h/t_w}} = \dfrac{4}{\sqrt{426/6{,}30}} = 0{,}49$

$f_y - \sigma_r = 0{,}70 f_y = 0{,}70 \times 35 = 24{,}5$ kN/cm²

$\lambda_r = 0{,}95\sqrt{\dfrac{20.000 \times 0{,}49}{24{,}5}} = 19{,}00$

$\lambda_p = 9{,}08 < \lambda = 15{,}63 < \lambda_r = 19{,}00 \Rightarrow M_{Rk} = M_{pl} - \left(M_{pl} - M_r\right)\dfrac{\lambda - \lambda_p}{\lambda_r - \lambda_p}$

$M_r = (f_y - \sigma_r) W_{xc} = (0{,}7 \times 35)1.125 = 24{,}5 \times 1.125 = 27.563$ kN.cm

$M_{Rk} = 50.575 - \left(50.575 - 27.563\right)\dfrac{15{,}63 - 9{,}08}{19{,}00 - 9{,}08} = 35.381$ kN.cm

- Resumo

$M_{Rk} = 35.381$ kN.cm (menor valor entre FLM e FLA)

$M_{Sd} = 14.000$ kN.cm $< \dfrac{M_{Rk}}{\gamma_{a1}} = \dfrac{35.381}{1{,}10} = 32.165$ kN.cm $\Rightarrow$ Atende!

- FLT

$\lambda = \dfrac{L_b}{r_{Tyc}}$

$$I_{Tyc} = \frac{26{,}48 \times 0{,}63^3 + 0{,}80 \times 25^3}{12} = 1.042 \text{ cm}^4$$

$$A_{Tc} = 26{,}48 \times 0{,}63 + 25 \times 0{,}80 = 36{,}68 \text{ cm}^2$$

$$r_{Tyc} = \sqrt{\frac{I_{Tyc}}{A_{Tc}}} = \sqrt{\frac{1.042}{36{,}68}} = 5{,}33 \text{ cm}$$

$$\lambda = \frac{L_b}{r_{Tyc}} = \frac{1.000}{5{,}33} = 187{,}62$$

$$\lambda_p = 1{,}76\sqrt{\frac{E_a}{f_y}} = 1{,}76\sqrt{\frac{20.000}{35}} = 42{,}07$$

$$\lambda = 187{,}62 > \lambda_p = 42{,}07 \Rightarrow \lambda_r = \frac{1{,}38\sqrt{I_y J}}{r_{Tyc} J \beta_1}\sqrt{\beta_2 + \sqrt{\beta_2^2 + \frac{27 C_w \beta_1^2}{I_y}}}$$

$$\beta_1 = \frac{(f_y - \sigma_r) W_{xc}}{E_a J} = \frac{24{,}5 \times 1.125}{20.000 \times 42} = 0{,}0328/\text{cm}$$

$$\beta_2 = 5{,}2\, \beta_1 \beta_3 + 1$$

$$\beta_3 = 0{,}45\left(d - \frac{t_{fs} + t_{fi}}{2}\right)\left(\frac{\alpha_y - 1}{\alpha_y + 1}\right)$$

$$\alpha_y = \frac{I_{yc}}{I_{yt}} = \frac{0{,}80 \times 25^3/12}{1{,}60 \times 25^3/12} = \frac{0{,}80}{1{,}60} = 0{,}50 \text{ (entre 1/9 e 9)}$$

$$\beta_3 = 0{,}45\left(45 - \frac{0{,}80 + 1{,}60}{2}\right)\left(\frac{0{,}50 - 1}{0{,}50 + 1}\right) = -6{,}57$$

$$\beta_2 = 5{,}2 \times 0{,}0328 \times (-6{,}57) + 1 = -0{,}12$$

$$\lambda_r = \frac{1{,}38\sqrt{3.126 \times 42}}{5{,}33 \times 42 \times 0{,}0328}\sqrt{-0{,}12 + \sqrt{(-0{,}12)^2 + \frac{27 \times 1.332.250 \times 0{,}0328^2}{3.126}}} = 125{,}58$$

$$\lambda = 187{,}62 > \lambda_r = 125{,}58 \Rightarrow M_{Rk} = M_{cr} = \frac{C_b \pi^2 E_a I_y}{L_b^2}\left[\beta_3 + \sqrt{\beta_3^2 + \frac{C_w}{I_y}\left(1 + 0{,}039\frac{J L_b^2}{C_w}\right)}\right] \leq M_{pl}$$

$$C_b = R_m \frac{12{,}5|M_{máx}|}{2{,}5|M_{máx}| + 3|M_A| + 4|M_B| + 3|M_C|}$$

(11,2 × 10/2) 2,5 − 11,2 × 2,5²/2 = 105 kN.m

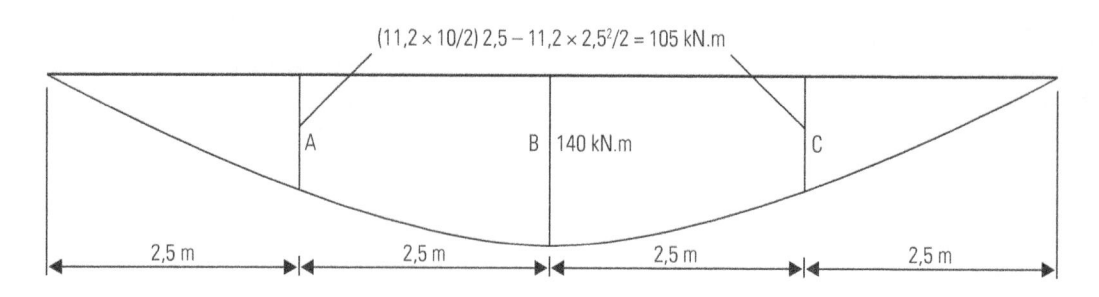

A   B | 140 kN.m   C

2,5 m | 2,5 m | 2,5 m | 2,5 m

$$R_m = 0,5 + 2\left(\frac{I_{yc}}{I_y}\right)^2 = 0,5 + 2\left(\frac{0,8 \times 25^3/12}{3.126}\right)^2 = 0,722$$

$$C_b = 0,722 \frac{12,5(140)}{2,5(140) + 3(105) + 4(140) + 3(105)} = 0,722 \times 1,136 = 0,82$$

Deve-se observar que o valor de C_b, para esse diagrama de momento fletor, poderia ter sido obtido diretamente da Tabela 8.1, a menos do parâmetro de monossimetria R_m. Isso significa que bastaria multiplicar o valor de C_b da Tabela 8.1 por R_m, no caso, igual a 0,722 (então 1,14 × 0,722 = 0,82).

$$M_{Rk} = \frac{0,82 \times \pi^2 \times 20.000 \times 3.126}{1.000^2}\left[-6,57 + \sqrt{(-6,57)^2 + \frac{1.332.250}{3.126}\left(1 + 0,039\frac{42 \times 1.000^2}{1.332.250}\right)}\right] = 12.623 \text{ kN.cm } (< M_{pl})$$

$$M_{Sd} = 14.000 \text{ kN.cm} > M_{Rd} = \frac{M_{Rk}}{\gamma_{a1}} = \frac{12.623}{1,10} = 11.476 \text{ kN.cm} \Rightarrow \text{Não atende!}$$

8.10.11 Momento fletor resistente de viga com balanço com perfil I monossimétrico

A seguir, a viga com perfil monossimétrico do Subitem 8.10.10 será verificada ao momento fletor, supondo-a, agora, acrescida de um comprimento de 4,4 m em balanço e submetida a uma carga uniformemente distribuída de valor de cálculo igual a 11,2 kN/m, como se vê na figura seguinte. Apenas as seções onde estão os apoios (A e B) são contidas lateralmente.

> Veja a resolução deste exemplo de aplicação no site www.loja.grupoa.com.br

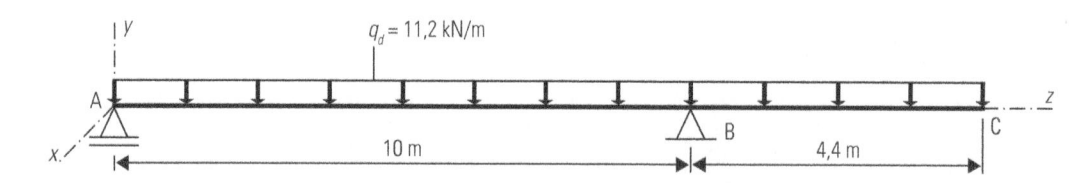

q_d = 11,2 kN/m

A   10 m   B   4,4 m   C

8.10.12 Carga distribuída de cálculo em situações menos comuns

Neste exemplo, será determinada a maior carga uniformemente distribuída de cálculo, q_d, que pode solicitar a viga birrotulada mostrada a seguir, com 3 m de vão, considerando apenas os estados-limites últimos, para as seguintes situações:

> Veja a resolução deste exemplo de aplicação no site www.loja.grupoa.com.br

1) perfil W 410 × 75, fletido em relação ao eixo de menor momento de inércia (eixo y tabelado);
2) perfil U 152,4 × 12,2, fletido em relação ao eixo de maior momento de inércia (eixo x tabelado);
3) perfil U 152,4 × 12,2, fletido em relação ao eixo de menor momento de inércia (eixo y tabelado), com a alma tracionada;
4) perfil U 152,4 × 12,2, fletido em relação ao eixo de menor momento de inércia (eixo y tabelado), com a alma comprimida;

5) perfil T obtido cortando-se na semialtura um perfil W 410 x 75, fletido em relação perpendicular à alma (eixo x), com a face externa da mesa comprimida;
6) mesmo perfil da situação precedente, mas com a extremidade livre da alma comprimida;
7) perfil formado por dois L 127 x 9,52 unidos em forma de T com solda contínua, fletido em relação ao eixo central de inércia perpendicular ao eixo de simetria (eixo x), com as faces externas das abas das cantoneiras paralelas ao eixo de flexão comprimidas;
8) mesmo perfil da situação precedente, mas com as faces externas das abas das cantoneiras paralelas ao eixo de flexão tracionadas;
9) perfil formado por dois L 127 x 9,52 unidos em forma de T com afastamento correspondente à espessura de chapas espaçadoras igual a 8 mm, fletido em relação ao eixo central de inércia perpendicular ao eixo de simetria (eixo x), com as faces externas das abas das cantoneiras paralelas ao eixo de flexão comprimidas;
10) mesmo perfil da situação precedente, mas com as faces externas das abas das cantoneiras paralelas ao eixo de flexão tracionadas;
11) chapa com altura de 400 mm e espessura de 12,5 mm fletida em relação ao eixo de maior momento de inércia (eixo x);
12) mesma chapa da situação precedente, mas fletida em relação ao eixo de menor momento de inércia (eixo y).

Será considerado que o aço utilizado tenha resistência ao escoamento de 345 MPa.

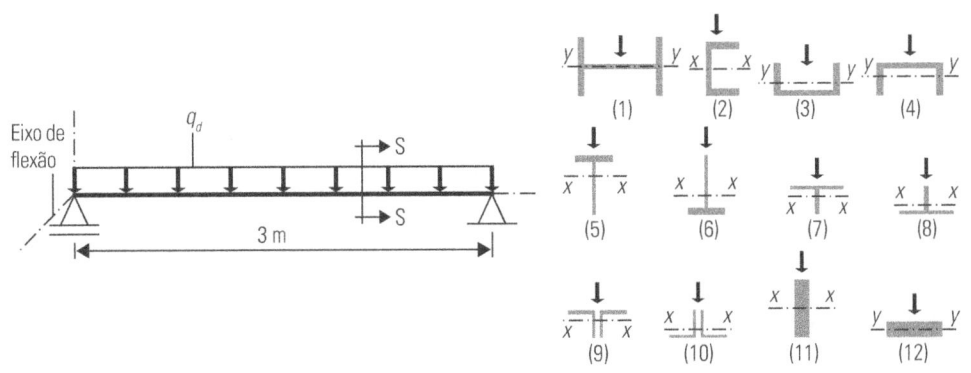

Bibliografia

ABNT NBR 8800:2008. *Projeto de estruturas de aço e de estruturas mistas de aço e concreto de edifícios.* Rio de Janeiro: ABNT, 2008.

ANSI/AISC 360-10. *Specification for structural steel buildings.* Chicago, EUA: American Institute of Steel Construction, 2010 (Capítulo F comentado: Design of members for flexure; Capítulo G comentado: Design of members for shear).

REIS, A. L. F. *O método da energia aplicado à flambagem lateral com torção de vigas de aço.* Programa de Pós-graduação em Engenharia de Estruturas da UFMG. Dissertação de Mestrado. Belo Horizonte, 1996. Disponível em: <http://www.pos.dees.ufmg.br/defesas/24M.PDF>. Acesso em: 21 jun. 2013.

SALMON, C. G.; JOHNSON, J. E.; MALHAS, F. A. *Steel structures:* design and behavior. 5a. ed. Upper Saddle River, NJ, EUA: Pearson Prentice Hall, 2009 (Chapter 7: Beams: Laterally supported; Chapter 8: Torsion; Chapter 9: Lateral-torsional buckling of beams).

TRAHAIR, N. S. *Flexural-torsional buckling of structures.* London: E&FN Spon, 1993.

VERÍSSIMO, G. S.; RIBEIRO, J. C. L.; FAKURY, R. H.; PAES, J. L. R. Projeto de aberturas em almas de vigas de aço e vigas mistas de aço e concreto. Rio de Janeiro: IABr/CBCA, 2012. (Série Manual de Construção em Aço).

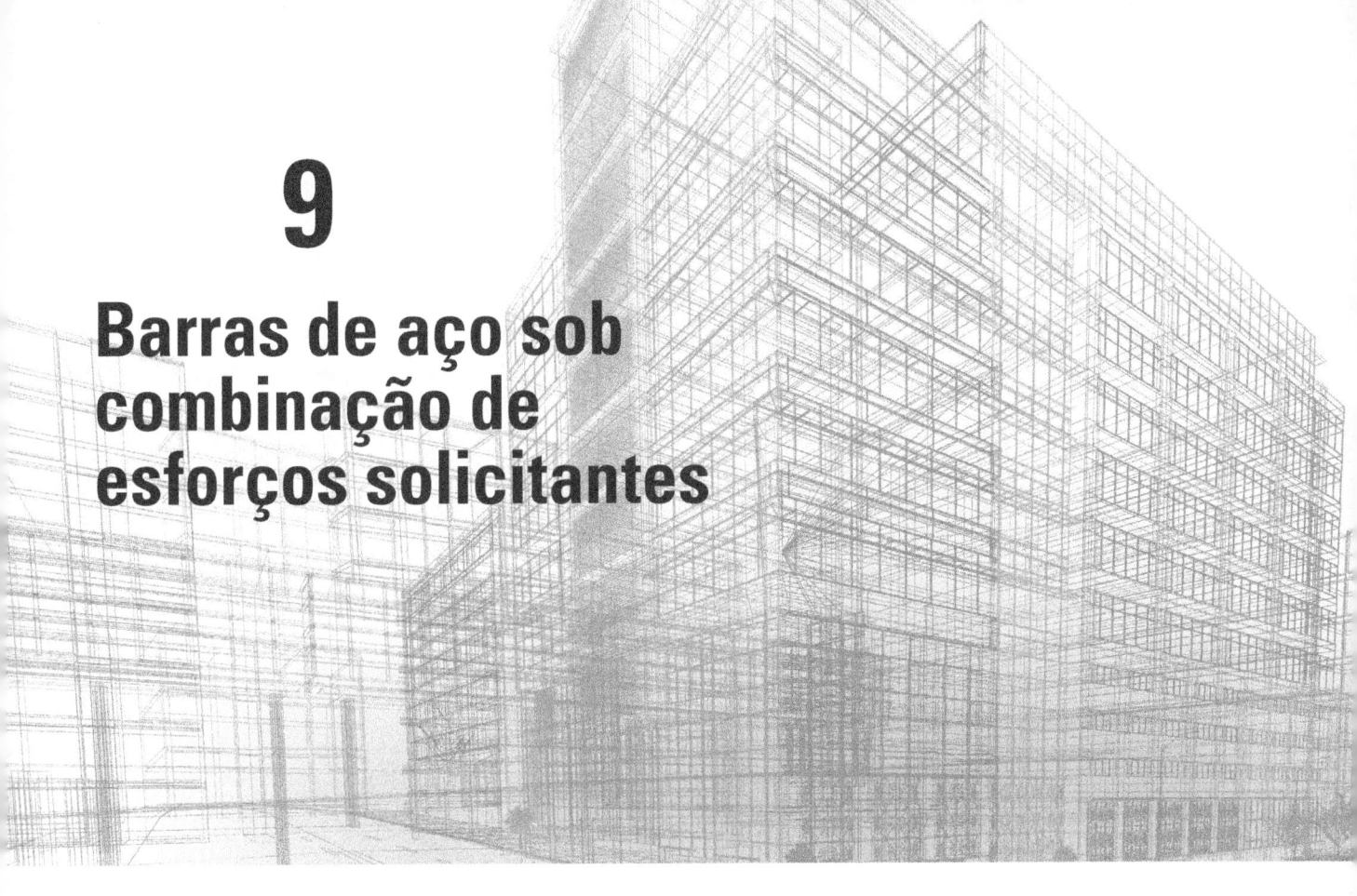

9
Barras de aço sob combinação de esforços solicitantes

9.1 Considerações iniciais

As barras de aço sob combinação de esforços solicitantes abordadas aqui são aquelas sujeitas a ações estáticas e submetidas simultaneamente a força axial (de tração ou compressão) e a flexão em relação a um ou aos dois eixos centrais de inércia da seção transversal. Essas barras encontram-se com frequência empregadas como:

- pilares de pórticos rígidos planos (Figura 9.1a), geralmente constituídos por perfis duplamente simétricos, submetidos a flexão em relação ao eixo de maior momento de inércia e a força axial, em decorrência da atuação de cargas gravitacionais (carga permanente, sobrecarga etc.) ou ações horizontais (vento, funcionamento de equipamentos etc.). Nas vigas desses pórticos, a força axial é geralmente muito pequena, sendo muitas vezes desprezada;
- pilares de pórticos rígidos espaciais (Figura 9.1b), geralmente constituídos por perfis duplamente simétricos, submetidos a flexão em relação aos dois eixos centrais de inércia e a força axial, em decorrência da atuação de cargas gravitacionais (carga permanente, sobrecarga etc.) ou ações horizontais (vento, funcionamento de equipamentos etc.). Também nas vigas desses pórticos, a força axial é geralmente muito pequena, sendo muitas vezes desprezada;
- terças de cobertura (Figura 9.1c — Item 9.2), geralmente constituídas por perfis U, submetidas a flexão em relação aos dois eixos centrais de inércia, em decorrência da atuação de cargas gravitacionais (carga permanente, sobrecarga etc.) na cobertura inclinada. Nas terças atuam também ações do vento, que provocam flexão e, quando esses elementos fazem parte do sistema de contraventamento da edificação, ficam também submetidos a força axial;
- travessas de tapamento lateral (Figura 9.1d — Item 9.2), geralmente constituídas por perfis U, submetidas a flexão em relação aos dois eixos centrais de inércia, em decorrência da atuação de cargas gravitacionais (carga permanente, sobrecarga etc.) e vento. Quando as travessas fazem parte do sistema de contraventamento da edificação, ficam, ainda, submetidas a força axial.

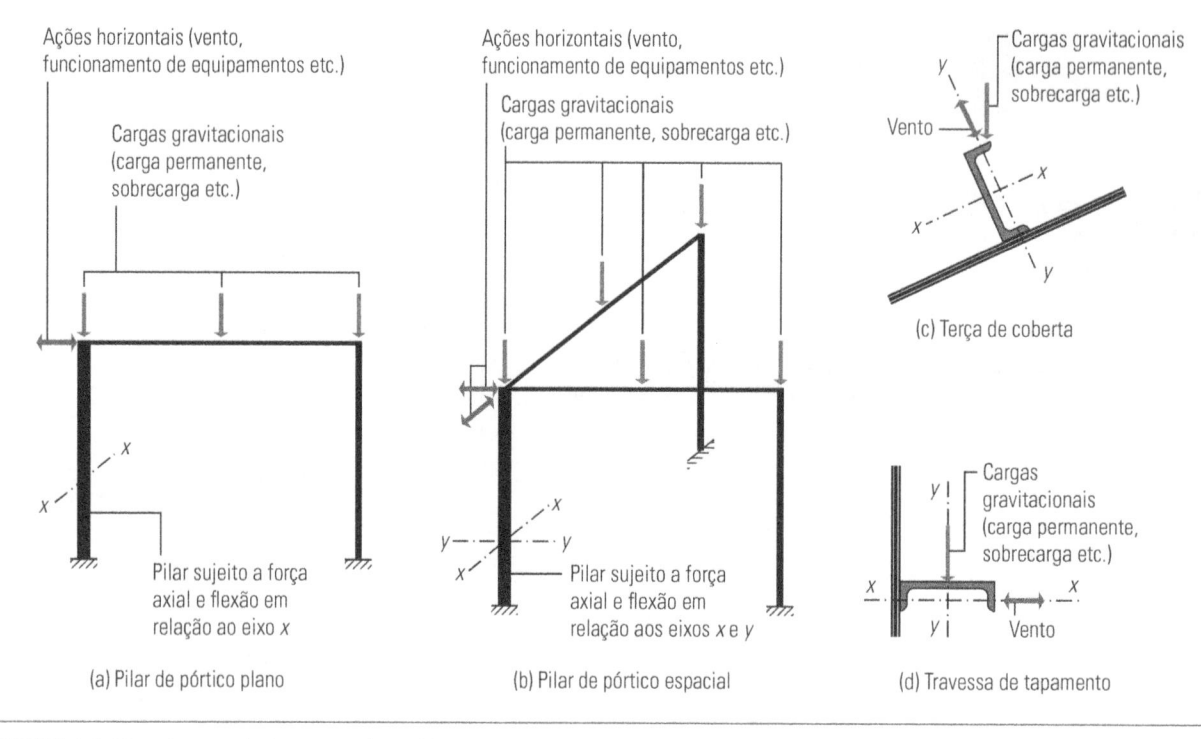

FIGURA 9.1 Situações usuais de barras sob combinação de esforços solicitantes.

Este capítulo abordará as seguintes situações (Figura 9.2), no que se refere aos perfis estruturais e aos tipos de esforços solicitantes:

- perfis I ou H duplamente simétricos e perfis U fletidos em relação aos eixos centrais de inércia x e y (a flexão em relação a x está relacionada aos momentos fletores M_x e às forças cortantes V_y, e a flexão em relação a y aos momentos fletores M_y e às forças cortantes V_x), com atuação conjunta de força axial de tração ou compressão (N_t ou N_c), conforme ilustram as figuras 9.2a e 9.2b;
- perfis I ou H monossimétricos fletidos apenas em relação ao eixo central de inércia x (a flexão em relação a x está relacionada aos momentos fletores M_x e às forças cortantes V_y), com atuação conjunta de força axial de tração ou compressão, conforme a Figura 9.2c.

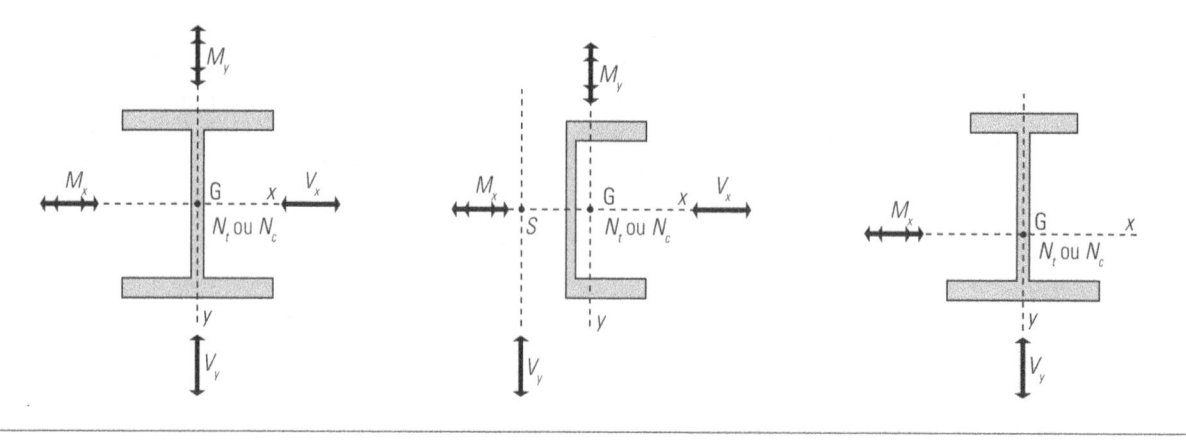

FIGURA 9.2 Situações tratadas neste capítulo quanto aos perfis estruturais e aos tipos de esforços solicitantes.

No dimensionamento, as barras submetidas a combinação de esforços solicitantes devem ser verificadas simultaneamente, por meio de uma expressão de interação, aos estados-limites últimos causados por força axial e momento fletor (Item 9.2) e, isoladamente, aos estados-limites últimos causados pela força cortante (Item 9.3). As barras também devem ser verificadas aos estados-limites de serviço, com destaque, por exemplo, para a flecha, no caso de terças e travessas de tapamento, e para o deslocamento horizontal dos pilares dos pórticos, conforme explicitado no Subitem 4.3.3.

9.2 Noções sobre o comportamento de terças e travessas

Tendo em vista que as terças e travessas são submetidas à combinação de esforços solicitantes, neste item serão fornecidas noções elementares sobre o comportamento estrutural desses componentes, que apresenta algumas características peculiares.

Terças e travessas (Figura 9.3) são utilizadas para suportar os elementos de fechamento da cobertura e das fachadas laterais e frontais da edificação (telhas, painéis de fechamento etc.), respectivamente, e todas as ações que incidem sobre esses elementos (a Figura 6.1b mostra as telhas sendo colocadas sobre as terças em um galpão).

FIGURA 9.3 Terças e travessas de tapamento.

Os perfis usados nas terças, geralmente perfis U, possuem rigidezes muito diferentes em relação aos eixos centrais de inércia x e y. Por isso, é comum empregar-se tirantes (barras que trabalham à tração) no plano do telhado, constituídos geralmente por barras redondas rosqueadas nas extremidades para travar as terças na direção de menor inércia, como se vê na Figura 9.4. Na Figura 9.4a, dois tirantes foram utilizados para subdividir o vão das terças em três partes, mas, dependendo dos resultados do cálculo, mais tirantes podem ser usados, ou até apenas um tirante na seção central das terças, subdividindo seu vão original em dois, como na Figura 9.4b (se o cálculo permitir, os tirantes podem ser dispensados). Ainda na Figura 9.4a, nota-se que existem duas terças na cumeeira, uma em cada água do telhado, ligadas entre si para equilibrar as forças que atuam nos tirantes nas duas águas da cobertura.

Também é comum empregar tirantes inclinados entre a terça da cumeeira de cada água e a terça adjacente, para que transfiram para as tesouras o componente das cargas gravitacionais que atua nas terças no plano dos tirantes, além de barras trabalhando à compressão (cantoneiras, por exemplo) para travar a terça da cumeeira (Figura 9.4b). Dessa forma, uma água fica independente da outra no que se refere ao equilíbrio de forças, o que é interessante, pois a montagem não precisa ser simétrica, pode haver sobrecargas diferentes nas duas águas, entre outros fatores.

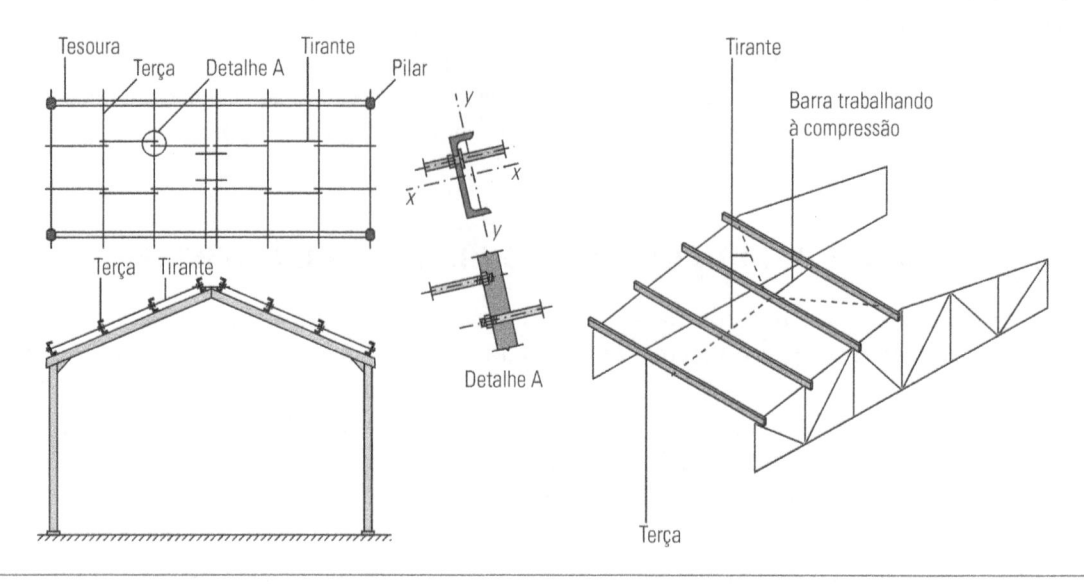

FIGURA 9.4 Terças e tirantes.

A fixação das travessas é feita de modo similar à das terças. A travessa mais elevada necessita de uma barra que resista à compressão, no mesmo alinhamento dos tirantes, para que os travamentos intermediários possam existir (Figura 9.5).

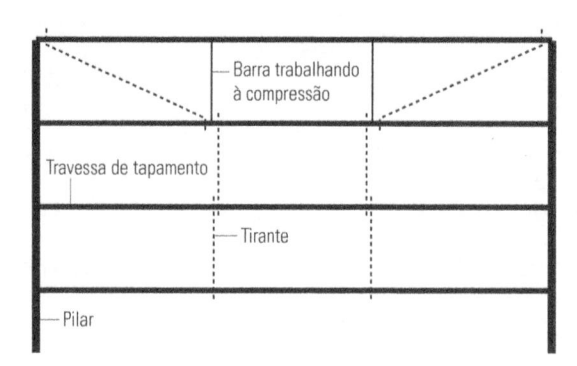

FIGURA 9.5 Travessas e tirantes.

É importante salientar que, em terças e travessas, o uso de perfis formados a frio, não abordados neste livro, normalmente conduz a soluções com menor consumo de material.

9.3 Atuação de força axial e momentos fletores

9.3.1 Estados-limites últimos

Quando força axial e momento fletor em relação a um ou aos dois eixos centrais de inércia da seção transversal atuam simultaneamente em uma barra de aço, todos os estados-limites últimos decorrentes de cada um dos esforços solicitantes isolados, vistos anteriormente nos capítulos 6, 7 e 8, podem ocorrer, agravados ou atenuados pelos outros esforços solicitantes. Em muitas situações, estados-limites similares de dois ou mais esforços solicitantes se associam em um só estado-limite resultante. Por exemplo, em uma barra em perfil I sujeita simultaneamente a força axial de compressão e momento fletor em relação ao eixo de maior momento de inércia (eixo x), os estados-limites últimos são:

a) instabilidade por flexão em relação ao eixo *x*, ou seja, no plano *yz*, causada pela força axial e agravada pelo momento fletor, que aumenta os valores dos deslocamentos transversais no plano *yz* (Figura 9.6a);
b) instabilidade por flexão em relação ao eixo *y*, ou seja, no plano *xz*, causada pela força axial, em conjunto com a flambagem lateral com torção, causada pelo momento fletor (o deslocamento lateral μ é causado pela força axial e pelo momento fletor, e a torção θ, apenas pelo momento fletor — Figura 9.6b);
c) flambagem local, da mesa ou da alma, causada pela tensão normal de compressão nesses elementos em razão da atuação conjunta da força axial e do momento fletor (Figura 9.6c);
d) se nenhum dos estados-limites citados anteriormente puder ocorrer, o colapso se dará pela formação de rótula plástica no plano de flexão (plano *yz*), causada pela atuação conjunta do momento fletor e da força axial (Figura 9.6d).

Se a força axial for de tração, podem ocorrer os estados-limites últimos a seguir:

a) escoamento da área bruta, causado pela força axial e possivelmente agravado pelo momento fletor;
b) ruptura da área líquida, também causada pela força axial e possivelmente agravada pelo momento fletor;
c) flambagem lateral com torção, causada pelo momento fletor e atenuada pela força axial;
d) flambagem local de mesa e/ou alma, causada pelo momento fletor e atenuada pela força axial;
e) se nenhum dos estados-limites citados anteriormente ocorrer, o colapso se dará pela formação de rótula plástica no plano de flexão, causada pelo momento fletor e pela força axial.

(a) Instabilidade em relação ao eixo *x*

(b) Flambagem lateral com torção

(c) Flambagem local

(d) Formação de rótula plástica

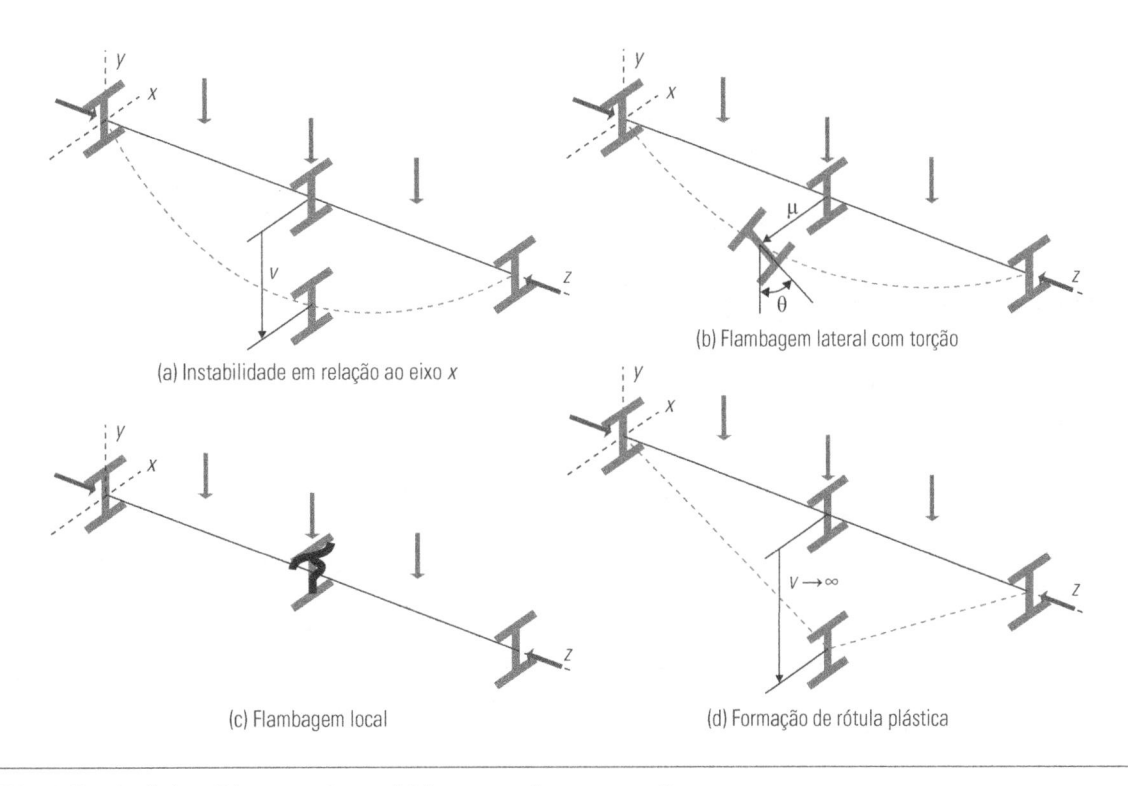

FIGURA 9.6 Estados-limites últimos para força axial de compressão e momento fletor.

9.3.2 Dimensionamento

Estudos teóricos e experimentais mostram que todos os estados-limites possíveis de ocorrer em barras submetidas à combinação de esforços solicitantes são atendidos caso seja satisfeita a seguinte expressão de interação:

- para $\dfrac{N_{Sd}}{N_{Rd}} \geq 0,2,$

$$\frac{N_{Sd}}{N_{Rd}} + \frac{8}{9}\left(\frac{M_{x,Sd}}{M_{x,Rd}} + \frac{M_{y,Sd}}{M_{y,Rd}}\right) \leq 1,0 \qquad (9.1a)$$

- para $\dfrac{N_{Sd}}{N_{Rd}} < 0,2$,

$$\frac{N_{Sd}}{2N_{Rd}} + \left(\frac{M_{x,Sd}}{M_{x,Rd}} + \frac{M_{y,Sd}}{M_{y,Rd}}\right) \leq 1,0 \qquad (9.1b)$$

onde:

- N_{Sd} é a força axial solicitante de cálculo de tração ou de compressão, determinada conforme o Capítulo 5;
- N_{Rd} é a força axial resistente de cálculo de tração ou de compressão, determinada conforme o Capítulo 6 ou o Capítulo 7, respectivamente;
- $M_{x,Sd}$ e $M_{y,Sd}$ são os momentos fletores solicitantes de cálculo, em relação aos eixos x e y da seção transversal, respectivamente, determinados conforme o Capítulo 5;
- $M_{x,Rd}$ e $M_{y,Rd}$ são os momentos fletores resistentes de cálculo, em relação aos eixos x e y da seção transversal, respectivamente, determinados conforme o Capítulo 8.

Se algum dos esforços solicitantes não existir, deverá ser suprimido nas expressões (9.1a) e (9.1b).

A Figura 9.7 mostra o sólido projetado pelas expressões (9.1a) e (9.1b). Se a soma dos três termos do primeiro membro da expressão aplicável for inferior a 1,0, tem-se um ponto situado no interior do sólido, indicando uma condição segura. Se a soma for igual a 1,0, o ponto se situa em uma face do sólido, indicando ainda uma condição segura, mas no limite. Se a soma for superior a 1,0, então o ponto se situa fora do sólido, indicando uma condição não segura.

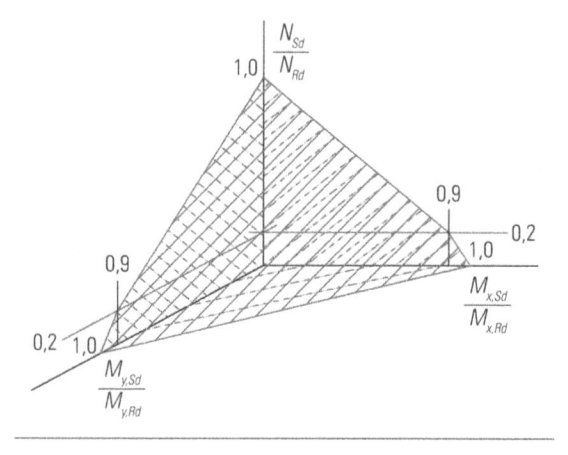

FIGURA 9.7 Sólido projetado pelas expressões (9.1a) e (9.1b).

9.4 Dimensionamento à força cortante

O dimensionamento das barras à força cortante deve ser feito como indica o Capítulo 8. Assim (Figura 9.2):

- em perfis I ou H duplamente simétricos fletidos em relação aos dois eixos centrais de inércia, a força cortante na direção do eixo x, V_x, deve ser resistida pelas mesas, e a força cortante na direção do eixo y, V_y, pela alma (na verdade, pela área formada pela altura da seção transversal do perfil e pela espessura da alma), devendo ser seguidos os subitens 8.6.2.3 e 8.6.2.1, respectivamente;
- em perfis U fletidos em relação aos dois eixos centrais de inércia, a força cortante na direção do eixo x, V_x, deve ser resistida pelas mesas, e a força cortante na direção do eixo y, V_y, pela alma (área formada pela altura da seção transversal do perfil e pela espessura da alma), devendo ser seguidos os subitens 8.6.2.3 e 8.6.2.2, respectivamente;
- em perfis I ou H monossimétricos fletidos em relação ao eixo x, a força cortante na direção do eixo y, V_y, deve ser resistida pela alma (área formada pela altura da seção transversal do perfil e pela espessura da alma), devendo ser seguido o Subitem 8.6.2.1.

9.5 Exemplos de aplicação

9.5.1 Verificação de barra flexo-comprimida em perfil I laminado

Uma barra horizontal birrotulada em perfil W 360 x 101, fabricada com aço ASTM A572 – Grau 50, está submetida a uma força uniformemente distribuída composta por 18 kN/m de carga permanente decorrente principalmente de peso próprio de estruturas moldadas no local e por 54 kN/m de sobrecarga de cobertura (valores característicos). A flexão ocorre em relação ao eixo de maior inércia

Veja a resolução deste exemplo de aplicação no site www.loja.grupoa.com.br

do perfil (eixo x). Atua, ainda, na barra uma força axial de compressão igual a 800 kN (valor característico), decorrente do vento. A mesa superior da barra encontra-se totalmente impedida de se deslocar lateralmente por uma laje de concreto, que impede também a rotação em torno do eixo longitudinal z, mas não impede os deslocamentos na direção das forças transversais aplicadas. Será verificado se a barra atende aos estados-limites últimos.

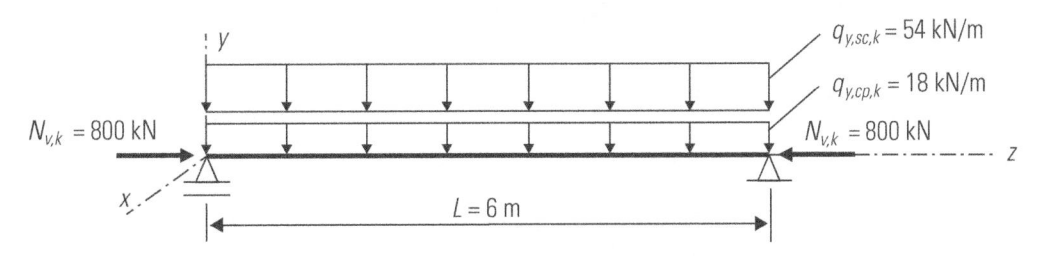

9.5.2 Verificação de barra flexo-tracionada em perfil I laminado

Será verificado se a barra do Subitem 9.5.1 atenderia aos estados-limites últimos caso, no lugar da força axial de compressão atuante, houvesse uma força axial de tração de mesma intensidade. Para tanto, partir do pressuposto de que a área líquida efetiva (A_e) seja igual a 115 cm².

a) Esforços solicitantes de cálculo

As combinações últimas de ações possíveis são as mesmas do Subitem 9.5.1, apenas a força axial será de tração, e, na determinação dos esforços solicitantes de cálculo, para $M_{x,Sd}$, o coeficiente B_1 é igual a 1,0. Isso significa que o momento fletor será o da análise de primeira ordem. Logo:

- Hipótese 1: sobrecarga como ação variável principal
$q_{y,d} = 105,3$ kN/m $\Rightarrow M_{x,Sd} = 473,85$ kN.m
$N_{t,Sd} = 1,4 \times 0,6 \times 800 = 672$ kN

- Hipótese 2: vento como ação variável principal
$q_{y,d} = 89,10$ kN/m $\Rightarrow M_{x,Sd} = 400,95$ kN.m
$N_{t,Sd} = 1,4 \times 800 = 1.120$ kN

b) Determinação da força axial de tração resistente de cálculo

b1) Escoamento da seção bruta

$$N_{t,Rd} = \frac{A_g f_y}{\gamma_{a1}} = \frac{129,5 \times 34,5}{1,10} = 4.062 \text{ kN}$$

b2) Ruptura da seção líquida

Como a resistência à ruptura (f_u) do aço ASTM A572 – Grau 50 é igual a 450 MPa, tem-se:

$$N_{t,Rd} = \frac{A_e f_u}{\gamma_{a2}} = \frac{115 \times 45,0}{1,35} = 3.833 \text{ kN}$$

b3) Valor de $N_{t,Rd}$

Prevalece o menor valor da força resistente de cálculo, considerando os dois estados-limites últimos. Portanto:
$N_{t,Rd} = 3.833$ kN

c) Determinação do momento fletor resistente de cálculo

Como em 9.4.1:
$M_{x,Rd} = 59.243$ kN.cm

d) Efeitos combinados de $N_{t,Rd}$ e $M_{x,Rd}$

- Hipótese 1

$$\frac{N_{t,Sd}}{N_{t,Rd}} = \frac{672}{3.833} = 0,18 < 0,20 \Rightarrow \frac{N_{t,Sd}}{2N_{t,Rd}} + \frac{M_{x,Sd}}{M_{x,Rd}} \leq 1,0$$

$$\frac{672}{2 \times 3.833} + \frac{47.385}{59.243} = 0,09 + 0,80 = 0,89 < 1,0 \Rightarrow \text{Atende!}$$

- Hipótese 2

$$\frac{N_{t,Sd}}{N_{t,Rd}} = \frac{1.120}{3.833} = 0,29 > 0,20 \Rightarrow \frac{N_{t,Sd}}{N_{t,Rd}} + \frac{8}{9}\frac{M_{x,Sd}}{M_{x,Rd}} \leq 1,0$$

$$\frac{1.120}{3.833} + \frac{8}{9}\frac{40.095}{59.243} = 0,29 + 0,60 = 0,89 < 1,0 \Rightarrow \text{Atende!}$$

e) Verificação à força cortante

A verificação à força cortante é igual à feita no tópico *g* do Subitem 9.5.1.

9.5.3 Verificação de barra flexo-comprimida em perfil I soldado

Na figura a seguir, vê-se um pilar, em perfil CVS 350 x 73, produzido com aço USI CIVIL 350, com suas condições de contorno, solicitado pela combinação última de ações mais desfavorável (são mostrados os momentos atuantes, que flexionam o pilar em relação aos eixos *x* e *y*, e a força axial de compressão, com os diagramas de momento fletor, força axial e força cortante), sem consideração dos efeitos de segunda ordem. Assim, será verificado se o pilar resiste aos estados-limites últimos relacionados à atuação conjunta da força axial e dos momentos fletores, bem como à força cortante.

> Veja a resolução deste exemplo de aplicação no site www.loja.grupoa.com.br

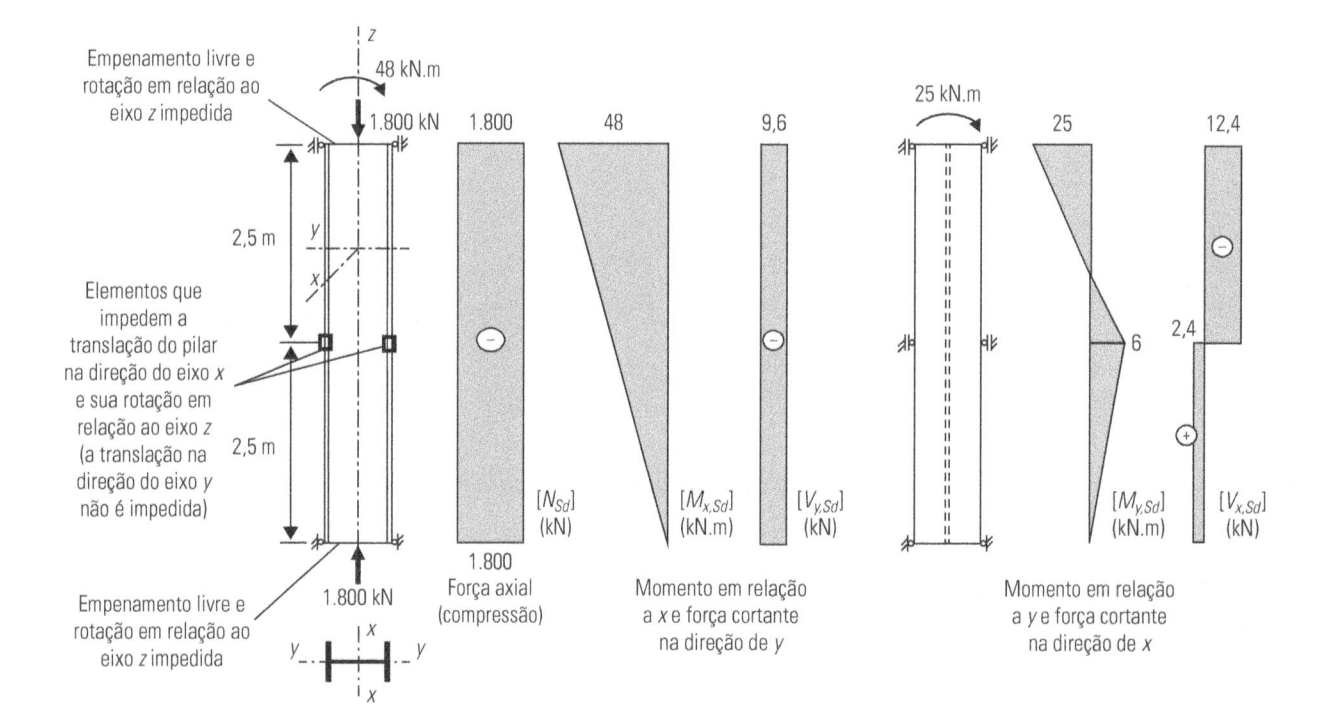

9.5.4 Verificação de pilar flexo-comprimido de pórtico em perfil I laminado

No pórtico rígido do Subitem 5.8.2, o pilar do primeiro andar, da prumada da direita, será verificado considerando a hipótese de carregamento 5, aos estados-limites últimos relacionados à atuação da força axial e dos momentos fletores. Para tanto, considerar que o pilar esteja rotulado na base no plano perpendicular ao do pórtico e que, nesse plano perpendicular, o pilar esteja travado à translação no nó de ligação com a viga e no meio do seu comprimento. Além disso, o pilar possui rotação em torno do eixo longitudinal impedida na base, no nó de ligação com a viga e no meio de seu comprimento. Supor que o aço utilizado é o ASTM A572 – Grau 50.

a) Aço estrutural

ASTM A572 – Grau 50 $\Rightarrow f_y = 345$ MPa = 34,5 kN/cm²

b) Dimensões e propriedades geométricas importantes da seção transversal

De acordo com o Subitem 5.8.2, no pilar em estudo utilizou-se o perfil laminado W 360 x 79, cuja seção transversal possui as seguintes dimensões e propriedades geométricas:

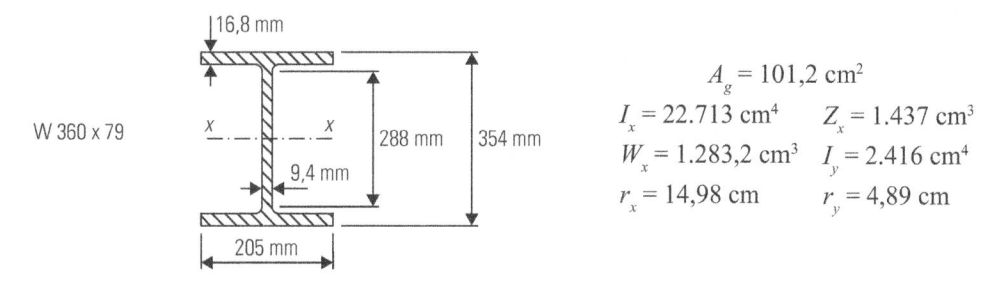

$A_g = 101,2$ cm²
$I_x = 22.713$ cm⁴ $Z_x = 1.437$ cm³
$W_x = 1.283,2$ cm³ $I_y = 2.416$ cm⁴
$r_x = 14,98$ cm $r_y = 4,89$ cm

c) Esforços solicitantes de cálculo

Ainda conforme o Subitem 5.8.2, a força axial de compressão e o momento fletor solicitantes de cálculo no pilar, após a análise de segunda ordem, têm os seguintes valores:

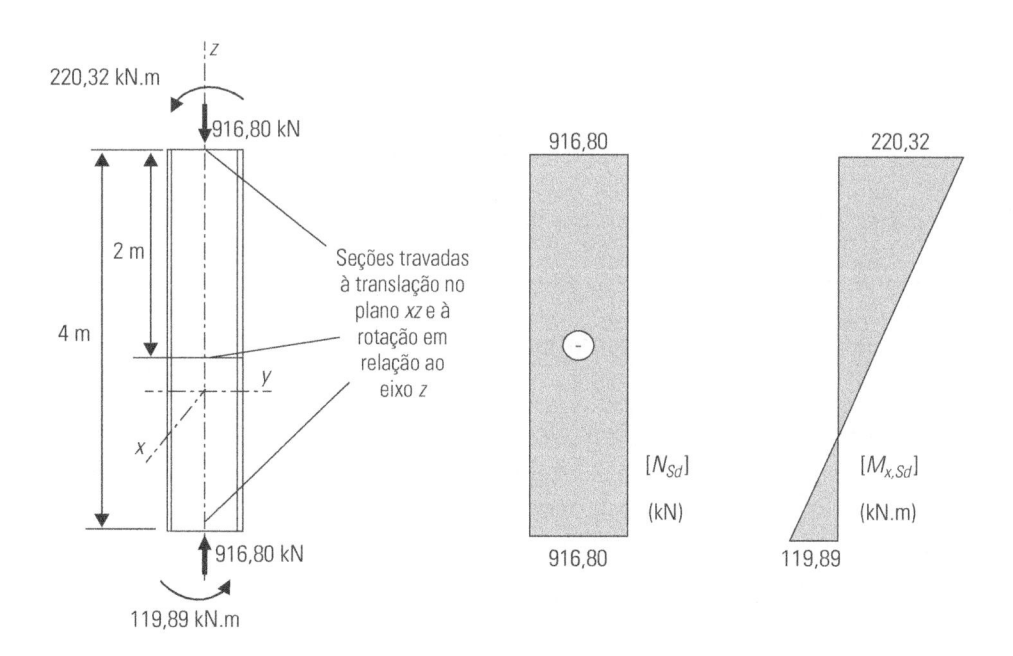

d) Força axial de compressão resistente de cálculo

d1) Flambagem local

- Mesas:

$$\frac{b}{t} = \frac{205/2}{16,8} = 6,10$$

$$\left(\frac{b}{t}\right)_{lim} = 0,56\sqrt{\frac{E_a}{f_y}} = 0,56\sqrt{\frac{20.000}{34,5}} = 13,48$$

$$\frac{b}{t} = 6,10 < \left(\frac{b}{t}\right)_{lim} = 13,48 \Rightarrow Q_s = 1,0$$

- Alma:

$$\frac{b}{t} = \frac{288}{9,4} = 30,64$$

$$\left(\frac{b}{t}\right)_{lim} = 1,49\sqrt{\frac{E_a}{f_y}} = 1,49\sqrt{\frac{20.000}{34,5}} = 35,87$$

$$\frac{b}{t} = 30,64 < \left(\frac{b}{t}\right)_{lim} = 35,87 \Rightarrow Q_a = 1,0$$

- Fator de redução total:

$$Q = Q_s Q_a = 1,0 \times 1,0 = 1,0$$

d2) Instabilidade global e esbeltez

- Força de flambagem por flexão em relação ao eixo x:

$$N_{ex} = \frac{\pi^2 E_a I_x}{(K_x L_x)^2} = \frac{\pi^2 \times 20.000 \times 22.713}{400^2} = 28.021 \text{ kN}$$

Notar que o coeficiente de flambagem K_x foi considerado igual a 1,0, tendo em vista que foi feita análise de segunda ordem.

- Força de flambagem por flexão em relação ao eixo y:

$$N_{ey} = \frac{\pi^2 E_a I_y}{(K_y L_y)^2} = \frac{\pi^2 \times 20.000 \times 2.416}{200^2} = 11.922 \text{ kN}$$

Notar que o pilar é travado à translação nas extremidades e no meio do comprimento, portanto, $K_y L_y = 400/2 = 200$ cm.

- Força de flambagem por torção:

Não há a necessidade de efetuar o cálculo dessa grandeza, pois o comprimento de flambagem por torção não é maior que o da flexão em relação ao eixo de menor inércia (eixo y).

- Esbeltez máxima:

A esbeltez máxima está relacionada com a menor força de flambagem, no caso, N_{ey} igual a 11.922 kN. Logo, tem-se:

$$\lambda_{máx} = \lambda_y = \pi\sqrt{\frac{E_a A_g}{N_{ey}}} = \pi\sqrt{\frac{20.000 \times 101,2}{11.922}} = 40,93 < 200 \Rightarrow \text{Atende!}$$

- Valores de N_e, λ_0 e χ:

$N_e = N_{ey} = 11.922$ kN

$$\lambda_0 = \sqrt{\frac{Q A_g f_y}{N_e}} = \sqrt{\frac{1,0 \times 101,2 \times 34,5}{11.922}} = 0,54 \Rightarrow \text{Tabela 7.1} \Rightarrow \chi = 0,885$$

d3) Valor de $N_{c,Rd}$

$$N_{c,Rd} = \frac{\chi Q A_g f_y}{\gamma_{a1}} = \frac{0,885 \times 1,0 \times 101,2 \times 34,5}{1,10} = 2.809 \text{ kN}$$

e) Momento fletor resistente de cálculo

- FLM

$$\lambda = \frac{b}{t} = 6,10$$

$$\lambda_p = 0,38 \sqrt{\frac{E_a}{f_y}} = 9,15$$

$\lambda = 6,97 < \lambda_p = 9,15 \Rightarrow M_{x,Rk} = M_{x,pl}$

$M_{x,Rk} = M_{x,pl} = Z_x f_y = 1.437 \times 34,5 = 49.577$ kN.cm

- FLA

$$\lambda = \frac{h}{t_w} = 30,64$$

$$\lambda_p = 3,76 \sqrt{\frac{E_a}{f_y}} = 90,53$$

$\lambda = 30,64 < \lambda_p = 90,53 \Rightarrow M_{x,Rk} = M_{x,pl} = 49.577$ kN.cm

- FLT

Como o pilar é travado à translação nas extremidades e no meio do comprimento, $L_b = 200$ cm, e:

$$\lambda = \frac{L_b}{r_y} = \frac{200}{4,89} = 40,90$$

$$\lambda_p = 1,76 \sqrt{\frac{E_a}{f_y}} = 42,38$$

$\lambda = 40,90 < \lambda_p = 42,38 \Rightarrow M_{x,Rk} = M_{x,pl} = 49.577$ kN.cm

- Conclusão

$M_{x,Rk} = 49.577$ kN.cm

- Valor de $M_{x,Rd}$

$$M_{x,Rd} = \frac{M_{x,Rk}}{\gamma_{a1}} = \frac{49.577}{1,10} = 45.070 \text{ kN.cm}$$

f) Efeitos combinados de $N_{c,Rd}$ e $M_{x,Rd}$

$$\frac{N_{c,Sd}}{N_{c,Rd}} = \frac{916,80}{2.809} = 0,33 > 0,20 \Rightarrow \frac{N_{c,Sd}}{N_{c,Rd}} + \frac{8}{9}\frac{M_{x,Sd}}{M_{x,Rd}} \leq 1,0$$

$$\frac{916,80}{2.809} + \frac{8}{9}\frac{22.032}{45.070} = 0,33 + 0,43 = 0,76 < 1,0 \Rightarrow \text{Atende!}$$

9.5.5 Verificação das barras componentes de uma treliça com nós excêntricos

A estrutura da passarela de ligação entre dois blocos de uma edificação é constituída por duas treliças paralelas birrotuladas, de vão igual a 20 m e altura igual a 3,4 m. Essas treliças situam-se nas faces laterais da passarela, e seus banzos inferiores e superiores suportam lajes de concreto, que servem como pisos (essas lajes são fixadas mecanicamente à face superior dos banzos), como mostra a figura a seguir. Tanto nos banzos como nas diagonais das treliças, foram utilizados perfis W 310 x 52, fabricados com aço ASTM A572 – Grau 50, e a empresa responsável projetou os nós superiores com excentricidade de 500 mm e os inferiores com excentricidade de 200 mm, caracterizando uma treliça com nós excêntricos.

Vista lateral

Seção transversal

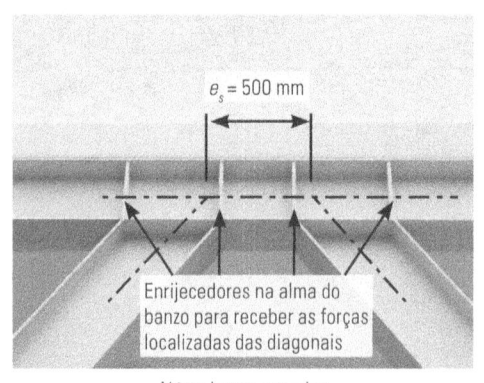

Nó no banzo superior

Nó no banzo inferior   Apoio

Assim, pretende-se verificar todas as barras das treliças aos estados-limites últimos, sabendo-se que a combinação última de ações fornece cargas uniformemente distribuídas de cálculo iguais 15,80 kN/m e 20,0 kN/m, oriundas de ações permanentes e variáveis, nos banzos inferior e superior, respectivamente. Além disso, pretende-se verificar se a flecha é aceitável, considerando-se o conforto dos usuários e sabendo-se que a combinação de ações de serviço para essa situação (combinação frequente) fornece cargas iguais a cerca de 40% da combinação última de ações.

> Veja a resolução deste exemplo de aplicação no site www.loja.grupoa.com.br

9.5.6 Verificação de terça de cobertura em perfil U e seus tirantes

Propõe-se, agora, a verificação das terças da cobertura em perfil U 152,4 x 15,6 ilustradas a seguir, que estão simplesmente apoiadas em tesouras 7 m distantes entre si. Para tanto, supor que haja a atuação de uma carga permanente de 0,10 kN/m² e uma sobrecarga de 0,25 kN/m², ambas gravitacionais, além de vento de sucção de valor máximo igual a 0,75 kN/m². São colocados tirantes que subdividem em dois o vão das terças no plano da cobertura, e, entre as terças da cumeeira e as terças adjacentes, uma barra resistente à compressão foi projetada. Assim, busca-se dimensionar os tirantes em barras redondas rosqueadas e a barra comprimida em cantoneira simples, considerando as ações agrupadas. Todos os elementos possuem aço ASTM A36.

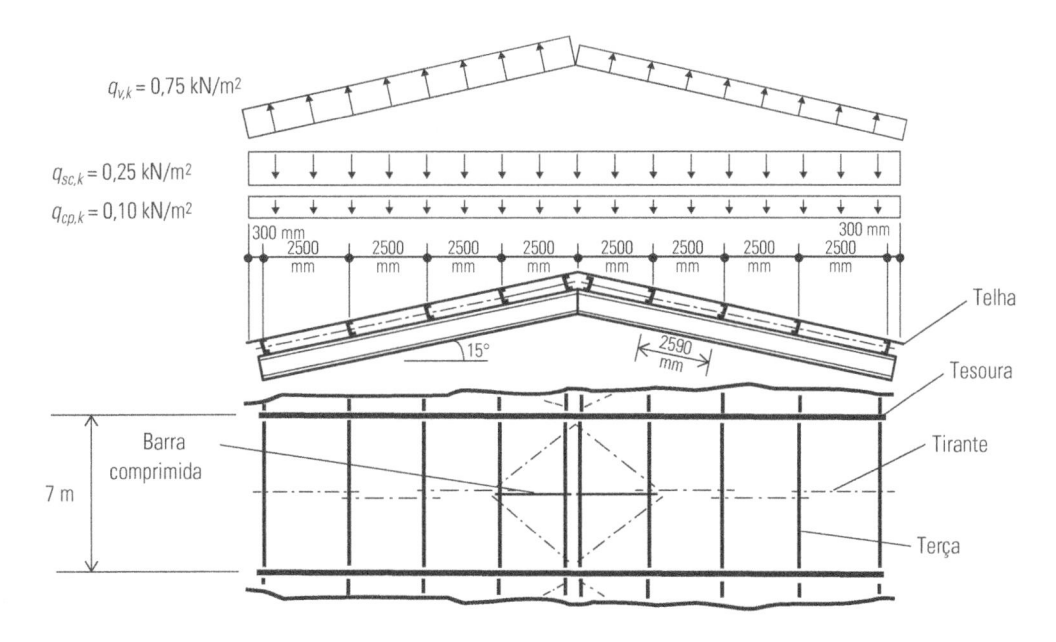

a) Aço estrutural

ASTM A36 $\Rightarrow f_y = 250$ MPa $= 25{,}0$ kN/cm^2; $f_u = 400$ MPa $= 40{,}0$ kN/cm^2

b) Ações distribuídas e esforços solicitantes de cálculo nas terças

Na terça mais solicitada, que possui largura de influência de 2,5 m em projeção horizontal, tem-se:

- com a sobrecarga como ação variável:

$q_d = 2{,}5[1{,}4\ (0{,}10) + 1{,}4\ (0{,}25)] = 1{,}225$ kN/m

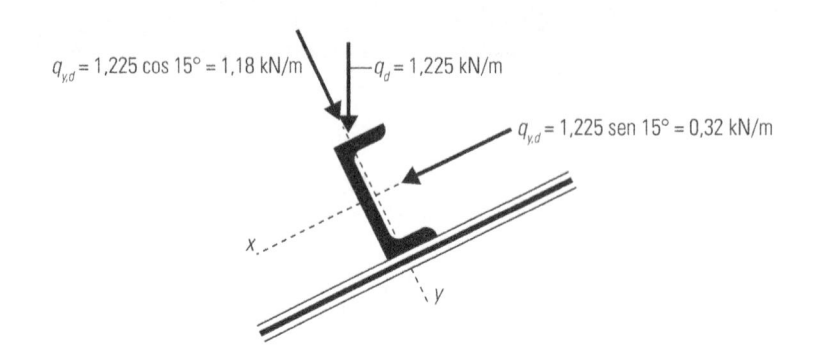

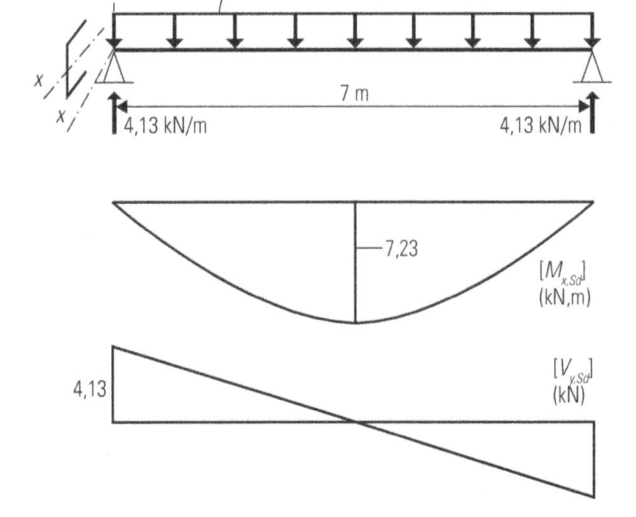

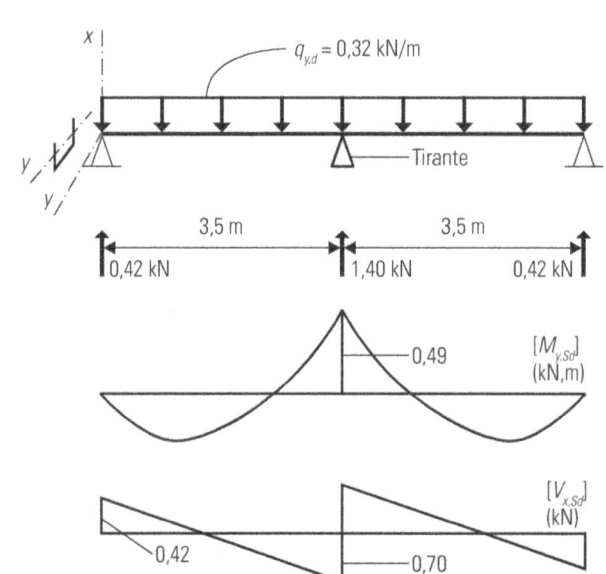

- com o vento como ação variável:

$q_{d1} = 2{,}50[1{,}0\ (0{,}10)] = 0{,}25$ kN/m

$q_{d2} = 2{,}59[1{,}4\ (0{,}75)] = 2{,}72$ kN/m

$q_{y,d} = 0,25 \cos 15° + 2,72 = 2,48$ kN/m

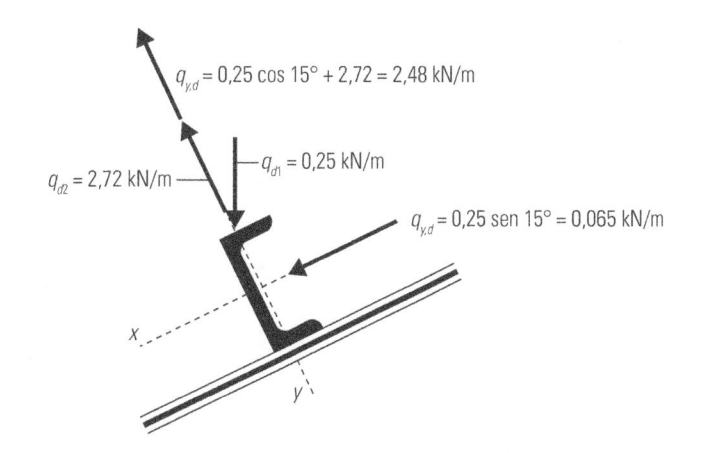

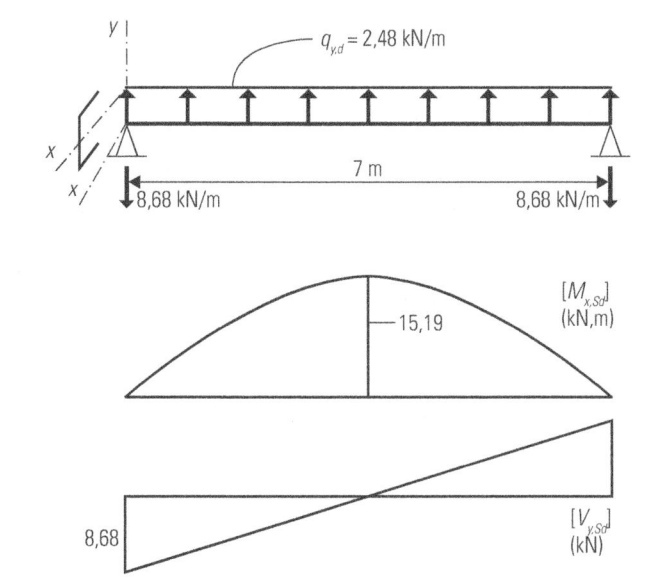

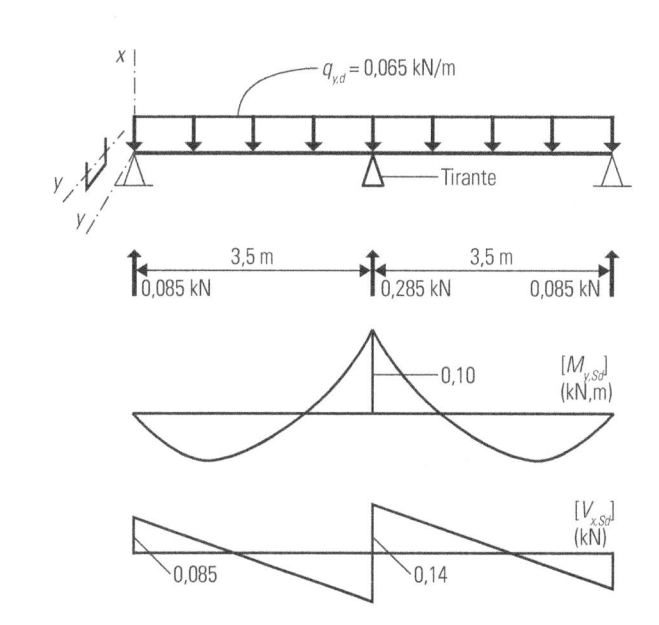

$q_{d2} = 2,72$ kN/m

$q_{d1} = 0,25$ kN/m

$q_{y,d} = 0,25 \sin 15° = 0,065$ kN/m

$q_{y,d} = 2,48$ kN/m

7 m

8,68 kN/m   8,68 kN/m

15,19 $[M_{x,Sd}]$ (kN.m)

8,68 $[V_{y,Sd}]$ (kN)

$q_{y,d} = 0,065$ kN/m

Tirante

3,5 m   3,5 m

0,085 kN   0,285 kN   0,085 kN

0,10 $[M_{y,Sd}]$ (kN.m)

0,085   0,14 $[V_{x,Sd}]$ (kN)

c) Seção transversal das terças e propriedades geométricas importantes

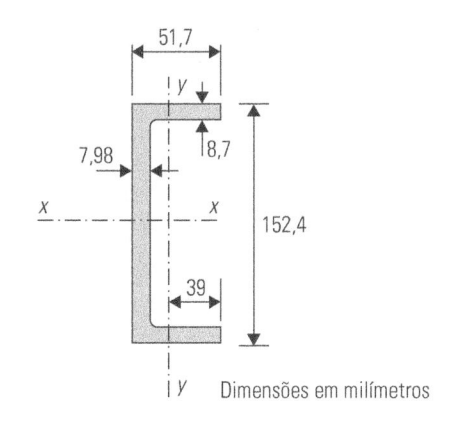

51,7
7,98
8,7
152,4
39

Dimensões em milímetros

$A_g = 19,9$ cm² $Z_y = 21,1$ cm³

$I_x = 632$ cm⁴ $r_x = 5,63$ cm

$W_x = 82,9$ cm³ $Z_x = 101$ cm³

$W_y = 9,24$ cm³ $r_y = 1,34$ cm

$I_y = 36,0$ cm⁴ $J = 5,90$ cm⁴

$C_w = 1.420$ cm⁶

d) Momento fletor resistente de cálculo nas terças para flexão em relação ao eixo x

d1) Flambagem local

- FLM

$$\lambda = \frac{b}{t} = \frac{51,7}{8,7} = 5,94$$

$$\lambda_p = 0,38\sqrt{\frac{E_a}{f_y}} = 0,38\sqrt{\frac{20.000}{25}} = 10,75$$

$$\lambda = 5,94 < \lambda_p = 10,75 \;\Rightarrow\; M_{x,Rk} = M_{x,pl} = Z_x f_y = 101 \times 25 = 2.525 \text{ kN.cm}$$

- FLA

$$\lambda = \frac{h}{t_w} = \frac{152,4 - 2(8,7)}{7,98} = \frac{135}{7,98} = 16,92$$

$$\lambda_p = 3,76\sqrt{\frac{E_a}{f_y}} = 106,35$$

$$\lambda = 16,92 < \lambda_p = 106,35 \;\Rightarrow\; M_{x,Rk} = M_{x,pl} = 2.525 \text{ kN.cm (já calculado na FLM)}$$

d2) Flambagem lateral com torção (FLT)

Será considerado que os tirantes, com o apoio das telhas, travem a terça contra FLT na seção central. Logo:

$$\lambda = \frac{L_b}{r_y} = \frac{350}{1,34} = 261,19$$

$$\lambda_p = 1,76\sqrt{\frac{E_a}{f_y}} = 49,78$$

$$\lambda = 261,19 > \lambda_p = 49,78 \;\Rightarrow\; \lambda_r = \frac{1,38\sqrt{I_y J}}{r_y J \beta_1}\sqrt{1+\sqrt{1+\frac{27 C_w \beta_1^2}{I_y}}}$$

$$\beta_1 = \frac{(f_y - \sigma_r)W_x}{EJ} = \frac{(0,7 \times 25)82,9}{20.000 \times 5,90} = 0,0123/\text{cm}$$

$$\lambda_r = \frac{1,38\sqrt{36 \times 5,90}}{1,34 \times 5,90 \times 0,0123}\sqrt{1+\sqrt{1+\frac{27 \times 1.420 \times 0,0123^2}{36}}} = 298,11$$

$$\lambda_p = 49,78 < \lambda = 261,19 < \lambda_r = 298,11 \;\Rightarrow\; M_{x,Rk} = C_b\left[M_{x,pl} - \left(M_{x,pl} - M_{x,r}\right)\frac{\lambda - \lambda_p}{\lambda_r - \lambda_p}\right] \leq M_{x,pl}$$

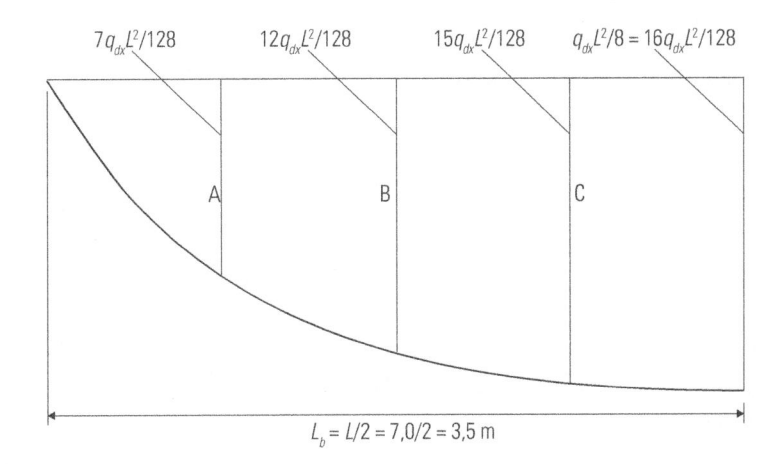

[Diagrama: momentos $7q_{dx}L^2/128$, $12q_{dx}L^2/128$, $15q_{dx}L^2/128$, $q_{dx}L^2/8 = 16q_{dx}L^2/128$ nas seções A, B, C; $L_b = L/2 = 7{,}0/2 = 3{,}5$ m]

$$C_b = \frac{12{,}5|M_{máx}|}{2{,}5|M_{máx}|+3|M_A|+4|M_B|+3|M_C|} = \frac{12{,}5(16)q_{dx}L^2/128}{[2{,}5(16)+3(7)+4(12)+3(15)]q_{dx}L^2/128} = 1{,}30$$

$$M_{x,r} = (f_y - \sigma_r)W_x = (0{,}7 \times 25)82{,}9 = 1.451 \text{ kN.cm}$$

$$M_{x,Rk} = 1{,}30\left[2.525 - (2.525 - 1.451)\frac{261{,}19 - 49{,}78}{298{,}11 - 49{,}78}\right] = 2.094 \text{ kN.cm} < M_{x,pl} = 2.525 \text{ kN.cm}$$

Usar $M_{x,Rk} = 2.094$ kN.cm

- Valor do momento fletor resistente de cálculo em relação ao eixo x

$$M_{x,Rk} = 2.094 \text{ kN.cm}$$

$$M_{x,Rd} = \frac{M_{x,Rk}}{\gamma_{a1}} = \frac{2.094}{1{,}10} = 1.904 \text{ kN.cm}$$

e) Momento fletor resistente de cálculo nas terças para flexão em relação ao eixo y

O único estado-limite último aplicável quando a alma do perfil U encontra-se tracionada é a flambagem local da mesa (FLM). Assim:

$$\lambda = \frac{b}{t} = 5{,}94 \text{ (já calculado anteriormente, no tópico d)}$$

$$\lambda_p = 0{,}38\sqrt{\frac{E_a}{f_y}} = 0{,}38\sqrt{\frac{20.000}{25}} = 10{,}75$$

$$\lambda = 5{,}94 < \lambda_p = 10{,}75 \quad \Rightarrow \quad M_{y,Rk} = M_{y,pl} = Z_y f_y = 21{,}1 \times 25 = 527{,}5 \text{ kN.cm}$$

$$M_{y,Rk} \leq 1{,}5 \, W_y f_y = 1{,}5 \times 9{,}24 \times 25 = 346{,}5 \text{ kN.cm} \quad \Rightarrow \quad \text{Adotar } M_{y,Rk} = 346{,}5 \text{ kN.cm}$$

$$M_{y,Rd} = \frac{M_{y,Rk}}{\gamma_{a1}} = \frac{346{,}5}{1{,}10} = 315 \text{ kN.cm}$$

f) Interação entre os momentos fletores nas terças em relação aos eixos x e y

Como a força axial atuante nas terças é nula, a seguinte expressão de interação deve ser atendida:

$$\frac{M_{x,Sd}}{M_{x,Rd}} + \frac{M_{y,Sd}}{M_{y,Rd}} \leq 1{,}0$$

Assim:

- com a sobrecarga como ação variável principal,

$$\frac{723}{1.904} + \frac{49}{315} = 0{,}38 + 0{,}16 = 0{,}54 < 1{,}00 \Rightarrow \text{Atende!}$$

- com o vento como ação variável principal,

$$\frac{1.519}{1.904} + \frac{10}{315} = 0{,}80 + 0{,}03 = 0{,}83 < 1{,}00 \Rightarrow \text{Atende!}$$

Logo, como o valor da expressão de interação não supera 1 para os dois casos de combinação última de ações, o perfil U 152,4 × 15,6 atende aos estados-limites últimos relacionados à atuação conjunta dos momentos fletores em relação aos eixos x e y das terças.

g) Verificação da força cortante nas terças

A máxima força cortante na direção do eixo y, $V_{y,Sd}$, é igual a 8,68 kN, oriunda da combinação de ações que tem o vento como ação variável. Essa força deve ser resistida pela alma do perfil U 152,4 × 15,6. Assim, conforme o Subitem 8.6.2.2, tem-se:

$$\lambda = \frac{h}{t_w} \cong \frac{152{,}4 - 2 \times 8{,}7}{7{,}98} = \frac{135}{7{,}98} = 16{,}92$$

Como $k_v = 5{,}0$, então:

$$\lambda_p = 1{,}10\sqrt{\frac{k_v E_a}{f_y}} = 1{,}10\sqrt{\frac{5{,}0 \times 20.000}{25}} = 69{,}57$$

$$\lambda = 16{,}92 < \lambda_p = 69{,}57 \Rightarrow V_{y,Rk} = V_{y,pl} = 0{,}60 A_w f_y$$

$$V_{y,Rk} = 0{,}60 A_w f_y = 0{,}60 \times 15{,}24 \times 0{,}798 \times 25 = 182{,}42 \text{ kN}$$

$$V_{y,Sd} = 8{,}68 \text{ kN} \leq V_{y,Rd} = \frac{V_{y,Rk}}{\gamma_{a1}} = \frac{182{,}42}{1{,}10} = 165{,}84 \text{ kN} \Rightarrow \text{Atende!}$$

Na direção do eixo x, a máxima força cortante, $V_{x,Sd}$, é igual a um máximo de 0,70 kN, oriunda da combinação de ações que tem a sobrecarga como ação variável. Essa força deve ser resistida pelas mesas do perfil U 152,4 x 15,6. Assim, conforme o Subitem 8.6.2.3, tem-se:

$$\lambda = \frac{b_f}{t_f} = \frac{51{,}7}{8{,}7} = 5{,}94$$

$$k_v = 1{,}2$$

$$\lambda_p = 1{,}10\sqrt{\frac{k_v E_a}{f_y}} = 1{,}10\sqrt{\frac{1{,}2 \times 20.000}{25}} = 34{,}08$$

$$\lambda = 5{,}94 < \lambda_p = 34{,}08 \Rightarrow V_{x,Rk} = V_{x,pl} = 0{,}60 A_w f_y = 0{,}60\left(2 b_f\, t_f\right) f_y$$

$$V_{x,Rk} = 0{,}60\left(2 \times 5{,}17 \times 0{,}87\right) 25 = 134{,}94 \text{ kN}$$

$$V_{x,Sd} = 0{,}70 \text{ kN} \leq V_{x,Rd} = \frac{V_{x,Rk}}{\gamma_{a1}} = \frac{134{,}94}{1{,}10} = 122{,}67 \text{ kN} \Rightarrow \text{Atende!}$$

h) Verificação da flecha nas terças

De acordo com o Subitem 4.3.3.4, as terças de cobertura devem ter flechas máximas perpendiculares ao plano das telhas de $L/180$ e $L/120$, nos sentidos descendente e ascendente, respectivamente.

No sentido descendente, a flecha é causada pela força distribuída $q_{y,k2}$, oriunda da combinação de ações envolvendo a carga permanente e a sobrecarga na cobertura, decompostas na direção perpendicular às telhas, conforme se vê na figura a seguir:

$q_{y,k2} = 0{,}875 \cos 15° = 0{,}845$ kN/m
(força distribuída de serviço no sentido descendente e na direção perpendicular às telhas)

$q_k = 2{,}5(0{,}10 + 0{,}25) = 0{,}875$ kN/m
(carga distribuída de serviço no sentido gravitacional)

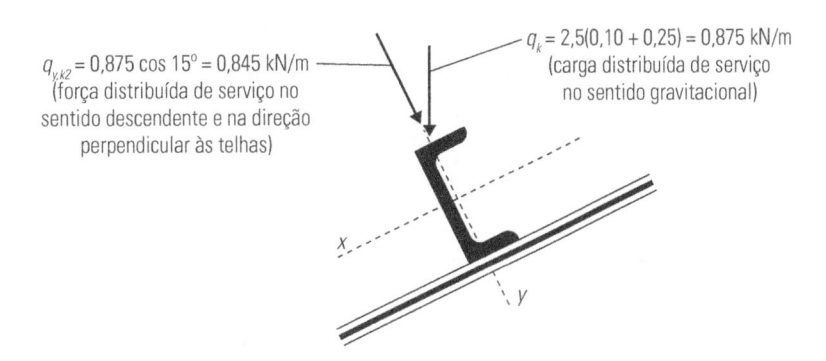

Como a força é uniformemente distribuída (ver C.1.1 no Apêndice C para equação da flecha máxima), então:

$$\delta_{y,v2} = \frac{5 q_{y,k2} L^4}{384 E_a I} = \frac{5 \times 0{,}845 \times 10^{-2} \times 700^4}{384 \times 20.000 \times 632} = 2{,}09 \text{ cm} < \frac{L}{180} = \frac{700}{180} = 3{,}89 \text{ cm} \Rightarrow \text{Atende!}$$

No sentido ascendente, a flecha é causada pela força distribuída $q_{y,k3}$, oriunda da combinação de ações de serviço que envolve as forças de sucção do vento e a carga permanente decomposta na direção perpendicular às telhas, conforme se vê na figura a seguir:

$q_{y,k3} = -0{,}25 \cos 15° + 1{,}94 = 1{,}70$ kN/m
(força distribuída de serviço no sentido ascendente e na direção perpendicular às telhas)

$q_{k1} = 0{,}25 \times 0{,}10 = 0{,}25$ kN/m
(carga permanente de serviço)

$q_{k2} = 2{,}59 \times 0{,}75 = 1{,}94$ kN/m
(vento de sucção de serviço)

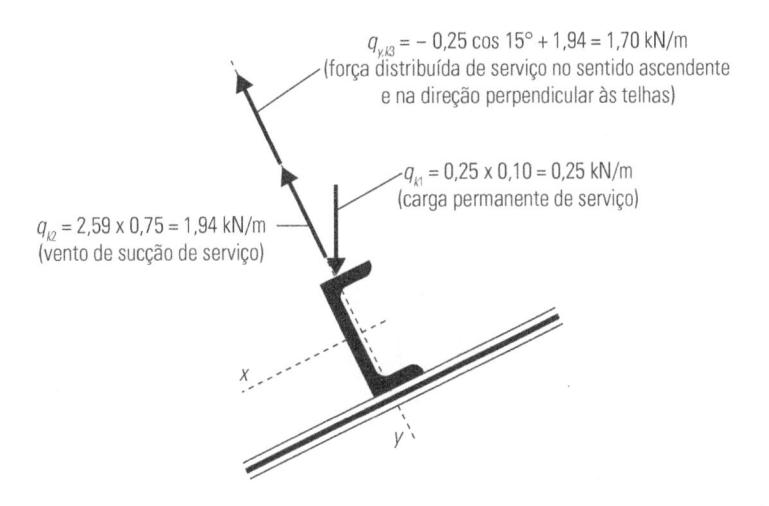

Ao verificar a flecha, encontra-se:

$$\delta_{y,v3} = \frac{5 q_{y,k3} L^4}{384 E_a I_x} = \frac{5 \times 1{,}70 \times 10^{-2} \times 700^4}{384 \times 20.000 \times 632} = 4{,}20 \text{ cm} < \frac{L}{120} = \frac{700}{120} = 5{,}83 \text{ cm} \Rightarrow \text{Atende!}$$

i) Dimensionamento dos tirantes

A força axial de tração solicitante de cálculo máxima ocorre nos tirantes inclinados, cujo valor pode ser obtido estabelecendo o equilíbrio do nó A para forças no plano da cobertura, conforme se vê a seguir:

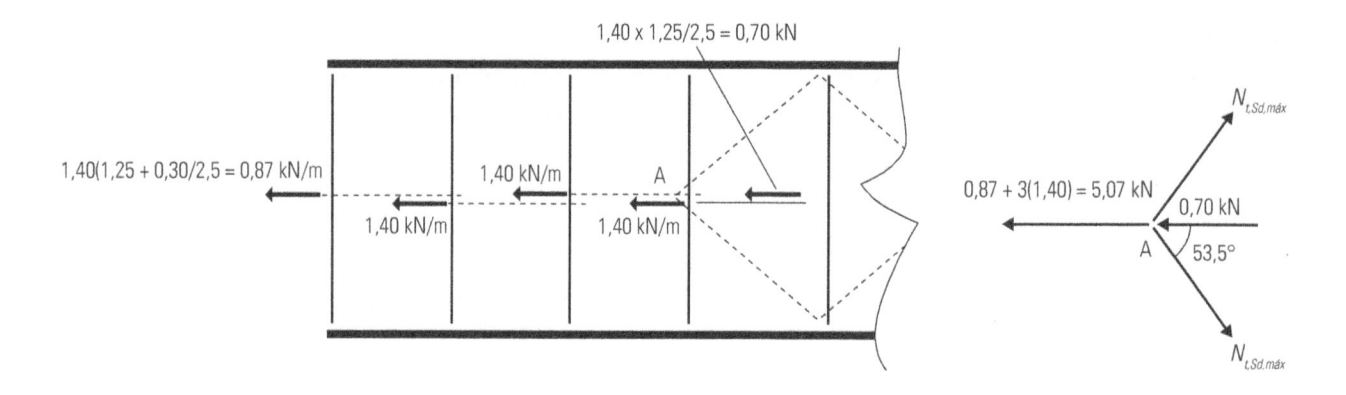

Logo:

$2 N_{t,Sd,máx} \cos 53{,}5° = 5{,}07 + 0{,}70 \Rightarrow N_{t,Sd,máx} = 4{,}85$ kN

Verificando-se o escoamento da seção bruta, conforme o Item 6.8, tem-se:

$$N_{t,Sd,máx} = 4{,}85\text{kN} \leq N_{t,Rd} = \frac{A_b f_y}{1{,}10} = \frac{\left(\frac{\pi d_b^2}{4}\right) f_y}{1{,}10} = \frac{\left(\frac{\pi d_b^2}{4}\right) 25}{1{,}10} \Rightarrow d_b \geq 0{,}52 \text{ cm}$$

Já ao se verificar a ruptura da parte rosqueada:

$$N_{t,Sd,máx} = 4{,}85\text{kN} \leq N_{t,Rd} = \frac{0{,}75 A_b f_u}{1{,}35} = \frac{0{,}75 \left(\frac{\pi d_b^2}{4}\right) f_u}{1{,}35} = \frac{0{,}75 \left(\frac{\pi d_b^2}{4}\right) 40}{1{,}35} = d_d \geq 0{,}53 \text{ cm}$$

Portanto, deve-se utilizar uma barra redonda com diâmetro de 6,35 mm (o menor valor que aparece na Tabela A.6 do Apêndice A).

j) Dimensionamento da barra comprimida que trava as terças da cumeeira

Para travamento da seção central da terça da cumeeira, será usada uma cantoneira simples, ligada nessa terça e na terça adjacente, em cada água da cobertura, conforme detalhe mostrado a seguir:

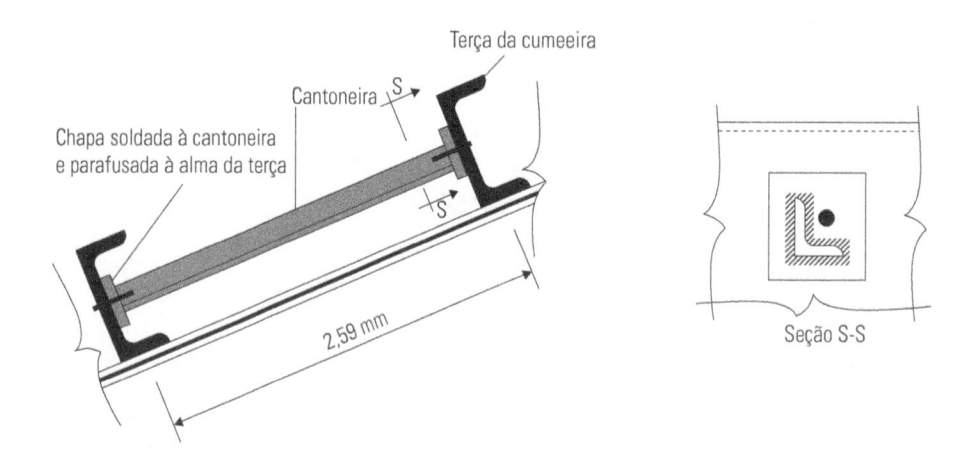

Para escolha inicial do perfil, supõe-se $\chi = 0{,}658$ (correspondente a $\lambda_0 = 1{,}0$) e $Q = 1{,}0$. Assim:

$$N_{c,Sd} \leq N_{c,Rd} \Rightarrow 0{,}70 \text{kN} \leq \frac{\chi Q A_g f_y}{\gamma_{a1}} = \frac{0{,}658 \times 1{,}0 \times A_g \times 25}{1{,}10} \Rightarrow A_g \geq 0{,}047 \text{ cm}^2$$

Apenas por esse critério, poder-se-ia tentar usar, por exemplo, o perfil L 12,7 × 3,17, o primeiro da série baseada em polegadas, que possui $A_g = 0{,}70$ cm². No entanto, como o comprimento destravado da barra em relação ao eixo de menor momento de inércia é igual a 259 cm, para que a esbeltez máxima não supere 200, é necessário que:

$$r_y \geq \frac{259}{200} = 1{,}295 \text{ cm}$$

Assim, se tentará empregar o perfil L 75 × 5,0, da série métrica, cujas propriedades geométricas principais são:

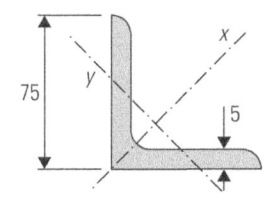

$A_g = 7{,}27$ cm²
$r_y = 1{,}48$ cm
$I_y = A_g r_y^2 = 7{,}27 \times 1{,}48^2 = 15{,}92$ cm⁴

j1) Flambagem local

$$\frac{b}{t} = \frac{75}{5} = 15{,}0$$

$$\left(\frac{b}{t}\right)_{\lim} = 0{,}45\sqrt{\frac{E_a}{f_y}} = 0{,}45\sqrt{\frac{20.000}{25}} = 12{,}73$$

$$\frac{b}{t} = 15{,}0 > \left(\frac{b}{t}\right)_{\lim} = 12{,}73 \;\Rightarrow\; \left(\frac{b}{t}\right)_{sup} = 0{,}91\sqrt{\frac{E_a}{f_y}} = 25{,}74$$

$$\left(\frac{b}{t}\right)_{\lim} = 12{,}73 < \frac{b}{t} = 15{,}0 < \left(\frac{b}{t}\right)_{sup} = 25{,}74$$

$$Q_s = 1{,}34 - 0{,}76\frac{b}{t}\sqrt{\frac{f_y}{E_a}} = 1{,}34 - 0{,}76\,(15)\sqrt{\frac{25}{20.000}} = 0{,}94$$

$Q = Q_s = 0{,}94$

j2) Instabilidade global e esbeltez

- Força axial de flambagem

   Como se trata de cantoneira simples ligada pelas duas abas, não existe excentricidade da força axial de compressão. Por essa razão, não se aplica o disposto no Subitem 7.2.3.5 e, conservadoramente, considera-se as extremidades perfeitamente rotuladas. Assim, a cantoneira deve ser tratada como uma barra de seção monossimétrica, de acordo com a exposição do Subitem 7.2.3.3, portanto sujeita à flambagem por flexão em relação ao eixo central de inércia y e à flambagem por flexo-torção com flexão em relação ao eixo central x. No entanto, como os comprimentos de flambagem por flexão em relação aos eixos x e y são iguais, conforme se viu no tópico *a* do Subitem 7.8.5, basta verificar a flambagem por flexão em relação ao eixo y (de menor momento de inércia). Logo:

$$N_{ey} = \frac{\pi^2 E_a I_y}{\left(K_y L_y\right)^2} = \frac{\pi^2 \times 20.000 \times 15{,}92}{259^2} = 46{,}85 \text{ kN}$$

- Valores de N_e, λ_0 e χ:

$$N_e = N_{ey} = 46{,}85 \text{ kN}$$

$$\lambda_0 = \sqrt{\frac{Q A_g f_y}{N_e}} = \sqrt{\frac{0,94 \times 7,27 \times 25}{46,85}} = 1,91 \implies \text{Tabela 7.1} \implies \chi = 0,24$$

- Força axial de compressão resistente de cálculo

$$N_{c,Rd} = \frac{\chi\, Q A_g f_y}{\gamma_{a1}} = \frac{0,24 \times 0,94 \times 7,27 \times 25}{1,10} = 37,28 \text{ kN}$$

- Conclusão

$N_{c,Sd} = 0,70 \text{ kN} < N_{c,Rd} = 37,28 \text{ kN} \implies \underline{\text{Atende!}}$

Deve-se utilizar o perfil L 75 x 5.

Bibliografia

ABNT NBR 8800:2008. *Projeto de estruturas de aço e de estruturas mistas de aço e concreto de edifícios*. Rio de Janeiro: ABNT, 2008.

ANSI/AISC 360-10. *Specification for structural steel buildings*. Chicago, EUA: American Institute of Steel Construction, 2010. (Commentary Chapter H: Design of members for combined forces and torsion.)

SALMON, C. G.; JOHNSON, J. E.; MALHAS, F. A. *Steel structures:* design and behavior. 5. ed. Upper Saddle River, NJ, EUA: Pearson Prentice Hall, 2009. (Chapter 12: Combined bending and axial load.)

10
Ligações entre barras de aço

10.1 Considerações iniciais

Neste capítulo, serão abordadas as ligações entre barras de aço submetidas a ações estáticas. Os conceitos e regras apresentados podem ser aplicados também aos pilares mistos e vigas mistas de aço e concreto, uma vez que as ligações desses elementos são usualmente feitas pelos seus perfis de aço.

As ligações são compostas por elementos de ligação, como chapas e cantoneiras, e meios de ligação, como soldas e parafusos, conforme ilustra a Figura 10.1.

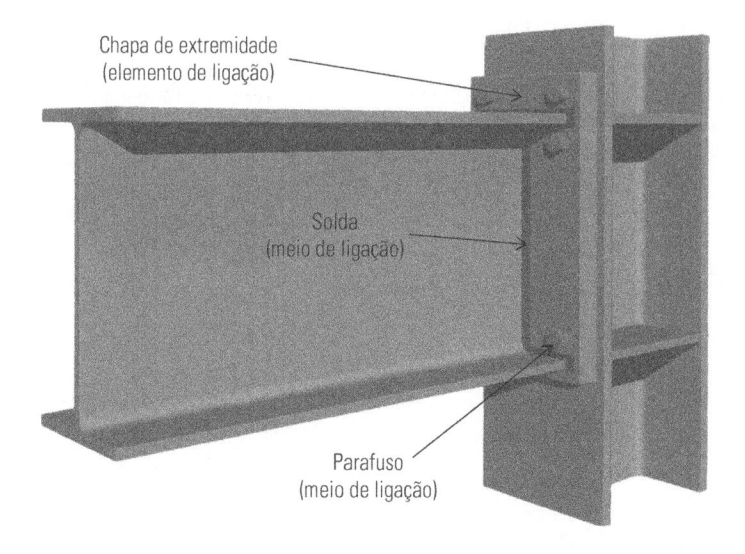

FIGURA 10.1 Exemplos de elementos e meios de ligação.

Os elementos e meios de ligação devem ser dimensionados aos estados-limites últimos, de modo que possuam esforços resistentes de cálculo iguais ou superiores aos esforços solicitantes de cálculo. Os esforços solicitantes devem ser determinados a partir da análise da estrutura sujeita às combinações últimas de ações, ou, em algumas situações, tomados como igual a um valor mínimo predeterminado ou como uma porcentagem da capacidade resistente de uma das barras conectadas. Em determinadas condições, o dimensionamento também pode ter como base um estado-limite de serviço.

Aspectos econômicos aliados a facilidades práticas geralmente levam a uma maior utilização da solda nas operações de fábrica e do parafuso no canteiro de obras, na montagem da estrutura. Por exemplo, na ligação entre viga e pilar da Figura 10.1, é usual, na fábrica, soldar a chapa de extremidade na viga e, na obra, parafusar essa chapa no pilar.

10.1.1 Classificação e comportamento com relação à rotação relativa

De acordo com o grau de impedimento da rotação relativa das barras unidas, uma ligação pode ser classificada como rígida, flexível ou semirrígida.

Na ligação rígida, o ângulo entre as barras que se interceptam permanece praticamente inalterado após a estrutura ser carregada (Figura 10.2), mesmo quando atuam momentos fletores elevados. Nesse tipo de ligação, considera-se que há transmissão integral de momento fletor, força cortante e força axial entre os componentes estruturais conectados.

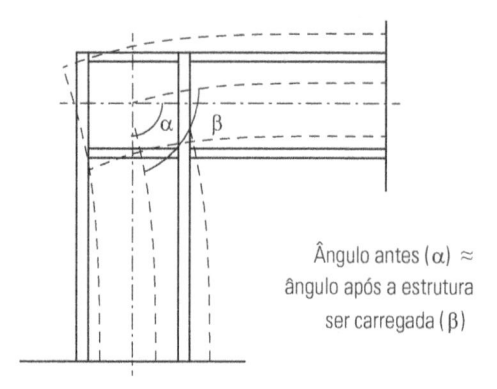

FIGURA 10.2 Comportamento da ligação rígida quanto à rotação relativa.

Na ligação flexível, a rotação relativa entre as barras que se interceptam varia consideravelmente. O momento transmitido é muito pequeno e, na prática, pode ser considerado nulo, mas há transmissão integral de força cortante e pode haver transmissão de força axial. A Figura 10.3 ilustra o comportamento de uma ligação flexível entre viga e pilar, na qual são usados parafusos e cantoneiras (dos dois lados da alma da viga), sendo a deformação das cantoneiras o fator principal que permite a ocorrência da rotação.

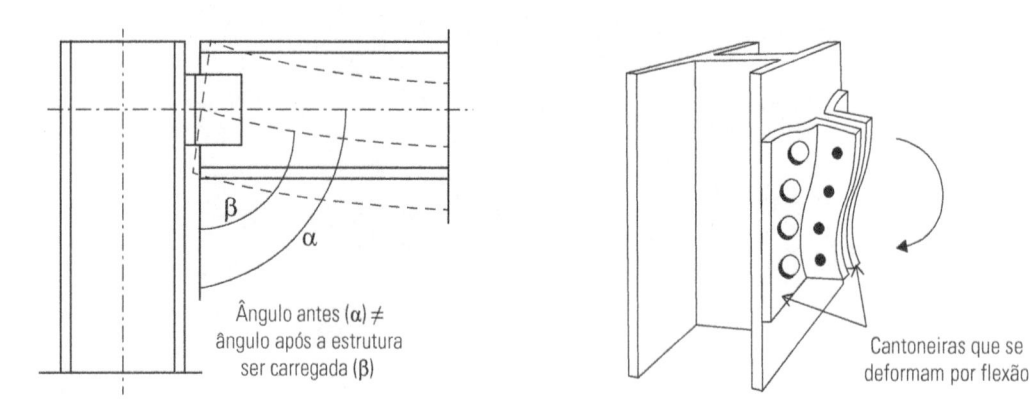

FIGURA 10.3 Comportamento da ligação flexível quanto à rotação relativa.

A ligação semirrígida caracteriza-se por apresentar um comportamento intermediário entre o da rígida e o da flexível. Esse tipo de ligação, que não será abordado neste livro, apresenta a dificuldade do estabelecimento da relação de dependência entre a rotação relativa e o momento transmitido, sendo menos empregado na prática.

Em uma análise simplificada, no caso de vigas com seção I, pode-se considerar que a força cortante (V) é transmitida apenas pela alma, e o momento fletor (M) apenas pelas mesas, por meio de forças localizadas de tração e compressão, iguais ao momento atuante dividido pela distância entre os centros geométricos das mesas (Figura 10.4). Assim sendo, é usual, quando se deseja uma ligação flexível, não conectar as mesas da viga ao pilar ou a outro elemento de suporte, deixando uma folga para permitir a rotação da viga (figuras 10.4a e 10.3), e, quando se deseja uma ligação rígida, conectar as mesas da viga (figuras 10.4b e 10.2).

(a) Ligação flexível
(b) Ligação rígida

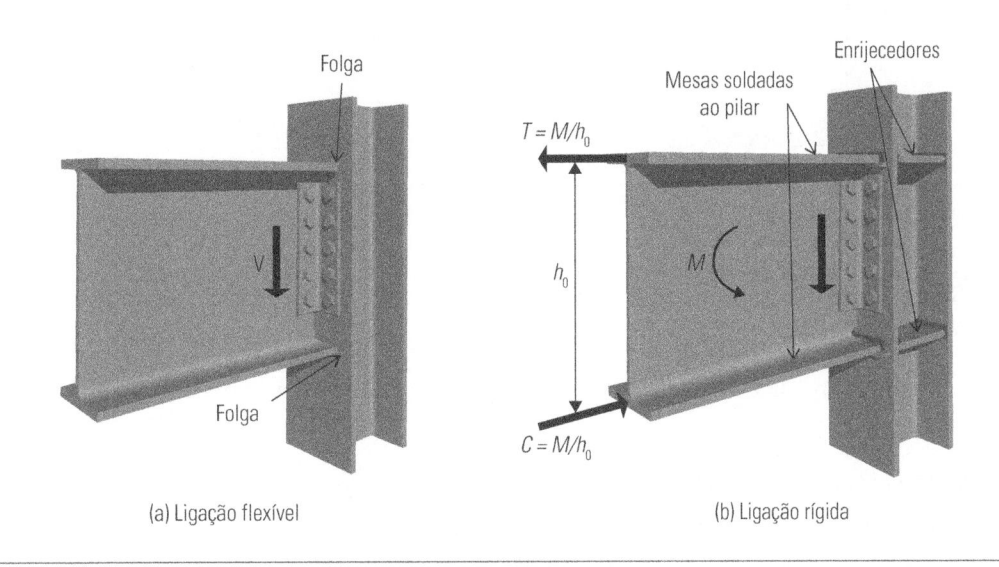

FIGURA 10.4 Transmissão de força cortante e momento fletor por viga de seção I.

Nas ligações rígidas entre vigas e pilares com seção I ou H, é comum a colocação de enrijecedores na alma do pilar, em contraposição às mesas da viga (figuras 10.2 e 10.4b). Esse procedimento tem o objetivo de impedir a ocorrência de estados-limites últimos relacionados às forças localizadas C e T na mesa do pilar (Item 8.8) e, também, o de prevenir deformações da mesa e da alma do pilar, que reduzem a rigidez da ligação (Figura 10.5).

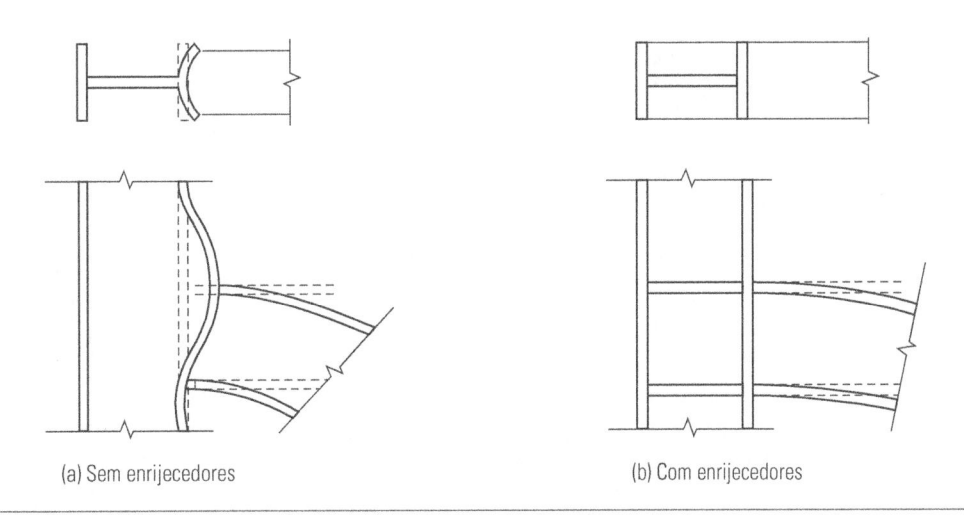

(a) Sem enrijecedores
(b) Com enrijecedores

FIGURA 10.5 Comportamento de pilar com seção I ou H em ligação rígida.

Quando a viga é uma treliça, também é possível ter ligações flexível e rígida. Assim, se a treliça se apoia no pilar em um único ponto, a ligação é flexível (Figura 10.6a). Se ela se apoia em dois pontos, a ligação é rígida (Figura 10.6b), uma vez que os dois pontos permitem a formação de um binário, por meio do qual ocorre a transmissão de momento fletor da treliça para o pilar (ver também Item 6.2 e Figura 6.9).

(a) Ligação flexível   (b) Ligação rígida

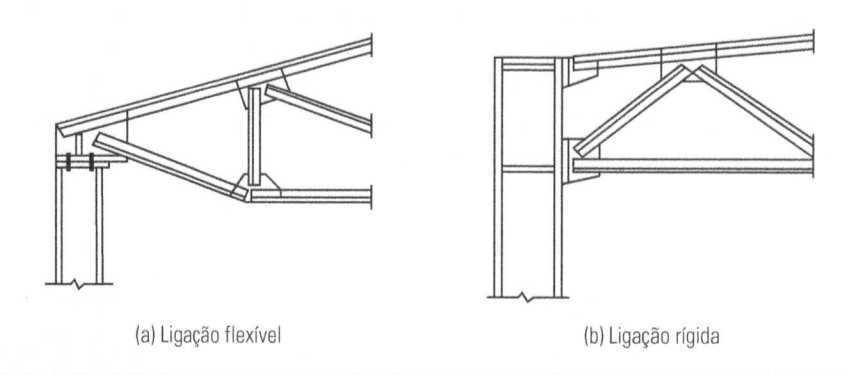

FIGURA 10.6 Ligação entre treliça e pilar.

10.1.2 Ligações usuais

10.1.2.1 Nós de treliça

Os nós de treliça foram abordados com detalhes no Item 6.2. Recomenda-se voltar a esse item e rever as diversas informações fornecidas.

10.1.2.2 Ligação de viga e pilar de alma cheia

As figuras 10.4a e 10.7 mostram algumas ligações comumente empregadas na prática, consideradas como flexíveis, entre viga e pilar constituídos por perfis I ou H, usando parafusos e soldas. Essas ligações, com pequenas adaptações, também podem ser executadas com outros perfis de alma cheia, como perfis U. Na ligação da Figura 10.7a, os elementos de ligação são duas cantoneiras (uma de cada lado da alma da viga); na Figura 10.7b, uma chapa de topo (perpendicular à alma da viga); e, na Figura 10.7c, uma chapa paralela à alma da viga, com a viga conectada a uma mesa do pilar. Na ligação da Figura 10.7d, a viga é conectada à alma do pilar por meio de uma chapa paralela à sua alma, com apoio de enrijecedores transversais colocados no pilar. Em todas as ligações, a viga é conectada por meio da alma, e as mesas ficam livres.

(a) Cantoneiras soldadas à alma da viga e parafusadas na mesa do pilar

(b) Chapa de topo soldada à alma da viga e parafusada na mesa do pilar

(c) Chapa paralela parafusada na alma da viga e soldada na mesa do pilar

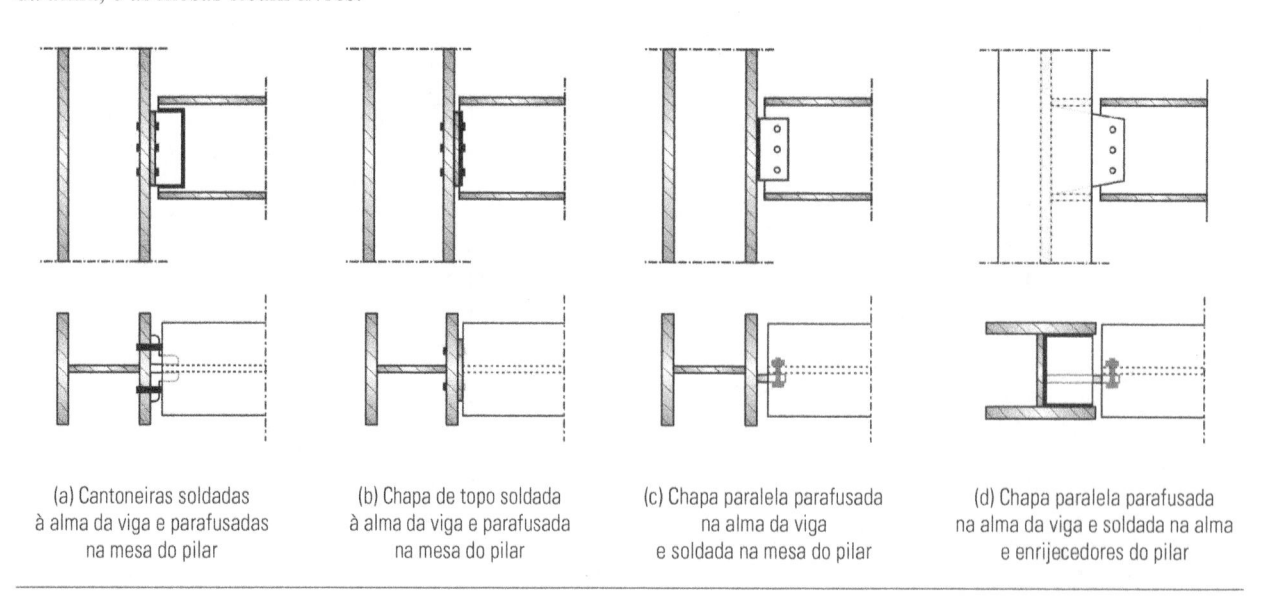

(d) Chapa paralela parafusada na alma da viga e soldada na alma e enrijecedores do pilar

FIGURA 10.7 Ligações flexíveis entre viga e pilar constituídos por perfis I ou H.

Nessas ligações flexíveis, recomenda-se utilizar elementos de ligação (chapas e cantoneiras) com altura igual a, no mínimo, metade da altura total do perfil da viga suportada. Essa recomendação visa a assegurar que a viga não apresente rotação em relação a seu eixo longitudinal nos apoios, o que pode lhe causar diversos problemas, como a perda de estabilidade sob pequenas solicitações.

Na Figura 10.8, mostram-se duas ligações consideradas rígidas, também entre viga e pilar constituídos por perfis I ou H, muito utilizadas (outro exemplo de ligação rígida pode ser observado na Figura 10.4b). Na ligação da Figura 10.8a, uma chapa de topo é soldada à extremidade da viga e parafusada à mesa do pilar, ao passo que, na Figura 10.8b, a viga é soldada diretamente na mesa do pilar, e em ambos os casos enrijecedores são colocados na alma do pilar na direção das mesas da viga. Na ligação da Figura 10.8a, parafusos são colocados dos dois lados da mesa superior, suposta tracionada, para suportar a força de tração, e de apenas um dos lados da mesa inferior comprimida, uma vez que a força de compressão é suportada pelo contato da chapa de topo com a mesa do pilar.

(a) Com chapa de topo parafusada no pilar

(b) Ligação soldada direta

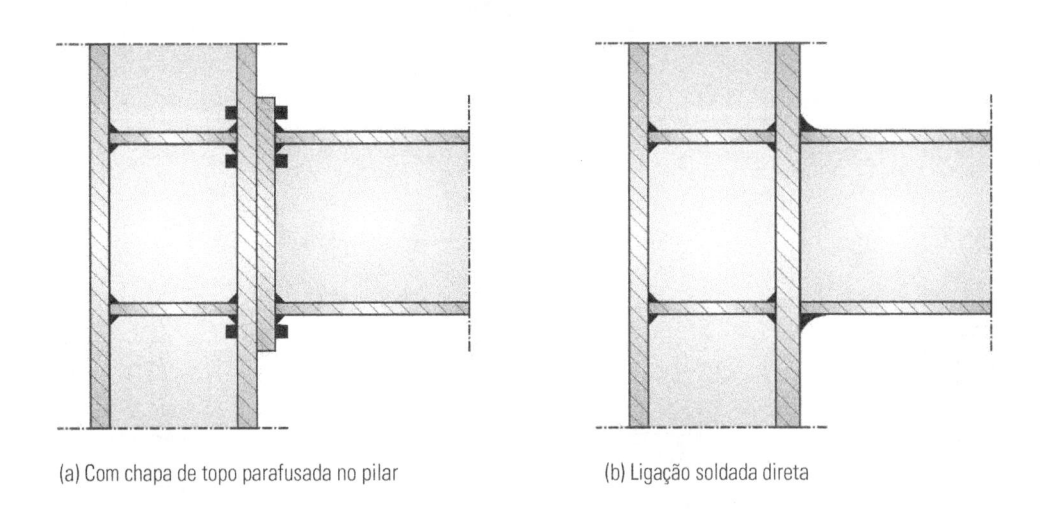

FIGURA 10.8 Ligações rígidas entre viga e pilar constituídos por perfis I ou H.

10.1.2.3 Ligação entre vigas

As ligações entre vigas de aço, na maioria das vezes, são flexíveis. Um tipo muito comum é mostrado na Figura 10.9, na qual duas vigas menores (vigas suportadas) chegam a uma viga de maior altura (viga de suporte), todas em perfil I. Uma das vigas suportadas é conectada com cantoneiras soldadas à sua alma, possivelmente na fábrica, e parafusadas na viga de suporte no campo. Na outra viga suportada, as cantoneiras são parafusadas tanto na sua alma quanto na alma da viga de suporte. O recorte nas mesas superiores das vigas suportadas tem o objetivo de permitir que as faces superiores de todas as vigas fiquem niveladas, facilitando, por exemplo, a colocação de laje sobre elas. A substituição das cantoneiras por chapas paralelas à alma da viga é uma opção.

Assim como nas ligações flexíveis entre viga e pilar, recomenda-se projetar a altura dos elementos de ligação igual a, no mínimo, metade da altura total do perfil da viga suportada.

10.1.2.4 Emenda de pilares

A emenda de dois segmentos de um pilar precisa ser feita quando o pilar é constituído por segmentos menores que seu comprimento total, por limitações de fabricação ou transporte, e, também, quando ocorre redução na seção transversal do pilar à medida que a altura da edificação aumenta e os esforços solicitantes têm as intensidades reduzidas.

A Figura 10.10a ilustra uma emenda usual de dois segmentos de um pilar que possuem a mesma seção transversal e na qual se usam talas parafusadas nas faces externas das mesas.

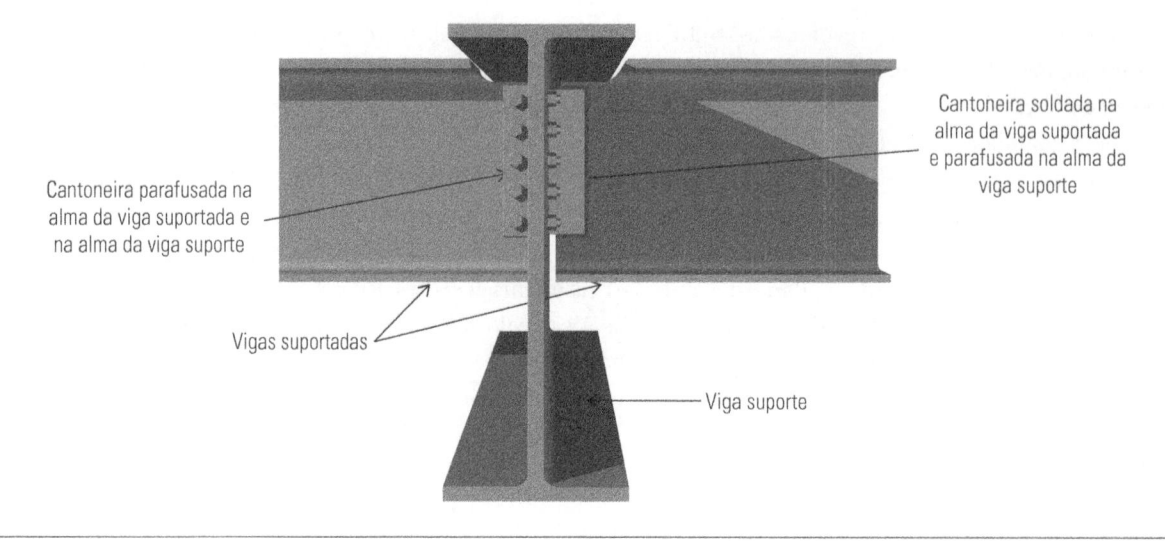

FIGURA 10.9 Ligação entre vigas constituídas por perfis I.

(a) Ligação com talas parafusadas de segmentos de mesma altura

(b) Ligação com talas parafusadas de segmentos de alturas próximas

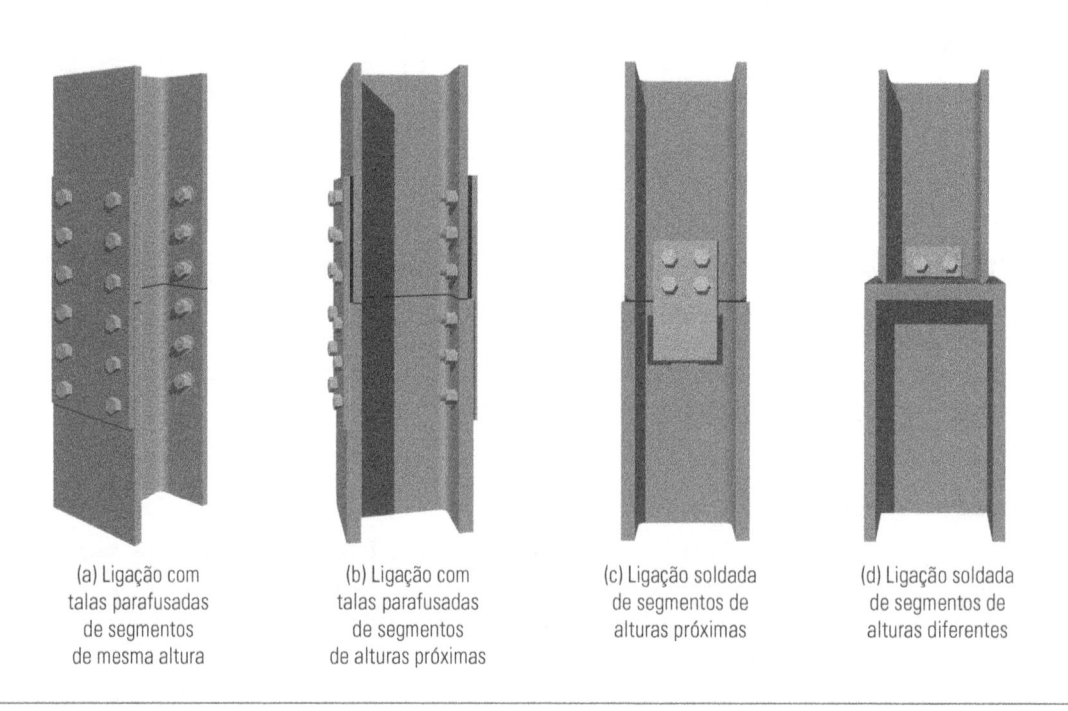

(c) Ligação soldada de segmentos de alturas próximas

(d) Ligação soldada de segmentos de alturas diferentes

FIGURA 10.10 Emendas de pilares.

A Figura 10.10b ilustra outra ligação com talas parafusadas nas mesas, mas para uma situação em que o segmento superior do pilar tem altura da seção transversal ligeiramente menor que a do segmento inferior. Nesse caso, empregam-se chapas de enchimento no segmento superior. Caso haja força cortante na alma do pilar, deve-se colocar talas também nas almas dos perfis dos dois segmentos.

A Figura 10.10c mostra uma emenda em que as mesas dos dois segmentos são unidas por meio de solda. Nesse caso, as almas dos segmentos inferior e superior são conectadas inicialmente por meio de uma tala para assegurar a manutenção do posicionamento, de modo a permitir a soldagem posterior das mesas.

Na Figura 10.10d, tem-se uma emenda em que o segmento superior tem seção transversal bem menor que a do segmento inferior. Nessa situação, solda-se uma chapa de topo no segmento inferior, posiciona-se o segmento superior por meio de uma cantoneira ou chapa ligada à chapa de topo e à sua alma e, em seguida, soldam-se as suas mesas na chapa de topo.

Em pilares cujas extremidades são usinadas, por exemplo, por corte com serra, para transmitir forças de compressão por contato, as ligações entre as extremidades dos segmentos ou entre a extremidade de um segmento com uma chapa de topo devem ser feitas com parafusos ou soldas capazes de manter em suas posições todas as partes ligadas e garantir a estabilidade estrutural. Nesse caso, as ligações devem ser dimensionadas para resistir também a 100% dos esforços solicitantes de cálculo que não sejam transmitidos por contato, incluindo situações de inversão de esforços.

10.1.2.5 Emenda de vigas

É necessário emendar uma viga quando ela possui comprimento superior aos comprimentos dos segmentos isolados, por limitações de fabricação ou transporte. As emendas devem ter a capacidade de transmitir entre os segmentos os esforços solicitantes atuantes e, usualmente, são feitas com talas parafusadas nas mesas para transmissão de momento fletor e na alma para transmissão de força cortante, conforme se vê na Figura 10.11a. Uma opção comum é a emenda na qual os dois segmentos da viga são diretamente unidos por meio de solda, como na Figura 10.11b. Outra opção é utilizar uma ligação rígida semelhante à mostrada na Figura 10.8a, com as chapas de topo soldadas nos segmentos da viga e parafusadas entre si.

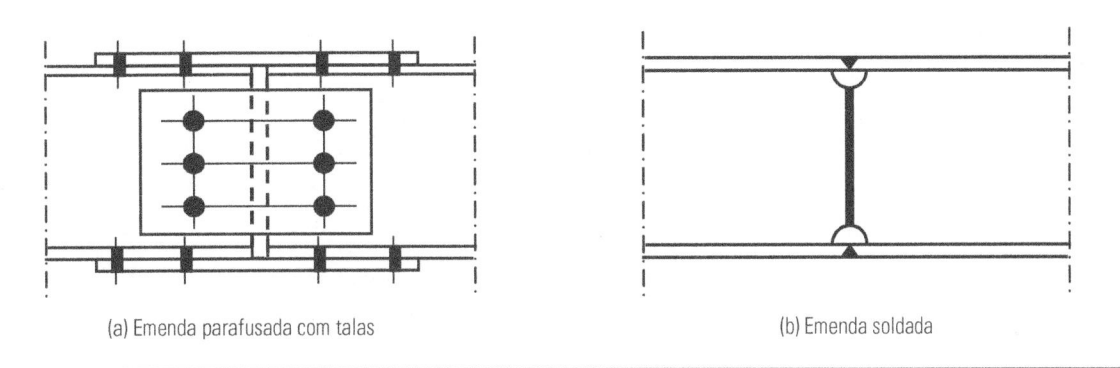

(a) Emenda parafusada com talas (b) Emenda soldada

FIGURA 10.11 Emendas de vigas.

10.2 Parafusos estruturais

10.2.1 Tipos, diâmetros e propriedades mecânicas dos parafusos

Existem dois tipos de parafuso estrutural: os comuns e os de alta resistência. Os parafusos comuns são feitos de aço-carbono e podem possuir especificação ASTM A307 ou ISO Classe 4.6. Os parafusos de alta resistência são fabricados com aços de alta resistência mecânica tratados termicamente e podem ter dois níveis de resistência: um de menor resistência, constituído pelos parafusos de especificação ASTM A325 ou ISO Classe 8.8, e outro de maior resistência, constituído pelos parafusos de especificação ASTM A490 ou ISO Classe 10.9. A Tabela 10.1 fornece as resistências ao escoamento e à ruptura (f_{yb} e f_{ub}, respectivamente) dos parafusos estruturais e os diâmetros, d_b, com que esses parafusos podem ser encontrados normalmente no mercado (são possíveis outros diâmetros mediante consulta aos fabricantes).

Os parafusos são também disponibilizados, mediante consulta, com resistência à corrosão atmosférica comparável à dos aços com essa propriedade. Eles podem também ser galvanizados, com exceção do ASTM A490.

TABELA 10.1 Dimensões usuais e propriedades mecânicas dos parafusos estruturais

Tipo	Especificação	f_{yb} (MPa)	f_{ub} (MPa)	d_b (mm)	d_b (polegadas)
Comum	ASTM A307	–	415	–	1/2, 5/8, 3/4, 7/8, 1, 1⅛, 1¼, 1⅜, 1½, 1¾, 2, 2¼, 2½, 2¾, 3, 3¼, 3½, 3¾, 4
	ISO Classe 4.6	235	400	12, 16, 20, 22, 24, 27, 30, 36	–
Alta resistência	ASTM A325	635	825	16, 20, 22, 24	1/2, 5/8, 3/4, 7/8, 1
	ASTM A325	560	725	27, 30, 36	1⅛, 1¼, 1½
	ISO Classe 8.8	640	800	12, 16, 20, 22, 24, 27, 30, 36	–
	ASTM A490	895	1.035	16, 20, 22, 24, 27, 30, 36	1/2, 5/8, 3/4, 7/8, 1, 1⅛, 1¼, 1½
	ISO Classe 10.9	900	1.000	12, 16, 20, 22, 24, 27, 30, 36	–

10.2.2 Parafusos comuns

Os parafusos comuns, quase sempre, são utilizados com cabeça e porca hexagonais, embora para diâmetros de até 1½" sejam também fabricados com cabeça e porca quadradas (Figura 10.12). São montados, geralmente, apertando-se a porca. O emprego de arruela não é obrigatório, embora possa facilitar o aperto.

As porcas obedecem a normas específicas, que devem ser consultadas. Apenas como orientação, nos parafusos ASTM A307, as porcas hexagonais possuem espessura da ordem de 70% do diâmetro do parafuso para diâmetro de até 1½", ou aproximadamente igual ao diâmetro do parafuso, para todos os diâmetros (nesse último caso, são chamadas de porcas pesadas). Já nos parafusos ISO Classe 4.6, a porca tem espessura aproximadamente igual ao diâmetro do parafuso para o diâmetro de 12 mm e igual a cerca de 90% do diâmetro para o diâmetro de 36 mm, variando quase linearmente no intervalo entre esses extremos.

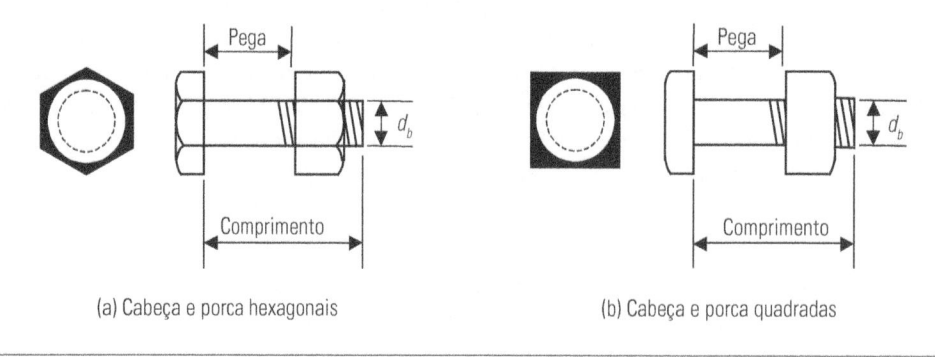

(a) Cabeça e porca hexagonais

(b) Cabeça e porca quadradas

FIGURA 10.12 Parafusos comuns.

10.2.3 Parafusos de alta resistência

Os parafusos de alta resistência geralmente possuem cabeça e porca hexagonais e têm sua especificação anotada na face externa da cabeça, como mostra a Figura 10.13.

FIGURA 10.13 Parafusos de alta resistência ASTM A325 e ASTM A490.

Deve-se usar pelo menos uma arruela sob o elemento que gira (a porca, na maioria das vezes, ou a cabeça do parafuso) durante o aperto. No caso dos parafusos ASTM A490 e ISO Classe 10.9, é necessário usar arruela também sob o elemento que não gira, quando esse elemento assenta-se em uma peça de aço estrutural com resistência ao escoamento inferior a 280 MPa.

As porcas e arruelas seguem normas próprias, que devem ser sempre consultadas. A título de orientação, os parafusos ASTM A325 e ASTM A490 são utilizados com porcas de espessura aproximadamente igual ao diâmetro do parafuso, denominadas porcas pesadas, e arruelas de espessura mínima igual a 2,5 mm para diâmetro de 1/2", 3,1 mm para diâmetros de 5/8" e 3/4" e 3,5 mm para os demais diâmetros, e espessura máxima de 4,5 mm para todos os diâmetros. Por sua vez, os parafusos ISO Classe 8.8 e ISO Classe 10.9 são empregados com porcas de espessura de cerca de 80% de seu diâmetro e arruelas com espessura da ordem de 3 mm para o diâmetro de 12 mm, 4 mm para os diâmetros de 16 mm a 24 mm, 5 mm para os diâmetros de 27 mm e 30 mm e 6 mm para o diâmetro de 36 mm.

Os parafusos de alta resistência não devem ser soldados ou aquecidos, nem mesmo para facilitar a montagem.

10.2.4 Comprimento dos parafusos

O comprimento dos parafusos deve ser tal que, após a instalação, a extremidade coincida com a face externa da porca ou, o que é mais desejável, ultrapasse essa face (recomenda-se aqui que a ultrapassagem seja de pelo menos dois fios de rosca). Para tanto, é necessário calcular adequadamente a pega dos parafusos (figuras 10.12 e 10.13), prevendo seus comprimentos com folga, de modo a compensar as tolerâncias de fabricação dos componentes da ligação e de execução da estrutura.

10.2.5 Parafusos considerados

Neste livro, a partir do item seguinte, serão abordados especificamente os parafusos comuns ASTM A307 e os parafusos de alta resistência ASTM A325 e ASTM A490, com rosca UNC (rosca grossa para uso em estruturas civis). No caso de parafusos comuns ISO Classe 4.6 e parafusos de alta resistência ISO Classe 8.8 e ISO Classe 10.9, devem ser atendidas todas as exigências apresentadas para os parafusos ASTM similares, com algumas adaptações decorrentes de características próprias constantes das normas desses parafusos.

10.3 Aperto dos parafusos

10.3.1 Modos de aperto

Existem dois modos de aperto de parafusos: aperto normal e aperto com protensão inicial.

O aperto normal é aquele que apenas garante firme contato entre as partes unidas, podendo ser utilizado tanto em parafusos comuns quanto de alta resistência (Figura 10.14a). Esse modo de aperto pode ser obtido por alguns impactos de uma chave de impacto ou pelo esforço máximo de um operário usando uma chave normal.

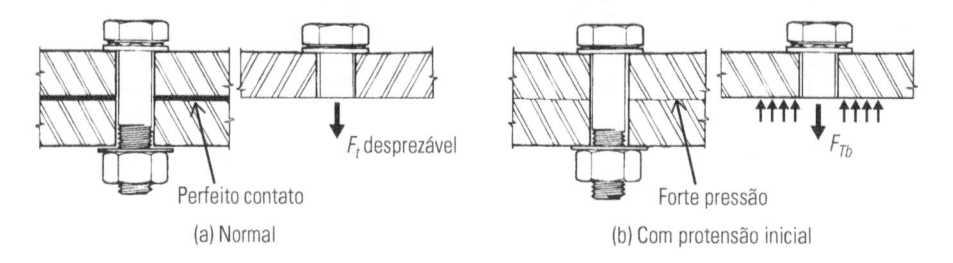

FIGURA 10.14 Modos de aperto de parafusos.

O aperto com protensão inicial é feito de maneira que o parafuso desenvolva em seu corpo uma força de protensão mínima, F_{Tb}, equivalente a aproximadamente 70% da sua força de tração resistente nominal (a força de tração resistente nominal dos parafusos é dada pela Equação (10.4), adotando-se o fator ϕ_a e o coeficiente de ponderação γ_{a2} iguais a 1,0). Nesse modo de aperto, que só pode ser executado com parafuso de alta resistência, as partes ligadas ficam fortemente pressionadas entre si e, evidentemente, submetidas à tensão localizada de compressão na direção longitudinal do parafuso, cuja resultante é igual à força de protensão (Figura 10.14b). A Tabela 10.2 fornece o valor de F_{Tb} para os parafusos ASTM A325 e ASTM A490.

TABELA 10.2 Força de protensão mínima, F_{Tb}, nos parafusos ASTM

Diâmetro d_b		F_{Tb} (kN)	
(pol)	(mm)	ASTM A325	ASTM A490
1/2	–	53	66
5/8	–	85	105
–	16	91	114
3/4	–	125	156
–	20	142	179
–	22	176	221
7/8	–	173	216
–	24	205	257
1	–	227	283
–	27	267	334
1⅛	–	250	357
–	30	326	408
1¼	–	317	453
–	36	475	595
1½	–	460	659

10.3.2 Aplicação da protensão inicial

A protensão inicial nos parafusos pode ser aplicada pelo método da rotação da porca. Nesse caso, inicialmente os parafusos recebem aperto normal (posição de pré-torque), conforme descrito anteriormente, de modo que as partes a serem unidas fiquem em perfeito contato. Finalmente, todos os parafusos são submetidos a um aperto adicional, por meio de rotação forçada da porca ou da cabeça do parafuso, como indicado na Tabela 10.3, devendo essa operação começar na região mais rígida da ligação e prosseguir em direção às bordas livres. O método se aplica inclusive quando uma ou ambas as faces externas não são normais ao eixo do parafuso, mesmo sem arruela biselada, mas desde que a inclinação não supere 1:20.

TABELA 10.3 Rotação da porca ou da cabeça do parafuso a partir da posição de pré-torque

Comprimento do parafuso (medido da parte inferior da cabeça à extremidade)	Disposição das faces externas das partes parafusadas		
	Ambas as faces normais ao eixo do parafuso[1]	Uma das faces normal ao eixo do parafuso e a outra face inclinada não mais que 1:20 (sem arruela biselada)[1]	Ambas as faces inclinadas em relação ao plano normal ao eixo do parafuso não mais que 1:20 (sem arruelas biseladas)[1]
Inferior ou igual a 4 diâmetros	1/3 de volta	1/2 volta	2/3 de volta
Acima de 4 diâmetros até, no máximo, 8 diâmetros	1/2 volta	2/3 de volta	5/6 de volta
Acima de 8 diâmetros e até, no máximo, 12 diâmetros[2]	2/3 de volta	5/6 de volta	1 volta

[1] Para parafusos instalados com 1/2 volta ou menos, a tolerância na rotação é de mais ou menos 30°; para parafusos instalados com 2/3 de volta ou mais, a tolerância na rotação é de mais ou menos 45°.

[2] Nenhuma pesquisa foi feita para estabelecer o procedimento a ser usado para aperto pelo método da rotação da porca para comprimentos de parafusos superiores a 12 diâmetros. Portanto, a rotação necessária deve ser determinada por ensaios em um dispositivo adequado que meça a tração, simulando as condições reais.

A força de protensão também pode ser obtida com o uso de instrumentos apropriados, como chave calibrada (torquímetro — Figura 10.15). Esse instrumento deve ser regulado para fornecer uma força de protensão pelo menos 5% superior à força de protensão mínima dada na Tabela 10.2 e ser calibrado, no mínimo, uma vez por dia, para cada diâmetro de parafuso usado, e sempre que houver qualquer mudança relevante nas condições de trabalho. A calibração deve ser feita por meio do aperto de três parafusos típicos de cada diâmetro, retirados do lote de parafusos a serem instalados, em um dispositivo capaz de indicar a tração real no parafuso, e não pode conduzir a uma rotação da porca ou da cabeça do parafuso, a partir da posição de pré-torque, superior à indicada na Tabela 10.3. Durante a instalação de vários parafusos na mesma ligação, aqueles já apertados previamente devem ser conferidos com a chave e reapertados caso tenham folgado durante o aperto de parafusos subsequentes, até que todos os parafusos atinjam o aperto desejado.

Ao usar a chave calibrada, sua calibração, conforme foi descrito, é indispensável, pois não existe uma relação geral sempre válida entre a força de protensão no parafuso e o torque aplicado, em razão da variabilidade de diversos fatores, entre os quais as condições de atrito nas superfícies com o movimento relativo. Desse modo, tabelas de torque baseadas em conhecimento prático ou fornecidas na literatura técnica não podem ser usadas.

Uma opção cada vez mais utilizada é o emprego de parafusos com controle de tração, que possuem geralmente cabeça circular e uma espiga ranhurada após a rosca (Figura 10.16a). Sua instalação é feita com uma máquina própria, que possui dois soquetes, um externo, que se encaixa na porca, e um interno, que se encaixa na espiga. O soquete externo gira apertando a porca, e o soquete interno mantém a espiga imobilizada. Quando o cisalhamento na base da espiga atinge determinada intensidade, correspondente à força de protensão requerida, F_{Tb}, a espiga se rompe. Outra opção que também vem ganhando espaço é a utilização de um dispositivo de aço na forma de arruela, com protuberâncias em uma face e depressões na outra (Figura 10.16b), denominado indicador direto de tração. O achatamento das protuberâncias, que ficam em contato com a cabeça do parafuso ou com a porca (a que for usada para o aperto), comprovado por calibradores de folga, indica o alcance da força de protensão requerida.

FIGURA 10.15 Torquímetro.

(a) Parafuso com controle de tração — Espiga ranhurada

(b) Parafuso com indicador direto de tração e calibrador de folga

FIGURA 10.16 Peças com indicação da força de protensão requerida.

10.3.3 Obrigatoriedade de aperto com protensão inicial

É obrigatório o uso de parafusos de alta resistência com protensão inicial (ou soldas) nas seguintes situações:

- em estruturas de andares múltiplos com mais de 40 m de altura, nas emendas de pilares;
- em estruturas com mais de 40 m de altura, nas ligações de vigas com pilares e com quaisquer outras vigas das quais depende o sistema de contraventamento;
- em estruturas com pontes rolantes de capacidade nominal superior a 50 kN, nas ligações e emendas de treliças de cobertura, ligações de treliças com pilares, emendas de pilares, ligações de contraventamentos de pilares, ligações de vigas com pilares de pórticos, incluindo reforços como mãos-francesas e mísulas, e ligações de peças-suportes de pontes rolantes;
- nas ligações de peças sujeitas a ações que produzam impactos ou tensões reversas.

Adicionalmente, o aperto deve ser com protensão inicial se forem usados:

- parafusos ASTM A490 sujeitos a tração ou tração e cisalhamento;
- parafusos ASTM A325 sujeitos a tração ou tração e cisalhamento, quando o afrouxamento ou a fadiga devidos a vibração ou flutuações de solicitação precisar ser considerado no projeto.

Nas demais situações, parafusos comuns ou parafusos de alta resistência com aperto normal podem ser usados.

10.4 Comportamento das ligações parafusadas conforme o modo de aperto

10.4.1 Aperto normal

Quando há esforços paralelos à superfície de contato de peças conectadas e são usados parafusos comuns ou de alta resistência com aperto normal, observa-se o seguinte comportamento sequencial (Figura 10.17a):

a) as peças conectadas deslizam de forma praticamente livre, no limite da folga do furo;
b) ocorre o contato do corpo dos parafusos com as paredes do furo;
c) os parafusos ficam sujeitos a cisalhamento e as paredes dos furos das chapas, à pressão de contato.

Esse tipo de ligação é denominado ligação por contato.

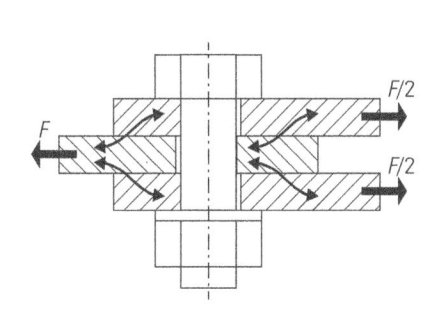

(a) Cisalhamento resistido por contato

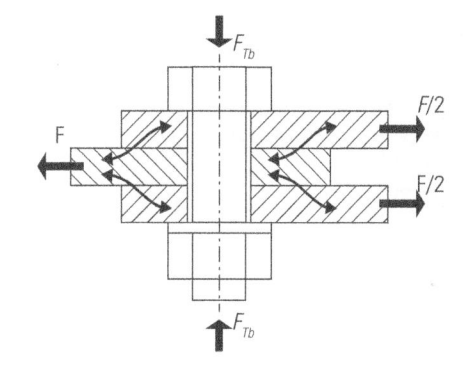

(b) Cisalhamento resistido pelo atrito entre as peças

FIGURA 10.17 Comportamento das ligações parafusadas.

10.4.2 Aperto com protensão inicial

Quando há esforços paralelos à superfície de contato de peças conectadas e são usados parafusos de alta resistência com protensão inicial, gera-se um atrito na superfície de contato dessas peças. Nesse caso, os esforços são resistidos numa primeira fase por esse atrito (Figura 10.17b) e, em uma segunda fase, quando o atrito é vencido e ocorre o deslizamento relativo das peças, pelo contato do corpo dos parafusos com as paredes do furo (Figura 10.17a).

Caso não seja permitido que a ligação sofra deslizamento, ela é denominada ligação por atrito, e, caso a ocorrência do deslizamento seja admitida, tem-se uma ligação por contato.

A força que vence o atrito é inferior à força que leva efetivamente a ligação à ruína, correspondente à solicitação de corte no corpo dos parafusos (Figura 10.18). Por essa razão, uma ligação somente deve ser projetada por atrito se o deslizamento relativo puder causar algum problema inaceitável à estrutura, como deslocamentos inadmissíveis, ou se ela estiver sujeita a forças repetitivas com reversão de sinais.

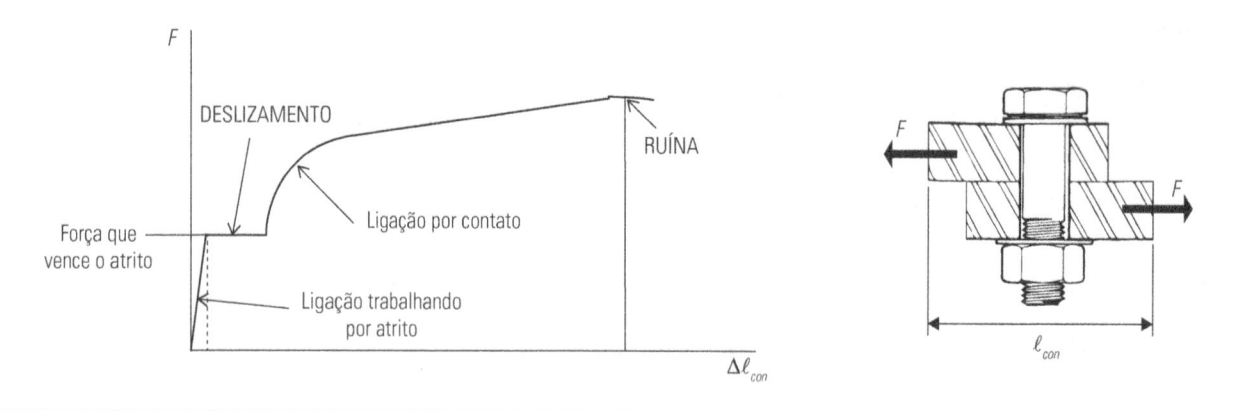

FIGURA 10.18 Deslizamento e ruína das ligações com parafusos com protensão inicial.

10.5 Furos nas ligações parafusadas

10.5.1 Tipos e aplicações

Há quatro tipos de furo usados nas ligações parafusadas (Figura 10.19): furos-padrão, furos alargados, furos pouco alongados e furos muito alongados.

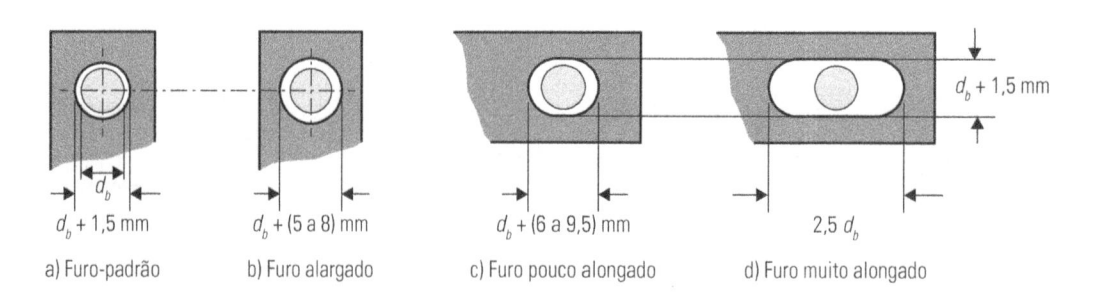

FIGURA 10.19 Tipos de furo.

Os furos-padrão, de acordo com o Subitem 6.3.2 e com a Figura 10.19a, possuem diâmetro nominal 1,5 mm maior que o diâmetro do parafuso, d_b, e são, por larga margem, os mais empregados. Os demais tipos de furos cujas dimensões são mostradas nas figuras 10.19b, 10.19c e 10.19d, são aplicados em situações específicas, como em bases de pilares e ligações com estruturas de concreto, para facilitar a montagem, e em juntas de dilatação, incluindo apoios articulados móveis de vigas com possibilidade de sofrer elevadas variações de comprimento causadas por mudanças de temperatura, conforme ilustra a Figura 10.20.

Serão tratadas neste capítulo apenas as situações de cálculo envolvendo os furos-padrão. Adicionalmente, de modo simplificado, supor-se-á que esses furos sejam feitos sempre por punção, conforme o Capítulo 6, por ser a situação mais desfavorável do ponto de vista estrutural, uma vez que se deve adicionar 2,0 mm ao seu diâmetro nominal. Portanto, os diâmetros dos furos, d_h, terão sempre valor 3,5 mm superior ao diâmetro do parafuso [Equação (6.2)].

10.5.2 Disposições construtivas dos furos

A distância entre centros de furos, e_{ff}, não pode ser inferior a 3,0 d_b, entretanto, permite-se, em situações de necessidades construtivas, adotar 2,7 d_b. Por sua vez, a distância entre centro de furo e chapa, e_{fc}, não deve ser inferior a 1,35 d_b, para permitir o uso dos instrumentos de aperto (Figura 10.21a).

Para qualquer borda de uma parte ligada, simplificadamente, a distância do centro do furo mais próximo até essa borda, e_{fb}, não pode ser inferior a 1,25 d_b (Figura 10.21b).

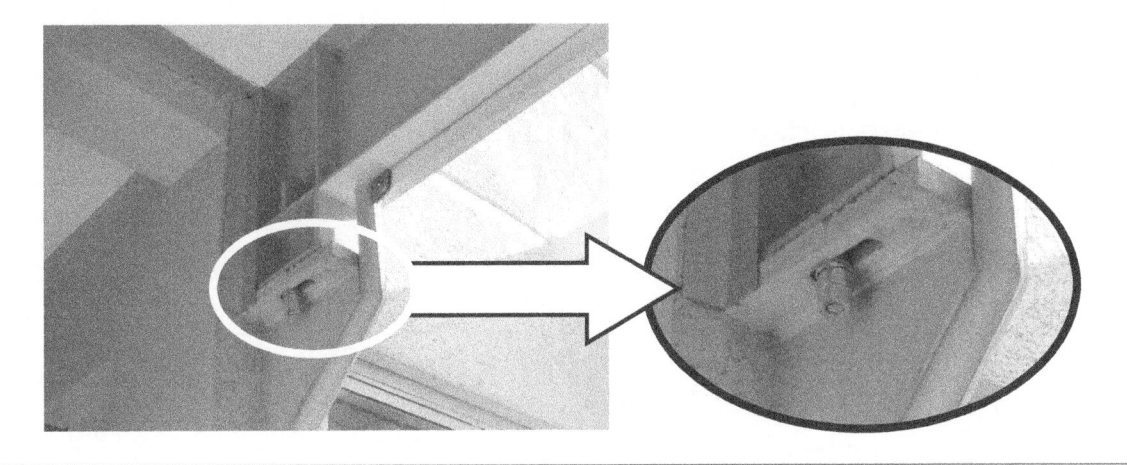

FIGURA 10.20 Furo muito alongado em apoio de viga.

A distância entre centros de furos e a distância entre centro de furo e borda, de modo simplificado, não pode exceder 12 vezes a espessura da parte ligada menos espessa, nem 150 mm, principalmente para evitar a penetração de umidade, que pode causar problemas relacionados à corrosão. Caso as faces em contato das partes ligadas estejam pintadas adequadamente ou comprovadamente não estejam sujeitas à corrosão atmosférica, o valor da distância máxima entre centros de furos pode ser duplicado, tornando-se igual ao menor valor entre 24 vezes a espessura da parte ligada menos espessa e 300 mm.

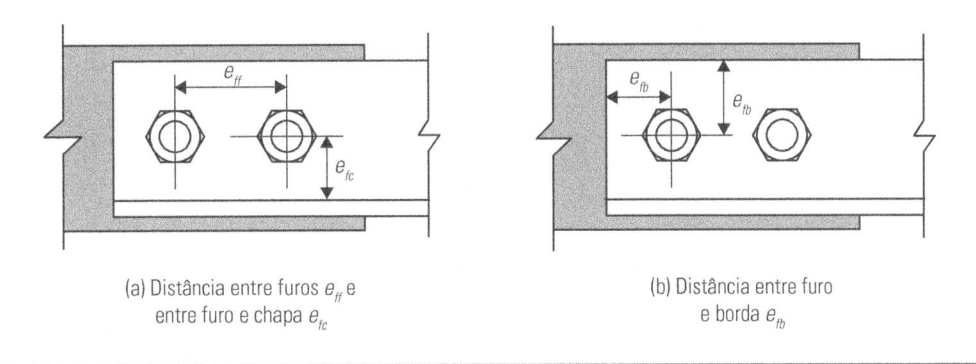

(a) Distância entre furos e_{ff} e entre furo e chapa e_{fc}

(b) Distância entre furo e borda e_{fb}

FIGURA 10.21 Indicação das dimensões e_{ff}, e_{fc} e e_{fb}.

10.6 Verificação dos parafusos em ligações por contato

10.6.1 Generalidades

Os parafusos de uma ligação por contato podem estar submetidos à tração, ao cisalhamento ou, simultaneamente, a ambos.

10.6.2 Tração nos parafusos

10.6.2.1 Condição de dimensionamento

Cada parafuso de uma ligação submetido à tração deve atender à seguinte condição:

$$F_{t,Sd} \leq F_{t,Rd} \tag{10.1}$$

onde $F_{t,Sd}$ é a força de tração solicitante de cálculo que atua no parafuso e $F_{t,Rd}$ é a força de tração resistente de cálculo desse parafuso, dadas nos subitens 10.6.2.2 e 10.6.2.3, respectivamente.

10.6.2.2 Força de tração solicitante de cálculo

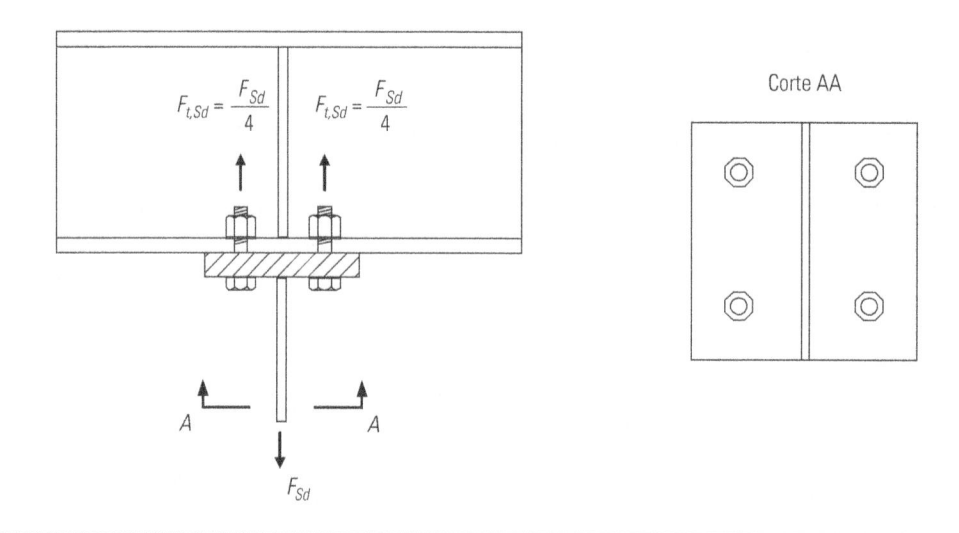

A força de tração solicitante de cálculo em cada parafuso, $F_{t,Sd}$, de modo geral, é obtida dividindo-se a força solicitante de cálculo atuante na região tracionada da ligação, F_{Sd}, pelo número de parafusos utilizados nessa região, n_t, ou seja:

$$F_{t,Sd} = \frac{F_{Sd}}{n_t} \tag{10.2}$$

Na Figura 10.22, tem-se um exemplo simples da distribuição da força solicitante na ligação pelo número de parafusos utilizados, sendo, nesse caso, n_t igual a 4.

FIGURA 10.22 Força de tração solicitante de cálculo em cada parafuso.

10.6.2.3 Força de tração resistente de cálculo

A ruptura por tração de um parafuso ocorre na região da rosca (Figura 10.23). Nessa região, a área de trabalho é denominada área efetiva de tração, simbolizada por A_{be}, e possui um valor compreendido entre a área bruta do corpo do parafuso e a área da raiz da rosca. Essa área pode ser considerada como igual a $0,75 A_b$, sendo A_b a área bruta referenciada ao diâmetro do parafuso, d_b. Logo:

$$A_{be} = 0,75 A_b = 0,75 \left(\frac{\pi d_b^2}{4} \right) \tag{10.3}$$

A força de tração resistente de cálculo de um parafuso está relacionada, portanto, ao estado-limite último de ruptura por tração da região da rosca, sendo dada por:

$$F_{t,Rd} = \frac{\phi_a A_{be} f_{ub}}{\gamma_{a2}} \tag{10.4}$$

onde f_{ub} é a resistência à ruptura do aço do parafuso, fornecida na Tabela 10.1, γ_{a2} é o coeficiente de ponderação da resistência do aço para ruptura, igual a 1,35, e ϕ_a é um fator de redução da força resistente, que considera o efeito de alavanca que surge por causa da flexão das chapas ligadas, conforme o Subitem 10.6.2.4.

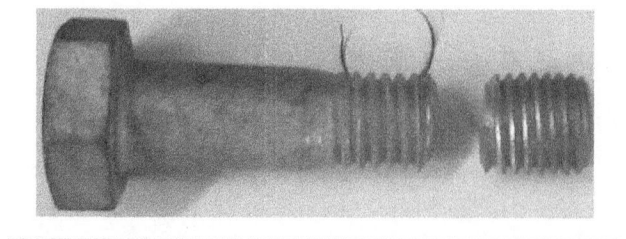

FIGURA 10.23 Ruptura por tração da região da rosca de um parafuso.

10.6.2.4 Efeito de alavanca e verificação da chapa de ligação

Nas ligações com parafusos tracionados, a restrição à deformação das extremidades laterais da chapa de ligação provoca o aparecimento das forças Q nessas extremidades, como mostra a Figura 10.24. Essas forças adicionais fazem as forças de tração atuantes nos parafusos se elevarem e os momentos fletores atuantes na chapa de ligação se modificarem, em um fenômeno denominado efeito de alavanca.

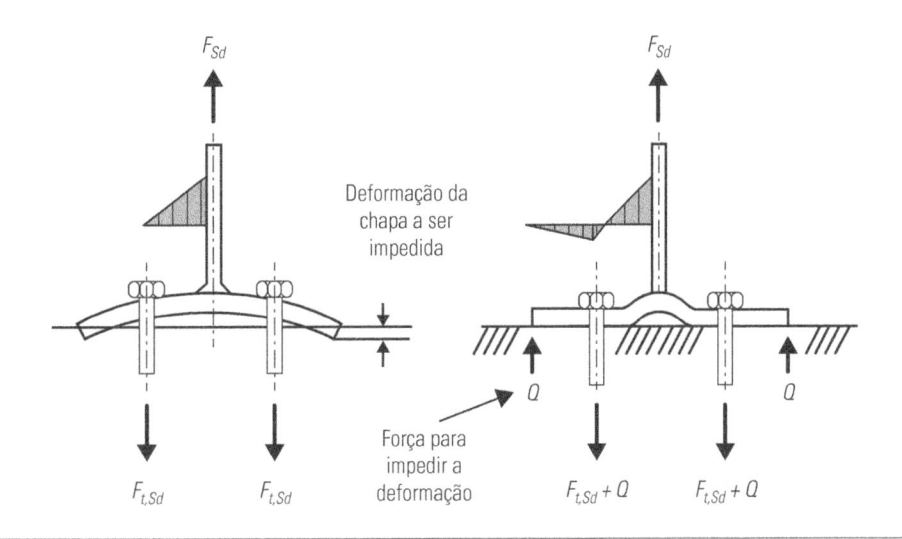

FIGURA 10.24 Efeito de alavanca.

O valor das forças Q depende da espessura da chapa de ligação, como se vê na Figura 10.25. Se essa chapa é muito espessa, ela praticamente não apresenta deformação por flexão e, portanto, as forças Q são muito pequenas, indicando que o efeito de alavanca pode ser desconsiderado. À medida que a espessura da chapa se reduz, os valores das forças Q aumentam.

A determinação precisa do efeito de alavanca é complexa e depende de vários parâmetros, principalmente, como se viu, da espessura da chapa de ligação e da geometria da ligação. No entanto, conservadoramente, pode-se adotar um procedimento simplificado pelo qual se aumenta sempre a força de tração solicitante nos parafusos em 50%, o que equivale a tomar o fator ϕ_a da Equação (10.4) igual a 0,67 (em vez de aumentar a força de tração solicitante, reduz-se a força resistente).

FIGURA 10.25 Deformação da chapa de ligação para avaliação do efeito de alavanca.

As chapas de ligação não são suscetíveis à instabilidade e devem ter suas espessuras (t_1 e t_2) determinadas com base no momento de plastificação. Esse momento é obtido pelo produto $Z f_y$, considerando a força atuante em um parafuso e a largura de influência, *p*, igual à soma das menores dimensões de cada lado do parafuso analisado, conforme se vê na Figura 10.26. Portanto:

- para parafuso de extremidade:

$$p = \left(< \begin{cases} e_2 \\ b + 0{,}5d_b \end{cases} \right) + \left(< \begin{cases} e_1/2 \\ b + 0{,}5d_b \end{cases} \right) \tag{10.5}$$

- para parafuso interno:

$$p = 2\left(< \begin{cases} e_1/2 \\ b + 0{,}5d_b \end{cases} \right) \tag{10.6}$$

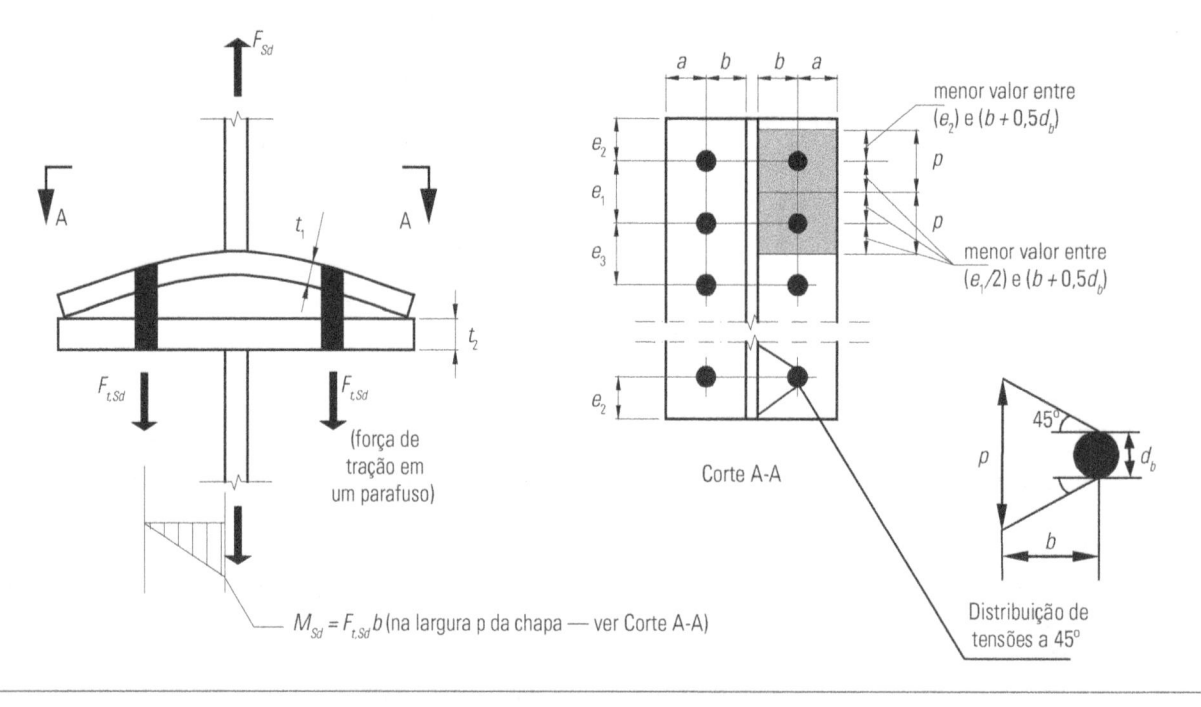

FIGURA 10.26 Grandezas para determinação das espessuras t_1 e t_2 das chapas ligadas.

Essas expressões assumem uma distribuição de tensões a 45° a partir de um círculo de diâmetro igual ao diâmetro do parafuso, d_b, concêntrico com o furo do parafuso (detalhe na Figura 10.26).

Em resumo, deve-se ter nas chapas:

$$M_{Sd} \leq M_{Rd} \tag{10.7}$$

com

$$M_{Sd} = F_{t,Sd} b \tag{10.8}$$

e

$$M_{Rd} = \frac{M_{pl}}{\gamma_{a1}} = \frac{Z f_y}{\gamma_{a1}} = \frac{p t^2 f_y}{4 \gamma_{a1}} \tag{10.9}$$

onde γ_{a1} é o coeficiente de ponderação da resistência do aço para escoamento, igual a 1,10.

Para que todo o procedimento de cálculo apresentado seja válido, a dimensão *a* não pode ser inferior à dimensão *b* (Figura 10.26).

10.6.2.5 Influência da protensão inicial no dimensionamento

Como se viu no Item 10.3, um parafuso de alta resistência montado com protensão inicial fica submetido preliminarmente a uma força F_{Tb}, igual a aproximadamente 70% da força de tração resistente nominal, e as chapas conectadas ficam comprimidas por uma força C_i em uma área de contato A_{con}, situada em volta do parafuso, de acordo com a Figura 10.27a. Nessa situação, obviamente, a força C_i é igual a F_{Tb}.

Quando uma força externa P_{ext} é aplicada nas chapas, tracionando o parafuso, ela diminui a compressão entre essas chapas para um valor C_f, como ilustra a Figura 10.27b. A força de tração resultante no parafuso, $F_{t,Sk}$, passa a ser a soma da força externa P_{ext} com a força de compressão entre as chapas C_f. Dessa forma:

- a força de tração mínima no parafuso é F_{Tb}, existente quando a força externa P_{ext} é nula;
- à medida que a força externa P_{ext} aumenta, a força no parafuso mantém-se praticamente igual a F_{Tb}, tendo em vista a redução do valor da força C_f (Figura 10.27b);
- quando C_f se anula, o que ocorre quando as chapas conectadas perdem o contato, a força no parafuso torna-se igual à força externa aplicada (Figura 10.27c).

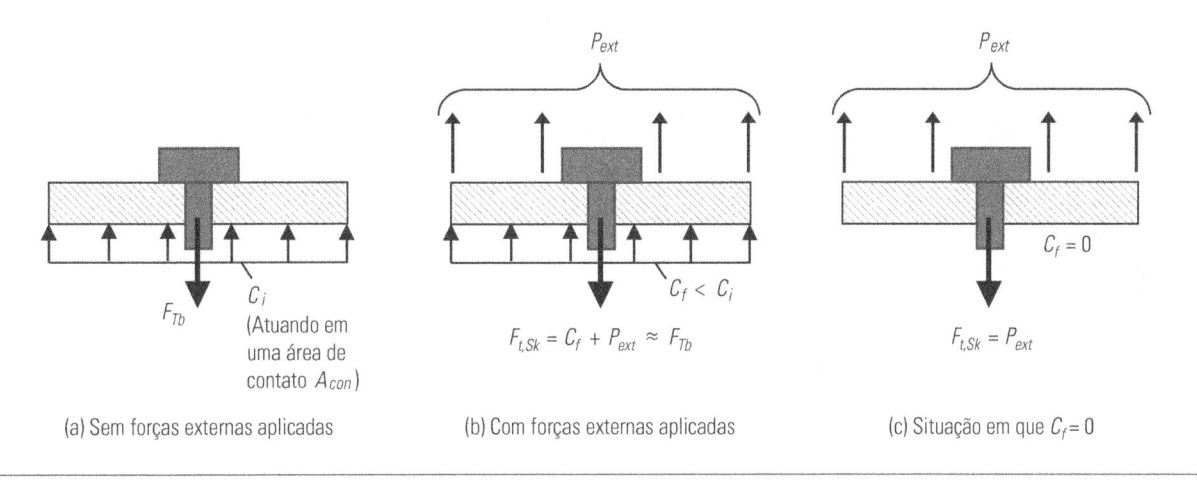

FIGURA 10.27 Ligação entre chapas com parafusos com protensão inicial tracionados.

De acordo com o exposto, o uso da Equação (10.2), em que se supõe a força de tração no parafuso sempre igual à força externa atuante nele, justifica-se com base nos seguintes argumentos:

- se o uso dessa equação levar a um resultado menor que F_{Tb}, a rigor estará atuando no parafuso uma força aproximadamente igual a F_{Tb}, o que não implica qualquer problema, pois F_{Tb} corresponde apenas a 70% da força resistente nominal do parafuso;
- se o uso dessa equação levar a um resultado maior que F_{Tb}, esse resultado estará correto, uma vez que a ligação encontra-se na situação em que o contato entre as chapas deixou de existir ($C_f = 0$).

10.6.3 Cisalhamento nos parafusos

10.6.3.1 Condição de dimensionamento

Cada parafuso de uma ligação submetido à cisalhamento deve atender à seguinte condição:

$$F_{v,Sd} \leq F_{v,Rd} \tag{10.10}$$

onde $F_{v,Sd}$ é a máxima força cortante solicitante de cálculo que atua no plano de corte mais solicitado do parafuso e $F_{v,Rd}$ é a força cortante resistente de cálculo desse parafuso, dadas nos subitens 10.6.3.2 e 10.6.3.3, respectivamente. Além disso, é necessário verificar a pressão de contato nas paredes dos furos, conforme o Subitem 10.6.3.4.

10.6.3.2 Força cortante solicitante de cálculo

A força cortante solicitante de cálculo, $F_{v,Sd}$, deve ser determinada no plano de corte mais solicitado do parafuso. Como ilustração, na Figura 10.28a a força cortante solicitante no plano de corte é igual a $F_{Sd}/4$. Na Figura 10.28b, essa força é igual a $F_{Sd}/8$ em cada plano de corte. Observa-se que, nessas figuras, todos os planos de corte são igualmente solicitados.

Na Figura 10.28c, a força cortante solicitante nos planos de corte definidos pelas cantoneiras à esquerda da alma do pilar é igual a $F_{Sd,1}/8$, onde $F_{Sd,1}$ é a reação da viga à esquerda do pilar. Para os planos de corte definidos pelas cantoneiras à direita da alma do pilar, $F_{v,Sd}$ é igual a $F_{Sd,2}/6$, onde $F_{Sd,2}$ é a reação da viga à direita do pilar. Nesse caso, observa-se que planos de corte em um mesmo parafuso (parafuso na alma do pilar) possuem solicitações diferentes, o que evidencia a necessidade de analisar os planos de corte individualmente.

(a) Parafusos com um plano de corte

(b) Parafusos com dois planos de corte

(c) Parafusos com forças diferentes em cada plano de corte

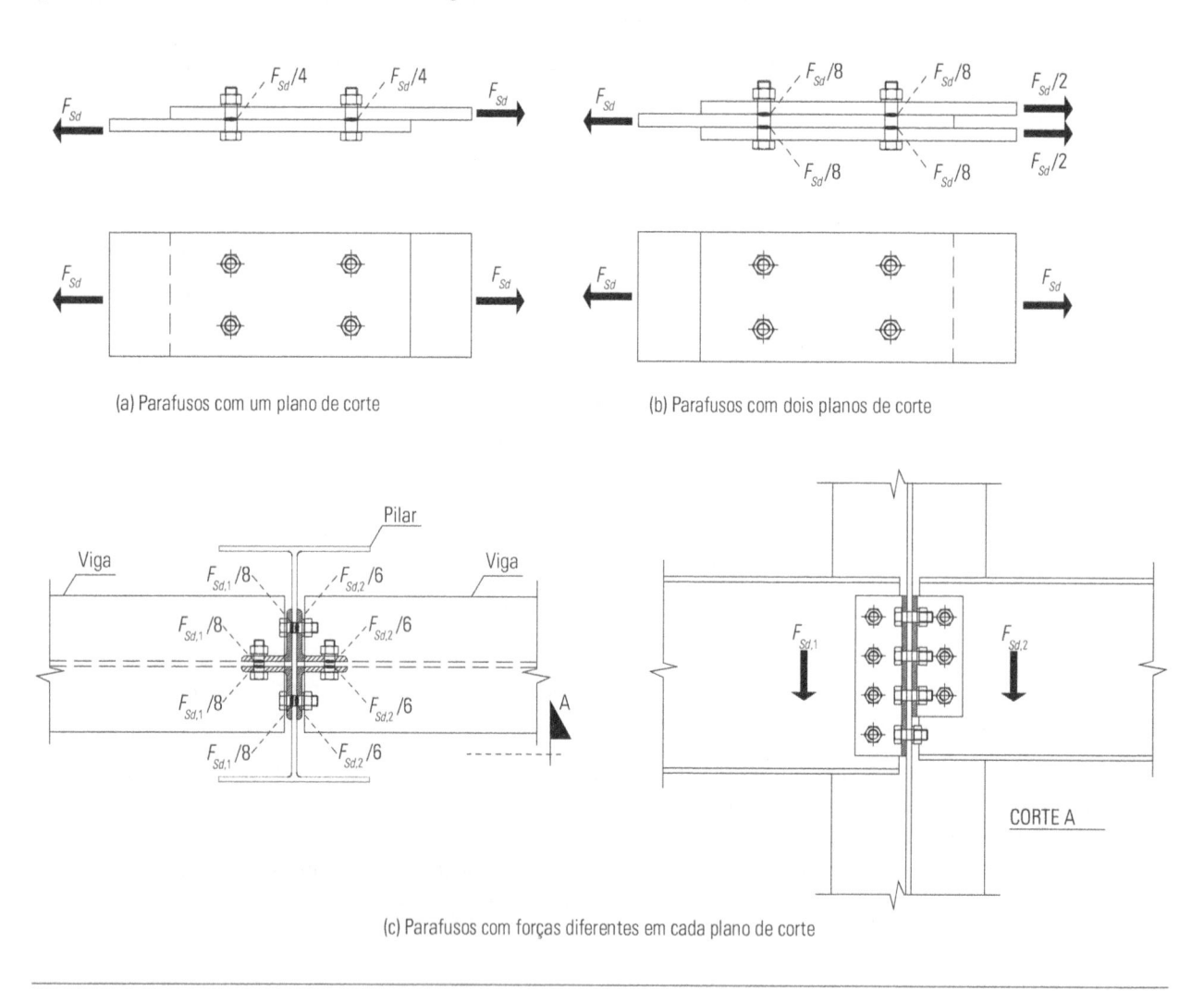

FIGURA 10.28 Força cortante solicitante de cálculo nos planos de corte dos parafusos.

Nas emendas de barras tracionadas, se a ligação for por contato e tiver comprimento superior a 1.270 mm na direção da força atuante (Figura 10.29), a força cortante solicitante de cálculo, $F_{v,Sd}$, deve ser multiplicada por 1,25 para considerar uma possível distribuição não uniforme dessa força pelos parafusos.

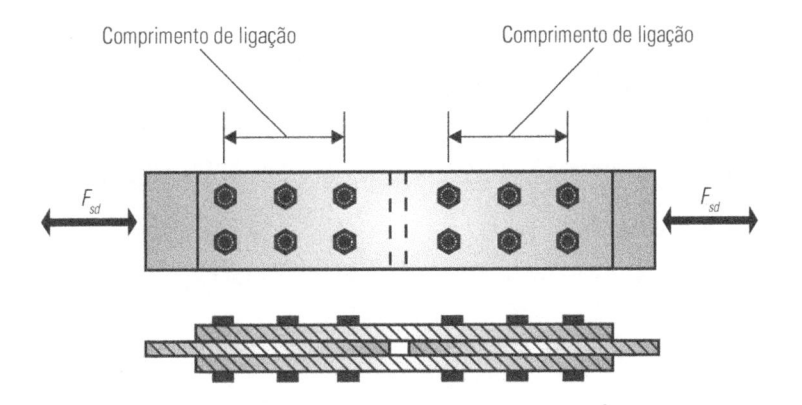

FIGURA 10.29 Comprimento de uma ligação por contato.

10.6.3.3 Força cortante resistente de cálculo

A força cortante resistente de cálculo de um parafuso está relacionada ao estado-limite último de ruptura por cisalhamento do plano de corte do parafuso (Figura 10.30), sendo dada por:

$$F_{v,Rd} = \frac{\alpha_b A_b f_{ub}}{\gamma_{a2}} \qquad (10.11)$$

onde α_b é um fator igual a 0,4 para parafuso comum e para qualquer tipo de parafuso quando o plano de corte se situa na rosca ou 0,5 para parafuso de alta resistência quando o plano de corte se situa fora da rosca. Evidentemente, o valor 0,5 só deve ser usado quando houver garantia absoluta de que todos os parafusos de alta resistência serão instalados com rosca fora do plano de cisalhamento.

(a) Parafusos com apenas um plano de corte

(b) Parafusos com dois planos de corte

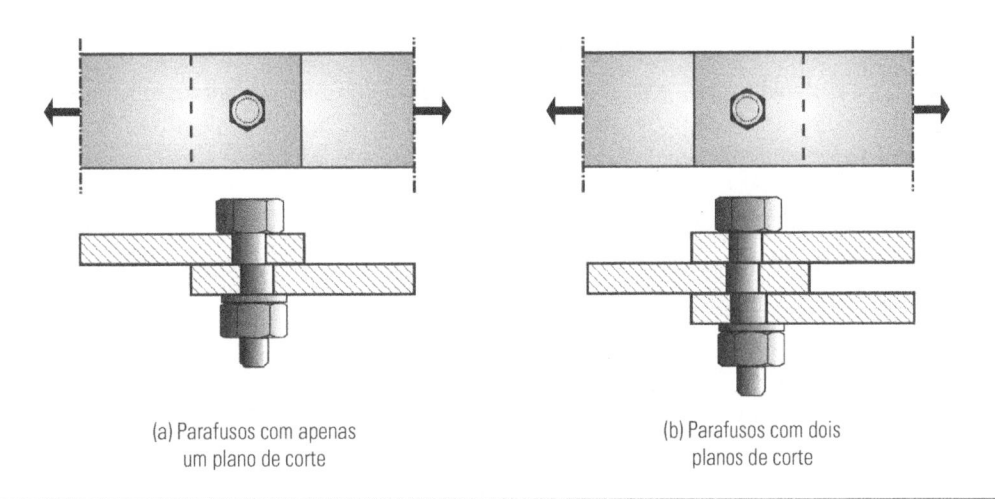

FIGURA 10.30 Simulação teórica de colapso de parafusos por cisalhamento.

Exceto nos casos dos parafusos de alta resistência montados com protensão inicial, quando o comprimento de pega excede cinco vezes o diâmetro do parafuso, a força cortante resistente de cálculo, $F_{v,Rd}$, deve ser reduzida em 1% para cada 1,5 mm adicionais de pega (pega é a espessura somada das partes ligadas — figuras 10.12 e 10.13).

10.6.3.4 Pressão de contato em furos

A pressão que os parafusos submetidos ao cisalhamento exercem nas paredes dos furos pode causar a ruína dessas paredes por esmagamento (Figura 10.31a), rasgamento entre dois furos consecutivos e rasgamento entre um furo e a borda (Figura 10.31b), na direção da força atuante.

(a) Esmagamento das paredes do furo

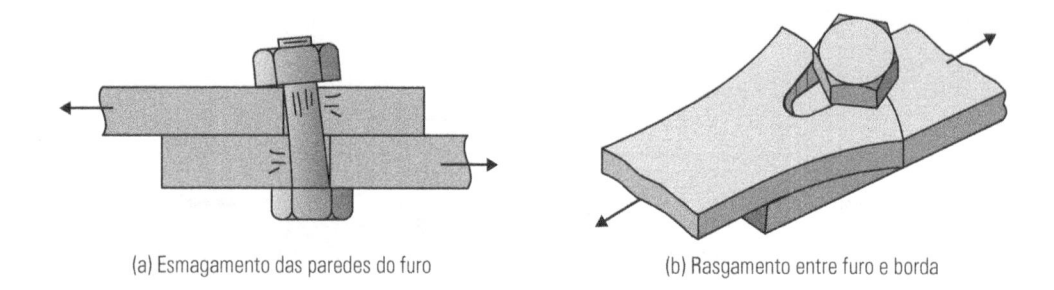

(b) Rasgamento entre furo e borda

FIGURA 10.31 Colapso pela pressão de contato de parafusos nas paredes de furos.

Para assegurar que não ocorra ruína em decorrência da pressão de contato, deve-se ter:

$$F_{c,Sd} \leq F_{c,Rd} \tag{10.12}$$

onde $F_{c,Sd}$ é a força solicitante de cálculo transmitida pelo parafuso à parede do furo e $F_{c,Rd}$ é a força resistente de cálculo à pressão de contato.

Como foi apresentado no Subitem 10.6.3.2, nas emendas de barras tracionadas em ligação por contato com comprimento superior a 1.270 mm na direção da força atuante, também a força $F_{c,Sd}$ deve ser multiplicada por 1,25 para considerar uma possível distribuição não uniforme da força atuante pelos parafusos.

A força resistente de cálculo à pressão de contato, $F_{c,Rd}$, tendo em vista os três estados-limites últimos, é dada, conservadoramente, por:

$$F_{c,Rd} \leq \begin{cases} \dfrac{1,2\,\ell_f t f_u}{\gamma_{a2}} \\ \dfrac{2,4\,d_b t f_u}{\gamma_{a2}} \end{cases} \tag{10.13}$$

Nessa expressão, ℓ_f é a distância, na direção da força, entre a borda do furo e a borda do furo adjacente ou entre a borda do furo e a borda da parte ligada — a que for menor —, d_b é o diâmetro do parafuso, t é a espessura da parte ligada, f_u é a resistência à ruptura do aço da parede do furo e γ_{a2} é o coeficiente de ponderação da resistência do aço para ruptura, igual a 1,35.

A Figura 10.32 ilustra o caso de uma ligação entre uma cantoneira e uma chapa, com a indicação dos valores de ℓ_f e das espessuras que devem ser usados para esses dois elementos.

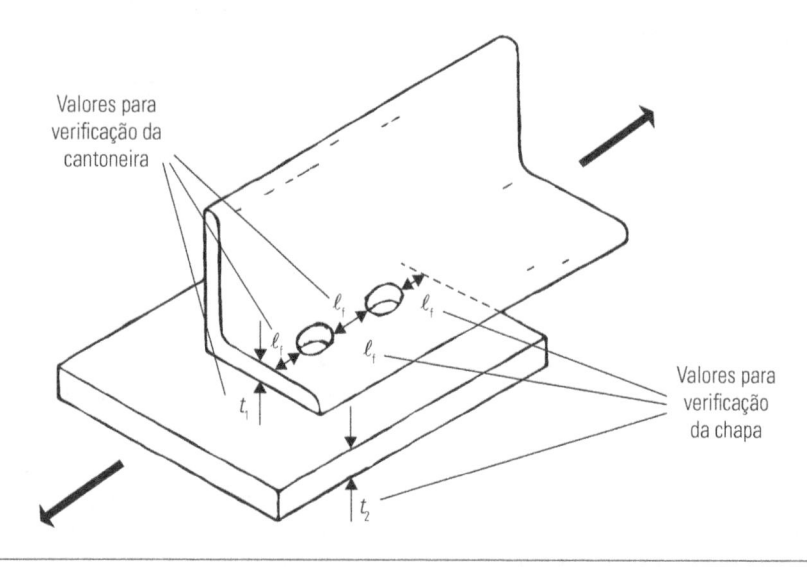

FIGURA 10.32 Distância livre ℓ_f e espessura de uma chapa (t_1) e uma cantoneira ligadas (t_2).

10.6.4 Tração e cisalhamento combinados nos parafusos

Quando um parafuso é submetido à ação simultânea de tração e cisalhamento, a seguinte equação de interação deve ser atendida:

$$\left(\frac{F_{t,Sd}}{F_{t,Rd}}\right)^2 + \left(\frac{F_{v,Sd}}{F_{v,Rd}}\right)^2 \leq 1,0 \tag{10.14}$$

onde $F_{t,Sd}$ e $F_{v,Sd}$ são as forças de tração e cortante solicitantes de cálculo no parafuso, dadas respectivamente em 10.6.2.2 e 10.6.3.2, e $F_{t,Rd}$ e $F_{v,Rd}$ são as forças resistentes de cálculo, dadas respectivamente em 10.6.2.3 e 10.6.3.3. Essa equação foi obtida a partir de ensaios e representa uma circunferência como capacidade resistente limite, conforme mostra a Figura 10.33.

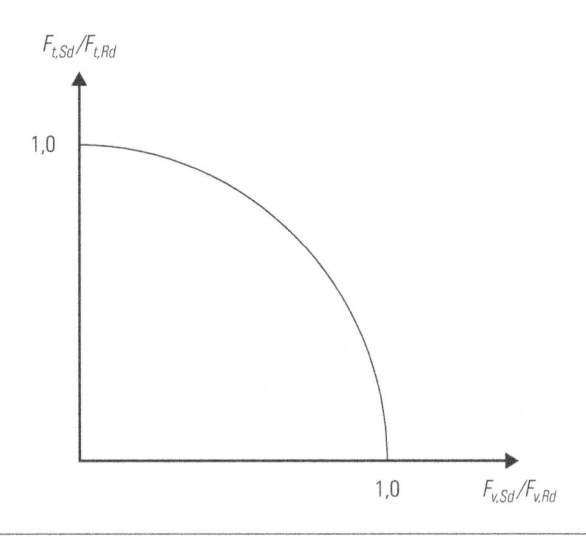

FIGURA 10.33 Capacidade resistente limite de parafusos submetidos a tração e cisalhamento.

10.7 Verificação dos parafusos em ligações por atrito

As ligações por atrito devem ser utilizadas quando o deslizamento, oriundo da folga existente nos furos, levar a um estado-limite último ou de serviço. São casos clássicos as emendas de vigas com lamelas (talas), quando o deslizamento puder aumentar muito a flecha, e as ligações nas estruturas sujeitas a forças repetitivas com inversão de sinal.

Nas ligações com furos alargados e furos pouco alongados ou muito alongados com alongamentos paralelos à direção da força aplicada, o deslizamento, por levar a deformações muito elevadas da estrutura, que eventualmente conduzem a alguma forma de colapso, deve ser considerado como um estado-limite último. Nas ligações com furos-padrão e furos pouco alongados ou muito alongados com alongamentos transversais à direção da força aplicada, o deslizamento, como provoca deformações menores, pode ser considerado como um estado-limite de serviço.

Nas ligações por atrito com furos-padrão, os únicos tratados neste capítulo, para que o estado-limite de serviço não ocorra, é necessário que a seguinte condição seja atendida:

$$F_{f,Sk} \leq F_{f,Rk} \tag{10.15}$$

onde $F_{f,Sk}$ é a força cortante solicitante característica que atua no plano de corte mais solicitado do parafuso, calculada com as combinações raras de serviço, e $F_{f,Rk}$ é a força resistente nominal do parafuso ao deslizamento. O valor de $F_{f,Rk}$ é dado por:

$$F_{f,Rk} = 0{,}80\,\mu F_{Tb}\left(1 - \frac{F_{t,Sk}}{0{,}80 F_{Tb}}\right) \qquad (10.16)$$

onde F_{Tb} é força de protensão mínima do parafuso, conforme o Subitem 10.3.1, e $F_{t,Sk}$ é a força de tração solicitante característica que, em algumas situações, atua no parafuso reduzindo a protensão inicial, calculada com as combinações raras de serviço. O fator μ representa o coeficiente médio de atrito entre as superfícies sujeitas ao deslizamento, podendo ser tomado igual a:

- 0,35 para superfícies classe A (laminadas, limpas, isentas de óleos ou graxas, sem pintura) e para superfícies classe C (galvanizadas a quente com rugosidade aumentada manualmente por meio de escova de aço, sem uso de máquinas);
- 0,50 para superfícies classe B (jateadas sem pintura);
- 0,20 para superfícies galvanizadas a quente.

A região mínima das superfícies classes A e B em contato que deve ficar sem pintura é mostrada esquematicamente na Figura 10.34.

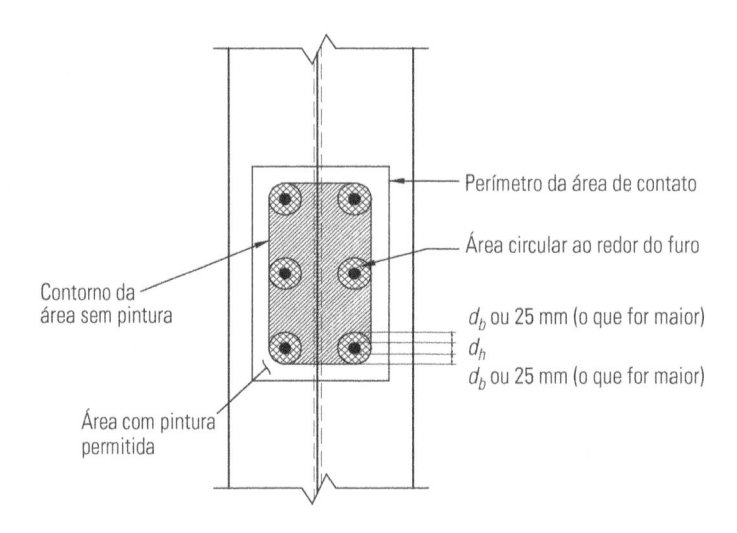

FIGURA 10.34 Superfícies classes A e B em contato sem pintura.

Simplificadamente, na Equação (10.15) pode-se assumir $F_{f,Sk}$ como igual a 70% da força de cisalhamento solicitante de cálculo no plano de corte mais solicitado do parafuso, $F_{v,Sd}$, e, na Equação (10.16), $F_{t,Sk}$ como igual a 70% da força de tração solicitante de cálculo no parafuso, $F_{t,Sd}$. Com base nessas considerações, a condição de verificação pode ser expressa em valores de cálculo, como segue:

$$F_{v,Sd} \leq 1{,}14\,\mu F_{Tb}\left(1 - \frac{F_{t,Sd}}{1{,}14 F_{Tb}}\right) \qquad (10.17)$$

Nas ligações por atrito, como medida complementar de segurança, devem ser feitas também todas as verificações relacionadas às ligações por contato, descritas no Item 10.6.

10.8 Solda elétrica

10.8.1 Definição

A solda elétrica é um meio de ligação que se compõe da fusão conjunta das peças de aço a serem unidas e de um eletrodo metálico por meio da alta temperatura provocada por arco elétrico e do posterior resfriamento (Figura 10.35). As peças de aço são denominadas metal-base, e o material do eletrodo depositado, metal da solda.

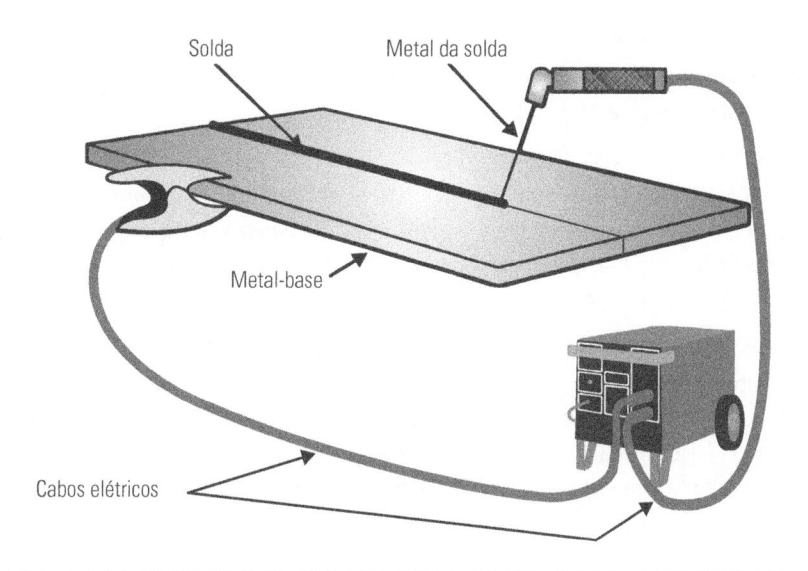

FIGURA 10.35 Solda elétrica.

Nos itens seguintes, apresentam-se diversas regras, informações e orientações para execução das ligações soldadas. No entanto, a especificação americana AWS D1.1/D1.1M, referenciada pela ABNT NBR 8800:2008 e aceita como padrão internacional, que possui, inclusive, versão em língua portuguesa, deve sempre ser consultada para assegurar a não violação de qualquer requisito ou exigência.

10.8.2 Posições de soldagem

Há quatro posições básicas principais de soldagem (Figura 10.36): plana, horizontal, vertical e sobrecabeça. A dificuldade de se executar uma solda e os riscos referentes à sua qualidade estão em parte relacionados com a posição utilizada. A que mais facilita o processo é a plana e a mais problemática, a sobrecabeça.

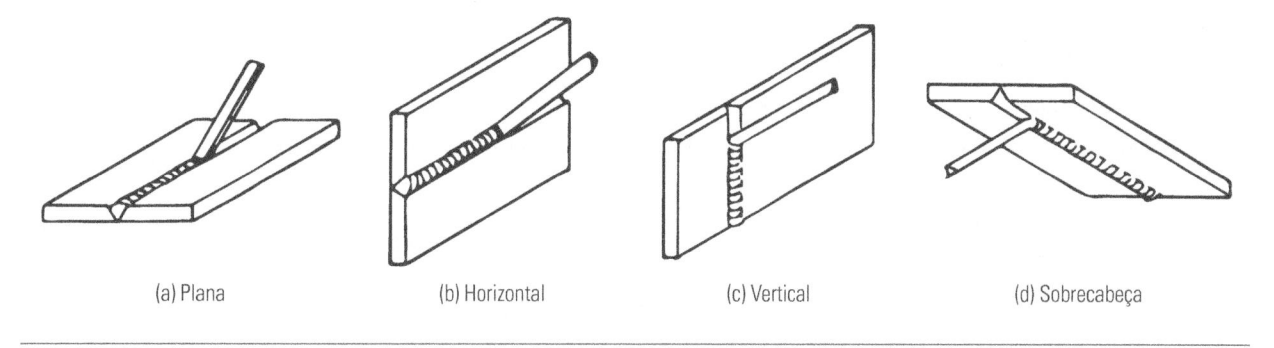

FIGURA 10.36 Posições de soldagem.

10.8.3 Processos de soldagem

Nos processos de soldagem utilizados comumente em estruturas de aço, o metal fundido é isolado para evitar sua interação química com o oxigênio e o nitrogênio presentes na atmosfera, que levam a alguns inconvenientes, entre os quais a formação de impurezas que tornam a solda frágil e menos resistente à corrosão. Esses processos são quatro, descritos sucintamente a seguir, com suas respectivas abreviaturas e nomes originais na língua inglesa:

1) *Arco elétrico com eletrodo revestido* (*SMAW — shielded metal arc welding*)

   O eletrodo é revestido com um material que libera escória e um gás inerte que protege o metal fundido durante a soldagem, conforme mostra a Figura 10.37a.

2) *Arco submerso* (*SAW — submerged arc welding*)

   A extremidade do eletrodo, no caso, um fio metálico sem revestimento, é embebida em um material mineral granulado, conhecido como fluxo, que isola o metal fundido da atmosfera (Figura 10.37b). Esse processo é comum em soldagens feitas na fábrica, uma vez que se presta à automatização (os perfis soldados, por exemplo, são geralmente produzidos por esse processo).

3) *Arco elétrico com proteção gasosa* (*GMAW — gas metal arc welding*)

   O eletrodo é um arame sem revestimento e o metal fundido é protegido da contaminação atmosférica pelo gás alimentado pelo próprio equipamento de soldagem e que chega até a região da solda por meio de um bocal que circunda o eletrodo (Figura 10.37c). Esse processo é também conhecido como MIG (*metal inert gas* — quando se usa gás inerte) ou MAG (*metal active gas* — quando se usa gás ativo, CO_2).

4) *Arco elétrico com fluxo no núcleo* (*FCAW — flux-cored arc welding*)

   Trata-se de um processo similar ao anterior, exceto pelo fato de o eletrodo ser um tubo oco, que conduz o gás protetor em seu interior.

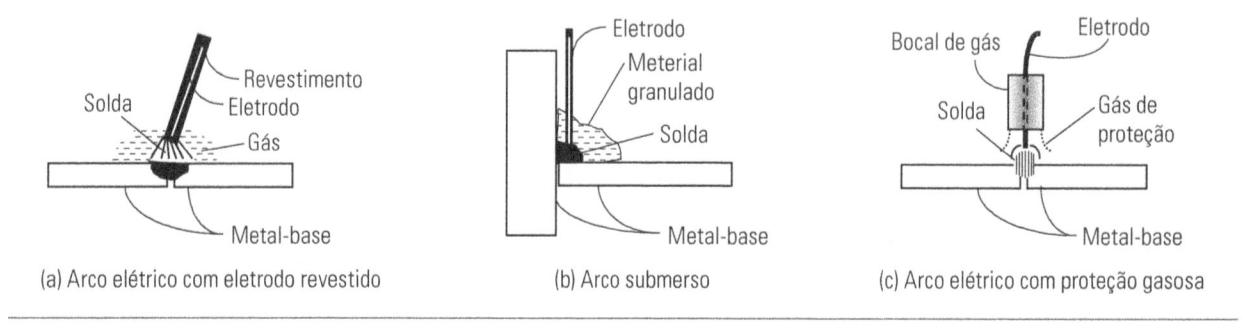

FIGURA 10.37 Processos de soldagem.

10.8.4 Classificação das juntas

As juntas são classificadas, de acordo com a posição relativa das peças soldadas, em junta de topo, junta com trespasse ou superposição, junta em tê, junta de canto e junta de aresta, conforme ilustra a Figura 10.38.

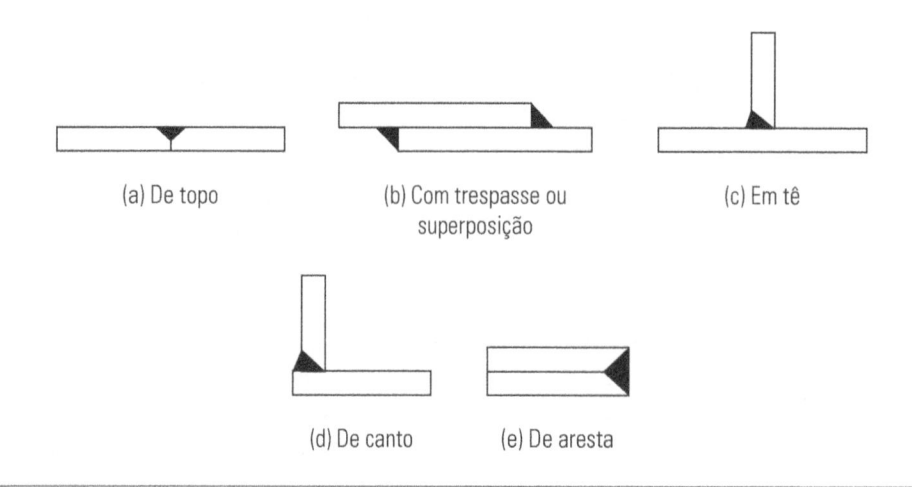

FIGURA 10.38 Classificação das juntas.

10.9 Tipos de solda

10.9.1 Generalidades

Empregam-se principalmente três tipos de solda em estruturas de aço (Figura 10.39): solda de penetração total ou parcial, solda de filete e solda de tampão em furos ou rasgos. A solda de penetração, via de regra, pode ser usada nas juntas de topo, em tê, de canto e de aresta; a solda de filete, nas juntas com trespasse e em tê; e a solda de tampão, nas juntas com trespasse.

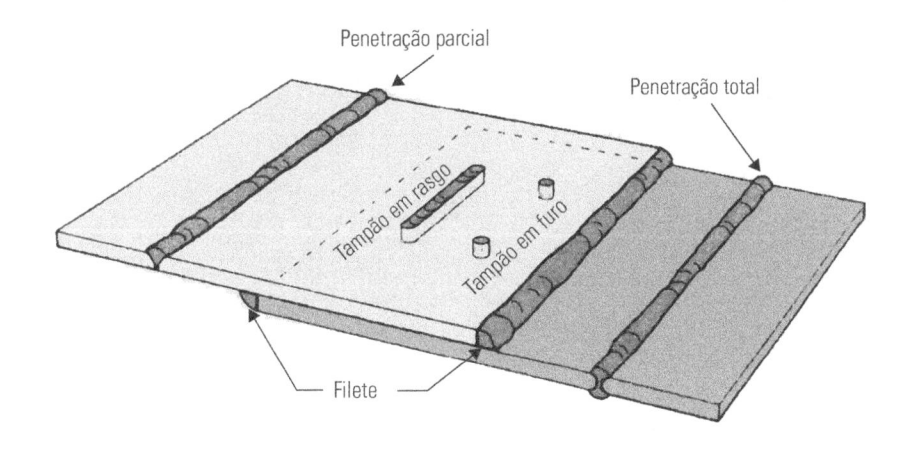

FIGURA 10.39 Tipos de solda.

Na solda de tampão, o metal da solda é depositado em orifícios (furo ou rasgo) feitos em uma das chapas de ligação. Esse tipo de solda tem uso bastante restrito e não será abordado neste livro. As soldas de filete e penetração são detalhadas nos subitens seguintes.

10.9.2 Solda de penetração

Na solda de penetração, o metal da solda é depositado diretamente entre as faces das peças a serem unidas, dentro de chanfros (canaletas ou aberturas preparadas para conter adequadamente a solda). Essa solda, de acordo com a Figura 10.39, é chamada como de penetração total quando alcança as duas faces das peças, proporcionando a essas peças continuidade completa, e de penetração parcial, quando apenas uma parte da seção transversal das peças tem continuidade através da solda. As soldas de penetração parcial são pouco utilizadas e não serão tratadas aqui.

A Figura 10.40 ilustra os tipos mais comuns de chanfro para solda de penetração total: reto, meio V ou bisel, K, V e X. São mostrados detalhes geométricos recomendados para cada um desses chanfros e o afastamento entre as chapas a serem unidas, denominado abertura da raiz (a raiz da solda é a região na qual as peças ficam mais próximas), para o caso em que a solda é feita pelo processo SMAW (no caso da utilização de outros processos, os dados apresentados podem se alterar). Deve-se notar que os chanfros apresentados possuem paredes planas, mas é possível também executar chanfros com paredes curvas, os quais, no entanto, têm uso reduzido nas estruturas de aço e não serão tratados neste livro.

Como se observa na Figura 10.40, para chapas de espessura até 6,3 mm, pode-se utilizar chanfro reto. Por questões econômicas e de ordem prática, para chapas de espessura superior a 6,3 mm, havendo possibilidade de escolha, é usual utilizar:

- meio V ou bisel para chapas de espessura até 19 mm;
- V para chapas de espessura maior que 19 mm, até 25,4 mm;
- K para chapas de espessura maior que 16 mm;
- X para chapas de espessura maior que 25,4 mm.

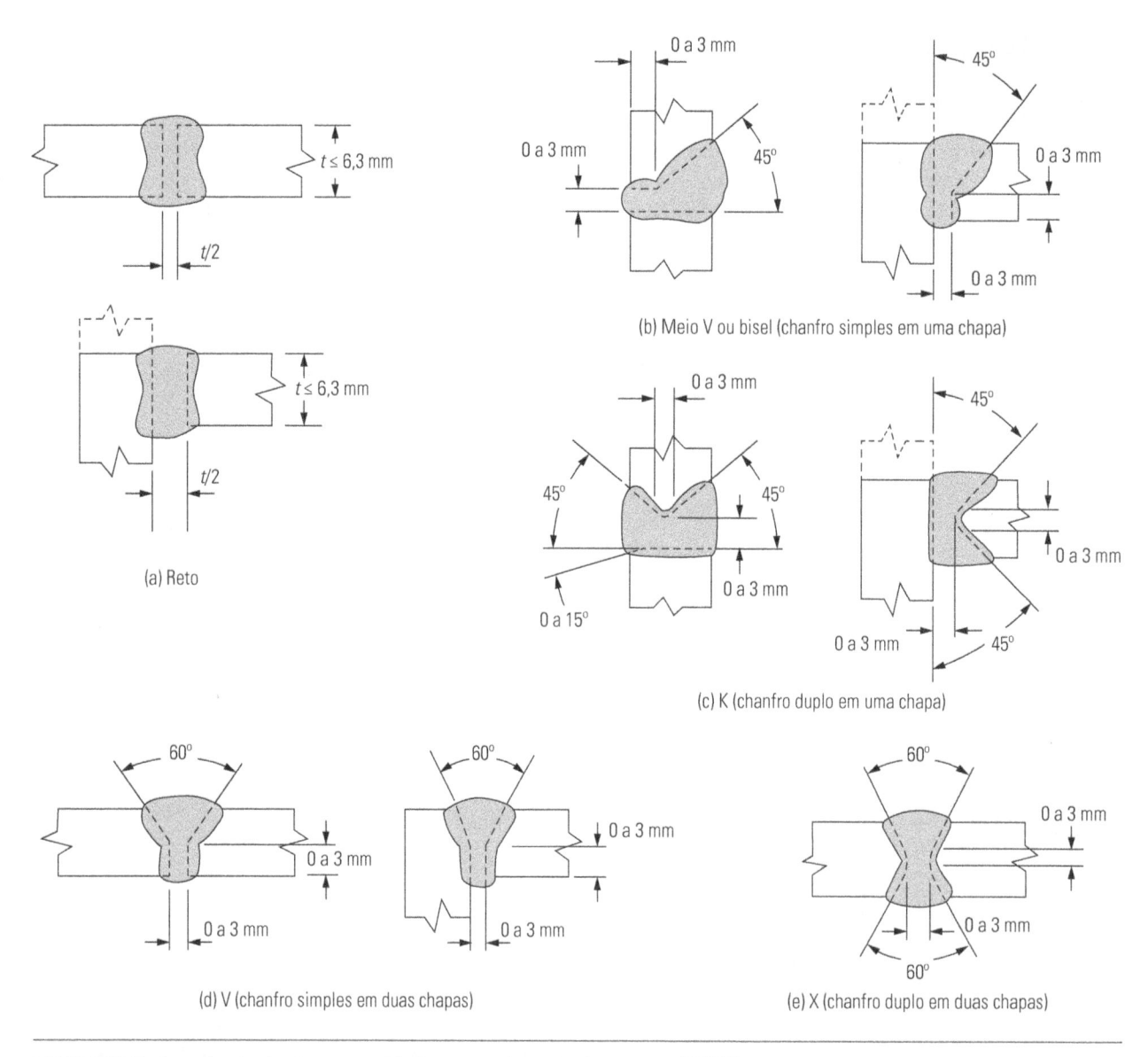

FIGURA 10.40 Exemplos de chanfros para solda de penetração total pelo processo SMAW.

Para garantir a qualidade da solda de penetração total, deve-se efetuar a soldagem de um dos lados e, antes de se fazer o mesmo do outro lado, executar a extração da raiz. Esse procedimento consiste da remoção de parte do metal da solda e do metal-base junto à raiz para eliminar eventuais escórias, facilitar a fusão e assegurar a penetração na soldagem complementar. A Figura 10.41a ilustra uma situação em que não foi feita extração de raiz, resultando uma solda com penetração incompleta, e a Figura 10.41b, uma situação em que a extração de raiz foi efetuada, propiciando condições excelentes para a solda complementar ser feita de modo adequado.

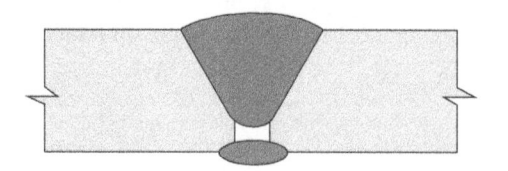

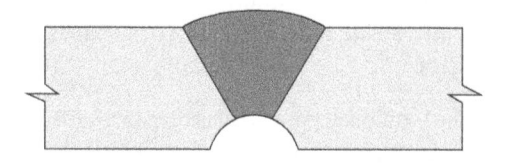

FIGURA 10.41 Importância da extração da raiz.

A utilização de cobre-junta (*backing*) nas soldas com bordas retas e chanfros em meio V e V permite maior abertura da raiz, conforme os exemplos da Figura 10.42 para soldas feitas pelo processo SMAW, sem escorrimento do metal em deposição. Quando se usa cobre-junta, a extração de raiz não é feita, evidentemente. O cobre-junta pode ser de aço, de cobre ou de material cerâmico. No primeiro caso, pode ou não ser removido após a soldagem. Nos outros casos, o cobre-junta é sempre removido.

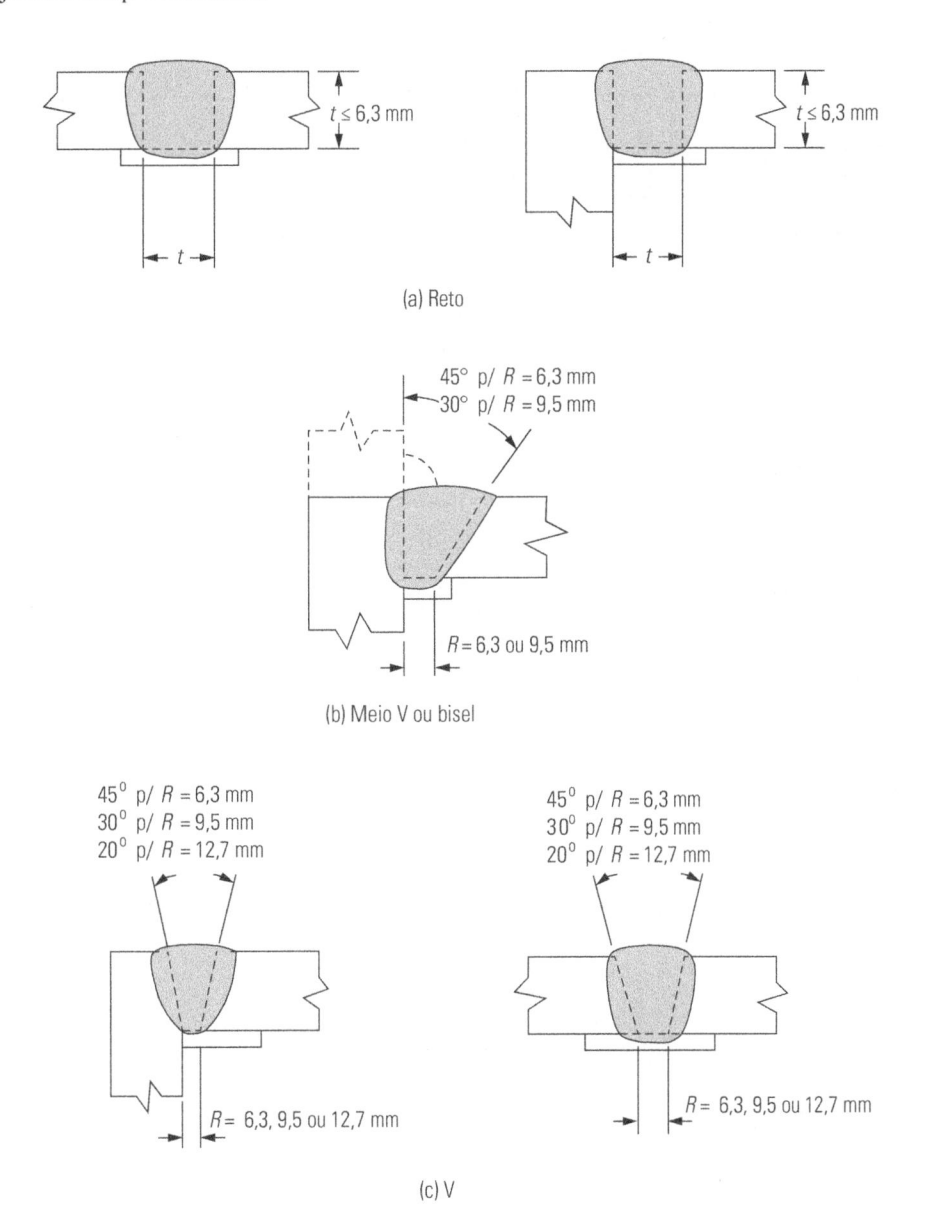

FIGURA 10.42 Chanfros para solda de penetração com cobre-junta (processo SMAW).

A geometria dos chanfros é determinada de forma a permitir, principalmente, fácil acesso até o fundo da junta e retenção do metal de solda, com o menor consumo possível desse metal. O preenchimento dos chanfros pode ser alcançado com um ou vários passes de solda. Como ilustração, a Figura 10.43 mostra uma situação em que foram usados 9 passes para o alcance do volume de solda necessário. O primeiro passe é denominado passe de raiz, os seguintes, passes de enchimento (no caso, os passes de 2 a 6), e os últimos, que finalizam a solda, passes de acabamento (no caso, os passes de 7 a 9).

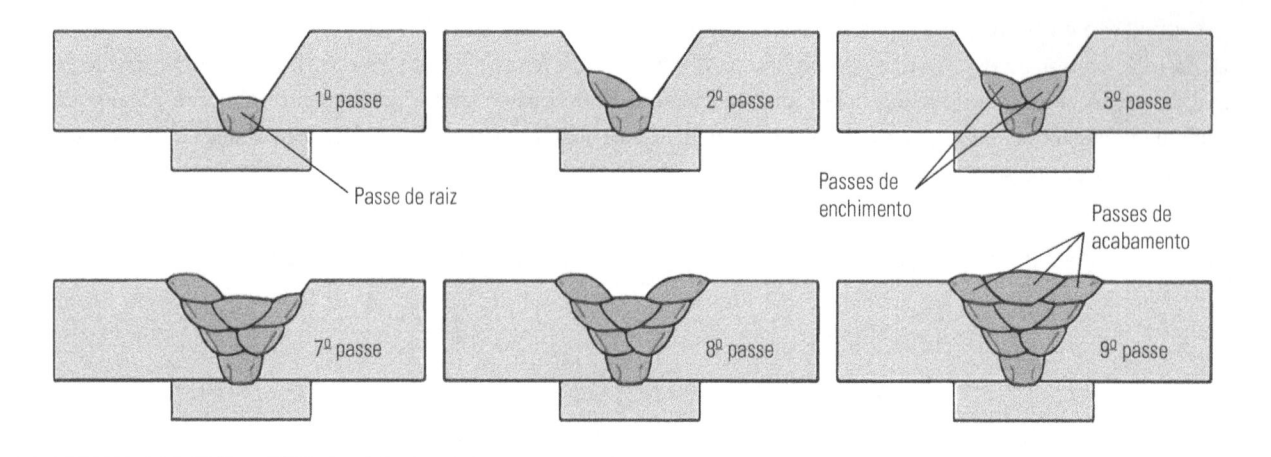

FIGURA 10.43 Execução de solda em vários passes e denominação dos passes.

10.9.3 Solda de filete

Na solda de filete, o metal de solda possui seção transversal aproximadamente triangular e se situa externamente às superfícies, geralmente ortogonais, das peças de aço soldadas (Figura 10.44). Os lados do filete, junto às faces de fusão das peças de aço soldadas, denominam-se pernas do filete, d_w, e podem ser iguais ou diferentes (somente serão tratados neste capítulo os filetes com pernas iguais, que são os mais empregados). A menor dimensão da seção transversal do filete, a_w, é denominada espessura efetiva ou garganta efetiva. Da mesma forma que a solda de penetração, o tamanho do filete pode ser alcançado com mais de um passe.

As soldas de filete podem ser contínuas ou intermitentes e são mais econômicas e simples de executar que as soldas de penetração. Por essa razão, recomenda-se que sejam utilizadas soldas de filete com pernas de até 12 mm sempre que as condições estruturais e construtivas permitirem e, em caso contrário, solda de penetração.

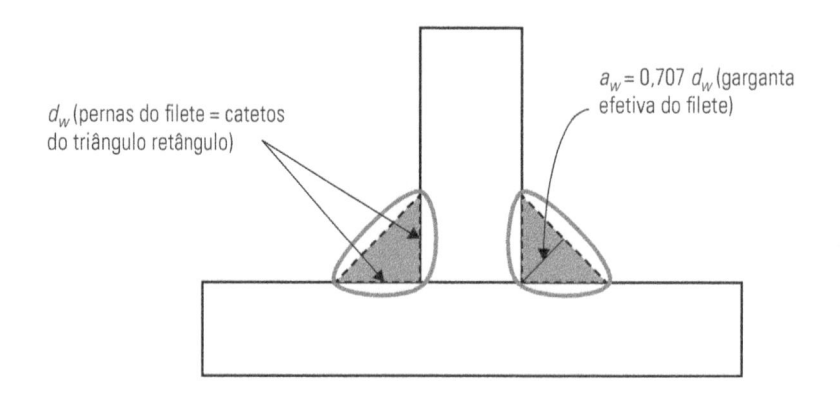

FIGURA 10.44 Dimensões da solda de filete.

10.9.4 Simbologia

Os símbolos mais comuns empregados para indicação das soldas em projetos estão mostrados na Figura 10.45.

Filete	Tampão	Chanfro			Cobre--junta	Solda em toda volta	Solda de campo	Acabamento	
		Reto	Meio V	V				Plano	Convexo
△	▢	‖	⌐	⋁	M	○	▶	—	⌒

FIGURA 10.45 Símbolos de soldagem.

Para representar as soldas, os símbolos adequados são colocados junto a uma linha horizontal de referência, nas posições indicadas na Figura 10.46. De uma das extremidades dessa linha sai uma seta inclinada que aponta o local da solda.

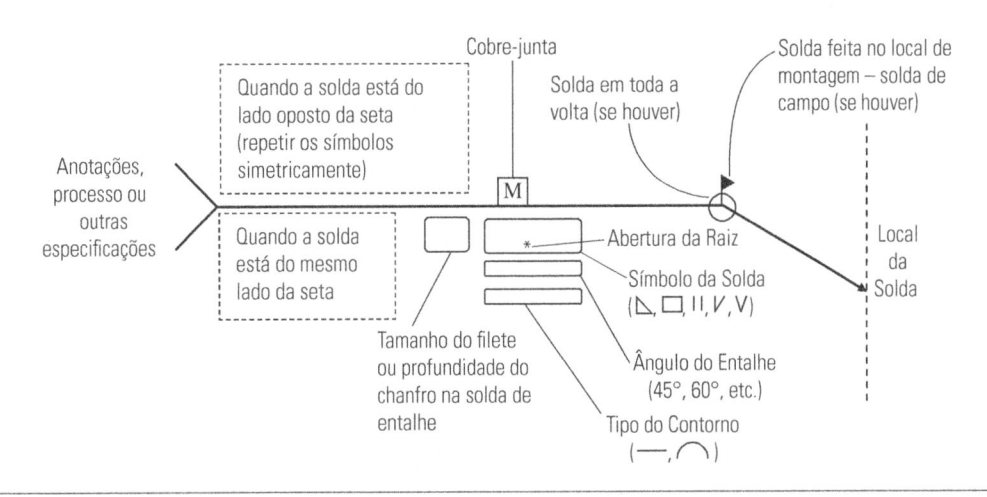

FIGURA 10.46 Colocação dos símbolos de soldagem.

Os exemplos da Tabela 10.4 esclarecem o emprego da simbologia de soldagem. Observa-se que:

a) o tamanho do filete é o comprimento da sua perna;
b) quando houver a mesma solda do lado da seta e do lado oposto, colocam-se os símbolos abaixo e acima da linha horizontal de referência, mas os números que indicam o tamanho do filete, a profundidade do entalhe e a abertura da raiz podem ficar em apenas um dos lados caso sejam os mesmos;
c) em soldas de penetração com apenas uma chapa chanfrada, quando houver dúvida sobre qual é a chapa chanfrada, a seta deve apontar para ela, como pode ser visto no segundo exemplo da Tabela 10.4;
d) nas soldas de filete e nas de penetração com apenas uma chapa chanfrada, a face vertical do símbolo da solda deve sempre ficar à esquerda;
e) em solda de filete intermitente, o comprimento dos filetes e a distância entre o centro de dois comprimentos adjacentes devem ser indicados ao lado da face inclinada do símbolo da solda, sendo separados por um traço, conforme o sexto exemplo da Tabela 10.4;
f) a unidade de todas as dimensões indicadas é o milímetro.

TABELA 10.4 Exemplos do uso da simbologia de soldagem

Exemplo	Indicação	Interpretação	Observações
1		Corte A-A	– solda a ser feita no campo – filete de 5 mm do lado da seta e do lado oposto (na frente e atrás)
2		Corte B-B	– acabamento convexo do lado da seta – o chanfro é na chapa inferior – o chanfro é do lado oposto da seta (atrás) – existe cobre-junta do lado oposto da seta
3			– acabamento convexo em ambos os lados – chanfro duplo na chapa superior (na frente e atrás)
4		Corte E-E	– chanfro simples e acabamento plano na frente – filete de 6 mm atrás – abertura da raiz igual a 0
5		Corte F-F Corte G-G	– filete de 6 mm em toda a volta da peça menor – solda de campo
6			– filete intermitente de 6 mm de ambos os lados – cada cordão tem 50 mm de comprimento – distância entre centros de cordão igual a 150 mm

10.10 Verificação das soldas

10.10.1 Considerações básicas sobre os eletrodos

O eletrodo deve ser escolhido de modo a garantir uma solda com resistência pelo menos igual à do metal-base. A Tabela 10.5 fornece as classes de resistência dos eletrodos, a resistência mínima à tração do metal da solda proporcionada por esses eletrodos, f_w, e a resistência ao escoamento, f_y, dos metais-base compatíveis.

TABELA 10.5 Resistência mínima à tração do metal da solda, eletrodos e compatibilidade

Eletrodo	Resistência f_w (MPa)	Metal-base compatível
Classe de resistência 6 ou 60	415	$f_y \leq 250$ MPa e espessura $t \leq 19$ mm
Classe de resistência 7 ou 70	485	$f_y \leq 380$ MPa
Classe de resistência 8 ou 80	550	$f_y \leq 450$ MPa

Os eletrodos são geralmente designados no Brasil conforme a especificação americana AWS D1.1/D1.1. Nas soldas SMAW, GMAW e FCAW, quase sempre se usa uma letra E, de eletrodo, seguida de um número que identifica a classe de resistência (60, 70 ou 80, em unidade americana ksi, ou, ainda, 6, 7 ou 8, em unidade de 10 ksi) e de outros números ou letras que indicam características como posição de soldagem, tipo de corrente, revestimento do eletrodo e composição química. Por exemplo, um eletrodo para solda SMAW muito empregado é o E70XX, o que significa que possui f_w igual 70 ksi (485 MPa), sendo o primeiro X um número que indica a posição de soldagem satisfatória (1 = todas as posições; 2 = plana e horizontal; 3 = plana; 4 = plana, horizontal, vertical ascendente e sobrecabeça) e o segundo X, um número que indica o tipo de corrente e de revestimento do eletrodo. Nas soldas SAW, a designação é mais complexa, pois envolve uma combinação entre as propriedades do próprio eletrodo e do fluxo, sendo constituída por uma letra F seguida de diversos números ou letras, um traço, e uma letra E, seguida também de diversos números ou letras, indicadores de características ou propriedades relevantes.

Devem-se usar eletrodos que tenham composições químicas compatíveis com os aços a serem soldados. Isso evita vários problemas, entre os quais a formação de pares galvânicos na união de aços resistentes à corrosão atmosférica, que tornariam a região junto à solda propensa à corrosão.

Peças galvanizadas podem ser soldadas normalmente com os eletrodos indicados na Tabela 10.5, no entanto, a solda prejudica a galvanização. Para resolver o problema, a região onde se efetuou a solda deve ser protegida, por exemplo, por uma tinta apropriada à base de zinco.

Qualquer que seja o eletrodo utilizado, não se deve permitir o resfriamento repentino da solda, com água ou por outro meio qualquer, o que provoca a formação de uma estrutura cristalina dura e quebradiça, com possibilidade de sofrer ruptura frágil, com consequente surgimento de trincas.

10.10.2 Tensões solicitantes em grupo de soldas

Um grupo de soldas, localizado em um plano xy, submetido a uma força solicitante de cálculo normal ao plano, $F_{z,Sd}$, e aos momentos solicitantes de cálculo no plano, $M_{x,Sd}$ e $M_{y,Sd}$, conforme mostrado na Figura 10.47, está sujeito a tensões normais na direção z.

Os eixos x e y são eixos centroidais, ou seja, eixos que passam pelo centro geométrico do grupo de soldas. Portanto, a tensão normal em um ponto (x, y) do grupo de solda é dada por:

$$\sigma_{w,Sd} = \frac{F_{z,Sd}}{A_{ew}} + \frac{\left(M_{x,Sd} I_y + M_{y,Sd} I_{xy}\right) y - \left(M_{y,Sd} I_x + M_{x,Sd} I_{xy}\right) x}{\left(I_x I_y - I_{xy}^2\right)} \quad (10.18)$$

onde $A_{ew} = \Sigma l_{wi} a_{wi}$ é a área efetiva do metal do grupo de soldas, I_x, I_y e I_{xy} são os momentos de inércia à flexão em relação aos eixos x e y e o produto de inércia do grupo de soldas, respectivamente.

Se os eixos x e y, além de centroidais, forem principais (nesse caso, os eixos são chamados de centrais neste livro), o produto de inércia do grupo de soldas é nulo. É interessante lembrar que, se pelo menos um dos eixos centroidais for de simetria, os eixos são centrais. Nesse caso, em que $I_{xy} = 0$, a Equação (10.18) assume a forma:

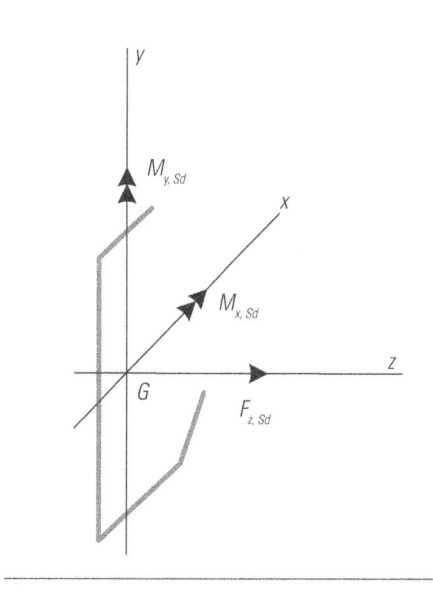

FIGURA 10.47 Esforços solicitantes gerando tensões normais em um grupo de solda.

$$\sigma_{w,Sd} = \frac{F_{z,Sd}}{A_{ew}} + \left(\frac{M_{x,Sd}\, y}{I_x}\right) - \left(\frac{M_{y,Sd}\, x}{I_y}\right) \qquad (10.19)$$

Caso o grupo de soldas esteja submetido a forças que agem no plano do grupo de solda, $F_{x,Sd}$ e $F_{y,Sd}$, e ao momento perpendicular ao plano $M_{z,Sd}$, conforme mostrado na Figura 10.48, surgem tensões de cisalhamento nas direções x e y. Essas tensões, em um ponto (x, y) do grupo de solda, são dadas por:

$$\tau_{w,x,Sd} = \frac{F_{x,Sd}}{A_{ew}} + \left(\frac{M_{z,Sd}\, y}{I_z}\right) \qquad (10.20)$$

e

$$\tau_{w,y,Sd} = \frac{F_{y,Sd}}{A_{ew}} + \left(\frac{M_{z,Sd}\, x}{I_z}\right) \qquad (10.21)$$

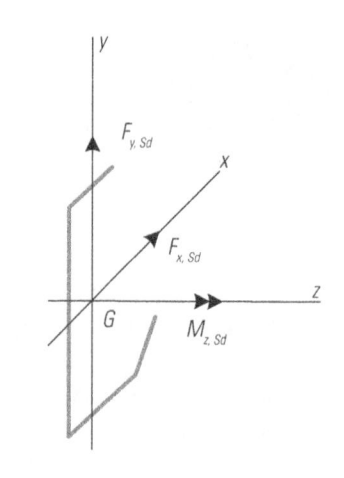

FIGURA 10.48 Esforços solicitantes gerando tensões de cisalhamento em um grupo de solda.

onde $I_z = I_x + I_y$ é o momento polar de inércia do grupo de soldas.

A tensão de cisalhamento resultante das tensões $\tau_{w,x,Sd}$ e $\tau_{w,y,Sd}$ é dada por:

$$\tau_{w,Sd} = \sqrt{\tau_{w,x,Sd}^2 + \tau_{w,y,Sd}^2} \qquad (10.22)$$

10.10.3 Critério de verificação

10.10.3.1 Soldas de penetração total

Nas soldas de penetração total, deve-se verificar o escoamento da área efetiva do metal-base, A_{MB}, nos dois elementos conectados, e a ruptura da área efetiva do metal da solda, A_{ew}. Essas duas áreas são definidas na Figura 10.49.

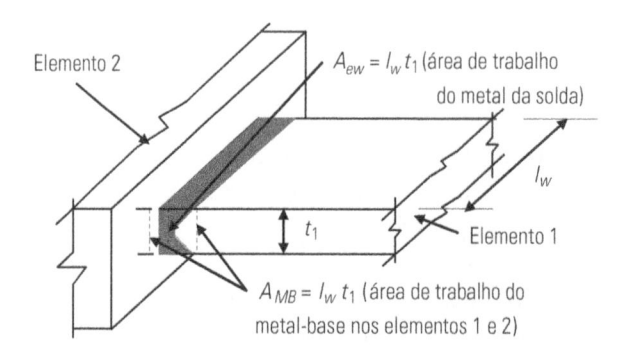

FIGURA 10.49 Áreas de trabalho das soldas de penetração total.

Observa-se que a área efetiva do metal-base, A_{MB}, é igual nos dois elementos conectados, e também é igual à área efetiva do metal da solda, A_{ew}, e que, conforme a Tabela 10.5, o metal da solda sempre apresenta resistência à ruptura bastante superior à resistência ao escoamento do metal-base compatível. Portanto, basta verificar a resistência ao escoamento do metal-base por tensões normal e de cisalhamento, caso essas tensões existam, o que significa que as seguintes condições precisam ser atendidas:

$$\sigma_{MB,Sd} \leq \sigma_{MB,Rd} \qquad (10.23)$$

e

$$\tau_{MB,Sd} \leq \tau_{MB,Rd} \qquad (10.24)$$

onde $\sigma_{MB,Sd}$ e $\tau_{MB,Sd}$ são, respectivamente, as tensões normal e de cisalhamento solicitantes de cálculo no metal-base, iguais a $\sigma_{w,Sd}$ e $\tau_{w,Sd}$, obtidas com as equações (10.18) ou (10.19) e (10.22), e $\sigma_{MB,Rd}$ e $\tau_{MB,Rd}$ são as tensões normal e de cisalhamento resistentes de cálculo no metal-base. Essas tensões resistentes são iguais a:

$$\sigma_{MB,Rd} = \frac{f_y}{\gamma_{a1}} \quad (10.25)$$

e

$$\tau_{MB,Rd} = \frac{0{,}60 f_y}{\gamma_{a1}} \quad (10.26)$$

onde γ_{a1} é o coeficiente de ponderação da resistência para escoamento, igual a 1,10.

Caso atuem tensões normais e de cisalhamento em um mesmo ponto, deve-se verificar, adicionalmente, a seguinte condição, derivada do critério de resistência de von Mises:

$$\sqrt{\sigma_{MB,Sd}^2 + 3\tau_{MB,Sd}^2} \leq \frac{f_y}{\gamma_{a1}} \quad (10.27)$$

Em emendas soldadas de perfis soldados com espessura de mesa ou alma superior a 50 mm e de perfis laminados com mesas de espessura superior a 44 mm, antes de se depositar o metal de solda, deve-se aplicar um preaquecimento igual ou superior a 175 °C, usando, por exemplo, maçarico, como mostra a Figura 10.50. Esse procedimento reduz a taxa de resfriamento do aço e, consequentemente, o risco de trincas, as tensões de contração e a dureza da região da solda.

FIGURA 10.50 Preaquecimento com maçarico em emenda soldada de perfil H.

10.10.3.2 Soldas de filete

Nas soldas de filete, o único estado-limite último aplicável é ruptura por cisalhamento da área efetiva do metal da solda, A_{ew}. Essa área é dada pelo produto entre o comprimento, l_w, e a garganta efetiva do filete, a_w, como se vê na Figura 10.51.

As tensões solicitantes, no plano que contém o grupo de soldas, são $\sigma_{w,Sd}$, obtida com a Equação (10.18) ou (10.19), e $\tau_{w,Sd}$, obtida com a Equação (10.22). As tensões resistentes são dadas, respectivamente, por:

$$\sigma_{w,Rd} = \frac{0{,}60 f_w}{\gamma_{w2}} \quad (10.28)$$

e

$$\tau_{w,Rd} = \frac{0{,}60 f_w}{\gamma_{w2}} \quad (10.29)$$

onde γ_{w2} é o coeficiente de ponderação da resistência para ruptura, igual a 1,35.

Caso atuem tensões normais e de cisalhamento em um mesmo ponto, a seguinte condição deve ser verificada:

$$\sqrt{\sigma_{w,Sd}^2 + \tau_{w,Sd}^2} \leq \frac{0,6 f_w}{\gamma_{w2}} \qquad (10.30)$$

No caso de juntas em tê, com dois filetes (Figura 10.52), para aços com resistência ao escoamento entre 250 MPa e 350 MPa, a verificação das soldas de filete pode ser dispensada desde que as pernas dos filetes, em cada lado da chapa, tenham dimensão superior ou igual a 5/7 da espessura da chapa "A". A dimensão (5/7) t_A é determinada considerando-se que a solicitação na solda seja igual à capacidade resistente da chapa.

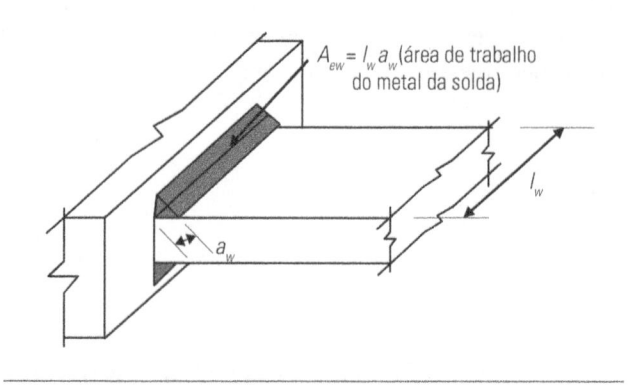

FIGURA 10.51 Área de trabalho das soldas de filete.

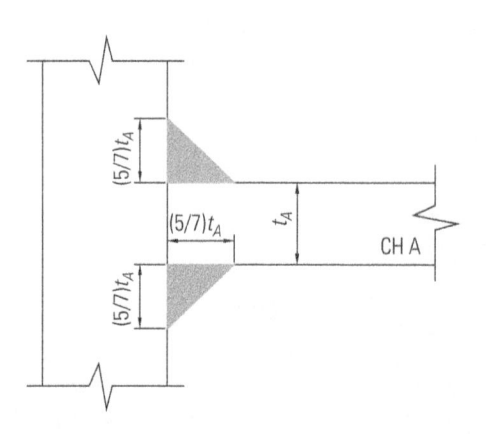

FIGURA 10.52 Junta em tê com dois filetes de solda.

10.10.3.3 Disposições construtivas para soldas de filete

Algumas disposições construtivas devem ser observadas nas soldas de filete:

a) a dimensão mínima da perna da solda é limitada em função da espessura da chapa mais fina, conforme indica a Tabela 10.6. Essa exigência visa garantir a fusão adequada dos elementos a serem unidos;

TABELA 10.6 Dimensões mínimas das soldas de filete

Espessura da chapa mais fina, t (mm)	Dimensão mínima da perna, d_w (mm)
$t \leq 6,35$	3
$6,35 < t \leq 12,5$	5
$12,5 < t \leq 19,0$	6
$t > 19,0$	8

b) o tamanho máximo da perna da solda, quando executada na borda de uma chapa, não pode superar a espessura dessa chapa, se esta for inferior a 6,35 mm, ou a espessura subtraída de 1,5 mm, se esta for igual ou superior a 6,35 mm (Figura 10.53). A folga de 1,5 mm serve para evitar a fusão do canto livre da chapa, o que provocaria redução da perna e da garganta efetiva do filete;

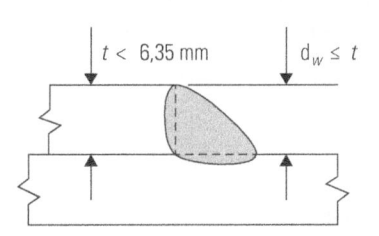

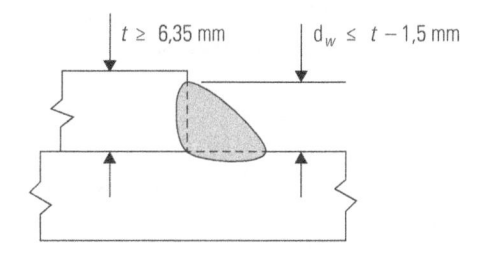

FIGURA 10.53 Tamanho máximo da perna da solda de filete em borda de chapa.

c) como o início e o fim de um cordão de solda são muitas vezes imperfeitos, com trechos em que a garganta efetiva do filete pode ser até nula, o comprimento do cordão não pode ser inferior a 40 mm e a 4 vezes a dimensão da perna do filete (d_w) ou, então, apenas 25% do comprimento da solda pode ser considerado como efetivo para resistir aos esforços. Essa exigência se aplica inclusive aos comprimentos dos segmentos das soldas intermitentes (Figura 10.54);

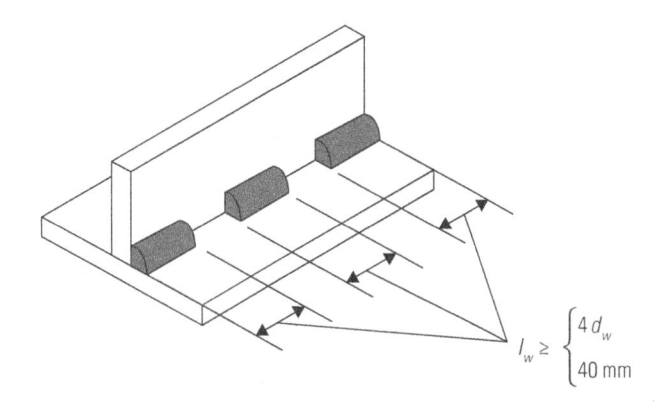

FIGURA 10.54 Comprimento mínimo do cordão nas soldas de filete intermitentes.

d) quando a solda terminar na extremidade de um elemento, sempre que possível, o cordão deve contornar continuamente os seus cantos, em uma extensão não inferior a 2 vezes a dimensão da perna da solda (d_w), conforme mostra a Figura 10.55;

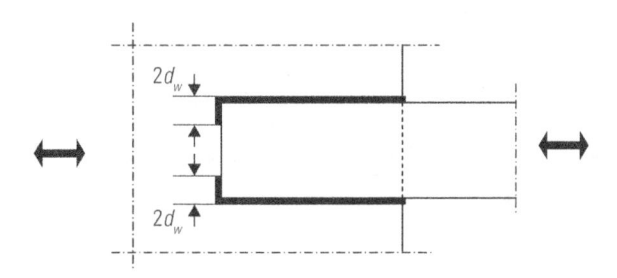

FIGURA 10.55 Solda de filete terminada em extremidade.

e) quando forem usadas somente soldas longitudinais nas ligações de chapas tracionadas, o comprimento de cada filete não pode ser menor que a distância transversal entre eles, e o espaçamento transversal entre esses filetes não pode superar 200 mm (Figura 10.56). Essa exigência tem o objetivo principal de evitar que apenas uma parte muito reduzida da área da seção transversal das chapas trabalhe na resistência à força axial atuante e tem relação direta com os princípios do cálculo do coeficiente C_t de elementos planos (Subitem 6.3.3.2);

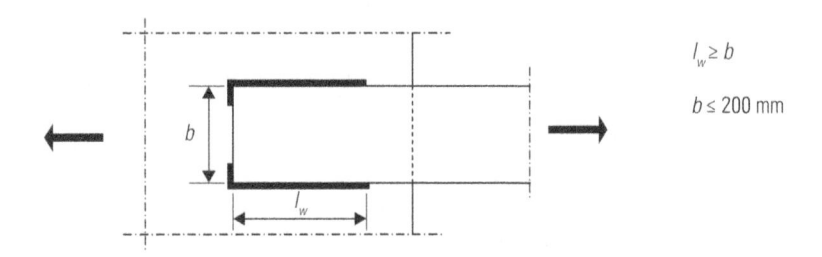

FIGURA 10.56 Limitações nas soldas de filete longitudinais.

f) o cobrimento mínimo, nas juntas com superposição, deve ser igual a 5 vezes a espessura da parte ligada menos espessa e não inferior a 25 mm, para evitar rotação excessiva na ligação (Figura 10.57);

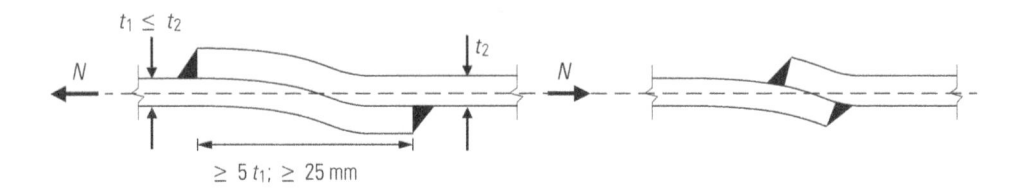

FIGURA 10.57 Cobrimento mínimo nas juntas com superposição para evitar rotação excessiva.

g) nas soldas longitudinais de ligações das extremidades de elementos axialmente solicitados (Figura 10.56), o comprimento efetivo de cada cordão deve ser tomado como igual a seu comprimento total, l_w, multiplicado pelo fator de redução β, dado por:

$$\beta = 1,2 - 0,002\left(\frac{l_w}{d_w}\right) \qquad (10.31)$$

O fator β tem por função considerar o fato de que, na situação indicada, a distribuição de tensões em cordões muito longos (no caso, quando o comprimento, l_w, é maior que 600 vezes a perna do filete, d_w), a distribuição de tensões se torna não uniforme, situação similar àquela das ligações parafusadas de comprimento superior a 1.270 mm (Subitem 10.6.3.2). Caso esse fator seja inferior a 0,6, deve-se adotar o valor 0,6, caso seja superior a 1,0, deve-se adotar o valor 1,0.

10.11 Considerações sobre defeitos, controle e inspeção das soldas

As soldas podem apresentar diversos defeitos (Figura 10.58), que levam a consequências danosas, entre as quais, a redução da capacidade resistente da ligação, o agravamento de problemas de fadiga (a fadiga não é tratada neste livro) e a potencialização da corrosão. Os mais comuns nas estruturas de aço são listados a seguir:

a) Fusão incompleta

A fusão incompleta consiste na falta de fusão conjunta entre o metal-base e o metal de solda. Esse defeito pode ocorrer quando as superfícies do metal-base não se encontram limpas, apresentando carepa, escória e outros materiais estranhos. Pode ocorrer também quando o metal-base não atinge seu ponto de fusão pelo fato de o equipamento de soldagem não fornecer corrente suficiente ou pelo fato de a soldagem ser efetuada com rapidez exagerada.

b) Falta de penetração

A falta de penetração, que ocorre quando o metal de solda não penetra nas peças a serem unidas na profundidade especificada, se manifesta nas soldas de penetração total. Esse defeito pode ser causado pelos seguintes fatores: chanfro inadequado, eletrodos muito largos para atingir a profundidade necessária, corrente insuficiente e rapidez exagerada da operação de soldagem.

c) Porosidade

A porosidade é caracterizada por vazios ou uma grande quantidade de pequenas bolhas de gás que surgem no interior da solda durante o resfriamento. Trata-se de um defeito geralmente causado por corrente muito elevada ou distância excessiva entre o eletrodo e o metal-base.

d) Mordedura

A mordedura é uma descontinuidade na forma de depressão entre o metal-base e o cordão de solda. Pode ser provocada por corrente muito elevada, distância excessiva entre o eletrodo e o metal-base e rapidez exagerada da operação de soldagem.

e) Inclusão de escória

A escória na solda resulta de reações químicas do revestimento do eletrodo derretido e é formada por óxidos de metal e outros componentes. Como tem densidade mais baixa que o metal de solda fundido, a escória costuma flutuar na superfície e pode ser removida pelo soldador. Dessa forma, a inclusão de escória na solda ocorre principalmente quando o soldador não a remove adequadamente após cada passe.

f) Fissuras

As fissuras se manifestam em qualquer direção e podem ocorrer apenas no metal da solda, estender-se até o metal-base ou situar-se apenas no metal-base junto à solda e decorrem de tensões internas. Algumas fissuras se formam durante o resfriamento (fissuras a quente), causadas geralmente por impurezas, como fósforo e enxofre, que se solidificam sob temperaturas inferiores à do aço. Outras fissuras ocorrem logo após o resfriamento (fissuras a frio) e estão associadas à absorção do hidrogênio existente no revestimento dos eletrodos e a restrições de retração e distorção.

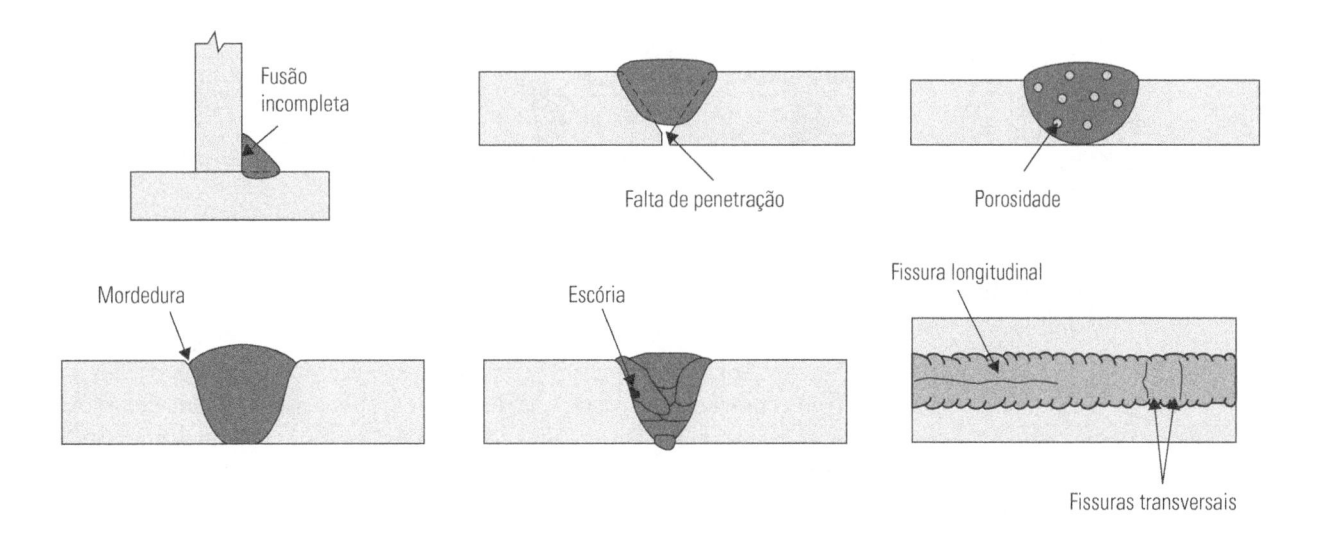

FIGURA 10.58 Defeitos nas soldas.

As soldas devem ser executadas por soldadores qualificados. No caso de soldas feitas na obra, na montagem da estrutura, especialmente se as condições forem desfavoráveis (local de acesso difícil, ventos fortes, umidade etc.), os cuidados devem ser redobrados. Inspetores de solda, também devidamente qualificados, devem acompanhar o trabalho dos soldadores e avaliar a qualidade das soldas, exigindo a correção ou substituição de soldas inadequadas.

O método mais simples e menos dispendioso de inspeção é o visual, mas sua eficácia depende totalmente da acuidade e da experiência do observador e pode algumas vezes conduzir a equívocos. No caso de soldas de filete, as dimensões do filete podem ser facilmente conferidas com o auxílio de um gabarito ou de um paquímetro próprio (Figura 10.59).

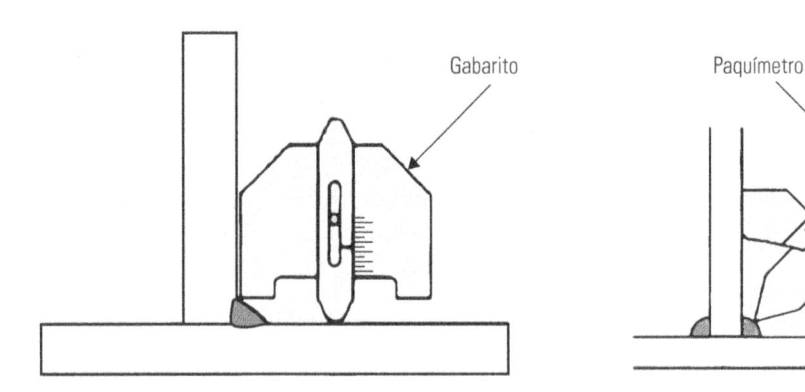

FIGURA 10.59 Instrumentos para medição das dimensões do filete.

A inspeção por líquido penetrante também é simples e de pouco custo. Serve para detecção de fissuras superficiais, mesmo com aberturas extremamente finas, da ordem de 0,001 mm. Consiste na aplicação de um líquido, denominado penetrante, geralmente de cor vermelha, sobre a superfície a ser ensaiada, o qual penetra por capilaridade nas fissuras. Em seguida, o excesso de penetrante é removido. Finalmente, aplica-se um revelador sobre a superfície, usualmente um pó fino branco, que age absorvendo o penetrante das fissuras, que ficam claramente evidenciadas (Figura 10.60).

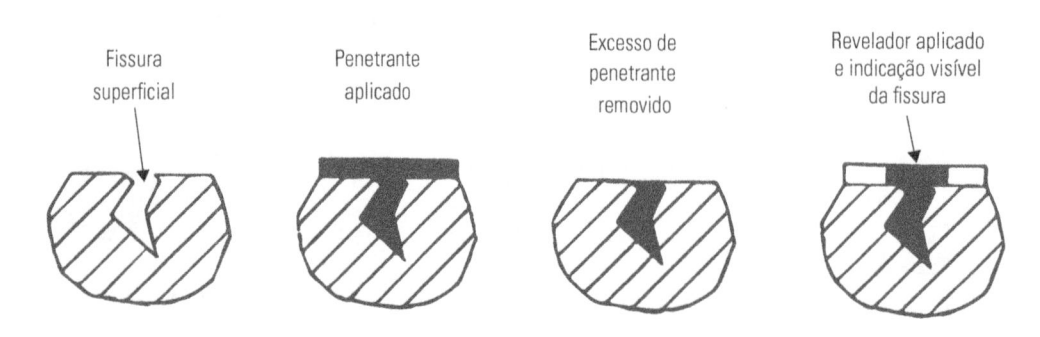

FIGURA 10.60 Inspeção por líquido penetrante.

A inspeção por partículas magnéticas também consegue detectar fissuras superficiais e vazios subsuperficiais (até aproximadamente 2,5 mm da superfície), bem como inclusões de escória. Esse processo consiste em submeter a solda a um campo magnético, que faz com que as descontinuidades ou qualquer material com propriedades magnéticas diferentes causem um campo de fuga do fluxo magnético. Partículas ferromagnéticas, que podem ser encontradas na forma de pó, em pasta ou dispersas em líquido, são jogadas na solda e se aglomeram nos campos de fuga, uma vez que são atraídas por eles devido ao surgimento de polos magnéticos. A aglomeração indica o contorno do campo de fuga, fornecendo a visualização do formato e da extensão do defeito.

Para detecção de defeitos localizados mais no interior da solda, o processo comumente utilizado é a inspeção por ultrassom. Nesse processo, um aparelho emite ondas ultrassônicas que refletem ao incidirem em uma descontinuidade ou falha interna, caracterizando a existência desses defeitos. Emprega-se também a inspeção por radiografia, pela qual os defeitos internos são detectados com o emprego de raios X.

10.12 Elementos de ligação

10.12.1 Generalidades

No dimensionamento de uma ligação, devem ser verificados também os enrijecedores, as chapas de ligação, as cantoneiras, os consoles e todas as partes ligadas afetadas localmente pela ligação.

10.12.2 Elementos submetidos a tração

A força de tração resistente de cálculo de elementos de ligação tracionados deve ser calculada segundo as prescrições de dimensionamento de barras tracionadas, apresentadas no Capítulo 6.

Nas chapas de ligação tracionadas de emendas parafusadas, a área líquida efetiva não pode ser tomada com valor superior a 85% da área bruta.

Para outras chapas de ligação tracionadas, como é o caso de chapas de nó (*gusset*) de treliças, a largura, l_{wh}, a ser considerada no cálculo da área bruta da seção transversal, é definida como a largura da seção de Whitmore, obtida por uma distribuição das tensões de tração em um ângulo de 30° a partir do início da ligação, de cada lado, ao longo da linha de ação da força. Nesse caso, verifica-se somente o estado limite último de escoamento da seção bruta obtida com a largura l_{wh}. Caso a largura líquida seja inferior à largura l_{wh}, também é necessária a verificação do estado-limite último de ruptura da área líquida na chapa de ligação. A Figura 10.61 exemplifica a determinação da largura da seção de Whitmore.

(a) Ligações parafusadas

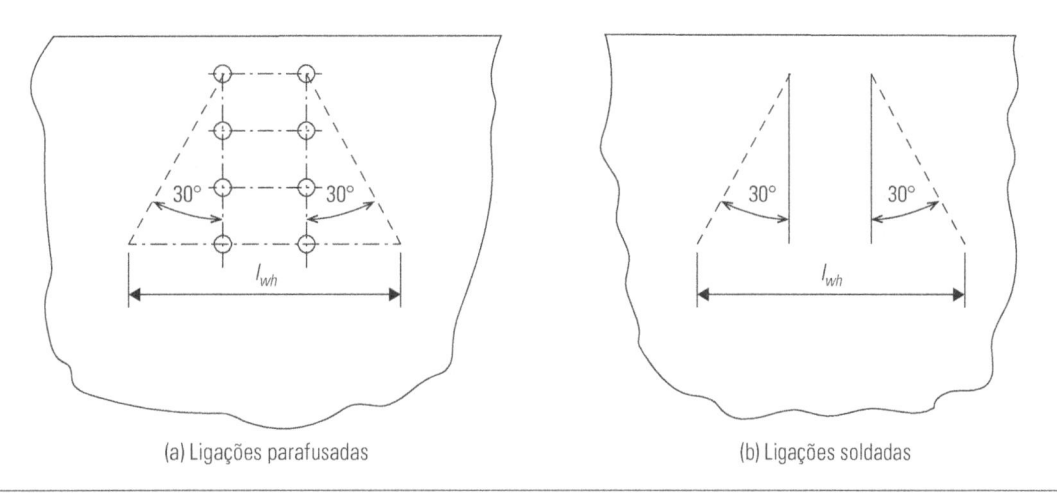

(b) Ligações soldadas

FIGURA 10.61 Largura da seção de Whitmore.

10.12.3 Elementos submetidos a compressão

A força de compressão resistente de cálculo de elementos de ligação comprimidos deve ser calculada segundo as prescrições de dimensionamento de barras comprimidas apresentadas no Capítulo 7.

No caso de chapas de ligação comprimidas, como as chapas de nó (gusset) de treliças, a área resistente também deve ser determinada pela seção de Whitmore.

10.12.4 Elementos submetidos a força cortante

A força cortante resistente de cálculo de elementos de ligação submetidos a esse tipo de esforço solicitante deve ser igual ao menor valor obtido conforme segue:

a) para o estado-limite último de escoamento

$$F_{Rd} = \frac{0,6 A_{gv} f_y}{\gamma_{a1}} \qquad (10.32)$$

b) para o estado-limite último de ruptura

$$F_{Rd} = \frac{0,6 A_{nv} f_u}{\gamma_{a2}} \qquad (10.33)$$

onde A_{gv} e A_{nv} são as áreas bruta e líquida sujeitas a cisalhamento, respectivamente. A área líquida é igual à área bruta descontando-se furos e recortes.

10.12.5 Elementos submetidos a momento fletor

O momento fletor resistente de cálculo de elementos de ligação fletidos deve ser calculado segundo as prescrições apresentadas no Capítulo 8. Entretanto, adicionalmente, deve-se verificar o estado-limite de ruptura, com o momento resistente de cálculo dado por:

$$M_{Rd} = \frac{Z_{ef} f_u}{\gamma_{a2}} \qquad (10.34)$$

onde Z_{ef} é o módulo de resistência plástico efetivo, obtido descontando as áreas dos recortes e furos.

No caso de vigas com furos ou recortes na mesa tracionada, o momento fletor resistente de cálculo à ruptura é dado por:

$$M_{Rd} = \frac{f_u A_{fn} W_t}{\gamma_{a1} A_{fg}} \qquad (10.35)$$

onde A_{fn} e A_{fg} correspondem à área líquida e à área bruta da mesa tracionada, respectivamente, e W_t é o módulo de resistência elástico do lado tracionado da seção bruta, relativo ao eixo de flexão.

10.12.6 Elementos submetidos a esforços combinados

Quando houver esforços combinados nos elementos de ligação, deve-se verificar a capacidade resistente desses elementos a tensões combinadas. Para isso, pode-se utilizar o critério de escoamento de Von Mises, dado por:

$$\sqrt{\sigma_{x,Sd}^2 + \sigma_{x,Sd}\,\sigma_{y,Sd} + \sigma_{y,Sd}^2 + 3\tau_{Sd}^2} \leq \frac{f_y}{\gamma_{a1}} \qquad (10.36)$$

onde $\sigma_{x,Sd}$ e $\sigma_{y,Sd}$ são tensões normais solicitantes nas direções x e y (positivas para tração) ortogonais entre si e τ_{Sd} é a tensão de cisalhamento solicitante de cálculo no plano formado pelas direções x e y. Essa expressão é aplicável à combinação de tensões em um plano, sendo que, caso atuem tensões fora do plano, deve-se usar a expressão mais geral do critério de escoamento de Von Mises (não apresentada neste livro).

10.12.7 Colapso por rasgamento

Em ligações de extremidade da alma de vigas com a mesa recortada para encaixe e de barras e chapas tracionadas ou submetidas à cisalhamento, incluindo chapas de nó, e em situações similares, as áreas submetidas a tração e cisalhamento podem se romper simultaneamente, em um estado-limite último denominado colapso por rasgamento. A Figura 10.62 mostra algumas situações onde esse estado-limite precisa ser verificado, com indicação do perímetro de rasgamento e, consequentemente, das áreas que podem se romper por tração (A_t) e cisalhamento (A_v), e indicação da força solicitante de cálculo a ser considerada, $F_{r,Sd}$.

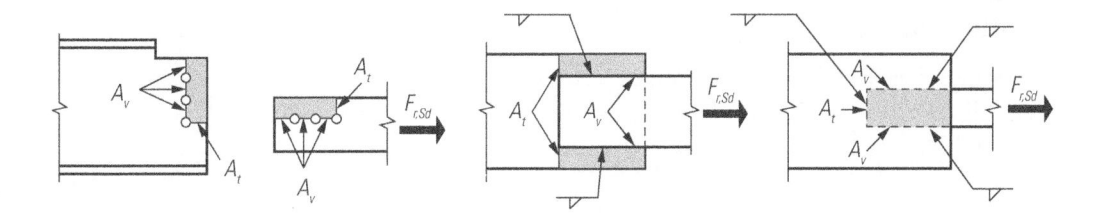

FIGURA 10.62 Situações em que pode ocorrer colapso por rasgamento.

A força resistente de cálculo é dada por:

$$F_{r,Rd} \leq \begin{cases} \dfrac{0{,}6 A_{nv} f_u + C_{ts} A_{nt} f_u}{\gamma_{a2}} \\ \dfrac{0{,}6 A_{gv} f_y + C_{ts} A_{nt} f_u}{\gamma_{a2}} \end{cases} \quad (10.37)$$

onde A_{nv} é a área líquida sujeita ao cisalhamento (área bruta, descontando-se a área dos furos), A_{nt} é a área líquida sujeita a tração (área bruta, descontando-se a área dos furos), A_{gv} é a área bruta sujeita a cisalhamento e C_{ts} é um coeficiente relacionado ao nível de uniformidade da tensão de tração na área líquida, sendo tomado igual a 1,0 nas situações mostradas na Figura 10.63a, e igual a 0,5 em todos os demais casos. Na Figura 10.63a, as tensões de tração na área líquida são uniformes e, por isso, o coeficiente C_{ts} é 1,0. Nos demais casos, assume-se, como exemplificado na Figura 10.63b, que a tensão não é uniforme e, simplificadamente, que o coeficiente é igual a 0,5.

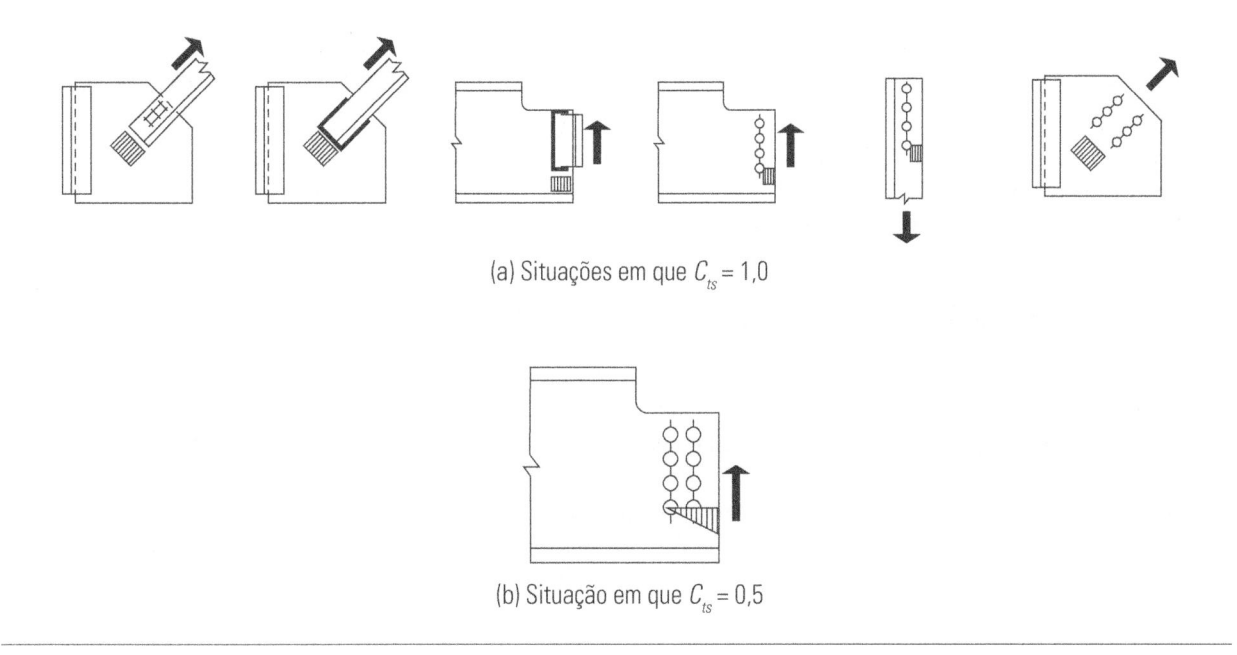

(a) Situações em que $C_{ts} = 1{,}0$

(b) Situação em que $C_{ts} = 0{,}5$

FIGURA 10.63 Exemplos de cálculo do coeficiente C_{ts}.

10.12.8 Ruptura na região das soldas

Os elementos de aço são suscetíveis à ruptura em determinadas seções adjacentes às soldas utilizadas nas suas ligações. A Figura 10.64 apresenta algumas situações comuns, indicando as seções de ruptura em linha tracejada, onde esse tipo de estado-limite último pode ocorrer.

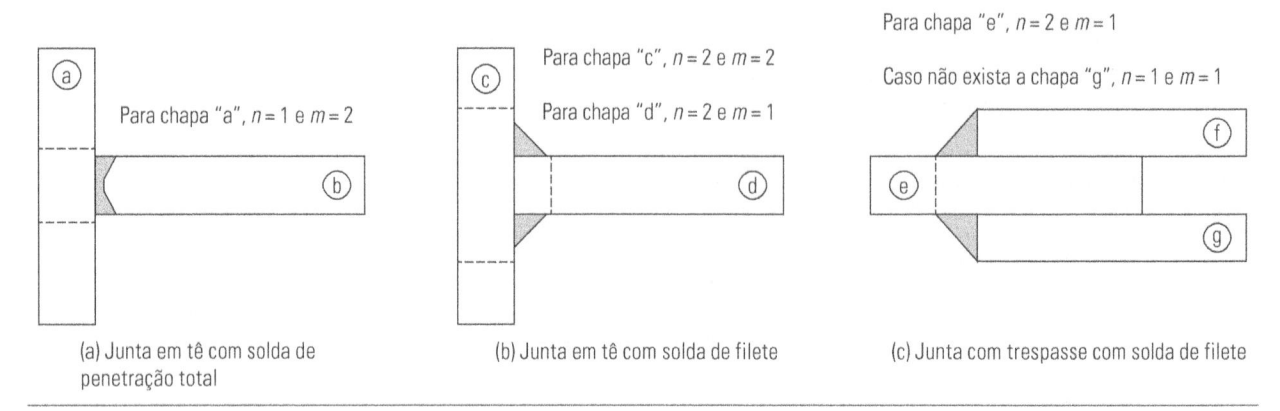

(a) Junta em tê com solda de penetração total

(b) Junta em tê com solda de filete

(c) Junta com trespasse com solda de filete

FIGURA 10.64 Seções de ruptura na região das soldas, com indicação dos valores de n e m.

Para que o estado-limite não se manifeste, a espessura dos elementos que recebem ligações por solda deve satisfazer a expressão:

$$t \geq \frac{2{,}25\, n\, a_w\, f_{w,res,Sd}}{m\, f_u} \tag{10.38}$$

onde $f_{w,res,Sd} = \sqrt{\sigma_{w,Sd}^2 + \tau_{w,Sd}^2}$ é a tensão solicitante de cálculo na solda, m é o número de linhas de ruptura que podem ocorrer no elemento (Figura 10.64), n é o número de cordões de solda na região (Figura 10.64) e f_u é a resistência à ruptura do aço do elemento.

No caso de juntas em tê, conforme as mostradas nas figuras 10.64a e 10.64b, se as chapas "a" e "c" tiverem espessura igual ou superior à das chapas "b" e "d", respectivamente, e aços com resistência ao escoamento entre 250 MPa e 350 MPa, a ruptura não precisa ser verificada.

10.13 Força solicitante de cálculo mínima

Para garantia da integridade estrutural, as ligações devem ser dimensionadas para suportar uma força solicitante de cálculo mínima igual a 45 kN, caso a força solicitante seja inferior a esse valor. Essa exigência não precisa ser aplicada às ligações de tirantes constituídos de barras redondas, de travessas de fechamento lateral e terças de cobertura de edifícios.

Recomenda-se, ainda, que as ligações de barras tracionadas ou comprimidas sejam dimensionadas no mínimo para 50% da força axial resistente de cálculo da barra, referente ao tipo de solicitação que comanda o dimensionamento (tração ou compressão).

10.14 Exemplos de aplicação

10.14.1 Ligação com parafusos submetidos a tração

Será verificada a ligação a seguir, na qual um pendural em T descarrega uma força na face inferior de um perfil soldado. Foram utilizados parafusos ISO Classe 8.8. As chapas e o perfil soldado possuem aço USI CIVIL 350, tendo sido empregado eletrodo E70XX.

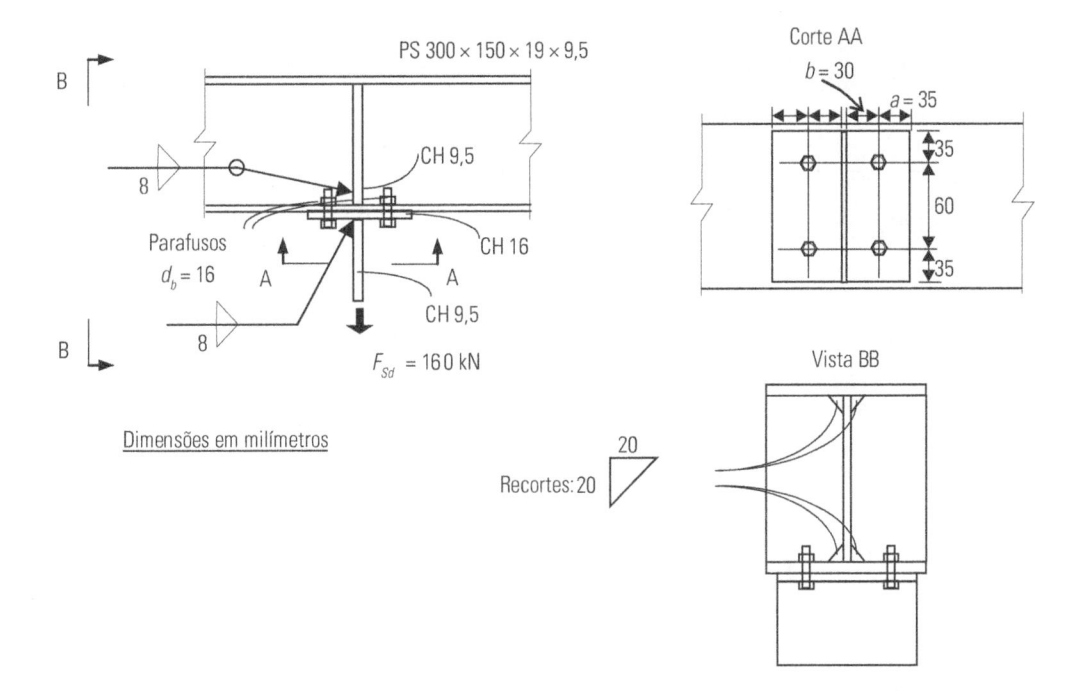

a) Materiais

Chapas do T, perfil da viga e enrijecedores ⇒ Aço USI CIVIL 350: $f_y = 35$ kN/cm^2; $f_u = 50$ kN/cm^2.
Parafusos ⇒ ISO Classe 8.8: $f_{yb} = 64$ kN/cm^2; $f_{ub} = 80$ kN/cm^2.
Solda ⇒ Eletrodo E70XX: $f_w = 48,5$ kN/cm^2, compatível com aço USI CIVIL 350.

b) Disposições construtivas

Diâmetro do furo: $d_h = 16 + 3,5 = 19,5$ mm
Distância entre furos:

$$3d_b = 3 \times 16 = 48 \text{ mm} < e_{ff} = 60 \text{ mm} < \begin{cases} 24 \times 16 = 384 \text{ mm} \\ 300 \text{ mm} \end{cases} \Rightarrow \text{Atende!}$$

Distância entre furos e chapa:

$$\begin{cases} (60 - 9,5)/2 = 25,25 \text{ mm (alma da viga)} \\ 30 \text{ mm (chapa ou enrijedor)} \end{cases} > 1,35 d_b = 1,35 \times 16 = 21,6 \text{ mm} \Rightarrow \text{Atende!}$$

Distância dos furos às bordas:

$$1,25 d_b = 1,25 \times 16 = 20 \text{ mm} < e_{fb} = 35 \text{ mm} < \begin{cases} 12 \times 16 = 192 \text{ mm} \\ 150 \text{ mm} \end{cases} \Rightarrow \text{Atende!}$$

Dimensão mínima da perna do filete:

6,35 mm $< t = 9,5$ mm $\leq 12,5$ mm $\Rightarrow d_w = 8$ mm $> d_{w,min} = 5$ mm $\Rightarrow$ Atende!

Os enrijecedores tracionados (Item 8.8) devem se estender pelo menos até a metade da altura da alma, o que ocorre pois se estendem por toda essa altura, e ainda:

$$t_s = 9{,}5 \text{ mm} \geq \begin{cases} \dfrac{1}{2}t_f = \dfrac{19}{2} = 9{,}5 \text{ mm} \\[2mm] \dfrac{b_s}{0{,}56\sqrt{\dfrac{E_a}{f_{y,s}}}} = \dfrac{\dfrac{150-9{,}5}{2}}{0{,}56\sqrt{\dfrac{20.000}{35}}} = 5{,}25 \text{ mm} \end{cases} \Rightarrow \text{Atende!}$$

c) Tração nos parafusos

$$F_{t,Sd} = \dfrac{F_{Sd}}{n_t} \leq F_{t,Rd} = \dfrac{\phi_a A_{be} f_{ub}}{\gamma_{a2}}$$

$$F_{t,Sd} = \dfrac{160}{4} = 40 \text{ kN}$$

$$A_{be} = 0{,}75 A_b = 0{,}75 \left(\dfrac{\pi d_b^2}{4}\right) = 0{,}75 \left(\dfrac{\pi \times 1{,}6^2}{4}\right) = 1{,}51 \text{ cm}^2$$

$\phi_a = 0{,}67$ (por causa do efeito de alavanca)

$$F_{t,Rd} = \dfrac{0{,}67 \times 1{,}51 \times 80}{1{,}35} = 60 \text{ kN}$$

$F_{t,Sd} = 40 \text{ kN} < F_{t,Rd} = 60 \text{ kN} \Rightarrow$ Atende!

d) Flexão da CH 16 do T

A chapa de 16 mm encontra-se em condição pior que a mesa inferior da viga, uma vez que possui menor espessura. Nessa chapa, tem-se:

$a = 3{,}5 \text{ cm} > b = 3 \text{ cm} \Rightarrow$ Atende!

$$M_{Sd} = F_{t,Sd}\, b \leq M_{Rd} = \dfrac{M_{pl}}{\gamma_{a1}} = \dfrac{pt^2 f_y}{4\gamma_{a1}}$$

$M_{Sd} = 40 \times 3 = 120 \text{ kN.cm}$

$$p = < \begin{cases} 35 \text{ mm} \\ 30 + 0{,}5 \times 16 = 38 \text{ mm} \end{cases} + < \begin{cases} \dfrac{60}{2} = 30 \text{ mm} \\ 30 + 0{,}5 \times 16 = 38 \text{ mm} \end{cases} = 35 + 30 = 65 \text{ mm} = 6{,}5 \text{ cm}$$

$$M_{Rd} = \dfrac{6{,}5 \times 1{,}6^2 \times 35}{4 \times 1{,}10} = 132{,}4 \text{ kN.cm}$$

$M_{Sd} = 120 \text{ kN.cm} < M_{Rd} = 132{,}4 \text{ kN.cm} \Rightarrow$ Atende!

e) Tração da CH 9,5 do T

$N_{t,Sd} \leq N_{t,Rd}$

$N_{t,Sd} = 160 \text{ kN}$

$$N_{t,Rd} \leq \begin{cases} \dfrac{A_g f_y}{\gamma_{a1}} \\[2mm] \dfrac{A_e f_u}{\gamma_{a2}} \end{cases}$$

$A_g = A_e = 13 \times 0{,}95 = 12{,}35 \text{ cm}^2$

$$N_{t,Rd} \leq \begin{cases} \dfrac{12{,}35 \times 35}{1{,}10} = 393 \text{ kN} \\ \dfrac{12{,}35 \times 50}{1{,}35} = 457{,}4 \text{ kN} \end{cases} \Rightarrow N_{t,Rd} = 393 \text{ kN}$$

$N_{t,Sd} = 160 \text{ kN} < N_{t,Rd} = 393 \text{ kN} \Rightarrow$ Atende!

f) Tração nos enrijecedores transversais do perfil da viga

$N_{t,Sd} \leq N_{t,Rd}$

$N_{t,Sd} = 160 \text{ kN}$

$$N_{t,Rd} \leq \begin{cases} \dfrac{A_g f_y}{\gamma_{a1}} \\ \dfrac{A_e f_u}{\gamma_{a2}} \end{cases}$$

$A_g = (15 - 0{,}95) \times 0{,}95 = 13{,}35 \text{ cm}^2$

$A_e = 13{,}35 - 2 \times 2 \times 0{,}95 = 9{,}55 \text{ cm}^2$

$$N_{t,Rd} \leq \begin{cases} \dfrac{13{,}35 \times 35}{1{,}10} = 424{,}8 \text{ kN} \\ \dfrac{9{,}55 \times 50}{1{,}35} = 353{,}7 \text{ kN} \end{cases} \Rightarrow N_{t,Rd} = 353{,}7 \text{ kN}$$

$N_{t,Sd} = 160 \text{ kN} < N_{t,Rd} = 353{,}7 \text{ kN} \Rightarrow$ Atende!

g) Cisalhamento nos enrijecedores

$F_{Sd} = 160 \text{ kN}$

$$F_{Rd} \leq \begin{cases} \dfrac{0{,}6 A_{gv} f_y}{\gamma_{a1}} \\ \dfrac{0{,}6 A_{nv} f_u}{\gamma_{a2}} \end{cases}$$

$A_{gv} = 2 \times 0{,}95 (30 - 2 \times 1{,}9) = 49{,}78 \text{ cm}^2$

$A_{nv} = 49{,}78 - 2 \times 0{,}95 \times 2 \times 2 = 42{,}18 \text{ cm}^2$

$$F_{Rd} \leq \begin{cases} \dfrac{0{,}6 \times 49{,}78 \times 35}{1{,}10} = 950{,}3 \text{ kN} \\ \dfrac{0{,}6 \times 42{,}18 \times 50}{1{,}35} = 937{,}3 \text{ kN} \end{cases} \Rightarrow F_{Rd} = 937{,}3 \text{ kN}$$

$F_{Sd} = 160 \text{ kN} < F_{Rd} = 937{,}3 \text{ kN} \Rightarrow$ Atende!

h) Solda de filete entre CH 9,5 e CH 16

h1) Tensão solicitante na solda

A força F_{Sd} age perpendicularmente ao plano do grupo de solda, gerando tensões normais. Logo:

$$\sigma_{w,Sd} = \frac{F_{z,Sd}}{A_{ew}} + \left(\frac{M_{x,Sd}\, y}{I_x}\right) - \left(\frac{M_{y,Sd}\, x}{I_y}\right)$$

$a_w = 0{,}707 \times 0{,}8 = 0{,}57$ cm

$A_{ew} = \sum l_{wi}\, a_{wi} = 2 \times 13 \times 0{,}57 = 14{,}82$ cm²

$F_{z,Sd} = F_{Sd} = 160$ kN

$M_{x,Sd} = 0$ kN.cm

$M_{y,Sd} = 0$ kN.cm

$\sigma_{w,Sd} = \dfrac{160}{14{,}82} + 0 + 0 = 10{,}8$ kN/cm²

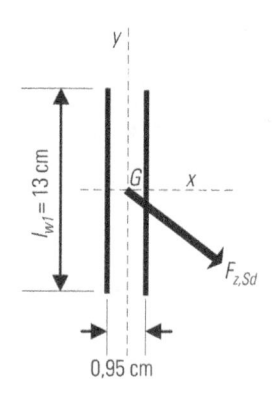

h2) Verificação do metal da solda

$\sigma_{w,Sd} = 10{,}8$ kN/cm² $< \sigma_{w,Rd} = \dfrac{0{,}6 f_w}{\gamma_{w2}} = \dfrac{0{,}6 \times 48{,}5}{1{,}35} = 21{,}56$ kN/cm² $\Rightarrow$ Atende!

h3) Observação

Como se tem uma junta em "tê", com filete duplo de 8 mm, superior a 5/7 da espessura da chapa de 9,5 mm (5/7 × 9,5 = 6,8 mm) e os aços das chapas têm resistência ao escoamento entre 250 MPa e 350 MPa, não seria necessária a verificação da solda de filete. Nesse exemplo, essa verificação foi feita apenas com objetivo de mostrar a forma de executá-la.

i) Ruptura das CH 9,5 e CH 16 na região da solda

$$t \geq \frac{2{,}25\, n\, a_w\, f_{w,res,Sd}}{m\, f_u}$$

Na chapa de 9,5 mm:

$n = 2;\ m = 1$

$f_{w,res,Sd} = \sqrt{\sigma_{w,Sd}^2 + \tau_{w,Sd}^2} = \sqrt{10{,}8^2 + 0} = 10{,}8$ kN/cm²

$t = 0{,}95$ cm $> \dfrac{2{,}25 \times 2 \times 0{,}57 \times 10{,}8}{1 \times 50} = 0{,}55$ cm $\Rightarrow$ Atende!

Na chapa de 16 mm:

$n = 2;\ m = 2$

$t = 1{,}6$ cm $> \dfrac{2{,}25 \times 2 \times 0{,}57 \times 10{,}8}{2 \times 50} = 0{,}28$ cm $\Rightarrow$ Atende!

Como a espessura da chapa de 16 mm é superior à da chapa de 9,5 mm e os aços das chapas têm resistência ao escoamento entre 250 MPa e 350 MPa, não seria necessária a verificação da sua ruptura na região da solda. Nesse exemplo, essa verificação foi feita apenas com objetivo de mostrar a forma de executá-la.

j) Solda entre enrijecedores (CH 9,5) e mesa do perfil I

j1) Tensão solicitante de cálculo no metal da solda

A força F_{Sd} age perpendicularmente ao plano do grupo de solda, gerando tensões normais.

$$\sigma_{w,Sd} = \frac{F_{z,Sd}}{A_{ew}} + \left(\frac{M_{x,Sd}\, y}{I_x}\right) - \left(\frac{M_{y,Sd}\, x}{I_y}\right)$$

$a_w = 0{,}707 \times 0{,}8 = 0{,}57$ cm

$A_{ew} = \sum l_{wi}\, a_{wi} = 4 \times 5{,}03 \times 0{,}57 = 11{,}47$ cm²

$F_{z,Sd} = F_{Sd} = 160$ kN

$M_{x,Sd} = 0$ kN.cm

$M_{y,Sd} = 0$ kN.cm

$\sigma_{w,Sd} = \dfrac{160}{11{,}47} + 0 + 0 = 13{,}95$ kN/cm²

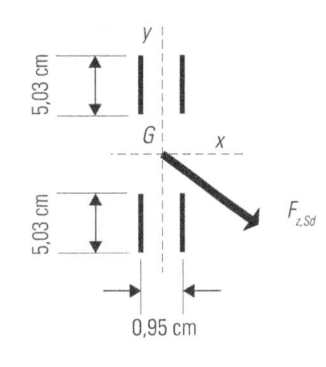

j2) Verificação do metal da solda

$\sigma_{w,Sd} = 13{,}95$ kN/cm² $< \sigma_{w,Rd} = \dfrac{0{,}6 f_w}{\gamma_{w2}} = \dfrac{0{,}6 \times 48{,}5}{1{,}35} = 21{,}56$ kN/cm² $\Rightarrow$ Atende!

j3) Observação

Como se tem uma junta em "tê", com filete duplo de 8 mm, superior a 5/7 da espessura da chapa de 9,5 mm (5/7 × 9,5 = 6,8 mm) e os aços das chapas têm resistência ao escoamento entre 250 MPa e 350 MPa, não seria necessária a verificação da solda de filete. Nesse exemplo, essa verificação foi feita apenas com objetivo de mostrar a forma de executá-la.

k) Ruptura dos enrijecedores (CH 9,5) e mesa do perfil I na região da solda

$$t \geq \frac{2{,}25\, n\, a_w\, f_{w,res,Sd}}{m\, f_u}$$

Na chapa de 9,5 mm:

$n = 2;\ m = 1$

$f_{w,res,Sd} = \sqrt{\sigma_{w,Sd}^2 + \tau_{w,Sd}^2} = \sqrt{13{,}95^2 + 0} = 13{,}95$ kN/cm²

$t = 0{,}95$ cm $> \dfrac{2{,}25 \times 2 \times 0{,}57 \times 13{,}95}{1 \times 50} = 0{,}72$ cm $\Rightarrow$ Atende!

Na chapa de 19 mm:

$n = 2;\ m = 2$

$t = 1{,}9$ cm $> \dfrac{2{,}25 \times 2 \times 0{,}57 \times 13{,}95}{2 \times 50} = 0{,}36$ cm $\Rightarrow$ Atende!

Como a espessura da chapa de 19 mm é superior à da chapa de 9,5 mm e os aços das chapas têm resistência ao escoamento entre 250 MPa e 350 MPa, não seria necessária a verificação da sua ruptura na região da solda. Nesse exemplo, essa verificação foi feita apenas com objetivo de mostrar a forma de executá-la.

l) Solda entre enrijecedores (CH 9,5) e alma do perfil I

l1) Tensão solicitante de cálculo no metal da solda

$\tau_{w,Sd} = \sqrt{\tau_{w,x,Sd}^2 + \tau_{w,y,Sd}^2}$

$\tau_{w,x,Sd} = 0$ kN/cm²

$$\tau_{w,y,Sd} = \frac{F_{y,Sd}}{A_{ew}} + \left(\frac{M_{z,Sd} x}{I_z}\right)$$

$a_w = 0{,}707 \times 0{,}8 = 0{,}57$ cm

$A_{ew} = \sum l_{wi} a_{wi} = 2 \times 22{,}2 \times 0{,}57 = 25{,}31$ cm²

$F_{x,Sd} = 0$ kN

$F_{y,Sd} = \dfrac{F_{Sd}}{2} = 80$ kN

$M_{z,Sd} = 0$ kN.cm

$\tau_{w,y,Sd} = \dfrac{80}{25{,}31} + 0 = 3{,}16$ kN/cm²

$\tau_{w,Sd} = \sqrt{0^2 + 3{,}16^2} = 3{,}16$ kN/cm²

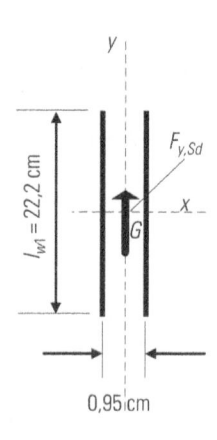

l2) Verificação do metal da solda

$\tau_{w,Sd} = 3{,}16$ kN/cm² $< \tau_{w,Rd} = \dfrac{0{,}6 f_w}{\gamma_{w2}} = \dfrac{0{,}6 \times 48{,}5}{1{,}35} = 21{,}56$ kN/cm² $\Rightarrow$ Atende!

l3) Observação

Como se tem uma junta em "tê", com filete duplo de 8 mm, superior a 5/7 da espessura da chapa de 9,5 mm (5/7 × 9,5 = 6,8 mm) e os aços das chapas têm resistência ao escoamento entre 250 MPa e 350 MPa, não seria necessária a verificação da solda de filete. Nesse exemplo, essa verificação foi feita apenas com objetivo de mostrar a forma de executá-la.

m) Ruptura dos enrijecedores (CH 9,5) e alma do perfil I na região da solda

$$t \geq \frac{2{,}25\, n\, a_w\, f_{w,res,Sd}}{m\, f_u}$$

Na chapa de 9,5 mm (enrijecedor):

$n = 2;\ m = 1$

$f_{w,res,Sd} = \sqrt{\sigma_{w,Sd}^2 + \tau_{w,Sd}^2} = \sqrt{0 + 3{,}16^2} = 3{,}16$ kN/cm²

$t = 0{,}95$ cm $> \dfrac{2{,}25 \times 2 \times 0{,}57 \times 3{,}16}{1 \times 50} = 0{,}16$ cm $\Rightarrow$ Atende!

Na chapa de 9,5 mm (alma do perfil):

$n = 4;\ m = 2$

$f_{w,res,Sd} = \sqrt{\sigma_{w,Sd}^2 + \tau_{w,Sd}^2} = \sqrt{0 + 3{,}16^2} = 3{,}16$ kN/cm²

$t = 0{,}95$ cm $> \dfrac{2{,}25 \times 4 \times 0{,}57 \times 3{,}16}{2 \times 50} = 0{,}16$ cm $\Rightarrow$ Atende!

Como a espessura da alma do perfil é igual à da chapa de 9,5 mm e os aços das chapas têm resistência ao escoamento entre 250MPa e 350 MPa, não seria necessária a verificação da sua ruptura na região da solda. Nesse exemplo, essa verificação foi feita apenas com objetivo de mostrar a forma de executá-la.

n) Momento resistente à ruptura por flexão do perfil I

O momento resistente é calculado com as propriedades geométricas da área efetiva à flexão na seção que contém os furos. Assim:

$$M_{Rd} = \frac{f_u A_{fn} W_t}{\gamma_{a1} A_{fg}}$$

$$A_{fg} = 15 \times 1,9 = 28,5 \text{ cm}^2$$

$$A_{fn} = 28,5 - 2 \times 1,95 \times 1,9 = 21,09 \text{ cm}^2$$

$$W_t = \left[\frac{0,95 \times 26,2^3}{12} + 2 \times \frac{15 \times 1,9^3}{12} + 2 \times 15 \times 1,9\left(15 - \frac{1,9}{2}\right)^2\right]\frac{1}{15} = 846,2 \text{ cm}^2$$

$$M_{Rd} = \frac{50 \times 21,09 \times 846,2}{1,10 \times 28,5} = 28.463 \text{ kN.cm}$$

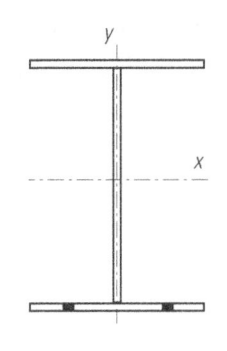

Esse valor do momento fletor resistente de cálculo deve ser superior ao momento solicitante de cálculo na viga, na seção da ligação.

10.14.2 Ligação com parafusos submetidos ao cisalhamento

Será verificada a ligação de uma barra, constituída por uma cantoneira dupla em forma de tê, axialmente tracionada e uma chapa, mostrada na figura a seguir. Considerar aço ASTM A36 para as cantoneiras e aço USI CIVIL 350 para as chapas. Os parafusos utilizados são ISO Classe 8.8, com diâmetro de 20 mm, trabalhando por contato, havendo garantia de que serão instalados com rosca fora do plano de corte. As cantoneiras e a chapa são pintadas. A cantoneira dupla foi dimensionada à tração conforme o Capítulo 6, possuindo uma força axial resistente de cálculo, $N_{t,Rd}$, igual a 365 kN.

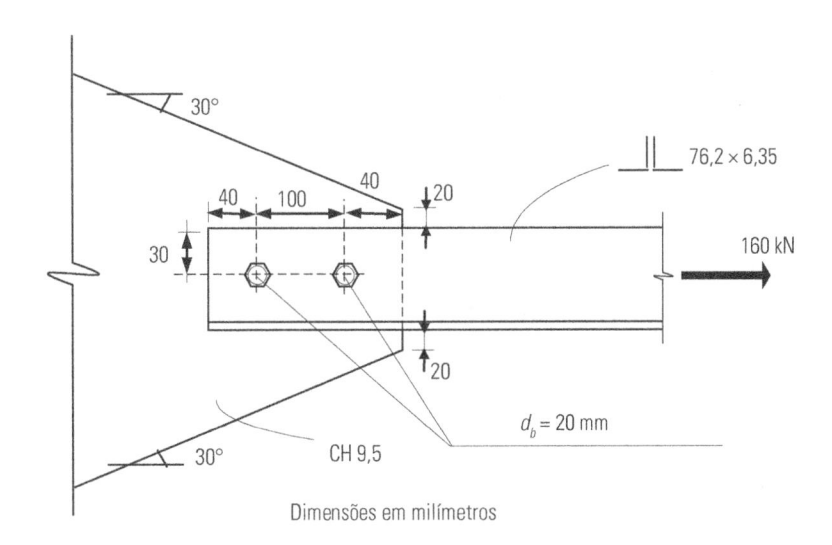

a) Materiais

Cantoneiras $\Rightarrow$ Aço ASTM A36: $f_y = 25$ kN/cm²; $f_u = 40$ kN/cm².
Chapa $\Rightarrow$ Aço USI CIVIL 350: $f_y = 35$ kN/cm²; $f_u = 50$ kN/cm².
Parafusos $\Rightarrow$ ISO Classe 8.8: $f_{yb} = 64$ kN/cm²; $f_{ub} = 80$ kN/cm².

b) Disposições construtivas

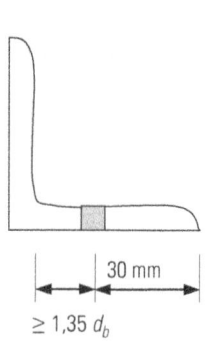

Diâmetro do furo: $d_h = 20 + 3,5 = 23,5$ mm

Distância entre furos:

$$3d_b = 3 \times 20 = 60 \text{ mm} < e_{ff} = 100 \text{ mm} < \begin{cases} 24 \times 6,35 = 152,4 \text{ mm} \\ 300 \text{ mm} \end{cases} \Rightarrow \text{Atende!}$$

Distância entre furos e aba da cantoneira:

$76,2 - 30 - 6,35 = 39,85$ mm $> 1,35 d_b = 1,35 \times 20 = 27$ mm $\Rightarrow$ Atende!

Distância dos furos às bordas das cantoneiras e da chapa:

$$1,25 d_b = 1,25 \times 20 = 25 \text{ mm} < e_{fb} = \begin{cases} 30 \text{ mm (cant.)} \\ 40 \text{ mm (chapa)} \end{cases} < \begin{cases} 12 \times 6,35 = 76,2 \text{ mm} \\ 150 \text{ mm} \end{cases} \Rightarrow \text{Atende!}$$

c) Valor da força solicitante de cálculo

$$F_{Sd} = 160 \text{ kN} \geq \begin{cases} 45 \text{ kN} \\ \dfrac{365}{2} = 182,5 \text{ kN} \end{cases} \Rightarrow \text{Usar } F_{Sd} = 182,5 \text{ kN}$$

Observa-se que a condição relacionada a 50% da força resistente da barra, que levou à adoção de F_{Sd} igual a 182,5 kN, é uma recomendação, e não uma exigência. Apesar disso, foi adotada neste cálculo.

d) Cisalhamento nos parafusos

Como o comprimento da ligação, igual a 100 mm, não é superior a 1.270 mm, a força solicitante não precisa ser multiplicada por 1,25. Além disso, como o comprimento de pega, igual a 9,5 + 6,35 = 15,85 mm, não excede cinco vezes o diâmetro do parafuso, igual a 5 × 20 = 100 mm, a força cortante resistente não precisa ser reduzida.

$$F_{v,Sd} = \frac{182,5}{2 \times 2} = 45,63 \text{ kN}$$

$$F_{v,Rd} = \frac{\alpha_b A_b f_{ub}}{\gamma_{a2}}, \text{ com } \alpha_b = 0,5 \text{ (parafuso de alta resistência com rosca fora do plano de corte)}$$

$$A_b = \frac{\pi \times 2,0^2}{4} = 3,14 \text{ cm}^2$$

$$F_{v,Rd} = \frac{0,5 \times 3,14 \times 80}{1,35} = 93,04 \text{ kN}$$

$F_{v,Sd} = 45,63$ kN $< F_{v,Rd} = 93,04$ kN $\Rightarrow$ Atende!

e) Pressão de contato na chapa de ligação

$$F_{c,Sd} = \frac{182,5}{2} = 91,25 \text{ kN}$$

$$F_{c,Rd} \leq \begin{cases} \dfrac{1,2 l_f t f_u}{\gamma_{a2}} \\ \dfrac{2,4 d_b t f_u}{\gamma_{a2}} \end{cases}$$

$$l_f \leq \begin{cases} 100 - 23,5 = 76,5 \text{ mm} \\ 40 - 11,75 = 28,25 \text{ mm} \end{cases} \Rightarrow l_f = 28,25 \text{ mm} = 2,83 \text{ cm}$$

$$F_{c,Rd} \leq \begin{cases} \dfrac{1,2 \times 2,83 \times 0,95 \times 50}{1,35} = 119,5 \text{ kN} \\ \dfrac{2,4 \times 2,0 \times 0,95 \times 50}{1,35} = 168,9 \text{ kN} \end{cases} \Rightarrow F_{c,Rd} = 119,5 \text{ kN}$$

$F_{c,Sd} = 91,25$ kN $< F_{c,Rd} = 119,5$ kN $\Rightarrow$ Atende!

f) Pressão de contato nas cantoneiras

$$F_{v,Sd} = \dfrac{182,5}{2 \times 2} = 45,63 \text{ kN}$$

$$F_{c,Rd} \leq \begin{cases} \dfrac{1,2 l_f t f_u}{\gamma_{a2}} \\ \dfrac{2,4 d_b t f_u}{\gamma_{a2}} \end{cases}$$

$$l_f \leq \begin{cases} 100 - 23,5 = 76,5 \text{ mm} \\ 40 - 11,75 = 28,25 \text{ mm} \end{cases} \Rightarrow l_f = 28,25 \text{ mm} = 2,83 \text{ cm}$$

$$F_{c,Rd} \leq \begin{cases} \dfrac{1,2 \times 2,83 \times 0,635 \times 40}{1,35} = 63,9 \text{ kN} \\ \dfrac{2,4 \times 2,0 \times 0,635 \times 40}{1,35} = 90,31 \text{ kN} \end{cases} \Rightarrow F_{c,Rd} = 63,9 \text{ kN}$$

$F_{c,Sd} = 45,63$ kN $< F_{c,Rd} = 63,9$ kN $\Rightarrow$ Atende!

g) Tração na chapa de ligação

$N_{t,Sd} = F_{Sd} = 182,5$ kN

$$N_{t,Rd} = \dfrac{A_g f_y}{\gamma_{a1}}$$

Seção de Whitmore:

$A_g = 2 \times 10 \times \text{tg}30° \times 0,95 = 10,97 \text{ cm}^2$

$N_{t,Rd} = \dfrac{10,97 \times 35}{1,10} = 349,0$ kN

$N_{t,Sd} = 182,5$ kN $< N_{t,Rd} = 349,0$ kN $\Rightarrow$ Atende!

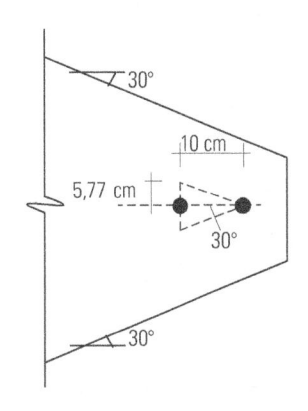

Nota-se que a largura líquida é muito superior à largura da seção de Whitmore, portanto não é necessária a verificação da rupura da área líquida.

h) Colapso por rasgamento da cantoneira

$$F_{r,Sd} = \dfrac{182,5}{2} = 91,25 \text{ kN}$$

$$F_{r,Rd} \leq \begin{cases} \dfrac{0,6 A_{nv} f_u + C_{ts} A_{nt} f_u}{\gamma_{a2}} \\ \dfrac{0,6 A_{gv} f_y + C_{ts} A_{nt} f_u}{\gamma_{a2}} \end{cases}$$

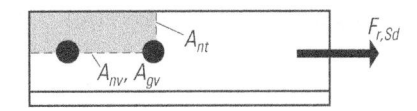

$A_{gv} = (10 + 4)\,0{,}635 = 8{,}89 \text{ cm}^2$

$A_{nv} = 8{,}89 - 1{,}5 \times 2{,}35 \times 0{,}635 = 6{,}65 \text{ cm}^2$

$A_{nt} = 3 \times 0{,}635 - 0{,}5 \times 2{,}35 \times 0{,}635 = 1{,}16 \text{ cm}^2$

$C_{ts} = 1{,}0$

$F_{r,Rd} \leq \begin{cases} \dfrac{0{,}6 \times 6{,}65 \times 40 + 1{,}0 \times 1{,}16 \times 40}{1{,}35} = 152{,}6 \text{ kN} \\ \dfrac{0{,}6 \times 8{,}89 \times 25 + 1{,}0 \times 1{,}16 \times 40}{1{,}35} = 133{,}1 \text{ kN} \end{cases} \Rightarrow F_{r,Rd} = 133{,}1 \text{ kN}$

$F_{r,Sd} = 91{,}25 \text{ kN} < F_{r,Rd} = 133{,}1 \text{ kN} \Rightarrow \text{Atende!}$

i) Colapso por rasgamento da chapa de ligação

$F_{r,Sd} = F_{Sd} = 182{,}5 \text{ kN}$

$F_{r,Rd} \leq \begin{cases} \dfrac{0{,}6 A_{nv} f_u + C_{ts} A_{nt} f_u}{\gamma_{a2}} \\ \dfrac{0{,}6 A_{gv} f_y + C_{ts} A_{nt} f_u}{\gamma_{a2}} \end{cases}$

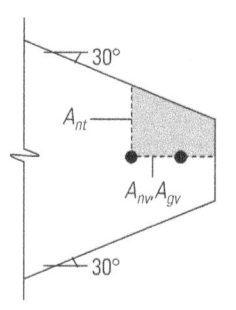

O perímetro de rasgamento é mostrado ao lado, para o qual:

$A_{gv} = (10 + 4)\,0{,}95 = 13{,}3 \text{ cm}^2$

$A_{nv} = 13{,}3 - 1{,}5 \times 2{,}35 \times 0{,}95 = 9{,}95 \text{ cm}^2$

$A_{nt} = [3 + 2 + (10 + 4)\,\text{tg}\,30^\circ - 0{,}5 \times 2{,}35]\,0{,}95 = 11{,}31 \text{ cm}^2$

$C_{ts} = 0{,}5$

$F_{r,Rd} \leq \begin{cases} \dfrac{0{,}6 \times 9{,}95 \times 50 + 0{,}5 \times 11{,}31 \times 50}{1{,}35} = 430{,}6 \text{ kN} \\ \dfrac{0{,}6 \times 13{,}3 \times 35 + 0{,}5 \times 11{,}31 \times 50}{1{,}35} = 416{,}3 \text{ kN} \end{cases} \Rightarrow F_{r,Rd} = 416{,}3 \text{ kN}$

$F_{r,Sd} = 182{,}5 \text{ kN} < F_{r,Rd} = 416{,}3 \text{ kN} \Rightarrow \text{Atende!}$

10.14.3 Ligação parafusada de barras de treliça com chapa de nó (gusset)

Será verificada a ligação mostrada a seguir, representativa de um nó de treliça com gusset. As diagonais são cantoneiras duplas em forma de tê, fabricadas com aço ASTM A36, a chapa de nó possui espessura de 9,5 mm, e aço USI CIVIL 350. Os parafusos utilizados são ISO Classe 8.8, com diâmetro de 20 mm, trabalhando por contato, com possibilidade de suas roscas estarem nos planos de corte. Nas soldas, utilizou-se eletrodo E70XX (compatível com aços ASTM A36 e USI CIVIL 350). As cantoneiras e a chapa de nó são pintadas. As diagonais comprimida e tracionada possuem forças resistentes de cálculo iguais a 205 kN e 365 kN, respectivamente, calculadas conforme os capítulos 6 e 7.

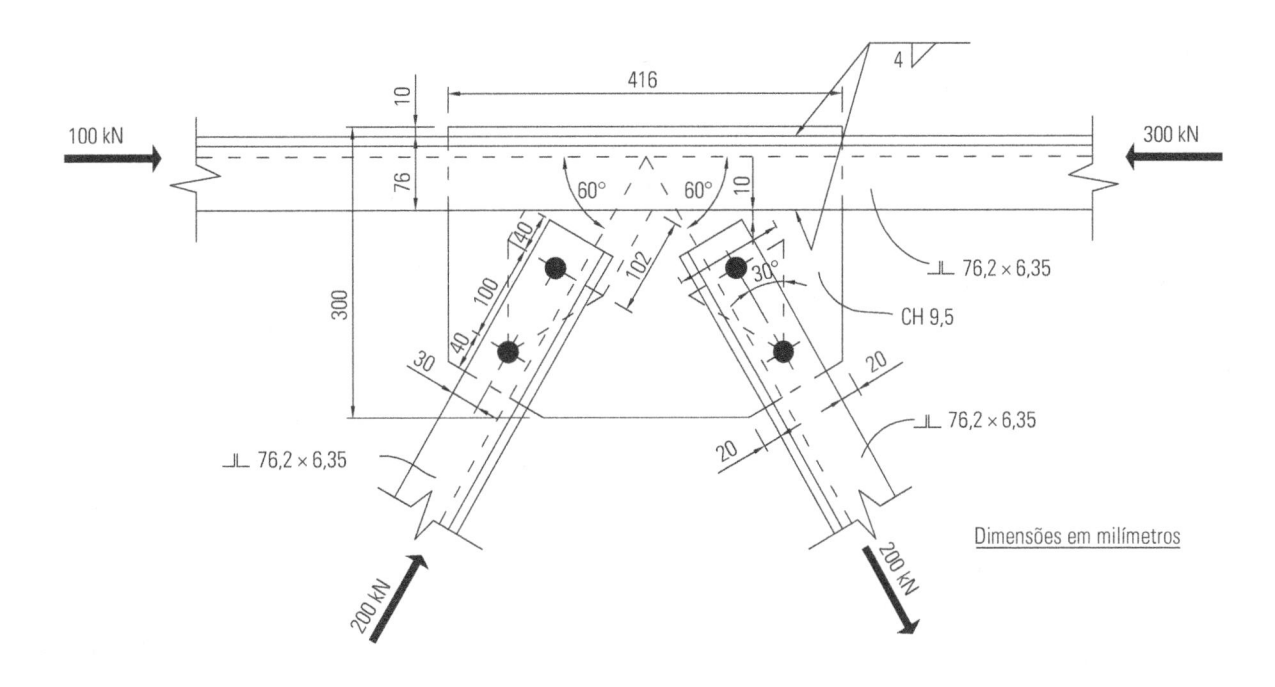

a) Materiais

Cantoneiras ⇒ Aço ASTM A36: $f_y = 25$ kN/cm²; $f_u = 40$ kN/cm².
Chapa de nó ⇒ Aço USI CIVIL 350: $f_y = 35$ kN/cm²; $f_u = 50$ kN/cm².
Parafusos ⇒ ISO Classe 8.8: $f_{yb} = 64$ kN/cm²; $f_{ub} = 80$ kN/cm².
Solda ⇒ Eletrodo E70XX: $f_w = 48,5$ kN/cm².

b) Disposições construtivas

Diâmetro do furo: $d_h = 20 + 3,5 = 23,5$ mm
Distância entre furos:

$$3d_b = 3 \times 20 = 60 \text{ mm} < e_{ff} = 100 \text{ mm} < \begin{cases} 24 \times 6,35 = 152,4 \text{ mm} \\ 300 \text{ mm} \end{cases} \Rightarrow \text{Atende!}$$

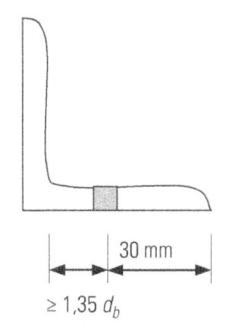

Distância entre furos e aba da cantoneira:

$76,2 - 30 - 6,35 = 39,85$ mm $> 1,35 d_b = 1,35 \times 20 = 27$ mm $\Rightarrow$ Atende!

Distância dos furos às bordas:

$$1,25 d_b = 1,25 \times 20 = 25 \text{ mm} < e_{fb} = 40 \text{ mm} < \begin{cases} 12 \times 6,35 = 76,2 \text{ mm} \\ 150 \text{ mm} \end{cases} \Rightarrow \text{Atende!}$$

Dimensão mínima da perna do filete:

$t = 6,35$ mm $\leq 6,35$ mm $\Rightarrow d_w = 4$ mm $> d_{w,min} = 3$ mm $\Rightarrow$ Atende!

Dimensão máxima da perna do filete executada na borda de uma chapa:

$d_w = 4$ mm $< t - 1,5$ mm $= 6,35 - 1,5 = 4,85$ mm $\Rightarrow$ Atende!

c) Valor da força solicitante de cálculo nas cantoneiras das diagonais

Nas cantoneiras tracionadas:

$$F_{Sd} = 200 \text{ kN} \geq \begin{cases} 45 \text{ kN} \\ \dfrac{365}{2} = 182,5 \text{ kN} \end{cases} \Rightarrow \text{Usar } F_{Sd} = 200 \text{ kN}$$

Nas cantoneiras comprimidas:

$$F_{Sd} = 200 \text{ kN} \geq \begin{cases} 45 \text{ kN} \\ \dfrac{205}{2} = 102,5 \text{ kN} \end{cases} \Rightarrow \text{Usar } F_{Sd} = 200 \text{ kN}$$

d) Cisalhamento nos parafusos

Como o comprimento da ligação, igual a 100 mm, não é superior a 1.270 mm, a força solicitante não precisa ser multiplicada por 1,25. Além disso, como o comprimento de pega, igual a 9,5 + 6,35 = 15,85 mm, não excede cinco vezes o diâmetro do parafuso, igual a 5 × 20 = 100 mm, a força cortante resistente de cálculo não precisa ser reduzida.

Apesar de existir uma excentricidade entre a linha de parafuso e a linha de ação da força que atua no centroide das cantoneiras, ela pode ser desconsiderada (Capítulo 6).

$$F_{v,Sd} = \frac{200}{2 \times 2} = 50 \text{ kN}$$

$$F_{v,Rd} = \frac{\alpha_b A_b f_{ub}}{\gamma_{a2}}, \text{ com } \alpha_b = 0,4 \text{ (rosca no plano de corte)}$$

$$A_b = \frac{\pi \times 2,0^2}{4} = 3,14 \text{ cm}^2$$

$$F_{v,Rd} = \frac{0,4 \times 3,14 \times 80}{1,35} = 74,43 \text{ kN}$$

$F_{v,Sd} = 50 \text{ kN} < F_{v,Rd} = 74,43 \text{ kN} \Rightarrow$ Atende!

e) Pressão de contato na chapa de nó

$$F_{c,Sd} = \frac{200}{2} = 100 \text{ kN}$$

$$F_{c,Rd} \leq \begin{cases} \dfrac{1,2 l_f t f_u}{\gamma_{a2}} \\ \dfrac{2,4 d_b t f_u}{\gamma_{a2}} \end{cases}$$

$$l_f \leq \begin{cases} 100 - 23,5 = 76,5 \text{ mm} \\ 40 - 11,75 = 28,25 \text{ mm} \end{cases} \Rightarrow l_f = 28,25 \text{ mm} = 2,83 \text{ cm}$$

$$F_{c,Rd} \leq \begin{cases} \dfrac{1,2 \times 2,83 \times 0,95 \times 50}{1,35} = 119,5 \text{ kN} \\ \dfrac{2,4 \times 2,0 \times 0,95 \times 50}{1,35} = 168,9 \text{ kN} \end{cases} \Rightarrow F_{c,Rd} = 119,5 \text{ kN}$$

$F_{c,Sd} = 100 \text{ kN} < F_{c,Rd} = 119,5 \text{ kN} \Rightarrow$ Atende!

f) Pressão de contato na cantoneira

$$F_{v,Sd} = \frac{200}{2 \times 2} = 50 \text{ kN}$$

$$F_{c,Rd} \leq \begin{cases} \dfrac{1,2 l_f t f_u}{\gamma_{a2}} \\ \dfrac{2,4 d_b t f_u}{\gamma_{a2}} \end{cases}$$

$$l_f \leq \begin{cases} 100 - 23,5 = 76,5 \text{ mm} \\ 40 - 11,75 = 28,25 \text{ mm} \end{cases} \Rightarrow l_f = 28,25 \text{ mm} = 2,83 \text{ cm}$$

$$F_{c,Rd} \leq \begin{cases} \dfrac{1,2 \times 2,83 \times 0,635 \times 40}{1,35} = 63,9 \text{ kN} \\ \dfrac{2,4 \times 2,0 \times 0,635 \times 40}{1,35} = 90,31 \text{ kN} \end{cases} \Rightarrow F_{c,Rd} = 63,9 \text{ kN}$$

$F_{c,Sd} = 50 \text{ kN} < F_{c,Rd} = 63,9 \text{ kN} \Rightarrow$ Atende!

g) Colapso por rasgamento da cantoneira

$F_{r,Sd} = 100 \text{ kN}$

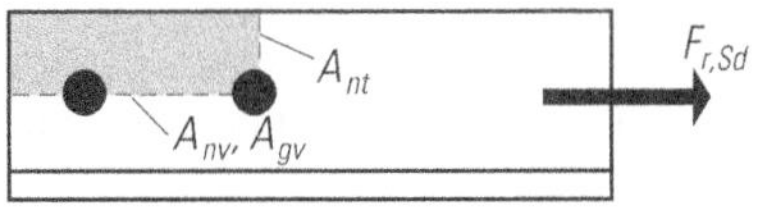

$$F_{r,Rd} \leq \begin{cases} \dfrac{0,6 A_{nv} f_u + C_{ts} A_{nt} f_u}{\gamma_{a2}} \\ \dfrac{0,6 A_{gv} f_y + C_{ts} A_{nt} f_u}{\gamma_{a2}} \end{cases}$$

$A_{gv} = (10 + 4)\, 0,635 = 8,89 \text{ cm}^2$

$A_{nv} = 8,89 - 1,5 \times 2,35 \times 0,635 = 6,65 \text{ cm}^2$

$A_{nt} = 3 \times 0,635 - 0,5 \times 2,35 \times 0,635 = 1,16 \text{ cm}^2$

$C_{ts} = 1,0$

$$F_{r,Rd} \leq \begin{cases} \dfrac{0,6 \times 6,65 \times 40 + 1,0 \times 1,16 \times 40}{1,35} = 152,6 \text{ kN} \\ \dfrac{0,6 \times 8,89 \times 25 + 1,0 \times 1,16 \times 40}{1,35} = 133,1 \text{ kN} \end{cases} \Rightarrow F_{r,Rd} = 133,1 \text{ kN}$$

$F_{r,Sd} = 100 \text{ kN} < F_{r,Rd} = 133,1 \text{ kN} \Rightarrow$ Atende!

h) Colapso por rasgamento da chapa de nó

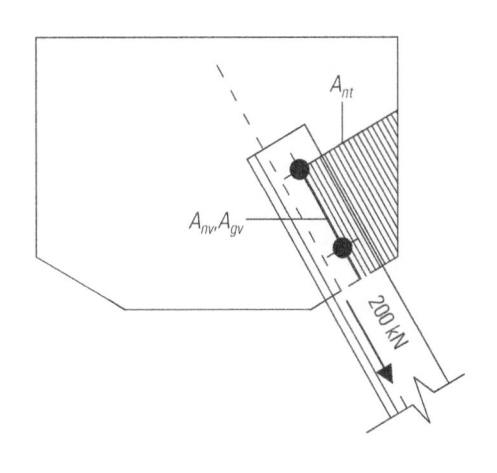

$F_{r,Sd} = 200 \text{ kN}$

$$F_{r,Rd} \leq \begin{cases} \dfrac{0,6 A_{nv} f_u + C_{ts} A_{nt} f_u}{\gamma_{a2}} \\ \dfrac{0,6 A_{gv} f_y + C_{ts} A_{nt} f_u}{\gamma_{a2}} \end{cases}$$

$A_{gv} = (10 + 4)\, 0,95 = 13,3 \text{ cm}^2$

$A_{nv} = 13{,}3 - 1{,}5 \times 2{,}35 \times 0{,}95 = 9{,}95 \text{ cm}^2$

$A_{nt} = [3 + 2 + (10 + 4)\text{tg}30° - 0{,}5 \times 2{,}35]\,0{,}95 = 11{,}31 \text{ cm}^2$

$C_{ts} = 0{,}5$

$F_{r,Rd} \leq \begin{cases} \dfrac{0{,}6 \times 9{,}95 \times 50 + 0{,}5 \times 11{,}31 \times 50}{1{,}35} = 430{,}6 \text{ kN} \\ \dfrac{0{,}6 \times 13{,}3 \times 35 + 0{,}5 \times 11{,}31 \times 50}{1{,}35} = 416{,}3 \text{ kN} \end{cases} \Rightarrow F_{r,Rd} = 416{,}3 \text{ kN}$

$F_{r,Sd} = 200 \text{ kN} < F_{r,Rd} = 416{,}3 \text{ kN} \Rightarrow$ Atende!

i) Tração na chapa de nó

$N_{t,Sd} = 200 \text{ kN}$

$N_{t,Rd} = \dfrac{A_g f_y}{\gamma_{a1}}$

Seção de Whitmore

$A_g = 11{,}55 \times 0{,}95 = 10{,}97 \text{ cm}^2$

$N_{t,Rd} = \dfrac{10{,}97 \times 35}{1{,}10} = 349{,}0 \text{ kN}$

$N_{t,Sd} = 200 \text{ kN} < N_{t,Rd} = 349{,}0 \text{ kN} \Rightarrow$ Atende!

Nota-se que a largura líquida é muito superior à largura da seção de Whitmore, portanto não é necessária a verificação da ruptura da área líquida.

j) Compressão na chapa de nó

$N_{c,Sd} = 200 \text{ kN}$ (proveniente da diagonal comprimida)

$N_{c,Rd} = \dfrac{\chi Q A_g f_y}{\gamma_{a1}}$

$\lambda_0 = \sqrt{\dfrac{Q A_g f_y}{N_e}}$

$A_g = 0{,}95 \times 11{,}55 = 10{,}97 \text{ cm}^2$ (área definida pela seção de Whitmore)

$N_e = \dfrac{\pi^2 EI}{(KL)^2}$ (L é a maior distância entre a seção de Whitmore e a solda)

$I = \dfrac{11{,}55 \times 0{,}95^3}{12} = 0{,}83 \text{ cm}^4$

$N_e = \dfrac{\pi^2 \times 20.000 \times 0{,}83}{(0{,}65 \times 10{,}2)^2} = 3.727 \text{ kN}$

$Q = 1{,}0$ (não há flambagem local)

$\lambda_0 = \sqrt{\dfrac{1{,}0 \times 10{,}97 \times 35}{3.727}} = 0{,}32 < 1{,}5 \Rightarrow \chi = 0{,}658^{\lambda_0^2} = 0{,}658^{0{,}32^2} = 0{,}96$

$$N_{c,Rd} = \frac{0,96 \times 1,0 \times 10,97 \times 35}{1,10} = 335,1 \text{ kN}$$

$N_{c,Sd} = 200 \text{ kN} < F_{c,Rd} = 335,1 \text{ kN} \Rightarrow$ Atende!

k) Cisalhamento na chapa de nó

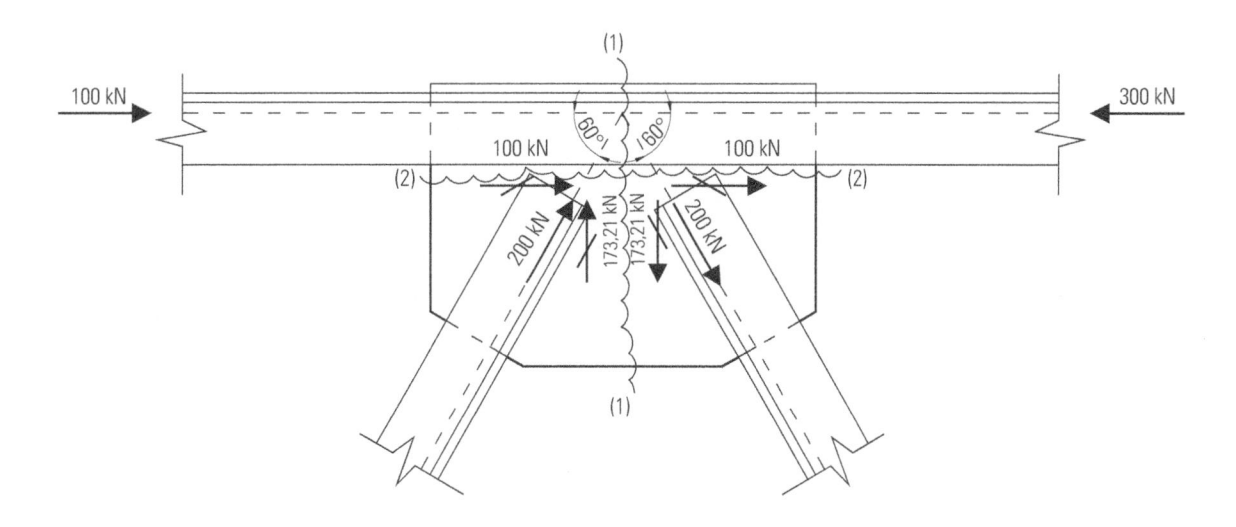

k1) Linha (1)

$F_{1,Sd} = 173,25$ kN (componente vertical das forças transferidas pelas diagonais)

$$F_{1,Rd} \leq \begin{cases} \dfrac{0,6 A_{gv} f_y}{\gamma_{a1}} \\ \dfrac{0,6 A_{nv} f_u}{\gamma_{a2}} \end{cases}$$

$A_{1,gv} = 0,95 \times 30 = 28,5 \text{ cm}^2$

$A_{1,nv} = A_{1,gv} = 28,5 \text{ cm}^2$

$$F_{1,Rd} \leq \begin{cases} \dfrac{0,6 \times 28,5 \times 35}{1,10} = 544,1 \text{ kN} \\ \dfrac{0,6 \times 28,5 \times 50}{1,35} = 633,3 \text{ kN} \end{cases} \Rightarrow F_{1,Rd} = 544,1 \text{ kN}$$

$F_{1,Sd} = 173,25 \text{ kN} < F_{1,Rd} = 544,1 \text{ kN} \Rightarrow$ Atende!

k2) Linha (2)

$F_{2,Sd} = 100 + 100 = 200$ kN (componentes horizontais das forças transferidas pelas diagonais)

$$F_{2,Rd} \leq \begin{cases} \dfrac{0,6 A_{gv} f_y}{\gamma_{a1}} \\ \dfrac{0,6 A_{nv} f_u}{\gamma_{a2}} \end{cases}$$

$$A_{2,gv} = 0{,}95 \times 41{,}6 = 39{,}52 \text{ cm}^2$$

$$A_{2,nv} = A_{2,gv} = 39{,}52 \text{ cm}^2$$

$$F_{2,Rd} \leq \begin{cases} \dfrac{0{,}6 \times 39{,}52 \times 35}{1{,}10} = 754{,}5 \text{ kN} \\ \dfrac{0{,}6 \times 39{,}52 \times 50}{1{,}35} = 878{,}2 \text{ kN} \end{cases} \Rightarrow F_{2,Rd} = 754{,}5 \text{ kN}$$

$$F_{2,Sd} = 200 \text{ kN} < F_{2,Rd} = 754{,}5 \text{ kN} \Rightarrow \text{Atende!}$$

l) Solda da chapa de nó com o banzo

l1) Tensão solicitante na solda

Será considerado que apenas os filetes próximos das diagonais absorvem as forças, de modo a evitar a análise da distribuição de tensões entre todos os filetes, que seria complexa nesse caso. Também, a excentricidade não será considerada.

$$\tau_{w,Sd} = \sqrt{\tau_{w,x,Sd}^2 + \tau_{w,y,Sd}^2}$$

$$\tau_{w,x,Sd} = 0$$

$$\tau_{w,y,Sd} = \frac{F_{y,Sd}}{A_{ew}} + \left(\frac{M_{z,Sd}\, x}{I_z}\right)$$

$$a_w = 0{,}707 \times 0{,}4 = 0{,}28 \text{ cm}$$

$$A_{ew} = \sum l_{wi}\, a_{wi} = 2 \times 41{,}6 \times 0{,}28 = 23{,}30 \text{ cm}^2$$

$$F_{x,Sd} = 0$$

$$F_{y,Sd} = 200 \text{ kN}$$

$$M_{z,Sd} = 0$$

$$\tau_{w,y,Sd} = \frac{200}{23{,}30} + 0 = 8{,}58 \text{ kN/cm}^2$$

$$\tau_{w,Sd} = \sqrt{0^2 + 8{,}58^2} = 8{,}58 \text{ kN/cm}^2$$

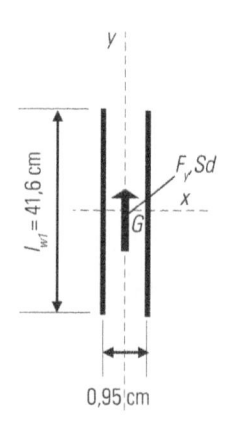

l2) Verificação do metal da solda

$$\tau_{w,Sd} = 8{,}58 \text{ kN/cm}^2 < \tau_{w,Rd} = \frac{0{,}6 f_w}{\gamma_{w2}} = \frac{0{,}6 \times 48{,}5}{1{,}35} = 21{,}56 \text{ kN/cm}^2 \Rightarrow \text{Atende!}$$

m) Ruptura da chapa de nó com o banzo na região da solda

$$t \geq \frac{2{,}25\, n\, a_w\, f_{w,res,Sd}}{m\, f_u}$$

$$n = 2;\ m = 1$$

$$f_{w,res,Sd} = \sqrt{\sigma_{w,Sd}^2 + \tau_{w,Sd}^2} = \sqrt{0 + 8{,}58^2} = 8{,}58 \text{ kN/cm}^2$$

$$t = 0{,}95 \text{ cm} > \frac{2{,}25 \times 2 \times 0{,}28 \times 8{,}58}{1 \times 50} = 0{,}22 \text{ cm} \Rightarrow \text{Atende!}$$

10.14.4 Ligação soldada de barras de treliça com chapa de nó (gusset)

Propõe-se recalcular a ligação do Subitem 10.14.3, supondo agora que as cantoneiras estão soldadas à chapa de nó, usando-se eletrodo E70XX (compatível com aços ASTM A36 e USI CIVIL 350).

> Veja a resolução deste exemplo de aplicação no site www.loja.grupoa.com.br

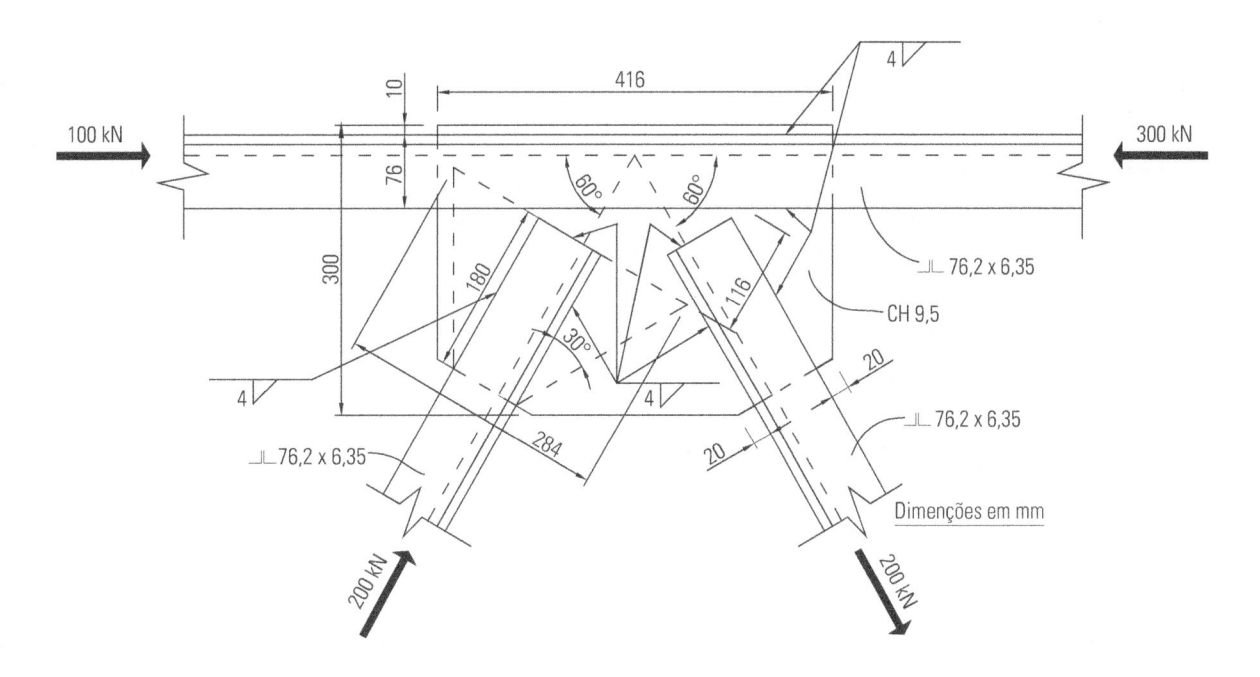

10.14.5 Ligação excêntrica parafusada de chapa de console

Será verificada a ligação apresentada a seguir, em que uma chapa de console, de espessura igual a 12,5 mm, é parafusada a uma chapa de suporte com 25 mm de espessura e recebe, excentricamente, uma força distribuída de cálculo, q_d, igual a 4,0 kN/cm. As chapas possuem aço USI CIVIL 350. Os parafusos utilizados são ISO Classe 8.8, com diâmetro de 22 mm, havendo garantia de que serão instalados com rosca fora do plano de corte, trabalhando por atrito em superfícies sujeitas à corrosão atmosférica.

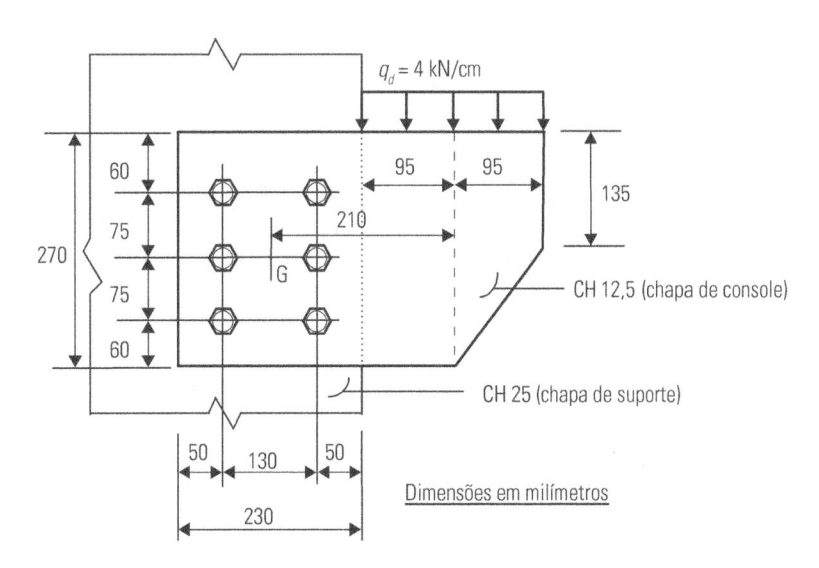

a) Materiais

Chapas ⇒ Aço USI CIVIL 350: $f_y = 35$ kN/cm²; $f_u = 50$ kN/cm².
Parafusos ⇒ ISO Classe 8.8: $f_{yb} = 64$ kN/cm²; $f_{ub} = 80$ kN/cm².

b) Disposições construtivas

Diâmetro dos furos: $d_h = 22 + 3,5 = 25,5$ mm

Distância entre furos:

$$3d_b = 3 \times 22 = 66 \text{ mm} < e_{ff} = \begin{cases} 75 \text{ mm} \\ 130 \text{ mm} \end{cases} < \begin{cases} 12 \times 12,5 = 150 \text{ mm} \\ 150 \text{ mm} \end{cases} \Rightarrow \text{Atende!}$$

Distância dos furos às bordas:

$$1,25d_b = 1,25 \times 22 = 27,5 \text{ mm} < e_{fb} = \begin{cases} 50 \text{ mm} \\ 60 \text{ mm} \end{cases} < \begin{cases} 12 \times 12,5 = 150 \text{ mm} \\ 150 \text{ mm} \end{cases} \Rightarrow \text{Atende!}$$

c) Cisalhamento nos parafusos (contato e atrito)

c1) Valor da força cortante solicitante de cálculo

Devido à força que age no plano do grupo de parafusos, $F_{y,Sd}$, e ao momento perpendicular ao plano, $M_{z,Sd}$, conforme mostrado na figura ao lado, surgem apenas tensões de cisalhamento. As mesmas expressões utilizadas para o cálculo das tensões em solda podem ser utilizadas. Multiplicando as tensões pela área do parafuso, tem-se a força solicitante. Assim, a força cortante nos parafusos mais solicitados é dada por:

$$F_{v,Sd} = A_b \tau_{Sd}$$

$$A_b = \frac{\pi \times d_b^2}{4} = \frac{\pi \times 2,2^2}{4} = 3,80 \text{ cm}^2$$

$$\tau_{Sd} = \sqrt{\tau_{x,Sd}^2 + \tau_{y,Sd}^2}$$

$$\tau_{x,Sd} = \frac{F_{x,Sd}}{A} + \left(\frac{M_{z,Sd}\, y}{I_z}\right)$$

$$\tau_{y,Sd} = \frac{F_{y,Sd}}{A} + \left(\frac{M_{z,Sd}\, x}{I_z}\right)$$

$F_{x,Sd} = 0$

$F_{y,Sd} = -4 \times 19 = -76$ kN

$M_{z,Sd} = -76 \times 21 = -1.596$ kN.cm

$A = \sum A_b = 6 \times 3,80 = 22,8$ cm²

$I_z = I_x + I_y$

$\quad I_x = 4 \times 3,80 \times 7,5^2 = 855$ cm⁴

$\quad I_y = 6 \times 3,80 \times 6,5^2 = 963,3$ cm⁴

$\quad I_z = 855 + 963,3 = 1.818$ cm⁴

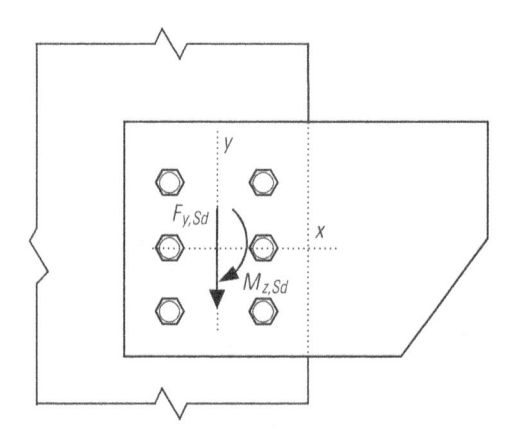

$$\tau_{x,Sd} = 0 + \left(\frac{-1.596 \times 7{,}5}{1.818}\right) = -6{,}58 \text{ kN/cm}^2$$

$$\tau_{y,Sd} = \frac{-76}{22{,}8} + \left(\frac{-1.596 \times 6{,}5}{1.818}\right) = -9{,}04 \text{ kN/cm}^2$$

$$\tau_{Sd} = \sqrt{6{,}58^2 + 9{,}04^2} = 11{,}18 \text{ kN/cm}^2$$

$$F_{v,Sd} = 3{,}80 \times 11{,}18 = 42{,}48 \text{ kN}$$

c2) Verificação dos parafusos na ligação por contato

Como o comprimento de pega, igual a 12,5 + 25 = 37,5 mm, não excede cinco vezes o diâmetro do parafuso, igual a 5 × 22 = 110 mm, a força cortante resistente de cálculo não precisa ser reduzida.

$$F_{v,Rd} = \frac{\alpha_b A_b f_{ub}}{\gamma_{a2}}, \text{ com } \alpha_b = 0{,}5 \text{ (parafuso de alta resistência com rosca fora do plano de corte)}$$

$$F_{v,Rd} = \frac{0{,}5 \times 3{,}80 \times 80}{1{,}35} = 112{,}6 \text{ kN}$$

$F_{v,Sd} = 42{,}48 \text{ kN} < F_{v,Rd} = 112{,}6 \text{ kN} \Rightarrow$ Atende!

c3) Verificação dos parafusos na ligação por atrito

$$F_{v,Sd} \leq 1{,}14 \mu F_{Tb} \left(1 - \frac{F_{t,Sd}}{1{,}14 F_{Tb}}\right)$$

$\mu = 0{,}35$ (superfícies limpas, isentas de óleos ou graxas, sem pintura)

$$F_{Tb} = 0{,}7 \left(0{,}75 A_b f_{ub}\right) = 0{,}7 \times 0{,}75 \times 3{,}80 \times 80 = 159{,}6 \text{ kN}$$

$$1{,}14 \mu F_{Tb} \left(1 - \frac{F_{t,Sd}}{1{,}14 F_{Tb}}\right) = 1{,}14 \times 0{,}35 \times 159{,}6 \left(1 - 0\right) = 63{,}68 \text{ kN}$$

$F_{v,Sd} = 42{,}48 \text{ kN} < 63{,}68 \text{ kN} \Rightarrow$ Atende!

Deve-se observar que, na ligação por atrito, a força resistente dos parafusos é equivalente à cerca de 57% da força resistente da ligação por contato.

d) Pressão de contato na chapa de console e na chapa de suporte

A situação mais desfavorável ocorre na chapa de console, que é menos espessa que a chapa de suporte, uma vez que as duas chapas possuem o mesmo aço e mesmas disposições dos parafusos. Portanto, vem:

$$F_{c,Sd} = F_{v,Sd} = 42{,}48 \text{ kN}$$

$$F_{c,Rd} \leq \begin{cases} \dfrac{1{,}2 l_f t f_u}{\gamma_{a2}} \\ \dfrac{2{,}4 d_b t f_u}{\gamma_{a2}} \end{cases}$$

$$l_f \leq \begin{cases} 130 - 25{,}5 = 104{,}5 \text{ mm} \\ 75 - 25{,}5 = 49{,}5 \text{ mm} \quad \Rightarrow l_f = 37{,}25 \text{ mm} = 3{,}73 \text{ cm} \\ 50 - 12{,}75 = 37{,}25 \text{ mm} \end{cases}$$

$$F_{c,Rd} \leq \begin{cases} \dfrac{1,2 \times 3,73 \times 1,25 \times 50}{1,35} = 207,2 \text{ kN} \\ \dfrac{2,4 \times 2,2 \times 1,25 \times 50}{1,35} = 244,4 \text{ kN} \end{cases} \Rightarrow F_{c,Rd} = 207,2 \text{ kN}$$

$F_{c,Sd} = 42,48$ kN $< F_{c,Rd} = 207,2$ kN $\Rightarrow$ Atende!

e) Compressão na chapa de console

Apenas a região a partir dos furos, na direção da carga, será considerada comprimida:

$N_{c,Sd} = 4 \times 19 = 76$ kN

$N_{c,Rd} = \dfrac{\chi Q A_g f_y}{\gamma_{a1}}$

$\chi = 1,0$ (a chapa possui travamento longitudinal garantido pelos parafusos)

$A_g = 1,25(2 \times 9,5) = 1,25 \times 19 = 23,75$ cm²

$Q = Q_s$ (área limitada ao comprimento de aplicação da carga para considerar a possibilidade de escoamento nessa região)

$\dfrac{b}{t} = \dfrac{24}{1,25} = 19,2$

$\left(\dfrac{b}{t}\right)_{lim} = 0,56\sqrt{\dfrac{E}{f_y}} = 0,56\sqrt{\dfrac{20.000}{35}} = 13,39$

$\left(\dfrac{b}{t}\right)_{sup} = 1,03\sqrt{\dfrac{E}{f_y}} = 1,03\sqrt{\dfrac{20.000}{35}} = 24,62$

$\left(\dfrac{b}{t}\right)_{lim} = 13,39 < \dfrac{b}{t} = 19,2 < \left(\dfrac{b}{t}\right)_{sup} = 24,62 \Rightarrow Q_s = 1,415 - 0,74\dfrac{b}{t}\sqrt{\dfrac{f_y}{E}}$

$Q_s = 1,415 - 0,74 \times \dfrac{24}{1,25}\sqrt{\dfrac{35}{20.000}} = 0,82$

$Q = 0,82$

$N_{c,Rd} = \dfrac{1,0 \times 0,82 \times 23,75 \times 35}{1,10} = 619,7$ kN

$N_{c,Sd} = 76$ kN $< N_{c,Rd} = 619,7$ kN $\Rightarrow$ Atende!

Flambagem local da chapa

f) Momento fletor na chapa de console

f1) Momento fletor solicitante de cálculo

O momento fletor solicitante de cálculo máximo ocorre na seção transversal onde se situa a linha de parafusos mais próxima da força q_d, sendo, portanto, igual a:

$M_{Sd} = 76 \times 14,5 = 1.102$ kN.cm

f2) Flambagem lateral com torção

Para seções sólidas retangulares fletidas em relação ao eixo de maior inércia, o estado-limite aplicável é a flambagem lateral com torção. Observa-se que, na seção de atuação da carga, a altura da chapa de console, h, é de 270 mm, a mesma onde se situa a linha de parafusos mais próxima. Logo, conforme o Capítulo 8:

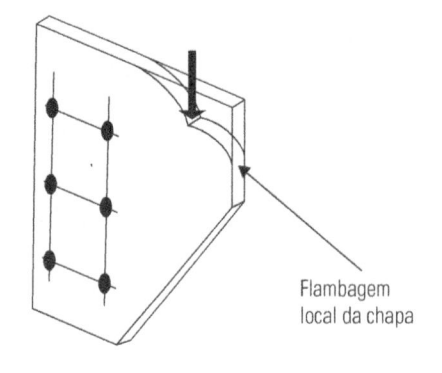

$$\lambda = \frac{L_b}{r_y}$$

$L_b = 24$ cm

$$r_y = \sqrt{\frac{I_y}{A_g}}$$

$$I_y = \frac{27 \times 1{,}25^3}{12} = 4{,}39 \text{ cm}^4$$

$A_g = 27 \times 1{,}25 = 33{,}75$ cm^2

$$r_y = \sqrt{\frac{4{,}39}{33{,}75}} = 0{,}36 \text{ cm}$$

$$\lambda = \frac{24}{0{,}36} = 66{,}67$$

$$\lambda_p = \frac{0{,}13 E_a}{M_{pl}}\sqrt{JA_g}$$

$M_{pl} = Z_x f_y$

$$Z_x = \frac{th^2}{4} = \frac{1{,}25 \times 27^2}{4} = 227{,}8 \text{ cm}^3$$

$M_{pl} = 227{,}8 \times 35 = 7.973$ kN.cm

$$J = \frac{27 \times 1{,}25^3}{3} = 17{,}58 \text{ cm}^4$$

$$\lambda_p = \frac{0{,}13 \times 20.000}{7.973}\sqrt{17{,}58 \times 33{,}75} = 7{,}94$$

$$\lambda_r = \frac{2 E_a}{M_r}\sqrt{JA_g}$$

$M_r = W_x f_y$

$$W_x = \frac{th^2}{6} = \frac{1{,}25 \times 27^2}{6} = 151{,}9 \text{ cm}^3$$

$M_r = 151{,}9 \times 35 = 5.317$ kN.cm

$$\lambda_r = \frac{2 \times 20.000}{5.317}\sqrt{17{,}58 \times 33{,}75} = 183{,}2$$

$$\lambda_p = 7{,}94 < \lambda = 66{,}67 < \lambda_r = 183{,}2 \Rightarrow M_{Rk} = C_b\left[M_{p\ell} - \left(M_{p\ell} - M_r\right)\frac{\lambda - \lambda_p}{\lambda_r - \lambda_p}\right] \le M_{p\ell}$$

Tomando C_b igual a 1,0:

$$M_{Rk} = 1{,}0\left[7.973 - (7.973 - 5.317)\frac{66{,}67 - 7{,}94}{183{,}2 - 7{,}94}\right] = 7.083 \text{ kN.cm} \; (\le M_{pl} = 7.973 \text{ kN.cm})$$

$$M_{Rd} = \frac{M_{Rk}}{\gamma_{a1}} = \frac{7.083}{1{,}10} = 6.439 \text{ kN.cm}$$

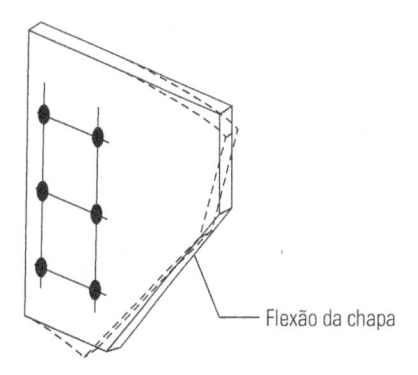

$M_{Sd} = 1.102$ kN.cm $< M_{Rd} = 6.439$ kN.cm $\Rightarrow$ Atende!

Flexão da chapa

f3) Ruptura

$$M_{Rd} = \frac{f_u Z_{ef}}{\gamma_{a2}}$$

$$Z_{ef} = \frac{1{,}25 \times 27^2}{4} - (2{,}55 \times 1{,}25)\,7{,}5 \times 2 - \left(\frac{2{,}55}{2} \times 1{,}25\right)\frac{2{,}55}{4} = 179{,}0 \text{ cm}^3$$

$$M_{Rd} = \frac{50 \times 179{,}0}{1{,}35} = 6.630 \text{ kN.cm}$$

$M_{Sd} = 1.102$ kN.cm $< M_{Rd} = 6.630$ kN.cm $\Rightarrow$ Atende!

g) Cisalhamento da chapa de console

$V_{Sd} = 4 \times 19 = 76$ kN

$$V_{Rd} \leq \begin{cases} \dfrac{0{,}6 A_{gv} f_y}{\gamma_{a1}} \\ \dfrac{0{,}6 A_{nv} f_u}{\gamma_{a2}} \end{cases}$$

$A_{gv} = 1{,}25 \times 27 = 33{,}75$ cm²

$A_{nv} = 33{,}75 - 3(1{,}25 \times 2{,}55) = 24{,}19$ cm²

$$V_{Rd} \leq \begin{cases} \dfrac{0{,}6 \times 33{,}75 \times 35}{1{,}10} = 644{,}3 \text{ kN} \\ \dfrac{0{,}6 \times 24{,}19 \times 50}{1{,}35} = 537{,}6 \text{ kN} \end{cases} \Rightarrow V_{Rd} = 537{,}6 \text{ kN}$$

$V_{Sd} = 76$ kN $< V_{Rd} = 537{,}6$ kN $\Rightarrow$ Atende!

h) Colapso por rasgamento da chapa de console

h1) Considerações iniciais

Deve-se ter $F_{r,Sd} \leq F_{r,Rd}$, com

$F_{r,Sd} = 4 \times 19 = 76$ kN

$$F_{r,Rd} \leq \begin{cases} \dfrac{0{,}6 A_{nv} f_u + C_{ts} A_{nt} f_u}{\gamma_{a2}} \\ \dfrac{0{,}6 A_{gv} f_y + C_{ts} A_{nt} f_u}{\gamma_{a2}} \end{cases}$$

O valor de $F_{r,Rd}$ depende do perímetro de rasgamento, que define as áreas A_{nv}, A_{nt} e A_{gv}, e do coeficiente C_{ts}. No caso, esses perímetros podem ser dois, conforme mostram as figuras a seguir:

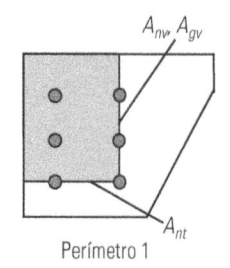

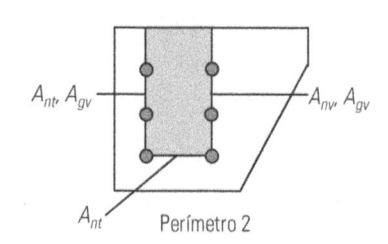

Perímetro 1

Perímetro 2

h2) Perímetro 1

$$A_{gv} = 1{,}25\left(2 \times 7{,}5 + 6\right) = 26{,}25 \text{ cm}^2$$

$$A_{nv} = 26{,}25 - 2{,}5\left(2{,}55 \times 1{,}25\right) = 18{,}28 \text{ cm}^2$$

$$A_{nt} = 1{,}25\left(5 + 13 - 1{,}5 \times 2{,}55\right) = 17{,}72 \text{ cm}^2$$

$$C_{ts} = 0{,}5$$

$$F_{r,Rd} \leq \begin{cases} \dfrac{0{,}6 \times 18{,}28 \times 50 + 0{,}5 \times 17{,}72 \times 50}{1{,}35} = 734{,}4 \text{ kN} \\ \dfrac{0{,}6 \times 26{,}25 \times 35 + 0{,}5 \times 17{,}72 \times 50}{1{,}35} = 736{,}5 \text{ kN} \end{cases} \Rightarrow F_{r,Rd} = 734{,}4 \text{ kN}$$

$$F_{r,Sd} = 76 \text{ kN} < F_{r,Rd} = 734{,}4 \text{ kN} \Rightarrow \text{Atende!}$$

h3) Perímetro 2

$$A_{gv} = 2 \times 1{,}25 \times \left(2 \times 7{,}5 + 6\right) = 52{,}5 \text{ cm}^2$$

$$A_{nv} = 52{,}5 - 5 \times \left(2{,}55 \times 1{,}25\right) = 36{,}56 \text{ cm}^2$$

$$A_{nt} = 1{,}25 \times \left(13 - 2{,}55\right) = 13{,}06 \text{ cm}^2$$

$$C_{ts} = 0{,}5$$

$$F_{r,Rd} \leq \begin{cases} \dfrac{0{,}6 \times 36{,}56 \times 50 + 0{,}5 \times 13{,}06 \times 50}{1{,}35} = 1.054 \text{ kN} \\ \dfrac{0{,}6 \times 52{,}5 \times 35 + 0{,}5 \times 13{,}06 \times 50}{1{,}35} = 1.059 \text{ kN} \end{cases} \Rightarrow F_{r,Rd} = 1.054 \text{ kN}$$

$$F_{r,Sd} = 76 \text{ kN} < F_{r,Rd} = 1.054 \text{ kN} \Rightarrow \text{Atende!}$$

i) Tensões combinadas na chapa de console

Na seção transversal da chapa de console ocorrem, simultaneamente, tensões normais provocadas pelo momento fletor (obtido no tópico *f*) e tensões de cisalhamento resultantes da força cortante (obtida no tópico *g*). Dessa forma, deve ser feita a verificação das tensões combinadas, considerando as propriedades geométricas Z_x e A_{gv} da seção bruta, já calculadas nos tópicos *f* e *g*, respectivamente. Logo, vem:

$$\sqrt{\sigma_x^2 + \sigma_x \sigma_y + \sigma_y^2 + 3\tau^2} \leq \frac{f_y}{\gamma_{a1}}$$

$$\sigma_x = \frac{M_{Sd}}{Z_x} = \frac{1.102}{227{,}8} = 4{,}84 \text{ kN/cm}^2$$

$$\sigma_y = 0$$

$$\tau = \frac{V_{Sd}}{A_{gv}} = \frac{76}{33{,}75} = 2{,}25 \text{ kN/cm}^2$$

$$\sqrt{4{,}84^2 + 0 + 0 + 3 \times 2{,}25^2} = 6{,}21 \text{ kN/cm}^2 < \frac{35}{1{,}10} = 31{,}82 \text{ kN/cm}^2 \Rightarrow \text{Atende!}$$

10.14.6 Ligação excêntrica parafusada de console em T

Propõe-se verificar a ligação apresentada a seguir, na qual um console em T é parafusado a um suporte e recebe uma força distribuída de cálculo, q_d, igual a 4,0 kN/cm. As chapas do console possuem aço USI CIVIL 350. Os parafusos utilizados são ISO Classe 8.8, com diâmetro de 22 mm e rosca no plano de corte, compondo ligação por contato. Nas soldas, usou-se eletrodo E70XX. O suporte não será verificado.

> Veja a resolução deste exemplo de aplicação no site www.loja.grupoa.com.br

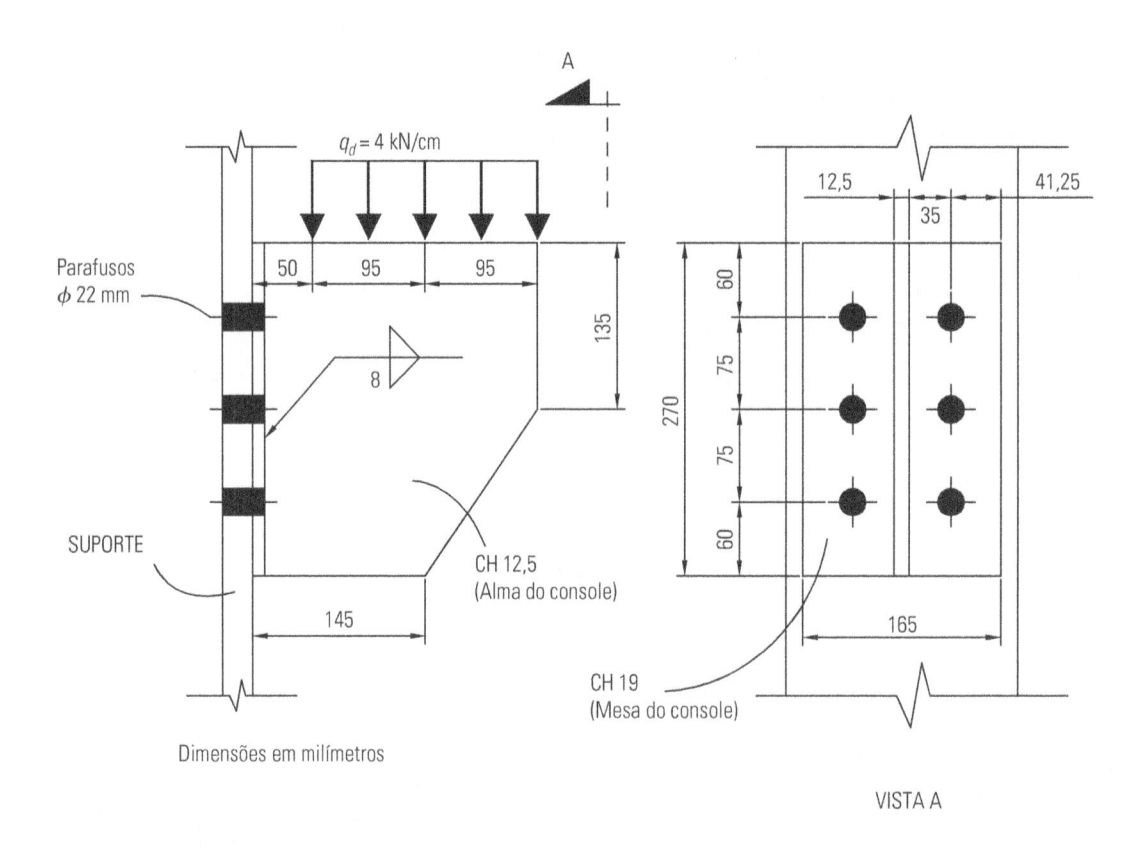

10.14.7 Emenda parafusada com tala

Será verificada a emenda com tala apresentada a seguir. As chapas das talas, com espessura de 12,5 mm, e o perfil soldado da viga (PS 600 x 225 x 16 x 12,5) possuem aço USI CIVIL 350. Os parafusos utilizados são ASTM A325, com diâmetro de ¾" ($\cong$ 19 mm), havendo garantia de que serão instalados com rosca fora do plano de corte, trabalhando por atrito em superfícies sujeitas à corrosão atmosférica. A emenda encontra-se submetida a uma força axial (N_{Sd}), a um momento fletor (M_{Sd}) e a uma força cortante (V_{Sd}) solicitantes de cálculo iguais a 100 kN, 250 kN.m e 275 kN, respectivamente.

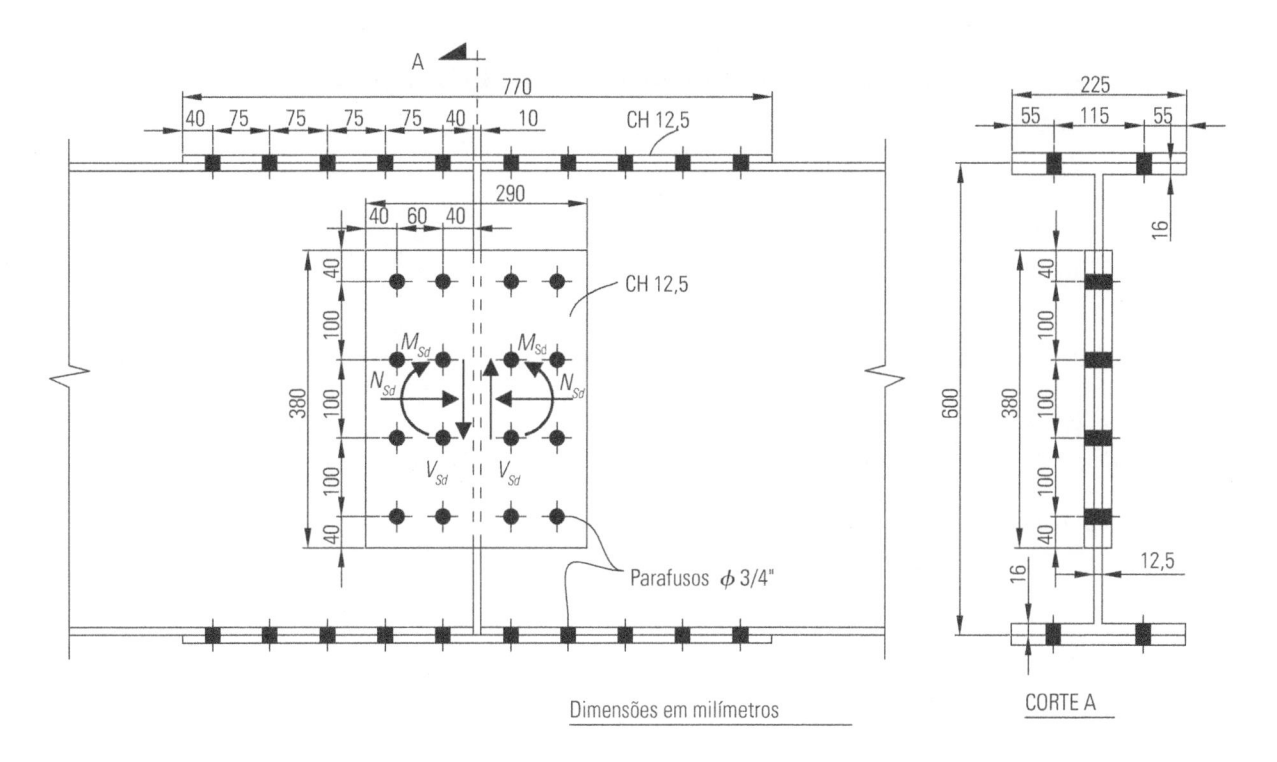

a) Materiais

Chapas $\Rightarrow$ Aço USI CIVIL 350: $f_y = 35$ kN/cm²; $f_u = 50$ kN/cm².
Parafusos $\Rightarrow$ ASTM A325 com d_b igual a ¾": $f_{yb} = 63,5$ kN/cm²; $f_{ub} = 82,5$ kN/cm².

b) Disposições construtivas

Diâmetro do furo: $d_h = 19 + 3,5 = 22,5$ mm
Distância entre furos:

$$3d_b = 3 \times 19 = 57 \text{ mm} < e_{ff} = \begin{cases} 60 \text{ mm} \\ 75 \text{ mm} \\ 90 \text{ mm} \\ 100 \text{ mm} \\ 115 \text{ mm} \end{cases} < \begin{cases} 12 \times 12,5 = 150 \text{ mm} \\ 150 \text{ mm} \end{cases} \Rightarrow \text{Atende!}$$

Distância entre furos e alma da viga:

$$\frac{115 - 12,5}{2} = 51,25 \text{ mm} > 1,35 d_b = 1,35 \times 19 = 25,65 \text{ mm} \Rightarrow \text{Atende!}$$

Distância dos furos às bordas:

$$1,25 d_b = 1,25 \times 19 = 23,75 \text{ mm} < e_{fb} = \begin{cases} 40 \text{ mm} \\ 55 \text{ mm} \end{cases} < \begin{cases} 12 \times 12,5 = 150 \text{ mm} \\ 150 \text{ mm} \end{cases} \Rightarrow \text{Atende!}$$

c) Modo de transferência dos esforços

A transferência do momento fletor e força axial é feita por meio das talas situadas nas mesas do perfil. Essas talas encontram-se em situação mais desfavorável que as mesas, pois têm espessura inferior e mesma largura que estas. Dessa forma, a seguir, as talas que unem as mesas serão verificadas para transferência de momento fletor e força axial, o que torna as mesas automaticamente verificadas.

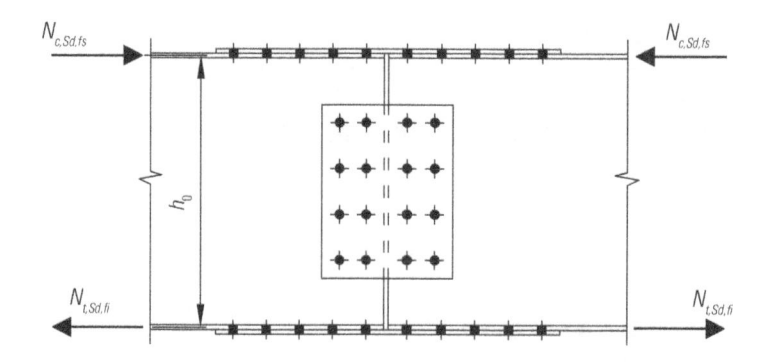

A transferência da força cortante é feita pela alma do perfil e pelas talas da alma.

d) Tração na tala inferior

$$N_{t,Sd,fi} = \frac{M_{Sd}}{h_0} - \frac{N_{Sd}}{2} = \frac{25.000}{58,4} - \frac{100}{2} = 378,1 \text{ kN}$$

$$N_{t,Rd} \leq \begin{cases} \dfrac{A_g f_y}{\gamma_{a1}} \\ \dfrac{A_e f_u}{\gamma_{a2}} \end{cases}$$

$A_g = 1,25 \times 22,5 = 28,13 \text{ cm}^2$

$$A_e \leq \begin{cases} 28,13 - 2 \times 2,25 \times 1,25 = 22,51 \text{ cm}^2 \\ 0,85 \times 28,13 = 23,91 \text{ cm}^2 \end{cases}$$

$$N_{t,Rd} \leq \begin{cases} \dfrac{28,13 \times 35}{1,10} = 895,0 \text{ kN} \\ \dfrac{22,51 \times 50}{1,35} = 833,7 \text{ kN} \end{cases} \Rightarrow N_{t,Rd} = 833,7 \text{ kN}$$

$N_{t,Sd,fi} = 378,1 \text{ kN} < N_{t,Rd} = 833,7 \text{ kN} \Rightarrow$ Atende!

e) Colapso por rasgamento da tala inferior (tracionada)

O valor de $F_{r,Sd}$ depende do perímetro de rasgamento, que define as áreas A_{nv}, A_{nt} e A_{gv}, e do coeficiene C_{ts}. No caso, esses perímetros podem ser dois, conforme mostram as figuras a seguir:

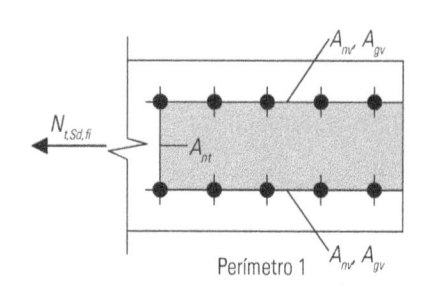

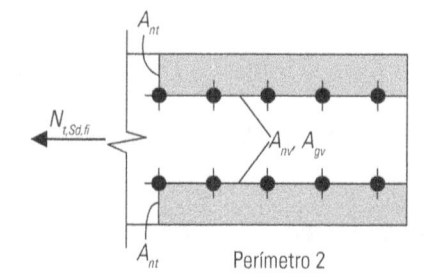

Perímetro 1:

$$F_{r,Rd} \leq \begin{cases} \dfrac{0,6 A_{gv} f_y + C_{ts} A_{nt} f_u}{\gamma_{a2}} \\ \dfrac{0,6 A_{nv} f_u + C_{ts} A_{nt} f_u}{\gamma_{a2}} \end{cases}$$

$A_{gv} = 2 \times 1,25 (4 \times 7,5 + 4) = 85,0 \text{ cm}^2$

$A_{nv} = 85,0 - 9(2,25 \times 1,25) = 59,69 \text{ cm}^2$

$A_{nt} = 1,25(22,5 - 2 \times 5,5 - 2,25) = 11,56 \text{ cm}^2$

$C_{ts} = 1,0$

$$F_{r,Rd} \leq \begin{cases} \dfrac{0,6 \times 85,0 \times 35 + 1 \times 11,56 \times 50}{1,35} = 1.750 \text{ kN} \\ \dfrac{0,6 \times 59,69 \times 50 + 1 \times 11,56 \times 50}{1,35} = 1.755 \text{ kN} \end{cases} \Rightarrow F_{r,Rd} = 1.750 \text{ kN}$$

Perímetro 2:

$$F_{r,Rd} \leq \begin{cases} \dfrac{0,6 A_{gv} f_y + C_{ts} A_{nt} f_u}{\gamma_{a2}} \\ \dfrac{0,6 A_{nv} f_u + C_{ts} A_{nt} f_u}{\gamma_{a2}} \end{cases}$$

$A_{gv} = 2 \times 1,25 (4 \times 7,5 + 4) = 85,0 \text{ cm}^2$

$A_{nv} = 85,0 - 9(2,25 \times 1,25) = 59,69 \text{ cm}^2$

$A_{nt} = 1,25(2 \times 5,5 - 2,25) = 10,94 \text{ cm}^2$

$C_{ts} = 0,5$

$$F_{r,Rd} \leq \begin{cases} \dfrac{0,6 \times 85,0 \times 35 + 0,5 \times 10,94 \times 50}{1,35} = 1.525 \text{ kN} \\ \dfrac{0,6 \times 59,69 \times 50 + 0,5 \times 10,94 \times 50}{1,35} = 1.529 \text{ kN} \end{cases} \Rightarrow F_{r,Rd} = 1.525 \text{ kN}$$

Verificação final:

$F_{r,Rd} = 1.525$ kN (menor valor entre os dois perímetros)

$N_{t,Sd,fi} = 378,1$ kN $< F_{r,Rd} = 1.525$ kN $\Rightarrow$ Atende!

f) Compressão na tala superior

$$N_{c,Sd,fs} = \dfrac{M_d}{h_0} + \dfrac{N_d}{2} = \dfrac{25.000}{58,4} + \dfrac{100}{2} = 478,1 \text{ kN}$$

$$N_{c,Rd} = \dfrac{\chi Q A_g f_y}{\gamma_{a1}}$$

$$\lambda_0 = \sqrt{\dfrac{Q A_g f_y}{N_e}}$$

$A_g = 1,25 \times 22,5 = 28,13 \text{ cm}^2$

$$N_e = \frac{\pi^2 E_a I}{(KL)^2}$$

$$I = \frac{22,5 \times 1,25^3}{12} = 3,66 \text{ cm}^4$$

$L = 9$ cm (distância entre parafusos na parte central da emenda)

$K = 0,65$ (a chapa da tala pode ser considerada engastada nos parafusos)

$$N_e = \frac{\pi^2 \times 20.000 \times 3,66}{(0,65 \times 9)^2} = 21.111 \text{ kN}$$

$Q = 1,0$ (não há instabilidade local)

$$\lambda_0 = \sqrt{\frac{1,0 \times 28,13 \times 35}{21.111}} = 0,22 < 1,5 \Rightarrow \chi = 0,658^{\lambda_0^2} = 0,658^{0,22^2} = 0,98$$

$$N_{c,Rd} = \frac{\chi Q A_g f_y}{\gamma_{a1}} = \frac{0,98 \times 1,0 \times 28,13 \times 35}{1,10} = 877,1 \text{ kN}$$

$N_{c,Sd,fs} = 478,1$ kN $< F_{c,Rd} = 877,1$ kN $\Rightarrow$ Atende!

g) Força cortante na alma da viga

$F_{Sd} = V_{Sd} = 275$ kN

$$F_{Rd} \leq \begin{cases} \dfrac{0,6 A_{gv} f_y}{\gamma_{a1}} \\ \dfrac{0,6 A_{nv} f_u}{\gamma_{a2}} \end{cases}$$

$A_{gv} = 1,25 \times 56,8 = 71 \text{ cm}^2$

$A_{nv} = 71 - 4 \times 1,25 \times 2,25 = 59,75 \text{ cm}^2$

$$F_{Rd} \leq \begin{cases} \dfrac{0,6 \times 71 \times 35}{1,10} = 1.355 \text{ kN} \\ \dfrac{0,6 \times 59,75 \times 50}{1,35} = 1.328 \text{ kN} \end{cases} \Rightarrow F_{Rd} = 1.328 \text{ kN}$$

$F_{Sd} = 275$ kN $< F_{Rd} = 1.328$ kN $\Rightarrow$ Atende!

h) Força cortante na tala da alma da viga

$$F_{Sd} = \frac{V_{Sd}}{2} = \frac{275}{2} = 137,5 \text{ kN}$$

$$F_{Rd} \leq \begin{cases} \dfrac{0,6 A_{gv} f_y}{\gamma_{a1}} \\ \dfrac{0,6 A_{nv} f_u}{\gamma_{a2}} \end{cases}$$

$A_{gv} = 1,25 \times 38 = 47,50 \text{ cm}^2$

$A_{nv} = 47,50 - 4 \times 1,25 \times 2,25 = 36,25 \text{ cm}^2$

$$F_{Rd} \leq \begin{cases} \dfrac{0,6 \times 47,50 \times 35}{1,10} = 906,8 \text{ kN} \\ \dfrac{0,6 \times 36,25 \times 50}{1,35} = 805,6 \text{ kN} \end{cases} \Rightarrow F_{Rd} = 805,6 \text{ kN}$$

$F_{Sd} = 137,5$ kN $< F_{Rd} = 805,6$ kN $\Rightarrow$ Atende!

i) Colapso por rasgamento na tala da alma da viga

$$F_{r,Sd} = \dfrac{275}{2} = 137,5 \text{ kN}$$

$$F_{r,Sd} \leq \begin{cases} \dfrac{0,6 A_{gv}.f_y + C_{ts} A_{nt}.f_u}{\gamma_{a2}} \\ \dfrac{0,6 A_{nv}.f_u + C_{ts} A_{nt}.f_u}{\gamma_{a2}} \end{cases}$$

O valor de $F_{r,Rd}$ depende do perímetro de rasgamento, que define as áreas A_{nv}, A_{nt} e A_{gv}, e do coeficiente C_{ts}. No caso, esses perímetros podem ser dois, conforme mostram as figuras a seguir:

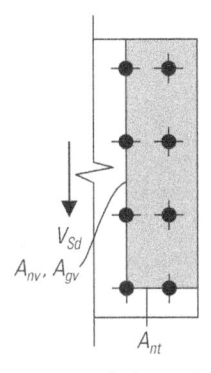

Perímetro 1   Perímetro 2

Perímetro 1:

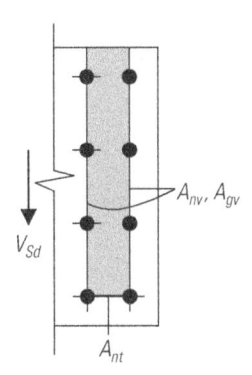

$A_{gv} = 1,25(3 \times 10 + 4) = 42,50$ cm²

$A_{nv} = 42,50 - 3,5(2,25 \times 1,25) = 32,66$ cm²

$A_{nt} = 1,25(10 - 1,5 \times 2,25) = 8,28$ cm²

$C_{ts} = 0,5$

$$F_{r,Rd} \leq \begin{cases} \dfrac{0,6 \times 42,50 \times 35 + 0,5 \times 8,28 \times 50}{1,35} = 814,4 \text{ kN} \\ \dfrac{0,6 \times 32,66 \times 50 + 0,5 \times 8,28 \times 50}{1,35} = 879,1 \text{ kN} \end{cases} \Rightarrow F_{r,Rd} = 814,4 \text{ kN}$$

Perímetro 2:

$A_{gv} = 2 \times 1,25(3 \times 10 + 4) = 85,00$ cm²

$A_{nv} = 85,00 - 2 \times 3,5(2,25 \times 1,25) = 65,31$ cm²

$A_{nt} = 1,25\,(6,0 - 2,25) = 4,69 \text{ cm}^2$

$C_{ts} = 0,5$

$F_{r,Rd} \leq \begin{cases} \dfrac{0,6 \times 85,00 \times 35 + 0,5 \times 4,69 \times 50}{1,35} = 1.409 \text{ kN} \\ \dfrac{0,6 \times 65,31 \times 50 + 0,5 \times 4,69 \times 50}{1,35} = 1.538 \text{ kN} \end{cases} \Rightarrow F_{r,Rd} = 1.409 \text{ kN}$

Verificação final:

$F_{r,Sd} = 814,4$ kN (menor valor entre os dois perímetros)

$F_{r,Sd} = 137,5 \text{ kN} < F_{r,Rd} = 814,4 \text{ kN} \Rightarrow$ Atende!

j) Momento fletor na tala da alma da viga

$M_{Sd} = 1.032$ kN.cm (em cada tala)

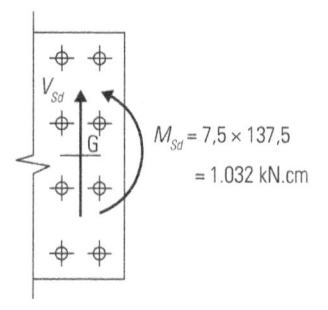

Flambagem lateral com torção:

$\lambda = \dfrac{L_b}{r_y}$

$L_b = 9$ cm

$r_y = \sqrt{\dfrac{I_y}{A_g}}$

$I_y = \dfrac{38 \times 1,25^3}{12} = 6,18 \text{ cm}^4$

$A_g = 1,25 \times 38 = 47,5 \text{ cm}^2$

$r_y = \sqrt{\dfrac{6,18}{47,5}} = 0,36$ cm

$\lambda = \dfrac{9}{0,36} = 25$

$\lambda_p = \dfrac{0,13 E_a}{M_{p\ell}} \sqrt{J A_g}$

$J = \dfrac{h t^3}{3} = \dfrac{38 \times 1,25^3}{3} = 24,74 \text{ cm}^4$

$M_{p\ell} = f_y Z_x$

$Z_x = \dfrac{t h^2}{4} = \dfrac{1,25 \times 38^2}{4} = 451,3 \text{ cm}^3$

$M_{p\ell} = f_y Z_x = 35 \times 451,3 = 15.796$ kN.cm

$\lambda_p = \dfrac{0,13 E_a}{M_{p\ell}} \sqrt{J A_g} = \dfrac{0,13 \times 20.000}{15.796} \sqrt{24,74 \times 47,5} = 5,64$

$\lambda_r = \dfrac{2 E_a}{M_r} \sqrt{J A_g}$

$M_r = f_y W_x$

$M_{Sd} = 7,5 \times 137,5 = 1.032$ kN.cm

$$W_x = \frac{th^2}{6} = \frac{1,25 \times 38^2}{6} = 300,8 \text{ cm}^3$$

$$M_r = f_y W_x = 35 \times 300,8 = 10.528 \text{ kN.cm}$$

$$\lambda_r = \frac{2E_a}{M_r}\sqrt{JA_g} = \frac{2 \times 20.000}{10.528}\sqrt{24,74 \times 47,5} = 130,2$$

$$\lambda_p = 5,64 < \lambda = 25 < \lambda_r = 130,2 \Rightarrow M_{Rd} = \frac{C_b}{\gamma_{a1}}\left[M_{p\ell} - \left(M_{p\ell} - M_r\right)\frac{\lambda - \lambda_p}{\lambda_r - \lambda_p}\right] \leq \frac{M_{p\ell}}{\gamma_{a1}}$$

$$M_{Rd} = \frac{1,0}{1,10}\left[15.796 - \left(15.796 - 10.528\right)\frac{25 - 5,64}{130,2 - 5,64}\right] = 13.616 \text{ kN.cm}$$

$$M_{Rd} = 13.616 \text{ kN.cm} < \frac{M_{p\ell}}{\gamma_{a1}} = \frac{15.796}{1,10} = 14.360 \text{ kN.cm}$$

$$M_{Sd} = 1.032 \text{ kN.cm} < M_{Rd} = 13.616 \text{ kN.cm} \Rightarrow \text{Atende!}$$

Ruptura:

$$M_{Rd} = \frac{f_u Z_{ef}}{\gamma_{a2}}$$

$$Z_{ef} = \frac{1,25 \times 38^2}{4} - 2\left(2,25 \times 1,25\right)15 - 2\left(2,25 \times 1,25\right)5 = 338,8 \text{ cm}^3$$

$$M_{Rd} = \frac{f_u Z_{ef}}{\gamma_{a2}} = \frac{50 \times 338,8}{1,35} = 12.548 \text{ kN.cm}$$

$$M_{Sd} = 1.032 \text{ kN.cm} < M_{Rd} = 12.548 \text{ kN.cm} \Rightarrow \text{Atende!}$$

k) Tensões combinadas na tala da alma da viga

Na seção transversal da tala da alma da viga ocorrem, simultaneamente, tensões normais provocadas pelo momento fletor (obtido no tópico *j*) e tensões de cisalhamento resultantes da força cortante (obtida no tópico *h*). Dessa forma, deve ser feita a verificação das tensões combinadas, considerando as propriedades geométricas Z_x e A_{gv} da seção bruta, já calculadas nos tópicos *j* e *h*, respectivamente. Logo, vem:

$$\sqrt{\sigma_x^2 + \sigma_x \sigma_y + \sigma_y^2 + 3\tau^2} \leq \frac{f_y}{\gamma_{a1}}$$

$$\sigma_x = \frac{M_{Sd}}{Z_x} = \frac{1.032}{451,3} = 2,29 \text{ kN/cm}^2$$

$$\sigma_y = 0 \text{ kN/cm}^2$$

$$\tau = \frac{F_{Sd}}{A_{gv}} = \frac{137,5}{47,5} = 2,89 \text{ kN/cm}^2$$

$$\sqrt{2,29^2 + 0 + 0 + 3 \times 2,89^2} = 5,50 \text{ kN/cm}^2 < \frac{35}{1,10} = 31,82 \text{ kN/cm}^2 \Rightarrow \text{Atende!}$$

l) Cisalhamento nos parafusos das talas nas mesas da viga (atrito e contato)

l1) Valor da força cortante solicitante de cálculo

Os parafusos da tala comprimida estão submetidos à maior força cortante. Como o comprimento da ligação, igual a 300 mm, não é superior a 1.270 mm, a força solicitante não precisa ser multiplicada por 1,25.

$$F_{v,Sd} = \frac{478,1}{10} = 47,81 \text{ kN}$$

l2) Verificação dos parafusos na ligação por atrito

$$F_{v,Sd} \leq 1,14\mu F_{Tb}\left(1 - \frac{F_{t,Sd}}{1,14F_{Tb}}\right)$$

$\mu = 0,35$ (superfícies limpas, isentas de óleos ou graxas, sem pintura)

$F_{Tb} = 0,7\left(0,75 A_b f_{ub}\right) = 0,7 \times 0,75 \times 2,84 \times 82,5 = 123,0 \text{ kN}$

$$1,14\mu F_{Tb}\left(1 - \frac{F_{t,Sd}}{1,14F_{Tb}}\right) = 1,14 \times 0,35 \times 123,0\left(1 - 0\right) = 49,08 \text{ kN}$$

$F_{v,Sd} = 47,81 \text{ kN} < 49,08 \text{ kN} \Rightarrow$ Atende!

Deve ser observado que, na ligação por atrito, a força resistente dos parafusos é cerca de 57% da força resistente da ligação por contato, calculada no tópico seguinte.

l3) Verificação dos parafusos na ligação por contato

Como o comprimento de pega, igual a 12,5 + 16 = 28,5 mm, não excede cinco vezes o diâmetro do parafuso, igual a 5 × 19 = 95 mm, a força cortante resistente não precisa ser reduzida.

$F_{v,Rd} = \dfrac{\alpha_b A_b f_{ub}}{\gamma_{a2}}$, com $\alpha_b = 0,5$ (parafuso de alta resistência com rosca fora do plano de corte)

$$A_b = \frac{\pi \times d_b^2}{4} = \frac{\pi \times 1,9^2}{4} = 2,84 \text{ cm}^2$$

$$F_{v,Rd} = \frac{0,5 \times 2,84 \times 82,5}{1,35} = 86,78 \text{ kN}$$

$F_{v,Sd} = 47,81 \text{ kN} < F_{v,Rd} = 86,78 \text{ kN} \Rightarrow$ Atende!

m) Cisalhamento nos parafusos das talas da alma da viga (atrito e contato)

m1) Valor da força cortante solicitante de cálculo

As mesmas expressões utilizadas para o cálculo das tensões em solda podem ser empregadas. Multiplicando-se as tensões pela área do parafuso, tem-se a força solicitante.

$F_{v,Sd} = A_b \tau_{Sd}$

$\tau_{Sd} = \sqrt{\tau_{x,Sd}^2 + \tau_{y,Sd}^2}$

$\tau_{x,Sd} = \dfrac{F_{x,Sd}}{A} + \left(\dfrac{M_{z,Sd}\, y}{I_z}\right)$

$\tau_{y,Sd} = \dfrac{F_{y,Sd}}{A} + \left(\dfrac{M_{z,Sd}\, x}{I_z}\right)$

$A = \sum A_b = 8 \times 2,84 = 22,72 \text{ cm}^2$

$F_{x,Sd} = 0 \text{ kN}$

$F_{y,Sd} = \dfrac{275}{2} = 137,5 \text{ kN}$

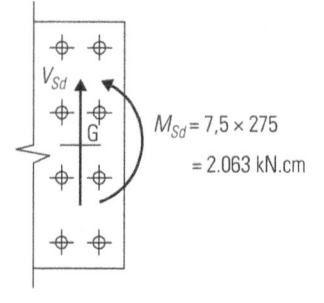

$M_{Sd} = 7,5 \times 275 = 2.063 \text{ kN.cm}$

$$M_{z,Sd} = \frac{2.063}{2} = 1.032 \text{ kN.cm}$$

$$I_z = I_x + I_y$$

$$I_x = 4 \times 2{,}84 \times 15^2 + 4 \times 2{,}84 \times 5^2 = 2.840 \text{ cm}^4$$

$$I_y = 8 \times 2{,}84 \times 3^2 = 204{,}5 \text{ cm}^4$$

$$I_z = 2.840 + 204{,}5 = 3.045 \text{ cm}^4$$

$$\tau_{x,Sd} = 0 + \left(\frac{1.032 \times 15}{3.045}\right) = 5{,}08 \text{ kN/cm}^2$$

$$\tau_{y,Sd} = \frac{137{,}5}{22{,}72} + \left(\frac{1.032 \times 3}{3.045}\right) = 7{,}07 \text{ kN/cm}^2$$

$$\tau_{Sd} = \sqrt{5{,}08^2 + 7{,}07^2} = 8{,}71 \text{ kN/cm}^2$$

$$F_{v,Sd} = 2{,}84 \times 8{,}71 = 24{,}74 \text{ kN}$$

m2) Verificação dos parafusos na ligação por atrito

$F_{v,Sd} = 24{,}74$ kN $< 49{,}08$ kN $\Rightarrow$ Atende!

m3) Verificação dos parafusos na ligação por contato

Como o comprimento de pega, igual a 12,5 x 3 = 37,5 mm, não excede cinco vezes o diâmetro do parafuso, igual a 5 × 19 = 95 mm, a força cortante resistente não precisa ser reduzida.

$F_{v,Sd} = 24{,}74$ kN $< F_{v,Rd} = 86{,}78$ kN $\Rightarrow$ Atende!

n) Pressão de contato nas talas das mesas, talas da alma, mesas e alma da viga

A pressão de contato na tala da mesa comprimida representa a pior situação na emenda:

$F_{c,Sd} = 47{,}81$ kN

$$F_{c,Rd} \leq \begin{cases} \dfrac{1{,}2\, l_f\, t f_u}{\gamma_{a2}} \\ \dfrac{2{,}4\, d_b\, t f_u}{\gamma_{a2}} \end{cases}$$

$$l_f \leq \begin{cases} 7{,}5 - 2{,}25 = 5{,}25 \text{ cm} \\ 4 - \dfrac{2{,}25}{2} = 2{,}88 \text{ cm} \end{cases} \Rightarrow l_f = 2{,}88 \text{ cm}$$

$$F_{c,Rd} \leq \begin{cases} \dfrac{1{,}2 \times 2{,}88 \times 1{,}25 \times 50}{1{,}35} = 160{,}0 \text{ kN} \\ \dfrac{2{,}4 \times 1{,}9 \times 1{,}25 \times 50}{1{,}35} = 211{,}1 \text{ kN} \end{cases} \Rightarrow F_{c,Rd} = 160{,}0 \text{ kN}$$

$F_{c,Sd} = 47{,}81$ kN $< F_{c,Rd} = 160{,}0$ kN $\Rightarrow$ Atende!

o) Ruptura por momento fletor do perfil

O perfil já foi, obviamente, verificado ao momento fletor durante o seu dimensionamento. No entanto, para complementar a análise é necessário verificar ainda a ruptura por momento fletor da sua mesa tracionada, devido à redução causada pela presença dos furos:

$M_{Sd} = 25.000$ kN.cm

$M_{Rd} = \dfrac{f_u A_{fn} W_t}{\gamma_{a1} A_{fg}}$

$W_t = W_x = 2.683$ cm^3

$A_{fg} = 1,6 \times 22,5 = 36$ cm^2

$A_{fn} = 36 - 2 \times 2,25 \times 1,6 = 28,8$ cm^2

$M_{Rd} = \dfrac{50 \times 28,8 \times 2.683}{1,10 \times 36} = 97.564$ kN.cm

$M_{Sd} = 25.000$ kN.cm $< M_{Rd} = 97.564$ kN.cm $\Rightarrow$ Atende!

p) Observações

Observa-se que:

- deve-se evitar realizar emenda com tala em regiões com grandes momentos fletores;
- emenda com tala realizada na região central de vigas birrotuladas e no engaste de balanços pode aumentar consideravelmente o valor da flecha, por causa do deslizamento entre os elementos ligados. Para evitar esse acréscimo de flecha, é aconselhável efetuar ligação por atrito, como foi feito neste exemplo;
- deve-se verificar novamente o perfil sob solicitações combinadas de momento fletor e força axial, na seção da ligação (Subitem 9.2.2), agora com o novo valor do momento fletor resistente de cálculo, advindo do estado-limite último de ruptura da mesa tracionada por momento fletor;
- uma opção interessante é o uso de talas nas faces externa e interna de cada mesa, siuação em que os parafusos trabalham com dois planos de corte.

10.14.8 Ligações flexíveis com cantoneira dupla

10.14.8.1 Considerações sobre o projeto das ligações

As ligações flexíveis de vigas com cantoneira dupla podem ser feitas usando parafusos ou soldas de filete. A figura a seguir mostra diversas possibilidades.

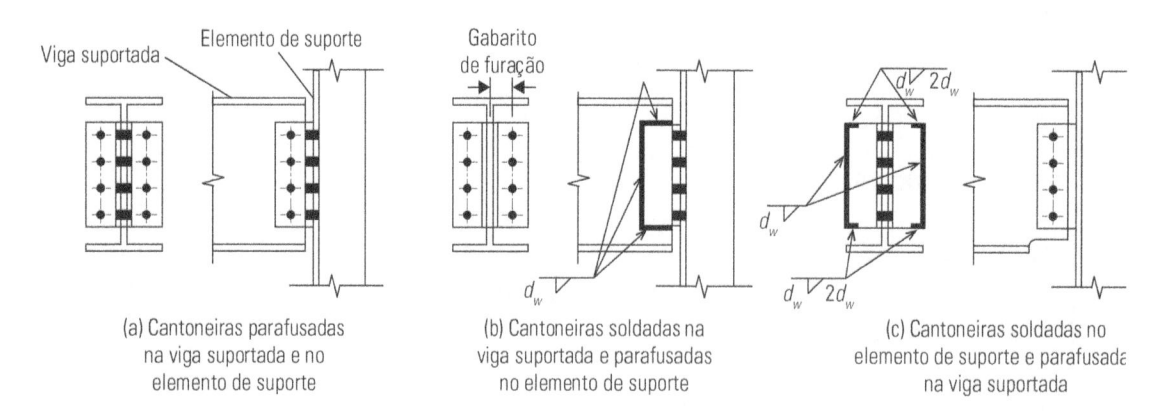

(a) Cantoneiras parafusadas na viga suportada e no elemento de suporte

(b) Cantoneiras soldadas na viga suportada e parafusadas no elemento de suporte

(c) Cantoneiras soldadas no elemento de suporte e parafusada na viga suportada

Caso a cantoneira dupla seja unida por solda ao elemento de suporte, essa solda, nas faces horizontais das abas das cantoneiras, só deve ter comprimento de 2 vezes o tamanho da sua perna, como se vê na figura c, para permitir a deformação das cantoneiras, de forma que a ligação se mantenha flexível. Nessa ligação, recomenda-se um recorte, por exemplo, na mesa inferior da viga suportada para facilitar sua montagem.

Em ligações com cantoneira dupla de abas com até 102 mm de largura e gabarito de furação com até 65 mm, mostrado na figura b, a excentricidade pode ser desconsiderada, exceto no caso de linha dupla de parafusos na alma da viga suportada. Entretanto, a excentricidade deve ser sempre considerada no cálculo das soldas.

No caso de haver recortes, como o mostrado na figura c apresentada aqui e na Figura 10.9, sua altura deve ser menor ou igual a 20% da altura do perfil da viga suportada e o comprimento máximo deve ser igual a 2 vezes a altura do perfil da viga suportada. As cantoneiras devem ter espessuras máximas de 16 mm, também para assegurar a flexibilidade da ligação.

10.14.8.2 Ligação com cantoneira dupla parafusada

Propõe-se verificar a ligação flexível com cantoneira dupla parafusada de uma viga em perfil W 410 x 67,0 com a mesa de um pilar W 310 x 97,0 submetida à força cortante solicitante de cálculo igual a 400 kN. A viga e o pilar possuem aço ASTM A572-Grau 50 e as cantoneiras, aço ASTM A36. Os parafusos são ASTM A325 com diâmetro de ¾" ($\cong$ 19 mm), rosca no plano de corte e trabalham por contato.

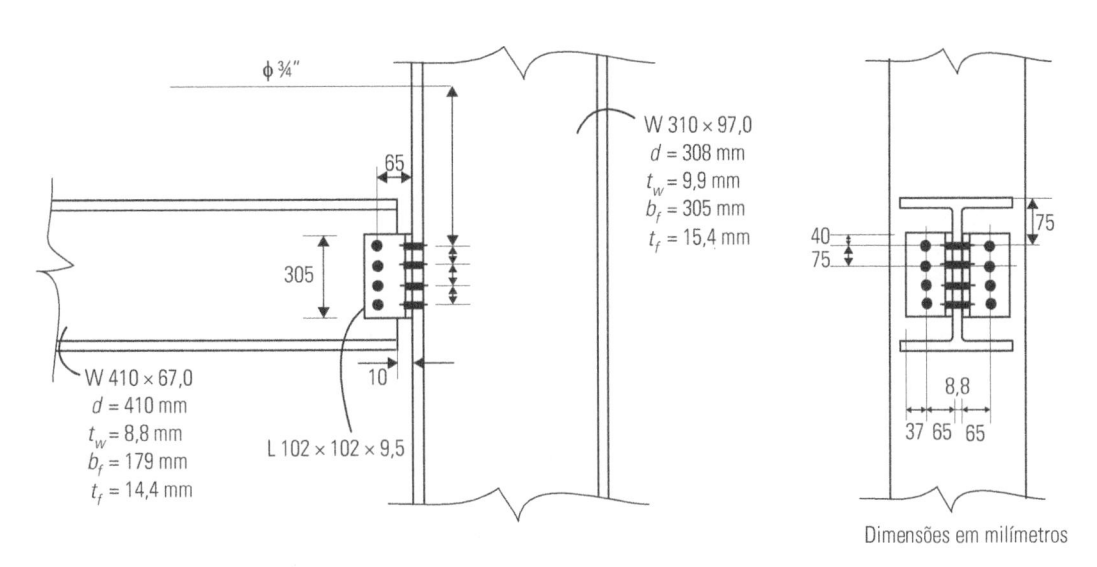

a) Materiais

Viga e pilar $\Rightarrow$ Aço ASTM A572-Grau 50: $f_y = 34,5$ kN/cm²; $f_u = 45$ kN/cm².
Cantoneiras $\Rightarrow$ Aço ASTM A36: $f_y = 25$ kN/cm²; $f_u = 40$ kN/cm².
Parafusos $\Rightarrow$ ASTM A325 com diâmetro de ¾": $f_{yb} = 63,5$ kN/cm²; $f_{ub} = 82,5$ kN/cm².

b) Disposições construtivas

Altura da ligação: $h_l = 3 \times 75 + 2 \times 40 = 305$ mm $> 0,5d = 0,5 \times 410 = 205$ mm $\Rightarrow$ Atende!

Espessura da cantoneira: $t = 9,5$ mm < 16 mm $\Rightarrow$ Atende!

Gabarito da furação: $g = 65$ mm $= 65$ mm $\Rightarrow$ excentricidade pode ser desconsiderada.

Diâmetro do furo: $d_h = 19 + 3,5 = 22,5$ mm

Distância entre furos:

$3d_b = 3 \times 19 = 57$ mm $< e_{ff} = 75$ mm $< \begin{cases} 24 \times 8,8 = 211,2 \text{ mm} \\ 300 \text{ mm} \end{cases}$ $\Rightarrow$ Atende!

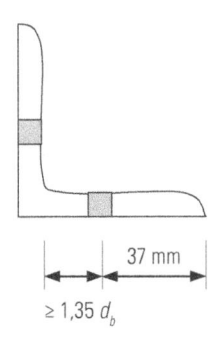

Distância entre furos e aba da cantoneira ou alma do pilar:

$\left. \begin{array}{l} 65 - 9,5 = 55,5 \text{ mm} \\ \dfrac{2 \times 65 + 8,8 - 9,9}{2} = 64,45 \text{ mm} \end{array} \right\} > 1,35 d_b = 1,35 \times 19 = 25,65$ mm $\Rightarrow$ Atende!

Distância dos furos às bordas:

$$1,25 d_b = 1,25 \times 19 = 23,75 \text{ mm} < e_{fb} = \begin{cases} 37 \text{ mm} \\ 40 \text{ mm} \\ 55 \text{ mm} \end{cases} < \begin{cases} 12 \times 8,8 = 105,6 \text{ mm} \\ 150 \text{ mm} \end{cases} \Rightarrow \text{Atende!}$$

c) Cisalhamento nos parafusos

A força solicitante nos parafusos ligados à alma da viga é igual à dos que estão ligados à mesa do pilar, pois, apesar de a cantoneira estar ligada à mesa do pilar com o dobro de parafusos, estes possuem apenas um plano de corte. Além disso, como o maior comprimento de pega, igual a 9,5 + 15,4 = 24,9 mm, não excede cinco vezes o diâmetro do parafuso, igual a 5 × 19 = 95 mm, a força cortante resistente não precisa ser reduzida.

$$F_{v,Sd} = \frac{400}{4 \times 2} = 50 \text{ kN}$$

$$F_{v,Rd} = \frac{\alpha_b A_b f_{ub}}{\gamma_{a2}}, \text{ com } \alpha_b = 0,4 \text{ (parafuso com rosca no plano de corte)}$$

$$A_b = \frac{\pi \times d_b^2}{4} = \frac{\pi \times 1,9^2}{4} = 2,84 \text{ cm}^2$$

$$F_{v,Rd} = \frac{0,4 \times 2,84 \times 82,5}{1,35} = 69,42 \text{ kN}$$

$$F_{v,Sd} = 50 \text{ kN} < F_{v,Rd} = 69,42 \text{ kN} \Rightarrow \text{Atende!}$$

d) Pressão de contato na alma da viga e na mesa do pilar

A alma da viga possui o mesmo aço, as mesmas disposições dos furos, menor espessura e maior esforço solicitante que a mesa do pilar. Assim, a alma da viga, no que se refere à pressão de contato nos furos, encontra-se em situação mais desfavorável que a mesa do pilar. Verificando, portanto, a pressão de contato nos furos da alma da viga, tem-se:

$$F_{c,Sd} = \frac{400}{4} = 100 \text{ kN}$$

$$F_{c,Rd} \leq \begin{cases} \dfrac{1,2\, l_f\, t f_u}{\gamma_{a2}} \\ \dfrac{2,4\, d_b\, t f_u}{\gamma_{a2}} \end{cases}$$

$$l_f = 75 - 22,5 = 52,5 \text{ mm} = 5,25 \text{ cm}$$

$$F_{c,Rd} \leq \begin{cases} \dfrac{1,2 \times 5,25 \times 0,88 \times 45}{1,35} = 184,8 \text{ kN} \\ \dfrac{2,4 \times 1,9 \times 0,88 \times 45}{1,35} = 133,8 \text{ kN} \end{cases} \Rightarrow F_{c,Rd} = 133,8 \text{ kN}$$

$$F_{c,Sd} = 100 \text{ kN} < F_{c,Rd} = 133,8 \text{ kN} \Rightarrow \text{Atende!}$$

e) Pressão de contato na cantoneira

$$F_{c,Sd} = \frac{400}{2 \times 4} = 50 \text{ kN}$$

$$F_{c,Rd} \leq \begin{cases} \dfrac{1,2\, l_f\, t f_u}{\gamma_{a2}} \\ \dfrac{2,4\, d_b\, t f_u}{\gamma_{a2}} \end{cases}$$

$$l_f \leq \begin{cases} 75 - 22,5 = 52,5 \text{ mm} \\ 40 - 11,25 = 28,75 \text{ mm} \end{cases} \Rightarrow l_f = 2,88 \text{ cm}$$

$$F_{c,Rd} \leq \begin{cases} \dfrac{1,2 \times 2,88 \times 0,95 \times 40}{1,35} = 97,28 \text{ kN} \\ \dfrac{2,4 \times 1,9 \times 0,95 \times 40}{1,35} = 128,4 \text{ kN} \end{cases} \Rightarrow F_{c,Rd} = 97,28 \text{ kN}$$

$F_{c,Sd} = 50$ kN $< F_{c,Rd} = 97,28$ kN $\Rightarrow$ Atende!

f) Colapso por rasgamento da cantoneira

$$F_{r,Sd} = \frac{400}{2} = 200 \text{ kN}$$

$$F_{r,Rd} \leq \begin{cases} \dfrac{0,6 A_{nv} f_u + C_{ts} A_{nt} f_u}{\gamma_{a2}} \\ \dfrac{0,6 A_{gv} f_y + C_{ts} A_{nt} f_u}{\gamma_{a2}} \end{cases}$$

$A_{gv} = 0,95\,(30,5 - 4) = 25,18$ cm²

$A_{nv} = 25,18 - 3,5\,(2,25 \times 0,95) = 17,7$ cm²

$A_{nt} = 0,95\,(3,7 - 0,5 \times 2,25) = 2,45$ cm²

$C_{ts} = 1,0$

$$F_{r,Rd} \leq \begin{cases} \dfrac{0,6 \times 17,7 \times 40 + 1 \times 2,45 \times 40}{1,35} = 387,3 \text{ kN} \\ \dfrac{0,6 \times 25,18 \times 25 + 1 \times 2,45 \times 40}{1,35} = 352,4 \text{ kN} \end{cases} \Rightarrow F_{r,Rd} = 352,4 \text{ kN}$$

$F_{r,Sd} = 200$ kN $< F_{r,Rd} = 352,4$ kN $\Rightarrow$ Atende!

g) Cisalhamento na cantoneira

$$F_{Sd} = \frac{400}{2} = 200 \text{ kN}$$

$$F_{Rd} \leq \begin{cases} \dfrac{0,6 A_{gv} f_y}{\gamma_{a1}} \\ \dfrac{0,6 A_{nv} f_u}{\gamma_{a2}} \end{cases}$$

$A_{gv} = 0,95 \times 30,5 = 28,98$ cm²

$A_{nv} = 28,98 - 4\,(0,95 \times 2,25) = 20,43$ cm²

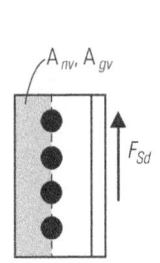

$$F_{Rd} \le \begin{cases} \dfrac{0,6 \times 28,98 \times 25}{1,10} = 395,2 \text{ kN} \\ \dfrac{0,6 \times 20,43 \times 40}{1,35} = 363,2 \text{ kN} \end{cases} \Rightarrow F_{Rd} = 363,2 \text{ kN}$$

$F_{Sd} = 200$ kN $< F_{Rd} = 363,2$ kN $\Rightarrow$ Atende!

h) Cisalhamento na viga

$F_{Sd} = 400$ kN

$$F_{Rd} \le \begin{cases} \dfrac{0,6 A_{gv} f_y}{\gamma_{a1}} \\ \dfrac{0,6 A_{nv} f_u}{\gamma_{a2}} \end{cases}$$

$A_{gv} = 0,88 \times 41 = 36,08$ cm²

$A_{nv} = 36,08 - 4\,(0,88 \times 2,25) = 28,16$ cm²

$$F_{Rd} \le \begin{cases} \dfrac{0,6 \times 36,08 \times 34,5}{1,10} = 679 \text{ kN} \\ \dfrac{0,6 \times 28,16 \times 45}{1,35} = 563,2 \text{ kN} \end{cases} \Rightarrow F_{Rd} = 563,2 \text{ kN}$$

$F_{Sd} = 400$ kN $< F_{Rd} = 563,2$ kN $\Rightarrow$ Atende!

i) Observações

Não é necessária a verificação do colapso por rasgamento na alma da viga suportada, pois não há recorte em nenhuma mesa do perfil (as mesas sem recorte impedem a ocorrência desse estado-limite).

10.14.8.3 Ligação com cantoneira dupla soldada na viga e parafusada no pilar

Será verificada a ligação entre viga e pilar com a mesma configuração do Subitem 10.14.8.2, porém, com solda de filete com perna de 8 mm na alma da viga suportada, feita com eletrodo E70XX (compatível com os aços ASTM A36 e ASTM A572-Grau 50).

> Veja a resolução deste exemplo de aplicação no site www.loja.grupoa.com.br

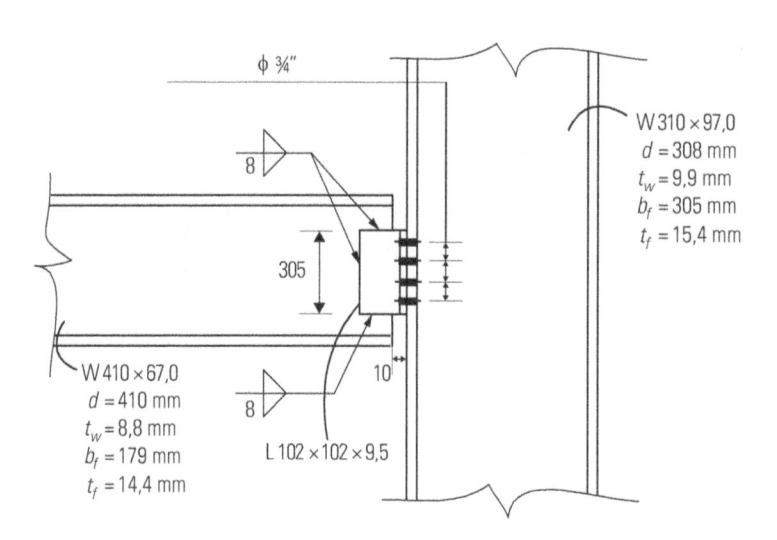

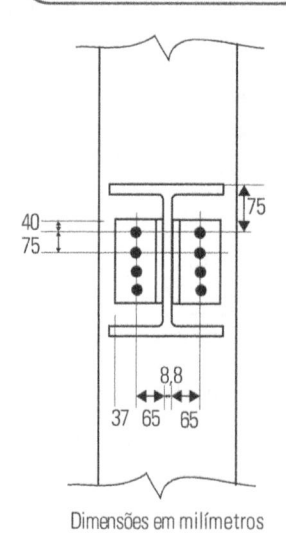

Dimensões em milímetros

10.14.8.4 Ligação com cantoneira dupla parafusada em vigas de mesma altura

Será verificada a ligação entre a viga suportada em perfil W 410 x 67,0 do Subitem 10.14.8.2 com uma viga de suporte em perfil W 410 x 85,0, ambas com o mesmo aço estrutural. As configurações são as mesmas do exemplo do Subitem 10.14.8.2, exceto pelos dois recortes na viga suportada para encaixe na viga de suporte.

> Veja a resolução deste exemplo de aplicação no site www.loja.grupoa.com.br

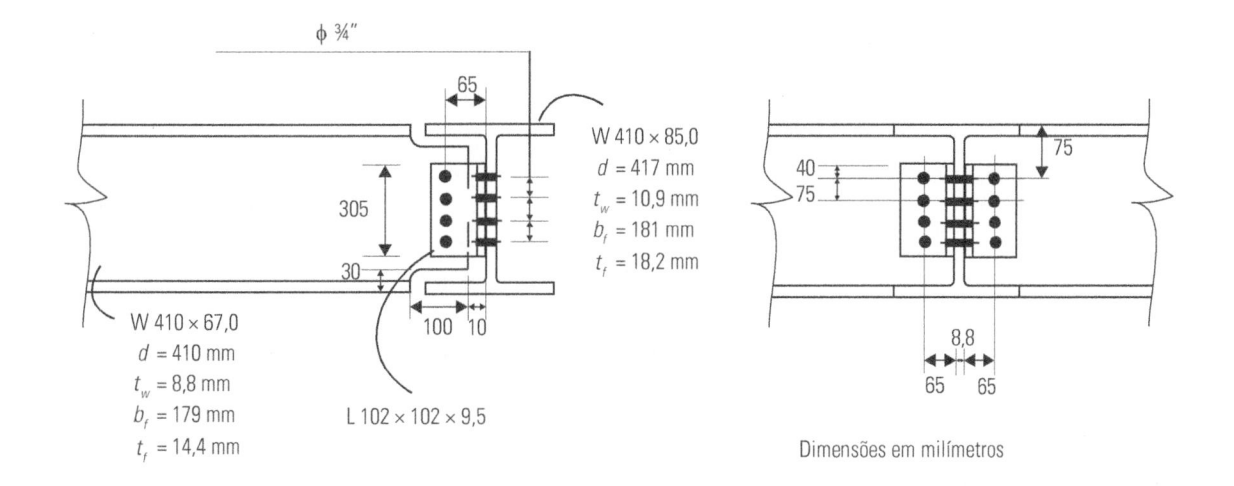

W 410 × 85,0
d = 417 mm
t_w = 10,9 mm
b_f = 181 mm
t_f = 18,2 mm

W 410 × 67,0
d = 410 mm
t_w = 8,8 mm
b_f = 179 mm
t_f = 14,4 mm

L 102 × 102 × 9,5

Dimensões em milímetros

10.14.9 Ligações flexíveis com chapa de topo

10.14.9.1 Considerações sobre o projeto das ligações

Nas ligações flexíveis com chapa de topo, como a mostrada na Figura 10.7b:

- a chapa de extremidade não precisa ser verificada ao momento fletor caso a distância entre os furos na direção perpendicular ao plano da alma da viga suportada não ultrapasse 180 mm;
- a espessura máxima da chapa de extremidade deve ser de 16 mm para garantir a flexibilidade da ligação.

10.14.9.2 Exemplo de cálculo

Propõe-se verificar a ligação flexível com chapa de topo de uma viga em perfil W 410 x 67,0 com a mesa de um pilar em perfil W 310 x 97,0, mostrada na figura a seguir, submetida à força cortante solicitante de cálculo de 400 kN. A chapa de topo possui aço USI CIVIL 350 e os perfis da viga e do pilar, aço ASTM A572-Grau 50. Os parafusos que unem a chapa de topo na mesa do pilar têm diâmetro de 3/4" ($\cong$ 19 mm) com garantia de que serão instalados com rosca fora do plano de corte, especificação ASTM A325 e trabalham por contato. A solda de filete que une a chapa de topo à alma da viga possui perna de 8 mm e eletrodo E70XX (compatível com aços ASTM A572-Grau 50 e USI CIVIL 350).

> Veja a resolução deste exemplo de aplicação no site www.loja.grupoa.com.br

Figura: detalhes da ligação

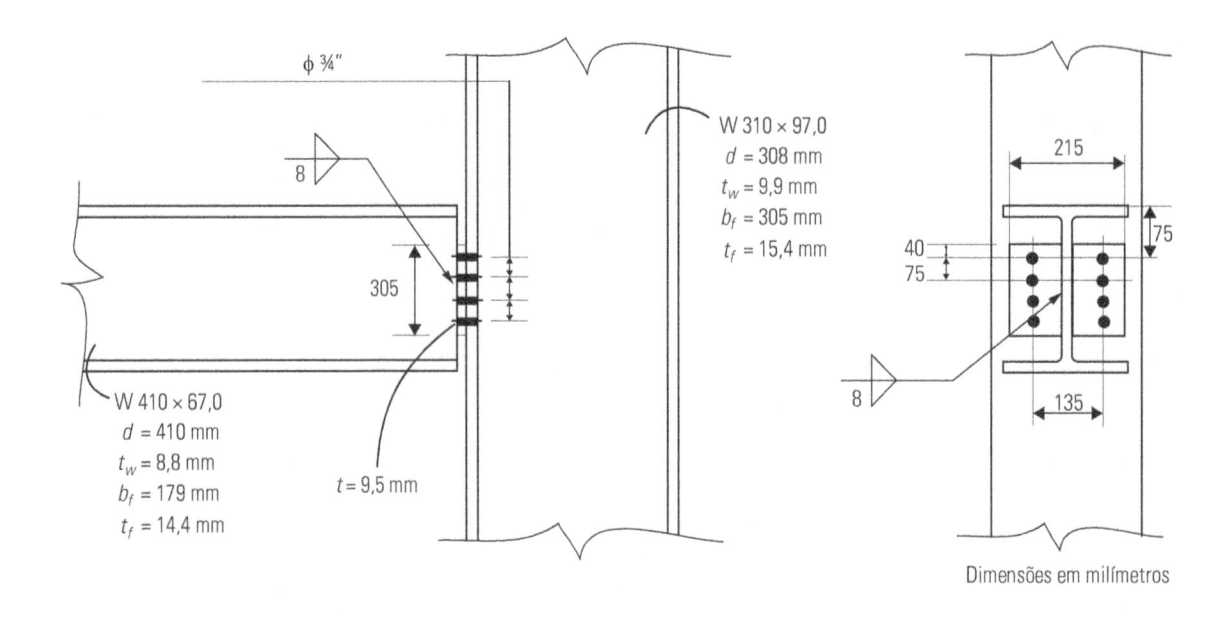

- W 310 × 97,0
  - $d = 308$ mm
  - $t_w = 9,9$ mm
  - $b_f = 305$ mm
  - $t_f = 15,4$ mm

- W 410 × 67,0
  - $d = 410$ mm
  - $t_w = 8,8$ mm
  - $b_f = 179$ mm
  - $t_f = 14,4$ mm

- $t = 9,5$ mm
- ϕ ¾"

Dimensões: 215, 75, 40, 75, 135, 305

Dimensões em milímetros

10.14.10 Ligações flexíveis com chapa paralela à alma da viga convencional

10.14.10.1 Considerações sobre o projeto das ligações

Nas ligações flexíveis com chapa paralela à alma da viga convencional, também conhecidas como ligações flexíveis com chapa simples (*single plate*), como a mostrada na Figura 10.7c:

- a excentricidade pode ser desconsiderada;
- o número de parafusos que une a chapa à alma da viga deve variar de 2 até no máximo 9, com apenas uma linha de furos com distância até a face do elemento de suporte inferior ou igual a 85 mm;
- a menor espessura entre a chapa e a alma da viga deve ser inferior ou igual à metade do diâmetro do parafuso mais 1,5 mm;
- a distância do centro dos furos às bordas da chapa deve ser maior ou igual a duas vezes o diâmetro dos parafusos;
- caso não seja empregada solda de penetração total na ligação entre a chapa e o elemento de suporte, as pernas da solda de filete devem ter no mínimo 5/7 da espessura da chapa.

10.14.10.2 Exemplo de cálculo

Propõe-se verificar a ligação flexível com chapa paralela à alma da viga convencional de uma viga em perfil W 410 × 67,0 com a mesa de um pilar em perfil W 310 × 97,0, mostrada na figura a seguir, submetida à força cortante solicitante de cálculo de 360 kN. A chapa possui aço USI CIVIL 350, e os perfis da viga e do pilar, aço ASTM A572-Grau 50. Os parafusos que unem a chapa à alma da viga têm diâmetro de 7/8" ($\cong$ 22,2 mm) com rosca no plano de corte, especificação ASTM A325 e trabalham por contato. A solda de filete que une a chapa à mesa do pilar possui perna de 8 mm e eletrodo E70XX (compatível com aços ASTM A572-Grau 50 e USI CIVIL 350).

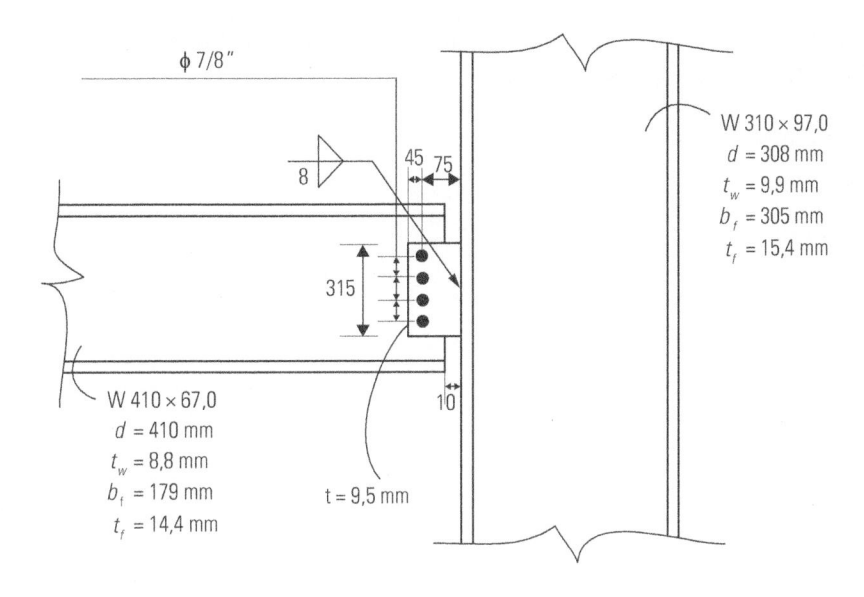

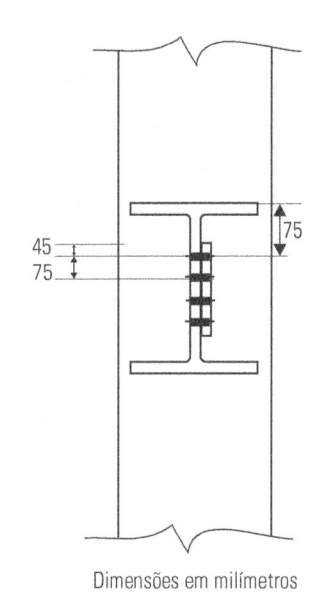

a) Materiais

Chapa de ligação ⇒ Aço USI CIVIL 350: $f_y = 35$ kN/cm²; $f_u = 50$ kN/cm².
Perfis ⇒ Aço ASTM A572-Grau 50: $f_y = 34,5$ kN/cm²; $f_u = 45$ kN/cm².
Parafusos ⇒ ASTM A325 com diâmetro de 7/8": $f_{yb} = 63,5$ kN/cm²; $f_{ub} = 82,5$ kN/cm².
Solda ⇒ Eletrodo E70XX: $f_w = 48,5$ kN/cm².

b) Disposições construtivas

Altura da ligação: $h_l = 3 \times 75 + 2 \times 45 = 315$ mm $> 0,5d = 0,5 \times 410 = 205$ mm ⇒ Atende!
Número de parafusos: $2 < n = 4 < 9$ parafusos ⇒ Atende!
Perna do filete de solda: 8 mm $> \dfrac{5}{7} t = \dfrac{5}{7} \times 9,5 = 6,8$ mm ⇒ Atende!

Menor espessura entre a alma da viga suportada e a chapa:

$t = 8,8$ mm $< \dfrac{d_b}{2} + 1,5$ mm $= \dfrac{22,2}{2} + 1,5 = 12,6$ mm ⇒ Atende!

Distância da linha de furação à mesa do pilar: $g = 75$ mm < 85 mm ⇒ Atende!
Diâmetro do furo: $d_h = 22,2 + 3,5 = 25,7$ mm
Distância entre furos:

$3d_b = 3 \times 22,2 = 66,6$ mm $< e_{ff} = 75$ mm $< \begin{cases} 24 \times 8,8 = 211,2 \text{ mm} \\ 300 \text{ mm} \end{cases}$ ⇒ Atende!

Distância entre furos e mesa do pilar:

75 mm $> 1,35 d_b = 1,35 \times 22,2 = 29,97$ mm ⇒ Atende!

Distância dos furos às bordas:

$2d_b = 2 \times 22,2 = 44,4$ mm $< e_{fb} = 45$ mm $< \begin{cases} 12 \times 8,8 = 105,6 \text{ mm} \\ 150 \text{ mm} \end{cases}$ ⇒ Atende!

c) Cisalhamento nos parafusos

$$F_{v,Sd} = \dfrac{360}{4} = 90 \text{ kN}$$

Como o comprimento de pega, igual a 9,5 + 8,8 = 18,3 mm, não excede cinco vezes o diâmetro do parafuso, igual a 5 × 22,2 = 111 mm, a força cortante resistente não precisa ser reduzida.

$$F_{v,Rd} = \frac{\alpha_b A_b f_{ub}}{\gamma_{a2}}, \text{ com } \alpha_b = 0,4 \text{ (parafuso com rosca no plano de corte)}$$

$$A_b = \frac{\pi \times d_b^2}{4} = \frac{\pi \times 2,22^2}{4} = 3,87 \text{ cm}^2$$

$$F_{v,Rd} = \frac{0,4 \times 3,87 \times 82,5}{1,35} = 94,6 \text{ kN}$$

$F_{v,Sd} = 90 \text{ kN} < F_{v,Rd} = 94,6 \text{ kN} \Rightarrow$ Atende!

d) Pressão de contato na alma da viga

$F_{c,Sd} = 90 \text{ kN}$

$$F_{c,Rd} \leq \begin{cases} \dfrac{1,2\, l_f\, t\, f_u}{\gamma_{a2}} \\ \dfrac{2,4\, d_b\, t\, f_u}{\gamma_{a2}} \end{cases}$$

$$l_f \leq \begin{cases} 75 - 25,5 = 49,5 \text{ mm} \\ 75 - 12,75 = 62,25 \text{ mm} \end{cases} \Rightarrow l_f = 4,95 \text{ cm}$$

$$F_{c,Rd} \leq \begin{cases} \dfrac{1,2 \times 4,95 \times 0,88 \times 45}{1,35} = 174,2 \text{ kN} \\ \dfrac{2,4 \times 2,22 \times 0,88 \times 45}{1,35} = 156,3 \text{ kN} \end{cases} \Rightarrow F_{c,Rd} = 156,3 \text{ kN}$$

$F_{c,Sd} = 90 \text{ kN} < F_{c,Rd} = 156,3 \text{ kN} \Rightarrow$ Atende!

e) Pressão de contato na chapa de ligação

$F_{c,Sd} = 90 \text{ kN}$

$$F_{c,Rd} \leq \begin{cases} \dfrac{1,2\, l_f\, t\, f_u}{\gamma_{a2}} \\ \dfrac{2,4\, d_b\, t\, f_u}{\gamma_{a2}} \end{cases}$$

$$l_f \leq \begin{cases} 75 - 25,5 = 49,5 \text{ mm} \\ 45 - 12,75 = 32,25 \text{ mm} \end{cases} \Rightarrow l_f = 3,23 \text{ cm}$$

$$F_{c,Rd} \leq \begin{cases} \dfrac{1,2 \times 3,23 \times 0,95 \times 50}{1,35} = 136,4 \text{ kN} \\ \dfrac{2,4 \times 2,22 \times 0,95 \times 50}{1,35} = 187,5 \text{ kN} \end{cases} \Rightarrow F_{c,Rd} = 136,4 \text{ kN}$$

$F_{c,Sd} = 90 \text{ kN} < F_{c,Rd} = 136,4 \text{ kN} \Rightarrow$ Atende!

f) Colapso por rasgamento da chapa de ligação

$F_{r,Sd} = 360$ kN

$$F_{r,Rd} \leq \begin{cases} \dfrac{0,6 A_{nv} f_u + C_{ts} A_{nt} f_u}{\gamma_{a2}} \\ \dfrac{0,6 A_{gv} f_y + C_{ts} A_{nt} f_u}{\gamma_{a2}} \end{cases}$$

$A_{gv} = 0,95 \left(31,5 - 4,5\right) = 25,65$ cm^2

$A_{nv} = 25,65 - 3,5 \left(2,57 \times 0,95\right) = 17,10$ cm^2

$A_{nt} = 0,95 \left(4,5 - 0,5 \times 2,57\right) = 3,05$ cm^2

$C_{ts} = 0,5$

$$F_{r,Rd} \leq \begin{cases} \dfrac{0,6 \times 17,10 \times 50 + 0,5 \times 3,05 \times 50}{1,35} = 436,5 \text{ kN} \\ \dfrac{0,6 \times 25,65 \times 35 + 0,5 \times 3,05 \times 50}{1,35} = 455,5 \text{ kN} \end{cases} \Rightarrow F_{r,Rd} = 436,5 \text{ kN}$$

$F_{r,Sd} = 360$ kN $< F_{r,Rd} = 436,5$ kN $\Rightarrow$ Atende!

g) Cisalhamento na chapa de ligação

$F_{Sd} = 360$ kN

$$F_{Rd} \leq \begin{cases} \dfrac{0,6 A_{gv} f_y}{\gamma_{a1}} \\ \dfrac{0,6 A_{nv} f_u}{\gamma_{a2}} \end{cases}$$

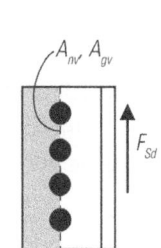

$A_{gv} = 0,95 \times 31,5 = 29,93$ cm^2

$A_{nv} = 29,93 - 4\left(0,95 \times 2,57\right) = 20,16$ cm^2

$$F_{Rd} \leq \begin{cases} \dfrac{0,6 \times 29,93 \times 35}{1,10} = 571,4 \text{ kN} \\ \dfrac{0,6 \times 20,16 \times 50}{1,35} = 448,0 \text{ kN} \end{cases} \Rightarrow F_{Rd} = 448,0 \text{ kN}$$

$F_{Sd} = 360$ kN $< F_{Rd} = 448,0$ kN $\Rightarrow$ Atende!

h) Cisalhamento na alma da viga

$F_{Sd} = 360$ kN

$$F_{Rd} \leq \begin{cases} \dfrac{0,6 A_{gv} f_y}{\gamma_{a1}} \\ \dfrac{0,6 A_{nv} f_u}{\gamma_{a2}} \end{cases}$$

$$A_{gv} = 0{,}88 \times 41 = 36{,}08 \text{ cm}^2$$

$$A_{nv} = 36{,}08 - 4(0{,}88 \times 2{,}57) = 27{,}03 \text{ cm}^2$$

$$F_{Rd} \leq \begin{cases} \dfrac{0{,}6 \times 36{,}08 \times 34{,}5}{1{,}10} = 679 \text{ kN} \\ \dfrac{0{,}6 \times 27{,}03 \times 45}{1{,}35} = 540{,}6 \text{ kN} \end{cases} \Rightarrow F_{Rd} = 540{,}6 \text{ kN}$$

$F_{Sd} = 360$ kN $< F_{Rd} = 540{,}6$ kN $\Rightarrow$ Atende!

i) Solda entre chapa de ligação e mesa do pilar

Como se tem uma junta em "tê", com filete duplo de 8 mm, superior a 5/7 da espessura da chapa de 9,5 mm (5/7 × 9,5 = 6,8 mm) e os aços das chapas têm resistência ao escoamento entre 250 MPa e 350 MPa, não é necessária a verificação da solda de filete.

j) Ruptura da chapa de ligação e da mesa do pilar na região da solda

Como a espessura da mesa do pilar, igual a 15,4 mm, é superior à da chapa de 9,5 mm e os aços das chapas têm resistência ao escoamento entre 250 MPa e 350 MPa, não é necessária a verificação de sua ruptura na região da solda.

10.14.11 Ligações flexíveis com chapa paralela à alma da viga estendida

10.14.11.1 Considerações sobre o projeto das ligações

As ligações flexíveis com chapa paralela à alma da viga que não atendam às exigências de ligações com chapa paralela convencional, apresentadas no Subitem 10.14.10.1, devem ser tratadas como ligações com chapa paralela estendida. Nesse caso, as seguintes considerações adicionais, além das que foram apresentadas em 10.14.10.1, devem ser observadas:

- se linha dupla de parafusos for usada na ligação da chapa com a alma da viga, a chapa e a alma devem ter espessuras inferiores ou iguais à metade do diâmetro do parafuso mais 1,5 mm;
- enrijecedores transversais devem ser utilizados no elemento de suporte, com o objetivo de diminuir o comprimento destravado da chapa e auxiliar no travamento lateral da viga suportada. Esses enrijecedores devem ter espessura superior ou igual à espessura da chapa menos 4 mm e não inferior a 6,3 mm.

10.14.11.2 Exemplo de cálculo

Será verificada a ligação flexível com chapa paralela à alma da viga estendida de uma viga em perfil W 410 x 38,8 com a alma de um pilar em perfil W 150 x 22,5, mostrada na figura a seguir, submetida à força cortante solicitante de cálculo de 125 kN. A chapa possui aço USI CIVIL 350, e os perfis da viga e do pilar, aço ASTM A572-Grau 50. Os parafusos que unem a chapa à alma da viga têm diâmetro de 7/8" ($\cong$ 22,2 mm) com garantia de instalação com rosca fora do plano de corte, especificação ASTM A325 e trabalham por contato. A solda de filete que une a chapa à alma do pilar e aos enrijecedores transversais do pilar possui perna de 5 mm e eletrodo E70XX (compatível com aços ASTM A572--Grau 50 e USI CIVIL 350).

> Veja a resolução deste exemplo de aplicação no site www.loja.grupoa.com.br

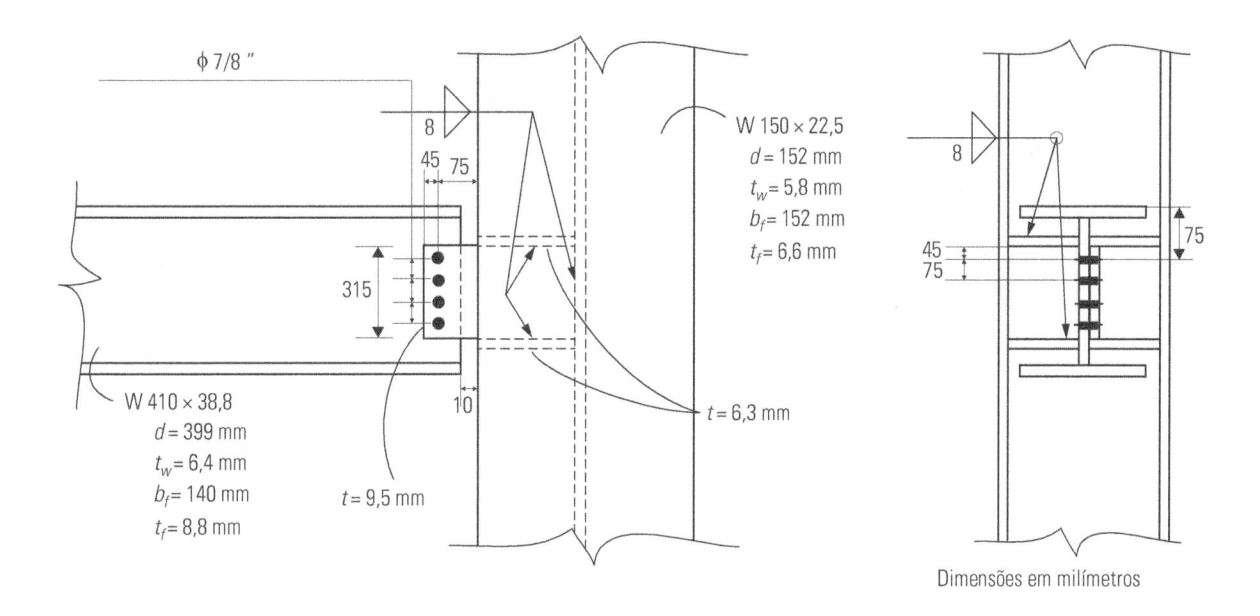

10.14.12 Ligações rígidas entre viga e pilar com chapa de topo

10.14.12.1 Considerações sobre o projeto

Nas ligações rígidas entre viga e pilar com chapa de topo, como a mostrada na Figura 10.8a:

- a largura da chapa de topo deve ter valor entre a largura das mesas da viga e essa largura mais 20 mm;
- recomenda-se a colocação de enrijecedores transversais nos pilares, em contraposição às mesas da viga, pelas razões explicitadas no Subitem 10.1.2;
- os enrijecedores devem ser projetados para suportar as forças localizadas que atuam nas mesas dos pilar, transmitidas pelas mesas das vigas, obedecendo às regras apresentadas no Item 8.8;
- os enrijecedores devem possuir largura total e espessura superiores ou iguais à largura e espessura da mesa da viga;
- os enrijecedores devem se estender por toda a altura da alma do pilar;
- a solda dos enrijecedores com a mesa do pilar deve ter as mesmas dimensões da solda da mesa da viga com a chapa de topo.

10.14.12.2 Cisalhamento do painel de alma

Na alma de um pilar, dentro dos contornos de uma ligação rígida do tipo mostrado na figura a seguir, a força cortante pode ser muito elevada, tendo em vista a transmissão de forças localizadas oriundas das mesas das vigas. Por exemplo, na figura, a força cortante solicitante de cálculo máxima atuante nessa região, denominada painel de alma, ocorre na seção A-A e é igual a:

$$V_{Sd,painel} \geq \begin{cases} \dfrac{M_{Sd,e}}{h_{0,e}} + \dfrac{M_{Sd,d}}{h_{0,d}} + V_{Sd,pilar,s} \\ \dfrac{M_{Sd,e}}{h_{0,e}} + \dfrac{M_{Sd,d}}{h_{0,d}} + V_{Sd,pilar,i} \end{cases}$$

onde $M_{Sd,e}/h_{0,e}$ e $M_{Sd,d}/h_{0,d}$ são as forças cortantes transmitidas pelas vigas da esquerda e da direita, respectivamente, e $V_{Sd,pilar}$, a força cortante no pilar, obtida da análise estrutural.

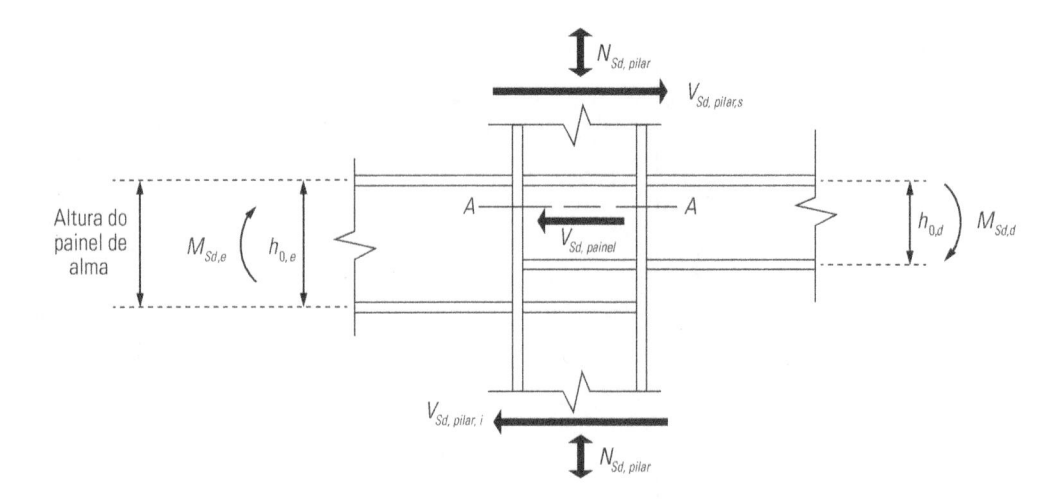

A força cortante elevada pode causar o colapso do painel de alma. Além disso, o painel pode estar submetido a grandes deformações plásticas, potencializadas pela força axial que atua no pilar, que afetam a resistência e a estabilidade da estrutura e podem, inclusive, conduzir a efeitos de segunda ordem elevados, normalmente não previstos na análise estrutural. Para que esses problemas sejam evitados, a seguinte condição precisa ser atendida:

- para $N_{Sd,pilar} \leq 0,4\, N_{pl,pilar}$,

$$V_{Sd,painel} \leq V_{Rd,painel}$$

- para $N_{Sd,pilar} > 0,4\, N_{pl,pilar}$,

$$V_{Sd,painel} \leq V_{Rd,painel}\left(1,4 - \frac{N_{Sd,pilar}}{N_{pl,pilar}}\right)$$

onde $V_{Rd,painel}$ é a força cortante resistente de cálculo do painel, entre enrijecedores, determinada conforme o Capítulo 8, $N_{Sd,pilar}$ é a força axial de tração ou compressão atuante no pilar e $N_{pl,pilar}$ é a força axial de plastificação do pilar, igual ao produto de sua área bruta pela resistência ao escoamento do aço.

Na hipótese de a condição dada pelas equações anteriores não ser atendida, podem ser colocadas chapas de reforço na alma do pilar. Trata-se de chapas colocadas em paralelo com a alma, o mais próximo possível desta, soldadas nas duas mesas e nos enrijecedores. Essas chapas devem ser dispostas dos dois lados da alma do pilar e ser dimensionadas conforme o Capítulo 8, para absorver uma parcela da força cortante no painel, $V_{Sd,painel}$.

Outra solução é a colocação de enrijecedores diagonais comprimidos, como mostra a figura a seguir, dispostos dos dois lados da alma e atendendo às seguintes prescrições:

- ser soldados às mesas e à alma (as soldas devem ser adequadamente verificadas);
- a largura do enrijecedor de cada lado da alma, somada à metade da espessura da alma do pilar, não pode ser menor que um terço da largura da mesa que recebe a força localizada oriunda da viga;
- a espessura do enrijecedor não pode ser menor que a metade da espessura da mesa do pilar que recebe a força localizada oriunda da viga, e ainda deve obedecer à Equação (8.57).

A força atuante nos enrijecedores, para seu dimensionamento como barra comprimida, com comprimento de flambagem igual ao seu comprimento, deve ser obtida a partir de um modelo de treliça.

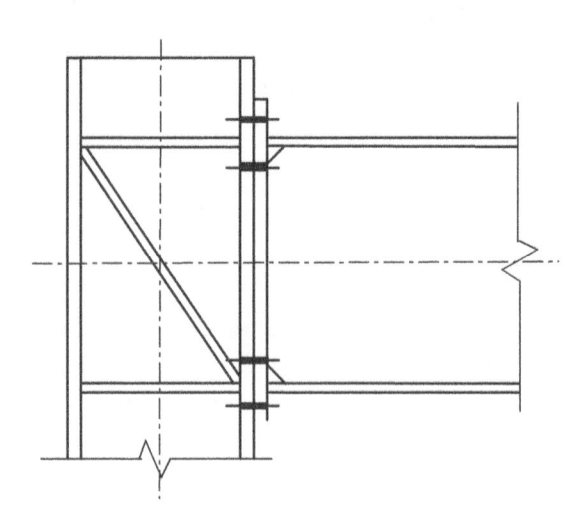

10.14.12.3 Exemplo de cálculo

Propõe-se verificar a ligação rígida com chapa de topo mostrada, que tem a função de transmitir da viga para o pilar momento fletor, força cortante e força axial de tração, cujos valores de cálculo são 100 kN.m, 290 kN e 10 kN, respectivamente. Sabe-se que o pilar já se encontra submetido a uma força cortante solicitante de cálculo de 50 kN (mostrada na figura) e a uma força axial de compressão solicitante de cálculo de 3.300 kN. O pilar tem perfil soldado com solda de composição (filete duplo entre mesa e alma) com perna igual a 8 mm. A chapa de topo, os perfis da viga e do pilar e os enrijecedores possuem aço USI CIVIL 350. Os parafusos que unem a chapa de topo à mesa do pilar têm diâmetro de 3/4" ($\cong$ 19 mm) com rosca no plano de corte, especificação ASTM A325 e trabalham por contato. As soldas entre a chapa de topo e as mesas da viga e entre os enrijecedores transversais e as mesas do pilar são de penetração total, e as soldas que ligam a chapa de topo à alma da viga e os enrijecedores à alma do pilar são de filete, com perna de 6 mm, sempre com eletrodo E70XX (compatível com o aço USI CIVIL 350).

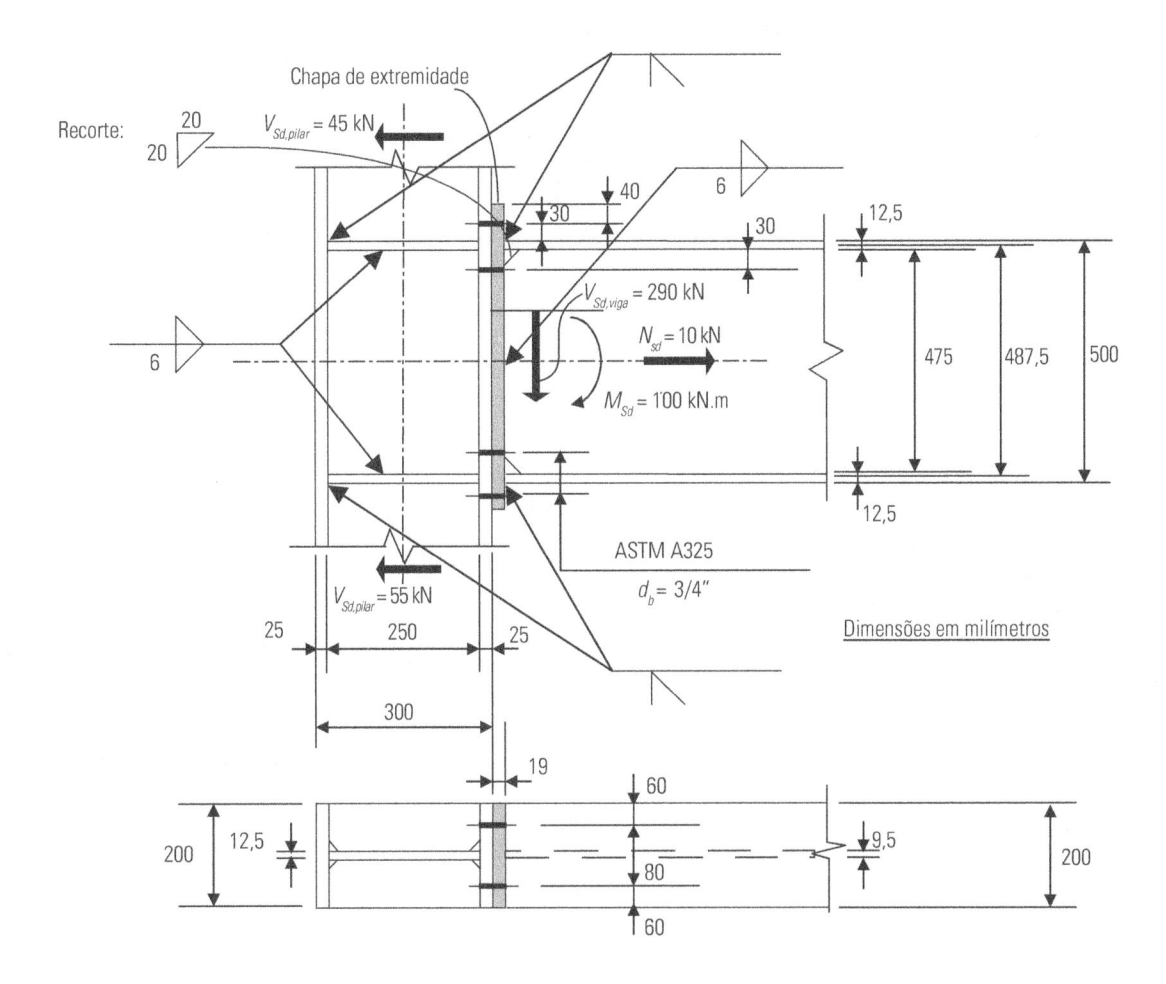

a) Materiais

Chapa de topo, perfis e enrijecedores $\Rightarrow$ Aço USI CIVIL 350: $f_y = 35$ kN/cm²; $f_u = 50$ kN/cm².
Parafusos $\Rightarrow$ ASTM A325 com diâmetro de 3/4": $f_{yb} = 63,5$ kN/cm²; $f_{ub} = 82,5$ kN/cm².
Solda $\Rightarrow$ Eletrodo E70XX: $f_w = 48,5$ kN/cm².

b) Disposições construtivas

Dimensão mínima da perna do filete da solda da alma da viga com a chapa de topo:

6,35 mm < t = 9,5 mm < 12,5 mm $\Rightarrow d_w = 6$ mm $> d_{w,mín} = 5$ mm $\Rightarrow$ Atende!

Dimensão mínima da perna do filete da solda da alma do pilar com os enrijecedores:

6,35 mm < t = 12,5 mm < 12,5 mm $\Rightarrow$ d_w = 6 mm > $d_{w,min}$ = 5 mm $\Rightarrow$ Atende!

Diâmetro do furo: d_h = 19 + 3,5 = 22,5 mm

Distância entre furos:

$3d_b = 3 \times 19 = 57$ mm < $e_{ff} = 80$ mm < $\begin{cases} 24 \times 19 = 456 \text{ mm} \\ 300 \text{ mm} \end{cases}$ $\Rightarrow$ Atende!

Distância entre furos e mesa da viga:

30 mm > $1,35 d_b = 1,35 \times 19 = 25,65$ mm $\Rightarrow$ Atende!

Distância entre furos e alma do pilar (pior situação em relação à alma da viga):

$\dfrac{80 - 12,5}{2} = 33,75$ mm > $1,35 d_b = 1,35 \times 19 = 25,65$ mm $\Rightarrow$ Atende!

Distância dos furos às bordas:

$1,25 d_b = 1,25 \times 19 = 23,75$ mm < $e_{fb} = \begin{cases} 40 \text{ mm} \\ 60 \text{ mm} \end{cases}$ < $\begin{cases} 12 \times 19 = 228 \text{ mm} \\ 150 \text{ mm} \end{cases}$ $\Rightarrow$ Atende!

Largura da chapa de extremidade: deve se situar entre a largura da viga e a largura da viga mais 20 mm, no caso, é igual à largura da viga $\Rightarrow$ Atende!

Os enrijecedores tracionado e comprimido (Item 8.8) devem obedecer à seguinte condição:

$$t_s = 12,5 \text{ mm} \geq \begin{cases} \dfrac{1}{2} t_f = \dfrac{25}{2} = 12,5 \text{ mm} \\ \dfrac{b_s}{0,56\sqrt{\dfrac{E_a}{f_{y,s}}}} = \dfrac{\dfrac{200 - 12,5}{2}}{0,56\sqrt{\dfrac{20.000}{35}}} = 7,00 \text{ mm} \end{cases} \Rightarrow \text{Atende!}$$

Largura total dos enrijecedores = 200 mm (igual à largura da mesa da viga) $\Rightarrow$ Atende!

Espessura dos enrijecedores = 12,5 mm (igual à espessura da mesa da viga) $\Rightarrow$ Atende!

Os enrijecedores devem se estendem por toda a altura da alma $\Rightarrow$ Atende!

As dimensões da solda dos enrijecedores com as mesas do pilar são iguais às dimensões da solda das mesas da viga com a chapa de topo $\Rightarrow$ Atende!

c) Esforços localizados nas mesas e na alma da viga

c1) Esquema da distribuição dos esforços solicitantes na mesa e na alma da viga

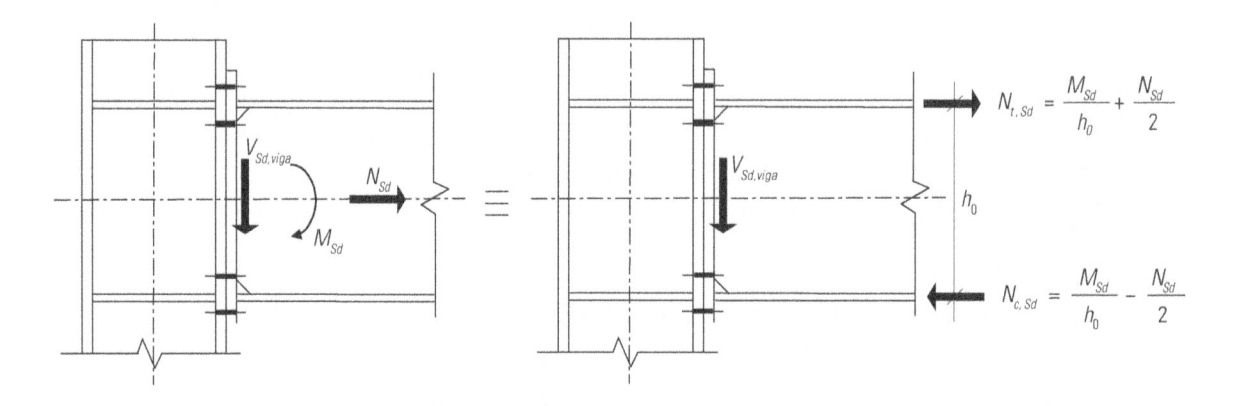

$N_{t,Sd} = \dfrac{M_{Sd}}{h_0} + \dfrac{N_{Sd}}{2}$

$N_{c,Sd} = \dfrac{M_{Sd}}{h_0} - \dfrac{N_{Sd}}{2}$

$$N_{t,Sd} = \frac{M_{Sd}}{h_0} + \frac{N_{Sd}}{2} = \frac{10.000}{48,75} + \frac{10}{2} = 210,1 \text{ kN}$$

$$N_{c,Sd} = \frac{M_{Sd}}{h_0} - \frac{N_{Sd}}{2} = \frac{10.000}{48,75} - \frac{10}{2} = 200,1 \text{ kN}$$

$$V_{Sd,viga} = 290 \text{ kN}$$

d) Tração na mesa superior da viga

$N_{t,Sd} = 210,1$ kN

Os enrijecedores tracionados se encontram em situação mais desfavorável que a mesa correspondente da viga, uma vez que são interrompidos pela alma do pilar e apresentam recortes nos encontros entre a mesa e a alma. Para esses enrijecedores, portanto, tem-se que:

$$N_{t,Rd} = \begin{cases} \dfrac{A_{g,s} f_y}{\gamma_{a1}} = \dfrac{(20 - 1,25)1,25 \times 35}{1,10} = 745,7 \text{ kN} \\ \dfrac{A_{e,s} f_u}{\gamma_{a2}} = \dfrac{[(20 - 1,25) - 2 \times 2]1,25 \times 50}{1,35} = 682,9 \text{ kN} \end{cases} \Rightarrow N_{t,Rd} = 682,9 \text{ kN}$$

$N_{t,Sd} = 210,1$ kN $< N_{t,Rd} = 682,9$ kN $\Rightarrow$ Atende!

e) Compressão na mesa inferior da viga

$N_{c,Sd} = 200,1$ kN

$$N_{c,Rd} = \frac{\chi Q A_g f_y}{\gamma_{a1}}$$

$\chi = 1,0$ (a mesa possui travamento longitudinal garantido pela alma da viga)

$Q = Q_s$

$$\frac{b}{t} = \frac{b_f/2}{t_f} = \frac{200/2}{12,5} = 8$$

$$\left(\frac{b}{t}\right)_{lim} = 0,64 \sqrt{\frac{E_a k_c}{f_y}}$$

$$k_c = \frac{4}{\sqrt{h/t_w}} = \frac{4}{\sqrt{475/9,5}} = 0,57$$

$$\left(\frac{b}{t}\right)_{lim} = 0,64 \sqrt{\frac{20.000 \times 0,57}{35}} = 11,55$$

$$\frac{b}{t} = 8 < \left(\frac{b}{t}\right)_{lim} = 11,55 \Rightarrow Q = Q_s = 1,0$$

$\chi = 1,0$ (a alma restringe a flambagem global da mesa)

$$N_{c,Rd} = \frac{1,0(20 \times 1,25)35}{1,10} = 795,5 \text{ kN}$$

$N_{c,Sd} = 200,1$ kN $< N_{c,Rd} = 795,5$ kN $\Rightarrow$ Atende!

f) Cisalhamento na alma da viga

Alma com recorte junto à chapa de topo sob força cortante:

$$V_{Sd,viga} = 290 \text{ kN} < V_{Rd} = \begin{cases} \dfrac{0,6 A_{gv} f_y}{\gamma_{a1}} = \dfrac{0,6 \times 47,5 \times 0,95 \times 35}{1,10} = 861,5 \text{ kN} \\ \dfrac{0,6 A_{nv} f_u}{\gamma_{a2}} = \dfrac{0,6 (47,5 - 2 \times 2) 0,95 \times 50}{1,35} = 918,3 \text{ kN} \end{cases} \Rightarrow \text{Atende!}$$

g) Cisalhamento, tração e esforços combinados nos parafusos

g1) Cisalhamento nos parafusos

$$F_{v,Sd} = \frac{290}{8} = 36,25 \text{ kN}$$

Como o comprimento de pega, igual a 19 + 31,5 = 50,5 mm, não excede cinco vezes o diâmetro do parafuso, igual a 5 × 19 = 95 mm, a força cortante resistente de cálculo não precisa ser reduzida.

$$F_{v,Rd} = \frac{0,4 A_b f_{ub}}{\gamma_{a2}}$$

$$A_b = \frac{\pi \times d_b^2}{4} = \frac{\pi \times 1,9^2}{4} = 2,84 \text{ cm}^2$$

$$F_{v,Rd} = \frac{0,4 \times 2,84 \times 82,5}{1,35} = 69,42 \text{ kN}$$

$F_{v,Sd} = 36,25 \text{ kN} < F_{v,Rd} = 69,42 \text{ kN} \Rightarrow$ Atende!

g2) Tração nos parafusos

$$F_{t,Sd} = \frac{N_{t,Sd}}{n_t} = \frac{210,1}{4} = 52,53 \text{ kN}$$

$$F_{t,Rd} = \frac{\phi_a A_{be} f_{ub}}{\gamma_{a2}}$$

$$A_{be} = 0,75 A_b = 0,75 \times 2,84 = 2,13 \text{ cm}^2$$

$$F_{t,Rd} = \frac{0,67 \times 2,13 \times 82,5}{1,35} = 87,21 \text{ kN}$$

$F_{t,Sd} = 52,53 \text{ kN} < F_{t,Rd} = 87,21 \text{ kN} \Rightarrow$ Atende!

g3) Tração e cisalhamento combinados nos parafusos

$$\left(\frac{F_{t,Sd}}{F_{t,Rd}}\right)^2 + \left(\frac{F_{v,Sd}}{F_{v,Rd}}\right)^2 = \left(\frac{52,53}{87,21}\right)^2 + \left(\frac{36,25}{69,42}\right)^2 = 0,64 < 1,0 \Rightarrow \text{Atende!}$$

h) Pressão de contato na chapa de topo e na mesa do pilar

A chapa de topo encontra-se em situação mais desfavorável que a mesa do pilar, uma vez que apresenta menor espessura e distância entre furo e borda, que não ocorre na mesa do pilar.

$$F_{c,Sd} = 36,25 \text{ kN}$$

$$F_{c,Rd} \leq \begin{cases} \dfrac{1,2 l_f t f_u}{\gamma_{a2}} \\ \dfrac{2,4 d_b t f_u}{\gamma_{a2}} \end{cases}$$

$l_f = 28,75$ mm $= 2,88$ cm

$$F_{c,Rd} \leq \begin{cases} \dfrac{1,2 \times 2,88 \times 1,9 \times 50}{1,35} = 243,2 \text{ kN} \\ \dfrac{2,4 \times 1,9 \times 1,9 \times 50}{1,35} = 320,9 \text{ kN} \end{cases} \Rightarrow F_{c,Rd} = 243,2 \text{ kN}$$

$F_{c,Sd} = 36,25$ kN $< F_{c,Rd} = 243,2$ kN $\Rightarrow$ Atende!

i) Flexão na chapa de topo

A chapa de topo, que tem espessura de 19 mm, encontra-se em condição mais desfavorável que a mesa do pilar, que tem espessura de 25 mm. Verificando, portanto, a chapa de topo:

$a = 4$ cm $> b = 3$ cm $\Rightarrow$ Atende!

$M_{Sd} = F_{t,Sd} b = 52,53 \times 3 = 157,6$ kN.cm

$$M_{Rd} = \frac{M_{pl}}{\gamma_{a1}} = \frac{p t^2 f_y}{4 \gamma_{a1}}$$

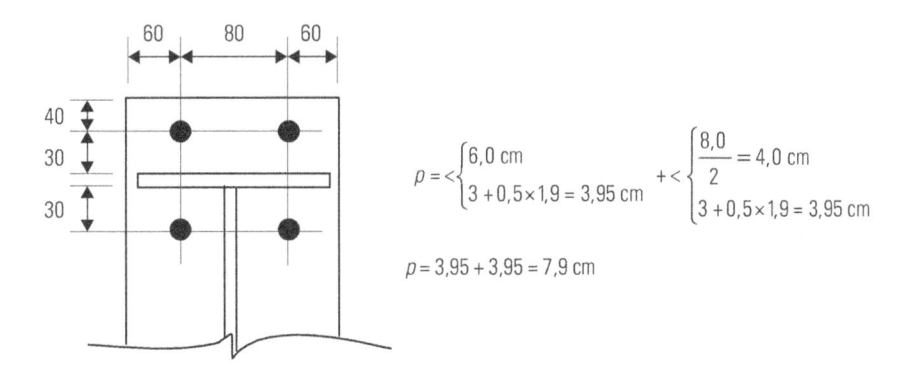

$$p = < \begin{cases} 6,0 \text{ cm} \\ 3 + 0,5 \times 1,9 = 3,95 \text{ cm} \end{cases} + < \begin{cases} \dfrac{8,0}{2} = 4,0 \text{ cm} \\ 3 + 0,5 \times 1,9 = 3,95 \text{ cm} \end{cases}$$

$p = 3,95 + 3,95 = 7,9$ cm

$$M_{Rd} = \frac{7,9 \times 1,9^2 \times 35}{4 \times 1,10} = 226,9 \text{ kN.cm}$$

$M_{Sd} = 157,6$ kN.cm $< M_{Rd} = 226,9$ kN.cm $\Rightarrow$ Atende!

j) Força cortante no painel de alma do pilar (entre os enrijecedores)

A alma do pilar deve ser verificada à força cortante introduzida pelo momento fletor solicitante de cálculo somado à força cortante solicitante de cálculo existente no pilar, igual a 50 kN. Logo:

$$V_{Sd,painel} \geq \begin{cases} \dfrac{M_{Sd,e}}{h_{0,e}} + \dfrac{M_{Sd,d}}{h_{0,d}} + V_{Sd,pilar,s} = 0 + \dfrac{10.000}{48,75} - 45 = 160,1 \text{ kN} \\ \dfrac{M_{Sd,e}}{h_{0,e}} + \dfrac{M_{Sd,d}}{h_{0,d}} + V_{Sd,pilar,i} = 0 + \dfrac{10.000}{48,75} + 55 = 260,1 \text{ kN} \end{cases}$$

$$V_{Sd,painel} = 260,1 \text{ kN}$$

$$\lambda = \frac{h}{t_w} = \frac{25}{1,25} = 20$$

$$\lambda_p = 1,10\sqrt{\frac{k_v E_a}{f_y}}$$

$$\frac{a}{h} = \frac{48,75}{25} = 1,95 < \begin{cases} 3 \\ \left[\dfrac{260}{(h/t_w)}\right]^2 = \left[\dfrac{260}{20}\right]^2 = 169 \end{cases} \Rightarrow k_v = 5 + \frac{5}{(a/h)^2} = 6,31$$

$$\lambda_p = 1,10\sqrt{\frac{6,31 \times 20.000}{35}} = 66,05$$

$$\lambda = 20 < \lambda_p = 66,05 \Rightarrow V_{Rd} = \frac{V_{p\ell}}{\gamma_{a1}}$$

$$V_{p\ell} = 0,6 A_w f_y$$

$$A_w = d\, t_w = 30 \times 1,25 = 37,5 \text{ cm}^2$$

$$V_{p\ell} = 0,6 \times 37,5 \times 35 = 787,5 \text{ kN}$$

$$V_{Rd,painel} = \frac{787,5}{1,10} = 715,9 \text{ kN}$$

A condição final do painel de alma do pilar deve levar em conta a influência da força axial. Dessa forma, faz-se:

$$\frac{N_{Sd,pilar}}{N_{pl,pilar}} = \frac{3.300}{(A_g f_y)_{pilar}} = \frac{3.300}{(2 \times 20 \times 2,5 + 25 \times 1,25)35} = 0,72$$

Como $\dfrac{N_{Sd,pilar}}{N_{pl,pilar}} = 0,72 > 0,40$, deve-se ter:

$$V_{Sd,painel} \leq V_{Rd,painel}\left(1,4 - \frac{N_{Sd,pilar}}{N_{pl,pilar}}\right) \Rightarrow 260,1 \text{ kN} < 715,9\,(1,4 - 0,72) = 486,81 \text{ kN} \Rightarrow \text{Atende!}$$

k) Tração e compressão nos enrijecedores do pilar

k1) Tração nos enrijecedores superiores

Os enrijecedores superiores tracionados já foram verificados no tópico *d*.

k2) Compressão nos enrijecedores inferiores

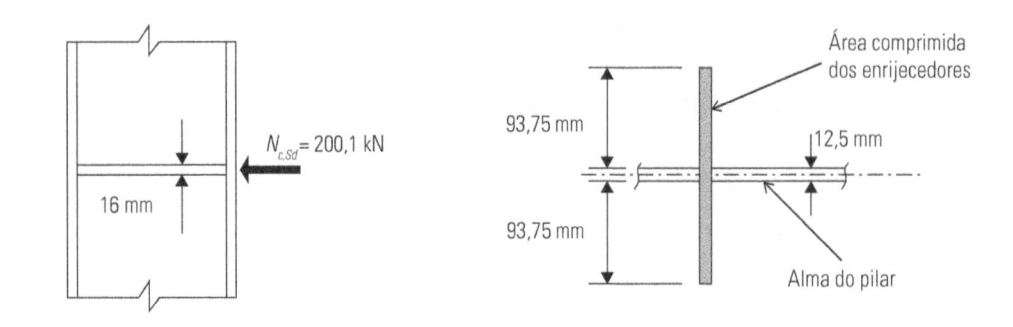

$$A_{g,s} = 20 \times 1,6 = 32 \text{ cm}^2$$

$$I_{i,s} = \frac{1,6 \times 20^3}{12} = 1.067 \text{ cm}^4$$

$$(KL)_s = h = 25 \text{ cm}$$

$$N_{ei,s} \cong \frac{\pi^2 E_a I_{i,s}}{(KL)_s^2} = \frac{\pi^2 \times 20.000 \times 1.067}{25^2} = 336.988 \text{ kN}$$

$$\lambda_{0,s} = \sqrt{\frac{A_{g,s} f_{ys}}{N_{ei,s}}} = \sqrt{\frac{32 \times 35}{336.988}} = 0,06 \Rightarrow \text{Tabela 7.1} \Rightarrow \chi = 0,998$$

$$N_{c,Sd} = 200,1 \text{kN} < N_{c,Rd} = \frac{\chi A_{g,s} f_y}{\gamma_{a1}} = \frac{0,998 \times 32 \times 35}{1,10} = 1.016 \text{ kN} \Rightarrow \text{Atende!}$$

l) Cisalhamento nos enrijecedores do pilar

É necessário verificar a capacidade dos enrijecedores de transferir as forças cortantes para a alma do pilar, conforme segue:

$$F_{Sd} = \frac{210,1}{2} = 105,1 \text{ kN}$$

$$F_{Rd} \leq \begin{cases} \dfrac{0,6 A_{gv} f_y}{\gamma_{a1}} \\ \dfrac{0,6 A_{nv} f_u}{\gamma_{a2}} \end{cases}$$

$$A_{gv} = 1,25 \times 25 = 31,25 \text{ cm}^2$$

$$A_{nv} = 31,25 - 2(1,25 \times 2) = 26,25 \text{ cm}^2$$

$$F_{Rd} \leq \begin{cases} \dfrac{0,6 \times 31,25 \times 35}{1,10} = 596,6 \text{ kN} \\ \dfrac{0,6 \times 26,25 \times 50}{1,35} = 583,3 \text{ kN} \end{cases} \Rightarrow F_{Rd} = 583,3 \text{ kN}$$

$$F_{Sd} = 105,1 \text{ kN} < F_{Rd} = 583,3 \text{ kN} \Rightarrow \text{Atende!}$$

m) Solda entre a alma da viga e a chapa de extremidade

Quando a seção transversal de um perfil é soldada, deve-se ter atenção ao utilizar as expressões 10.18 a 10.22, apresentadas no Subitem 10.10.2. Nesse caso, procura-se transferir para a chapa de topo as tensões segundo a distribuição que elas apresentam na seção transversal. Em um perfil I, a alma é responsável pelas tensões de cisalhamento, e toda a seção é responsável pelas tensões normais, devidas a momentos fletores e forças axiais.

m1) Tensões solicitantes na solda

A força $F_{y,Sd}$ age no plano do grupo de solda, gerando apenas tensões cisalhantes.

$$\tau_{w,Sd} = \sqrt{\tau_{w,x,Sd}^2 + \tau_{w,y,Sd}^2}$$

$$\tau_{w,x,Sd} = 0 \text{ kN/cm}^2$$

$$\tau_{w,y,Sd} = \frac{F_{y,Sd}}{A_{ew}} + \left(\frac{M_{z,Sd} \, y}{I_z}\right)$$

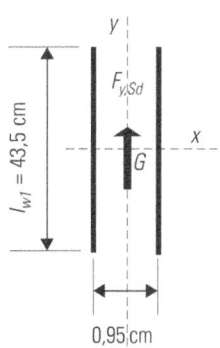

$$a_w = 0,707 \times 0,6 = 0,42 \text{ cm}$$

$$A_{ew} = \sum l_{wi} a_{wi} = 2 \times 43,5 \times 0,42 = 36,54 \text{ cm}^2$$

$$F_{y,Sd} = 290 \text{ kN}$$

$$\tau_{w,y,Sd} = \frac{290}{36,54} + 0 = 7,94 \text{ kN/cm}^2$$

$$\tau_{w,Sd} = \sqrt{0^2 + 7,94^2} = 7,94 \text{ kN/cm}^2$$

Também atuam tensões normais na solda da alma causadas pelo momento fletor e pela força axial aplicados. A máxima tensão normal na alma, considerando-se os recortes existentes neste elemento, pode ser dada por:

$$\sigma_{w,Sd} = \frac{210,1}{1,25 \times 20} \times \frac{(47,5 - 2 - 2)}{48,75} \times \frac{0,95}{2 \times 0,42} = 8,48 \text{ kN/cm}^2$$

m2) Verificação do metal de solda

$$\tau_{w,Sd} = 7,94 \text{ kN/cm}^2 < \tau_{w,Rd} = \frac{0,6 f_w}{\gamma_{w2}} = \frac{0,6 \times 48,5}{1,35} = 21,56 \text{ kN/cm}^2 \Rightarrow \text{Atende!}$$

$$\sigma_{w,Sd} = 8,48 \text{ kN/cm}^2 < \sigma_{w,Rd} = \frac{0,6 f_w}{\gamma_{w2}} = \frac{0,6 \times 48,5}{1,35} = 21,56 \text{ kN/cm}^2 \Rightarrow \text{Atende!}$$

$$\sqrt{\sigma_{w,Sd}^2 + \tau_{w,Sd}^2} = \sqrt{8,48^2 + 7,94^2} = 11,62 \text{ kN/cm}^2 < \frac{0,6 f_w}{\gamma_{w2}} = \frac{0,6 \times 48,5}{1,35} = 21,56 \text{ kN/cm}^2 \Rightarrow \text{Atende!}$$

m3) Observação

Como se tem uma junta em "tê", com filete duplo de 6 mm, não superior a 5/7 da espessura da alma da viga, igual a 9,5 mm (5/7 × 9,5 = 6,8 mm) é necessária a verificação da solda de filete.

n) Ruptura da alma da viga e da chapa de extremidade na região da solda

$$t \geq \frac{2,25 n a_w f_{w,res,Sd}}{m f_u}$$

Na alma da viga:
$n = 2; m = 1$

$$f_{w,res,Sd} = \sqrt{\sigma_{w,Sd}^2 + \tau_{w,Sd}^2} = \sqrt{8,48^2 + 7,94^2} = 11,62 \text{ kN/cm}^2$$

$$t = 0,95 \text{ cm} > \frac{2,25 \times 2 \times 0,42 \times 11,62}{1 \times 50} = 0,44 \text{ cm} \Rightarrow \text{Atende!}$$

Na chapa de extremidade:

$n = 2; m = 2$

$$t = 1,90 \text{ cm} > \frac{2,25 \times 2 \times 0,42 \times 11,62}{2 \times 50} = 0,22 \text{ cm} \Rightarrow \text{Atende!}$$

n1) Observação

A espessura da chapa de topo, igual a 19 mm, é superior à da alma, igual a 9,5 mm, e os aços têm resistência ao escoamento entre 250 MPa e 350 MPa, portanto, não é necessária a verificação de sua ruptura na região da solda.

o) Solda entre mesas da viga e chapa de extremidade

Utilizou-se solda de penetração total. Portanto, como as mesas já foram verificadas à força axial (tração e compressão) e a área efetiva de solda é igual à área do metal-base, não é necessário verificar o metal da solda e o metal-base.

p) Ruptura das mesas da viga e chapa de extremidade na região da solda

Verificação similar ao tópico *n*. Porém, como a espessura da chapa de extremidade, igual a 19 mm, é superior à espessura da mesa da viga, igual a 12,5 mm, e os aços têm resistência ao escoamento entre 250 MPa e 350 MPa, não é necessária a verificação da ruptura na região da solda.

q) Solda de composição do perfil do pilar

q1) Tensão de cisalhamento solicitante de cálculo na solda

$$\tau_{w,Sd} = \frac{260,1}{1,25 \times 30} \times \frac{1,25}{2 \times 0,57} = 7,61 \text{ kN/cm}^2$$

q2) Verificação do metal de solda

$$\tau_{w,Sd} = 7,61 \text{ kN/cm}^2 < \tau_{w,Rd} = \frac{0,6 f_w}{\gamma_{w2}} = \frac{0,6 \times 48,5}{1,35} = 21,56 \text{ kN/cm}^2 \Rightarrow \text{Atende!}$$

q3) Observação

Como se tem uma junta em "tê", com filete duplo de 8 mm, inferior a 5/7 da espessura da alma do pilar, igual a 12,5 mm (5/7 × 12,5 = 8,9 mm) é necessária a verificação da solda de filete, já realizada em *q2*.

Salienta-se, ainda, que, caso o perfil do pilar fosse laminado, evidentemente, toda a verificação da solda de composição do perfil do pilar não seria feita.

r) Ruptura da alma e mesas do pilar na região da solda

$$t \geq \frac{2,25 \, n \, a_w \, f_{w,res,Sd}}{m f_u}$$

Na alma do pilar:

$n = 2; m = 1$

$$f_{w,res,Sd} = \sqrt{\sigma_{w,Sd}^2 + \tau_{w,Sd}^2} = \sqrt{0 + 7,61^2} = 7,61 \text{ kN/cm}^2$$

$$t = 1,25 \text{ cm} > \frac{2,25 \times 2 \times 0,57 \times 7,61}{1 \times 50} = 0,39 \text{ cm} \Rightarrow \text{Atende!}$$

Na mesa do pilar:

$n = 2; m = 2$

$$t = 2,5 \text{ cm} > \frac{2,25 \times 2 \times 0,57 \times 7,61}{2 \times 50} = 0,21 \text{ cm} \Rightarrow \text{Atende!}$$

Como a espessura da mesa do pilar, igual a 25 mm, é superior à da alma, de 12,5 mm, e os aços têm resistência ao escoamento entre 250 MPa e 350 MPa, a verificação de sua ruptura na região da solda não é necessária.

Salienta-se, ainda que, caso o perfil do pilar fosse laminado, essa verificação não seria feita, evidentemente.

s) Solda entre enrijecedores com a alma do pilar

s1) Tensão solicitante na solda

$$\tau_{w,Sd} = \sqrt{\tau_{w,x,Sd}^2 + \tau_{w,y,Sd}^2}$$

$$\tau_{w,x,Sd} = 0 \text{ kN/cm}^2$$

$$\tau_{w,y,Sd} = \frac{F_{y,Sd}}{A_{ew}} + \left(\frac{M_{z,Sd}\,x}{I_z}\right)$$

$a_w = 0,707 \times 0,6 = 0,42$ cm

$A_{ew} = \sum l_{wi}\, a_{wi} = 2 \times 0,42 \times (25 - 2 \times 2) = 17,64$ cm²

$F_{x,Sd} = 0$ kN

$F_{y,Sd} = \dfrac{210,1}{2} = 105,1$ kN

$M_{z,Sd} = 0$ kN.cm

$\tau_{w,y,Sd} = \dfrac{105,1}{17,64} + 0 = 5,96$ kN/cm²

$\tau_{w,Sd} = \sqrt{0^2 + 5,96^2} = 5,96$ kN/cm²

s2) Verificação do metal da solda

$\tau_{w,Sd} = 5,96$ kN/cm² $< \tau_{w,Rd} = \dfrac{0,6\, f_w}{\gamma_{w2}} = \dfrac{0,6 \times 48,5}{1,35} = 21,56$ kN/cm² $\Rightarrow$ Atende!

t) Ruptura dos enrijecedores com a alma do pilar na região da solda

$$t \geq \frac{2,25\, n\, a_w\, f_{w,res,Sd}}{m\, f_u}$$

No enrijecedor:

$n = 2;\ m = 1$

$f_{w,res,Sd} = \sqrt{\sigma_{w,Sd}^2 + \tau_{w,Sd}^2} = \sqrt{0 + 5,96^2} = 5,96$ kN/cm²

$a_w = 0,707 \times 0,6 = 0,42$ cm

$t = 1,25$ cm $> \dfrac{2,25 \times 2 \times 0,42 \times 5,96}{1 \times 50} = 0,23$ cm $\Rightarrow$ Atende!

Na alma do pilar:

$n = 2;\ m = 2$

$t = 1,25$ cm $> \dfrac{2,25 \times 2 \times 0,42 \times 5,96}{2 \times 50} = 0,11$ cm $\Rightarrow$ Atende!

u) Observações finais

Poderia ser utilizada uma ligação rígida similar a uma das sugeridas no tópico *n* do Subitem 10.14.6. A ligação analisada neste exemplo e as sugeridas no tópico *n* do Subitem 10.14.6 também podem ser utilizadas para emenda de vigas, como opções à emenda parafusada com tala apresentada no Subitem 10.14.7.

Bibliografia

ABNT NBR 8800:2008. *Projeto de estruturas de aço e de estruturas mistas de aço e concreto de edifícios*. Rio de Janeiro, 2008.

ANSI/AISC 360-10. *Specification for structural steel buildings*. Chicago, EUA: American Institute of Steel Construction, 2010 (Chapter J: Design of connections; Commentary Chapter J: Design of connections).

AWS D1.1/D1.1M(2010). *Structural welding code-steel*. Miami: American Welding Society, 2010.

MODENESI, P. J.; MARQUES, P. V.; SANTOS, D. B. *Introdução à metalurgia da soldagem*. Belo Horizonte: Universidade Federal de Minas Gerais, 2012.

QUEIROZ, G.; Vilela, P. M. L. *Ligações, regiões nodais e fadiga de estruturas de aço*. Belo Horizonte: Código Editora, 2012.

SALMON, C. G.; JOHNSON, J. E.; MALHAS, F. A. *Steel structures: design and behavior*. 5. ed. Upper Saddle River, NJ, EUA: Pearson Prentice Hall, 2009 (Chapter 4: Structural bolts; Chapter 6: Welding; Chapter 13: Connections).

VASCONCELOS, A. L (Rev.). Ligações em estruturas metálicas. V. 1. 4. ed. Rio de Janeiro: IABr/CBCA, 2011. (Série "Manual de Construção em Aço").

_____. Ligações em estruturas metálicas. V. 2. 4. ed. Rio de Janeiro: IABr/CBCA, 2011. (Série "Manual de Construção em Aço").

11 Bases de pilar

11.1 Considerações iniciais

As bases de pilar são apoios da estrutura e precisam ser projetadas para transmitir, dependendo de seu tipo (ver Item 11.2), forças axiais, forças cortantes e momentos fletores. De modo geral, são constituídas por uma placa de base soldada na extremidade do pilar, fixada por chumbadores e, algumas vezes, por barras de cisalhamento a um bloco de concreto da fundação (Figura 11.1). Entre a face inferior da placa de base e a face superior do bloco de concreto, principalmente para nivelamento do pilar, coloca-se uma argamassa de cimento com aditivo expansor (aditivo que compensa a retração da argamassa) denominada argamassa expansiva de assentamento, conhecida como graute, que também preenche todos os espaços vazios eventualmente existentes em volta dos chumbadores e da barra de cisalhamento.

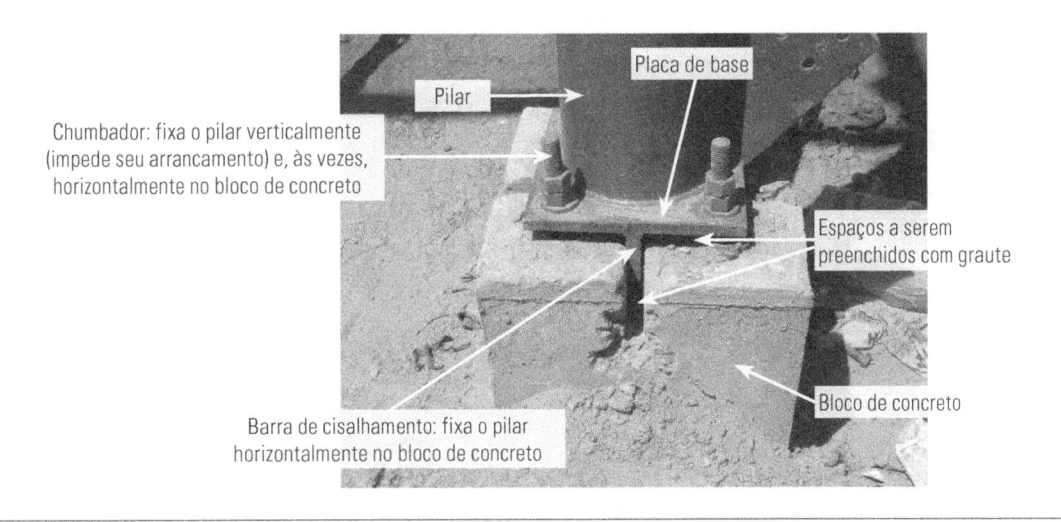

FIGURA 11.1 Componentes das bases de pilar.

Neste livro, somente serão tratadas as bases submetidas a ações estáticas e cujos pilares sejam de aço, constituídos por perfis I ou H duplamente simétricos. No caso de pilares constituídos por outros perfis, e também no caso de pilares mistos de aço e concreto, os mesmos procedimentos podem ser aplicados, mas com algumas adaptações.

11.2 Tipos de base

11.2.1 Modos de vinculação

De modo simplificado, definem-se usualmente as bases de um pilar como engastadas ou rotuladas.

As bases engastadas, representadas por engastes perfeitos na análise estrutural, transmitem forças axiais e momentos fletores para a fundação. Essas bases podem propiciar estruturas mais leves, porém, com fundações mais onerosas.

As bases rotuladas, representadas por apoios articulados na análise estrutural, transmitem somente forças axiais, sendo, por essa razão, as mais econômicas para as fundações.

De modo geral, tanto as bases engastadas quanto as rotuladas transmitem força cortante para a fundação, mas, em situações especiais, podem ser projetadas para não efetuar essa transmissão.

11.2.2 Bases engastadas

A base engastada mais simples e também mais empregada é constituída por uma placa de base soldada na extremidade do pilar e fixada ao bloco de concreto por chumbadores afastados do eixo de flexão. No caso de perfis I ou H fletidos em relação ao eixo de maior inércia (eixo x–x — perpendicular à alma), que é a situação mais comum na prática e a única abordada detalhadamente neste livro, os chumbadores geralmente são posicionados externamente às mesas do perfil (Figura 11.2a), com o intuito de criar o maior braço de alavanca possível, aumentando a capacidade da base de suportar momentos fletores (o binário é formado pela tração dos chumbadores, de um lado, e pela compressão do concreto, do outro — Item 11.4). Quando as solicitações são elevadas, para evitar que as placas fiquem demasiadamente espessas, elas podem ser enrijecidas com nervuras (Figura 11.2b), embora essa solução muitas vezes não seja vantajosa, pois reduz a espessura da placa, mas aumenta o custo de fabricação em decorrência de envolver chapas, cortes e soldas adicionais. Acrescenta-se, ainda, que as nervuras podem tornar necessário o uso de contranervuras, como mostra a Figura 11.2b, para que as mesas do pilar não fiquem submetidas a esforços localizados além da sua capacidade resistente. As bases engastadas com nervuras não serão tratadas neste livro.

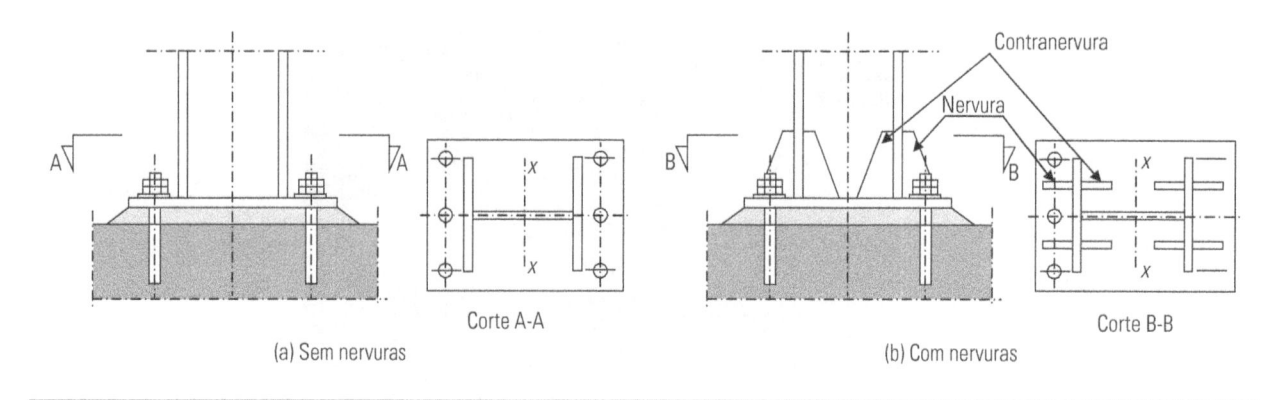

FIGURA 11.2 Bases engastadas.

11.2.3 Bases rotuladas

A base rotulada ideal é aquela que se assemelha a uma rótula perfeita, ou seja, que permite a rotação livre da extremidade do pilar em relação ao bloco de concreto, como a base mostrada na Figura 11.3a. Entretanto, bases com essas características têm custo mais elevado e levam a maiores dificuldades de montagem da estrutura. Assim, somente costumam ser usadas em algumas estruturas de grande porte, nas quais restrições muito pequenas à rotação podem acarretar modificação substancial nos valores dos esforços solicitantes e dos deslocamentos. Na prática, nas situações mais comuns de projeto, pode-se admitir uma reduzida restrição à rotação e aceita-se como rotulada a base formada por uma placa de base soldada na extremidade do pilar e fixada no concreto por chumbadores, similar à base engastada.

Os chumbadores podem ser posicionados externamente às mesas do pilar (Figura 11.3b), como na base engastada, mas com a base não sendo projetada para suportar momentos fletores. Algumas vezes, no entanto, os chumbadores são colocados próximo do eixo de flexão da seção transversal do pilar. Assim, se o pilar possui perfil I ou H, os chumbadores se situam entre suas mesas, conforme se vê na Figura 11.3c.

Qualquer que seja a posição dos chumbadores, quando a altura da seção transversal do pilar é muito alta, e mesmo que a base não seja projetada para suportar momentos fletores, pode ocorrer a transmissão de valores relativamente elevados desse esforço solicitante, não previstos no cálculo estrutural. Nessas condições, é recomendável reduzir a altura da seção junto à placa de base para assegurar que a base possa, de fato, ser considerada rotulada (Figura 11.3d).

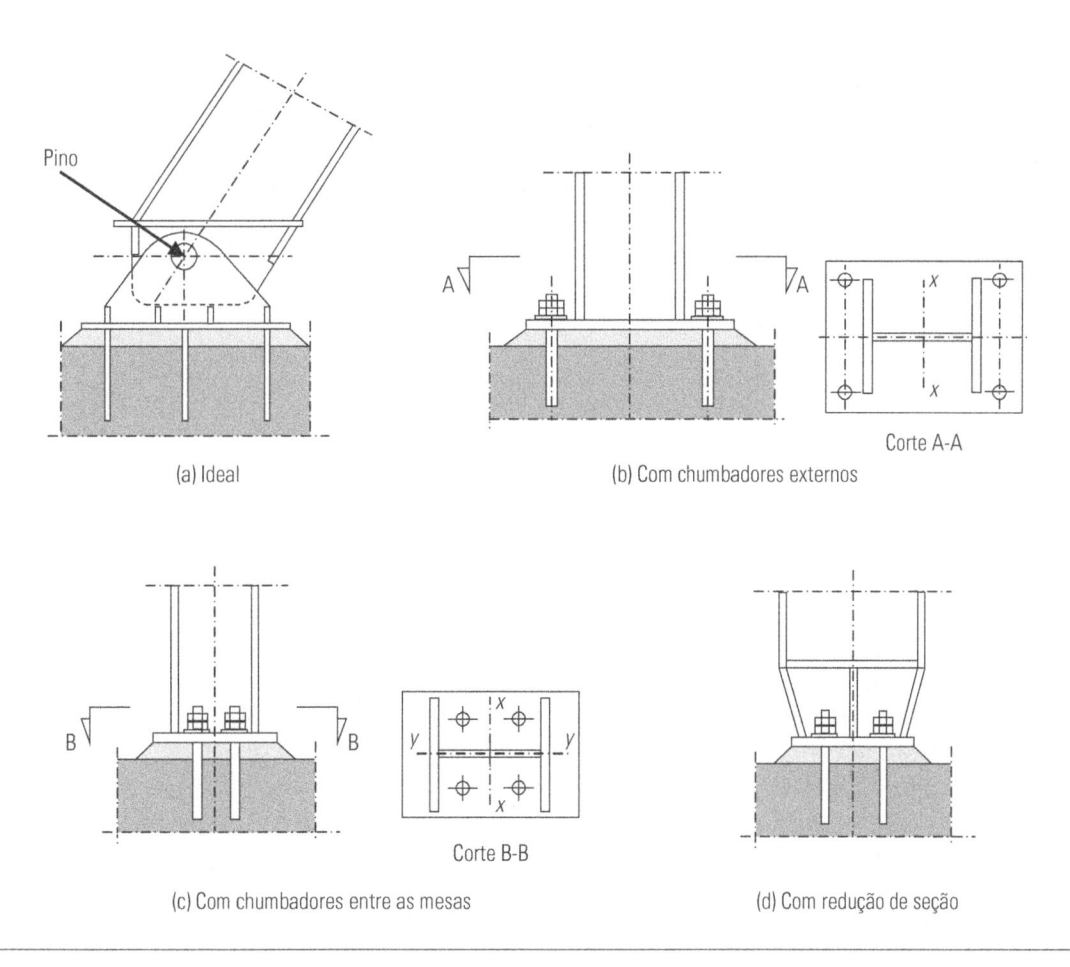

FIGURA 11.3 Bases rotuladas.

11.3 Aspectos construtivos, dimensões e propriedades recomendadas

11.3.1 Execução das bases

Na execução da base de um pilar, é necessário assegurar que os chumbadores fiquem nas suas posições durante a concretagem do bloco de fundação. Para tanto, eles geralmente são amarrados entre si e fixados na fôrma do bloco por meio de barras de armadura ou de chapas de gabarito. Com o objetivo de permitir ajustes de montagem, acomodando imprecisões, como as inerentes às obras de fundação, costuma-se deixar um volume vazio em volta do chumbador, junto à face superior do bloco de concreto, que é preenchido durante o nivelamento da base pela argamassa expansiva. Para delimitar esse volume, utiliza-se uma luva constituída por um tubo (Figura 11.4a) ou posiciona-se em volta do chumbador um cilindro maciço de isopor que é queimado antes da colocação da argamassa expansiva. Para que o pilar fique na elevação e prumo corretos até essa colocação, a altura prevista para a argamassa é mantida vazia por porcas nos chumbadores sob a placa de base, por chapas de calço metálicas apoiadas no bloco de fundação (Figura 11.4b) ou por outro meio equivalente.

É recomendável usar duas porcas (porca e contraporca) nos chumbadores para a fixação da placa de base, como se vê, por exemplo, na Figura 11.4a, a fim de promover mais garantia contra afrouxamento.

(a) Uso de tubo como luva   (b) Porcas e chapas para manter a elevação da base

FIGURA 11.4 Detalhes construtivos.

11.3.2 Quantidade, ancoragem, dimensões e aço dos chumbadores

Recomenda-se a colocação de, pelo menos, 4 chumbadores na placa de base, dispostos simetricamente em duplas, com diâmetro mínimo de 3/4" (19,05 mm) e máximo de 2" (50,8 mm), para bases engastadas (Figura 11.2) ou rotuladas (Figura 11.3). O aço dos chumbadores deve ter resistência ao escoamento e resistência à ruptura superior ou igual a 250 MPa e 400 MPa, respectivamente. Observa-se que, nas bases rotuladas, algumas vezes empregam-se apenas 2 chumbadores no eixo x do perfil do pilar (nesse caso, por exemplo, na Figura 11.3c, os 4 chumbadores mostrados são substituídos por apenas 2, um de cada lado da alma, sobre o eixo x), mas isso pode causar problemas de estabilidade durante a montagem da estrutura, antes da colocação da argamassa expansiva.

Neste livro, para ancoragem dos chumbadores no bloco de concreto, adota-se uma porca inserida nas extremidades rosqueadas embutidas desses chumbadores, com área de contato com o concreto, A_{cp}, mínima de 1,7 vez a área bruta do chumbador (Figura 11.5). A porca deve ser enroscada na parte inferior do chumbador e, ainda, soldada nesse chumbador, com filete de 3 mm de perna. O comprimento de ancoragem do chumbador, medido do topo do bloco à face superior da porca, h_{an}, deve ser de, no mínimo, 12 vezes o diâmetro do chumbador. De modo complementar, recomenda-se, para fins de otimização e padronização do projeto, usar as dimensões construtivas constantes da Tabela 11.1, na qual, para cada diâmetro de chumbador, d_{ca}, até 2", fornecem-se, entre outras informações, a altura do chumbador acima do bloco, h_2, o comprimento da rosca na parte superior do chumbador, r_1, e o comprimento da rosca na parte inferior do chumbador, r_2.

(a) Distâncias de furos e dimensões do chumbador

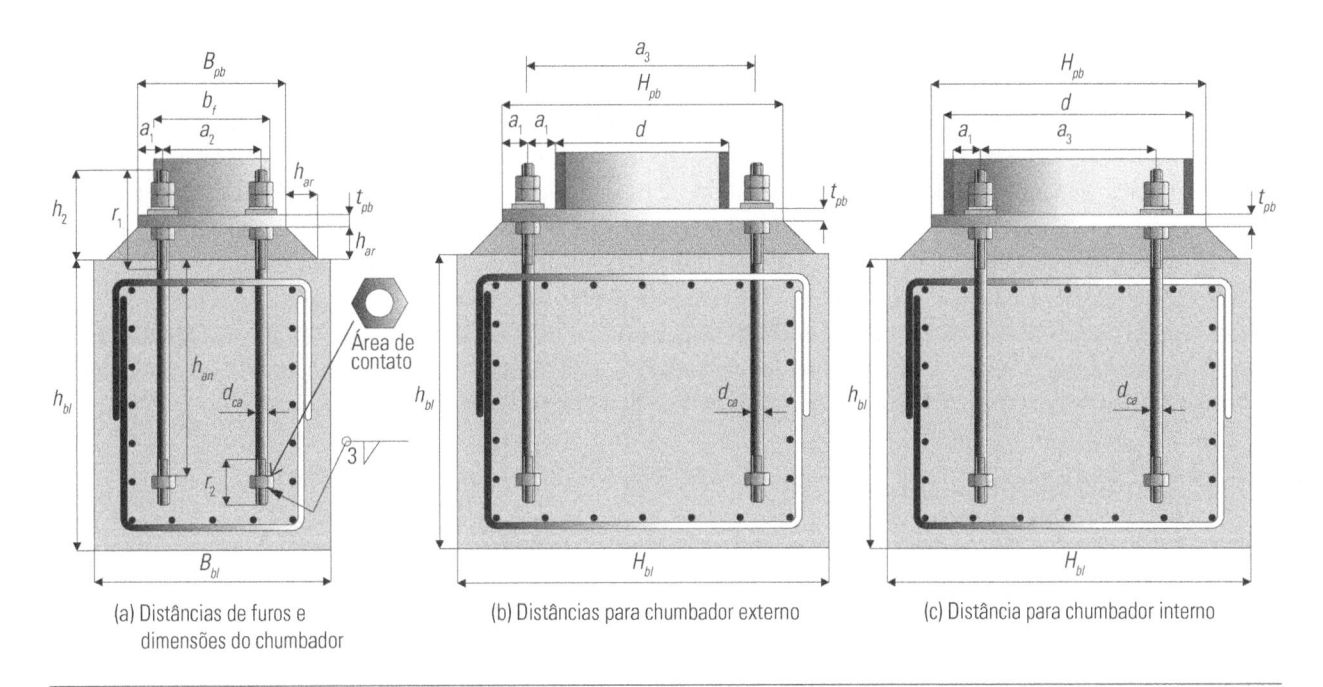

(b) Distâncias para chumbador externo

(c) Distância para chumbador interno

FIGURA 11.5 Disposições construtivas.

TABELA 11.1 Disposições construtivas

Chumbador					Furo	Arruela especial quadrada		Argamassa
d_{ca}		h_2 (mm)	r_1 (mm)	r_2 (mm)	Diâmetro d_h (mm)	Espessura t_{ae} (mm)	Dimensões (mm x mm)	Altura mínima h_{ar} (mm)
(pol)	(mm)							
3/4	19,05	150	175	50	33	9,5	50 x 50	40
7/8	22,23	200	225	50	40	9,5	65 x 65	50
1	25,40	200	225	50	45	12,5	75 x 75	60
1¼	31,75	225	250	60	50	12,5	75 x 75	60
1½	38,10	250	275	70	60	12,5	90 x 90	70
1¾	44,45	300	325	70	70	19,0	100 x 100	80
2	50,80	350	375	100	80	22,0	125 x 125	90

11.3.3 Diâmetro e distâncias dos furos na placa de base

Os furos na placa de base usualmente têm diâmetro, d_h, bastante superior ao diâmetro dos chumbadores, d_{ca}, para auxiliar nos ajustes de montagem, acomodando algumas imprecisões, como as inerentes às obras de fundação, conforme se vê na Tabela 11.1. No entanto, caso se considerem dispensáveis os ajustes proporcionados pelos furos de maior diâmetro, pode-se optar por usar furos-padrão.

A distância entre os centros dos furos e as bordas da placa de base e entre os centros dos furos e a face da mesa do pilar, a_1, deve ser de, no mínimo, $2d_{ca}$, e entre centros dos furos na direção paralela à largura das mesas, a_2, deve ser de, no mínimo, $4d_{ca}$ (figuras 11.5a e 11.5b). Na direção paralela à altura da seção do pilar, a distância entre centros dos furos, a_3, também deve ser de, no mínimo, $4d_{ca}$ (Figura 11.5c), e a distância entre os centros dos furos e a face da alma do pilar, a_4, deve ser de, no mínimo, $2d_{ca}$.

11.3.4 Arruelas especiais

Se os furos na placa de base tiverem o diâmetro d_h indicado na Tabela 11.1, precisam ser utilizadas arruelas especiais, que são chapas quadradas com furo-padrão (Figura 11.4b), ou seja, igual ao diâmetro do chumbador mais 1,5 mm, cujas espessuras e dimensões são mostradas também na Tabela 11.1 (podem ser usadas também chapas circulares com diâmetro igual ao tamanho dos lados da arruela quadrada correspondente — ver, por exemplo, Figura 11.4a). Essas arruelas devem possuir resistência ao escoamento igual ou superior à maior das resistências entre a do chumbador e a da placa de base e ser acompanhadas de arruelas normais (espessura de cerca de 4 mm) entre elas e as porcas.

Na hipótese de, na montagem da estrutura, utilizarem-se porcas para manter a elevação da base (Figura 11.4b), arruelas especiais devem ser colocadas também junto à face inferior da placa de base, para evitar que a placa se apoie apenas nas extremidades sextavadas das porcas, o que pode ocasionar problemas de estabilidade durante a montagem da estrutura, e até mesmo fazer com que as porcas penetrem no interior dos furos.

11.3.5 Dimensões da placa de base

O comprimento do lado da placa de base, paralelo às mesas do perfil, B_{pb}, deve obedecer à seguinte limitação (Figura 11.5):

$$B_{pb} \leq b_f + 2a_1 \tag{11.1}$$

onde b_f é a largura das mesas do perfil, com a distância a_1 definida no Subitem 11.3.3.

É possível aumentar a largura das mesas do pilar junto à placa de base utilizando-se chapas soldadas, conforme se vê na Figura 11.6. Caso isso seja feito, na Equação (11.1) b_f deve incluir a largura dessas chapas.

Recomenda-se adotar para a espessura da placa de base, t_{pb}, um mínimo de 19 mm.

FIGURA 11.6 Base com a largura das mesas aumentadas por chapas soldadas.

11.3.6 Altura e resistência da argamassa expansiva

Recomenda-se adotar para a altura da argamassa expansiva de assentamento, h_{ar} (Figura 11.5), os valores mínimos apresentados na Tabela 11.1, crescentes com o diâmetro do chumbador.

A resistência característica à compressão da argamassa de assentamento deve ser igual a, no mínimo, 1,5 vez a resistência do concreto do bloco de fundação, e o bloco de fundação deve ter resistência igual ou superior a 20 MPa.

11.3.7 Dimensões e armadura do bloco de concreto da fundação

As dimensões do bloco de concreto da fundação, concêntricas à placa de base, devem satisfazer às seguintes condições (Figura 11.5):

$$H_{bl} \geq H_{pb} + 11\, d_{ca} \qquad (11.2)$$

$$B_{bl} \geq B_{pb} + 11\, d_{ca} \qquad (11.3)$$

$$h_{bl} \geq \begin{cases} h_{an} + 200 \text{ mm} \\ H_{bl} \end{cases} \qquad (11.4)$$

Essas dimensões devem, ainda, ser verificadas de acordo com as prescrições da norma ABNT NBR 6118:2014, e a armadura do bloco, representada esquematicamente na Figura 11.5, deve ser projetada de acordo com essa mesma norma.

11.4 Comportamento das bases sob força axial e momento fletor

11.4.1 Bases submetidas a força axial de compressão

11.4.1.1 Condições de equilíbrio

Nas bases submetidas à força axial de compressão, $N_{c,Sd}$, e ao momento fletor, M_{Sd}, as expressões para a obtenção dos esforços solicitantes, no caso, a tensão de compressão no concreto e a força de tração nos chumbadores, são definidas em função da excentricidade da força axial, dada por:

$$e = \left| \frac{M_{Sd}}{N_{c,Sd}} \right| \qquad (11.5)$$

Se não houver atuação de momento fletor, o pilar está submetido apenas a compressão axial, o que significa que a base possui excentricidade nula, que todo o concreto abaixo da placa de base fica comprimido e, ainda, que os chumbadores não trabalham a tração (Figura 11.7a).

Se a base possuir excentricidade pequena, não superior a uma excentricidade crítica, $e_{crit,c}$, o equilíbrio é possível sem que haja a necessidade de introdução de forças de tração nos chumbadores (Figura 11.7b).

Se a excentricidade superar a excentricidade crítica, $e_{crit,c}$, os chumbadores de um dos lados da placa de base ficam tracionados para que o equilíbrio se estabeleça (Figura 11.7c). Em todos esses casos, considera-se, simplificadamente, que a pressão no concreto é uniforme.

(a) Excentricidade nula ($e = 0$) (b) Excentricidade pequena ($e \leq e_{crit,c}$) (c) Excentricidade grande ($e > e_{crit,c}$)

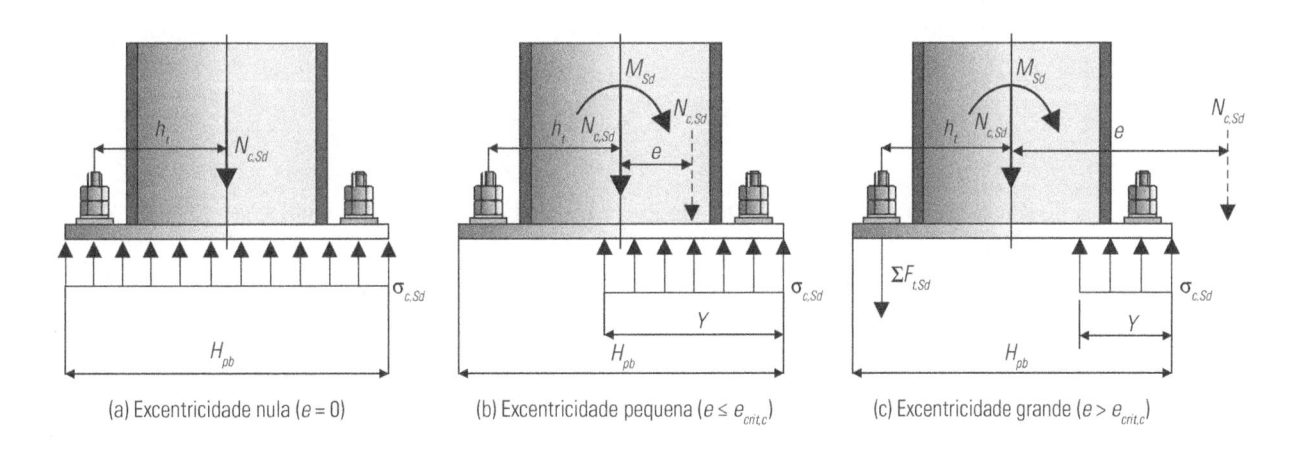

FIGURA 11.7 Condições de equilíbrio para bases submetidas a força axial de compressão.

O valor da excentricidade crítica, $e_{crit,c}$, pode ser deduzido a partir da Figura 11.7b. Para que não haja a necessidade de introdução de forças de tração nos chumbadores, a seção comprimida do bloco de concreto, representada pela distância Y, deve ser simétrica em relação à posição da força de compressão $N_{c,Sd}$ (deslocada do eixo do pilar pela distância igual à excentricidade e). Por geometria, tem-se:

$$Y + 2e = H_{pb} \tag{11.6}$$

sendo H_{pb} o comprimento da placa de base. Por equilíbrio, deve-se ter:

$$N_{c,Sd} = \sigma_{c,Sd} B_{pb} Y \tag{11.7}$$

onde $\sigma_{c,Sd}$ é a tensão de compressão solicitante de cálculo no concreto e B_{pb} é a largura da placa de base. Substituindo o valor de Y na Equação (11.6), tem-se:

$$e = \frac{1}{2}\left(H_{pb} - \frac{N_{c,Sd}}{B_{pb}\,\sigma_{c,Sd}}\right) \tag{11.8}$$

No limite, em que e é igual a $e_{crit,c}$, a tensão de compressão solicitante de cálculo do concreto, $\sigma_{c,Sd}$, se iguala à tensão de compressão resistente de cálculo, $\sigma_{c,Rd}$, e, assim, chega-se a:

$$e_{crit,c} = \frac{1}{2}\left(H_{pb} - \frac{N_{c,Sd}}{B_{pb}\,\sigma_{c,Rd}}\right) \tag{11.9}$$

A tensão de compressão resistente de cálculo do concreto pode ser assumida como:

$$\sigma_{c,Rd} = \frac{f_{ck,bl}}{\gamma_c \gamma_n} \tag{11.10}$$

onde $f_{ck,bl}$ é a resistência característica à compressão do concreto do bloco de fundação, γ_c é o coeficiente de ponderação da resistência do concreto, igual a 1,4, e γ_n é um coeficiente de ajuste relacionado ao comportamento do concreto, também igual a 1,4.

A excentricidade crítica, $e_{crit,c}$, deve ser sempre igual ou superior a zero. Caso isso não ocorra, deve-se aumentar as dimensões da placa de base ou a tensão de compressão resistente do concreto.

11.4.1.2 Esforços solicitantes nos componentes das bases

Para $e \leq e_{crit,c}$

Quando a excentricidade, e, é inferior ou igual à excentricidade crítica, $e_{crit,c}$, como se mostrou no Subitem 11.4.1.1, a força de tração nos chumbadores é nula e a tensão de compressão solicitante de cálculo no concreto é dada por (figuras 11.7a e 11.7b):

$$\sigma_{c,Sd} = \frac{N_{c,Sd}}{Y B_{pb}} \tag{11.11}$$

Nessa expressão, a distância comprimida do concreto, tendo em vista a Equação (11.6), é igual a:

$$Y = H_{pb} - 2e \tag{11.12}$$

Para $e > e_{crit,c}$

Quando a excentricidade, e, é superior à excentricidade crítica, $e_{crit,c}$, como foi mostrado no Subitem 11.4.1.1, o equilíbrio só é possível com a introdução de forças de tração nos chumbadores. Nesse caso, tem-se um problema hiperestático, com três incógnitas, a força de tração nos chumbadores, $\Sigma F_{t,Sd}$, a distância comprimida do concreto, Y, e a tensão de compressão no concreto, $\sigma_{c,Sd}$, e apenas duas equações de equilíbrio, a de forças verticais e a de momentos, uma vez que a equação de equilíbrio de forças horizontais não envolve nenhuma dessas incógnitas. Para simplificar, considera-se que a tensão $\sigma_{c,Sd}$, assumida como uniformemente distribuída, no limite seja igual à tensão de compressão resistente de cálculo do concreto, $\sigma_{c,Rd}$, como se vê na Figura 11.7c. Dessa forma, o problema torna-se isostático, e as duas incógnitas restantes, $\Sigma F_{t,Sd}$ e Y, podem ser facilmente obtidas com equações de equilíbrio. Assim, encontra-se a força de tração no conjunto de chumbadores de um dos lados da placa, que é dada por:

$$\Sigma F_{t,Sd} = \sigma_{c,Rd} Y B_{pb} - N_{c,Sd} \qquad (11.13)$$

Encontra-se também a distância comprimida do concreto, igual a:

$$Y = h_t + \frac{H_{pb}}{2} - \sqrt{\Delta} \qquad (11.14)$$

onde h_t é distância do centro do pilar ao eixo dos chumbadores tracionados (Figura 11.7), e

$$\Delta = \left(h_t + \frac{H_{pb}}{2} \right)^2 - \left(\frac{2 N_{c,Sd} (e + h_t)}{B_{pb} \sigma_{c,Rd}} \right) \qquad (11.15)$$

com $\sigma_{c,Sd}$ dada pela Equação (11.11).

O valor de Δ deve ser igual ou superior a zero. Caso essa condição não seja satisfeita, deve-se aumentar as dimensões da placa de base ou a tensão de compressão resistente de cálculo do concreto.

11.4.2 Bases submetidas a força axial de tração

11.4.2.1 Condições de equilíbrio

Nas bases submetidas à força axial de tração, $N_{t,Sd}$, e ao momento fletor, M_{Sd}, a excentricidade da força axial é dada por:

$$e = \left| \frac{M_{Sd}}{N_{t,Sd}} \right| \qquad (11.16)$$

Se não houver atuação de momento fletor, então o pilar está submetido apenas a tração axial, o que significa que a base possui excentricidade nula, que todos os chumbadores trabalham igualmente a tração e, ainda, que não há compressão no concreto (Figura 11.8a).

Se a base possuir excentricidade pequena, não superior a uma excentricidade crítica, $e_{crit,t}$, o equilíbrio é possível sem compressão no concreto, apenas com os chumbadores dos dois lados da placa de base trabalhando sob forças de tração diferentes (Figura 11.8b).

Se a excentricidade superar a excentricidade crítica, $e_{crit,t}$, para que o equilíbrio se estabeleça, os chumbadores de um dos lados da placa de base ficam tracionados e há compressão no concreto, considerada simplificadamente como uniforme, em um comprimento Y do lado oposto da placa (Figura 11.8c).

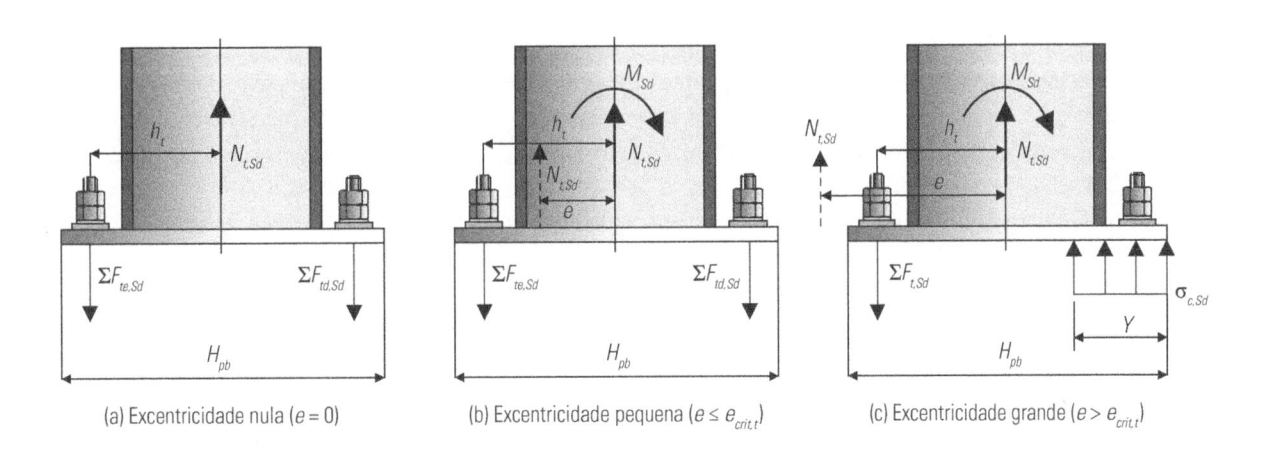

FIGURA 11.8 Condições de equilíbrio para bases submetidas à força axial de tração.

O valor da excentricidade crítica, $e_{crit,t}$, para o caso de atuação de força axial de tração é obtido da estática. Assim, tendo como referência a Figura 11.8b, tem-se:

$$e_{crit,t} = h_t \qquad (11.17)$$

11.4.2.2 Esforços solicitantes nos componentes das bases

Para $e \leq e_{crit,t}$

Quando a excentricidade, e, é inferior ou igual à excentricidade crítica, $e_{crit,t}$, como se mostrou no Subitem 11.4.2.1, a tensão de compressão solicitante no concreto é nula, e a maior força de tração ocorre no grupo de chumbadores situados do lado da placa de base tracionado pelo momento fletor (no caso da Figura 11.8b, o lado esquerdo), sendo dada por:

$$\Sigma F_{t,Sd} = \frac{N_{t,Sd}}{2}\left(1 + \frac{e}{h_t}\right) \qquad (11.18)$$

Para $e > e_{crit,t}$

Quando a excentricidade, e, é superior à excentricidade crítica, $e_{crit,t}$, como foi mostrado no Subitem 11.4.2.1, o equilíbrio só é possível com a introdução de compressão no concreto. Esse caso é similar ao da atuação de força axial de compressão na base e pode ser resolvido utilizando-se as mesmas simplificações, com as equações da estática. Assim, chega-se à força de tração atuante no conjunto de chumbadores de um dos lados da placa, igual a:

$$\Sigma F_{t,Sd} = \sigma_{c,Rd}\, Y\, B_{pb} + N_{t,Sd} \qquad (11.19)$$

O valor do comprimento comprimido do concreto, Y, é dado pela Equação (11.14), com:

$$\Delta = \left(h_t + \frac{H_{pb}}{2}\right)^2 - \left(\frac{2 N_{t,Sd}(e - h_t)}{B_{pb}\,\sigma_{c,Rd}}\right) \qquad (11.20)$$

O valor de Δ deve ser igual ou superior a zero. Caso essa condição não seja satisfeita, deve-se aumentar as dimensões da placa de base ou a tensão de compressão resistente de cálculo do concreto.

11.5 Comportamento das bases sob força cortante

11.5.1 Elementos resistentes a força cortante

As forças cortantes (forças perpendiculares ao eixo longitudinal dos pilares) podem ser absorvidas por meio de barras de cisalhamento ou pelos próprios chumbadores, conforme se verá nos subitens 11.5.2 e 11.5.3, respectivamente.

11.5.2 Barras de cisalhamento

As forças cortantes solicitantes de cálculo, V_{Sd}, que atuam nas bases podem ser absorvidas por meio de barras de cisalhamento que, em grande parte das vezes, são chapas soldadas na face inferior da placa de base e embutidas no bloco de concreto da fundação (Figura 11.9a). Nas situações em que as forças cortantes atuam nas direções dos dois eixos centrais do perfil do pilar, são usadas chapas perpendiculares a essas duas direções, formando uma cruz (Figura 11.9b). Quando as forças cortantes têm maior intensidade em uma ou em duas direções, as chapas podem ser substituídas por perfis, como o perfil H mostrado na Figura 11.10.

Se atuar no pilar uma força de compressão, na mesma combinação última de ações da força cortante, V_{Sd}, pode-se considerar que uma parcela dessa força cortante é transmitida por uma força de atrito resistente de cálculo entre a placa de base e o bloco de concreto, dada por:

$$V_{at,Rd} \leq \begin{cases} 0{,}7\mu\, N_{c,Sd} \\ 0{,}2\, f_{ck,bl}\, Y B_{pb} \end{cases} \qquad (11.21)$$

(a) Em uma direção

(b) Nas duas direções

FIGURA 11.9 Barras de cisalhamento constituídas por chapas.

onde μ é o coeficiente de atrito entre a placa de aço e o concreto, cujo valor pode ser tomado como igual a 0,55, desde que a face inferior da placa não receba pintura. Portanto, a barra de cisalhamento deve resistir apenas a uma força $V_{bc,Sd}$, igual à diferença entre a força cortante atuante na base da estrutura e a parcela absorvida pelo atrito, ou seja (Figura 11.11):

$$V_{bc,Sd} = V_{Sd} - V_{at,Rd} \qquad (11.22)$$

Caso não atue força de compressão na base da estrutura, não existe a força de atrito ($V_{at,Rd} = 0$), o que significa que a barra de cisalhamento deve absorver integralmente a força cortante V_{Sd}. Por outro lado, se toda a força cortante for absorvida pelo atrito, o que ocorre se $V_{at,Rd}$ for pelo menos igual a V_{Sd}, a barra de cisalhamento pode ser dispensada.

A barra de cisalhamento trabalha pressionando o concreto do bloco de fundação, considerando-se, de modo conservador, que a argamassa de assentamento não participa desse processo. Por essa razão, recomenda-se que a altura da barra, h_{bc}, seja igual a, pelo menos, o dobro da altura da argamassa, h_{ar}. Dessa forma, a barra de cisalhamento fica submetida, além da força cortante $V_{bc,Sd}$, a um momento fletor, cujo valor máximo solicitante de cálculo ocorre na seção em que ela encontra a placa de base (Figura 11.11), igual a:

FIGURA 11.10 Barra de cisalhamento constituída por perfil H.

$$M_{bc,Sd} = V_{bc,Sd} c_{bc} \qquad (11.23)$$

onde c_{bc} é a distância da face inferior da placa de base até o centro de atuação das tensões de compressão no bloco de concreto, ou seja

$$c_{bc} = h_{ar} + \frac{(h_{bc} - h_{ar})}{2} \qquad (11.24)$$

O bloco de concreto, como se vê na Figura 11.11, fica submetido a uma tensão de compressão na região de contato com a barra de cisalhamento, considerada uniforme. No caso de barras de cisalhamento constituídas por chapas, o valor de cálculo dessa tensão é igual a:

$$\sigma_{bc,Sd} = \frac{V_{bc,Sd}}{b_{bc}(h_{bc} - h_{ar})} \qquad (11.25)$$

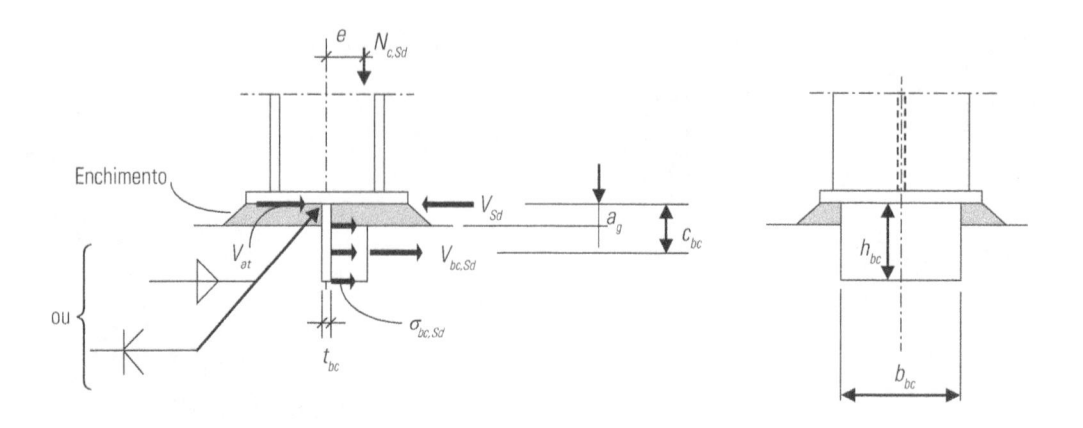

FIGURA 11.11 Equilíbrio de esforços horizontais na base de um pilar.

No caso de barras de cisalhamento constituídas por perfis, o denominador da Equação (11.25), que representa a área de contato da barra com o concreto do bloco, deve ser adequadamente ajustado.

As barras de cisalhamento são mais utilizadas quando a força cortante tem valores elevados. Isso ocorre, por exemplo, nos edifícios industriais, quando as forças horizontais transmitidas por equipamentos são altas, e nos pilares pertencentes a sistemas treliçados de contraventamento dos edifícios de andares múltiplos, quando as forças transmitidas por diagonais também são altas.

11.5.3 Chumbadores

Nas situações em que a força cortante atuante na base não é elevada, os chumbadores podem ser projetados também para transmitir essa força para o bloco de fundação. Trata-se de uma solução interessante porque dispensa as barras de cisalhamento, mas exige que as arruelas especiais na face superior da placa de base, usadas caso a placa possua furos com diâmetro superior ao do furo-padrão, sejam soldadas à placa (Figura 11.12). Essa soldagem garante que o deslizamento livre entre o chumbador e placa de base fique restrito à folga do furo-padrão, assegurando um rápido contato entre esses elementos e permitindo que as forças horizontais sejam plenamente transmitidas aos chumbadores, e destes ao bloco.

Os chumbadores devem suportar, de modo similar às barras de cisalhamento, somente uma força $V_{ca,Sd}$, que é igual à diferença entre a força cortante atuante na base da estrutura e a parcela absorvida pelo atrito, ou seja:

$$V_{ca,Sd} = V_{Sd} - V_{at,Rd} \quad (11.26)$$

Obviamente, assim como nas barras de cisalhamento, se não houver atuação de força de compressão na base da estrutura, não existe força de atrito ($V_{at,Rd} = 0$), e os chumbadores precisam absorver integralmente a força cortante V_{Sd}. Se toda a força cortante for absorvida pelo atrito, o que ocorre quando $V_{at,Rd}$ é pelo menos igual a V_{Sd}, os chumbadores não precisam ser projetados para suportar essa força.

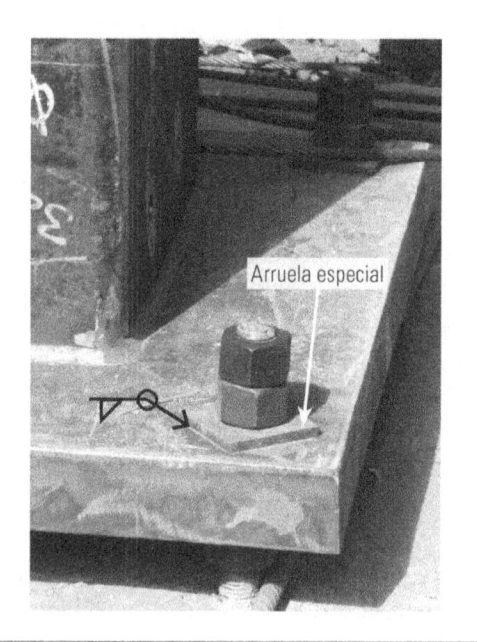

FIGURA 11.12 Arruela especial soldada à placa de base.

11.6 Verificação do concreto do bloco de fundação

O estado-limite último relacionado ao concreto do bloco de fundação é seu esmagamento sob tensão de compressão. Para que esse estado-limite não ocorra, no caso da compressão provocada pela placa de base, deve-se ter:

$$\sigma_{c,Sd} \leq \sigma_{c,Rd} \quad (11.27)$$

onde $\sigma_{c,Sd}$ é a tensão de compressão solicitante de cálculo no concreto — gerada pela força axial e pelo momento fletor transmitidos pela placa —, dada pela Equação (11.11), e $\sigma_{c,Rd}$ é a tensão de compressão resistente de cálculo, dada pela Equação (11.10). Deve-se salientar que essa verificação só precisa ser feita se houver força axial de compressão com excentricidade inferior ou igual à crítica, pois, de acordo com o Item 11.4, quando atua força axial de tração com excentricidade inferior ou igual à crítica, não existe compressão no concreto, e, quando a excentricidade supera a crítica, seja com força axial de compressão ou de tração, assume-se que $\sigma_{c,Sd}$ é igual à $\sigma_{c,Rd}$.

No caso da compressão provocada pela barra de cisalhamento constituída por chapas, de modo análogo, deve-se ter:

$$\sigma_{bc,Sd} \leq \sigma_{c,Rd} \quad (11.28)$$

onde $\sigma_{bc,Sd}$ é a tensão de compressão solicitante de cálculo no concreto por conta da força horizontal transmitida pela barra de cisalhamento, dada pela Equação (11.25), e $\sigma_{c,Rd}$ é a tensão de compressão resistente de cálculo, dada pela Equação (11.10).

11.7 Verificação dos chumbadores

11.7.1 Solicitação

Conforme se viu anteriormente, os chumbadores podem ser solicitados por tração axial, quando a força axial atuante no pilar for de compressão e a excentricidade superar a crítica ou quando a força axial atuante no pilar for de tração. Podem também ser solicitados por força cortante quando forem projetados para resistir a essa força atuante na base.

11.7.2 Chumbadores trabalhando à tração

Os chumbadores tracionados podem sofrer diversos estados-limites últimos. Para que esses estados-limites não ocorram, deve-se ter:

$$\Sigma F_{t,Sd} \leq \Sigma F_{t,Rd} \quad (11.29)$$

onde $\Sigma F_{t,Sd}$ é a soma das forças de tração solicitantes de cálculo do conjunto de n_t chumbadores tracionados posicionados de um dos lados da base, determinada pelas equações (11.13), (11.18) ou (11.19), a que for aplicável ao caso em análise, e $\Sigma F_{t,Rd}$ é a força de tração resistente de cálculo desse conjunto de chumbadores, igual ao menor dos seguintes valores, conforme o estado-limite último:

- Escoamento da seção bruta dos chumbadores

$$\Sigma F_{t,Rd,y} = \frac{n_t A_{g,ca} f_{y,ca}}{\gamma_{a1}} \quad (11.30)$$

onde $A_{g,ca}$ é a área bruta de um chumbador, baseada no seu diâmetro (d_{ca}), $f_{y,ca}$ é a resistência ao escoamento do aço dos chumbadores e γ_{a1} é o coeficiente de ponderação da resistência do aço para escoamento, igual a 1,10.

- Ruptura da parte rosqueada dos chumbadores

$$\Sigma F_{t,Rd,u} = \frac{n_t A_{e,ca} f_{u,ca}}{\gamma_{a2}} \quad (11.31)$$

onde $A_{e,ca}$ é a área efetiva de um chumbador, considerada igual a $0{,}75 A_{g,ca}$, $f_{u,ca}$ é a resistência à ruptura do aço dos chumbadores e γ_{a2} é o coeficiente de ponderação da resistência do aço para ruptura, igual a 1,35.

- Arrancamento do chumbador

$$\Sigma F_{t,Rd,ac} = \frac{8 n_t A_{cp} f_{ck,bl}}{\gamma_c} \qquad (11.32)$$

onde A_{cp} é a área de contato entre a face superior da porca embutida e o concreto (Figura 11.5a) que, conforme explicitado no Subitem 11.3.2, deve ser de, no mínimo, 1,7 vez a área do chumbador, $f_{ck,bl}$ é a resistência característica à compressão do concreto do bloco e γ_c é o coeficiente de ponderação da resistência do concreto, igual a 1,40. Nesse estado-limite, o chumbador é arrancado do bloco, levando junto com ele o concreto ao seu redor.

- Ruptura do concreto

$$\Sigma F_{t,Rd,rc} = \frac{0,08 A_{rc} \sqrt{f_{ck,bl}}}{\gamma_c h_{an}^{1/3}} \qquad (11.33)$$

onde A_{rc} é a área de ruptura do concreto, em centímetros quadrados, projetada na face superior do bloco, e h_{an} é o comprimento de ancoragem do chumbador (Figura 11.13), em centímetros, que, conforme o Item 11.3, deve ser no mínimo igual a 12 d_{ca}, tomando-se $f_{ck,bl}$ em quilonewtons por centímetros quadrados.

O colapso por ruptura do concreto ocorre quando o cone que envolve o conjunto de chumbadores se separa do bloco de fundação, em decorrência de tensões de tração no concreto, como mostra a Figura 11.13, na qual, para simplificar, mostra-se apenas um chumbador. Apesar de a seção do cone ter formato circular, a expressão de resistência foi ajustada para considerar projeção no topo do bloco de formato retangular, facilitando a quantificação das interferências entre chumbadores tracionados próximos.

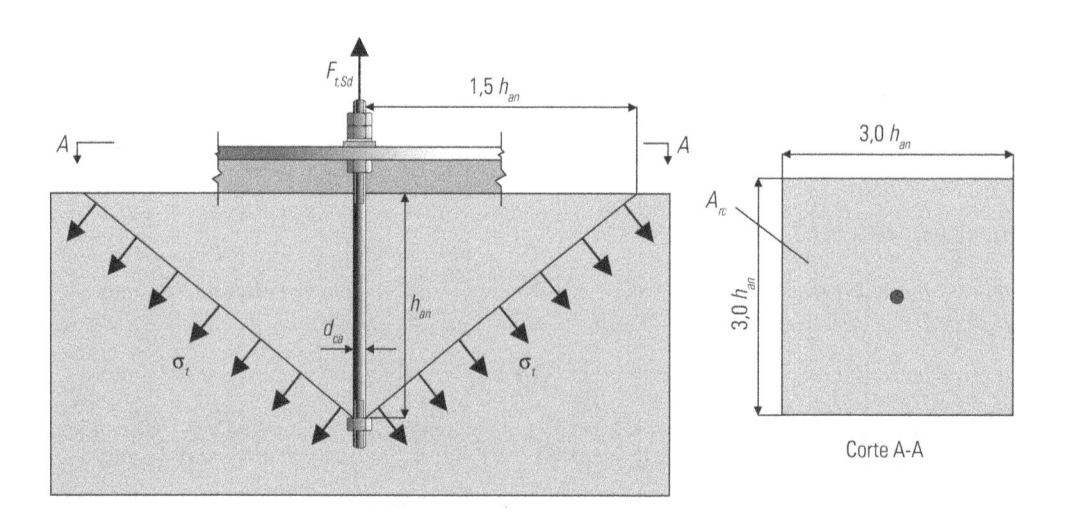

FIGURA 11.13 Área de ruptura do concreto para um chumbador.

Como explicitado, a Figura 11.13 apresenta a área de ruptura do concreto, A_{rc}, para apenas um chumbador. Para mais de um chumbador, essa área pode ser obtida pela expressão (Figura 11.14):

$$A_{rc} = 2\left(c_2 + \frac{c_4}{2}\right)(c_1 + c_3) + (n_t - 2)c_4(c_1 + c_3) \qquad (11.34)$$

obedecendo às seguintes limitações

$$c_1 \leq \begin{cases} \dfrac{H_{bl}}{2} - h_t \\ 1,5 h_{an} \end{cases} \qquad (11.35)$$

$$c_2 \leq \begin{cases} \dfrac{B_{bl} - B_{pb} + 2a_1}{2} \\ 1{,}5\, h_{an} \end{cases} \quad (11.36)$$

$$c_3 \leq \begin{cases} h_t \\ 1{,}5\, h_{an} \end{cases} \quad (11.37)$$

$$c_4 \leq \begin{cases} a_2 \\ 3{,}0\, h_{an} \end{cases} \quad (11.38)$$

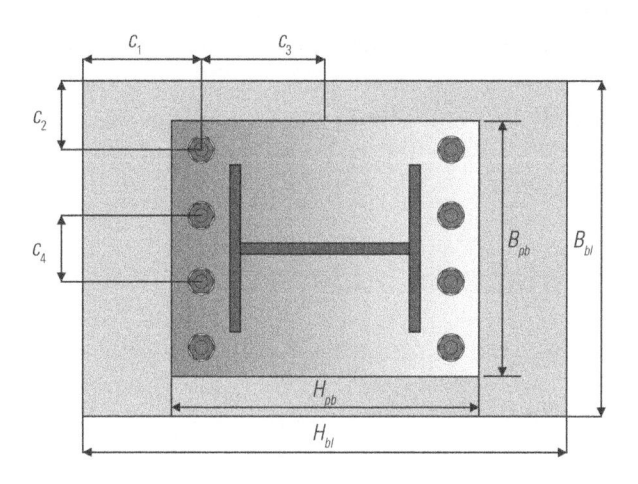

FIGURA 11.14 Distâncias para definição da área de ruptura do concreto.

11.7.3 Chumbadores trabalhando a cisalhamento

Na verificação dos chumbadores trabalhando a cisalhamento, deve-se ter:

$$V_{ca,Sd} \leq \sum_{i=1}^{n_{ca}} V_{ca,Rd,i} \quad (11.39)$$

onde $V_{ca,Sd}$ é a força cortante solicitante de cálculo nos chumbadores, determinada conforme a Equação (11.26), e $\sum_{i=1}^{n_{ca}} V_{ca,Rd,i}$ é a soma das forças cortantes resistentes de cálculo dos chumbadores.

Ao transmitir a força para o concreto, o chumbador fica submetido a momento fletor e força cortante, podendo, ainda, estar submetido a uma força de tração, apresentando comportamento complexo, e o concreto fica submetido a uma tensão de compressão variável ao longo da altura do chumbador. Neste livro, recomenda-se utilizar para o valor da força cortante resistente de cálculo que um chumbador pode transmitir ao bloco de fundação o menor valor entre a capacidade resistente do próprio chumbador, dada por uma expressão fornecida pela ABNT NBR 16239:2013, multiplicada pelo fator de ajuste 0,8 recomendado pelo ACI 318-02, e a capacidade resistente do concreto do bloco. Assim, tem-se:

$$V_{ca,Rd,i} \leq \begin{cases} \dfrac{0{,}8}{1+\alpha^2}\left[\sqrt{\left(1+\alpha^2\right) F_{v,Rd,i}^2 - \left(0{,}533 F_{t,Sd,i}\right)^2} - \alpha\left(0{,}533 F_{t,Sd,i}\right)\right] \\ 5 d_{ca}^2\, \sigma_{c,Rd} \end{cases} \quad (11.40)$$

onde $F_{v,Rd,i}$ é a força cortante resistente de cálculo do fuste do chumbador, igual a

$$F_{v,Rd,i} = \dfrac{0{,}4 A_{g,ca} f_{u,ca}}{\gamma_{a2}} \quad (11.41)$$

sendo $A_{g,ca}$ a área da seção transversal do chumbador e $f_{u,ca}$ a resistência à ruptura do aço do chumbador. Ainda na Equação (11.40), $F_{t,Sd,i}$ é a força axial de tração solicitante de cálculo no chumbador, igual ao valor de $\Sigma F_{t,Sd}$ dado pelas equações (11.13), (11.18) ou (11.19), a que for aplicável ao caso em análise, dividido pelo número de chumbadores tracionados, n_t, e

$$\alpha = 1{,}18 \frac{\left(t_{pb} + 0{,}5 t_{ae}\right)}{d_{ca}} \frac{f_{u,ca}}{f_{y,ca}} \qquad (11.42)$$

onde t_{pb} e t_{ae} são as espessuras da placa de base e, caso exista, da arruela especial soldada na face superior da placa de base, respectivamente, e $f_{y,ca}$ é a resistência ao escoamento do aço do chumbador.

Observa-se que a força cortante resistente de cálculo de cada chumbador deve ser calculada separadamente, em decorrência de os chumbadores poderem estar submetidos a forças de tração solicitantes de cálculo diferentes (quanto menor a força de tração solicitante, maior a força cortante resistente). Pode-se, portanto, por exemplo, tirar partido da maior força cortante resistente dos chumbadores que estão em uma região comprimida do concreto do bloco de fundação, para os quais a força de tração solicitante de cálculo é nula.

O valor fornecido pela Equação (11.40) é limitado por um termo que envolve a tensão de compressão resistente de cálculo do concreto, $\sigma_{c,Rd}$, dada pela Equação (11.10), para evitar que ocorra esmagamento desse material sob pressão do chumbador.

11.8 Verificação da placa de base

11.8.1 Condição de verificação e espessura mínima da placa de base

Na verificação da placa de base, deve-se ter:

$$M_{pb,Sd} \leq M_{pb,Rd} \qquad (11.43)$$

onde $M_{pb,Sd}$ e $M_{pb,Rd}$ são o momento fletor solicitante de cálculo e o momento fletor resistente de cálculo na placa, respectivamente.

O momento fletor resistente de cálculo é igual ao momento de plastificação da placa por unidade de comprimento, determinado para uma seção retangular de largura unitária e altura igual à espessura da placa, t_{pb}, dividido pelo coeficiente de ponderação da resistência do aço para escoamento, γ_{a1}, igual a 1,10. Dessa forma, tem-se:

$$M_{pb,Rd} = \frac{t_{pb}^2 \, f_{y,pb}}{4\gamma_{a1}} \qquad (11.44)$$

onde $f_{y,pb}$ é a resistência ao escoamento do aço da placa.

O momento fletor solicitante de cálculo é dado pelo maior valor entre o momento provocado pela compressão no concreto, $M_{pb,c,Sd}$, e o momento provocado pela tração nos chumbadores, $M_{pb,t,Sd}$. O cálculo desses dois momentos é apresentado nos subitens seguintes.

11.8.2 Momento fletor provocado pela compressão no concreto ($M_{pb,c,Sd}$)

No caso de haver tensão de compressão no concreto, considera-se que as extremidades da placa de base externas ao perfil trabalham em balanço, com os comprimentos m_1 e m_2 mostrados na Figura 11.15. Entre as mesas do perfil, é suposto um comprimento de balanço m_3. Dessa forma, define-se um comprimento final de balanço dado por:

$$m \geq \begin{cases} m_1 = \dfrac{H_{pb} - 0{,}95 d}{2} \\[4pt] m_2 = \dfrac{B_{pb} - 0{,}8 b_f}{2} \\[4pt] m_3 = \dfrac{\sqrt{d b_f}}{4} \end{cases} \qquad (11.45)$$

onde, se houver aumento da largura das mesas do pilar, conforme mostrado na Figura 11.6, esse aumento deve ser considerado no valor de b_f.

No entanto, se Y, dado pelas equações (11.12) ou (11.14), a que for aplicável, for menor que m_1, em vez de se usar a Equação (11.45), deve-se adotar:

$$m = \sqrt{2\,Y\,m_1 - Y^2} \qquad (11.46)$$

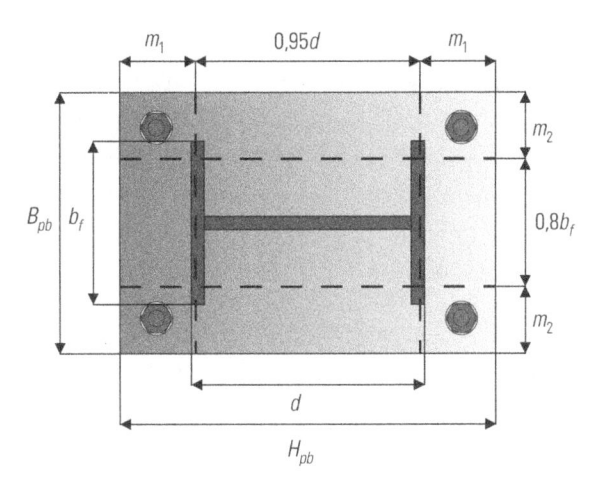

FIGURA 11.15 Linhas de flexão adotadas.

Logo, o momento fletor solicitante de cálculo em uma faixa de largura unitária causado pela compressão do concreto do bloco de fundação é igual a:

$$M_{pb,c,Sd} = \sigma_{c,Sd}\,\frac{m^2}{2} \qquad (11.47)$$

com a tensão de compressão solicitante de cálculo no concreto, $\sigma_{c,Sd}$, determinada conforme o Item 11.4.

11.8.3 Momento fletor provocado pela tração nos chumbadores ($M_{pb,t,Sd}$)

Quando há tração nos chumbadores, deve-se obter uma largura tributária p para eles, constituída pela soma das larguras efetivas:

$$\Sigma p_i \leq \begin{cases} n_t\left(2\,a_1 + d_{ca}\right) \\ B_{pb} \end{cases} \qquad (11.48)$$

Observa-se que a largura efetiva corresponde a um espalhamento com ângulo de 45° a partir de um diâmetro d_{ca}, semelhante ao que foi apresentado no Subitem 10.6.2.4.

O momento fletor solicitante de cálculo em uma faixa de largura unitária é dado por:

$$M_{pb,t,Sd} = \frac{\Sigma F_{t,Sd}\,a_1}{\Sigma p_i} \qquad (11.49)$$

onde $\Sigma F_{t,Sd}$ é a força de tração no conjunto de chumbadores de um dos lados da placa. Essa expressão é válida para chumbadores dispostos externamente ou internamente às mesas do perfil a uma distância a_1 da face das mesas, como indicam as figuras 11.5b e 11.5c.

11.9 Verificação da barra de cisalhamento

Na verificação da barra de cisalhamento, deve-se ter:

$$M_{bc,Sd} \leq M_{bc,Rd} \tag{11.50}$$

e

$$V_{bc,Sd} \leq V_{bc,Rd} \tag{11.51}$$

onde $M_{bc,Sd}$ e $V_{bc,Sd}$ são o momento fletor solicitante de cálculo e a força cortante solicitante de cálculo, dados pelas equações (11.23) e (11.22), respectivamente, e $M_{bc,Rd}$ e $V_{bc,Rd}$ são o momento fletor resistente de cálculo e a força cortante resistente de cálculo da barra, respectivamente.

O momento fletor resistente de cálculo é igual ao momento de plastificação da barra de cisalhamento em relação a seu eixo de flexão dividido pelo coeficiente de ponderação da resistência do aço para escoamento, γ_{a1}, igual a 1,10. Se a barra for uma chapa, tem-se que (ver Figura 11.12):

$$M_{bc,Rd} = \frac{M_{bc,pl}}{\gamma_{a1}} = \frac{b_{bc} t_{bc}^2 f_{y,bc}}{4\gamma_{a1}} \tag{11.52}$$

onde $f_{y,bc}$ é a resistência ao escoamento do aço da barra de cisalhamento.

A força cortante resistente de cálculo é igual à força que causa a plastificação da barra de cisalhamento por cisalhamento, dividida pelo coeficiente de ponderação da resistência do aço para escoamento, γ_{a1}, igual a 1,10. Logo, se a barra for uma chapa, então (ver Figura 11.11):

$$V_{bc,Sd} = \frac{V_{bc,pl}}{\gamma_{a1}} = \frac{0,6 b_{bc} t_{bc} f_{y,bc}}{\gamma_{a1}} \tag{11.53}$$

Se a barra de cisalhamento for um perfil de seção aberta, basta, na Equação (11.52), usar a expressão do momento de plastificação desse perfil em relação ao eixo de flexão e, na Equação (11.53), utilizar o valor da força cortante de plastificação por cisalhamento do perfil, determinada conforme o Capítulo 8.

11.10 Verificação da solda entre o pilar e a placa de base

Caso se utilize solda de filete para a ligação do pilar com a placa de base, conforme a Figura 10.52, para aços com resistência ao escoamento entre 250 MPa e 350 MPa, a verificação das soldas de filete pode ser dispensada, desde que as pernas dos filetes, em cada lado das mesas e da alma do pilar, tenham dimensão superior ou igual a 5/7 das espessuras da mesa e da alma, respectivamente. Se a perna do filete encontrada for superior a 12 mm, recomenda-se utilizar solda de penetração total.

Além disso, se a chapa da placa de base tiver espessura igual ou superior às mesas e alma do pilar, e os aços tiverem resistência ao escoamento entre 250 MPa e 350 MPa, a ruptura na região das soldas na placa de base não precisa ser verificada (ver Subitem 10.12.8).

11.11 Outros casos de apoio e fixação de elementos de aço em concreto

Muitas vezes, vigas de alma cheia ou treliçadas se apoiam no topo de pilares, em consoles ou em outros elementos de concreto armado, principalmente por meio de ligações articuladas fixas ou móveis. É comum, por exemplo, as vigas isostáticas possuírem um apoio articulado fixo e outro móvel, de modo a não serem submetidas à força axial. Para projetar essas ligações, deve-se seguir os mesmos conceitos das bases de pilares, fazendo-se adaptações de acordo com as necessidades específicas de cada projeto. Como ilustração, a Figura 11.16a mostra um apoio articulado fixo de uma viga em um console de concreto armado, onde se vê a argamassa de assentamento e quatro chumbadores unindo diretamente a mesa inferior da viga ao console. A Figura 11.16b mostra um apoio articulado móvel com dois chumbadores, assegurado por furos alongados e *teflon* entre o pilar e a face inferior da treliça para eliminar o atrito, de uma treliça no topo de um pilar de concreto.

(a) Apoio articulado fixo de viga

(b) Apoio articulado móvel de treliça

FIGURA 11.16 Apoios de vigas em concreto.

Em algumas situações, é necessário fixar vigas na face vertical de elementos de concreto, nas quais o uso de chumbadores químicos de injeção é comum. Esses chumbadores são constituídos normalmente por uma barra redonda rosqueada que é colocada em um furo preenchido com uma resina de epóxi colante, conforme a sequência típica indicada na Figura 11.17. O comprimento do furo e o diâmetro dos chumbadores devem ser determinados com base nos catálogos e informações técnicas dos fabricantes desses chumbadores, considerando as forças atuantes na ligação.

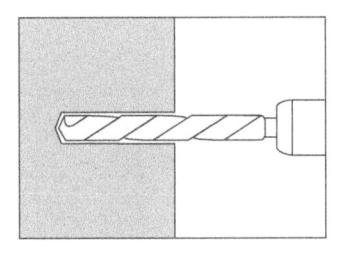

1. Execução de furo no diâmetro e no comprimento necessários

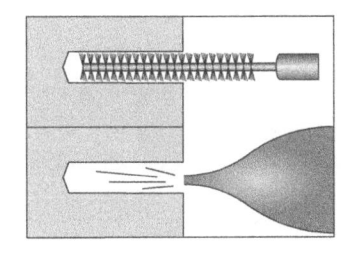

2. Eliminação de toda a poeira no tubo com escova de aço e ar comprimido

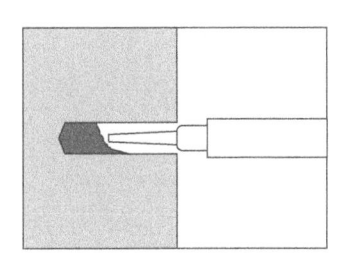

3. Injeção da resina de epóxi no furo por meio de uma pistola

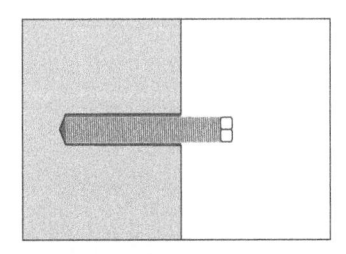

4. Instalação da barra redonda rosqueada, girando-a lentamente até encostar no fundo

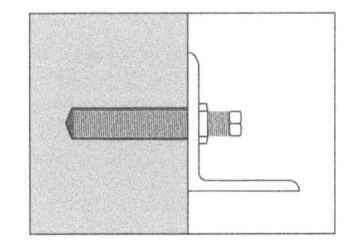

5. Fixação do elemento de aço com porca e arruela

FIGURA 11.17 Sequência de instalação de chumbadores químicos de injeção.

Como ilustração, a Figura 11.18 mostra o projeto da ligação de uma viga em perfil I em uma parede de concreto armado, em um tipo de junta chamado de inserto. Nota-se que uma chapa é fixada à parede de concreto por chumbadores químicos, e cantoneiras unem, por meio de solda, a chapa à alma da viga. Opcionalmente, pode-se utilizar conectores do tipo pino com cabeça no lugar dos chumbadores químicos.

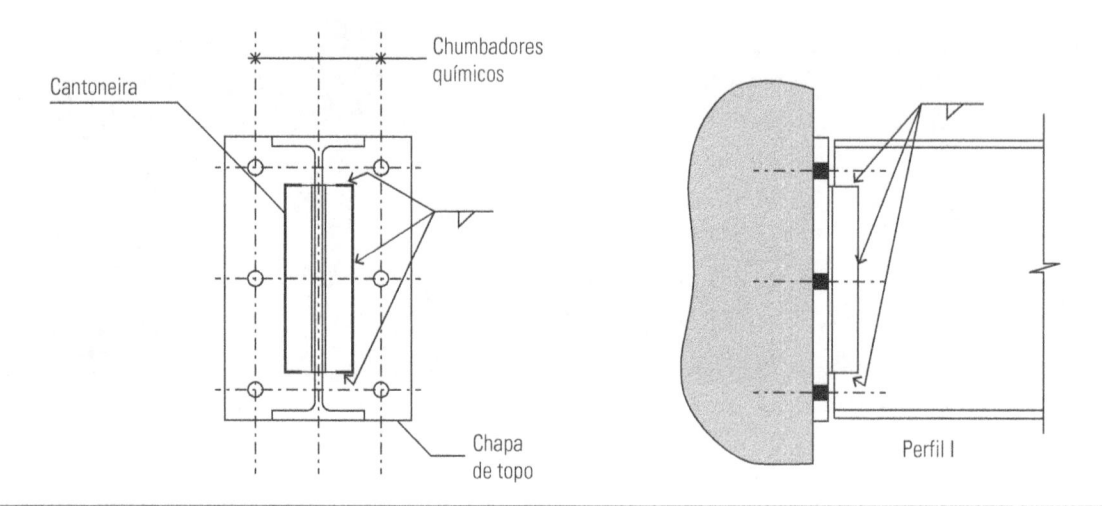

FIGURA 11.18 Exemplo de inserto com chumbadores químicos.

Em vez dos chumbadores químicos, é possível utilizar chumbadores mecânicos de expansão. Trata-se de dispositivos que, quando apertados, ficam fixados ao concreto pela expansão de uma presilha, como na sequência de instalação mostrada na Figura 11.19. Da mesma maneira que nos chumbadores químicos, o comprimento do furo e o diâmetro dos chumbadores de expansão devem ser determinados com base nos catálogos e informações técnicas de seus fabricantes, considerando as forças atuantes na ligação.

1. Execução de furo no concreto no diâmetro e no comprimento necessários

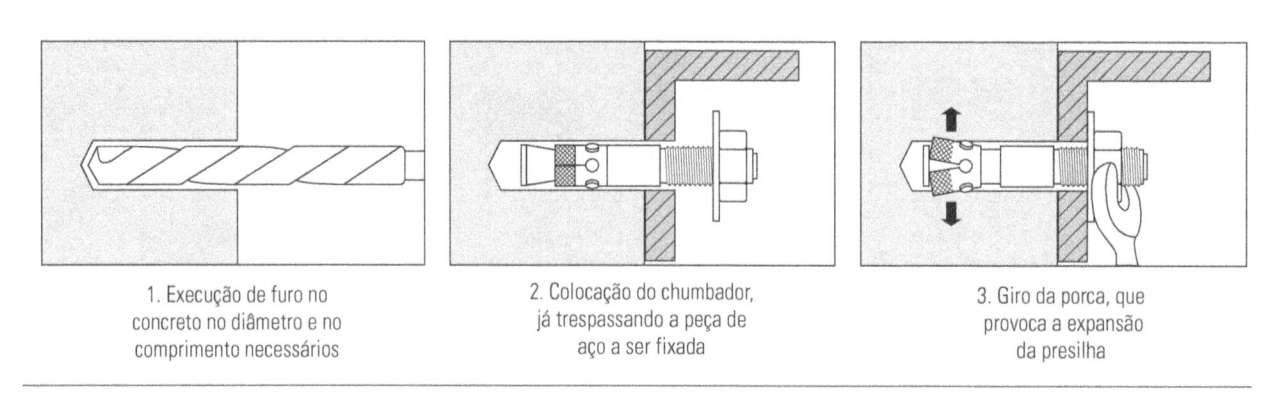

2. Colocação do chumbador, já trespassando a peça de aço a ser fixada

3. Giro da porca, que provoca a expansão da presilha

FIGURA 11.19 Sequência de instalação de chumbadores de expansão.

Chumbadores mecânicos tipo parafuso sem expansão (Figura 11.20) também podem ser usados. Em virtude de seu sistema de rosca, fixam-se eficientemente no concreto. Sua aplicação é fácil e rápida, feita com o auxílio de uma chave de aperto manual ou elétrica.

Os chumbadores químicos e mecânicos são muito úteis quando se deseja ligar uma peça de aço no concreto sem que tenham sido instalados, antes da concretagem, chumbadores convencionais. Esses chumbadores químicos e mecânicos, embora neste item tenham sido relacionados sempre com a ligação de vigas, podem também ser usados nas bases de pilar, especialmente quando as solicitações forem reduzidas.

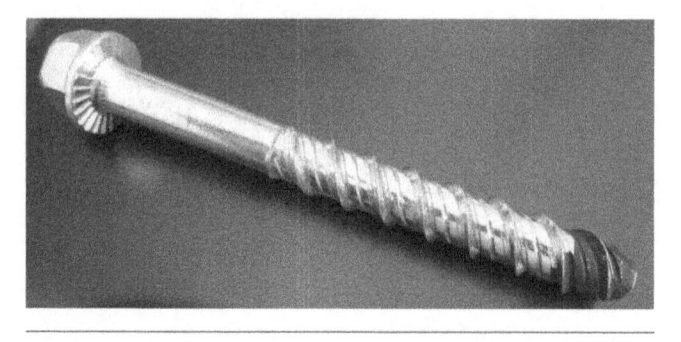

FIGURA 11.20 Chumbador mecânico tipo parafuso sem expansão.

11.12 Exemplos de aplicação

11.12.1 Base submetida a forças axiais e cortantes

Propõe-se verificar a base de um pilar em perfil I mostrada na figura a seguir, sujeita a forças axiais de tração ou compressão e a forças cortantes.

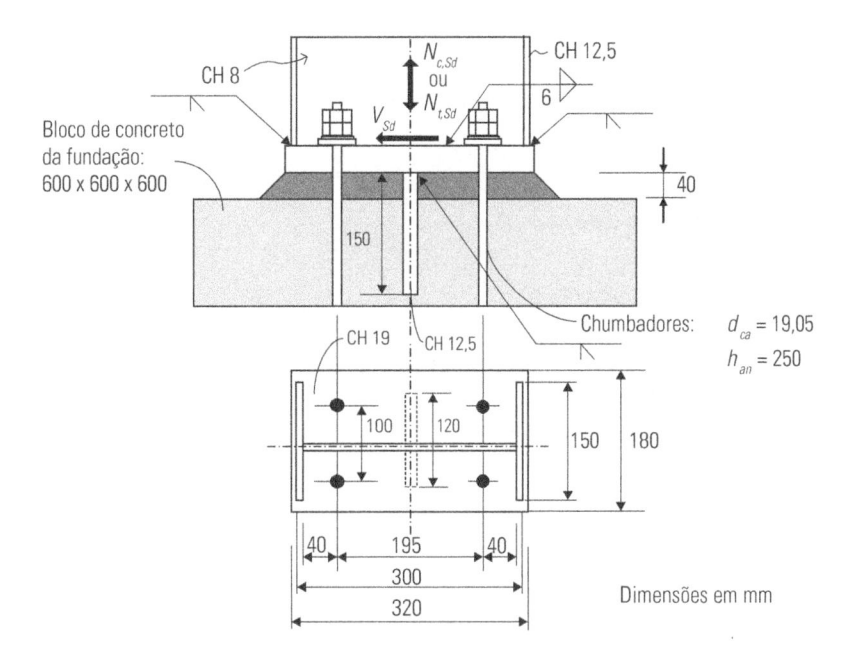

Os chumbadores têm diâmetro de 19,05 mm e aço ASTM A36, ao passo que a placa de base e a barra de cisalhamento possuem aço USI CIVIL 350. As soldas foram executadas com eletrodo E70XX. A argamassa expansiva de assentamento tem resistência característica à compressão igual a 30 MPa, e o concreto do bloco de fundação tem resistência característica à compressão igual a 20 MPa.

Nessa base são possíveis três combinações de ações. Após as análises estruturais, os esforços na base correspondentes a essas combinações, são apresentados na tabela a seguir:

Combinação 1	Combinação 2	Combinação 3
$N_{t,Sd}$ = 96 kN	$N_{c,Sd}$ = 282 kN	$N_{c,Sd}$ = 8,8 kN
V_{Sd} = 10,8 kN	V_{Sd} = 86 kN	V_{Sd} = 19 kN

a) Materiais

- Chumbadores $\Rightarrow$ Aço ASTM A36: $f_{y,ca}$ = 25 kN/cm²; $f_{u,ca}$ = 40 kN/cm².
- Placa de base $\Rightarrow$ Aço USI CIVIL 350: $f_{y,pb}$ = 35 kN/cm²; $f_{u,pb}$ = 50 kN/cm².
- Barra de cisalhamento $\Rightarrow$ Aço USI CIVIL 350: $f_{y,bc}$ = 35 kN/cm²; $f_{u,bc}$ = 50 kN/cm².
- Solda $\Rightarrow$ Eletrodo E70XX: f_w = 48,5 kN/cm², compatível com aço USI CIVIL 350.
- Concreto do bloco de fundação $\Rightarrow$ $f_{ck,bl}$ = 20 MPa.
- Argamassa de assentamento $\Rightarrow$ $f_{ck,ar}$ = 30 MPa.

b) Disposições construtivas

b1) Quantidade, ancoragem e dimensões dos chumbadores

- Diâmetro: 19 mm $< d_{ca} = 19{,}05$ mm $< 50{,}80$ mm $\Rightarrow$ Atende!
- $n_t = 2 = 2$ chumbadores de cada lado da placa $\Rightarrow$ Atende!
- Comprimento de ancoragem: $h_{an} = 250$ mm $> 12 \times 19{,}05 = 228{,}6$ mm $\Rightarrow$ Atende!
- Tabela 11.1: $h_2 = 150$ mm; $r_1 = 175$ mm; $r_2 = 50$ mm.

b2) Diâmetro e distâncias dos furos na placa de base

- $d_h = 33$ mm, conforme a Tabela 1.11.
- Distância entre o centro de furo e a borda e entre o centro de furo e a mesa do pilar:
  $a_1 = 40$ mm $> 2\,d_{ca} = 38{,}1$ mm $\Rightarrow$ Atende!
- Distâncias entre os centros de furo:
  $a_2 = 100$ mm $> 4\,d_{ca} = 76{,}2$ mm $\Rightarrow$ Atende!
  $a_3 = 195$ mm $> 4\,d_{ca} = 76{,}2$ mm $\Rightarrow$ Atende!
- Distâncias entre o centro de furo e a alma do pilar:
  $$a_4 = \frac{100 - 8}{2} = 46 \text{ mm} > 2\,d_{ca} = 38{,}1 \text{ mm} \Rightarrow \text{Atende!}$$

b3) Arruelas especiais

Como o diâmetro dos furos é superior ao do furo-padrão, deve-se usar arruelas especiais quadradas com furo-padrão, com espessura, t_{ae}, de 9,5 mm e lados de 50 mm (conforme Tabela 11.1), além da arruela normal com espessura de cerca de 4 mm. Essas arruelas devem ter resistência ao escoamento mínima de 350 MPa (maior valor entre as resistências ao escoamento da placa de base e dos chumbadores).

b4) Dimensões da placa de base

- $B_{pb} = 180$ mm $< b_f + 2\,a_1 = 150 + 2 \times 40 = 230$ mm $\Rightarrow$ Atende!
- $t_{pb} = 19$ mm $= t_{pb,min} = 19$ mm $\Rightarrow$ Atende!

b5) Altura e resistência da argamassa expansiva

- Altura $\Rightarrow h_{ar} = 40$ mm para $d_{ca} = 19{,}05$ mm $\Rightarrow$ Atende!
- Resistência à compressão $\Rightarrow f_{ck,ar} = 30$ MPa $= 1{,}5\,f_{ck,bl} = 1{,}5 \times 20 = 30$ MPa $\Rightarrow$ Atende!

b6) Dimensões do bloco de concreto da fundação

- $H_{bl} = 60$ cm $> H_{pb} + 11\,d_{ca} = 32 + 11 \times 1{,}905 = 52{,}96$ cm $\Rightarrow$ Atende!
- $B_{bl} = 60$ cm $> B_{pb} + 11\,d_{ca} = 18 + 11 \times 1{,}905 = 38{,}96$ cm $\Rightarrow$ Atende!
- $h_{bl} = 60$ cm $\geq \begin{cases} h_{an} + 20\,\text{cm} = 25 + 20 = 45 \text{ cm} \\ H_{bl} = 60 \text{ cm} \end{cases} \Rightarrow$ Atende!

b7) Barra de cisalhamento

- Altura $\Rightarrow h_{bc} = 150$ mm $> 2\,h_{ar} = 2 \times 40 = 80$ mm $\Rightarrow$ Atende!

b8) Dimensão da perna da solda de filete entre a alma do pilar e a placa de base

6,35 mm $< t_{w,perfil} = 8$ mm $< 12{,}5$ mm $\Rightarrow d_w = 6$ mm $> d_{w,min} = 5$ mm $\Rightarrow$ Atende!

c) Solicitações na base

c1) Força axial de tração: combinação 1

$$e = \left|\frac{M_{Sd}}{N_{t,Sd}}\right| = \left|\frac{0}{96}\right| = 0$$

$$e_{crit,t} = h_t = \frac{19,5}{2} = 9,75 \text{ cm}$$

$e = 0 < e_{crit,t} = 9,75$ cm:

$Y = 0$

$\sigma_{c,Sd} = 0$

$$\Sigma F_{t,Sd} = \frac{N_{t,Sd}}{2}\left(1 + \frac{e}{h_t}\right) = \frac{96}{2}\left(1 + \frac{0}{9,75}\right) = 48 \text{ kN} \quad (\text{em } n_t = 2 \text{ chumbadores})$$

c2) Força axial de compressão: combinação 2

$$e = \left|\frac{M_{Sd}}{N_{c,Sd}}\right| = \left|\frac{0}{282}\right| = 0$$

$$e_{crit,c} = \frac{1}{2}\left(H_{pb} - \frac{N_{c,Sd}}{B_{pb}\,\sigma_{c,Rd}}\right)$$

$$\sigma_{c,Rd} = \frac{f_{ck,bl}}{\gamma_c\,\gamma_n} = \frac{2,0}{1,4 \times 1,4} = 1,02 \text{ kN/cm}^2$$

$$e_{crit,c} = \frac{1}{2}\left(32 - \frac{282}{18 \times 1,02}\right) = 8,32 \text{ cm} > 0 \Rightarrow \text{Atende!}$$

$e = 0 \leq e_{crit,c} = 8,32$ cm:

$Y = H_{pb} - 2e = 32 - 2 \times 0 = 32$ cm

$\Sigma F_{t,Sd} = 0$ kN

$$\sigma_{c,Sd} = \frac{N_{c,Sd}}{Y\,B_{pb}} = \frac{282}{32 \times 18} = 0,49 \text{ kN/cm}^2$$

c3) Esforços solicitantes máximos na barra de cisalhamento: combinação 3

- Força cortante:

$V_{bc,Sd} = V_{Sd} - V_{at,Rd}$

Como a força axial na base é de compressão e igual a 8,8 kN, tem-se que:

$e = 0 \Rightarrow Y = 32$ cm (já calculado)

$$V_{at,Rd} \leq \begin{cases} 0,7\,\mu\,N_{c,Sd} = 0,7 \times 0,55 \times 8,8 = 3,39 \text{ kN} \\ 0,2\,f_{ck,bl}\,YB_{pb} = 0,2 \times 2,0 \times 32 \times 18 = 230,4 \text{ kN} \end{cases} \Rightarrow V_{at,Rd} = 3,39 \text{ kN}$$

$V_{bc,Sd} = V_{Sd} - V_{at,Rd} = 19 - 3,39 = 15,61$ kN

Notar que, se a força axial atuante na base fosse de tração, $V_{at,Rd}$ seria igual a zero.

- Momento fletor:

$M_{bc,Sd} = V_{bc,Sd}\,c_{bc}$

$$c_{bc} = h_{ar} + \frac{(h_{bc} - h_{ar})}{2} = 4 + \frac{(15 - 4)}{2} = 9,5 \text{ cm}$$

$M_{bc,Sd} = 15,61 \times 9,5 = 148,30$ kN.cm

d) Verificação do concreto comprimido

$\sigma_{c,Rd} = 1{,}02$ kN/cm² (calculado em c2)

- Abaixo da placa de base:

    $\sigma_{c,Sd} = 0{,}49$ kN/cm² (calculado em c2)

    $\sigma_{c,Sd} = 0{,}49$ kN/cm² < $\sigma_{c,Rd} = 1{,}02$ kN/cm² $\Rightarrow$ Atende!

- Junto à barra de cisalhamento:

$$\sigma_{c,Sd} = \frac{V_{bc,Sd}}{b_{bc}(h_{bc} - h_{ar})} = \frac{15{,}61}{12(15-4)} = 0{,}12 \text{ kN/cm}^2$$

$\sigma_{c,Sd} = 0{,}12$ kN/cm² < $\sigma_{c,Rd} = 1{,}02$ kN/cm² $\Rightarrow$ Atende!

e) Verificação dos estados-limites últimos decorrentes da tração nos chumbadores

$\Sigma F_{t,Sd} = 48$ kN (calculado em c1)

e1) Escoamento da seção bruta dos chumbadores

$$\Sigma F_{t,Rd,y} = \frac{n_t A_{g,ca} f_{y,ca}}{\gamma_{a1}}$$

$f_{y,ca} = 25$ kN/cm²

$$A_{g,ca} = \frac{\pi d_{ca}^2}{4} = \frac{\pi \times 1{,}905^2}{4} = 2{,}85 \text{ cm}^2$$

$$\Sigma F_{t,Rd,y} = \frac{2 \times 2{,}85 \times 25}{1{,}10} = 129{,}54 \text{ kN}$$

$\Sigma F_{t,Sd} = 48$ kN < $\Sigma F_{t,Rd,y} = 129{,}54$ kN $\Rightarrow$ Atende!

e2) Ruptura da parte rosqueada dos chumbadores

$$\Sigma F_{t,Rd,u} = \frac{n_t A_{e,ca} f_{u,ca}}{\gamma_{a2}}$$

$f_{u,ca} = 40$ kN/cm²

$A_{e,ca} = 0{,}75 \, A_{g,ca} = 0{,}75 \times 2{,}85 = 2{,}14$ cm²

$$\Sigma F_{t,Rd,u} = \frac{2 \times 2{,}14 \times 40}{1{,}35} = 126{,}81 \text{ kN}$$

$\Sigma F_{t,Sd} = 48$ kN $\leq \Sigma F_{t,Rd,u} = 126{,}81$ kN $\Rightarrow$ Atende!

e3) Arrancamento dos chumbadores

$$\Sigma F_{t,Rd,ac} = \frac{8 n_t A_{cp} f_{ck,bl}}{\gamma_c}$$

$A_{cp} = 1{,}7 \, A_{g,ca} = 1{,}7 \times 2{,}85 = 4{,}85$ cm² (valor mínimo da área de contato)

$$\Sigma F_{t,Rd,ac} = \frac{8 \times 2 \times 4{,}85 \times 2{,}0}{1{,}4} = 110{,}86 \text{ kN}$$

$\Sigma F_{t,Sd} = 48$ kN < $\Sigma F_{t,Rd,ac} = 110{,}86$ kN $\Rightarrow$ Atende!

e4) Ruptura do concreto

$$\Sigma F_{t,Rd,rc} = \frac{0{,}08 A_{rc} \sqrt{f_{ck,bl}}}{\gamma_c h_{an}^{1/3}}$$

$$A_{rc} = 2\left(c_2 + \frac{c_4}{2}\right)(c_1 + c_3) + (n_t - 2)c_4(c_1 + c_3)$$

$$c_1 \leq \begin{cases} \dfrac{H_{bl}}{2} - h_t = \dfrac{60}{2} - 9{,}75 = 20{,}25 \text{ cm} \\ 1{,}5 h_{an} = 1{,}5 \times 25 = 37{,}5 \text{ cm} \end{cases} \Rightarrow c_1 = 20{,}25 \text{ cm}$$

$$c_2 \leq \begin{cases} \dfrac{B_{bl} - B_{pb} + 2a_1}{2} = \dfrac{60 - 18 + 2 \times 4}{2} = 25 \text{ cm} \\ 1{,}5 h_a = 37{,}5 \text{ cm} \end{cases} \Rightarrow c_2 = 25 \text{ cm}$$

$$c_3 \leq \begin{cases} h_t = 9{,}75 \text{ cm} \\ 1{,}5 h_{an} = 37{,}5 \text{ cm} \end{cases} \Rightarrow c_3 = 9{,}75 \text{ cm}$$

$$c_4 \leq \begin{cases} a_2 = 10 \text{ cm} \\ 3{,}0 h_{an} = 75 \text{ cm} \end{cases} \Rightarrow c_4 = 10 \text{ cm}$$

$$A_{rc} = 2\left(25 + \frac{10}{2}\right)(20{,}25 + 9{,}75) + (2-2)10(20{,}25 + 9{,}75) = 1.800 \text{ cm}^2$$

$$\Sigma F_{t,Rd,rc} = \frac{0{,}08 \times 1.800 \times \sqrt{2{,}0}}{1{,}4 \times 25^{1/3}} = 49{,}75 \text{ kN}$$

$$\Sigma F_{t,Sd} = 48 \text{ kN} < \Sigma F_{t,Rd,rc} = 49{,}75 \text{ kN} \Rightarrow \text{Atende!}$$

f) Verificação da placa de base

f1) Momento fletor resistente de cálculo

$$M_{pb,Rd} = \frac{t_{pb}^2 f_{y,pb}}{4\gamma_{a1}} = \frac{1{,}9^2 \times 35}{4 \times 1{,}10} = 28{,}72 \text{ kN.cm/cm}$$

f2) Momento fletor solicitante provocado pela compressão no concreto

$$M_{pb,c,Sd} = \sigma_{c,Sd} \frac{m^2}{2}$$

$$m \geq \begin{cases} m_1 = \dfrac{H_{pb} - 0{,}95d}{2} = \dfrac{32 - 0{,}95 \times 30}{2} = 1{,}75 \text{ cm} \\ m_2 = \dfrac{B_{pb} - 0{,}8 b_f}{2} = \dfrac{18 - 0{,}8 \times 15}{2} = 3{,}0 \text{ cm} \\ m_3 = \dfrac{\sqrt{db_f}}{4} = \dfrac{\sqrt{30 \times 15}}{4} = 5{,}3 \text{ cm} \end{cases} \Rightarrow m = 5{,}3 \text{ cm}$$

$$M_{pb,c,Sd} = 0{,}49 \times \frac{5{,}3^2}{2} = 6{,}88 \text{ kN.cm/cm}$$

f3) Momento fletor solicitante provocado pela tração nos chumbadores

$$M_{pb,t,Sd} = \frac{\Sigma F_{t,Sd} a_1}{\Sigma p_i}$$

$$\Sigma p_i \leq \begin{cases} n_t(2a_1 + d_{ca}) = 2(2 \times 4 + 1{,}9) = 19{,}8 \text{ cm} \\ B_{pb} = 18 \text{ cm} \end{cases} \Rightarrow \Sigma p_i = 18 \text{ cm}$$

$$M_{pb,t,Sd} = \frac{48 \times 4}{18} = 10{,}67 \text{ kN.cm/cm}$$

f4) Verificação final

$M_{pb,Sd} = 10{,}67$ kN.cm/cm (maior valor entre $M_{pb,c,Sd}$ e $M_{pb,t,Sd}$)

$M_{pb,Sd} = 10{,}67$ kN.cm/cm $< M_{pb,Rd} = 28{,}72$ kN.cm/cm $\Rightarrow$ Atende!

g) Verificação da barra de cisalhamento

- À força cortante:

Conforme o tópico *c3*: $V_{bc,Sd} = 15{,}61$ kN

$$V_{bc,Rd} = \frac{V_{bc,pl}}{\gamma_{a1}} = \frac{0{,}6\, b_{bc}\, t_{bc}\, f_{y,bc}}{\gamma_{a1}} = \frac{0{,}6 \times 12 \times 1{,}25 \times 35}{1{,}10} = 286{,}36 \text{ kN}$$

$V_{bc,Sd} = 15{,}61$ kN $< V_{bc,Rd} = 286{,}36$ kN $\Rightarrow$ Atende!

- Ao momento fletor:

Conforme o tópico *e3*: $M_{bc,Sd} = 148{,}30$ kN.cm

$$M_{bc,Rd} = \frac{M_{bc,pl}}{\gamma_{a1}} = \frac{b_{bc}\, t_{bc}^2\, f_{y,bc}}{4\gamma_{a1}} = \frac{12 \times 1{,}25^2 \times 35}{4 \times 1{,}10} = 149{,}15 \text{ kN.cm}$$

$M_{bc,Sd} = 148{,}30$ kN.cm $< V_{bc,Rd} = 149{,}15$ kN.cm $\Rightarrow$ Atende!

h) Verificação das soldas de ligação do pilar com a placa de base

Não é necessário verificar a solda de filete, pois tem-se junta em T com filete duplo de 6 mm, superior a 5/7 da espessura da alma, 5/7 × 8 = 5,71 mm (ver tópico *b6*), e os aços das chapas têm resistência ao escoamento entre 250 MPa e 350 MPa. Nas regiões onde foram usadas soldas de penetração total, pressupõe-se que as chapas já foram verificadas durante o dimensionamento do pilar e resistem às solicitações.

i) Ruptura na região da solda das chapas do pilar e da placa de base

A verificação da ruptura na região da solda das chapas das mesas e da alma do pilar não é necessária, pois pressupõe-se que elas já foram verificadas durante o dimensionamento do pilar e resistem às solicitações. Também não é necessária a verificação da ruptura na região da solda da chapa da placa de base, pois essa chapa tem espessura de 19 mm, superior à das chapas das mesas e da alma do pilar, e os aços de todas as chapas têm resistência ao escoamento entre 250 MPa e 350 MPa.

11.12.2 Chumbadores do Subitem 11.12.1 suportando a força cortante

Suponha que, no Subitem 11.12.1, se queira retirar a barra de cisalhamento, deixando a absorção da força cortante na base da estrutura a cargo dos chumbadores. Propõe-se verificar os chumbadores para essa situação.

> Veja a resolução deste exemplo de aplicação no site www.loja.grupoa.com.br

11.12.3 Base submetida a momentos fletores e forças axiais e cortantes

Será verificada a base de um pilar em perfil I mostrada na figura a seguir, sujeita a momentos fletores, forças axiais de tração ou compressão e forças cortantes.

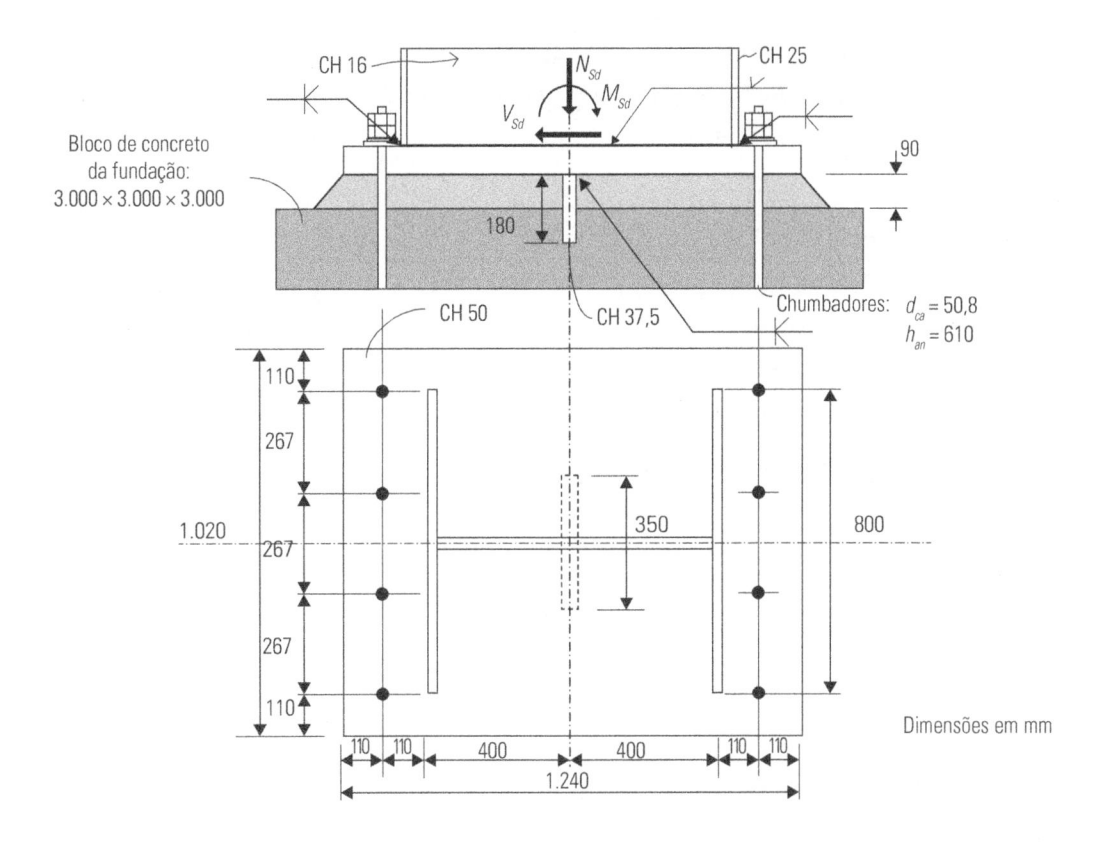

Os chumbadores têm diâmetro de 50,80 mm e aço ASTM A36, e a placa de base e a barra de cisalhamento possuem aço USI CIVIL 350. As soldas foram executadas com eletrodo E70XX. A argamassa expansiva de assentamento tem resistência característica à compressão igual a 30 MPa, e o concreto do bloco de fundação tem resistência característica à compressão igual a 20 MPa.

Nessa base são possíveis três combinações de ações. Após as análises estruturais, os esforços na base, correspondentes a essas combinações, são apresentados na tabela a seguir:

Combinação 1	Combinação 2	Combinação 3
$N_{t,Sd}$ = 120 kN	$N_{c,Sd}$ = 4.850 kN	$N_{c,Sd}$ = 250 kN
M_{Sd} = 650 kN.m	M_{Sd} = 200 kN.m	M_{Sd} = 850 kN.m
V_{Sd} = 250 kN	V_{Sd} = 110 kN	V_{Sd} = 340 kN

a) Materiais

- Chumbadores ⇒ Aço ASTM A36: $f_{y,ca}$ = 25 kN/cm²; $f_{u,ca}$ = 40 kN/cm².
- Placa de base ⇒ Aço USI CIVIL 350: $f_{y,pb}$ = 35 kN/cm²; $f_{u,pb}$ = 50 kN/cm².
- Barra de cisalhamento ⇒ Aço USI CIVIL 350: $f_{y,bc}$ = 35 kN/cm²; $f_{u,bc}$ = 50 kN/cm².
- Solda ⇒ Eletrodo E70XX: f_w = 48,5 kN/cm², compatível como aço USI CIVIL 350.
- Concreto do bloco de fundação ⇒ $f_{ck,bl}$ = 20 MPa.
- Argamassa de assentamento ⇒ $f_{ck,ar}$ = 30 MPa.

b) Disposições construtivas

b1) Quantidade, ancoragem e dimensões dos chumbadores

- Diâmetro: 19 mm < d_{ca} = 50,80 mm ⇒ Atende!

- $n_t = 4 > 2$ chumbadores de cada lado da placa $\Rightarrow$ Atende!
- Comprimento de ancoragem: $h_{an} = 610$ mm $> 12 \times 50{,}80 = 609{,}6$ mm $\Rightarrow$ Atende!
- Tabela 11.1: $h_2 = 350$ mm; $r_1 = 375$ mm; $r_2 = 100$ mm.

b2) Diâmetro e distâncias dos furos na placa de base

- $d_f = 80$ mm, conforme a Tabela 1.11.
- Distância do centro de furo à borda e do centro de furo à mesa do pilar:

  $a_1 = 110$ mm $> 2\,d_{ca} = 101{,}6$ mm $\Rightarrow$ Atende!

- Distâncias entre os centros de furo:

  $a_2 = 267$ mm $> 4\,d_{ca} = 203{,}2$ mm $\Rightarrow$ Atende!

  $a_3 = 1.000$ mm $> 4\,d_{ca} = 203{,}2$ mm $\Rightarrow$ Atende!

b3) Arruelas especiais

Como o diâmetro dos furos é superior ao do furo-padrão, deve-se usar arruelas especiais quadradas com furo-padrão, com espessura, t_{ae}, de 22 mm e lados de 125 mm (conforme Tabela 11.1), além da arruela normal com espessura de cerca de 4 mm. Essas arruelas devem ter resistência ao escoamento mínima de 350 MPa (maior valor entre as resistências ao escoamento da placa de base e dos chumbadores).

b4) Dimensões da placa de base

- $B_{pb} = 1.020$ mm $= b_f + 2\,a_1 = 800 + 2 \times 110 = 1.020$ mm $\Rightarrow$ Atende!
- $t_{pb} = 50{,}8$ mm $> t_{pb,min} = 19$ mm $\Rightarrow$ Atende!

b5) Altura e resistência da argamassa expansiva

- Altura $\Rightarrow h_{ar} = 90$ mm para $d_{ca} = 50{,}80$ mm $\Rightarrow$ Atende!
- Resistência à compressão $\Rightarrow f_{ck,ar} = 30$ MPa $= 1{,}5\,f_{ck,bl} = 1{,}5 \times 20 = 30$ MPa $\Rightarrow$ Atende!

b6) Dimensões do bloco de concreto da fundação

- $H_{bl} = 300$ cm $> H_{pb} + 11 d_{ca} = 124 + 11 \times 5{,}08 = 179{,}88$ cm $\Rightarrow$ Atende!
- $B_{bl} = 300$ cm $> B_{pb} + 11 d_{ca} = 102 + 11 \times 5{,}08 = 157{,}88$ cm $\Rightarrow$ Atende!
- $h_{bl} = 300$ cm $\geq \begin{cases} h_{an} + 20 \text{ cm} = 61 + 20 = 81 \text{ cm} \\ H_{bl} = 300 \text{ cm} \end{cases} \Rightarrow$ Atende!

b7) Barra de cisalhamento

- Altura $\Rightarrow h_{bc} = 180$ mm $> 2\,h_{ar} = 2 \times 90 = 180$ mm $\Rightarrow$ Atende!

c) Solicitações na base

c1) Combinação 1

$$e = \left|\frac{M_{Sd}}{N_{t,Sd}}\right| = \left|\frac{65.000}{120}\right| = 541{,}7 \text{ cm}$$

$e_{crit,t} = h_t = 51$ cm

$e = 541{,}7$ cm $> e_{crit,t} = 51$ cm:

$$Y = h_t + \frac{H_{pb}}{2} - \sqrt{\Delta}$$

$$\Delta = \left(h_t + \frac{H_{pb}}{2}\right)^2 - \left(\frac{2N_{t,Sd}(e-h_t)}{B_{pb}\,\sigma_{c,Rd}}\right)$$

$$\sigma_{c,Rd} = \frac{f_{ck}}{\gamma_c\,\gamma_n} = \frac{2,0}{1,4\times 1,4} = 1,02 \text{ kN/cm}^2$$

$$\Delta = \left(51 + \frac{124}{2}\right)^2 - \left(\frac{2\times 120(541,7-51)}{102\times 1,02}\right) = 11.637 \geq 0 \Rightarrow \text{Atende!}$$

$$Y = 51 + \frac{124}{2} - \sqrt{11.637} = 5,13 \text{ cm}$$

$\Sigma F_{t,Sd} = \sigma_{c,Rd}(YB_{pb}) + N_{t,Sd} = 1,02\,(5,13\times 102) + 120 = 653,7$ kN (em $n_t = 4$ chumbadores)

$$\sigma_{c,Sd} = \frac{(F_{t,Sd} - N_{t,Sd})}{YB_{pb}} = \frac{(653,7-120)}{5,13\times 102} = 1,02 \text{ kN/cm}^2$$

c2) Combinação 2

$$e = \left|\frac{M_{Sd}}{N_{c,Sd}}\right| = \left|\frac{20.000}{4.850}\right| = 4,12 \text{ cm}$$

$$e_{crit,c} = \frac{1}{2}\left(H_{pb} - \frac{N_{c,Sd}}{B_{pb}\,\sigma_{c,Rd}}\right) = \frac{1}{2}\left(124 - \frac{4.850}{102\times 1,02}\right) = 38,69 \text{ cm} \geq 0 \Rightarrow \text{Atende!}$$

$e = 4,12 \text{ cm} \leq e_{crit,c} = 38,69 \text{ cm}$

$Y = H_{pb} - 2e = 124 - 2\times 4,12 = 115,8$ cm

$\Sigma F_{t,Sd} = 0$

$$\sigma_{c,Sd} = \frac{N_{c,Sd}}{YB_{pb}} = \frac{4.850}{115,8\times 102} = 0,41 \text{ kN/cm}^2$$

c3) Combinação 3

$$e = \left|\frac{M_{Sd}}{N_{c,Sd}}\right| = \left|\frac{85.000}{250}\right| = 340 \text{ cm}$$

$$e_{crit,c} = \frac{1}{2}\left(H_{pb} - \frac{N_{c,Sd}}{B_{pb}\,\sigma_{c,Rd}}\right) = \frac{1}{2}\left(124 - \frac{250}{102\times 1,02}\right) = 60,80 \text{ cm} \geq 0 \Rightarrow \text{Atende!}$$

$e = 340 \text{ cm} > e_{crit,c} = 60,80 \text{ cm}$

$$Y = h_t + \frac{H_{pb}}{2} - \sqrt{\Delta}$$

$$\Delta = \left(h_t + \frac{H_{pb}}{2}\right)^2 - \left(\frac{2N_{c,Sd}(e+h_t)}{B_{pb}\,\sigma_{c,Rd}}\right) = \left(51 + \frac{124}{2}\right)^2 - \left(\frac{2\times 250(340+51)}{102\times 1,02}\right) = 10.890$$

$\Delta \geq 0 \Rightarrow$ Atende!

$$Y = 51 + \frac{124}{2} - \sqrt{10.890} = 8,64 \text{ cm}$$

$\Sigma F_{t,Sd} = \sigma_{c,Rd}(YB_{pb}) - N_{c,Sd} = 1,02\,(8,64\times 102) - 250 = 648,9$ kN (em $n_t = 4$ chumbadores)

$$\sigma_{c,Sd} = \frac{(N_{c,Sd} + \Sigma F_{t,Sd})}{YB_{pb}} = \frac{(250 + 648{,}9)}{8{,}64 \times 102} = 1{,}02 \text{ kN/cm}^2$$

c4) Esforços solicitantes na barra de cisalhamento

- Força cortante para a combinação 1:

$V_{at,Rd} = 0$ kN

$V_{bc,Sd} = V_{Sd} - V_{at,Rd} = 250 - 0 = 250$ kN

- Força cortante para a combinação 2:

$$V_{at,Rd} \leq \begin{cases} 0{,}7\mu N_{c,Sd} = 0{,}7 \times 0{,}55 \times 4.850 = 1.867 \text{ kN} \\ 0{,}2 f_{ck,bl} Y B_{pb} = 0{,}2 \times 2{,}0 \times 115{,}8 \times 102 = 4.725 \text{ kN} \end{cases} \Rightarrow V_{at,Rd} = 1.867 \text{ kN}$$

$V_{bc,Sd} = V_{Sd} - V_{at,Rd} = 110 - 1.867 = -1.757$ kN $\leq 0 \Rightarrow$ o atrito absorve todo o esforço.

- Força cortante para a combinação 3:

$$V_{at,Rd} \leq \begin{cases} 0{,}7\mu N_{c,Sd} = 0{,}7 \times 0{,}55 \times 250 = 96{,}25 \text{ kN} \\ 0{,}2 f_{ck,bl} Y B_{pb} = 0{,}2 \times 2{,}0 \times 8{,}64 \times 102 = 352{,}5 \text{ kN} \end{cases} \Rightarrow V_{at,Rd} = 96{,}25 \text{ kN}$$

$V_{bc,Sd} = V_{Sd} - V_{at,Rd} = 340 - 96{,}25 = 243{,}75$ kN

- Força cortante máxima e momento fletor:

$V_{bc,Sd} = 250$ kN (a combinação 1 é a mais desfavorável)

$M_{bc,Sd} = V_{bc,Sd} c_{bc}$

$$c_{bc} = h_{ar} + \frac{(h_{bc} - h_{ar})}{2} = 9 + \frac{(18-9)}{2} = 13{,}5 \text{ cm}$$

$M_{bc,Sd} = 250 \times 13{,}5 = 3.375$ kN.cm

d) Verificação do concreto comprimido

$\sigma_{c,Rd} = 1{,}02$ kN/cm² (calculado em *c1*)

- Abaixo da placa de base:

$\sigma_{c,Sd} = 1{,}02$ kN/cm² (maior tensão, determinada em *c1* e *c3*)

$\sigma_{c,Sd} = 1{,}02$ kN/cm² $= \sigma_{c,Rd} = 1{,}02$ kN/cm² $\Rightarrow$ Atende!

- Junto à barra de cisalhamento:

$$\sigma_{bc,Sd} = \frac{V_{bc,Sd}}{b_{bc}(h_{bc} - h_{ar})} = \frac{250}{50(18-9)} = 0{,}56 \text{ kN/cm}^2$$

$\sigma_{bc,Sd} = 0{,}56$ kN/cm² $< \sigma_{c,Rd} = 1{,}02$ kN/cm² $\Rightarrow$ Atende!

e) Verificação dos estados-limites últimos decorrentes da tração nos chumbadores

$\Sigma F_{t,Sd} = 653{,}7$ kN (maior força de tração, obtida da combinação 1)

e1) Escoamento da seção bruta dos chumbadores

$$\Sigma F_{t,Rd,y} = \frac{n_t A_{g,ca} f_{y,ca}}{\gamma_{a1}}$$

$f_{y,ca} = 25$ kN/cm²

$$A_{g,ca} = \frac{\pi d_{ca}^2}{4} = \frac{\pi \times 5,08^2}{4} = 20,27 \text{ cm}^2$$

$$\Sigma F_{t,Rd,y} = \frac{4 \times 20,27 \times 25}{1,10} = 1.843 \text{ kN}$$

$\Sigma F_{t,Sd} = 653,7 \text{ kN} < \Sigma F_{t,Rd,y} = 1.843 \text{ kN} \Rightarrow$ Atende!

e2) Ruptura da parte rosqueada dos chumbadores

$$\Sigma F_{t,Rd,u} = \frac{n_t A_{e,ca} f_{u,ca}}{\gamma_{a2}}$$

$f_{u,ca} = 40 \text{ kN/cm}^2$

$A_{e,ca} = 0,75 A_{g,ca} = 0,75 \times 20,27 = 15,20 \text{ cm}^2$

$$\Sigma F_{t,Rd,u} = \frac{4 \times 15,20 \times 40}{1,35} = 1.801 \text{ kN}$$

$\Sigma F_{t,Sd} = 653,7 \text{ kN} < \Sigma F_{t,Rd,u} = 1.801 \text{ kN} \Rightarrow$ Atende!

e3) Arrancamento dos chumbadores

$$\Sigma F_{t,Rd,ac} = \frac{8 n_t A_{cp} f_{ck,bl}}{\gamma_c}$$

$A_{cp} = 1,7 A_{g,ca} = 1,7 \times 20,27 = 34,46 \text{ cm}^2$ (valor mínimo da área de contato)

$$\Sigma F_{t,Rd,ac} = \frac{8 \times 4 \times 34,46 \times 2,0}{1,4} = 1.575 \text{ kN}$$

$\Sigma F_{t,Sd} = 653,7 \text{ kN} < \Sigma F_{t,Rd,ac} = 1.575 \text{ kN} \Rightarrow$ Atende!

e4) Ruptura do concreto

$$\Sigma F_{t,Rd,rc} = \frac{0,08 A_{rc} \sqrt{f_{ck,bl}}}{\gamma_c h_{an}^{1/3}}$$

$$A_{rc} = 2\left(c_2 + \frac{c_4}{2}\right)(c_1 + c_3) + (n_t - 2)c_4(c_1 + c_3)$$

$c_1 \leq \begin{cases} \dfrac{H_{bl}}{2} - h_t = \dfrac{300}{2} - 51 = 99 \text{ cm} \\ 1,5 h_{an} = 1,5 \times 61 = 91,5 \text{ cm} \end{cases} \Rightarrow c_1 = 91,5 \text{ cm}$

$c_2 \leq \begin{cases} \dfrac{B_{bl} - B_{pb} + 2a_1}{2} = \dfrac{300 - 102 + 2 \times 11}{2} = 110 \text{ cm} \\ 1,5 h_{an} = 91,5 \text{ cm} \end{cases} \Rightarrow c_2 = 91,5 \text{ cm}$

$c_3 \leq \begin{cases} h_t = 51 \text{ cm} \\ 1,5 h_{an} = 91,5 \text{ cm} \end{cases} \Rightarrow c_3 = 51 \text{ cm}$

$c_4 \leq \begin{cases} a_2 = 26,7 \text{ cm} \\ 3,0 h_{an} = 183,0 \text{ cm} \end{cases} \Rightarrow c_4 = 26,7 \text{ cm}$

$$A_{rc} = 2\left(91,5 + \frac{26,7}{2}\right)(91,5 + 51) + (4 - 2)26,7(91,5 + 51) = 37.492 \text{ cm}^2$$

$$\Sigma F_{t,Rd,rc} = \frac{0{,}08 \times 37.492 \times \sqrt{2{,}0}}{1{,}4 \times 61^{1/3}} = 769{,}7 \text{ kN}$$

$\Sigma F_{t,Sd} = 653{,}7 \text{ kN} < \Sigma F_{t,Rd,rc} = 769{,}7 \text{ kN} \Rightarrow$ Atende!

f) Verificação da placa de base

f1) Momento fletor resistente de cálculo

$$M_{pb,Rd} = \frac{t_{pb}^2 f_{y,pb}}{4\gamma_{a1}} = \frac{5{,}0^2 \times 35}{4 \times 1{,}10} = 198{,}9 \text{ kN.cm/cm}$$

f2) Momentos fletores solicitantes provocados pela compressão no concreto

$$m \geq \begin{cases} m_1 = \dfrac{H_{pb} - 0{,}95d}{2} = \dfrac{124 - 0{,}95 \times 80}{2} = 24 \text{ cm} \\ m_2 = \dfrac{B_{pb} - 0{,}8b_f}{2} = \dfrac{102 - 0{,}8 \times 80}{2} = 19 \text{ cm} \\ m_3 = \dfrac{\sqrt{db_f}}{4} = \dfrac{\sqrt{80 \times 80}}{4} = 20 \text{ cm} \end{cases} \Rightarrow m = 24 \text{ cm}$$

	Combinação 1	Combinação 2	Combinação 3
Y (cm)	5,13	115,8	8,64
$\sigma_{c,Sd}$ (kN/cm²)	1,02	0,41	1,02

- Combinação 1:

  $Y = 5{,}13 \text{ cm} < m_1 = 24 \text{ cm} \Rightarrow m = \sqrt{2Ym_1 - Y^2} = \sqrt{2 \times 5{,}13 \times 24 - 5{,}13^2} = 14{,}83 \text{ cm}$

  $M_{pb,c,Sd} = \sigma_{c,Sd} \dfrac{m^2}{2} = 1{,}02 \times \dfrac{14{,}83^2}{2} = 112{,}2 \text{ kN.cm/cm}$

- Combinação 2:

  $Y = 115{,}8 \text{ cm} > m_1 = 24 \text{ cm} \Rightarrow m = 24 \text{ cm}$

  $M_{pb,c,Sd} = \sigma_{c,Sd} \dfrac{m^2}{2} = 0{,}41 \times \dfrac{24^2}{2} = 118{,}1 \text{ kN.cm/cm}$

- Combinação 3:

  $Y = 8{,}64 \text{ cm} < m_1 = 24 \text{ cm} \Rightarrow m = \sqrt{2Ym_1 - Y^2} = \sqrt{2 \times 8{,}64 \times 24 - 8{,}64^2} = 18{,}44 \text{ cm}$

  $M_{pb,c,Sd} = \sigma_{c,Sd} \dfrac{m^2}{2} = 1{,}02 \times \dfrac{18{,}44^2}{2} = 173{,}4 \text{ kN.cm/cm}$

f3) Momento fletor solicitante provocado pela tração nos chumbadores

$$M_{pb,t,Sd} = \frac{\Sigma F_{t,Sd} a_1}{\Sigma p_i}$$

$\Sigma p_i = n_t(2a_1 + d_{ca}) = 4(2 \times 11 + 5{,}08) = 108{,}32 \text{ cm} > B_{pb} = 102 \text{ cm} \Rightarrow \Sigma p_i = 102 \text{ cm}$

$M_{pb,t,Sd} = \dfrac{653{,}7 \times 11}{102} = 70{,}50 \text{ kN.cm/cm}$

f4) Verificação final

$M_{pb,Sd}$ = 173,4 kN.cm/cm (maior valor entre os vários $M_{pb,c,Sd}$ e $M_{pb,t,Sd}$)

$M_{pb,Sd}$ = 173,4 kN.cm/cm < $M_{pb,Rd}$ = 198,9 kN.cm/cm ⇒ Atende!

g) Verificação da barra de cisalhamento

- À força cortante:

    Conforme o tópico *c4*: $V_{bc,Sd}$ = 250 kN

    $$V_{bc,Rd} = \frac{V_{bc,pl}}{\gamma_{a1}} = \frac{0,6\, b_{bc}\, t_{bc}\, f_{y,bc}}{\gamma_{a1}} = \frac{0,6 \times 35 \times 3,75 \times 35}{1,10} = 2.506 \text{ kN}$$

    $V_{bc,Sd}$ = 250 kN < $V_{bc,Rd}$ = 2.506 kN ⇒ Atende!

- Ao momento fletor:

    Conforme o tópico *c4*: $M_{bc,Sd}$ = 3.375 kN.cm

    $$M_{bc,Rd} = \frac{M_{bc,pl}}{\gamma_{a1}} = \frac{b_{bc}\, t_{bc}^2\, f_{y,bc}}{4\gamma_{a1}} = \frac{35 \times 3,75^2 \times 35}{4 \times 1,10} = 3.915 \text{ kN.cm}$$

    $M_{bc,Sd}$ = 3.375 kN.cm < $M_{bc,Rd}$ = 3.915 kN.cm ⇒ Atende!

h) Verificação das soldas de ligação do pilar com a placa de base

Não é necessária a verificação, pois, nas regiões onde foram usadas soldas de penetração total, considera-se que as chapas já foram verificadas e resistem às solicitações.

i) Ruptura na região da solda das chapas do pilar e da placa de base

Não é necessário verificar a ruptura na região da solda das chapas das mesas e da alma do pilar na região da solda, pois considera-se que elas já foram verificadas durante o dimensionamento do pilar e resistem às solicitações. Também não é necessária a verificação da ruptura da chapa da placa de base na região da solda, pois essa chapa tem espessura de 50,8 mm, superior à das chapas das mesas e alma do pilar, e os aços de todas as chapas têm resistência ao escoamento entre 250 MPa e 350 MPa.

11.12.4 Chumbadores do Subitem 11.12.3 suportando a força cortante

Suponha que, no Subitem 11.12.3, se queira retirar a barra de cisalhamento, deixando a absorção da força cortante na base da estrutura a cargo dos chumbadores. Propõe-se verificar os chumbadores para essa situação.

> Veja a resolução deste exemplo de aplicação no site www.loja.grupoa.com.br

Bibliografia

ABNT NBR 6118:2014. *Projeto de estruturas de concreto.* Rio de Janeiro: ABNT, 2014.

ABNT NBR 8800:2008. *Projeto de estruturas de aço e de estruturas mistas de aço e concreto de edifícios.* Rio de Janeiro, ABNT: 2008.

ABNT NBR 16239:2013. *Projeto de estruturas de aço e de estruturas mistas de aço e concreto de edificações com perfis tubulares.* Rio de Janeiro, ABNT: 2013.

ACI Committee 318. *Building code requirements for structural concrete (ACI 318-02) and commentary (ACI 318R-02).* Farmington Hills, MI, 2002.

FISHER, J. M.; KLOIBER, L. A. *Base plate and anchor rod design.* Chicago: American Institute of Steel Construction (AISC), 2006. (Steel Design Guide Series 1).

QUEIROZ, G.; VILELA, P. M. L. *Ligações, regiões nodais e fadiga de estruturas de aço.* Belo Horizonte: Código Editora, 2012.

SALMON, C. G.; JOHNSON, J. E.; MALHAS, F. A. *Steel structures: design and behavior.* 5. ed. Upper Saddle River, NJ, EUA: Pearson Prentice Hall, 2009 (Chapter 13: Connections).

12
Lajes mistas de aço e concreto

12.1 Considerações iniciais

Conforme explicitou-se no Subitem 1.2.2, as lajes mistas de aço e concreto, também chamadas lajes com fôrma de aço incorporada, são elementos estruturais constituídos por uma fôrma de aço nervurada conformada a frio, sobre a qual concreto é depositado (Figura 12.1). A fôrma possui mossas ou reentrâncias para assegurar sua ligação com o concreto. Próximo à face superior do concreto, usualmente coloca-se uma armadura em tela soldada de aço para evitar fissuras ocasionadas por retração ou variações de temperatura.

Este capítulo aborda o projeto e o dimensionamento de lajes mistas de aço e concreto simplesmente apoiadas na direção perpendicular às nervuras e submetidas a cargas que não provoquem fadiga e que possam ser consideradas como uniformemente distribuídas. Desse modo, as lajes mistas contínuas não serão tratadas, bem como as situações, pouco comuns na prática, de cargas concentradas atuando diretamente sobre a laje, o que provoca punção, e de cargas lineares sobre a laje de intensidade significativa, como as decorrentes de paredes de alvenaria convencional. Além disso, não será abordada a solução de cálculo em que se adiciona, no interior das nervuras, armadura positiva complementar para aumento da capacidade resistente.

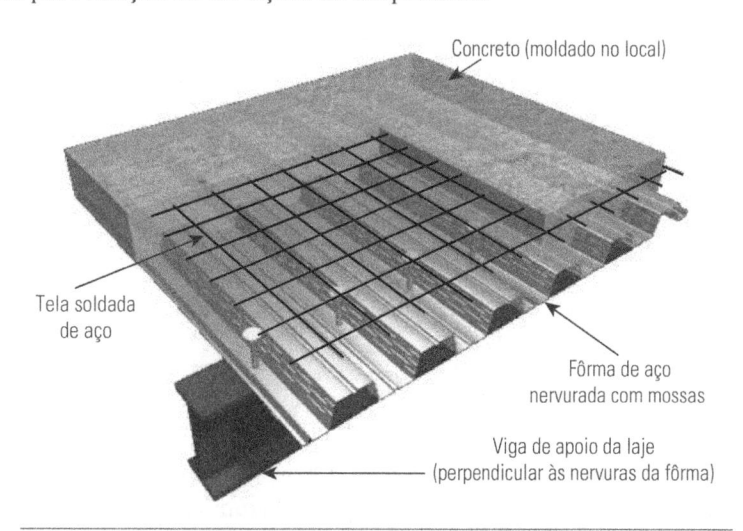

FIGURA 12.1 Laje mista de aço e concreto.
Fonte: Metform.

As lajes mistas apresentam diversas vantagens, entre as quais a facilidade de instalação, a dispensa de escoramento e de desforma, proporcionando alta velocidade construtiva, e a possibilidade de a fôrma de aço funcionar como plataforma de serviço e proteção aos operários em atividades nos andares inferiores (Figura 12.2). Como desvantagens, cita-se uma eventual necessidade de maior quantidade de vigas perpendiculares às nervuras da fôrma para suporte da laje mista (geralmente vigas secundárias) e, por questões estéticas, a necessidade de utilização de forros suspensos.

12.2 Aspectos do comportamento

Nas lajes mistas, durante a fase inicial, antes de o concreto atingir 75% da resistência característica à compressão (f_{ck}) especificada, a fôrma de aço deve ser capaz de suportar isoladamente as ações atuantes durante a construção. Na fase final, a fôrma de aço e o concreto combinam-se para constituir um único elemento estrutural, de modo que a fôrma trabalha como armadura positiva da laje na direção das nervuras a fim de suportar as ações que atuarão durante o período de vida útil da edificação.

FIGURA 12.2 Fôrma de aço usada como plataforma de serviços.

As fôrmas de aço podem ser trapezoidais (figuras 12.1 e 12.3a) ou reentrantes (Figura 12.3b). Como apenas a aderência natural entre o aço e o concreto não é suficiente para assegurar o comportamento conjunto entre os dois materiais (comportamento misto), as fôrmas trapezoidais precisam possuir mossas para assegurar a ligação adequada entre eles. Nas fôrmas reentrantes, a ligação é fornecida pelo atrito entre o aço e o concreto, potencializado pelo confinamento do concreto entre as nervuras.

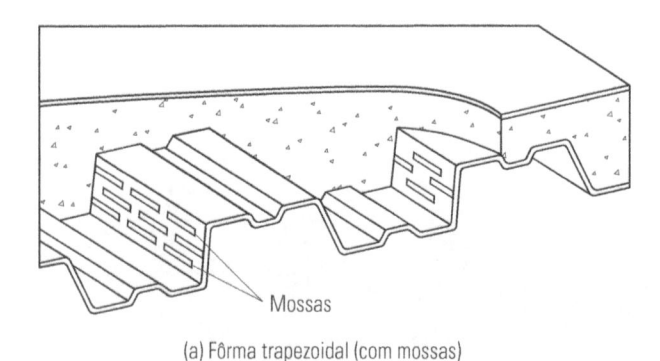

(a) Fôrma trapezoidal (com mossas) — Mossas

(b) Fôrma reentrante (sem mossas)

FIGURA 12.3 Tipos de fôrma.

A capacidade resistente das fôrmas trapezoidais na fase final depende das configurações das mossas, que variam conforme o fabricante, como exemplifica a Figura 12.4. Determinadas configurações fornecem ligação mais eficiente entre a fôrma de aço e o concreto que outras.

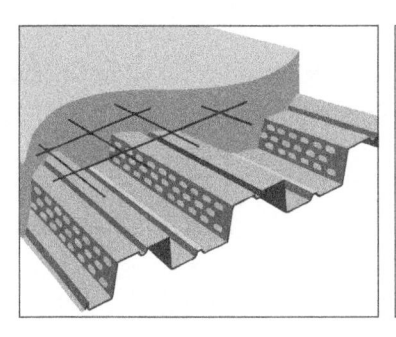

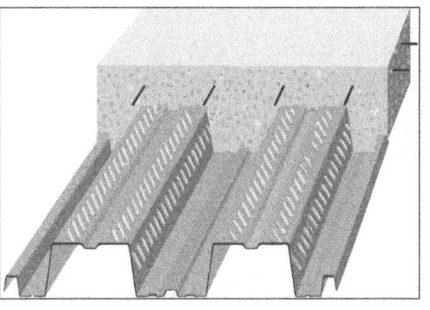

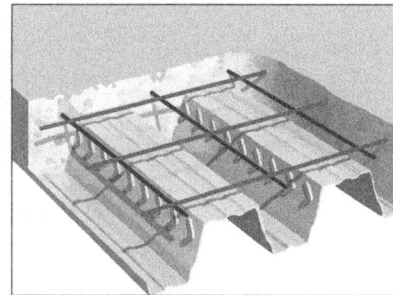

FIGURA 12.4 Alguns exemplos de configurações de mossas em fôrmas trapezoidais.

12.3 Produtos, materiais e dimensões

12.3.1 Considerações gerais

Atualmente, existem no Brasil apenas fabricantes de fôrmas de aço trapezoidais com altura nominal das nervuras, h_F, variando entre 50 mm e 75 mm, que viabilizam o projeto de lajes com altura total, h_t, medida da face inferior da fôrma ao topo do concreto, entre 100 mm e 200 mm (Figura 12.5). Entre esses fabricantes, um dos mais presentes no mercado é a Metform, cujas fôrmas começaram a ser produzidas na década de 1990. Por essa razão, neste livro serão tratadas apenas as lajes mistas com fôrmas de aço trapezoidais, usando como referência as fôrmas da Metform.

As fôrmas de aço devem ser fabricadas com chapas finas de aço estrutural que atendam aos requisitos da norma brasileira ABNT NBR 14762:2011 e são geralmente galvanizadas em ambas as faces. Em ambientes mais agressivos, pode-se utilizar, além da galvanização, pintura apropriada na face exposta ao meio externo. Outras proteções somente podem ser empregadas caso se demonstre por estudos apropriados que a integridade da fôrma será mantida pelo período de tempo desejado.

O concreto deve ter altura mínima, t_c, de 50 mm acima do topo das nervuras (Figura 12.5). Adicionalmente, para garantir a sua adequada interação com a fôrma de aço, deve possuir agregado graúdo que não exceda os seguintes valores:

- $040 t_c$, onde t_c é a altura de concreto acima do topo das nervuras;
- $b_F/3$, onde b_F é a largura média das nervuras das fôrmas trapezoidais;
- 30 mm.

Assim, comumente nas lajes mistas usa-se concreto com Brita 1, cuja maior dimensão atinge 25 mm, e atende a todas essas exigências. Em algumas situações especiais, nas quais existe muita armadura, utiliza-se Brita 0, que pode possuir dimensão máxima de 12,5 mm.

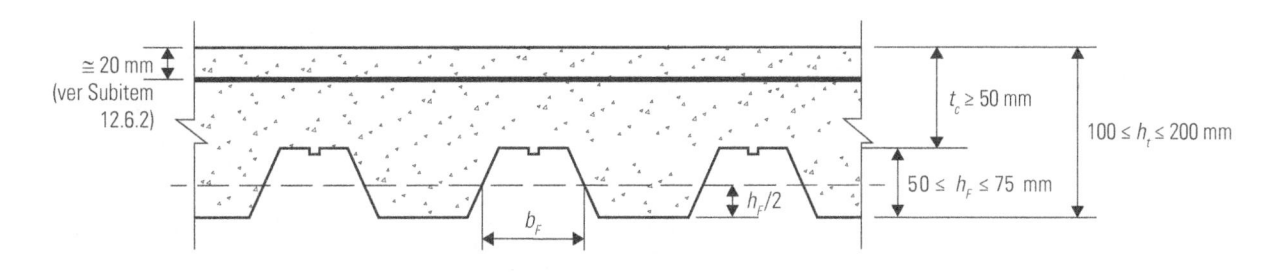

FIGURA 12.5 Dimensões da laje mista.

12.3.2 Fôrmas da Metform

A Metform produz suas fôrmas com aço galvanizado ASTM A653 – Grau 40 (ZAR 280), que possui resistência ao escoamento (f_{yF}) igual a 280 MPa, nas espessuras de 0,80 mm, 0,95 mm e 1,25 mm, com mossas longitudinais nas paredes das nervuras similares às mostradas nas figuras 12.1, 12.3a e na primeira imagem da Figura 12.4.

As fôrmas são fornecidas com comprimentos de até 12 m, em duas geometrias distintas:

- MF-50, com nervuras de altura nominal igual a 50 mm e largura útil de 915 mm, recomendada principalmente para edificações urbanas como hotéis, hospitais, escritórios, edifícios, garagens etc.;
- MF-75, com nervuras de altura nominal igual a 75 mm e largura útil de 820 mm, recomendada principalmente para empreendimentos industriais e situações em que haja atuação de cargas elevadas.

As dimensões e massas dessas duas fôrmas são apresentadas nas figuras 12.6 e 12.7. Nas tabelas dessas figuras, a espessura nominal é a soma da espessura da chapa com as das camadas de galvanização.

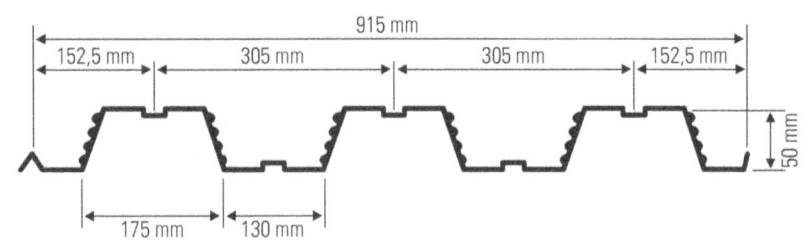

Espessura nominal (mm)	Espessura da chapa (mm)	Área da chapa (cm²/cm)	Massa (kg/m²)
0,80	0,76	0,0997	8,39
0,95	0,91	0,1193	9,97
1,25	1,21	0,1587	13,11

FIGURA 12.6 Dimensões e massa da fôrma MF-50 da Metform.
Fonte: adaptada a partir do site da Metform.

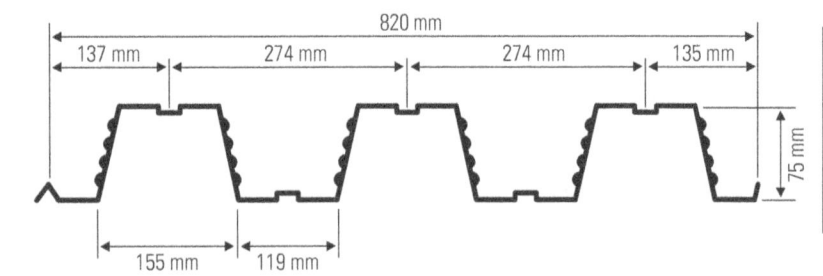

Espessura nominal (mm)	Espessura da chapa (mm)	Área da chapa (cm²/cm)	Massa (kg/m²)
0,80	0,76	0,1112	9,37
0,95	0,91	0,1332	11,12
1,25	1,21	0,1771	14,63

FIGURA 12.7 Dimensões e massa da fôrma MF-75 da Metform.
Fonte: adaptada a partir do site da Metform.

12.4 Aspectos construtivos

As fôrmas de aço são instaladas por painéis, posicionados geralmente sobre as faces superiores das vigas (Figura 12.8), que devem estar niveladas corretamente. Deve-se remover ferrugem, rebarbas, respingos de solda e oleosidades em geral que tenham ficado na fôrma.

Após os painéis serem posicionados, há comumente a necessidade de se fazer recortes e ajustes nos cantos e no contorno de pilares para adaptação

FIGURA 12.8 Posicionamento de painéis sobre vigas.

da laje à geometria da edificação. Em seguida, esses painéis devem ser fixados aos perfis de aço das vigas. A Figura 12.9 ilustra um modo de fixação em que são usados pontos de solda dentro de arruelas (o ponto de solda fixa a arruela no perfil, prendendo a fôrma de aço).

Ao término da montagem da fôrma, se vigas mistas de aço e concreto forem utilizadas no piso, conectores de cisalhamento do tipo pino com cabeça devem ser soldados na face superior dos perfis de aço dessas vigas. Essa soldagem é feita geralmente por eletrofusão, através da fôrma, mediante um equipamento adequado, conforme mostra a Figura 12.10 (mais informações sobre esse assunto serão fornecidas no Capítulo 13).

Concluídas essas etapas, a tela soldada de controle de fissuração e outras armaduras eventualmente necessárias devem ser posicionadas e, em seguida, faz-se o lançamento do concreto (Figura 12.11).

É importante destacar que as lajes funcionam como elementos de transmissão de forças horizontais para as subestruturas de contraventamento, mas isso só é possível quando o concreto alcança 75% da sua resistência característica à compressão. Por essa razão, deve-se prestar atenção especial à sequência construtiva, pois podem ocorrer problemas de estabilidade se um número elevado de pavimentos for montado sem a correspondente concretagem.

FIGURA 12.9 Ponto de solda para fixação da fôrma em perfil de aço.

FIGURA 12.10 Soldagem de conectores em perfis de aço de vigas através da fôrma de aço.

FIGURA 12.11 Concretagem após o posicionamento da tela soldada.

12.5 Dimensionamento da laje mista aos estados--limites últimos

12.5.1 Fase inicial

Como se viu no Item 12.2, na fase inicial, a fôrma de aço deve ser capaz de suportar isoladamente as ações atuantes durante a construção, que usualmente são as seguintes:

a) pesos próprios do concreto fresco, da fôrma de aço, da tela soldada para evitar fissuração e de eventuais armaduras adicionais;
b) sobrecarga de construção, tomada como uma carga uniformemente distribuída com valor característico mínimo de 1 kN/m² (Subitem 4.2.3);
c) efeito de empoçamento, caso o deslocamento no centro do vão da fôrma, calculado com o seu peso próprio somado ao do concreto fresco, ultrapasse o valor de $L_F/250$, sendo L_F o vão teórico da laje na direção das nervuras, suposto como um acréscimo na espessura nominal do concreto de 70% do valor do deslocamento.

Além disso, durante a verificação da fôrma ao momento fletor, a sobrecarga de construção deve ser substituída por uma carga linear de 2,2 kN/m perpendicular à direção das nervuras, na posição mais desfavorável, se esta for mais nociva.

A verificação da fôrma a essas ações deve ser realizada com base nas prescrições da ABNT NBR 14762:2011, considerando-se adequadamente as propriedades geométricas da seção transversal e o efeito das mossas nos valores dos esforços resistentes de cálculo. Para os valores dos esforços solicitantes de cálculo, devem ser usadas combinações de ações últimas de construção (Subitem 4.3.2.3).

As verificações da fase inicial apresentam alguma complexidade, pois dependem dos detalhes da geometria da fôrma utilizada, que é bastante suscetível à flambagem local em decorrência da espessura reduzida. Em termos práticos, no entanto, como se verá no Subitem 12.5.3, os fabricantes fornecem tabelas de dimensionamento que podem ser usadas com simplicidade.

12.5.2 Fase final

Conforme explicitado no Item 12.2, na fase final, todo o carregamento é sustentado pela fôrma de aço trabalhando em conjunto com o concreto, ou seja, pelo sistema misto de aço e concreto. Nessa fase, sob ação de uma carga uniformemente distribuída, os seguintes estados-limites últimos são aplicáveis:

- plastificação de uma linha da laje na direção perpendicular às nervuras pela ação do momento fletor (Figura 12.12a), linha esta denominada charneira plástica, em um mecanismo similar à formação da rótula plástica de vigas de aço, descrito detalhadamente no Subitem 8.2.1, e também de vigas mistas de aço e concreto, descrito no Item 13.6;
- colapso por cisalhamento vertical, causado pela força cortante (Figura 12.12b);
- colapso por cisalhamento longitudinal (na direção das nervuras), causado pela força cortante (Figura 12.12c).

(a) charneira plástica (b) cisalhamento vertical (c) cisalhamento longitudinal

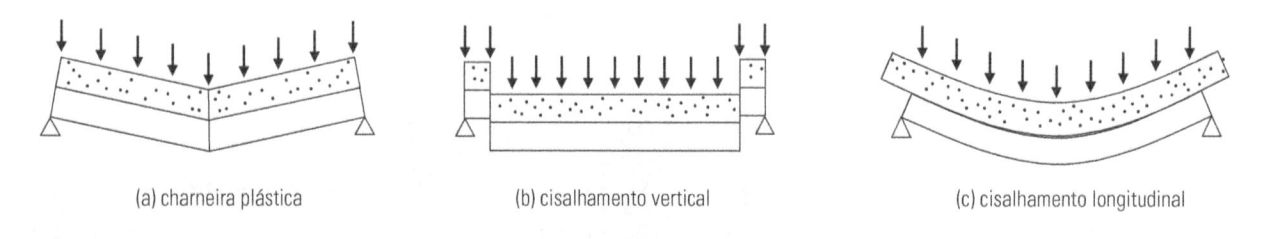

FIGURA 12.12 Estados-limites últimos em razão de cargas uniformemente distribuídas.

Nas fôrmas de aço fabricadas no Brasil, nas condições usuais de projeto, envolvendo a relação entre a intensidade da ação atuante e o vão da laje mista, geralmente prevalece o colapso por cisalhamento longitudinal. Esse estado-limite último caracteriza-se pela ruína da ligação mecânica entre a fôrma de aço e o concreto sobreposto, resultando em grande deslizamento relativo entre esses dois materiais, que deixam de trabalhar em conjunto (Figura 12.12c).

A determinação da força cortante resistente de cálculo para o estado-limite último de colapso por cisalhamento longitudinal pode ser feita usando procedimentos da ABNT NBR 8800:2008, mas para isso é necessário conhecer duas constantes (m e k), que só podem ser obtidas por meio de ensaios experimentais. Esses ensaios são efetuados com uma determinada fôrma de aço, geralmente por encomenda de seu fabricante, e os valores obtidos das duas constantes só valem para a fôrma ensaiada, pois dependem de sua geometria e do projeto de suas mossas. A Figura 12.13a mostra a montagem de um ensaio desse tipo e a Figura 12.13b, o deslizamento relativo entre a fôrma de aço e o concreto, que se manifesta quando a capacidade resistente da ligação mecânica se esgota, em protótipos de lajes mistas após ensaios.

(a) Montagem

(b) Deslizamento relativo entre fôrma de aço e concreto

FIGURA 12.13 Ensaio de laje mista.

Os fabricantes de fôrmas para lajes mistas apresentam tabelas de dimensionamento para a fase final, produzidas a partir dos procedimentos da ABNT NBR 8800:2008.

12.5.3 Tabelas de dimensionamento para as fases inicial e final

Neste livro, as fôrmas MF-50 e MF-75 da Metform são utilizadas como referência, e suas tabelas de dimensionamento, as tabelas 12.1 e 12.2, respectivamente, envolvendo as fases inicial e final, são apresentadas a seguir.

Nas tabelas, a verificação na fase inicial se resume à obtenção do vão máximo sem escoramento, que pode ser simples, duplo, triplo ou, ainda, um balanço. No vão simples, a fôrma é simplesmente apoiada. Vãos duplos significam que a fôrma é contínua sobre dois vãos consecutivos, cada um com o comprimento indicado na tabela dada. No caso dos vãos triplos, a fôrma é contínua sobre três vãos consecutivos, cada um com o comprimento indicado na tabela. Caso o vão seja superior ao vão máximo sem escoramento indicado na tabela, a fôrma deverá ser escorada durante a concretagem, por exemplo, por meio de treliças telescópicas apoiadas nas vigas, conforme ilustra a Figura 2.14.

A verificação na fase final corresponde à obtenção da máxima carga uniformemente distribuída sobreposta que pode atuar em determinado vão, entre vigas de suporte. Nessa fase, a laje é sempre tratada como simplesmente apoiada, pois não é previsto o uso de armadura negativa sobre as vigas de suporte (se essa armadura fosse empregada, a laje seria contínua, e as tabelas deixariam de ser aplicáveis), observando-se que:

FIGURA 12.14 Fôrma escorada com treliças telescópicas apoiadas nas vigas.

- o peso próprio da laje, importante para levantamento de cargas gravitacionais na edificação, está com seu valor característico e foi determinado pressupondo-se concreto com massa específica de 2.400 kg/m^3;
- o concreto tem resistência característica à compressão, f_{ck}, entre 20 MPa e 50 MPa, conforme o Item 2.4;
- as cargas sobrepostas são características e não devem incluir o peso próprio da laje mista;
- as lajes com altura total de 100 mm para MF-50 e 130 mm para MF-75 devem ser utilizadas apenas como lajes de forro, não devendo, portanto, ser adotadas para lajes de pisos.

Adicionalmente, para evitar que se atinjam estados-limites últimos relacionados a problemas localizados, como enrugamento da alma da fôrma de aço ou esmagamento do apoio, as fôrmas de aço MF-50 devem se apoiar nas vigas em um comprimento mínimo de 50 mm nos apoios externos e de 100 mm nos internos, ao passo que as fôrmas MF-75, em comprimentos de 75 mm e 150 mm, respectivamente (Figura 12.15).

FIGURA 12.15 Comprimentos mínimos de apoio das fôrmas de aço.

12.6 Dimensionamento da laje mista aos estados-limites de serviço

12.6.1 Fase inicial

Na fase inicial, quando a fôrma de aço não é escorada durante a concretagem, como é comum na prática, seu deslocamento máximo sob os valores característicos dos pesos próprios, desconsiderando-se a sobrecarga de construção, não deve exceder $L_F/180$ ou 20 mm, o que for menor, onde L_F é o vão teórico da laje na direção das nervuras. Quando se emprega a Tabela 12.1 ou a Tabela 12.2, esses valores são automaticamente atendidos.

Deve-se observar que, nesse caso em que a fôrma não é escorada, não é possível nivelar a laje durante a concretagem. Isso porque a fôrma apresenta deslocamentos verticais crescentes dos apoios para o centro quando o concreto é depositado e, na tentativa de obter o nivelamento, mais concreto precisaria ser jogado na região central, o que aumentaria ainda mais os deslocamentos, exigindo novamente concreto adicional, e assim sucessivamente. O resultado é que, ao final do processo, a região central fica com uma altura de concreto muito superior à projetada, gerando uma carga adicional não prevista sobre a laje. Assim, o correto é efetuar a concretagem controlando, em toda a área da laje, a altura de concreto, e efetuar o nivelamento apenas após a cura do concreto, quando a laje mista já estará funcionando.

12.6.2 Fase final

A armadura em tela soldada, empregada com o objetivo básico de evitar fissuras no concreto devidas à retração ou variações de temperatura, deve possuir área de seção transversal igual a, no mínimo, 0,1% da área de concreto acima do topo da fôrma e ter seu eixo situado a aproximadamente 20 mm da face superior da laje (Figura 12.5). Valores maiores de cobrimento podem ter que ser adotados em locais de agressividade ambiental forte (marinhos e industriais) ou muito forte (industriais químicos agressivos e respingos de maré), especialmente quando o concreto da laje não tiver revestimento na sua face superior. Para facilitar o trabalho dos responsáveis pelo projeto estrutural, a Metform fornece as especificações das telas soldadas, que podem ser adquiridas prontas de fabricantes como Gerdau e ArcelorMittal. Essas telas são apresentadas nas tabelas 12.3 e 12.4, respectivamente, para as fôrmas MF-50 e MF-75, em função da altura total da laje, e, normalmente, são fabricadas com aço CA-60, que possui resistência ao escoamento, f_{ys}, igual a 600 MPa. Nas tabelas, é fornecido ainda o consumo de concreto.

TABELA 12.1 Cargas e vãos máximos das lajes mistas com fôrma MF-50

Altura total da laje (mm)	Espessura da fôrma (mm)	Vãos máximos sem escoramento			Peso próprio (kN/m²)	M. inércia Laje mista (10⁸ mm⁴/m)	Vãos máximos sem escoramento (mm)																
		Simples (mm)	Duplos (mm)	Triplos (mm)	Balanço (mm)			1.800	1.900	2.000	2.100	2.200	2.300	2.400	2.500	2.600	2.650	2.700	2.800	2.900	3.000	3.100	3.200
								Carga sobreposta máxima (kN/m²)															
100	0,80	2.050	2.800	2.900	900	1,85	5,25	9,31	8,14	7,14	6,28	5,54	4,89	4,32	3,82	3,38	3,18	2,99	2,63	2,32	2,03	1,78	1,54
100	0,95	2.550	3.150	3.250	1.100	1,86	5,61	11,68	10,24	9,01	7,96	7,04	6,25	5,55	4,94	4,40	4,15	3,92	3,49	3,10	2,75	2,44	2,16
100	1,25	3.200	3.800	3.800	1.450	1,89	6,26	16,43	14,45	12,76	11,31	10,06	8,97	8,02	7,18	6,44	6,10	5,78	5,19	4,67	4,19	3,77	3,38
110	0,80	1.800	2.700	2.800	900	2,08	6,89	10,56	9,23	8,10	7,13	6,29	5,55	4,91	4,34	3,84	3,61	3,39	3,00	2,64	2,32	2,02	1,76
110	0,95	2.400	3.050	3.150	1.050	2,10	7,35	13,25	11,62	10,23	9,03	8,00	7,10	6,31	5,61	5,00	4,72	4,45	3,96	3,53	3,13	2,78	2,46
110	1,25	3.050	3.650	3.650	1.400	2,13	8,19	18,64	16,39	14,48	12,84	11,42	10,18	9,10	8,15	7,31	6,93	6,57	5,90	5,31	4,77	4,29	3,85
120	0,80	1.650	2.600	2.700	850	2,32	8,85	11,81	10,33	9,06	7,98	7,03	6,21	5,50	4,86	4,30	4,05	3,80	3,36	2,96	2,60	2,27	1,98
120	0,95	2.250	2.900	3.000	1.050	2,33	9,43	14,82	13,00	11,44	10,10	8,95	7,94	7,06	6,28	5,60	5,28	4,99	4,44	3,95	3,51	3,12	2,76
120	1,25	2.950	3.550	3.550	1.350	2,36	10,49	20,00	18,33	16,20	14,36	12,77	11,40	10,19	9,13	8,19	7,76	7,36	6,61	5,95	5,35	4,81	4,32
130	0,80	1.490	2.500	2.600	850	2,55	11,16	13,06	11,42	10,02	8,82	7,78	6,88	6,08	5,38	4,76	4,48	4,21	3,72	3,28	2,88	2,52	2,19
130	0,95	2.050	2.800	2.900	1.000	2,57	11,87	16,39	14,37	12,65	11,18	9,90	8,79	7,81	6,96	6,20	5,85	5,52	4,92	4,38	3,89	3,46	3,06
130	1,25	2.800	3.400	3.400	1.350	2,60	13,19	20,00	20,00	17,91	15,89	14,13	12,61	11,28	10,10	9,06	8,59	8,14	7,32	6,59	5,92	5,33	4,79
140	0,80	1.350	2.450	2.500	800	2,79	13,85	14,31	12,52	10,99	9,67	8,53	7,54	6,67	5,90	5,23	4,91	4,62	4,08	3,60	3,16	2,77	2,41
140	0,95	1.850	2.750	2.800	1.000	2,80	14,72	17,96	15,75	13,87	12,25	10,85	9,63	8,57	7,63	6,80	6,42	6,06	5,40	4,81	4,27	3,79	3,36
140	1,25	2.700	3.300	3.300	1.300	2,83	16,32	20,00	20,00	19,63	17,41	15,49	13,82	12,36	11,08	9,94	9,42	8,93	8,03	7,23	6,50	5,85	5,26
150	0,80	1.250	2.300	2.450	800	3,02	16,93	15,57	13,61	11,95	10,52	9,28	8,20	7,26	6,42	5,69	5,35	5,03	4,44	3,92	3,44	3,02	2,63
150	0,95	1.700	2.650	2.750	950	3,04	17,98	19,54	17,13	15,08	13,33	11,80	10,48	9,32	8,30	7,40	6,98	6,59	5,88	5,23	4,66	4,13	3,66
150	1,25	2.600	3.200	3.250	1.250	3,07	19,90	20,00	20,00	20,00	18,94	16,85	15,04	13,45	12,05	10,82	10,25	9,72	8,74	7,86	7,08	6,37	5,72
160	0,80	1.150	2.200	2.300	800	3,26	20,45	16,82	14,71	12,91	11,37	10,03	8,87	7,84	6,95	6,15	5,78	5,44	4,81	4,24	3,73	3,26	2,84
160	0,95	1.600	2.550	2.650	950	3,27	21,69	20,00	18,51	16,30	14,40	12,76	11,33	10,07	8,97	8,00	7,55	7,13	6,35	5,66	5,04	4,47	3,96
160	1,25	2.550	3.100	3.150	1.250	3,30	23,97	20,00	20,00	20,00	20,00	18,21	16,25	14,53	13,03	11,69	11,08	10,51	9,45	8,50	7,65	6,89	6,19
170	0,80	1.050	2.050	2.150	750	3,49	24,43	18,07	15,81	13,88	12,22	10,78	9,53	8,43	7,47	6,61	6,22	5,85	5,17	4,56	4,01	3,51	3,06
170	0,95	1.500	2.500	2.600	900	3,51	25,87	20,00	19,89	17,51	15,47	13,71	12,17	10,83	9,64	8,60	8,12	7,66	6,83	6,09	5,42	4,81	4,26
170	1,25	2.450	3.050	3.050	1.200	3,54	28,55	20,00	20,00	20,00	20,00	19,57	17,46	15,62	14,00	12,57	11,91	11,29	10,16	9,14	8,23	7,41	6,66

Fonte: adaptada a partir do site da Metform.

TABELA 12.2 Cargas e vãos máximos das lajes mistas com fôrma MF-75

Altura total da laje (mm)	Espessura da fôrma (mm)	Vãos máximos sem escoramento				Peso próprio (kN/m²)	M. inércia Laje mista (10⁸ mm⁴/m)	Vãos máximos sem escoramento (mm)															
		Simples (mm)	Duplos (mm)	Triplos (mm)	Balanço (mm)			2.000	2.100	2.200	2.300	2.400	2.500	2.600	2.700	2.800	2.900	3.000	3.150	3.300	3.500	3.750	4.000
								Carga sobreposta máxima (kN/m²)															
130	0,80	2.350	3.200	3.300	1.150	2,27	10,66	11,87	10,56	9,42	8,43	7,56	6,79	6,11	5,51	4,96	4,47	4,03	3,45	2,94	2,37	1,77	1,29
	0,95	3.000	3.650	3.750	1.350	2,28	11,34	14,19	12,69	11,38	10,25	9,25	8,36	7,58	6,88	6,25	5,69	5,18	4,51	3,92	3,26	2,56	2,00
	1,25	3.650	4.300	4.400	1.650	2,32	12,74	18,83	16,94	15,31	13,88	12,62	11,50	10,51	9,63	8,84	8,13	7,48	6,63	5,88	5,03	4,15	3,42
140	0,80	2.200	3.100	3.200	1.150	2,50	13,17	13,16	11,71	10,45	9,35	8,39	7,54	6,78	6,11	5,51	4,97	4,48	3,83	3,27	2,63	1,98	1,44
	0,95	2.850	3.500	3.600	1.350	2,52	13,99	15,74	14,07	12,63	11,37	10,26	9,28	8,41	7,64	6,94	6,32	5,76	5,01	4,36	3,62	2,85	2,23
	1,25	3.500	4.150	4.250	1.600	2,55	15,68	20,00	18,79	16,98	15,39	14,00	12,76	11,67	10,69	9,81	9,02	8,31	7,36	6,53	5,59	4,61	3,81
150	0,80	2.000	3.000	3.100	1.100	2,74	16,06	14,46	12,86	11,48	10,28	9,22	8,28	7,45	6,72	6,06	5,46	4,93	4,22	3,60	2,90	2,18	1,59
	0,95	2.650	3.400	3.500	1.300	2,75	17,04	17,28	15,45	13,87	12,49	11,27	10,20	9,24	8,39	7,63	6,95	6,33	5,51	4,80	3,98	3,14	2,45
	1,25	3.400	4.000	4.100	1.550	2,79	19,05	20,00	20,00	18,65	16,91	15,38	14,02	12,82	11,75	10,78	9,91	9,13	8,09	7,18	6,15	5,07	4,19
160	0,80	1.850	2.900	3.000	1.100	2,97	19,35	15,75	14,02	12,51	11,20	10,04	9,03	8,12	7,32	6,60	5,95	5,37	4,60	3,93	3,17	2,38	1,73
	0,95	2.500	3.300	3.400	1.250	2,99	20,51	18,83	16,84	15,11	13,61	12,28	11,11	10,07	9,15	8,32	7,57	6,90	6,01	5,23	4,35	3,43	2,68
	1,25	3.250	3.900	4.000	1.500	3,02	22,90	20,00	20,00	20,00	18,42	16,76	15,28	13,97	12,80	11,75	10,81	9,95	8,82	7,83	6,71	5,54	4,58
170	0,80	1.700	2.800	2.900	1.050	3,21	23,07	17,04	15,17	13,54	12,12	10,87	9,77	8,80	7,93	7,15	6,45	5,82	4,98	4,26	3,43	2,58	1,88
	0,95	2.350	3.200	3.300	1.250	3,23	24,44	20,00	18,22	16,36	14,72	13,29	12,03	10,91	9,90	9,01	8,20	7,47	6,51	5,67	4,71	3,72	2,91
	1,25	3.150	3.800	3.900	1.450	3,26	27,24	20,00	20,00	20,00	19,94	18,14	16,54	15,12	13,86	12,72	11,70	10,78	9,55	8,49	7,27	6,00	4,96
180	0,80	1.550	2.750	2.850	1.050	3,44	27,25	18,34	16,32	14,57	13,04	11,70	10,52	9,47	8,53	7,69	6,94	6,26	5,37	4,59	3,70	2,78	2,03
	0,95	2.200	3.100	3.200	1.200	3,46	28,84	20,00	19,61	17,60	15,84	14,30	12,94	11,74	10,66	9,69	8,83	8,04	7,00	6,10	5,07	4,01	3,14
	1,25	3.050	3.700	3.800	1.450	3,50	21,10	20,00	20,00	20,00	20,00	19,51	17,80	16,28	14,92	13,70	12,60	11,60	10,28	9,14	7,83	6,47	5,35
190	0,80	1.450	2.650	2.750	1.000	3,68	31,92	19,63	17,47	15,60	13,96	12,53	11,26	10,14	9,14	8,24	7,44	6,71	5,75	4,91	3,96	2,98	2,18
	0,95	2.100	3.050	3.150	1.200	3,70	33,75	20,00	20,00	18,84	16,96	15,32	13,86	12,57	11,41	10,38	9,45	8,62	7,50	6,54	5,44	4,30	3,36
	1,25	3.000	3.600	3.700	1.400	3,73	37,52	20,00	20,00	20,00	20,00	20,00	19,06	17,43	15,97	14,67	13,49	12,43	11,02	9,79	8,39	6,93	5,73
200	0,80	1.400	2.600	2.650	1.000	3,91	37,10	20,00	18,62	16,63	14,88	13,35	12,00	10,81	9,74	8,79	7,93	7,16	6,13	5,24	4,23	3,19	2,33
	0,95	1.950	2.950	3.050	1.150	3,93	39,19	20,00	20,00	20,00	18,08	16,33	14,78	13,40	12,17	11,07	10,08	9,19	8,00	6,97	5,80	4,59	3,59
	1,25	2.900	3.500	3.650	1.400	3,97	43,51	20,00	20,00	20,00	20,00	20,00	20,00	18,58	17,03	15,64	14,38	13,25	11,75	10,44	8,94	7,39	6,12

Fonte: adaptada a partir do site da Metform.

TABELA 12.3 Armadura em tela soldada para lajes mistas com fôrma MF-50
Fonte: adaptada a partir do site da Metform.

Altura total da laje (h_t) (mm)	Consumo de concreto (m³/m²)	Armadura em tela soldada			
		Denominação	Diâmetro – espaçamento (mm x mm – mm x mm)	Massa (kg/m²)	Área (mm²/m)
100	0,0750	Q-75	ϕ 3,8 x ϕ 3,8 – 150 x 150	1,21	75
110	0,0850				
120	0,0950				
130	0,1050	Q-92	ϕ 4,2 x ϕ 3,2 – 150 x 150	1,48	92
140	0,1150				
150	0,1250	Q-113	ϕ 3,8 x ϕ 3,8 – 100 x 100	1,80	113
160	0,1350				
170	0,1450	Q-138	ϕ 4,2 x ϕ 4,2 – 100 x 100	2,20	138

TABELA 12.4 Armadura em tela soldada para lajes mistas com fôrma MF-75
Fonte: adaptada a partir do site da Metform.

Altura total da laje (h_t) (mm)	Consumo de concreto (m³/m²)	Armadura em tela soldada			
		Denominação	Diâmetro – espaçamento (mm x mm – mm x mm)	Massa (kg/m²)	Área (mm²/m)
130	0,0925	Q-75	ϕ 3,8 x ϕ 3,8 – 150 x 150	1,21	75
140	0,1025				
150	0,1125				
160	0,1225	Q-92	ϕ 4,2 x ϕ 3,2 – 150 x 150	1,48	92
170	0,1325	Q-113	ϕ 3,8 x ϕ 3,8 – 100 x 100	1,80	113
180	0,1425				
190	0,1525	Q-138	ϕ 4,2 x ϕ 4,2 – 100 x 100	2,20	138
200	0,1625				

O deslocamento vertical de lajes mistas não pode ser maior que $L_F/350$, considerando apenas o efeito das ações variáveis, onde L_F é o vão teórico da laje na direção das nervuras. Quando se usa a Tabela 12.1 ou a Tabela 12.2, esse valor é automaticamente atendido.

12.7 Exemplos de aplicação

12.7.1 Laje mista de piso com vão de 3,60 m e sobrecarga de 4 kN/m²

Propõe-se dimensionar uma laje mista de piso com espaçamento entre as vigas de suporte igual a 3,60 m, conforme mostra a figura a seguir, para que possa resistir a uma sobrecarga característica de 4 kN/m². O concreto a ser utilizado possui resistência característica à compressão (f_{ck}) igual a 30 MPa. Além disso, cumpre determinar qual tela soldada de aço deve ser usada na laje para evitar fissuração decorrente de retração ou variações de temperatura.

> Veja a resolução deste exemplo de aplicação no site www.loja.grupoa.com.br

12.7.2 Laje mista de piso com vão de 2,80 m e carga sobreposta de 5,1 kN/m²

Agora, sugere-se o dimensionamento de uma laje mista de piso com espaçamento entre as vigas de suporte igual a 2,80 m, conforme mostra a figura a seguir, para resistir uma sobrecarga característica de 4 kN/m². O piso terá revestimento cuja carga é de 1,1 kN/m². O concreto a ser utilizado possui resistência característica à compressão (f_{ck}) igual a 30 MPa.

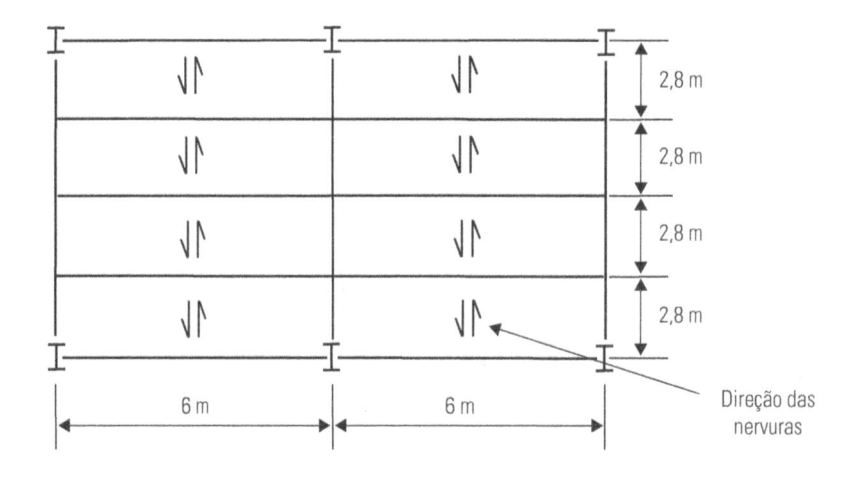

Também é necessário determinar qual tela soldada de aço deve ser usada na laje para evitar fissuração decorrente de retração ou variações de temperatura.

Solução

Inicialmente, constata-se que o concreto possui f_{ck} igual a 30 MPa, valor dentro da faixa permitida, que vai de 20 MPa até 50 MPa.

A carga característica sobreposta aplicada à laje, somando o revestimento de 1,1 kN/m² e a sobrecarga de 4 kN/m², é de 5,1 kN/m².

Consultando as tabelas de dimensionamento 12.1 e 12.2, respectivamente, para as fôrmas MF-50 e MF-75, para o vão da laje mista de 2,8 m, e considerando apenas as que oferecem capacidade resistente suficiente à carga sobreposta aplicada e as que podem ser usadas como piso, observa-se que uma grande quantidade de lajes poderia ser utilizada. Caso sejam selecionadas apenas as soluções com menor espessura da fôrma, 0,80 mm, as seguintes lajes podem ser empregadas:

Fôrma	Altura total da laje (mm)	Carga sobreposta máxima (kN/m²)	Peso próprio (kN/m²)
MF-50	170	5,17	3,49
MF-75	140	5,51	2,50
	150	6,06	2,74
	160	6,60	2,97
	170	7,15	3,21
	180	7,69	3,44
	190	8,24	3,68
	200	8,79	3,91

Entre as alternativas apresentadas, aquela que leva ao menor peso próprio é a fôrma MF-75 com altura total da laje de 140 mm (75 mm de altura da fôrma e 65 mm de altura do concreto acima da nervura). Adotando-se essa solução, que também é a que fornece a menor altura total da laje, de acordo com a Tabela 12.2, para que se dispense o escoramento durante a construção, deve-se ter, no mínimo, vãos duplos. Caso se utilize vão simples, deve-se colocar escoramento.

Na laje com fôrma MF-75 e altura total de 140 mm, de acordo com a Tabela 12.4, é preciso usar uma tela soldada Q-75 (ϕ 3,8 x ϕ 3,8 – 150 x 150) para evitar fissuras oriundas de retração ou variações de temperatura, situada a aproximadamente 20 mm da sua face superior.

12.7.3 Simulação da distribuição mais econômica de vigas em piso de edificação

Considere uma edificação cujos pisos tenham lados de 15 m e 6 m, suportados por pilares de canto, conforme mostra a figura a seguir, e lajes mistas de aço e concreto.

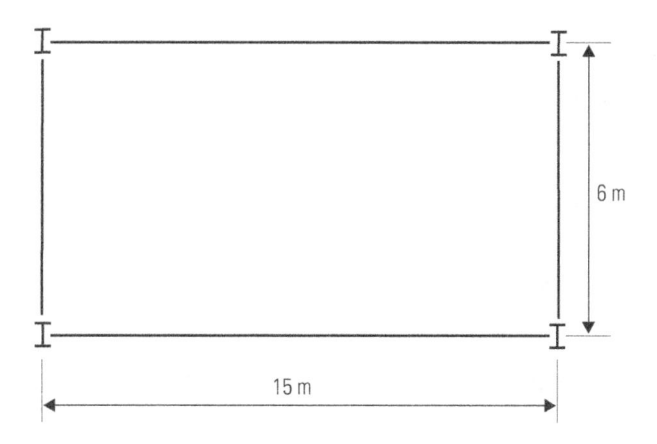

A carga sobreposta característica na laje é constituída por 0,95 kN/m² de revestimento do piso, 0,65 kN/m² de forro do andar inferior e 6 kN/m² de sobrecarga. Com base nessas informações, propõe-se determinar e esboçar a solução mais econômica para o emprego de lajes mistas com fôrmas MF-50 ou MF-75, considerando a colocação de vigas secundárias na direção do maior vão ou na direção do menor vão, para construção sem escoramento. O concreto a ser utilizado possui resistência característica à compressão (f_{ck}) igual a 30 MPa.

Para evitar ter que efetuar o dimensionamento completo das vigas para cada solução possível neste exemplo, pede-se, simplificadamente, que se adote a fôrma de aço com a menor espessura possível, ou seja, 0,8 mm, e a seguinte ordem de critérios em busca do menor custo:

1) menor comprimento total de vigas secundárias, independentemente dos perfis a serem utilizados nessas vigas;

2) menor peso próprio da laje, que praticamente corresponde ao seu peso de concreto.

Após encontrar a melhor solução, cumpre determinar qual tela soldada de aço deve ser usada na laje para evitar fissuração decorrente de retração ou variações de temperatura.

a) Concreto

O concreto possui f_{ck} igual a 30 MPa, valor dentro da faixa permitida, que vai de 20 MPa até 50 MPa.

b) Carga sobreposta

A carga sobreposta aplicada à laje, somando o forro de 0,65 kN/m², o revestimento de 0,95 kN/m² e a sobrecarga 6 kN/m², é de 7,6 kN/m².

c) Solução com a colocação de vigas secundárias na direção do menor vão

Considerando a colocação de vigas secundárias na direção do menor vão (vigas secundárias com vão de 6 m), a ordem dos critérios estabelecidos, e a condição de construção sem escoramento, e consultando as tabelas 12.1 e 12.2 das lajes com fôrmas MF-50 e MF-75, respectivamente, o vão teórico das lajes mistas na direção das nervuras é dado por:

$$L_F = \frac{15}{n+1}$$

onde n é o número de vigas secundárias. Dessa maneira, ao se empregar:

- uma viga secundária: $L_F = 15/2 = 7,5$ m $\Rightarrow$ vão acima dos previstos nas tabelas de dimensionamento;
- duas vigas secundárias: $L_F = 15/3 = 5$ m $\Rightarrow$ vão acima dos previstos nas tabelas de dimensionamento;
- três vigas secundárias: $L_F = 15/4 = 3,75$ m $\Rightarrow$ nenhuma laje de piso tabelada com fôrma com espessura de 0,8 mm possui a capacidade resistente necessária;
- quatro vigas secundárias: $L_F = 15/5 = 3$ m $\Rightarrow$ nenhuma laje de piso tabelada com fôrma com espessura de 0,8 mm possui a capacidade resistente necessária;
- cinco vigas secundárias: $L_F = 15/6 = 2,5$ m $\Rightarrow$ a laje de piso com altura total de 150 mm e fôrma MF-75 com espessura de 0,8 mm é a mais leve entre as que podem ser utilizadas, permitindo uma carga sobreposta máxima de 8,28 kN/m² e possuindo um peso próprio de 2,74 kN/m².

Portanto, a análise com as vigas secundárias na direção do menor vão pode ser finalizada, tendo como solução o uso de cinco vigas secundárias, conforme especificado. Isso porque o primeiro critério de definição do vigamento considera o menor comprimento total de vigas secundárias, e, com cinco dessas vigas, encontrou-se uma laje com fôrma de 0,8 mm de espessura que suporta a carga sobreposta. A colocação de seis ou mais vigas secundárias levaria, obviamente, a um maior comprimento total das vigas, violando esse critério.

d) Solução com a colocação de vigas secundárias na direção do maior vão

Agora, com a colocação de vigas secundárias na direção do maior vão (vigas secundárias com vão de 15 m), considerando-se a ordem dos critérios estabelecidos e a condição de construção sem escoramento, e, mais uma vez, consultando as tabelas 12.1 e 12.2 das lajes com fôrmas MF-50 e MF-75, respectivamente, tem-se como vão teórico das lajes mistas na direção das nervuras:

$$L_F = \frac{6}{n+1}$$

onde n é o número de vigas secundárias. Assim, usando:

- uma viga secundária: $L_F = 6/2 = 3$ m $\Rightarrow$ nenhuma laje de piso tabelada com fôrma com espessura de 0,8 mm possui a capacidade resistente necessária;
- duas vigas secundárias: $L_F = 6/3 = 2$ m $\Rightarrow$ a laje de piso com altura total de 110 mm e fôrma MF-50 com espessura de 0,8 mm é a mais leve entre as que podem ser utilizadas, permitindo uma carga sobreposta máxima de 8,1 kN/m² e possuindo peso próprio de 2,08 kN/m².

Assim, a análise com as vigas secundárias na direção do maior vão pode ser encerrada, tendo como solução o uso de duas vigas secundárias, conforme especificado. A colocação de três ou mais vigas secundárias ocasionaria, obviamente, maior comprimento total das vigas, violando o critério de menor comprimento dessas vigas.

e) Solução final

O primeiro critério para determinar qual a solução de menor custo entre as duas encontradas anteriormente é o que prevê o menor comprimento total das vigas secundárias adicionadas ao piso. Nesse critério, como se vê a seguir, ambas as soluções se igualam:

- solução com cinco vigas secundárias adicionadas na direção do menor vão: 5×6 m = 30 m;
- solução com duas vigas secundárias adicionadas na direção do maior vão: 2×15 m = 30 m.

O segundo critério é o que prevê o menor peso próprio da laje. Por esse critério, prevalece a solução com duas vigas secundárias adicionadas na direção do maior vão, que conduz a uma laje mista com altura total de 110 mm e fôrma MF-50, com peso próprio de 2,08 kN/m², ante 2,74 kN/m² da solução com cinco vigas secundárias adicionadas na direção do menor vão.

A figura a seguir esboça a solução final encontrada:

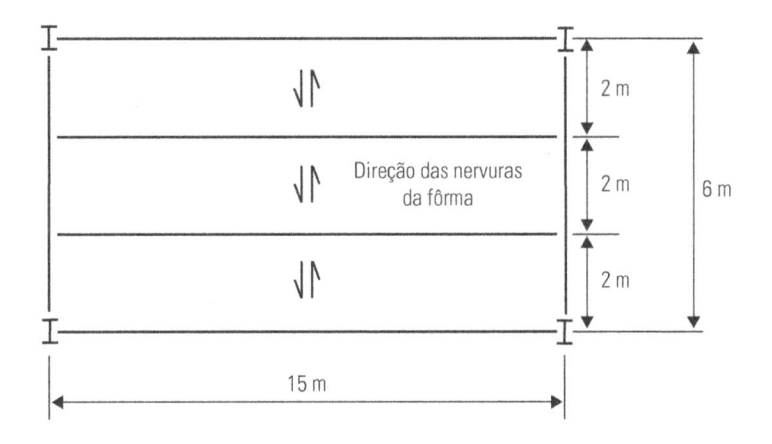

f) Tela soldada para evitar fissuras decorrentes de retração ou variações de temperatura

Na laje com fôrma MF-50 de altura total de 110 mm, de acordo com a Tabela 12.3, deve ser usada uma tela soldada Q-75 (ϕ 3,8 x ϕ 3,8 – 150 x 150), situada por volta de 20 mm da sua face superior para evitar fissuras oriundas de retração ou variações de temperatura.

Bibliografia

ABNT NBR 8800:2008. *Projeto de estruturas de aço e de estruturas mistas de aço e concreto de edifícios*. Rio de Janeiro, ABNT: 2008.

ABNT NBR 6118:2014. *Projeto de estruturas de concreto*. Rio de Janeiro, ABNT: 2014.

ABNT NBR 14762:2011. *Dimensionamento de estruturas de aço constituídas por perfis formados a frio*. Rio de Janeiro, ABNT: 2011.

JOHNSON, R. P. *Composite structures of steel and concrete*. Chapter 1: Introduction; Chapter 2: Shear

Connection; Chapter 3: Simply-supported composite slabs and beams. Oxford: Blackwell Publishing, 2004.

METFORM. Disponível em: <http://www.metform.com.br/telha-forma.php>. Acesso em: 18 jul. 2014.

QUEIROZ, G.; PIMENTA, R. J.; MARTINS, A. G. *Estruturas mistas* – vol. 1. Rio de Janeiro: IABr/CBCA, Série Manual de Construção em Aço, 2010 (Capítulo 1: Introdução; Capítulo 2: Conectores de cisalhamento; Capítulo 4: Lajes mistas).

QUEIROZ, G.; PIMENTA, R. J.; Mata, L. A. C. *Elementos das estruturas mistas aço-concreto*. Belo Horizonte: O Lutador, 2001 (Capítulo 1: Introdução; Capítulo 2: Informações básicas; Capítulo 3: Conectores de cisalhamento; Capítulo 5: Lajes mistas).

13
Vigas mistas de aço e concreto

13.1 Considerações iniciais

Quando um componente estrutural de aço (perfil de alma cheia ou treliça) é ligado mecanicamente a uma laje de concreto, esses dois elementos trabalham solidariamente ao momento fletor, caracterizando a denominada viga mista de aço e concreto, conforme ilustra a Figura 13.1 (e também a Figura 12.1). A ligação entre o componente de aço e a laje é proporcionada por elementos de aço conhecidos como conectores de cisalhamento.

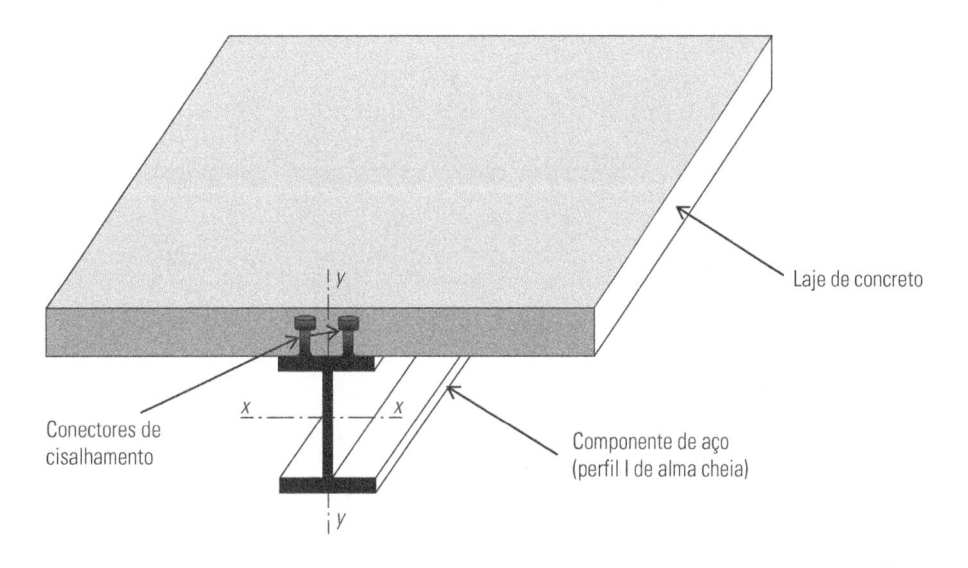

FIGURA 13.1 Viga mista de aço e concreto.

Neste capítulo, serão abordadas as vigas mistas de aço e concreto biapoiadas, submetidas a ações gravitacionais estáticas, nas quais o componente de aço é um perfil I de alma cheia fletido em relação ao eixo x, com a laje situada sobre a face superior desse perfil. Isso significa que outras situações, menos frequentes na prática, como as das vigas mistas contínuas e semicontínuas, das vigas mistas em que o componente de aço é uma treliça e das vigas mistas em que a laje não se situa sobre o perfil de aço, não serão consideradas.

Empregando-se vigas mistas biapoiadas, nos edifícios usuais pode-se chegar a um perfil de aço mais leve e com altura de seção transversal menor em comparação com as vigas de aço convencionais.

As ligações das vigas mistas com os pilares ou com outros componentes do edifício podem ser feitas obedecendo-se às mesmas regras das ligações das vigas de aço, vistas no Capítulo 10.

No Item 13.8 e no Subitem 13.9.4, faz-se diversas considerações sobre detalhes de projeto de armadura. Muitas dessas considerações apresentam simplificações, recomendando-se que seja consultada a ABNT NBR 6118:2014 para informações complementares.

13.2 Perfil de aço

O perfil I de aço usado nas vigas que fazem parte do escopo deste capítulo deve ser simétrico em relação ao eixo que passa pela linha média da alma (eixo y-y da Figura 13.1), podendo ser laminado ou soldado. Em relação ao eixo perpendicular à alma (eixo x-x da Figura 13.1), pode-se utilizar um perfil soldado simétrico ou assimétrico. Neste último caso, normalmente, o perfil é projetado com a área da mesa superior menor que a da mesa inferior, o que contribui para a redução do consumo de aço, uma vez que a mesa superior, por se situar junto à laje de concreto, tem participação reduzida na capacidade resistente da viga mista ao momento fletor.

Para que os procedimentos de cálculo preconizados neste capítulo sejam válidos, os perfis I empregados nas vigas mistas não podem ter alma esbelta, ou seja, devem atender à seguinte condição (Item 8.4):

$$\frac{h}{t_w} \leq 5{,}70\sqrt{\frac{E_a}{f_y}} \tag{13.1}$$

onde h é a altura da alma, tomada igual à distância entre faces internas das mesas nos perfis soldados e igual a esse valor menos os dois raios de concordância entre mesa e alma nos perfis laminados, t_w é a espessura da alma, e E_a e f_y são o módulo de elasticidade e a resistência ao escoamento do aço, respectivamente.

No dimensionamento das vigas mistas, o valor do módulo de elasticidade do aço estrutural, E_a, deve ser determinado pela Equação (2.2), e emprega-se a resistência de cálculo ao escoamento do aço, dada por:

$$f_{yd} = \frac{f_y}{\gamma_{a1}} \tag{13.2}$$

onde γ_{a1} é o coeficiente de ponderação da resistência do aço para escoamento, igual a 1,10.

13.3 Laje de concreto

13.3.1 Tipos de laje e propriedades do concreto

A laje acima da face superior da viga de aço pode ser:

- maciça moldada no local, a rigor, uma laje convencional cuja fôrma empregada em sua execução é removida após a cura do concreto;
- mista de aço e concreto (laje com fôrma de aço incorporada), já devidamente tratada no Capítulo 12;
- com pré-laje de concreto pré-moldada, conforme ilustra a Figura 13.2 (essa figura mostra as pré-lajes estocadas e depois posicionadas sobre a face superior de um perfil de aço com conectores de cisalhamento — posteriormente, concreto moldado no local é depositado em cima das pré-lajes, preenchendo também o espaço vazio entre elas e a mesa superior da viga).

FIGURA 13.2 Viga mista com pré-laje de concreto pré-moldada.

O módulo de elasticidade secante do concreto da laje, E_c, deve ser determinado pela Equação (2.13), e a resistência de cálculo do concreto à compressão, nas expressões de dimensionamento das vigas mistas, deve ser considerada como:

$$f_{cd} = \frac{f_{ck}}{\gamma_c} \tag{13.3}$$

onde f_{ck} é a resistência característica à compressão, e γ_c é o coeficiente de ponderação da resistência do concreto, igual a 1,40.

13.3.2 Largura efetiva

A tensão normal de compressão na laje de concreto, quando ela trabalha com o perfil de aço, é máxima sobre a mesa superior do perfil ($\sigma_{c,máx}$) e decresce não linearmente à medida que se afasta dessa mesa, conforme mostra a Figura 13.3. Para fins práticos, esse diagrama de tensão não uniforme é substituído por um diagrama com tensão constante igual a $\sigma_{c,máx}$ em uma largura de laje b, **tal que a força resultante de compressão dada pelo produto** $\sigma_{c,máx} b$ seja igual à força resultante proporcionada pelo diagrama não uniforme de tensões. A largura b assim obtida é considerada como a largura da faixa de laje que trabalha em conjunto com o perfil de aço e recebe o nome de largura efetiva.

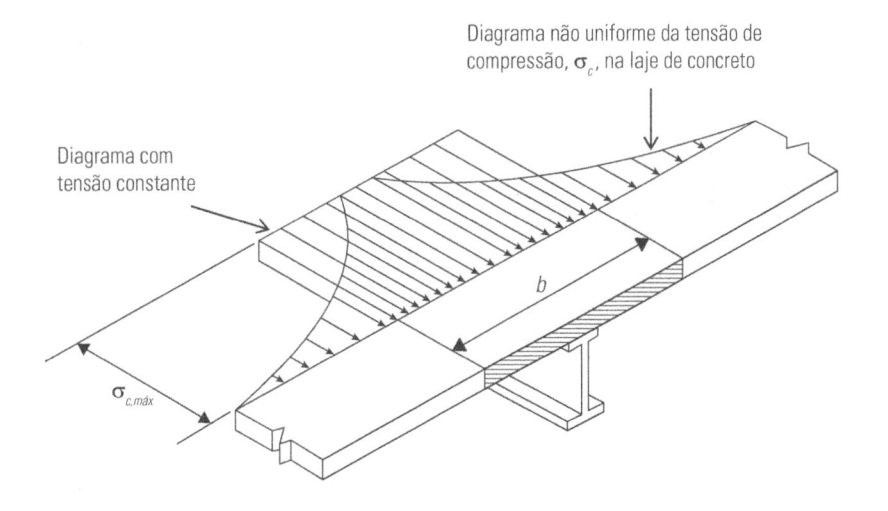

FIGURA 13.3 Largura efetiva b da laje de concreto.

Para evitar considerações mais complexas quanto ao diagrama de tensão de compressão não uniforme no concreto, admite-se tomar a largura efetiva da laje, de cada lado da linha de centro da viga, como igual ao menor dos seguintes valores (a Figura 13.4 ilustra a determinação da largura efetiva de uma viga de extremidade e de uma viga interna, b_{ext} e b_{int}, respectivamente):

- 1/8 do vão da viga mista, considerado entre linhas de centro dos apoios ($L_e/8$);
- metade da distância entre a linha de centro da viga analisada e a linha de centro da viga adjacente ($e_1/2$), ou a distância da linha de centro da viga à borda de uma laje em balanço (e_2) — o que for aplicável.

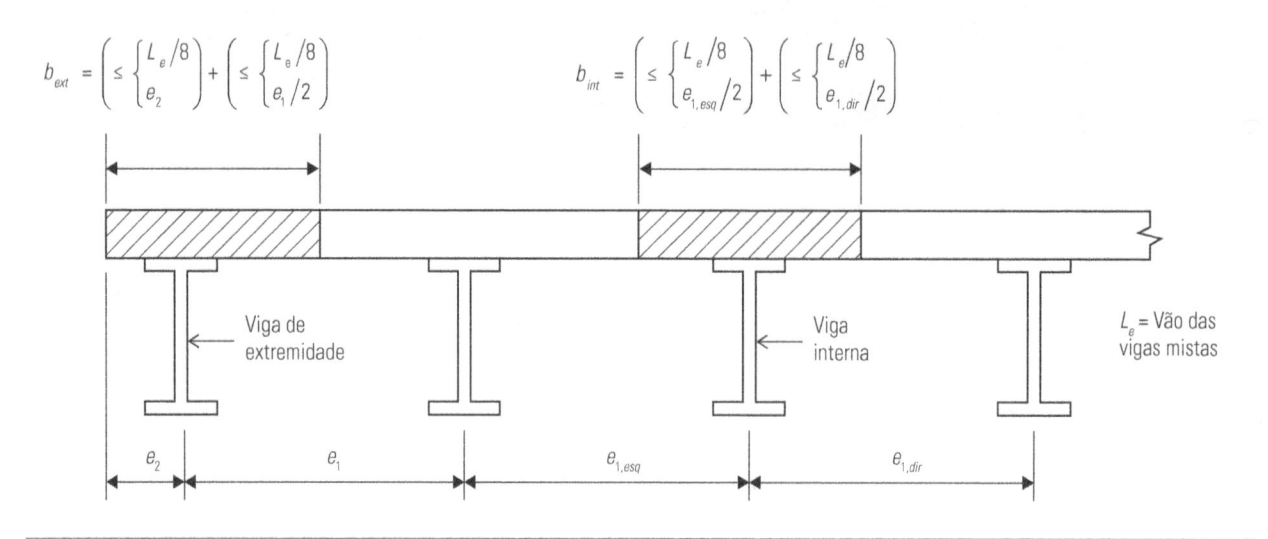

$$b_{ext} = \left(\leq \begin{Bmatrix} L_e/8 \\ e_2 \end{Bmatrix} \right) + \left(\leq \begin{Bmatrix} L_e/8 \\ e_1/2 \end{Bmatrix} \right) \qquad b_{int} = \left(\leq \begin{Bmatrix} L_e/8 \\ e_{1,esq}/2 \end{Bmatrix} \right) + \left(\leq \begin{Bmatrix} L_e/8 \\ e_{1,dir}/2 \end{Bmatrix} \right)$$

FIGURA 13.4 Determinação da largura efetiva.

13.4 Conectores de cisalhamento

13.4.1 Tipos de conector

Em edifícios, normalmente empregam-se conectores de cisalhamento pino com cabeça (*stud bolt*) e perfil U laminado ou formado a frio (Figura 13.5).

(a) Pino com cabeça (*stud bolt*)   (b) Perfil U laminado ou formado a frio

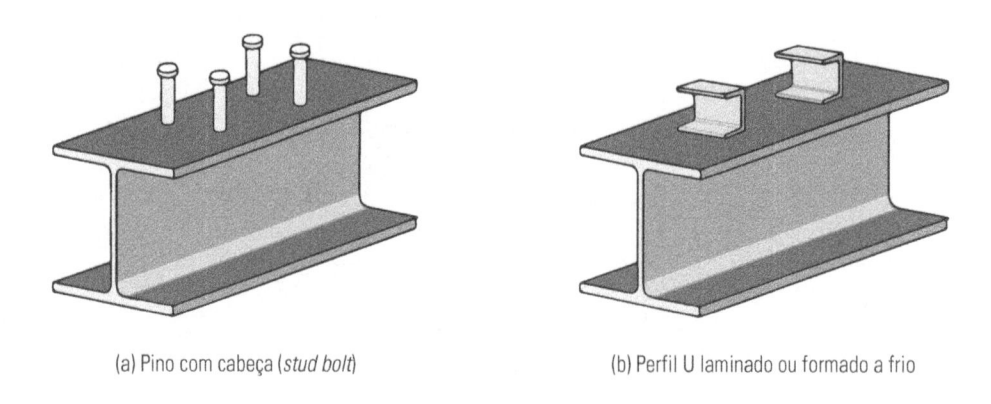

FIGURA 13.5 Tipos de conector.

13.4.2 Conectores pino com cabeça

13.4.2.1 Características e fixação no perfil de aço

Os conectores de cisalhamento pino com cabeça são os mais utilizados atualmente. Consistem de um fuste projetado para funcionar como eletrodo de solda por arco elétrico e, após a soldagem, como conector. Possuem uma cabeça com dimensões padronizadas para cada diâmetro. De modo geral, os fabricantes dispõem de conectores com diâmetros de 19 mm e 22 mm, embora, em edificações, o de 19 mm seja por larga margem o mais utilizado, até porque, em lajes mistas, não podem ser usados conectores com diâmetro superior a esse valor. A Tabela 13.1 apresenta as dimensões desses conectores, incluindo os comprimentos em que eles normalmente são encontrados no mercado brasileiro (para confirmação dessas informações, os fabricantes devem ser consultados).

TABELA 13.1 Dimensões dos conectores pino com cabeça (*stud bolts*)

	Diâmetro nominal do fuste d_{cs}		Comprimento total nominal h_{cs} (mm)	Cabeça		Tipo de cerâmica[1]
	(pol)	(mm)		Diâmetro nominal (mm)	Altura mínima (mm)	
	3/4	19	80	32	9,5	MB
			105			SD
			120			SD
			135			MB-SD
	7/8	22	93	35	9,5	MB
			106			
			132			
			157			
			182			
			208			

[1] MB: para soldagem diretamente em perfil; SD: para soldagem através de fôrma de aço.

O aço utilizado na fabricação dos conectores pino com cabeça é o ASTM A108 – Grau 1020. Esse aço deve ser especificado para ser produzido com resistências ao escoamento (f_{ycs}) e à ruptura (f_{ucs}) mínimas iguais a 345 MPa e 415 MPa, respectivamente. Além disso, o aço deve permitir alongamento mínimo de 20% em 50 mm e redução de área mínima de 50%.

A soldagem desses conectores é feita usualmente por um processo automático de eletrofusão que apresenta elevado rendimento e dura apenas alguns segundos. Esse processo tem início quando um operador qualificado acopla uma pistola de soldagem especial controlada por temporizador (Figura 12.10) ao conector, cuja base encontra-se dentro de um anel cerâmico. A partir daí, sucedem-se as seguintes fases (Figura 13.6):

1) o operador empurra, com a pistola de soldagem (não mostrada na figura), o conector na direção do metal-base onde será fixado, para estabelecer contato elétrico;

2) o gatilho da pistola de soldagem é acionado e, automaticamente, o conector recua e abre passagem para a corrente que forma o arco elétrico entre ele e o metal-base (o conector possui na sua extremidade inferior uma esfera de fluxo sólido, que serve como desoxidante e estabilizante do arco, como se vê na figura da Tabela 13.1);

3) com o aquecimento provocado pelo arco, a parte inferior do conector, confinada pelo anel cerâmico, e o metal--base embaixo dele derretem, formando uma poça de fusão;

4) a pistola de soldagem pressiona o conector contra a poça de fusão;

5) a corrente elétrica cessa, a poça de fusão se solidifica quase instantaneamente, com a base do conector ficando envolvida por um cordão de solda, e o anel cerâmico é descartado.

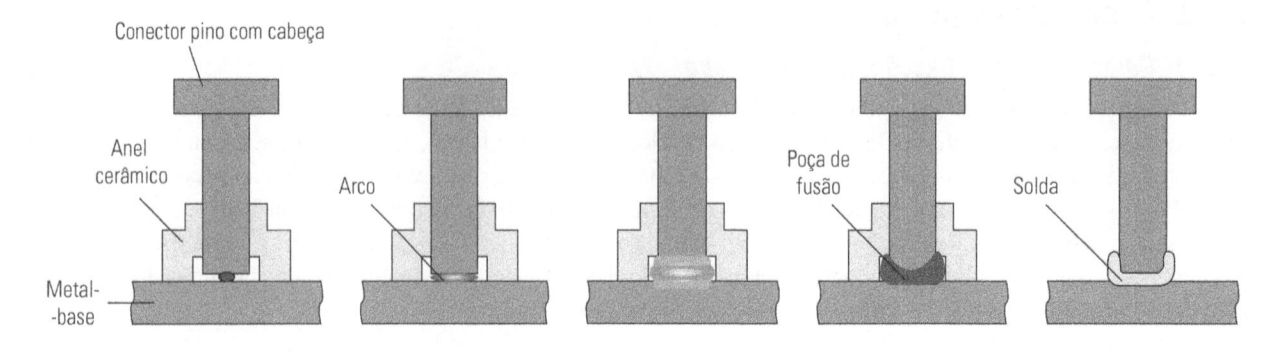

FIGURA 13.6 Fases do processo de soldagem dos conectores pino com cabeça.

Pode-se efetuar a soldagem por eletrofusão diretamente na mesa de um perfil de aço ou através de uma fôrma de aço de laje mista (figuras 12.1 e 12.10). No primeiro caso, o comprimento do conector, medido acima da mesa, sofre uma redução de aproximadamente 5 mm (Figura 13.7a) em relação ao valor original. No segundo caso, a redução é de cerca de 9 mm acima da fôrma (Figura 13.7b). Essa redução mais pronunciada decorre de um maior derretimento do conector por causa de se ter que empregar amperagem e voltagem superiores, com maior distância de abertura de arco, tornando necessário, inclusive, o uso de um anel cerâmico específico, com dimensões mais elevadas (Tabela 13.1).

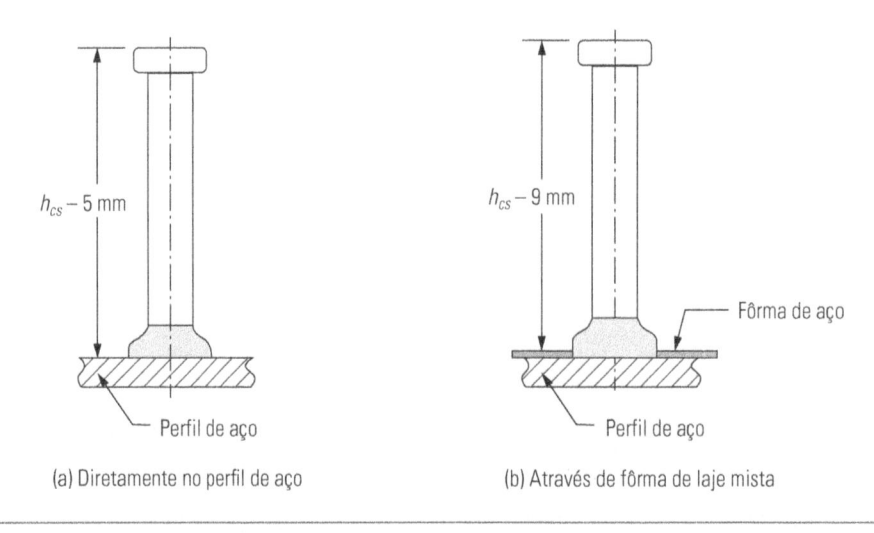

FIGURA 13.7 Redução do comprimento do pino com cabeça após soldagem por eletrofusão.

Os conectores pino com cabeça devem possuir, após a instalação, comprimento mínimo igual a quatro vezes o diâmetro para que possam ser considerados dúcteis e tenham o comportamento exigido para aplicação dos procedimentos de cálculo indicados neste capítulo.

A instalação dos pinos com cabeça pelo processo de eletrofusão descrito exige um gerador de 225 kVA no canteiro de obras e um instrumental de soldagem apropriado. Algumas vezes, por razões operacionais ou econômicas, isso é problemático. Pode ocorrer também, durante a construção, uma avaria no equipamento, sem que seu conserto ou substituição seja viável em curto prazo. Nessas circunstâncias, é possível utilizar solda convencional de filete em volta da base do conector, usando arco elétrico com eletrodo revestido (SMAW), arco elétrico com proteção gasosa (GMAW) ou arco elétrico com fluxo no núcleo (FCAW), conforme visto no Capítulo 10, obedecendo-se às seguintes condições:

- para conectores com diâmetros de 19 mm e 22 mm, a espessura da mesa do perfil de aço não deve ser inferior a 6,33 mm e 7,33 mm, respectivamente, e, para ambos os diâmetros, a solda deve ter perna de 8 mm;

- a face inferior do conector deve ser lixada para eliminação da esfera de fluxo sólido, de modo a assegurar um perfeito contato com a face superior da mesa do perfil de aço;
- se a laje for mista, a fôrma de aço precisa ser furada para que o conector seja soldado diretamente na mesa do perfil (não se permite executar solda de filete sobre a fôrma de aço).

Como ilustração, as figuras 13.8a e 13.8b mostram, respectivamente, conectores soldados por eletrofusão e por solda de filete.

(a) Solda por eletrofusão (detalhe da solda)    (b) Solda de filete

FIGURA 13.8 Tipos de solda de conector pino com cabeça.

A soldagem dos conectores pino com cabeça é feita, na maioria das vezes, na obra, após os perfis de aço das vigas mistas terem sido montados e, no caso de laje mista ser usada, também após a fôrma de aço ter sido posicionada.

13.4.2.2 Comportamento e força resistente

O conector pino com cabeça, ao evitar o deslizamento relativo entre o concreto da laje e o perfil de aço, bem como, por meio de sua cabeça, o descolamento vertical (*uplift*) entre os dois materiais, fica submetido a um esforço horizontal, deformando-se conforme ilustra a Figura 13.9. Nesse movimento, em uma situação extrema, o conector tem seu fuste submetido predominantemente à tração e provoca tensões diversas no concreto, o que possibilita a ocorrência de dois estados-limites últimos: ruptura do conector por tração e ruína do concreto por esmagamento ou fendilhamento.

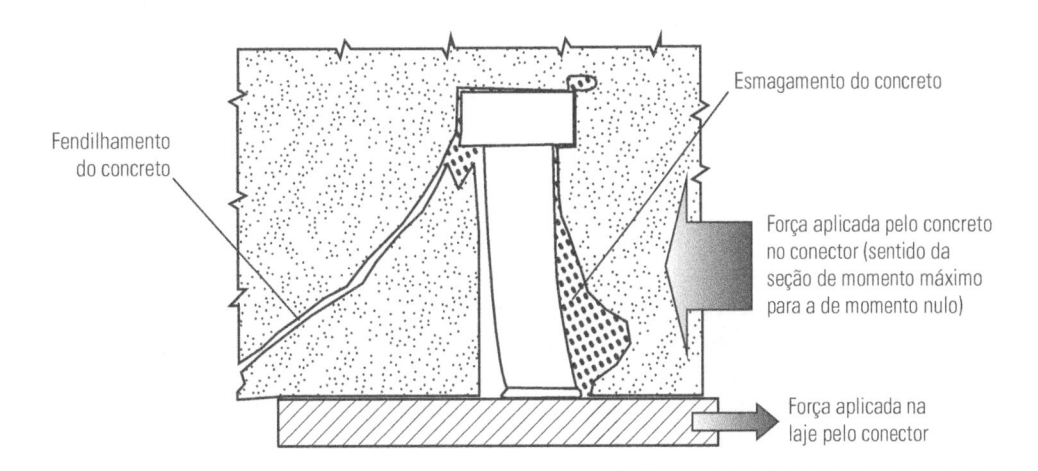

FIGURA 13.9 Deformação de um conector pino com cabeça e efeitos no concreto.

Tendo em vista os estados-limites últimos citados, a força horizontal resistente de cálculo de um conector é dada por:

$$Q_{Rd} \leq \begin{cases} \dfrac{R_g R_p A_{cs} f_{ucs}}{\gamma_{cs}} \\ \dfrac{1}{2} \dfrac{A_{cs}\sqrt{f_{ck} E_c}}{\gamma_{cs}} \end{cases} \quad (13.4)$$

onde o primeiro valor refere-se à ruptura do conector por tração, e o segundo, à ruína do concreto por esmagamento ou fendilhamento. Nessa expressão, γ_{cs} é o coeficiente de ponderação da resistência do conector, igual a 1,25, A_{cs} é a área da seção transversal do fuste do conector, f_{ucs} é a resistência à ruptura do aço do conector e E_c é o módulo de elasticidade do concreto. Ainda nessa expressão, R_g é um coeficiente de ajuste para consideração do efeito de atuação de grupos de conectores, dado na Tabela 13.2, e R_p é um coeficiente para consideração da posição do conector, dado na Tabela 13.3.

TABELA 13.2 Valores do coeficiente do efeito de grupo, R_g

R_g	Situação
1,00	Um conector soldado em uma nervura de fôrma de aço perpendicular ao perfil de aço.
	Qualquer número de conectores na seção transversal soldados diretamente no perfil de aço.
	Qualquer número de conectores na seção transversal soldados através de uma fôrma de aço em uma nervura paralela ao perfil de aço com relação b_F/h_F igual ou superior a 1,5, onde b_F é a largura média e h_F é a altura da nervura (para b_F e h_F, ver Figura 13.10).
0,85	Dois conectores soldados em uma nervura de fôrma de aço perpendicular ao perfil de aço.
	Um conector soldado através de uma fôrma de aço em uma nervura paralela ao perfil de aço com relação b_F/h_F inferior a 1,5.
0,70	Três ou mais conectores soldados em uma nervura de fôrma de aço perpendicular ao perfil de aço.

TABELA 13.3 Valores do coeficiente de posição, R_p

R_p	Situação
1,00	Conectores soldados diretamente no perfil de aço e, no caso de haver nervuras paralelas a esse perfil, pelo menos metade da largura da mesa em contato direto com o concreto.
0,75	Conectores soldados em uma laje mista com as nervuras perpendiculares ao perfil de aço e e_{mh} igual ou superior a 50 mm, onde e_{mh} é a distância da alma da nervura da fôrma de aço, medida à meia altura da nervura, à face do fuste do conector, no sentido da seção de momento máximo para a seção de momento nulo, conforme a Figura 13.10.
	Conectores soldados através de uma fôrma de aço e embutidos em uma laje mista com nervuras paralelas ao perfil de aço.
0,60	Conectores soldados em uma laje mista com nervuras perpendiculares ao perfil de aço e e_{mh} inferior a 50 mm.

Quando as nervuras da fôrma de aço são perpendiculares ao perfil de aço, deve-se sempre, para reduzir o número de conectores, procurar dispor esses elementos de modo a se ter o maior número deles com comprimento e_{mh} pelo menos igual a 50 mm, podendo-se, assim, usar o coeficiente R_p igual a 0,75, e não a 0,60. Na Figura 13.10, o posicionamento do conector na nervura da direita é, evidentemente, mais indicado do que o na nervura da esquerda, pois o comprimento e_{mh} é maior e, por consequência, a capacidade resistente à compressão do concreto também. Salienta-se que a colocação do conector fora do centro da nervura é feita porque as fôrmas de aço geralmente possuem um enrijecimento (ressalto) nesse local (Figura 13.10).

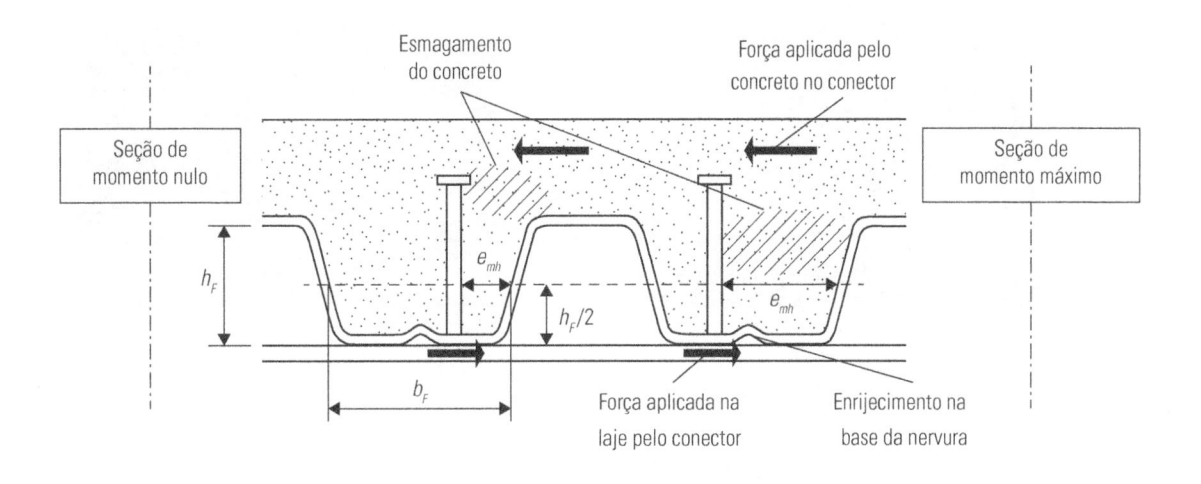

FIGURA 13.10 Dimensões b_F, h_F e e_{mh} em vigas biapoiadas.

A capacidade resistente dos conectores de cisalhamento é altamente influenciada pelo volume de concreto em volta deles. Os coeficientes R_g e R_p servem para considerar essa influência por meio da avaliação das dimensões das nervuras da fôrma de aço, do número de conectores colocados em cada nervura e da posição dos conectores em relação à alma da nervura. Como ilustração, a Figura 13.11 mostra a variação dos modos de colapso que ocorrem em função das dimensões das nervuras. Para nervuras mais largas o colapso geralmente ocorre por cisalhamento e separação devido ao desenvolvimento de um cone de concreto sobre o conector (Figura 13.11a). Para nervuras mais estreitas, um colapso rotacional pode ocorrer (Figura 13.11b).

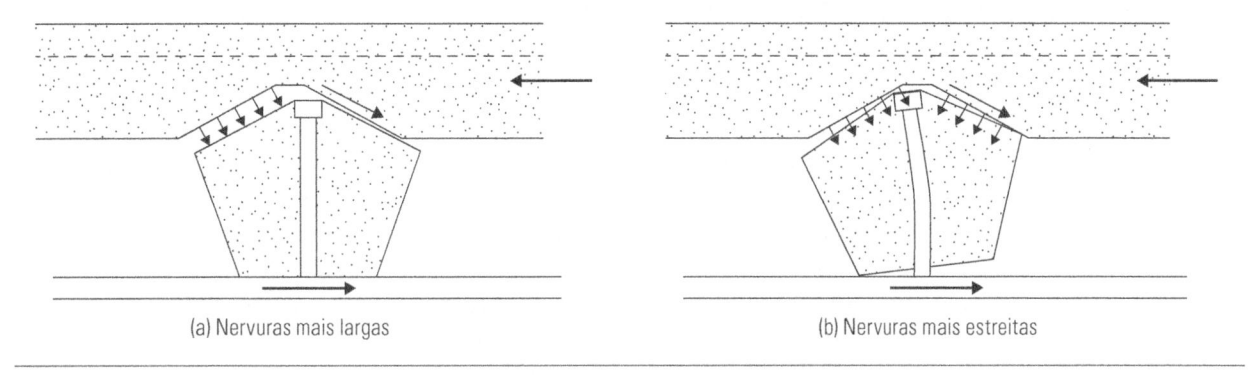

FIGURA 13.11 Modos de colapso em função das dimensões das nervuras da fôrma de aço.

13.4.3 Conectores em perfil U laminado ou formado a frio

13.4.3.1 Características e fixação no perfil de aço

Os conectores em perfil U laminado ou formado a frio precisam possuir altura da seção transversal pelo menos igual a 75 mm e só devem ser empregados com lajes maciças. Devem ser instalados com uma mesa assentada sobre o perfil de aço da viga mista e com o plano da alma perpendicular ao eixo longitudinal desse perfil, conforme mostra a Figura 13.12 (ver também a Figura 13.5b). Essa mesa deve ter pelo menos as duas bordas soldadas à face superior do perfil de aço com solda de filete contínua, com resistência mínima igual a 1,25 vez a força resistente de cálculo do conector, dada pela Equação (13.5). Normalmente, os conectores são soldados ao perfil de aço antes da montagem.

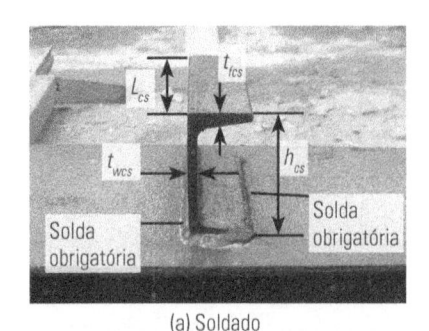

FIGURA 13.12 Conectores de cisalhamento em perfil U.

13.4.3.2 Comportamento e força resistente

O conector em perfil U laminado tem comportamento semelhante ao descrito para o conector pino com cabeça (resiste ao deslizamento relativo entre o concreto da laje e o perfil de aço e, por meio da mesa superior, ao descolamento vertical entre os dois materiais). Nesse conector, a força resistente de cálculo é dada por:

$$Q_{Rd} = \frac{0,3\left(t_{fcs} + 0,5\,t_{wcs}\right)L_{cs}\sqrt{f_{ck}E_c}}{\gamma_{as}} \tag{13.5}$$

onde t_{fcs} é a espessura média das mesas, t_{wcs} é a espessura da alma e L_{cs} é o comprimento do conector (Figura 13.12a).

No conector em perfil U formado a frio, a força resistente de cálculo pode ser obtida pela Equação (13.5), tomando-se a espessura média das mesas, t_{fcs}, e a espessura da alma, t_{wcs}, como iguais à espessura da sua chapa.

13.5 Interação entre o perfil de aço e a laje de concreto

13.5.1 Comportamento conforme interação

Como explicitado anteriormente, os elementos que asseguram o funcionamento da viga mista são os conectores de cisalhamento. Caso esses elementos não sejam usados, não haverá ligação mecânica entre a laje de concreto e o perfil de aço, e, quando o carregamento atua, a laje e o perfil fletem independentemente, ocorrendo um deslizamento relativo na superfície de contato entre ambos (Figura 13.13a). Se forem utilizados conectores, em virtude da ligação mecânica que proporcionam entre o perfil e o concreto, na superfície de contato entre os dois materiais se desenvolverá um esforço horizontal, F_h, que impede ou reduz substancialmente o deslizamento relativo. Desse modo, assegura-se o trabalho conjunto do perfil de aço e da laje de concreto, caracterizando a viga mista (Figura 13.13b).

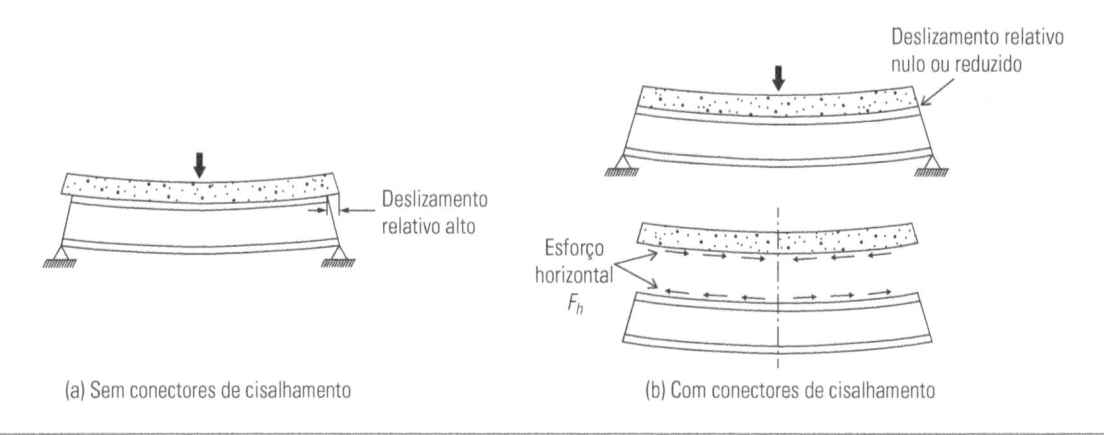

FIGURA 13.13 Comportamento mecânico das vigas à flexão.

Quando não existe interação, a face superior do perfil fica submetida a tensões de compressão e se encurta, enquanto a face inferior da laje fica submetida a tensões de tração e se alonga, justificando, assim, o elevado deslizamento relativo. O comportamento independente dos dois componentes faz que existam duas linhas neutras, uma no centro geométrico do perfil de aço e outra no centro geométrico da laje, como se vê na Figura 13.14a, e o momento resistente total é igual à soma dos momentos resistentes do perfil e da laje. Como o momento resistente da laje é pouco significativo em relação ao do perfil, tem-se:

$$M_{R,sem\ interação} = M_{R,perfil} \tag{13.6}$$

Se o número de conectores for suficiente para impedir totalmente o deslizamento relativo na superfície de contato entre o perfil de aço e a laje de concreto, o perfil e a laje deformam-se como um só elemento, situação em que a viga mista possui interação completa. Nesse caso, o diagrama de deformações apresenta uma única linha neutra e o momento resistente é dado por (Figura 13.14b):

$$M_{R,interação\ completa} = T\,e_c = C\,e_c \tag{13.7}$$

onde T e C são, respectivamente, as forças resultantes das tensões de tração e compressão, e e_c é a distância entre essas forças.

Caso se utilize um número de conectores que impeça grande parte, mas não todo deslizamento relativo, ocorre uma condição intermediária entre as duas descritas, situação em que a viga mista possui interação parcial. Haverá duas linhas neutras, mas não independentes, ou seja, com posições dependentes do grau de interação (Figura 13.14c), com o momento resistente igual a:

$$M_{R,interação\ parcial} = Te_p = \left(C' + C''\right)e_p \tag{13.8}$$

onde T é a força resultante das tensões de tração, C' e C'' são forças resultantes das tensões de compressão no perfil de aço e na laje de concreto, respectivamente, e e_p é a distância entre a força advinda da soma vetorial das duas forças de compressão e a força T. Nessa expressão foi desprezada a tensão de tração no concreto e qualquer contribuição de armadura da laje.

(a) Nenhuma interação   (b) Interação completa   (c) Interação parcial

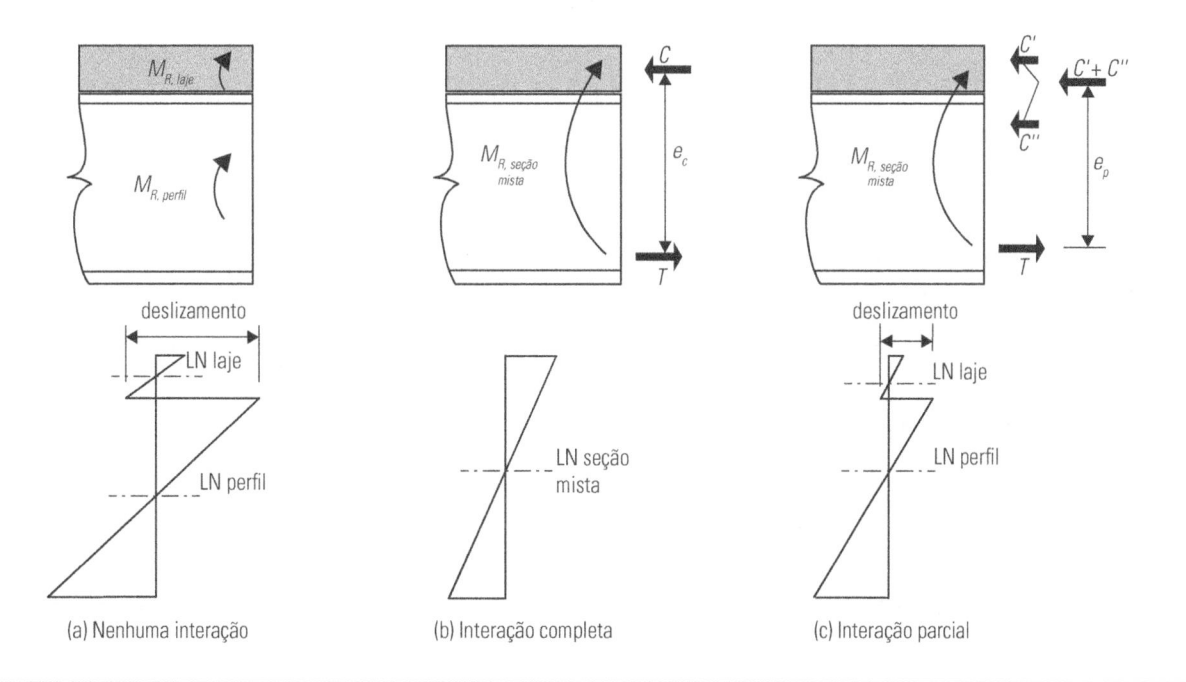

FIGURA 13.14 Variação da deformação conforme o tipo de interação entre o aço e o concreto.

As vigas mistas com interação parcial costumam ser mais econômicas, uma vez que permitem diminuir bastante o número de conectores sem redução pronunciada do momento resistente em relação à interação completa.

13.5.2 Valor do esforço horizontal de cálculo

O valor do esforço horizontal de cálculo, F_{hd}, considerado entre a seção de momento máximo (onde não existe deslizamento relativo entre o perfil de aço e a laje de concreto) e cada seção adjacente de momento nulo (onde o deslizamento relativo é máximo), como mostra a Figura 13.13, é dado por:

$$F_{hd} \leq \begin{cases} 0{,}85 f_{cd} b t_c \\ A_a f_{yd} \end{cases} \quad (13.9)$$

onde b é a largura efetiva, t_c é a altura da laje de concreto (nas lajes maciças, a altura total; nas lajes com fôrma incorporada, a altura acima das nervuras; e, nas lajes com pré-laje de concreto pré-moldada, a altura acima da pré-laje) e A_a é a área do perfil de aço. A obtenção de F_{hd} parte do princípio de que esse esforço se iguala, no limite, à menor capacidade de transmissão de força horizontal entre as capacidades da laje de concreto e do perfil de aço. A capacidade de transmissão da laje de concreto corresponde à força que causa seu colapso por compressão ($0{,}85 f_{cd} b t_c$) e a do perfil de aço, à força que causa seu escoamento por tração ($A_a f_{yd}$).

Observa-se que a resistência de cálculo à compressão do concreto é minorada pelo fator 0,85, cujo objetivo principal, nos elementos estruturais mistos, é o de corrigir a consideração aproximada, feita nos procedimentos analíticos de cálculo, de que o concreto comprimido trabalha uniformemente sob um regime de tensão constante.

13.5.3 Definição do grau de interação

Para que haja interação completa, o número de conectores, n, de cada lado da seção de momento fletor solicitante máximo deve ser suficiente para resistir ao esforço horizontal de cálculo, F_{hd}, dado pela Equação (13.9). Quando isso não acontece, a interação será parcial ou, até mesmo, inexistente e, neste último caso, a viga deve ser verificada como viga de aço conforme o Capítulo 8.

Em termos objetivos, o grau de interação da viga é representado por:

$$\alpha = \frac{n Q_{Rd}}{F_{hd}} \quad (13.10)$$

onde Q_{Rd} é a força resistente de cálculo de um conector, dada pelas equações (13.4) ou (13.5), para conectores pino com cabeça ou perfil U. Se:

- $\alpha \geq 1{,}0$, a viga mista possui interação completa (nesse caso, adota-se $\alpha = 1$);
- $\alpha_{min} \leq \alpha < 1{,}0$, a viga mista possui interação parcial;
- $\alpha < \alpha_{min}$, considera-se a interação inexistente e, como consequência, a viga não pode ser dimensionada como mista, mas sim como viga de aço.

Nas relações apresentadas, α_{min} é o grau de interação mínimo para que a viga ainda possa ser considerada como mista, determinado como segue:

- quando o perfil de aço possui mesas de áreas iguais e a viga mista tem vão, L_e, menor ou igual a 25 m:

$$\alpha_{min} \geq \begin{cases} 1 - \dfrac{E}{578 f_y}\left(0{,}75 - 0{,}03 L_e\right) \\ 0{,}40 \end{cases} \quad (13.11)$$

- quando o perfil de aço possui mesas de áreas diferentes, com a área da mesa inferior igual a três vezes a área da mesa superior, e a viga mista tem vão, L_e, menor ou igual a 20 m:

$$\alpha_{min} \geq \begin{cases} 1 - \dfrac{E}{578 f_y}\left(0{,}30 - 0{,}015 L_e\right) \\ 0{,}40 \end{cases} \quad (13.12)$$

- quando o perfil de aço possui mesas de áreas diferentes com a razão entre as áreas das mesas inferior e superior entre 1 e 3, e a viga mista tem vão, L_e, menor ou igual a 20 m, deve-se efetuar interpolação linear entre os resultados das equações (13.11) e (13.12);
- nos demais casos, toma-se α_{min} igual a 1,0.

13.6 Dimensionamento das vigas ao momento fletor

13.6.1 Estados-limites últimos aplicáveis à viga mista

Nas vigas mistas, como a mesa superior do perfil de aço encontra-se continuamente unida à laje pelos conectores de cisalhamento, não pode ocorrer flambagem lateral com torção (FLT). Além disso, mesmo que a mesa superior esteja comprimida, sua flambagem local (FLM) não representa um estado-limite último, uma vez que o principal elemento de resistência às tensões de compressão é a laje de concreto. Portanto, nessas vigas, o estado-limite último causado pelo momento fletor está associado apenas à flambagem local da alma (FLA) do perfil de aço.

A ocorrência da flambagem local da alma do perfil de aço da viga mista depende da relação entre a altura, h, e a espessura, t_w, da própria alma (definição de h no Item 13.2). Assim, se, no perfil de aço,

$$\frac{h}{t_w} \leq 3{,}76 \sqrt{\frac{E_a}{f_y}} \tag{13.13}$$

a flambagem local da alma não ocorre, e o colapso da viga mista se dá por plastificação total da seção transversal (formação de rótula plástica) na qual o momento fletor é máximo. Esse limite do valor da relação h/t_w é próprio dos perfis I duplamente simétricos (Tabela 8.2), mas, no caso das vigas mistas, simplificadamente, é também aplicado aos perfis I monossimétricos.

Por outro lado, se, no perfil de aço,

$$3{,}76 \sqrt{\frac{E_a}{f_y}} < \frac{h}{t_w} \leq 5{,}70 \sqrt{\frac{E_a}{f_y}} \tag{13.14}$$

pode ocorrer flambagem local da alma em regime elastoplástico. Nesse caso, para que essa flambagem não ocorra, a viga não pode alcançar o regime elastoplástico, ou seja, deve trabalhar dentro do regime elástico. Assim, considera-se como estado-limite último o início do escoamento por tração da face inferior do perfil do aço ou o esmagamento da face superior da laje de concreto por compressão.

13.6.2 Processo de dimensionamento

No dimensionamento de uma viga mista de aço e concreto ao momento fletor, deve-se satisfazer a seguinte condição:

$$M_{Sd} \leq M_{Rd} \tag{13.15}$$

onde M_{Sd} é o momento fletor solicitante de cálculo, obtido com a combinação última de ações apropriada, e M_{Rd} é o momento fletor resistente de cálculo, igual ao momento de plastificação, ou ao momento que dá início ao escoamento do perfil de aço ou ao esmagamento do concreto, dependendo da relação h/t_w do perfil, conforme visto no Subitem 13.6.1. No primeiro caso, M_{Rd} é obtido com base nas propriedades plásticas da seção transversal e, no segundo, com base nas propriedades elásticas.

Para determinar o momento fletor resistente das vigas mistas com laje com fôrma de aço incorporada, simplificadamente, apenas o concreto situado acima do topo das nervuras (acima da altura h_F) é considerado, estando as nervuras paralelas ou perpendiculares ao perfil de aço, como ilustram as figuras 13.15a e 13.15b, respectivamente. Nas lajes com pré-laje de concreto pré-moldada (Figura 13.2), de modo similar, apenas se considera o concreto situado acima da face superior da pré-laje, suposta também com altura h_F. A largura da laje a ser considerada, para qualquer tipo de laje, é a largura efetiva b, determinada conforme o Subitem 13.3.2.

(a) Nervuras paralelas ao perfil de aço

(b) Nervuras perpendiculares ao perfil de aço

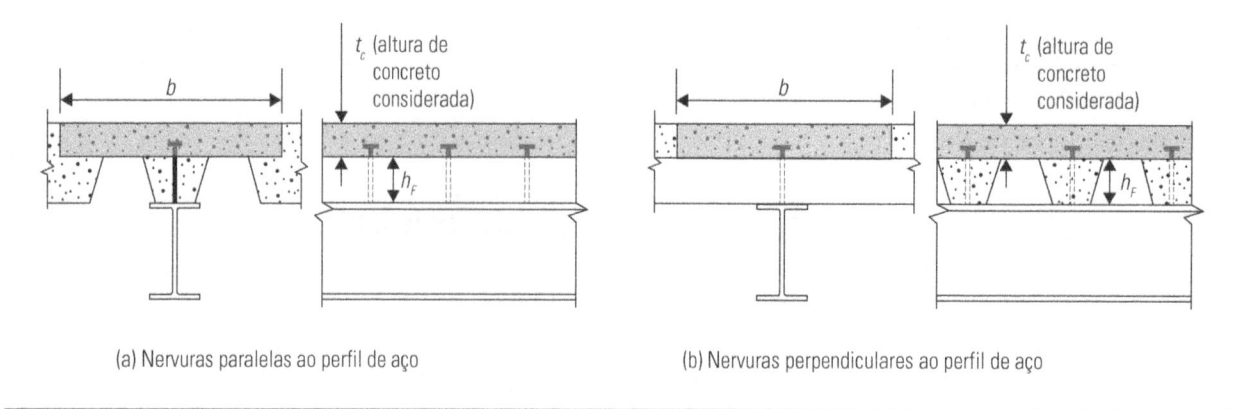

FIGURA 13.15 Concreto de lajes mistas considerado no cálculo do momento resistente das vigas.

Deve-se destacar, ainda, que o momento fletor resistente depende também do grau de interação entre o perfil de aço e a laje de concreto, dado pelo fator α, determinado conforme a Equação (13.10).

13.6.3 Determinação do momento fletor resistente de cálculo

13.6.3.1 Vigas mistas com $h/t_w \leq 3,76\sqrt{E_a/f_y}$ e interação completa (α ≥ 1,0)

Quando a relação h/t_w do perfil de aço não supera $3,76\sqrt{E_a/f_y}$, o momento fletor resistente de cálculo deve ser obtido considerando a seção mista totalmente plastificada. Para interação completa (α ≥ 1,0), a máxima força de plastificação de cálculo que pode atuar na laje de concreto é $0,85 f_{cd} b t_c$ e, no perfil de aço, $A_a f_{yd}$, de compressão e tração respectivamente. Se $0,85 f_{cd} b t_c$ for igual a $A_a f_{yd}$, tem-se uma situação ideal em que a LNP se situa entre e concreto e o aço (na altura h_F, no caso de lajes mistas ou com pré-laje de concreto, ou na interface entre os dois materiais, no caso de lajes maciças), com o concreto trabalhando totalmente à compressão, e o aço, à tração, conforme ilustra a Figura 13.16. Se $0,85 f_{cd} b t_c$ superar $A_a f_{yd}$, a linha neutra plástica (LNP) passa pela laje de concreto, pois parte da laje não pode trabalhar para que o equilíbrio entre as forças finais de tração e compressão seja estabelecido (considera-se que a resistência à tração do concreto seja desprezável). Contrariamente, se $A_a f_{yd}$ superar $0,85 f_{cd} b t_c$, a linha neutra plástica (LNP) passa pelo perfil de aço, pois parte do perfil precisa estar comprimido para que haja equilíbrio entre as forças finais de tração e compressão.

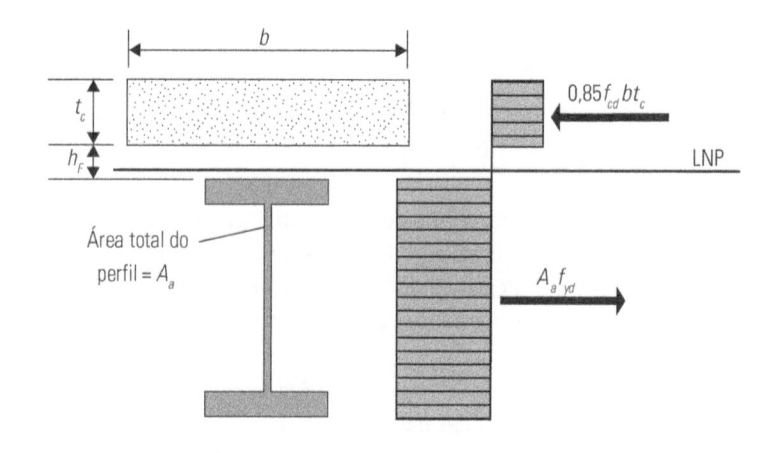

FIGURA 13.16 Distribuição das tensões na viga mista com LNP entre o aço e o concreto.

a) Linha neutra plástica na laje

Se $0{,}85\,f_{cd}\,b\,t_c$ é maior que $A_a f_{yd}$, a linha neutra plástica (LNP) passa pela laje de concreto, como mostra a Figura 13.17.

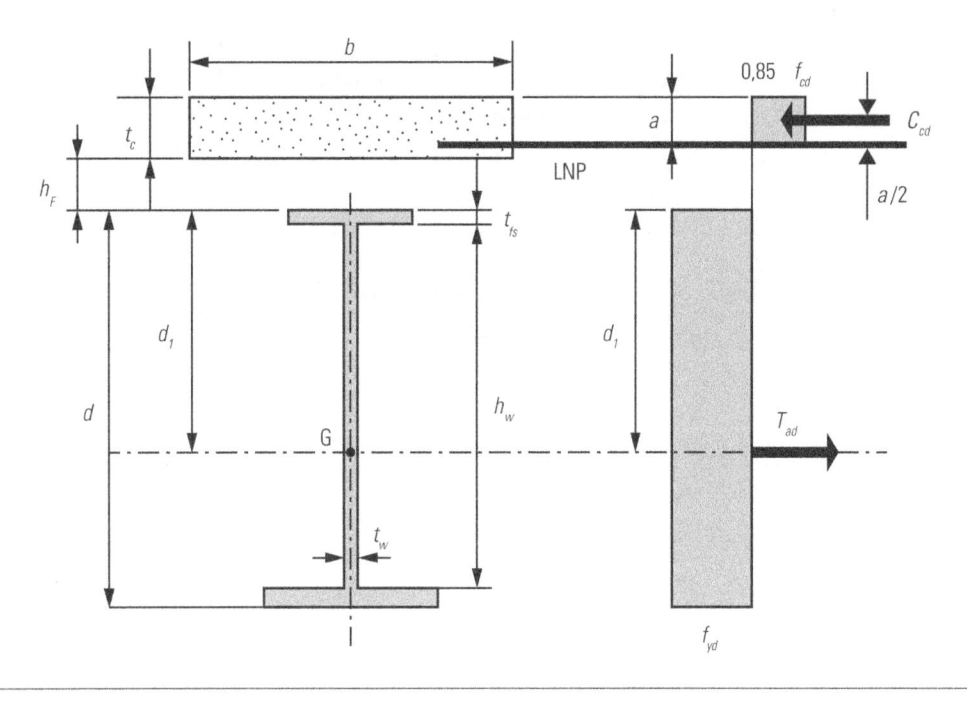

FIGURA 13.17 Distribuição das tensões na viga mista com LNP na laje de concreto.

Do equilíbrio das forças resultantes, obtêm-se a força resistente de cálculo da espessura comprimida da laje de concreto, a, e a força resistente de cálculo do perfil de aço totalmente tracionado, respectivamente iguais a:

$$C_{cd} = 0{,}85\,f_{cd}\,b\,a \tag{13.16}$$

$$T_{ad} = A_a\,f_{yd} \tag{13.17}$$

Pela igualdade das resultantes C_{cd} e T_{ad}, determina-se a espessura comprimida da laje:

$$a = \frac{T_{ad}}{0{,}85\,f_{cd}\,b} \tag{13.18}$$

Do binário de forças chega-se ao momento fletor resistente de cálculo:

$$M_{Rd} = T_{ad}\left(d_1 + h_F + t_c - \frac{a}{2}\right) \tag{13.19}$$

onde d_1 é a distância do centro geométrico do perfil de aço até sua face superior. Nessa equação, se a laje for maciça, faz-se h_F igual a zero.

b) Linha neutra plástica no perfil de aço

Se $A_a f_{yd}$ é maior que $0{,}85\,f_{cd}\,b\,t_c$, a linha neutra plástica (LNP) passa pela alma ou pela mesa superior do perfil de aço, como mostra a Figura 13.18.

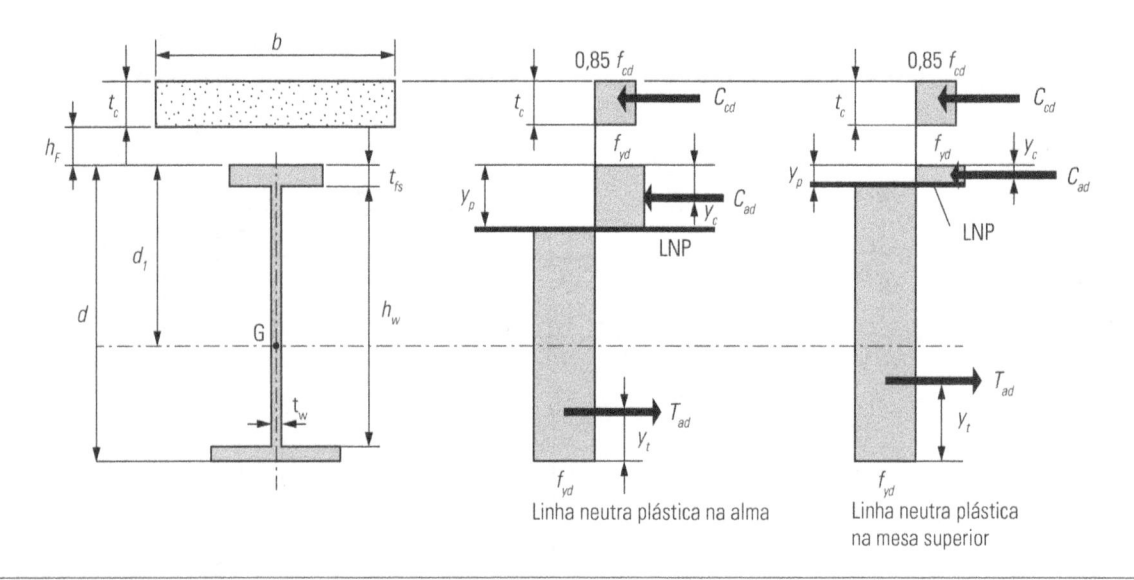

FIGURA 13.18 Distribuição das tensões na viga mista com LNP na viga de aço.

A força resistente de cálculo da laje de concreto, totalmente comprimida, é:

$$C_{cd} = 0,85 f_{cd} b t_c \tag{13.20}$$

Igualando a totalidade de forças de tração com a totalidade das forças de compressão, vem:

$$A_a f_{yd} - C_{ad} = C_{ad} + C_{cd} \tag{13.21}$$

Logo, a força resistente de cálculo da região comprimida do perfil de aço fica igual a:

$$C_{ad} = \frac{1}{2}\left(A_a f_{yd} - C_{cd}\right) \tag{13.22}$$

Do equilíbrio das forças resultantes, obtém-se a força resistente de cálculo da região tracionada do perfil de aço, igual a:

$$T_{ad} = C_{cd} + C_{ad} \tag{13.23}$$

Caso $C_{ad} \leq A_{fs} f_{yd}$, a LNP passa pela mesa superior do perfil de aço, e sua posição, medida a partir do topo desse perfil, é dada por:

$$y_p = \frac{C_{ad}}{A_{fs} f_{yd}} t_{fs} \tag{13.24}$$

onde A_{fs} é a área e t_{fs} é a espessura da mesa superior do perfil de aço. Se $C_{ad} > A_{fs} f_{yd}$, a LNP passa pela alma do perfil de aço, e sua posição, sempre medida a partir do topo desse perfil, é dada por:

$$y_p = t_{fs} + h_w \left(\frac{C_{ad} - A_{fs} f_{yd}}{(h_w t_w) f_{yd}}\right) \tag{13.25}$$

onde h_w é a distância entre faces internas das mesas do perfil de aço, A_{fs} é a área da mesa superior e t_w é a espessura da alma desse perfil.

O momento fletor resistente de cálculo fica igual a:

$$M_{Rd} = C_{ad}\left(d - y_t - y_c\right) + C_{cd}\left(\frac{t_c}{2} + h_F + d - y_t\right) \tag{13.26}$$

onde d é a altura total do perfil de aço, y_t é a distância do centro geométrico da parte tracionada do perfil de aço até sua face inferior e y_c é a distância do centro geométrico da parte comprimida do perfil de aço até sua face superior. Nessa equação, se a laje for maciça, faz-se h_F igual a zero.

13.6.3.2 Vigas mistas com $h/t_w \leq 3,76\sqrt{E_a/f_y}$ e interação parcial ($\alpha_{min} \leq \alpha < 1,0$)

Quando a relação h/t_w do perfil de aço não supera $3,76\sqrt{E_a/f_y}$, o momento fletor resistente de cálculo deve ser obtido considerando a seção mista totalmente plastificada. Para interação parcial ($\alpha_{min} \leq \alpha < 1,0$), conforme o estudo apresentado no Subitem 13.5.1, existem duas linhas neutras plásticas, uma passando pelo perfil de aço (mesa superior ou alma) e outra pela laje de concreto. Desprezando-se a contribuição do concreto tracionado, situado abaixo da LNP na laje, tem-se o equilíbrio de forças internas longitudinais mostrado na Figura 13.19.

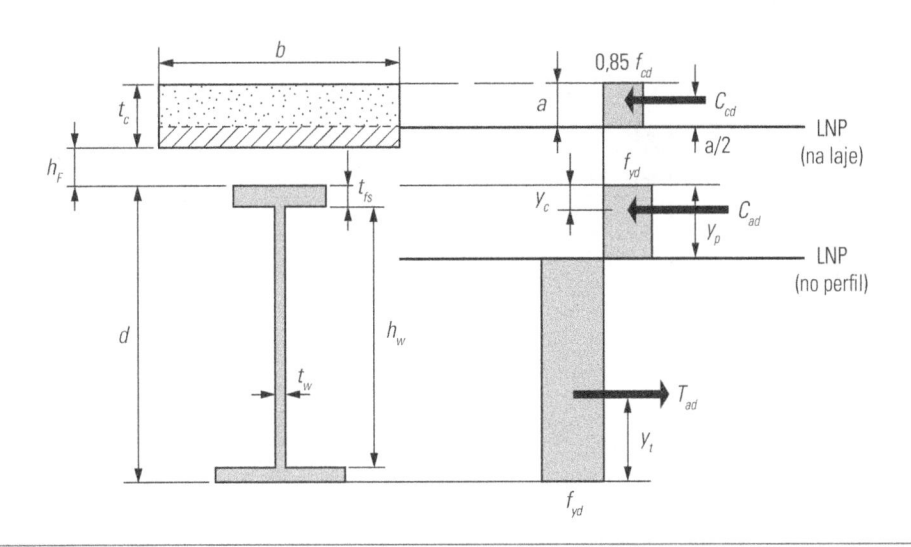

FIGURA 13.19 Distribuição das tensões na viga mista para interação parcial.

A força de compressão na espessura comprimida da laje de concreto, a, iguala-se, por equilíbrio, à máxima força horizontal transmitida pelos n conectores de cisalhamento utilizados entre a seção de momento máximo e as seções de momento nulo. Logo:

$$C_{cd} = nQ_{Rd} = \alpha F_{hd} \tag{13.27}$$

Do equilíbrio de forças, obtêm-se as forças resistentes de cálculo das regiões comprimida e tracionada do perfil de aço, fornecidas respectivamente pelas equações (13.22) e (13.23).

A espessura comprimida da laje pode ser determinada por:

$$a = \frac{C_{cd}}{0,85 f_{cd} b} \tag{13.28}$$

Caso $C_{ad} \leq A_{fs} f_{yd}$, a LNP do perfil de aço passa pela mesa superior, e sua posição, medida a partir do topo do perfil, é obtida pela Equação (13.24). Se $C_{ad} > A_{fs} f_{yd}$, a LNP do perfil de aço passa pela alma, e sua posição, medida a partir do topo do perfil, é obtida pela Equação (13.25).

Finalmente, o momento fletor resistente de cálculo é dado por:

$$M_{Rd} = C_{ad}\left(d - y_t - y_c\right) + C_{cd}\left(t_c - \frac{a}{2} + h_F + d - y_t\right) \tag{13.29}$$

com h_F igual a zero se a laje for maciça.

13.6.3.3 Vigas mistas com $3,76\sqrt{E_a/f_y} < h/t_w \leq 5,70\sqrt{E_a/f_y}$ e interação completa ($\alpha \geq 1,0$)

Quando a relação h/t_w do perfil de aço supera $3,76\sqrt{E_a/f_y}$, mas não $5,70\sqrt{E_a/f_y}$, há a possibilidade de ocorrer flambagem local da alma do perfil em regime elastoplástico. Por isso, de acordo com o Subitem 13.6.1, as tensões devem ser limitadas de modo que o regime elástico não seja ultrapassado. Isso significa que, para interação completa ($\alpha \geq 1{,}0$), a tensão de tração solicitante de cálculo na face inferior do perfil de aço, $\sigma_{a,Sd}$, não pode superar f_{yd}, e a tensão de compressão solicitante de cálculo na face superior da laje de concreto, $\sigma_{c,Sd}$, não pode superar f_{cd}. A Figura 13.20 mostra os diagramas de tensões com essas condições para os casos em que a linha neutra elástica (LNE) se situa no perfil de aço e na laje de concreto, desprezando-se a faixa de concreto tracionado.

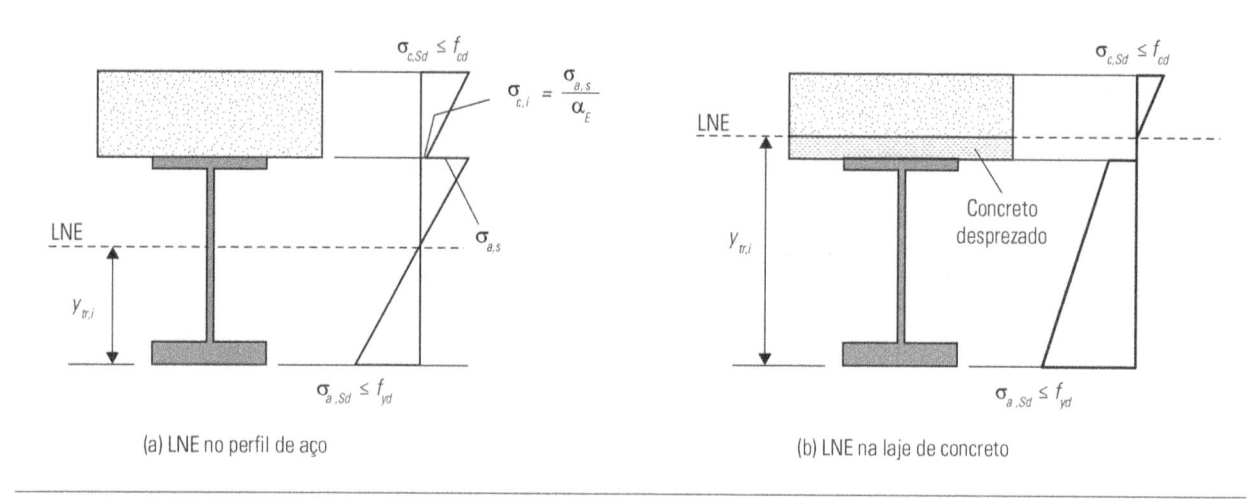

FIGURA 13.20 Diagramas de deformações e tensões com condições de dimensionamento.

Como as deformações variam linearmente ao longo da altura da seção transversal, e como as tensões são proporcionais às deformações, na interface entre o aço e o concreto a tensão no concreto é α_E vezes menor que a tensão no aço (Figura 13.20a), onde α_E é a razão entre os módulos de elasticidade do aço, E_a, e do concreto, E_c, ou seja:

$$\alpha_E = \frac{E_a}{E_c} \qquad (13.30)$$

O momento fletor resistente de cálculo pode ser obtido com base nas máximas tensões resistentes de cálculo, sendo dado por:

$$M_{Rd} \leq \begin{cases} W_{tr,i}\, f_{yd} \\ \alpha_E W_{tr,s}\, f_{cd} \end{cases} \qquad (13.31)$$

onde $W_{tr,i}$ e $W_{tr,s}$ são os módulos resistentes elásticos em relação às faces inferior e superior da seção mista homogeneizada (seção onde o concreto é transformado em aço equivalente), respectivamente, e α_E corrige o valor do momento resistente calculado com base na tensão resistente do concreto (na seção homogeneizada, o momento resistente deve ser determinado tomando-se o aço como material de referência).

Para se chegar aos módulos resistentes elásticos da seção mista homogeneizada, a área de concreto é convertida em uma área equivalente de aço por meio da redução de sua largura efetiva b para uma largura transformada b_{tr}, conforme segue:

$$b_{tr} = \frac{b}{\alpha_E} \qquad (13.32)$$

A Tabela 13.4 mostra o cálculo dos módulos resistentes da seção homogeneizada, tanto para o caso em que a LNE passa pelo perfil de aço quanto para o caso em que passa pela laje de concreto. Inicialmente, determina-se a posição da LNE em relação à face inferior do perfil, $y_{tr,i}$, e, em seguida, calcula-se a altura comprimida da laje de concreto, a, o momento de inércia, I_{tr}, e os módulos resistentes elásticos inferior e superior da seção homogeneizada, $W_{tr,i}$ e $W_{tr,s}$, respectivamente. Quando a LNE passa pela laje de concreto, o concreto tracionado é desprezado. Nesse caso, o resultado fornecido é simplificado, pois, a rigor, eliminando-se o concreto tracionado, o valor de $y_{tr,i}$ se altera ligeiramente.

TABELA 13.4 Propriedades geométricas da seção homogeneizada

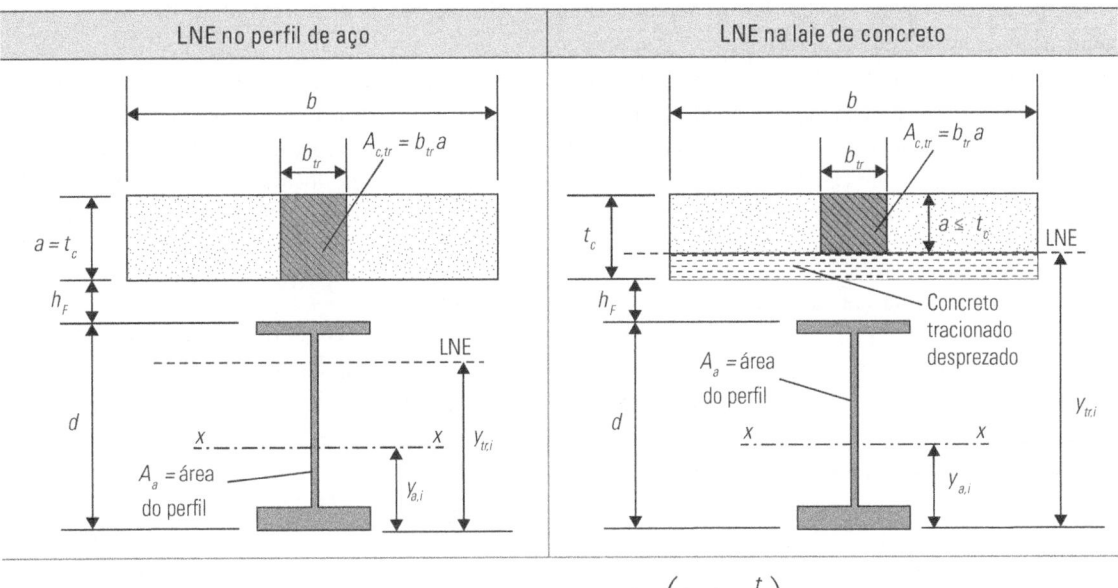

LNE no perfil de aço	LNE na laje de concreto
(figura)	*(figura)*

Posição da LNE: $y_{tr,i} = \dfrac{A_a y_{a,i} + b_{tr} t_c \left(d + h_F + \dfrac{t_c}{2}\right)}{A_a + b_{tr} t_c}$

Altura comprimida do concreto da laje: $a = d + h_F + t_c - y_{tr,i} \leq t_c$

Momento de inércia: $I_{tr} = I_a + A_a(y_{tr,i} - y_{a,i})^2 + \dfrac{b_{tr} a^3}{12} + A_{c,tr}\left(d + h_F + t_c - \dfrac{a}{2} - y_{tr,i}\right)^2$

onde I_a é o momento de inércia do perfil de aço em relação ao eixo x-x

Módulo de resistência elástico inferior: $W_{tr,i} = \dfrac{I_{tr}}{y_{tr,i}}$

Módulo de resistência elástico superior: $W_{tr,s} = \dfrac{I_{tr}}{d + h_F + t_c - y_{tr,i}}$

13.6.3.4 Vigas mistas com $3{,}76\sqrt{E/f_y} < h/t_w \leq 5{,}70\sqrt{E/f_y}$ e interação parcial ($\alpha_{mín} \leq \alpha < 1{,}0$)

Quando a relação h/t_w do perfil de aço supera $3{,}76\sqrt{E_a/f_y}$, mas não $5{,}70\sqrt{E_a/f_y}$, para interação parcial ($\alpha_{mín} \leq \alpha < 1{,}0$), o cálculo do momento fletor resistente de cálculo deve ser feito como no subitem precedente, de modo aproximado, substituindo-se, na Equação (13.31), o módulo $W_{tr,i}$ por um módulo efetivo igual a:

$$W_{ef,i} = W_{a,i} + \sqrt{\alpha}\left(W_{tr,i} - W_{a,i}\right) \tag{13.33}$$

onde $W_{a,i}$ é o módulo de resistência elástico inferior do perfil de aço.

13.6.4 Influência do escoramento

Na verificação de uma viga mista ao momento fletor, deve-se estabelecer se ela será escorada ou não durante a fase de concretagem e no período de cura do concreto, que se supõe atingida quando o concreto alcança 75% de sua resistência característica à compressão, f_{ck}.

Se a viga for escorada, como exemplifica a Figura 13.21a, o escoramento, feito diretamente sob a viga ou sob a laje (nesse caso, as ações atuantes na laje não são descarregadas nas vigas), deve ser projetado para que o perfil de aço permaneça praticamente sem solicitação até a retirada das escoras, que só pode ser efetivada após a cura do concreto. Nesse caso, pode-se considerar que todas as ações atuantes, inclusive as que aparecem antes da cura do concreto e continuam atuando após essa cura, solicitam a viga mista.

Se a viga não for escorada (Figura 13.21b), como o comportamento misto só se manifesta após a cura do concreto, o perfil de aço deve possuir capacidade resistente adequada para suportar todas as ações atuantes antes da cura. Assim, esse perfil deve ser verificado como viga de aço isolada (sem nenhuma interação com a laje) quanto aos estados-limites últimos de flambagem lateral com torção (FLT), flambagem local da mesa comprimida (FLM) e flambagem local da alma (FLA), conforme visto no Capítulo 8. No que se refere à FLT, é interessante que o comprimento destravado L_b seja o menor possível, mas observando-se que:

- quando se usa laje maciça, nas vigas internas, as fôrmas costumam proporcionar contenção lateral contínua, mas, nas vigas de extremidade, sempre devem ser tomados cuidados especiais, como fixar o perfil de aço às fôrmas;
- quando se usa laje mista, os perfis de aço com eixo longitudinal perpendicular às nervuras da fôrma de aço, que é fixada com solda a esses perfis, apresentam contenção lateral contínua, ao passo que os perfis com eixo longitudinal paralelo às nervuras ficam sem contenção lateral proporcionada pela fôrma (a fôrma possui rigidez desprezável na direção perpendicular às nervuras);
- quando se usa laje com pré-laje de concreto pré-moldado, não se deve considerar que apenas o atrito entre a pré-laje e o perfil de aço seja capaz de fornecer contenção lateral, ou seja, apenas se for estabelecido algum tipo de ligação mecânica adequada entre os dois materiais é que se pode supor a existência de contenção.

(a) Escorada　　　(b) Não escorada

FIGURA 13.21 Tipos de construção quanto a escoramento.

Como ilustração, a Figura 13.22 mostra um caso em que a FLT ocorreu em vigas sobrepostas por fôrma de aço antes até do lançamento do concreto, possivelmente por não ter sido considerada adequadamente na fase de cálculo ou de montagem da estrutura.

A viga mista não escorada, além de ter seu perfil de aço isolado verificado antes da cura do concreto, deve ser dimensionada ao momento fletor para as cargas atuantes após a cura do concreto (cargas que se manifestam antes da cura e permanecem ativas após a cura do concreto), da mesma maneira que as vigas escoradas. Além disso, na viga mista não escorada, quando $3,76\sqrt{E_a/f_y} < h/t_w \leq 5,70\sqrt{E_a/f_y}$, para se assegurar a não ocorrência da FLA, a tensão solicitante de cálculo na face inferior do perfil de aço não pode ultrapassar a resistência de cálculo ao escoamento do aço, considerando a soma das tensões atuantes antes da cura do concreto, na viga de aço isolada, e após a cura do concreto, na viga mista, conforme a seguinte expressão:

FIGURA 13.22 FLT em vigas sobrepostas por fôrma de aço durante a fase de construção.

$$\frac{M_{Ga,Sd}}{W_{a,i}} + \frac{M_{L,Sd}}{W_{ef,i}} \leq f_{yd} \tag{13.34}$$

onde $M_{Ga,Sd}$ e $M_{L,Sd}$ são os momentos fletores solicitantes de cálculo devidos às ações atuantes antes e depois da resistência do concreto atingir $0{,}75f_{ck}$, respectivamente, W_a é o módulo de resistência elástico inferior do perfil de aço e $W_{ef,i}$ é o módulo de resistência elástico inferior efetivo da seção homogeneizada, dado pela Equação (13.33).

As vigas escoradas, embora possam conduzir a um menor consumo de aço dos perfis das vigas mistas e eliminar a necessidade de contraflecha, causam despesas adicionais, decorrentes dos custos de material, montagem e desmontagem do escoramento, além de tornar o canteiro de obras mais tumultuado e com muitas obstruções.

13.6.5 Número e distribuição dos conectores de cisalhamento

Como foi mostrado, o momento fletor resistente de cálculo depende do grau de interação, que por sua vez está ligado ao número de conectores dispostos entre a seção de momento máximo e as seções adjacentes de momento nulo.

Na prática, observa-se que a interação parcial constitui uma boa solução em grande parte das vezes, pois:

- a redução do momento fletor resistente em relação à interação completa é bem menor do que a redução do número de conectores;
- se a viga não for escorada, o perfil de aço, que deve suportar as ações atuantes antes da cura do concreto, normalmente não necessita de interação completa para resistir ao carregamento como integrante da viga mista.

Definido o grau de interação por meio da Equação (13.10), determina-se o número de conectores, n, que precisam ser colocados de cada lado da seção de momento fletor solicitante máximo. Esses conectores devem ser uniformemente espaçados entre essa seção e as seções adjacentes de momento nulo. No entanto, se houver a atuação de uma carga concentrada, o esforço horizontal na interface entre o aço e o concreto pode sofrer uma elevação abrupta no trecho entre a seção de atuação dessa carga e a seção adjacente de momento nulo (ambas situadas do mesmo lado, relativamente à seção de momento máximo). Por essa razão, o número de conectores necessários entre a seção de atuação da carga e a seção de momento nulo não pode ser inferior a n_p (Figura 13.23), com:

$$n_p = n \left(\frac{M_{P,Sd} - M_{a,Rd}}{M_{Sd} - M_{a,Rd}} \right) \tag{13.35}$$

onde $M_{P,Sd}$ é o momento fletor solicitante de cálculo na seção da carga concentrada, $M_{a,Rd}$ é o momento fletor resistente de cálculo do perfil de aço isolado para o estado-limite FLA, conforme visto no Capítulo 8, e M_{Sd} é o momento fletor solicitante de cálculo máximo na viga mista.

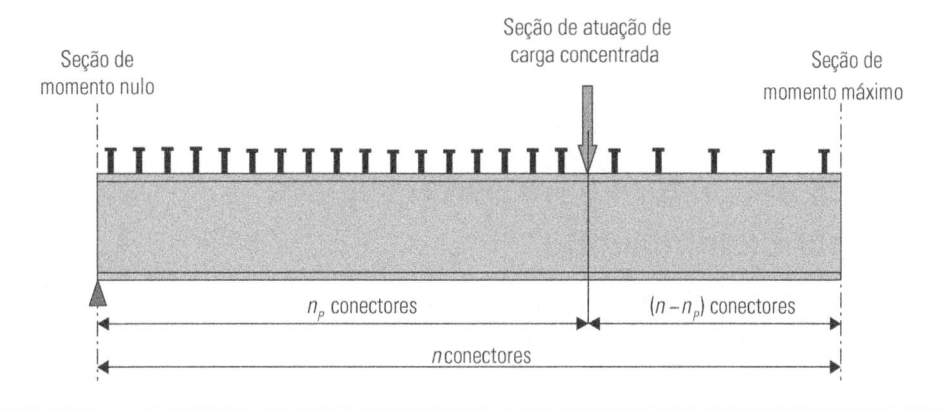

FIGURA 13.23 Distribuição variável de conectores por causa de carga concentrada.

A expressão de n_p deve ser ajustada adequadamente quando a força resistente do conector não for constante, por exemplo, por causa da variação nos valores dos coeficientes R_g e R_p vistos no Subitem 13.4.2. Essa verificação é obviamente desnecessária se $M_{a,Rd}$ for igual ou superior a $M_{P,Sd}$.

Usando-se conectores pino com cabeça, as seguintes regras adicionais, relacionadas à distribuição, precisam ser atendidas para que, entre outras razões, a Equação (13.4), que define a força horizontal resistente de cálculo de um conector, seja válida:

- o espaçamento máximo entre linhas de centro na direção do eixo longitudinal da viga deve ser igual a 8 vezes a altura total da laje (t_c para laje maciça e t_c mais h_F para laje mista e laje com pré-laje pré-moldada de concreto — Figura 13.15) e, no caso de lajes mistas com nervuras perpendiculares ao perfil de aço, não pode superar 915 mm;
- o espaçamento mínimo entre linhas de centro de conectores na direção do eixo longitudinal da viga deve ser igual a 6 diâmetros ao longo do vão da viga, podendo ser reduzido para 4 diâmetros no caso da laje mista;
- o espaçamento mínimo entre linhas de centro de conectores na direção transversal ao vão da viga deve ser igual a 4 diâmetros.

Além disso, para que a mesa do perfil de aço consiga suportar a força transmitida pelos conectores pino com cabeça, esses conectores não podem ter diâmetro maior que 2,5 vezes a espessura da mesa, a menos que sejam colocados diretamente na posição correspondente à alma do perfil, ou seja, a menos que só se coloque um conector centrado na seção transversal. Isso significa, por exemplo, que, usando um conector de diâmetro de 19 mm, a mesa deve ter espessura mínima de 7,6 mm, para que mais de um conector possa ser usado na seção transversal da viga.

No caso de conectores em perfil U, laminado ou formado a frio, para que, entre outras razões, a Equação (13.5), que define a força horizontal resistente de cálculo de um conector, seja válida, tem-se que:

- o espaçamento máximo entre linhas de centro na direção do eixo longitudinal da viga deve ser igual a 8 vezes a altura total da laje;
- o espaçamento mínimo entre linhas de centro na direção do eixo longitudinal da viga deve ser igual à maior dimensão entre a altura, h_{cs}, e o comprimento do conector, L_{cs} (Figura 13.12).

13.7 Dimensionamento das vigas à força cortante

No dimensionamento das vigas mistas à força cortante, deve-se ter:

$$V_{Sd} \leq V_{Rd} \tag{13.36}$$

onde V_{Sd} é a força cortante solicitante de cálculo, obtida com a combinação última de ações apropriada, e V_{Rd} é a força cortante resistente de cálculo.

A força cortante resistente é obtida, simplificadamente, desprezando-se a participação da laje de concreto, ou seja, considerando apenas o trabalho do perfil de aço. Assim sendo, seu valor deve ser determinado conforme o Item 8.7 e o Subitem 8.6.2.1.

13.8 Armadura de costura para evitar ruptura da laje por cisalhamento

O esforço horizontal F_h transferido pelos conectores de cisalhamento na interface entre o aço e o concreto (Item 13.5) provoca cisalhamento na laje de concreto, na direção paralela à viga e de cada lado do perfil de aço. Esse cisalhamento gera tensões de tração no concreto, na direção transversal à viga, que podem ser obtidas utilizando-se o modelo de treliça de Mörsch, adotado para situações similares em estruturas de concreto armado, como no cálculo de estribos. Conforme mostra a Figura 13.24, H_v é o esforço horizontal transferido por unidade de comprimento de cada lado da viga, suposto constante em um trecho de comprimento L_m, no qual a distribuição de conectores é uniforme.

Esse esforço horizontal causa cisalhamento na laje, que é resistido pelas diagonais comprimidas hipotéticas AB e AC, que formam um ângulo próximo de 45° com o eixo da viga. Por equilíbrio de forças nos nós B e C, a barra hipotética BC fica tracionada, com uma força igual a H_v, e, por equilíbrio de forças no nó A, o concreto sofre compressão longitudinal com a força $2H_v$.

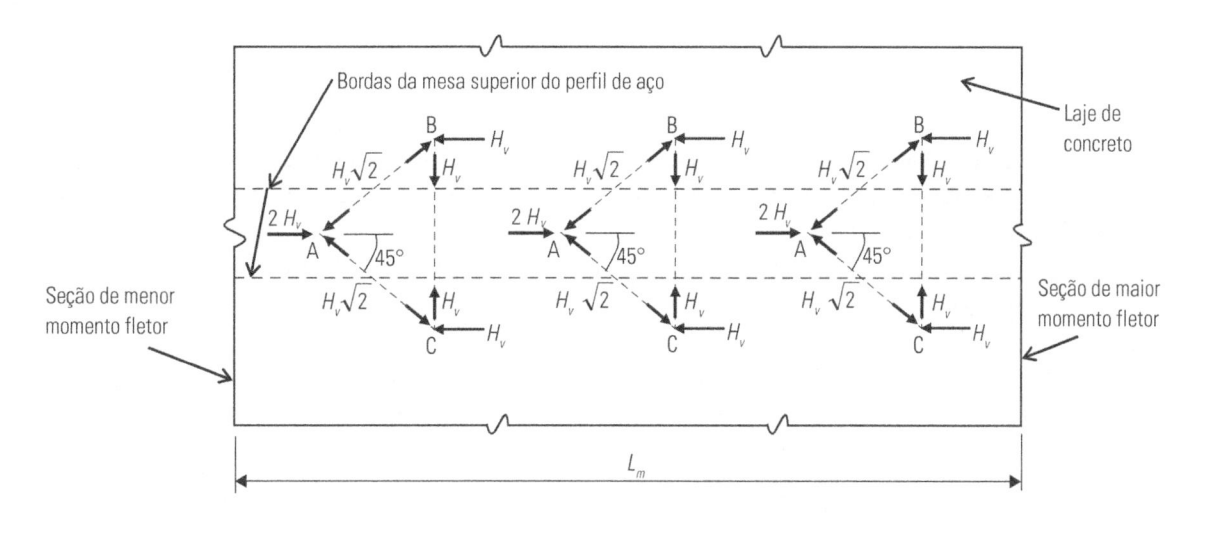

FIGURA 13.24 Modelo de treliça para armadura transversal.

A força de tração, H_v, na barra hipotética BC precisa ser resistida por uma armadura disposta transversalmente ao eixo da viga para que não ocorra ruptura da laje em superfícies próximas ao perfil de aço (planos de cisalhamento longitudinal), como ilustra a Figura 13.25, denominada armadura de costura.

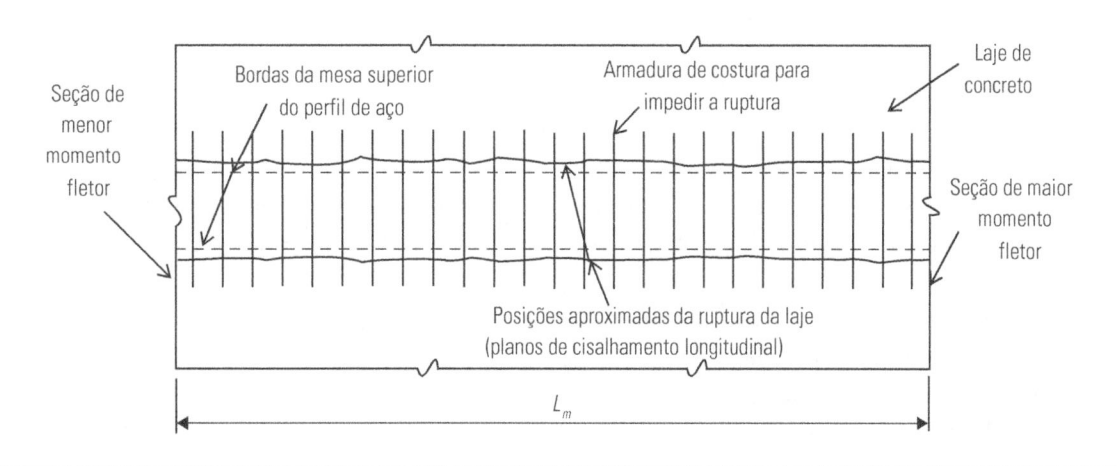

FIGURA 13.25 Posições da ruptura da laje e da armadura transversal (de costura).

Para evitar a ocorrência da ruptura da laje, é necessário que a seguinte condição, baseada em valores de cálculo, seja atendida:

$$H_{v,Sd} \leq H_{v,Rd} \tag{13.37}$$

onde $H_{v,Sd}$ é a força de cisalhamento solicitante de cálculo na laje por unidade de comprimento (Figura 13.24), no plano da laje considerado, e $H_{v,Rd}$ é a força de cisalhamento resistente de cálculo correspondente.

A força de cisalhamento solicitante de cálculo, $H_{v,Sd}$, simplificadamente, corresponde à soma das forças cortantes solicitantes de cálculo nos n_m dos conectores situados no comprimento L_m, por unidade de comprimento da viga, subdividida entre os planos de cisalhamento longitudinais da laje que ficam à direita e à esquerda do perfil de aço, proporcionalmente às larguras efetivas correspondentes. Assim, tem-se que:

$$H_{v,Sd} = \frac{\left(\dfrac{n_m\, \alpha\, F_{hd}}{n}\right)\left(\dfrac{b_1}{b_1 + b_2}\right)}{L_m} \tag{13.38}$$

onde n é o número total de conectores necessários entre a seção de momento máximo e a de momento nulo, o produto αF_{hd} é a força horizontal atuante nesses conectores (subitens 13.5.2 e 13.5.3 — α é o grau de interação, igual a 1,0 para interação completa, e menor que 1,0 para interação parcial), b_1 é a largura efetiva da laje no lado onde se está verificando a ruptura por cisalhamento e b_2 é a largura efetiva da laje do lado oposto a b_1. Obviamente, tem-se um valor de $H_{v,Sd}$ diferente cada vez que $n_m \alpha F_{hd}/n/L_m$ se alterar, indicando variação na armadura de costura.

A força de cisalhamento resistente de cálculo na laje por unidade de comprimento em cada plano de cisalhamento longitudinal, $H_{v,Rd}$, é constituída pelas somas das forças resistentes do concreto ao cisalhamento, da armadura transversal ao eixo da viga (armadura de costura) e da fôrma de aço (no caso de laje mista), mas limitada a um valor máximo para evitar o esmagamento do concreto causado pelas forças de compressão das diagonais comprimidas do modelo de treliça de Mörsch (Figura 13.24). Assim sendo:

$$H_{v,Rd} \leq \begin{cases} 0{,}6\, A_{cv}\, \dfrac{f_{ctk,inf}}{\gamma_c} + \sum \left(A_s\, \dfrac{f_{ys}}{\gamma_s}\right) + A_F\, \dfrac{f_{yF}}{\gamma_a} \\ 0{,}2\, A_{cv}\, \dfrac{f_{ck}}{\gamma_c} + 0{,}6\, A_F\, \dfrac{f_{yF}}{\gamma_a} \end{cases} \tag{13.39}$$

onde

- A_{cv} é a área de cisalhamento do concreto no plano considerado, por unidade de comprimento da viga, igual a $L_m t_c/L_m$;
- $f_{ctk,inf} = 0{,}21 f_{ck}^{2/3}$, com $f_{ctk,inf}$ e f_{ck} em MPa;
- A_s é a área da armadura transversal ao eixo da viga disponível na laje (corte a-a da Figura 13.26), por unidade de comprimento da viga;
- A_F é a área da fôrma de aço no plano de cisalhamento, por unidade de comprimento, caso a fôrma seja contínua sobre a viga e as suas nervuras estejam dispostas perpendicularmente ao perfil de aço, como na Figura 13.26b (nas demais situações, $A_F = 0$);
- f_{ys}, f_{yF} e f_{ck} são as resistências ao escoamento dos aços da armadura e da fôrma e a resistência característica do concreto à compressão, respectivamente;
- γ_a, γ_c e γ_s são os coeficientes de ponderação da resistência do aço estrutural, do concreto e do aço da armadura, iguais a 1,10, 1,40 e 1,15, respectivamente.

Observa-se, com base na Equação (13.39), que a área da armadura de costura é constituída conjuntamente pela área da armadura transversal, A_s, e pela área da fôrma de aço, A_F, quando esta puder ser considerada, proporcionalmente às suas resistências ao escoamento. A armadura de área A_s pode incluir qualquer armadura prevista para flexão da laje e outras armaduras transversais adicionais, como a tela soldada usual nas lajes mistas e eventuais armaduras decorrentes da tendência de continuidade da laje (Subitem 13.9.4), desde que devidamente ancoradas. Na Equação (13.39), esse termo se situa dentro de um somatório porque pode haver armaduras com resistências ao escoamento diferentes, como barras de aço CA-50 ($f_{ys} = 500$ MPa) e telas soldadas de aço CA-60 ($f_{ys} = 600$ MPa). Como ilustração, na Figura 13.26a, a área da armadura transversal A_s é constituída pela área da armadura A_{ar}, na Figura 13.26b, pela área da armadura A_{ar} juntamente com a área da tela soldada A_t, e, na Figura 13.26c, pela soma das áreas A_{t1} e A_{t2} das duas telas soldadas.

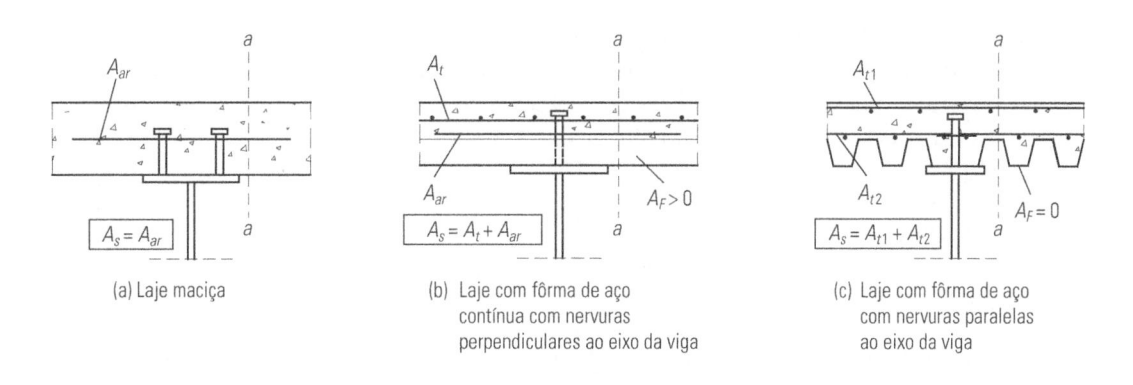

FIGURA 13.26 Superfícies típicas de falha por cisalhamento, armadura A_s e área da fôrma A_F.

(a) Laje maciça — $A_s = A_{ar}$

(b) Laje com fôrma de aço contínua com nervuras perpendiculares ao eixo da viga — $A_s = A_t + A_{ar}$, $A_F > 0$

(c) Laje com fôrma de aço com nervuras paralelas ao eixo da viga — $A_s = A_{t1} + A_{t2}$, $A_F = 0$

Adicionalmente, a área da armadura de costura deve ser de, no mínimo, 150 mm²/m, não podendo ser inferior a 0,2% da área da seção de cisalhamento do concreto por plano de cisalhamento no caso de lajes maciças (Figura 13.26a), de lajes mistas com nervuras paralelas ao perfil de aço (Figura 13.26c) e de lajes com pré-laje de concreto pré-moldada, e a 0,1% no caso de lajes mistas com nervuras perpendiculares ao perfil de aço (Figura 13.26b).

As barras de aço da armadura de costura devem preferencialmente possuir diâmetro de até 32 mm e ter comprimento de ancoragem mínimo, medido a partir do eixo vertical do perfil de aço, de acordo com a Figura 13.27a, igual a (em milímetros):

$$\ell_b = \frac{\left(\dfrac{n_m \alpha F_{hd}}{n}\right)\left(\dfrac{b_1}{b_1 + b_2}\right)}{0{,}85 f_{cd} t_c} + \ell_b' \qquad (13.40)$$

com

$$\ell_b' = \frac{\phi}{4}\left(\frac{\dfrac{f_{ys}}{\gamma_s}}{1{,}575\,\dfrac{f_{ctk,inf}}{\gamma_c}}\right) \geq \begin{cases} 10\,\phi \\ 100\ \text{mm} \end{cases} \qquad (13.41)$$

onde ϕ é o diâmetro das barras da armadura, em milímetros, f_{ys} é a resistência ao escoamento do aço das barras da armadura, em MPa, γ_s é o coeficiente de ponderação da resistência desse aço, igual a 1,15, $f_{ctk,inf}$ foi definido na Equação (13.39), em MPa, e γ_c é o coeficiente de ponderação da resistência do concreto, igual a 1,4.

No caso de viga de extremidade, se a borda da laje se situar além da mesa do perfil de aço, a ancoragem da armadura para evitar a ruptura do plano interno da laje por cisalhamento requer detalhamento apropriado. Pode-se usar, por exemplo, um detalhe similar ao mostrado na Figura 13.27b, em que o comprimento total, incluindo as curvas, a partir do eixo vertical do perfil de aço, não seja inferior a ℓ_b.

(a) Viga interna

(b) Viga de extremidade

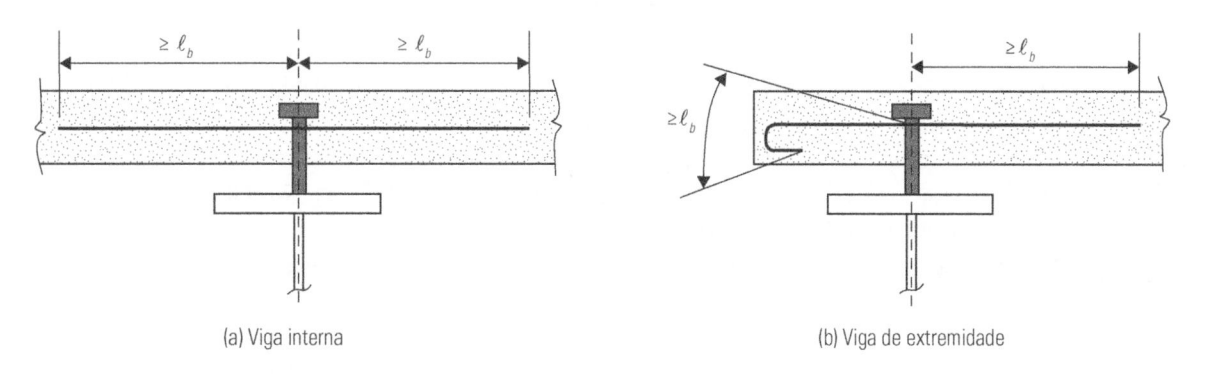

FIGURA 13.27 Ancoragem da armadura de costura.

As barras da armadura de costura devem ter diâmetro máximo de 1/8 da altura t_c da laje (como já foi visto, nas lajes maciças, t_c é a altura total; nas lajes com fôrma incorporada, a altura acima das nervuras; e, nas lajes com pré-laje de concreto pré-moldada, a altura acima da pré-laje), ter espaçamento máximo entre eixos de 400 mm e ser dispostas com espaçamento livre entre as faces igual ou superior ao maior dos seguintes valores:

- 20 mm;
- diâmetro das barras;
- 1,2 vez a dimensão máxima do agregado graúdo (nas lajes, normalmente se usa Brita 1, cuja maior dimensão atinge 25 mm).

Esses mesmos valores de espaçamentos livres devem ser obedecidos entre a face de uma barra da armadura e a face superior do perfil de aço, ou a face superior da nervura de uma fôrma de aço, ou a face superior de uma pré-laje de concreto.

Com relação ao posicionamento, as barras da armadura de costura devem ter, nas construções usuais, cobrimento mínimo de concreto igual ao seu diâmetro e igual ao valor estipulado na Tabela 13.5 em função da classe de agressividade ambiental, o que for maior, e ser espaçadas uniformemente em cada comprimento L_m. Adicionalmente, a dimensão máxima do agregado graúdo utilizado no concreto não pode superar em 20% o valor do cobrimento estipulado.

TABELA 13.5 Valores de cobrimento mínimo da armadura de costura

Agressividade ambiental[1]	Ambiente	Cobrimento (mm)
I (fraca)	Rural ou submerso	20
II (moderada)	Urbano	25
III (forte)	Marinho ou industrial	35
IV (muito forte)	Industrial químico agressivo ou respingos de maré	45

[1] Pode-se admitir uma agressividade ambiental um nível mais brando em ambiente interno seco ou se o concreto for revestido com argamassa e pintura.

13.9 Estados-limites de serviço

13.9.1 Identificação

Os estados-limites de serviço relacionados às vigas mistas são a flecha além do limite aceitável, a vibração excessiva do piso e a fissuração da laje por tendência de continuidade.

13.9.2 Flecha

Deve-se controlar a flecha das vigas mistas com base nas limitações indicadas no Subitem 4.3.3.4. Assim, as vigas mistas de cobertura e de piso, com vão teórico igual a L_e, devem possuir flechas máximas de $L_e/250$ e $L_e/350$, respectivamente. Se a viga suportar pilares, sua flecha não deve superar $L_e/500$. Se existir parede de alvenaria sobre ou sob a viga, solidarizada com essa viga, adicionalmente, a flecha não deve exceder a 15 mm. No cálculo da flecha, deve-se usar, simplificadamente, a combinação rara de ações de serviço.

Nas vigas não escoradas, a determinação da flecha máxima envolve a seguinte expressão (Figura 13.28):

$$\delta_{máx} = \delta_{p,pa} + \delta_{p,ld} + \delta_{v,cd} + \delta_{v,ld} - \delta_{p,te} - \delta_c \tag{13.42}$$

onde $\delta_{p,pa}$ é a flecha do perfil de aço isolado causada pelas ações permanentes que atuam antes da cura do concreto (por exemplo, pesos próprios do perfil de aço e da laje), $\delta_{p,ld}$ é a flecha da seção mista causada pelas ações permanentes que atuam após a cura do concreto (por exemplo, pesos próprios do revestimento da laje e do forro), $\delta_{v,cd}$ é a flecha causada pelas ações variáveis de curta duração (totalidade das ações variáveis excluindo-se o valor quase permanente dessas ações), $\delta_{v,ld}$ é a flecha causada pelas ações variáveis de longa duração (valor quase permanente das ações variáveis), $\delta_{p,te}$ é uma eventual flecha provocada por alguma ação no perfil de aço isolado e que, depois da cura do concreto, é eliminada, e δ_c é a contraflecha da viga. Para determinação do valor quase permanente das ações variáveis, ver Subitem 4.2.4 e Tabela 4.7.

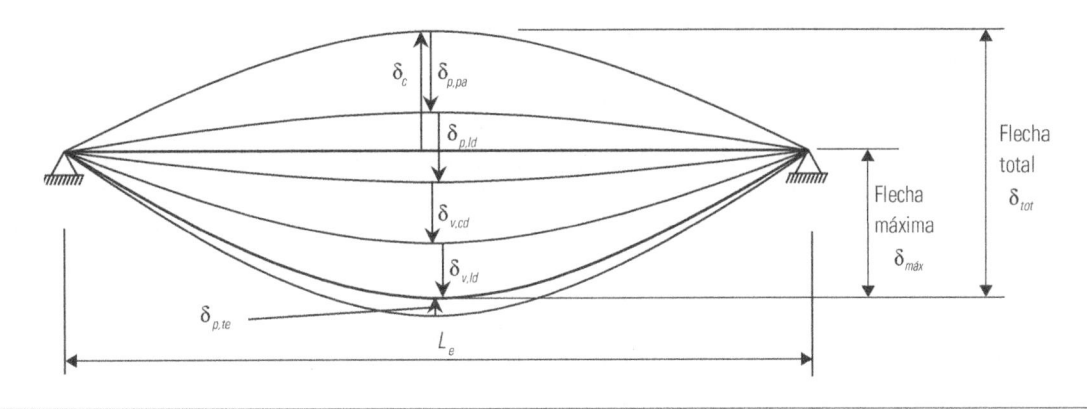

FIGURA 13.28 Flecha das vigas mistas não escoradas.

A contraflecha δ_c não pode ser tomada com valor superior à soma das flechas causadas pelas ações permanentes ($\delta_{p,pa}$ mais $\delta_{p,ld}$). Quando a construção não é escorada, as flechas dessas ações, especialmente as que atuam antes da cura do concreto, costumam ser relativamente altas, exigindo a execução de contraflecha elevada, como ilustra a Figura 13.29.

Para o cálculo da flecha do perfil de aço, $\delta_{p,pa}$, deve ser usado o momento de inércia apenas desse perfil, I_a, e, para o cálculo das flechas da viga mista, o momento de inércia efetivo da seção homogeneizada, considerando a possibilidade de interação parcial, dado por:

$$I_{ef} = I_a + \sqrt{\alpha}\left(I_{tr} - I_a\right) \qquad (13.43)$$

onde I_{tr} é o momento de inércia da seção homogeneizada para interação completa, dado na Tabela 13.4, e α é o grau de interação.

O momento de inércia I_{tr}, a ser empregado na Equação (13.43), depende da largura transformada da laje, b_{tr}, que é função da razão modular, α_E, como se observa na Equação (13.32). O valor de α_E, para cálculo da flecha causada pelas ações variáveis de curta duração, $\delta_{v,cd}$, é dado pela Equação (13.30). Para o cálculo das flechas causadas pelas ações permanentes que atuam após a cura do concreto, todas normalmente de longa duração, $\delta_{p,ld}$, e pelas ações variáveis de longa duração, $\delta_{v,ld}$, esse valor de α_E deve ser, de modo simplificado, multiplicado por 3, para levar em conta os efeitos de fluência e retração do concreto.

FIGURA 13.29 Perfil de aço de viga mista não escorado com contraflecha antes da concretagem.

A determinação da flecha pode ser feita em regime elástico, desde que a tensão de tração na face inferior do perfil de aço, calculada com as mesmas ações e os mesmos momentos de inércia utilizados para a flecha, não supere a resistência ao escoamento do aço.

Nas vigas escoradas, aplica-se o mesmo procedimento descrito, apenas fazendo $\delta_{p,pa}$ e $\delta_{p,te}$ iguais a zero na Equação (13.32), com $\delta_{p,ld}$ englobando a totalidade das ações permanentes.

13.9.3 Vibração

A vibração dos pisos com vigas mistas deve ser controlada conforme descrito no Subitem 4.3.3.5. Para essa verificação, com o intuito de se chegar ao deslocamento vertical máximo dos pisos, ao se calcular a flecha das vigas, deve-se desconsiderar a contraflecha e usar a seguinte expressão, originada da combinação frequente de ações:

$$\delta_{máx} = \delta_{p,vm} + \psi_1 \delta_{v,vm} \tag{13.44}$$

onde $\delta_{p,vm}$ é a flecha da seção mista causada pelas ações permanentes características, $\delta_{v,vm}$ é a flecha da seção mista causada pelas ações variáveis características que atuam durante o período de vida útil da edificação (ações temporárias, como peso próprio de fôrma provisória e sobrecarga de construção, não devem ser consideradas) e ψ_1 é o fator de redução dado na Tabela 4.7.

As flechas $\delta_{p,vm}$ e $\delta_{v,vm}$ podem ser determinadas com o momento de inércia da seção homogeneizada, desprezando-se os efeitos de retração e fluência do concreto, ou seja, com a razão modular α_E dada pela Equação (13.30), supondo-se sempre interação completa entre o perfil de aço e a laje, mesmo que tenha sido empregada interação parcial, e tomando como largura efetiva da laje o valor obtido conforme o Subitem 13.3.2, mas substituindo-se 1/8 do vão da viga mista por 1/5 do vão. Esse procedimento se justifica porque as forças de cisalhamento na interface entre o perfil e a laje, sob carregamento dinâmico, são bem suportadas apenas pelo atrito entre o aço e o concreto ou, no caso de lajes mistas, pela solda da fôrma no perfil de aço, independentemente dos conectores de cisalhamento. Ainda, se laje mista for usada, o módulo de elasticidade do concreto pode ter seu valor elevado em 35%, para considerar a maior rigidez desse material na fôrma de aço sob carregamento dinâmico.

É interessante destacar que, mesmo nos pisos em que vigas de aço são sobrepostas por laje de concreto, sem ação mista, para efeito de verificação da vibração, os procedimentos descritos podem ser utilizados.

13.9.4 Armadura na laje devido à tendência de continuidade

Quando chegam vigas dos dois lados opostos de um apoio (um pilar ou uma viga de suporte), as rotações de sentidos contrários dessas duas vigas provocam fissuras na região tracionada da laje em decorrência da sua tendência de continuidade (Figura 13.30).

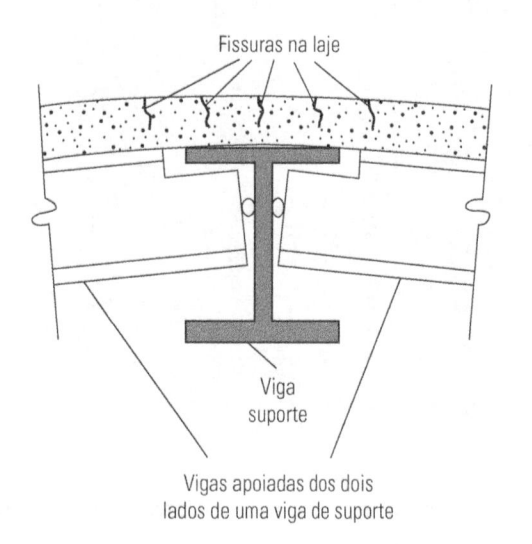

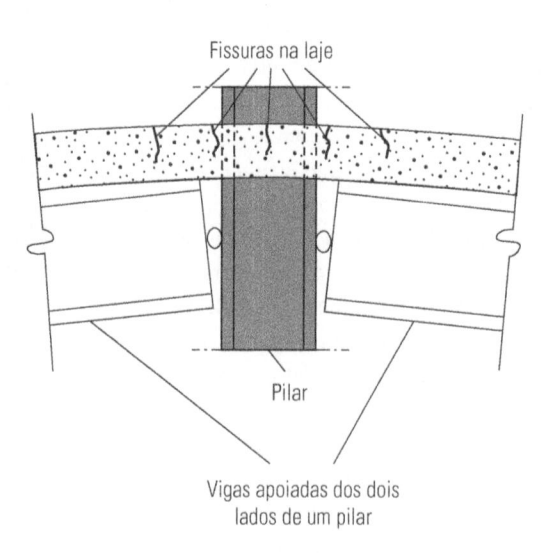

FIGURA 13.30 Fissuras em lajes em decorrência da tendência de continuidade.

Para que as fissuras sejam controladas, deve-se prever uma armadura de continuidade, na direção das vigas, colocada próxima da face superior da laje e situada no interior de uma largura de trabalho da laje, b_t, como mostra a Figura 13.31. Essa largura, simplificadamente, pode ser tomada como igual a 1/32 da soma dos vãos das vigas que chegam de ambos os lados do apoio.

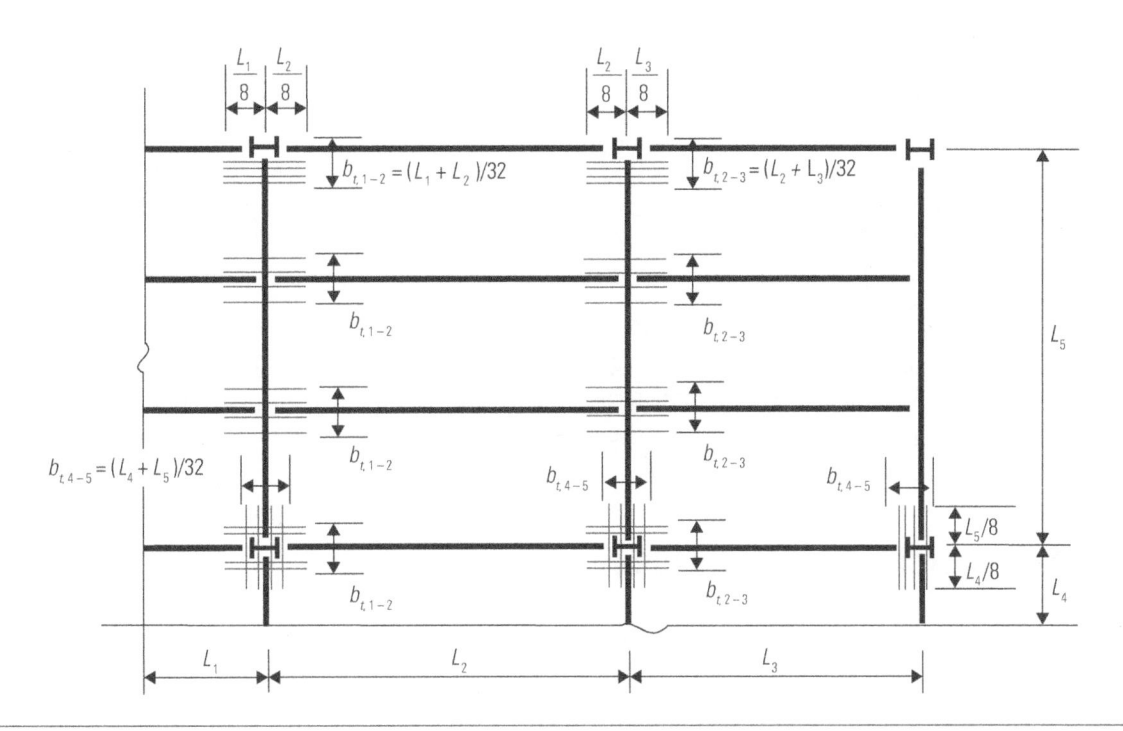

FIGURA 13.31 Posições das armaduras de continuidade sobre as vigas.

As barras da armadura de continuidade devem ter comprimento mínimo de 1/8 do vão da viga sob a laje com tendência de continuidade, de cada lado do eixo do apoio. Quando o apoio é um pilar contínuo, podem passar ao lado do pilar. No entanto, caso alguma barra fique fora da largura de trabalho b_t, furos devem ser feitos nas mesas ou na alma do pilar para sua passagem (Figura 13.31, em que algumas barras passam através da alma do pilar). As barras são colocadas usualmente em camada única, obedecendo às mesmas regras quanto a espaçamentos livres, espaçamento máximo, posicionamento e cobrimento da armadura de costura (Item 13.8).

A área da armadura de continuidade pode ser dada por:

$$A_{sc} = \frac{0{,}72 f_{ct,ef} b_t t_c}{\sigma_{st}} \tag{13.45}$$

onde $f_{ct,ef}$ é a resistência média efetiva à tração do concreto no instante em que se formam as primeiras fissuras, podendo ser tomada como igual a 3 MPa, b_t é a largura de trabalho da laje, definida no parágrafo anterior, t_c é a altura da laje de concreto, definida no Subitem 13.5.2 (é a altura total nas lajes maciças, a altura acima das nervuras nas lajes com fôrma incorporada e a altura acima da pré-laje nas lajes com pré-laje de concreto pré-moldada) e σ_{st} é a tensão de tração permitida na armadura imediatamente após a ocorrência da fissuração. O valor dessa grandeza, em MPa, pode ser dado por:

$$\sigma_{st} = 810 \sqrt{\frac{w_k f_{ck}^{2/3}}{\phi}} \leq f_{ys} \tag{13.46}$$

onde w_k é a abertura máxima característica das fissuras, fornecida na Tabela 13.6, em função da agressividade ambiental, em milímetros, f_{ck} é a resistência característica do concreto à compressão, em MPa, ϕ é o diâmetro das barras da armadura, em milímetros (não podem ser usadas barras com diâmetro superior a 20 mm), e f_{ys} é a resistência ao escoamento do aço da armadura, em MPa (para o aço CA-50, geralmente utilizado, f_{ys} é igual a 500 MPa).

TABELA 13.6 Valores de w_k

Agressividade ambiental[1]	Ambiente	w_k (mm)
I (fraca)	Rural ou submerso	0,4
II (moderada)	Urbano	0,3
III (forte)	Marinho ou industrial	0,3
IV (muito forte)	Industrial químico agressivo ou respingos de maré	0,2

[1] Pode-se admitir uma agressividade ambiental um nível mais brando em ambiente interno seco ou se o concreto for revestido com argamassa e pintura.

Destaca-se que, obviamente, a armadura de continuidade não é necessária se não houver continuidade da laje, por exemplo, se a viga chegar a uma viga de extremidade. No caso de a viga chegar a um pilar extremo, recomenda-se verificar a necessidade de colocar armadura junto a esses pilares, pois nessa região podem surgir momentos que, embora pequenos, levam a fissuras (Figura 13.31).

13.10 Disposições construtivas complementares

13.10.1 Lajes de concreto com fôrma de aço incorporada

Quando se usa laje mista de aço e concreto, as seguintes limitações gerais devem ser obedecidas (Figura 13.32):

- altura das nervuras da fôrma de aço, h_F, igual ou inferior a 75 mm;
- largura média das nervuras da fôrma de aço, b_F, igual ou superior a 50 mm;
- altura de concreto acima do topo da fôrma de aço, t_c, igual ou superior a 50 mm;
- projeção dos conectores acima do topo da fôrma, depois de instalados, igual ou superior a 40 mm.

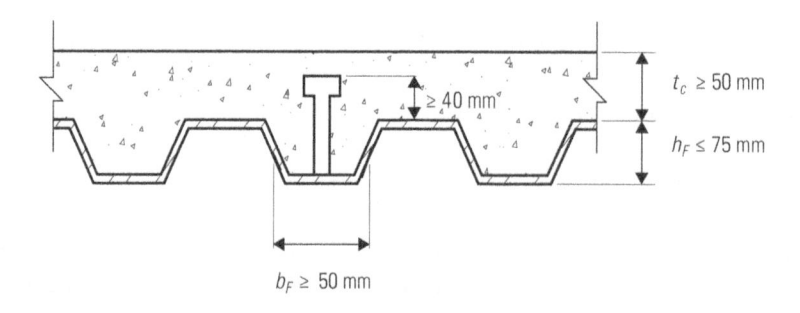

FIGURA 13.32 Limitações gerais para lajes mistas.

Essas limitações visam a permitir o uso da Equação (13.4) e evitar outros modos de colapso não previstos por essa equação, como o esmagamento do concreto na base das nervuras, quando a largura dessas nervuras for muito reduzida (Figura 13.33a), e a ruína por flexão da faixa de concreto acima do topo da fôrma, quando essa faixa tiver espessura demasiadamente pequena (Figura 13.33b), no caso de lajes mistas com nervuras perpendiculares ao perfil de aço.

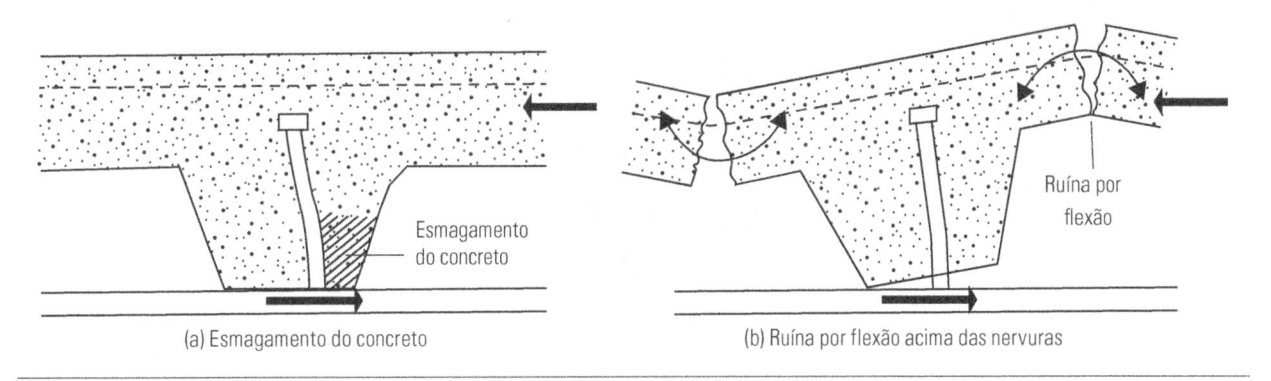

FIGURA 13.33 Modos de colapso decorrentes de dimensões inadequadas da laje mista.

Adicionalmente, para lajes mistas com nervuras perpendiculares ao perfil de aço, para evitar o arrancamento, as fôrmas de aço devem ser ancoradas no perfil a intervalos não superiores a 450 mm, utilizando-se os conectores pino com cabeça, e combinação destes com soldas de bujão ou outros meios equivalentes.

Nas lajes mistas com nervuras paralelas ao perfil de aço:

- as fôrmas de aço podem ser interrompidas sobre a mesa superior do perfil, de modo a se obter uma mísula de concreto sobre a mesa. Nesse caso, as fôrmas devem ser adequadamente ligadas ao perfil por meio de conectores, soldas de bujão ou outros meios equivalentes;
- a largura média b_F da nervura, quando a fôrma de aço não for interrompida, ou da mísula, quando a fôrma de aço for interrompida sobre a mesa superior do perfil de aço, deve ser igual ou superior a 50 mm (Figura 13.34). Se houver mais de um conector na seção transversal, a largura média b_F da nervura ou da mísula sobre o perfil de aço deve ter o valor mínimo de 50 mm acrescido de 4 vezes o diâmetro de cada conector adicional.

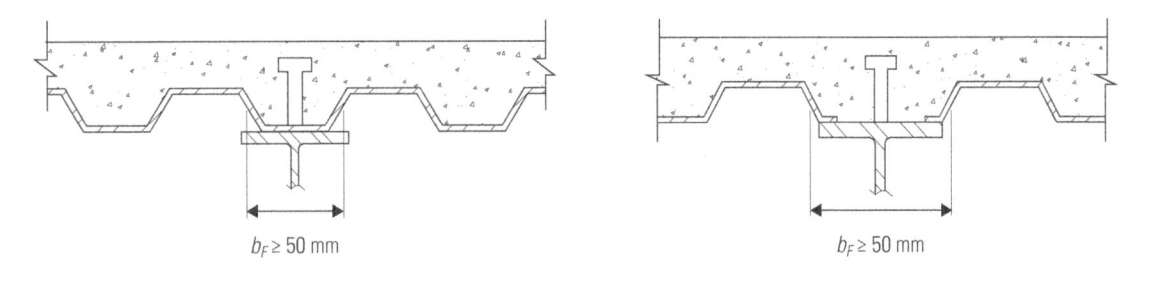

FIGURA 13.34 Largura média mínima da nervura ou de mísula sobre o perfil de aço.

13.10.2 Lajes com pré-laje de concreto pré-moldada

Para uma viga mista com laje de concreto moldada no local sobre pré-laje de concreto pré-moldada, aplicam-se as seguintes exigências (Figura 13.35):

- espessura da pré-laje, h_F, igual ou inferior a 75 mm, medida a partir da face superior do perfil de aço;
- conectores de cisalhamento com altura que ultrapasse a face superior da pré-laje (embora não seja uma exigência normativa, recomenda-se que a projeção dos conectores acima do topo da pré-laje, depois de instalados, seja de no mínimo 40 mm, como é exigido nas lajes mistas) e permita que sua cabeça fique toda acima da armadura de costura da laje e com cobrimento lateral de concreto moldado no local de pelo menos 20 mm.

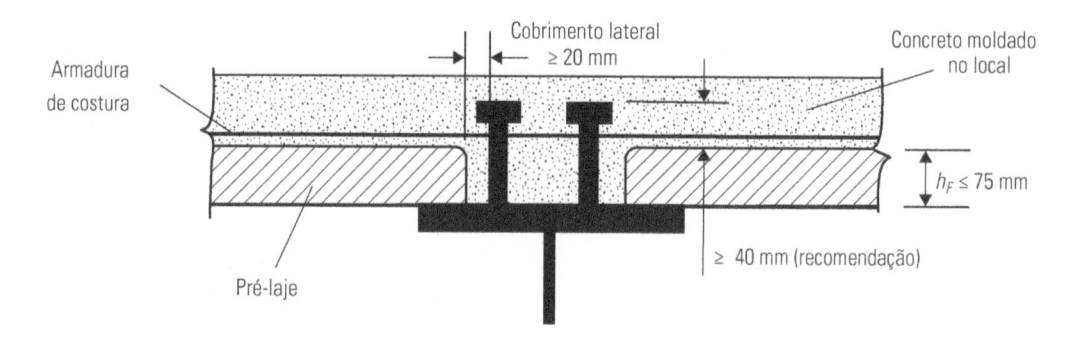

FIGURA 13.35 Exigências para viga mista com laje com pré-laje de concreto.

13.10.3 Conectores de cisalhamento

Para evitar corrosão, todos os tipos de conector devem ficar completamente embutidos no concreto da laje, possuindo cobrimento lateral mínimo de concreto de 25 mm, excetuando-se aqueles colocados em nervuras de fôrmas de aço. Devem possuir, ainda, cobrimento superior mínimo de 10 mm, exceto em ambientes de agressividades forte e muito forte, quando esse cobrimento deve ser de pelo menos 35 mm e 45 mm, respectivamente (Tabela 13.5).

13.11 Exemplos de aplicação

13.11.1 Momento e força cortante resistentes e uso de conectores e armaduras

Um piso de edifício situado em local de agressividade ambiental moderada possui um conjunto de vigas secundárias afastadas 3 m entre si, sobrepostas por uma laje maciça de concreto com resistência característica à compressão igual a 25 MPa e 12 cm de altura, conforme mostra a figura seguinte. O concreto foi produzido com Brita 1 de gnaisse. As vigas são biapoiadas, possuem 9 m de vão e perfil I laminado W 460 x 74 em aço ASTM A572 – Grau 50. Projetando essas vigas como mistas, com escoramento antes da cura do concreto, e sabendo-se que sobre elas atua uma carga uniformemente distribuída, propõe-se determinar:

a) os momentos fletores resistentes de cálculo para interação completa e interação parcial com a máxima redução possível no grau de interação;

b) as diferenças percentuais entre os momentos fletores resistentes de cálculo obtidos para a viga mista e para o perfil de aço trabalhando isoladamente como viga;

c) o número de conectores de cisalhamento pino com cabeça com diâmetro de 19 mm para interação completa, indicando a distribuição desses conectores em uma única linha longitudinal sobre o perfil de aço e, em seguida, em duas linhas longitudinais;

d) o número de conectores de cisalhamento pino com cabeça com diâmetro de 19 mm para interação parcial com a máxima redução possível, indicando a distribuição dos conectores em uma única linha longitudinal sobre o perfil de aço;

e) o número de conectores de cisalhamento em perfil U laminado (U 76,2 x 6,11) em aço ASTM A36, para interação completa e para interação parcial com a máxima redução possível, indicando a distribuição dos conectores sobre o perfil de aço;

f) o número de conectores de cisalhamento em perfil U formado a frio (U 75 x 40 x 3,04) em aço ASTM A36, para interação completa e para interação parcial com a máxima redução possível, indicando a distribuição dos conectores sobre o perfil de aço;

g) a força cortante resistente de cálculo;

h) a armadura de costura, com barras de aço CA-50, para o caso de conectores de cisalhamento pino com cabeça com diâmetro de 19 mm para interação completa (caso do tópico c);

i) a armadura de continuidade, com barras de aço CA-50, supondo que existam vigas secundárias dos dois lados de uma viga principal.

> Veja a resolução deste exemplo de aplicação no site www.loja.grupoa.com.br

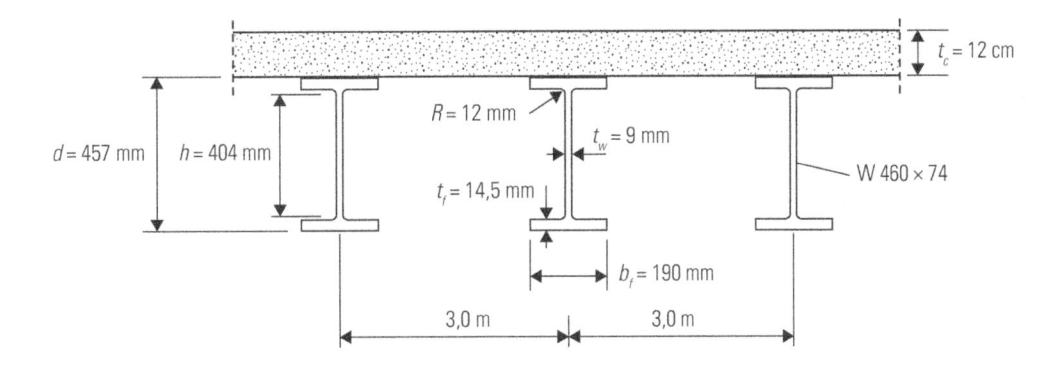

13.11.2 Verificação de vigas mistas secundárias internas com laje maciça

Serão verificadas as vigas mistas secundárias biapoiadas V_1 do piso esquematizado a seguir, pertencente a um edifício de escritórios de andares múltiplos situado em um local de agressividade ambiental moderada, ao momento fletor e à força cortante e, também, ao deslocamento vertical (flecha). Propôs-se, para as vigas, perfil W 410 x 46,1, em aço ASTM A572 – Grau 50. A laje é maciça, com altura de 12 cm e concreto com resistência característica à compressão, f_{ck}, igual a 30 MPa e agregado graúdo de gnaisse. Devem ser usados conectores pino com cabeça e, se possível, interação parcial. As vigas e as lajes não serão escoradas antes da cura do concreto.

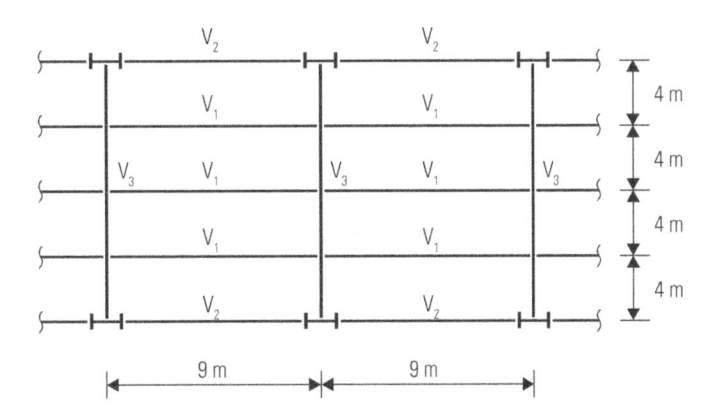

O peso próprio dos perfis de aço das vigas do piso, conectores de cisalhamento, chapas de ligação, parafusos e outros elementos similares de aço será suposto como uniformemente distribuído no piso, como é usual, com valor igual a 0,25 kN/m². O piso terá um revestimento com peso de 0,50 kN/m² e, ainda, suportará um forro falso do pavimento inferior com peso de 0,25 kN/m². Divisórias móveis serão dispostas permanentemente sobre o piso, com peso suposto uniformemente distribuído igual a 1,20 kN/m². Durante a construção, a fôrma para a concretagem da laje e as treliças telescópicas, que apoiam a fôrma, pesam conjuntamente 0,80 kN/m². A sobrecarga de construção a ser considerada, conforme o Subitem 4.2.3, é de 1,0 kN/m², e a de utilização, conforme a Tabela 4.2, é de 2,0 kN/m². Considerar as ações permanentes e variáveis agrupadas.

a) Materiais

a1) Perfil de aço das vigas (W 410 x 46,1)

$E_a = 20.000 \text{ kN/cm}^2$

Aço ASTM A572 – Grau 50: $f_y = 345 \text{ MPa} = 34,5 \text{ kN/cm}^2 \Rightarrow f_{yd} = \dfrac{f_y}{\gamma_{a1}} = \dfrac{34,5}{1,10} = 31,36 \text{ kN/cm}^2$

a2) Conectores pino com cabeça

$f_u = 415 \text{ MPa} = 41,5 \text{ kN/cm}^2$

a3) Laje de concreto

$f_{ck} = 30 \text{ MPa} = 3 \text{ kN/cm}^2 \Rightarrow f_{cd} = \dfrac{f_{ck}}{\gamma_c} = \dfrac{3}{1,4} = 2,14 \text{ kN/cm}^2$

$E_c = \alpha_i \, \alpha_E \, 5.600\sqrt{f_{ck}}$

$\alpha_i = 0,8 + 0,2\dfrac{f_{ck}}{80} \leq 1,0 \Rightarrow \alpha_i = 0,8 + 0,2\dfrac{30}{80} = 0,875$

$\alpha_E = 1,0$ (brita de gnaisse)

$E_c = 0,875 \times 1,0 \times 5.600\sqrt{30} = 26.838 \text{ MPa} = 2.684 \text{ kN/cm}^2$

b) Dimensões e propriedades geométricas dos componentes

b1) Perfil de aço (W 410 x 46,1)

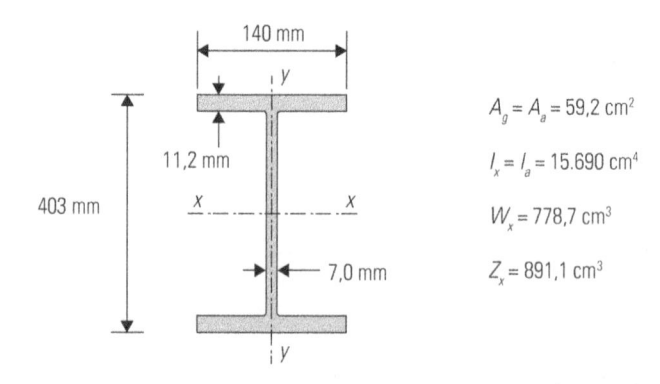

$A_g = A_a = 59,2 \text{ cm}^2$
$I_x = I_a = 15.690 \text{ cm}^4$
$W_x = 778,7 \text{ cm}^3$
$Z_x = 891,1 \text{ cm}^3$

Notar que a relação entre o vão das vigas (L_e) e a altura da seção transversal do perfil (d) é aproximadamente igual a 22.

b2) Laje de concreto

$t_c = 12 \text{ cm}$

$b = b_{int} = \left(\leq \begin{cases} L_e/8 \\ e_{1,esq}/2 \end{cases}\right) + \left(\leq \begin{cases} L_e/8 \\ e_{1,dir}/2 \end{cases}\right) = \left(\leq \begin{cases} 900/8 = 112,5 \\ 400/2 = 200,0 \end{cases}\right) + \left(\leq \begin{cases} 900/8 = 112,5 \\ 400/2 = 200,0 \end{cases}\right) = 112,5 + 112,5 = 225 \text{ cm}$

c) Cargas e esforços solicitantes

As ações permanentes características, antes e após a cura do concreto, e as ações variáveis características, que são as sobrecargas de construção e de utilização do edifício, que solicitam as vigas V_1 como cargas uniformemente distribuídas, q_k, são apresentadas no quadro seguinte:

Tipo de ação	Fase de atuação	Especificação	q_k (kN/m)	Total (kN/m)
Ações permanentes (pesos próprios)	Antes e após a cura do concreto	Perfil de aço, conectores, chapas de ligação, parafusos etc.	0,25 × 4 = 1,00	13,00
		Laje de concreto	25 × 0,12 × 4 = 12,00	
	Somente antes da cura do concreto	Fôrma da laje, incluindo elementos de suporte	0,80 × 4 = 3,20	3,20
	Somente após a cura do concreto	Revestimento do piso	0,50 × 4 = 2,00	7,80
		Forro falso	0,25 × 4 = 1,00	
		Divisórias móveis	1,20 × 4 = 4,80	
Ações variáveis (sobrecargas)	Somente durante a construção	Sobrecarga de construção	1,0 × 4 = 4,00	4,00
	Somente após a construção	Sobrecarga de utilização	2,0 × 4 = 8,00	8,00

As cargas uniformemente distribuídas nas vigas e os esforços solicitantes de cálculo máximos, tendo em vista o agrupamento das ações permanentes e variáveis, são os seguintes:

- Fase de construção, solicitando apenas o perfil de aço

$q_{pa,d} = 1,3 \, (13,00 + 3,20) + 1,2 \, (4,00) = 25,86 \text{ kN/m}$

$M_{pa,Sd} = \frac{q_{pa,d} \, L_e^2}{8} = \frac{25,86 \times 9^2}{8} = 261,83 \text{ kN.m} = 26.183 \text{ kN.cm}$

$V_{pa,Sd} = \frac{q_{pa,d} \, L_e}{2} = \frac{25,86 \times 9}{2} = 116,37 \text{ kN}$

- Fase de utilização (vida útil) do edifício, solicitando a viga mista

$q_{vm,d} = 1,4 \, (13,00 + 7,80 + 8,00) = 40,32 \text{ kN/m}$

$M_{vm,Sd} = \frac{q_{vm,d} \, L_e^2}{8} = \frac{40,32 \times 9^2}{8} = 408,24 \text{ kN.m} = 40.824 \text{ kN.cm}$

$V_{vm,Sd} = \frac{q_{vm,d} \, L_e}{2} = \frac{40,32 \times 9}{2} = 181,44 \text{ kN}$

Cumpre notar que a determinação separada dos esforços solicitantes no perfil de aço isolado e na viga mista deve-se ao fato de as vigas V_1 não serem escoradas antes da cura do concreto. Importa observar, ainda, que os coeficientes de ponderação das ações agrupadas foram tomados a partir da observação de que as ações variáveis no piso não superam 5,0 kN/m².

d) Verificação do perfil de aço isolado ao momento fletor

Como as vigas V_1 não são escoradas antes da cura do concreto, nessa fase da obra os perfis de aço trabalham isoladamente suportando as solicitações atuantes. Supondo que a fôrma da laje de concreto tenha sido fixada a esses perfis de modo que eles não possam sofrer flambagem lateral com torção (FLT), os estados-limites últimos aplicáveis se limitam à flambagem local da mesa comprimida (FLM) e à flambagem local da alma (FLA). Logo:

- FLM

$\lambda = \frac{b}{t} = \frac{140/2}{11,2} = 6,25$

$$\lambda_p = 0{,}38\sqrt{\frac{E_a}{f_y}} = 0{,}38\sqrt{\frac{20.000}{34{,}5}} = 9{,}15$$

$$\lambda = 6{,}25 < \lambda_p = 9{,}15 \Rightarrow M_{pa,Rk} = M_{pa,pl} = Z_x f_y = 891{,}1 \times 34{,}5 = 30.743 \text{ kN.cm}$$

- FLA

$$\lambda = \frac{h}{t_w} = \frac{403 - 2(11{,}2 + 12)}{7{,}0} = \frac{356{,}6}{7{,}0} = 50{,}94$$

$$\lambda_p = 3{,}76\sqrt{\frac{E_a}{f_y}} = 90{,}53$$

$$\lambda = 50{,}94 < \lambda_p = 90{,}53 \Rightarrow M_{pa,Rk} = M_{pa,pl} = 30.743 \text{ kN.cm}$$

- Resumo

$$M_{pa,Rk} = 30.743 \text{ kN.cm}$$

$$M_{pa,Sd} = 26.183 \text{ kN.cm} < M_{pa,Rd} = \frac{M_{pa,Rk}}{\gamma_{a1}} = \frac{30.743}{1{,}10} = 27.948 \text{ kN.cm} \Rightarrow \text{Atende!}$$

$$\text{Folga} = \frac{M_{pa,Rd}}{M_{pa,Sd}} = \frac{27.948}{26.183} = 1{,}067 \Rightarrow 6{,}7\%$$

e) Verificação da viga mista ao momento fletor

e1) Estado-limite último

Tem-se que:

$$\frac{h}{t_w} = 50{,}94 < \lambda_p = 90{,}53$$

Logo, o estado-limite último é plastificação total da seção transversal (formação de rótula plástica).

e2) Interação completa (α ≥ 1,0)

$$0{,}85 f_{cd} b t_c = 0{,}85 \times 2{,}14 \times 225 \times 12 = 4.911 \text{ kN}$$

$$A_a f_{yd} = 59{,}2 \times 31{,}36 = 1.857 \text{ kN}$$

Como $0{,}85 f_{cd} b t_c = 4.911$ kN $> A_a f_{yd} = 1.857$ kN, a linha neutra plástica (LNP) passa pela laje de concreto e, conforme o Subitem 13.6.3.1a:

$$M_{vm,Rd} = T_{ad}\left(d_1 + h_F + t_c - \frac{a}{2}\right)$$

$$T_{ad} = A_a f_{yd} = 1.857 \text{ kN}$$

$$d_1 = \frac{d}{2} = \frac{40{,}3}{2} = 20{,}15 \text{ cm}$$

$$a = \frac{T_{ad}}{0{,}85 f_{cd} b} = \frac{1.857}{0{,}85 \times 2{,}14 \times 225} = 4{,}54 \text{ cm}$$

$$M_{vm,Rd} = 1.857\left(20{,}15 + 0 + 12 - \frac{4{,}54}{2}\right) = 55.487 \text{ kN.cm}$$

Finalmente:

$M_{vm,Sd} = 40.824$ kN.cm $< M_{vm,Rd} = 55.487$ kN.cm $\Rightarrow$ Atende!

Folga $= \dfrac{M_{vm,Rd}}{M_{vm,Sd}} = \dfrac{55.487}{40.824} = 1,359 \Rightarrow 35,9\%$

O momento resistente é 35,9% maior que o momento solicitante de cálculo, portanto, é possível reduzir o número de conectores fazendo-se o cálculo para interação parcial. Outra opção seria tentar usar um perfil de aço um pouco mais leve. No entanto, como na fase inicial (antes da cura do concreto) a folga é muito pequena, igual a 6,7%, essa opção pode não ser viável.

e3) Interação parcial ($\alpha_{mín} \leq \alpha < 1,0$)

A redução máxima é dada pelo grau de interação mínimo da viga mista, segundo a Equação (13.11):

$\alpha_{mín} \geq \begin{cases} 1 - \dfrac{E}{578 f_y}(0,75 - 0,03 L_e) = 1 - \dfrac{20.000}{578 \times 34,5}(0,75 - 0,03 \times 9) = 0,52 \\ 0,40 \end{cases} \Rightarrow \alpha_{mín} = 0,52$

Dessa forma, o grau de interação com a máxima redução possível é dado por $\alpha = 0,52$, e, de acordo com o Subitem 13.6.3.2:

$F_{hd} \leq \begin{cases} 0,85 f_{cd} b t_c = 4.911 \text{ kN} \\ A_a f_{yd} = 1.857 \text{ kN} \end{cases} \Rightarrow F_{hd} = 1.857 \text{ kN}$

$M_{vm,Rd} = C_{ad}(d - y_t - y_c) + C_{cd}\left(t_c - \dfrac{a}{2} + h_F + d - y_t\right)$

$C_{cd} = \alpha F_{hd} = 0,52 \times 1.857 = 965,64$ kN

$C_{ad} = \dfrac{1}{2}(A_a f_{yd} - C_{cd}) = \dfrac{1}{2}(1.857 - 965,64) = 445,68$ kN

$a = \dfrac{C_{cd}}{0,85 f_{cd} b} = \dfrac{965,64}{0,85 \times 2,14 \times 225} = 2,36$ cm

$A_{fs} f_{yd} = (14,0 \times 1,12) 31,36 = 491,72$ kN

$C_{ad} < A_{fs} f_{yd} \Rightarrow$ LNP na mesa superior do perfil de aço

$y_p = \dfrac{C_{ad}}{A_{fs} f_{yd}} t_f = \dfrac{445,68}{491,72} \times 1,12 = 1,02$ cm

$y_c = \dfrac{1,02}{2} = 0,51$ cm

$y_t = \dfrac{14,0 \times \dfrac{1,12^2}{2} + (40,3 - 2 \times 1,12) 0,7 \times \dfrac{40,3}{2} + 14,0(1,12 - 1,02)\left[40,3 - 1,02 - \left(\dfrac{1,12 - 1,02}{2}\right)\right]}{14,0 \times 1,12 + (40,3 - 2 \times 1,12) 0,7 + 14,0(1,12 - 1,02)} = 13,74$ cm

$M_{vm,Rd} = 445,68(40,3 - 13,74 - 0,51) + 965,64\left(12 - \dfrac{2,36}{2} + 0 + 40,3 - 13,74\right) = 47.706$ kN.cm

Dessa forma:

$M_{vm,Sd} = 40.824$ kN.cm $< M_{vm,Rd} = 47.706$ kN.cm $\Rightarrow$ Atende!

Folga $= \dfrac{M_{vm,Rd}}{M_{vm,Sd}} = \dfrac{47.706}{40.824} = 1,169 \Rightarrow 16,9\%$

e4) Limitação de tensão

Apesar de a viga não ser escorada antes da cura do concreto, não é necessário verificar a limitação de tensão na face inferior do perfil de aço, uma vez que h/t_w não supera $3{,}76\sqrt{E_a/f_y}$.

f) Dimensões, quantidade e distribuição dos conectores de cisalhamento pino com cabeça

f1) Definição do número de conectores

Conectores de cisalhamento pino com cabeça com diâmetro, d_{cs}, de 19 mm, serão usados, como é usual.

$\alpha = \alpha_{min} = 0{,}52$ (calculado no tópico *e*)

$F_{hd} = 1.857$ kN (calculado no tópico *e*)

$$Q_{Rd} \leq \begin{cases} \dfrac{1}{2} \dfrac{A_{cs}\sqrt{f_{ck}E_c}}{\gamma_{cs}} \\ \dfrac{R_g R_p A_{cs} f_{ucs}}{\gamma_{cs}} \end{cases}$$

$A_{cs} = \dfrac{\pi d_{cs}^2}{4} = \dfrac{\pi \times 1{,}9^2}{4} = 2{,}84 \text{ cm}^2$

$f_{ck} = 3{,}0$ kN/cm²

$R_g = R_p = 1{,}0$ (conectores soldados diretamente sobre o perfil de aço)

$f_{ucs} = 415$ MPa $= 41{,}5$ kN/cm²

$$Q_{Rd} \leq \begin{cases} \dfrac{1}{2} \times \dfrac{2{,}84 \times \sqrt{3{,}0 \times 2.684}}{1{,}25} = 101{,}94 \text{ kN} \\ \dfrac{1{,}0 \times 1{,}0 \times 2{,}84 \times 41{,}5}{1{,}25} = 94{,}29 \text{ kN} \end{cases} \Rightarrow Q_{Rd} = 94{,}29 \text{ kN}$$

$n = \alpha \dfrac{F_{hd}}{Q_{Rd}} = 0{,}52 \times \dfrac{1.857}{94{,}29} = 10{,}24$

Portanto, 11 conectores devem ser posicionados entre cada apoio (seção de momento nulo), e a seção de momento máximo que, no caso, como as vigas possuem carga uniformemente distribuída, é a seção central.

f2) Escolha da altura do conector e verificação dos cobrimentos

Inicialmente, quando se usam conectores pino com cabeça em lajes maciças de concreto, deve-se:

- escolher os conectores com base na sua altura após a instalação, conforme o Subitem 13.4.2

    $h_{cs} - 5$ mm $\geq 4 d_{cs} = 4 \times 19 = 76$ mm $\Rightarrow h_{cs} \geq 81$ mm $\Rightarrow$ adotar $h_{cs} = 80$ mm (Tabela 13.1), apesar da diferença de 1 mm.

- verificar o cobrimento superior do concreto, conforme o Subitem 13.10.3

    $c_s = t_c - h_{cs} + 5$ mm $= 120 - 80 + 5 = 45$ mm > 10 mm $\Rightarrow$ Atende!

Adicionalmente, segundo o Subitem 13.10.3, os conectores devem ficar completamente embutidos no concreto da laje, com cobrimento lateral mínimo de concreto de 25 mm, o que, no caso, obviamente, acontece.

f3) Distribuição dos conectores

Os conectores serão posicionados em apenas uma linha longitudinal, situada na posição correspondente à alma do perfil de aço. As seguintes condições quanto aos espaçamentos entre linhas de centro de conectores, conforme o Subitem 13.6.5, devem ser obedecidas:

- valor máximo: $8\,t_c = 8 \times 100 = 800$ mm
- valor mínimo: $6\,d_{cs} = 6 \times 19 = 114$ mm

Com base nesses resultados, optou-se por espaçar os 11 conectores entre cada apoio (seção de momento nulo) e a seção central (seção de momento máximo) em 405 mm, conforme mostra a figura seguinte:

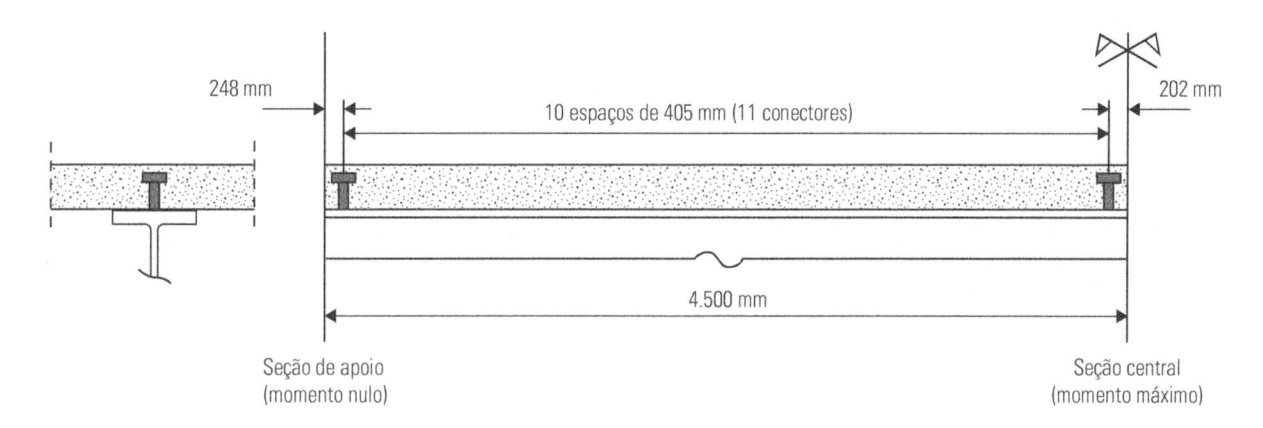

248 mm | 10 espaços de 405 mm (11 conectores) | 202 mm

4.500 mm

Seção de apoio (momento nulo) — Seção central (momento máximo)

g) Verificação à força cortante

O procedimento para verificação das vigas mistas à força cortante foi dado no Item 8.7 e no Subitem 8.6.2.1. Isso significa que se considera apenas o perfil de aço resistindo a essa força. Assim, faz-se:

$$\lambda = \frac{h}{t_w} = 50{,}94$$

Supondo o perfil sem enrijecedores transversais, $k_v = 5{,}0$, e:

$$\lambda_p = 1{,}10\sqrt{\frac{k_v E_a}{f_y}} = 1{,}10\sqrt{\frac{5{,}0 \times 20.000}{34{,}5}} = 59{,}22$$

$\lambda = 50{,}94 < \lambda_p = 59{,}22 \;\Rightarrow\; V_{Rk} = V_{pl} = 0{,}60\,A_w f_y = 0{,}60 \times 40{,}3 \times 0{,}70 \times 34{,}5 = 583{,}95$ kN

Finalmente:

$V_{vm,Sd} \leq V_{Rd} \Rightarrow 181{,}44\text{ kN} < \dfrac{V_{Rk}}{\gamma_{a1}} = \dfrac{583{,}95}{1{,}10} = 530{,}86\text{ kN} \;\Rightarrow\;$ Atende!

h) Verificação da flecha das vigas

- Limitação de tensão para cálculo elástico da flecha

Para aplicação da análise elástica no cálculo da flecha, é necessário que a seguinte condição seja atendida:

$$\frac{M_{Ga,Sk}}{W_{a,i}} + \frac{M_{L,Sk}}{W_{ef,i}} \leq f_y$$

$q_{Ga,k} = 13{,}00 + 3{,}20 = 16{,}20$ kN/m

$$M_{Ga,Sk} = \frac{q_{Ga,k}\,L_e^2}{8} = \frac{16{,}20 \times 9^2}{8} = 164{,}03 \text{ kN.m} = 16.403 \text{ kN.cm}$$

$q_{L,k} = 7{,}80 + 8{,}00 - 3{,}20 = 12{,}60$ kN/m

$$M_{L,Sk} = \frac{q_{L,k}\,L_e^2}{8} = \frac{12{,}60 \times 9^2}{8} = 127{,}58 \text{ kN.m} = 12.758 \text{ kN.cm}$$

$W_{a,i} = 778{,}7$ cm^3

$$\alpha_E = \frac{E_a}{E_c} = \frac{20.000}{2.684} = 7,45$$

$$b_{tr} = \frac{b}{\alpha_E} = \frac{225}{7,45} = 30,2 \text{ cm}$$

$$y_{tr,i} = \frac{A_a y_{a,i} + b_{tr} t_c \left(d + h_F + \frac{t_c}{2}\right)}{A_a + b_{tr} t_c} = \frac{59,2 \times \frac{40,3}{2} + 30,2 \times 12 \left(40,3 + 0 + \frac{12}{2}\right)}{59,2 + 30,2 \times 12} = 42,63 \text{ cm}$$

$y_{tr,i} = 42,63$ cm $> d + h_F = 40,3 + 0 = 40,3$ cm $\Rightarrow$ LNE na laje de concreto

$a = d + h_F + t_c - y_{tr,i} = 40,3 + 0 + 12 - 42,63 = 9,67$ cm $(< t_c = 12$ cm$)$

$A_{c,tr} = b_{tr} a = 30,2 \times 9,67 = 292,03$ cm²

$$I_{tr} = I_a + A_a \left(y_{tr,i} - y_{a,i}\right)^2 + \frac{b_{tr} a^3}{12} + A_{c,tr} \left(d + h_F + t_c - \frac{a}{2} - y_{tr,i}\right)^2$$

$$I_{tr} = 15.690 + 59,2 \left(42,63 - \frac{40,3}{2}\right)^2 + \frac{30,2 \times 9,67^3}{12} + 292,03 \left(40,3 + 0 + 12 - \frac{9,67}{2} - 42,63\right)^2 =$$

$$= 54.709 \text{ cm}^4$$

$$W_{tr,i} = \frac{I_{tr}}{y_{tr,i}} = \frac{54.709}{42,63} = 1.283 \text{ cm}^3$$

$$W_{ef,i} = W_{a,i} + \sqrt{\alpha} \left(W_{tr,i} - W_{a,i}\right) = 778,7 + \sqrt{0,52}\left(1.283 - 778,7\right) = 1.142 \text{ cm}^3$$

$$\frac{16.403}{778,7} + \frac{12.758}{1.142} = 21,06 + 11,17 = 32,23 \text{ kN/cm}^2 < f_y = 34,5 \text{ kN/cm}^2 \Rightarrow \text{Atende!}$$

- Condição a ser atendida e esclarecimentos

A flecha máxima na viga deve atender à seguinte condição:

$$\delta_{máx} \leq \delta_p = \frac{L_e}{350} = \frac{900}{350} = 2,57 \text{ cm}$$

A flecha máxima, tendo em vista que não há escoramento antes da cura do concreto, é igual a:

$$\delta_{máx} = \delta_{p,pa} + \delta_{p,ld} + \delta_{v,cd} + \delta_{v,ld} - \delta_{p,te} - \delta_c$$

onde $\delta_{p,pa}$ é a flecha do perfil de aço isolado causada pelas ações permanentes que atuam antes da cura do concreto, $\delta_{p,ld}$ é a flecha da seção mista causada pelas ações permanentes que atuam após a cura do concreto (ações de longa duração), $\delta_{v,cd}$ é a flecha causada pelas ações variáveis de curta duração, $\delta_{v,ld}$ é a flecha causada pelas ações variáveis de longa duração, $\delta_{p,te}$ é uma eventual flecha provocada por alguma ação no perfil de aço isolado e que, depois da cura do concreto, é eliminada (no caso das vigas em avaliação, tal ação deve-se à fôrma da laje), e δ_c é a contraflecha dada ao perfil de aço.

O valor das ações variáveis de longa duração a ser usado para determinação de $\delta_{v,ld}$ corresponde ao valor quase permanente dessas ações, dado pelo produto da totalidade das ações variáveis pelo fator de redução ψ_2, igual a 0,4 para edifícios de escritórios, conforme a Tabela 4.7. O valor das ações variáveis de curta duração a ser usado para determinação de $\delta_{v,cd}$, consequentemente, corresponde à totalidade das ações variáveis, menos as ações variáveis de longa duração.

No cálculo das flechas $\delta_{p,ld}$ e $\delta_{v,ld}$, causadas por ações de longa duração, deve-se usar o momento de inércia efetivo da seção mista transformada, $I_{ef,ld}$, obtido com a razão modular, α_E, multiplicada por 3, para levar em conta os efeitos de fluência e retração do concreto. No cálculo da flecha $\delta_{v,cd}$, causada por uma ação de curta duração, usa-se o momento de inércia efetivo, I_{ef}, obtido a partir do momento de inércia da seção transformada, I_{tr}, calculado com a razão modular, α_E, sem alteração.

- Flecha do perfil de aço causada pelas ações permanentes antes da cura do concreto ($\delta_{p,pa}$)

  Antes da cura do concreto, as ações permanentes atuantes são os pesos próprios do perfil de aço, dos conectores, elementos de ligação etc., da laje de concreto e da fôrma da laje. Assim:

$$\delta_{p,pa} = \frac{5 q_{p,pa} L_e^4}{384 E_a I_a}$$

$$q_{p,pa} = 13{,}00 + 3{,}20 = 16{,}20 \text{ kN/m} = 0{,}1620 \text{ kN/cm}$$

$$\delta_{p,pa} = \frac{5 \times 0{,}1620 \times 900^4}{384 \times 20.000 \times 15.690} = 4{,}41 \text{ cm}$$

- Flecha da seção mista causada pelas ações permanentes após a cura do concreto ($\delta_{p,ld}$)

  Após a cura do concreto, as ações permanentes atuantes são os pesos próprios do revestimento do piso, do forro falso e das divisórias móveis. Logo:

$$\delta_{p,ld} = \frac{5 q_{p,ld} L_e^4}{384 E_a I_{ef,ld}}$$

$$q_{p,ld} = 7{,}80 \text{ kN/m} = 0{,}078 \text{ kN/cm}$$

$$I_{ef,ld} = I_a + \sqrt{\alpha}\left(I_{tr,ld} - I_a\right)$$

$$\alpha_{E,ld} = 3\frac{E_a}{E_c} = 3 \times \frac{20.000}{2.684} = 22{,}35$$

$$b_{tr,ld} = \frac{b}{\alpha_{E,ld}} = \frac{225}{22{,}35} = 10{,}07 \text{ cm}$$

$$y_{tr,i,ld} = \frac{A_a y_{a,i} + b_{tr,ld} t_c \left(d + h_F + \frac{t_c}{2}\right)}{A_a + b_{tr,ld} t_c} = \frac{59{,}2 \times \frac{40{,}3}{2} + 10{,}07 \times 12 \left(40{,}3 + 0 + \frac{12}{2}\right)}{59{,}2 + 10{,}07 \times 12} = 37{,}70 \text{ cm}$$

$$y_{tr,i,ld} = 37{,}70 \text{ cm} < d + h_F = 40{,}3 + 0 = 40{,}3 \text{ cm} \Rightarrow \text{LNE no perfil de aço}$$

$$a = d + h_F + t_c - y_{tr,i,ld} = 40{,}3 + 0 + 12 - 37{,}70 = 14{,}6 \text{ cm} > t_c = 12 \text{ cm} \Rightarrow \text{Usar } a = t_c = 12 \text{ cm}$$

$$A_{c,tr,ld} = b_{tr,ld} a = 10{,}07 \times 12 = 120{,}84 \text{ cm}^2$$

$$I_{tr,ld} = I_a + A_a \left(y_{tr,i,ld} - y_{a,i}\right)^2 + \frac{b_{tr,ld} a^3}{12} + A_{c,tr,ld}\left(d + h_F + t_c - \frac{a}{2} - y_{tr,i,ld}\right)^2$$

$$I_{tr,ld} = 15.690 + 59{,}2\left(37{,}70 - \frac{40{,}3}{2}\right)^2 + \frac{10{,}07 \times 12^3}{12} + 120{,}84\left(40{,}3 + 0 + 12 - \frac{10{,}07}{2} - 37{,}07\right)^2 = 46.429 \text{ cm}^4$$

$$I_{ef,ld} = 15.690 + \sqrt{0{,}52}\left(46.429 - 15.690\right) = 37.856 \text{ cm}^4$$

$$\delta_{p,ld} = \frac{5 \times 0{,}078 \times 900^4}{384 \times 20.000 \times 37.856} = 0{,}88 \text{ cm}$$

- Flecha da seção mista causada pelas ações variáveis de curta duração ($\delta_{v,cd}$)

  As ações variáveis de curta duração são a totalidade das ações variáveis, menos as ações variáveis de longa duração, ou seja, a totalidade das ações variáveis multiplicadas por $(1 - \psi_2)$. Dessa forma:

$$\delta_{v,cd} = \frac{5 q_{v,cd} L_e^4}{384 E_a I_{ef}}$$

$$q_{v,cd} = (1 - \psi_2) q_{v,total} = (1 - 0{,}4)\, 8{,}00 = 4{,}80 \text{ kN/m} = 0{,}048 \text{ kN/cm}$$

$$I_{ef} = I_a + \sqrt{\alpha}\left(I_{tr} - I_a\right) = 15.690 + \sqrt{0{,}52}\left(54.709 - 15.690\right) = 43.827 \text{ cm}^4$$

$$\delta_{v,cd} = \frac{5 \times 0{,}048 \times 900^4}{384 \times 20.000 \times 43.827} = 0{,}47 \text{ cm}$$

- Flecha da seção mista causada pelas ações variáveis de longa duração ($\delta_{v,ld}$)

  As ações variáveis de longa duração são a totalidade das ações variáveis multiplicada por ψ_2. Portanto:

$$\delta_{v,ld} = \frac{5 q_{v,ld} L_e^4}{384 E_a I_{ef,ld}}$$

$$q_{v,ld} = \psi_2 q_{v,total} = 0{,}4 \times 8{,}00 = 3{,}20 \text{ kN/m} = 0{,}032 \text{ kN/cm}$$

$$\delta_{v,ld} = \frac{5 \times 0{,}032 \times 900^4}{384 \times 20.000 \times 37.856} = 0{,}36 \text{ cm}$$

- Flecha a ser deduzida após a retirada da fôrma da laje de concreto ($\delta_{p,te}$)

  Após a cura do concreto, a fôrma da laje é retirada e ocorre uma redução da flecha, de valor igual a:

$$\delta_{p,te} = \frac{5 q_{p,te} L_e^4}{384 E_a I_{ef}}$$

$$q_{p,te} = 3{,}20 \text{ kN/m} = 0{,}032 \text{ kN/cm}$$

$$I_{ef} = 43.827 \text{ cm}^4$$

$$\delta_{p,te} = \frac{5 \times 0{,}032 \times 900^4}{384 \times 20.000 \times 43.827} = 0{,}31 \text{ cm}$$

- Necessidade de contraflecha e verificação final

  Não havendo contraflecha no perfil de aço, ter-se-ia:

$$\delta_{máx,sem} = \delta_{p,pa} + \delta_{p,ld} + \delta_{v,cd} + \delta_{v,ld} - \delta_{p,te} = 4{,}41 + 0{,}88 + 0{,}47 + 0{,}36 - 0{,}31 = 5{,}81 \text{ cm}$$

  Esse valor é 3,24 cm superior à flecha permitida, igual a 2,57 cm. Essa situação pode ser resolvida aplicando ao perfil uma contraflecha mínima de 3,24 cm. Esse valor é inferior à contraflecha que pode ser empregada, igual à flecha causada pela carga permanente, ou seja, 4,41 + 0,88 − 0,31 = 4,98 cm.

  Definindo, portanto, uma contraflecha, δ_c, de 3,50 cm, tem-se:

$$\delta_{máx} = \delta_{máx,sem} - \delta_c = 5{,}81 - 3{,}50 = 2{,}31 \text{ cm}$$

  e

$$\delta_{máx} = 2{,}31 \text{ cm} < \delta_p = 2{,}57 \text{ cm} \Rightarrow \text{Atende!}$$

  Deve-se observar que aproximadamente 76% da flecha máxima é decorrente da flecha do perfil de aço isolado causada pelas ações que atuam antes da cura do concreto.

13.11.3 Verificação de viga mista de extremidade com laje maciça

Será comentado sobre as diferenças da verificação das vigas de extremidade V_2 do piso do Subitem 13.11.2 em relação ao que foi feito para as vigas internas. Sabe-se que a borda da laje de concreto coincide com a face externa das mesas das vigas. Supor que o perfil de aço das vigas de extremidade tenha largura da mesa superior, b_{fs}, igual a 140 mm (mesmo valor do perfil de aço das vigas internas).

Solução

A verificação das vigas de extremidade V_2 segue os mesmos passos e procedimentos das vigas internas V_1, desde que tenham também h/t_w não superior a $3{,}76\sqrt{E_a/f_y}$. As únicas diferenças são:

- normalmente menor carga atuante, principalmente pelo fato de sua largura de influência, pela qual se avalia a quantidade de carga distribuída que solicita cada uma das vigas, ser aproximadamente igual à metade da largura de influência das vigas V_1 (figura seguinte). Lembra-se que, nessas vigas, pode haver cargas decorrentes do fechamento;

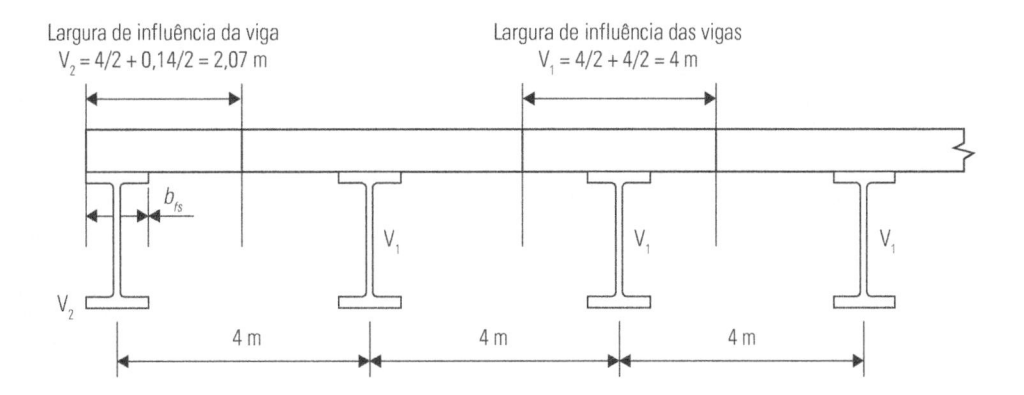

Largura de influência da viga
$V_2 = 4/2 + 0{,}14/2 = 2{,}07$ m

Largura de influência das vigas
$V_1 = 4/2 + 4/2 = 4$ m

- menor momento fletor resistente de cálculo, pelo fato de a largura efetiva, b, ser pouco maior que a metade da largura efetiva das vigas V_1, como mostram o cálculo e a figura a seguir:

$$b = b_{ext} = \left(\leq \begin{cases} L_e/8 \\ e_2 \end{cases}\right) + \left(\leq \begin{cases} L_e/8 \\ e_1/2 \end{cases}\right) = \left(\leq \begin{cases} 900/8 = 112{,}5 \\ 14/2 = 7{,}0 \end{cases}\right) + \left(\leq \begin{cases} 900/8 = 112{,}5 \\ 400/2 = 200{,}0 \end{cases}\right) = 7{,}0 + 112{,}5 = 119{,}5 \text{ cm}$$

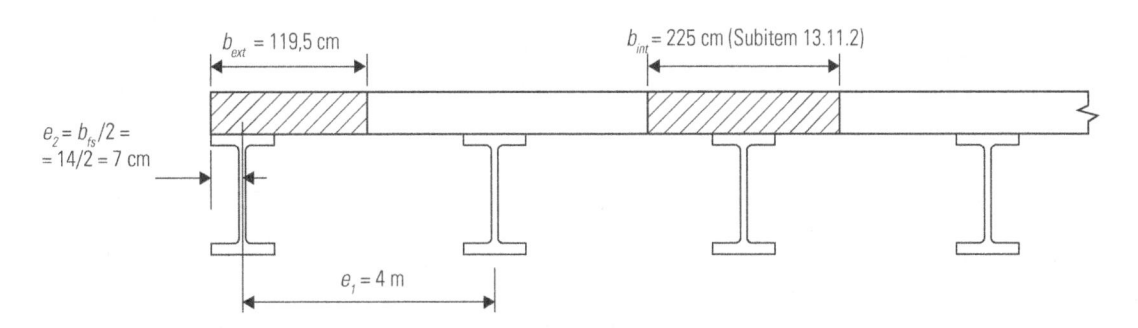

$b_{ext} = 119{,}5$ cm

$b_{int} = 225$ cm (Subitem 13.11.2)

$e_2 = b_{fs}/2 = 14/2 = 7$ cm

$e_1 = 4$ m

De modo geral, nas vigas de extremidade, podem ser usados perfis de aço mais leves, pois a redução da carga influi mais nos resultados que a redução da largura efetiva da laje.

Adicionalmente, conforme o Subitem 13.10.3, os conectores devem ficar completamente embutidos no concreto da laje, com cobrimento lateral mínimo de 25 mm.

13.11.4 Viga mista com h/t_w entre $3{,}76\sqrt{E_a/f_y}$ e $5{,}70\sqrt{E_a/f_y}$

No piso do Subitem 13.11.2, as vigas mistas principais V_3, também biapoiadas, serão escoradas antes da cura do concreto (as demais vigas e as lajes, como se viu no Subitem 13.11.2, não terão escoramento). Essas vigas serão verificadas aos estados-limites últimos e ao deslocamento vertical (flecha), supondo-as com perfil soldado VS 900 x 177, em aço USI CIVIL 350. Também será verificada a vibração do piso, assumindo-se que o deslocamento axial dos pilares é desprezável.

> Veja a resolução deste exemplo de aplicação no site www.loja.grupoa.com.br

13.11.5 Viga mista secundária com perfil laminado não escorado e laje mista

O piso esquematizado na figura a seguir pertence a um depósito de um edifício comercial situado em local de agressividade ambiental moderada e é constituído por vigas mistas biapoiadas. A laje é mista, com fôrma MF-75 de 0,95 mm de espessura, altura total de 150 mm e concreto com resistência característica à compressão, f_{ck}, igual a 25 MPa e agregado graúdo de gnaisse. Nessa laje, de acordo com a Tabela 12.4, utilizou-se tela soldada Q-75 (barras com diâmetro de 3,8 mm, espaçadas de 150 mm) para evitar fissuras causadas por retração ou por variações de temperatura. Propôs-se para as vigas mistas secundárias internas V_1 o perfil laminado W 310 x 28,3, em aço ASTM A 572 – Grau 50. Essas vigas serão verificadas aos estados-limites últimos causados pelo momento fletor e pela força cortante e ao deslocamento vertical (flecha), sabendo que elas não serão escoradas antes da cura do concreto. Será determinada a quantidade e a distribuição dos conectores de cisalhamento, do tipo pino com cabeça, usando interação parcial, se possível. Também, será projetada a armadura de costura e a armadura de continuidade sobre a viga principal V_3.

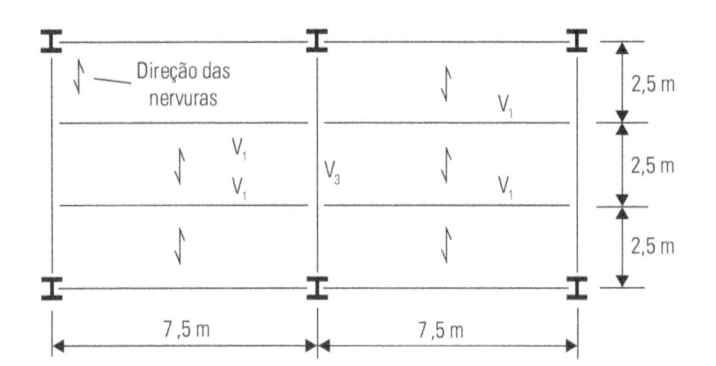

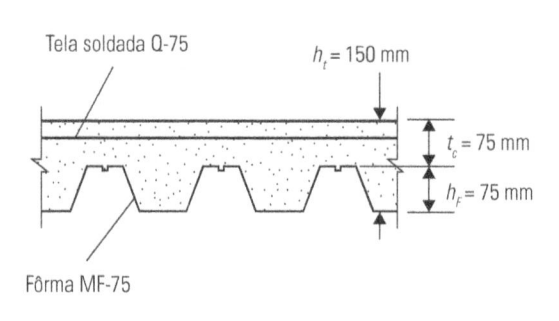

Além dos pesos próprios (será considerado, simplificadamente, o peso próprio dos perfis de aço, conectores, elementos de ligação etc. como igual a 0,25 kN/m²), o piso deverá suportar um revestimento impermeabilizante com peso de 1,35 kN/m² e uma ação variável total de 5 kN/m². Deve ser considerada, ainda, uma sobrecarga de construção de 1,0 kN/m², conforme o Subitem 4.2.3.

> Veja a resolução deste exemplo de aplicação no site www.loja.grupoa.com.br

13.11.6 Viga mista principal com perfil monossimétrico não escorado e laje mista

No piso do Subitem 13.11.5, propõe-se usar na viga principal V_3 o perfil soldado VSM 450 x 59 (Tabela B.4), em aço USI CIVIL 350, com a mesa de menor espessura em contato com a laje. Essa viga será verificada aos estados-limites últimos causados pelo momento fletor e pela força cortante e ao deslocamento vertical (flecha), sabendo-se que ela não será escorada antes da cura do concreto. Será determinada a quantidade e a distribuição dos conectores de cisalhamento, do tipo pino com cabeça, usando interação parcial, se possível. Também, será projetada a armadura de costura.

a) Materiais
a1) Perfil de aço da viga (VSM 450 x 59)

$E_a = 20.000$ kN/cm²

Aço USI CIVIL 300: $f_y = 350$ MPa $= 35,0$ kN/cm² $\Rightarrow f_{yd} = \dfrac{f_y}{\gamma_{a1}} = \dfrac{35,0}{1,10} \cong 31,82$ kN/cm²

a2) Conectores pino com cabeça

$f_u = 415$ MPa $= 41,5$ kN/cm²

a3) Concreto da laje mista

$$f_{ck} = 25 \text{ MPa} = 2,5 \text{ kN/cm}^2 \Rightarrow f_{cd} = \frac{f_{ck}}{\gamma_c} = \frac{2,5}{1,4} = 1,79 \text{ kN/cm}^2$$

$$E_c = \alpha_i \, \alpha_E 5.600\sqrt{f_{ck}}$$

$$\alpha_i = 0,8 + 0,2\frac{f_{ck}}{80} \leq 1,0 \Rightarrow \alpha_i = 0,8 + 0,2\frac{25}{80} = 0,8625$$

$\alpha_E = 1,0$ (brita de gnaisse)

$$E_c = 0,8625 \times 1,0 \times 5.600\sqrt{25} = 24.150 \text{ MPa} = 2.415 \text{ kN/cm}^2$$

b) Dimensões e propriedades geométricas dos componentes

b1) Perfil de aço (VSM 450 x 59)

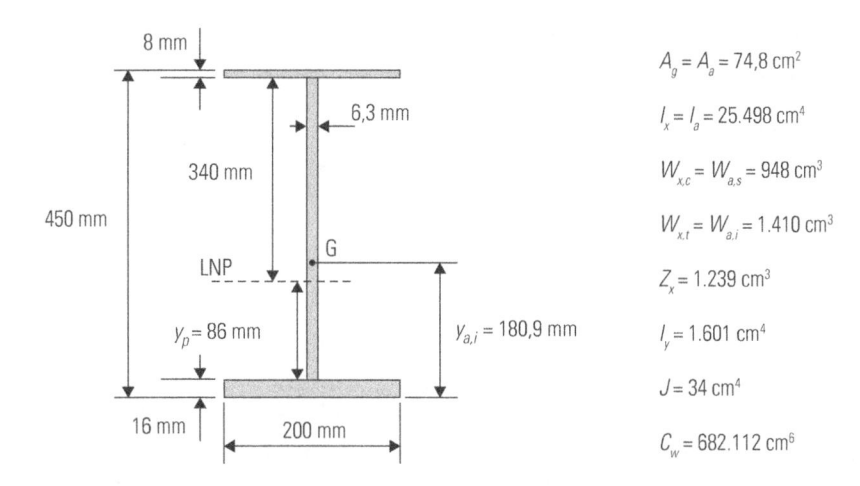

$A_g = A_a = 74,8 \text{ cm}^2$

$I_x = I_a = 25.498 \text{ cm}^4$

$W_{x,c} = W_{a,s} = 948 \text{ cm}^3$

$W_{x,t} = W_{a,i} = 1.410 \text{ cm}^3$

$Z_x = 1.239 \text{ cm}^3$

$I_y = 1.601 \text{ cm}^4$

$J = 34 \text{ cm}^4$

$C_w = 682.112 \text{ cm}^6$

Posição da linha neutra plástica (LNP) a partir da face superior da mesa inferior:

$1,6 \times 20 + 0,63 \, y_p = 0,63(42,6 - y_p) + 0,8 \times 20 \Rightarrow y_p = 8,60$ cm

Notar que a relação entre o vão da viga (L_e) e a altura da seção transversal do perfil (*d*) é igual a 16,67 (nas vigas principais, essa relação costuma ser menor que nas secundárias — exemplos dos subitens 13.11.2 e 13.11.4).

b2) Laje mista de aço e concreto

Na laje mista com $h_t = h_F + t_c = 150$ mm e nervuras paralelas ao eixo da viga, de acordo com o Subitem 13.10.1, devem ser verificadas inicialmente as seguintes disposições construtivas:

- $h_F = 75$ mm = valor máximo permitido $\Rightarrow$ Atende!
- $t_c = 75$ mm > 50 mm $\Rightarrow$ Atende!

A largura efetiva da laje é igual a:

$$b = b_{int} = \left(\leq \begin{cases} L_e/8 \\ e_{1,esq}/2 \end{cases}\right) + \left(\leq \begin{cases} L_e/8 \\ e_{1,dir}/2 \end{cases}\right) = \left(\leq \begin{cases} 750/8 = 93,75 \\ 750/2 = 375,0 \end{cases}\right) + \left(\leq \begin{cases} 750/8 = 93,75 \\ 750/2 = 375,0 \end{cases}\right) =$$

$= 93,75 + 93,75 = 187,5$ cm

c) Cargas e esforços solicitantes

As cargas atuantes na viga em avaliação (essas cargas são as reações de apoio das vigas V_1) e os diagramas de força cortante e momento fletor são ilustrados genericamente na figura seguinte (ver tópico *c* do exemplo do subitem precedente, o qual se encontra resolvido no site de apoio):

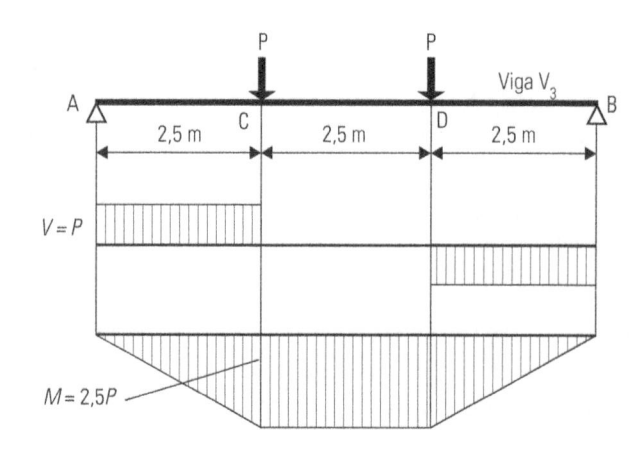

[Diagrama da viga V₃ com cargas P em C e D, vãos de 2,5 m, diagramas de cortante V = P e momento M = 2,5P]

> As forças P são as reações de apoio das vigas V₁ — nas seções C e D chegam duas vigas, uma de cada lado da viga V₃

- Fase de construção, solicitando apenas o perfil de aço

  $P = P_{pa,d} = 2 \times 47{,}10 = 94{,}20$ kN

  $M = M_{pa,Sd} = 2{,}5 \times 94{,}20 = 235{,}50$ kN.m

- Fase de utilização (vida útil) do edifício, solicitando a viga mista

  $P = P_{vm,d} = 2 \times 127{,}05 = 254{,}10$ kN

  $V = V_{vm,Sd} = P_{vm,d} = 254{,}10$ kN

  $M = M_{vm,Sd} = 2{,}5 \times 254{,}10 = 635{,}25$ kN.m

d) Verificação do perfil de aço isolado ao momento fletor

Como a viga V_3 não é escorada antes da cura do concreto, seu perfil de aço trabalha isoladamente suportando as solicitações atuantes nessa fase da obra. Os estados-limites últimos de flambagem local da mesa comprimida (FLM) e flambagem local da alma (FLA) são passíveis de ocorrer (ver Capítulo 8). No que se refere ao estado-limite último de flambagem lateral com torção, observa-se que:

- a fôrma de aço da laje mista não fornece contenção lateral contínua pelo fato de suas nervuras estarem paralelas ao perfil (a fôrma na direção perpendicular às nervuras possui rigidez desprezável), tornando esse modo de instabilidade possível;
- as seções onde se apoiam as vigas secundárias V_1 podem ser consideradas contidas lateralmente (as vigas secundárias e a fôrma da laje mista constituem uma espécie de diafragma), fazendo que a viga tenha três comprimentos destravados iguais a 2,5 m e, para o carregamento atuante, que o máximo momento fletor solicitante em todos esses comprimentos corresponda ao máximo momento atuante na viga.

Com base no exposto:

- FLM

  $\lambda = \dfrac{b}{t} = \dfrac{200/2}{8{,}0} = 12{,}5$

  $\lambda_p = 0{,}38\sqrt{\dfrac{E_a}{f_y}} = 0{,}38\sqrt{\dfrac{20.000}{35}} = 9{,}08$

  $\lambda = 12{,}5 > \lambda_p = 9{,}08 \Rightarrow \lambda_r = 0{,}95\sqrt{\dfrac{E_a k_c}{(f_y - \sigma_r)}}$

  $k_c = \dfrac{4}{\sqrt{h/t_w}} = \dfrac{4}{\sqrt{426/6{,}30}} = 0{,}49$

$$f_y - \sigma_r = 0{,}70 f_y = 0{,}70 \times 35 = 24{,}5 \text{ kN/cm}^2$$

$$\lambda_r = 0{,}95 \sqrt{\frac{20.000 \times 0{,}49}{24{,}5}} = 19{,}0$$

$$\lambda_p = 9{,}08 < \lambda = 12{,}5 < \lambda_r = 19{,}0 \Rightarrow M_{pa,Rk} = M_{pa,pl} - \left(M_{pa,pl} - M_r\right)\frac{\lambda - \lambda_p}{\lambda_r - \lambda_p}$$

$$M_{pa,pl} = Z_x f_y = 1.239 \times 35 = 43.365 \text{ kN.cm}$$

$$M_r = (f_y - \sigma_r) W_{xc} = 24{,}5 \times 948 = 23.226 \text{ kN.cm}$$

$$M_{pa,Rk} = 43.365 - \left(43.365 - 23.226\right) \frac{12{,}50 - 9{,}08}{19{,}0 - 9{,}08} = 36.422 \text{ kN.cm}$$

- FLA

$$\lambda = \frac{h_c}{t_w} = \frac{2(426 - 180{,}9 + 16)}{6{,}30} = \frac{2 \times 261{,}1}{6{,}30} = \frac{522{,}2}{6{,}30} = 82{,}88$$

$$\lambda_p = \frac{\dfrac{h_c}{h_p}\sqrt{\dfrac{E_a}{f_y}}}{\left(0{,}54 \dfrac{M_{pa,pl}}{M_r} - 0{,}09\right)^2}$$

$$h_p = 2 \times 34 = 68 \text{ cm}$$

$$M_r = f_y W_x = 30 \times 948 = 33.180 \text{ kN.cm } (\text{usa-se o menor valor de } W_x)$$

$$\lambda_p = \frac{\dfrac{52{,}22}{68} \times \sqrt{\dfrac{20.000}{30}}}{\left(0{,}54 \times \dfrac{43.365}{33.180} - 0{,}09\right)^2} = 48{,}42 \text{ (esse valor não pode ser tomado superior a } \lambda_r\text{)}$$

$$\lambda = 82{,}88 > \lambda_p = 48{,}42 \Rightarrow \lambda_r = 5{,}70\sqrt{\frac{E_a}{f_y}} = 5{,}70\sqrt{\frac{20.000}{35}} = 136{,}26$$

$$\lambda_p = 48{,}42 < \lambda = 82{,}88 < \lambda_r = 136{,}26 \Rightarrow M_{pa,Rk} = M_{pa,pl} - \left(M_{pa,pl} - M_r\right)\frac{\lambda - \lambda_p}{\lambda_r - \lambda_p}$$

$$M_{pa,Rk} = 43.365 - \left(43.365 - 33.180\right) \frac{82{,}88 - 48{,}42}{136{,}26 - 48{,}42} = 39.369 \text{ kN.cm}$$

- FLT

$$\lambda = \frac{L_b}{r_{Tyc}}$$

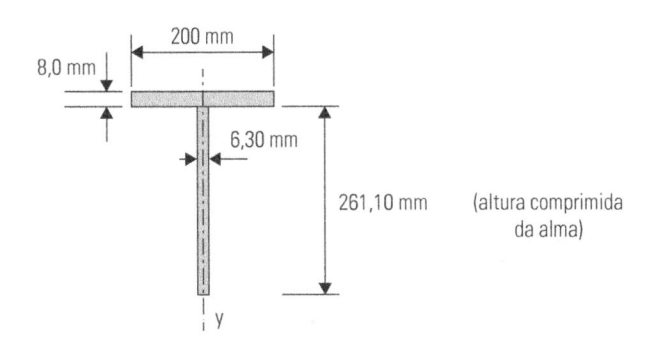

$$I_{Tyc} = \frac{26{,}11 \times 0{,}63^3 + 0{,}80 \times 20^3}{12} = 533{,}88 \text{ cm}^4$$

$$A_{Tc} = 26{,}11 \times 0{,}63 + 20 \times 0{,}80 = 32{,}45 \text{ cm}^2$$

$$r_{Tyc} = \sqrt{\frac{I_{Tyc}}{A_{Tc}}} = \sqrt{\frac{533{,}38}{32{,}45}} = 4{,}05 \text{ cm}$$

$$\lambda = \frac{L_b}{r_{Tyc}} = \frac{250}{4,05} = 61,73$$

$$\lambda_p = 1,76\sqrt{\frac{E_a}{f_y}} = 1,76\sqrt{\frac{20.000}{30}} = 42,07$$

$$\lambda = 61,73 > \lambda_p = 42,07 \Rightarrow \lambda_r = \frac{1,38\sqrt{I_y J}}{r_{Tyc} J \beta_1}\sqrt{\beta_2 + \sqrt{\beta_2^2 + \frac{27 C_w \beta_1^2}{I_y}}}$$

$$\beta_1 = \frac{(f_y - \sigma_r) W_{xc}}{E_a J} = \frac{24,5 \times 948}{20.000 \times 34} = 0,0342/\text{cm}$$

$$\beta_2 = 5,2\, \beta_1 \beta_3 + 1$$

$$\beta_3 = 0,45\left(d - \frac{t_{fs} + t_{fi}}{2}\right)\left(\frac{\alpha_y - 1}{\alpha_y + 1}\right)$$

$$\alpha_y = \frac{I_{yc}}{I_{yt}} = \frac{0,80 \times 20^3/12}{1,60 \times 20^3/12} = \frac{0,80}{1,60} = 0,50 \;(\text{entre } 1/9 \text{ e } 9)$$

$$\beta_3 = 0,45\left(45 - \frac{0,80 + 1,60}{2}\right)\left(\frac{0,50 - 1}{0,50 + 1}\right) = -6,57$$

$$\beta_2 = 5,2 \times 0,0342\,(-6,57) + 1 = -0,168$$

$$\lambda_r = \frac{1,38\sqrt{1.601 \times 34}}{4,05 \times 34 \times 0,0342}\sqrt{-0,168 + \sqrt{(-0,168)^2 + \frac{27 \times 682.112 \times 0,0342^2}{1.601}}} = 127,98$$

$$\lambda_p = 42,07 < \lambda = 61,73 < \lambda_r = 127,98 \Rightarrow M_{Rk} = C_b\left[M_{pl} - (M_{pl} - M_r)\frac{\lambda - \lambda_p}{\lambda_r - \lambda_p}\right]$$

$C_b = 1,0$ (comprimento destravado central, pior situação, diagrama de momento uniforme)

$M_r = (f_y - \sigma_r) W_{xc} = 24,5 \times 948 = 23.226$ kN.cm

$$M_{pa,Rk} = 1,0\left[43.365 - (43.365 - 23.226)\frac{61,73 - 42,07}{127,98 - 42,07}\right] = 38.756 \text{ kN.cm}$$

- Resumo final

$M_{pa,Rk} = 36.422$ kN.cm (menor valor entre FLM, FLA e FLT)

$$M_{pa,Sd} = 23.550 \text{ kN.cm} \leq M_{pa,Rd} = \frac{M_{pa,Rk}}{\gamma_{a1}} = \frac{36.422}{1,10} = 33.111 \text{ kN.cm} \Rightarrow \text{Atende!}$$

$$\text{Folga} = \frac{M_{pa,Rd}}{M_{pa,Sd}} = \frac{33.111}{23.550} = 1,406 \Rightarrow 40,6\%$$

e) Verificação da viga mista ao momento fletor

e1) Estado-limite último

Tem-se que:

$$\frac{h}{t_w} = \frac{450 - 16 - 8}{6,30} = \frac{426}{6,30} = 67,62 < 3,76\sqrt{\frac{E_a}{f_y}} = 3,76\sqrt{\frac{20.000}{35}} = 89,88$$

Logo, $M_{vm,Rd}$ é igual ao momento de plastificação da seção mista.

e2) Interação completa (α ≥ 1,0)

$$0,85 f_{cd} bt_c = 0,85 \times 1,79 \times 187,5 \times 7,5 = 2.140 \text{ kN}$$

$$A_a f_{yd} = 74,8 \times 31,82 = 2.380 \text{ kN}$$

Como $0,85 f_{cd} b t_c = 2.140$ kN $< A_a f_{yd} = 2.380$ kN, a linha neutra plástica (LNP) passa pelo perfil de aço e, conforme o Subitem 13.6.3.1b:

$$M_{vm,Rd} = C_{ad}(d - y_t - y_c) + C_{cd}\left(\frac{t_c}{2} + h_F + d - y_t\right)$$

$$C_{cd} = 0,85 f_{cd} bt_c = 2.140 \text{ kN}$$

$$C_{ad} = \frac{1}{2}(A_a f_{yd} - C_{cd}) = \frac{1}{2}(2.380 - 2.140) = 120 \text{ kN}$$

$$A_{fs} f_{yd} = (20 \times 0,8) 31,82 = 509,1 \text{ kN}$$

$C_{ad} = 120$ kN $< A_{fs} f_{yd} = 509,1$ kN $\Rightarrow$ LNP na mesa superior do perfil de aço

$$y_p = \frac{C_{ad}}{A_{fs} f_{yd}} t_{fs} = \frac{120}{509,1} \times 0,8 = 1,19 \text{ cm}$$

$$y_c = \frac{y_p}{2} = \frac{0,19}{2} = 0,095 \text{ cm}$$

$$y_t = \frac{20 \times 1,6 \times 0,8 + 42,6 \times 0,63 \left(\frac{42,6}{2} + 1,6\right) + 20(0,8 - 0,19)\left[\frac{(0,8 - 0,19)}{2} + 42,6 + 1,6\right]}{20 \times 1,6 + 42,6 \times 0,63 + 20(0,8 - 0,19)} = 16,66 \text{ cm}$$

$$M_{vm,Rd} = 120(45 - 16,66 - 0,095) + 2.140\left(\frac{7,5}{2} + 7,5 + 45 - 16,66\right) = 88.112 \text{ kN.cm}$$

Finalmente:

$M_{vm,Sd} = 63.525$ kN.cm $< M_{vm,Rd} = 88.112$ kN.cm $\Rightarrow$ Atende!

$$\text{Folga} = \frac{M_{vm,Rd}}{M_{vm,Sd}} = \frac{88.112}{63.525} = 1,387 \Rightarrow 38,7\%$$

O momento resistente é 38,7% maior que o momento solicitante de cálculo, portanto, é possível reduzir o número de conectores por meio do cálculo para interação parcial. Outra opção, que não será utilizada aqui, seria tentar utilizar um perfil de aço um pouco mais leve.

e3) Interação parcial ($\alpha_{min} \leq \alpha < 1,0$)

A redução máxima é dada pelo grau de interação mínimo da viga mista, conforme o Subitem 13.5.3:

- para perfil de aço com mesas de áreas iguais ($A_{mi} = A_{ms}$)

$$\alpha_{min,1} \geq \begin{cases} 1 - \dfrac{E}{578 f_y}(0,75 - 0,03 L_e) = 1 - \dfrac{20.000}{578 \times 35}(0,75 - 0,03 \times 7,5) = 0,48 \\ 0,40 \end{cases} \Rightarrow \alpha_{min,1} = 0,48$$

- para perfil com área da mesa inferior igual a três vezes a área da mesa superior ($A_{mi} = 3 A_{ms}$)

$$\alpha_{min,3} \geq \begin{cases} 1 - \dfrac{E}{578 f_y}(0,30 - 0,015 L_e) = 1 - \dfrac{20.000}{578 \times 35}(0,30 - 0,015 \times 7,5) = 0,81 \\ 0,40 \end{cases} \Rightarrow \alpha_{min,2} = 0,81$$

- interpolando para área da mesa inferior igual a duas vezes a área da mesa superior ($A_{mi} = 2\,A_{ms}$)

$$\alpha_{min,2} = \alpha_{min,1} + \frac{(\alpha_{min,3} - \alpha_{min,1})\left(\dfrac{A_{mi}}{A_{ms}} - 1\right)}{2} = 0{,}48 + \frac{(0{,}81 - 0{,}48)(2-1)}{2} = 0{,}65$$

Dessa forma, o grau de interação com a máxima redução possível é dado por α = 0,65, e, de acordo com o Subitem 13.6.3.2:

$$F_{hd} \leq \begin{cases} 0{,}85\,f_{cd}\,b\,t_c = 2.140 \text{ kN} \\ A_a\,f_{yd} = 2.380 \text{ kN} \end{cases} \Rightarrow F_{hd} = 2.140 \text{ kN}$$

$$M_{Rd} = C_{ad}(d - y_t - y_c) + C_{cd}\left(t_c - \frac{a}{2} + h_F + d - y_t\right)$$

$$C_{cd} = \alpha F_{hd} = 0{,}65 \times 2.140 = 1.391 \text{ kN}$$

$$C_{ad} = \frac{1}{2}(A_a f_{yd} - C_{cd}) = \frac{1}{2}(2.380 - 1.391) = 494{,}5 \text{ kN}$$

$$a = \frac{C_{cd}}{0{,}85\,f_{cd}\,b} = \frac{1.391}{0{,}85 \times 1{,}79 \times 187{,}5} = 4{,}88 \text{ cm}$$

$$A_{fs}\,f_{yd} = 509{,}1 \text{ kN}$$

$$C_{ad} = 494{,}5 \text{ kN} < A_{fs}\,f_{yd} = 509{,}1 \text{ kN} \Rightarrow \text{LNP na mesa superior do perfil de aço}$$

$$y_p = \frac{C_{ad}}{A_{fs}\,f_{yd}}\,t_{fs} = \frac{494{,}5}{509{,}1} \times 0{,}8 = 0{,}78 \text{ cm}$$

$$y_c = \frac{y_p}{2} = \frac{0{,}78}{2} = 0{,}39 \text{ cm}$$

$$y_t = \frac{20 \times 1{,}6 \times 0{,}8 + 42{,}6 \times 0{,}63\left(\dfrac{42{,}6}{2} + 1{,}6\right) + 20(0{,}8 - 0{,}78)\left[\dfrac{(0{,}8 - 0{,}78)}{2} + 42{,}6 + 1{,}6\right]}{20 \times 1{,}6 + 42{,}6 \times 0{,}63 + 20(0{,}8 - 0{,}78)} = 11{,}11 \text{ cm}$$

$$M_{vm,Rd} = 494{,}5(45 - 11{,}11 - 0{,}39) - 1.391\left(7{,}5 - \frac{4{,}88}{2} + 7{,}5 + 45 - 11{,}11\right) = 81.178 \text{ kN.cm}$$

Finalmente:

$$M_{vm,Sd} = 63.525 \text{ kN.cm} < M_{vm,Rd} = 81.178 \text{ kN.cm} \Rightarrow \text{Atende!}$$

$$\text{Folga} = \frac{M_{vm,Rd}}{M_{vm,Sd}} = \frac{81.178}{63.525} = 1{,}278 \Rightarrow 27{,}8\%$$

e4) Limitação de tensão

Apesar de a viga não ser escorada antes da cura do concreto, não é necessário verificar a limitação de tensão na face inferior do perfil de aço conforme a Equação (13.34) do Subitem 13.6.4, uma vez que h/t_w não supera $3{,}76\sqrt{E_a/f_y}$.

f) Dimensões, quantidade e distribuição dos conectores de cisalhamento pino com cabeça
f1) Definição do número de conectores

A princípio, serão usados conectores de cisalhamento pino com cabeça com diâmetro, d_{cs}, de 19 mm, em uma única linha longitudinal, soldados diretamente no perfil de aço, na largura formada pela interrupção da fôrma de aço dos dois lados da viga, conforme o projeto mostrado na figura seguinte (notar que a largura média da mísula sobre o perfil, b_{f_s}, supera claramente 50 mm, conforme se exige — Subitem 13.10.1):

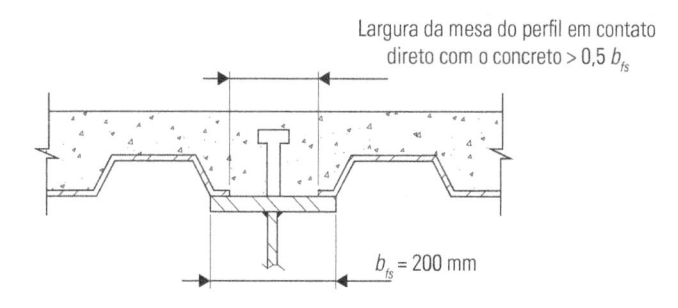

Largura da mesa do perfil em contato direto com o concreto > 0,5 b_{fs}

b_{fs} = 200 mm

Nessas condições, o número de conectores é dado por:

$$n = \alpha \frac{F_{hd}}{Q_{Rd}}$$

$\alpha = \alpha_{mín} = 0,65$ (calculado no tópico d)

$F_{hd} = 2.140$ kN (calculado no tópico d)

$$Q_{Rd} \leq \begin{cases} \dfrac{1}{2} \dfrac{A_{cs}\sqrt{f_{ck} E_c}}{\gamma_{cs}} \\ \dfrac{R_g R_p A_{cs} f_{ucs}}{\gamma_{cs}} \end{cases}$$

$$A_{cs} = \frac{\pi d_{cs}^2}{4} = \frac{\pi \times 1,9^2}{4} = 2,84 \text{ cm}^2$$

$f_{ck} = 2,5$ kN/cm²

$R_g = R_p = 1,0$

$f_{ucs} = 415$ MPa = 41,5 kN/cm²

$$Q_{Rd} \leq \begin{cases} \dfrac{1}{2} \times \dfrac{2,84 \times \sqrt{2,0 \times 2.415}}{1,25} = 88,27 \text{ kN} \\ \dfrac{1,0 \times 1,0 \times 2,84 \times 41,5}{1,25} = 94,29 \text{ kN} \end{cases} \Rightarrow Q_{Rd} = 88,27 \text{ kN}$$

$$n = \alpha \frac{F_{hd}}{Q_{Rd}} = 0,59 \times \frac{2.140}{88,27} = 15,76 \Rightarrow n = 16$$

Portanto, 16 conectores devem ser posicionados entre cada apoio (seção de momento nulo) e as seções mais próximas de momento máximo, que, no caso, são as seções de atuação das cargas concentradas (seções C e D). Esses 16 conectores devem ser colocados nos trechos A-C e D-B, e a Equação (13.35) não precisa ser empregada. No trecho C-D é preciso colocar o número mínimo de conectores com base no espaçamento máximo permitido.

f2) Escolha da altura do conector e verificação dos cobrimentos

Inicialmente, quando se usam conectores pino com cabeça em lajes mistas de concreto, deve-se:

- escolher os conectores com base na sua altura após a instalação, conforme o Subitem 13.4.2

$h_{cs} - 9$ mm $\geq 4d_{cs} = 4 \times 19 = 76$ mm $\Rightarrow h_{cs} \geq 85$ mm $\Rightarrow$ adotar $h_{cs} = 135$ mm (Tabela 13.1).

- verificar o cobrimento superior do concreto, conforme o Subitem 13.10.3

$c_s = h_F + t_c - h_{cs} + 9 = 75 + 75 - 135 + 9 = 24$ mm > 10 mm $\Rightarrow$ Atende!

- verificar a altura do conector acima do topo da fôrma, conforme o Subitem 13.10.1

$h_s = h_{cs} - h_F - 0,9 = 135 - 75 - 9 = 51$ mm > 40 mm $\Rightarrow$ Atende!

f3) Distribuição dos conectores

As seguintes condições quanto aos espaçamentos entre linhas de centro de conectores, conforme o Subitem 13.6.5, devem ser obedecidas:

- valor máximo: $8(t_c + h_F) = 8(75 + 75) = 1.200$ mm
- valor mínimo: $6 d_{cs} = 6 \times 19 = 114$ mm

Considerando esses resultados, optou-se por espaçar os 16 conectores nos trechos A-C e D-B em 145 mm e colocar 4 conectores no trecho C-D espaçados em 625 mm (abaixo do máximo permitido, igual a 1.200 mm), conforme mostra a figura seguinte:

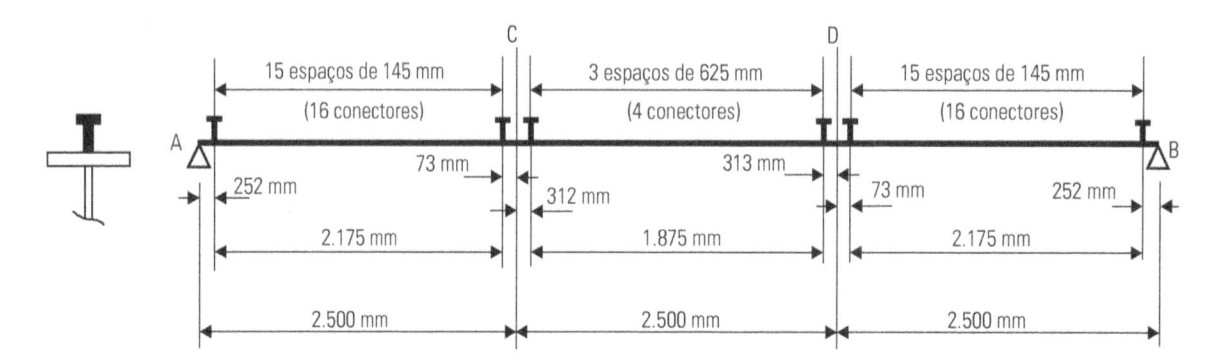

g) Verificação à força cortante

O procedimento para verificação das vigas mistas à força cortante foi dado no Item 8.7 e no Subitem 8.6.2.1. Isso significa que se considera apenas o perfil de aço resistindo a essa força. Assim, faz-se:

$$\lambda = \frac{h}{t_w} = 75,56$$

Supondo o perfil de aço sem enrijecedores transversais:

$k_v = 5,0$

$$\lambda_p = 1,10\sqrt{\frac{k_v E_a}{f_y}} = 1,10\sqrt{\frac{5,0 \times 20.000}{35}} = 58,80$$

$$\lambda = 75,56 > \lambda_p = 58,80 \Rightarrow \lambda_r = 1,37\sqrt{\frac{k_v E_a}{f_y}} = 73,23$$

$$\lambda_p < \lambda < \lambda_r \Rightarrow V_{Rk} = \frac{\lambda_p}{\lambda} V_{pl}$$

$$V_{pl} = 0,60 A_w f_y = 0,60 \times 45 \times 0,63 \times 35 = 595,35 \text{ kN}$$

$$V_{Rk} = \frac{58,80}{75,56} \times 599,35 = 463,30 \text{ kN} \Rightarrow V_{Rd} = \frac{V_{Rk}}{\gamma_{a1}} = \frac{463,30}{1,10} = 421,18 \text{ kN}$$

$V_{Sd} = 254,10$ kN $< V_{Rd} = 421,18$ kN $\Rightarrow$ Atende!

h) Verificação da flecha das vigas

- Limitação de tensão para cálculo elástico da flecha

Para aplicação da análise elástica no cálculo da flecha, é necessário que a seguinte condição seja atendida:

$$\frac{M_{Ga,Sk}}{W_{a,i}} + \frac{M_{L,Sk}}{W_{ef,i}} \leq f_y$$

$$P_{Ga,k} = 2(0,625 + 6,875)\frac{7,5}{2} = 56,25 \text{ kN}$$

$$M_{Ga,Sk} = P_{Ga,k} \times 2,5 = 140,63 \text{ kN.m} = 14.063 \text{ kN.cm}$$

$$P_{L,k} = 2(3,375 + 12,5)\frac{7,5}{2} = 119,06 \text{ kN}$$

$$M_{L,Sk} = P_{L,k} \times 2,5 = 297,65 \text{ kN.m} = 29.765 \text{ kN.cm}$$

$$W_{a,i} = 1.410 \text{ cm}^3$$

$$\alpha_E = \frac{E_a}{E_c} = \frac{20.000}{2.415} = 8,28$$

$$b_{tr} = \frac{b}{\alpha_E} = \frac{187,5}{8,28} = 22,64 \text{ cm}$$

$$y_{tr,i} = \frac{A_a\, y_{a,i} + b_{tr}\, t_c\left(d + h_F + \frac{t_c}{2}\right)}{A_a + b_{tr}\, t_c} = \frac{74,8 \times 18,09 + 22,64 \times 7,5\left(45 + 7,5 + \frac{7,5}{2}\right)}{74,8 + 22,64 \times 7,5} = 44,58 \text{ cm}$$

$$y_{tr,i} = 44,58 \text{ cm} < d = 45 \text{ cm} \Rightarrow \text{LNE no perfil de aço}$$

$$a = d + h_F + t_c - y_{tr,i} = 45 + 7,5 + 7,5 - 44,58 = 15,42 \text{ cm} > t_c = 7,5 \text{ cm} \Rightarrow a = t_c = 7,5 \text{ cm}$$

$$A_{c,tr} = b_{tr}\, a = 22,64 \times 7,5 = 169,8 \text{ cm}^2$$

$$I_{tr} = I_a + A_a\left(y_{tr,i} - y_{a,i}\right)^2 + \frac{b_{tr}\, a^3}{12} + A_{c,tr}\left(d + h_F + t_c - \frac{a}{2} - y_{tr,i}\right)^2$$

$$I_{tr} = 25.498 + 74,8\,(43,53 - 18,09)^2 + \frac{22,64 \times 7,5^3}{12} + 169,8\left(45 + 7,5 + 7,5 - \frac{7,5}{2} - 44,58\right)^2 =$$

$$= 101.907 \text{ cm}^4$$

$$W_{tr,i} = \frac{I_{tr}}{y_{tr,i}} = \frac{101.907}{44,58} = 2.286 \text{ cm}^3$$

$$W_{ef,i} = W_{a,i} + \sqrt{\alpha}\left(W_{tr,i} - W_{a,i}\right) = 1.410 + \sqrt{0,65}\,(2.286 - 1.410) = 2.116 \text{ cm}^3$$

$$\frac{14.063}{1.410} + \frac{29.765}{2.116} = 9,97 + 14,07 = 24,04 \text{ kN/cm}^2 < f_y = 35 \text{ kN/cm}^2 \Rightarrow \text{Atende!}$$

- Condição a ser atendida e esclarecimentos

A flecha máxima na viga deve atender à seguinte condição:

$$\delta_{máx} \leq \delta_p = \frac{L_e}{350} = \frac{750}{350} = 2,14 \text{ cm}$$

A flecha máxima, considerando a não existência de escoramento antes da cura do concreto, é igual a:

$\delta_{máx} = \delta_{p,pa} + \delta_{p,ld} + \delta_{v,cd} + \delta_{v,ld} - \delta_c$

Para detalhes a respeito dos valores das flechas $\delta_{p,pa}$, $\delta_{p,ld}$, $\delta_{v,cd}$ e $\delta_{v,ld}$, ver o tópico h do exemplo do Subitem 13.11.5.

- Flecha do perfil de aço causada pelas ações permanentes antes da cura do concreto ($\delta_{p,pa}$)

  Antes da cura do concreto, as ações permanentes atuantes são os pesos próprios do perfil de aço, dos conectores, elementos de ligação etc., e da laje de concreto. Assim, fazendo $a = L/3$ na fórmula da flecha máxima do Item C.1.4., tem-se:

  $\delta_{p,pa} = \dfrac{P_{p,pa} L_e^3}{28{,}17 E_a I_a}$

  $P_{p,pa} = P_{Ga,k} = 56{,}25$ kN

  $\delta_{p,pa} = \dfrac{56{,}25 \times 750^3}{28{,}17 \times 20.000 \times 25.498} = 1{,}65$ cm

- Flecha da seção mista causada pelas ações permanentes após a cura do concreto ($\delta_{p,ld}$)

  Após a cura do concreto, a ação permanente atuante é o peso próprio do revestimento impermeabilizante do piso. Logo:

  $\delta_{p,ld} = \dfrac{P_{p,ld} L_e^3}{28{,}17 E_a I_{ef,ld}}$

  $P_{p,ld} = 2\,(3{,}375)\dfrac{7{,}5}{2} = 25{,}31$ kN

  $I_{ef,ld} = I_a + \sqrt{\alpha}\,(I_{tr,ld} - I_a)$

  $\alpha_{E,ld} = 3\dfrac{E_a}{E_c} = 3 \times \dfrac{20.000}{2.415} = 24{,}84$ cm

  $b_{tr,ld} = \dfrac{b}{\alpha_{E,ld}} = \dfrac{187{,}5}{24{,}84} = 7{,}55$ cm

  $y_{tr,i,ld} = \dfrac{A_a y_{a,i} + b_{tr,ld} t_c \left(d + h_F + \dfrac{t_c}{2}\right)}{A_a + b_{tr,ld} t_c} = \dfrac{74{,}8 \times 18{,}09 + 7{,}55 \times 7{,}5 \left(45 + 7{,}5 + \dfrac{7{,}5}{2}\right)}{74{,}8 + 7{,}55 \times 7{,}5} = 34{,}53$ cm

  $y_{tr,i,ld} = 34{,}53$ cm $< d = 45 \Rightarrow$ LNE no perfil de aço

  $a = d + h_F + t_c - y_{tr,i} = 45 + 7{,}5 + 7{,}5 - 34{,}53 = 25{,}47$ cm $> t_c = 7{,}5$ cm $\Rightarrow a = t_c = 7{,}5$ cm

  $A_{c,tr,ld} = b_{tr}\,a = 7{,}55 \times 7{,}5 = 56{,}63$ cm²

  $I_{tr,ld} = I_a + A_a\left(y_{tr,i,ld} - y_{a,i}\right)^2 + \dfrac{b_{tr,ld} a^3}{12} + A_{c,tr,ld}\left(d + h_F + t_c - \dfrac{a}{2} - y_{tr,i,ld}\right)^2$

  $I_{tr,ld} = 25.498 + 74{,}8(33{,}36 - 18{,}09)^2 + \dfrac{7{,}55 \times 7{,}5^3}{12} + 49{,}88\left(45 + 7{,}5 + 7{,}5 - \dfrac{7{,}5}{2} - 33{,}36\right)^2 =$

  $= 69.511$ cm⁴

  $I_{ef,ld} = 25.498 + \sqrt{0{,}65}(69.511 - 25.498) = 60.982$ cm⁴

  $\delta_{p,ld} = \dfrac{25{,}31 \times 750^3}{28{,}17 \times 20.000 \times 60.982} = 0{,}31$ cm

- Flecha causada pelas ações variáveis de curta duração ($\delta_{v,cd}$)

    As ações variáveis de curta duração são a totalidade das ações variáveis, menos as ações variáveis de longa duração, ou seja, a totalidade das ações variáveis multiplicadas por $(1 - \psi_2)$. Dessa forma:

$$\delta_{v,cd} = \frac{P_{v,cd} L_e^3}{28,17\, E_a I_{ef}}$$

$$P_{v,total} = 2(12,5)\frac{7,5}{2} = 93,75 \text{ kN}$$

$$P_{v,cd} = (1 - \psi_2)P_{v,total} = (1 - 0,4)\,93,75 = 56,25 \text{ kN}$$

$$I_{ef} = I_a + \sqrt{\alpha}\left(I_{tr} - I_a\right) = 25.498 + \sqrt{0,65}\,(101.907 - 25.498) = 87.101 \text{ cm}^4$$

$$\delta_{v,cd} = \frac{56,25 \times 750^3}{28,17 \times 20.000 \times 87.101} = 0,48 \text{ cm}$$

- Flecha causada pelas ações variáveis de longa duração ($\delta_{v,ld}$)

    As ações variáveis de longa duração são a totalidade das ações variáveis multiplicadas por ψ_2. Portanto:

$$\delta_{v,ld} = \frac{P_{v,ld} L_e^3}{28,17\, E_a I_{ef,ld}}$$

$$P_{v,ld} = \psi_2 P_{v,total} = 0,4 \times 93,75 = 37,5 \text{ kN}$$

$$\delta_{v,ld} = \frac{37,5 \times 750^3}{28,17 \times 20.000 \times 60.982} = 0,46 \text{ cm}$$

- Necessidade de contraflecha e verificação final

    Não se executando contraflecha no perfil de aço, então:

    $\delta_{máx,sem} = \delta_{p,pa} + \delta_{p,ld} + \delta_{v,cd} + \delta_{v,ld} = 1,65 + 0,31 + 0,48 + 0,46 = 2,90$ cm

    Esse valor é 0,76 cm superior à flecha permitida, igual a 2,14 cm. Essa situação pode ser resolvida fabricando o perfil de aço com contraflecha mínima de 0,76 cm, valor inferior à contraflecha que pode ser empregada, igual à flecha causada pela carga permanente, ou seja, $1,65 + 0,31 = 1,96$ cm.

    Definindo, portanto, uma contraflecha, δ_c, de 1,00 cm, tem-se:

    $\delta_{máx} = \delta_{máx,sem} - \delta_c = 2,90 - 1,00 = 1,90$ cm

    e

    $\delta_{máx} = 1,90 \text{ cm} \leq \delta_p = 2,14 \text{ cm} \Rightarrow$ Atende!

    Deve-se observar que aproximadamente 57% da flecha máxima é decorrente da flecha do perfil de aço isolado causada pelas ações que atuam antes da cura do concreto.

i) Armadura de costura

A armadura de costura será determinada inicialmente nos trechos extremos de comprimento L_m igual a 2.500 mm (trechos A-C e D-B), onde a concentração de conectores é maior (distribuição de conectores no tópico *e*). Como toda a força αF_{hd} atua nesses trechos (tópico *e*), a força cortante solicitante de cálculo na laje por unidade de comprimento, em cada um dos dois planos longitudinais, pode ser expressa por:

$$H_{v,Sd} = \frac{\alpha F_{hd}\left(\dfrac{b_1}{b_1 + b_2}\right)}{L_m}$$

$\alpha = 0,65$ (interação parcial – calculado no tópico *e*)

$F_{hd} = 2.140$ kN (calculada no tópico *e*)

$b_1 = b_2$

$$H_{v,Sd} = \frac{0{,}65 \times 2.140 \times 0{,}5}{250} = 2{,}78 \text{ kN/cm}$$

A força cortante resistente de cálculo correspondente é:

$$H_{v,Rd} \leq \begin{cases} 0{,}6 A_{cv} \dfrac{f_{ctk,inf}}{\gamma_c} + \Sigma \left(A_s \dfrac{f_{ys}}{\gamma_s}\right) + A_F \dfrac{f_{yF}}{\gamma_a} \\ 0{,}2 A_{cv} \dfrac{f_{ck}}{\gamma_c} + 0{,}6 A_F \dfrac{f_{yF}}{\gamma_a} \end{cases}$$

$$A_{cv} = \frac{L_m t_c}{L_m} = 7{,}5 \text{ cm}^2/\text{cm}$$

$$f_{ctk,inf} = 0{,}21\, f_{ck}^{2/3} = 0{,}21 \times 25^{2/3} = 1{,}80 \text{ MPa} = 0{,}180 \text{ kN/cm}^2$$

$\Sigma A_s f_{ys} = A_{ad} \times 50 + A_t \times 60$ (A_{ad} é uma armadura adicional eventualmente necessária e A_t é a área da tela soldada, já existente, cujo valor, conforme a Tabela 12.4, é igual a 0,75 cm²/m ou seja, 0,0075 cm²/cm — a armadura adicional terá aço CA-50 com f_{ys} = 500 MPa = 50 kN/cm² e a tela tem aço CA-60 com f_{ys} = 600 MPa = 60 kN/cm²)

$A_F = 0$ (fôrma com nervuras paralelas à viga)

$$H_{v,Rd} \leq \begin{cases} 0{,}6 \times 7{,}5 \times \dfrac{0{,}180}{1{,}40} + A_{ad} \dfrac{50}{1{,}15} + 0{,}0075 \times \dfrac{60}{1{,}15} = 0{,}58 + 43{,}48 A_{ad} + 0{,}39 = 0{,}97 + 43{,}48 A_{ad} \\ 0{,}2 \times 7{,}5 \times \dfrac{2{,}5}{1{,}40} = 2{,}68 \text{ kN/cm} \end{cases}$$

Observa-se que $H_{v,Sd}$ (igual a 2,78 kN/cm²) é superior em 4 % a $H_{v,Rd}$ (máximo igual a 2,68 kN/cm²). Uma solução é elevar nesse percentual o valor de f_{ck}, tornando-o igual a 26 MPa. Dessa forma, tem-se:

$$H_{v,Rd} \leq \begin{cases} 0{,}6 \times 7{,}5\, \dfrac{0{,}21 \times 26^{2/3}}{10 \times 1{,}40} + A_{ad} \dfrac{50}{1{,}15} + 0{,}0075 \times \dfrac{60}{1{,}15} = 0{,}59 + 43{,}48 A_s + 0{,}39 = 0{,}98 + 43{,}48 A_{ad} \\ 0{,}2 \times 7{,}5 \times \dfrac{2{,}6}{1{,}40} = 2{,}79 \text{ kN/cm} \end{cases}$$

Considerando, portanto, o novo valor de f_{ck}, tem-se o valor máximo da área da armadura adicional (acima desse valor, essa armadura não aumenta a capacidade resistente):

$0{,}98 + 43{,}48 A_{ad} \leq 2{,}79 \Rightarrow A_{ad} \leq 0{,}042 \text{ cm}^2/\text{cm} = 4{,}2 \text{ cm}^2/\text{m}$

Fazendo $H_{v,Sd} \leq H_{v,Rd}$:

$2{,}78 \leq 0{,}98 + 43{,}48 A_{ad} \Rightarrow A_{ad} \geq 0{,}041 \text{ cm}^2/\text{cm} = 4{,}1 \text{ cm}^2/\text{m}$

Portanto, por esses cálculos, a armadura adicional é necessária e deve ser pelo menos igual a 4,1 cm²/m. Para atender a essa condição, 9 barras de ϕ 8 mm por metro serão usadas, ou seja, 23 barras em cada comprimento extremo de 2,5 m, igualmente espaçadas, em cada um dos dois planos de cisalhamento, o que fornece uma área A_{ad} igual a:

$A_{ad} = 9 \times 0{,}5 = 4{,}5 \text{ cm}^2/\text{m}$ (área de uma barra = 0,5 cm², conforme tabela do Item A.7)

Cumpre observar que a área dessa armadura adicional, somada à área da tela soldada, fornece uma armadura de costura bastante superior à mínima necessária, dada a seguir:

$$A_{cost} = A_t + A_{ad} \geq \begin{cases} 150 \text{ mm}^2/\text{m} = 1{,}5 \text{ cm}^2/\text{m} \\ 0{,}001 A_{cv} = 0{,}001 \times 7{,}5 = 0{,}0075 \text{ cm}^2/\text{cm} = 0{,}75 \text{ cm}^2/\text{m} \end{cases}$$

O comprimento de ancoragem das barras da armadura adicional, a partir do eixo vertical do perfil de aço, é dado por:

$$\ell_b = \frac{\alpha F_{hd}\left(\dfrac{b_1}{b_1+b_2}\right)}{0{,}85 f_{cd} t_c} + \ell_b'$$

$$\ell_b' = \frac{\phi}{4}\left(\frac{\dfrac{f_{ys}}{\gamma_s}}{1{,}575\,\dfrac{f_{ctk,inf}}{\gamma_c}}\right) = \frac{8}{4}\left(\frac{\dfrac{500}{1{,}15}}{1{,}575\times\dfrac{1{,}84}{1{,}4}}\right) = 419{,}39 \text{ mm} \geq \begin{cases}10\phi = 10\times 8 = 80 \text{ mm}\\ 100 \text{ mm}\end{cases}$$

$$\ell_b = \frac{0{,}65\times 2.140\times 0{,}5}{0{,}85\times \dfrac{2{,}6}{1{,}4}\times 7{,}5} + 419{,}39 = 58{,}75 + 419{,}39 = 478{,}14 \text{ mm} \Rightarrow \text{adotar } l_b = 480 \text{ mm}$$

A armadura de costura do trecho central de comprimento L_m igual a 2.500 mm (trecho C-D), considerando que os conectores nesse trecho não são solicitados, pode ser a armadura mínima, no caso, igual a 1,5 cm²/m. Como a tela soldada tem área de 0,75 cm²/m, basta colocar mais 2 barras adicionais de ϕ 8 mm por metro (cada barra tem área de 0,5 cm²), ou seja, 5 barras nos 2,5 m. No entanto, para que o espaçamento máximo entre as barras não supere o máximo permitido (400 mm), é necessário utilizar 6 barras. Simplificadamente, pode-se tomar o comprimento de ancoragem dessas barras adicionais igual ao das barras dos trechos extremos.

A figura seguinte mostra a armadura utilizada:

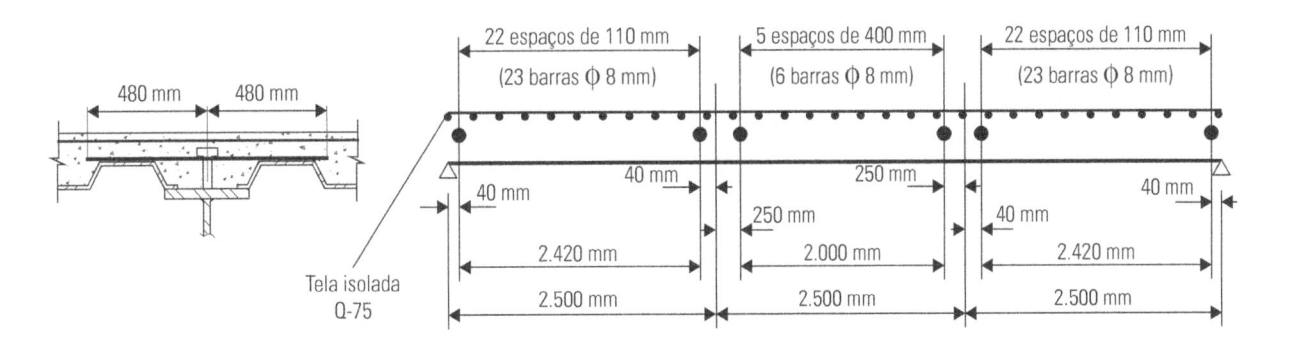

Como o ambiente é de agressividade moderada, a armadura adicional deve ser colocada em uma posição tal que seu cobrimento seja de 25 mm, no mínimo. Além disso, o cobrimento aumentado em 20% não pode ser inferior à maior dimensão do agregado graúdo (25 mm para a Brita 1), ou seja, o cobrimento deve ser maior ou igual a 25/1,2 = 20,83 mm. Prevalece, portanto, o valor mínimo de 25 mm para o cobrimento.

Deve-se observar, ainda, que o diâmetro das barras usadas não supera 1/8 da altura t_c da laje (75/8 = 9,375 mm), o espaçamento entre as faces das barras supera o mínimo exigido (20 mm, o diâmetro das barras, ou 1,2 vez a dimensão máxima do agregado graúdo, o que for maior — no caso, prevalece 1,2 vez a dimensão máxima do agregado graúdo, suposto com 25 mm, portanto, 1,2 × 25 = 30 mm) e o espaçamento entre eixos das barras não é maior que o máximo permitido (400 mm).

Uma opção que reduz a armadura total na viga é considerar a armadura de continuidade da laje como parte da armadura de costura. A armadura de continuidade, existente por causa da chegada das vigas V_3 de ambos os lados da viga, encontra-se definida no tópico *j* do exemplo do Subitem 13.11.5, sendo constituída por 4 barras de ϕ 8 mm, situadas numa largura de 469 mm em volta das seções C e D, com comprimento de ancoragem de 938 mm (esse comprimento de ancoragem supera as necessidades da armadura de costura, que é de apenas 478,14 mm). Nessa opção, a figura seguinte mostra uma distribuição que pode ser adotada, onde as barras situadas dentro das elipses representam a armadura de costura:

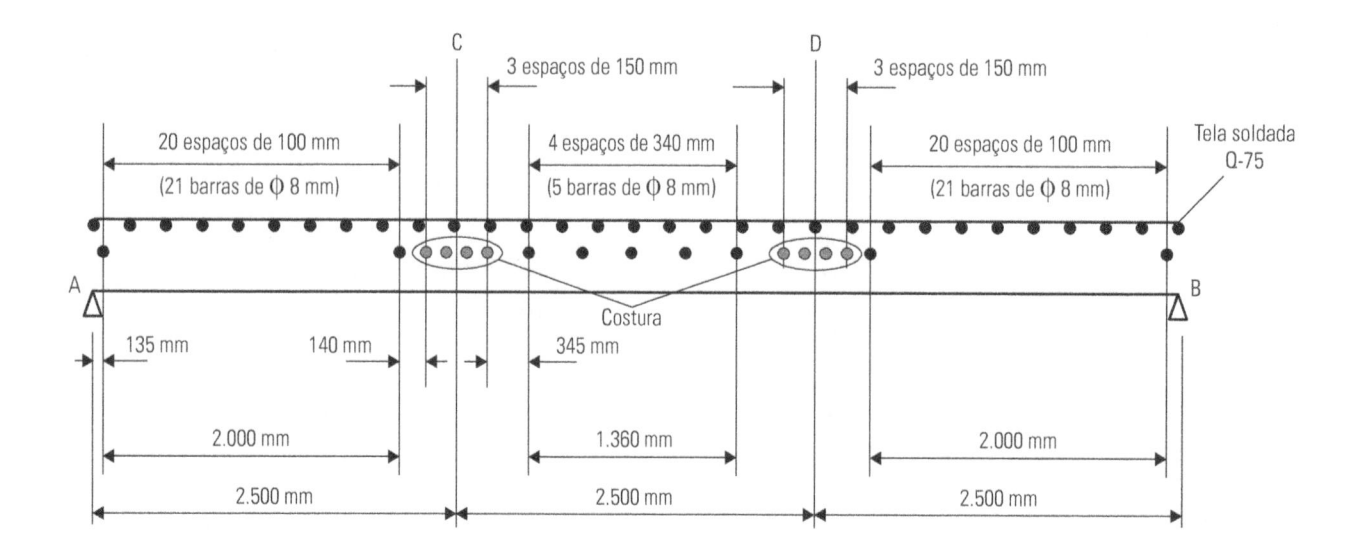

As barras da armadura de costura devem ser distribuídas uniformemente nos comprimentos L_m. No caso tratado, a consideração da armadura de continuidade também como armadura de costura não prejudicou significativamente a uniformidade da distribuição das barras (nos trechos que realmente importam; A-C e D-B, o espaçamento de 100 mm junto às seções C e D sofre um aumento para 140 mm, e depois cresce para 150 mm), o que, se ocorresse, não seria aceitável.

Bibliografia

ABNT NBR 6118:2014. *Projeto de estruturas de concreto*. Rio de Janeiro: ABNT, 2014.

ABNT NBR 8800:2008. *Projeto de estruturas de aço e de estruturas mistas de aço e concreto de edifícios*. Rio de Janeiro: ABNT, 2008.

ANSI/AISC 360-10. *Specification for structural steel buildings*. Chicago, EUA: American Institute of Steel Construction, 2010. (Commentary Chapter I: Design of composite members.)

DAVISON, B.; OWENS, G. W. The Steel Construction Institute. *Steel Designers' Manual*. 7. ed. edition. Wiley-Blackwell, 2012.

JOHNSON, R. P. *Composite structures of steel and concrete*. Oxford: Blackwell Publishing, 2004. (Chapter 1: Introduction; Chapter 2: Shear connection; Chapter 3: Simply supported composite slabs and beams; Appendix A: Partial-interaction theory.)

MURRAY, T. M.; ALLEN, D. E.; UNGAR, E. E. *Floor vibrations due to human activity*. Chicago: American Institute of Steel Construction (AISC), 2003. (Steel Design Guide Series 11.)

QUEIROZ, G.; PIMENTA, R. J.; MARTINS, A. G. *Estruturas Mistas — Vol. 1*. Rio de Janeiro: IABr/CBCA, Série "Manual de Construção em Aço", 2010. (Capítulo 1: Introdução; Capítulo 2: Conectores de cisalhamento.)

_____. *Estruturas mistas*. V. 2, Rio de Janeiro: IABr/CBCA, Série "Manual de Construção em Aço", 2010. (Capítulo 5: Vigas mistas).

QUEIROZ, G.; PIMENTA, R. J.; MATA, L. A. C. *Elementos das estruturas mistas aço-concreto*. Belo Horizonte: O Lutador, 2001. (Capítulo 1: Introdução; Capítulo 2: Informações básicas; Capítulo 3: Conectores de cisalhamento; Capítulo 4: Vigas mistas.)

14
Pilares mistos de aço e concreto

14.1 Considerações iniciais

Pilares mistos de aço e concreto são elementos estruturais constituídos por um perfil de aço e por concreto armado, que trabalham solidariamente. Neste capítulo, serão abordados os pilares totalmente revestidos e parcialmente revestidos com concreto, solicitados exclusivamente por força axial de compressão decorrente de ações estáticas. No primeiro caso, um perfil I ou H é completamente envolvido por concreto e, no segundo caso, um perfil I ou H tem os espaços entre a alma e as mesas preenchidos com concreto, conforme ilustram as figuras 14.1a e 14.1b, respectivamente. O concreto sempre deve ser provido de armaduras longitudinal e transversal (estribos).

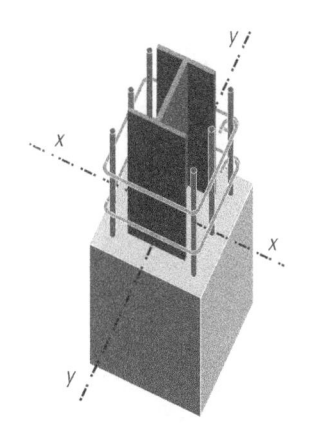

(a) Totalmente revestido com concreto

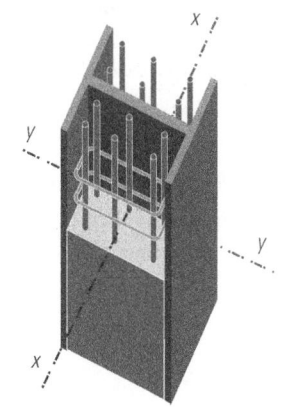

(b) Parcialmente revestido com concreto

FIGURA 14.1 Pilares mistos com perfil I ou H de aço.

A combinação entre o perfil de aço e o concreto armado propicia uma série de consequências favoráveis. Por exemplo, em relação aos pilares de aço, fornece maior proteção ao fogo e à corrosão atmosférica. Em relação aos pilares de concreto armado, permite alcançar a capacidade resistente necessária com menores dimensões de seção transversal e possui um comportamento mais dúctil.

As bases dos pilares mistos axialmente comprimidos podem ser projetadas da mesma forma que mostrado no Capítulo 11 para os pilares de aço submetidos à força axial de compressão com excentricidade nula.

Nos subitens 14.2.3.2 e 14.3.2 e no Item 14.4 são feitas diversas considerações sobre detalhes de projeto de armadura. Muitas dessas considerações apresentam simplificações, recomendando-se que seja consultada a ABNT NBR 6118:2014 para mais informações.

14.2 Método de dimensionamento

14.2.1 Condições de cálculo

No dimensionamento, a seguinte condição deve ser obedecida:

$$N_{c,Sd} \leq N_{c,Rd} \tag{14.1}$$

onde $N_{c,Sd}$ é a força axial de compressão solicitante de cálculo, determinada a partir de uma combinação última de ações, e $N_{c,Rd}$ é força axial de compressão resistente de cálculo do pilar misto.

A obtenção da força axial resistente de cálculo é feita por um método simplificado, que fornece resultados consistentes e que é detalhado no Subitem 14.2.4. Esse método foi calibrado com resultados de ensaios, que abrangeram apenas as situações mais comuns na prática. Dessa forma, sua utilização segura exige que sejam obedecidas determinadas hipóteses básicas, mencionadas no Subitem 14.2.2. Complementarmente, os requisitos de projeto, descritos no Subitem 14.2.3, precisam ser atendidos.

14.2.2 Hipóteses básicas

As hipóteses básicas do método simplificado são três. A primeira é que o perfil de aço e o concreto trabalhem em conjunto, sem escorregamento relativo significativo na superfície de contato. Isso significa que a interação entre o aço e o concreto deve ser completa, o que é assegurado por aderência na superfície de contato entre os dois materiais, sem necessidade de uso de outros elementos, como conectores de cisalhamento, exceto nas regiões de introdução de carga (Item 14.3). No entanto, o perfil de aço não pode ter qualquer tipo de pintura ou outros materiais depositados em sua superfície.

A segunda hipótese é que as imperfeições iniciais sejam consistentes com aquelas adotadas na determinação da força axial de compressão resistente das barras de aço submetidas à compressão axial (Capítulo 7). Dessa forma, a mesma curva para o fator de redução associado à resistência à compressão dos pilares de aço, χ (Subitem 7.2.2), pode ser adotada para os pilares mistos, sem perda significativa de precisão. No entanto, para se chegar ao valor de χ, inicialmente deve-se obter o índice de esbeltez reduzido do pilar misto, que não pode superar 2,0 — Equação (14.13) no Subitem 14.2.4.

A terceira hipótese é que o perfil de aço do pilar misto não sofra flambagem local. Para tanto, nos pilares totalmente revestidos com concreto, os cobrimentos de concreto nas duas direções, c_x e c_y (Figura 14.2a), devem ser suficientes para impedir a ocorrência do fenômeno, o que se garante estabelecendo:

$$c_x \geq \begin{cases} b_f/6 \\ 40 \text{ mm} \end{cases} \tag{14.2}$$

e

$$c_y \geq \begin{cases} b_f/6 \\ 40 \text{ mm} \end{cases} \tag{14.3}$$

onde b_f é a largura da mesa.

Nos pilares parcialmente revestidos com concreto, a seguinte condição precisa ser atendida:

$$\frac{b_f}{t_f} \leq 1,49\sqrt{\frac{E_a}{f_y}} \qquad (14.4)$$

onde b_f e t_f são a largura e a espessura da mesa, respectivamente (Figura 14.2b), e E_a e f_y são o módulo de elasticidade e a resistência ao escoamento do aço do perfil, respectivamente.

(a) Totalmente revestido com concreto

(b) Parcialmente revestido com concreto

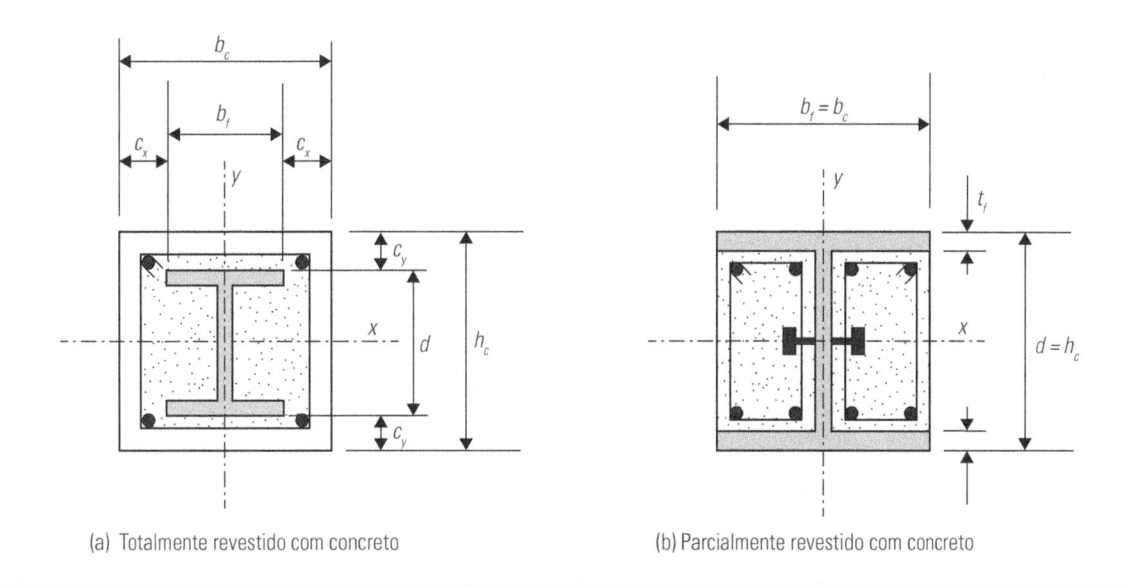

FIGURA 14.2 Grandezas relacionadas à flambagem local do perfil de aço do pilar misto.

14.2.3 Requisitos de projeto

14.2.3.1 Quanto à seção transversal

A seção transversal dos pilares mistos (Figura 14.2) deve:

a) ser invariável ao longo do comprimento do pilar e possuir dupla simetria;
b) possuir razão entre altura, h_c, e largura, b_c, situada entre 0,2 e 5,0.

Além disso, nos pilares totalmente revestidos com concreto, deve-se ter para os cobrimentos do perfil de aço (Figura 14.2a):

$$c_x \leq 0,4 b_f \qquad (14.5)$$

e

$$c_y \leq 0,3 d \qquad (14.6)$$

onde b_f e d são a largura da mesa e a altura do perfil de aço, respectivamente.

14.2.3.2 Quanto às armaduras longitudinal e transversal

Os pilares mistos devem possuir armadura longitudinal com área de seção transversal mínima de 0,3% da área do concreto. Porcentagens superiores a 4%, às vezes utilizadas para aumentar a capacidade resistente do pilar em situação de incêndio, não podem ser levadas em conta no dimensionamento em temperatura ambiente. As barras dessa armadura devem ter diâmetro mínimo de 10 mm e máximo de 1/8 da menor dimensão do pilar (menor valor entre h_c e b_c — Figura 14.2) e ser dispostas com espaçamento livre entre as faces igual ou superior ao maior dos seguintes valores:

- 20 mm;
- diâmetro das barras;
- 1,2 vez a dimensão máxima do agregado graúdo (nos pilares mistos totalmente ou parcialmente revestidos com concreto, normalmente é utilizada Brita 1, cuja dimensão máxima pode alcançar 25 mm).

Esses mesmos valores de espaçamentos livres devem ser obedecidos entre a face de uma barra da armadura e a face mais próxima do perfil de aço.

O espaçamento máximo entre os eixos das barras da armadura longitudinal deve ser inferior ou igual a duas vezes a menor dimensão da seção transversal do pilar misto, sem exceder a 400 mm.

Nos pilares totalmente revestidos com concreto, deve ser colocada pelo menos uma barra da armadura longitudinal próxima de cada vértice, e, nos parcialmente revestidos, pelo menos uma barra próxima de cada extremidade da mesa do perfil de aço.

Deve ser também colocada armadura transversal, constituída por estribos, ao longo de todo o pilar, inclusive nas regiões de cruzamento com vigas e lajes, com diâmetro mínimo de 5 mm ou de 1/4 do diâmetro das barras da armadura longitudinal, o que for maior (Figura 14.3). O espaçamento entre os estribos, medido na direção do eixo do pilar misto, deve ser igual ou inferior ao menor dos seguintes valores:

- 200 mm;
- menor dimensão da seção transversal (menor valor entre h_c e b_c — Figura 14.2);
- 12 vezes o diâmetro das barras da armadura longitudinal, quando esta tiver aço CA-50.

FIGURA 14.3 Armadura de pilar misto totalmente revestido com concreto.

Nos pilares parcialmente revestidos com concreto, o concreto pode ser ligado ao perfil de aço com o auxílio de estribos que passam através de furos na alma, ou são soldados à alma do perfil, conforme a Figura 14.4.

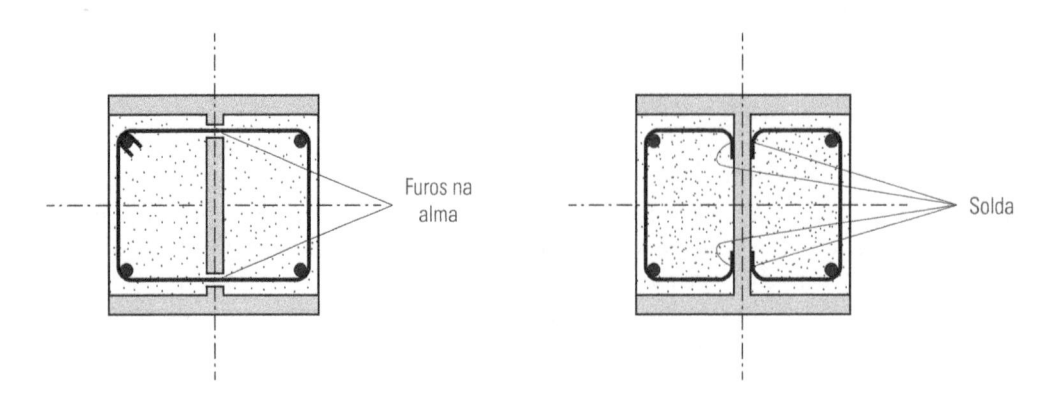

FIGURA 14.4 Colocação de estribos em pilares parcialmente revestidos com concreto.

Ainda nas seções parcialmente revestidas, o concreto pode ser ligado ao perfil de aço com o auxílio de conectores de cisalhamento, normalmente pinos com cabeça, fixados na alma, como se vê na Figura 14.2b, com espaçamento longitudinal não superior a 500 mm (Figura 14.5). Nesse caso, são necessárias pelo menos duas barras de armadura próximas da face do pilar e duas barras próximas da alma, de cada lado da alma, e os estribos devem passar entre a face da alma e a cabeça do conector.

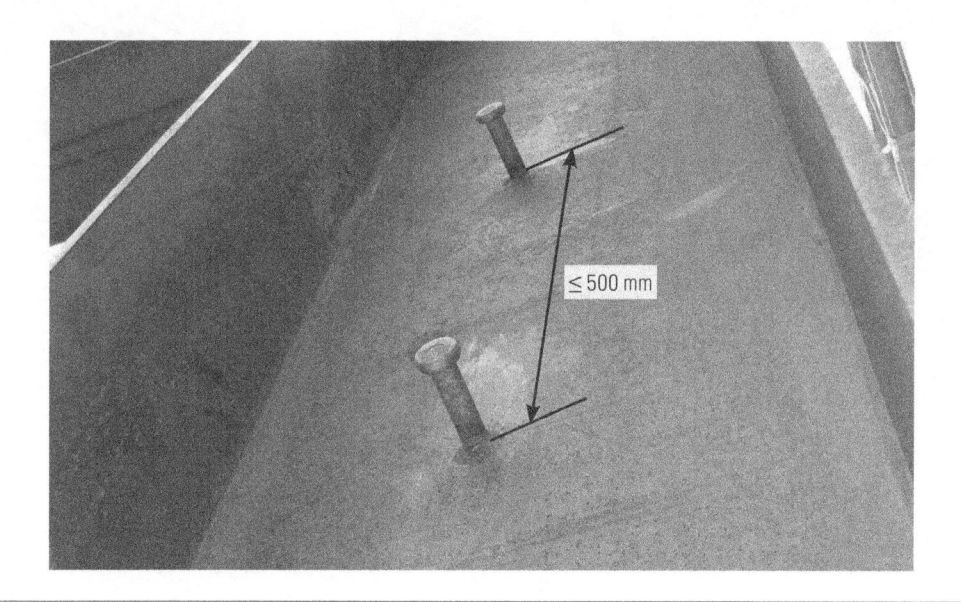

FIGURA 14.5 Conectores fixados na alma de um perfil de aço.

Nas construções usuais, as barras da armadura longitudinal e dos estribos devem ser projetadas com cobrimento mínimo de concreto igual ao seu respectivo diâmetro e ao valor estipulado na Tabela 14.1 em função da classe de agressividade ambiental, o que for maior. Adicionalmente, a dimensão máxima do agregado graúdo utilizado no concreto não pode superar em 20% o valor do cobrimento estipulado.

TABELA 14.1 Valores de cobrimento mínimo das armaduras longitudinal e transversal de pilares

Agressividade ambiental[1]	Ambiente	Cobrimento (mm)
I (fraca)	Rural ou submersa	25
II (moderada)	Urbano	30
III (forte)	Marinho e industrial	40
IV (muito forte)	Industrial químico agressivo e respingos de maré	50

[1] Pode-se admitir uma agressividade ambiental um nível mais brando em ambiente interno seco ou se o concreto for revestido com argamassa e pintura.

14.2.3.3 Quanto à concretagem

Quando o pilar misto é totalmente revestido com concreto, sua concretagem é feita geralmente depois da montagem do perfil de aço. Quando ele é parcialmente revestido, efetua-se a concretagem tanto antes, na posição horizontal, para aproveitar a fôrma natural proporcionada pelas mesas e alma, quanto depois da montagem do perfil de aço (Figura 14.6). Sempre que a concretagem for feita com o perfil já montado, deve-se comprovar que esse perfil resiste isoladamente às ações aplicadas antes de o concreto atingir 75% da resistência característica à compressão especificada.

(a) Antes da montagem do perfil de aço (b) Após a montagem do perfil de aço

FIGURA 14.6 Concretagem de pilar misto parcialmente revestido com concreto.

14.2.3.4 Quanto ao fator de contribuição do perfil de aço

O fator de contribuição do perfil de aço, dado pela razão entre a força axial resistente de cálculo apenas do perfil de aço e a força axial resistente de cálculo da seção transversal mista à plastificação total, deve ser superior a 0,2 e inferior a 0,9. Esse fator é definido por:

$$\delta = \frac{A_a f_{yd}}{N_{pl,Rd}} \tag{14.7}$$

Nessa expressão, A_a é a área da seção transversal do perfil de aço e f_{yd} é a resistência de cálculo ao escoamento do aço, dada por:

$$f_{yd} = \frac{f_y}{\gamma_{a1}} \tag{14.8}$$

onde γ_{a1} é o coeficiente de ponderação da resistência para escoamento do aço, igual a 1,10. Tem-se, ainda, que a força axial resistente de cálculo da seção transversal à plastificação total é obtida pela soma das forças axiais resistentes de cálculo do perfil de aço, do concreto (levando em conta o fator 0,85 definido no Subitem 13.5.2) e da armadura longitudinal:

$$N_{pl,Rd} = f_{yd} A_a + 0,85 f_{cd} A_c + f_{sd} A_s \tag{14.9}$$

com

$$f_{cd} = \frac{f_{ck}}{\gamma_c} \tag{14.10}$$

e

$$f_{sd} = \frac{f_{ys}}{\gamma_s} \tag{14.11}$$

onde A_c é a área da seção transversal do concreto, A_s é a área da seção transversal da armadura longitudinal, f_{ck} é a resistência característica à compressão do concreto, γ_c é o coeficiente de ponderação da resistência do concreto, igual a 1,40, f_{ys} é a resistência ao escoamento do aço da armadura longitudinal e γ_s é o coeficiente de ponderação da resistência do aço da armadura longitudinal, igual a 1,15.

Caso o fator de contribuição δ seja igual ou inferior a 0,2, o pilar deve ser calculado como de concreto armado, de acordo com a ABNT NBR 6118:2014, desprezando-se o perfil de aço. Caso seja igual ou superior a 0,9, o pilar deve ser dimensionamento como pilar de aço, conforme o Capítulo 7, desprezando-se o concreto e a armadura longitudinal.

14.2.4 Força axial de compressão resistente de cálculo

Nas situações tratadas neste capítulo, em que se prevê somente a atuação de força axial de compressão, atendidas as condições para a não ocorrência da flambagem local do perfil de aço, estipuladas anteriormente no Subitem 14.2.2, resta como estado-limite último dos pilares mistos a instabilidade global por flexão. Tendo em vista esse estado--limite, a força axial de compressão resistente de cálculo, de modo similar ao das barras de aço axialmente comprimidas, é dada por:

$$N_{c,Rd} = \chi N_{pl,Rd} \qquad (14.12)$$

com $N_{pl,Rd}$ dado pela Equação (14.9).

O fator de redução associado à resistência à compressão, χ, deve ser obtido da mesma maneira que nas barras de aço axialmente comprimidas, por meio da Equação (7.2), substituindo-se o índice de esbeltez reduzido, λ_0, por um novo índice reduzido, específico para pilares mistos, expresso por:

$$\lambda_{0,m} = \sqrt{\frac{N_{pl,Rk}}{N_e}} \qquad (14.13)$$

onde $N_{pl,Rk}$ é a força axial resistente nominal da seção transversal à plastificação total, dada pela Equação (14.9), substituindo-se as resistências de cálculo pelas resistências características, ou seja, trocando f_{yd}, f_{cd} e f_{sd} por f_y, f_{ck} e f_{ys}, respectivamente. N_e é a menor força axial de flambagem elástica, entre as forças que provocam a flambagem em relação aos eixos x e y da seção transversal do pilar misto, igual a:

$$N_e = \frac{\pi^2 (EI)_e}{(KL)^2} \qquad (14.14)$$

onde KL é o comprimento de flambagem do pilar, determinado de acordo com o Capítulo 7, e $(EI)_e$ é a rigidez efetiva à flexão da seção mista. Essa rigidez, representada pela soma das rigidezes do perfil de aço, do concreto e da armadura longitudinal, pode ser dada por:

$$(EI)_e = E_a I_a + 0{,}6 E_{c,red} I_c + E_s I_s \qquad (14.15)$$

onde E_a é o módulo de elasticidade do aço estrutural, I_a é o momento de inércia da seção transversal do perfil de aço em relação ao eixo de flexão na flambagem, I_c é o momento de inércia da seção transversal do concreto em relação ao eixo de flexão na flambagem, E_s é o módulo de elasticidade do aço da armadura e I_s é o momento de inércia da seção transversal da armadura em relação ao eixo de flexão na flambagem. O fator 0,6 deve-se à fissuração do concreto, e $E_{c,red}$ é o módulo de elasticidade reduzido desse material, que considera o efeito da fluência, igual a:

$$E_{c,red} = \frac{E_c}{1 + \varphi \left(\dfrac{N_{G,Sd}}{N_{c,Sd}}\right)} \qquad (14.16)$$

sendo E_c o módulo de elasticidade do concreto, fornecido pela Equação (2.13), φ o coeficiente de fluência do concreto, $N_{G,Sd}$ o valor da força axial de compressão solicitante de cálculo devida às ações permanente e variável de atuação quase permanente e $N_{c,Sd}$ a força axial de compressão solicitante de cálculo. Simplificadamente, admite-se que o coeficiente φ seja tomado como igual a 2,5 e que a relação entre $N_{G,Sd}$ e $N_{c,Sd}$, como 0,6. Dessa forma, pode-se estabelecer que:

$$E_{c,red} = 0{,}4 E_c \qquad (14.17)$$

14.3 Regiões de introdução de carga

14.3.1 Ligações de vigas nos pilares

Na maioria das vezes, as vigas são ligadas apenas ao perfil de aço do pilar misto. Assim, parte da carga que é introduzida diretamente no perfil de aço precisa ser transferida para o concreto sem que ocorra escorregamento significativo na interface entre os dois materiais. Essas regiões de ligação são denominadas regiões de introdução de carga, e o comprimento em que ocorre a transferência de carga é denominado comprimento de introdução de carga, sendo representado por a, como mostra a Figura 14.7, cujo valor é o menor entre:

- duas vezes a menor dimensão do pilar;
- 1/3 da distância entre pontos de introdução de carga (essa distância, por exemplo, em edifícios de andares múltiplos, é a altura dos andares).

O comprimento de introdução de carga, a, pode ser disposto acima e abaixo das vigas. Neste livro, por simplicidade, esse comprimento será sempre medido a partir do topo da ligação, no sentido descendente (por exemplo, na Figura 14.7, o comprimento é tomado a partir da face superior das chapas de ligação).

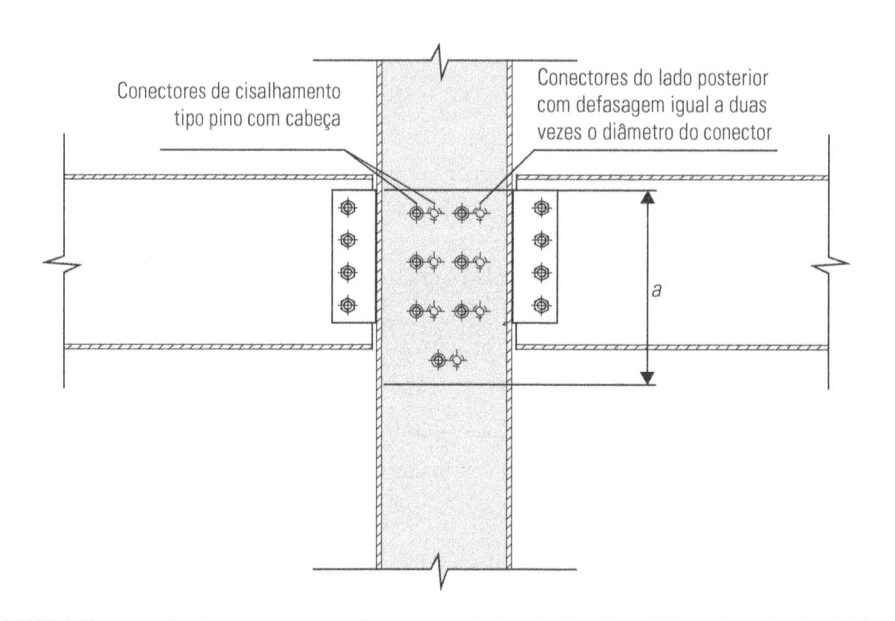

FIGURA 14.7 Comprimento de introdução de carga nas ligações de vigas com pilar.

A parcela de carga a ser transferida do perfil de aço para o concreto é dada por:

$$V_{l,Sd} = V_{Sd}\left(1 - \frac{f_{yd}A_a}{N_{pl,Rd}}\right) \tag{14.18}$$

onde V_{Sd} é a soma das cargas introduzidas pelas vigas, ou seja, a soma das reações das vigas que se apoiam no pilar misto, e A_a é a área da seção transversal do perfil de aço, com f_{yd} e $N_{pl,Rd}$ dados pelas equações (14.8) e (14.9), respectivamente.

A transferência da parcela de carga dada pela Equação (14.18) pode ser feita pela resistência ao cisalhamento na superfície de contato entre o perfil de aço e o concreto, dentro dos limites do comprimento de introdução de carga. Essa resistência é expressa pela tensão de cisalhamento resistente de cálculo na interface entre os dois materiais, τ_{Rd}, dada na Tabela 14.2.

TABELA 14.2 Tensão de cisalhamento resistente de cálculo τ_{Rd}

Tipo de pilar misto	τ_{Rd} (MPa)
Totalmente revestido com concreto	$0{,}30\left[1 + 0{,}02c_y\left(1 - \dfrac{40}{c_y}\right)\right] \leq 0{,}75$ [1),2)]
Parcialmente revestido com concreto	$0{,}20$ [3)]

[1)] Esse valor se aplica a toda superfície de contato entre o perfil de aço e o concreto.
[2)] c_y é o cobrimento na direção do eixo y, mostrado na Figura 14.2a, em milímetros.
[3)] Esse valor se aplica apenas à superfície de contato entre as mesas do perfil de aço e o concreto.

Dessa maneira, para que apenas a resistência ao cisalhamento consiga efetuar a transferência de carga, deve-se ter:

$$V_{l,Sd} \leq V_{l,Rd} \tag{14.19}$$

com

$$V_{l,Rd} = \tau_{Rd}\, a\, p_s \tag{14.20}$$

onde p_s é o perímetro da interface entre o perfil de aço e o concreto a ser levado em conta, conforme a nota 1 ou 3 da Tabela 14.2, dependendo do pilar ser totalmente ou parcialmente revestido com concreto. Assim, para o pilar totalmente revestido com concreto (Figura 14.2a), tem-se:

$$p_s = 4b_f + 2(d - t_w) \tag{14.21}$$

Para o pilar parcialmente revestido com concreto (Figura 14.2b), vem:

$$p_s = 2(b_f - t_w) \tag{14.22}$$

Caso $V_{l,Sd}$ supere $V_{l,Rd}$, de modo conservador, deve-se desconsiderar completamente o atrito e usar conectores de cisalhamento para efetuar a transferência da totalidade da carga. Quando isso ocorre, normalmente são utilizados conectores pino com cabeça, dispostos segundo os critérios de espaçamentos, longitudinal e transversal, apresentados no Capítulo 13. O número mínimo de conectores é fornecido por:

$$n = \frac{V_{l,Sd}}{Q_{Rd}} \tag{14.23}$$

onde Q_{Rd} é a força resistente de cálculo de um conector, determinada conforme a Equação (13.4).

A Figura 14.7 mostra uma situação em que foram colocados conectores de cisalhamento dos dois lados da alma do perfil de aço para a transferência da carga transmitida pelas vigas, com uma defasagem igual a duas vezes o diâmetro do conector para evitar grande concentração de tensões no mesmo ponto da alma. Como ilustração adicional, na Figura 14.8 vê-se um caso de pilar misto (mais precisamente, vê-se o perfil de aço antes da colocação da armadura e da concretagem) que recebe vigas de dois lados opostos, no qual se optou por colocar os conectores de cisalhamento, em um número total de 28, nas faces internas das mesas do perfil de aço.

FIGURA 14.8 Conectores nas mesas do perfil de aço para transferência de carga.

Adicionalmente, com a força $V_{l,Sd}$ transmitida por atrito ou por conectores de cisalhamento, a soma das cargas introduzidas pelas vigas, V_{Sd}, não pode provocar plastificação localizada do perfil de aço. Dessa forma, a seguinte condição precisa ser atendida:

$$V_{Sd} \leq A_a f_{yd} \qquad (14.24)$$

Embora não seja uma prescrição normativa, recomenda-se que no comprimento de introdução de carga, a, para assegurar o perfeito confinamento do concreto, os estribos sejam espaçados em um comprimento igual à metade do adotado no restante do pilar, conforme ilustra a Figura 14.9. Complementarmente, ainda no comprimento de introdução de carga, se o pilar for parcialmente revestido com concreto ligado ao perfil de aço com auxílio de conectores de cisalhamento, recomenda-se que o espaçamento longitudinal máximo entre esses elementos seja reduzido para 250 mm, metade do valor máximo permitido no restante do pilar.

FIGURA 14.9 Espaçamento dos estribos no comprimento de introdução de carga.

14.3.2 Bases e emendas de pilares

Nas bases e nas emendas dos pilares mistos, e em situações similares, a força axial resistente de cálculo pode ser reduzida se houver interrupção das barras da armadura longitudinal (admite-se que o concreto e o perfil de aço tenham continuidade estrutural), como ilustra a Figura 14.10. Nesse caso, devem ser instalados conectores de cisalhamento capazes de transmitir a força de compressão solicitante de cálculo das barras da armadura para elementos de aço adicionais (chapas, por exemplo, ou mesmo perfis) que restaurem a capacidade resistente total do pilar misto. De forma simplificada, no cálculo do número de conectores, pode-se considerar a força de compressão solicitante de cálculo nas barras da armadura igual à soma de suas capacidades resistentes. O comprimento dentro do qual devem ser instalados os conectores é igual ao comprimento de introdução de carga, a, medido agora a partir da placa de base ou da chapa de ligação. Adicionalmente, a distância do primeiro ao último conector, na direção das barras de armadura longitudinal, deve ser igual ou superior ao comprimento de ancoragem dessas barras (Figura 14.10). Esse comprimento, conforme a ABNT NBR 6118:2014, para barras nervuradas com diâmetro de até 32 mm, pode ser tomado como igual a (em milímetros):

$$\ell_b = \frac{\phi}{4}\left[\frac{f_{sd}}{2,25\eta\,\dfrac{0,21 f_{ck}^{2/3}}{\gamma_c}}\right] \geq \begin{cases} 10\phi \\ 100\text{ mm} \end{cases} \qquad (14.25)$$

onde ϕ é o diâmetro das barras da armadura, em milímetros, f_{sd} é dado pela Equação (14.11), em MPa, η é um coeficiente ligado à qualidade da aderência entre o concreto e as barras da armadura, f_{ck} é a resistência característica à compressão do concreto, em MPa, e γ_c é o coeficiente de ponderação da resistência do concreto, igual a 1,4. O valor de η, simplificadamente, pode ser tomado igual a 1,0 quando a concretagem for feita com o perfil de aço na posição vertical, depois da sua montagem, situação considerada de boa aderência, e igual a 0,7 quando for feita com o perfil de aço na posição horizontal, antes da sua montagem, situação considerada de má aderência. Não é difícil verificar que essa equação se torna igual à Equação (13.41) quando o coeficiente η é igual a 0,7.

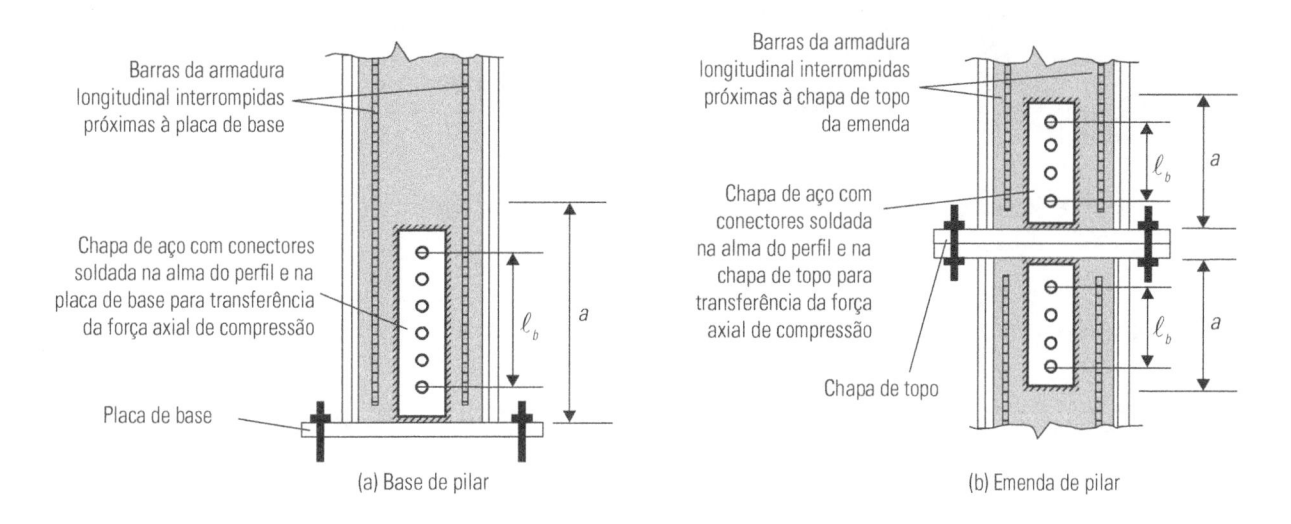

FIGURA 14.10 Transmissão da força de compressão com armadura longitudinal interrompida.

De modo similar ao que foi explicitado no Subitem 14.3.1, recomenda-se que no comprimento de introdução de carga os estribos sejam espaçados em um comprimento igual à metade do adotado no restante do pilar.

Nas bases dos pilares, a colocação de chapas adicionais pode ser evitada se as barras da armadura longitudinal tiverem continuidade até o bloco de fundação. Essa continuidade pode ser estabelecida, por exemplo, com a execução de furos na placa de base, através dos quais passam as barras da armadura, como ilustra a Figura 14.11 para pilares parcialmente revestidos com concreto.

FIGURA 14.11 Base de pilar com armadura penetrando no bloco de fundação.

As emendas dos pilares podem também ser projetadas de modo a permitir a passagem das barras da armadura longitudinal, dispensando-se, assim, as chapas adicionais, como se vê na Figura 14.12a para um pilar parcialmente revestido com concreto. Emendas com talas, conforme mostra a Figura 14.12b para um pilar totalmente revestido com concreto, permitem a passagem das barras sem empecilhos.

(a) Através de emenda apropriada

(b) Sem empecilhos em emenda com talas

FIGURA 14.12 Emendas de pilares mistos com armadura passante.

14.4 Considerações sobre a continuidade da armadura longitudinal

As barras da armadura longitudinal precisam manter sua continuidade ao longo do comprimento do pilar misto. Para isso, muitas vezes essas barras precisam ser emendadas, o que ocorre com frequência, por exemplo, logo acima das lajes nos edifícios de andares múltiplos. Como ilustração, a Figura 14.13a mostra um pilar misto parcialmente revestido com concreto, já concretado no andar inferior e com as barras da armadura longitudinal projetadas no andar superior, aguardando emenda. Já a Figura 14.13b mostra um pilar misto totalmente revestido com concreto, também já concretado no andar inferior, e com a emenda feita no andar superior.

(a) Armadura longitudinal aguardando emenda

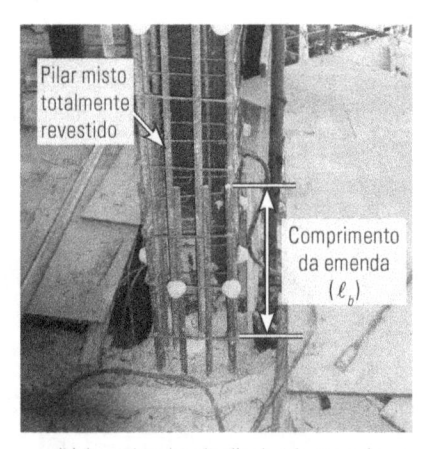

(b) Armadura longitudinal após emenda

FIGURA 14.13 Emendas de barras da armadura longitudinal antes da concretagem.

As emendas podem ser feitas por trespasse, com solda, com luvas rosqueadas ou com outros dispositivos devidamente justificados. As emendas por trespasse são, de longe, as mais empregadas, por serem menos dispendiosas e de execução fácil e rápida, uma vez que fazem uso da aderência natural entre a armadura de aço e o concreto. Essas emendas, no entanto, não são permitidas para barras com diâmetro superior a 32 mm.

O comprimento necessário do trespasse pode ser obtido da Equação (14.25), mas o comprimento mínimo deve ser tomado como igual ao maior valor entre 15 vezes o diâmetro das barras da armadura longitudinal que estão sendo emendadas e 200 mm. Adicionalmente, para garantir a eficácia da emenda, as seguintes regras precisam ser atendidas (Figura 14.14):

- a distância livre entre as barras emendadas pode ser, no máximo, igual a 4ϕ, onde ϕ é o diâmetro das barras;
- pelo menos um estribo deve ser posicionado a uma distância de 4ϕ das extremidades da emenda, e a distância entre esse estribo e o mais próximo, situado no interior da emenda, não pode ser maior que 150 mm;
- estribos devem ser concentrados nos terços extremos da emenda (recomenda-se neste livro colocar pelo menos 3 estribos em cada terço extremo da emenda, sem, obviamente, violar em qualquer parte da emenda a exigência de espaçamento máximo entre os estribos dada no Subitem 14.2.3).

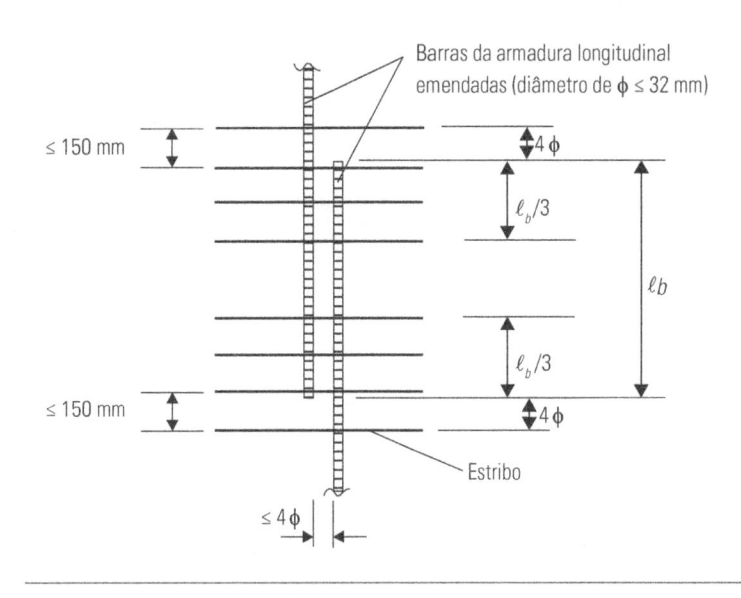

FIGURA 14.14 Detalhes da emenda por trespasse.

Outro problema ocorre quando as vigas se transformam em obstáculos para a continuidade das barras da armadura longitudinal. Como solução, recomenda-se projetar o pilar misto com as barras dispostas de tal forma a não serem interrompidas pelas mesas das vigas (Figura 14.15a), ou, quando isso não for possível, efetuar recortes ou furos nessas mesas que permitam a passagem livre das barras (Figura 14.15b), ou, ainda empregar simultaneamente as duas alternativas.

(a) Concentração das barras da armadura

(b) Recorte das mesas das vigas

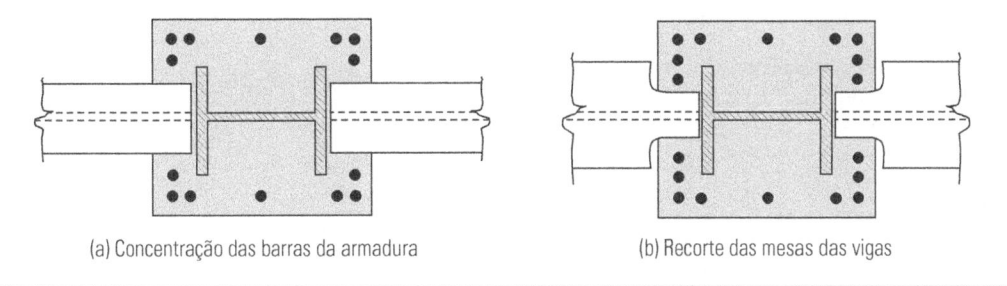

FIGURA 14.15 Opções para continuidade da armadura longitudinal junto a vigas.

14.5 Exemplos de aplicação

14.5.1 Pilar misto totalmente revestido com concreto

Propõe-se determinar a força axial de compressão resistente de cálculo de um pilar misto birrotulado, com 3,5 m de comprimento, situado em ambiente urbano. A seção transversal é invariável ao longo do comprimento do pilar, quadrada com lados iguais a 450 mm e composta por um perfil de aço HP 310 x 79 totalmente revestido com concreto (figura a seguir). Sabe-se que o perfil possui aço ASTM A572 – Grau 50, o concreto tem resistência característica à compressão (f_{ck}) igual a 40 MPa e agregado graúdo constituído por Brita 1 de gnaisse. Como armadura longitudinal, foram usadas quatro barras com diâmetro de 16 mm próximas dos vértices com cobrimento de 35 mm, em aço CA-50, e, como estribos, barras de diâmetro de 5 mm espaçadas em 180 mm.

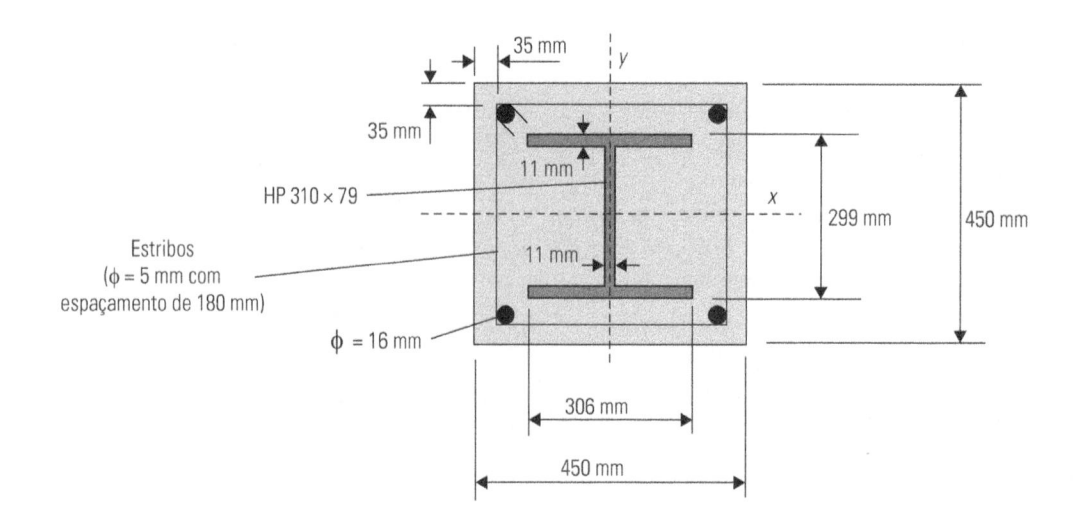

a) Propriedades geométricas relevantes e mecânicas dos componentes

a1) Perfil de aço HP 310 × 79

- Propriedades geométricas: $A_a = 100$ cm², $I_{a,x} = 16.316$ cm⁴, $I_{a,y} = 5.258$ cm⁴
- Propriedades mecânicas do aço estrutural ASTM A572 – Grau 50:

$$f_y = 345 \text{ MPa} = 34,5 \text{ kN/cm}^2 \Rightarrow f_{yd} = \frac{f_y}{\gamma_{a1}} = \frac{34,5}{1,10} = 31,36 \text{ kN/cm}^2$$

$$E_a = 200.000 \text{ MPa} = 20.000 \text{ kN/cm}^2$$

a2) Armadura longitudinal (4 barras com diâmetro de 16 mm próximas dos vértices)

- Viabilidade do diâmetro utilizado:

  Menor dimensão do pilar: $h_c = b_c = 450$ mm

  $10 \text{ mm} < \phi = 16 \text{ mm} < \frac{1}{8} \times 450 = 56,25 \text{ mm} \Rightarrow$ Atende!

- Propriedades geométricas:

$$A_s = 4\left(\frac{\pi \times 1,6^2}{4}\right) = 4 \times 2,01 = 8,04 \text{ cm}^2$$

$$I_{s,x} = 4 \times 2,01\left(\frac{45}{2} - 3,5 - \frac{1,6}{2}\right)^2 = 2.664 \text{ cm}^4$$

$$I_{s,y} = I_{s,x} = 2.664 \text{ cm}^4$$

- Propriedades mecânicas do aço CA-50:

$$f_{ys} = 500 \text{ MPa} = 50 \text{ kN/cm}^2 \Rightarrow f_{sd} = \frac{f_{ys}}{\gamma_s} = \frac{50}{1,15} \cong 43,50 \text{ kN/cm}^2$$

$$E_s = 210.000 \text{ MPa} = 21.000 \text{ kN/cm}^2$$

a3) Concreto

- Propriedades geométricas:

$$A_c = 45 \times 45 - A_a - A_s = 2.025 - 100 - 8,04 = 1.917 \text{ cm}^2$$

$$I_{c,x} = \frac{b_c h_c^3}{12} - I_{a,x} - I_{s,x} = \frac{45 \times 45^3}{12} - 16.316 - 2.664 = 322.739 \text{ cm}^4$$

$$I_{c,y} = \frac{h_c b_c^3}{12} - I_{a,y} - I_{s,y} = \frac{45 \times 45^3}{12} - 5.258 - 2.664 = 333.797 \text{ cm}^4$$

- Propriedades mecânicas:

$f_{ck} = 40$ MPa $= 4,0$ kN/cm² $\Rightarrow f_{cd} = \dfrac{f_{ck}}{\gamma_c} = \dfrac{4}{1,4} = 2,86$ kN/cm²

$E_c = \alpha_i \alpha_E 5.600 \sqrt{f_{ck}}$

$\alpha_i = 0,8 + 0,2 \dfrac{f_{ck}}{80} \leq 1,0 \Rightarrow \alpha_i = 0,8 + 0,2 \dfrac{40}{80} = 0,9$

$\alpha_E = 1,0$ (brita de gnaisse)

$E_c = 0,9 \times 1,0 \times 5.600\sqrt{40} = 31.876$ MPa $= 3.188$ kN/cm²

$E_{c,red} = 0,4\, E_c = 0,4 \times 3.188 = 1.275$ kN/cm²

b) Verificação dos cobrimentos do perfil para não ocorrência de flambagem local

- Na direção do eixo x:

$c_x = \dfrac{450 - 306}{2} = 72$ mm $> \begin{cases} b_f/6 = 306/6 = 51 \text{ mm} \\ 40 \text{ mm} \end{cases} \Rightarrow$ Atende!

- Na direção do eixo y:

$c_y = \dfrac{450 - 299}{2} = 75,5$ mm $> \begin{cases} b_f/6 = 306/6 = 51 \text{ mm} \\ 40 \text{ mm} \end{cases} \Rightarrow$ Atende!

c) Requisitos de projeto

c1) Seção transversal

- Duplamente simétrica e, de acordo com o próprio enunciado, invariável ao longo do comprimento $\Rightarrow$ Atende!
- Relação entre altura e largura:

$0,2 < \dfrac{h_c}{b_c} = \dfrac{45}{45} = 1,0 < 5,0 \Rightarrow$ Atende!

- Cobrimentos máximos do perfil:

$c_x = 72$ mm $< 0,4\, b_f = 0,4 \times 306 = 122,4$ mm $\Rightarrow$ Atende!
$c_y = 75,5$ mm $< 0,3\, d = 0,3 \times 299 = 89,7$ mm $\Rightarrow$ Atende!

c2) Armaduras longitudinal e transversal

- Área da seção transversal da armadura longitudinal:

$0,30\% < 100\, \dfrac{A_s}{A_c} = 100 \times \dfrac{8,04}{1.917} = 0,42\% < 4,0\% \Rightarrow$ Atende!

- Espaçamento livre entre as barras da armadura longitudinal:
Espaçamento livre entre as faces: $e_l = 450 - 2(35 + 16) = 348$ mm
Espaçamento livre mínimo permitido: $e_{lp} \geq (20$ mm; 16 mm; $1,2 \times 25 = 30$ mm$) \Rightarrow e_{lp} = 30$ mm
$e_l = 348$ mm $> e_{lp} = 30$ mm $\Rightarrow$ Atende!
- Espaçamento livre entre as barras da armadura longitudinal e a face do perfil de aço:

Espaçamento livre: $e_l \cong \sqrt{\left(225 - 35 - 16 - \dfrac{306}{2}\right)^2 + \left(225 - 35 - 16 - \dfrac{299}{2}\right)^2} = 32,27$ mm

$e_l = 32,27$ mm $> e_{lp} = 30$ mm $\Rightarrow$ Atende!
- Espaçamento máximo entre os eixos das barras da armadura longitudinal:
Espaçamento máximo: $e_m = 450 - 2 \times 35 - 16 = 364$ mm
Espaçamento máximo permitido: $e_{mp} \leq (2 \times 450 = 900$ mm; 400 mm$) \Rightarrow e_{mp} = 400$ mm
$e_m = 364$ mm $< e_{mp} = 400$ mm $\Rightarrow$ Atende!

- Cobrimento da armadura longitudinal:

  $c_l = 35$ mm $> (16$ mm; 30 mm; $1,2 \times 25 = 30$ mm$) \Rightarrow$ Atende!

- Diâmetro dos estribos:

  $\phi_e = 5$ mm $\geq (5$ mm; $16/4 = 4$ mm$) \Rightarrow$ Atende!

- Espaçamento entre os estribos:

  $e_e = 180$ mm $< (200$ mm; 450 mm; $12 \times 16 = 192$ mm$) \Rightarrow$ Atende!

- Cobrimento dos estribos:

  $c_e = 35 - 5 = 30$ mm $\geq (5$ mm; 30 mm; $1,2 \times 25 = 30$ mm$) \Rightarrow$ Atende!

c3) Fator de contribuição do perfil de aço

$$N_{pl,Rd} = f_{yd} A_a + 0,85 f_{cd} A_c + f_{sd} A_s =$$
$$= 31,36 \times 100 + 0,85 \times 2,86 \times 1.917 + 43,5 \times 8,04 = 8.146 \text{ kN}$$

$$A_a f_{yd} = 100 \times 31,36 = 3.136 \text{ kN}$$

$$0,2 < \delta = \frac{A_a f_{yd}}{N_{pl,Rd}} = \frac{3.136}{8.146} = 0,38 < 0,9 \Rightarrow \text{Atende ao requisito de comportamento misto!}$$

d) Força axial de compressão resistente de cálculo

$$N_{pl,Rk} = f_y A_a + 0,85 f_{ck} A_c + f_{ys} A_s = 34,5 \times 100 + 0,85 \times 4,0 \times 1.917 + 50 \times 8,04 = 10.370 \text{ kN}$$

$$(EI)_{e,x} = E_a I_{a,x} + 0,6 E_{c,red} I_{c,x} + E_s I_{s,x} =$$
$$= 20.000 \times 16.316 + 0,6 \times 1.275 \times 322.739 + 21.000 \times 2.664 = 629.159.335 \text{ kN.cm}^2$$

$$(EI)_{e,y} = E_a I_{a,y} + 0,6 E_{c,red} I_{c,y} + E_s I_{s,y} =$$
$$= 20.000 \times 5.258 + 0,6 \times 1.275 \times 333.797 + 21.000 \times 2.664 = 416.458.705 \text{ kN.cm}^2$$

Como $(EI)_{e,y} < (EI)_{e,x}$ e $K_x L_x = K_y L_y = 350$ cm, a menor força de flambagem elástica é $N_{e,y}$. Logo:

$$N_e = N_{e,y} = \frac{\pi^2 (EI)_{e,y}}{(K_y L_y)^2} = \frac{\pi^2 \times 416.458.705}{350^2} = 33.553 \text{ kN}$$

$$\lambda_{0,m} = \sqrt{\frac{N_{pl,Rk}}{N_e}} = \sqrt{\frac{10.370}{33.553}} = 0,556 < 2,0 \Rightarrow \text{Atende!}$$

$$\lambda_{0,m} = 0,556 < 1,5 \Rightarrow \chi = 0,658^{\lambda_{0,m}^2} = 0,658^{0,556^2} = 0,879$$

$$N_{c,Rd} = \chi N_{pl,Rd} = 0,879 \times 8.146 = 7.160 \text{ kN}$$

e) Considerações complementares

Se a concretagem do pilar misto for feita com o pilar já montado, deve-se comprovar que o perfil de aço resiste isoladamente às ações aplicadas antes de o concreto atingir 75% da resistência característica à compressão especificada. Nessa situação, portanto, deve-se obter o valor da força axial de compressão solicitante de cálculo no perfil de aço, $N_{a,c,Sd}$, usando combinações últimas de ações para a fase de construção, valor este que não pode superar a força axial resistente de cálculo do perfil de aço, $N_{a,c,Rd}$, determinada de acordo com o Capítulo 7.

14.5.2 Pilar misto parcialmente revestido com concreto

Será determinada a força axial de compressão resistente de cálculo de um pilar misto birrotulado, com 3,0 m de comprimento, situado em ambiente urbano. A seção transversal é invariável ao longo do comprimento do pilar, retangular, com largura (b_c) de 300 mm e altura (h_c) de 350 mm, e composta por um perfil de aço PS 350 x 300 x 9,5 x 8 parcialmente revestido com concreto (figura a seguir). Sabe-se que o perfil possui aço USI CIVIL 350, o concreto tem resistência característica à compressão (f_{ck}) igual a 40 MPa e agregado graúdo constituído por Brita 1 de gnaisse. Como armadura longitudinal, foram usadas oito barras com diâmetro de 12,5 mm e cobrimento (distância livre até a borda do concreto ou até a face do perfil de aço) de 35 mm, em aço CA-50 e, como estribos, barras de diâmetro de 5 mm espaçadas em 150 mm.

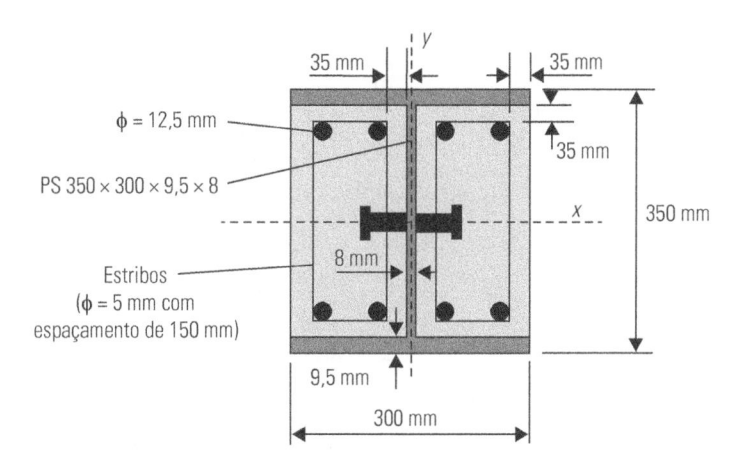

14.5.3 Introdução de carga por vigas ligadas ao pilar

No pilar misto totalmente revestido com concreto do Subitem 14.5.1, considere que duas vigas estão ligadas às mesas do perfil de aço (uma em cada mesa), introduzindo uma carga total em valor de cálculo, V_{Sd}, igual a 1.600 kN. Propõe-se determinar se existe a necessidade de serem colocados conectores de cisalhamento na região de introdução de carga e, caso esses conectores sejam necessários, determinar sua quantidade, sabendo-se que serão pino com cabeça com diâmetro de 19 mm.

a) Necessidade de conectores

- Força de cisalhamento longitudinal solicitante de cálculo na interface entre o perfil de aço e o concreto, conforme a Equação (14.18):

$$V_{l,Sd} = V_{Sd}\left(1 - \frac{f_{yd}A_g}{N_{pl,Rd}}\right) = 1.600\left(1 - \frac{31,36 \times 100}{8.146}\right) = 984 \text{ kN}$$

- Força de cisalhamento longitudinal resistente de cálculo na interface entre o perfil de aço e o concreto:
  - Da Tabela 14.2, obtém-se a tensão de cisalhamento resistente de cálculo

$$\tau_{Rd} = 0,30\left[1+0,02c_y\left(1-\frac{40}{c_y}\right)\right] = 0,30\left[1+0,02 \times 75,5\left(1-\frac{40}{75,5}\right)\right] = 0,513 \text{ MPa } (< 0,75 \text{ MPa})$$

  - Do Subitem 14.3.1, obtém-se o comprimento de introdução de carga

$$a \leq \begin{cases} 2 \times 450 = 900 \text{ mm} \\ \dfrac{3.500}{3} = 1.167 \text{ mm} \end{cases} \Rightarrow a = 900 \text{ mm}$$

  - Da Equação (14.21), obtém-se o perímetro da interface entre o perfil de aço e o concreto

$$p_s = 4b_f + 2d - 2t_w = 4 \times 306 + 2 \times 299 - 2 \times 11 = 1.800 \text{ mm}$$

  - Finalmente, da Equação (14.20), obtém-se a força resistente

$$V_{l,Rd} = \tau_{Rd}\, a p_s = 0,513 \times 1.800 \times 900 = 831.060 \text{ N} = 831,06 \text{ kN}$$

- Verificação conforme a Equação (14.19):

$$V_{l,Sd} = 984 \text{ kN} > V_{l,Rd} = 831,06 \text{ kN} \Rightarrow \text{ Não atende!}$$

Portanto, são necessários conectores de cisalhamento para efetuar a transmissão da totalidade da força.

b) Número de conectores

- Força resistente de cálculo de um conector, conforme a Equação (13.4):

$$Q_{Rd} \leq \begin{cases} \dfrac{R_g R_p A_{cs} f_{ucs}}{\gamma_{cs}} \\ \dfrac{1}{2} \dfrac{A_{cs}\sqrt{f_{ck} E_c}}{\gamma_{cs}} \end{cases}$$

$R_g = R_p = 1,0$ (conectores soldados diretamente sobre o perfil de aço)

$A_{cs} = \dfrac{\pi \times 1,9^2}{4} = 2,84 \text{ cm}^2$

$f_{ucs} = 415 \text{ MPa} = 41,5 \text{ kN/cm}^2$

$$Q_{Rd} \leq \begin{cases} \dfrac{1,0 \times 1,0 \times 2,84 \times 41,5}{1,25} = 94,29 \text{ kN} \\ \dfrac{1}{2} \dfrac{2,84\sqrt{4,0 \times 3.188}}{1,25} = 128,28 \text{ kN} \end{cases} \Rightarrow Q_{Rd} = 94,29 \text{ kN}$$

- Quantidade de conectores, conforme a Equação (14.23):

$n = \dfrac{V_{l,Sd}}{Q_{Rd}} = \dfrac{984}{94,29} = 10,44$

c) Espaçamento dos conectores

- Espaçamento longitudinal mínimo de acordo com o Subitem 13.6.5:

$6\, d_{cs} = 6 \times 19 = 114 \text{ mm}$

- Espaçamento transversal mínimo de acordo com o Subitem 13.6.5:

$4\, d_{cs} = 4 \times 19 = 76 \text{ mm}$

d) Verificação do perfil de aço quanto à plastificação localizada

Conforme a Equação (14.24):

$V_{Sd} \leq A_a f_{yd} \Rightarrow 1.600 \text{ kN} < 100 \times 31,82 = 3.182 \text{ kN} \Rightarrow$ Atende!

e) Localização dos conectores

Os conectores de cisalhamento devem ser posicionados em um comprimento de 900 mm (comprimento de introdução de carga) a partir da extremidade superior da ligação das vigas com o perfil de aço, no sentido descendente.

f) Projeto da solução

Optou-se por colocar os 12 conectores de cisalhamento na alma do perfil, 6 de cada lado, obedecendo-se aos espaçamentos transversal e longitudinal mínimos de 76 mm e 114 mm, respectivamente, calculados anteriormente no tópico *c*. É interessante observar que a colocação na alma é possível, uma vez que o diâmetro dos conectores, igual a 19 mm, não é maior que 2,5 vezes a espessura da alma, igual a $2,5 \times 11 = 27,5$ mm. A figura a seguir mostra a solução adotada, observando-se que:

- usou-se para espaçamento transversal o valor de 80 mm;
- para espaçamento longitudinal usou-se o valor de 225 mm, apenas para haver conectores ao longo da altura da ligação das vigas com o pilar (não se trata de uma exigência);
- a posição dos conectores dispostos dos dois lados da alma sofreu uma defasagem igual a dois diâmetros desses elementos, para evitar grande concentração de tensões no mesmo ponto da alma.

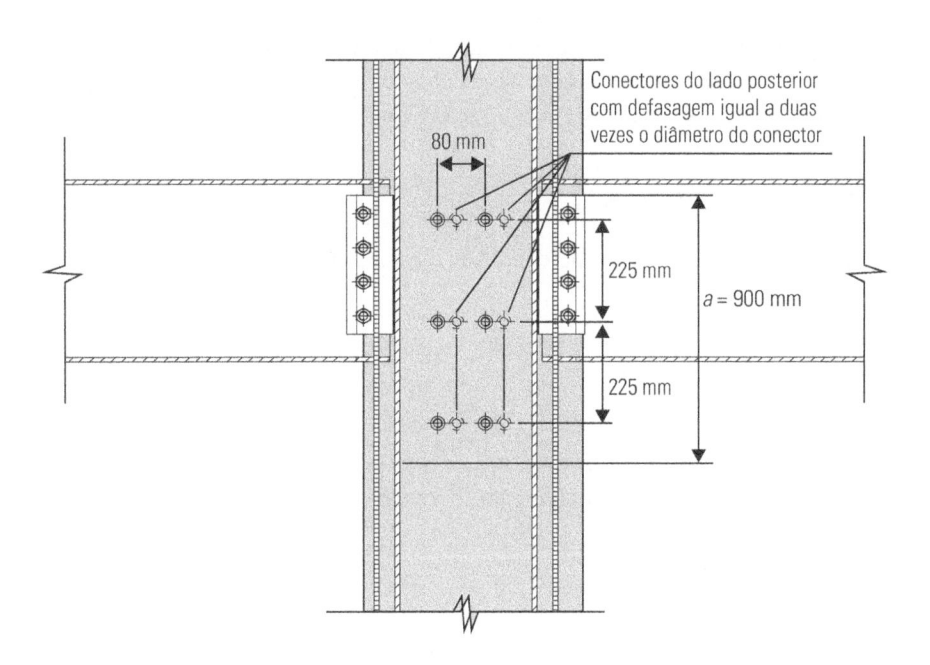

No comprimento de introdução de carga a, igual a 900 mm, mostrado na figura anterior, o espaçamento entre os estribos deve ser reduzido para 90 mm, metade do valor utilizado no restante do pilar (tópico c do Subitem 14.5.1).

14.5.4 Introdução de carga por interrupção das barras de armaduras

Para o pilar misto parcialmente preenchido do exemplo do Subitem 14.5.2, foi projetada uma base, conforme mostra a figura a seguir. Propõe-se determinar a quantidade de conectores pino com cabeça com diâmetro igual a 19 mm necessária para transferir a força axial de compressão solicitante de cálculo das barras de armadura para duas chapas de aço adicionais, posicionadas uma de cada lado da alma do perfil de aço, soldadas nessa alma e na placa de base, com aço com resistência ao escoamento de 350 MPa. A concretagem do pilar será executada com o perfil de aço na posição vertical, após sua montagem.

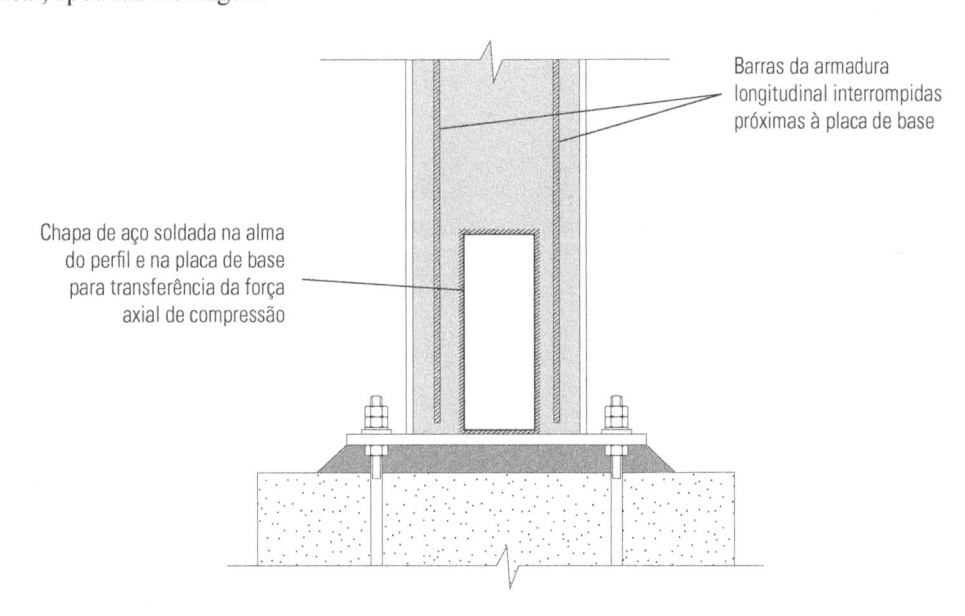

a) Número de conectores

- Força de cisalhamento a ser transferida pelas duas chapas de aço:

A força de compressão das barras da armadura longitudinal interrompida deve passar para as chapas de aço por meio de conectores de cisalhamento. O esforço de cisalhamento na interface entre as chapas de aço e o concreto, que deve ser transferido para as chapas de aço, pode ser considerado igual à força de compressão resistente de cálculo das barras de armadura:

$$V_{l,Sd} = f_{sd} A_s = 43{,}5 \times 9{,}82 = 427{,}17 \text{ kN}$$

- Força resistente de cálculo de um conector, conforme a Equação (13.4):

$$Q_{Rd} \leq \begin{cases} \dfrac{R_g R_p A_{cs} f_{ucs}}{\gamma_{cs}} \\ \dfrac{1}{2} \dfrac{A_{cs}\sqrt{f_{ck} E_c}}{\gamma_{cs}} \end{cases}$$

$R_g = R_p = 1{,}0$ (conectores soldados diretamente sobre o perfil de aço)

$A_{cs} = \dfrac{\pi \times 1{,}9^2}{4} = 2{,}84 \text{ cm}^2$

$f_{ucs} = 415 \text{ MPa} = 41{,}5 \text{ kN/cm}^2$

$$Q_{Rd} \leq \begin{cases} \dfrac{1{,}0 \times 1{,}0 \times 2{,}84 \times 41{,}5}{1{,}25} = 94{,}29 \text{ kN} \\ \dfrac{1}{2} \dfrac{2{,}84\sqrt{4{,}0 \times 3.188}}{1{,}25} = 128{,}28 \text{ kN} \end{cases} \Rightarrow Q_{Rd} = 94{,}29 \text{ kN}$$

- Quantidade de conectores, conforme a Equação (14.23), para transferir a força das barras da armadura para as chapas de aço:

$$n = \dfrac{V_{l,Sd}}{Q_{Rd}} = \dfrac{427{,}17}{94{,}29} = 4{,}53 \Rightarrow \text{usar 6 conectores (3 em cada chapa de aço)}$$

b) Espaçamento longitudinal mínimo dos conectores

De acordo com o Subitem 13.6.5:

$6 \, d_{cs} = 6 \times 19 = 114 \text{ mm}$

c) Verificação das chapas de aço

Projetando as chapas de aço com largura de 150 mm e espessura de 8 mm e tendo em vista que o único estado-limite último aplicável a essas chapas é o escoamento da seção transversal, vem:

$$f_{yd} A_{ch} = 31{,}82 \times 2(0{,}8 \times 15) = 763{,}68 \text{ kN} > V_{l,Sd} = 427{,}17 \text{ kN} \Rightarrow \text{Atende!}$$

d) Comprimento de introdução de carga e comprimento de ancoragem

De acordo com o Subitem 14.3.1, o comprimento de introdução de carga (*a*) é dado pelo menor valor entre duas vezes a menor dimensão do pilar e 1/3 da distância entre pontos de introdução de carga (no caso, supondo que se trate de pilar de um edifício de andares múltiplos com altura dos andares de 3,0 m, essa distância será considerada igual a 3,0 m). Logo:

$$a \leq \begin{cases} 2 \times 300 = 600 \text{ mm} \\ \dfrac{3.000}{3} = 1.000 \text{ mm} \end{cases} \Rightarrow a = 600 \text{ mm}$$

A distância entre o primeiro e o último conector, na direção da barra de armadura, deve ser igual ou superior ao comprimento de ancoragem das barras da armadura longitudinal, conforme a Equação (14.25), dada por:

$$\ell_b = \frac{\phi}{4}\left[\frac{f_{sd}}{2,25\,\eta\,\dfrac{0,21 f_{ck}^{2/3}}{\gamma_c}}\right] = \frac{12,5}{4}\left[\frac{435}{2,25 \times 1,0 \times \dfrac{0,21 \times 40^{2/3}}{1,4}}\right] = 344,37\,\text{mm}$$

Notar que foi adotado η igual a 1,0, pelo fato de a concretagem do pilar ser executada com o perfil de aço na posição vertical, após sua montagem (situação de boa aderência). O valor obtido de ℓ_b pode ser utilizado, uma vez que supera 100 mm, e, também, 10ϕ, que resulta em 125 mm. Evidentemente, a distância do primeiro ao último conector, além de ser igual ou superior a ℓ_b, não pode ser maior que o comprimento de introdução de carga, igual a 600 mm, medido a partir da face superior da placa de base.

e) Projeto da solução

Optou-se por colocar seis conectores de cisalhamento, três em cada chapa de aço, com espaçamento longitudinal de 175 mm, o que obedece à condição de mínimo de 114 mm, calculado anteriormente no tópico *b*. Além disso, permite que todos os conectores fiquem dentro do comprimento de introdução de carga e leva a uma distância do primeiro ao último conector superior ao comprimento de ancoragem das barras da armadura longitudinal. É interessante observar que a fixação dos conectores nas chapas é possível, uma vez que o diâmetro dos conectores, igual a 19 mm, não é maior que 2,5 vezes a espessura das chapas, igual a 2,5 × 8 = 20 mm. A figura a seguir mostra a solução adotada:

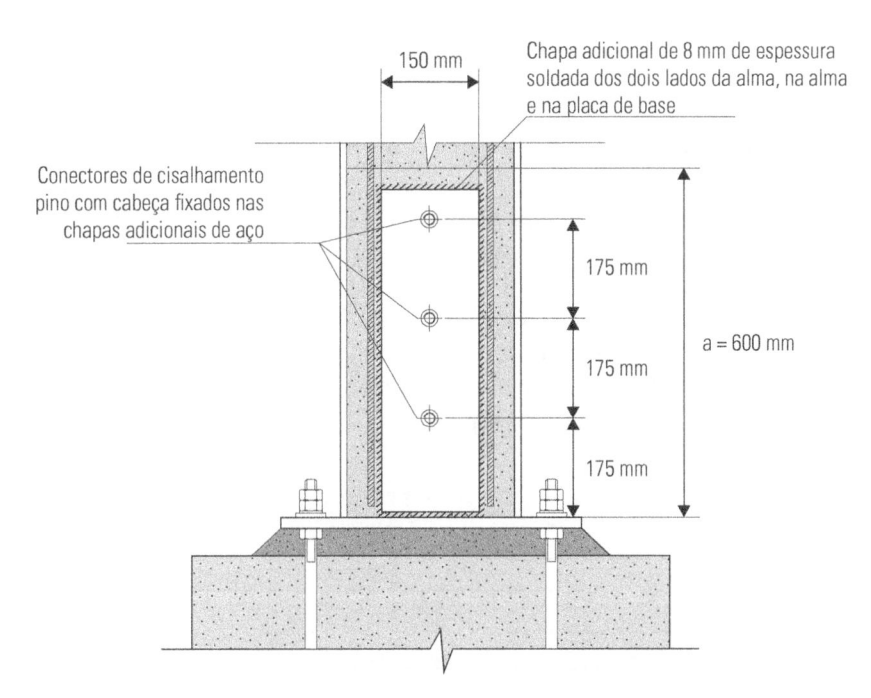

No comprimento de introdução de carga *a*, com 600 mm de comprimento, mostrado na figura anterior, o espaçamento entre os estribos deve ser reduzido para 75 mm, metade do valor utilizado no restante do pilar (tópico *c2* do Subitem 14.5.2, que se encontra no site de apoio).

14.5.5 Emenda das barras da armadura longitudinal

No pilar misto parcialmente preenchido do Subitem 14.5.4, supor agora que as barras da armadura longitudinal penetram no bloco de concreto da fundação através de furos na placa de base, de modo similar ao mostrado na Figura 14.11, dispensando-se, portanto, as chapas de aço para transferência da força axial de compressão, como se vê na figura seguinte. Será projetada uma emenda para essas barras, de modo a assegurar a continuidade da armadura, acima da placa de base.

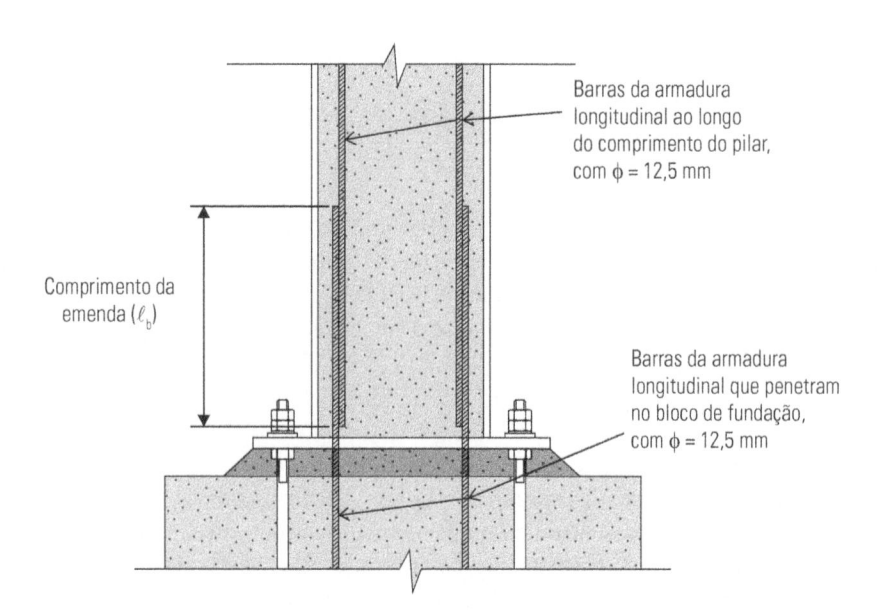

Solução

O comprimento da emenda deve ser, no mínimo, igual ao comprimento de ancoragem das barras da armadura longitudinal (ℓ_b), determinado como no Subitem 14.5.4, portanto, igual a 344,37 mm. A distância livre entre as barras emendadas não pode ser superior a 4ϕ, ou seja, não pode superar 4 vezes 12,5 mm, o que resulta em 50 mm. No caso, optou-se por fazer o comprimento da emenda igual a 360 mm e, em um procedimento bastante comum na prática, por deixar nula a distância livre entre as barras emendadas.

Os estribos desse pilar misto foram definidos no Subitem 14.5.2, com diâmetro de 5 mm e espaçamento máximo de 150 mm. Nos terços extremos da emenda em estudo, foram colocados 3 estribos, conforme recomendação dada no Item 14.4, que ficaram espaçados entre si de 50 mm. Um estribo foi posicionado a uma distância de 4ϕ (4 × 12,5 = 50 mm) das extremidades da emenda, e a distância entre esse estribo e o mais próximo situado no interior da emenda, que não pode ser maior que 150 mm, foi projetada igual a 70 mm. Notar que a condição de espaçamento máximo de 150 mm entre os estribos foi mantida em todo o comprimento da emenda.

A solução final encontrada é mostrada na figura seguinte:

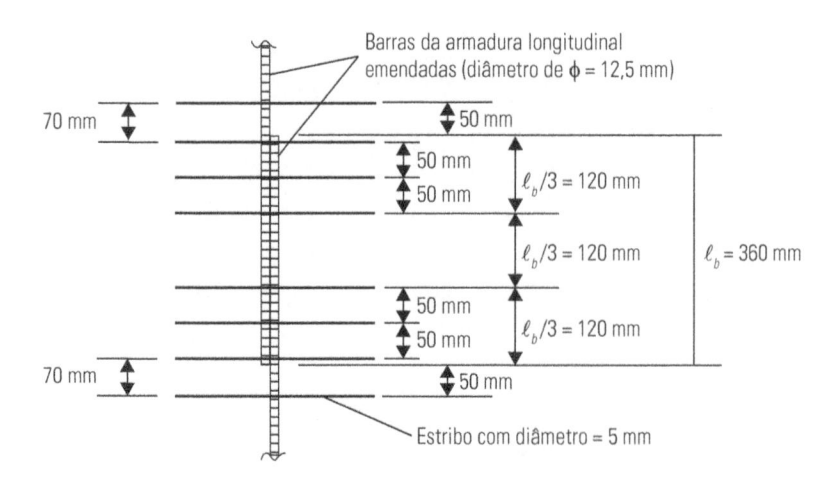

Ressalta-se que as barras da armadura longitudinal devem ter comprimento mínimo igual a ℓ_b, ou seja, 344,37 mm, no interior do bloco de fundação.

Bibliografia

ABNT NBR 8800:2008. *Projeto de estruturas de aço e de estruturas mistas de aço e concreto de edifícios*. Rio de Janeiro: ABNT, 2008.

ABNT NBR 6118:2014. *Projeto de estruturas de concreto*. Rio de Janeiro: ABNT, 2014.

ARAÚJO, J. M. *Curso de concreto armado* Vol. 1. Rio Grande: Dunas, 2003 (Capítulo 7: Ancoragem e Emendas das Barras da Armadura).

GIONGO, J. S. *Concreto armado: ancoragem por aderência*. Universidade de São Paulo, Escola de Engenharia de São Carlos, Departamento de Engenharia de Estruturas, 2006.

JOHNSON, R. P. *Composite structures of steel and concrete*. Oxford: Blackwell Publishing, 2004 (Chapter 5: Composite columns and frames).

QUEIROZ, G.; PIMENTA, R. J.; MARTINS, A. G. *Estruturas mistas* Vol. 1. Rio de Janeiro: IABr/CBCA, 2010. Série "Manual de Construção em Aço" (Capítulo 1: Introdução; Capítulo 2: Conectores de cisalhamento; Capítulo 3: Pilares mistos).

QUEIROZ, G.; PIMENTA, R. J.; MATA, L. A. C. *Elementos das estruturas mistas aço-concreto*. Belo Horizonte: O Lutador, 2001 (Capítulo 1: Introdução; Capítulo 2: Informações básicas; Capítulo 3: Conectores de cisalhamento; Capítulo 6: Pilares mistos).

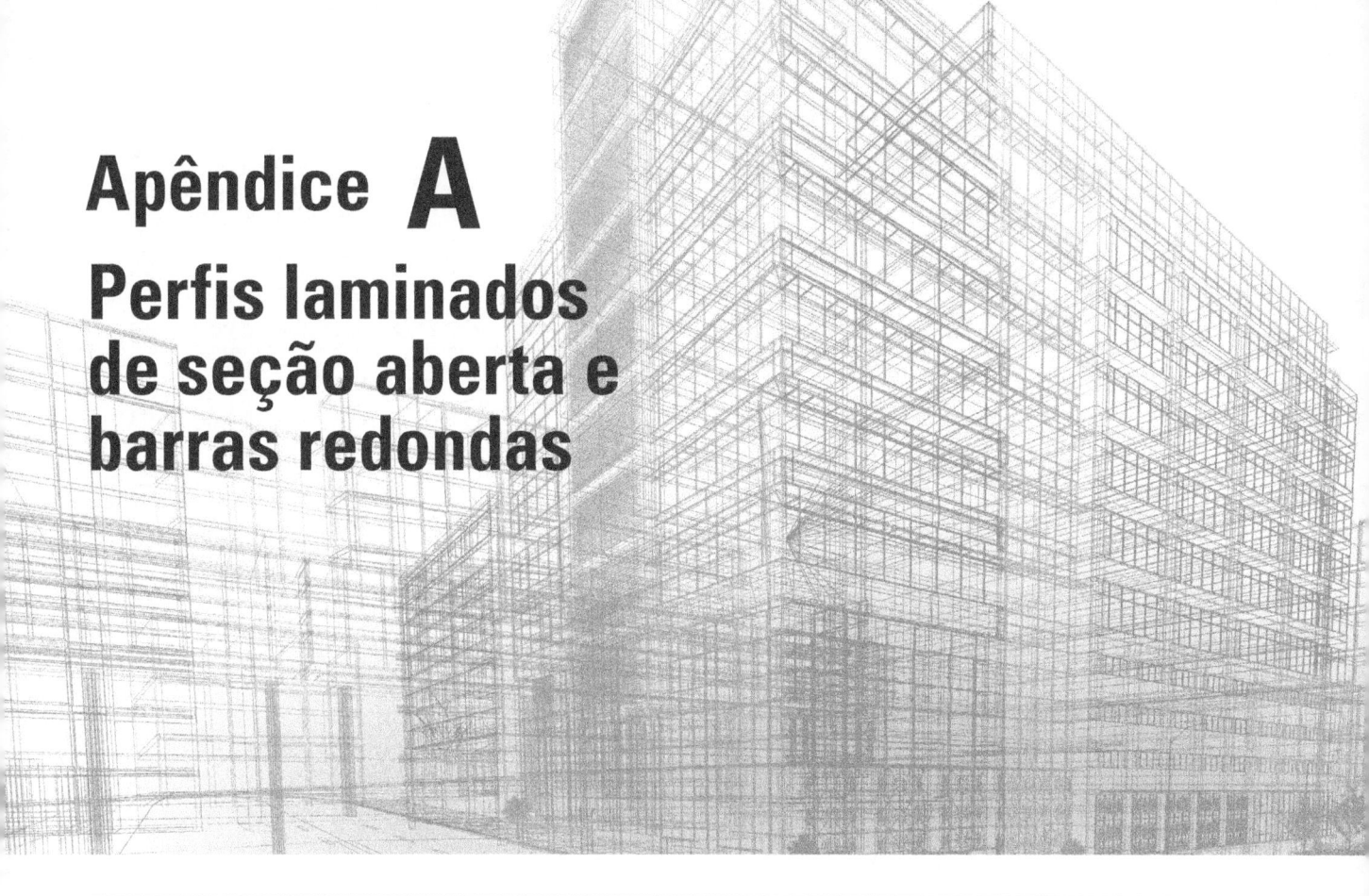

Apêndice A
Perfis laminados de seção aberta e barras redondas

A.1 Perfis I de faces inclinadas

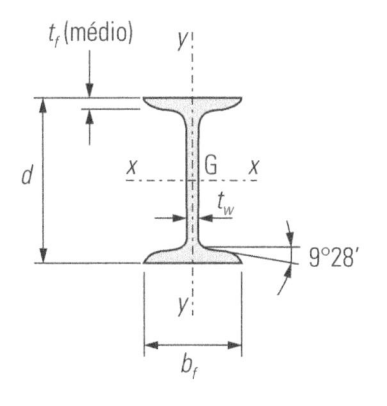

- d = altura
- b_f = largura das mesas
- t_f = espessura média das mesas
- t_w = espessura da alma
- A_g = área bruta
- I_x = momento de inércia em relação ao eixo x
- W_x = módulo de resistência elástico em relação ao eixo x
- r_x = raio de giração em relação ao eixo x
- Z_x = módulo de resistência plástico em relação ao eixo x
- I_y = momento de inércia em relação ao eixo y
- W_y = módulo de resistência elástico em relação ao eixo y
- r_y = raio de giração em relação ao eixo y
- Z_y = módulo de resistência plástico em relação ao eixo y
- J = constante de torção
- C_w = constante de empenamento

Designação (mm x kg/m)	d (mm)	b_f (mm)	t_w (mm)	t_f (mm)	A_g (cm²)	Massa (kg/m)	Eixo x I_x (cm⁴)	W_x (cm³)	r_x (cm)	Z_x (cm³)	Eixo y I_y (cm⁴)	W_y (cm³)	r_y (cm)	Z_y (cm³)	J (cm⁴)	C_w (cm⁶)
I 76,2 x 8,45	76,2	59,2	4,32	6,6	10,8	8,45	105,1	27,6	3,12	31,5	18,9	6,41	1,33	11,9	1,90	226
I 76,2 x 9,68	76,2	61,2	6,38	6,6	12,3	9,68	112,6	29,6	3,02	34,4	21,3	6,95	1,31	13,0	2,40	245
I 76,2 x 11,2	76,2	63,7	8,86	6,6	14,2	11,2	121,8	32,0	2,93	38,1	24,4	7,67	1,31	14,6	3,40	268
I 101,6 x 11,4	101,6	67,6	4,83	7,4	14,5	11,4	252	49,7	4,17	56,2	31,7	9,37	1,48	17,4	3,50	731
I 101,6 x 12,7	101,6	69,2	6,43	7,4	16,1	12,7	266	52,4	4,06	60,3	34,3	9,91	1,46	18,6	4,10	773
I 101,6 x 14,1	101,6	71,0	8,28	7,4	18,0	14,1	283	55,6	3,96	65,1	37,6	10,6	1,45	20,1	5,10	823
I 101,6 x 15,6	101,6	72,9	10,16	7,4	19,9	15,6	299	58,9	3,87	70,0	41,2	11,3	1,44	21,9	6,70	874
I 127,0 x 14,8	127,0	76,2	5,33	8,3	18,8	14,8	511	80,4	5,21	91,3	50,2	13,2	1,63	24,4	4,50	1.700
I 127,0 x 18,2	127,0	79,7	8,81	8,3	23,2	18,2	570	89,8	4,95	105	58,6	14,7	1,59	28,5	6,80	1.880
I 127,0 x 22,0	127,0	83,4	12,55	8,3	28,0	22,0	634	99,8	4,76	120	69,1	16,6	1,57	33,2	12,20	2.080
I 152,4 x 18,5	152,4	84,6	5,84	9,1	23,6	18,5	919	120,6	6,24	137	75,7	17,9	1,79	33,7	8,50	4.140
I 152,4 x 22,0	152,4	87,5	8,71	9,1	28,0	22,0	1.003	131,7	5,99	153	84,9	19,4	1,74	37,4	10,9	4.480
I 152,4 x 25,7	152,4	90,6	11,80	9,1	32,7	25,7	1.095	143,7	5,79	171	96,2	21,2	1,72	44,0	15,9	4.850
I 203,2 x 27,3	203,2	101,6	6,86	10,8	34,8	27,3	2.400	236,0	8,30	268	155	30,5	2,11	57,9	15,5	14.700
I 203,2 x 30,5	203,2	103,6	8,86	10,8	38,9	30,5	2.540	250,0	8,08	288	166	32,0	2,07	61,5	18,1	15.400
I 203,2 x 34,3	203,2	105,9	11,20	10,8	43,7	34,3	2.700	266,0	7,86	312	179	33,9	2,03	66.3	23,0	16.200
I 203,2 x 38,0	203,2	108,3	13,51	10,8	48,3	38,0	2.860	282,0	7,69	336	194	35,8	2,00	71,6	30,3	17.000
I 254,0 x 37,7	254,0	118,4	7,9	12,5	48,1	37,7	5.140	405,0	10,3	461	282	47,7	2,42	91,2	28,9	42.900
I 254,0 x 44,7	254,0	121,8	11,4	12,5	56,9	44,7	5.610	442,0	9,93	517	312	51,3	2,34	100,2	37,4	45.900
I 254,0 x 52,1	254,0	125,6	15,1	12,5	66,4	52,1	6.120	482,0	9,60	577	348	55,4	2,29	111,6	54,4	49.200
I 254,0 x 59,6	254,0	129,3	18,8	12,5	75,9	59,6	6.630	522,0	9,35	637	389	60,1	2,26	124,7	82,3	52.500
I 304,8 x 60,6	304,8	133,4	11,7	16,7	77,3	60,6	11.330	743,0	12,1	857	563	84,5	2,70	157,9	75,8	117.000
I 304,8 x 67,0	304,8	136,0	14,4	16,7	85,4	67,0	11.960	785,0	11,8	920	603	88,7	2,66	168,5	90,1	123.000
I 304,8 x 74,4	304,8	139,1	17,4	16,7	94,8	74,4	12.690	833,0	11,6	990	654	94,0	2,63	182,1	120	135.000
I 304,8 x 81,9	304,8	142,2	20,6	16,7	104,3	81,9	13.430	881,0	11,3	1.064	709	99,7	2,61	197,6	155	142.000
I 381,0 x 63,9	381,0	139,7	10,4	15,8	80,6	63,3	18.580	975,0	15,2	1.124	598	85,7	2,73	163,6	49,8	240.400
I 381,0 x 66,5	381,0	140,8	11,5	15,8	84,7	66,5	19.070	1.001	15,0	1.163	614	87,3	2,70	168,2	54,7	246.500
I 381,0 x 73,9	381,0	143,3	14,0	15,8	94,2	73,9	20.220	1.061	14,7	1.254	653	91,2	2,63	179,3	69,6	261.000
I 381,0 x 81,4	381,0	145,7	16,5	15,8	103,6	81,4	21.370	1.122	14,4	1.344	696	95,5	2,59	191,5	90,6	275.900
I 457,2 x 81,4	457,2	152,4	11,7	17,6	103,7	81,4	33.460	1.464	18,0	1.700	867	113,7	2,89	218,8	105	426.000
I 457,2 x 89,3	457,2	154,6	13,9	17,6	113,8	89,3	35.220	1.541	17,6	1.815	912	117,9	2,83	230,7	122	441.000
I 457,2 x 96,3	457,2	156,7	16,0	17,6	123,3	96,3	36.880	1.613	17,3	1.925	957	122,1	2,79	243,1	144	455.000
I 457,2 x 104,3	457,2	158,8	18,1	17,6	132,8	104,3	38.540	1.686	17,0	2.034	1.004	126,5	2,75	256,5	173	469.000
I 508,0 x 121,2	508,0	177,8	15,2	23,3	154,4	121,2	61.640	2.430	20,0	2.817	1.872	211	3,48	394,9	243	1.050.000
I 508,0 x 126,6	508,0	179,1	16,6	23,3	161,3	126,6	63.110	2.480	19,8	2.906	1.922	215	3,45	405,5	261	1.070.000
I 508,0 x 134,0	508,0	181,0	18,4	23,3	170,7	134,0	65.140	2.560	19,5	3.023	1.993	220	3,42	420,7	329	1.180.000
I 508,0 x 141,5	508,0	182,9	20,3	23,3	180,3	141,5	67.190	2.650	19,3	3.146	2.070	226	3,39	437,3	366	1.210.000
I 508,0 x 148,9	508,0	184,7	22,2	23,3	189,7	148,9	69.220	2.730	19,1	3.267	2.140	232	3,36	454,3	410	1.240.000

Nota: Z_x e Z_y de todos os perfis e J e C_w dos perfis I 381 foram determinados com base na espessura média das mesas.

A.2 Perfis U

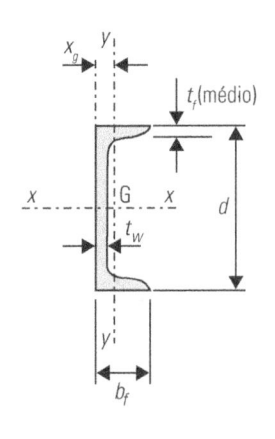

d = altura
b_f = largura das mesas
t_f = espessura média das mesas
t_w = espessura da alma
x_g = posição do centro geométrico G na direção do x
A_g = área bruta
I_x = momento de inércia em relação ao eixo x
W_x = módulo de resistência elástico em relação ao eixo x
r_x = raio de giração em relação ao eixo x
Z_x = módulo de resistência plástico em relação ao eixo x
I_y = momento de inércia em relação ao eixo y
W_y = módulo de resistência elástico em relação ao eixo y
r_y = raio de giração em relação ao eixo y
Z_y = módulo de resistência plástico em relação ao eixo y
J = constante de torção
C_w = constante de empenamento

Designação (mm x kg/m)	d (mm)	b_f (mm)	t_w (mm)	t_f (mm)	x_g (mm)	A_g (cm²)	Massa (kg/m)	Eixo x				Eixo y				J (cm⁴)	C_w (cm⁶)
								I_x (cm⁴)	W_x (cm³)	r_x (cm)	Z_x (cm³)	I_y (cm⁴)	W_y (cm³)	r_y (cm)	Z_y (cm³)		
U 76,2 x 6,11	76,2	35,8	4,32	6,9	11,1	7,78	6,11	68,9	18,1	2,98	21,3	8,2	3,32	1,03	7,35	1,1	65,4
U 76,2 x 7,44	76,2	38,0	6,55	6,9	11,1	9,48	7,44	77,2	20,3	2,85	24,5	10,3	3,82	1,04	8,45	1,5	78,4
U 76,2 x 8,93	76,2	40,5	9,04	6,9	11,6	11,4	8,93	86,3	22,7	2,75	28,2	12,7	4,39	1,06	9,73	3,1	104
U 101,6 x 7,95	101,6	40,1	4,57	7,5	11,6	10,1	7,95	159,5	31,4	3,97	36,9	13,1	4,61	1,14	10,5	1,4	193
U 101,6 x 9,30	101,6	41,8	6,27	7,5	11,5	11,9	9,30	174,4	34,3	3,84	41,3	15,5	5,10	1,14	11,4	2,6	251
U 101,6 x 10,80	101,6	43,7	8,13	7,5	11,7	13,7	10,80	190,6	37,5	3,73	46,1	18,0	5,61	1,15	12,6	3,5	283
U 152,4 x 12,20	152,4	48,8	5,08	8,7	13,0	15,5	12,20	546	71,7	5,94	84,2	28,8	8,16	1,36	18,6	2,9	1.040
U 152,4 x 15,60	152,4	51,7	7,98	8,7	12,7	19,9	15,60	632	82,9	5,63	101	36,0	9,24	1,34	21,1	5,9	1.420
U 152,4 x 19,40	152,4	54,8	11,1	8,7	13,1	24,7	19,40	724	95,0	5,42	119	43,9	10,5	1,33	24,6	9,6	1.610
U 152,4 x 23,10	152,4	57,9	14,2	8,7	13,8	29,4	23,10	815	107,0	5,27	137	52,4	11,9	1,33	28,7	18,4	2.040
U 203,2 x 17,10	203,2	57,4	5,59	9,9	14,5	21,8	17,10	1.356	133,4	7,89	157	54,9	12,8	1,59	29,7	5,9	3.880
U 203,2 x 20,50	203,2	59,5	7,70	9,9	14,1	26,1	20,50	1.503	147,9	7,60	179	63,6	14,0	1,56	32,2	7,7	4.420
U 203,2 x 24,20	203,2	61,8	10,03	9,9	14,0	30,8	24,20	1.667	164,0	7,35	203	72,9	15,3	1,54	35,5	11,9	5.160
U 203,2 x 27,90	203,2	64,2	12,37	9,9	14,4	35,6	27,90	1.830	180,1	7,17	227	82,5	16,6	1,52	39,4	17,7	5.720
U 203,2 x 31,60	203,2	66,5	14,71	9,9	14,9	40,3	31,60	1.990	196,2	7,03	251	92,6	17,9	1,52	43,8	26,4	6.250
U 254,0 x 22,70	254,0	66,0	6,10	11,1	16,1	29,0	22,70	2.800	221	9,84	260	95,1	19,0	1,81	44,5	9,9	10.900
U 254,0 x 29,80	254,0	69,6	9,63	11,1	15,4	37,9	29,80	3.290	259	9,31	317	117,0	21,6	1,76	50,5	15,1	13.100
U 254,0 x 37,20	254,0	73,3	13,40	11,1	15,7	47,4	37,20	3.800	299	8,95	378	139,7	24,3	1,72	58,4	29,5	16.300
U 254,0 x 44,70	254,0	77,0	17,10	11,1	16,5	56,9	44,70	4.310	339	8,70	437	164,2	27,1	1,70	68,0	51,5	18.400
U 254,0 x 52,10	254,0	80,8	20,80	11,1	17,6	66,4	52,10	4.820	379	8,52	497	191,7	30,4	1,70	79,5	89,0	22.400
U 304,8 x 30,70	304,8	74,7	7,11	12,7	17,7	39,1	30,70	5.370	352	11,7	416	161,1	28,3	2,03	65,6	17,8	27.100
U 304,8 x 37,20	304,8	77,4	9,83	12,7	17,1	47,4	37,20	6.010	394	11,3	479	186,1	30,9	1,98	71,4	23,3	30.900
U 304,8 x 44,70	304,8	80,5	13,00	12,7	17,1	56,9	44,70	6.750	443	10,9	552	214	33,7	1,94	79,5	35,3	35.000
U 304,8 x 52,10	304,8	83,6	16,10	12,7	17,6	66,4	52,10	7.480	491	10,6	624	242	36,7	1,91	89,0	58,1	40.900
U 304,8 x 59,60	304,8	86,7	19,20	12,7	18,3	75,9	59,60	8.210	539	10,4	696	273	39,8	1,90	100,0	87,7	44.800
U 381,0 x 50,40	381,0	86,4	10,20	16,5	20,0	64,2	50,40	13.100	688	14,3	828	338	51,0	2,30	114,4	43,3	84.500
U 381,0 x 52,10	381,0	86,9	10,70	16,5	19,9	66,4	52,10	13.360	701	14,2	847	347	51,8	2,29	116,0	45,5	86.500
U 381,0 x 59,50	381,0	89,4	13,20	16,5	19,8	75,8	59,50	14.510	762	13,8	937	387	55,2	2,25	124,8	58,5	95.100
U 381,0 x 67,00	381,0	91,9	15,70	16,5	19,9	85,3	67,00	15.650	822	13,5	1.028	421	58,5	2,22	134,9	83,3	108.000
U 381,0 x 74,40	381,0	94,4	18,20	16,5	20,3	94,8	74,40	16.800	882	13,3	1.119	460	62,0	2,20	146,1	110,0	116.000
U 381,0 x 81,90	381,0	96,9	20,70	16,5	22,1	104,8	81,90	17.950	942	13,1	1.209	498	66,5	2,18	158,5	155,0	132.000

Nota: Z_x e Z_y foram determinados com base na espessura média das mesas.

A.3 Cantoneiras de abas iguais

A.3.1 Série baseada em polegadas

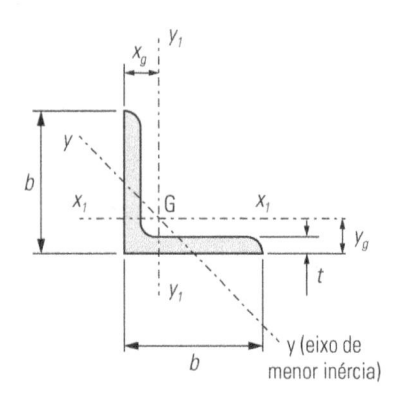

b = largura das abas
t = espessura das abas
x_g = posição do centro geométrico G na direção do eixo x1
y_g = posição do centro geométrico G na direção do eixo y1
A_g = área bruta
I_{x1} = momento de inércia em relação ao eixo x1
W_{x1} = módulo de resistência elástico em relação ao eixo x1
Z_{x1} = módulo de resistência plástico em relação ao eixo x1
r_{x1} = raio de giração em relação ao eixo x1
I_{y1} = momento de inércia em relação ao eixo y1
W_{y1} = módulo de resistência elástico em relação ao eixo y1
r_{y1} = raio de giração em relação ao eixo y1
r_y = raio de giração em relação ao eixo y (mínimo)
J = constante de torção

Designação (mm x mm)	b (mm)	t (mm)	$x_g = y_g$ (mm)	A_g (cm²)	Massa (kg/m)	$I_{x1} = I_{y1}$ (cm⁴)	$W_{x1} = W_{y1}$ (cm³)	$Z_{x1} = Z_{y1}$ (cm³)	$r_{x1} = r_{y1}$ (cm)	r_y (cm)	J (cm⁴)
L 12,70 x 3,17	12,70	3,17	4,3	0,70	0,55	0,10	0,11	0,21	0,37	0,25	0,024
L 15,88 x 3,17	15,88	3,17	5,1	0,90	0,71	0,20	0,19	0,33	0,47	0,37	0,030
L 19,05 x 3,17	19,05	3,17	5,9	1,11	0,87	0,36	0,27	0,49	0,57	0,38	0,037
L 22,20 x 3,17	22,20	3,17	6,6	1,32	1,04	0,58	0,38	0,69	0,66	0,46	0,044
L 25,40 x 3,17	25,40	3,17	7,6	1,48	1,19	0,83	0,49	0,91	0,79	0,48	0,051
L 25,40 x 4,76	25,40	4,76	8,1	2,19	1,73	1,25	0,66	1,30	0,76	0,48	0,17
L 25,40 x 6,35	25,40	6,35	8,6	2,84	2,22	1,66	0,98	1,65	0,76	0,48	0,38
L 31,75 x 3,17	31,75	3,17	8,9	1,95	1,50	1,67	0,82	1,45	0,97	0,64	0,064
L 31,75 x 4,76	31,75	4,76	9,7	2,77	2,20	2,50	1,15	2,09	0,97	0,61	0,21
L 31,75 x 6,35	31,75	6,35	10,2	3,62	2,86	3,33	1,47	2,68	0,94	0,61	0,49
L 38,10 x 3,17	38,10	3,17	10,7	2,32	1,83	3,33	1,15	2,12	1,17	0,76	0,078
L 38,10 x 4,76	38,10	4,76	11,2	3,42	2,68	4,58	1,64	3,07	1,17	0,74	0,26
L 38,10 x 6,35	38,10	6,35	11,9	4,45	3,48	5,83	2,13	3,96	1,15	0,74	0,60
L 44,45 x 3,17	44,45	3,17	12,2	2,71	2,14	5,41	1,64	2,92	1,40	0,89	0,091
L 44,45 x 4,76	44,45	4,76	13,0	4,00	3,15	7,50	2,30	4,25	1,37	0,89	0,30
L 44,45 x 6,35	44,45	6,35	13,5	5,22	4,12	9,57	3,13	5,50	1,35	0,86	0,70
L 50,80 x 3,17	50,80	3,17	14,0	3,10	2,46	7,91	2,13	3,85	1,60	1,02	0,10
L 50,80 x 4,76	50,80	4,76	14,5	4,58	3,63	11,70	3,13	5,62	1,58	1,02	0,35
L 50,80 x 6,35	50,80	6,35	15,0	6,06	4,74	14,60	4,10	7,29	1,55	0,99	0,81
L 50,80 x 7,94	50,80	7,94	15,5	7,42	5,83	17,50	4,91	8,87	1,53	0,99	1,56
L 50,80 x 9,52	50,80	9,52	16,3	8,76	6,99	20,00	5,73	10,37	1,50	0,99	2,65

(continua)

(*continuação*)

L 63,50 x 4,76	63,50	4,76	17,5	5,80	4,57	23,00	4,91	8,93	1,98	1,24	0,44
L 63,50 x 6,35	63,50	6,35	18,3	7,67	6,10	29,00	6,40	11,64	1,96	1,24	1,03
L 63,50 x 7,94	63,50	7,94	18,8	9,48	7,44	35,00	7,87	14,24	1,93	1,24	1,98
L 63,50 x 9,52	63,50	9,52	19,3	11,16	8,76	41,00	9,35	16,72	1,91	1,22	3,38
L 76,20 x 4,76	76,20	4,76	20,8	7,03	5,52	40,00	7,21	13,01	2,39	1,50	0,53
L 76,20 x 6,35	76,20	6,35	21,3	9,29	7,29	50,00	9,50	17,02	2,36	1,50	1,25
L 76,20 x 7,94	76,20	7,94	22,1	11,48	9,07	62,00	11,60	20,89	2,34	1,50	2,41
L 76,20 x 9,52	76,20	9,52	22,6	13,61	10,71	75,00	13,60	24,59	2,31	1,47	4,11
L 76,20 x 12,70	76,20	12,70	23,6	17,74	14,00	91,00	18,00	31,66	2,29	1,47	9,54
L 88,90 x 6,35	88,90	6,35	24,6	10,90	8,56	83,70	13,00	23,42	2,77	1,76	1,46
L 88,90 x 7,94	88,90	7,94	25,2	13,50	10,59	102,00	16,00	28,81	2,75	1,75	2,83
L 88,90 x 9,52	88,90	9,52	25,8	16,00	12,58	121,00	19,20	34,00	2,75	1,75	4,84
L 101,60 x 6,35	101,60	6,35	27,7	12,51	9,81	125,00	16,40	30,85	3,17	2,00	1,68
L 101,60 x 7,94	101,60	7,94	28,4	15,48	12,19	154,00	21,30	38,02	3,15	2,00	3,26
L 101,60 x 9,52	101,60	9,52	29,0	18,45	14,57	183,00	24,60	44,94	3,12	2,00	5,57
L 101,60 x 11,11	101,60	11,11	29,5	21,35	16,80	208,00	29,50	51,72	3,12	1,98	8,78
L 101,60 x 12,70	101,60	12,70	30,0	24,19	19,03	233,00	32,80	58,31	3,10	1,98	13,01
L 127,00 x 6,35	127,00	6,35	34,1	15,73	12,34	252,00	27,10	48,77	4,00	2,53	2,11
L 127,00 x 7,94	127,00	7,94	34,7	19,50	15,31	308,00	33,40	60,27	3,97	2,53	4,11
L 127,00 x 9,52	127,00	9,52	35,3	23,29	18,30	362,00	39,50	71,43	3,94	2,51	7,03
L 127,00 x 11,11	127,00	11,11	35,8	26,96	23,52	417,00	45,70	82,41	3,93	2,50	11,10
L 127,00 x 12,70	127,00	12,70	36,3	30,64	24,10	470,00	52,50	93,15	3,91	2,49	16,48
L 127,00 x 15,88	127,00	15,88	37,6	37,80	29,80	566,00	64,00	113,93	3,86	2,46	31,79
L 152,40 x 9,52	152,40	9,52	41,70	28,10	22,20	641,00	57,40	104,07	4,78	3,02	8,49
L 152,40 x 12,70	152,40	12,70	42,70	37,09	29,20	828,00	75,40	136,17	4,72	3,00	19,94
L 152,40 x 15,88	152,40	15,88	43,90	45,86	36,00	1.007,0	93,50	167,09	4,67	2,97	38,57
L 152,40 x 19,05	152,40	19,05	45,20	54,44	42,70	1.173,0	109,90	196,81	4,65	2,97	65,85
L 203,20 x 15,88	203,20	15,88	56,60	62,90	48,70	2.472,4	168,90	304,15	6,31	4,01	52,13
L 203,20 x 19,05	203,20	19,05	57,90	73,81	57,90	2.901,1	199,90	359,71	6,27	3,99	89,26

Nota: Z e J foram calculados considerando dois retângulos de espessura t, um com largura b e outro $(b-t)$.

A.3.2 Série métrica

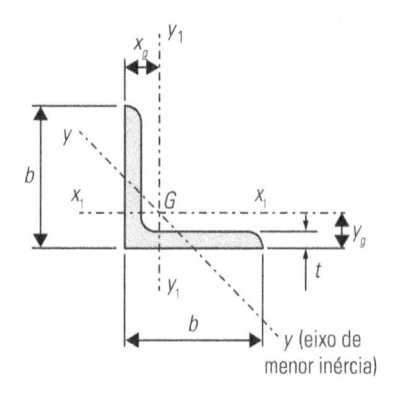

b = largura das abas
t = espessura das abas
x_g = posição do centro geométrico G na direção do eixo x_1
y_g = posição do centro geométrico G na direção do eixo y_1
A_g = área bruta
I_{x1} = momento de inércia em relação ao eixo x_1
W_{x1} = módulo de resistência elástico em relação ao eixo x_1
Z_{x1} = módulo de resistência plástico em relação ao eixo x_1
r_{x1} = raio de giração em relação ao eixo x_1
I_{y1} = momento de inércia em relação ao eixo y_1
W_{y1} = módulo de resistência elástico em relação ao eixo y_1
Z_{y1} = módulo de resistência plástico em relação ao eixo y_1
r_{y1} = raio de giração em relação ao eixo y_1
r_y = raio de giração em relação ao eixo y (mínimo)
J = constante de torção

Designação (mm x mm)	b (mm)	t (mm)	$x_g = y_g$ (mm)	A_g (cm²)	Massa (kg/m)	$I_{x1}=I_{y1}$ (cm⁴)	$W_{x1}=W_{y1}$ (cm³)	$Z_{x1}=Z_{y1}$ (cm³)	$r_{x1}=r_{y1}$ (cm)	r_y (cm)	J (cm⁴)
L 40,00 x 3,00	40,00	3,00	11,1	2,31	1,87	3,58	1,24	2,23	1,24	0,79	0,069
L 40,00 x 4,00	40,00	4,00	11,5	3,08	2,42	4,47	1,55	2,91	1,22	0,79	0,16
L 40,00 x 5,00	40,00	5,00	11,8	3,75	3,00	5,56	1,97	3,56	1,22	0,79	0,31
L 45,00 x 3,00	45,00	3,00	12,3	2,61	2,12	5,16	1,58	2,85	1,41	0,89	0,078
L 45,00 x 4,00	45,00	4,00	12,8	3,44	2,77	6,67	2,07	3,72	1,39	0,89	0,18
L 45,00 x 5,00	45,00	5,00	14,0	4,30	3,38	7,84	2,43	4,56	1,35	0,87	0,35
L 50,00 x 3,00	50,00	3,00	13,5	2,91	2,36	7,15	1,96	3,54	1,57	0,99	0,087
L 50,00 x 4,00	50,00	4,00	14,0	3,84	3,09	9,26	2,57	4,63	1,55	0,99	0,20
L 50,00 x 5,00	50,00	5,00	14,2	4,80	3,77	11,00	3,05	5,68	1,54	0,97	0,40
L 50,00 x 6,00	50,00	6,00	15,6	5,69	4,47	12,80	3,72	6,70	1,51	0,97	0,68
L 60,00 x 4,00	60,00	4,00	16,5	4,64	3,64	16,31	3,75	6,75	1,88	1,19	0,25
L 60,00 x 5,00	60,00	5,00	16,4	5,82	4,57	19,40	4,45	8,31	1,82	1,17	0,48
L 60,00 x 6,00	60,00	6,00	18,2	6,91	5,42	22,80	5,29	9,82	1,82	1,17	0,82
L 65,00 x 4,00	65,00	4,00	17,7	5,04	3,96	20,90	4,42	7,96	2,03	1,29	0,27
L 65,00 x 5,00	65,00	5,00	17,7	6,34	4,98	24,70	5,20	9,81	2,01	1,28	0,52
L 65,00 x 6,00	65,00	6,00	18,4	7,44	5,91	30,00	6,44	11,61	2,01	1,28	0,89
L 75,00 x 5,00	75,00	5,00	20,2	7,27	5,71	38,70	7,06	13,19	2,31	1,48	0,60
L 75,00 x 6,00	75,00	6,00	20,5	8,72	6,87	45,70	8,40	15,63	2,30	1,48	1,04
L 75,00 x 7,00	75,00	7,00	20,9	10,10	7,92	52,60	9,73	18,01	2,28	1,46	1,63
L 75,00 x 8,00	75,00	8,00	21,4	11,40	8,95	59,00	11,00	20,34	2,28	1,45	2,42
L 75,00 x 9,00	75,00	9,00	22,3	12,70	10,03	66,40	12,60	22,62	2,29	1,48	3,43
L 75,00 x 10,0	75,00	10,0	22,5	14,00	11,06	72,50	13,80	24,84	2,28	1,48	4,67
L 76,00 x 5,00	76,00	5,00	20,8	7,35	5,84	41,50	7,52	13,55	2,38	1,50	0,61
L 80,00 x 5,00	80,00	5,00	21,8	7,75	6,08	48,60	8,35	15,06	2,50	1,59	0,65
L 80,00 x 6,00	80,00	6,00	22,2	9,24	7,25	57,30	9,91	17,86	2,49	1,58	1,11

(*continua*)

(continuação)

L 80,00 x 7,00	80,00	7,00	22,1	10,80	8,49	64,20	11,10	20,60	2,44	1,57	1,75
L 80,00 x 8,00	80,00	8,00	22,6	12,30	9,66	72,30	12,60	23,28	2,42	1,55	2,59
L 80,00 x 9,00	80,00	9,00	23,4	13,60	10,74	81,50	14,40	25,90	2,45	1,58	3,67
L 80,00 x 10,0	80,00	10,0	33,7	15,00	11,85	89,00	15,80	28,47	2,44	1,58	5,00
L 80,00 x 12,0	80,00	12,0	24,3	17,80	14,01	103,00	18,50	33,44	2,41	1,58	8,52
L 90,00 x 6,00	90,00	6,00	24,1	10,60	8,30	80,30	12,20	22,78	2,76	1,78	1,25
L 90,00 x 7,00	90,00	7,00	25,1	12,10	9,50	94,80	14,60	26,31	2,80	1,78	1,98
L 90,00 x 8,00	90,00	8,00	25,0	13,90	10,90	104,00	16,10	29,76	2,74	1,76	2,94
L 100,0 x 6,00	100,0	6,00	27,2	11,64	9,14	114,40	15,70	28,30	3,13	1,99	1,40
L 100,0 x 7,00	100,0	7,00	26,9	13,70	10,70	128,00	17,50	32,72	3,06	1,97	2,21
L 100,0 x 8,00	100,0	8,00	27,4	15,50	12,20	145,00	19,90	37,05	3,06	1,96	3,28
L 100,0 x 9,00	100,0	9,00	28,3	17,20	13,50	164,30	22,90	41,30	3,09	1,97	4,64

Nota: Z e J foram calculados considerando dois retângulos de espessura t, um com largura b e outro $(b-t)$.

A.4 Perfis I de faces paralelas produzidos pela Gerdau

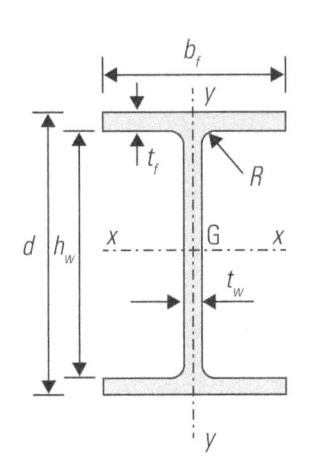

d = altura total
R = raio de concordância entre a mesa e alma
h_w = altura interna da alma
b_f = largura das mesas
t_f = espessura das mesas
t_w = espessura da alma
A_g = área bruta
I_x = momento de inércia em relação ao eixo x
W_x = módulo de resistência elástico em relação ao eixo x
r_x = raio de giração em relação ao eixo x
Z_x = módulo de resistência plástico em relação ao eixo x
I_y = momento de inércia em relação ao eixo y
W_y = módulo de resistência elástico em relação ao eixo y
r_y = raio de giração em relação ao eixo y
Z_y = módulo de resistência plástico em relação ao eixo y
J = constante de torção
C_w = constante de empenamento

Designação (mm x kg/m)	d (mm)	b_f (mm)	R (mm)	h_w (mm)	t_w (mm)	t_f (mm)	A_g (cm²)	Massa (kg/m)	Eixo x I_x (cm⁴)	Eixo x W_x (cm³)	Eixo x r_x (cm)	Eixo x Z_x (cm³)	Eixo y I_y (cm⁴)	Eixo y W_y (cm³)	Eixo y r_y (cm)	Eixo y Z_y (cm³)	J (cm⁴)	C_w (cm⁶)
W 150 x 13,0	148	100	10	138	4,3	4,9	16,6	13,0	635	85,8	6,18	96,4	82	16,4	2,22	25,5	1,72	4.181
W 150 x 18,0	153	102	10	139	5,8	7,1	23,4	18,0	939	122,8	6,34	139,4	126	24,7	2,32	38,5	4,34	6.683
W 150 x 24,0	160	102	12	139	6,6	10,3	31,5	24,0	1.384	173,0	6,63	197,6	183	35,9	2,41	55,8	11,08	10.206
W 200 x 15,0	200	100	10	190	4,3	5,2	19,4	15,0	1.305	130,5	8,20	147,9	87	17,4	2,12	27,3	2,05	8.222
W 200 x 19,3	203	102	10	190	5,8	6,5	25,1	19,3	1.686	166,1	8,19	190,6	116	22,7	2,14	35,9	4,02	11.098
W 200 x 22,5	206	102	10	190	6,2	8,0	29,0	22,5	2.029	197,0	8,37	225,5	142	27,9	2,22	43,9	6,18	13.868
W 200 x 26,6	207	133	10	190	5,8	8,4	34,2	26,6	2.611	252,3	8,73	282,3	330	49,6	3,10	76,3	7,65	32.477
W 200 x 31,3	210	134	10	190	6,4	10,2	40,3	31,3	3.168	301,7	8,86	338,6	410	61,2	3,19	94,0	12,59	40.822
W 250 x 17,9	251	101	10	240	4,8	5,3	23,1	17,9	2.291	182,6	9,96	211,0	91	18,1	1,99	28,8	2,54	13.735
W 250 x 22,3	254	102	10	240	5,8	6,9	28,9	22,3	2.939	231,4	10,09	267,7	123	24,1	2,06	38,4	4,77	18.629
W 250 x 25,3	257	102	10	240	6,1	8,4	32,6	25,3	3.473	270,2	10,31	311,1	149	29,3	2,14	46,4	7,06	22.955
W 250 x 28,4	260	102	10	240	6,4	10,0	36,6	28,4	4.046	311,2	10,51	357,3	178	34,8	2,20	54,9	10,34	27.636
W 250 x 32,7	258	146	10	240	6,1	9,1	42,1	32,7	4.937	382,7	10,83	428,5	473	64,8	3,35	99,7	10,44	73.104
W 250 x 38,5	262	147	10	240	6,6	11,2	49,6	38,5	6.057	462,4	11,05	517,8	594	80,8	3,46	124,1	17,63	93.242
W 250 x 44,8	266	148	10	240	7,6	13,0	57,6	44,8	7.158	538,2	11,15	606,3	704	95,1	3,50	146,4	27,14	112.398
W 310 x 21,0	303	101	10	292	5,1	5,7	27,2	21,0	3.776	249,2	11,77	291,9	98	19,5	1,90	31,4	3,27	21.628
W 310 x 23,8	305	101	10	292	5,6	6,7	30,7	23,8	4.346	285,0	11,89	333,2	116	22,9	1,94	36,9	4,65	25.594
W 310 x 28,3	309	102	10	291	6,0	8,9	36,5	28,3	5.500	356,0	12,28	412,0	158	31,0	2,08	49,4	8,14	35.441
W 310 x 32,7	313	102	10	291	6,6	10,8	42,1	32,7	6.570	419,8	12,49	485,3	192	37,6	2,13	59,8	12,91	43.612
W 310 x 38,7	310	165	10	291	5,8	9,7	49,7	38,7	8.581	553,6	13,14	615,4	727	88,1	3,82	134,9	13,20	163.728
W 310 x 44,5	313	166	10	291	6,6	11,2	57,2	44,5	9.997	638,8	13,22	712,8	855	103,0	3,87	158,0	19,90	194.433
W 310 x 52,0	317	167	10	291	7,6	13,2	67,0	52,0	11.909	751,4	13,33	842,5	1.026	122,9	3,91	188,8	31,81	236.422
W 360 x 32,9	349	127	12	332	5,8	8,5	42,1	32,9	8.358	479,0	14,09	547,6	291	45,9	2,63	72,0	9,15	84.111
W 360 x 39,0	353	128	12	332	6,5	10,7	50,2	39,0	10.331	585,3	14,35	667,7	375	58,6	2,73	91,9	15,83	109.551
W 360 x 44,0	352	171	12	332	6,9	9,8	57,7	44,0	12.258	696,5	14,58	784,3	818	95,7	3,77	148,0	16,70	239.091
W 360 x 51,0	355	171	12	332	7,2	11,6	64,8	51,0	14.222	801,2	14,81	899,5	968	113,3	3,87	174,7	24,65	284.994
W 360 x 57,8	358	172	12	332	7,9	13,1	72,5	57,8	16.143	901,8	14,92	1.014,8	1.113	129,4	3,92	199,8	34,45	330.394
W 360 x 64,0	347	203	16	320	7,7	13,5	81,7	64,0	17.890	1.031,1	14,80	1.145,5	1.885	185,7	4,80	284,5	44,57	523.362
W 360 x 72,0	350	204	16	320	8,6	15,1	91,3	72,0	20.169	1.152,5	14,86	1.285,9	2.140	209,8	4,84	321,8	61,18	599.082
W 360 x 79,0	354	205	16	320	9,4	16,8	101,2	79,0	22.713	1.283,2	14,98	1.437,0	2.416	235,7	4,89	361,9	82,41	685.701
W 410 x 38,8	399	140	12	381	6,4	8,8	50,3	38,8	12.777	640,5	15,94	736,8	404	57,7	2,83	90,9	11,69	153.190
W 410 x 46,1	403	140	12	381	7,0	11,2	59,2	46,1	15.690	778,7	16,27	891,1	514	73,4	2,95	115,2	20,06	196.571
W 410 x 53,0	403	177	12	381	7,5	10,9	68,4	53,0	18.734	929,7	16,55	1.052,2	1.009	114,0	3,84	176,9	23,38	387.194
W 410 x 60,0	407	178	12	381	7,7	12,8	76,2	60,0	21.707	1.066,7	16,88	1.201,5	1.205	135,4	3,98	209,2	33,78	467.404
W 410 x 67,0	410	179	12	381	8,8	14,4	86,3	67,0	24.678	1.203,8	16,91	1.362,7	1.379	154,1	4,00	239,0	48,11	538.546
W 410 x 75,0	413	180	12	381	9,7	16,0	95,8	75,0	27.616	1.337,3	16,98	1.518,6	1.559	173,2	4,03	269,1	65,21	612.784
W 410 x 85,0	417	181	12	381	10,9	18,2	108,6	85,0	31.658	1.518,4	17,07	1.731,7	1.804	199,3	4,08	310,4	94,48	715.165
W 460 x 52,0	450	152	12	428	7,6	10,8	66,6	52,0	21.370	949,8	17,91	1.095,9	634	83,5	3,09	131,7	21,79	304.837
W 460 x 60,0	455	153	12	428	8,0	13,3	76,2	60,0	25.652	1.127,6	18,35	1.292,1	796	104,1	3,23	163,4	34,60	387.230
W 460 x 68,0	459	154	12	428	9,1	15,4	87,6	68,0	29.851	1.300,7	18,46	1.495,4	941	122,2	3,28	192,4	52,29	461.163
W 460 x 74,0	457	190	12	428	9,0	14,5	94,9	74,0	33.415	1.462,4	18,77	1.657,4	1.661	174,8	4,18	271,3	52,97	811.417
W 460 x 82,0	460	191	12	428	9,9	16,0	104,7	82,0	37.157	1.615,5	18,84	1.836,4	1.862	195,0	4,22	303,3	70,62	915.745
W 460 x 89,0	463	192	12	428	10,5	17,7	114,1	89,0	41.105	1.775,6	18,98	2.019,4	2.093	218,0	4,28	339,0	92,49	1.035.073
W 460 x 97,0	466	193	12	428	11,4	19,0	123,4	97,0	44.658	1.916,7	19,03	2.187,4	2.283	236,6	4,30	368,8	115,05	1.137.180
W 460 x 106,0	469	194	12	428	12,6	20,6	135,1	106,0	48.978	2.088,6	19,04	2.394,6	2.515	259,3	4,32	405,7	148,19	1.260.063
W 530 x 66,0	525	165	12	502	8,9	11,4	83,6	66,0	34.971	1.332,2	20,46	1.558,0	857	103,9	3,20	166,0	31,52	562.854
W 530 x 72,0	524	207	12	502	9,0	10,9	91,6	72,0	39.969	1.525,5	20,89	1.755,9	1.615	156,0	4,20	244,6	33,41	1.060.548
W 530 x 74,0	529	166	12	502	9,7	13,6	95,1	74,0	40.969	1.548,9	20,76	1.804,9	1.041	125,5	3,31	200,1	47,39	688.558
W 530 x 82,0	528	209	12	501	9,5	13,3	104,5	82,0	47.569	1.801,8	21,34	2.058,5	2.028	194,1	4,41	302,7	51,23	1.340.255

(continua)

(*continuação*)

W 530 x 85,0	535	166	12	502	10,3	16,5	107,7	85,0	48.453	1.811,3	21,21	2.099,8	1.263	152,2	3,42	241,6	72,93	845.463
W 530 x 92,0	533	209	12	502	10,2	15,6	117,6	92,0	55.157	2.069,7	21,65	2.359,8	2.379	227,6	4,50	354,7	75,50	1.588.565
W 530 x 101,0	537	210	16	502	10,9	17,4	130,0	101,0	62.198	2.316,5	21,87	2.640,4	2.693	256,5	4,55	400,6	106,04	1.812.734
W 530 x 109,0	539	211	16	501	11,6	18,8	139,7	109,0	67.226	2.494,5	21,94	2.847,0	2.952	279,8	4,60	437,4	131,38	1.991.291
W 610 x 101,0	603	228	16	573	10,5	14,9	130,3	101,0	77.003	2.554,0	24,31	2.922,7	2.951	258,8	4,76	405,0	81,68	2.544.966
W 610 x 113,0	608	228	16	573	11,2	17,3	145,3	113,0	88.196	2.901,2	24,64	3.312,9	3.426	300,5	4,86	469,7	116,50	2.981.078
W 610 x 125,0	612	229	16	573	11,9	19,6	160,1	125,0	99.184	3.241,3	24,89	3.697,3	3.933	343,5	4,96	536,3	159,50	3.441.766
W 610 x 140,0	617	230	16	573	13,1	22,2	179,3	140,0	112.619	3.650,5	25,06	4.173,1	4.515	392,6	5,02	614,0	225,01	3.981.687
W 610 x 155,0	611	324	16	573	12,7	19,0	198,1	155,0	129.583	4.241,7	25,58	4.749,1	10.783	665,6	7,38	1.022,6	200,77	9.436.714
W 610 x 174,0	616	325	16	573	14,0	21,6	222,8	174,0	147.754	4.797,2	25,75	5.383,3	12.374	761,5	7,45	1.171,1	286,88	10.915.665

A.5 Perfis H de faces paralelas produzidos pela Gerdau

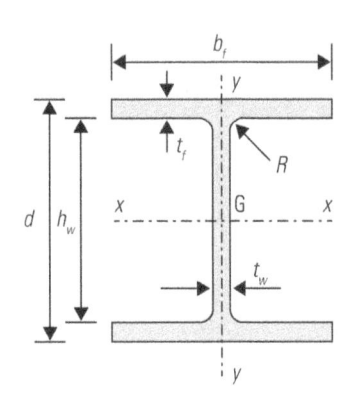

d = altura total
R = raio de concordância entre a mesa e alma
h_w = altura interna da alma
b_f = largura das mesas
t_f = espessura das mesas
t_w = espessura da alma
A_g = área bruta
I_x = momento de inércia em relação ao eixo x
W_x = módulo de resistência elástico em relação ao eixo x
r_x = raio de giração em relação ao eixo x
Z_x = módulo de resistência plástico em relação ao eixo x
I_y = momento de inércia em relação ao eixo y
W_y = módulo de resistência elástico em relação ao eixo y
r_y = raio de giração em relação ao eixo y
Z_y = módulo de resistência plástico em relação ao eixo y
J = constante de torção
C_w = constante de empenamento

Designação (mm x kg/m)	d (mm)	b_f (mm)	R (mm)	h_w (mm)	t_w (mm)	t_f (mm)	A_g (cm²)	Massa (kg/m)	Eixo x I_x (cm⁴)	W_x (cm³)	r_x (cm)	Z_x (cm³)	Eixo y I_y (cm⁴)	W_y (cm³)	r_y (cm)	Z_y (cm³)	J (cm⁴)	C_w (cm⁶)
W 150 x 22,5	152	152	10	139	5,8	6,6	29,0	22,5	1.229	161,7	6,51	179,6	387	50,9	3,65	77,9	4,75	20.417
W 150 x 29,8	157	153	10	138	6,6	9,3	38,5	29,8	1.739	221,5	6,72	247,5	556	72,6	3,80	110,8	10,95	30.277
W 150 x 37,1	162	154	10	139	8,1	11,6	47,8	37,1	2.244	277,0	6,85	313,5	707	91,8	3,84	140,4	20,58	39.930
W 200 x 35,9	201	165	10	181	6,2	10,2	45,7	35,9	3.437	342,0	8,67	379,2	764	92,6	4,09	141,0	14,51	69.502
W 200 x 41,7	205	166	12	181	7,2	11,8	53,5	41,7	4.114	401,4	8,77	448,6	901	108,5	4,10	165,7	23,19	83.948
W 200 x 46,1	203	203	10	181	7,2	11,0	58,6	46,1	4.543	447,6	8,81	495,3	1.535	151,2	5,12	229,5	22,01	141.342
W 200 x 52,0	206	204	12	181	7,9	12,6	66,9	52,0	5.298	514,4	8,90	572,5	1.784	174,9	5,16	265,8	33,34	166.710
HP 200 x 53,0	204	207	10	181	11,3	11,3	68,1	53,0	4.977	488,0	8,55	551,3	1.673	161,7	4,96	248,6	31,93	155.075
W 200 x 59,0	210	205	12	182	9,1	14,2	76,0	59,0	6.140	584,8	8,99	655,9	2.041	199,1	5,18	303,0	47,69	195.418
W 200 x 71,0	216	206	10	181	10,2	17,4	91,0	71,0	7.660	709,2	9,17	803,2	2.537	246,3	5,28	374,5	81,66	249.976
W 200 x 86,0	222	209	12	181	13,0	20,6	110,9	86,0	9.498	855,7	9,26	984,2	3.139	300,4	5,32	458,7	142,19	317.844
HP 250 x 62,0	246	256	12	225	10,5	10,7	79,6	62,0	8.728	709,6	10,47	790,5	2.995	234,0	6,13	357,8	33,46	417.130
W 250 x 73,0	253	254	12	225	8,6	14,2	92,7	73,0	11.257	889,9	11,02	983,3	3.880	305,5	6,47	463,1	56,94	552.900
W 250 x 80,0	256	255	12	225	9,4	15,6	101,9	80,0	12.550	980,5	11,10	1.088,7	4.313	338,3	6,51	513,1	75,02	622.878
HP 250 x 85,0	254	260	12	225	14,4	14,4	108,5	85,0	12.280	966,9	10,64	1.093,2	4.225	325,0	6,24	499,6	82,07	605.403
W 250 x 89,0	260	256	12	225	10,7	17,3	113,9	89,0	14.237	1.095,1	11,18	1.224,4	4.841	378,2	6,52	574,3	102,81	712.351
W 250 x 101,0	264	257	12	225	11,9	19,6	128,7	101,0	16.352	1.238,8	11,27	1.395,0	5.549	431,8	6,57	656,3	147,70	828.031
W 250 x 115,0	269	259	12	225	13,5	22,1	146,1	115,0	18.920	1.406,7	11,38	1.597,4	6.405	494,6	6,62	752,7	212,00	975.265
HP 310 x 79,0	299	306	16	277	11,0	11,0	100,0	79,0	16.316	1.091,3	12,77	1.210,1	5.258	343,7	7,25	525,4	46,72	1.089.258
HP 310 x 93,0	303	308	16	277	13,1	13,1	119,2	93,0	19.682	1.299,1	12,85	1.450,3	6.387	414,7	7,32	635,5	77,33	1.340.320
W 310 x 97,0	308	305	16	277	9,9	15,4	123,6	97,0	22.284	1.447,0	13,43	1.594,2	7.286	477,8	7,68	725,0	92,12	1.558.682
W 310 x 107,0	311	306	16	277	10,9	17,0	136,4	107,0	24.839	1.597,3	13,49	1.768,2	8.123	530,9	7,72	806,1	122,86	1.754.271
HP 310 x 110,0	308	310	16	277	15,4	15,5	141,0	110,0	23.703	1.539,1	12,97	1.730,6	7.707	497,3	7,39	763,7	125,66	1.646.104
W 310 x 117,0	314	307	16	277	11,9	18,7	149,9	117,0	27.563	1.755,6	13,56	1.952,6	9.024	587,9	7,76	893,1	161,61	1.965.950
HP 310 x 125,0	312	312	16	277	17,4	17,4	159,0	125,0	27.076	1.735,6	13,05	1.963,3	8.823	565,6	7,45	870,6	177,98	1.911.029
W 360 x 91,0	353	254	16	320	9,5	16,4	115,9	91,0	26.755	1.515,9	15,19	1.680,1	4.483	353,0	6,22	538,1	92,61	1.268.709
W 360 x 101,0	357	255	16	320	10,5	18,3	129,5	101,0	30.279	1.696,3	15,29	1.888,9	5.063	397,1	6,25	606,1	128,47	1.450.410
W 360 x 110,0	360	256	16	320	11,4	19,9	140,6	110,0	33.155	1.841,9	15,36	2.059,3	5.570	435,2	6,29	664,5	161,93	1.609.070
W 360 x 122,0	363	257	16	320	13,0	21,7	155,3	122,0	36.599	2.016,5	15,35	2.269,8	6.147	478,4	6,29	732,4	212,70	1.787.806

A.6 Barras redondas lisas

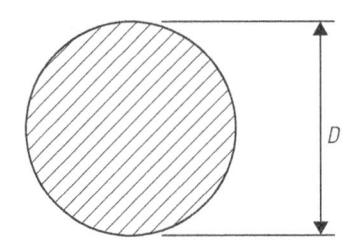

D = diâmetro
A_g = área bruta

Designação (mm)	D (mm)	A_g (cm²)	Massa (kg/m)	Designação (mm)	D (mm)	A_g (cm²)	Massa (kg/m)
φ 6,35	6,35	0,32	0,25	φ 44,45	44,45	15,52	12,18
φ 7,94	7,94	0,50	0,39	φ 46,04	46,04	16,65	13,06
φ 9,53	9,53	0,71	0,56	φ 47,63	47,63	17,82	13,98
φ 12,70	12,70	1,27	0,99	φ 50,80	50,80	20,27	15,91
φ 14,29	14,29	1,60	1,26	φ 52,39	52,39	21,56	16,92
φ 15,88	15,88	1,98	1,56	φ 53,98	53,98	22,89	17,96
φ 17,46	17,46	2,39	1,88	φ 57,15	57,15	25,65	20,14
φ 19,05	19,05	2,85	2,24	φ 60,33	60,33	28,59	22,43
φ 22,23	22,23	3,88	3,05	φ 61,91	61,91	30,10	23,63
φ 25,40	25,40	5,07	3,98	φ 63,50	63,50	31,67	24,86
φ 28,58	28,58	6,42	5,04	φ 65,08	65,08	33,26	26,11
φ 31,75	31,75	7,92	6,22	φ 66,68	66,68	34,92	27,40
φ 33,00	33,00	8,55	6,71	φ 69,85	69,85	38,32	30,08
φ 33,34	33,34	8,73	6,85	φ 73,03	73,03	41,89	32,87
φ 34,93	34,93	9,58	7,52	φ 76,20	76,20	45,60	35,79
φ 36,51	36,51	10,47	8,22	φ 77,79	77,79	47,53	37,30
φ 38,10	38,10	11,40	8,95	φ 79,38	79,38	49,49	38,84
φ 39,69	39,69	12,37	9,71	φ 82,55	82,55	53,52	42,01
φ 41,28	41,28	13,38	10,50	φ 88,90	88,90	62,07	48,73
φ 42,00	42,00	13,85	10,90				

A.7 Barras redondas nervuradas

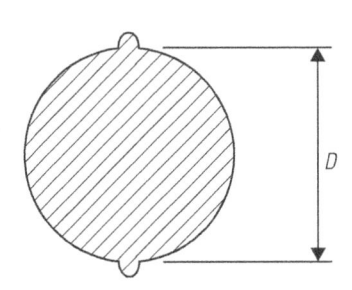

D = diâmetro
A_g = área bruta

Designação (mm)	D (mm)	A_g (cm²)	Massa (kg/m)
φ 6,30	6,30	0,32	0,25
φ 8,00	8,00	0,50	0,40
φ 10,0	10,0	0,80	0,62
φ 12,5	12,5	1,25	0,96
φ 16,0	16,0	2,00	1,58
φ 20,0	20,0	3,15	2,47
φ 25,0	25,0	5,00	3,85
φ 32,0	32,0	8,00	6,31
φ 40,0	40,0	12,5	9,87

Apêndice B
Alguns perfis soldados conforme ABNT NBR 5884:2005

B.1 Série VS

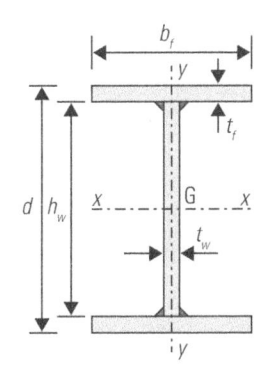

d = altura total
h_w = altura interna da alma
b_f = largura das mesas
t_f = espessura das mesas
t_w = espessura da alma
A_g = área bruta
I_x = momento de inércia em relação ao eixo x
W_x = módulo de resistência elástico em relação ao eixo x
r_x = raio de giração em relação ao eixo x
Z_x = módulo de resistência plástico em relação ao eixo x
I_y = momento de inércia em relação ao eixo y
W_y = módulo de resistência elástico em relação ao eixo y
r_y = raio de giração em relação ao eixo y
Z_y = módulo de resistência plástico em relação ao eixo y
J = constante de torção
C_w = constante de empenamento

Designação (mm x kg/m)	d (mm)	b_f (mm)	h_w (mm)	t_w (mm)	t_f (mm)	A_g (cm²)	Massa (kg/m)	Eixo x				Eixo y				J (cm⁴)	C_w (cm⁶)
								I_x (cm⁴)	W_x (cm³)	r_x (cm)	Z_x (cm³)	I_y (cm⁴)	W_y (cm³)	r_y (cm)	Z_y (cm³)		
VS 500 x 61	500	250	481	6,30	9,50	77,8	61,1	34.416	1.377	21,03	1.529	2.475	198	5,64	302	18,4	1.488.026
VS 500 x 86	500	250	468	6,30	16,00	109,5	86,0	52.250	2.090	21,84	2.281	4.168	333	6.17	505	72,3	2.440.167
VS 550 x 64	550	250	531	6,30	9,50	81,0	63,6	42.556	1.547	22,92	1.728	2.475	198	5,53	302	18,8	1.806.857
VS 550 x 88	550	250	518	6,30	16,00	12,6	88,4	64.345	2.340	23,90	2.559	4.168	333	6,08	505	72,7	2.970.375
VS 600 x 95	600	300	575	8,00	12,50	121,0	95,0	77.401	2.580	25,29	2.864	5.627	375	6,82	572	49,1	4.853.760
VS 600 x 111	600	300	568	8,00	16,00	141,4	111,0	94.091	3.136	25,80	3.448	7.202	480	7,14	729	91,9	6.139.008
VS 650 x 98	650	300	625	8,00	12,50	107,5	84,4	92.487	2.846	27,20	3.172	5.628	375	6,71	573	49,9	5.715.088
VS 650 x 114	650	300	618	8,00	16,00	145,4	114,2	112.225	3.453	27,78	3.807	7.203	480	7,04	730	92,7	7.235.208
VS 700 x 122	700	320	668	8,00	16,00	155,8	122,3	139.665	3.990	29,94	4.395	8.741	546	7,49	830	99,1	10.220.470
VS 700 x 137	700	320	662	8,00	19,00	174,6	137,1	160.361	4.582	30,31	5.017	10.379	649	7,71	983	157,9	12.030.579
VS 750 x 125	750	320	718	8,00	16,00	159,8	125,4	162.620	4.337	31,90	4.789	8.741	546	7,40	831	99,9	11.769.304
VS 750 x 140	750	320	712	8,00	19,00	178,6	140,2	186.545	4.975	32,32	5.458	10.380	649	7,62	984	158,8	13.862.037
VS 800 x 129	800	320	768	8,00	16,00	163,8	128,6	187.573	4.689	33,84	5.194	8.741	546	7,31	831	100,8	13.427.365
VS 800 x 143	800	320	762	8,00	19,00	182,6	143,3	214.961	5.374	34,31	5.910	10.380	649	7,54	985	159,7	15.823.202
VS 850 x 155	850	350	812	8,00	19,00	198,0	155,4	265.344	6.243	36,61	6.845	13.581	776	8,28	1.177	174,2	23.439.511
VS 850 x 174	850	350	805	8,00	22,40	221,2	173,6	304.467	7.164	37,10	7.784	16.010	915	8,51	1.385	276,4	27.408.286
VS 900 x 159	900	350	862	8,00	19,00	202,0	158,6	300.814	6.685	38,59	7.345	13.581	776	8,20	1.178	175,1	26.345.006
VS 900 x 177	900	350	855	8,00	22,40	225,2	176,8	344.925	7.665	39,14	8.342	16.010	915	8,43	1.386	277,2	30.820.107
VS 950 x 162	950	350	912	8,00	19,00	206,0	161,7	338.800	7.133	40,55	7.855	13.581	776	8,12	1.178	176,0	29.420.216
VS 950 x 180	950	350	905	8,00	22,40	229,2	179,9	386.800	8.143	41,10	8.911	16.010	915	8,36	1.386	278,0	34.432.011
VS 1.000 x 201	1.000	400	955	8,00	22,40	255,6	200,6	488.119	9762	43,7	10.583	23.897	1.195	9,67	1.807	316,4	57.087.252
VS 1.000 x 217	1.000	400	950	8,00	25,00	276,0	216,7	532.575	10652	43,93	11.555	26.671	1.334	9,83	2.015	433,3	63.375.000
VS 1.100 x 219	1.100	400	1.055	9,50	22,40	279,4	219,3	615.490	11191	46,94	12.299	23.901	1.155	9,25	1.816	330,5	69.363.646
VS 1.100 x 235	1.100	400	1.050	9,50	25,00	299,8	235,3	669.562	12174	47,27	13.368	26.674	1.334	9,43	2.024	447,4	77.041.667
VS 1.200 x 262	1.200	450	1.150	9,50	25,00	334,3	262,4	897.121	14952	51,80	16.360	37.977	1.688	10,66	2.557	502,3	131.051.514
VS 1.200 x 307	1.200	440	1.137	8,00	31,50	391,5	307,3	1.084.322	18072	52,63	19.634	47.849	2.127	11,06	3.215	971,1	163.303.047

B.2 Série CS

Designação (mm x kg/m)	d (mm)	b_f (mm)	h_w (mm)	t_w (mm)	t_f (mm)	A_g (cm^2)	Massa (kg/m)	Eixo x I_x (cm^4)	W_x (cm^3)	r_x (cm)	Z_x (cm^3)	Eixo y I_y (cm^4)	W_y (cm^3)	r_y (cm)	Z_y (cm^3)	J (cm^4)	C_w (cm^6)
CS 350 x 89	350	350	325	8,00	12,50	113,5	89,1	27.217	1.555	15,49	1.688	8.934	511	8,87	771	51	2.543.610
CS 400 x 106	400	400	375	9,50	12,50	135,6	1.064	41.727	2.086	17,54	2.271	13.336	667	9,92	1.008	63	5.005.208
CS 450 x 175	450	450	412	12,50	19,00	222,5	174,7	86.749	3.856	19,75	4.216	28.863	1.283	11,39	1.940	234	13.400.915
CS 500 x 233	500	500	455	16,00	22,40	296,8	233,0	140.908	5.636	21,79	6.177	46.682	1.867	12,54	2.829	440	26.611.872
CS 550 x 279	550	550	500	16,00	25,00	355,0	278,7	206.302	7.502	24,11	8.219	69.340	2.521	13,98	3.813	645	47.767.822
CS 600 x 305	600	600	550	16,00	25,00	388,0	304,6	270.308	9.010	26,39	9.835	90.019	3.001	15,23	4.335	704	74.390.625
CS 650 x 345	650	650	600	19,00	25,00	439,0	344,6	351.752	10.823	28,31	11.866	114.461	3.522	16,15	5.335	820	111.745.199
CS 700 x 458	700	700	637	22,40	31,50	583,7	458,2	541.312	15.466	30,45	17.013	180.135	5.147	17,57	7.797	1.709	201.185.305

Nota: ver forma da seção e simbologia no Item B.1.

B.3 Série CVS

Designação (mm x kg/m)	d (mm)	b_f (mm)	h_w (mm)	t_w (mm)	t_f (mm)	A_g (cm^2)	Massa (kg/m)	Eixo x I_x (cm^4)	W_x (cm^3)	r_x (cm)	Z_x (cm^3)	Eixo y I_y (cm^4)	W_y (cm^3)	r_y (cm)	Z_y (cm^3)	J (cm^4)	C_w (cm^6)
CVS 300 x 47	300	200	281	8,00	9,50	60,5	47,5	9.499	633	12,53	710	1.268	127	4,58	194	16,4	267.236
CVS 300 x 67	300	200	268	8,00	16,00	85,4	67,0	14.202	947	12,90	1.052	2.134	213	5,00	324	59,5	430.165
CVS 350 x 73	350	250	325	9,50	12,50	93,4	73,3	20.524	1.173	14,82	1.306	3.258	261	5,91	398	42,2	926.971
CVS 350 x 87	350	250	318	9,50	16,00	110,2	86,5	24.874	1.421	15,02	1.576	4.169	334	6,15	507	77,8	1.162.042
CVS 400 x 103	400	300	368	9,50	16,00	131,0	102,8	39.355	1.968	17,33	2.165	7.203	480	7,42	728	92,9	2.654.208
CVS 400 x 125	400	300	362	12,50	19,00	159,3	125,1	46.347	2.317	17,06	2.581	8.556	570	7,33	869	162,0	3.102.816
CVS 450 x 141	450	300	412	16,00	19,00	179,9	141,2	62.301	2.769	18,61	3.136	8.564	571	6,90	881	196,0	3.970.641
CVS 450 x 168	450	300	400	16,00	25,00	214,0	168,0	76.346	3.393	18,89	3.828	11.264	751	7,26	1.151	370,5	5.080.078
CVS 500 x 180	500	350	455	16,00	22,40	229,6	180,2	102.403	4.096	21,12	4.572	16.022	916	8,35	1.401	327,5	9.127.872
CVS 500 x 204	500	350	450	19,00	25,00	260,5	204,5	113.230	4.529	20,85	5.118	17.890	1.022	8,29	1.572	473,2	10.076.742
CVS 550 x 232	550	400	500	19,00	25,00	295,0	231,6	157.708	5.735	23,12	6.438	26.695	1.335	9,51	2.045	536,7	18.375.000
CVS 550 x 270	550	400	487	19,00	31,50	344,5	270,4	187.867	6.832	23,35	7.660	33.628	1.681	9,88	2.564	952,0	22.582.749
CVS 600 x 328	600	400	525	22,40	37,50	417,6	327,8	264.668	8.822	25,18	9.981	40.049	2.002	9,79	3.066	1.617,0	31.640.625
CVS 600 x 369	600	400	511	22,40	44,50	470,5	369,3	300.131	10.004	25,26	11.350	47.515	2.376	10,05	3.624	2.558,0	36.618.190

Nota: ver forma da seção e simbologia no Item B.1.

B.4 Série VSM

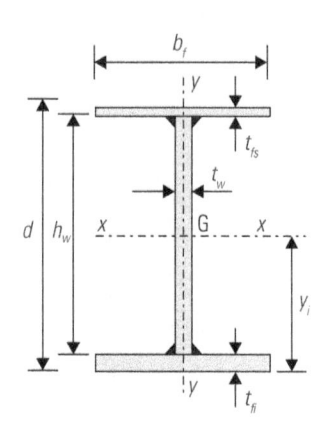

d = altura total
h_w = altura da alma
b_f = largura das mesas
t_{fs} = espessura da mesa superior
t_{fi} = espessura da mesa inferior
t_w = espessura da alma
y_i = distância do centro geométrico à face inferior
A_g = área bruta
I_x = momento de inércia em relação ao eixo x
W_{xs} = módulo de resistência elástico em relação ao eixo x para a face superior
W_{xi} = módulo de resistência elástico em relação ao eixo x para a face inferior
W_{xi} = módulo de resistência elástico em relação ao eixo x para a face inferior
r_{xi} = raio de giração em relação ao eixo x
Z_x = módulo de resistência plástico em relação ao eixo x
I_y = momento de inércia em relação ao eixo y
W_y = módulo de resistência elástico em relação ao eixo y
r_y = raio de giração em relação ao eixo y
Z_y = módulo de resistência plástico em relação ao eixo y
J = constante de torção
C_w = constante de empenamento

Designação (mm x kg/m)	d (mm)	b_f (mm)	h_w (mm)	t_w (mm)	t_{fs} (mm)	t_{fi} (mm)	y_i (mm)	A_g (cm²)	Massa (kg/m)	Eixo x					Eixo y				J (cm⁴)	C_w (cm⁶)
										I_x (cm⁴)	W_{xs} (cm³)	W_{xi} (cm³)	r_x (cm)	Z_x (cm³)	I_y (cm⁴)	W_y (cm³)	r_y (cm)	Z_y (cm³)		
VSM 300 x 30	300	130	281,2	4,75	6,30	12,50	121,1	37,8	29,7	5.693	318	470	12,27	416	344	53	3,02	81	11	64.764
VSM 300 x 33	300	150	281,2	4,75	6,30	12,50	119,5	41,6	32,7	6.411	355	536	12,41	460	529	71	3,57	108	12	99.489
VSM 350 x 36	350	160	331,2	4,75	6,30	12,50	140,2	45,8	36,0	9.560	456	682	14,45	592	642	80	3,74	123	13	165.867
VSM 350 x 37	350	170	331,2	4,75	6,30	12,50	139,4	47,7	37,4	10.053	477	721	14,53	618	770	91	4,02	138	14	198.952
VSM 400 x 42	400	170	331,2	4,75	8,00	12,50	173,3	52,9	41,5	14.993	661	865	16,84	820	840	99	3,98	150	15	303.378
VSM 400 x 46	400	200	331,2	4,75	8,00	12,50	171,8	59,0	46,3	17.229	755	1.003	17,09	928	1.367	137	4,81	207	18	494.000
VSM 450 x 59	450	200	426,0	6,30	8,00	16,00	180,9	74,8	58,7	25.498	948	1.410	18,46	1.239	1.601	160	4,63	244	34	682.112
VSM 450 x 68	450	250	426,0	6,30	8,00	16,00	177,2	86,8	68,1	30.691	1.125	1.732	18,80	1.445	3.126	250	6,00	379	42	1.332.250
VSM 500 x 71	500	250	476,0	6,30	8,00	16,00	198,4	90,0	70,7	38.813	1.287	1.956	20,77	1.666	3.126	250	5,89	380	42	1.653.778
VSM 500 x 79	500	250	471,5	6,30	12,50	16,00	230,1	101,0	79,3	47.109	1.745	2.047	21,60	2.051	3.712	297	6,06	450	54	2.156.004
VSM 550 x 82	550	250	521,5	6,30	9,50	19,00	217,0	104,1	81,7	54.798	1.646	2.525	22,94	2.119	3.712	297	5,97	451	69	2.366.985
VSM 550 x 90	550	260	518,5	6,30	12,50	19,00	237,7	114,6	90,0	64.041	2.051	2.694	23,64	2.501	4.615	355	6,35	538	81	3.151.962
VSM 600 x 99	600	280	571,5	8,00	9,50	19,00	241,2	125,5	98,5	76.212	2.124	3.160	24,64	2.776	5.216	373	6,45	568	82	3.975.116
VSM 600 x 110	600	300	568,5	8,00	12,5	19,00	261,5	140,0	109,9	90.657	2.678	3.467	25,45	3.291	7.090	473	7,12	718	98	5.790.726

Apêndice C
Flechas em barras de aço

C.1 Barras birrotuladas

C.1.1 Carga uniformemente distribuída

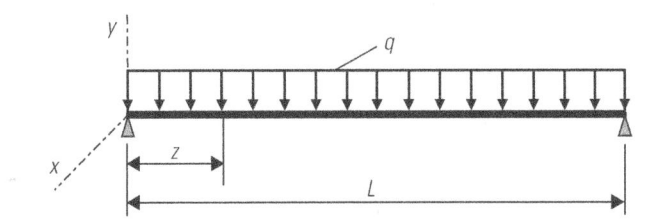

$$\delta_{(z)} = \frac{qz}{24\,E_a\,I_x}\left(L^3 - 2Lz^2 + z^3\right)$$

$$\delta_{máx} = \delta_{(z=L/2)} = \frac{5\,qL^4}{384\,E_a\,I_x}$$

C.1.2 Carga concentrada na seção central

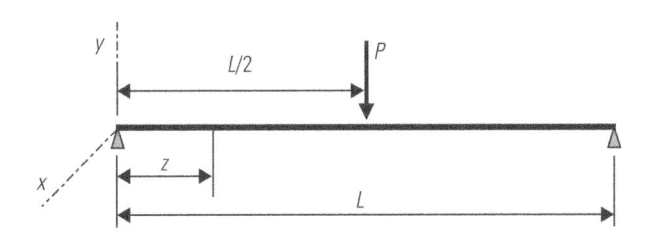

$$\delta_{(z)} = \frac{Pz}{48\,E_a\,I_x}\left(3L^2 - 4z^2\right), \text{ para } z < \frac{L}{2}$$

$$\delta_{máx} = \delta_{(z=L/2)} = \frac{PL^3}{48\,E_a\,I_x}$$

C.1.3 Carga concentrada em uma seção qualquer

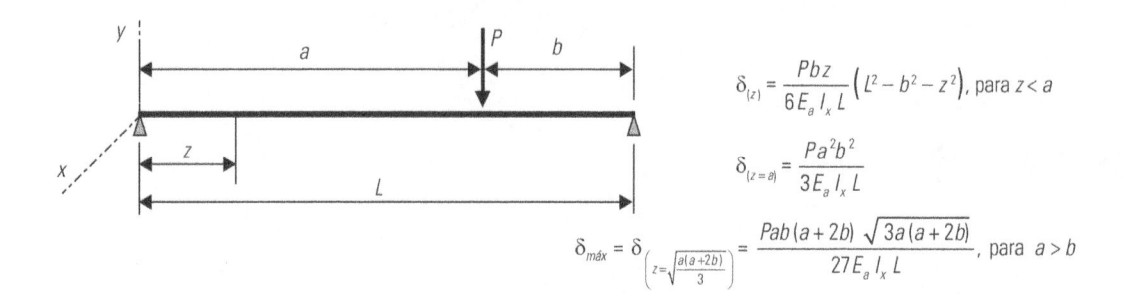

$$\delta_{(z)} = \frac{Pbz}{6E_a I_x L}\left(L^2 - b^2 - z^2\right), \text{ para } z < a$$

$$\delta_{(z=a)} = \frac{Pa^2 b^2}{3E_a I_x L}$$

$$\delta_{máx} = \delta_{\left(z=\sqrt{\frac{a(a+2b)}{3}}\right)} = \frac{Pab(a+2b)\sqrt{3a(a+2b)}}{27 E_a I_x L}, \text{ para } a > b$$

C.1.4 Duas cargas concentradas de mesmo valor igualmente afastadas dos apoios

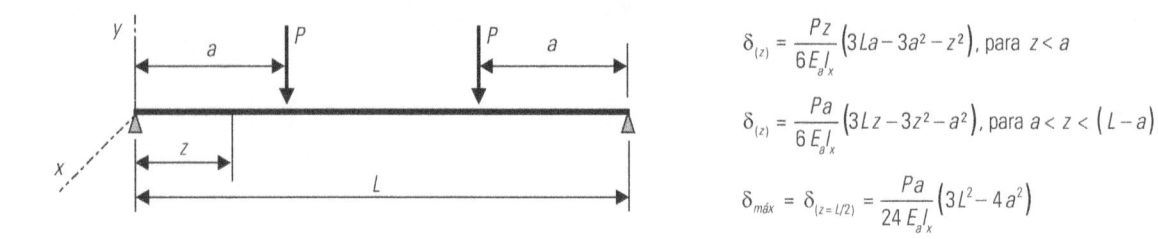

$$\delta_{(z)} = \frac{Pz}{6E_a I_x}\left(3La - 3a^2 - z^2\right), \text{ para } z < a$$

$$\delta_{(z)} = \frac{Pa}{6E_a I_x}\left(3Lz - 3z^2 - a^2\right), \text{ para } a < z < (L-a)$$

$$\delta_{máx} = \delta_{(z=L/2)} = \frac{Pa}{24 E_a I_x}\left(3L^2 - 4a^2\right)$$

C.2 Barras rotuladas em uma extremidade e engastadas na outra

C.2.1 Carga uniformemente distribuída

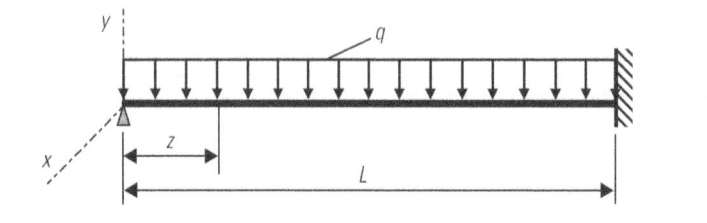

$$\delta_{(z)} = \frac{qz}{48 E_a I_x}\left(L^3 - 3Lz^2 + 2z^3\right)$$

$$\delta_{máx} = \delta_{(z=0,422L)} = \frac{qL^4}{185 E_a I_x}$$

C.2.2 Carga concentrada na seção central

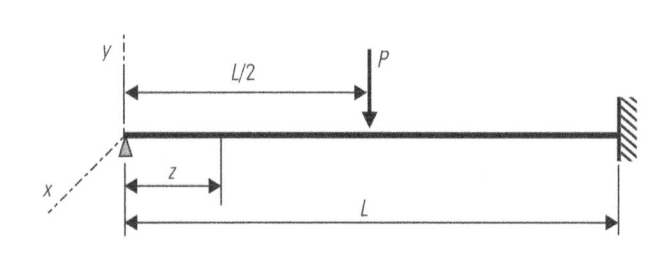

$$\delta_{(z)} = \frac{Pz}{96 E_a I_x}\left(3L^2 - 5z^2\right), \text{ para } z < \frac{L}{2}$$

$$\delta_{(z)} = \frac{P}{96 E_a I_x}(z - L)^2 (11z - 2L), \text{ para } z > \frac{L}{2}$$

$$\delta_{(z=L/2)} = \frac{7 PL^3}{768 E_a I_x}$$

$$\delta_{máx} = \delta_{(z=0,447L)} = \frac{0,00932\, PL^3}{E_a I_x}$$

C.2.3 Carga concentrada em uma seção qualquer

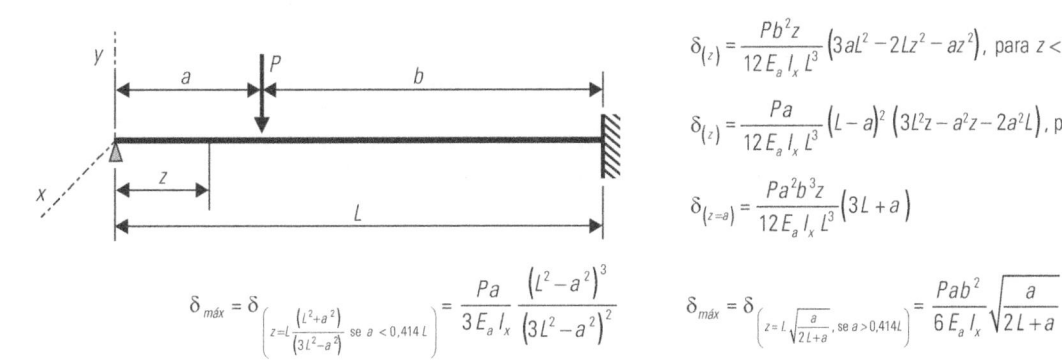

$$\delta_{(z)} = \frac{Pb^2 z}{12 E_a I_x L^3}\left(3aL^2 - 2Lz^2 - az^2\right), \text{ para } z < a$$

$$\delta_{(z)} = \frac{Pa}{12 E_a I_x L^3}(L-a)^2\left(3L^2 z - a^2 z - 2a^2 L\right), \text{ para } z > a$$

$$\delta_{(z=a)} = \frac{Pa^2 b^3 z}{12 E_a I_x L^3}(3L + a)$$

$$\delta_{máx} = \delta_{\left(z = L\sqrt{\frac{(L^2+a^2)}{(3L^2-a^2)}},\ se\ a < 0{,}414L\right)} = \frac{Pa}{3 E_a I_x}\frac{(L^2-a^2)^3}{(3L^2-a^2)^2}$$

$$\delta_{máx} = \delta_{\left(z = L\sqrt{\frac{a}{2L+a}},\ se\ a > 0{,}414L\right)} = \frac{Pab^2}{6 E_a I_x}\sqrt{\frac{a}{2L+a}}$$

C.3 Barras biengastadas

C.3.1 Carga uniformemente distribuída

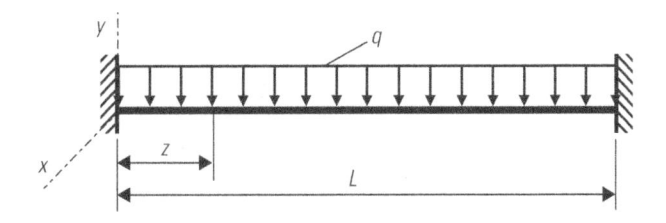

$$\delta_{(z)} = \frac{qz^2}{24 E_a I_x}(L-z)^2$$

$$\delta_{máx} = \delta_{(z=L/2)} = \frac{qL^4}{384 E_a I_x}$$

C.3.2 Carga concentrada na seção central

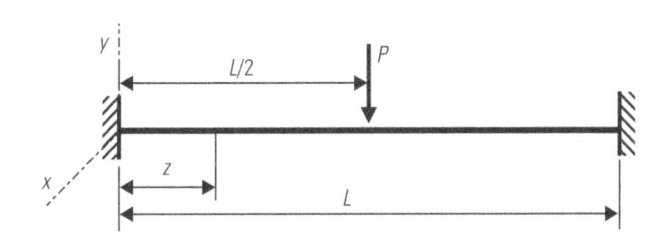

$$\delta_{(z)} = \frac{Pz^2}{48 E_a I_x}(3L - 4z)$$

$$\delta_{máx} = \delta_{(z=L/2)} = \frac{PL^3}{192 E_a I_x}$$

C.3.3 Carga concentrada em uma seção qualquer

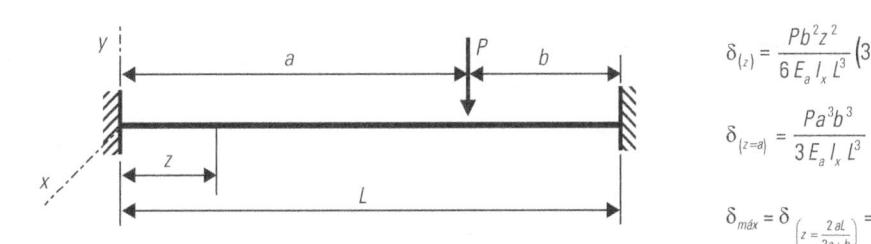

$$\delta_{(z)} = \frac{Pb^2 z^2}{6 E_a I_x L^3}(3aL - 3az - bz), \text{ para } z < a$$

$$\delta_{(z=a)} = \frac{Pa^3 b^3}{3 E_a I_x L^3}$$

$$\delta_{máx} = \delta_{\left(z = \frac{2aL}{3a+b}\right)} = \frac{2Pa^3 b^2}{3 E_a I_x (3a+b)^2}, \text{ para } z = \frac{2aL}{3a+b}$$

C.4 Barras em balanço

C.4.1 Carga uniformemente distribuída

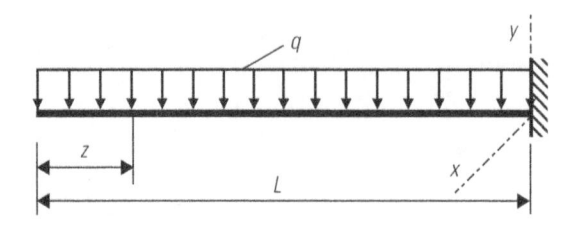

$$\delta_{(z)} = \frac{q}{24\,E_a\,I_x}\left(z^4 - 4L^3 z + 3L^4\right)$$

$$\delta_{máx} = \delta_{(z=0)} = \frac{qL^4}{8\,E_a\,I_x}$$

C.4.2 Carga concentrada em uma seção qualquer

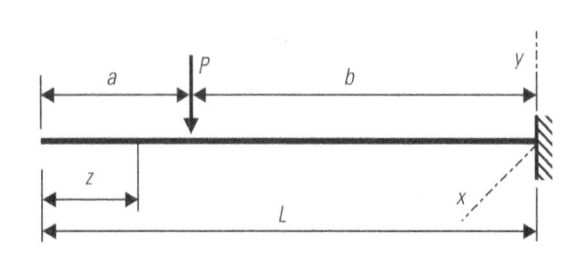

$$\delta_{(z)} = \frac{Pb^2}{6\,E_a\,I_x}\left(3L - 3z - b\right),\ \text{para } z < a$$

$$\delta_{(z)} = \frac{P(L-z)^2}{6\,E_a\,I_x}\left(3b - L + z\right),\ \text{para } z > a$$

$$\delta_{(z=a)} = \frac{Pb^3}{3\,E_a\,I_x}$$

$$\delta_{máx} = \delta_{(z=0)} = \frac{Pb^2}{6\,E_a\,I_x}\left(3L - b\right)$$

C.4.3 Carga concentrada na extremidade livre

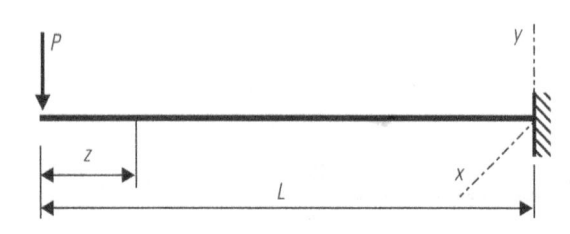

$$\delta_{(z)} = \frac{P}{6\,E_a\,I_x}\left(2L^3 - 3L^2 z + z^3\right)$$

$$\delta_{máx} = \delta_{(z=0)} = \frac{PL^3}{3\,E_a\,I_x}$$

C.4.4 Momento na extremidade livre

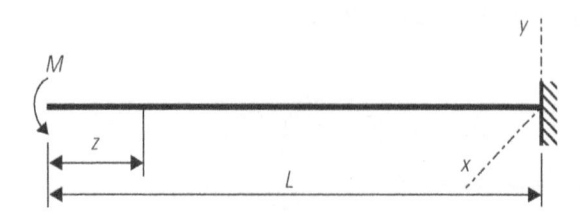

$$\delta_{máx} = \delta_{(z=0)} = \frac{ML^2}{2\,E_a\,I_x}$$